全国高校古籍整理委员会项目（项目号：2063）

国家社科基金重大招标项目：
13—14世纪丝路纪行文学文献整理与研究（17ZDA256）

吴澄年谱长编（上册）

邱江宁　梁杰 ◎ 著

复旦大学出版社

浙江师范大学出版基金
(Publishing Foundation of Zhejiang Normal University)
资助

绪　　论

　　吴澄(1249—1333),字幼清,号草庐,临川郡崇仁县(今江西省乐安县)鳌溪镇咸口村人,人称"草庐先生"。元武宗至大元年(1308年),出任国子监丞。至治元年(1321年),任翰林学士。泰定元年(1324年),成为经筵讲官,参与修纂《英宗实录》。卒赠江西等处行省左丞,追封临川郡公,谥文正。一生著述颇巨,合为《吴文正集》100卷。

　　综合元代时调,吴澄之于元代思想界、文化界、文学界的意义,如虞集所谓"惟皇上帝,未丧斯文。笃生先生,在我圣元"①。而似此之论,许衡曾用于评价郭守敬,元仁宗用于评价赵孟𫖯。郭守敬(1231—1316),他在天文历法、水利、仪表仪器制作等方面所取得的成就以及它们之于元代乃至元朝以后传统时代的意义,如许衡所云:"天佑我元,似此人世岂易得? 呜呼! 其可谓度越千古矣。"②至元十八年(1281),郭守敬主持并参考由回族人引入中国的《积尺诸家历》四十八部〔即阿拉伯《天文历表》(Zeej,又名 Taqweim Falakiyyn)〕、《速瓦里可瓦乞必星纂》四部〔即阿拉伯文书《星象答问》(Suw al-Kawakib)〕、《海牙剔穷历法段数》七部等众多的天文历法资料,研制出《授时历》。它以365.242 5日为一岁,距近代观测值365.242 2仅差26秒,精度与现通用之公历即《格里高利历》相当,但却早了300多年。《授时历》是当时世界上最先进、在中国历法史上施行时间最久的一部历法。而郭守敬主持的元初水利工程:"决金口以下西山之筏,而京师材用是饶,复唐来以溉濒河之地,而灵夏军储用足,引汶、泗以接江淮之派,而燕吴漕运毕通,建斗闸以开白浮之源,而公私陆费由省。"③由郭守敬开创的永定河、白浮泉引水方案,不仅奠定了当时大都的供水格局,也奠定北京成为元明清三朝首都的基础。而郭守敬规划设计和主持修建的京杭大运河山东段河道、通惠河

---

① 虞集《祭吴先生文》,王颋点校《虞集全集》,天津古籍出版社2007年,第303页。
② 齐履谦《知太史院事郭公行状》,李修生主编《全元文》,凤凰出版社2005年,第21册,第761页。
③ 齐履谦《知太史院事郭公行状》,《全元文》第21册,第761页。

等工程,将隋唐时期东西走向为主的运河改造成贯通南北的京杭大运河,使漕船能够直达元大都城内的积水潭,真正实现京杭大运河的全线贯通。至于赵孟頫,诗、书、画、艺无不精绝,"百世后可为一代规式,士大夫当共宝秘之"①。而元仁宗更具体评价认为:"文学之士,世所难得,如唐李太白、宋苏子瞻,姓名彰彰然,常在人耳目。今朕有赵子昂,与古人何异!"赵孟頫有"人所不及者数事:帝王苗裔,一也;状貌昳丽,二也;博学多闻知,三也;操履纯正,四也;文词高古,五也;书画绝伦,六也;旁通佛老之旨,造诣玄微,七也"②。吴澄对于元代思想界的意义和影响如郭守敬在元代的科技工程领域、赵孟頫在元代的艺术领域一样,"遂擅一代,学者澜倒"③,不可超越。

一、吴澄在元代思想史上的意义

有元一代理学家,《宋元学案》将其厘分为四家,曰:鲁斋许衡、静修刘因、草庐吴澄、师山郑玉,刘因、郑玉两家沉沦地方,影响不能与许、吴二氏比。在许衡、吴澄之间,四库馆臣又如是评述:"初,许衡之卒,诏欧阳元作神道碑。及澄之卒,又诏揭傒斯撰神道碑。首称皇元受命,天降真儒。北有许衡,南有吴澄。所以恢宏至道,润色鸿业,有以知斯文未丧、景运方兴云云。当时盖以二人为南北学者之宗。然衡之学主于笃实以化人,澄之学主于著作以立教。故世传鲁斋遗书,仅寥寥数卷。而澄于注解诸经以外,订正张子邵子书,旁及《老子》、《庄子》、《太元》、《乐律》、《八阵图》、《葬经》之类,皆有撰论。而文集尚哀然盈百卷。衡之文明白质朴、达意而止,澄则词华典雅,往往斐然可观。据其文章论之,澄其尤彬彬乎。"④许衡与吴澄都享身后哀荣,获得朝廷钦赐馆阁重臣为其撰写神道碑。而揭傒斯在为吴澄撰写的神道碑中,他比较许衡与吴澄之于整个元代士人及思想界的意义后,认为:许衡之为学为教,力主笃实以化人,言传而身教,在元王朝开国之初,面对那些不同中原文化的蒙古和色目贵胄子弟,许衡"得早以圣贤之学佐圣天子开万世无穷之基",具有启蒙意义,"故其用也弘";而吴澄得大用于元朝大一统后之天下,虽然登仕较晚,其为学、为教"主于著作以立教"⑤,在他的作用

---

① 虞集《跋赵孟頫〈鹊华秋色图〉》,纸本行书,现藏台北"故宫"。
② 杨载《大元故翰林学士承旨荣禄大夫知制诰兼修国史赵公行状》,《全元文》第25册,第523页。
③ 虞集《跋朱侯所临智永千文》,《虞集全集》上册,第406页。
④ 永瑢《四库全书总目》卷一六六,中华书局1965年,第1428页。
⑤ 揭傒斯《大元敕赐故翰林学士资善大夫知制诰同修国史赠江西等处行中书省左丞上护军追封临川郡公谥文正吴公神道碑》,李梦生标校《揭傒斯全集·辑遗》,上海古籍出版社2012年,第538页。

和影响下,"天下学者四面而归之",不仅"其学远而彰、尊而明"①,而且"圣贤之学为四方学者之依归,为圣天子致明道敷教之实",比之许衡,吴澄的影响"其及也深"②。另外,在文采上,许衡之文"明白质朴、达意而止";而吴澄则"文集尚裒然盈百卷""词华典雅、往往斐然可观"③,有元一代蜚声文坛之大家,诸如程钜夫、虞集、揭傒斯、范梈、元明善、贡奎、陈旅、王守诚、苏天爵、周伯琦、贡师泰、杜本、危素,等等,每在草庐彀中。而《元史》所谓"元兴百年,上自朝廷内外名宦之臣,下及山林布衣之士,以通经能文显著当世者,彬彬焉众矣"④,这其中,吴澄及其草庐学派诚可谓其大宗。

尽管如此,若将吴澄放入中国传统哲学史或思想史体系中时,人们常常会忽略他的存在和意义,在中国早期的哲学思想体系建构中,类如吕思勉的《理学纲要》、冯友兰的《中国哲学史》,基本上"无元代理学的一席之地"⑤。这不是吴澄本人的成就问题,而是吴澄所处的时代——元朝的问题。

元朝是中国历史上由北方游牧民族建立的第一个大一统王朝。与之前的王朝相比,在入主中原之前,蒙古兴国之初,没有自己的文字,也不使用文字表达:"鞑人本无字书……虽无字书,自可立国"⑥,"今鞑之始起,并无文书,凡发命令,遣使往来,止是刻指以记之"⑦。蒙古人与中原文化的接触也较稀疏。而且,由蒙古人建立大一统格局所带来的社会环境变化之大,如吴澄所深切体会云"当今天下一统,日月所照,悉为臣民,开辟以来之所未见。殊陬绝域,异服怪形,人所骇栗者时获目睹"⑧。对于自己所处的时代,吴澄曾有一段很长的议论:

> 今日之事,有书契以来之所未尝有者。自古殷周之长、秦隋之强、汉唐之盛,治之所逮,仅仅方三千里。今虽舟车所不至,人迹所不通,凡日月所照,霜露所队,靡不臣属,如齐州之九州者九而九,视前代所治,八十一之一尔。自古一统之世,车必同轨,书必同文,行必同伦。今则

---

① 揭傒斯《定宇陈先生栎墓志铭》,李梦生点校《揭傒斯全集·辑遗》,第556页。
② 揭傒斯《大元敕赐故翰林学士资善大夫知制诰同修国史赠江西等处行中书省左丞上护军追封临川郡公谥文正吴公神道碑》,《揭傒斯全集·辑遗》,第538页。
③ 揭傒斯《大元敕赐故翰林学士资善大夫知制诰同修国史赠江西等处行中书省左丞上护军追封临川郡公谥文正吴公神道碑》,《揭傒斯全集·辑遗》,第538页。
④ 宋濂等《元史》卷一八九《儒学传一》,中华书局1976年,第14册,第4313页。
⑤ 邱树森《新中国成立以来的元史研究》,《史学月刊》2003年第5期。
⑥ 彭大雅、徐霆著,许全胜《黑鞑事略校注》,兰州大学出版社2014年,第61页。
⑦ 赵珙著,王国维笺证《蒙鞑备录》,内蒙古地方志编纂委员会《内蒙古史志资料选编》第三辑,1985年版,第5页。
⑧ 吴澄《题梁湘东王绎贡职图后》,《全元文》第14册,第546—547页。

器用各有宜,不必同轨也;文字各有制,不必同文也;国土各有俗,不必同伦也。车不同轨,书不同文,行不同伦,而一统之大,未有如今日。睢盱万状,有目者之所未尝睹;咿嗢九译,有耳者之所未尝闻。财力之饶,兵威之鸷,又非拘儒曲士之所能知。①

与农耕文明建立的所有一统之世而本质具有的"车必同轨,书必同文,行必同伦"情形截然不同的是,元朝社会"器用各有宜,不必同轨也;文字各有制,不必同文也;国土各有俗,不必同伦也",整个社会"睢盱万状,有目者之所未尝睹;咿嗢九译,有耳者之所未尝闻"。更须特别指出的是,在大一统的元廷之上"其出入用事者,又皆诸国之人,言语之不通,趣向之不同"②。从意大利威尼斯来的马可·波罗在其回国后的游记口述中云:"大汗对他们(波罗兄弟,马可·波罗的父亲与叔叔)非常赏识,时常召见他们,促膝交谈。大汗从波罗兄弟口中获得了大量关于西方的信息,心中十分高兴。在和众臣商议之后,大汗恳请兄弟二人担任出使教皇的使节,陪同一位名叫扩廓台的官人前往罗马教廷。大汗告诉波罗兄弟,他派他们出使教皇的目的,是请教皇陛下派遣一百名深谙基督教教义和七艺的贤哲之士来,同他国内的学者进行公平辩论","波罗兄弟和马可在朝廷供职期间,大汗对他们宠信甚至超过了其他同朝大臣"③。对于马可一家所传达的信息从意大利方济各会士孟德高维奴(孟高维诺)写给教皇的信亦云:"余在大汗廷中有一职位。依规定时间,可入宫内。宫内有余座位,大汗以教皇专使视余,其待余礼貌之崇,在所有诸教官长之上。大汗陛下虽已深知罗马教廷及拉丁诸国情形,然仍渴望诸国有使者来至也。"④

对于由农耕文明而滋生发展出的儒家思想,蒙古人显得颇为陌生和疏离,虞集曾感慨云"国朝以马上取天下,未有以儒术进者",而精通儒家思想的儒士亦不通蒙古语,无法将儒家经传之学灌输给蒙古人,所谓"国语未尽通中原,亦未始知有经传之学也";⑤即便是蒙古人出于统治的愿景而努力学习儒家义理学问,却依旧深感隔阂,难晓其意,如蒙古太子所叹"李先生(李好文)教我读儒书许多年,我不省书中何意。西番僧教我佛经,我一夕便

---

① 吴澄《送萧九成北上序》,《全元文》第14册,第115—116页。
② 宋子贞《中书令耶律公神道碑》,《全元文》第1册,第178页。
③ (意大利)马可·波罗口述,鲁斯蒂谦诺笔录,余前帆译注《马可·波罗游记》,中国书籍出版社2009年,第7—8、14页。
④ 张星烺编《中西交通史料汇编》,中华书局1977年,第1册,第226页。
⑤ 虞集《中书平章政事赵璧改谥文忠议》,《虞集全集》第372页。

晓"①。无怪乎陈垣评述元代社会现实云"百汉人之言,不如一西域人之言"②,汉人以及汉人的立身哲学——儒家思想在元朝并不像之前的中原王朝那样具有天然的优越性和凌驾地位。如上所述,则《宋元学案》的评价亦可谓意味深长且令人寻味:"有元立国,无可称者,惟学术尚未替,上虽贱之,下自趋之,是则洛、闽之沾溉者宏也。"③作为汉人学者,又身处明清易代的时局中,黄宗羲认为元代本没有什么值得称道的,但站在学术思想史的立场,黄宗羲认为元代学术并没有被湮没废弃,尽管上层统治者不能重视学术,但在下的士大夫却道心不止,奔流趋之,以至于元代的程朱理学沾溉宏远。

黄宗羲的观察与评价非常到位,但似乎又提出了一个悖论,何以"上虽贱之",而"下自趋之"? 若没有在上者的推动与鼓励,在下者何来"趋之"的动力呢? 值得注意的是,早从元朝尚未建立、忽必烈尤处潜邸之时,金源儒士赵璧"始以国语译《论语》、《大学》、《中庸》、《孟子》诸书而教授",忽必烈及"贵近之从公学者,始知圣贤修己治人之方"④。到许衡任元朝第一任国子祭酒,率其弟子对蒙古、色目贵族进行近身教育,"躬行以表帅之,设法以教养之",终令这些"大而宰辅卿士,小则郡牧邑令"的蒙古、色目子弟在视听专一的背景下,"变化气质",成德达才⑤。在许衡的影响下,朱子之学大行海内,家习其书⑥,整个国家"学术正,人心一,不为邪论曲学所胜"⑦。更值得注意的是,元朝"自京师通都大府至于海表穷乡下邑",建书院学校44 000余所,而学校所授圣贤、群经、四书之说,皆"自朱子折衷论定",于是"天下之学皆朱子之书"⑧。王瑞来在《士人走向民间——宋元变革与社会转型》指出,尽管南宋登科者51 000人,但其背后却隐含着150年间将近五千万人次落第孙山的惨酷现实。宋元易代,"精兵百万下江南,干戈不染生灵血"⑨,而元代在

---

① 权衡编,任崇岳笺证《庚申外史笺证》下卷,中州古籍出版社1991年,第115页。
② 陈垣《元西域人华化考》,上海古籍出版社2000年,第29页。
③ 黄宗羲著,全祖望补修,陈金生、梁运华点校《宋元学案》卷首,中华书局1986年,第17页。
④ 虞集《中书平章政事赵璧改谥文忠议》,王颋点校《虞集全集》,天津古籍出版社2007年,第373页。
⑤ 苏天爵《元故翰林侍读学士赠陕西行省参政知事吕文穆公神道碑铭奉敕撰》,陈高华、孟繁清点校《滋溪文稿》卷七,中华书局1997年,第93页。
⑥ 苏天爵《元故翰林侍读学士赠陕西行省参政知事吕文穆公神道碑铭奉敕撰》,《滋溪文稿》卷七,第96页。
⑦ 苏天爵《左丞许文正公衡》,姚景安点校《元朝名臣事略》卷八,中华书局1996年,第179页。
⑧ 虞集《考亭书院重建朱文公祠堂记》,《虞集全集》,第658页。
⑨ 伯颜《奉使收江南》,杨镰主编《全元诗》,中华书局2013年,第9册,第110页。

全国各地建书院学校四万余所,则南宋培养的广大士人群体被迫或主动地走出中原文化的主体区域,走向边关塞漠疆,走进白山黑水、雪域高原,从而形塑了中国历史及中华文明的走向①。到元延祐二年(1315),终于推行的科举,程朱理学被定为考试核心内容,其程式如下:

> 蒙古、色目人,第一场经问五条,《大学》、《论语》、《孟子》、《中庸》内设问,用朱氏《章句集注》。其义理精明,文辞典雅者为中选。第二场策一道,以时务出题,限五百字以上。汉人、南人,第一场明经、经疑二问,《大学》、《论语》、《孟子》、《中庸》内出题,并用朱氏《章句集注》……第二场古赋、诏诰、章表内科一道,古赋、诏诰用古体,章表四六,参用古体。第三场策一道,经史时务内出题,不矜浮藻,惟务直述,限一千字以上成。蒙古、色目人,愿试汉人、南人科目,中选者加一等注授。②

在科举考试的推动下,作为官学第"程朱理学"也成为"天下之学",这不仅大大推动了南北多族人群研习程朱理学的热情,也进而推动了蒙古、色目群体的汉化进程。首届由科举入仕且获得第一名的色目人马祖常曾叙述当时色目子弟由程朱理学的功利效果而激发的研学热情道:"天子有意乎礼乐之事,则人人慕义向化矣。延祐初,诏举进士三百人会试,春官百五十人。或朔方、于阗、大食、康居诸土之士,咸橐书橐笔,联裳造庭而待问于有司,于时可谓盛矣。"③

综上所述,元朝虽以武立国,但从忽必烈立朝开始,就曾在1260年通过王鹗草拟的《即位诏》向中原民众表示:蒙古人虽在崛起的50余年间"武功迭兴"而"文治多缺",但立足中原之后,新政府将"祖述变通"④。生于1249年的吴澄即是蒙古人努力立足中原的变通历程中出现的,"恢宏至道,润色鸿业",竭尽平生之所能,终使"斯文未丧"而"景运方兴"⑤的元代最伟大的思想家、教育家。

二、编写吴澄年谱的意义

吴澄出生于1249年的江西崇仁,在他28岁时,即1276年,南宋朝廷向

---

① 黄博《宋元变革论与中国文化的历史命运》,《读书》2024年第3期。
② 《元史》卷八一《选举志一》,第2019页。
③ 马祖常《送李公敏之官序》,《全元文》第32册,第403页。
④ 《元史》卷四《世祖本纪一》,第64—65页。
⑤ 揭傒斯《大元敕赐故翰林学士资善大夫知制诰同修国史赠江西等处行中书省左丞上护军追封临川郡公谥文正吴公神道碑》,《全元文》第28册,第506页。

蒙古人递交降表，元朝实现大一统；吴澄于1333年，即在他85岁时去世；他去世后35年，元顺帝率嫔妃、朝臣退归漠北。吴澄在其而立之年以后与元朝统治者融入中原、"祖述变通"的进程相互扣合，而吴澄的过人才华与罕见的人生际遇使他终于没有辜负时代的馈赠。揭傒斯将吴澄与元代另一位沉寂于民间的思想家陈栎进行比较后所指出："吴先生多居通都大邑，又数登用于朝，天下学者四面而归之，故其学远而彰、尊而明。陈先生居万山间，与木石为伍，不出门户，动数十年，故其学必待其书之行天下乃能知之。"①如揭傒斯所概述，比起杜门空山或者专一读书讲学的其他学者，吴澄学术的重大意义更需要他的人生历程、时代的变化进程以互文见义的方式结合起来理解。

1260年，在汉人精英的推举和拥戴下，忽必烈宣布即位为大汗，并颁布由王鹗拟写的《即位诏》。此道诏书的颁布标志着蒙古政权的国家本位和统治政策的重大变化，草原本位的大蒙古国开始向汉地本位的元王朝转变②，诏书表述云：

> 朕惟祖宗肇造区宇，奄有四方，武功迭兴，文治多缺，五十余年于此矣。盖时有先后，事有缓急，天下大业，非一圣一朝所能兼备也。……爰当临御之始，宜新弘远之规。祖述变通，正在今日。务施实德，不尚虚文。……建极体元，与民更始。朕所不逮，更赖我远近宗族、中外文武，同心协力，献可替否之助也。诞告多方，体予至意！③

《即位诏》颁布的次年，中统二年（1261）六月，忽必烈政府下诏要求全国岁时祭孔，"宣圣庙及所在书院有司，岁时致祭，月朔释奠"④，并且规定"诸官员、使臣、军马，无得庙宇内安下，或聚集理问词讼，及亵渎饮宴，管工匠不得于其中营造，违者严行治罪。管内凡有书院，亦不得令诸人搔扰"⑤。不仅如此，元统二年，政府还设置"诸路学校官，凡诸生进修者，严加训诲，务使成材，以备选用"⑥，凡"郡若州邑，莫不有学，学莫不有官"⑦。其学校与学官

---

① 揭傒斯《定宇陈先生栎墓志铭》，《全元文》第28册，第548—549页。
② 陈高华等《元代文化史》，广东教育出版社2009年，第152、153页。
③ 《元史》卷四《世祖本纪一》，第64—65页。
④ 《元史》卷七六《祭祀志》，第1901页。
⑤ 陈高华、张帆、刘晓、党宝海点校《元典章》卷三一，中华书局、天津古籍出版社2012年，第1086页。
⑥ 《元史》卷八一《选举志》，第2032页。
⑦ 许有壬《庆州书院记》，《全元文》第38册，第197页。

增设之广,视以倡导文化与学术而著称的宋朝,靡不有加。而对比1220年成吉思汗征服中亚大国花剌子模的著名城市不花剌,蒙古人对待不花剌这座学术中心的祭坛和学者态度,志费尼在《世界征服者史》中这样记述道:

> 不花剌人打开他们的城门,关上抵抗和战斗之门。伊祃木和名绅,作为代表,前去迎成吉思汗入城观察市镇和城池。他纵马入礼拜五清真寺,在马合苏剌(maqsura)前勒住马,其子拖雷下马登上祭坛。成吉思汗问那些在场者,这是否算端的宫殿;他们回答说,这是真主的邸宅。这时,他也下马,踏上祭坛的两三级,喊道:"乡下没有刍秣;把我们的马喂饱。"于是他们打开城内的所有粮仓,动手搬出谷物。他们又把装古兰经的箱子抬到清真寺院子里,把古兰经左右乱扔,拿箱子当马槽用。然后,他们传杯递盏,召城内的歌姬来给他们歌舞;蒙古人放声用他们的调子唱歌。同时候,当代的伊祃木、沙亦黑、赛夷(sayyids)、博士、学者,在总管的监督下,替他们看守马厩中的马匹,执行总管的命令。一两个时辰后,成吉思汗动身回营,聚集那里的人群开始离开,古兰经的书页在他们自己的足下和马蹄下被踩成烂泥。①

对比忽必烈统治集团与成吉思汗率领的蒙古军队,他们对于学术圣地和学者的态度,作为思想家的吴澄,或许可以说,他所处的时代不仅不算太糟糕,而且在准备着条件期待豪杰之士"献可替否之助"。中统二年,13岁的吴澄"大肆力于群书"②,中统四年(1263),15岁的吴澄"遂以圣人之学自任",至元四年(1269),19岁的吴澄著《道统图并叙》,以接续一代道统为己任:

> 朱子没,至今逮将百年矣,以绍朱子之统自任者,果有其人乎?今世之儒,所学者果何学也?要不过工时文,猎科第,取温饱而已。……澄生十有九年矣……慨然以豪杰之士自期,必欲为周、程、张、邵、朱,而又推此道,以尧舜其君民而后已也。③

吴澄的老师程若庸也对吴澄的能力与努力给予高度肯定:

---

① (伊朗)志费尼著,何高济译《世界征服者史》,商务印书馆2004年,第113页。
② 虞集《故翰林学士资善大夫知制诰同修国史临川先生吴公行状》,《全元文》第27册,第169页。
③ 吴澄《谒赵判簿书》,方旭东、光洁点校《吴澄集》,中国社会科学出版社2021年,第2025—2028页。

> 若庸来此二十一年,阅人多矣,未见年方逾冠而有此志量、有此工夫,广大精微,无所不究,如昼方旦,何可量也?①

程若庸对年方逾冠的吴澄的肯定不仅仅在于他的学术见地与成绩,更在于他"如昼方旦",无论"广大"与"精微","无所不究"的学习态度。这令他对吴澄不仅欣赏而且敬佩。

至元十二年(1275),南宋灭亡已成定局前夕,元世祖"遣兵部郎中王世英、刑部郎中萧郁,持诏召嗣汉四十代天师张宗演赴阙";至元十三年(四月)壬午,"召嗣汉天师张宗演赴阙"。② 据《元史·释老传》记载:

> 当至元十三年,世祖已平江南,遣使召之(张宗演)。至则命廷臣郊劳,待以客礼。及见,语之曰:"昔岁己未,朕次鄂渚,尝令王一清往访卿父,卿父使报朕曰:后二十年天下当混一。神仙之言验于今矣。"因命坐,锡宴,特赐玉芙蓉冠、组金无缝服,命主领江南道教,仍赐银印。③

引文中,忽必烈将江西龙虎山正一教宗师张宗演的父亲张可大称作"神仙",因其曾跟忽必烈预言,他将于二十年令天下实现大一统,事实果然。对蒙古人来说,他们对文字文明向来陌生,但却极崇信自然与宗教的神秘力量。此前曾被成吉思汗称为"神仙"的汉人是全真教掌教丘处机,因为对丘处机的信任和试图借助宗教力量管理汉地的理念,使得全真教在蒙古人早期经营汉人中心区域的进程中获得了极大的发展便利,"学者遍天下,无虑数千万人,而习其他教者为衰"④,"一时达官闻人翕然归仰,四方学徒,不可胜数,故能名动阙庭"⑤。忽必烈对张宗演的态度有如成吉思汗对丘处机及其所统领的宗教流派,张宗演在元朝南北大一统后被任命主领江南道教,某种程度而言,忽必烈将南宋治下的江南事务交给张宗演及其统领的正一教管理了。1276年前后的吴澄,当天下大变,"政教未舒,民疑未附"之际,他遁入山中,

---

① 吴澄《答程教讲义》附录《程若庸札子》,《吴文正公外集》卷三,《元人文集珍本丛刊》第4册,台湾新文丰出版公司1985年,第146页。
② 按:《元史》卷八记张宗演为正一教第四十代天师,误,当为第三十六代,《元史·释老传》亦记为第三十六代。《元史》卷八、卷九《世祖本纪五》《世祖本纪六》,第1册,第166、182页。
③ 《元史》卷二〇二《释老传》,第4526页。
④ 张邦直《真常子李真人碑铭》,李道谦《甘水仙源录》卷三,明正统道藏本卷四。
⑤ 李庭《玄门弘教白云真人綦公本行碑》,《全元文》第2册,第183页。

作《孝经章句》,校定《易》《书》《诗》《春秋》《仪礼》《大小戴记》"①。

至元二十三年(1286),吴澄的同学程钜夫,以集贤直学士再拜侍御史衔,奉元世祖忽必烈之旨前往江南博采知名之士。程钜夫南下访贤之前,曾上疏云:"中丞、察使以下,并宜公选南方耆德清望之人,与北方官员讲论区画,庶几谙悉江南事体,周知远人情伪,内台中丞至监察御史,亦宜参用南官,以备采访。"此奏得到了时任集贤大学士的畏兀儿人阿鲁浑萨理的支持,遂有程钜夫的南下之行。而危素在为程钜夫所作神道碑中特别指出:"初,诏令皆用国字,至是特命以汉字书之。"②也就是说,此前元廷发布的诏书皆用蒙古字书写,而此次程钜夫江南访贤的诏书特用汉字书写,显示出北廷向南方士大夫所释放出的诚意与态度。程钜夫的"江南访贤"之行,也到达了江西抚州,并特意强请吴澄北上。虞集撰写的吴澄行状云:

> 二十三年,程文宪公奉诏,起遗逸于江南,至抚州强起先生,以母老辞。程公曰:"不欲仕可也,燕、冀中原,可无一观乎?"母夫人许其行。与程公同如京师。③

吴澄没有答应程钜夫北上任官的请求,却同意跟随程钜夫一同前往京师。到达京师之后,他不仅与程钜夫江南访贤而至的赵孟頫相识,而且与北方优秀文人如阎复、卢挚等人皆有唱酬。尤其是与赵孟頫,吴澄有文字记载云:"至元丙戌(1286)冬,予始解后(邂逅)子昂于维扬驿。明年在京,每日相聚。"④这场颇称元代文化界伟大的相遇,让其时尚未在各自领域中大有为于天下的二人惺惺相惜。次年(1287),吴澄南归,阎复、赵孟頫等卿士大夫前来送行,赵孟頫和吴澄更在饯别的唱和中互表北来的心迹与态度。据杨载所撰赵孟頫行状记载,赵孟頫到达京师后,在忽必烈力排众议的情况下,被授予兵部郎官。如此环境令赵孟頫对自己的政治前途未免担忧,故对吴澄的慨然南归之举甚为敬慕,特以自己最拿得出手的书法作品赠别,书陶渊明的诗以及朱熹的诗以赠。其在《送吴幼清南还序》中既叹羡吴澄的渊明归去之高致,又以朱熹道统之赓续者而期许之。而吴澄亦有诗文回复赵孟頫,

---

① 揭傒斯《大元敕赐故翰林学士资善大夫知制诰同修国史赠江西等处行中书省左丞上护军追封临川郡公谥文正吴公神道碑》,《全元文》第 28 册,第 506 页。
② 危素《大元敕赐故翰林学士承旨光禄大夫知制诰兼修国史赠光禄大夫大司徒上柱国追封楚国公谥文宪程公神道碑铭》,《全元文》第 48 册,第 433 页。
③ 虞集《故翰林学士资善大夫知制诰同修国史临川先生吴公行状》,《全元文》第 27 册,第 171 页。
④ 吴澄《跋子昂楷书后》,《吴澄集》,第 1259 页。

在吴澄的《别赵子昂序(并诗)》他表达了很多内容,但核心内容则是一个很传统的问题即:文与气的升降问题,这是中国古典美学与哲学的核心话题,每每在朝代更迭、时代巨变之际,更被文人学者用以讨论文气之变化,所谓"文以气为主"①,"文变染乎世情,兴废系乎时序,原始以要终,虽百世可知也"②。但吴澄认为"人与天地之气通为一气,有升降,而文随之","言之精者为文,文也者,本乎气也",文章表达的是天地之气,而非与各个时代相应的世情、时俗之好恶。基于赵孟頫出仕元廷的现实以及吴澄本人接受程钜夫建议北上观风的态度,吴澄要表达的更重要的意图可能在于,如何突破旧思想的局限和束缚,接受蒙古人作为统治者的新王朝,以天地之气为旨归,以所学、所养一洗时俗之好,在海内为一的新时代,凭借复出流俗之表的识见成为豪杰之士。③ 在吴澄的表达中,如同赵孟頫对自己选择留在京师出仕北廷略有愧赧一样,他对自己选择退归南方也略有一丝不甘,赵孟頫的赠序中即载"吴君翻然有归志,曰'吾之学无用也,迂而不可行也'"④。而吴澄对于大一统元朝的立场和出仕态度,在跟同学程钜夫的表述中更为清晰明确。至元二十四年(1287),在吴澄南归之际,程钜夫也获准南下探亲,两人一同南归。吴澄在《题程侍御远斋记后》中写道:"子之爱亲,不可解于心;臣之事君,无所逃于天地间……余既从公观光于上国,又将从公而南。与公同其乐而不同其忧者,思有以纾公之忧焉。"⑤这所谓"思有以纾公之忧"的表述,已经颇为坦易地表明,吴澄愿意事元朝之君,与程钜夫分担人臣之忧。而核程钜夫江南访贤前的上疏,则吴澄的"纾公之忧"可以解读为是期望和程钜夫一起推动元代南方向北廷的融进历程。

吴澄对元廷的接受态度也推动了他的学术著述进入官学。至元二十五年(1288),在程钜夫的建言下,吴澄校定的《易》、《诗》、《书》、《春秋》、《仪礼》、《大戴记》、《小戴记》等著被有司缮录而进入国子监,供师生传习。至大元年(1308),元廷再次以从仕郎、国子监丞召吴澄,这一年吴澄60岁,却毅然接受了征辟,其深衷大意,或许如江西士绅代表刘岳申所云:"使先生以道教胄子,他日出宰大藩与为天子左右大臣者,皆出先生之门。是犹先生之

---

① 曹丕《典论·论文》,魏宏灿校注《曹丕集校注》,安徽大学出版社 2009 年,第 313 页。
② 刘勰著,〔清〕黄叔琳注、李详补注,杨明照校注拾遗《增订文心雕龙校注》卷九"时序篇",中华书局 2012 年,第 538 页。
③ 吴澄《别赵子昂序(并诗)》,《吴澄集》,第 524—525 页。
④ 赵孟頫《送吴幼清南还序》,钱伟强点校《赵孟頫集》卷六,浙江古籍出版社 2012 年,第 171 页。
⑤ 吴澄《题程侍御远斋记后》,《吴澄集》,第 1064 页。

志得而道行也。此世道生民之福也。先生不宜卑小官以弃斯道斯民之福也。"①任职国子监期间,吴澄"旦燃烛堂上,诸生以次受业,日昃,退燕居之室,执经问难者,接踵而至。澄各因其材质,反覆训诱之,每至夜分,虽寒暑不易也"②。

毫无疑问,江南正一教的受诏、程钜夫的江南访贤、赵孟頫的出仕及学者澜倒的文化影响以及吴澄在国子监的教学改革等等,都相当程度地推进了之前南宋遗民士大夫北进的历程。但与此同时,也很明显地影响到了元初凭借先入优势而把持朝中文化资源的金源文人群体的利益,南、北文人群体的冲突,在国子监中以许衡门人对吴澄的攻击而公开化,最终导致时任国子司业的吴澄愤而辞职。《元史》认为,吴澄之前,国子监主要由金源文人把持,"一遵衡(许衡)之旧",而吴澄到任后,从至大四年(1311)起"教法四条",明确提出要突破许衡以来的只注重洒扫应对、言语训释式的小学教法,加强程颢、胡瑗、朱熹等推重的"明体达用之学"。《元史》述评云:"皇庆元年,升司业,用程纯公《学校奏疏》、胡文定公《六学教法》、朱文公《学校贡举私议》,约之为教法四条:一曰经学,二曰行实,三曰文艺,四曰治事,未及行。"吴澄"又尝为学者言,朱子于'道问学'之功居多,而陆子静以'尊德性'为主。问学不本于德性,则其弊必偏于言语训释之末,故学必以德性为本,庶几得之",此说遭致许多非议,"议者遂以澄为陆氏之学,非许氏尊信朱子本意,然亦莫知朱、陆之为何如也",吴澄莫辩,只得"一夕谢去","诸生有不谒告而从之南者"。③

元朝国子监的这场争执也使得吴澄乃至元朝士大夫的学术性质成为人们关注的焦点,吴澄到底是朱学正宗还是"朱陆和会"的推动者?吴澄在《送陈洪范序》中指出,朱陆之学在由读书讲学而至真知实践的教学理路上是一致的:

> 夫朱子之教人也,必先之读书讲学;陆子之教人也,必使之真知实践。读书讲学者,固以为真知实践之地;真知实践者,亦必自读书讲学而入。二师之为教一也,而二家庸劣之门人,各立标榜,互相诋訾,至于今,学者犹惑。呜呼!甚矣,道之无传,而人之易惑难晓也!为子之计,当以朱子所训释之《四书》,朝暮昼夜,不懈不辍,玩绎其文,探索其义。

---

① 刘岳申《送吴草庐赴国子监丞序》,《全元文》第 21 册,第 416 页。
② 《元史》卷一七一《吴澄传》,第 13 册,第 4012 页。
③ 《元史》卷一七一《吴澄传》,第 13 册,第 4012 页。

文义既通,反求诸我。书之所言,我之所固有,实用其力。明之于心,诚之于身,非但读诵讲说其文辞义理而已。此朱子之所以教,亦陆子之所以教也。然则其要安在?外貌必庄,中心必一。不如是,不可以读书讲学,又岂能真知实践也哉?①

尽管吴澄在国子监的教学改革以失败而退场,但如前所揭,吴澄学高而寿长,又"主于著作以立教"②,在他的作用和影响下,"天下学者四面而归之",元代学术的整体面貌应该是吴澄影响下的"朱陆和会"倾向。

在吴澄愤而辞职之后 11 年,至治三年(1323 年)八月,御史铁失发动"南坡之变",弑杀元英宗于上都,晋王也孙铁木儿被拥立为帝,是为泰定帝。泰定帝汉化程度较低,但又迫切期望身份获得认同,强调自己与之前即位的所有皇帝一样,同是忽必烈的子孙。为此,泰定帝在制定治国方略时,特别强调将祖述圣明之迹,以世祖规模为范。也正是在这层心理的影响下,泰定一朝肇开经筵制度,而吴澄即在1324 年,76 岁高龄之际被授任为首任讲官。值得特别指出的是,元朝以蒙古语为国语,汉语第一次退出官方话语的地位,成为众多族群语言之一种,所以,与前朝经筵讲读最为不同的是,元代的经筵讲读是汉人精英选取儒家"经史中切于心德治道者,用国语、汉文两进读"③,可以说,元代经筵活动的本质是儒家典籍的传译。现今留存的吴澄经筵讲稿有两篇,《帝范·君德》尤其著名:

唐太宗是唐家很好底皇帝,为教太子底上头,自己撰造这一件文书,说着做皇帝底体面,为头儿说做皇帝法度,这是爱惜百姓最紧要勾当。

夫民乃国之本,国乃君之体。人主之体如山岳焉,高峻而不动;如日月焉,圆明而普照。

国土是皇帝底根本,皇帝主着天下,要似山岳高大,要似日月光明,遮莫那里都照见。

兆庶之所瞻望,天下之所归仰。

有做着皇帝,天下百姓看着,都随顺着。行的好勾当呵,天下百姓心里很快乐;有行的勾当不停当呵,天下百姓失望一般。

---

① 吴澄《送陈洪范序》,《全元文》第 14 册,第 141—142 页。
② 揭傒斯《大元敕赐故翰林学士资善大夫知制诰同修国史赠江西等处行中书省左丞上护军追封临川郡公谥文正吴公神道碑》,李梦生标校《揭傒斯全集·辑遗》,上海古籍出版社 2012 年,第 538 页。
③ 赵汸《邵庵先生虞公行状》,《全元文》第 54 册,第 358 页。

宽大其志,足以兼包;平正其心,足以断制。
　　志量要宽大着,宽大呵,便容得人心;要平正着,平正呵,处得事务停当。
　　非威德无以致远,非慈厚无以怀人。
　　非威武仁德,这田地国土怎生肯来归附?非慈爱忠厚的心,百姓怎生感戴?
　　抚九族以仁,接大臣以礼。
　　皇帝的宗族好生亲爱和睦者,休教疏远者;朝廷大官人每好生祗待,休轻慢者;
　　奉先思孝,处位思恭。侧己勤劳,以行德义。
　　奉祀祖宗的上头,好生尽孝心者;坐着大位次里,好生谦恭近理,休怠慢者。
　　此乃君之体也。
　　拣好底勾当尽力行者,这是做皇帝的体面么道。①

以上引用文字中,仿宋体内容是《帝范·君德》的原文,楷体文字是吴澄的讲稿。《帝范》是唐太宗用以教育太子而撰写的论政书,这篇讲稿在尊重原典的同时,努力以鲜活的语言进行讲读。作为篡位成功者,泰定帝期望经筵制度能"讲帝王之道",使他明白中原统治者"古今治忽之故",②从而弥补自己汉文化的缺失以及篡位的不光彩。而他效法的对象唐太宗,是突厥语世界中最被推崇的中原皇帝,人们称之为"天可汗"。③吴澄的讲稿中是力图训导汉文化较为稀松的泰定帝明白做帝王的体统与规矩。讲稿通俗晓畅达,尤其值得注意的是吴澄用到的两个词,其一是的"大位次里"。它在蒙古语中表示"皇帝位",这个词是应该不是泰定帝第一次使用,在他的即位诏中便多次使用到这个词,如"大位次不宜久虚,惟我是薛禅皇帝嫡派,裕宗皇帝长孙,大位次里合坐地的体例有"④,吴澄在经筵讲读中用这个词来解释《帝范》中"处位"一词,就非常恰切而且贴合,相当大程度地拉近了泰定帝对传

---

① 吴澄《帝范君德》,《全元文》第 14 册,第 59—60 页。
② 虞集《中书平章张公墓志铭》,《全元文》第 26 册,第 522—523 页。
③ 按:《旧唐书》载:"自是西北诸蕃咸请上尊号为'天可汗'",《旧唐书》卷三《太宗本纪下》,中华书局 1975 年,第 39 页。
④ 按:《泰定帝即位诏》中云:"今我的侄皇帝生天了也么道,迤南诸王大臣、军上的诸王驸马臣僚、达达百姓每,众人商量着:大位次不宜久虚,惟我是薛禅皇帝嫡派,裕宗皇帝长孙,大位次里合坐地的体例有;其余争立的哥哥兄弟也无有;这般,晏驾其间,比及整治以来,人心难测,宜安抚百姓,使天下人心得宁,早就这里即位提说上头,从着众人的心,九月初四日,于成吉思皇帝的大斡耳朵里,大位次里坐了也。交众百姓每心安的上头,赦书行有。"《元史》卷二九《泰定帝本纪一》,第 638—639 页。

统典籍的距离。另一个词是"体面"。"体面"就其本意而言,本是联合结构,指体态和脸,"体",《广雅·释畜》:"体,身也";"面",《说文解字·面部》:"面,颜前也"。最早将"体面"作为联合结构使用的是唐代张九龄《上姚令公书》:"初则许之以死殉,体面俱柔;终乃背之而饱飞,声名已遂"①;元代康进之《李逵负荆》中有"〔学究云〕你只看聚义两个字。不要因这小忿。坏了大体面"②,"体面"则是作为复合词,指体统、规矩③。吴澄的讲稿第一次创造性地将"帝王之道"转换成生动直观且鲜活的操作性表述,叫做"做皇帝底体面"。这种语言转换能力,表面看去是文言与口语的转换,实质是体道与言道的接轨。在虞集代张珪向皇帝写的上表中,张珪荐举吴澄作为经筵官的理由便是:"其为学也,博考于训诂事物之赜,而推达乎圣贤之蕴;致察于思惟践履之微,而充极乎神化之妙。正学真传,深造自得。比夫末俗妄相标表以盗名欺世者,霄壤黑白之不同。"④通过吴澄的经筵讲稿,可以约略体会到他的学问之精深与传达之神妙,也可以理解他的学术影响何以既"远而彰"又"尊而明",令"天下学者四面而归之"⑤。

　　元统元年(1333),元朝最后一任皇帝顺帝即位之年,吴澄感暑得疾而去世,去世之前与弟子合校完成三十六卷《礼记纂言》。《礼记》在汉末独立成书,到唐代,科考取士,《礼记》与《左传》皆被列为大经,而"三礼"中的另外"二礼"(《仪礼》、《周礼》)与《诗经》等则被列为中经。《礼记》不仅记载了许多生活中实用性较大的细仪末节,而且详尽地论述了各种典礼的意义和制礼的精神,是儒家礼治思想的典型体现,在儒家典籍中,其意义与作用仅次于《论语》。吴澄《礼记纂言》乃其《五经纂言》之一。吴澄一生着力于《五经纂言》,尤其是三礼,用力更勤,不仅因为三礼"多是记者旁搜博采、剿取残篇断简会粹成篇,无复诠次,读者每病其杂乱而无章"⑥,极号难治;更因为朱熹非常重视三礼,却终老不及为,朱熹的学生黄榦、杨复虽曾用力于三礼,却也未能完成。故吴澄一生于"三礼"研精覃思,凡易数稿。⑦《宋元学案·草庐学案》云:"考朱子门人多习成说,深通经术者甚少,草庐《五经纂言》,

---

① 张九龄《上姚令公书》,〔明〕郭棐编撰、〔清〕陈兰芝增辑《岭海名胜记增辑点校》,三秦出版社2016年,第876页。
② 康进之《李逵负荆》第四折,〔明〕臧懋循《元曲选》,中华书局1958年,第1530页。
③ 《汉语大词典》"体面"条,上海辞书出版社2008年,第12册,第415页;又参考姜雪《元代直讲体文献词汇研究》,内蒙古大学2023级汉语言文字学专业硕士学位论文。
④ 虞集《代中书平章政事张珪辞职表》,《全元文》第26册,第33—34页。
⑤ 揭傒斯《定宇陈先生栎墓志铭》,李梦生点校《揭傒斯全集·辑遗》,第556页。
⑥ 吴澄《三礼叙录》,《全元文》第14册,第437—438页。
⑦ 邱江宁《元代草庐文人与他们的文学时代》,《武汉大学学报(哲学社会科学版)》2022年第6期。

有功经术,接武建阳,非北溪诸人可及也。"①对于《礼记纂言》,吴澄用功尤多,"其篇章文句,秩然有伦,先后始终,至为精紧。先王之遗制,圣贤之格言,千有余年,其亡阙谨存,而可考者既表,而出之各有所附,而其纠纷固泥于专门名家之手者,一旦各有条理,无复余蕴矣"②。《元史》指出,元代礼乐之学颇为繁盛,"元之礼乐,揆之于古,固有可议。然自朝仪既起,规模严广,而人知九重大君之尊,至其乐声雄伟而宏大,又足以见一代兴王之象,其在当时,亦云盛矣"③。这其中,吴澄的贡献又可谓大且著矣。

约略言之,吴澄一生数次登用于朝,往返于京师与地方之间,所接触之人,上至帝王将相,中有达人君子,下及乡隅村老;所寓目之著述、事物、山川风景,遍及南北;吴澄的见闻及文化学术意义与时代之风声气习息息相关。如虞集所谓,元朝"未丧斯文"是因"笃生先生",吴澄之生元朝,是元朝之大幸,而以元朝旷古之所未有之舆地广远性,书契以来所未有之文明多元性,则对吴澄生平及撰述活动进行编年可谓意义非常,不可轻忽。

三、体例

本著《吴澄年谱长编》,围绕吴澄生平、交游及著述进行编撰,由绪论、正文、参考文献和附录组成。正文部分以年为单位,以时间、条目及按语的形式展开编撰,在每年的编撰中又分成六个部分推进,它们是"国家背景""重要人物活动""吴澄经历及撰述""重要文化及文学著述""重要文人生平介绍""重要人物生年",等等。

关于正文编撰规则如下举例。

正文以年为单位,以吴澄生年(1249 年)为开始,卒年(1333 年)为结束,全文共计 85 年的编撰内容。

关于"时间"的表述体例。"时间"表述包括四个维度,它们是王朝年号、天干地支纪年、公元纪年、吴澄年岁,每个维度表述之间空一格。在王朝年号表述上,由于吴澄一生跨越南宋与元朝两个朝代,所以到 1279 年南宋灭亡为止,一直有两个王朝年号,而吴澄入仕元代,因此,在年号排列上以元朝年号为先。格式如:"**元世祖中统元年 宋理宗景定元年　庚申　1260 年　12 岁**"。偶有年号更换,一年中有几个年号同时并存的情况如"**元成宗元贞三年 大德元年　丁酉　1297 年　49 岁**",又如"**元泰定帝五年 致和元年**

---

① 《宋元学案》卷九二《草庐学案》,第 4 册,第 3037 页。
② 虞集《故翰林学士资善大夫知制诰同修国史临川先生吴公行状》,《全元文》第 27 册,第 179 页。
③ 《元史》卷一六七《礼乐志一》,第 6 册,第 1667 页。

元文宗天历元年　戊辰　1328 年　80 岁"，等等。一般平常时间表述格式如"元世祖至元三十年　癸巳　1293 年　45 岁"。

关于"条目"的表述体例。每年的内容按照"国家背景"、"重要人物活动"、"吴澄活动及撰述"、"重要文化及文学著述"、"重要文人生平介绍"、"重要人物生年"六大部分推进编撰，各个部分之间空一行以示分块，每个块系可有若干个条目，各个块系自有表述特征以示区别。

"**国家背景**"表述为"**时间+人物+事件**"，以主权王朝确定时序的意思，所以，唯有"国家背景"栏，先表述时间，再叙述人物与事件，按照时间先后排列条目次序。如"**三月,忽必烈即位于开平,定年号曰'中统'**"。

"**重要人物活动**"表述为"**人物+活动（或事件）**"，以重要政治或馆阁人物活动为主体，各个条目的序列一般按人物重要性次序排列。如"**阿合马领中书左右部兼诸路都转运使,专管财赋之事**"。

"**吴澄活动及撰述**"表述为"**吴澄+活动（或撰述）**"，以时间先后为次序排列，一般先人物活动，后人物撰述。如"**吴澄为康里回回'时斋'作记**""**吴澄十二月以古礼治大父丧礼**""**吴澄校定《葬书》**"等。

"**重要文化及文学著述**"表述为"**人物+著作+刊刻（或完成）**"或"**著作+刊刻（或完成）**"，如"**刘秉忠《藏春集》刊刻**"，又如"**《十善福经白史》写成**"。

"**重要文人卒年生平介绍**"表述为"**人物+卒+生平介绍**"。如下所举例：
商挺卒。

按：商挺(1209—1288)，字孟卿，号左山，曹州济阴人。"挺年二十四，汴京破，北走，依冠氏赵天锡，与元好问、杨奂游。东平严实聘为诸子师。实卒，子忠济嗣，辟挺为经历，出为曹州判官。未几，复为经历，赞忠济兴学养士。癸丑(1253)，世祖在潜邸，受京兆分地，闻挺名，遣使征至盐州。入对称旨，字而不名。"(《元史》卷一五九本传，第 12 册，第 3738 页)"左山公自号左山老人，著诗千余篇，尤善隶书，时人铭其先世者，以不得公书为未孝"。(《元朝名臣事略》引曹有阜言)。事迹见元明善《参政商文定公墓碑》、苏天爵《参政商文定公》(《元朝名臣事略》卷一一)、《元史》卷一五九、《元诗选·癸集》乙集小传。

"**重要文人生年**"表述为"**人物+（生年—卒年）+生**"。如"**陈旅(1288—1342)生**"。如有多位重要文人同年生，则表述为"**赵孟頫(1254—1322)、马端临(1254—1340)、任仁发(1254—1327)、同恕(1254—1331)生**"。

关于"按语"的表述体例。"按语"是本著最为重要的内容，是文献征引、研究视角和编辑意图的重要体现。本著原则上秉持凡出条目者必具按语，按语的篇幅不拘长短，力求对条目信息出处文献征引完备；按语不限于一条,为力求对条目解读透彻,采用"按:……""又按:……"的形式累加。

例如至元十三年(1276年),"国家背景"中,"**正月,元军攻陷南宋都城临安**",此条目内涵极为丰富,事关元朝一统南宋之大局,影响极大,故出多条按语。第一条按语,述南宋朝廷遣使递传国玉玺及降表事。第二条按语,补述南宋所递降表内容。第三条按语,南宋主持朝廷事务者谢太后遣祈请使赴大都朝廷请命,征宋主帅伯颜附表称贺,按语征引伯颜贺表内容。第四条按语,元廷派使者趋请南宋帝、后前往大都入觐。第五条按语,南宋宫廷琴师汪元量作为亲见亲随者,有诗载其事,按语附直接相关诗作。

尤其是第四条按语中载"郎中孟祺奉诏宣读,至'免系颈牵羊'之语,太后全氏闻之泣,谓宋主㬎曰:'荷天子圣慈活汝,当望阙拜谢'"①,颇值得推敲。所谓"系颈牵羊"礼,乃投降方的极坦诚、示弱的礼仪表现,同时也是胜方对败方极具侮辱性的仪式。据《史记》载:"周武王伐纣,克殷。微子乃持其祭器造于军门,肉袒面缚,左牵羊,右把茅,膝行而前以告。于是武王乃释微子,复其位如故。"②南宋朝君臣所以对金朝有"饥餐胡虏肉,渴饮匈奴血"的强烈仇恨情绪,即与靖康役后,金朝掳徽、钦二宗北去后,要求他们行"牵羊礼"密切相关。正是元廷对南宋君王免去牵羊系颈的投降礼,保全了南宋君臣的颜面,全太后才感激涕零,让宋主北入大都请降,南宋臣民对元廷并不如当年金军灭北宋那样仇恨。而这也是元朝一统江南,大一统社会形成的重要心理基础。

又如至顺三年(1332年),"吴澄活动及撰述"栏中"**吴澄八月作《抚州路达鲁花赤祷雨记》**",此条目内容很值得解释,故出多条按语。第一条按语解释该文写作的真实性。第二条按语,征引原文。第三条按语,征引虞集六年之后对吴澄此记的题跋原文。第四条按语,又附记塔不台曾应吴澄之请修复当地颓圮的王安石祠堂,此事虞集有记,征引其原文。据《抚州路达鲁花赤祷雨记》内容,吴澄不仅详述了塔不台作为地方大员祷雨的过程,祷雨的灵验结果,还记述了当地父老对于塔不台祷雨事件的感念。而为表明所言所记非虚,吴澄特意有文字记述云"澄之子京窃禄郡庠,每日奔走,从侯之后。予就养于子,亦留郡城,亲见郡侯忧民之仁、敬神之诚、祷雨之应,因父老之言,顺郡民之愿,而叙其事如右"③。也就是说,塔不台祷雨前后过程,

---

① 《元史》卷九《世祖本纪六》,第1册,第180页。
② 司马迁撰,中华书局编辑部点校《史记》卷三八《宋微子世家》,中华书局1982年,第1610页。
③ 吴澄《抚州路达鲁花赤祷雨记》,《吴澄集》,第760—762页。

其子吴京每日奔走追随其后,而吴澄其时亦就养于吴京之家,因此能仔细记录塔不台祷雨的前因后果及影响,同时予以中肯的赞颂。值得注意的是,吴澄作记的时间在1332年8月,已是84岁高龄的老者,且距离他1333年6月感疾去世不到一年时间。而吴澄不顾自己年高体衰,特撰此记,其目的恐怕是要表达他对多民族文化交融现状的关切。

如所周知,元朝乃蒙古人建立的典型的多民族共存交存的王朝,为保障蒙古贵族的利益和蒙古统治的权威性,至元二年(1265),元廷规定由"蒙古人充各路达鲁花赤,汉人充总管,回回人充同知,永为定制"①,所以抚州路的达鲁花赤塔不台,当是蒙古人。所以,元朝全国各路的官民关系即表现为典型的多民族文化交融关系,吴澄所记《抚州路达鲁花赤祷雨记》亦可谓元朝地方多民族文化交融与治理的典型案例。祷雨行为是伴随着农耕文明而出现的风俗行为,对于游牧民族的蒙古人来说,应该是颇为陌生或疏离的,但吴澄所记抚州达鲁花赤塔不台的祷雨行为,表明他熟悉这种风俗且不辞辛苦虔诚地执行,这显示出他在地方治理过程中,进行文化交融上的努力。虞集所记述的另一件塔不台的执政行为——应吴澄之请修复王安石祠堂之事,也印证了他在促进文化交融上的努力。而类如《抚州路达鲁花赤祷雨记》的撰述,在条目按语的文献征引中颇多体现。

又如至治元年(1321年),"吴澄活动及撰述"栏中条目"**吴澄约于此年后作《南安路帝师殿碑》、《抚州路帝师殿》**",这一按语文献内容极有意味。据该年"国家背景"载,崇信藏传佛教的元英宗不仅在京师大兴帝师寺殿,还拆毁上都回回寺,并于其址兴建帝师殿。而吴澄在《南安路帝师殿碑》中指出,在宣政院的奏请之下,英宗要求全国各路兴建帝师殿。江西南安路、抚州路亦跟风兴建帝师殿。在这个条目的按语中,有三条按语。其一是解释条目撰述的缘由。其二、其三则是两条原文文献的征引。

而由《南安路帝师殿碑》、《抚州路帝师殿》两篇碑文文献的征引内容,可以看到吴澄对帝师八思巴所创制的八思巴字给予了高度肯定。在《抚州路帝师殿碑》中,吴澄区别指出了八思巴字与汉字的本质不同:"仓颉古文、史籀大篆、李斯小篆、程邈隶书,字体虽小不同,大抵皆因形而造字。蒙古字之大异前代者,以声不以形也。故字甚简约,而唇、齿、舌、牙、喉之声一无所遗。"②八思巴字"以声不以形",汉字"因形而造字"。吴澄又在《南安路帝师殿碑》中指出,八思巴字之创制得自多元文明的滋养与启发:"有龟兹人来

---

① 《元史》卷六《世祖本纪三》,第1册,第106页。
② 吴澄《抚州路帝师殿碑》,《全元文》第15册,第365页。

至,传其西域七音之学于中土,有曰娑陀力,有曰鸡识,有曰沙识,有曰沙侯加滥,有曰沙腊,有曰般赡,有曰俟利箑。其别有七,于乐为宫、商、角、徵、羽、变宫、变徵之七调,于字为喉、牙、舌、齿、唇、半齿、半舌之七音。此佛氏遗教声学大原,而帝师悟此。"①基于文明贡献与文明互鉴的视角,吴澄在另一篇文章《送杜教授北归序》中指出,对于疆域辽阔,多元文明、多个族群共存共融的元朝而言,汉字书写千变万化,但发声读音却不与之相应,而八思巴字字不盈千,却"经母纬子,经先纬从,字不盈千,而唇、齿、舌、牙、喉所出之音无不该,于是乎无无字之音,无不可书之言"②,不仅契合了忽必烈"译写一切文字"③,而且"国字为国音之舟车,载而至中州,以及极东极西极南之境,人人可得而通焉",诚可谓"颉、籀、斯、邈以来文字之一助也"④。吴澄对于八思巴字独创性和独特性的肯定,既是基于元朝多元文明共存共荣认同之后的极高明之见,又是广大精微、无所不究的学术视野之体现。而这些见识胸襟的背后,还深藏和浸渍着吴澄对于"车不同轨,书不同文,行不同伦,而一统之大,未有如今日"⑤的元朝社会如何开启和实现"一代同文之治"的思虑与探求。这也是他之所以成为元代不可替代、不可超越的思想家的根本。

综上所述,吴澄既身处波澜壮阔、多元文明碰撞冲突的大元王朝,又年高寿长,如昼方旦,孜孜汲汲地竭其所思、所见、所触、所闻形诸文字,著作"裒然盈百卷",其一生之志业思想、一代之人情物理,无不娓娓而述。所难能可贵者,"公之存也,自南自北皆知悦服;公之殁也,识与不识皆为号咷"⑥。吴澄勤于交游、观察与书写,其中尤多者又数地方贤达之传记、地方文教之书院记、碑记等,以切近的地方文献视角展现游牧民族建立的大一统王朝下的人文样貌。吴澄卒后,封谥号曰"文正",危素《年谱》云:"谥法经天纬地曰文,内外宾服曰正。"可谓确矣。本著虽努力裁剪文字,亦篇幅繁冗,但限于学养与见识,拙于体认与辨察,依旧万万不能及于吴澄人生阅历及学术成绩和贡献之些微。

《吴澄年谱长编》是全国高校古籍整理委员会项目的结题成果,亦是国

---

① 吴澄《南安路帝师殿碑》,《全元文》第15册,第363页。
② 吴澄《送杜教授北归序》,《全元文》第14册,第100页。
③ 《元史》卷二〇二《释老传》,第15册,第4518页。
④ 吴澄《送杜教授北归序》,《全元文》第14册,第100页。
⑤ 吴澄《送萧九成北上序》,《全元文》第14册,第115页。
⑥ 刘岳申《祭草庐先生吴公文》,《全元文》第21册,第672页。

家社科基金重大招标项目"13—14世纪丝路纪行文学文献整理与研究"的阶段性成果。项目初稿由梁杰博士全面爬梳资料,整理排列完成,项目定稿由笔者审阅、删削、增订完成。项目成果的出版得到了浙江师范大学江南文化研究中心、浙江师范大学人事处、浙江师范大学社科处、浙江师范大学马克思主义学院、浙江师范大学丝路文化与国际汉学研究院的经费支持,在此一并致以感谢。

邱江宁

2024年8月

目　录

绪　论 ·· 1

海迷失皇后称制元年 宋理宗淳祐九年　　己酉　1249 年　1 岁 ············ 1
海迷失皇后称制二年 宋理宗淳祐十年　　庚戌　1250 年　2 岁 ············ 8
元宪宗蒙哥汗元年 宋理宗淳祐十一年　　辛亥　1251 年　3 岁 ············ 11
元宪宗蒙哥汗二年 宋理宗淳祐十二年　　壬子　1252 年　4 岁 ············ 16
元宪宗蒙哥汗三年 宋理宗宝祐元年　　　癸丑　1253 年　5 岁 ············ 20
元宪宗蒙哥汗四年 宋理宗宝祐二年　　　甲寅　1254 年　6 岁 ············ 23
元宪宗蒙哥汗五年 宋理宗宝祐三年　　　乙卯　1255 年　7 岁 ············ 25
元宪宗蒙哥汗六年 宋理宗宝祐四年　　　丙辰　1256 年　8 岁 ············ 27
元宪宗蒙哥汗七年 宋理宗宝祐五年　　　丁巳　1257 年　9 岁 ············ 29
元宪宗蒙哥汗八年 宋理宗宝祐六年　　　戊午　1258 年　10 岁 ············ 32
元宪宗蒙哥汗九年 宋理宗开庆元年　　　己未　1259 年　11 岁 ············ 34
元世祖中统元年 宋理宗景定元年　　　　庚申　1260 年　12 岁 ············ 37
元世祖中统二年 宋理宗景定二年　　　　辛酉　1261 年　13 岁 ············ 41
元世祖中统三年 宋理宗景定三年　　　　壬戌　1262 年　14 岁 ············ 44
元世祖中统四年 宋理宗景定四年　　　　癸亥　1263 年　15 岁 ············ 46
元世祖中统五年 至元元年 宋理宗景定五年　甲子　1264 年　16 岁
·· 49
元世祖至元二年 宋度宗咸淳元年　　　　乙丑　1265 年　17 岁 ············ 54
元世祖至元三年 宋度宗咸淳二年　　　　丙寅　1266 年　18 岁 ············ 56
元世祖至元四年 宋度宗咸淳三年　　　　丁卯　1267 年　19 岁 ············ 58
元世祖至元五年 宋度宗咸淳四年　　　　戊辰　1268 年　20 岁 ············ 66

元世祖至元六年 宋度宗咸淳五年 己巳 1269年 21岁 …… 70
元世祖至元七年 宋度宗咸淳六年 庚午 1270年 22岁 …… 72
元世祖至元八年 宋度宗咸淳七年 辛未 1271年 23岁 …… 79
元世祖至元九年 宋度宗咸淳八年 壬申 1272年 24岁 …… 86
元世祖至元十年 宋度宗咸淳九年 癸酉 1273年 25岁 …… 88
元世祖至元十一年 宋度宗咸淳十年 甲戌 1274年 26岁 …… 90
元世祖至元十二年 宋恭宗德祐元年 乙亥 1275年 27岁 …… 93
元世祖至元十三年 宋端宗景炎元年 丙子 1276年 28岁 …… 97
元世祖至元十四年 宋端宗景炎二年 丁丑 1277年 29岁 …… 103
元世祖至元十五年 宋端宗景炎三年 宋卫王祥兴元年 戊寅 1278年 30岁 …… 105
元世祖至元十六年 宋卫王祥兴二年 己卯 1279年 31岁 …… 109
元世祖至元十七年 庚辰 1280年 32岁 …… 111
元世祖至元十八年 辛巳 1281年 33岁 …… 116
元世祖至元十九年 壬午 1282年 34岁 …… 119
元世祖至元二十年 癸未 1283年 35岁 …… 122
元世祖至元二十一年 甲申 1284年 36岁 …… 123
元世祖至元二十二年 乙酉 1285年 37岁 …… 127
元世祖至元二十三年 丙戌 1286年 38岁 …… 131
元世祖至元二十四年 丁亥 1287年 39岁 …… 137
元世祖至元二十五年 戊子 1288年 40岁 …… 148
元世祖至元二十六年 己丑 1289年 41岁 …… 152
元世祖至元二十七年 庚寅 1290年 42岁 …… 154
元世祖至元二十八年 辛卯 1291年 43岁 …… 158
元世祖至元二十九年 壬辰 1292年 44岁 …… 162
元世祖至元三十年 癸巳 1293年 45岁 …… 165
元世祖至元三十一年 甲午 1294年 46岁 …… 168
元成宗元贞元年 乙未 1295年 47岁 …… 174
元成宗元贞二年 丙申 1296年 48岁 …… 182
元成宗元贞三年 大德元年 丁酉 1297年 49岁 …… 183

元成宗大德二年	戊戌	1298年	50岁	187
元成宗大德三年	己亥	1299年	51岁	192
元成宗大德四年	庚子	1300年	52岁	193
元成宗大德五年	辛丑	1301年	53岁	202
元成宗大德六年	壬寅	1302年	54岁	207
元成宗大德七年	癸卯	1303年	55岁	215
元成宗大德八年	甲辰	1304年	56岁	229
元成宗大德九年	乙巳	1305年	57岁	237
元成宗大德十年	丙午	1306年	58岁	246
元成宗大德十一年	丁未	1307年	59岁	259
元武宗至大元年	戊申	1308年	60岁	275
元武宗至大二年	己酉	1309年	61岁	286
元武宗至大三年	庚戌	1310年	62岁	298
元武宗至大四年	辛亥	1311年	63岁	310
元仁宗皇庆元年	壬子	1312年	64岁	326
元仁宗皇庆二年	癸丑	1313年	65岁	342
元仁宗延祐元年	甲寅	1314年	66岁	357
元仁宗延祐二年	乙卯	1315年	67岁	378
元仁宗延祐三年	丙辰	1316年	68岁	392
元仁宗延祐四年	丁巳	1317年	69岁	405
元仁宗延祐五年	戊午	1318年	70岁	422
元仁宗延祐六年	己未	1319年	71岁	441
元仁宗延祐七年	庚申	1320年	72岁	455
元英宗至治元年	辛酉	1321年	73岁	465
元英宗至治二年	壬戌	1322年	74岁	482
元英宗至治三年	癸亥	1323年	75岁	494
元泰定帝元年	甲子	1324年	76岁	514
元泰定帝二年	乙丑	1325年	77岁	537
元泰定帝三年	丙寅	1326年	78岁	557
元泰定帝四年	丁卯	1327年	79岁	573

元泰定帝五年 致和元年 元文宗天历元年 戊辰 1328年 80岁 …… 605

元文宗天历二年 己巳 1329年 81岁 ………………………… 624

元文宗天历三年 至顺元年 庚午 1330年 82岁 …………… 637

元至顺二年 辛未 1331年 83岁 …………………………… 650

元至顺三年 壬申 1332年 84岁 …………………………… 659

元至顺四年 元统元年 癸酉 1333年 85岁 ………………… 679

参考文献 ……………………………………………………… 692

海迷失皇后称制元年 宋理宗淳祐九年
己酉　1249年　1岁

冯此山在江西抚州创建临汝书院。

按：临汝书院于淳祐九年（1249）在朱子门人冯此山的手中创立。朱子的三传弟子程若庸、程绍开相继主持临汝书院，吸引大批士子前来学习。吴澄《临汝书院重修尊经阁记》记载了临汝书院修建经过："宋淳祐戊申（1248），冯侯去疾提举江南西路常平茶盐事，至官之日，以其先师徽国文公朱先生尝除是官而不及赴，乃于抚州城外之西南营高爽地，创临汝书院，专祠文公，为学者讲道之所。明年己酉（1249），书院成，位置分画率仿太学，故其屋室规制非他书院比。左个之左竖危楼，贮诸经及群书于其间，扁曰'尊经阁'。"（《吴澄集》，第799页）

又按：临汝书院建成后，当地文人有诗以贺。艾性夫《临汝书院落成诸公有诗用韵》载："鱼跃鸢飞喜落成，鹅湖鹿洞共峥嵘。世无孔孟乾坤熄，学到周程日月明。议论高虚终害道，圣贤平实不争名。光风霁月元无迹，分付庭前草自生。"（《全元诗》第19册，第157页）

又按：临汝书院创建者冯此山，即冯去疾，"都昌人。理宗时知兴国军"（王梓材、冯云濠编撰，沈芝盈、梁运华点校《宋元学案补遗》卷四九《晦翁学案补遗》，第2856页）。据袁甫《黄州重建学记》、虞集《抚州临汝书院复南湖记》记载，冯去疾"率学者以从学乎为己之学"（《宋元学案补遗》卷四九《晦翁学案补遗》，第2856页），面对当时不能躬行实践，只知"尚进士业而务为禄仕"的学习风气甚为忧心，所以他开创临汝书院，原本就抱以尊崇考亭之学。袁甫《黄州重建学记》称："齐安郡博士冯君去病，兴崇学校……夫以己性为有内外，拘牵固滞，大本不明，而顾以言语诵说为能，正使充栋汗牛，祗以为损，实有何益？某自惧不能免斯病也，学子亦尝深省密察乎？"（《全宋文》第324册，第72页）虞集《抚州路临汝书院复南湖记》："及乎宋晚，儒士之在庠序，尚进士业而务为禄仕，学道之君子有忧之。是常平使者都昌冯公去疾，即湖为堂，率学者以从事乎为己之学。"（虞集《抚州路临汝

书院复南湖记》,《全元文》第26册,第545页)

又按:黄震在咸淳七年(1271)任抚州知州一职后,对临汝书院沿习朱学道统的学风加以赞颂,《临汝书院朱文公祠祝文》载:"乃今临汝,实陆先生之乡,而临汝多士乃崇先生之祠,以讲先生之学。岂惟此邦之士所以虚心讲学者,无一毫先入之私,亦足见此道之传,所谓至当归一者,有万世可传之托。某于道未能有得,而实尝诵味绪言,故不胜万世道统之幸,而非但一时告至之虔。"(《全宋文》第348册,第421页)

再按:除沿习朱学道统的学风外,临汝书院还促成了朱陆会同的思想倾向。黄震《江堂宾得斋记》对此记载到:"盱江江仁甫(即江克明)尝求阳山吴君名其所居曰得斋,已几年矣,求大参包公宏斋为《得斋铭》,又几年矣。今既老,尚求余为记,亦足见好学之不厌矣。然余何人,而敢僭?且仁甫本宗象山之学,领袖临汝书堂余二十年,又日讲晦翁之学。朱陆之学,皆世所宗,而其说不同,或相排觝,仁甫能兼取而参酌之,此其所得又岂晚末敢轻赞一辞?"(黄震《江堂宾得斋记》,《全宋文》第348册,第316—317页)

吴澄正月十九日生于抚州路崇仁县崇仁乡咸口里。

按:吴澄生平事迹见于虞集《故翰林学士资善大夫知制诰同修国史临川先生吴公行状》(《道园学古录》卷四四,以下简称《行状》)、揭傒斯《大元敕赐故翰林学士资善大夫知制诰同修国史赠江西等处行中书省左丞上护军追封临川郡公谥文正吴公神道碑》(《吴文正集》附录,以下简称《吴公神道碑》)、危素所撰年谱、刘岳申《祭草庐先生吴公文》(《申斋文集》卷一二)、《元史》卷一七一、《新元史》卷一七〇、《元儒考略》卷三、《宋元学案》卷九二、《(嘉靖)抚州府志》卷一〇、《历代名儒传》等。

又按:吴澄于淳祐九年正月十九日生于抚州路崇仁县崇仁乡咸口里,虞集《行状》载:"先生讳澄,字幼清,晚称伯清,姓吴氏。其先,自豫章之丰城迁居崇仁。七世祖周,生二子:玑,将乡兵留太平州;璿生晔,始居咸口里,公之曾祖矣。自是以来,世治进士业。先生以宋淳祐九年己酉正月十有九日生,前一夕,乡父老见有异气降其家,后有望气者言:华盖、临川两山之间,当有异人出。两山之间,所谓咸口里也。"(虞集《故翰林学士资善大夫知制诰同修国史临川先生吴公行状》,《虞集全集》下册,第858页)揭傒斯《吴公神道碑》载:"世有积德,为儒家。其所居咸口里,在华盖、临川二山之间。丰城徐觉者,善望气,尝过而指曰:必有异人出焉。已而生公之前一夕,里中人梦有神物蜿蜒降公所居,明日生公。"(揭傒斯《吴澄神道碑》,《揭傒斯全集》第455页)

再按：吴澄的出生地"咸口里"，在华盖山、临川山两山之间。华盖山又名宝盖山，在今江西崇仁县西南。《太平寰宇记》载宝盖山"在县南一百二十一里。山影如宝盖，一名华盖山。上有浮丘先生坛，王、郭二真人上升之地"。（《太平寰宇记》卷一一〇"江南西道八"，清文渊阁四库全书补配古逸丛书景宋本）《大清一统志·抚州府一》载宝盖山"在崇仁县西南。……山高二十里，跨崇仁、乐安、宜黄三县境。岩洞殊胜，下有布水谷。元吴澄常隐于此。山麓有黄茅冈，虞集尝置精舍"。（《大清一统志》卷三二二，四部丛刊续编景旧抄本）临川山又名巴山，即今江西崇仁县西南相山。《寰宇记》载临川山"在（崇仁）县南六十一里。旧名巴山，天宝六年敕改为临川山"。（《太平寰宇记》卷一一〇"江南西道八"，清文渊阁四库全书补配古逸丛书景宋本）吴澄曾记载此地多山，《梅峰祠记》："抚崇仁之境，环南西北百里间，山之耸起而高大者五，俱有仙灵神异之迹寄托其上。最南一山曰华盖，由华盖而西北一山曰夫蓉，夫蓉之北支迤而西曰杯山，杯山之东北曰罗山，夫蓉之东支迤而东曰巴山，巴山之东北为梅峰。"（《吴澄集》，第951页）

吴澄家族世治进士业。

按：虞集《行状》载："曾祖，大德。妣，张氏。祖铎，赠中奉大夫、淮东道宣慰使、护军，追封临川郡公。妣，谢氏，追封临川郡夫人。考枢，赠资善大夫、湖广等处行中书省右丞、上护军，追封临川郡公。妣，游氏，追封临川郡夫人。先生讳澄，字幼清，晚称伯清，姓吴氏。其先自豫章之丰城，迁居崇仁。七世祖周，生二子。玑，将乡兵留太平州，璿生晔，始居咸口，生公之曾祖矣。自是以来，世治进士业。"（《全元文》第27册，第168页）危素《临川吴文正公年谱》（以下简称《年谱》）载："其先七世始自丰城县徙抚之崇仁，六世祖周始迁咸口，子男四玑、珪、璿、球。宋高宗渡江，选民为兵，玑以縣役长乡兵，戍江东，因家太平州。璿生晖、明、晔。晔乃公之高祖，谨厚慈俭，家日饶裕。有寇自宁都县境至，屋庐尽毁，复筑室于咸口。年至八十余。曾祖考大德，澹然无时俗嗜好，中年即谢家事，优游林泉，亦享耆寿。祖考铎，工进士诗赋，精通天文星历之学，宽厚不屑细务。"

又按：《行状》与《年谱》记载的吴澄世系有别，今按《行状》制吴澄世系表，应为：

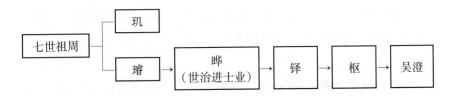

据《年谱》吴澄世系图当为：

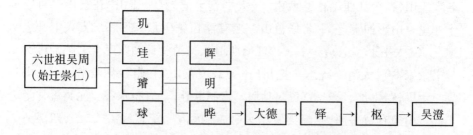

又按：据吴澄记载，崇仁吴姓本为大姓，其自宣城迁徙至于丰城，再由丰城迁往崇仁："古丰城之长安与崇仁之青云接境，吴族居焉。其初，与崇仁之吴俱来自宣州。宋之盛时，有籙科第而仕者。逮南渡以后，崇仁之吴文学科第大显于时，而丰城之吴亦儒雅循良，饶裕自殖。"（吴澄《故吴君庆长父墓志铭》，《吴澄集》，第1493—1494页）但绍定三年（1230）时寇至崇仁，毁屋灭室，吴氏浸衰："余之同里而居者，有横江袁氏。当其盛也，袁与吴等埒。宋绍定庚寅，经虔寇残毁，吴族浸衰。又四十余年，大元有南土，袁族亦替。"（吴澄《故月溪居士袁君墓碣铭》，《吴澄集》，第1513—1514页）这极有可能就是危素《年谱》记载"晔乃公之高祖，谨厚慈俭，家日饶裕。有寇自宁都县境至，屋庐尽毁，复筑室于咸口"一事。

吴澄父枢，精于医术。母游氏，生二男，长则吴澄。

按：吴澄父吴枢（1225—？），长于医术。危素《年谱》载："考枢温粹纯实，谦退不与人争。方里尝夭札，业医者多畏传染，不敢往视，或尽室不起。乃煮善药，命一人持以自随，给以饮之，全活者数十家。有丧不能举者，竭力周恤，终身以为常。妣游氏，生二子，长则公也。"又吴澄《秋山翁诗集序》载其父生年为1225年："岁在庚辰（1280），予客于郑。郑之婣兄曰秋山翁，亦客焉。余日从之游，知翁刻厉于诗旧矣。越十有六年（1296），翁过予山中，剧谈诗，于是悉翁平生所吟，玩之不忍释，而继之以叹且泣也。盖翁与先君子同年生，其诗自余始生之岁以逮于今（1296），凡四十有七年，为诗始数百篇……翁今年七十有一，而诗凡三变，翁不自知其然也。"（《吴澄集》，第313页）据吴澄记载，秋山翁与其父同年而生，秋山翁于元贞二年（1296）七十一岁，即其与吴澄父应同生于嘉定十八年（1225）。

又按：吴澄尚有一弟字幼深，吴澄《董云龙诗集》载："幼深弟出《骊海独吟》一篇示余。"（《吴澄集》，第470页）

元好问编《中州集》锓梓。

按：元好问《中州集》成书于1233年，而锓梓于1249年。他有自序录其《中州集》成书过程。《中州集序》载："岁壬辰(1232)，予掾东曹。冯内翰子骏延登、刘邓州光甫祖谦，约予为此集。时京师方受围，危急存亡之际，不暇及也。明年(1233)滞留聊城，杜门深居，颇以翰墨为事。冯、刘之言，日往来于心。亦念百余年以来，诗人为多，苦心之士，积日力之久，故其诗往往可传。兵火散亡，计所存者才什一耳，不总萃之则将遂湮灭而无闻，为可惜也。乃记忆前辈及交游诸人之诗，随即录之。会平叔之子孟卿，携其先公手抄本来东平，因得合予所录者为一编，目曰《中州集》。"(《元好问全集》卷三七，第672页)

又按：张德辉《中州集后序》记载到，此集得真定提学龙山赵振玉资助，始锓木以传："己酉秋(1249)，得真定提学龙山赵侯国宝资籍之，始镌木以传。"(施国祁笺注《元遗山诗集笺注》卷七，清道光二年南浔瑞松堂蒋氏刻本)赵振玉，字国宝，时为真定路工匠都总管，《新元史》卷二二九有其传："赵振玉，大宁龙山人，以干局受知于史天倪，选署龙安府库使。改承安令，迁军中都提控。武仙反状已露，振玉请先图之。天倪曰：'彼鼠子，何能为？'后天倪为武仙所袭杀，振玉及其兄真定府判官真玉，脱身走满城。史天泽复真定，命振玉招降临城、杏树等寨，下邢、赵二州，州民保聚者，悉使还故居，授庆源军节度使，兼赵州观察使。庆源户不满百，振玉为招集流亡，劝耕稼，通货易。群盗时出剽掠，辄为振玉所搜捕。寻改河北西道按察使，兼帅府参谋。俄复还庆源军。有白昼杀人于市者，振玉案其罪，敕怨家妇手刃之，阖邑称快。时治郡以振玉称首云。"(《新元史》卷二二九《赵振玉传》，第3317页)

又按：关于元好问《中州集》，据元好问自己记载，其动机是以诗存史，正所谓"平世何曾有稗官，乱来史笔亦烧残"。后明末诗人程嘉燧则敏锐指出："元氏止集诗也，以诗系人、以人系传，中州之诗，亦金源之史。"(钱谦益《牧斋有学集》卷一三《东涧诗集》下，四部丛刊景清康熙本)元好问作《自题中州集后五首》写道："邺下曹刘气尽豪，江东诸谢韵尤高。若从华实评诗品，未便吴侬得锦袍。陶谢风流到百家，半山老眼净无花。北人不拾江西唾，未要曾郎(按：指曾慥，曾慥《皇宋诗选》不录欧阳修、王安石、苏轼、黄庭坚)借齿牙。万古骚人呕肺肝，乾坤清气得来难。诗家亦有长沙帖，莫作宣和阁本看。文章得失寸心知，千古朱弦属子期。爱杀溪南辛老子(即辛愿)，相从何止十年迟。平世何曾有稗官，乱来史笔亦烧残。百年遗稿天留在，抱向空山掩泪看。"(《元好问全集》卷十三，第280页)

又按：吴澄后来对《中州集》有评价，《跋赵运使录中州诗》载："唐人诗无一句一字不切题者，宋诗盖不能然。夫诗或言志，或写情，或感时，或即事,固各有当,而咏物尤难于精工。运使赵侯以近世《中州集》录出七言八句三十七篇,畀王子宁,俾初学不至失于支离,由此可入唐诗门户矣。"(《全元文》第14册,第506—507页)

林希逸作《后村居士集序》。

按:林希逸《后村居士集序》载:"后村先生刘公,得文名最早,排觝于时亦最甚……夫文章非一体,能者互短长。王粲他文不逮赋,子美无韵者难读,温公不习四六,南丰文过其诗,此皆前辈评论也。以余观于后村,自非天禀迥殊,力学深到,何其多能哉?诗虽会众作而自为一宗,文不主一家而兼备众体,模写之笔工妙,援据之论精详,其错综也严,其兴寄也远。或春容而多态,或峭拔以为奇,融贯古今,自入炉鞴。有《谷梁》之洁,而寓《离骚》之幽;有相如之丽,而得退之之正。霜明玉莹,虎跃龙骧,闳肆瑰奇,超迈特立,千载而下,必与欧梅六子并行,当为中兴一大家数也。"(《刘克庄集笺校》附录三,第7840—7841页)

又按:后村居士刘克庄,江湖诗人。其诗学脉络是由转学晚唐,改变江西诗风,进而进入四灵、江湖一脉:"经叶适倡导而兴起的'四灵'诗风,在南宋后期产生以后,实际上影响了晚宋到元初这一相当长时期,对元中期诗风的形成,又起了很重要的作用。永嘉四灵徐照、徐玑、赵师秀、翁卷都是浙东人,都出自叶适门下,他们的诗歌创作,在很大程度上体现了叶适的文学思想。他们提倡唐体,是因为他们不满于江西派和理学派,他们以清新圆熟反对江西派的磋砑粗硬,以抒发一己之情,反对理学派的以诗明理。'四灵'的诗风在一定程度上为江湖派所继承,《沧浪诗话·诗辨》说:'近世赵紫芝、翁灵舒辈独喜贾岛、姚合之诗,稍稍复就清苦之风,江湖诗人多效其体,一时谓之唐音'。清人全祖望《宋诗纪事序》也说:'嘉定以后,《江湖小集》盛行,多四灵之徒也。'南宋晚期浙江诗风,基本是四灵的天下。"(查洪德《元代学术流变与诗文流派》,《殷都学刊》2000年第1期,第63页)

魏近思、魏克愚刊魏了翁《鹤山集》。

按:南宋以朱熹、真德秀、魏了翁为代表的这一文脉,重道轻文,重视用文学形式传达理学义理,强调文学的经世致用功能,主张温柔敦厚的文学风格。南渡之后,文人们都试图挽救江西诗派这种生涩枯硬、奇险雕琢的诗风,而以朱熹为代表,他们推本《诗经》传统,用志无邪的方式来冲淡江西诗派的缺点,然后让诗学、经学取得统一。故吴渊《鹤山集序》道:"艺祖救百王之弊,以道理为最上一语开国,以用读书人一念厚苍生,文治彬郁,垂三百年,海内兴起未艾也。而文章亦无虑三变,始也厌五季之萎蘼,而昆体出,渐归雅醇,犹事织组,则杨、晏为之倡;已而回澜障川,黜雕返朴,崇议论,厉风节,要以关世教、达国体为急,则欧、苏擅其宗;已而濂溪周子出焉,其言重道德,而谓文之能艺焉耳,于是作《通书》,著《极图》,大本立矣。……南渡后,惟朱文公学贯理融,训经之外,文膏史馥,骚情雅思,体法毕备。又未几,而公与西山真公出焉。……公没十二年,而近思、近愚公之二子也,萃遗稿刻梓,用传属予序发之。"(《全宋文》第334册,第24页)

赵汝回为薛嵎《云泉诗》作序。

按:赵汝回在为《云泉诗》作序时,强烈表达了他对理学诗路的反对。赵汝回《云泉诗序》载:"近世论诗有选体,有唐体。唐之晚为昆体。本朝有江西体,江西起于变昆。昆不足道也,而江西以力胜,少涵泳之旨。独选体近古,然无律诗,故唐诗最著。世之病唐诗者,谓其短近不过景物,无一言及理。此大不然。诗未有不托物,而理未有出于物之外。古人句在此而意在彼。今观《三百篇》,大抵鸟兽草木之间,不可以是訾也。而人之于诗,其心术之邪正,志趣之高下,气习之厚薄,随其所作,无不呈露。……昔坡公论六家书,谓小人书字虽工,而其神情终有盱睢侧媚之态。非独作字为然,虽文皆然也。故作诗贵识体,尤在养性。不养性则无本,不识体则无法。永嘉自四灵为唐诗一时,水心首见赏异。四人之体略同,而道晖、紫芝,其山林闺阁之气各不能撑。云泉薛君仲止以诗名于时,本用唐体,而物与理称,更成一家。其人萧散之际,自有绳尺。始而色,其貌若生;久而旨,其味益洽。恬静不求,本于天性,未易以矫揉学者。"(《全宋文》第304册,第126—127页)

吕午为吴锡畴《兰皋诗集》作跋。

按:作为新安学派的代表,吴锡畴践行"南宋'新安学派'学者尊奉程朱理学,非常重视提升自身的才学识见、胸襟修养、品行气节等,并通过道德实践发展完成其德性人格。多数学者也进行诗歌创作,他们把追求个体人格完善的日常践履诉诸文学创作,以诗歌的形式呈现了其义理体悟、心性涵养和气格志向,诗歌的情感力量逐渐让位于理性意蕴、道德价值和精神品格"(王昕《南宋"新安学派"的理学追求与诗歌创作》,《石家庄学院学报》2018年第2期,第95页)。吕午此年为吴锡畴《兰皋诗集》作跋,尤其称道吴锡畴诗歌的豪气意致:"余每念竹洲先生以文章行义惊动一世,岂无有能继家声者?近岁逢原以诗名,实先生曾孙。今兰皋又先生之孙,吴氏世不乏季子矣。……词意清新,而豪气勃勃不可遏,直与坡、杜相周旋,一洗郊、岛之寒瘦,真可畏而可仰也。"(《全宋文》第315册,第103—104页)

王沂孙(1249—1290)、刘因(1249—1293)、谢翱(1249—1295)、程钜夫(1249—1324)、胡长孺(1249—1324)生。

海迷失皇后称制二年 宋理宗淳祐十年
庚戌　1250年　2岁

刘秉忠上"万言策"。

按：刘秉忠主张改革弊政，振兴朝廷，其主张得到忽必烈赞赏，对其采用"汉法"一举起到推动作用。此年，刘秉忠上"万言策"。张文谦《故光禄大夫太保赠太傅仪同三司谥文贞刘公行状》载："庚戌（1250）夏上'万言策'，所陈数十余条，皆尊主庇民之事。首言正朝廷，振纪纲，选相任贤，安民固本，执牍以奏，上皆嘉纳之。"（《全元文》第22册，第283页）

又按：刘秉忠在"万言策"中提出"开选择才，以经义为上，词赋论策次之，兼科举之设"，是直言国家应该新开科举，但要以经义为主，反对以辞章、策论取士，这一主张是元廷久未重开科举的一个重要原因。《元史》存其略："古者庠序学校未尝废，今郡县虽有学，并非官置。宜从旧制，修建三学，设教授，开选择才，以经义为上，词赋论策次之，兼科举之设，已奉合罕皇帝圣旨，因而言之，易行也。开设学校，宜择开国功臣子孙受教，选达才任用之。"（《元史》卷一五七《刘秉忠传》，第12册，第3688—3692页）

姚枢此年开始辅佐忽必烈。

按：忽必烈在潜邸时期重视汉法，开始任用不少北方汉人，主要"包括以刘秉忠等经济之士为主的邢州集团，以许衡、姚枢等人为主的理学家群体，和汉族世侯幕下文人组成的旧金遗士"（任红敏《金莲川藩府文人群体之文学研究》，南开大学2010年中国古代文学专业博士学位论文，第2页）。姚燧《中书左丞姚文献公神道碑》记载了此年姚枢开始辅佐忽必烈的事迹："岁庚戌（1250），尽室来辉，相依以居。会上在潜邸，遣托克托、故平章赵璧驿至彰德。恐公避，托克托留，璧独至辉，以过客见，审其为公，始致见征之旨。公曰：'天下之人同是姓名何限？恐使者误征，不敢妄应。'璧曰：'汝非弃伊鲁斡斋，隐此者乎？'公曰：'是则然矣。'璧曰：'良是。'乃偕往彰德，受命遂行。"（《全元文》第9册，第575—576页）

董文用入侍忽必烈潜藩。

按：此年，董文用随兄董文炳谒见庄圣太后，随后入侍忽必烈潜藩。虞集《翰林学士承旨董公行状》载："时以真定藁城奉庄圣太后汤沐，岁庚戌（1250），太后使择邑中子弟来上，公始从忠献公（董文炳）谒太后和林城。世祖皇帝在潜藩，命公主文书，讲说帐中，常见许重。"（《虞集全集》下册，第853页）

元好问作《陶然集诗序》。

按：元好问历来反对以"无一字无来处"的方式解读杜诗，认为这种做法反为累："杜诗注六七十家，发明隐奥，不可谓无功；至于凿空架虚，旁引曲证，鳞杂米盐，反为芜累者亦多矣。"（元好问《杜诗学引》，《元好问全集》卷第三十六，第641页）

又按：元好问作《陶然集诗序》："贞祐南渡（1214）后，诗学为盛。洛西辛敬之、淄川杨叔能、太原李长源、龙坊雷伯威、北平王子正之等，不啻十数人，称号专门。就诸人中，其死生于诗者，汝海杨飞卿（杨鹏）一人而已。李内翰钦叔工篇翰，而飞卿从之游。初得'树古叶黄早，僧闲头白迟'之句，大为钦叔所推激。从是游道日广，而学亦大进。客居东平将二十年，有诗近二千首，号《陶然集》。所赋《青梅》、《瑞莲》、《瓶声》、《雪意》或多至十余首。其立之之卓、钻之之坚、得之之难、积之之多乃如此。此其所以为贵也欤？岁庚戌，东平好事者求此集刊布之。飞卿每作诗，必以示予，相去千余里，亦以见寄。其所得，予亦颇能知之。飞卿于海内诗人，独以予为知己，故以集引见托。或病吾飞卿追琢功夫太过者，予释之曰：诗之极致，可以动天地、感鬼神。故传之师，本之经，真积之力久，而有不能复古者。自'匪我愆期，子无良媒''自伯之东，首如飞蓬''爱而不见，搔首踟蹰''既见复关，载笑载言'之什观之，皆以小夫贱妇满心而发，肆口而成，见取于采诗之官，而圣人删诗亦不敢尽废。后世虽传之师，本之经，真积力久而不能至焉者，何古今难易不相侔之如是耶？盖秦以前民俗醇厚，去先王之泽未远。质胜则野，故肆口成文，不害为合理。使今世小夫贱妇满心而发，肆口而成，适足以污简牍，尚可辱采诗官之求取耶！故文字以来，诗为难；魏晋以来，复古为难；唐以来，合规矩准绳尤难。夫因事以陈辞，辞不迫切而意独至，初不为难，后世以不得不难为难耳。古律、歌行、篇章、操引、吟咏、讴谣、词调、怨叹，诗之目既广，而诗评、诗品、诗说、诗式，亦不可胜读。大概以脱弃凡近、澡雪尘翳、驱驾声势、破碎阵敌、囚锁怪变、轩豁幽秘、笼络今古、移夺造化为工；钝滞、僻涩、浅露、浮躁、狂纵、淫靡、诡诞、琐碎、陈腐为病。'毫发无遗恨''老去渐于诗律细''佳句法如何''新诗改罢自长吟''语不惊人死不休',杜少陵语也。'好句似仙堪换骨,陈言如贼莫经心',薛许昌语也。'乾坤有清气,散入诗人脾。千人万人中,一人两人知',贯休师语也。'看似寻常最奇崛,成如容易却艰难',半山翁语也。'诗律伤严近寡恩',唐子西语也。子西又言:'吾于它文不至蹇涩,惟作诗极难苦。悲吟累日,仅自成篇。初读时,未见可羞处,姑置之。后数日取读,便觉瑕衅百出。辄复悲吟累日,反复改定,比之前作稍有加焉。后数日,复取读,疵病复出。凡如此数四,乃敢示人。然终不能工。'李贺母谓贺'必欲呕出心乃已',非过论也。今就子美而下论之,后世果以诗为专门之学,求追配古人,欲不死生于诗,其可已乎?虽然,方外之学有'为道日损'之说,又有'学至于无学'之说。诗家亦有之。子美夔州以后,乐天香山以后,东坡海南以后,皆不烦绳削而自合。非技进于道者能之乎?诗家所以异于方外者,渠辈谈道不在文字,不离文字。诗家圣处不离文字,不在文字。唐贤所谓'情性之外不知有文字'云耳。以吾飞卿立之之卓、钻之之坚、得之之难,异时霜降水落,自见涯涘。吾见其溯石楼,历雪堂,问津斜川之上,万虑洗然,深入空寂,荡元气于笔端,寄妙理于言外。彼悠悠者,可复以昔之隐几者见待耶?《陶然后编》,请取此序证之,必有以予为不妄许者。重九日,遗山真隐序。"(《元好问全集》卷第三十七,第658—659页)

刘祁卒。
按:刘祁(1203—1250),字京叔,号神川遁士,应州浑源人。为太学生,有文名。举进士不第,遂回乡隐居,潜心著述。入元,曾为山西东路考试官。著有《归潜志》十四卷及《神川遁士集》等。
胡炳文(1250—1333)、马致远(1250—约1323)生。

元宪宗蒙哥汗元年 宋理宗淳祐十一年
辛亥　1251年　3岁

六月,蒙哥正式即位。

按:《元史》载:"元年辛亥(1251)夏六月,西方诸王别儿哥、脱哈帖木儿,东方诸王也古、脱忽、亦孙哥、按只带、塔察儿、别里古带,西方诸大将班里赤等,东方诸大将也速不花等,复大会于阔帖兀阿阑之地,共推帝即皇帝位于斡难河。"(《元史》卷三《宪宗本纪》,第1册,第44页)

又按:蒙哥即位一事,是在术赤嫡长子拔都的支持下成功的。志费尼《世界征服者传》记载:"(拔都)借口他的马瘦,他驻留在阿剌豁马黑,并带话给所有的王公和异密,要他们到该地,以便共商把汗位交给一个适当人选的事,庶几朝政不致再度失序,骚乱不致发生。"(志费尼著,何高济译,翁独健校订《世界征服者史》上册,内蒙古人民出版社1980年,第309页)在元定宗贵由薨后,"拔都虽然承认海迷失后的称制权,但同时又以黄金家族长兄的身份,向诸王派遣使臣,召集他们来阿剌豁马黑参加推举新大汗的忽里台"(傲日格勒《蒙元时期汗位继承问题研究》,内蒙古大学2017年中国古代史专业博士学位论文,第39页)。这个过程长达两年,"我们想拥立蒙哥合罕即位以来,已过去两年了,窝阔台合罕和贵由汗的后裔以及察合台的儿子也速-蒙哥还没有来到",而在今年,蒙哥正式召集忽里台,在斡难河即位。(拉施特著《史集》第二卷,余大钧、周建奇译,商务印书馆1983年,第241页)

七月,忽必烈受蒙哥命总治漠南,开府于金莲川。

按:《元史》载:"遂改更庶政:命皇弟忽必烈领治蒙古、汉地民户。"(《元史》卷三《宪宗本纪》,第1册,第44页)《元史·杨惟中传》载:"宪宗即位,世祖以太弟镇金莲川,得开府。"(《元史》卷一四六《杨惟中传》,第11册,第3467页)

赵良弼入忽必烈藩府。

按:忽必烈开府金莲川后,任用不少北方汉人入其幕帘,《元名臣事略》

载:"公名良弼,字辅之,赵州赞皇人。……岁辛亥(1251),召居王邸。历邢州、陕西幕官。"(《元朝名臣事略》卷第十一《枢密赵文正公》,第 224 页)

吴澄三岁即能诵歌诗数百篇。

按:虞集《行状》载:"三岁颖异日发,宣慰使抱置膝上,教之古诗,随口成诵。"(《全元文》第 27 册,第 168 页)揭傒斯《神道碑》载:"公三岁能诵歌诗数百篇。"危素《年谱》载:"三岁,颖异日发(公三岁,大父每以古诗授之,渐至数百篇,琅琅成诵。游夫人携过里,姥姥惠以钱菓,公敬受之,终有惭色,密置之而去)。"

包恢作《三陆先生祠堂记》。

按:包恢《三陆先生祠堂记》"是抚州州守叶梦得在州学之西造营祠堂之际而作。文章的特点是,主要介绍了陆九渊个人的学问,在基于陆自身的书简和语录等文章的基础上,逐一反驳世间对陆学的种种批判是不当的。通过对穷理和读书、涵养的必要性、学问的渐进性的理解,用自己的理解方法肯定了陆九渊,主张陆学和朱学并非不兼容"。(三浦秀一著,杨小江译《学生吴澄与南宋末叶的江西书院》,《湖南大学学报(社会科学版)》2007年第 3 期)

又按:包恢《三陆先生祠堂记》载:"以正学名天下,而有三先生焉萃在一郡一家,若临川陆氏昆弟者,可谓绝无而仅有欤!梭山宽和凝重,复斋深沉周谨,象山光明俊伟。此其资也,固皆近道矣;若其学之浅深,则自有能辨之者。梭山笃信圣经,见之言行,推之家法,具有典刑。虽服先儒之训,而于理有不可于心者,决不苟徇。如《太极图说》以无极乃老氏之学,周子《通书》与二程俱未尝言及'无极'二字,以此见三公皆知其为非,此其所见之卓过于人远矣。象山与乃兄固多未合,独此深相契,则其学可知矣。惜其终于独善,而不及见诸行事之著明尔。复斋少有大志,浩博无涯涘,观书无滞碍,翻阅百家,昼夜不倦。自为士时,已有称其得子思、孟轲之旨者。其后入太学,一时知名士咸师尊之,则其学可知矣。又惜其在家在乡,则仅可见者,辅成家道之修整,备御湖寇之侵轶。其先为学录,后为教官,则虽可见者纪纲肃而蠹弊之悉革,诚意孚而人心之兴起,然其为海内儒宗,道德系天下之望,而恨未得施其一二尔。若夫象山先生之言论风旨,发挥施设,则有多于二兄者。盖自幼时已如成人,渊乎似道,有定能静,实自天出,不待勉强。故其知其生知,行若安行,粹然纯如也。盖学之正非他,以其实而非虚也。故先生尝曰:'宇宙间自有实理,此理苟明,则自有实行,有实事。实行之人,所谓不言而信。'又自谓平生学问惟有一实，一实则万虚皆碎。呜呼！彼世之以虚识见、虚议论，习成风化，而未尝一反己就实，以课日进月新之功者，观此亦尝有所警而悟其非乎？夫道不虚行，若大路然，苟得实地而实履之，则起自足下之近，可达千万里之远。如曰涓流积至沧溟，拳石崇成太华，亦由是尔。故自仁之实推而至于乐之实，自有乐生乌可已之妙。其实可欲者善也，实有诸己者信也。由善信而充实有光辉焉，则其实将益美而大，是诚之者人之道也。由大而化则为圣，而入于不可知之神，是诚者天之道也。此乃孟子之实学，可以渐积而循至者。然而无有乎尔，则亦久矣。先生尝论学者之知至，必其智识能超出乎千五百年间名世之士，而自以未尝少避为善之任者，非敢奋一旦之决，信不敏之意，而徒为无忌惮大言也。盖以其初，实因深切自反，灼见善非外铄，徒以交物有蔽，沦胥以亡，自此不敢自弃。是其深造自得实自孟氏，故曰孟氏之后至是始一明，其谁曰不然？四方闻其风采，学者辐辏。先生明于知人，凡所剖决必洞见肝肺，所针砭必中其膏肓，以是随所发明，类有感动，觉其良心而知其正性者为多。然则其学真可质鬼神而无疑，俟圣人而不惑者矣。昭昭如是，岂其间有所疑惑焉，殆若不可晓者，是又乌得不因以致其辩欤？且道义之门自开辟以来一也，岂容私立门户乎？故其说曰：'宇宙即是吾心，吾心即是宇宙。'曰：'学者惟理是从，理乃天下之公理，心乃天下之同心。颜、曾传夫子之道，不私夫子之门户，夫子亦无私门户。与人为私，商也。'曰：'此理在宇宙间未尝有所隐遁，天地所以为天地者，顺此理而已。人与天地并立为三极，安得自私而不顺此理哉！'是先生之学，乃宇宙之达道明矣，而或者乃斥以别为一门，何耶？释氏之说，自开辟以来无有也，岂非横出异端乎？故其说曰：'取释氏之圣贤而绳以《春秋》之法，童子知其不免。'曰：'今若徒自形迹词语间辨之，乃彼所谓职业。要其为不守正道，无复有毫发之近是者矣。'曰：'方士、禅伯真为大祟，无此迷惑，则无偏无党，王道荡荡，其乐可量哉！'是先生之学，非释氏之邪说亦明矣，而或者指以为禅学，又何邪？其穷理也，则曰：'积日累月，考究磨练，尝终日不食，而欲究天地之穷际，终夜不寝，而灼见极枢之不动。由积候以考历数，因笛声以知律吕。'复斋尝问其用功之处，则对以在人情、物理、事势之间。尝曰：'吾今一日所明之理凡七十余条。'曰：'天下之理无穷，以吾之所历经者言之，真所谓伐南山之竹不足以受我辞，然其会归，总在于此。'则与徒研穷于方册文字之中者不同，何不知者反谓其不以穷理为学哉！其读书也，则曰'古人为学，即是读书'，而以'何必读书然后为学'之反说为证，以束书不观、游谈无根之虚说为病。平昔精勤，人所不知，惟伯兄每夜必见其观览检阅之不辍。尝明烛至四更而不寐，欲沉涵熟复而切己致思，欲平淡玩味而冰释理顺。此则与徒干没于训诂章句之末者大异,何不知者反妄议其不以读书为教哉!抑或谓其惟务超悟而不加涵养、不求精进也,曾不知其有曰:'惟精惟一,涵养须如是。学之正而得所养,如木日茂、泉日达,孰得而御之?'曰:'虽如颜子,未见其止。易知易从者,实有亲有功,可久可大,岂若守株坐井然者!'则如彼或者之所谓者误矣。又或谓其惟尚捷径而若无次第,若太高也,曾不知其有曰:'学有本末先后,其进有序,不容躐等。吾所发明端绪,乃第一步,所谓升高自下也。'曰:'天所与我,至平至直。此道本日用常行,近乃张大虚声。当无尚虚见,无贪高务远。'至有一二问学者,惟指其尝主持何人词讼,开通何人贿赂以折之,曰:'即此是实学。'如或者之所谓者又误矣。独所大恨者,道明而未盛行尔,故上而致君之志仅略见于奏对。惟其直欲进于唐虞,复乎三代,超越乎汉唐,此乃朱文公称其规模宏大,源流深远,非腐儒鄙生之所能窥测。而语意圆活,混浩流转,见其所造深而所养厚也。下而泽民之意,亦粗见于荆门。惟其以正人心为本,而能使治化孚洽,人相保爱,至于无讼,笞箠不施,虽如吏卒,亦勉以义。此乃识者知其有出于刑政号令之表,而周文忠以为荆门之政可验躬行之效者也。然其所用者有限,而其所未用者无穷。先生以道之广大悉备,悠久不息,而人之得于道者有多寡久暂之殊,是极其所志,非多且久未已也。故自志学而至从心,常言之,志所期也。呜呼!假之以年,圣域固其优入,而过化存神,上下天地同流之功用非曰小补者,亦其所优为也。孰谓其年仅逾中身而止知命哉!溯其旨,与梭山未同者,自不嫌于如二三子之不同而有同。若复斋,则初已是其说于鹅湖之会,终又指言其学之明于易簀之时,则亦无间然矣。逮论其文,则尝语学者以穷理实则文皆实,又以凡文之不进者由学之不进。先生之文即理与学也,故精明透彻,且多发明前人之所未发,炳蔚如也。梭山讳九韶,字子美;复斋讳九龄,字子寿,谥文达;象山讳九渊,字子静,谥文安。郡学旧有祠,未称也,今郡守国之秘书叶公梦得下车之初,士友请易而新之。公即慨然曰:'果非所以严事也。'乃命郡博士赵与𬭤相与谋之。旋得隙地于学之西,遂肇造祠庙三间,翼以两庑,前为一堂,外为四直舍,又外为书楼,下列四斋。横开方地,地外有竹,竹间结亭。内外毕备,祠貌甚设,皆前所未有也,庶几严事之礼欤!左侑以袁公燮,以其为先生之学而尝司庾于是邦,且教行于一道;次侑以傅公子云,以其为先生之所与,而尝掌正于是学,且师表于后进。叶公得傅公之传,而自象山者也。祠实经始于淳祐庚戌之季秋,至仲冬而落成。自是厥后,祀斯祠、登斯堂者,如亲侍三先生焉,其不跃然有兴乎!由及门而升堂入室,其不有能等第而进者乎!叶公以恢之先君亲师先生,而必尝有闻于侍下,以记下属。辞之不得,乃冒犯僭越而述所知者如此,亦或庶几可以考

其渊源之大略欤！淳祐辛亥三月望,后学某记。"(《全宋文》第319册,第370—374页)

尹志平卒。

按：尹志平(1169—1251),字太和,号清和真人,莱州人。先后师事马丹阳、丘处机、郝大通,曾随丘处机跋涉万里,赴西域谒见忽必烈,"大元己卯岁,太祖圣武皇帝遣便宜刘仲禄起长春于宁海之昆嵛山,闻师为其上足,假道于潍以见之,遂同宣诏旨。先是,金、宋交聘,公坚卧不起。至是,师请曰：'道其将行,开化度人,今其时矣。'长春为肯首,决意北觐,选道行纯备者十有八人从行,师为之冠。致睿眷隆渥,玄风远倡,师羽翼弼成之功为多。岁癸未,长春还燕,主太极宫。师雅志闲适,退居缙云秋阳观,俄徙德兴之龙阳"。丘处机卒后,尹志平嗣主玄教,是为全真嗣教六世祖。著《葆光集》三卷、《清和真人北游语录》四卷。生平事迹见于王恽《尹公道行碑铭》、弋彀《玄门掌教清和妙道广化真人尹宗师碑铭》、《元史·尹志平传》等。

萨班·贡噶坚赞卒。

按：萨班·贡噶坚赞(1182—1251),原名贝丹敦珠,萨迦派创始人衮乔杰波之孙,"萨迦五祖"中的四祖。蒙古乃马真后三年曾应成吉思汗之孙阔端邀请赴凉州弘法。所著《正理藏论》为藏传因明的代表作之一。另著有《萨迦格言》。

元宪宗蒙哥汗二年 宋理宗淳祐十二年
壬子　1252年　4岁

六月,宋廷令有司公举海内行义文学之士。

按:《续资治通鉴》载:"宋理宗谕辅臣曰:'迩年科举取士,鲜得实学。士风人才关系气数,何策以救之?'吴潜请于省试额中辍三十名,令有司公举海内行义文学之士,庶尚存乡举里选微意。"(毕沅《续资治通鉴》卷第一七三,中华书局1957年,第4726页)

八月,忽必烈进驻临洮,欲为取蜀。

按:《元史》载:"八月,忽必烈次临洮,命总帅汪田哥以城利州闻,欲为取蜀之计。"(《元史》卷三《宪宗本纪》,第1册,第46页)

蒙哥汗以冕服拜天于日月山。

按:《元史·祭祀志》记载了蒙哥以冕服拜天于日月山:"宪宗即位之二年秋八月八日(1252),始以冕服拜天于日月山。其十二日,又用孔氏子孙元措言,合祭昊天后土,始大合乐作牌位,以太祖、睿宗配享。"(《元史》卷七二《祭祀志》,第6册,第1781页)

又按:姚燧《中书左丞姚文献公神道碑》则称亲临日月山之帝为忽必烈:"公奏:在太宗世,诏孔子五十一代孙元措仍袭封衍圣公,卒,其子与族争求词为讼,及潜藩,帝时曰:'第往力学,俟有成德达才,我则官之。'又闻曲阜有太常雅乐,命东平守臣,辇其歌工舞郎与乐色俎豆祭服,至日月山帝亲临观。饬东平守臣,员阙充补,无辍肄习。"(《全元文》第9册,第579页)《元史·张孔孙传》同样称忽必烈亲临日月山:"世祖居潜邸,尝召乐师至日月山观之,至是,徐世隆奏帝,宜增设宫县及文、武二舞,以备大典。"(《元史》卷一七四《张孔孙传》,第13册,第4067页)马晓林在《元代国家祭祀研究》中认为此事应当是忽必烈完成:"姚枢、徐世隆、张孔孙皆是元初礼乐建设中的重要人物。他们的传记资料证明,召东平乐工至日月山的是潜藩时期的忽必烈,而不是宪宗蒙哥。这与第二类史料《舆服志》、《礼乐志》的记载相矛盾。……1252年日月山祭天,对宪宗朝的礼仪祭祀制度并没有造成多少直接的影响。可能正是出于这个原因,《宪宗本纪》失载此事。……这些不准确的表述,可以理解为《经世大典》编修官对史料的误读。但其中或多或少蕴含着有文宗的政治取向。率意言之,似乎文宗有意夸大日月山祭天作为元朝郊祀乃至礼制之渊薮的地位。毕竟,元朝礼制在世祖朝才开始逐步建立,而在祭祀制度中,郊祀又实行最晚。这与汉地传统尊天郊祀的观念正相反。文宗宣扬文治,推崇汉地传统礼制,他将年代久远的日月山祭天抬出,又将此事中的历史细节掩盖起来,使事件整齐划一,这是制造政治宣传品的常见手段。"(马晓林《元代国家祭祀研究》,南开大学2012年中国古代史专业博士学位论文,第48—70页)

张德辉、元裕北觐请忽必烈为"儒教大宗师"。

按:苏天爵《元名臣事略·宣慰张公》载:"壬子(1252),公与元好问北觐,奉启请王为'儒教大宗师',王悦而受之。"(《元朝名臣事略》卷第十"宣慰张公",第207页)《元史·张德辉传》载:"壬子(1252),德辉与元裕北觐请世祖为'儒教大宗师',世祖悦而受之。"(《元史》卷一六三《张德辉传》,第13册,第3825页)

又按:关于"元裕"是指元好问,还是另有其人,目前相关记载与研究所执意见不同。《元史·张德辉传》称是"元裕"与张德辉行此事,苏天爵《元文类》、《元名臣事略》、《新元史》则认为是元裕之,即元好问。清人李光延《广元遗山年谱》认为元好问之说是传闻之误:"'世祖尝因金源元好问之请,为儒教大宗师。'此又传闻之误也!案此事见《元史·张德辉传》……此为元裕,见于《元史》不一,绝非元裕之也。"(李光廷撰《广元遗山年谱》卷下,民国二至六年乌程张氏刻《适园丛书》本)又劳汉生先生著文辨元裕与元裕之非一人:"事实真象是,元裕与元裕之非同一人,元裕是李冶、张德辉的挚友,但肯定没给刘汝锴《如积释锁》做过草。"(劳汉生《元裕、元裕之再辨》,《山西大学学报(哲学社会科学版)》1988年第1期)今存此说于此,不辨,且以"元裕"存目。

月合乃始开儒人免丁之举。

按:《元史·月合乃传》载:"岁壬子(1252),料民丁于中原,凡业儒者试通一经,即不同编户,著为令甲。儒人免丁者,实月合乃始之也。"(《元史》卷一三四《月合乃传》,第11册,第3245页)

徐世隆觐见忽必烈于日月山。

按:徐世隆此次觐见忽必烈于日月山,主要论君主不嗜杀人之策。苏天爵《元名臣事略·太常徐公》载:"上在潜邸,独喜儒士,凡天下鸿才硕学,往往延聘,以备顾问。壬子岁(1252),自漠北遣使来征公,见于日月山之帐殿,上方治兵征云南,因问:'此行何如?'公对曰:'昔梁襄王问孟子:"天下恶乎定?"孟子曰:"定于一。"……曰:"不嗜杀人者能一之。"夫君人者,不嗜杀人,天下可定,况蕞尔之西南夷乎!'上曰:'诚如威卿言,吾事济矣。'"(《元朝名臣事略》卷第十二《太常徐公》,第250页)

董文忠入侍忽必烈潜藩。

按:姚燧《董文忠神道碑》载:"公讳文忠,字彦诚,真定藁城人。……夫人李氏九子,公次居八,诸兄鞠友之。宪宗即位明年,壬子年(1252),二十有二,始入侍世祖潜藩。"(《全元文》第9册,第586页)

郝经入侍忽必烈潜藩。

按:《元史》载:"宪宗二年(1252),世祖以皇弟开邸金莲川,召经谘以经国安民之道,条上数十事,大悦,遂留王府。"(《元史》卷一五七《郝经传》,第12册,第3698页)

叶采进《近思录集解》。

按:叶采《进〈近思录〉表》载:"臣采言:先儒鸣道,萃为圣代之一经;元后崇文,兼取微臣之集传。用扶世教,昭揭民彝。臣采实惶实恐,顿首顿首。窃惟邹轲既殁,而理学不明;秦斯所焚,而经籍几息。汉专门之章句,训诂仅存;唐造士以词华,藻绘弥薄。天开皇宋,星聚文奎。列圣相承,治纯任于王道;诸儒辈出,学大明于正宗。逮淳熙之初元,有朱熹之继作,考图书传集之精粹,溯濂洛关陕之渊源,撷其训辞,名《近思录》,汇分十有四卷,六百二十二条。凡求端用力之方,暨处己治人之道,破异端之肩镳,辟大学之户庭,体用相涵,本末洞贯,会六艺之突奥,立四子之阶梯,人文载开,道统复续。臣昔在志学,首受是书,博参师友之传,稍穷文义之要,大旨本乎朱氏,旁通择于诸家,间有阙文,乃出臆说,删辑已逾于二纪,补缀仅成于一编。只欲备初学之记言,讵敢尘乙夜之睿览。兹盖恭遇皇帝陛下天锡圣智,日就缉熙。遵累朝之尚儒,讲诵不违于寒暑;列五臣于从祀,表章远迈于汉唐。岂徒褒显其人,正欲阐明斯道。俯询《集解》之就绪,遽命缮写以送官。倘于宫廷朝夕之间,时加省阅,即是周、程、张、朱之列日侍燕间。固将见天地之纯全,明国家之统纪,表范模于多士,垂轨辙于百王。粤自中古以来,未有若今之懿。臣幸逢上圣,获效愚衷,顾以萤爝之微,仰裨日月之照。五千文十万说,虽莫赞于法言;四三王七六经,愿益诒于圣化。所有《近思录集解》一部十册,谨随表上进以闻。干冒宸严,臣无任战汗屏营之至。臣采实惶实恐,顿首顿首谨言。淳祐十二年正月日,朝奉郎监登闻鼓院兼景献府教授臣叶采上表。"(《近思录集解》卷首,第8页)

又按：叶采曾于淳祐八年（1248）作《〈近思录集解〉序》，文载："皇宋受命，列圣传德，跨唐越汉，上接三代统纪。至天僖、明道间，仁深泽厚，儒术兴行。天相斯文，是生濂溪周子，抽关发蒙，启千载无传之学。既而洛二程子、关中张子，缵承羽翼，阐而大之。圣学淹而复明，道统绝而复续，猗与盛哉！中兴再造，崇儒务学，遹遵祖武，是以巨儒辈出，沿溯大原，考合诸论。时则朱子与吕成公，采撷四先生之书，条分类别，凡十四卷，名曰《近思录》，规模之大而进修有序，纲领之要而节目详明，体用兼该，本末殚举。至于辟邪说，明正宗，罔不精核洞尽，是则我宋之一经，将与四子并列，诏后学而垂无穷者也。尝闻朱子曰：'四子，六经之阶梯；《近思录》，四子之阶梯。'盖时有远近，言有详约不同，学者必自近而详者，推求远且约者，斯可矣。采年在志学，受读是书，字求其训，句探其旨，研思积久，因成《集解》。其诸纲要，悉本朱子旧注，参以《升堂记闻》及诸儒辨论，择其精纯，刊除繁复，以次编入，有阙略者，乃出臆说。朝删暮辑，逾三十年，义稍明备，以授家庭训习。或者谓寒乡晚出，有志苦学而旁无师友，苟得是集观之，亦可通创大义，然后以类而推，以观四先生之大全，亦'近思'之意云。淳祐戊申（1248）长至日，建安叶采谨序。"（《近思录集解》卷首，第1页）

元好问《续夷坚志》约成书于本年。

按：是书记事上起宋仁宗，下讫蒙古宪宗蒙哥元年（1251），书名承南宋洪迈《夷坚志》而来，但写作目的非齐谐志怪，而是记中原陆沉时事。清人荣誉《续夷坚志序》载："有金元遗山先生，具班、马之才，阅沧桑之变……初尝以国史为己任，不幸未与纂修，乃筑野史亭于家，采撷故君臣遗言往行，以自论撰，为藏山传人计。又以其余绪作为此书，其名虽续洪氏，而所记皆中原陆沉时事，耳闻目见，纤细毕录，可使善者劝而恶者惩。非齐谐志怪比也。"（《续夷坚志》，第1页）

萧辅道卒。

按：萧辅道（？—1252），字公弼，号东瀛子，金元之际卫州（治今河南汲县）人。太一道第四代教主。在住持河南柘城延祥观期间，曾"以一言活万家于锋镝之下"。后忽必烈诏至潜邸，萧氏应对称旨，被留住潜邸。萧辅道"人品峻洁，博学富才智，士论有山中宰相之目"（王恽《大都宛平县京西乡建太一集仙观记》），凭借与元帝室的特殊关系广交上层官僚、士大夫及文人雅士。元定宗二年（1247）赐号"中和仁靖真人"。宪宗二年（1252）病逝。由于辅道的努力，太一教在元初获得极大巩固和发展。事迹见于《太清观懿旨碑》。

王约（1252—1333）、陈栎（1252—1334）生。

元宪宗蒙哥汗三年 宋理宗宝祐元年
癸丑 1253年 5岁

六月,蒙古军开始第三次西征。

按:《元史》载:"夏六月,命诸王旭烈兀及兀良合台等帅师征西域哈里发八哈塔等国。又命塔塔儿带撒里、土鲁花等征欣都思、怯失迷儿等国。"(《元史》卷三《宪宗本纪》,第1册,第47页)

十二月,蒙古平大理。

按:《元史》载:"冬十二月,大理平。"(《元史》卷三《宪宗本纪》,第1册,第47页)

又按:程钜夫《平云南碑》载:"国家继天立极,日月所照,罔有内外。云南,秦、汉郡县也,负险弗庭。乃宪庙践阼之二年,岁在壬子,我世祖圣德神功文武皇帝,以介弟亲王之重,授钺专征。秋九月出师,冬十二月济河。明年春,历盐、夏。夏四月,出萧关,驻六盘。八月,绝洮,逾吐蕃,分军为三道,禁杀掠、焚庐舍。先遣使大理招之,道阻而还。十月,过大渡河,上率劲骑由中道先进。十一月,渡泸,所过望风款附。再使招之,至其国,遇害。十二月,逼其都城。城倚点苍山、西洱河为固,国王段兴智及其柄臣高泰祥背城出战,大败。又使招之,三返弗听。下令攻之,东、西道兵亦至,乃登点苍,临视城中。城中宵溃,兴智奔善阐。追及泰祥于姚州,俘斩以徇。分兵略地,所向皆下。惟善阐未附。"(《全元文》第16册,第322页)

刘秉忠从忽必烈征大理。

按:刘秉忠跟随忽必烈征大理,且每以止杀劝诫忽必烈。《元史》载:"癸丑(1253),从世祖征大理。明年,征云南。每赞以天地之好生,王者之神武不杀,故克城之日,不妄戮一人。"(《元史》卷一五七《刘秉忠传》,第12册,第3693页)

董文炳从忽必烈征大理。

按:《元史》载:"世祖在潜藩,癸丑秋(1253),受命宪宗征南诏。文炳率义士四十六骑从行,人马道死殆尽。及至吐番,止两人能从。两人者挟文炳徒行,踯躅道路,取死马肉续食,日行不能三二十里,然志益厉,期必至军。会使者过,遇文炳,还言其状。时文炳弟文忠先从世祖军,世祖即命文忠解尚厩五马载糗粮迎文炳。既至,世祖壮其忠,且闵其劳,赐赉甚厚。"(《元史》卷一五六《董文炳传》,第12册,第3668页)

姚枢随蒙古军入六盘山、大理。

按:姚燧《中书左丞姚文献公神道碑》载:"明年夏(1253),祃牙六盘,大张教条,俾公以王府尚书身至京兆,置宣抚司,以杨中书为使。奏诸千夫长不法,夺有人室者。旬月之间,民大和浃,道不拾遗。师行留裕宗后,谓曰:'姚公茂吾不能离,恐废汝学。今遣窦汉卿教汝。'先遣三使入大理,谕招许不杀掠。大军经土蕃,刊木求涂。以前三使先至谕旨,彼以为诳,磔其尸于树。大师及城,其相高祥登陴望之,见吾军威之盛,骇愕,口张不收。饬公尽裂橐帛为帜,书止杀之令,分号街陌,由是其民父子完保,军士无一人敢取一钱直者。"(《全元文》第9册,第578页)

杨惟中于此年左右入侍忽必烈潜藩。

按:杨惟中对元朝儒学用力颇多,他收集二程著述送往元廷,又立宋大儒周敦颐祠,建太极书院,延儒士赵复、王粹等讲授其间,可见其对儒学的推崇之意。这为其入侍潜藩后继续推崇儒学、保护儒生奠定了基础。《元史》载:"皇子阔出伐宋,命惟中于军前行中书省事,克宋枣阳、光化等军,光、随、郢、复等州,及襄阳、德安府,凡得名士数十人,收伊、洛诸书送燕都,立宋大儒周惇颐祠,建太极书院,延儒士赵复、王粹等讲授其间,遂通圣贤学,慨然欲以道济天下。"(《元史》卷一四六《杨惟中传》,第11册,第3467页)

宋子贞入侍潜藩。

按:《元史·礼乐志》载:"三年,时世祖居潜邸,命勾当东平府公事宋周臣兼领大乐礼官、乐工人等,常令肄习,仍令万户严忠济依已降旨存恤。六年夏五月(1256),世祖以潜邸次滦州,下教命严忠济督宋周臣以所得礼乐旧人肄习,宜如故事勉行之。"(《元史》卷六八《礼乐志二》,第1692页)

吴澄始就外傅。

按:虞集《行状》载:"五岁就外傅,日受千余言,诵之数过,即记不忘。母夫人忧其过勤,夜节膏油之焚。常候母寝,复续火读书达旦,不敢令母氏知。"(《全元文》第27册,第168—169页)揭傒斯《神道碑》载:"五岁出就外傅,日受千余言,三四过,即记不忘,夜诵常至达旦。"(《全元文》第28册,第506页)危素《年谱》载:"五岁就外傅(公五岁,始就外傅。颖敏殊绝,日受数千余言,阅过即能记。自是日务勤学,或至达旦。游夫人虑其过勤致疾,量给膏油,仅可夜分,必伺母寝,复续火观书,且障其明,恐为母所识也)。"

许衡《小学大义》书成。

按:《考岁略》载:"先生著述曰《小学大义》,乃甲寅岁(1254)在京兆教学者《小学》口授之语。曰《读易私言》,是先生五十后所作。"(《许衡集》附录二,第591页)

任士林(1253—1309)、熊禾(1253—1312)生。

元宪宗蒙哥汗四年 宋理宗宝祐二年
甲寅　1254年　6岁

廉希宪首请用许衡提举京兆学校。

按：《元史》载："岁甲寅（1254），世祖以京兆分地命希宪为宣抚使。京兆控制陇蜀，诸王贵藩分布左右，民杂羌戎，尤号难治。希宪讲求民病，抑强扶弱。暇日从名儒若许衡、姚枢辈谘访治道，首请用衡提举京兆学校，教育人材，为根本计。"（《元史》卷一二六《廉希宪传》，第10册，第3085页）

许衡为京兆教授，入侍金莲川藩府。

按：耶律有尚《考岁略》载："甲寅（1254），王府征教授京兆，避于大名，使者访焉，遂偕往。乙卯（1255），廉公希宪宣抚关中，奏拟授先生京兆提学，仍给月俸，力辞不受，往返凡六七，不能强也。"（《元朝名臣事略》卷第八《左丞许文正公》，第168页）欧阳玄《许先生神道碑》载："甲寅（1254），世祖受地秦中，闻先生名，遣使者征赴京兆教授。先生避之魏。使者物色偕行，廉希宪宣抚陕右传教令授以京兆提学。"（欧阳玄《元中书左丞集贤大学士国子祭酒赠正学垂宪佐理功臣太傅开府仪同三司上柱国追封魏国公谥文正许先生神道碑》，陈书良、刘娟点校《欧阳玄集》卷九，岳麓书社2010年，第96页）

又按：上引数条皆言许衡为京兆教授，后授以京兆提学，力辞不受。独《元史·许衡传》以许衡此年所授为京兆提学："甲寅（1254），世祖出王秦中，以姚枢为劝农使，教民耕植。又思所以化秦人，乃召衡为京兆提学。"（《元史》卷一五八《许衡传》，第12册，第3717页）日本学者关寿麿《宋元明清儒学年表》因此说："蒙古忽必烈出王秦中，以姚枢为劝农使，以许衡为京兆提学。"（关寿麿《宋元明清儒学年表》）此说恐有误，按《元史·百官六》载："司天监，秩正四品，掌凡历象之事。……属官提学二员，教授二员，并从九品。"（《元史》卷九〇《百官志》，第8册，第2296页）可知提学与教授绝非一义，是以此处当以耶律有尚《考岁略》、欧阳玄《许先生神道碑》载许衡为京兆教授为准。

饶鲁补饶州教授。

按：《宋史》载："（宝祐二年二月）庚申，诏：饶州布衣饶鲁，不事科举，一意经学，补迪功郎、饶州教授。"（《宋史》卷四四《理宗本纪》，第851页）

段克己卒。

按：段克己（1196—1254），字复之，号遁庵翁，绛州稷山人，与弟段成己并以文才擅名，赵秉文目之曰"二妙"，"一时诸侯、大夫、士皆尊师之"（虞集集《稷山段氏阡表并铭》，王颋校点《虞集全集》，下册，天津古籍出版社2007年版，第1169页）。生平事迹见于吴澄《元赠奉议大夫骁骑尉河东县子段君墓表》、虞集《稷山段氏阡表并铭》等。

又按：金末元初之际，段克己、段成己兄弟隐居于龙门山中，以诗词享誉当世。南方文人对于二段同样推崇备至，吴澄曾为二段诗文集作序，数称二段才高气盛，《二妙集序》载："中州遗老值元兴金亡之会，或身殁而名存，或身隐而名显。其诗文传于今者，窃闻其一二矣。有如河东二段先生，则未之见也。心广而识超，气盛而才雄。其蕴诸中者，参众德之妙；其发诸外者，综群言之美。夫岂徒从事于枝叶以为诗为文者之所能及哉？"（《全元文》第14册，第426页）

赵孟頫（1254—1322）、马端临（1254—1340）、任仁发（1254—1327）、同恕（1254—1331）生。

元宪宗蒙哥汗五年 宋理宗宝祐三年
乙卯　1255 年　7 岁

许衡辞京兆提学,复归怀州。

按:耶律有尚《考岁略》载:"乙卯(1255),廉公希宪宣抚关中,奏拟授先生京兆提学,仍给月俸,力辞不受,往返凡六七,不能强也。"(耶律有尚《考岁略》,许红霞点校《许衡集》,第 582 页)时许衡作《辞免京兆提学状》一文表达了乞免之意。(许衡《辞免京兆提学状》,许红霞点校《许衡集》,第 314—315 页)

郝经被旨北上。

按:苟仲道《故翰林侍读学士国信使郝公行状》载:"岁壬子,今上以皇太弟开府于金莲川,征天下名士而用之,故府下诸公累荐公于上。乙卯秋九月,上遣使召公,不起。十一月,召使复至,公乃叹曰:'读书为学,本以致用也。今王好贤思治如此,吾学其有用矣。'"(《全元文》第 11 册,第 709 页)

严实父子建成东平府新学。

按:严实父子此次建学,以康晔、王磐为教官,元好问受命考试诸生,此即为东平派形成之初。元好问《东平府新学记》记载到:"今嗣侯莅政,以为国家守成尚文,有司当振饬文事,以赞久安长治之盛,敢不黾勉朝夕,以效万一……乃卜府东北隅爽垲之地而增筑之。既以事闻之朝,庀徒蒇事,工力偕作。首创礼殿,坚整高朗,视大邦君之居……四方来观者皆失喜称叹,以为衣冠礼乐尽在是矣!"(狄宝心校注《元好问文编年校注》,第 1414—1430 页)

吴澄熟读《五经》。

按:虞集《行状》:"七岁,《论语》、《孟子》、《五经》皆成诵,能著律赋。"(《全元文》第 27 册,第 169 页)揭傒斯《神道碑》载:"七岁能熟诵《五经》。"(《全元文》第 28 册,第 506 页)危素《年谱》:"三年乙卯,七岁。(《论语》、《孟子》、《五经》皆成诵,能属文,通进士赋。)"

曾原一为陈模《怀古录》作序。

按："陈模《怀古录》是晚宋一部江西下层知识分子创作的诗话"，"反映出晚宋时期江西学人的诗学见解"，尤其凸显出当时江西诗人普遍以追求诗歌的含蓄之美来反拨江西诗派末流的弊端（卞东波《南宋陈模〈怀古录〉考论》，《中国典籍与文化》2012年第4期）。曾原一《怀古录序》载："虽予少时尝与南塘赵公（即赵汝谠）论诗，公曰：'在颛意者，诗不博取他书，间取之，得片言，跃然喜而成篇。养之未及熟，炼之未及精，终气味浅薄，由发用太匆卒尔。'原一佩师训，自力三十年，虽未造精熟，每于摘丈厎事，必以发用匆卒戒。余期宏者大，用以南塘告原一者为宏告。百步一尺，子弁矣。宏曰：'唯，是又吾录所未及者，请以是说冠其首。'"（曾原一《怀古录序》，《怀古录校注》，第1页）

杨奂卒。

按：杨奂（1186—1255），字焕然，乾州奉天人。"金末尝作万言策，指陈时病，欲上不果。元初，隐居鄠县，讲学授徒，学者称为紫阳先生。以耶律楚材荐，为河南廉访使，约束一以简易"，"壬子（1252），世祖在潜邸，驿召奂参议京兆宣抚司事，累上书，得请而归。乙卯（1255），疾笃，处置后事如平时，引觞大笑而卒，年七十。赐谥文宪"。著有《还山集》六十卷、《天兴近鉴》三卷、《正统书》六十卷。生平事迹见于元好问《河南路课税所长官兼廉访使杨公神道碑》（《遗山集》卷二三）、《元史·杨奂传》、《宋元学案》（卷九〇）。

不忽木（1255—1300）、李孟（1255—1321）生。

元宪宗蒙哥汗六年 宋理宗宝祐四年
丙辰　1256年　8岁

刘秉忠相地龙冈，营建京城开平。

按：《元史》载："岁丙辰春三月（1256），命僧子聪卜地于桓州东、滦水北，城开平府，经营宫室。"（《元史》卷四"世祖本纪"，第60页）《元名臣事略》载："丙辰（1256），上始建城市而修宫室，乃命公相宅。公（刘秉忠）以桓州东、滦水北之龙冈，卜云其吉，厥既得卜，则经营，不三年而毕务，命曰开平，寻升为上都。"（《元朝名臣事略》卷七《太保刘文正公》，第112页）

姚枢教谕忽必烈韬光养晦之计。

按：姚燧《中书左丞姚文献公神道碑》载："岁丙辰（1256），公入见。或谗王府得中土心。……公曰：'帝，君也，兄也。吾弟且臣，事难与较，远将受祸，未若尽是邸妃主以行之，为久居谋，疑将自释，复初好矣。'上难之。翌日，语再及，曰：'臣过是无策。'思久之，曰：'从汝，从汝。'先遣使以来觇告，时帝在河西，闻不信之，曰：'是心异矣，曰来诈也。'再使至，诏许驰二百乘传，弃辎重先。及见，天颜始霁。大会之次，上立酒尊前，帝酌之，拜退复坐，及再至，又酌之，三至，帝泫然，上亦泣下，竟不令有所白而止。"（《全元文》卷三一四，第9册，第579页）

郝经见忽必烈于沙陀。

按：苟宗道《元故翰林侍读学士国信使郝公行状》载："岁丙辰正月，见于沙陀，上问以帝王当行之事，公援引二帝三王治道以对，且告以'亲亲以仁民，仁民而爱物'之义，自朝至晡，上喜溢不倦。自后连日引对论事，甚器重之，且命条奏所欲言者。公乃上立国规模二十余条，以为创法立制，必有一定规模，然后可行，故有一国规模，有天下规模，有万世规模。当今依仿前代，建立万世规模，皆当时天下国家大事。上复问当今急务，公举天下蠹民害政之尤者十一条上之，切中时弊，上皆以为善。虽不能即用，至中统后，凡更张制度，用公言十六七。"（《陵川集》附卷二，第1542—1543页）

陈宗礼作《元丰类稿序》。

按：《南丰先贤祠记》载："文章非小技也，三代而下，惟汉近古，唐惟昌黎能复古，继是敝矣。宋以文治一兴，涤凡革腐，几与三代同风，而士以文名者称之。嘉祐中，欧阳文忠公以古道倡，南丰之曾、眉山之苏，胥起而应。眉山父子兄弟稽千载治乱成败得失之变，参以当世之务，机圆而通，辞畅而警，立言之有补于世美矣。然求其渊源圣贤，表里经术，未有若吾南丰先生之醇乎醇者也。先生初登文忠公之门，其说曰'明圣人之心于百世之上。'又曰：'趋理不避荣辱利害，相与争先王之教于衰灭之中。'则先生之学，非角声名竞利禄之学矣。韩子所谓'仁义之人，其言蔼如也'。故溢而为文，严毅正大，不诡不回，援孔孟之是，断战国策士之非，举典谟之得，正司马迁以下诸史之失，如针指南，如药伐病，言语之工云乎哉！盖眉山父子兄弟，文之奇；南丰先生，文之正。奇者如天马，如云龙，恍忽变态；而正者，金之精、玉之良，凡物莫能加也。帛之暖、粟之饱，不可一日而无，而人莫知其功也。（《全宋文》第 350 册，第 7—8 页）

李志常卒。

按：李志常（1193—1256），字浩然，号真常子、真常道人，观城人。元太宗十年（1238），代尹志平主持全真道，为全真道教第七代掌教。后曾执掌全国道教事。著有《又玄集》二十卷、《长春真人西游记》二卷。事迹见王鹗《玄门掌教大宗师真常真人道行碑铭》(《甘水仙源录》卷三)。

元宪宗蒙哥汗七年 宋理宗宝祐五年
丁巳　1257年　9岁

蒙哥召诸王出师伐宋。

按：《元史》载："七年丁巳春（1257），幸忽阑也儿吉。诏诸王出师征宋。乞都不花等讨未来吉儿都怯寨，平之。夏六月，谒太祖行宫，祭旗鼓，复会于怯鲁连之地，还幸月儿灭怯土。秋，驻跸于军脑儿，酾马乳祭天。九月，出师南征。以驸马剌真之子乞䚟为达鲁花赤，镇守斡罗思，仍赐马三百、羊五千。回鹘戏水精盆、珍珠伞等物，可直银三万余锭。帝曰：'方今百姓疲弊，所急者钱尔，朕独有此何为。'却之。赛典赤以为言，帝稍偿其直，且禁其勿复有所献。宗王塔察儿率诸军南征，围樊城，霖雨连月，乃班师。元帅卜邻吉䚟军自邓州略地，遂渡汉江。"（《元史》卷三《宪宗本纪》，第1册，第50页）

吴澄试乡校，每与前列。

按：虞集《行状》载："九岁乡邑课试，每中前列。"（《全元文》第27册，第169页）危素《年谱》载："五年丁巳（1257），九岁。（乡里邻邑课试，每与前名）"

元好问卒。

按：元好问（1190—1257），字裕之，号遗山，忻州秀容人。年十四从陵川郝天挺学，六年而业成。下太行，礼部尚书赵秉文见之，随后名震京师。兴定五年（1221），登进士第。金亡不仕，尝采撷金朝君臣遗言往行，记录至百余万言，未成而卒。著有《遗山集》四十卷、《遗山乐府》五卷，编有金代诗词集《中州集》十卷附《中州乐府》一卷。生平事迹见于郝经《遗山先生墓铭》、《金史》卷一二六、清李光廷《广元遗山年谱》、清翁方纲《元遗山年谱》等。

又按：元好问此年卒，郝经于九月十日赴丧，作《遗山先生墓铭》、《祭遗山先生文》，对元好问作为中州文脉的身份，以及反拨金源文学的浮靡之风进行了总结。《遗山先生墓铭》载："诗自《三百篇》以来，极于李杜。其后纤靡淫艳，怪诞癖涩，浸以弛弱，遂失其正。二百余年而至苏黄，振起衰踣，益为瑰奇，复于李杜氏。金源有国，士务决科干禄，置诗文不为，其或为之，则群聚讪笑，大以为异。委坠废绝，百有余年，而先生出焉。当德陵之末，独以诗鸣，上薄风雅，中规李杜，粹然一出于正，直配苏黄氏。……汴梁亡，故老皆尽，先生遂为一代宗匠，以文章伯独步几三十年。……方吾道坏烂，文曜曀昧，先生独能振而鼓之，揭光于天，俾学者归仰，识诗文之正而传其命脉，系而不绝，其有功于世又大也。每以著作自任，以金源氏有天下，典章法度，几及汉唐，国亡史兴，己所当为。……乃为《中州集》百余卷，又为《金源君臣言行录》。往来四方，采撷遗逸，有所得，辄以寸纸细字亲为记录，虽甚醉不忘。"（《郝经集校勘笺注》卷三十五，第 2813—2815 页）

又按：世人多论元好问诗兼杜、韩、苏、黄之胜，俨有集大成之意，为一代宗匠，以文章伯独步几三十年。元好问《杨叔能小亨集引》自述到学诗方向为："以十数条自警，云：无怨怼，无谑浪，无鹜狠，无崖异，无狡讦，无婾阿，无傅会，无笼络，无炫鬻，无矫饰，无为坚白辨，无为贤圣癫，无为妾妇妒，无为仇敌谤伤，无为聋俗哄传，无为瞽师皮相，无为颠卒醉横，无为黠儿白捻，无为田舍翁木强，无为法家丑诋，无为牙郎转贩，无为市倡怨恩，无为琵琶娘人魂韵词，无为村夫子兔园策，无为算沙僧困义学，无为稠梗治禁词，无为天地一我、今古一我，无为薄恶所移，无为正人端士所不道。信斯言也，予诗其庶几乎？惟其守之不固，竟为有志者之所先。"（元好问《杨叔能小亨集引》，狄宝心校注《元好问文编年校注》卷五，第 1025 页）清代沈德潜评之："元裕之七言古诗气王神行，平芜一望，时常得峰峦高插、涛澜动地之概，又东坡后一能手也。绝句寄托遥深，如《出都门》、《过故宫》等篇，何减读庾兰成《哀江南赋》。"（沈德潜《说诗晬语》卷下，清光绪二至七年仁和葛氏刻啸园丛书本）赵翼《瓯北诗话》评："元遗山才不甚大，书卷亦不甚多，较之苏、陆，自有大小之别。然正惟才不大，书不多，而专以精思锐笔清炼而出，故其廉悍沉挚处较胜于苏、陆。盖生长云朔，其天禀本多豪健英杰之气，又值金源亡国，以宗社丘墟之感，发为慷慨悲歌，有不求而自工者。此固地为之也、时为之也。同时李冶，称其律切精深，有豪放迈往之气，乐府则清雄顿挫，用俗为雅，变故作新，得前辈不传之妙。郝经亦称其歌谣跌宕，挟幽并之气，高视一世。以五言雅为工，出奇于长句杂言，揄扬新声，以写怨思。《金史》本传亦谓其'奇崛而绝雕刻，巧缛而谢绮丽'。是数说者，皆可得其真矣。"（赵翼《瓯北诗话》卷八，清乾隆嘉庆间湛贻堂刻《瓯北全集》本）

僧印简卒。

按：印简（1202—1257），俗姓宋，号海云，岚谷宁远人，临济宗第十六代祖师。八岁出家，居广惠寺，金宣宗赐号通玄广惠大师。元太祖九年（1214），海云见成吉思汗于宁远。太祖十四年（1219），史天泽将海云推荐给木华黎，赐号"寂照英悟大师"，成吉思汗称其为"小长老"。宪宗时授"佑圣安国大禅师"，历主永庆、庆寿等寺，一生历仕太祖、太宗、宪宗、世祖，为天下禅门之首。著有语录体《杂毒海》。事迹见王万庆《海云禅师碑》、程钜夫《海云印简和尚塔铭》（《雪楼集》卷六）。

冯子振（1257—约1314）、程复心（1257—1340）生。

元宪宗蒙哥汗八年 宋理宗宝祐六年
戊午 1258年 10岁

忽必烈在开平主持佛道辩论。

按：《大元至元辨伪录》记载论辩细节道："在前蒙哥皇帝圣旨里戊午年（1258）和上、先生每折证佛法，先生每输底上头，教十七个先生剃头做了和上。将先生每说谎做来的《化胡》等经并印板都烧毁了者。"（祥迈撰《大元至元辨伪录》卷二，元刻本）蒙古人入主中原以来，秉持诸教并蓄的原则，使佛教、道教、伊斯兰教、基督教等多元宗教都有继续发展的空间。全真教则在蒙哥时期盛极一时，他们与佛教产生了激烈的冲突。"其最初的争端，起于全真教主李志常根据西晋王浮所撰的《老子化胡经》而绘《老子八十一化图》，并在朝中散发，此举引发了以曹洞宗少林长老福裕为首的佛教徒的强烈不满。福裕遂向蒙哥汗申诉，由此引发了蒙哥汗时期的三次佛道辩论"，此年为第三次论辩，共集合了约七百余人参加，"其中佛教一方以福裕为首，那摩国师、八思巴等番僧助阵，合计三百余僧；道教一方（或称全真教一方），以继任教主张志敬为主，合计全真教徒200余人"（程佩《蒙元时期佛道四次辩论之真相探寻》，《云南社会科学》2013年第2期），辩论以道家不胜。《新元史·张宗演传》载："九月，都功德使司脱因小演赤奏：'曩者所毁道家伪经板本化图，多隐匿未毁，其书皆诋毁释教之言，宜甄别。'于是命前中书右丞张文谦等诣长春宫无极殿，偕宗演等证辨真伪，究其本末，惟《道德》二篇为老子所著。余悉汉张道陵、后魏寇谦之等伪作。文谦等奏：'自《道德经》外宜悉焚毁。'帝曰：'道家经文，传讹踵谬非一日矣。若焚之，其徒未必心服。彼言水火不能焚溺，可以是端试之。候不验，焚之未晚也。'遂谕宗演等，俾推择人入火试其术。宗演等奏：'此皆诞妄之说，臣等入火，必皆为灰烬，实不敢试。但乞焚去《道藏》伪书，庶几澡雪臣等。'帝可其奏。遂诏天下道家诸经，可留《道德》二篇，其余一切焚毁，匿藏者罪之。十月，集百官于慰忠寺，焚毁《老子化胡经》、《犹龙传》等书。"（柯劭忞撰，张京华、黄曙辉点校《新元史》卷二四三

《张宗演传》,第 3487 页)

吴澄读朱子《大学章句》、《中庸章句》,知为学之要。

按:虞集《行状》载:"十岁始得朱子《大学》等书而读之,恍然知为学之要,日诵《大学》二十过,如是者三年。次第读《论语》、《孟子》、《中庸》,专勤亦如之。昼诵夜惟,弗达弗措。"(《全元文》第 27 册,第 169 页)揭傒斯《神道碑》载:"十岁知为学之本,大肆力于朱子诸书,犹以《大学》为入道之门,必日诵二十过,如是三年。"危素《年谱》载:"六年戊午(1258),十岁(始得《朱子》、《大学》等书读之。读《大学》、《中庸》朱氏章句,公尝因学者求讲《中庸》,语之曰:吾幼时习诗赋,未尽见朱子之书,盖业进士者,不知用力于此也。十岁偶于故书中,得《大学》、《中庸章句》,读之喜甚,自是清晨必诵《大学》二十遍,如是者三年,然后读《中庸》及诸经,则如破竹之势,略无凝滞矣。学者于《大学》得分晓,《中庸》不难读也)。"

元宪宗蒙哥汗九年 宋理宗开庆元年
己未　1259 年　11 岁

七月,蒙哥汗崩。

按:《元史》载:"七月辛亥,留精兵三千守之,余悉攻重庆。癸亥,帝崩于钓鱼山,寿五十有二,在位九年。追谥桓肃皇帝,庙号宪宗。帝刚明雄毅,沉断而寡言,不乐燕饮,不好侈靡,虽后妃不许之过制。初,太宗朝,群臣擅权,政出多门。至是,凡有诏旨,帝必亲起草,更易数四,然后行之。御群臣甚严,尝谕旨曰:'尔辈若得朕奖谕之言,即志气骄逸,志气骄逸,而灾祸有不随至者乎?尔辈其戒之。'性喜畋猎,自谓遵祖宗之法,不蹈袭他国所为。然酷信巫觋卜筮之术,凡行事必谨叩之,殆无虚日,终不自厌也。"(《元史》卷三《宪宗本纪》,第1册,第54页)

九月,忽必烈围攻鄂州,命郑鼎攻江西兴国军。

按:《元史》载:"秋九月,帝驻跸江浒,命诸将南渡,先达彼岸者,举烽火为应,鼎首夺南岸,众军毕渡。进围鄂州,战益力。别攻兴国军,遇宋兵五千,力战破之,擒其将桑太尉,责以懦怯,不忠所事,斩之。"(《元史》卷一五四《郑鼎传》,第12册,第3635页)

十月,宋廷命赵葵为江东宣抚使,任责隆兴府、饶州、江州、徽州两界防拓调遣。

按:《宋史·理宗本纪》载:"冬十月……癸酉,命赵葵为江东宣抚使,马光祖移司江州应援鄂州,史岩之沿江制置副使移司寿昌军应援鄂州。"(《宋史》卷四四《理宗本纪》,第867页)《宋史·赵葵传》载:"开庆元年,判庆元府、沿海制置使,寻授沿江、江东宣抚使,置司建康府,任责隆兴府、饶州江州徽州两界防拓调遣,时暂兼判建康府、行宫留守,寻授江东西宣抚使,节制调遣饶、信、袁、临江、抚、吉、隆兴官军民兵。访问百姓疾苦,罢行黜陟,并许便宜从事。"(《宋史》卷四一七《赵葵传》,第12504页)

郝经为江淮、京湖南北等路宣抚副使。

又按：阎复《元故翰林侍读学士国信使郝公墓志铭》载："岁己未（1259），宪宗皇帝大举伐宋，取道巴蜀。世祖奉命帅东道兵直趣鄂岳，以公（郝经）从行。公乘间进言：'王者之师，有征无战。巴蜀地险，宋人边圉孔固，万恐銮舆西迈非万全之举也。我师未可轻进。宜修德以应天心，布泽以系民望，敦族以固根本，警备以防未然，蓄锐以养兵力。相时而动，江左不足图也。'世祖伟其说。会立江淮宣抚司，授公宣抚副使。以先启行，布宣威德，招纳降附，所活不可胜计。"（《陵川集》附卷二，第1533—1534页）

张文谦、刘秉忠随忽必烈征南宋。

按：张文谦与刘秉忠在随从忽必烈征南宋时，每以止杀劝诫忽必烈。《元史·张文谦传》载："己未（1259），世祖帅师伐宋，文谦与秉忠言：'王者之师，有征无战，当一视同仁，不可嗜杀。'世祖曰：'期与卿等守此言。'既入宋境，分命诸将毋妄杀，毋焚人室庐，所获生口悉纵之。"（《元史》卷一五七《张文谦传》，第12册，第3696页）《元史·刘秉忠传》载："己未（1259），（刘秉忠）从伐宋，复以云南所言力赞于上，所至全活不可胜计。"（《元史》卷一五七《刘秉忠传》，第12册，第3693页）

谢枋得请求邓、傅二社民兵捍卫江西饶、信、抚三州。

按：谢枋得在江东宣抚使赵葵命下，请求邓、傅二社民兵组织来保卫江西，他作《与邓云夫书》一文，交予邓元观，请他进行劝解。文载："云林义社乃合燕、赵、韩、魏之才于一邦，岂非扶舆清淑之气独钟聚于此乎？人心之烈，天道从之，未有精忠血诚郁积百年，而不发见呈露于天地间者。名门输力王室，百三十年矣，必有名世者在。靖康时信民亦举勤王兵，建炎则为巡社陈文正公康伯实劝率之，后三十五年出为相，竟能歼逆亮于采石，为中兴名臣。迩者恭承王命，延揽英豪，劝率之权，仆烦执事。非曰仆之能屈大贤也，忠君忧国，执事素心，有议论必有事功，此际正当为儒道增气。……古者官养民，驱民为兵而甚易；今者民养官，佣民为兵而益难。……幸藉义社二千人之功，守一城，蔽江右，仆得免希合取容之笑。执事贤昆玉叔侄之赐大矣，当何如其感激耶……近时惟刘粹中壬寅奏疏颇识机变，而当道者乃又置若罔闻。事至今日，宁复尚有幸哉！枋得与足下亦惟各尽其心而已。"（《全宋文》第355册，第70页）

又按：《宋史·谢枋得传》记载是吴潜延请谢枋得："未上，吴潜宣抚江东、西，辟差干办公事。团结民兵，以扞饶、信、抚，科降钱米以给之。枋得说邓、傅二社诸大家，得民兵万余人，守信州，暨兵退，朝廷核诸军费，几至不免。"（《宋史》卷四二五《谢枋得传》，第12688页）事实情况究竟是吴潜还是赵葵,已有研究细作考证,可参考俞兆鹏《谢枋得年谱》,江西教育出版社1989年版;周鑫《世变与人生:宋末元初南方儒士出处之检讨》,《元史论丛》第十三辑,第261页。

陈孚(1259—1309)、僧沙罗巴(1259—1314)生。

元世祖中统元年 宋理宗景定元年
庚申　1260年　12岁

二月,元兵破江西瑞州、临江军城。

按:《宋史》载:"江西、湖南帅司言:大元兵破瑞州、临江军城,兴国寿昌、洪抚全永衡诸郡民皆被兵,存者奔窜它所。"(《宋史》卷四五《理宗本纪》,第871页)

三月,忽必烈即位于开平,定年号曰"中统"。

按:《中统建元诏》云:"祖宗以神武定四方,淳德御群下。朝廷草创,未遑润色之文;政事变通,渐有纲维之目。朕获缵旧服,载扩丕图,稽列圣之洪规,讲前代之定制。建元表岁,示人君万世之传;纪时书王,见天下一家之义。法《春秋》之正始,体大《易》之乾元。炳焕皇猷,权舆治道。可自庚申年五月十九日,建元为中统元年。惟即位体元之始,必立经陈纪为先。故内立都省,以总宏纲;外设总司,以平庶政。仍以兴利除害之事、补偏救弊之方,随诏以颁。於戏!秉箓握枢,必因时而建号;施仁发政,期与物以更新。敷宣恳恻之辞,表著忧劳之意。凡在臣庶,体予至怀!"(《元史》卷四《世祖本纪》,第65页)

又按:《元史》载:"中统元年春三月戊辰朔(1260),车驾至开平。亲王合丹、阿只吉率西道诸王,塔察儿、也先哥、忽剌忽儿、爪都率东道诸王,皆来会,与诸大臣劝进。帝三让,诸王大臣固请。辛卯,帝即皇帝位。"(《元史》卷四《世祖本纪》,第1册,第63页)

三月,宋廷诏江西、湖南多地尽除开庆元年以前二税。

按:《宋史》载:"乙亥,诏:全、岳、永、衡、柳、象、瑞、兴国、南康、隆兴、江州、临江、潭州诸县经兵,农民失业,应开庆元年以前二税尽除之。"(《宋史》卷四五《理宗本纪》,第872页)《宋史全文》载:"诏全、岳、永、衡、宾、柳、象、瑞州,兴国军,南康军建昌县,隆兴府奉新奉宁武宁靖安县、江州瑞昌德安县、临江军清江新喻县、潭州醴陵浏阳县,开庆元年以前二税并捐之。"(汪圣铎点校《宋史全文》卷三十六,中华书局2016年,第2890页)

四月,忽必烈颁即位诏。

按:忽必烈即位诏由王鹗代撰,诏书言及由此次即位开始,蒙古不再实行忽里勒台大会推举嗣君之举,并且新朝当以祖述变通为任,这都标志着忽必烈的即位是由大蒙古草原国转变为汉地本位的元王朝的开始。《元史》载:"夏四月……辛丑,以即位诏天下。"

又按:《即位诏》云:"朕惟祖宗肇造区宇,奄有四方,武功迭兴,文治多缺,五十余年于此矣。盖时有先后,事有缓急,天下大业,非一圣一朝所能兼备也。先皇帝即位之初,风飞雷厉,将大有为。忧国爱民之心虽切于己,尊贤使能之道未得其人。方董夔门之师,遽遗鼎湖之泣。岂期遗恨,竟勿克终。肆予冲人,渡江之后,盖将深入焉,乃闻国中重以签军之扰,黎民惊骇,若不能一朝居者。予为此惧,驲骑驰归。目前之急虽纾,境外之兵未戢。乃会群议,以集良规。不意宗盟,辄先推戴。左右万里,名王巨臣,不召而来者有之,不谋而同者皆是。咸谓国家之大统不可久旷,神人之重寄不可暂虚。求之今日,太祖嫡孙之中,先皇母弟之列,以贤以长,止予一人。虽在征伐之间,每存仁爱之念,博施济众,实可为天下主。天道助顺,人谟与能。祖训传国大典,于是乎在,孰敢不从。朕峻辞固让,至于再三,祈恳益坚,誓以死请。于是俯徇舆情,勉登大宝。自惟寡昧,属时多艰,若涉渊冰,罔知攸济。爰当临御之始,宜新弘远之规。祖述变通,正在今日。务施实德,不尚虚文。虽承平未易遽臻,而饥渴所当先务。呜呼!历数攸归,钦应上天之命;勋亲斯托,敢忘烈祖之规?建极体元,与民更始。朕所不逮,更赖我远近宗族、中外文武,同心协力,献可替否之助也。诞告多方,体予至意!"(《元史》卷四《世祖本纪》,第64—65页)

四月,元廷立中书省。

按:《元史》载:"夏四月……立中书省,以王文统为平章政事,张文谦为左丞。"(《元史》卷四《世祖本纪》,第1册,第63页)《元史·王文统传》载:"世祖在潜藩,访问才智之士,素闻其名。及即位,厉精求治,有以文统为荐者,亟召用之。乃立中书省,以总内外百司之政,首擢文统为平章政事。"(《元史》卷二〇六《王文统传》,第4594页)

又按:有学者指出,中书省虽有汉人政治机构的名号,但"其实是大蒙古国时期大断事官机构的延续,蒙元王朝中枢组织并不存在汉化的问题","元代中书省虽说'总内外百司之政',但它的主要官员即宰相们固定拥有的顶多也只是施政权,即率领僚属和附属机构执行政令;他们的议政权实际上是个假象,至少是不稳定的……总之,这个中书省与唐宋的宰相机构差异较大,而同辽代的北南枢密院、金代的尚书省和自己的前身——大蒙古国时期的大断事官机构一样,都是北族王朝行政组织和程序简化这一特征的反映:这些政权看重的是政令的执行,至于决策如何产生,怎样设计合理的程序和较为完善的监督制衡机制以提高决策的有效性,如何从制度上保障制令的稳定性等决策方面的问题,它们并不是特别在意。金元国家中枢组织的一省制并不是隋唐三省制的自然发展"。(屈文军《论元代中书省的本质》,《西北民族研究》2003年第3期,第27—30页)

又按:忽必烈通过中书省的建立,有效地权衡了任用汉法和蒙古本位间的冲突:"忽必烈即位初对汉人的两步示好不至于引起蒙古人的指责,他完全可以向他们解释,他只是改变了名称而已。两个断事官机构分别被改称为中书省和行中书省;新名称机构中的诸位有汉式官名的宰相还差不多相当于原来的札鲁忽赤和必阇赤,这些宰相间没有严格的职掌之分也一如以前的札鲁忽赤和必阇赤间没有严格区分;现在的翰林官员则相当于原来大汗身边的必阇赤。"(屈文军《元代翰林机构的成立——兼论元初中枢体制的变迁》,《中国史研究》2018年第1期,第104—106页)

五月,元廷立十路宣抚司。

按:此年所立十路宣抚司,辖区有燕京路宣抚司、益都济南等路宣抚司、河南路宣抚司、北京等路宣抚司、平阳太原路宣抚司、真定路宣抚司、东平路宣抚司、大名彰德等路宣抚司、西京路宣抚司、京兆路宣抚司。《元史》载:"乙未,立十路宣抚司:以赛典赤、李德辉为燕京路宣抚使,徐世隆副之;宋子贞为益都济南等路宣抚使,王磐副之;河南路经略使史天泽为河南宣抚使;杨果为北京等路宣抚使,赵炳副之;张德辉为平阳太原路宣抚使,谢瑄副之;字鲁海牙、刘肃并为真定路宣抚使;姚枢为东平路宣抚使,张肃副之;中书左丞张文谦为大名彰德等路宣抚使,游显副之;粘合南合为西京路宣抚使,崔巨济副之;廉希宪为京兆等路宣抚使。"(《元史》卷四《世祖本纪》,第1册,第66页)几乎每一路宣抚使都由藩府旧臣担任。

七月,元始制祭享太庙事宜。

按:《元史·礼乐志》载:"中统元年春正月,命宣抚廉希宪等,召太常礼乐人至燕京。夏六月,命许唐臣等制乐器、公服、法服,秋七月七日,工毕。十一日,用新制雅乐,享祖宗于中书省。礼毕,赐预祭官及礼乐人百四十九人钞有差。八月,命太常礼乐人复还。"(《元史》卷六八《礼乐志》,第6册,第1692页)

王鹗首授翰林学士承旨。

按:《元史·王鹗传》载:"庚申,世祖即位,建元中统。首授翰林学士承

旨,制诰典章,皆所裁定。"(《元史》卷一六〇《王鹗传》,第12册,第3757页)

又按:王鹗任翰林学士承旨后,主张立十道提举学校官,此举有进德义、树教化之功,使得风俗为之一变。《元史》载:"(中统二年九月)王鹗请于各路选委博学老儒一人,提举本路学校,特诏立诸路提举学校官,以王万庆、敬铉等三十人充之。"(《元史》卷四《世祖本纪》,第1册,第74页)程钜夫《故平阳路提举学校官陈先生墓碑》评诸路提举学校官的成立道:"中统初,以宣抚张德辉荐,授平阳路提举学校官,进德义,树教化,勉学戒惰,风俗为之一变。"(《全元文》第16册,第513页)

郝经使宋遭禁。

按:苟宗道《故翰林侍读学士国信使郝公行状》载:"夏四月,见于开平,以公为翰林侍读学士,赐佩金虎符,充国信大使,赍国书入宋,告登宝位,布通好弭兵息民意。仍诏沿边诸将,毋得出境侵抄。及陛辞,公请于一二蒙古偕行,帝不许,曰:'只卿等往,彼之君臣皆书生也,且贾似道在鄂时已尝请和于我矣。'……六月,至宿州,以信使一行到边,移亡文宋三省、枢密院、制置司,以请接纳。宋之君臣会议,久而不报。……九月,至真州,馆于忠勇军营。宋人规模布置已成囚所矣。十月,宋遣吉州刺史、两淮制置司谘议官卫司愈来传宣抚问,云:'蒙国遣使通好,实出美意,为李松寿一再犯边,故且馆留仪真。'又出李庭芝一书,云:'信使以美意而来,松寿乃怀奸以逞,以此而和,殆类款我。'仍械系李璮败刘军判者以为口实。初,公之在宿州,李璮潜师侵宋,宋人败之淮安,故以款兵之事诬我。公答书,大略开陈圣主通好美意,中间别无盖藏。至于边将用兵启衅,彼自不尊诏旨,何与使人事?仍上表宋主,有云:'愿附鲁连之义,排难解纷。岂如唐俭之徒,款兵误国?'宋人见公辞直理顺,遂不复言。自后公等移文制置司,请人见,不报;请归国,亦不报。乃牒宋三省、枢密院,致书平章贾似道,上书宋主阙下,反复辨论古今南北战和利害,并今次遣使止是告登宝位,布通好、弭兵息民意,前后凡数十万言,皆不报,伴使等云,朝廷已有定议矣。初,公之为使也,虽出于圣上本意,平章政事王以道忌公威望轧己,乃力赞之,仍亲作国书以促公行,盖欲排置于外也。……公在真州所居之馆,故总制厅事也。馆门扃镝牢固,无故不复启钥。院中旧有大树数株,尽皆砍去。墙高丈余,上则树以芦栅,下则荐之以棘,外则掘壕堑,置铺屋,兵卒坐铺者恒百余人,昼则周围觇伺,夜则巡逻击柝,所以防闲挫抑者,无所不至。"(苟宗道《故翰林侍读学士国信使郝公行状》,田同旭校注《郝经集校勘笺注》附录,三晋出版社2018年,第3357—3359页)

元世祖中统二年 宋理宗景定二年
辛酉　1261年　13岁

正月，宋诏封张栻、吕祖谦从祀孔子庙。

按：《宋史》载："乙酉，诏封张栻为华阳伯，吕祖谦开封伯，从祀孔子庙庭。"（《宋史》卷四五《理宗本纪》，第876页）

四月，元诏军中所俘儒士，听赎为民。

按：《元史》载："（1261）夏四月丙午，诏军中所俘儒士，听赎为民。"（《元史》卷四"世祖本纪"，第69页）《元史·高智耀传》载："智耀奏言：'以儒为驱，古无有也。陛下方以古道为治，宜除之以风厉天下。'帝然之。即拜翰林学士，命循行郡县区别之，得数千人。"（《元史》卷一二五《高智耀传》，第10册，第3073页）

五月，元立翰林院。

按：王恽《玉堂嘉话序》载："中统建元之明年辛酉夏五月（1261），诏立翰林院于上都，故状元文康王公授翰林学士承旨。已而，公谓不肖恽曰：'翰苑载言之职，莫国史为重。'遂复以建立本院为言，允焉，仍命公兼领其事。时不肖侍笔中书，两院故事，凡百草创，经营署置，略皆与知。"（王恽《玉堂嘉话序》，杨亮、钟彦飞点校《王恽全集汇校》卷第九十三，第3777页）

六月，元诏宣圣庙岁时致祭。

按：《元典章·礼部卷》下"儒学·禁治骚扰文庙"载："宣圣庙，国家岁时致祭，诸儒月朔释奠，宜常令洒扫修洁。今后禁约诸官员、使臣、军马，无得庙宇内安下，或聚集理问词讼及亵渎饮宴，管工匠不得于其中营造，违者严行治罪。管内凡有书院，亦不得令诸人搔扰，使臣安下。"（陈高华、张帆、刘晓、党宝海点校《元典章》卷三一，第1086页）《元史·祭祀志》载："中统二年夏六月，诏宣圣庙及所在书院有司，岁时致祭，月朔释奠。八月丁酉，命开平守臣释奠于宣圣庙。成宗即位，诏曲阜林庙，上都、大都诸路府州县邑庙学、书院，赡学士地及贡士庄田，以供春秋二丁、朔望祭祀，修完庙宇。自是天下郡邑庙学，无不葺完，释奠悉如旧仪。"（《元史》卷七六《祭祀志》，第

6册,第1901页)

七月,元初立翰林国史院。

按:《元史》载:"(七月)癸亥,初立翰林国史院。王鹗请修辽、金二史,又言:'唐太宗置弘文馆,宋太宗设内外学士院。今宜除拜学士院官,作养人才。乞以右丞相史天泽监修国史,左丞相耶律铸、平章政事王文统监修辽、金史。仍采访遗事。'并从之。"(《元史》卷四《世祖本纪》,第71—72页)

又按:忽必烈将翰林、国史院合为一体,翰林官员附带编史,是有意识继承蒙古国的传统:"人员增多,兼做的修史事务事实上成了机构的日常主业,于是,忽必烈在七月份正式将翰林院(或翰林学士院)更名为'翰林国史院'或'翰林兼国史院'(这两种名称史料中也均有所发现,据今日可见该机构藏书印印文,院名为'翰林国史院')这就是《世祖纪一》所说的中统二年七月'初立翰林国史院'。翰林官员附带编史,唐宋两朝未有先例,但与元朝一样为北族王朝的金朝则有过这种现象;不过在忽必烈意识中,这还是继承大蒙古国的传统:前四汗时期,翰林官员的前身必阇赤们就有修史任务,著名的《元朝秘史》便是他们编修出来的。"(屈文军《元代翰林机构的成立——兼论元初中枢体制的变迁》,《中国史研究》2018年第1期,第108页)

九月,元置诸路学校官。

按:此为元代书院、学校之制发端。《元史·选举志》载:"中统二年,始命置诸路学校官,凡诸生进修者,严加训诲,务使成材,以备选用。"(《元史》卷八一《选举志》,第7册,第2032页)王鹗代撰《置诸路提举学校官诏》载:"诸路学校久废,无以作成人材。今拟选博学洽闻之士以教导之,据某人可充某处提举学校官。凡诸生进修者,仍选高业儒生教授。严加训诲,务要成材,以备他日选擢之用。仍仰各路官司,常切主领敦劝,宜令准此。"(《庙学典礼》卷一"设提举学校官",第12页)

又按:元置诸路学校官一举,意义深远。许有壬《庆州书院记》评之云:"我元统一海宇,学制尤备。郡若州邑,莫不有学,学莫不有官,尚虑其浚导未溥,而渐被未洽也。凡先贤过化之地,达尊之所居,德善之所苾,及于人而不能忘,好义者出,规为学宫,以广教育,则为之署额,为之设官,秩视下州之正。天下之大,远州下邑,深山穷谷,增设者不知其几区也。夫以增设之广,视宋有加,人才之出,宜亦倍宋。"(《全元文》第38册,第196页)

许衡被授国子祭酒,后改为怀孟路教官。

按:许衡此次应召,是得窦默力荐。但时王文统为平章政事,对窦默等人颇为忌惮。许衡此番原授国子祭酒，后改授怀孟路教官，当为两方争斗结果。《考岁略》载："辛酉三月(1261)，应召至上都。时王文统秉政，深忌雪斋诸公，先生素无因缘而无惮也。及窦公力排其学术之非必至误国，文统始疑先生唱和其说。五月，授雪斋太子太师，窦公太子太傅，先生太子太保，外佯尊之，内实不欲备顾问也。……由是改授雪斋大司农，窦公翰林侍讲学士，先生国子祭酒。既拜命，以疾辞。九月，得告南还，仍奉旨教授怀孟路子弟。"(《许衡集》附录《考岁略》，第583页)

吴澄大肆力于群书，应举之文尽通。

按：虞集《行状》："十三岁大肆力于群书，家贫，尝从鬻书者借读，既而还之，鬻书者曰：'子尽读之乎？'先生曰：'试举以问我。'鬻者每问一篇，辄终其卷乃止，鬻者遂献其书。"(《全元文》第27册，第169页)危素《年谱》载："二年辛酉，十三岁(大肆力于群书，应举之文尽通。公于书一览无不尽记。时麻沙新刻《古文集成》，家贫，从鬻书者借读，逾日而还之，鬻书者曰：'子能尽读之乎？'公曰：'试抽以问我。'鬻者每问一篇，辄尽其卷，其人惊异，遂赠此书)。"

元世祖中统三年 宋理宗景定三年
壬戌　1262年　14岁

正月,元修宣圣庙成。

按:《元史》载:"三年春正月癸亥,修宣圣庙成。"(《元史》卷五《世祖本纪》,第1册,第81页)

二月,元有李璮之乱。

按:"李璮之乱的发生,使得忽必烈意识到,完全依靠汉人来夯实其政权,并大有为于天下的理路也不可靠,以此王文统死后,以阿合马为代表的西域回族势力受到重用,从而演化为汉儒与回族人之间的深刻矛盾,这种矛盾对元代政坛以及文化格局的影响十分值得深究。"(邱江宁《金莲川幕府精英与元代文化的走向》,《铜仁学院学报》2023年第2期)《元史》记载李璮之乱本末道:"己丑,李璮反,以涟、海三城献于宋,尽杀蒙古戍军,引麾下趋益都。……甲午,李璮入益都,发府库犒其将校。乙未,诏诸道以今岁民赋市马。丙申,郭守敬造宝山漏成,徙至燕京。以兴、松、云三州隶上都。辛丑,李璮遣骑寇蒲台。癸卯,诏发兵讨之。以赵璧为平章政事。修深、冀、南宫、枣强四城。甲辰,发诸蒙古、汉军讨李璮……真定、顺天、河间、平滦、大名、邢州、河南诸路兵皆会济南……己酉,王文统坐与李璮同谋伏诛,仍诏谕中外。王演等以妖言诛。……壬子,李璮据济南。……癸酉,命史枢、阿术各将兵赴济南。遇李璮军,邀击大破之,斩首四千,璮退保济南。……戊寅,万户韩世安率镇抚马兴、千户张济民,大破李璮兵于高苑,获其权府传珪,赐济民、兴金符。诏以李璮兵败谕诸路。禁民间私藏军器。……夏四月丙戌朔,大军树栅凿堑,围璮于济南。"(《元史》卷五《世祖本纪》,第1册,第82—84页)

九月,宋诏诸路州郡增差教官。

按:"诏诸路州郡增差教官",使得各县学有了专职官员负责。(袁征《宋代教育:中国古代教育的历史性转折》,广东高等教育出版社1991年,第230页)《永乐大典·吏部条法》记载到:"仰吏部刷具,许于特奏名,除上二等外,其见授文学,当出官者,并与注各县学主学,理权官一任。如日前文学已授簿尉,未到任者,并与改授主学。……有特科原系将仕郎、登仕郎出官,已授簿尉,阙远,愿改授主学,听从其便。各以某州某县主学结衔。"(《永乐大典》卷一四六二二)《宋史全文》载:"乙丑,诏诸路州郡增差教官,当令经、赋各一员。"(汪圣铎点校《宋史全文》卷三六,第 2913 页)

吴澄就郡学补试,得临川许功甫教。

按:虞集《行状》载:"十四岁,卯角赴郡学补试,郡之前辈儒者皆惊其文。"(《全元文》第 27 册,第 169 页)危素《年谱》载:"二年壬戌。秋时,十四岁。(卯角就抚州补试。按:公撰许母墓志云:'余以童卯就郡学补试,同邸有一先生长者,视余所作赋,勉而教之,试毕,各不问名姓而去。后八年,余忝乡贡士,歌《鹿鸣》之燕,向所见先生长者在焉,问之则临川许先生功甫也,其年为江西转运司所贡士。')"

又按:吴澄于至大元年(1308)为许功甫弟妻王夫人作墓志铭,其中写到童卯时受许功甫教。《许母王氏夫人墓志铭》载:"昔年予以童卯就郡学补试,同邸有一先生长者,视予所作赋,勉而教之。试毕,各不问名居而去。后八年,予忝乡贡士,歌《鹿鸣》之燕,向所见先生长者亦在焉。问之,则临川许先生功甫也。其年为江西转运司所贡士,遂相款密。自是数岁间或一见,情谊如父子师友。先生每言其族中诸少之可进者,必称如心。"(吴澄《许母王氏夫人墓志铭》,《吴澄集》,第 1426—1427 页)

元世祖中统四年 宋理宗景定四年
癸亥　1263年　15岁

元廷分拣儒人，通文学者免差。

按：《通制条格》载："儒人户计：中统四年（1263）分拣过儒人内，今次再行保勘到委通文学，依旧免差，不通文学者，收系当差。中统四年不经分拣附籍、漏籍儒人，或本是儒人，壬子年（1252）别作名色附籍，并户头身故，子弟读书，又高智耀收拾到驱儒，仰从实分拣，委通文学者，依例免差，不通文学者，收系当差外，诸色人户下子弟读书深通文学者，止免本身差役。"（方龄贵校注《通制条格校注》卷第二"户令·户例"，中华书局2011年，第24页）

南宋诏令吏部诸授书院山长者并视州学教授。

按：南宋朝廷此举是将书院山长等同于州学教授之一职，又"诸路州学教授，京朝视本州判官"（《宋史》卷一七二《职官志》，第4148页），书院山长兼州学教授、州判三职，这大大增加了山长的教学积极性，也推动了南宋州学、书院教育的官学化发展。欧阳守道《白鹭洲书院山长厅记》记载了此令下达州县后白鹭洲书院山长的真实反应："皇帝在位之三十有九年（即景定四年），诏吏部诸授书院山长者并视州学教授。严陵黄君嘉为白鹭洲书院山长，闻之欣跃曰：'上嘉惠斯文至矣！昔者山长之未为正员也，所在多以教授兼之。自前年创入部阙，建议之臣无见于教化之本原，请以授文学之权入官者，而书院滋轻矣。今命下而轻者顿重，其敢不尽心所职，以仰称乐育人才之德意！然此洲书院可容诸生数百，而余忝为之长，乃假私屋以居，诸生访我于燕闲，无所布席。私屋不可常假，后之继余者又莫知当寓何所。即此一陋，人且不屑来，尚何州学教授之视！'……黄君盖去替才期月，其意徒欲自今山长有屋可居，实与州学教授体貌均一，以称上所以假宠此官之意，故其竭力如营私家。事传京师，新进士之当注教授者曰：'白鹭洲书院山长新居成，吾愿为黄君代。'曰：'与其为他郡教授，孰与为白鹭洲山长？'相先后也。"

又按：欧阳守道因而肯定到地方书院山长在实际教导学生方面的作用："近岁书院相望，天子每亲洒宸翰以颁，及是又优待其官如此。盖地方千里，而教授才一人，郡客之而不敢僚，今山长甫与为二。如吾庐陵士至二三万，挟策来游者不于州学则于书院，书院中授徒立所，而为长者乃王官受命于朝，前代未之有也。三代国都乡党之学无所与于岩穴之士，后世山中之教不出于上之人主张，而今日兼之，我宋文风于是最盛矣。或谓学以教授名官，而书院但曰山长，不无小异？愚谓不然，……某昔尝侍古心先生于书院初建之岁，是时山长未有人，先生亲为诸生讲授，载色载笑，与从容水竹间，忘其为太守。古贤侯盖有意于成就后进者，使之亲己如此，此所谓犹父兄之于子弟。"（欧阳守道《白鹭洲书院山长厅记》，《全宋文》第347册，第89—90页）

阿合马领中书左右部兼诸路都转运使，专管财赋之事。

按：《元史》载："阿哈玛（阿合马），回纥人也，不知其所由进，世祖中统三年，始命领中书左右部，兼诸路都转运使，专以财赋之任委之。"（《元史》卷二〇五《阿合马传》，第4558页）阿合马的任命，预示着"理财"权臣派的逐步兴起。在元朝，这个以回回理财之法为主的群体，与推行汉法的儒臣间的矛盾一直存在。

婺州布衣何基、建宁徐几被南宋授为本州教授及山长。

按：《宋史》载："丁酉，婺州布衣何基，建宁府布衣徐几，皆得理学之传。诏各补迪功郎，何基婺州教授兼丽泽书院山长，徐几建宁府教授兼建安书院山长。"（《宋史》卷四五《理宗本纪》，第884页）

吴澄厌科举之业，以朱子"勤谨"、周子、程颢气象自勉。

按：虞集《行状》载："十五岁，知厌科举之业，而用力圣贤之学，见朱子《训子帖》有'勤谨'二字，如得面命而服行之，作《勤》、《谨》二铭，又作《敬铭》，有曰'把捉于中，精神心术；检束于外，形骸肌骨。'又作《和铭》，极言周子、程伯子气象以自勉。常自言曰：'读《敬铭》如临严师，如在灵祠，百妄俱消，而不觉足之重、手之恭。读《和铭》，心神怡旷，万境皆融。熙熙然，不知手之舞、足之蹈也。'其后又作《颜冉铭》、《理一箴自新铭》、《消人欲铭》、《长天理铭》、《克己铭》、《悔过铭》、《矫轻铭》、《警惰铭》等。节节警策，践履之功，于斯可见矣。"（《全元文》第27册，第169页）揭傒斯《神道碑》载："十五遂以圣人之学自任，作《勤》、《谨》二箴《敬》、《和》二铭。"（《全元文》第28册，第506页）危素《年谱》载："四年癸亥，十五岁。（知厌科举之业,而用力圣贤之学。作《勤》、《谨》二箴。公年十五,深知科举业之不足,致力专务圣贤之学,因读朱子《训子帖》,'勤谨'二字,谓真持养之要,经为学之大端,作《敬》、《和》二箴。公曰:'吾读《敬》铭,则使人心神收敛、百虑俱消,如在灵祠中,如立严师侧,凄凄乎其似秋,而不觉足之重、手之恭也;读《和》铭,则使人心神怡旷,万境俱融,有弄月吟风情、傍花随柳想,熙熙乎其似春,而不知手之舞、足之蹈也。')"

又按:吴澄《谒赵判簿书》自述:"幼年颇以能属文而见知于人,然当时所能者,举业而已,未闻道也。年十有六(1264),始知举业之外有所谓圣贤之学者,而吾未之学,于是始厌科举之业,慨然以豪杰之士自期,必欲为周、程、张、邵、朱,而又推此道,以尧舜其君民而后已。"(《吴澄集》,第2027—2028页)即是以自身于十六岁方知科举之学以外学术,并自期以道统为宗。又《发解谢缪守书》载:"澄生廿有二年,五岁而读书,七岁而能声对,九岁而能诗赋,十有三岁而应举之文尽通,自以为所学止于是矣。年十五六,因玩先圣、先师之格言,而知先圣、先师之所学者,固不止是也。于是始欲息乎其所已学,以勤乎其所未学。"(《吴澄集》,第2030页)一者言十六,一者言十五六,与《行状》、《年谱》载十五岁不合,而《行状》、《神道碑》及《年谱》又将《勤》、《谨》二箴,《敬》、《和》二铭通通系于今年,考吴澄文集,这二箴二铭实则都为吴澄于1264年即16岁时所作,因此推测为吴澄十六岁始厌科举更加准确。

又按:实际上,宋理宗(1225—1264在位)之后,科举使经义考试的标准定于一尊。宋周密言:"士子场屋之文,必须引用以为文,则可以擢巍科,为名士。否则立身如温国,文章气节如坡仙,亦非本色也。于是天下竞趋之,稍有议及,其党必挤之为小人,虽时君亦不得而辨之矣。"(周密撰,王银林校点《癸辛杂识》续集下,第941页)这种标准失去了理学本质,宋理宗淳祐十二年(1252)罗大经就曾言:"盖至于今,士非尧、舜、文王、周、孔不谈,非《语》、《孟》、《中庸》、《大学》不观,言必称周、程、张、朱,学必曰'致知格物',此自三代而后所未有也,可谓盛矣。然豪杰之士不出,礼义之俗不成,士风日陋于一日,人才岁衰于一岁。而学校之所讲,逢掖之所谈,几有若屠儿之礼佛,娼家之读礼者,是可叹也。"(罗大经撰,王瑞来整理《鹤林玉露》丙编,大象出版社2019年,第261页)理学的繁荣只是表象,士人并未习得朱子修身之法。故吴澄能于十六岁即能参悟此道,不可不谓之立志高也。

僧明本(1263—1323)、齐履谦(1263—1329)生。

元世祖中统五年 至元元年
宋理宗景定五年　甲子　1264年　16岁

正月,元廷重征儒、释、道等户租税。

按:《元史》载:"癸卯,命诸王位下工匠已籍为民者,并征差赋;儒、释、道、也里可温、达失蛮等户,旧免租税,今并征之。其蒙古、汉军站户所输租减半。"(《元史》卷五《世祖本纪》,第1册,第96页)

二月,元廷敕选儒士编修国史,译写经书。

按:《元史》载:"敕选儒士编修国史,译写经书,起馆舍,给俸以赡之。"(《元史》卷五《世祖本纪》,第1册,第96页)

五月,元诏颁《珍珠诏书》。

按:此年,忽必烈决定让八思巴返回萨迦去完成建立西藏行政体制的任务,故他在五月一日颁布《珍珠诏书》予八思巴:"此世间之完满,是由成吉思汗之法度而生,后世之福德,须依佛法而积聚,明察于此,即可对释迦牟尼之道生起正见。朕善知此意,已向明白无误之上师八思巴请授灌顶,封彼为国师,任命其为所有僧众之统领。上师亦已对敬奉佛法、管理僧众、讲经、听法、修习等项明降法旨。僧人们不可违了上师之法旨……"(阿旺贡噶索南著,陈庆英、高禾福、周润年译注《萨迦世系史》,中国藏学出版社2005年,第124页)元朝"通过扶持萨迦派,初步实现了吐蕃的统一,结束了当地400多年的战乱割据局面"。(朱耀廷《忽必烈在六盘山皈依佛门与大元帝师制度》,《西夏研究》2010年第1期,第97页)

九月,元立翰林国史院。

按:中统二年,已初立翰林国史院,此番为正式设立官署。《元史·百官志》载:"翰林兼国史院,秩正二品。中统初,以王鹗为翰林学士承旨,未立官署。至元元年始置,秩正三品。"(《元史》卷八七《百官志》,第7册,第2189页)

十月,宋理宗崩。

按:《宋史·理宗本纪》载:"帝有疾不视朝。丙寅,大赦。丁卯,帝崩……庙号理宗。……其中年嗜欲既多,怠于政事,权移奸臣,经筵性命之讲,徒资虚谈,固无益也。虽然,宋嘉定以来,正邪贸乱,国是靡定,自帝继统,首黜王安石孔庙从祀,升濂、洛九儒,表章朱熹四书,丕变士习,视前朝奸党之碑、伪学之禁,岂不大有径庭也哉！身当季运,弗获大效,后世有以理学复古帝王之治者,考论匡直辅翼之功,实自帝始焉。"(《宋史》卷四五《理宗本纪》,第 888—889 页)

十二月,元罢世侯制。

按:《元史》载:"始罢诸侯世守,立迁转法。"(《元史》卷五"世祖本纪",第 1 册,第 101 页)汉族世侯对于汉文化的保存之功极大,比如世侯张柔:"对汉文化的贡献:一、收金史馆实录。二、护亡金士大夫北归,元遗山也受其庇荫。三、礼用郝经,养成他的学问,使诸子也浸染儒风。四、在顺天营建时重建孔庙学,在亳州也兴复庙学。"(孙克宽《元代汉文化之活动》,台湾中华书局 1968 年,第 292 页)

又按:世侯制的罢黜与李璮之乱有直接关系:"对忽必烈而言,李璮事件的发生表明,自金末以来尽专中原兵民之权的大小世侯,无疑是新王朝有效地巩固和强化自身统治的极大障碍。虽然公开称叛的只有李璮和个别响应者,但曾与李璮互相交通、非议朝政的诸侯为数并不少。为'潜销诸侯之横'以除后患,忽必烈当机立断,以'惩青徐之乱'为由,采取了一系列削弱世侯势力的措施:一、在各地实行兵民分治的制度,避免地方长官集军、民之权于一身。中统三年十二月,诏'诸路管民官理民事,管军官掌兵戎,各有所司,不相统摄'。至是,诸路军民总管,正式转变为只理民政的官职即路总管。诸侯如真定史氏、保定张氏等,都一度被削去军权,保留的都是文职。二、至元元年(1264)十二月,罢各地管民官世袭,立迁转法,收世侯符节,易地为官;死后,其子孙按荫叙法授官而不再承袭父职。三、对一家有数人居于要职的汉地世侯,规定兵民之权不可聚于一门,诸侯总兵者,其子弟勿复任兵事。制下,史天泽子侄同日解兵符者十七人。朝廷宣称这是'务裁诸侯权以保全之'。四、中统四年五月,立枢密院,以皇子真金兼判枢密事,统一调度侍卫亲军和各地的蒙古、汉军万户。由是确立了千户、万户——统军司(分立于河南、山东)或元帅府(立于东西两川等地,后亦改为统军司)——枢密院的指挥系统,把军权集中控制在中央政府的手中。"(白寿彝总主编、陈得芝主编《中国通史·元时期》,人民出版社 2015 年,第 333—335 页)

吴澄拜程若庸先生于临汝书院。

按:虞集《行状》载:"是岁,宣慰公赴乡试,先生侍行。时郡守迎新安徽庵程先生若庸,以朱子之学教授郡之临汝书院。徽庵盖从双峰饶氏游,先生因乡人谒之。徽庵未出,而外斋有揭帖片纸满壁,皆徽庵特见以语学者之说,先生一览而尽之。及见,先生从容进问,如曰:'先生壁间之书,以《大学》为正大高明之学,然则小学乃卑小浅陋之学乎?'若此者数条。徽庵曰:'吾处此久矣,未见有如子能问者。吾有子曰仔复,族子橚之,与子年相若,可与学为友。'橚之者,盱江程文宪公文海钜夫旧名也。自是,尝往来徽庵之门。徽庵深知之,而同堂之人弗尽知也。"(《全元文》第27册,第169页)揭傒斯《神道碑》载:"十六,拜程若庸先生,友程文宪公钜夫。"(《全元文》第28册,第505页)危素《年谱》载:"五年甲子(秋,侍大父如郡城。时大父赴乡试,会郡守延新安程先生若庸于临汝书院,宋季士习惟务进取,程先生尝游石洞饶氏之门,独以朱子之学授诸生,公谒见,历观其标贴壁间之说,不尽合于朱子之学,公乃一一请问,如所谓《大学》乃正大高明之学,然则小学其卑小浅陋之学乎?程先生悚然,曰:'若庸处此,未见有知学能问如子者,余之子仔复、族子橚之,皆与子同年生,可相与为友。'自是,公每至郡,必留临汝。橚之,翰林承旨程文宪公钜夫旧名也)。"

又按:虞集《行状》、揭傒斯《神道碑》、危素《年谱》皆以吴澄与程钜夫相识附于程若庸推荐之语后,并未说明二人确切相识时间。实际上,程钜夫年谱载其于十九岁方游临川,吴澄当是十九岁时才得以结识程钜夫:"公年十九岁。游临川,读书临汝书院,受学于族祖徽庵先生若庸,与翰林学士吴文正公澄为同门。"(《程钜夫集》,第10页)

又按:程若庸,时聘为临汝书院山长。程若庸从学于双峰先生饶鲁,又师事毅斋沈先生贵珤,得闻朱子之学。(洪焱祖《程山长若庸传》,《全元文》第24册,第209页)朱熹晚年尤为重视小学工夫,他以小学作为主敬的为学入门点,程若庸正是在朱熹此观点上继续衍发,他认为"学乎圣贤所知之道无他,主敬以立其本,穷理以致其知,反躬以践其实而已矣",又认为"主敬以立其本,则又小学之工夫,而大学之所以成始而成终焉者也。程、朱子以来,谁不知由小学而进于大学?"(《宋元学案》卷八三《双峰学案》,第2818页)程若庸坚定小学入大学的学习过程,而小学工夫又非时流行的以章句训诂文墨议论之学为重,而是应当在小学的过程中学会主敬,以心体理,推造化之本原,致广大而尽精微。在这样的情况下,吴澄初见程若庸,从容进问其关于小学、大学的看法:"先生壁间之书,以《大学》为正大高明之学,然则小学乃卑小浅陋之学乎?"这自然能让程若庸意识到吴澄年幼却敏锐的天赋,无怪乎程若庸要将其族子程钜夫介绍给吴澄一同研习了。

又按:吴澄虽从程若庸学,但却并非全然接受饶鲁学派。吴澄《临汝书院重修尊经阁记》言"余少时一再就书院肄业,不常处也。退而私淑于经,一句一字不敢轻忽"。暗含自身是私淑于经,而非尽取程若庸等人之学。又其《尊德性道问学斋记》更是直言双峰一派止于训诂之精、讲说之密的纰漏:"程氏四传而至朱,文义之精密,句谈而字议,又孟氏以来所未有者,而其学徒往往滞于此而溺其心。夫既以世儒记诵词章为俗学矣,而其为学亦未离乎言语文字之末,甚至专守一艺而不复旁通它书,掇拾腐说而不能自遣一辞,反俾记诵之徒嗤其陋、词章之徒议其拙,此则嘉定以后朱门末学之弊,而未有能救之者也。……况止于训诂之精、讲说之密,如北溪之陈、双峰之饶,则与彼记诵词章之俗学相去何能以寸哉?"(《吴澄集》,第 841—842 页)由此观之,吴澄之学自诩为私淑朱子,对于宋以来的朱门后学即双峰学派并非承继其旨归。

吴澄求学临汝书院期间,结识林月香、许端朝。

按:吴澄于临汝书院进学时间,结识了一批师友。其文集中《痴绝集序》载结识时为抚州乡贤的林月香:"昔予弱冠,与郢程钜夫同学临汝书院。时月香林君以乡先达日坐前庑位,予二人朝夕出入,以诸生礼诣位趋揖然后退。"(《吴澄集》,第 312 页)《赠许成可序》载结识许端朝:"往年,吾邦部使者邀至新安程君达原来临汝书院,为诸生讲说朱子之学。达原父之于人少所可。时余弱冠,数数及门,见其与许君端朝厚善,且称其子也才后。"(《吴澄集》,第 584 页)

吴澄九月作《杂识一》。

按:吴澄《杂识》一阐述了自身对"性"的理解,他尊崇程朱之学的观念,将"性"分为"天地之性"与"气质之性":"或问性,愚曰:性者,天所付于我之理,纯粹至善者也。是性也,张子所谓天地之性也;孟子所以言性善者,谓此也。曰:今世言人性善性恶、性缓性急、性昏性明、性刚性柔者,何也?曰:此气质之性也。盖人之生也,天虽赋以是理,而人得之以为仁义礼智之性。然是性也,实具于五脏内之所谓心者焉,故必付以是气,而人得之以为五脏百骸之身,然后,所谓性者有所寓也。是以,人之生也,禀气有厚薄,而形体运动有肥瘠强弱之殊;禀气有清浊,而材质知觉有愚知昏明之异。是则告子所谓生之谓性,而朱子谓其指人知觉运动为性者是也。是性也,实气也,故张子谓'气质之性,君子有弗性者焉';程子亦谓'有自幼而善,有自幼而恶,是气禀有然也',斯岂天地本然之性云乎哉?若论天地本然之性,则程子曰:'性即理也。'斯言尽之矣……景定甲子秋九月甲戌朏谨识。"(《吴澄集》,第 2000—2001 页)

吴澄此年作《勤》、《谨》二箴,《敬》、《和》二铭。

按:吴澄《勤箴》载:"夏而不扇,冬而不炉。思则彻晓,得则疾书。我思古人,关、洛之儒。勤哉勤哉,毋替厥初。"(《吴澄集》,第 1974 页)《谨箴》:"生而请事,动言听视;死而知免,战兢临履。我思古人,洙、泗之子。谨之谨之,一如其始。右《勤》、《谨》二箴,景定甲子岁作(1264)。"(《吴澄集》,第 1974 页)《敬铭》:"维人之心,易于放逸。操存舍亡,或入或出。敬之一字,其义精密。学者所当,服膺弗失。收敛方寸,不容一物。如入灵祠,如奉军律。整齐严肃,端庄静一。戒谨恐惧,兢业战栗。……右景定甲子岁作(1264)。"(《吴澄集》,第 1975 页)《和铭》:"和而不流,训在《中庸》。颜之恺悌,孔之温恭。孔颜往矣,孰继遐踪?卓彼先觉,元公淳公。元气之会,淳德之钟。瑞日祥云,霁月光风。庭草不除,意思冲冲;天地生物,气象融融。……"(《吴澄集》,第 1976 页)按吴澄自述,《勤箴》、《谨箴》、《敬铭》、《和铭》作于景定五年(1264),时吴澄 16 岁,是以《行状》、《神道碑》、《年谱》记载其写于今年误矣。

张珪(1264—1327)生。

元世祖至元二年 宋度宗咸淳元年
乙丑 1265年 17岁

二月甲子,定官制。

按:《元史·世祖本纪》载:"(二月)甲子,以蒙古人充各路达鲁花赤,汉人充总管,回回人充同知,永为定制。"(《元史》卷六《世祖本纪》,第1册,第106页)

安童拜光禄大夫中书右丞相。

按:安童此番作相,对元朝儒治颇有影响。《元史·安童传》载:"至元二年秋八月,拜光禄大夫、中书右丞相,增食邑至四千户。辞曰:'今三方虽定,江南未附。臣以年少,谬膺重任,恐四方有轻朝廷心。'帝动容有间曰:'朕思之熟矣,无以逾卿。'冬十月,召许衡至。"(《元史》卷一二六《安童传》,第10册,第3081—3082页)

许衡被召至京师,任中书左丞辅佐安童。

按:《元史·许衡传》载:"至元二年,帝以安童为右丞相,欲衡辅之,复召至京师,命议事中书省。"(《元史》卷一五八《许衡传》,第12册,第3718页)

邓蚩英在江州合建周敦颐、二程、朱子四先生祠堂。

按:据王佖记载,邓蚩英在江州合周敦颐、二程、朱子四先生冠服为一祠堂,次年祠堂修成,王佖作文以记之,文中表达了四先生对道统的承继作用。《江州州学四先生祠记》载:"浔阳实元公寓里,虽本舂陵,以贫不能归。乐山川之美而卜居,因取故里之名而名其溪。后之人相与祠于学,又奉明道纯公、伊川正公以配焉。推其渊源,究其本末,的有深意,盖非周子表倡于先,二程子充广于后,畴克接承孔子、孟氏之传,使有志之士得以探讨而服行之。……景定甲子,临川邓君蚩英,实典教事。以平日企慕之切,笃志修为之深,顾瞻有感,慨然改作,宏施而显设之,合四先生冠服,俨然前后相望。"(王佖《江州州学四先生祠记》,周敦颐撰,梁绍辉等点校《周敦颐集》卷之十,岳麓书社2007年,第215—216页)

吴澄八月五日作《杂识》五章。

按：危素《年谱》载："咸淳元年乙丑，宋度宗。（八月，作《杂识》五章。十月己丑，作《颜冉铭》。）"

又按：吴澄《杂识六》记其于今年八月五日作，文章对朱熹关于天理人欲的观念表达了敬意："朱子有言曰：'天理人欲，间不容发。自今以往，必使此心无一毫之蔽，此身无一毫之玷。举措、施为，无一之不敬；视听、言动，无一之不正。……'呜呼，戒之哉！念之哉！敬之哉！咸淳乙丑秋八月五日庚午记。"（吴澄《杂识六》，《吴澄集》，第2010—2011页）

吴澄九月七日跋《勤》、《谨》二箴及《敬铭》。

按：吴澄自述在景定五年（1264）作《勤箴》、《谨箴》、《敬铭》、《和铭》，又在今年将二箴及《敬铭》笔之方册，并为其作跋。而《行状》、《神道碑》、《年谱》记载其写于1263年、15岁，误矣。（《吴澄集》，第1974、1975页）

吴澄十月二十四日作《颜冉铭》。

按：危素《年谱》载："十月己丑，作《颜冉铭》。"吴澄《颜冉铭》载："我思古人，明发不寐。卓彼先觉，颜冉二子。主一持敬，克己复礼。出门如宾，使民如祭。非礼勿言，非礼勿履；非礼勿听，非礼勿视。蝉蜕人欲，春融天理。……右咸淳乙丑冬十月二十四日乙丑作（1265）。"（《吴澄集》，第1978—1979页）

吴澄十二月以古礼治大父丧礼。

按：虞集《行状》载："咸淳元年冬（1265），左丞公（吴澄父）侍宣慰公（吴澄大父）之疾，久而小间。宣慰谓左丞曰：'吾察此孙，昼夜服勤，连月不懈，而精神有余，此大器也，可善教之。'盖宣慰自襁褓之爱先生，间形于言，而亲戚乡里以为有誉孙之癖矣。十有二月，宣慰捐馆，丧葬凡役，先生考古礼，禀于左丞而行之。"（《全元文》第27册，第169—170页）危素《年谱》载："十二月戊子，大父卒。丧葬凡役，公悉考古礼，禀于父左丞公而行之。大父寝疾，公代其父侍药食，不就席者凡十余，夕无息容。大父叹曰：'吾察此孙，服勤连昼夜不懈，而神气有余，此大器可望，其善教之。'"

何中（1265—1332）、杨朝英（约1265—约1352）生。

元世祖至元三年 宋度宗咸淳二年
丙寅　1266年　18岁

十月，元廷始建太庙。

按：《元史·祭祀志》载："至元元年冬十月，奉安神主于太庙，初定太庙七室之制。皇祖、皇祖妣第一室，皇伯考、伯妣第二室，皇考、皇妣第三室，皇伯考、伯妣第四室，皇伯考、伯妣第五室，皇兄、皇后第六室，皇兄、皇后第七室。凡室以西为上，以次而东。二年九月，初命涤养牺牲，取大乐工于东平，习礼仪。冬十月己卯，享于太庙，尊皇祖为太祖。三年秋九月，始作八室神主，设祧室。冬十月，太庙成。"（《元史》卷七四《祭祀志》，第6册，第1832页）

同月，徙平阳经籍所于京师。

按：《元史》载："丁丑，徙平阳经籍所于京师。"（《元史》卷六《世祖本纪》，第1册，第112页）

又按：元代在经籍锓板通行方面有很大发展，吴澄《赠鬻书人杨良甫序》赞叹元代书籍通行情况称："古之书在方册，其编袠繁且重，不能人人有也。京师率口传，而学者以耳受，有终身止通一经者焉。噫！可谓难也已。然其得之也艰，故其学之也精，往往能以所学名其家。历代方册以来，得书非如古之难，而亦不无传录之勤。锓板肇于五季，笔功简省，而又免于字画之讹，不谓之有功于书者乎？宋三百年间，锓板成市，板本布满乎天下，而中秘所储莫不家藏而人有。不惟是也，凡世所未尝有与所不必有，亦且日新月益。书弥多而弥易，学者生于今之时，何其幸也！无汉以前耳受之艰，无唐以前手抄之勤，读书者事半而功倍宜矣。而或不然，何哉？挟其可以检寻考证之且易，遂简于耽玩思绎之实，未必非书之多而易得者误之。噫！是岂锓者之罪哉？读者之过也。汴人氏杨字良甫，业锓贤圣之书，市遍致其所无，以资学者。余嘉其功，而虑读者之或因是而不自勉也。盖欲人人善读书而得于心，则杨氏之功为不虚。"（《吴澄集》，第743页）

阿合马以平章政事兼领使职，开始总揽全国财政大权。

按：《元史·奸臣传》载："三年正月,立制国用使司,阿合马又以平章政事兼领使职。"(《元史》卷二〇五《阿合马传》,第 15 册,第 4558 页)

许衡上《时务五事》,建议用汉法以立儒治。

按：《元史》载："衡乃上疏曰：'……国家之当行汉法无疑也。然万世国俗,累朝勋旧,一旦驱之下从臣仆之谋,改就亡国之俗,其势有甚难者。……自都邑而至州县,皆设学校,使皇子以下至于庶人之子弟,皆入于学,以明父子君臣之大伦,自洒扫应对以至平天下之要道,十年已后,上知所以御下,下知所以事上,上下和睦,又非今日之比矣。'"(《元史》卷一五八《许衡传》,第 12 册,第 3719—3725 页)

吴澄十一月二十四日作《理一箴》。

按：危素《年谱》载："二年丙寅(冬,葬大父于坵原之古宅,十一月壬子,作《理一箴》)。"

又按：吴澄《理一箴》论及"理一分殊"之理与持敬工夫。文载："或问予天,予对曰理。阴阳五行,化生万类。其用至神,然特气尔。必先有理,而后有气。苍苍盖高,包含无际。其体至大,然持形只。形气之凝,理实主是。无声无臭,于礼不已。天之为天,斯其为至。分而言之,名则有异。乾其性情,天其形体。妙用曰神,主宰曰帝。以其功用,曰神曰鬼。专而言之,曰理而已。……吾皇二年,岁在丙寅。十有一月,壬子之辰。作《理一箴》,于以自克。无念尔祖,聿修厥德。"(吴澄《理一箴》,《吴澄集》,第 1979—1981 页)

吴澄十一月二十五日跋《和铭》。

按：吴澄在景定五年(1264)作《和铭》,今年又为之作跋。吴澄《和铭》载："予旧作二铭,一曰《存养心性》,一曰《涵养气质》。后觉命名之未当,故前既改《存养心性》之铭为《敬铭》,今又改《涵养气质》之铭为《和铭》云。咸淳丙寅冬十有一月二十有五日癸丑谨跋。"(《吴澄集》,第 1976 页)

吴澄此年作诗《自警二首》。

按：《文集》载吴澄此年作诗《自警二首》："气昏嗜卧害非轻,才到更初困倦生。必有事焉常恐恐,直教心要强惺惺。纵当意思沉如醉,打起精神坐到明。著此一鞭能勇猛,做何事业不能成。""元来一片虚灵府,埋没经年滓秽场。不特通时多走逸,觉于静处亦飞扬。昼间常被事牵引,夜后犹如梦扰攘。唤起主人翁警省,自家三径不容荒。"(《吴澄集》,第 1948 页)诗题有小字"前丙寅十八岁作",今存之。

袁桷(1266—1327)生。

元世祖至元四年 宋度宗咸淳三年
丁卯　1267年　19岁

正月，元敕修曲阜宣圣庙。

按：《元史》载："癸卯，敕修曲阜宣圣庙。……五月丁亥朔，日有食之。敕上都重建孔子庙。"（《元史》卷六"世祖本纪"，第1册，第113页）欧阳玄《曲阜重修宣圣庙碑》论述到忽必烈此举有"兴一代之治"的开创之功："世祖皇帝初在藩邸，多士景从，比其即位，大召名儒，辟广庠序，命御史台勉励校官，大司农兴举社学，建国子监学以训诲胄子，兴文署以板行海内书籍，立提学教授以主领外路儒生，宿卫子弟咸遣入学，弼辅大臣居多俊义，内廷献纳能明夫子之道者言必称旨。在位三十五年之间，取士之法、兴学之条、讨论之规裨益远矣。"（欧阳玄《曲阜重修宣圣庙碑》，陈书良、刘娟点校《欧阳玄集》卷九，第122页）

王鹗请行科举法，世祖允而未能行。

按：《元史·选举志》载："四年九月，翰林学士承旨王鹗等，请行选举法，远述周制，次及汉、隋、唐取士科目，近举辽、金选举用人，与本朝太宗得人之效，以为'贡举法废，士无入仕之阶，或习刀笔以为吏胥，或执仆役以事官僚，或作技巧贩鬻以为工匠商贾。以今论之，惟科举取士，最为切务，矧先朝故典，尤宜追述'。奏上，帝曰：'此良法也，其行之。'中书左三部与翰林学士议立程式，又请'依前代立国学，选蒙古人诸职官子孙百人，专命师儒教习经书，俟其艺成，然后试用，庶几勋旧之家，人材辈出，以备超擢'。十一年十一月，裕宗在东宫时，省臣复启，谓'去年奉旨行科举，今将翰林老臣等所议程式以闻'。奉令旨，准蒙古进士科及汉人进士科，参酌时宜，以立制度。事未施行。"（《元史》卷八一《选举志》，第7册，第2017页）

札马鲁丁任职司天台，进《万年历》，颁行全国。

按：同年，札马鲁丁在大都设观象台，并创制浑天仪等7种天文仪器，用来观测天象昼夜时刻，确定季节。他制造的地球仪，早德国地理学家马丁·贝海姆225年。

吴澄正月总跋《敬》、《和》二铭。

按：吴澄《和铭》载："吾读《敬铭》，则使人心神收敛，百妄俱消，如在灵祠中，如立严师侧，凄凄乎其似秋，而不自觉足之重、手之恭也；读《和铭》，则使人心神怡旷，万境俱融，有弄月吟风情，有傍花随柳想，熙熙乎其似春，而不自知手之舞、足之蹈也。……敬与和二者不可偏于一也。……学者傥专务于敬，而能敬焉，则虽不期于和，而自和矣。故吾于二铭，以敬为先，而和为后，亦周子之礼先而乐后之意云。咸淳丁卯春正月庚戌总跋。"（《吴澄集》，第1977—1978页）

吴澄二月五日献书判簿大著先生，以朱子道统之态度求学于后者。

按：吴澄在献书判簿大著先生中，主要表达了对科举时文的厌弃，和对程朱道统的继承，《谒赵判簿书》载："二月五日，学生吴澄，谨斋沐裁书献于判簿大著先生座前：……孟子死，圣人之学不传。旷秦、汉、三国至隋、唐、五季，千有余年，学者溺于俗儒之陋习，淫于老佛之异说，而无一豪杰之士生于其间。仅有一韩愈奋然而出，因学为文，粗有所见，而终于见道未明，去道犹远，然亦以自奇特为难得。其他益不足数也已。至于我朝，天开文治，笃生异人，周、程、张、邵，一时迭出，呜呼盛哉！夫斯文之丧久矣，世之人其父兄相与讲明、师友相与传习以为学者，果何事也？而周子乃独能超然默悟此道于千载之下；二程子又独能以周子为师，而从学焉；张子又独能与程子为友，而慨然以吾道自足，何事旁求？至于邵子，则又独能默悟天地之化，穷极象数之微，尤人所难能也。……南渡以来，去程、张殆将百年，而闽中有朱夫子，又能集数夫子之大成。则朱子，又中兴以后之豪杰也。朱子没至今逮将百年矣，以绍朱子之统自任者，果有其人乎？今世之儒所学者果何学也？要不过工时文，猎科第，取温饱而已。……澄生十有九年矣，家贫不能从师，惟大父家庭之训是闻。幼年颇以能属文而见知于人，然当时所能者，举业而已，未闻道也。年十有六，始知举业之外，有所谓圣贤之学者，而吾未之学，于是始厌科举之业，慨然以豪杰之士自期，必欲为周、程、张、邵、朱，而又推此道，以尧舜其君民而后已也。……尝谓我临川之邦，前后人才有王荆公之为人，非常人也，然与程子同时，而不与程子同道；有陆象山之为学，非俗学，然与朱子同时，而不能与朱子同道。吾为此惧。所恨者，天不憖遗。……先生之学，似非俗儒之所学者矣。第以官民之间，无自亲炙，未得以一睹贤人之光，而窥先生所学之万一。会先生有民事于吾乡，而过吾门，窃于道途望其容貌，渊乎其似道，俨乎其一古君子也。"（《吴澄集》，第2025—2028页）

又按：在理学学术史上，吴澄思想究竟是宗朱还是宗陆，曾引发广泛讨论，而这篇《谒赵判簿书》是一篇非常重要的能表明吴澄早年以程朱后学自任的文章。譬如明代汪舜民就曾以此文反驳程敏政认为吴澄"和会朱陆"的观念："宋末元盛，诸儒未暇概举，若鲁斋许先生、草庐吴先生者，皆非常儒也。许先生平日所尊信者在朱而不在陆，不必言矣。吴先生尝为学者言：'朱子道问学工夫多，陆子静却以尊德性为主，问学不本于德性，则其弊偏于言语训释之末。果如陆子静所言矣，今学者当以尊德往为本，庶几得之。'又尝序陆先生《语录》，谓：'……先生之教人盖以是，岂不至简至易而切实哉？不求诸我之身，而求诸人之言，此先生之所深悯也。'吴先生之言如此，似乎崇陆而抑朱矣。然而考其《学基》所述，皆尊德性之事，《学统》所述，皆道问学之事，未尝专主尊德性而不道问学。考其《道统之图》，上至伏羲，下至朱子，未尝一字及乎陆氏，且曰：'近古之统，周子其元，程、张其亨也，朱子其利也，孰为今日之贞乎？'亦未尝一毫属意于陆氏焉。考其《谒赵判簿》之书……呜呼，吴先生一人之身，何其先后著论不同，一至于此？又况考其平生著述，自《易》、《书》、《春秋》、《礼记纂言》，以至阴阳、医、葬之末，其道问学工夫未尝少于朱子，不当如前所云。岂其《学基》、《学统》与《谒赵川簿书》，皆初年未定之见，至于崇陆抑朱乃晚年进德之论乎？抑其平生所学，实尊信朱子，而谓朱子道问学工夫多，当如陆子以尊德性为本者，亦犹朱子晚年之言，所以警学者之支离乎？皆非末学所及知也。……某又闻之元儒虞文靖公（即虞集）有曰：'孟子没千五百年而周子出，河南两程子为得其传，时则有若张子，精思以致其道，其迥出千古，则又有邵子焉，邵子之学既无传，而张子之殁，门人往往卒业于程氏，程门学者笃信师说，各有所奋力，以张皇斯道。奈何世运衰微，民生寡祐，而乱亡随之矣。悲夫！斯道之南，豫章、延平高明纯洁，又得朱子而属之，百有余年间，师弟子之言折衷，无复遗憾。求之于书，盖所谓"集大成"者时。则有若陆子静氏，超然有得于孟子"先立乎其大者"之旨，其于斯文，互有发明，学者于焉可以见全体大用之盛。而二家门人，区区异同相胜之浅见，盖无足论也。'"（汪舜民《答程学士书》，《静轩先生文集》卷四，明正德刻本）

吴澄四月九日作《自新铭》、《自修铭》。

按：揭傒斯《神道碑》载："十九作《自新》、《自修》、《消人欲》、《长天理》、《克己》、《悔过》、《矫轻》、《警惰》诸铭以自策。"见吴澄《自新铭》（吴澄《自新铭》，《吴澄集》，第1982页）、《自修铭》（吴澄《自修铭》，《吴澄集》，第1983页）。

吴澄四月二十一日作《消人欲铭》、《长天理铭》。

按：吴澄《消人欲铭》载："人欲之极，惟色与食。……好色是欲，德未见好;恶食是耻,未足议道。呜呼食色,今其戒兹。戒之如何?刚以治之。"(吴澄《消人欲铭》,《吴澄集》,第1983页)吴澄《长天理铭》载:"天理之至,惟仁与义。仁只在孝,义只在弟。……知斯二者,即所谓知;节斯二者,即所谓礼。实有二者,即信之谓。安行二者,乐则生矣。……右二铭,咸淳丁卯夏四月二十一日戊寅作。"(《吴澄集》,第1984—1985页)

吴澄四月二十八日作《克己铭》《悔过铭》。

按:吴澄《克己铭》载:"去病非难,当拔其根。己私既克,天理复还。"(《吴澄集》,第1985—1986页)《悔过铭》载:"当悔之余,惟新是图。朝虽为跖,暮可为虞。当悔之时,不图改之,是乃自弃,小人之归。右二铭,咸淳丁卯夏四月二十八日乙酉作。"(《吴澄集》,第1988页)

吴澄六月九日作《五兴》。

按:吴澄《五兴》包含《水》、《玉》、《泉》、《火》、《蒉稗》,文载:"天理难莹,人欲易胜。惟不知警,遂情其性。爰作《五兴》,于以自省。时咸淳丁卯六月九日也。"(《吴澄集》,第1988—1989页)

吴澄六月十五日作《道统图》。

按:虞集《行状》载:"十九岁,著说(即《道统图并叙》)曰:'道之大,原出于天。圣神继之,尧、舜而上,道之元也。……'是时,先生方弱冠,而有志自任如此。其后先生尝识此二文之后曰:'其见多未定之见,其言多有病之言,然不忍弃去,录而藏之,则晚年所进自此可考矣。'"(《全元文》第27册,第170页)危素《年谱》载:"三年丁卯,十九岁(作《道统图》)。"

再按:吴澄《道统图》今存,附于《杂识十》文字后,其中主要梳理了从孔孟至于宋代周、程、张、邵、朱的道统谱系:"道之大原出于天,羲、农、黄帝继天立极,是谓三皇。道统之传,实始于此。黄帝而后,少皞、颛帝、高辛继之,通尧、舜谓之五帝。尧、舜、禹、皋,君臣也,而并此唐虞之际,所以为盛也。成汤、伊尹生于商之初兴,而傅说生于商之中世,文、武、周、召生于周之盛际,而夫子生于周之既衰。夫子以来,始不得位,而圣人之道不行,于是始教授弟子,而惟颜、曾得其传。颜子早死,曾子传之子思,子思传之孟子,孟子没而不得其传焉。我朝周子始有以接乎孟子之传于千载之下。其时有邵子者,亦非常人也。二程子则师于周子,张子则友于二程,而传其学。中兴而后,又有朱子,集周、程、张、邵之大成,是皆得夫道统之传者也。圣贤继作,前后相承,吾道正脉赖以不坠。通而言之,则尧、舜而上,道之元也;尧舜而下,道之亨也;洙、泗、鲁、邹,道之利也;濂、洛、关、闽,道之贞也。分而言之,则羲、农,其上古之元乎?尧、舜其亨,禹、汤其利,而文、武、周公,其贞也。夫子其中古之元乎?颜、曾其亨,子思其利,而孟子其贞也。至于周子,则我朝之元也,程、张,则我朝之亨也,朱子则我朝之利也。然则孰为我朝之贞乎哉?……丁卯六月望。右道统图。"(吴澄《杂识十》,《吴澄集》,第2014—2016页)下附《道统图》:

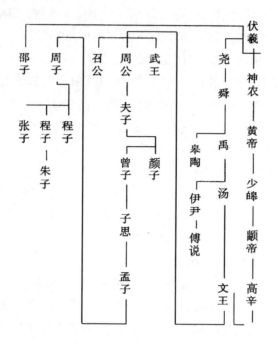

吴澄九月二十四日作《杂识十一》。

按:吴澄《杂识十一》载:"圣贤之学,但在天理人欲上用功。天理之发,苟不刚以克之,吾未见其不为人欲所夺也;人欲之萌,苟不刚以锄之,吾未见其不为天理之贼也。昔程、朱夫子皆十七八时,已超然有卓绝之见,慨然有求道之志,然犹未至于化而死也。今愚生十有九年矣,失今不学,更待何时?日月逝矣,岁不我与。……咸淳丁卯九月戊申谨识。"(吴澄《杂识十一》,《吴澄集》,第2017页)

吴澄九月二十五日作《杂识十二》。

按:吴澄《杂识十二》载:"君子小人之分,理欲之间而已矣。自今以往,苟乘此一念之怨悔,而扩充其天理,尚庶几乎。其或尚因循不改,而颠冥于人欲,则其为小人之归也必矣。……咸淳丁卯九月己酉书。"(吴澄《杂识十二》,《吴澄集》,第2017—2018页)

吴澄十二月初一作《杂识十三》。

按:吴澄在《杂识十三》里已经主张"情动于中,则外必形于言"的"诗缘情"之说,这是吴澄终其一生对于诗歌创作的追求:"吴澄提倡情性之真总是与'自然而然'联系起来同时阐发,这是一个问题的两个方面。'诗缘情'，是我国古代诗歌的一贯传统，只有'缘情而发'，所表达的才是'情性之真'，而不是'情性之伪'，才能'自然而然'；'自然而然'是表达情感的手段，也只有'自然而然'才能更好地表现'情性之真'。吴澄以此两件法宝做为扭转宋末元初诗风的武器，把'情性之真'与'自然而然'推衍到缘起、创作、批评、鉴赏等各个领域之中。"（王素美《传统诗教与非传统诗教之间——论吴澄诗歌理论的特点及其影响》，《陕西师大学报（哲学社会科学版）》1996年第2期）《杂识十三》载："天之生是人，其生也，有仁义礼智信之性；人之有是性，其发也，有喜怒哀惧爱恶欲之情。心，统性情者也。性具于心，情发于心，而言则心之声也。情动于中，则外必形于言。昔人之所以作诗者，由此也。太史公曰：'诗三百篇，大抵圣贤发愤之所为作也。'愚谓三百篇未必皆然，而其间发愤而作者，盖亦有之矣。……尝观于《诗·宾之初筵》，乃卫武公悔过之作，而《抑戒》之篇，亦武公自警之辞也。非其有过而为之与？何则？无为而言者，其辞和以平；有过而悔者，其辞激以切。今观二诗辞气奋厉，旨意勤恳，若将唾骂其身，斥指其慝，而惟恐其或恕也。……咸淳三年丁卯冬十二月癸丑朔，吴澄题。"（吴澄《杂识十三》，《吴澄集》，第2018页）

　　吴澄与程钜夫相识。

　　按：据何中《翰林学士承旨光禄大夫知制诰兼修国史程公行状》记载，程钜夫在"咸淳三年丁卯"，"往临川，从叔祖徽庵先生讲学于临汝书院"。（《全元文》第22册，第206页）徽庵先生程若庸介绍程钜夫与吴澄同学于临汝书院。危素《年谱》载："程先生悚然，曰：'若庸处此，未见有知学能问如子者，余之子仔复、族子櫄之（程钜夫）皆与子同年生，可相与为友。'"元程世京《楚国文宪公雪楼程先生年谱》载："公年十九岁。游临川，读书临汝书院，受学于族祖徽庵先生若庸，与翰林学士吴文正公澄为同门。"（《程钜夫集》，第10页）

　　吴澄在临汝书院又得结识吴时可兄弟。

　　按：吴澄在临汝书院时通过程钜夫认识了吴德溥、吴可孙兄弟。吴氏是抚州金溪著姓，吴澄《故登仕吴君夫人余氏墓志铭》载："宋登仕郎吴时可，抚金溪著姓。咸淳间，暨其季弟与郢程钜夫共学临汝书院。余，钜夫友也，亦时造焉，遂识君仲季。未几，运代革，钜夫显宦于朝，时可隐处于家，恂恂然有古逸民遗风。"（《吴澄集》，第1578—1579页）

　　又按：程钜夫于大德五年（1301）作《故将仕佐郎建昌路儒学教授吴君墓志铭》记载吴可孙生平：吴可孙（1247—1301），字圣可，延陵人（今江苏常州），后徙金溪吴塘，在宋为咸淳甲戌（1274）进士，迪功郎、新昌尉，至元中授将仕佐郎、建昌路儒学教授，后致力于江西地方学校与田产事宜。（《全元文》第16册,第408—409页)程钜夫与吴可孙兄弟往来颇繁,他在《吴君载墓志铭》载:"始予与金溪吴氏仲季事族祖徽庵先生于临汝精舍,意相得欢甚。至元丙子以来,余日有事于四方,率数岁乃一集,集率一二日去。余悲之,然犹冀其相见之未艾也。大德五年,圣可死,余铭之。九年,时可死,余铭之。"(《全元文》第16册,第497页)又《吴隐君墓志铭》载:"余在临川时,有同舍生居金溪者曰吴氏,兄弟三人,伯讳德鸿,字仪可;仲讳德溥,字时可;季讳可孙,字圣可,皆甚贤。其伯氏虽未识而相知深。余自去临川四十余年,梦寐未尝不与吴氏相接。"(《全元文》第16册,第531—532页)

又按:元代李存有《吴公行述》为吴德溥之子吴君明、吴君阳作行状,(李存《吴公君明行述》,《全元文》第35册,第465页,第462—463页)据此两篇《行述》可绘吴可孙世家谱系:

(金溪吴氏原属金陵,宋初由金陵迁江西,吴可孙六世祖吴浚时迁至金溪吴塘)

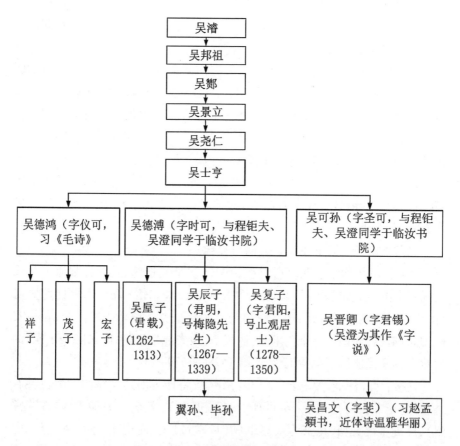

谱1:吴可孙世家谱系图

再按：通过程钜夫，吴澄认识了当时同在程若庸门下的吴可孙兄弟，并与此金溪大族吴氏继续联系。后吴澄还为吴可孙之子吴晋卿作《字说》，鼓励其行仁智以见行于世："金溪吴晋卿，字君锡，问其说于予。予曰：晋者，进也。晋之为卦，上明下顺，内顺外明。以一世言之，君明于上，可进之时也；臣顺于下，可进之道也。以一身言之，内顺于理，克己之仁也；外明于理，应物之智也。……君锡之先君子，登进士科得仕，而君锡资质粹美，又能文章，进其学焉。俾内于己而顺，外于物而明，其将以世科进而受爵命之锡也。"（吴澄《吴晋卿字说》，《吴澄集》，第166—167页）

元世祖至元五年 宋度宗咸淳四年
戊辰　1268年　20岁

七月，元立御史台。

按：《元史》："癸丑，立御史台，以右丞相塔察儿为御史大夫，诏谕之曰：'台官职在直言，朕或有未当，其极言无隐，毋惮他人，朕当尔主。'仍以诏谕天下。"（《元史》卷六《世祖本纪》，第1册，第118页）

又按：忽必烈诏建御史台，是将其视作"治政之良医"，忽必烈曾言："中书朕左手，枢密朕右手，御史台是朕医两手的。"此其立台之旨。（叶子奇《草木子》卷之三下"杂制篇"，中华书局1959年，第61—62页）"然而，台察的这种效能，很快随着财臣专权局面的出现而受到沮抑。其后二十余年间，台察虽多次与阿合马、卢世荣、桑哥专权肆用的行为进行斗争，但终因难以得到忽必烈'朕当尔主'的实际支持，反而屡屡遭受权臣的压制和打击，处于极其被动的地位。"（郝时远《元世祖时期台察与权臣的斗争》，《元史论丛》第四辑，中华书局1992年）

程若庸举进士，任武夷书院山长。

按：洪焱祖《程山长若庸传》载："程山长若庸……庚戌，冯此山去疾创临汝书院于抚州，聘若庸为山长，置田宅居之。咸淳戊辰，为福建武夷书院山长。"（《全元文》第24册，第209页）

程绍开任临汝书院山长。

按：方回《宋象山书院山长月岩先生程公墓表》载："明年戊辰，中龙飞榜乙科，授从仕郎，当注职官，仅取增差临汝教，兼掌书堂，两摄东西倅，赈荒埋胔，竭力助郡政。"（《全元文》第7册，第446页）

吴澄二月二十七日作《题四书》一章。

按：吴澄《题四书》一章是对学者只知诵读宋儒释《四书》，不知反求身心的实践工夫提出的批评。《题四书》载："孟子而后，道学无传，儒者惟知以记诵、词章为事。宋兴,大贤辈出,觉痴指迷,学者始知天下学术固不止于前二端之陋而已也。新安夫子训释四书以惠后学,使世之学者由是而学焉,德至渥也。今世之士皆知尊尚其书,而乐诵之矣。曾不知四书中之所言者,果何事也?古圣贤之所学者,果何学也?呜呼!……咸淳四年戊辰春二月二十七日戊申,吴澄题《四书》后。"(吴澄《杂识十四》,《吴澄集》,第 2019—2020 页)

吴澄三月初一作《纪梦》一章。

按:吴澄《纪梦》载:"梦中自言,恐或有愆。天谴予也,亦做予焉。梦中自喜,欲图勉励。恍然而悟,庸默而识。吾心即天,至灵至神。雷形诸梦,雷固非真。所贵此心,随触随觉。……咸淳四年,春三月朔,壬子之辰,此箴爰作。"(吴澄《纪梦》,《吴澄集》,第 1990—1992 页)

吴澄四月九日作《杂识十五》。

按:吴澄在《杂识十五》中引胡寅文,据赋体为介,指出科举取士造成读书人不讲义理,惟务辞章。文载:"赋之名何始乎?《诗》有六义,一曰赋。然有比焉,有兴焉,有一诗而全赋比兴三体者焉,不独赋而已矣。雅亡于东迁,风终于陈灵,删《诗》之后,不复有诗,六义隐矣。……历魏至唐,愈昌愈变愈卑,独隋李谔能觉其缪。曾谓今世之士大夫,而所见反出于隋人后乎?愚尝爱致堂胡先生之言曰:'词赋本于《离骚》,而不逮骚远矣。……'呜呼!旨哉言也!然则今之赋,其可丑也如此,则将绝之而不为乎?曰:朝廷方以此而设科,布衣必藉此而进身。士如有志于遁世离群,则可矣。然不仕无义,爱身独善,亦圣贤之所不许,则亦姑从俗而为之可也。……咸淳四年戊辰夏四月九日。"(吴澄《杂识十五》,《吴澄集》,第 2020—2021 页)

又按:吴澄文中的"致堂胡先生"为胡寅(1098—1156),胡寅原话出自其《致堂读史管见》卷十五《长城公 陈纪》:"隋主不喜辞华,诏天下公私文翰,并宜实录。侍御史李谔亦以当时属文,体尚轻薄,上书言其弊,隋主以其疏颁示四方。"下注"辞赋本于《离骚》,而不逮《骚》矣。声韵四六本于辞赋,而不逮赋又远矣。自屈、宋妙才,创为骚文,而论笃君子,犹不屑好焉,鶂乌有亡是、长杨五柞之流乎?则其失而每下者,从可知也。然后世方以之设科取士,于是读书者不复讲求义理,惟务摘采对偶,一韵争奇,一字竞巧,缉缀成文,去本愈远。父兄诏子弟,师长训生徒,皆汲汲孜孜焉,不为此则不足以收声名、跻仕路。一旦得官,回视曩习,刍狗之不如也。所用非所学,所学非所用,人才大坏,其害岂小小哉?……夫理有中正,无往不然,为文者华则失之轻浮,质则近于俚俗,华而不浮,质而不俗,以之事上谕下,治道所贵也。"(胡寅撰,刘依平校点《读史管见》,岳麓书社 2011 年,第 545 页)

吴澄四月十五日作《矫轻》、《警惰》二铭。

按：吴澄《矫轻铭》载："吾闻'君子不重不威'，立屹然而如山，坐凝然而如尸。足缩缩如狐之疑，手翼翼如翚斯飞。正其衣冠，尊其瞻视。……能循是而学焉，可进进乎圣域。"（《吴澄集》，第1993页）《警堕铭》载："天以理赋物，人独得其全。天特大于人，人特小于天。形有大小，理则一焉。……是必励自强之志，变昏惰之气。终日乾乾，夕犹惕厉。昼无息之敢闲，坐待旦而不寐。……惰之不警，自弃也吁！右二铭，咸淳戊辰夏四月望日作。"（《吴澄集》，第1993—1994页）

吴澄五月二十六日作《讼恶箴》。

按：吴澄《讼恶箴》载："吾之一心，其德本完。养而无害，心广体胖。少有间之，跼蹐不安。是以此心，闲之惟艰……嗟予小子，气质污卑。用力于学，有年于兹。……爰作此箴，以讼其恶。右咸淳戊辰夏五月二十六日丙子午前作。"（《吴澄集》，第1994—1995页）

吴澄约此年从学于程绍开。

按：此年程绍开任抚州临汝书院山长，吴澄学于临汝书院，得以从学于程绍开。吴澄自述为程绍开门人，《送程鼎实序》载："月岩先生程公，明戴氏《礼》，贡于乡，选于上庠，褎然为多士先。志行清峻严恪，不苟合，不轻进，而温然四海为春之意，行乎万仞磔卓之间。……予，公之门人也，识公二子矣。"（《吴澄集》，第733页）

又按：据方回《宋象山书院山长月岩先生程公墓表》记载，程绍开（1212—1280），字及甫，号月岩，信州贵溪（今江西贵溪）人。于咸淳四年（1268）中龙飞榜乙科，授从事郎、抚州州学教授兼临汝书堂山长："明年戊辰（1268），中龙飞榜乙科，授从仕郎，当注职官，仅取增差临汝教，兼掌书堂，两摄东西倅，赈荒埋胔，竭力助郡政。"（《全元文》第7册，第446—447页）程绍开"学赞朱、陆，超然有得于言语之外。家塾之额曰'道一'，志可知已"，《宋元学案》因此称程绍开"本为陆学而和合朱学者"（《宋元学案》卷八四《存斋晦静息庵学案》，第2849页）。

又按：学界多据方回《宋象山书院山长月岩先生程公墓表》和《宋元学案》的判断，将程绍开的学问定义为"和会朱陆"，更判断吴澄学问也学习程绍开的"和会朱陆"。如日本学者福田殖称："故知遇于程绍开时，即能理解陆学的特质。虽然如此，吴澄能明白指陈陆学本心论的特色，则是日后的事。"（福田殖著，连清吉译《吴澄小论》，《中国文哲研究通讯》1998年第8期第2期）而三浦秀一《学生吴澄、あるいは宋末における书院の兴隆について》中则对此观点进行了反驳，他以左祖朱学的方回对程绍开的肯定评价为例，认为程绍开的学问本身就不具备偏向陆学的踪迹，那么吴澄从程氏那里学到的也很难是"和会朱陆"。三浦秀一非常注重"江西书院及州学的学术环境"，他认为，与其说吴澄的思想是"和会朱陆"，倒不如说"只要为了实现圣贤之学，不管什么样的内容都值得肯定，朱陆等学都是可以成为圣贤的有效学问"，而这种包容的思想正是吴澄求学的临汝书院，以及江西抚州州学的整体学术风向，这也使得这帮文人做好了入元后承接新思想的准备。（三浦秀一著，杨小江译《学生吴澄与南宋末叶的江西书院》，《湖南大学学报（社会科学版）》2007 年第 3 期）

吴澄约此年见冯去非订定《洪范》印本。

按：吴澄《答田副使第三书》曾提及其于弱冠时便已见冯去非所订《洪范》："澄弱冠时已见南康冯深居先生订定《洪范》印本，分禹经、箕传一如所惠贺氏之书。"（《吴澄集》，第 81—94 页）

元世祖至元六年 宋度宗咸淳五年
己巳　1269年　21岁

正月,元访前代知礼仪者肄习朝仪。

按:《元史》载:"至元六年春正月甲寅,太保刘秉忠、大司农孛罗奉旨,命赵秉温、史杠访前代知礼仪者肄习朝仪……秉忠及翰林太常奏曰:'今朝仪即定,请备执礼员。'有旨,命丞相安童、大司农孛罗择蒙古宿卫士可习容止者二百余人,肄之期月。"(《元史》卷六七《礼乐志》,第6册,第1665页)

二月,元诏颁蒙古新字。

按:《元史·八思巴传》载:"中统元年……命制蒙古新字,字成上之。其字仅千余,其母凡四十有一。其相关纽而成字者,则有韵关之法;其以二合三合四合而成字者,则有语韵之法;而大要则以谐声为宗也。至元六年,诏颁行于天下。诏曰:'朕惟字以书言,言以纪事,此古今之通制。我国家肇基朔方,俗尚简古,未遑制作,凡施用文字,因用汉楷及畏吾字,以达本朝之言。考诸辽、金,以及遐方诸国,例各有字,今文治浸兴,而字书有阙,于一代制度,实为未备。故特命国师八思巴创为蒙古新字,译写一切文字,期于顺言达事而已。自今以往,凡有玺书颁降者,并用蒙古新字,仍各以其国字副之。'遂升号八思巴曰大宝法王,更赐玉印。"(《元史》卷二〇二《释老传》,第15册,第4518页)

七月,立诸路蒙古字学。

按:《元史·选举志》载:"至元六年秋七月,置诸路蒙古字学。十二月,中书省定学制颁行之,命诸路府官子弟入学,上路二人,下路二人,府一人,州一人。余民间子弟,上路三十人,下路二十五人。愿充生徒者,与免一身杂役。以译写《通鉴节要》颁行各路,俾肄习之。"(《元史》卷八一《选举志》,第7册,第2028页)

又按:元代蒙古字学是忽必烈蒙古文化扩张的政治意图而创设的一种新型民族语言文字学校。蒙古字学体系的建立打破了儒学教育独尊的局面,虞集曾指出蒙古新字出现后士人的变化:"世祖皇帝既一海内,尽出四海之贤能而时举之。取士之途非一,而常恐不及也。始置国字,合音以成言,累文而成字,以同四海之文,以达四方之情,以成一代之制,言语文史莫不用焉。学其学者,皆尚以右,而有为之士彬彬焉,从此途出矣。"(虞集《顺德路总管张公神道碑》,《全元文》第 27 册,第 370 页)清赵翼云:"有元一代诸君,惟知以蒙古文字为重,直欲令天下臣民皆习蒙古语,通蒙古文,然后便于奏对,故人多学之,既学之,则即以为名耳。"(赵翼著,王树民校证《廿二史札记校证》卷三十"元汉人多作蒙古名",中华书局 2013,第 702 页)

贡奎(1269—1329)、元明善(1269—1322)、吴全节(1269—1346)、黄公望(1269—1354)生。

元世祖至元七年 宋度宗咸淳六年
庚午　1270年　22岁

四月,设诸路蒙古字学教授。

按:《元史》载:"四月壬午……设诸路蒙古字学教授。"(《元史》卷七《世祖本纪》,第1册,第129页)

元世祖命侍臣子弟入国子学。

按:《元史》载:"太宗六年癸巳,以冯志常为国子学总教,命侍臣子弟十八人入学。世祖至元七年,命侍臣子弟十有一人入学,以长者四人从许衡,童子七人从王恂。"(《元史》卷八一《选举志》,第3册,第2029页)

元廷始置大司农司。

按:《元史·食货志》载:"至元七年,立司农司,以左丞张文谦为卿。司农司之设,专掌农桑水利。仍分布劝农官及知水利者,巡行郡邑,察举勤惰。所在牧民长官提点农事,岁终第其成否,转申司农司及户部,秩满之日,注于解由,户部照之,以为殿最。"(《元史》卷九三《食货志》,第2354页)

又按:此次举措是蒙古人入中原以来,首次大规模重视、提倡农业的重大举措。李谦《中书左丞张公神道碑》称张文谦首任大司农卿,不仅于农业发展作用颇大,他还一力促进国子学的建立,促使蒙古上层子弟渐染儒学:"七年,拜大司农卿,立诸道劝农司,巡行劝课,敦本业,抑游末,设庠序,崇孝弟,不数年功效昭著,野无旷土,栽植之利遍天下。奏开籍田,祭先农先蚕,皆自公始。寻又奏立国子学,以鲁斋许公衡为祭酒,选贵胄子弟教养之。所成就人材为多,已而分布省寺台阁,往往蔚为时望,达于从政,皆出公始终左右之力。"(《全元文》第9册,第102—103页)

阿合马为平章尚书省事。

按:"阿合马是第一个为忽必烈重用的'理财'权臣",此年当阿合马"领尚书省后,凡奏事或任人,皆不经中书省",将当时蒙古儒臣、中书右丞相安童的权力架空。安童无奈,只得向忽必烈表达:"自今唯重刑及迁上路总管,始属之臣,余事并付阿合马,庶事体明白。"(《元史》卷二〇五《阿合马传》,第 15 册,第 4559 页)忽必烈表示同意。(罗贤佑《许衡、阿合马与元初汉法、回回法之争》,《民族研究》2005 年第 5 期)《元史》载阿合马"为平章尚书省事",并记载当时中书省、尚书省间的矛盾:"七年正月,立尚书省,罢制国用使司。又以阿合马平章尚书省事。阿合马为人多智巧言,以功利成效自负,众咸称其能。世祖急于富国,试以行事,颇有成绩。……丞相安童含容久之,言于世祖曰:'臣近言尚书省、枢密院、御史台,宜各循常制奏事,其大者从臣等议定奏闻,已有旨俞允。今尚书省一切以闻,似违前奏。'世祖曰:'汝所言是。岂阿合马以朕颇信用,敢如是耶!其不与卿议非是,宜如乡所言。'又言:'阿合马所用部官,左丞许衡以为多非其人,然已得旨咨请宣付,如不与,恐异日有辞。宜试其能否,久当自见。'世祖然之。五月,尚书省奏括天下户口,既而御史台言,所在捕蝗,百姓劳扰,括户事宜少缓。遂止。初立尚书省时,有旨:'凡铨选各官,吏部拟定资品,呈尚书省,由尚书咨中书闻奏。'至是,阿合马擢用私人,不由部拟,不咨中书。丞相安童以为言,世祖令问阿合马。阿合马言:'事无大小,皆委之臣,所用之人,臣宜自择。'安童因请:'自今唯重刑及迁上路总管,始属之臣,余事并付阿合马,庶事体明白。'世祖俱从之。"(《元史》卷二〇五《阿合马传》,第 15 册,第 4559 页)

吴澄七月初九作《杂识》十六、十七。

按:吴澄《杂识十六》载:"君子之有意于谨身而免过者,其亦于其初而谨之也哉!既不能自其初而谨之,则亦及其未至于是而速改之也哉!……咸淳庚午秋七月丁未书。"(《吴澄集》,第 2023 页)《杂识十七》载:"甚矣,人之不可忘孝也!孝者何?常以父母为心而已矣。人而常以父母为心,则所以谨其身者,将何所不至哉!一举足而不敢忘父母,一出言而不敢忘父母。……同前日,吴澄书。"(《吴澄集》,第 2023 页)

吴澄八月中抚州乡试第二十八名。

按:虞集《行状》载:"六年庚午,应抚州乡举,以第二十八名荐。"(《全元文》第 27 册,第 170 页)危素《年谱》载:"六年庚午。(八月,应乡贡,中选。公此时已无志功名,专用力圣贤之学,承祖父命,不得已应试,以《乾合太和万国宁赋》中第二十八名。《答缪郡守书》、《答程教授书》,作《杂识》二章。)"

吴澄十月三日作《发解谢缪守书》。

按:《发解谢缪守书》是吴澄领乡荐后致谢抚州郡守缪元德的文章。吴澄在八月领乡荐后，便作数篇书信分别致谢缪守、张教、程教、佥幕、推幕。文中历叙南宋目前科举之文即"时文"带来的崇尚利益、道义缺失、实用之材不具的缺点，且其企图通过研习四书及参用濂、洛、关、闽诸君子之说来修天爵，达道统。（《吴澄集》，第2029—2031页）

又按：吴澄所谢缪守为时抚州郡守缪元德，按程绍开《抚州重修城记》曾载："侯姓缪，名元德，永嘉人也。绍开时为文学掾，亲侯之尊主庇民甚悫，请刻石以记焉。"（程绍开《抚州重修城记》，《全宋文》第三百四十九册，第35页）《大明一统志》曾载缪元德"知抚州。俭以足用，宽以爱民，建和籴仓籴米，活饥甿，收掩遗骸，悉出己俸。"（方志远等点校《大明一统志》卷之五十四"江西布政司"，巴蜀书社2017年，第2364—2365页）

吴澄同月又作《谢张教》、《谢佥幕》、《谢推幕》。

按：《谢张教》载："十月日具位，吴澄惶惧百拜，致书府博秘书郎卿先生讲席前：……澄也，生于穷乡，不得时游郡学，以承先生之教，而讲明古者大学之道。比者，承亲之命，而来试于秋闱，幸为有司所录，因得进谢先生。然而，组缀骈俪之文，谄谀夸大之态，乃平生素心之所耻为者，用是更不具四六启，以为先生玷，始以书而陈所志，幸垂察焉。澄生五年而读书，七年而能声对，九年而能诗赋，十有三年而应举之文尽通。当是之时，不知科举之外他有所谓学也。年十五六，始恍然有悟于圣经贤传之中，始知科举不足以为吾学，而欲探夫孔孟之传。……今生廿有二年矣，未始云获也，不过仅能有见于大意而已矣。然而俯视俗儒之没溺于俗学而不能自拔者，则未始不心笑而矜悯之也。有如今秋，驰逐万人之场，而相角一日之技，非曰欲以媒利禄而梯显荣也。"（吴澄《谢张教》，《吴澄集》，第2032—2033页）《谢佥幕》、《谢推幕》所称类似《谢张教》。（吴澄《谢佥幕》，《吴澄集》，第2037页；吴澄《谢推幕》，《吴澄集》，第2038页）

吴澄同月作《谢程教》答谢程绍开的教授。

按：吴澄《谢程教》称赞程绍开能得程颐真传，文载："十月日具位，吴澄惶惧百拜，致书府博秘书郎卿先生讲席前：……今先生职教于吾邦，澄也一睹先生之姓，恍然若河南二夫子之复出于今也。……今秋试于棘闱，幸为有司所录，因得进谢于先生。……盖澄闻之：人之生也，其心之所具，有仁、义、礼、智之性；其发也，则有喜、怒、哀、惧、爱、恶、欲之情；其身之所接，有君臣、父子、兄弟、夫妇、朋友之伦；日用之间，又有万事万物纷至沓来之变。吾之一心，则所以具众理而应万事者也。吾心所具之理，即天下万事之理。理之散于万事者，莫不统于吾心；理之具于吾心者，足以管夫万事。天下有无穷之事，而吾心所以应之者有一定之理。……愚生自十五六时已有志乎此。

今用工七八年矣。顾为科举之业所分,而未得以专继此。傥得免于科举之累,而从事于此焉,则吾之志得矣。若夫一举及第做状元,而便谓终身事业已了当者,鄙人也,愚窃耻之。乃所愿则学。"(《吴澄集》,第7034—2036页)

又按:明成化刊本《吴文正公集》在吴澄《谢程教》一文后录有程教复书,程绍开在回信中以谦虚之态回复吴澄以二程再世的称赞,并再出《孟子·告子》"欲贵者,人之同心也。人人有贵于己者,弗思耳矣。人之所贵者,非良贵也"一章考验吴澄:"某皇恐拜禀新贡正奏状元秘著:……某学未见圣,于二公不能为役。姓所同也,而举是以拟之,不以伦矣! 此正昌黎所谓'不敢当、不敢当'者也。然厚意难虚辱,良月次朔,倚席湖堂,亦惟士友间以外物之得丧为内心之戚欣。曾以孟氏'良贵'一篇为士友敷绎之,因以求教。傥于赵孟之贵不逐逐其欲,有贵于己者不昧昧其思,其庶矣乎? 有暇过我,又得面叩所疑。切几台照,右谨具拜复。十月日,从事郎、宣差抚州州教授兼临汝书堂山长、暂权通判程某札子。"(《全元文》第15册,第683页)方旭东《吴澄评传》认为此程教为程若庸,但程若庸已于咸淳四年(1268)举进士,并任职武夷书院山长,此时并不能"从事郎、宣差抚州州教授兼临汝书堂山长、暂权通判程某"自任,故当为程绍开。

吴澄此年与乡试同年往来。

按:吴澄参加乡试期间,与众多同年往来,今据吴澄文集收集往来人员,并简要阐述吴澄与往来人士的交往情况:

一、谢仰韩(?—1318):吴澄《谢仰韩诗序》载:"澹山谢君仰韩,昔年与余同预秋贡,途行邸止必偕,相与如手足。"(《吴澄集》,第324页)

又按:谢仰韩少从欧阳守道学文章议论,后从包恢习陆氏心学。续弦吴氏,为临川吴镒曾孙女。吴澄推崇其诗歌,认为他"别起江西一祖,可也"。又吴澄曾为谢仰韩的族父作题跋:"玉溪谢从一父以其族父野航公《元日词》一首、《除日诗》四首示予,墨迹宛然,得见前辈之流风余韵。更革乱离之际,人间何物能有,而此纸获存,异哉! ……公之清节劲气视颜无愧,则有神物司其字也亦宜。余之诸大父从公一门兄弟游,嘉定甲戌,族曾大父与公同试礼部;咸淳庚午,予又与公之孙同预乡贡。而从一父折行辈,与余为文字交。于谢氏可谓世好矣,故与公之片文只字,凄然感忆,如见先世遗言云。"(吴澄《题野航谢公遗墨后》,《吴澄集》,第1107—1108页)吴澄对谢氏诗歌分为推崇,他曾为戴子容诗词作序,提到谢从一长于诗:"里中谢从一丈长于诗,邓闻诗兄长于词,余于二者皆未知能也。戴子容诗见取于谢、词见推于邓可矣,而余又何知焉? 然一有怪者。谢非不能词也,邓非不能诗也。今为子容序引,似各以其所长自好,而不合于一。主诗者曰诗难,主词者曰词难,二说皆是也。第以性情言诗，以情景言词，而不及性，则无乃自屈于诗乎？夫诗与词，一尔。歧而二之者，非也。自其二之也，则诗犹或有风雅颂之遗，词则风而已。诗犹或以好色不淫之风，词则淫而已。虽然，此末流之失然也，其初岂其然乎？使今之词人真能由香奁、花间而反诸乐府，以上达于三百篇，可用之乡人，可用之邦国，可歌之朝廷而荐之郊庙，则汉、魏、晋、唐以来之诗人有不敢望者矣，尚何嘐嘐然不揣其本而齐其末哉！"（吴澄《戴子容诗词序》，《吴澄集》，第314—315页）通过这些描述，吴澄建立起诗词皆以性情为重的主张。

又按：吴澄的弟子虞集也曾与崇仁谢氏交往，并对谢氏世系记载清晰。虞集《玉溪谢先生墓表》载："延祐五年，集被旨，征吴伯清先生于临川，因得省亲，又拜玉溪先生于床下。……崇仁谢氏，显官有清节卓然者，曰野航公。野航之从祖父曰忠显，生三德，无子。三德之兄曰三俊，既卒，而有子生，曰若时，三德取以为己子，生子四人，先生其长也。先生幼时，野航公甚器重之。稍长，治举子业有声，其余力犹足以及人，从欧公守道为文章议论不既，又以书问往复，又从包公恢问学。包公以陆氏为标准，与先生诗五章，皆发明本心之要语，二公之书今具在其家，则先生为学之端绪可见矣。然先生晚以诗自名，伉厉清苦，尝自择其得意者三百篇，托诸其友邹性传，使藏以得知者。……集惟昔在至元甲申，先君太史始来居崇仁，先君先夫人为集兄弟求师，先生幸辱临之。集与弟槃，忝有位于时，繄先生实尝授之业焉，不敢忘也。"（《全元文》第27册，第506—507页）

再按：吴澄曾为崇仁谢氏《逸事》（《崇仁三谢逸事编序》）作序，其间记载了谢仰韩家族，今制谢仰韩世家谱系图于此：

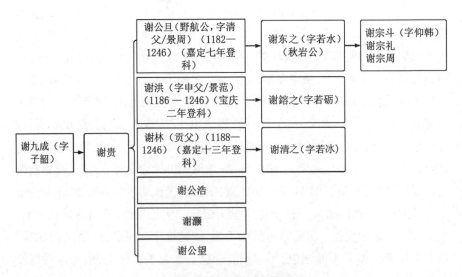

谱 2：谢仰韩世家谱系图

二、张端辅(一云张瑞辅,1234—1294前):吴澄《璜溪遗稿序》载:"璜溪张瑞辅(四库本作张瑞辅)先生,年先于予十有五,宋咸淳庚午同预进士贡。……生平博览多记,胸次浩瀚,随取随有,用之不竭。嬉笑怒骂,皆成文章,诗词骈俪等作甚富。"(《吴澄集》,第483页)

三、曾梦魁:吴澄《跋曾翠屏诗后》载:"翠屏曾先生,先澄之大父二十年而生,大父视之犹父行也。……澄自幼侍侧,熟于耳闻。……伯子应鳌预淳祐癸卯贡,仲孙梦魁暨澄同预咸淳庚午贡。"(《吴澄集》,第1216页)

四、于应雷(1242—1331):吴澄《故宋乡贡士金溪于君墓碣铭》载:"金溪于君,讳应雷,字震卿,暨澄同预宋咸淳庚午秋贡进士。君长七岁(1242生),予兄事之。明年,试礼部,俱罢,各退处僻陋。一在郡之东,一在郡之西南。相去遥隔,重会孔艰。"(《吴澄集》,第1659页)

又按:于应雷,字震卿,金溪人。《(雍正)江西通志》载:"咸淳间领乡荐。国亡,隐居龙田里之五云山。刚直寡合,非大礼未尝一入邻家。事亲孝谨,为文严整有法。吴文正以全节铭其墓林志。"(刘坤一修,刘绎、赵之谦纂《(光绪)江西通志》卷一五一,清光绪七年刻本)吴澄晚年与于应雷有往来,至治元年(1321),于应雷邀请吴澄为怀远大将军处州万户府副万户邢答剌忽台父邢聚(1229—1291)作碑文。

五、吴霆发:吴澄《赠建昌医学吴学录序》载:"宜黄之宗人有讳霆发者,宋咸淳庚午与予同充乡贡士。"(《吴澄集》,第654页)

六、黄仲明、黄泰亨兄弟:吴澄《黄亨叔墓志铭》载:"临川黄君亨叔,工进士诗赋,少负能声,亚于其宗兄知县君仲明。仲明与予同为咸淳庚午贡士,其年亨叔亦中选,溢贡额外。明年(1271),仲明与予试礼部,亨叔试补国学弟子员。仲明登进士丙科,予罢归,亨叔亦罢归。"(《吴澄集》,第1448页)

七、倪南杰(1249—1318):吴澄《倪君立墓志铭》载:"与予同生淳祐己酉者日就凋落,其存者,相知有广平程公,相闻有上饶倪君。……予与君犹兄弟也。……至元辛巳,省差徽州路学正、紫阳书院山长,黾勉供职。究朱、陆异同,捐俸以修黉舍,士众悦服。"(《吴澄集》,第1613—1614页)

又按:倪南杰(1249—1318),字君立,上饶人。学于象山书院,与吴澄同年秋贡与选。至元间,任徽州路儒学正、紫阳书院山长,不竢官满,归养慈亲。喜究朱、陆异同,"得朱陆会同之说"。倪氏世代得象山之学,明张宇初《岘泉集》有为倪南杰曾孙倪日新(1311—1395)所作墓志铭,其间提及倪氏提倡"会同朱陆":"吾里大姓,世称倪氏,为右族。……公讳日新……曾祖南杰,得朱陆会同之说,元授徽州路紫阳书院山长。"(张宇初《故岳州学正倪公墓志》,《岘泉集》卷三,清文渊阁四库全书本)

又按：倪氏一族得朱陆会同之说，倪南杰尤善究朱、陆异同，他的曾孙倪日新继承家学，又从元代江东四先生之一的祝蕃远（1286—1347）学，传陆九渊心学。《宋元学案》载祝蕃"笃于陆氏本心之学。凡江西之士有志者，先生即引而登之。"（《宋元学案》卷九三《静明宝峰学案》，第 3104 页）江东四先生是陈苑（静明）的四名弟子，即祝蕃、李存、舒衍、吴谦。四人在传播陆学方面起到了重要的作用，使得衰落的陆学在元代中期的江西地区一度振兴，其中尤以祝蕃远为显。倪日新受学于祝蕃，实从学于正统陆学一脉。

再按：今将倪南杰家族谱系图制于此：

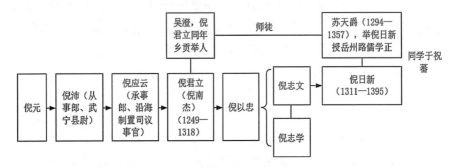

谱 3：倪南杰世家谱系图

八、娄道舆：吴澄《送娄志淳太初赴石城县主簿序》载："石城主簿娄志淳将赴官，予昔与簿之叔父道舆甫同年贡士，父契犹兄弟，视簿犹从子也。"（《吴澄集》，第 634 页）据程钜夫《娄道舆墓志铭》载，娄氏是抚州科举著姓："始余从族祖徽庵先生学临汝书堂，闻娄氏猎猎起场屋，堂距城数里，未及迹其门，友其人。侍季父西渠公守旴江，适娄君德刚为郡功曹，文学政事为一郡所推右，始与其弟兄游，且升堂拜其母。自是过临川未尝不造焉。"（《全元文》第 16 册，第 450—451 页）

元世祖至元八年 宋度宗咸淳七年
辛未　1271年　23岁

正月,元廷诏立京师蒙古国子学。

按:《元典章》"至元八年正月□日,皇帝圣旨:间者采近代之制,创为国学,已尝颁告天下,然学者尚少。今复立条画,其令有司明谕四方,庶几多所兴起,以传布永久。故兹诏示,想宜知悉。

一,京师设国子学,教授诸生。于随朝百官、怯薛歹蒙古汉儿官员,选择子孙弟侄俊秀者入国子学。

一,诸王位下及蒙古千户所,依在前设畏吾儿八合赤体例,设立教授……

一,二、三年后,习学生员选择俊秀,出策题试问,观其所对,精通者为中选,约量授以官职。

一,今后不得将蒙古字道作新字。"(《元典章(大元圣政国朝典章)》卷三一"礼部卷之四",第2册,第1081—1082页)

又按:蒙古首办国子学,是在至元六年(1269)颁行蒙古新字的背景下形成的,因此蒙古国子学的首办并非意味着国家儒学文化的一大进步,其动机反而是为了维护蒙古文化的正统地位。只是在其成立后,通过儒臣的不断努力,在客观上促进国家儒学教育的发展:"忽必烈首开蒙古国子学是其实施文治路线的重要举措。忽必烈于即位之初,明确指出了蒙古自建国以来'武力迭起,文治多阙,五十余年于此矣'的缺憾,表达了欲以文治兴国的愿望。但他的文治绝不是要走全盘汉化之路,而是欲借鉴中原王朝的典章制度,来补充和完善蒙元帝国的国家机器,以巩固蒙古贵族的统治地位。这样,一方面忽必烈,'登用老成,大新制作,立朝仪,造都邑,遂命刘秉忠、许衡酌古今之宜,定内外之官';另一方面,忽必烈看到辽、金及其他诸国,皆有本国文字,而作为统治横跨欧亚大帝国的蒙古民族却没有自己的文字,这终归是个大缺憾,'今文治寝兴,而字书有阙,于一代制度,实为未备',于是,乃命人创制八思巴蒙古字,并将这种文字纳入其种族统治的框架中,规定'自今以往,凡有玺书颁降者,并用蒙古新字,仍各以其国字副之'。文字的主次之别成为尊卑贵贱的统治工具,八思巴文字成为蒙古统治集团彰显其种族特权的文化表征。接着,忽必烈又决定在各地设置蒙古字学,在京师设置蒙古国子学,以国家最高学府的教育导向来突出其'国字'地位。这样,这种文字教育的性质也就烙上了鲜明的政治印记。忽必烈首办蒙古国子学,也就不再体现为单纯的教育意义,而是作为维护蒙古文化正统地位的象征,作为元朝国家教育正统的象征昭然于世。"(王建军《教育与政治:元朝国子监创办之争》,《河北学刊》2005年第1期)

二月,元立侍仪司。

按:侍仪司掌即位、册后、建储、上尊号及外国使者朝觐礼仪,隶礼部,是元代礼乐制度推行的一步。元代礼乐在尊重中原传统礼乐制度的同时,不废蒙古游牧民族礼仪,还多参考他国礼仪,如至元六年忽必烈下令访金朝知礼仪者肄习朝仪。《元史·礼乐志》载:"八年春二月,立侍仪司,以忽都于思、也先乃为左右侍仪,奉御赵秉温为礼部侍郎兼侍仪司事……夏四月,侍仪司奏请制内外仗,如历代故事。从之。秋七月,内外仗成。遇八月市生日,号曰天寿圣节,用朝仪自此始。"(《元史》卷六七《礼乐志》,第6册,第1665—1666页)

十一月改国号为大元。

按:《元史》载:"禁行金泰和律。建国号曰大元,诏曰:'……建国号曰"大元",盖取《易经》"乾元"之义。兹大冶流形于庶品,孰名资始之功。'"(《元史》卷七《世祖本纪》,第1册,第138页)

又按:忽必烈改国号一举是在刘秉忠、王恽的不断影响下出现的,王恽《建国号事状》曾表述"建国号"对于政权的重要性云:"伏见自古有天下之君,莫不首建国号,以明肇基之始。方今元虽纪而号未立,盖未有举行之者,是大阙然。钦惟圣朝统接三五,以堂堂数万里之区宇垂六十年,大号未建,何以威仰万方,昭示后世?愚以谓国之称□宜下公卿大臣及五品以上官集议阙下,则天下幸甚。"(《王恽全集汇校》卷八六,第3524页)改国号为大元一事意味蒙古政权通过采用汉式国号来获取中原正统文化的承继之意。

贾似道采纳陈伯大建议行"士籍法"。

按:为了管理士人,贾似道利用严格、恐吓式的"士籍法"进行监管:其一,参加科考的士人必须填写士籍表,包括祖孙三代姓名及生卒年月、婚姻姓氏、兄弟子孙、所学经赋等,由邻里乡亲或乡贡士"结罪保明"。其二,设士籍,由士子书写一式四份分存于县、州、漕和朝廷礼部。其三,各级考试以士

籍为准,不准变更。士籍法颁行后士子本人或家族稍有过失,便可能失去功名。(《癸辛杂识》别集下"置士籍",第295页)

许衡拜集贤大学士兼国子祭酒。

按:苏天爵《元朝名臣事略》对许衡任职国子祭酒,并向蒙古人推行朱子之学的功劳进行了阐述:"八年,授集贤大学士、国子祭酒……先生尝谓,蒙古生质朴未散,视听专一,苟置之好伍曹中,涵养三数年,将来必为国家用……国学之置,肇自许文正公。文正以笃实之资,得朱子数书于南北未通之日,读而领会,起敬起畏。乃被遇世祖,纯乎儒者之道,诸公所不及也。……是时,风气浑厚,人材朴茂,文正故表章朱子《小学》一书以先之,勤之以洒扫应对,以折其外,严之以出入游息,而养其中,掇忠孝之大纲,以立其本,发礼法之微权,以通其用。于是数十年,彬彬然号称名卿才大夫者,皆其门人矣。呜呼!使国人知有圣贤之学,而朱子之书得行于斯世者,文正之功甚大也。"(《元朝名臣事略》卷第八《左丞许文正公》,第173—176页)

又按:许衡在任国子祭酒后,请求忽必烈征用其数名弟子为斋长,由此元廷逐渐形成了以许衡为中心的北方儒臣群体。《元史》记载,许衡在至元十年辞官后,有"衡弟子耶律有尚、苏郁、白栋为助教","以守衡规矩"(《元史》卷一五八《许衡传》,第12册,第3728页),后来以吴澄为首的南人北上进入国子学任职,由此开始了与尊崇许衡的一派的纷争。

徒单公履欲奏行贡举,未成。

按:徒单公履是金源崇尚饰章绘句的学派代表,他企图通过"科举类教,道学类禅"的说法来贬低以姚枢、许衡为代表的北方理学学派,期以重启以辞赋取士的贡举。而他正是董文忠以及其他理学学派士人所称的"俗儒"一派的代表。在忽必烈眼里,徒单公履这一派的某些主张未能实事求是,不能从实际功效上对国家的治理产生作用——可见忽必烈的想法正是将儒学作为达到社会安定的手段。《元史》载:"八年,侍讲学士徒单公履欲奏行贡举,知帝于释氏重教而轻禅,乃言儒亦有之,科举类教,道学类禅。帝怒,召姚枢、许衡与宰臣廷辨。文忠自外入,帝曰:'汝日诵《四书》,亦道学者。'文忠对曰:'陛下每言:士不治经讲孔孟之道而为诗赋,何关修身,何益治国!由是海内之士,稍知从事实学。臣今所诵,皆孔孟之言,焉知所谓道学!而俗儒守国余习,欲行其说,故以是上惑圣听,恐非陛下教人修身治国之意也。'事遂止。"(《元史》卷一四八《董文忠传》,第12册,第3502页)

黄震任抚州郡守。

按:黄震任抚州郡守一职后,对抚州既为陆学之乡,却能沿习朱学道统的学风加以赞颂。黄震《临汝书院朱文公祠祝文》载:"临汝,实陆先生之乡,而临汝多士乃崇先生之祠,以讲先生之学。岂惟此邦之士所以虚心讲学者,无一毫先入之私,亦足见此道之传,所谓至当归一者,有万世可传之托。"(黄震《临汝书院朱文公祠祝文》,《全宋文》第三百四十八册,第421页)

吴澄会试下第,在家中纂次旧作,题曰《私录》。

按:春,吴澄进士落第。返家,于三月纂次旧作,名为《私录》,今存。虞集《行状》载:"明年试礼部,下第,归而纂次旧作,谓之《私录》。"(《全元文》第27册,第171页)揭傒斯《神道碑》载:"明年下第。"危素《年谱》载:"七年辛未。(春省下第。三月癸酉,纂次旧作,题曰《私录》。程先生识其后曰:'若庸来此二十二年,阅人多矣,未见。年方弱冠,而有此志量也。仆虽老,不敢自弃,愿闻切磋语。')"

又按:吴澄孙婿谭观在元统二年(1334)编辑吴澄文集时将此《私录》附于文集之后,他记录道:"先生年十三而已厌举子业,至十五六,慨然有志于圣贤之学,以探夫濂、洛、关、闽之传,即已见夫大意。年十有九,叙道统之传,直以继朱子自任,岂徒为是虚言以自夸也与?噫,不几于生知者乎?晚年从容道义,则安且成矣。是编起于宋咸淳乙丑(1265),讫于咸淳辛未(1272),时方二十有三,皆手自编次,定为四卷,今悉不敢乱。其第四卷《杂诗》阙。徽庵程先生尝跋其后。观往年受读于先生之季子槀,今欲看先生之全集,则是编者乃先生为学之大方、进德之次第。有志于先生之学者,必由是而基焉,则讵可以为少年之作,而遂湮没之乎?今序次于《支言》(即吴澄文集名)之后,仍《私录》之名,而自为《外集》云。元统甲戌三月既望(1334),学生谭观谨识。"(谭观《谨识》,《临川吴文正公外集》卷三,《元人文集珍本丛刊》第4册,新文丰出版公司1987年,第147页)今按目前所观《外集》,实收录前已载箴、铭,以及杂识和领乡荐后的各封书信,除此之外,还包括作于至元十五年(1278)的《伯夷传》,与谭观所言"是编起于宋咸淳乙丑(1265),讫于咸淳辛未(1272)"的定论不符,推测应是吴澄于今年编次《私录》之后,后面几年又对其进行了补充,加上了之后的部分文章。

又按:明代杨琢《心远楼存稿》存《跋吴草庐先生私录》,其载:"尝记昔从佽庵吴先生授学,时闻草庐吴公五岁而读书,七岁而能声对,九岁而能诗赋,十三岁而举业尽通,至十五六,慨然有志圣贤之学,以探濂、洛、关、闽之传。年十有九,叙圣贤统绪,直以继朱子为己任,信乎其为豪杰之士矣。后往池阳参请于教授士尧,吴先生讲论之余,必取《私录》以相指授,且谓是书融周、程、张、朱之格言,发周、程、张、朱之奥旨。微者显之,幽者阐之,初学断断不可无此书也。曩因兵烬卷帙亡失,著雍涒滩春谒太守汉东胡公善堂,于郡城偶出《私录》见示。因言草庐公《文集》在临川者,丧乱后皆亡灭而不救,坏烂而不收。是篇乃藏之箧衍,而不至失坠,所谓存什一于千百耳。遂谋锓梓,以寿其传,使后之学者有所矜式。善乎！子朱子之言曰：'不用圣贤底工夫,看圣贤底不出；不用某底工夫,看某底不出。'然则欲学圣贤之学者,必以朱子为依归；欲学朱子之学者,当以先生为模范；欲学先生之学者,舍《私录》其奚以哉？后之人玩《私录》而有得,当知先生所以为学之等级；知先生为学之等级,当思太守公所以嘉惠后学之盛心。"（杨琢《跋吴草庐先生私录》,《心远楼存稿》卷七,《四库未收书》景康熙三十九年杨湄等刻本）

吴澄返乡归途与朱光甫同行。

按：吴澄《题咸淳戊辰御赐进士诗后》载："咸淳辛未岁,予与朱光甫先生同试省闱,试毕,同途而归,今四十三年矣。"（吴澄《题咸淳戊辰御赐进士诗后》,《吴澄集》,第1137页）

吴澄三月初一作《谨言动箴》以自警,同月收入《私录》。

按：吴澄《谨言动箴》载："吴澄作以自警也,因以告我友朋焉。君子所重,惟言与动。凡言必敬,凡动必正。谨言伊何？言必可师。……辛未之春,三月初吉,爰作此箴,以自纠诘。"（吴澄《谨言动箴》,《吴澄集》,第1995—1996页）

吴澄三月十日自序《私录纲领》。

按：吴澄在纂次旧作题为《私录》时,曾自序《私录纲领》："《私录》者,吴澄私自录其平日所作也。澄自为学以来,凡有所得,则必识之,以备遗忘；凡有所失,则必箴之,以示惩创；凡有所感,亦必随寓而为之辞,以写警戒,盖皆出于心之自然,而触于机之不容已者,而非有意于作也。旧尝集而为录,一依所作之先后而为之次。其见固多未定之见,其言亦多有病之言,皆不暇铨择,盖欲使他日观之,因得以考所得之先后、验所学之浅深。今复间以一二著述附焉,以类相从,分为四集继此可以续笔于其末。……咸淳辛未春三月十日癸酉序。"（吴澄《私录纲领》,《吴澄集》,第1973页）

吴澄八月二十六日作《答程教讲义》。

按：吴澄《答程教讲义》是回复去年程绍开提出的关于《孟子·告子》章的提问,文载："孟子曰：'欲贵者,人之同心也。人人有贵于己者,弗思耳。'此第一节,言人皆欲外物之贵,而不知有在我之贵也。'人之所贵者,非良贵也。赵孟之所贵,赵孟能贱之。'此第二节,言外物之贵不足贵也。'《诗》云："既醉以酒,既饱以德。"言饱乎仁义也,所以不愿人之膏粱之味也。令闻广誉施于身,所以不愿人之文绣也。'此第三节,言人能有在我之贵,则有不愿外物之贵也。愿,即上文所谓欲也。"吴澄指出《孟子·告子上》章重点在于以思来达仁、义、礼、智之性，不暇外求。随即吴澄表示如今的俗儒受制于科举，虽自卯角读书，却角逐于官爵之场，是沉溺于物欲，不能实现自我向内的修养："第一节所谓欲贵者，指外物之贵而言也；所谓贵于己者，指在我之贵而言也。第二节所谓人之所贵者，指外物之贵而言也；所谓良贵者，指在我之贵而言也。第三节所谓仁义闻誉者，又指在我之贵而言也；所谓膏粱文绣者，又指外物之贵而言也。内外界限截乎甚严。孟子言之所以如是其深切者，正以当世陷溺之深故耳。……居今之世，为今之儒，自其卯角读书，惟曰'吾为应举之文，以取科第之贵而已'。一旦得官，则自谓所学既效，而平生之志愿遂、一身之能事毕矣。其间见识之颇明、趋向之颇正者，能几何人哉？盖愚尝求一人焉以与之共学，而不可得也。是以私淑于经，而无所师；独学于家，而无所友。今先生乃推夫子与进互乡之心，而晓之以义理。愚也伏读三数，不觉恻然有契于心者焉。"（《吴澄集》，第2039—2043页）

又按：在辨析《孟子·告子上》的同时，吴澄还将《私录》、《孝经定本》、《皇极经世续编》以及《书》、《春秋》的《秦誓》一篇、隐公一年、二年草稿献于程绍开，寻求指点："外有《私录》二集，乃平日自警之辞；《孝经定本》一编，又取它书之言孝者为《外传》十篇，而编次未毕；《皇极经世续书》一编，盖以先天六十四卦分配一元之数，其后复推古今治乱相禅之由。若《书》与《春秋》则尝欲集诸家之善为一家之解，以补先儒之未及，而方发其端，未及竟也。姑以《秦誓》一篇、隐公一年、二年草稿为献，以求有道之正。盖多未定之见，固有以觉其非，而未暇铨改者。幸先生察其所以，而终教之。"（《吴澄集》，第2043—2044页）

吴澄八月至临汝书院。

按：危素《年谱》载："八月，至临汝书院，留止数月。"

吴澄八月二十六日收到程若庸札子。

按：明成化二十年刊本《吴文正公集》在《外集》卷三吴澄《答程教讲义》下附有程若庸文，文载："若庸来此二十一年，阅人多矣，未见年方逾冠而有此志量，有此工夫，广大精微，无所不究，如昼方旦，何可量也？……仆虽老，不敢自弃，愿闻切磋语。小儿仔复，虽同岁而未知，方幸鞭策而进之。辛未八月二十六日，程若庸札子。"（吴澄《吴文正公外集》卷三，《元人文集珍本丛刊》第4册，第146—147页）

程绍开作《抚州重修城记》记抚州郡守缪元德重修州城一事。

按：程绍开时任抚州州学教授，他的《抚州重修城记》记载了抚州郡守缪元德重修州城一事："侯乃彻桑土于未雨，量功命，分部卒，给糇粮，均界限,辇粪壤,薙榴翳,绝逾越之蹊,塞窥伺之罅,葺颓圮之阙。至于城门重屋,支倾饬陋,悉用其力。……侯姓缪,名元德,永嘉人也。绍开时为文学掾,亲侯之尊主庇民甚匙,请刻石以记焉。咸淳辛未正月朔旦,门生、从事郎、宣差抚州州学教授兼临汝书堂山长、上饶程绍开记。"(《全宋文》第 349 册,第 34—35 页)

黄震作《抚州新建增差教授厅记》。

按:黄震以抚州郡守的身份,作《抚州新建增差教授厅记》明确表明他反对"科举累人说",他认为学子应当改变学习的内容,不要以穿凿、浮靡的文章去应付科举考试:"自词章之学兴,而士未必知经,我神宗是以创经学;士犹多以词章发身,而职教者又未皆经,我理考是以创增教云者。……夫所贵乎经学,以其明义理也。今之业经,程文而已耳。或谓科举累人,弊遂至此,余窃以为不然。……粤自世教不明,经术道微,上之试于我者本以性命道德,本以古今治乱,而我之应于上者自以其穿凿,自以其浮靡。今日之试于上者尚能言及天理,尚能言及仁政,他日之施于民者自或流于人欲,自或流于贪刻,言行相违,穷达异趋,国负士乎? 士负国乎? 法弊人乎? 人弊法乎? 程君之教人以经也,固不离乎文也。而文即理之寓,言即行之副,穷即达之占也。君之教人,岂必他求? 亦惟因其文使各践其实而已。"(《全宋文》第 348 册,第 315 页)

杨载(1271—1323)、程端礼(1271—1345)生。

元世祖至元九年 宋度宗咸淳八年
壬申　1272年　24岁

正月,元并尚书省入中书省。

按:"尚书省并入中书省,实际上是阿合马以尚书省的力量控制了中书省"。(罗贤佑《许衡、阿合马与元初汉法、回回法之争》,《民族研究》2005年第5期,第82页)《元史》载:"甲子,并尚书省入中书省,平章尚书省事阿合马、同平章尚书省事张易并中书平章政事,参知尚书省事张惠为中书左丞,参知尚书省事李尧咨、麦术丁并参知中书政事。"(《元史》卷七《世祖本纪》,第1册,第139页)

七月,元诏令并以蒙古字行。

按:《元史》载:"壬午,和礼霍孙奏:'蒙古字设国子学,而汉官子弟未有学者,及官府文移犹有畏吾字。'诏自今凡诏令并以蒙古字行,仍遣百官子弟入学。"(《元史》卷七《世祖本纪》,第1册,第142页)

黄震保荐黄翔龙任临汝书院山长。

按:黄震《抚州举官告天文》载:"保举文林郎、充江西提举司抚州临汝书院山长臣黄翔龙充咸淳七年下半年改官状,此项臣以其恬于仕进而举之。"(黄震《抚州举官告天文》,《全宋文》第348册,第426—427页)

吴澄授徒山中,学者称之"草庐先生"。

按:虞集《行状》载:"时宋亡之证已见,先生以其道教授乡里,尝作草屋数间,而题其牖曰:抱膝《梁父吟》,浩歌《出师表》。程文宪知其意,题之曰草庐,学者称之曰草庐先生。"(《全元文》第27册,第171页)危素《年谱》载:"八年壬申。(授徒山中。)"

又按:《行状》所载程钜夫题"草庐"一事并未系有具体时间,只知其应为至元九年(1272)及以后以至于至元十二年(1275)前。揭傒斯《神道碑》载:"公隐居时,有草屋数间,程文宪公过而署其牖曰草庐。故号草庐先生。"今按吴澄隐居时间为至元十七年（1280）到至元二十年（1283），而程钜夫则于至元十三年（1276）就以质子身份入觐元朝廷，恐怕根本不能到吴澄隐居地点。且虞集《行状》载至元二十年吴澄不再隐居布水谷时说到"自布水谷还居草庐"，时"草庐"一名已然出现，因此揭傒斯所载题"草庐"一事系于吴澄隐居时，恐误。钱穆《吴草庐学述》将此事系于至元十二年（1275），吴澄二十七岁时；方旭东《吴澄评传》系于至元八年（1271），吴澄二十三岁。今存于此，待考。

黄震作《抚州重建教授厅记》。

按：黄震《抚州重建教授厅记》指出抚州州学不兴、士人逐利的现状，提出振兴之意："抚州古名郡，至本朝而尤号人物渊薮。德业如晏元献，文章如王荆公、曾南丰，儒学行谊如陆象山兄弟一门之盛，其余彬彬辈出，几不容偻指。……既而考其实，士之得食于学岁才二十有七日，为之师者无所乎寓，至僦屋委巷以居，师弟子之面日疏，而弦诵之声以希，又为之慨然以思。"（黄震《抚州重建教授厅记》，《全宋文》第348册，第317页）

黄震连作《特荐抚州州学教授程绍开奏状》、《抚州举官告天文》、《兼江西提举举官告天文》，荐举抚州士人于宋廷。

按：黄震《特荐抚州州学教授程绍开奏状》、《抚州举官告天文》向宋廷举荐了程绍开，正是由于黄震的荐举，程绍开才正式入主太学。方回《宋象山书院山长月岩先生程公墓表》记录程绍开于德祐元年（1275）自太学归象山书院讲学，应当就是在黄震荐举之后以至于德祐元年的三年间，程绍开在太学供职："德祐乙亥，以承直郎礼兵部架阁扞乡郡，公之再自太学归也，以布衣长象山书堂，至是再为之，逮己卯三为之。"（《全元文》第7册，第446页）

又按：黄震《抚州举官告天文》记录了抚州临汝书院山长任职情况，其中黄翔龙继程绍开为临汝书院山长，自淳祐九年（1249）以来，临汝书院山长分别为程若庸1249—1268年、程绍开1269—1271年、黄翔龙1272—1273年。而黄震此次荐举了程绍开、黄翔龙后，临汝书院山长一职便空缺，邓文原《季先生墓志铭》可佐证："咸淳戊辰（1268），考试春官，得先生之文大喜，遂擢高第。……会漕司秋试，选明经士司考择，先生不得辞归，数月，以疾卒，实癸酉十二月十七日也。先生生于宋嘉定壬申五月，寿六十有二。先是，在朝以先生祖妣高年，推恩择山水胜地便禄养，授抚州临汝书院山长，未赴而卒。"（《邓文原集》，第88页）据邓文原记载，谱主季立道原本应于至元癸酉即至元十年（1273）担任临汝书院山长一职，但未赴而卒，是以当另有人来填补空缺，待考。

虞集（1272—1348）、范梈（1272—1330）生。

元世祖至元十年 宋度宗咸淳九年
癸酉　1273年　25岁

二月,元军下襄阳。

按:元军炮攻襄阳六年后,宋将吕文焕降元。《宋季三朝政要》载:"癸酉咸淳九年春正月(1273)……二月,大元破樊城,下襄阳。文焕捍御应酬,备殚甚力。粮食虽可支吾,而衣装薪刍断绝不至。文焕彻屋为薪,缉关为衣。每一巡城,南望恸哭。城破,遂以城降。文焕独守孤城,似道坐视而不救,降于六年之后,岂得已哉?"(王瑞来笺证《宋季三朝政要笺证》卷四,中华书局2010年,第354页)

吴澄娶妻余维恭。

按:吴澄《亡妻余氏墓志铭》载:"乡贡进士吴澄妻余氏,讳维恭。父珏,业进士。宝祐乙卯二月庚寅生(1255)生,十有九年(1273),归为吴氏妇。"(《吴澄集》,第1405页)余维恭乃乡贡进士余珏(1232—1298)之女。据《(同治)崇仁县志》载:"余珏,字玉甫,五十六,都珠坑人。累应乡贡不利。迨至元间,提举司授贵溪教谕,不赴。复授宜黄县儒学,就职一月而归。以诗词自乐。草庐先生外舅也。先生表其墓。"(《(同治)崇仁县志》卷六之四,清同治十二年刻本)吴澄曾为其岳父作墓表,文载:"府君讳珏,字玉甫,宋绍定壬戌闰九月十二日己未生。习进士诗赋,累应乡贡,不利。元至元间,江东道儒学提举司授信州路贵溪县儒学教谕,不赴。会抚州路宜黄县儒学缺官,江西道儒学提司命摄其事。就职一月而归,闲中以诗词自乐。词尤超拔,似辛幼安、刘改之作。大德戊戌四月二十二日戊寅,以疾终于家。"(吴澄《故儒学教谕余府君墓表》,《吴澄集》,第1388页)

又按:吴澄妻余维恭是华盖山东麓的珠溪人士,吴澄曾受余珏族孙余瑽之请为其族谱作序。《珠溪余氏族谱序》记载了余氏情况:"华盖山之东麓有修谷曰珠溪,余氏一族居之,靡它姓间杂,且三百年矣。其初一人之身,蕃衍至二三百户、六七百口。虽无甚富之家,亦无甚贫之人,皆有土田,或自食其力，以给父母妻子之养。尚质实，不尚浮虚，所谓'山深民俗淳，县远官事少'者。逮予之外舅玉甫始为儒，应宋末进士举。玉甫之族孙璲嗣为儒，应今日进士举。璲慎行循理，庶几乎学有根柢。谱其族自祖传，四世五世二干分五支，十世而五支之分凡三十有一，亦族之盛大永久者哉！"（吴澄《珠溪余氏族谱序》，《吴澄集》，第691页）

黄震作《临汝书堂癸酉岁旦讲义》。

按：黄震《临汝书堂癸酉岁旦讲义》提醒临汝书院的学子要以《论语》"忠恕"为一贯之道："夫万事莫不有理，学者当贯通之以理，故夫子谓之一以贯。然必先以学问之功而后能至于贯通之地。故曾子释之以忠与恕，盖理固无所不在，而人之未能以贯通者，己私间之也。尽己之谓忠，推己及人之谓恕。忠恕既尽，己私乃克。此理所在，斯能贯通，故忠恕者所能一以贯之者也。"（黄震《临汝书堂癸酉岁旦讲义》，《全宋文》第348册，第238—239页）

黄震重刊黄榦《勉斋集》。

按：时黄震取董云章处所收最为全备的《勉斋文集》，裒集为《勉斋大全集》，而董云章是当时临汝书堂领袖江克明招揽前来的。学者指出："那时，在书院作了二十多年的领袖的宿儒江克明（江西旴江人）是'本宗象山之学'的，但不知是书院里尊重朱学的精神使他选择了兼修朱陆两学，还是他不限于学派的不同而摄取了'圣贤之学'志向的空气，他也'又日讲晦翁之学'。他还参与帮助抚州知州黄震校勘刊行《黄榦文集》。众所周知，黄榦是朱熹的女婿，曾任临川县令等职，是一个坚定的道学者。"（三浦秀一著，杨小江译《学生吴澄与南宋末叶的江西书院》，《湖南大学学报》2007年第3期）可见江西抚州士人对于朱陆门户不再坚持，他们并不拘泥一说，反而接纳诸家所长。（黄震《跋勉斋集》，《全宋文》第348册，第230页）

朱思本（1273—1333）、汪泽民（1273—1355）生。

元世祖至元十一年 宋度宗咸淳十年
甲戌　1274年　26岁

六月,元廷发兵攻宋。

按:《元史》载:"庚申,问罪于宋。诏谕行中书省及蒙古、汉军万户千户军士曰:'……今遣汝等,水陆并进,布告遐迩,使咸知之。无辜之民,初无预焉,将士毋得妄加杀掠。'"(《元史》卷八《世祖本纪》,第1册,第155—156页)

是年,元廷讨论贡举条则。

按:苏天爵《陕西乡贡进士题名记》载:"至元十有一年,乃命儒臣文正窦公默、文献姚公枢、文正许公衡、文康杨公恭懿集议贡举,条目之详,具载于策书。是时贤能众多,治化熙洽。"(苏天爵《陕西乡贡进士题名记》,陈高华、孟繁清点校《滋溪文稿》卷三,第28页)《元史·选举志》载:"十一年十一月,裕宗在东宫时,省臣复启,谓'去年奉旨行科举,今将翰林老臣等所议程式以闻'。奉令旨准蒙古进士科及汉人进士科,参酌时宜,以立制度,事未施行。"(《元史》卷八一《选举志》,第7册,第2017页)

十二月,宋廷诏天下勤王。

按:《宋史》载:"癸亥,诏似道都督诸路军马,以步军指挥使孙虎臣总统诸军,所辟官属皆先命后奏。诏天下勤王。"(《宋史》卷四七《瀛国公本纪》,第924页)

郝经在真州军营以大雁传帛书,报信元世祖方知其被扣留情形。

按:王逢《读国信大使郝公帛书》记载此事到:"'霜落风高恣所如,归期回首是春初。上林天子援弓缴,穷海累臣有帛书。中统十五年九月一日放雁,获者勿杀。国信大使郝经书于真州忠勇军营新馆。'书盖如此……此书当在至元十一年。是时南北隔绝,但知纪元为中统也。先是公羁旅日,有以雁四十饷公,内一雁体质稍异,命畜之于后。雁见公,辄张翮引吭而鸣。公感悟,择日率从者三十七人,具香北拜,二人舁雁跽其前,手书尺帛,亲系雁足。且致祝曰:'累臣某,敢烦雁卿,通信朝廷,雁其保重。'欲再拜,雁奋身入云而去。未几，虞人获之苑中，以所系帛书托近侍以闻。上恻然曰：'四十骑留江南，曾无一人雁比乎？'遂进师南伐。"（王逢《读国信大使郝公帛书》，《全元诗》第59册，第35—36页）

又按：吴澄后来对郝经雁足递帛书一事亦有感叹，其《题郝陵川雁足系诗后》云："忠贞信使早许国，羁旅微臣晚见诗。追忆当时如一梦，濡毫欲写泪交颐。"（吴澄《题郝陵川雁足系诗后》，《全元诗》第14册，第239页）《疏斋卢学士和郝奉使立秋感怀余亦次韵二首》："斧威直指可能禁，鼓吹从容翰墨林。公馆月帘秋淡淡，谁家雾阁夜沉沉。唤回千古南楼兴，付与两翁东楚吟。休道铁心犹解赋，要人识取爱梅心。"又，"政尔烦歊不可禁，秋声忽忽动鸮林。好怀恰与清风值，浮翳俱随骤雨沉。江上清枫频入梦，淮南幽桂又听吟。闲云淡漠元无系，来去常如见在心。"（吴澄《疏斋卢学士和郝奉使立秋感怀余亦次韵》，《全元诗》第14册，第273页）

吴澄生长子吴文。

按：吴澄《赠杨谨初序》透露了长子吴文的生年信息，他称生于至元十一年（1274）的杨谨初与吴文同岁，可知长子吴文亦生于今年："丁亥之秋（1287），余自燕还至金陵，始识蜀杨君求仁翁。翁之孙谨初与余之子文同年生，生十有三年矣，清杨娟娟可念。"（《吴澄集》，第663页）

又按：吴澄长子吴文，字士一。程钜夫《正中堂记》记载了吴文的字号："顾有一士在门，视之，吾幼清之子士一也。"（《全元文》第16册，第264—265页）

吴澄此年前客居宜黄邹氏。

按：吴澄《故复轩居士吴君墓志铭》载："宜黄之邑，居者吴与邹、涂为巨族。宋咸淳间，予客于邹；元至元间，又客于吴，得与三族之人接。"（《吴澄集》，第1531页）

又按：宜黄邹氏主要指的是邹次陈，邹次陈与吴澄有诸多往来。邹次陈（1251—1324），字周弼，宜黄人。咸淳十年进士。此处吴澄记载他曾客于邹次陈家，是最早的关于吴澄与宜黄邹氏往来的记载。后吴澄作《宜黄县学记》又记载到邹次陈延请吴澄为宜黄县学的修建作记："前进士邹次陈书来征记，至是教谕复以请，将刻南丰先生旧记于石，以与新记并。"

又按：吴澄《宜黄县学记》是围绕北宋曾巩《宜黄县县学记》作（曾巩《宜黄县县学记》，陈杏珍、晁继周点校《曾巩集》卷一七，中华书局1984年，第281—283页）。根据这篇文章，吴澄肯定了曾巩的学问，认为曾巩"有汉唐诸儒所不得而闻者"，即在程朱理学尚未亮世的情况下，发道学之警，突破了汉唐章句之学。然后在曾巩的基础上着重强调,宜黄县学学子们要警惕"夸记览、炫文辞,以钓名声、干利禄"的学风,他指出学子之为学,"岂待官之建学",即是县学之建以及自身的学习不全是为了建功立业,这些结果都必须建立在曾巩所言防止邪僻放肆的基础上,如果单单只是为了学习时文,那么建立县学的意义就将不存。吴澄此记之作,意在呼吁学子轻视时文,其出发点仍在于由南宋而来的道学家对于自身道德的看重。此点亦从侧面反映当时时文依旧昌行。(《吴澄集》,第775—776页)

又按:吴澄之所以在应邹次陈、陈敏子之邀叙写《宜黄县学记》时重点强调"时文"的缺点,恐仍与邹次陈关系甚密,吴澄在为邹次陈文集作序时,曾谈及邹对于"时文"的精通。《遗安集序》载:"前进士宜黄邹次陈悦道甫,精于时文,少年魁乡贡,成科名,名成而不及仕,隐居讲授,日从事于文。若古、近诗,若长短句,若骈俪语,固时文之支绪,其工也宜。余力间作古文,浸浸逼古之人。盖其才气优裕,义理明习,故文有根柢,非徒长于辞而已。"(《全元文》第14册,第369页)邹次陈本身是咸淳十年进士,虽中进士后恰逢南宋灭亡,尚无官职在身,但其对于科举之文的创作得心应手,这也是缘何宜黄县学重修后,邹次陈任职于其间。这全是因为"天朝贡举制下,来学之士益众,一经指画,文悉中程"——他能够精准指导学子如何考中科举。在这样的情况下,吴澄受到邹次陈之子邹成大的邀请,为邹次陈文集作序。他便从韩愈、欧阳修、王安石、曾巩、苏轼、柳宗元、苏洵等今称古文八大家的研习古文之人入手,说明其由时文转为古文的过程,并说明邹次陈虽然精通时文,但对于古文的掌握也不在话下,"文有根柢,非徒长于辞而已"。吴澄通过为邹次陈文集作序,告诫学子切忌埋头于时文的练习中,这与其为宜黄县学作记的态度一脉相承。

虞槃(1274—1327)、李洞(1274—1332)、揭傒斯(1274—1344)、欧阳玄(1274—1357)生。

元世祖至元十二年 宋恭宗德祐元年
乙亥　1275年　27岁

二月,宋命黄万石为江南西路制置使。

按:《宋史》载:"甲辰,以黄万石为江南西路制置使。"(《宋史》卷四七《瀛国公本纪》,第925页)

三月,元廷分置蒙古翰林院。

按:此次分置翰林院实则是成立蒙古翰林院,将翰林国史院中的非汉族人分置出去:"要求分置蒙古翰林院的是汉人而不是蒙古人。由此我们可以想象,翰林国史院中有一部分蒙古人与汉人儒士的观点不一致,阻碍了王磐、窦默等汉人儒士推行汉法,所以儒士们恭敬地将这些蒙古人请了出去。而此时期正是蒙古统治者推行汉法的高峰期。"(蔡春娟《关于元代翰林学士承旨的几个问题》,《元史论丛》第11辑,天津古籍出版社2009年)《元史》载:"庚子,从王磐、窦默等请,分置翰林院,专掌蒙古文字,以翰林学士承旨撒的迷底里主之。"(《元史》卷八《世祖本纪》,第1册,第165页)

七月,元廷遣使江南搜访儒、医、僧、道、阴阳人。

按:《元史》载:"癸未,诏遣使江南搜访儒、医、僧、道、阴阳人。"(《元史》卷八《世祖本纪》,第1册,第169页)

同月,宋廷命江西制置黄万石移治抚州。

按:《宋史》载:"秋七月庚午朔,江西制置黄万石移治抚州,诏还隆兴府。"(《宋史》卷四七《瀛国公本纪》,第932页)

又按:黄万石移治抚州后,凿鸿鹤山,复盱水故道,灌注城下,积极修建抚州城防,并且招募郑松使其训练本庄民兵。吴澄《故乡贡进士郑君碣铭》记载郑松跟随黄万石事迹:"德祐间,大军逼境,制置使左次于抚,崇陴浚隍,募人凿鸿鹤山,复盱水故道,灌注城下。君应其募,制置司赏以官,且捐没官田租八十万,俾练庄户为兵。既革命,犹有图兴复者,檄君为助,君以民兵应之。其卒勇敢,独能与大军遇,多所杀获。俄而卒战死者众,遂溃。"(《吴澄集》,第1444—1445页)

同月,元廷命取江西。

按:《元史》载:"蒙古万户宋都带、汉军万户武秀、张荣实、李恒,兵部尚书吕师夔行都元帅府,取江西。"(《元史》卷八《世祖本纪》,第169页)

十一月,宋命黄万石离守抚州。

按:《宋史》载:"壬午,大元兵至隆兴府,黄万石弃抚州遁,转运判官刘槃以隆兴降。"(《宋史》卷四七《瀛国公本纪》,第935页)

同月,元取抚州。

按:刘一清《钱塘遗事》载:"大兵至抚州,时制置黄万石开闸抚州,闻大兵至而遁。都统密佑迎敌,就擒不屈,嚼舌,骂声不绝而死。施至道以城降焉。"(刘一清撰,汤勤福整理《钱塘遗事》卷之八"诸郡望风而降",大象出版社2019年版,第318页)《宋史》载:"(十一月)大元兵趋抚州,都统密佑逆战于璧邪,兵败死之。……抚州施至道以城降。"(《宋史》卷四七《瀛国公本纪》,第935页)

又按:抚州都统密佑战斗至抚州降元的最后一刻,虞集后作《密都统些》赞颂之:"舟过土坊,水滨老人言七十年前密宥都统死事,哀之,为作此些。 悲哉国殇!孤军无归些。千里投人,不知其非些。阴连图生,置我危机些。夺我组练,易以败韦些。犹率犯敌,挥戈突围些。悲风萧萧,白日无辉些。力尽援绝,缚以断䩞些。壮而全之,不堪骂讥些。授首不辱,流血铁依些。国亡谁为,魂委不飞些。百年遗忠,荒祠是依些。古木摧伤,鬼雄依稀些。阴房积土,冷磷睒微些。里人来酹,神灵不违些。世远不闻,临风写哀些。"(《全元文》第26册,第6页)

十二月,元取江西建昌城。

按:吴澄《送李雁塔序》记载了程钜夫的季父程飞卿降元献建昌城之事,此举也让程钜夫有机会以质子的身份任职于元:"是岁(1275)十二月,公之季父摄守盱,归附入觐,赏献城功,公以从子得宣武将军、管军千户,既而入质,以文字被眷知,历翰林、秘书、集贤出为行台侍御史,由侍御史为廉访使。"(《吴澄集》,第647页)

徒单公履上疏请行科举。

按:《元史》载:"侍读学士徒单公履请设取士科,诏与恭懿议之。恭懿言:'明诏有谓:士不治经学孔孟之道,日为赋诗空文。斯言诚万世治安之本。今欲取士,宜敕有司,举有行检、通经史之士,使无投牒自售,试以经义、论策。夫既从事实学,则士风还淳,民俗趋厚,国家得才矣。'"(《元史》卷一六四《杨恭懿传》,第13册,第3842页)

何时跟从文天祥在赣州起兵勤王。

按：咸淳十年，宋廷"诏天下勤王"，今年抚州乐安何时即跟随文天祥在赣州起兵勤王。何时的侄子何中《跋黄君适安所藏先伯父手笔》记载了何时以及父亲何天声起兵事迹："先伯自丙辰留京师，与信公为知己。乙亥同举义旗于赣，同聚师庐陵，由庐陵以江西帅入卫，先伯留后归饷，相继不绝。以至国亡，复屡起，亦屡仆。其间同心同谋同经营天下事，不可胜述。"(《全元文》第22册，第182页)

吴澄受黄申招，至乐安县教其子。

按：此年元世祖平宋，抚州内附，吴澄于是接受黄申邀请前往乐安县教其子读书。虞集《行状》载："岁乙亥，皇元至元十二年也，抚州内附，传檄至乐安。乐安丞蜀人黄酉卿，不署状，去之穷谷，不免寒饿，犹招先生教其子，先生从之。"(《全元文》第27册，第171页)危素《年谱》载："大元至元十二年乙亥(元世祖平宋，天下混一，抚州内附。授徒乐安县，以县丞黄酉卿招。酉卿，蜀人，义士也)。"

又按：邀请吴澄的黄酉卿是抚州乐安县县丞：黄酉卿(1220—1291)，名申，隆州井研县人。宋开庆元年(1259)廷试对策，特奏名，授迪功郎、江州德安尉。"官满，转修职郎、抚州乐安丞"，宋亡，不仕元朝，后隐居于巴山。吴澄《乐安县丞黄君墓碣铭》透露出吴澄与黄申的密切关系，并特别记载了黄申不仕元的细节："乙亥之冬(1275)，郡既降，下诸县索降状。乐安令率其僚联署以上，丞黄君独不往。令遣吏促之，方对语云云。吏迫之，不动，白令，令怒。俄而吏民数百人集于庭，强舆致君，颠踣于地，若卒中然。众捽蹢诟骂，且曰：'为是不顺，将召兵累我民。'君佯死，为不闻。令无如之何，同他僚署名应郡命。君有惠爱在民，既暮，怜之者舁入寅中堂，蓐处地上。翌旦，或饮以粥，气少续。越三日，家之人始来视，迁就榻，面壁卧。旬余，新领郡事者分遣新官治所属，一郡吏来丞乐。其人素敬服君廉正，又见府积缗钱甚富，诸器物一如故，可为己有，以此德君，用交承之礼接待，力覆护，为言于郡。郡檄召，不赴；则檄摄县事，亦辞，全身以去，与家人完聚。尔后连岁盗起，挈家辟地靡宁，仅定庐于巴山之下，日务治圃观书，年七十二乃终。"(《吴澄集》，第1403—1404页)

又按：吴澄文集多处称赞了黄申的全节行为。如《跋黄县丞遗迹后》载："宋乐安县丞黄先生特科出仕，清介自持，晚节避世，不污全名以殁。宋末之小官能如是者鲜矣。"(《吴澄集》，第1240页)《祭乐安县丞黄从事文》载："公生于梁，长于梁。老于扬，卒于扬。其质厚，其气刚；其见定，其行

方……辟地以生,陈子之清;辟世以死,张子之宁。清则虽生而不辱,宁则虽死而犹荣。"(《吴澄集》,第 1676 页)

又按:黄申始终以《春秋》义立身,虞集《送赵茂元序》云:"百十年前,吾蜀乡先生之教学者,自《论语》、《孟子》、《易》、《诗》、《书》、《春秋》、《礼》,皆依古注疏句读……弱冠至临川,乡人惟二人在焉。一人为故宋乐安县丞黄申,予同县人也。江西帅臣黄弃疾以临川内附,檄至乐安,县丞独不肯传檄者,国人义而不忍杀之。去入深山中,忍饿不至死,教其子读《春秋》而已。"(《全元文》第 26 册,第 176—177 页)按照虞集记载,黄申始终以《春秋》义立身,这对虞集产生了很大的影响。在这样的情况下,黄申能够邀请吴澄前往其家教导其子,一定是对吴澄治学的一种肯定。吴澄在咸淳六年(1270)《发解谢缪守书》时就已经谈到对《春秋》的见解,"以三传之说解《春秋》,而《春秋》乱。若《易》与《诗》,则紫阳夫子已尝正之。独《书》与《春秋》犹有欠整理者,甚欲集诸家之善为之训说,以补先儒之未及,而破千古之舛讹。"其清楚地表达了要接续朱熹,继续整理《书》与《春秋》,并且务必秉持着以经解《春秋》,而不是以《公羊》、《穀梁》、《左氏传》三传的格式来解《春秋》,如此方能回归到经,不至于以传解经,愈解愈乱。

又按:黄申后隐居的巴山,地处吴澄出生地华盖山西部,据虞集《崇仁县重修县治记》载:"抚州属县五,崇仁其一也。邑之望,南有华盖之山,稍西为临川之山,一曰巴山,又更名相山。"(《全元文》第 26 册,第 571 页)

吴澄七月作《宜黄友人远游不反因其投赠用韵招之(乙亥七月)》。

按:吴澄《宜黄友人远游不反因其投赠用韵招之(乙亥七月)》载:"君平归来凤山巅,明月清风相款延。穷冬笙箫响松桧,盛夏霜雪飞湍泉。步屧春跻赤松岭,挐舟秋泛黄华川。宾朋过从亦足乐,谈王说霸浩无边……"(《吴澄集》,第 1952 页)

吴澄此年与程钜夫等同岁者四人于抚州就相师李雁塔问前程。

按:吴澄《送李雁塔序》记载了此事:"岁乙亥(1275),今福建闽海道肃政廉访使程公从其季父官于抚,与余日尚羊郡市间。公与余同岁生,书同岁者四人年、月、日、时就雁塔李君问,君立为剖决无疑思。其一无成而夭,其一有成而虚,其一因人而成也速,其一自立而成也晚。"(《吴澄集》,第 646 页)

元世祖至元十三年 宋端宗景炎元年
丙子　1276年　28岁

正月,元军攻陷南宋都城临安。

按:《元史》载:"宋主遣其(宗室)保康军承宣使尹甫、和州防御使吉甫等,赍传国玉玺及降表诣军前。其辞曰:'大宋国主㬎,谨百拜奉表于大元仁明神武皇帝陛下:臣昨尝遣侍郎柳岳、正言洪雷震捧表驰诣阙庭,敬伸卑悃,伏计已彻圣听。臣眇焉幼冲,遭家多难,权奸似道,背盟误国,臣不及知,至于兴师问罪,宗社阽危,生灵可念。臣与太皇日夕忧惧,非不欲迁辟以求两全,实以百万生民之命寄臣之身,今天命有归,臣将焉往。惟是世传之镇宝,不敢爱惜,谨奉太皇命戒,痛自贬损,削帝号,以两浙、福建、江东西、湖南北、二广、四川见在州郡,谨悉奉上圣朝,为宗社生灵祈哀请命。欲望圣慈垂哀,祖母太后耄及,卧病数载,臣茕茕在疚,情有足矜,不忍臣祖宗三百年宗社遽至殒绝,曲赐裁处,特与存全,大元皇帝再生之德,则赵氏子孙世世有赖,不敢弭忘。臣无任感天望圣,激切屏营之至。'伯颜既受降表、玉玺,复遣囊加带以赵尹甫、贾余庆等还临安,召宰相出议降事。"(《元史》卷九《世祖本纪》,第1册,第176—177页)

又按:《元史》载:"(至元十三年正月,1276)癸卯,谢后命吴坚、贾余庆、谢堂、家铉翁、刘岊与文天祥,并为祈请使,杨应奎、赵若秀为奉表押玺官,赴阙请命。伯颜拜表称贺曰:'臣伯颜言:国家之业大一统,海岳必明主之归;帝王之兵出万全,蛮夷敢天威之抗。始干戈之爰及,迄文轨之会同。区宇一清,普天均庆。臣伯颜等诚欢诚忭,顿首顿首,恭惟皇帝陛下,道光五叶,统接千龄。梯航日出之邦,冠带月支之域;际丹崖而述职,奄瀚海而为家。独此岛夷,弗遵声教,谓江湖可以保逆命,舟楫可以敌王师。连兵负固,逾四十年,背德食言,难一二计。当圣主飞渡江南之日,遣行人乞为城下之盟。逮凯奏之言旋,辄诈谋之复肆。拘囚我信使,忘乾坤再造之恩;招纳我叛臣,盗涟海三城之地。我是以有六载襄樊之讨,彼居然无一介行李之来。祸既出于自求,怒致闻于斯赫。臣伯颜等,肃将禁旅,恭行天诛。爰从襄汉之上流,复出武昌之故渡。藩屏一空于江表,烽烟直接于钱塘。尚无度德量力之心,荐有杀使毁书之事。属庙谟之亲廑,谓根本之宜先。乃命阿剌罕取道于独松,董文炳进师于海渚,臣与阿塔海忝司中阃,直指伪都。掎角之势既成,水陆之师并进。常州已下,列郡传檄而悉平;临安为期,诸将连营而毕会。彼知穷蹙,迭致哀鸣。始则有为侄纳币之祈,次则有称藩奉玺之请。顾甘言何益于实事,率锐卒直抵于近郊。召来用事之大臣,放散思归之卫士。崛强心在,四郊之横草都无;飞走计穷,一片之降旙始竖。其宋国主已于二月初五日,望阙拜伏归附讫。所有仓廪府库,封籍待命外,臣奉扬宽大,抚戢吏民,九衢之市肆不移,一代之繁华如故。兹惟睿算,卓冠前王,视万里如目前,运天下于掌上。致令臣等,获对明时,歌《七德》以告成,深切龙庭之想,上万年而为寿,敬陈虎拜之词。臣伯颜等,无任瞻天望圣激切屏营之至,谨奉表称贺以闻。'"(《元史》卷一二七《伯颜传》,第 10 册,第 3110—3112 页)

又按:《元史》载:"(三月)丁丑,阿塔海、阿剌罕、董文炳诣宋主宫,趣宋主㬎同太后入觐。郎中孟祺奉诏宣读,至'免系颈牵羊'之语,太后全氏闻之泣,谓宋主㬎曰:'荷天子圣慈活汝,当望阙拜谢。'宋主㬎拜毕,子母皆肩舆出宫,唯太皇太后谢氏以疾留。"(《元史》卷九《世祖本纪》,第 1 册,第 180 页)伯颜将宋恭帝等押送到大都,后宋恭帝被元世祖废为瀛国公。汪元量有诗叙及瀛国公、全太后事。

再按:汪元量《湖州歌》其一:"僧道恩荣已受封,上庠儒者亦恩隆。福王又拜平原郡,幼主新封瀛国公";《瀛国公入西域为僧号木波讲师》写道:"木老西天去,袈裟说梵文。生前从此别,去后不相闻。忍听北方雁,愁看西域云。永怀心未已,梁月白纷纷";《全太后为尼》写道:"南国旧王母,西方新世尊。头颅归妙相,富贵悟空门。传法优婆域,诵经孤独园。夜阑清磬罢,跌坐雪花繁。"(《全元诗》第 12 册,第 46、32、32 页)

三月,元廷免儒户徭役。

按:《元史》载:"戊寅,敕诸路儒户通文学者三千八百九十,并免其徭役;其富实以儒户避役者为民。"(《元史》卷九《世祖本纪》,第 1 册,第 180—181 页)

六月,宋军复江西南丰、宜黄、宁都三县。

按:《宋史》载:"吴浚聚兵于广昌,取南丰、宜黄、宁都三县。"(《宋史》卷四七《瀛国公本纪》,第 940 页)

八月,宋军败于宁都。

按:刘壎《赵抚州传》载:"五月朔,景炎帝即位福州,密诏吴直院浚为江西制置招讨使,使君(即赵戊岊)为参议官兼江西运判,协谋兴复。六月,吴即广昌,使君即宁都,各建治所,宣诏反正,纠合盱赣诸邑义勇。八月,制司兵次南丰,遇敌而溃。使君遣其属以兵攻赣,距城六十里与北兵战,破之,俘其千户。乘胜逐北,至城下,城中兵大出,我师失利引退,丧失良多。"(《全元文》第 10 册,第 400 页)《宋史》载:"张世杰遣兵助吴浚与元帅李恒战兜零,兵败奔宁都。"(《宋史》卷四七《瀛国公本纪》,第 941 页)

不忽木上书建议蒙古子弟习儒学。

按:《元史》记载不忽木等人儒学改革设想为:"择蒙古人年十五以下、十岁以上质美者百人,百官子弟与凡民俊秀者百人,俾廪给各有定制。选德业充备足为师表者,充司业、博士、助教而教育之。使其教必本于人伦,明乎物理,为之讲解经传,授以修身、齐家、治国、平天下之道。其下复立数科,如小学、律、书、算之类,每科设置教授,各令以本业训导。小学科则令读诵经书,教以应对进退事长之节;律科则专令通晓吏事;书科则专令晓习字画;算科则专令熟闲算数。或一艺通然后改授,或一日之间更次为之。俾国子学官总领其事,常加点勘,务要俱通,仍以义理为主,有余力者听令学作文字。……勤者则升之上舍,惰者则降之下舍,待其改过则复升之。……数年以后,上舍生学业有成就者,乃听学官保举,蒙古人若何品级,诸色人若何仕进。其未成就者,且令依旧学习,俟其可以从政,然后岁听学官举其贤者、能者,使之依例入仕。其终不可教者,三年听令出学。"(《元史》卷一三〇《不忽木传》,第 10 册,第 3166 页)

又按:此年不忽木等人的上书意在改革许衡之后的国子监学,这说明"汉人儒士集团也看到,许衡的办学模式并非完美无缺","在朱熹的教育思想中,大学之道是其中本有之义。朱熹依据青少年年龄特点和道德修养的规律,将教育分为'小学'和'大学'两个阶段。小学教育是让学生知其然,大学教育则进一步教学生知其所以然,使之升华为对天理信仰的理性自觉。许衡主长国子学,针对蒙古贵族子弟文化初开,对人伦礼法意识不强的状况,首以小学洒扫、应对、进退的行为规范入手,伴以粗浅的文化基础知识,确实取得了理想的教育效果。但他在国子学的时间太短,大学之道尚未实施,便辞职而去,以致留下一个不完整的办学模式。特别是作为中央官学来说,其教学内容之浅之少,这个缺陷是很明显的。因此,坚持许衡的办学方向,完善国子学的办学模式,就成为许衡后继者努力的方向。至元十三年,国子生不忽木等人给忽必烈上疏,提出了进一步完善国子监办学模式的设想。这个设想,参照唐代学制和北宋三舍法的规制,从办学宗旨、学科设置到教学管理提出了一整套的措施。在办学宗旨上,它以明人伦为立教之本,通过儒家经典的学习而达到明乎天理的目的,以坚持理学教育方向。在学科设置上,分设小学科、律科、算科和书科,使学生能从经学素养到从政技能得到多方熏陶,达到通晓修、齐、治、平之道。在教学管理上,则借鉴宋代三舍法之规制以行赏罚,又坚持学官保举入仕之原则,以革除应试之弊。整个设计遵循许衡模式的基本精神,在全面培养的基础上加强教养,使学生在道德、才能各方面都能学有所成。不忽木说这个设想是在'见于书,闻于师'的基础上完成的,这显然就是在王恂、窦默等人的启发下形成的。"(王建军《教养化育与科举主导:元代国子监办学模式的演变》,《河北师范大学学报(教育科学版)》2006年第2期)

张宗演被诏入大都。

按:张宗演是南方正一教的天师,忽必烈"为了能够顺利地统一江南","对江南道教的争取工作,更是非常认真,各个新旧道派的道士,都受到尊宠"。(卿希泰《元代前期统治者崇道政策初探》,《宗教学研究》1999年第1期)刘壎《嗣汉三十六代天师简斋张真人墓志铭》载:"至乙亥、丙子间,金陵已不守,信未下,然北使已先传张天师召,召且亟。当是时,环江南之冰泮者无息壤,兹山独师是恃,而师不自保。……由是宠光赫然,又前代盛时所未有。"(《全宋文》第357册,第269—270页)《元史》载:"相传至三十六代宗演,当至元十三年,世祖已平江南,遣使召之。至则命廷臣郊劳,待以客礼。及见,语之曰:'昔岁己未,朕次鄂渚,尝令王一清往访卿父,卿父使报朕曰:后二十年天下当混一。神仙之言验于今矣。'因命坐,锡宴,特赐玉芙蓉冠、组金无缝服,命主领江南道教,仍赐银印。"(《元史》卷二〇二《释老传》,第15册,第4526页)

程钜夫入觐世祖于上京,留宿卫,授宣武将军、管军千户。

按:程钜夫季父程飞卿向元朝献上江西建昌后,程钜夫得以入仕元朝。何中《翰林学士承旨光禄大夫知制诰兼修国史程公行状》载:"二年丙子,公侍叔父通判建昌军,权知建昌军事。以城附,公赞画居多,是为至元十三年夏五月。得旨,降银牌,授宣武将军、管军千户。"(《全元文》第22册,第205—206页)危素《大元敕赐故翰林学士承旨光禄大夫知制诰兼修国史赠光禄大夫大司徒上柱国追封楚国公谥文宪程公神道碑铭》载:"至元十三年,从季父朝于开平,遂留宿卫,授以宣武将军、管军千户。"(《全元文》第48册,第432页)

文天祥开府南剑,聚兵财为收复江西计。

按:文天祥《集杜诗·南剑州督第六十四》有序载:"广陷,乃出南剑开府,聚兵财为收复江西计。于时幕府选辟,皆一时名士。宜中既弃临安,及三山登极,欲倚世杰复浙东、西,以自洗濯,所以阻予永嘉之行。后取定海兵败,李珏为制阃,众方思用予,悔已不及。"(刘文源校笺《文天祥诗集》卷十五,第1432页)

何时拟收复抚州崇仁。

按:何时跟随文天祥在江西起兵后,曾计划光复崇仁,《宋史·何时传》载:"时聚兵复崇仁县,未几,大军奄至,兵败……"(《宋史》卷四五四《忠义传》,第13355页)。但此次计划并不成功,《弘治抚州府志》记载何时兵败细节:"至元十三年七月,乐安寇数千诈称勤王兵,劫掠至崇仁。监邑孙廷玉驰告,帅府命招讨使也的迷失统番汉军千余讨之。寇不能支,悉登民居。官军遂焚南市,伏尸树里,寇悉平。"(胡孝、吕杰修,黎哲纂《弘治抚州府志》卷二七《兵氛·德祐兵变》,《天一阁藏明代方志选刊续编》第四十八册,第507—508页)

又按:吴澄记载了郑松跟随何时光复崇仁一事:"既革命,犹有图兴复者,檄君为助,君以民兵应之。其卒勇敢,独能与大军遇,多所杀获。俄而卒战死者众,遂溃。君避入溪洞,遇赦乃出。"(吴澄《故乡贡进士郑君碣铭》,《吴澄集》,第1444—1445页)

吴澄奉亲避寇。

按:揭傒斯《神道碑》载:"又三年,宋亡,天下为元,是为至元十三年。而政教未舒,民疑未附,乃与乐安郑松隐居布水谷,作《孝经章句》,校定《易》、《书》、《诗》、《春秋》、《仪礼》、《大小戴记》。"(《全元文》第28册,第506页)危素《年谱》载:"十三年丙子(奉亲避寇,时宁都盗起)。"

又按:上载揭傒斯《神道碑》言吴澄此年与郑松隐居布水谷,但据吴澄《秋山翁诗集序》记载,他是在至元十七年(1280)才前往布水谷,故今以揭傒斯《神道碑》记载今年入谷隐居为误,此处只载吴澄奉亲避寇:"岁在庚辰(1280),予客于郑。郑之婚兄曰秋山翁,亦客焉。"(《吴澄集》,第313页)

吴澄二月作诗《赠术者(丙子二月)》。

按:吴澄诗曰:"金精山人李方叔,到处山头曾印足。季衰术数景纯书,许巫识鉴君平卜。谈天三寸舌澜翻,相地一双眸历睩。我欲从君问占算,已拼前程任伸缩。……"(吴澄《赠术者(丙子二月)》,《吴澄集》,第1953页)

又按:吴澄赠诗的李方叔,"元时人,精风水之术,游历四方,士大夫咸敬信之,吴草庐赠以歌,有'谈天三寸舌澜翻,相地一双眼历睩'之句。"(《(道光)宁都直隶州志》卷二十六,清道光四年刻本)而李方叔的籍贯金精山,正从属于宁都,曾原一《宁都金精山记》记载了金精山的地形风貌:"金精山在宁都西郊十五里。未至县一舍外,望镇石绝云,丹崖翠壁,烟霭明灭,知为神仙区宅。出北门,渡拱辰桥,折而西,入至苍山箦筤谷,石峰已渐献奇,昂首尻坐,作伏狮状。顶凑圆石如悬铃,是谓狮子峰。入青牛峡,清涧出嵌壁下,诸石魁岸拥道,山气清肃,愈前愈奇,不一名状。……石之著名者十有二峰,狮子其一焉。微圆而长,承以盘砥,如菡萏出擎,盖中者莲花峰也。双峰合峙,中泖至麓,如僧作礼梵呗者,合掌峰也。双石颗中出孤木,枝叶扶疏,如带叶果钉者,仙桃峰也。……峰麓崎险,路绝梯登,两石倾轧,中仅线通。匍匐登其巅,广平可容千家,两泉涌出甚洌,极旱不涸,中更寇乱,避而寨居者,多得免焉。兹十二峰亦随见指名,要未尽兹山之奇也。"(《全宋文》第343册,第277页)

吴澄十二月作诗《和桃源行效何判县钟作》。

按:吴澄《和桃源行效何判县钟作(丙子十二月)》载:"……仲连未即蹈东海,元亮至今尚东晋。桃源深处无腥尘,依然平日旧衣巾。拟学渔郎棹舟入,韩良宁忍终忘秦。"(《全元诗》第14册,第326—327页)

杜本(1276—1350)、干文传(1276—1353)生。

元世祖至元十四年 宋端宗景炎二年
丁丑　1277年　29岁

八月,元廷诏建太庙于大都。

按:《元史纪事本末》载:"十四年秋,诏建太庙于大都。博士言:'古者庙制率都宫别殿,西汉亦各立庙,东都以中兴崇俭,故七室同堂,后世遂不能革,非礼。'遂以古今庙制画图贴说以闻。至是始告迁于太庙,命承旨和礼霍孙,太常卿太出、秃忽思等以祏室内栗主八位并日月山板位、圣安寺木主俱迁,奉太祖、睿宗二室金主于新庙安奉,遂大享焉。撤旧庙毁之。"(《元史纪事本末》卷十"庙祀之制",第76页)《元史》载:"十四年八月乙丑,诏建太庙于大都。博士言:'古者庙制率都宫别殿,西汉亦各立庙,东都以中兴崇俭,故七室同堂,后世遂不能革。'"(《元史》卷七四《祭祀志》,第6册,第1833页)

是年,设蒙古国子监。

按:《元史》载:"蒙古国子监,秩从三品。至元十四年始立,置司业一员。"(《元史》卷八七《百官志》,第7册,第2191页)

是年,立江西等处行中书省。

按:"江西等处行中书省的建立,是在战略上对江西的经济文化实力与区位优势予以高度重视。"(许怀林《论元朝的江西地区》,《元史论丛》第7辑,江西教育出版社1999年)《元史》记载:"置行中书省于江西,以参知政事、行江西宣慰使塔出为右丞,参知政事、行江西宣慰使麦术丁为左丞,淮东宣慰使彻里帖木儿、江东宣慰使张荣实、江西宣慰使李恒、招讨使也的迷失、万户昔里门、荆湖路宣抚使程鹏飞、闽广大都督兵马招讨使蒲寿庚并参知政事,行江西省事。"(《元史》卷九《世祖本纪》,第1册,第191—192页)

赵与票向世祖条陈江南兴利除弊十六事。

按:赵与票,台州黄岩人,字晦叔,宋燕懿王德昭九世孙。赵与票此年应召北上京师,向忽必烈条陈江南兴利除弊十六事。袁桷《翰林学士嘉议大夫知制诰同修国史赵公行状》载:"十四年(1277),遣使上驿,来京师。幅巾深衣,见于上京。天子清问温渥,首询其老幼,及江上事,首尾其对,复如上书所言。特命给廪饩以俟用。明年,奏言:'江南郡县,户口繁夥,当以简易治。近岁有司急切兴利,殊失安辑新定之意。臣生长江南,悉习利害,因条类为十六事以进。'大较以择守令、释征敛、厚风俗为急,而末复以存活赵宗为请。"(《袁桷集校注》卷三二,第 1490 页)

吴澄仍奉亲避地。

按:虞集《行状》载:"十四年,亡宋丞相文天祥,起兵庐陵,郡多应之。傍近寇起,先生奉亲避地,弗宁厥居。"(《全元文》第 27 册,第 171 页)

吴澄四月作诗《怀黄县丞申时避乱寓华盖山》。

按:吴澄在此诗中向黄申表明自己因奉养双亲,不得不自乐安归乡之意。诗载:"丞君丞君天一所,十日不共床头语。……我自远来亦云乐,寻又别去徒延伫。二亲定省不可旷,安得终岁矻矻万仞冈头论今古。"(吴澄《怀黄县丞申时避乱寓华盖山》,《吴澄集》,第 1954—1955 页)

程端学(1278—1334)、胡助(1278—1362)、赡思(1278—1351)、陈樵(1278—1365)生。

元世祖至元十五年 宋端宗景炎三年
宋卫王祥兴元年　戊寅　1278年　30岁

六月,元诏汰江南冗官。

按:元廷今年诏汰江南冗官,预示着对阿合马势力的一种清理。《元史·昂吉儿传》载:"江左初平,官制草创,权臣阿合马纳赂鬻爵,江南官僚冗滥为甚,郡守而下佩金符者多至三四人,由行省官举荐超授宣慰使者甚众,民不堪命。昂吉儿入朝,具为帝言之,且枚举不循资历而骤升者数人。帝惊曰:'有是哉!'因谓姚枢等曰:'此卿辈所知,而不为朕言,昂吉儿顾言之邪。'即命偕平章哈伯、左丞崔斌、翰林承旨和鲁火孙、符宝奉御董文忠减汰之,选曹以清。"(《元史》卷一三二《昂吉儿传》,第11册,第3214页)《元史》载:"(六月)甲戌,诏汰江南冗官。……宣慰司十一道,除额设员数外,余并罢去。仍削去各官旧带相衔,罢茶运司及营田司,以其事隶本道宣慰司。罢漕运司,以其事隶行中书省。……时淮西宣慰使昂吉儿入觐,言江南官吏太冗,故有是命。"(《元史》卷十《世祖七本纪》,第1册,第201—202页)

张留孙获赐玄教宗师,佩银印。

按:虞集《张宗师墓志铭》载:"江南内附,与三十六代天师宗衍入朝,世祖皇帝见而异……上祠幄殿,裕宗皇帝以皇太子侍,风雨暴至,众骇惧。诏公祷之,立山。上幸日月山,昭睿顺圣皇后病甚,诏公祷之,即有奇征,病良愈。自宫禁邸第大臣之家,皆事之如神明。上命公称天师。公言:'天师嗣汉张陵,有世系,非臣所当为。'乃号公上卿,命尚方铸宝剑,刻文曰'大元皇帝赐张上卿'。两都皆作崇真宫,赐园田,命公居之。号玄教宗师,佩银印。用公奏,以天师宗演为真人,掌教江南,分集贤、翰林为两院,以道教隶集贤,郡置道官,用五品印,宫观各置主掌,为其道者复之无所与。"(《全元文》第27册,第658—659页)

程钜夫改直翰林,从诸老游。

按:原本应为侍卫军的程钜夫,受世祖召见,在忽必烈面前展示了对南宋贾似道之事的熟悉情况，让忽必烈认识到他是能有意义于朝廷的儒士，故改授他为翰林，行备顾问一事。而而程钜夫的入仕翰林，则进一步开始展示元代南人在忽必烈吸纳汉法进程中的现身，程钜夫与翰林诸老的交往，奠定了南人入北以及南北文坛的融合基础。（邱江宁《程钜夫与元代文坛的南北融合》，《文学遗产》2013 年第 6 期）何中《翰林学士承旨光禄大夫知制诰兼修国史程公行状》记载程钜夫改直翰林细节道："十五年戊寅春，公充质子，挈家入觐。十一月九日，赐见。上曰：'卿在江南，知贾似道为何如？'公条对似道始终所以忠邪状甚悉，上大悦，嘉其有识，仍面试文字一通。公愿出入禁闼，力效忠荩。有旨署翰林院，与诸老游。"（《全元文》第 22 册，第 206 页）危素《神道碑》记载得更加详细："十五年十一月九日，召见香殿。世祖问：'宋何以亡？'对曰：'孟子有言："三代之得失天下也，以仁、不仁。"宋非不仁，权臣贾似道误之也。'问：'似道何如人？'对：'其为边臣，是一似道也；及为相，又一似道也。'天颜甚悦，命给纸札书其辞，即御前以银盆渍墨，书廿余幅以进，深称上旨。问今何官，且谕近臣曰：'斯人相貌应贵，听其言，聪明有识人也。'谕公曰：'国政得失、朝臣邪正，卿为朕悉言之。'公顿首谢曰：'臣疏远儒生，蒙被知遇，敢不竭驽钝以报！'"（危素《大元敕赐故翰林学士承旨光禄大夫知制诰兼修国史赠光禄大夫大司徒上柱国追封楚国公谥文宪程公神道碑铭》，《全元文》第 48 册，第 432 页）

又按：改从翰林后，程钜夫立马作《公选》一文，提倡"侍御史至监察御史等官，亦合参用一二南官"，推动南人入御史台："臣窃惟国家自平江南以来，内而省、部、密院等衙门，外而行省、行院、宣慰司、总管府、州县官，并皆参用南人，惟御史台、行台、按察司独不用南人，臣不知其说也。夫南北人情、风俗、地里各各不同，若欲谙悉各处利害，须是参用各处人员。况江南自归附以来已十余年，而偏远险恶去处盗贼时时窃发，虽官吏贪残所致，亦缘行台、按察诸司耳目不及。……朝廷于江南设行台按察，正欲察访利病，果得其人，何至如此！非惟官不得人，亦缘南北事体不同，所用皆北人而无南人，故不能谙悉各处利害，如舟车之于水陆，不能易地以为功也。臣愚欲望圣慈特降睿旨，御史行台自中丞以下，随路按察司自察使以下，并合公选南方晓事耆旧及清望有风力人员，每路或一或二不定员数，与北方官员同共讲论区画。庶几谙悉江南事体，周知远人情伪。内台侍御史至监察御史等官，亦合参用一二南官，以备采访，不胜生民之幸。"（《全元文》第 16 册，第 97—98 页）据程钜夫所说，当时御史台、行台、按察司都不用南人为官，程钜夫希望朝廷派遣南人从事按察司一职，并至于各个行省特别是江南地区进行察访。较蒙古、西域人而言，这一群体更加了解江南风土人情，一定能够从根本上进行建设。而且中央的侍御史以及监察御史等官,也可以斟酌选用南人。但经考证,程钜夫的进谏在客观上起到的作用微乎其微:"虽然解除南人入仕省院台之禁,但为数有限;如王都中曾任廉访使、行省参政等高官,在至正以前历仕四十余年,史称'当世南人以政事之名闻天下而登省宪者,惟都中而已'。贡师泰拜监察御史,'自世祖以后,省台之职南人斥不用,及是始复旧制,于是南士复得居省台,自师泰始,时论以为得人。'周伯琦亦复如此,与贡师泰同擢御史,'两人皆南士之望,一时荣之'。正是因为少数,故史上也特别提出。"(王明荪《元代的士人与政治》,第149页)

吴澄此年曾客建昌。
按:吴澄《黄成性诗序》载:"余戊寅岁初客旴,其后或中岁一至,或数岁不一至。旴之俗、旴之人不悉闻悉见,大略可知也。"(《吴澄集》,第341页)

吴澄与萧立之、萧士赟父子兄弟相识。
按:吴澄在延祐五年(1318)为萧士赟作墓志铭时,曾提及他与萧氏父子兄弟已相识四十载,可知吴、萧当在今年相识:"君生于淳祐辛亥之冬,卒于延祐丁巳之夏。……予与君父子兄弟交游四十载,父兄既没,而君独存,每岁书问往来至数四。"(吴澄《故县尹萧君墓志铭》,《吴澄集》,第1483页)

又按:据吴澄记载,萧士赟曾受李恒招降抚宁都之盗:"君奉二亲依山险,同乡邻保聚。兄与大兵遇而止。元师李公(即李恒)奇其才,全其生,询其家世,益加敬重,君亦受知焉。李公镇庐陵,命君招抚宁都。降汀寇有功,剡上,随达官入觐,授从仕郎、建昌广昌尹。"(吴澄《故县尹萧君墓志铭》,《吴澄集》,第1481—1483页)此年宁都盗平,萧士赟将授从仕郎、建昌广昌尹,吴澄此年客旴,有可能与萧氏父子相识。

又按:萧士赟父萧立之,字斯立,一名立等、号冰厓。宁都人。登方逢辰榜进士,仕至通守。有《冰厓集》。萧立之擅长作诗。谢枋得曾为萧立之《冰厓集》作跋称其受到江西诗派罗椅的推崇:"诗有江西派,而文清昌之。传至章泉、涧泉二先生,诗与道俱隆。自二先生没,中原文献无足证,江西气脉将间断矣。幸而二先生所敬者有涧谷罗公(罗椅)在,巍巍然穹壤间之鲁灵光也。冰厓乃涧谷所知,诗家因取其诗二十六卷刊以示余。逃虚空而闻跫音也,观其诗可以知其人。"(谢枋得《萧冰厓诗卷跋》,《全宋文》第三百五十五册,第109页)而明代罗伦为《冰厓集》作序称萧立之诗得性情之真:"冰崖萧公其一人矣……公诗宗江西派,涧泉赵公、漳泉韩公推爱涧谷罗公,公为涧谷所知,则其诗可知矣。同世以道德鸣者草庐吴公,以忠义著者叠山谢公;公纳交于草庐,又见知于叠山,则其人可知矣。……喜其近于本,而不

为无益之空言也。"(罗伦《萧冰崖先生诗集叙》,《萧冰崖诗集拾遗》卷首,明弘治十八年萧敏刻本)

又按:吴澄多次直称萧立之能诗:"君名士赟,诗人冰厓公之子,能诗固其余事云。"(吴澄《萧粹可庸言序》,《吴澄集》,第 320 页)"泸溪萧令君深可,诗人之子,文雅风流不坠其世。异时客其门,萧之父子兄弟与宗族宾友举酒论文,诗琴壶弈,日不下数十人。"(吴澄《送黎希贤序》,《吴澄集》,第 644 页)

吴澄十月初一作《伯夷传》。

按:吴澄《伯夷传》非议了司马迁《史记·伯夷列传》中的看法:"澄闻之,曰:夷、齐让国而逃,谏伐而饿,心安理顺,君臣、父子、昆弟之伦得。二子者,其圣人之徒与!其圣人之徒与!圣人,人伦之至也,奋乎百世之上。百世之下,闻者莫不兴起。夫子称其无怨,余睹轶诗,异焉。太史公信之,何哉?予于是采传中事实,而削其所可疑,附之以圣贤显微阐幽之辞。若太史公语,则无取焉。天道一节,盖出伤己愤世之私,虽非所以论夷、齐,而余之未能忘其不平,则古今同此慨也,故不以其言之不合道,而姑系之篇末。太史公曰:'"天道无亲,常与善人。"若伯夷、叔齐,可谓善人者,非邪?积仁洁行如此,而饿死。且七十子之徒,仲尼独荐颜渊为好学,然回也屡空,糟糠不厌,而卒早夭。天之报施善人,其何如哉?盗跖日杀不辜,肝人之肉,暴戾恣睢,聚党数千人,横行天下,竟以寿终。是遵何德哉?此其尤大彰明较著者也。……倘所谓天道,是邪?非邪?'春中读《太史公书》,更定伯夷一传,寻失其稿。恐遂遗忘,因录于此云。戊寅冬十月辛亥朔,吴澄记。"(《吴澄集》,第 1998—1999 页)

又按:吴澄弟子杜本《题文正公书伯夷颂》云:"古之君子之于学也,至于成己成物,其于天下国家,则曰功成治定。所谓言之必可行也,行之必可言也。盖物格知至,而至于国治、天下平者如此,非苟以为言而已。世之君子,何其言之详而卒不见其成功耶?若文正范公,则所谓能言之而能行之者也。观其所书韩子《伯夷颂》,岂特笔墨之妙,其为万世之虑也深矣。后学京兆杜本敬观。"(《全元文》第 32 册,第 51 页)

元世祖至元十六年 宋卫王祥兴二年
己卯　1279年　31岁

正月,元廷诏令禁止中书省公文用畏吾字书写。

按:《元史》载:"禁中书省文册奏检用畏吾字书。"(《元史》卷十《世祖本纪》,第1册,第209页)

二月,南宋灭亡。

按:陆秀夫负幼帝赵昺投海预示着南宋的灭亡。《宋史》载:"十六年正月壬戌,张弘范兵至厓山。庚午,李恒兵亦来会。世杰以舟师碇海中,棋结巨舰千余艘,中舻外舳,贯以大索,四周起楼棚如城堞,居昺其中。大军攻之,舰坚不动。……癸未,有黑气出山西。李恒乘早潮退攻其北,世杰以淮兵殊死战。至午潮上,张弘范攻其南,南北受敌,兵士皆疲不能战。俄有一舟樯旗仆,诸舟之樯旗遂皆仆。世杰知事去,乃抽精兵入中军。诸军溃,翟国秀及团练使刘俊等解甲降。大军至中军,会暮且风雨,昏雾四塞,咫尺不相辨。世杰乃与苏刘义断维,以十余舟夺港而去,陆秀夫走卫王舟,王舟大,且诸舟环结,度不得出走,乃负昺投海中,后宫及诸臣多从死者,七日,浮尸出于海十余万人……宋遂亡。"(《宋史》卷四七《瀛国公本纪》,第945—946页)

七月,元命江南访求艺术之人。

按:《元史》载:"诏遣牙纳术、崔彧至江南访求艺术之人。"(《元史》卷十《世祖本纪》,第1册,第214页)

宋文天祥被解往京师。

按:文天祥此年被解往京师,途经江西时,王炎午作《生祭文丞相》,文载:"仆于国恩为已,负于丞相之德则未报,遂作《生祭丞相文》,以速丞相之死……维年月日,里学生、旧大学观化斋生王炎午,谨采西山之薇,酌汨罗之水,哭祭于文山先生未死之灵而言曰:呜呼!大丞相可死矣!文章邹鲁,科第郊祁,斯文不朽,可死!……轻一死于鸿毛,亏一篑于泰山……"(王炎午

《生祭文丞相》,《吾汶稿》卷之四,民国二十四至二十五年上海商务印书馆四部丛刊三编景明抄本)

又按：吴澄有《跋文丞相与妹书》文表达对文天祥家族死节之赞颂,文载："一代三百年间,有此臣;一家数十口内,有此女。臣不二君,女不二夫;臣尽节而死,女全节自生。不愧于天,不怍于人,可传千万世。"(吴澄《跋文丞相与妹书》,《吴澄集》,第1222页)

程钜夫授应奉翰林文字、朝列大夫。

按：何中《行状》载："十六年己卯六月,除应奉翰林文字、朝列大夫。"(何中《翰林学士承旨光禄大夫知制诰兼修国史程公行状》,《全元文》第22册,第206页)

马祖常(1279—1338)、孛术鲁翀(1279—1338)、谢端(1279—1340)、吴镇(1279—1354)、钟嗣成(1279—约1360)生。

元世祖至元十七年
庚辰　1280年　32岁

二月,元廷诏谕祁志诚等人焚毁《道藏》伪妄经文及印板。

按：据《至元辨伪录》记载,此年进行了元代道教与佛教间的第四次辩论,主要是辩论《道藏》里的伪经问题,辩论结果仍以佛教取胜,而"《道藏》伪经,除《道德经》外尽行烧毁"(祥迈撰《大元至元辨伪录》卷五,元刻本)。《元史》载："(十七年二月)丙申,诏谕真人祁志诚等焚毁《道藏》伪妄经文及板。"(《元史》卷一一《世祖本纪》,第1册,第222页)

三月,元廷禁断《推背图》等天文图书。

按：元廷禁断《推背图》等图书是为禁止白莲教的继续发展。《元史纪事本末》记载,白莲教在元代发展得非常迅速："若夫天下寺院之领于内外宣政院,曰禅,曰教,曰律,则固各守其业,惟所谓白云宗、白莲宗者,亦或颇通奸利云。"(陈邦瞻撰,王树民点校《元史纪事本末》卷一八"佛教之崇",第150页)以至于今年,杜万一以白莲教的名义在江西都昌起乱,《国朝文类》记载："十七年,南康都昌县杜可用反,号杜圣人,伪改万乘元年,自称天王,民间皆事天差变现火轮天王国王皇帝。以谭天麟为副天王,都昌西山寺僧为国师。朝廷命史弼讨败之,江西招讨方文禽可用。"(苏天爵《国朝文类》卷四一"招捕",民国八年上海商务印书馆四部丛刊景元刻本)杜万一被招捕以后,元廷即下令禁断《推背图》等天文图书,《元典章》载："至元十八年三月,中书省咨：刑部呈：'奉省判："御史台呈：行台咨：都昌县贼首杜万一等,指白莲会为名作乱。照得江南见得有白莲会等名目,《五公符》、《推背图》、《血盆》及应合禁断天文图书,一切左道乱正之术,拟合钦依禁断。仰与秘书监一同拟议连呈"事。奉此。移准秘书监关："议得：拟合照依圣旨禁断拘收。"外据前项图书封记发来事,本部议得：若依秘书监所拟,将《五公符》、《推背图》等天文等图书并左道乱正之术,依上禁断,拘收到官封记,发下秘书监收顿相应。'都省行下,禁断拘收发来施行。"(陈高华、张帆、刘晓、党宝海点校《元典章》卷三二"礼部卷之五·禁断推背图等",第2册,第

1123 页）

七月，元遣使历江南名山访求高士。

按：《元史》载："（七月）遣中使咬难历江南名山访求高士，且命持香币诣信州龙虎山、临江阁皂山、建康三茅山，皆设醮。"（《元史》卷一一《世祖本纪》，第 1 册，第 225 页）

程钜夫进翰林修撰。

按：何中《行状》载："十七年庚辰，改翰林修撰，散官如故。十一月，迁中顺大夫、秘书少监。"（何中《翰林学士承旨光禄大夫知制诰兼修国史程公行状》，《全元文》卷六八九，第 22 册，第 206 页）

吴澄受郑松邀隐居布水谷。

按：吴澄《秋山翁诗集序》自述了他在至元十七年（1280）受郑松邀隐居布水谷："岁在庚辰（1280），予客于郑。郑之婚兄曰秋山翁，亦客焉。余日从之游，知翁刻厉于诗旧矣。"（《吴澄集》，第 313 页）危素《年谱》载："十七年庚辰（隐居布水谷，公与乐安贡士郑松结庐深谷中。谷在乐安之高山上，有田有池，群山外环，唯一径可通，县崖飞瀑而出，故曰布水。屏绝人事，箪瓢卒岁。今为古隐观，盖以公旧隐故也）。"

又按：吴当《再和康武一百五十韵》曾言吴澄隐居布水谷的时间共五年："吾家华盖、临川二山间，二山，江南之名山也。至元中，先子常辟地临川山阴布水谷著书，凡五载，然后归。"（《全元诗》第 40 册，第 119 页）若以今年起算，至于至元二十年（1283），则共四年，时间仍未确切。

又按：邀请吴澄隐居的郑松（1235—1307），字特立，乐安人。宋亡以民兵图兴复，后避入溪洞。续邵雍《皇极经世书》二百七十五年之事，著《唐山初稿》、《唐山晚稿》。吴澄有《故乡贡进士郑君碣铭》载郑松组织民兵事迹："德祐间，大军逼境，制置使左次于抚，崇陴浚隍，募人凿鸿鹤山，复吁水故道，灌注城下。君应其募，制置司赏以官，且捐没官田租八十万，俾练庄户为兵。既革命，犹有图兴复者，檄君为助，君以民兵应之。其卒勇敢，独能与大军遇，多所杀获。俄而卒战死者众，遂溃。君避入溪洞，遇赦乃出。"

又按：吴澄又称郑松作诗延续了其师曾翠屏、曾原一的风格，在诗歌方面造诣较高，"少学诗于乡之曾明卿，又学于赣之曾子实，有《唐山初稿》、《晚稿》在"，在布水谷，吴澄与郑松多就诗歌以及诸经、诸子进行讨论："中岁与予为友，听予说诸经诸子，领会悦怿。予所校四经三礼（即吴澄留于布水谷所校《易》、《书》、《诗》、《春秋》、《仪礼》、《小戴、大戴礼记》），悉命笔工抄写,促予著书……邵子以《运经世》之篇纪事,始尧讫五代,君续纪二百七十五年之事,起庚申宋兴,终甲午金亡,名曰《经世续书》。"(吴澄《故乡贡进士郑君碣铭》,《吴澄集》,第1444—1445页)

又按:吴澄记载郑松从学的"翠屏曾氏、苍山曾氏"(吴澄《唐山郑君诗序》,《吴澄集》,第344页),前者为曾翠屏,吴澄曾作《跋曾翠屏诗后》:"翠屏曾先生,先澄之大父二十年而生,大父视之犹父行也。谈话数数称先生名,好诵其诗。澄自幼侍侧,熟于耳闻。先生年四十四,预嘉定壬午乡贡,年五十三时,考官得'江月满江城'诗,大喜,再预绍定辛卯乡贡,一时诗名播于远迩。"(《吴澄集》,第1216页)后者为曾原一,字子实,号苍山,又号大初子,赣州宁都人。《万姓统谱》载:"曾原一,字子实,兴宗孙。绍定四年领乡荐。尝与从弟东湖书院山长原郕师吉安庐陵杨伯子,俱博学工诗。绍定庚寅避乱钟陵,从戴石屏诸贤结江湖吟社。寇至,原一偕其叔益之倾赀产,募丁壮,筑城垣为保障,寇知有备不敢犯,民多德之。著有《选诗衍义》、《苍山诗集》。"(明凌迪知《万姓统谱》卷五十七,清文渊阁四库全书本)据凌迪知记载,曾原一从学于杨万里子杨长孺,后于绍定三年(1230)因避乱与戴复古等人在江西钟陵(即豫章)结江湖吟社。吴澄曾评价曾原一道:"宋末江右之能诗者,若章贡,若庐陵,若临川,若盱江,若清江,皆有人焉。所入、所造虽殊,而各有可取。其学识,则章贡曾子实为诸诗人之冠。"(吴澄《苍山曾氏诗评序》,《吴澄集》,第454页)史料对曾原一记载颇少,但其地位却为宋末江右诸诗人之冠。曾原一少往吉州杨长孺处习"诚斋体",长又游历江西各地。刘壎《隐居通议》载:"(黄希声)尤长于诗,诗尤妙于长歌行。同时乡里以诗名者,碧涧利履道登、白云赵汉宗崇嶓俱为社友,然品格俱不及公。赣之宁都有苍山曾子实原一,抚之临川有东林赵成叔崇峄,亦同时诗盟者也。"(刘壎《隐居通议》卷九"诗歌四",清海山仙馆丛书本)又言"苍山公号当时大诗人,犹推让出一头地,识者谓律诗至公中兴。"(刘壎《隐居通议》卷八"诗歌三",清海山仙馆丛书本)曾原一与黄希声、利登、赵崇嶓、赵崇峄俱为诗友,而这些人物共同构成了杨万里、周必大等中兴大家之后江西诗坛的生力军。他们在江西组成了江湖吟社,该社"是个纯粹的布衣诗社,避乱的布衣诗人并未找到一个可以依附的权贵或高级官员,当时隆兴府并无陈韡那样的人物,因而布衣诗人们没能找到更好的出路。'江湖吟社'中应该有一些成员来自'抚、盱、吉、赣',毕竟豫章是离这些地域不远的安全地域。从这个角度上看,赣寇之乱为江西各地布衣诗人提供一次聚合切磋的机会,'江湖吟社'整合展示出绍定年间布衣诗歌创作的规模与力量。"(吕肖奂《"江湖吟社"与南宋后期江西诗坛》,《江西社会科学》2018年第2期)至于曾原一本人具体的诗歌主张，则可从其《选诗演义》一书获取。《选诗演义》是曾原一于宋宝祐年间所作，目前仅有一部朝鲜古活字本藏于日本名古屋市蓬左文库，我们通过时人序跋以及今人研究来简单获取曾原一的诗歌主张。日藏《选诗演义》卷首载有曾原一自序："《三百篇》不作，而诗道微，后世髣髴遗响，庶几取焉。唐去今近，人犹各有集，齐梁以上几希。丛编可考者，惟昭明《选》。昭明果深识风教源委、美刺大旨、阖辟抑扬之妙者，所选当不止今所见。他集姑置，渊明于诗道渐靡时，卓然得天趣，盖中兴于诗者。今所选仅三数篇，妙处往往遗，推此则他遗者何限？昭明所作，纤丽在沈、江上，其失于古作，奚怪？然使续者能因所存以绎大义，亦或见古人之用心。五臣（即吕延济、刘良、张铣、吕向、李周翰）逐字识考，鲜敷大旨；李善间究所以，语焉未精。读之宁不有恨乎？呜呼！汉去古未大远，苏李辈非专诗者，犹有浑涵意。涉晋魏，则气渐雄浑风渐散，然未尽亡也。逮刘宋时，谢、颜、鲍，其伯也。诚非后来诸子敢企，而视魏晋，则圭角且崭然出。尔后自渊明外，愈日以降，朓、约诸子，靡风遄起。君子于是感世变矣。"（曾原一《选诗演义序》，刘锋、王翠红主编《文选资料汇编》，第73—74页）据曾原一所言，《诗三百》后，诗道渐微，惟有《昭明文选》尚可以考见齐梁以前，离诗道不远的遗迹，但前人吕延济、刘良、张铣、吕向、李周翰以及李善所注《文选》，尚不足以言尽诗道，加之曾原一日渐感受到由汉而下，谢朓、沈约诸人之诗日渐沉溺下端，《诗三百》之风日渐散亡，中间虽有陶渊明崭然而出，但仍不能阻止诗道的败落，故其铺陈《文选》，渴望重现诗道以及《诗三百》之实，截阻诗风日下的局面。这是其著《选诗演义》的最初动机。黄崇实的序中曰："近世退尊晚唐，往往盛唐诗已不读，建安、黄初，谁复睨之，况《三百篇》耶？苍山曾公每论诗，必欲寻流溯源。"（黄崇实《选诗演义序》，刘锋、王翠红主编《文选资料汇编》，第74页）揭露出曾原一作《选诗演义》的直接动因，原来他是针对当下诗坛尊崇晚唐，弃盛唐诗不读的局面而作。实际上，差不多同时，曾原一所作文章亦有多处反映此观点，如宝祐三年（1255）十二月，曾原一为陈模《怀古录》所作序言谈及："晚习靡，古道微，彼自谓张施五色，隋苑之葩，遇雨则蔫，剪彩裁縠犹尔，而谓刻楮亚枝可陵厉风日乎！"（曾原一《怀古录序》，《全宋文》第三百四十三册，第276页）"晚习靡，古道微"是曾原一常年挂于嘴边的言论，为了试图扭转这种"古道微"的风气，他"克绍家学"（《（嘉靖）江西通志》卷三五，明嘉靖刻本），提出回到《诗三百》的传统诗道。（参考芳村弘道撰，金程宇译《关于孤本朝鲜活字版〈选诗演义〉及其作者曾原一》，《古典文献研究》第十二辑；卞东波《曾原一〈选诗演义〉与宋代"文选学"》，《文学遗产》2013年第4期）

又按：基于曾翠屏、曾原一的诗歌主张，吴澄多认可从学于曾原一的郑松诗歌，更肯定郑松的婚兄秋山翁康敬德诗歌的"性情之真"："（秋山）翁云：'鸣吾天籁，发吾天趣，若局局于体格、屑屑于字句以争新奇，则晚唐诗也，非吾诗也。'知翁此言，乃可观翁之诗。昔卫武公年九十五而作《抑戒》，编诗者附之《大雅》。翁今七十八矣，至武公之年，犹及见其《大雅》之作。"（吴澄《书秋山岁稿后》，《吴澄集》，第1074页）与郑松一样，康敬德同样反对晚唐诗"局局于体格、屑屑于字句以争新奇"之风。因而通过此三人的交往，可见吴澄从年轻时便受到并培养出回到《诗经》传统、温柔敦厚的诗教观，亦可了解宋末江西诗坛的余绪，并且以吴澄为代表，将之带入元代文坛。在这样的情况下，吴澄将曾原一列为江西诸诗人之冠亦是有的放矢。

吴澄与雷思齐共谈《老子》。

按：雷思齐，字齐贤，临川人。雷思齐是元初著名的《老》、《易》学家、道士（袁桷《空山雷道士墓志铭》，《袁桷集校注》卷第三十一，第1478—1480页）。吴澄《空山漫稿序》载："予壮岁遁身巴山之阴，屏人读书。一日，有空山雷讲师自郡城至，求大木以营构。聚处谈《老子》，甚相契。后屡会，每见师与人论诗，群雌孤雄，听者披靡。盖才高学广，气盛辞赡，横说竖说，无施不可，孰敢迎其锋？所谓长袖善舞者欤？"（吴澄《空山漫稿序》，《吴澄集》，第471页）

又按：时有萧立之作《赠崇仁吴幼清逃儒入老（三首）》赠之，诗载："向来百尺楼上客，此日崖前藤一枝。贺监心期人不识，越中惟有鉴湖知。""风流不落正始后，《书》传琳琅学古胸。收拾乾坤万里眼，归来窗下注《参同》。""生天不问灵运后，鲁公葛洪皆成仙。谁能与我粥饭券，持送酒家还酒钱？"（萧立之《赠崇仁吴幼清逃儒入老（三首）》，《萧冰崖诗集拾遗》卷中，明弘治萧敏刻本）

程绍开卒。

按：程绍开（1212—1280），又名绍魁，字及甫，号月岩，信州贵溪县人。从赖栋学《戴经》，宝祐四年（1256）上书求罢免丁大全。咸淳四年（1268）中龙飞榜乙科，任临汝山长。德祐元年（1275）以承直郎历礼、兵部架阁。至元十七年（1280）以疾卒。程绍开学赞朱、陆，家塾之额曰'道一'，后学即以程绍开学问"和会朱陆"，如《宋元学案》称其"本为陆学而和合朱学"（黄宗羲原著，全祖望补修，陈金生、梁运华点校《宋元学案》卷八四《存斋晦静息庵学案》，第2849页）。生平事迹见方回《宋象山书院山长月岩先生程公（绍开）墓表》等。

乔吉（1280—1345）生。

元世祖至元十八年
辛巳　1281年　33岁

十月，元廷下诏天下焚毁《道藏》伪经。

按：元廷针对佛道开展的论辩，是为了遏制全真教的过度发展，从而巩固藏传佛教在元朝的地位，这是元朝多宗教并存带来的结果。此年在去年佛道第四次论辩结果上，于十月焚毁《道藏》伪经。王磐《焚毁诸路伪道藏经之碑》载："十八年九月，都功德使司托音小赛音齐奏台：'往年所焚道家伪经版本、化图，多隐匿未毁。其《道藏》诸书，类皆诋毁释教，剽窃佛语，宜皆甄别。'于是……自《道德经》外，宜悉焚去。……张宗演、祁志诚、李德和、杜福春等……乞焚去《道藏》，庶几澡雪臣等。上可其奏，遂诏谕天下：'道家诸经，可留《道德》二篇，其余文字及板本化图，一切焚毁，隐匿者罪之。民间刊布诸子、医药等书，不在禁限。今后道家者流，其一遵老子之法，如嗜佛者，削发为僧，不愿为僧者，听其为民。乃以十月壬子，集百官于悯忠寺，焚《道藏》伪经杂书，遣使诸路俾遵行之。'"（王磐《圣旨焚毁诸路伪道藏经之碑》，祥迈撰《大元至元辨伪录》卷五，元刻本）

十一月，诏求前代圣贤之后。

按：《元史》载："举遗逸以求隐迹之士，擢茂异以待非常之人。……至元十八年，诏求前代圣贤之后，儒医卜筮，通晓天文历数，并山林隐逸之士。"（宋濂等《元史》卷八一《学校志》，第7册，第2034页）

程钜夫迁集贤直学士。

按：何中《行状》载："十八年辛巳二月，升集贤院直学士、中议大夫，兼秘书少监。"（何中《翰林学士承旨光禄大夫知制诰兼修国史程公行状》，《全元文》第22册，第206页）危素《神道碑》载："又明年，升中顺大夫、秘书少监。寻迁集贤直学士、中议大夫兼秘书少监。条陈五事：一曰取会江南仕籍，二曰通南北之选，三曰置考功历，四曰置贪赃籍，五曰给江南官吏俸禄。皆采行之。"（危素《大元敕赐故翰林学士承旨光禄大夫知制诰兼修国史赠光禄大夫大

司徒上柱国追封楚国公谥文宪程公神道碑铭》,《全元文》第48册,第432页)

又按:程钜夫迁集贤直学士后,以"条陈五事"向元廷呼吁重视对南方的管理。其重点一是致力于南方官制的整合以及南北制度的一统性,二是御史台的建设以及参用南人的问题。具体看来,一则为取回江南仕籍。针对江南地区仕籍混乱、奸臣售官的现象,程钜夫提倡从中央派遣二人同本道按察司核实当地有官人员姓名,将在官人员的家族、根脚调查清楚,以绝永患;二则通南北之选。江南官员任职十分混乱,除却朝廷任命的行省、宣慰、按察等司,其余皆为贩缯屠狗之流、贪污狼藉之辈,并且北方人认为南方离大都偏远,不愿出仕南方,程钜夫指出忽必烈需要对南北一视同仁,选取南人入仕北廷,每个机构都参用一二南人,并且也要派遣北人前往南方任职,拒绝赴旨之人须重惩;三则置考功历。此条针对御史台,程钜夫提出御史台的考核制度尚未健全,目前需要对御史台职官进行一次考核,让他们书写一卷出身印纸历子,用作评判其功过的核实;四则置贪赃籍。亦是针对御史台诸官并不认真履行按劾等本职工作,反而是将重点放在对各个行省的征赃事物上,整个体系呈现出官官相护的局面,程钜夫认为应该以严刑治理,真正落实御史监察制度;五则给江南官吏俸钱。程钜夫提到自至元十七年(1280)以来,江南的州县官吏未受朝廷一分一毫俸禄,此种事应当处理。程钜夫的"条陈五事"为至元二十三年的"江南访贤"埋下伏笔。(程钜夫《吏治五事》,《全元文》第16册,第87—89页)

吴澄纂次诸经,成《孝经章句》。

按:虞集《行状》载:"十八年,纂次诸经注释,《孝经章句》成。"(《全元文》第27册,第171页)危素《年谱》载:"十八年辛巳(留布水谷,纂次诸经,注释《孝经》成)。"

又按:吴澄《孝经章句》今存,名为《孝经定本》,咸淳七年(1271)吴澄曾载《答程教讲义》里说:"《孝经定本》一编,又取它书之言孝者为《外传》十篇,而编次未毕。"此书当于今年注释完成,名为《孝经章句》。《孝经章句》悉遵朱熹之言,将《孝经》调整为经一章、传十二章。并以"悉从今文"的立场进行勘定。吴澄自述此次勘定的起因是他以朱熹《孝经刊误》授予其子吴文,令其受读,但其中尚有不明畅之处,故吴澄决意在朱熹的基础上对《孝经》加以考订。(吴澄《孝经叙录》,《吴澄集》,第15—16页)

许衡卒。

按:许衡(1209—1281),字仲平,号鲁斋,怀州河内人。至元二年,上书

《时务五事》,与郝经于中统元年(1260)上书《立政议》前后呼应,促使元朝汉化政策的进一步发展。至元八年(1271)拜集贤大学士兼国子祭酒,针对蒙古贵族子弟,以小学洒扫、应对、进退的行为规范进行监学教育。至元十八年(1281)卒,追谥文正。著有《大学鲁斋直解》一卷,《鲁斋许先生直说大学要略》一卷,《小学大义》、《读易私言》、《孝经直说》一卷,《孟子标题》、《四箴说》、《中庸说》、《语录》、《鲁斋心法》等合为《鲁斋遗书》八卷、附录二卷。生平事迹见耶律有尚《考岁略》,欧阳玄《元中书左丞集贤大学士国子祭酒赠正学垂宪佐理功臣大传开府仪同三司上柱国追封魏国公谥文正许先生神道碑》,苏天爵《元名臣事略·左丞许文正公》、《元史·许衡传》等。

宋本(1281—1334)、李存(1281—1354)、朱震亨(1281—1358)生。

元世祖至元十九年
壬午　1282年　34岁

三月，元诛阿合马。

按：自阿合马被忽必烈重用以来，他千方百计地打击"旧有的回回势力"，并且"排挤蒙古人安童、畏兀儿人廉希宪、汉人许衡等高级官僚"，"以便自己大权独揽"。（刘成群、乌丽亚·米吉提《从牙剌瓦赤到阿合马——元初回回政治集团间的冲突与权力转化》，《西夏研究》2012年第1期）政事都掌握在他手中，可以说总管中央和地方的财政事务。（杨志玖《元代回族史稿》，第184页）阿合马的专权，终于引发了暴动事件。此年以王著为首的汉人势力使计诛杀了阿合马。拉施特《史集》记载了阿合马被诛始末："他们决定派一万人到离大都四程远的一个名为察卜赤牙勒的山谷中去守候他，并让一千人去放出消息说真金来了。[当异密阿合马]出迎[时]，就把他杀掉。"（《史集》第二卷，第344页）《元史》载："十九年春，皇太子从帝北幸。时丞相阿合马留守大都，专权贪恣，人厌苦之。益都千户王著与高和尚等，因构变谋杀之。三月十七日，觿宿卫宫中，西蕃僧二人至中书省，言今夕皇太子与国师来建佛事。省中疑之，俾尝出入东宫者，杂识视之，觿等皆莫识也，乃作西蕃语询二僧曰：'皇太子及国师今至何处？'二僧失色。又以汉语诘之，仓皇莫能对，遂执二僧属吏。讯之皆不伏，觿恐有变，乃与尚书忙兀儿、张九思，集卫士及官兵，各执弓矢以备。顷之，枢密副使张易，亦领兵驻宫外。觿问：'果何为？'易曰：'夜后当自见。'觿固问，乃附耳语曰：'皇太子来诛阿合马也。'夜二鼓，忽闻人马声，遥见烛笼仪仗，将至宫门，其一人前呼启关，觿谓九思曰：'他时殿下还宫，必以完泽、赛羊二人先，请得见二人，然后启关。'觿呼二人不应，即语之曰：'皇太子平日未尝行此门，今何来此也？'贼计穷，趋南门。觿留张子政等守西门，亟走南门伺之。但闻传呼省官姓名，烛影下遥见阿合马及左丞郝祯已被杀。"（《元史》卷一六九《高觿传》，第13册，第3979页）

又按："阿合马的被杀，从汉文记载看似乎是王著等少数人激于义愤的行动,马可·波罗的记载却严重得多。他说,王著等定谋以后,即通知国中的契丹(即汉人)要人,并通知其他城市友人,定期举事,以火为信号,杀尽有胡须者,即蒙古、回教徒和基督教徒,也就是有计划的汉人起义或暴动事件。"(杨志玖《元代回族史稿》,第189页)

  四月,刊行蒙古畏吾儿字所译《通鉴》。

  按:《元史》载:"己酉,刊行蒙古畏吾儿字所书《通鉴》。"(《元史》卷一二《世祖本纪》,第1册,第242页)

  是岁,岁贡吏员,儒吏兼通者为上。

  按:《元史》载:"凡岁贡吏员:至元十九年,省议:'中书省掾于枢密院、御史台令史内取,台、院令史于六部令史内取,六部令史以诸路岁贡人吏补充,内外职官材堪省掾及院、台、部令史者,亦许擢用。"(《元史》卷八三《选举志》,第7册,第2071—2072页)

  李孟受裕宗召见。

  按:李孟受裕宗召见,此事影响非常深远。黄溍《元故翰林学士承旨中书平章政事赠旧学同德翊戴辅治功臣太保仪同三司上柱国追封魏国公谥文忠李公行状》载:"至元十九年,……乃束书如京师。行中书右丞杨公吉丁一见,辄加器重,荐之裕宗皇帝,得召见于东宫。未及登用,而裕宗宾天。杨公遂延致家塾,俾诸子师事之。翰林诸大老奇其材,刻上于中书,谓宜置之馆阁。"(黄溍《元故翰林学士承旨中书平章政事赠旧学同德翊戴辅治功臣太保仪同三司上柱国追封魏国公谥文忠李公行状》,王颋点校《黄溍集》卷一九,浙江古籍出版社2013年版,第704—705页)陈得芝指出:"自世祖晚年至武宗时期,汉人在政治中枢里的作用大大削弱……整个元中期,能在中枢政府里起一定决策作用、成为一时政治上的中心人物者,唯有李孟。"(陈得芝《耶律楚材、刘秉忠、李孟合论——蒙元时代制度转变关头的三位政治家》,《元史论丛》第九辑,中国广播电视出版社2004年版,第11—12页)

  吴澄校定《易》、《书》、《诗》、《春秋》,修正《仪礼》、《小戴》、《大戴记》。

  按:虞集《行状》载:"十九年,校定《易》、《书》、《诗》、《春秋》,修正《仪礼》、《小戴》、《大戴记》。"(《全元文》第27册,第171页)危素《年谱》载:"十九年壬午(留布水谷,校《易》、《诗》、《书》、《春秋》,修正《仪礼》、大小《戴记》成)。"

  吴澄七月生次子吴衮。

  按:吴澄《故次男吴衮墓铭》:"衮,字士工,次尚三,澄之第二子也。……

至元壬午七月己卯生。"(吴澄《故次男吴衮墓铭》,《吴澄集》,第1472页)

吴澄此年教何中濂、洛、关、闽之学。

按:何中(1265—1332)是草庐学派的重要成员,他以吴澄姻弟、乐安大族后裔的身份从学于吴澄,入元后与南北诸多文人交往,以草庐门人的身份与吴澄共同推动元代文学特征的形成。此年何中开始受到吴澄关于道德性命之懿,濂、洛、关、闽之学的教导。黄德明《知非稿序》记载到:"太虚何先生……年十八携所业不远数百里谒刘须溪于文江之上而取正焉……是时,吴文正公草庐方以道自任,闭门著书,与先生有中外兄弟之戚,日相从讲明道德性命之懿,推演濂、洛、关、闽之学,以培其根。以达其枝。元初,盱江程文宪公奉旨访求遗逸于江南,首聘先生以为子师。已而虞文靖公邵庵、揭文安公曼硕俱在朝,欲挽以同入直馆阁,荐章交上。先生承此,遂一至燕都,观山川之磅礴,阅风景之异同,考古今之沿革,审人物之高下,辨疆域之殊绝。……先生之文德道学日益富,声名日益彰,四方闻风而来学者益众。"(何中《知非堂稿》,国家图书馆藏十一卷清抄本。转引自李超《何中其人及其诗文观与创作》,《东华理工大学学报》2013年第2期,第104—108页)

又按:除教导何中外,吴澄与乐安何氏的其他成员亦往来频繁,他对于何中的族父何友闻、何友闻的从父何垚诗文的推崇,也可以说明吴澄本人以及江西乐安何氏对于文学的追求倾向。如吴澄曾为何友闻诗集作序,称其诗风圆润,又能重神而无形:"诗贵有其影、有其神而无其形。何友闻诗篇无滞句,句无俚字,机圆而响清,虽未遗于形,而已不形于形,可谓能也已。余最爱草亭何君诗,又爱何山太虚诗。"(吴澄《何友闻诗序》,《吴澄集》,第325页)同样,吴澄《鳌溪群贤诗选序》也是为何友闻的从父何垚所辑诗歌作序,序中推崇了"温淳雅健"的诗歌特点,以及诗歌有《诗经》采风的教化功能:"草亭何君垚……搜猎邑之能诗者得若干人,诗之可取者得若干篇,题曰《鳌溪群贤诗选》。夏幼安命梓工刻之于鳌溪书院。知者可以兴,不知者可以观。噫!敦厚之教也。"(吴澄《鳌溪群贤诗选序》,《吴澄集》,第350页)

元世祖至元二十年
癸未　1283年　35岁

吴澄还居草庐。

按：虞集《行状》载："二十年，自布水还居草庐。"(《全元文》第27册，第171页)危素《年谱》载："二十年癸未冬(还自布水谷)。"

吴师道(1283—1344)生。

元世祖至元二十一年
甲申　1284年　36岁

二月，元廷在南方各路书院建立学官制度。

按：此年，元廷拟规定南方书院"教授与散府、诸州教授地位完全一致而高于学正，由吏部任命"，且"散府、诸州、书院教授本等内历两任即可升任从八品司、县官，比升路教授，历两任后再为司、县官要快三年进入流官系统"。这个设定说明，"此时定拟的书院官长地位比元代中后期高，但与宋末书院山长由吏部注差，地位同州教授相比，其地位已有所下降，但下降幅度不算太大，因为府、州及书院教授不能正常升为路教授时，元政府给予了提前三年进入流官系统的补偿"。（吴小红《元代南方书院拟设教授考》，《元史论丛》第九辑，第100页）《庙学典礼》记载此次设置为："照得至元二十一年二月呈准中书札付：近为江淮见设提举学校官，各路亦有设者，此职与教授等学官，其品级相悬，于义未当，兼南方府、州、军、县学校、书院所在皆多，若不定立学官员数及各分品级，使高下合宜，以备将来升转，南方选到文儒之士、可为后进师范者，何以处之？……议得……江浙学官，各路拟设儒学提举一员，教授一员，学正一员，学录一员，直学二员，散府、诸州并各处书院拟设教授一员，学正一员，学录一员，直学一员。教授只受敕牒，学正拟受行中书省札付，学录、教谕拘该行中书省亲临路分，拟授本省札付。……选取升转例：儒学提举拟从七品，以前进士到选相应入充，三年为一任，满日再历别路一任……散府、诸州并各处书院教授，正九品，依上选注，以三年为一任，迁充各路教授，无阙止于本等裹阙内更历一任，依例于从八品司、县官内选用。"（《庙学典礼》卷六《山长改教授及正录教谕格例》，第137—138页）

五月，令诸衙门依例贡进表章并用蒙古字书写。

按：《元典章》载："至元二十一年五月，中书省：翰林院：'备翰林直学士行龙兴路提举学校官呈："……今者大元一统，蒙古字虽兴，而南北之民寡于攻习，盖因施不广、用不切之故也。今以愚诚，略举数端，如蒙准拟，可望激励人心，勉励而学，不待期年而四方传遍，教化大行，则非惟学校小补之万一,实为圣文绵远以传流。然此诚恐所拟未当。"本院参详:若依本学所呈相应。乞赐行移行省诸衙门照会施行。'得此,照得数内一项:'至元八年钦奉圣旨条画内一款节该:"应凡奏目并用蒙古字书写。"钦此。今后拟令各处大小衙门将应系贡进表章并用蒙古字书写。'都省议得:今后诸衙门依例贡进表章并用蒙古字书写,务要真谨。仰照验施行。"(《元典章(大元圣政国朝典章)》卷三一"礼部卷之四·用蒙古字",第 2 册,第 1082—1083 页)

　　十一月,拟立选举之制。

　　按:此年和礼霍孙请设科举,事虽未成而选举之制拟立。《元史》载:"至二十一年九月,丞相火鲁火孙(和礼霍孙)与留梦炎等言,十一月中书省臣奏,皆以为天下习儒者少,而由刀笔吏得官者多。帝曰:'将若之何?'对曰:'惟贡举取士为便。凡蒙古之士及儒吏、阴阳、医术,皆令试举,则用心为学矣。'帝可其奏。继而许衡亦议学校科举之法,罢诗赋,重经学,定为新制。事虽未及行,而选举之制已立。"(《元史》卷八一《选举志》,第 7 册,第 2017—2018 页)许衡已在至元十八年(1281)年卒,此处记载有误,但和礼霍孙请设科举一事确有。

　　阿鲁浑萨理劝谕忽必烈用儒术。

　　按:阿鲁浑萨理是元代畏兀儿人尊崇儒学的代表,陈垣称之为"先释而后儒"。他因西域人释者的身份,对儒学的推崇"尤为有力",所谓"百汉人之言,不如一西域人之言",因此"吴澄之徒之所以能见用于时者,纯恃有二三西域人先后奔走之"(陈垣《元西域人华化考》,上海古籍出版社 2000 年,第 29 页)。此年,阿鲁浑萨理明确劝谕忽必烈任用儒术,并建议设立国子监。《元史》载:"二十一年,擢朝列大夫、左侍仪奉御。遂劝帝治天下必用儒术,宜招致山泽道艺之士,以备任使。帝嘉纳之,遣使求贤,置集贤馆以待之。秋九月,命领馆事,阿鲁浑萨理曰:'陛下初置集贤以待士,宜择重望大臣领之,以新观听。'……阿鲁浑萨理又言于帝曰:'国学人材之本,立国子监,置博士弟子员,宜优其廪饩,使学者日盛。'从之。"(《元史》卷一三〇《阿鲁浑萨理传》,第 10 册,第 3175—3176 页)

　　虞集居崇仁,后从学于吴澄。

　　按:虞集自蜀地移居江西崇仁后,开始追随吴澄学习,欧阳玄《元故奎章阁侍书学士翰林侍讲学士通奉大夫虞雍公神道碑》载:"又五年,居崇仁故寓,已善属文。草庐先生吴公请见其所作,谓参政公曰:'贤郎他日当有文名于当世。'……杨夫人素高吴公伯清之学,赞参政公遣二子从之游。吴公方著书有所论辨,公能推类达意,吴公每获助焉。"(欧阳玄《元故奎章阁侍书

学士翰林侍讲学士通奉大夫虞雍公神道碑》，陈书良、刘娟点校《欧阳玄集》卷九，第114页）

吴澄父枢五月卒，治丧从古制。

按：据吴澄所说，此时乡间盛行佛教习俗丧礼，此年吴澄父卒，他坚持采用古制治丧。虞集《行状》载："二十一年五月，左丞公捐馆。"（《全元文》第27册，第171页）揭傒斯《神道碑》载："二十一年，遭父丧。凡治丧从古制，乡里皆比行之。"危素《年谱》载："二十一年甲申五月己酉朔，父左丞公卒。公居丧，治葬率循古制，以书仪家礼之行，乡党渊戚亦多依效，不用浮屠。里俗或讥之，则以为解。"

又按：宋代以来，丧葬礼仪吸收了大量佛道仪式，比如《宋会要辑稿》曾载宋英宗丧葬典礼："将来大祥，令诸路州、府、军、监各就寺观，破系省钱，请僧道三七人建道场七昼夜。罢散日设斋醮一事，各赐看经施利钱三十贯。道士少处只据人数设醮。"（徐松辑，刘琳等校点《宋会要辑稿》"礼二九"，第25册，上海古籍出版社2014年，第1351页）而吴澄则从古制以表达出对佛教礼俗的抵制。其文《服制考详序》载其主张"服制当一以周公之礼为正"，尊崇古礼，以自觉之敬意服丧，而不是靠外在物质来补充自觉性的不足："尝谓服制当一以周公之礼为正，后世有所增改者，皆溺乎其文，昧乎其实，而不究古人制礼之意者也。为母齐衰三年，而父在，为母杖期。岂薄于其母哉？盖以夫为妻之服既除，则子为母之服亦除，家无二尊也。子服虽除，而三者居丧之实如故，则所杀者三年之文而已，实固未尝杀也。……愚故曰此皆溺乎其文、昧乎其实，而不究古人制礼之意者也。古人所勉者，丧之实也，自尽于己者也。后世所加者，丧之文也，可号于人者也。诚伪之相去何如哉？每思及此，而无可与议。"（吴澄《服制考详序》，《吴澄集》，第359—361页）

李恒卒。

按：李恒（1236—1285），字德卿，西夏宗室。世祖嘉奖李恒告发李璮事变之功，授淄莱路奥鲁总管，佩金符。至元七年（1270），改宣武将军、益都淄莱新军万户，从伐宋，破樊城，败夏贵。以功迁宣威将军，从伯颜东下伐宋。后元廷三道出师，李恒为左副都元帅，从都元帅逊都台出江西，下抚、瑞、建昌、临江等地，屡立战功。至元十四年（1277），拜江西行省参知政事。至元二十二年（1285）在征安南途中中矢卒。生平事迹见于张伯淳《元故平章政事李武愍公墓田记》、《元史·李恒传》等。

又按：李恒在宋蒙战争江西战场攻克隆兴府，遂升任江西宣慰使。其子李世安(又名散木鲟)亦同知江西宣慰司事,后任江西行省平章政事。李氏家族俨然成为元朝经理江西的西夏唐兀家族代表,他们不断与江西本地的南人互相往来,加强了元朝不同族群间的文化融合。如吴澄《滕国李武愍公家传后序》就对李恒如曹彬一样在战争里行不杀之恩大加表彰:"澄数奉教于中州诸老,窃闻世祖皇帝笃信孟子能一天下之言,习知曹彬前平江南之事,睿谋神断,专以不杀为心,故南行将相必丁宁戒敕。"(《全元文》第 14 册,第 393—395 页)

元世祖至元二十二年
乙酉　1285年　37岁

二月，元廷下诏群臣议论改提刑按察司为转运司。

按：元廷在诸道立有提刑按察司，此年"权臣有欲以均输法益国赋者，虑提刑按察司挠其事，请令与转运司并为一职"，因而诏群臣议论此事。《元史》载："辛酉，御史台臣言：'近中书奏罢行御史台，改按察司为提刑转运司，俾兼钱谷，而纠弹之职废矣。请令安童与老臣议。'从之。"（《元史》卷一三《世祖本纪》，第2册，第274页）由此可以看出元廷里汉人与回回理财派群臣的势力冲突。据《元史·夹谷之奇传》记载，当时女真人夹谷之奇力争按察司的监察职能削弱："按察司者，控制诸路，发摘奸伏，责任匪轻。若使理财，则心劳事冗，将弥缝自救之不暇，又安能绳纠他人哉！"遂止住元廷改提刑按察司为转运司的想法。（《元史》卷一七四《夹谷之奇传》，第13册，第4062页）

十二月，真金薨。

按：裕宗真金对汉文化十分推崇，且有贤君作风，但在与阿合马一党的斗争中，埋下忧思隐患，竟致早亡。《元史·顺宗传》载："二十二年，裕宗薨，答剌麻八剌以皇孙钟爱，两宫优其出阁之礼。"（《元史》卷一一五《顺宗传》，第9册，第2895页）

是年，集贤院与翰林院分置。

按：《元史》载："乙酉，立集贤院，以扎里蛮领之。"（《元史》卷一三《世祖本纪》，第2册，第282页）

又按：此次集贤院的设立是采用了道士张留孙的建议，赵孟𫖯《大元敕赐开府仪同三司上卿辅成赞化保运玄教大宗师志道弘教冲玄仁靖大真人知集贤院事领诸路道教事张公碑铭》记载："初，集贤、翰林共一院，用公奏，始分翰林掌诏诰国史，集贤馆天下贤士，以领道教，置道官及宫观主者，给印，视五品，为其道者复徭役。"（《赵孟𫖯集》，第471页）此后，集贤院便管理国家道教事务。

不忽木擢吏部尚书。

按："从至元二十一年至二十八年,他(不忽木)几乎参与了'汉法派'与'理财派'斗争几个阶段的全过程,成为'汉法派'的代表人物之一。"(何兆吉《试论不忽木的汉化事迹与汉学成就》,《青海民族学院学报(社会科学版)》1998年第4期)此年理财派权臣卢世荣被罢职下狱,曾反对任用卢世荣的不忽木再次为忽必烈擢为吏部尚书。《元史》载:"二十二年,世荣以罪被诛,帝曰:'朕殊愧卿。'擢吏部尚书。"(《元史》卷一三〇《不忽木传》,第10册,第3167页)

吴澄居丧,是年冬葬父于崇仁鲁步。

按:危素《年谱》载:"二十二年乙酉(居丧,冬,葬父左丞公于里之鲁步仙人骑虎形)。"

胡三省《资治通鉴音注》完成。

按:胡三省宝祐四年(1256)着手《资治通鉴音注》的撰述,至至元二十三(1285)完成,首尾30年。

又按:胡三省《资治通鉴音注序》云:"古者国各有史,以纪年书事。《晋乘》、《楚梼杌》虽不可复见,《春秋》经圣人笔削,周辙既东,二百四十二年事,昭如日星。秦灭诸侯,焚天下书,以国各有史,刺讥其先,疾之尤甚。《诗》、《书》所以复见者,诸儒能藏之屋壁。诸国史记,各藏诸其国,国灭而史从之。至汉时,独有《秦记》。太史公因《春秋》以为《十二诸侯年表》,因《秦记》以为《六国年表》。三代则为《世表》。当其时,黄帝以来牒记犹存,具有年数。子长稽其历谱牒终始,五德之传,咸与古文乖异。且谓孔子序《书》,略无年月,虽颇有,然多阙。夫子之弗论次,盖其慎也。子长述夫子之意,故其表三代也,以世不以年。《汲冢纪年》,出于晋太康初,编年相次,起自夏殷周,止魏哀王之二十年。此魏国史记,脱秦火之厄,而晋得之,子长不及见也。子长之史,虽为纪表书传世家,自班孟坚以下,不能易。虽以纪纪年,而书事略甚。盖其事分见志传,纪宜略也。自荀悦《汉纪》以下,纪年书事,世有其人,独梁武帝《通史》至六百卷。侯景之乱,王僧辩平建业,与文德殿书七万卷俱西。江陵之陷,其书烬焉。唐四库书,编年四十一家,九百四十七卷,而王仲淹《元经》十五卷,萧颖士依《春秋义类》作传百卷,逸矣。今四十一家书,存者复无几。乙部书以迁固等书为正史,编年类次之。盖纪传表志之书行,编年之书特以备乙库之藏耳。宋英宗皇帝命司马光论次历代君臣事迹,为编年一书。神宗皇帝以鉴于往事,有资于治道,赐名曰《资治通鉴》,且为序其造端立意之由。温公之意,专取关国家盛衰,系生民休戚,善可为法,恶可为戒者,以为是书。治平、熙宁间,公与诸人议国事相是非之日也。萧曹画一之辩,不足以胜变法者之口。分司西京,不豫国论,专以史局为事,其忠愤感慨,不能自已于言者,则智伯才德之论,樊英名实之说,唐太宗君臣之议乐,李德裕、牛僧孺争维州事之类是也。至黄幡绰、石野猪俳谐之语,犹书与局官,欲存之以示警。此其微意,后人不能尽知也。编年岂徒哉!世之论者,率曰:'经以载道,史以记事,史与经不可同日语也,'夫道无不在,散于事为之间,因事之得失成败,可以知道之万世亡弊。史可少欤?为人君而不知《通鉴》,则欲治而不知自治之源,恶乱而不知防乱之术;为人臣而不知《通鉴》,则上无以事君,下无以治民;为人子而不知《通鉴》,则谋身必至于辱先,作事不足以垂后。乃如用兵行师,创法立制,而不知迹古人之所以得,鉴古人之所以失,则求胜而败,图利而害,此必然者也。孔子序《书》,断自唐虞,讫文侯之命,而系之秦。《鲁春秋》则始于平王之四十九年。左丘明传《春秋》,止哀之二十七年。赵襄子慹智伯事,《通鉴》则书赵兴智灭以先事,以此见孔子定《书》而作《春秋》。《通鉴》之作,实接《春秋》、左氏后也。温公遍阅旧史,旁采小说,抉摘幽隐,荟萃为书,劳矣。而修书分属,汉则刘攽,三国讫于南北朝则刘恕,唐则范祖禹,各因其所长属之,皆天下选也。历十九年而成,则合十六代一千三百六十二年行事为一书,岂一人心思耳目之力哉!公自言:'修《通鉴》成,惟王胜之借一读,他人读未尽一纸,已欠伸思睡'。是正文二百九十四卷,有未能遍观者矣。若考异三十卷,所以参订群书之异同,俾归于一。目录三十卷,年经国纬,不特使诸国事杂然并录者,粲然有别而已,前代历法之更造,天文之失行,实著于目录上方,是可以凡书目录观耶?先君笃史学,淳祐癸卯,始患鼻衄,读史不暂置。洒血积书,遗迹故在。每谓三省曰:'史汉自服虔、应劭至三刘,注解多矣。章怀注范史、裴松之注陈寿史,虽间有音释,其实广异闻,补未尽,以示博洽。《晋书》之杨正衡,《唐书》之窦苹、董冲,吾无取焉。徐无党注《五代史》,粗言欧公书法、义例,他未之及也。《通鉴》先有刘安世《音义》十卷,而世不传。释文本出于蜀史炤,冯时行为之序。今海陵板本,又有温公之子康释文,与炤本大同而小异。公休于书局,为检阅官,是其得温公辟咡之教诏,刘、范诸公,群居之讲明,不应乖剌乃尔。意海陵释文非公休为之,若能刊正乎?'三省捧手对曰:'愿学焉。'乙巳,先君卒。尽瘁家蛊,又从事科举业,史学不敢废也。宝祐丙辰,出身进士科,始得大肆其力于是书。游宦远外,率携以自随,有异书异人,必就而正焉。依陆德明《经典释文》,厘为《广注》九十七卷,著《论》十篇,自周讫五代,略叙兴亡大致。咸淳庚午(1270),从淮壖归杭都,延平廖公见而韪之,礼致诸家,俾雠校《通鉴》,以授其子弟,为著《雠校通鉴凡例》。廖转荐之贾相国。德裕乙亥(1275),从军江上,言辄不用。既而军溃,间道归乡里。丙子(1276),浙东始骚,辟地越之新昌,师从之,以孥免,失其书。乱定反室,复购得他本,为之注,始以考异及所注者,散入《通鉴》各文之下。历法天文则随目录所书而附注焉。讫乙酉(1285)冬,乃克彻编。凡纪事之本末,地名之同异,州县之建置离合,制度之沿革损益,悉疏其所以然。若释文之舛谬,悉改而正之。著《辩误》十二卷。呜呼!注班书者多矣,晋灼集服、应之义,而辩其当否。臣瓒总诸家之说,而驳以己见。至小颜新注,则又讥服、应之疏紊尚多,苏晋之剖断盖鲜,訾臣瓒以差爽,诋蔡谟以牴牾,自谓穷波讨源,构会甄释,无复遗恨。而刘氏兄弟之所以议颜者,犹颜之议前人也。人苦不自觉,前注之失,吾知之;吾注之失,吾不能知也。又古人注书,文约而义见。今吾所注,博则博矣,反之于约,有未能焉。世运推迁,文公儒师,从而凋谢,吾无从而取正。或勉以北学于中国,嘻,有志焉!然吾衰矣。旃蒙作噩冬十有一月乙酉日长至,天台胡三省身之书"。(《全元文》卷二五七,第8册,第262—265页)

张起岩(1285—1353)、杨瑀(1285—1361)生。

元世祖至元二十三年
丙戌　1286年　38岁

十二月,诏国史院纂修太祖累朝实录,并以畏吾尔字翻译。

按:《元史》记载:"国史院纂修太祖累朝实录,请以畏吾字翻译,俟奏读然后纂定。"(《元史》卷一四"世祖本纪",第2册,第294页)即将《太祖实录》初稿译成畏兀体蒙古文供世祖审查定夺。元代累朝实录均有汉文版本的初修稿,但此一版本却常常被以整部或者节文译成蒙古语的形式奏读,接受审查,然后定稿。(李淑华《蒙古国书与蒙元史学》,《黑龙江民族丛刊》2005年第1期)

集贤大学士札马剌丁建言修《元大一统志》以明一统。

按:元初各郡邑图志因战乱已残缺不全,且元以前中国地图就西北来讲也仅绘到今新疆地区,所以这时迫切需要编辑、绘制一部符合元帝国实际疆域的、全国性的地理志和天下总图,以备国用。故世皇嘉纳,命札马剌丁暨奉直大夫、秘书监少监虞应龙等搜集为志。札马剌丁遂与虞应龙奉旨开始负责修纂事宜,定志名曰《元大一统志》。此书乃我国古代官修的一部规模较大的全国地理总志。此书按例在每一路卷首绘有彩色地理小图,并绘制一幅彩色"天下地理总图",分卷各路地图内,还兼有西域回回等地之图,其内容翔实,规模毕具,在分量上比以前私家撰集要大得多,卷帙之富,是以前中国地理志所不能比拟的。(马建春《元代东传之回回地理学——兼论札马剌丁对中国地理学的历史贡献》,《西北史地》1998年第2期,第69—74页)札马剌丁,又作札马鲁丁,波斯人,来自伊利汗国,乃元初伊斯兰地理学东传的一位重要人物,以制造天文仪器及编纂历法闻名于世。在中国地理学史上,有着举足轻重的地位。(马建春《蒙·元时期的波斯与中国》,《回族研究》2006年第1期,第103—108页)

又按:至正七年(1347)二月许有壬奉旨撰写《大一统志序》,文章对《大一统志》的完成和重要意义做出官方评价:"我元四极之远,载籍之所未闻,振古之所未属者,莫不涣其群而混于一。则是古之一统,皆名浮于实,而我则实协于名矣。……皇上体乾行健,以统理万邦,所谓一统,万类可以执一御,而六合同风,九州共贯之机括系焉。九州之志谓之九邱,《周官》,'小史掌邦国之志,外史掌四方之志',志之由来尚矣,况一统之盛,跨秩汉、唐者乎? 是书之行,非以资口耳博洽也。垂之万世,知祖宗创业之艰难;播之臣庶,知生长一统之世,邦有道谷,各尽其职。于变时雍,各尽其力。上下相维,以持一统,我国家无疆之休,岂特万世而已哉! 统天而与天悠久矣。"(许有壬《大一统志序》,《全元文》,第 38 册,第 124—125 页)

程钜夫二月上疏建议兴建国学。

按:《庙学典礼》载程钜夫此年上疏建议兴建国学:"集贤直学士少中大夫臣程文海,至元二十三年二月日奏:……臣愚欲望陛下明诏有司,重学校之事,慎师儒之选。京师首善之地,尤当兴建国学,选一时名流为国人矜式,优以饩廪,隆以礼貌,庶四方观感有所兴起。外而名都大邑教官有阙,不但循常例取庸人而已,必使廷臣推择可以为人表仪者,条具闻奏,令有禄可养而不匮,职比亲民而加优,视教化之废兴,为考第之殿最。其诸生有经明行修者,特予蠲免赋役,依已降诏旨施行。"(《程学士奏重学校》,《庙学典礼》卷二,第 27—28 页)

程钜夫三月以集贤直学士再拜侍御史,往江南博采知名之士。

按:江南访贤之事乃程钜夫等人奋力促成,是元王朝南北统一后的重大事件,也是提升南方士人政治地位的关键事件,对南方士人影响最为深远。此举开始,官方诏书除用蒙文书写,亦用汉字书写。此后南方士人大举入都皆与此事密切相关。而吴澄也因此首次北上元廷。此年程钜夫上疏,极力请求元廷采用南官:"国家自平江南,内外百司,皆参用南人,惟御史台、按察司独不参用,臣不知其说也。南北人情风俗不同,若欲谙悉各处利害,须参用各处之人。……行台按察司之设,正欲察访利病。中丞、察使以下,并宜公选南方耆德清望之人,与北方官员讲论区画,庶几谙悉江南事体,周知远人情伪,内台中丞至监察御史,亦宜参用南官,以备采访。"随后"事下中书集议。集贤大学士阿鲁温撒里等请如程文海所言,……诏搜贤江南。初,诏令皆用国字,至是特命以汉字书之。"至是,遣其往江南博采知名之士。"世祖素闻赵孟頫、叶李名,密谕必致此二人。又荐赵孟頫、万一鹗、余恁、张伯淳、凌时中、胡梦魁、包铸、曾冲子、孔洙等廿余人,皆立登清要之职。还都,宫门已闭,叩阍莫见,世祖闻之喜甚,不觉起立曰:'程秀才来矣!'陈民间利病五事,超授集贤学士,仍居行台。"(危素《大元敕赐故翰林学士承旨光禄大夫知制诰兼修国史赠光禄大夫大司徒上柱国追封楚国公谥文宪程公神

道碑铭》,《全元文》第 48 册,第 433 页)

又按:"江南访贤"一事的促成有赖于集贤大学士阿鲁浑萨理的鼎力支持。作为畏吾儿人的阿鲁浑萨理十分推崇儒学,集贤院成立时,阿鲁浑萨理为中顺大夫、集贤馆学士兼太史院事。程钜夫官至集贤院时,再次提出御史台、按察司这类监察官职要选用南人任职。事下中书集议,时任集贤大学士的阿鲁浑萨理主持讨论并通过了此议。(赵孟𫖯《大元敕赐故荣禄大夫中书平章政事守司徒集贤院使领太史院事赠推忠佐理翊亮功臣太师开府仪同三司上柱国追封赵国公谥文定全公神道碑铭》,《全元文》第 19 册,第 231—233 页)

又按:据程钜夫自述,此次"江南访贤",共得二十四人:"至元二十有三年,余以集贤学士行台侍御史,将旨江南搜罗遗逸,得二十四人焉。"(程钜夫《故建昌路儒学教授蒋君墓志铭》,《全元文》第 16 册,第 404 页)今考目前可见之人,有危素《神道碑》载赵孟𬱖、叶李、赵孟𫖯、万一鹗、余恁、张伯淳、凌时中、胡梦魁、包铸、曾冲子、孔洙十一人,另有揭傒斯《元故翰林学士承旨光禄大夫知制诰兼修国史雪楼先生程公行状》载何梦桂、曾晞颜、杨应奎、范晞文、方逢辰、杨伯大六人。(《程钜夫集》,第 472 页)算上未行而卒的蒋松魁,以及北游的吴澄,共计十九人。

吴澄受程钜夫之邀,北游中原。

按:程钜夫"江南访贤"至江西抚州,欲征吴澄出仕。而吴澄以母老辞,程钜夫便邀吴澄作中原览胜之游,吴澄许行。虞集《行状》载:"二十三年,程文宪公奉诏,起遗逸于江南,至抚州强起先生,以母老辞。程公曰:'不欲仕可也,燕冀中原,可无一观乎?'母夫人许其行。与程公同如京师。既至,程公犹荐先生,不令其知。先生觉其意,力以母老辞。"(《全元文》第 27 册,第 171 页)危素《年谱》载:"二十三年丙戌(八月释服,程文宪公以江南行台侍御史承诏访求遗逸有德行才艺者,即驿送入觐。冬,程公至抚州,命郡县问劳迎至,强公出仕,力以老母辞。程公曰:诚不肯为朝廷出,中原山川之胜,可无一览乎?公诺之。归白游夫人,许行)。"

吴澄十一月如建昌路。

按:危素《年谱》载:"十一月,如建昌路。"

吴澄做客建昌路萧士资家。

按:吴澄与萧士资父子结识于至元十五年(前已载),此年吴澄路经建昌路时,与时任泸溪县尹的萧士资再相逢,遂再做客于萧士资家中,二人相谈甚欢。吴澄《送黎希贤序》载:"泸溪萧令君深可,诗人之子,文雅风流不坠其世。异时客其门,萧之父子兄弟与宗族宾友举酒论文,诗琴壶弈,日不下数十人。其为乐也,虽卿相不与易也。后数年再至,则深可君出而仕矣。宰广昌秩满,再调泸溪。"(《吴澄集》,第 644 页)

又按:据吴澄记载,萧士资在至元十五年(1278)宁都盗平后授从仕郎、建昌广昌尹,"宰广昌秩满,再调泸溪"(吴澄《送黎希贤序》,《吴澄集》,第 644 页),而其由广昌秩满调往泸溪之间,又"遭父丧,去官"(吴澄《故县尹萧君墓志铭》,《吴澄集》,第 1482 页)。是故由广昌尹到任泸溪一共是六年,即至元二十一年(1284)左右,萧士资才任职于泸溪。清代顾祖禹考泸溪县属江西建昌府:"泸溪县。(府东北百六十里。北至广信府贵溪县百五十里,西至抚州府金溪县百二十里。本南城县地,宋元祐中置都巡寨,明朝为泸溪巡司,万历六年析置泸溪县。九年筑城并浚城濠,县门以外皆田也。城周不及三里。)"(《读史方舆纪要》卷八六"江西四",第 3989 页)吴澄途经建昌路,正与萧士资于至元二十一年(1284)任职泸溪的时间吻合,因此吴澄在文章中提到的客于萧士资家中一事当系于此年。

吴澄作《送黎希贤序》。

按:吴澄客于萧士资家,却因北游行迹匆匆不能久留,是时萧士资邀请里中友人黎希贤为客,吴澄便留《送黎希贤序》一文,等待黎希贤到达萧士资家后查看。(《吴澄集》,第 644 页)

又按:吴澄《送黎希贤序》文:"泸溪萧令君深可,诗人之子,文雅风流不坠其世。异时客其门,萧之父子兄弟与宗族宾友举酒论文,诗琴壶弈,日不下数十人。其为乐也,虽卿相不与易也。后数年再至,则深可君出而仕矣。宰广昌秩满,再调泸溪。泸溪,小邑也,士民与蛮獠杂布,户才二千余,廛居二十之一,而为士者不一二焉。夫去其平日之乐,而就其所不堪处,人情所难也。能人不择官,能官不择地,尺土一名,皆足以行志。而有所择,而有所不乐,深可君岂为是哉!一日以书归,命其里中友黎希贤为客。希贤甚少而甚度,学诗之志甚劭。以盛年有志而得此主也,以异乡无友而得此客也,吾知其交相乐也。主有乐于心,而仕日以优;客有乐于心,而学日以进。风雷之为益,水火之为既济,物有或同或异,而相发相成者如此,此吾之所以乐为之道也。彼其客主之乐,无预吾事也。而吾亦乐焉者,此心同也。此心同,则此乐同,虽言其事于数月之前,想其人于千里之外,庸讵知其不相感而乐乎?吾亦令君客也,希贤至,其以吾言谂之,必为之辗然一笑也。"(《吴澄集》,第 644—645 页)

吴澄与黄通判吾老相识。

按:吴澄《送黄通判游孔林序》载:"余弱岁闻江西部使者荐人,以黄吾老丰城之政为五十四县第一,因是得君姓名,而未识也。后十七八年,始识君于盱,时君为黄初幼安、永初元亮矣。"(吴澄《送黄通判游孔林序》,《吴澄集》,第647页)

吴澄冬至安徽马鞍山,作《采石渡》。

按:采石渡是安徽马鞍山西部的一个渡口,吴澄此年冬季到达安徽马鞍山,面对采石渡作下了诗篇,诗歌追怀了南宋将领虞允文的采石之战。吴澄《采石渡》载:"流波万斛忠臣泪,遗迹千年采石几。南北于今失天限,江山如昨怆人非。新潮寂寞阴风怒,旧冢荒凉落月辉。一去不来虞雍国,当时渡马更秋肥。"(蒋易辑《皇元风雅》卷八,清嘉庆宛委别藏本)

吴澄登慈湖丁兰庙。

按:到达马鞍山后,吴澄去往马鞍山慈湖慈姥山上的丁兰庙。吴澄《慈湖丁兰庙祝文》记载:"岁在丁亥十月丙寅,前乡贡进士、江西抚州吴澄谨昭告于丁侯大神:……澄去冬经过,式瞻庙貌。"(《吴澄集》,第1675页)

又按:"丁兰庙"地处安徽马鞍山慈姥山上,《大明一统志》记载:"丁兰庙。在慈姥山上。有古神祠,相传为丁兰庙,其东有丁母潭。"(方志远等点校《大明一统志》卷一五"中都·太平府·祠庙",巴蜀书社2017年,第641页)

吴澄再至广陵,与赵孟頫相识。

按:吴澄《跋子昂楷书后》载:"至元丙戌冬,予始邂后子昂于维扬驿。明年在京,每日相聚。"(《吴澄集》,第1259页)吴澄《别赵子昂序》载:"海内为一,北观中州文献之遗。是行也,识吴兴赵君子昂于广陵。子昂昔以诸王孙负异材,丰度类李太白,资质类张敬夫。心不挫于物,所养者完,其所学又知通经为本。与余论及书、乐,识见复出流俗之表。所养、所学如此,必不变化于气。不变化于气而文不古者,未之有也。"(《吴澄集》,第525页)赵孟頫也是程钜夫"江南访贤"的对象之一。此年吴澄行至广陵维扬驿,便与赵孟頫结识。

吴澄此年与吴叔震相识。

按:吴叔震是江西抚州路宜黄县人士,吴澄《吴叔升墓志铭》称他此年与吴叔震相识:"至元丙戌,余始与吴东子叔震友。"(吴澄《吴叔升墓志铭》,《吴澄集》,第1594页)吴澄《祭吴叔震文》载:"吾自丙戌与兄交际,知无不言,言无或避。"(吴澄《祭吴叔震文》,《吴澄集》,第1678页)

张宗演为雷思齐《空山先生易图通变》作序。

按:吴澄曾在至元十七年(1280)与道士雷思齐往来。而雷思齐又与正一教道士张宗演往来频繁,这间接透露出吴澄以后与正一教交往的讯号。《空山先生易图通变序》是张宗演为雷思齐《空山先生易图通变》所作序文,序文里张宗演对雷思齐关于《道德经》的见解非常佩服:"《道德》数千言……传注层出,渺茫丛惑,莫适指归……雷思齐嗜学有要,精研是书,探核本旨,为之传释,合儒老之所同,历诋其所异,条分绪别,终始一贯,不翅入老氏之室,避之席以相授受也……庶几于吾教非小补也。至元丙戌,嗣天师简斋张宗演序。"(《全元文》第11册,第724页)

贯云石(1286—1324)、鄂多里克(1286—1331)生。

元世祖至元二十四年
丁亥　1287年　39岁

二月二十日,集贤院南北诸儒并众官依旨讨论兴学之事。

按:《庙学典礼》记载了众官讨论兴学的具体事宜:"至元二十四年二月二十日,集贤院南北诸儒并众官钦依圣旨节该:讲究学校事,会议到下项事理,具呈中书省:一、国学。前件议得:……学生:元议二百人,先设一百二十人。蒙古五十人,诸色目、汉人五十人(十岁以上);伴读二十人(公选通文学人充,十五以上)。学舍:比及标拨官地兴盖以来,拟拨官房一所安置,创建房舍讲堂五间,东西学官厅二座(各三间)。斋房三十间(东西各十五间)。厨房六间(分左右)。"(《庙学典礼》卷二,第29—30页)

又按:兴学之讨论是经由时任尚书左丞的叶李推行而致,《庙学典礼》载:"至元二十四年二月十五日……众学士做克垺穆尔齐叶李奏过下项事理……先朝圣旨,为名儒凋丧、文风不振,教民间应有儒士收拾见数者……臣愚省得先朝创业之初,犹以收拾人材为急,今日混一之后,岂可不以设立学校为先?年时已有程文海奏立太学,圣旨:那般行者。缘至今未曾设立,如今教设立呵,宜的一般。外道设立儒学提举,正、副各一员,专一提调学官,讲习诸生经史,讲明治道。若有成材,申太学,呈省录用,有茂异之材,申集贤院,奏闻召用。外据各路教授,都依在前正八品内一任,回本等迁转。所据儒人,除地税、商税外,其余杂泛差役并乞蠲免。但恐其间真伪不分,侵占户计,教随路提举好生选试。"(《左丞叶李奏立太学设提举司及路教迁转格例儒户免差》,《庙学典礼》卷二,第28—29页)《元史》也具体记载了叶李所上奏疏:"李因奏曰:'臣钦睹先帝诏书,当创业时,军务繁剧,尚招致士类。今陛下混一区宇,偃武修文,可不作养人才,以弘治道?各道儒学提举及郡教授,实风化所系,不宜罢。请复立提举司,专提调学官,课诸生,讲明治道,而上其成才者于太学,以备录用。凡儒户徭役,乞一切蠲免。'可其奏。"(《元史》卷一七三《叶李传》,第13册,第4048页)

此年,元廷立国子监。

按:在二月众官讨论兴学之事的基础上,"元代国子监和国子学的营建工程才开始正式提上议事日程"。(王建军《元代国子监研究》,暨南大学2002年中国古代史专业博士学位论文,第53页)虞集《国子监(学)题名序》记载了此年具体立国子监的学习内容和体例为:"其书,《易》、《诗》、《春秋》、《礼记》、《论语》、《大学》、《中庸》、《孟子》;其说,则周、程、张、朱氏之传也。监有祭酒一人,比立监,先置此官,许文正公衡首为之。司业二人,监丞一人,后又置典簿一人,治文书、金谷。学有博士二人,助教二人,后增置六人。其下,设正二人,录二人,司乐一人,典籍二人,管勾一人。以高第弟子充,秩满,则官之。弟子员,今五百六十人。"(虞集《国子监(学)题名序》,王颋校点《虞集全集》,上册,第522—523页)

又按:归乡后的吴澄也在关注着朝廷动向,《贾侯修庙学颂》载:"世祖皇帝既一天下,作京城于大兴府之北,其祖社朝市之位,经纬涂轨之制,宏规远谋,前代所未有也。至元二十四年,设国子监,命立孔子庙。"(《全元文》第15册,第347页)

三月,颁至元钞法。

按:至元钞法是由尚书左丞叶李建议推行的钞法,此钞法以至元、中统二钞并行,将至元新钞与中统旧钞以1:5的比率进行兑换。这种兑换模式是在桑哥主张上的改良,"原来,按照平章改事桑哥等人的原意,是要以至元钞收尽中统钞。至元二十五年,桑哥言'初改至元钞,欲尽收中统钞,故令天下盐课以中统至元钞相半输官。今中统钞尚未可急敛,宜令税赋并输至元钞,商贩有中统料钞,听易至元钞以行,然后中统钞可尽'。如果中统钞能够在一个较短的时期,真能按1:5的比率收尽,这也不失为一种在通货膨胀时期实行通货紧缩、减少市场纸币流通量的救弊方法。虽然新币与旧币1:5的比率已明白告诉人民,纸币已贬值为原值的五分之一,会带来不利影响。但是从承认现实出发,既然恢复原值已不可能,那么将币值稳定在当时的水平上,并在一定时期内建立一个健全的财政基础,以求得到较长时期的稳定,也不失为一种稳定币值的方法。当时的问题是收尽中统钞难以实现,所以,最后至元钞法就不能不采用至元、中统新旧二钞并行的办法。这样做可以说是不得已而为之。"(侯厚吉《元代叶李的货币管理思想》,《中南财经大学学报》1996年第5期)《元典章》记载此年诏颁钞法具体实施为:"至元二十四年三月,尚书省奏奉圣旨,定到至元宝钞通行条画,开具于后:一、至元宝钞一贯,当中统宝钞五贯,新旧并行,公私通用。一、依中统之初,随路设立官库,买卖金银,平准钞法,私相买卖并行禁断。……一、民间将昏钞赴平准库倒换至元宝钞，以一折五，其工墨钱止依旧例，每贯三分。……用中统宝钞倒换至元宝钞者，以一折五，依数收换。"（《元典章》卷二〇"户部卷之六·行用至元钞法'十四款'"，第2册，第715—718页）

六月，诏各路儒学教授、正、录并书院山长列为职官。

按：元廷诏各路儒学教授、正、录并书院山长列为职官，是将书院山长一职纳入学官体系的做法，并规定了学官职俸，"这是南方行省第一次以俸禄的间接形式认定书院山长地位如同学正。"（吴小红《元代南方书院拟设教授考》，《元史论丛》第九辑）《庙学典礼》载："江浙等处行中书省，至元二十四年正月十七日札付该：……今拟各道提举学校官并训导、提点钱粮等职名，并拟革去，各处文资正官一员专以提调。为此，于今年闰六月十七日启过事内一件：江南管秀才的，见设立着教授，又设立提举学校兼管钱粮。和尔郭斯为头省官每商量来的，重设提举学校官罢了，钱粮教城子里官人每管着……行下各道宣慰司，取勘到各路儒学教授、正、录并书院山长等各各职名数内，多有所历根脚浅短，不经按察司体覆滥设之人，月请学粮钱数多寡不一。省府议拟到：除教授祇受敕牒外，本学合设正、录、直学，并书院山长、县学教谕各名员数，所受文凭，随月请学粮钱数，省府除已开坐，移咨都省照验外，合下仰照验。据滥设不应之人，截日尽行革去。"（《庙学典礼》卷二，第32页）

吴澄与程钜夫、夹谷之奇就东、西周之义进行了论辨。

按：此年吴澄到达京师，经程钜夫介绍与夹谷之奇相识，三人共谈鲍彪《战国策注》中对东、西周一义的考证失误。与吴澄讨论的夹谷之奇是女真人，他是入元后最早南下的北方官员，他深谙汉学，并对南方文化非常重视。而在至元二十二年（1285）到至元二十四年（1287）间，夹谷之奇任职侍御史，会逢吴澄北来，他们有机会共同商谈学问。吴澄还应夹谷之奇的请求，作《东西周辩》对三人商讨的细节进行了记载。

又按：三人关于鲍彪"东、西周"注释正误的辨识影响了后代学者。明代杨慎作《东西二周后辨》，附和吴澄之说，并称赞了吴澄、程钜夫、夹谷之奇三人间相互赏契："《春秋》三传及《战国策》称东周、西周、王城、成周，高诱注《战国策》曰：'西周王城也，今河南；东周成周也，故洛阳。'今之河南合为一城，故后之读者难于分析。今之学者，不惟专经之士昧之，而大儒如胡文定公、博学如鲍彪，注《战国策》亦谬以千里。元吴草庐作《东西二周辨》，正鲍氏之误，明且晳矣。而胡文定注《春秋》之误，则未之纠正也……慎按：邵尚书之说，或者正指胡文定，而不欲明言。盖近日学者之病，宁得罪于孔子，而不敢得罪于宋儒,类如此。虞文靖公云:'今人但见宋儒六经,而不知宋儒以前六经。'有味其言哉!慎故拾先哲遗言,为《东西二周后辨》,以补吴草庐之未备,亦有夹谷之奇若程雪楼赏契者乎!"(杨慎撰,丰家骅校证《丹铅总录校证》卷之十二"东西二周后辨",第502—504页)

又按:吴澄《东西周辩》文云:"东西周有二,一以前后建都之殊而名,一以二公封邑之殊而名。昔武王西都镐京,而东定鼎于郏鄏。周公相成王宅洛邑,营涧水东、瀍水西以朝诸侯,谓之王城,又谓之东都,实郏鄏,于今为河南。又营瀍水东以处殷顽民,谓之成周,又谓之下都,于今为洛阳。自武王至幽,皆都镐京。幽王娶于申,生太子宜臼。又嬖褒姒,生伯服,欲立之,黜宜臼。申侯以鄫及犬戎入寇,弑王。诸侯遂犬戎与申侯,共立宜臼,是为平王。畏戎之逼,去镐而迁于东都。平以下都王城,曰东周。幽以上都镐京,曰西周。此以前后建都之殊而名也。自平东迁,传世十二,而景王之庶长子朝与王猛争国。猛东居于皇,晋师纳之,入于王城。入之次月,猛终焉。及逾半期,而子朝又入,王辟之,东居于狄泉。子朝据王城,曰西王。敬王在狄泉,曰东王。越四年,子朝奔楚,敬王虽得返国,然以子朝余党多在王城,乃徙都成周,而王城之都废。至考王,封其弟揭于王城,以续周公之官职,是为周桓公。自此以后,东有王,西有公,而东西周之名未立也。桓公生威公,威公生惠公,惠公之少子班又别封于巩以奉王,是为东周惠公,父子同谥。以巩与成周皆在王城之东,故班之兄则仍袭父爵,居于王城,是为西周武公。以王城在成周之西,故自此以后,西有公,东亦有公。二公各有所食,而周尚为一也。显王二年,赵、韩分周地为二,二周公治之,王寄焉而已矣。周之分东西自此始。九年,东周惠公卒,子杰嗣,慎靓以上皆在东周,赧王立,始迁于西周,即王城旧都也。《史记》云'王赧时,东西周分治'。今按:显王二年已分为二,不待此时矣。其后西周武公卒,子文君嗣。王五十九年,秦灭西周,西周公入秦,献其邑而归。是年赧王崩,次年周民东亡,秦迁西周公于𢠳狐聚。又六年,秦灭东周,迁东周公于阳人聚。此以二公对邑之殊而名也。前后建都之殊者,以镐京为西周,对洛邑为东周而言也。二公封邑之殊者,又于洛邑二城之中,以王城为西周,对成周为东周而言也。大概周三十六王,前十有二王都镐京,中十有三王都王城。王城对镐京,则镐京在西,而王城在东,其东西之相望也远。季十王都成周,赧一王都王城。王城对成周,则成周在东,而王城在西,其东西之相距也近。一王城也,昔以东周称,后以西周称。夫周未东西之分,因武、惠二公各居一都而名王,则或东或西。东西之名系乎公,不系乎王也。邵子《经世书》纪赧王为西周君,与东周惠公并,而西周公无闻焉,则直以西为王、东为公矣。知东之有公,而不知西之亦有公也。知王之在西,而不知赧以前之王固在东也。《战国策》编题首东周,次西周,岂无意哉? 二周分治以来,显王、慎靓王二代五十余年王于东,赧一代五十余年王于西。先东后西,顺其序也。近有缙云鲍彪注谓'西周正统,不应后于东周',升之为首卷;于西著王世次,于东著公世次,盖因邵子而误者。既不知有西周公,且承宋忠之缪,以西周武公为赧王别谥,反以徐广为疏。是未尝考于司马贞《索隐》之说。鲍又云'赧徙都西周'。西周,镐京也。呜呼!镐京去王城、成周八百余里,自平王东迁之后不能有,而以命秦仲曰:'能逐犬戎,即有其地。'镐之为秦,已四百年于兹。其地在长安上林昆明之北,虎狼所穴,而王得往都于彼哉!高诱注曰:'西周王城,今河南。东周成周,故洛阳。'辞旨明甚。鲍注出高诱后,何乃以西周为镐京也乎? 鲍又云:'郏鄏属河南,为东周。'殊不思此昔时所谓东周也,于斯时则名西周矣。斯时之西周与镐京、郏鄏对称,西东者不同,顾乃一之,何与? 盖有不知而作之者。我无是也夫! 鲍氏之于《国策》,其用心甚勤,而开卷之端,不免谬误如此,读者亦或未之察也。与夹谷士常、程钜夫偶论及此,二公命笔之,遂为之作《东西周辩》。"(《全元文》第 14 册,第 451—453 页)

吴澄与阎复、卢挚识。

按:阎复、卢挚是吴澄北上最早认识的北方汉人,吴澄《送卢廉使还朝为翰林学士序》载:"往年北行,征中州文献,东人往往称李、徐、阎,众推能文辞有风致者曰姚、曰卢,而澄所识惟阎、卢二公焉。"(吴澄《送卢廉使还朝为翰林学士序》,《吴澄集》,第 522 页)吴澄与阎复的相识极有可能是通过程钜夫介绍,阎复《远斋铭》载:"吾友钜夫,自洪之燕。有宅一区,有田一廛。"证实程钜夫与阎复关系匪浅。

又按:吴澄《送卢廉使还朝为翰林学士序》云:"阎踵李、徐为翰林长,卢公繇集贤出持宪湖南,由湖南复入为翰林学士。夫翰林之职,自唐宋至于今,一所以宠异儒臣也。公之文名,天下莫不闻,岂以宠异之数而为轻重哉? 是盖未足为公荣也。然而有可以为天下喜者,何也? 国有大政,进儒臣议之,此家法也。公事先皇帝,为亲臣三十年,朝夕近日月之光,朝廷事、宫禁事耳闻目见熟矣。凡宏规远范、深谋密虑,有人不及知,而公独知之者。事或昔然而今不然,昔不然而今然,苟有议,公援故事以对,言信而有证,听者乐而行者不疑,其与疏逖之臣执经泥古、师心创说,而于成宪无所稽者,相去万万也。《诗》曰:'维今之人,不尚有旧。'谓其明习旧事者也。儒之为天下贵也,用之而有益于斯世也。若曰是官也,职优而地散,秩崇而望清;步趋襜如,言论渊如;炳如也,镪如也;华虫黼黻,如玉磬琴瑟,于以仪天朝、瑞盛世而已。言及当世事,则曰夫既或治之,又奚庸问? 公不如是也,而

亦非天下士所望于公也。"(《吴澄集》,第 522—523 页)

吴澄在京师与留梦炎交往。

按：留梦炎是宋理宗淳祐四年(1244)的状元,在宋时曾任右丞相兼枢密使,后降元并在元任吏部尚书、翰林学士承旨。当吴澄到达京师后,他在这里与担任吏部尚书的留梦炎相遇,吴澄还作《呈留丞相》三首赠后者："峻望晴簪插碧空,几年四海想流风。雪霜荞麦冬春一,日月蓬蒿昼夜同。天欲托箕传九法,人能知惠略三公。吾儒实用存经济,事事论量及物功。""春风座上海渠渠,萍水相逢纳拜初。生复得知前日事,闻多端胜十年书。正人以道自出处,直道于人何毁誉。或是尧夫奇叔弼,敢云太史证无且。""与世相违分陆沉,半生藏息寄书林。只今沂水春风乐,千古寒江秋月心。芥紫外遗寻尺利,草玄宾送寸分阴。此行大有遭逢处,岱岳高高河渎深。"(吴澄《呈留丞相》,《吴澄集》,第 1810—1811 页)

吴澄为凌时中作《字说》。

按：凌时中,字德庸,也是程钜夫推荐北廷的江南文人,任职淮东宪司幕府,吴澄为他作《凌德庸字说》。(《吴澄集》,第 149 页)

又按：凌时中北行以后,与南北诸多文人交往,比如在京师与北上的赵孟𫖯相识,赵孟𫖯还为他任职淮东宪司幕府之行赠序："凌君德庸与余居同邦、生同年。今年之春,相遇都下,握手言笑,若有雅故。……今凌君入淮东宪司幕府,亦粗可以行其志矣。……于其行,书此以为赠,凌君其或有取焉。"(赵孟𫖯《送凌德庸赴淮东宪幕序》,钱伟强点校《赵孟𫖯集》卷第六,第 171—172 页) 又凌时中居于京师时,在规寝旁修葺瓶城轩以供习读,此举引得南北文人纷纷作诗文以称,见吴澄《题瓶城轩后记》、阎复《瓶城斋铭(为淮东宪司知事凌德庸作)》、戴表元《瓶城轩铭(并序)》、邓文原《瓶城轩铭(并序)》、袁桷《书瓶城斋记后》等。

吴澄是年春自京师归。

按：吴澄应程钜夫之邀北游,但没有应允出仕,是春启程南归。时宋遗士之留燕者纷纷赋诗。虞集《吴公行状》载："二十四年,归。朝廷老成及宋之遗士在者,皆感激赋诗饯之。故宋宗室赵文敏公孟𫖯方召为兵部郎官,独书朱子与刘屏山所和诗三章以遗之,一时风致,识者叹之。"危素《年谱》载："二十四年丁亥(春适燕。程公疏上所荐士以复命,终不舍公,公微知之力以母老辞,遂治任南归,公卿大夫多中原老成,而宋之遗士亦有留燕者,皆知公之不可留,而惜其去,赋诗送别。阎文康公复之诗曰：群材方用楚,一士独辞燕。赵文敏公孟𫖯方被召为兵部郎中,独书朱子与其师刘先生屏山所赓三诗为赠)。"

吴澄南归前与赵孟頫互送赠序。

按：吴澄南归之际，与同年北上的赵孟頫作赠还二序，此二序成为元代文学史上非常重要的篇章，也是吴澄讨论文章理论的重要篇什："吴澄的赠序乃是由哲学引出，继之展开对'文统'的议论，然后才稍及'赠别'的主题。这两篇赠序显示了赵、吴二人不同的个性，亦曲折地反映出二人的学术背景以及此时心中所侧重关注的不同问题——而从文风上来考虑，赵孟頫的序似乎更像是'文人'之序，而吴澄的序则近于学者之文。"（刘竞飞《赵孟頫与元代中期诗坛》，复旦大学 2010 年中国古代文学专业博士学位论文，第 27 页）

又按：赵孟頫《送吴幼清南还序》云："近年以来，天子遣使者巡行江左，搜求贤才，与图治功，而侍御史程公亦在行。程公思解天子渴贤之心，得临川吴君澄与偕来。吴君博学多识，经明而行修，达时而知务，诚称所举矣！而余亦滥在举中。既至京师，吴君翻然有归志，曰：'吾之学无用也，迂而不可行也。'赋渊明之诗一章、朱子之诗二章而归。吴君之心，余之心也。以余之不才，去吴君何啻百倍！吴君且往，则余当何如也？"（赵孟頫《送吴幼清南还序》，钱伟强点校《赵孟頫集》卷第六，第 171 页）吴澄《别赵子昂序（并诗）》云："盈天地之间，一气耳。人得是气而有形，有形斯有声，有声斯有言，言之精者为文。文也者，本乎气也。人与天地之气通为一，气有升降，而文随之。画易造书以来，斯文代有。然宋不唐，唐不汉，汉不春秋战国，春秋战国不唐虞三代，如老者不可复少，天地之气固然。必有豪杰之士出于其间，养之异，学之到，足以变化其气，其文乃不与世而俱。今西汉之文最近古，历八代浸敝，得唐韩、柳氏而古，至五代复敝，得宋欧阳氏而古。嗣欧而兴，惟王、曾、二苏为卓卓。之七子者，于圣贤之道未知其何如，然皆不为气所变化者也。宋迁而南，气日以耗，而科举又重坏之。中人以下，沉溺不返。上下交际之文往往沽名钓利而作，文之日以卑陋也无怪。其间有能自拔者矣，则不丝麻，不谷粟，而蘮毯是衣、蚬蛤是食，倡优百戏、山海万怪毕陈迭见，其归欲为一世所好而已。夫七子之为文也，为一世之人所不为，亦一世之人所不好。志乎古，遗乎今，自韩以下皆如是。噫！为文而欲一世之人好，吾悲其为文；为文而使一世之人不好，吾悲其为人。海内为一，北观中州文献之遗。是行也，识吴兴赵君子昂于广陵。子昂昔以诸王孙负异材，丰度类李太白，资质类张敬夫。心不挫于物，所养者完，其学又知通经为本。与余论及书乐，识见复出流俗之表。所养、所学如此，必不变化于气。不变化于气而文不古者，未之有也。子昂亟称四明戴君，戴君重庐陵刘君、鄱阳李君。三君之文，余未能悉知。果能一洗时俗之所好而上追七子，以合六经，亦可谓豪杰之士矣。余之汩没,岂足进于是哉!每与子昂论经,究极归一,子昂不余弃也。南归有日,诗以识别:畸人坐书癖,殊嗜流俗笑。解弦二十秋,已矣钟期少。近赋《远游》篇,上下四方小。识君维扬驿,玉色天人表。伏梅千载事,疑谳一夕了。诗文正始上,白昼云能矫。《乐经》久沦亡,黍管介毫杪。瑟笙十二谱,苦志谐古调。科斗史籀来,篆隶楷行草。字体成一家,落笔如一扫。草木虫鱼影,自植自飞跳。曲艺天与巧,谁实窥奥窔?肉食肉眼多,按剑横道宝。鹤书征为郎,瑚琏慊清庙。班资何足计?万世日杲杲。蹇驽厉十驾,天下君共操。"(《吴澄集》,第524—526页)

吴澄与程钜夫同道南归,归前作《题程侍御远斋记后》。

按:是年程钜夫被任命为行台侍御史,得旨南归,吴澄便得与程钜夫同行:"余既从公观光于上国,又将从公而南。"临行前,吴澄为程钜夫所修"远斋"作题。吴澄《题程侍御远斋记后》载:"集贤学士程公十年于朝,日近清光,而亲舍乃数千里。今以行台侍御史得旨南还,庶几便养。而回望阙庭,又二千里外。日以近者,人子之乐;日以远者,人臣之忧。此远斋所为作也。夫忠臣孝子之眷眷于君亲也,一以朝夕左右为乐,然亦难乎两全矣。子之爱亲,不可解于心;臣之事君,无所逃于天地间。惟其所在而致其道,岂以远近间哉?余既从公观光于上国,又将从公而南。与公同其乐而不同其忧者,思有以纾公之忧焉,为是言也。"(《吴澄集》,第1064页)

又按:吴澄作题的"远斋",是程钜夫修葺在京师的屋舍。程钜夫在今年五月自作《远斋记》云:"余来京师十年始筑室。室之东偏敞一斋,为游息之所,名曰'远'。客疑焉,解之曰:'余生长东南,望燕山在天上。四海一家,得以薄技,出入周卫。违亲数千里,非远乎?余之始至也,栖于南城之南,凡八迁而宅于兹。国中阛阓之地,余不得有,乃僻在城隅,距旧栖又一舍而赢,非远乎?客何疑?'……至元二十四年夏五甲寅广平程某记。"(《全元文》第16册,第231页)

又按:吴澄为程钜夫"远斋"作题一举,也透露出南北文人"同题"而咏的情景,因为其时尚有北方文人阎复为程钜夫作铭,阎复《远斋铭》载:"吾友钜夫,自洪之燕。有宅一区,有田一廛。举头见日,尺五去天。以远名斋,义或不然。彼美钜夫,学为通儒。秉内相权,乘御史车。庆流千载,道济八区。由是言之,不亦远乎。"(《全元文》第9册,第254页)又揭傒斯《病中初度盱江严仁安周仕雅欧阳伯诚周伯达临江陈道之庐陵彭宗建乡友熊可大张伯贞九原陈伯丰各以歌诗见贻而楚国程文宪公之孙敬甫独宠以百韵仆故程公客也俯仰今昔慷慨系之次韵奉酬并呈诸君子》载:"公初卜居安贞门,去宫庭远,免豪夺之患也。故名其斋曰'远斋',而自作记。"(《全元诗》第27册,

第 323 页)

吴澄南归途中,赋《感兴诗》二十五首寄赵孟頫及在朝诸公。

按:吴澄《感兴诗》(二十五首)载:"(至元丁亥自京师回,舟中寄子昂及在朝诸公)圆气直似专,方形翕还辟。眇眇血肉身,中立名三极。天运比日舒,月行比日徐。舒缩生岁差,徐疾成闰余。岱霍嵩华恒,济淮江河海。昆仑归虚谷,万山万水会。气火血脉水,骨金毛发木。五行皆有土,四物载于肉。马图龟文书,麟获凤不至。万世炳文明,四灵兆开闭。洪流启三圣,烈焰显六籍。世间土木偶,不度水火厄。先天竟岐周,古文起东晋。四家一孤行,五传三难信。冀北盛尧禹,雍西大文武。洙泗东极天,舂陵南教祖。临川捷径途,新安循堂序。本堂近定慧,末失堕训诂。新安穷格功,临川修省处。三人有我师,况此众父父。老氏南国学,西出流沙外。释迦西方来,南入阎浮界。老氏巧处事,任术以为理。释氏严治心,绝物以胜己。墨翟名宗禹,杨朱实师老。本主虽不同,一是畔吾道。韩氏原道篇,董生正谊语。唐宋千年间,微子吾谁与?周诗三百余,楚骚二十五。自从苏李来,万变莫能古。周、召分方伯,郑、留著世家。西山二子薇,东陵故侯瓜。子房为韩心,孔明兴汉事。三代以后人,卓伟表万世。扬雄莽大夫,陶潜晋处士。男儿百岁中,盖棺事乃已。批导隙窾际,出入齐泊中。解牛与蹈水,万理一道同。千金屠龙技,百金不龟乐。一壶济中流,五石叹濩落。汉皇弃梁傅,郑公负唐帝。君臣际会难,礼乐竟沦废。箕畴八政目,末师首食货。井田封建后,此事如何可。逾济巢鸲鹆,入洛啼杜鹃。大事可知已,禽鸟得气先。元后宅土中,神皇主天下。书传三千年,未有如此者。风前白浪恶,雨后黄流浑。公无渡河去,天未丧斯文。"(《吴澄集》,第 1701—1707 页)

吴澄在金陵识张㒟。

按:吴澄与张㒟的相识,向来被认为是反映江西草庐学派与金华北山学派间思想互动的重要事件。张㒟(1236—1302),字达善,从金华四先生之一的王柏习朱子之学。吴澄此年南还至金陵时,张㒟正被其弟子夹谷之奇推荐为建康路教授,"初以浙西按察金事夹谷公荐,授将仕佐郎、建康路教授,迟迟四年始之官"(吴澄《故文林郎东平路儒学教授张君墓碣铭》,《吴澄集》,第 1435—1437 页)。

吴澄又与李恒相识。

按:据吴澄记载,其于至元间至金陵之际,与李恒相识,观其所辑《稽古韵》,对其究心于古字之学深表佩服:"至元之季,于金陵识先达李君仲和父,精究字学,所辑《稽古韵》深契予心。……仲和讳旬金,宋淳祐庚戌进士出身,官至承直郎、淮西节制司属官。"(吴澄《存古正字序》,《吴澄集》,第 446—447 页)

又按：吴澄《存古正字序》云："正书之变三，俗书之变二。正书者何？黄帝时仓颉所造也，后世谓之古文，别出者谓之古文奇字。历数千年而周宣王之时，变为大篆；又数百年而秦始皇之时，变为小篆。古文、大小篆三体略有改更，实不相远也，故于六书之义无差殊。俗书者何？秦时所作隶书也，当时取便官府吏文而已。人之情喜简捷而厌繁难，自此以后，公私通行悉用隶书，而古初造字之义浸泯。后汉许氏叔重为之慨，况距今又千载乎？隶变而楷，则惟姿媚悦目是尚，岂复知有六书之义哉！六书之义不明，则五经之文亦晦。何也？五经之文，古人之言也。古人之言而书以后世之字，字既非古，则其训诂名义何从而通？苟欲率天下之人而废俗书、复古篆，势固有所不可。惟于世俗通行之字，正其点画之谬讹、偏旁之淆乱，则虽今字，而不失古义。昔临邛魏公华父盖尝有意乎此，而于字未能悉正也。至元之季，于金陵识先达李君仲和父，精究字学，所辑《稽古韵》深契予心。后三十年，其孙桓示《存古正字》一编，又因《稽古韵》而约之者也。凡华父所未及正者，仲和父悉正之，其有功于字学大矣。而予之尊其书也，非特以其与己同好也。仲和讳旬金，宋淳祐庚戌进士出身，官至承直郎、淮西节制司属官。"（《吴澄集》，第446—447页）

又按：《吴澄集》、《全元文》据吴澄文集训李玺为李旬金，但据陶宗仪《书史会要》记载，其名当为李玺："李玺，字仲和，号竹山，溧水人。宋进士，官至无为军节制官，入朝不仕。能书，有所撰《稽古韵》及《存古正字编》传于世。"（陶宗仪撰，徐美洁点校《书史会要·补遗·元》，浙江人民美术出版社2019年，第298页）

吴澄十月至安徽慈湖，祭丁兰庙。

按：到十月，吴澄到达了安徽慈湖丁兰庙，并作《慈湖丁兰庙祝文》。文载："岁在丁亥十月丙寅，前乡贡进士、江西抚州吴澄谨昭告于丁侯大神：……澄去冬经过，式瞻庙貌。畴昔之夜，梦祗见于侯，执纸币以赞。归舟泊祠下，敬惟往梦是践。澄去家期年，今归省母。舟溯流而上，祈得顺风，而无惊虞，以早达于家，神其保祐之。"（《吴澄集》，第1675—1676页）

刘秉忠《藏春集》刊刻。

按：《藏春集》是刘秉忠的诗文集。刘秉忠自号藏春散人，每以吟咏自适。一生著述甚丰，有《藏春集》六卷、《藏春词》一卷、《诗集》二十二卷、《文集》十卷、《平沙玉尺》四卷、《玉尺新镜》二卷等。据阎复序言介绍，《藏春集》在刘秉忠死后十四年才刊行于世。刘秉忠卒于至元十一年（1274），故阎复之序当作于集子刊行当年。

又按：阎复《刘太傅藏春集序》载："《易》曰：'观乎天文以察时变，观乎人文以化成天下。'大哉文乎！在天为日月之著明，云汉之昭回，星辰之错综；在人为三纲五常之道，礼乐刑政之方，典章法度之美。文乎，文乎，章句云乎哉。太傅文贞公，学参天人，思周变通；早慕空寂，脱弃世务。一旦遭际圣主，运应风云，契同鱼水，有若留侯规画以兴汉业，召公相宅以营都邑，叔孙奉常绵蕞以定朝仪，陆贾诗书之语，贾生仁义之说，当云霾草昧之世，天开地辟，赞成文明之治。其谥曰文，不亦宜乎。至于裁云镂月之章，阳春白雪之曲，在公乃为余事。公殁后十有四年，是集始行于世。夫人窦氏，暨其子璋，及翰林待制王之纲，求为叙引。晚生愚陋，诚不足知公万一，姑以时论所同然者，附诸编末云。至元丁亥（1287）四月初吉，翰林学士、太中大夫、知制诰、同修国史阎复序。"（《全元文》卷二九四，第9册，第237页）

许有壬（1287—1364）、李齐贤（1287—1367）、张翥（1287—1368）生。

元世祖至元二十五年
戊子　1288年　40岁

三月,元廷命仿古《职贡图》录蕃夷风俗、土产、去国里程。

按:《元史》载:"礼部言:'会同馆蕃夷使者时至,宜令有司仿古《职贡图》,绘而为图,及询其风俗、土产、去国里程,籍而录之,实一代之盛事。'从之。"(《元史》卷一五《世祖本纪》,第2册,第310页)

十月,诏免儒户杂徭。

按:《元史》载此年十月,"诏免儒户杂徭"。(《元史》卷一五《世祖本纪》,第2册,第316页)

十一月,修国子监以居胄子。

按:《元史》载:"修国子监以居胄子。"(《元史》卷一五《世祖本纪》,第2册,第316页)

又按:尽管至元二十四年设国子监,二十五年已经明确提出修建国子监,但实际上并未落实。据吴澄《贾侯修庙学颂》记载,直到大德二年(1298)在哈剌哈孙的进言后才真正落实了这项政策:"至元二十四年,设国子监,命立孔子庙。暨顺德忠献王哈喇哈逊相成宗,始克继先志,成其事,而工部郎中贾侯董其役。"(吴澄《贾侯修庙学颂》,《全元文》第15册,第347页)

十二月,诏令秩满学正至大都依次候阙。

按:元朝在令各路儒学教授正列为学官后,出现了"即目教授员多阙少"(《庙学典礼》卷二"儒职升转保举后进例",第35页)的局面。为了解决江淮诸行省学官泛滥,"学正与山长难以升任府州级教授的问题",此年规定了"各省上送的任满学正与书院山长在吏部籍记姓名,依次候阙",这使南方"学正与山长们不必再在原岗位作遥遥无期的等待,而将等待之地转移至大都,即学官升迁的壅堵点由行省上移至了中央。"(吴小红《元代南方书院拟设教授考》,《元史论丛》第九辑,第101页)《庙学典礼》记载到:"江淮诸行省,今后咨到保举试验合格人员,诚恐选部员多阙少,拟从省年挨次月日籍记姓名,遇有阙处,照依次第差注。"(《庙学典礼》卷二"学官格例",第41页)

尚书省颁布《文庙禁约骚扰》。

按：《庙学典礼》载："尚书省，至元二十五年月日，据枢密院呈准中奉大夫同签枢密院事咨，照得：至元二十三年，钦奉圣旨差往江南等处寻访行艺高上人员，所至时有教官士人告称，诸官吏及诸管军官吏等，多于路、府、州、县学舍命妓张乐，喧嚣亵慢，习以为常，无敢谁何，甚失国家崇学重道之体。……以此检会到中统二年圣旨节文：宣圣庙，国家岁时致祭，诸儒月朔释奠，宜常令洒扫修洁。今后禁约诸官员、使臣、军马，毋得于庙宇内安下，或聚集理问词讼，及亵渎饮宴，管工匠官不得于其中营造，违者治罪。管内凡有书院，亦不得令诸人搔扰，使臣安下。"(《庙学典礼》卷二"文庙禁约骚扰"，第41页)

吴澄授徒宜黄明新义塾。

按：宜黄明新义塾乃宜黄大姓吴叔震所建，至元二十三年(1286)吴澄与吴叔震结识(前已载)，二人"知无不言，言无或避"，吴澄遂应吴叔震之请前往宜黄吴氏家塾授徒。危素《年谱》载："二十五年戊子。授徒宜黄县明新堂。宜黄吴东子建义塾，扁曰明新堂，设先圣像，行释菜礼，奉书币聘，延公受徒其中。属邻境有警，乃奉游夫人寓门人邹志道旧庐，自留义塾数月。秋，还家。"

吴澄秋季归家后，受命校定《易》、《诗》、《书》、《春秋》、《仪礼》、《大戴记》、《小戴记》。

按：吴澄曾在咸淳六年(1270)表示有接续朱熹校定《五经》之志，见吴澄《发解谢缪守书》。至元二十三年(1286)，程钜夫告之朝廷，吴澄所考《易》、《诗》、《书》、《春秋》、《仪礼》、《大戴记》、《小戴记》有益，应置之国子监，令诸生习之以传天下。元廷应之，吴澄遂领命校定《易》、《诗》、《书》、《春秋》、《仪礼》、《大戴记》、《小戴记》，将校定好的版本进呈给元廷。虞集《吴公行状》载："二十五年，程文宪公言于朝曰：'吴澄不愿仕，而所定《易》、《诗》、《书》、《春秋》、《仪礼》、《大小戴记》，得圣贤之旨，可以教国子，传之天下。有旨江西行省遣官缮录以进，郡县以时敦礼。"(《全元文》第27册，第171页)揭傒斯《吴公神道碑》载："……程公既不能屈公，又言所校诸书，宜置国子监以资学者。朝廷下行省，行省下有司，即其家尽录上之。"(《全元文》第28册，第506页)危素《年谱》载："秋，还家。朝命求校定《易》、《诗》、《书》、《春秋》、《大戴记》、《小戴记》，程文宪公请于朝曰：'吴澄不愿仕，而所考《易》、《诗》、《书》、《春秋》、《仪礼》、《大戴记》、《小戴记》，俱有成书，于世有益。宜取诸国子监，令诸生肄习，次第传之天下。'朝廷从之，遂移行省，遣官诣门，誊写进呈，仍命有司当加优礼。"

吴澄约于此年后,游临江皮一荐之门。

按:吴澄文集中多处载其前往清江皮一荐家事,如《题皮濛墓志后》载:"始予游南雄之门,濛也方少。"(吴澄《题皮濛墓志后》,《吴澄集》,第 1206 页)《皮仲宜墓志铭》又载:"往岁客南雄总管皮公之门,识公之族弟仲宜甫。"(吴澄《皮仲宜墓志铭》,《吴澄集》,第 1413 页)据吴澄《故承务郎湖南岭北道肃政廉访司经历范亨父墓志铭》载,他与范梈相识于范梈同乡大族之门,其时范梈未满 30 岁:"年未三十,予识之于其乡里富者之门。"(吴澄《故承务郎湖南岭北道肃政廉访司经历范亨父墓志铭》,《吴澄集》,第 1633 页)范梈乃江西临江路清江人士,危素《元故征君杜公伯原父墓碑》云:"时临江皮氏尊贤礼士,若庐陵刘太博会孟、邓礼部中父、蜀郡虞公及之、豫章熊金判与可及我吴文正公,皆在焉。公与同里范供奉德机年最少,从诸公讲学不倦。"(《元故征君杜公伯原父墓碑》,《全元文》第 48 册,第 454 页)由此推测,吴澄所记与不满 30 岁的范梈相识于清江之富者,应指皮氏,故吴澄亲登皮一荐门的时间下限当在 1301 年前。

又按:清江皮氏在宋蒙战争时,受众人所推"诣帅府输款,境内遂安堵如故",元一统江南之后,皮氏又受元朝赐官,"誉闻日隆,过从云合,接宾朋有礼,赒邻曲有恩。远近视如泰山乔岳焉"(吴澄《有元忠显校尉富川县尹皮府君墓志铭》,《吴澄集》,第 1584 页)。皮一荐乃皮氏家长,世称"皮南雄",皮氏热衷组织雅集,而吴澄与皮氏几代亲厚,亦缘之而结交多方。

又按:吴澄通过皮氏,打通了与江西地方大族熊氏、文氏、徐氏的互通往来与文学沟通:

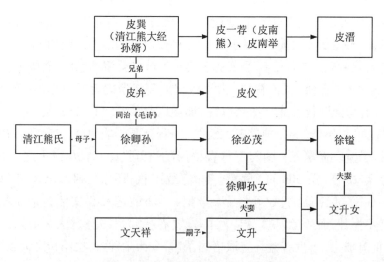

图 1:皮氏、徐氏、文氏三家关系图

元世祖至元二十五年　戊子　1288 年　40 岁

又按：如图 1 所示，清江皮氏与江西本地的熊氏、徐氏以及文天祥等家族、文人形成了一张非常巨大的关系网，吴澄通过与皮氏的交往，更与图 1 中的熊氏、徐氏往来颇繁，并将这些江西大族的后人如皮潝、徐镒等都纳入草庐学派中。与皮氏：吴澄有《题皮南雄所藏画》、《有元忠显校尉富川县尹皮府君墓志铭》、《皮仲宜墓志铭》凸显他们家族保障地方民众的忠义，以及"务学工诗"的家学传统；与徐氏：吴澄尤其关注徐卿孙（1232—？），认为其创作"读之畅达恳切"（吴澄《徐侍郎文集序》，《吴澄集》，第 326 页；吴澄《跋徐侍郎文集后》，《吴澄集》，第 1253 页）。

吴澄于皮一荐家结识刘辰翁、邓光荐、虞汲、熊朋来、杜本、范梈等。

按：据危素记载，皮一荐每每组织文士雅集："时临江皮氏尊贤礼士，若庐陵刘太博会孟、邓礼部中父、蜀郡虞公及之、豫章熊金判与可及我吴文正公，皆在焉。公与同里范供奉德机年最少，从诸公讲学不倦。"（危素《元故征君杜公伯原父墓碑》，《全元文》第 48 册，第 454 页）吴澄受邀于列，故得与刘辰翁、邓光荐、虞汲、熊朋来、杜本、范梈在清江皮门交游往来，其中，吴澄与范梈还是初见，后来吴澄为范梈做墓铭时提及此事道："年未三十，予识之于其乡里富者之门。虽介然清寒，茕然孤独，而熟察其微，有树立志，无苟贱意。"（吴澄《故承务郎湖南岭北道肃政廉访司经历范亨父墓志铭》，《吴澄集》，第 1633—1634 页）

又按：战乱之际，颇有文人依于皮氏门下。吴澄《周圣任诗序》载："丰城周圣任客于皮南雄之门，其议论精悍，其辞章俊拔。予数与语，而嘉其能。今其子粹其父之文为一帙，而南雄之子平江判官潝持以示予。"（吴澄《周圣任诗序》，《吴澄集》，第 421 页）吴澄《丁英仲集序》载："嘉兴丁英仲吟古近体诗，又善乐府、长短句，又工四六骈俪语。挟三长客诸侯，有名声。时命革，依皮南雄，老于清江之野。予及见之，严厉振整。盖虽游客，而自贵重。玉霄滕君推为丈人行，心服可知也。平生著述多轶……予读之，而叹斯人之不可复见也……英仲讳杰，人号为山臞先生。"（吴澄《丁英仲集序》，《吴澄集》，第 350 页）

吴澄约于此年作《赠许成可序》。

按：吴澄记载，他弱冠之时曾识得许端朝（前已载），二十年后的今年再与许端朝相遇于临汝，故作此文以赠之。吴澄《赠许成可序》载："往年，吾邦部使者邀至新安程君达原来临汝书院，为诸生讲说朱子之学。达原父之于人少所可。时余弱冠，数数及门，见其与许君端朝厚善，且称其子也才。后廿年，其季成可与余相遇于临汝，出两世遗文及诸公往来手帖示余，其言多有补于教，可名世行后，所交尽一时贤士大夫。"（《吴澄集》，第 584—585 页）

陈旅（1288—1342）生。

元世祖至元二十六年
己丑　1289年　41岁

八月,元设回回国子学。

按:元代回回国子学的创立源于至元二十四年(1287),中书平章政事麦术丁请奏教学"亦思替非文字",《通制条格·学令》载:"至元二十四年正月初八日,总制院使桑哥、帖木儿左丞等奏:'前者麦术丁说有来:"亦思替非文书,学的人少有。这里一两个人好生的理会得有,我则些少理会得。咱每后底这文书莫不则那般断绝了去也么?"……奏呵,'麦术丁根底说者,交教者'。"(方龄贵校注《通制条格校注》卷第五"学令",中华书局2011年,第247—248页)今年,又奏立回回国子学教学"亦思替非文字":"世祖至元二十六年夏五月,尚书省臣言:'亦思替非文字宜施于用,今翰林院益福的哈鲁丁能通其字学,乞授以学士之职,凡公卿大夫与夫富民之子,皆依汉人入学之制,日肄习之。'帝可其奏。是岁八月,始置回回国子学。"(《元史》卷八一《选举志》,第2028页)"亦思替非文字是许多西域国家运用于公文,尤其是经济文书中的一种文字符号和计算方法。严格来说,它不是一种语言,因为它只表意而不表音,实际上它就是一种专门技术。从这个意义上讲,与其说回回国子学是一所语言学校,不如说它更接近于一所技术学校。传授亦思替非文字的目的就是掌握这些符号的写法和运用规则,以培养一批能与西域国家交往的精通敛财技术的专门人才……在国子监创设不久,汉人儒士急欲培养儒治人才之时,回回国子学的开办也从一个侧面反映了桑哥等人意欲突出敛财路线的意图。"(王建军《元代国子监研究》,澳亚周刊出版有限公司2003年,第154页)

吴澄向国子监进呈诸经。

按:在至元二十五年(1288)校定诸经的基础上,吴澄是年向元廷进呈诸经,元廷令藏之国子监崇文阁。危素《年谱》载:"二十六年己丑(进呈诸经,令藏国子监崇文阁,见书目)。"但元代崇文阁为皇庆二年建,危素所言当为崇文阁建后收入,此年诸经置于何处,程钜夫言"应置之国子监,令诸生习之以传天下"，至于最终功用则待考。而"程钜夫向朝廷建议：'吴澄不愿仕，而所定《易》、《诗》、《书》、《春秋》、《仪礼》、《大、小戴记》，得圣贤之指，可以教国子，传之天下。'这其实是一个信号，即要在国子监教育中加重《五经》的分量，这便与许衡极力推重《四书》的立场产生了一定的偏差。成宗时，袁桷上《国学议》，对宋末以来推崇《四书》的风气提出了严厉批评，同时指出：'今科举既废，而国朝国学定制，深有典乐教胄子之古意。傥得如唐制，《五经》各立博士，俾之专治一经，互为问难，以尽其义，至于当世之要务，则略如宋胡瑗立湖学之法，如礼乐、刑政、兵农、漕运、河渠等事，亦朝夕讲习，庶足以见经济之实。'四书学受到了很大的挑战。"（周春健《元代四书学研究》，华中师范大学 2007 年历史文献学专业博士学位论文，第 35 页）

夹谷之奇卒。

按：夹谷之奇（？—1289），子士常，号书隐，女真加古部人。在东平从学于康晔，后授济宁教授，辟中书省掾。元兵南侵，夹谷之奇授行省左右司都事。至元十九年（1282）召为吏部郎中，立陟降澄汰之法，著为令式。二十一年，迁左赞善大夫。至元二十二年权臣企图毁汉法，请群臣议论改提刑按察司为转运司，夹谷之奇力争于廷，保留了提刑按察司的检察功能。后除翰林直学士，改吏部侍郎，拜侍御史。至元二十六年（1289）卒。生平事迹见于《元史》卷一七四《夹谷之奇传》、《大明一统志》卷二三等。

元世祖至元二十七年
庚寅　1290年　42岁

春,复立兴文署。

按:《元史》载:"复立兴文署,掌经籍板及江南学田、钱谷。"(《元史》卷一六《世祖本纪》,第2册,第334页)兴文署是元代官方刻书机构,它建立以后,以《资治通鉴》为首刻之书,翰林学士王磐指出兴文署官方刊刻书籍的举动有利于国家兴学:"是书一布,不及十年,而国家人材之盛可拭目而观之矣。"元廷复立兴文署,一定程度反映出元廷对儒学的态度。

又按:兴文署的建立颇为汉族文人所称道。欧阳玄将元世祖时期的御史台、司农、国子监、兴文署、提学教授作为崇儒五部曲,而兴文署则正为板行海内书籍而存在:"世祖皇帝……命御史台勉励校官,大司农兴举社学,建国子监学以训诲胄子,兴文署以板行海内书籍,立提学教授以主领外路儒生,宿卫子弟咸遣入学,弼辅大臣居多俊乂,内廷献纳能明夫子之道者言必称旨。在位三十五年之间,取士之法、兴学之条、讨论之规裨益远矣。……我朝用儒,于斯为盛。"(欧阳玄《曲阜重修宣圣庙碑》,《欧阳玄集》,第122页)兴文署对于文治的意义如斯,黄溍《翰林国史院题名记》对兴文署废除曾深表遗憾:"今兴文署已废,本院于起居注、会同馆、秘书监、国子学之事悉无所预,回回学士亦省,而伊斯提费以待制兼掌之。"

又按:王磐《兴文署新刊资治通鉴序》载:"古今载籍之文,存于世者多矣。苟不知所决择而欲遍观之,则穷年不能究其辞,没世不能通其义,是犹入海算沙,成功何年!善乎孟子之言曰:'尧、舜之智而不遍知,急先务也。'大抵士君子之学,期于适用而已;驰骛乎高远,陷溺乎异端,放浪于词华,皆不足谓之学矣。《易》曰:'君子多识前言往行以畜其德。'《说命》曰:'学古入官,议事以制,政乃不迷。'若此者可谓适用之学矣。前修司马文正公,遍阅历代旧史,旁采诸家传记,删繁去冗,举要提纲,纂成《资治通鉴》二百九十四卷,上起战国,下终五季,一千三百六十二年之间,贤君、令主、忠臣、义士、志士、仁人,兴邦之远略,善俗之良规,匡君之格言,立朝之大节,叩函发帙,靡不具焉。其于前言往行，盖兼畜而不遗矣；其于裁量庶事，盖拟议而有准矣。士之生也，苟无意于斯世则已；如其抱负器业，未甘空老明时，将以奋发而有为也，其于是书，可不熟读而深考之乎！朝廷悯庠序之荒芜，叹人材之衰少，乃于京师创立兴文署，署置令、丞并校理四员，咸给禄廪，召集良工，剞劂诸经子史版本，颁布天下，以《资治通鉴》为起端之首，可谓知时事之缓急而审适用之先务者矣。噫！遐乡小邑，虽有长材秀民，向慕于学而无书可读，悯默以空老者多矣。是书一出，其为天下福泽利益，可胜道哉！昔圯上老人出袖中一书，而留侯为万乘师；穆伯长以《昌黎文集》镂板，而天下文风遂变。今是书一布，不及十年，而国家人材之盛可拭目而观之矣。翰林学士王磐序。"（王磐《兴文署新刊资治通鉴序》，司马光编注、胡三省音注《资治通鉴》，中华书局1956年，第31—32页）

又按：欧阳玄《曲阜重修宣圣庙碑》载："今上皇帝临御之七年，岁在己卯春三月戊辰，御史大夫臣别里怯不华、臣脱脱、御史中丞臣达识铁穆儿、臣约、治书侍御史臣镛等奏：监察御史言，天历二年十月文宗皇帝在御，奎章阁学士院臣奏，曲阜宣圣庙自汉、唐、宋、金，凡有隳废，必奉敕缮修，功成则勒之石。衍圣公以旧庙将坏，饰书奉图，属学士院以闻。时文宗览图，谕旨省臣趣修之，事竣则立碑，以诏方来。今新庙既落，而成绩未纪，惧无以称塞先诏。御史章上，臣等佥议，请敕翰林侍讲学士臣玄为文，奎章阁学士院臣巎巎为书，侍御史臣起岩为篆，以台储中统楮币二万五千缗为立石之赀，制皆允。传敕臣玄俾序其事。玄拜手稽首言曰：天佑下民，作之君，作之师。昔者伏羲、神农、黄帝、尧、舜、禹、汤、文、武数圣人者作，君、师之道备于一人，用能左右上帝，克绥厥猷。吾夫子出，天独俾以斯道，凡天叙天秩天命天讨之事，夫子明《礼》、《乐》，删《诗》、《书》，赞《易》道，修《春秋》，而品节之，以为百王法于后世。仪封人曰：天将以夫子为木铎。子贡曰：固天纵之将圣。夫子自论斯文之任，上以属于天，下以属于己，使得位设教，即前数圣人所为，继天立极者也。是故天欲兴一代之治，则吾夫子之道必大昭明于时，历千万世如出一辙。皇元龙兴朔方，太祖皇帝圣知天授，经营四方。太宗皇帝平金初年，岁在丁酉，首诏孔元措袭封衍圣公，复孔颜孟三世子孙世世无所与，增给庙户，皆复其家。是岁历日银，诸路以其半，东平以其全，给修宣圣庙，寻诏括金之礼乐官师，及前代典册、辞章、钟磬等器，遣官分道程试儒业。世祖皇帝初在藩邸，多士景从，比其即位，大召名儒，辟广庠序，命御史台勉励校官，大司农兴举社学，建国子监学以训诲胄子，兴文署以板行海内书籍，立提学教授以主领外路儒生，宿卫子弟咸遣入学，弼辅大臣居多俊乂，内廷献纳能明夫子之道者言必称旨。在位三十五年之间，取士之法、兴学之条、讨论之规裨益远矣。裕宗皇帝时在东宫,赞成崇儒之美。成宗皇帝克绳祖武,锐意文治。诏曰:夫子之道,垂宪万世,有国家者所当崇奉。既而作新国学,增广学宫数百区,胄监教养之法始备。武宗皇帝焴兴制作,加号孔子为大成至圣文宣王,遣使祠以大牢。仁宗皇帝述世祖之事,弘列圣之规,尊五经,黜百家,以造天下士。我朝用儒,于斯为盛。英宗皇帝铺张巨丽,廓开弥文。明宗皇帝凝情经史,爱礼儒士。文宗皇帝缉熙圣学,加号宣圣皇考为启圣王,皇妣为启圣王夫人,改衍圣公三品印章,归山东盐运司岁课及江西江浙两省学田,岁入中统绪币三十一万四千缗,俾济宁路以修曲阜庙庭。文宗宾天,太皇太后有旨董其成功。今上皇帝入缵丕图,儒学之诏方颁,阙里之役鼎盛。山东宪司洎济南总管茌事共恪,以元统二年四月十一日鸠工,至元二年十月初吉落成。宫室之壮以宁神栖,楼阁之崇以庋宝训。周垣缭庑,重门层观,丹碧黝垩,制侔王居。申命词臣,扬厉丕绩。于是内圣外王之道,君治师教之谊,大备于今时。猗欤盛哉!皇元有国百余年以来,缮修宣圣庙再,丁酉之初以开同文之运,天历之际以彰承平之风,东冒扶桑,西逾昆仑,南尽火维,北际冰天,圣道王化,广大悠久,相为无穷,治本实在兹矣。有诏御史臣思立奉祝币牲齐,驰驿往祭。臣玄既叙颠末,请系以诗。"(《欧阳玄集》卷九,第 121—123 页)

又按:黄溍《翰林国史院题名记》载:"世祖皇帝中统元年,初设翰林学士承旨,官正三品。至元元年,乃建翰林国史院,而备学士等官。八年,院升从二品。成宗皇帝大德九年,院升正二品。仁宗皇帝亲揽御笔点定,置立学士承旨六员,学士、侍读学士、侍讲学士、直学士各二员。皇庆元年,院升从一品,迄今遵为永制。先是,蒙古新字及亦思替非并教习于本院。翰林国史、集贤两院合为一,仍兼起居注、领会同馆,知秘书监,而国子学以待制兼司业,兴文署以待制兼令,编修官兼丞,俱来隶焉。其后新字既析置翰林院,而复立集贤院如故。今兴文署已废,本院于起居注、会同馆、秘书监、国子学之事,悉无所预。回回学士亦省,而亦思替非以待制兼掌之。今上皇帝建宣文阁,而不设学士,诏以经筵、崇文监皆归于本院,崇文监言其非便而止,惟于学士承旨而下,摘官判署经筵之文移。顷因纂修后妃、功臣传,又以执政兼学士承旨等官,而无常员。此建置沿革之大略也。自中统、至元以迄于今,题名久未克立。是用搜罗故牍,考其姓名、资秩、迁次,而刻诸石,庶来者有考焉。夫题名虽非古,而唐宋以来,偏州下邑,莫不有记。矧以文学侍从之臣,于焉萃止,安可睹其阙文,而弗之讲乎?览者因其人,而尚论其世,则国家之声明文物、名公大人之遗风余烈,犹可概见也。僚属参佐具于别刻者,此不书。"(王颋点校《黄溍集》卷一三,浙江古

籍出版社 2013 年,第 495—496 页)

吴澄居崇仁,与袁弘道相识。

按:时吴澄居家,逢袁弘道因战乱寄居外舅陈庚家,"吾里陈居士庚,夫妇皆善人……中女幼慧……归于同乡袁弘道"。一居就是八年,而陈庚和袁弘道的父辈都是吴澄异姓的伯叔父:"陈居士暨弘道诸父于余为异姓伯叔父行。"(吴澄《袁弘道妻陈氏墓志铭》,《吴澄集》,第 1602 页)因此,吴澄得以与袁弘道相识。吴澄《故逸士袁君修德墓志铭》载:"吾家而南,逾一岭又二十里许,山弥稠,地弥僻,袁氏居焉。有竹逸翁者,温然如春,粹然如玉,蔼然王谢家气象,略无质胜之偏。岂其得于天者异与?盖翁乃邑中先达、嘉定辛未进士、容管安抚陈侯讳元晋之甥,少就舅家习学,故其身容意度随所居所养而移。其齿吾父行也,余自视若诸子,而翁忘年折行,相与如友。噫!贤矣哉!逸士,翁弟之子也,讳弘道,字修德。……至元庚寅,来依外舅陈居士(即陈庚)。客寓八年,勤苦节缩,浸浸复其所损。大德丁酉,乃迁故里。"(吴澄《故逸士袁君修德墓志铭》,《吴澄集》,第 1640 页)

刘壎作《参政陇西公平寇碑》。

按:刘壎《参政陇西公平寇碑》是为李恒之子李世安而作,主要记载了李世安在江西地带的平寇行迹。文载:"江南既平,阅十有七载,南北一家,烟火万里,海澄岳静,风恬日熙。……至元二十有五年,畬寇钟明亮起临汀,拥众十万,声摇数郡,江、闽、广交病焉。猱捷豕突,草萎木枯,血肉填溪谷,子女充巢穴。有旨进讨,辄伪降以款我师。明年,邱元起广昌,与明亮犄角,弥漫浸淫,遂及我丰。丰民素弗贰,顾力不克拒,则有被胁而从焉者。势张甚。又明年春,贼大至,陈河田、陈九陂,又陈小莱,锋交焰炽,势益张。……一日,阴霾划开,天宇澄霁,则参政李公来。号令新,和气回,军声壮,风采肃。乃启城阙,乃发仓粟,乃宽刑辟,乃缓商征,政有便民者罔弗举,民始有生意。贼亦望风鸟兽散。于是责官吏以招来,分师旅以讨捕,悔过宥之,负固诛之,州境毕清。……昔公先太保武愍公来救盱,盱民尝刻碑府门。今丰之危视盱弥甚,而公之德,视武愍有光焉。是宜碑,顾碑亦未足以彰公之德也。"(《全元文》第 10 册,第 404—406 页)

柯九思(1290—1343)、黄清老(1290—1348)生。

元世祖至元二十八年
辛卯　1291年　43岁

二月，元改提刑按察司为肃政廉访司。

按：《元史》载："丙戌，诏：'改提刑按察司为肃政廉访司，每道仍设官八员，除二使留司以总制一道，余六人分临所部，如民事、钱谷、官吏奸弊，一切委之。俟岁终，省、台遣官考其功效。'"（《元史》卷一六"世祖本纪"，第2册，第345页）李治安认为，此年理财派权臣桑哥被诛，意味着"台察对权臣的斗争取得了决定性的胜利"，这直接导致台察势力的上升和提刑按察司改为肃政廉访司的决议。（李治安《元代行省制度》（下），中华书局2011年，第839页）

又按：虞集《天水郡伯赵公神道碑》记载此次变更事件本末："桑哥专政用事，深忌御史台不便于己求，所以沮害之者，自台官御史以下，不得行其职……当是时，公与赵鲁公世延，俱为御史。当阅工部卷，赵公与公议曰：'吏奸旁午，观望首鼠，尽索之，将不胜诛，而易于激怒，以伤大体。稍有疏漏，彼因得以为我罪，宜何出乎？'公曰：'尽索之而激怒，固祸出不测，而以疏漏纵容见及，祸亦不测。不如详覆之，宁受严密之祸，犹不失御史体也。'公性本宽易，于此乃检劾按校，无细不察，经时而后毕。桑哥果使人覆视之，思虑至到，略无可议者。赵公后历台省之重，思公之才不尽用，作辞以哀之。……国家岁以二月八日，迎佛于城西高良河，京府尽出富民珠玉、奇玩、狗马、器服、俳优，扰杂子女百戏，眩鬻以为乐。……国家一日之费巨万，而民间之费称之。桑哥者，本大浮图师之译者，得见幸遇，故其尤侈。……公以御史执而治之，以桑哥之令求解不得。桑哥召而辱之，诘之曰：'女不欲为天子求福邪？祸且不测。'公徐曰：'储普华欺上虐下，为天子敛怨，非求福也。'桑哥不能屈而罢。尔后，颇知国用之耗，或间岁一省，或略应故事，不复如昔之盛。……中丞何公荣祖、董公文用，前后显奏其罪，而桑哥诛。内外宪府始得伸其职，遂改提刑按察司为肃政廉访司，以振起之，废察判之官，省劝农使，以增廉访司两佥事。"（《全元文》第27册，第322—326页）

又按：吴澄对提刑按察司和肃政廉访司之职颇有区分，《江西廉访司经历司厅壁记》载："风宪之官，关系人心、世道不小也。国朝设官之初，各道有提刑按察司，后乃更名为肃政廉访，其意若曰为治一于刑，待天下亦薄矣，是以不曰刑，而曰政。政者，正人之不正也。政以导之于其先，导之而不从，则刑以齐之于其后，而岂专尚夫刑也哉？……欲正人，而不知正人之有其本也。正人之本安在？正己是已。"（《全元文》第 15 册，第 113 页）

又按：方回《江南浙西道肃政廉访司题名记》也指出提刑按察司改为肃政廉访司后真正名实相符："至元二十八年春更化，夏，诸道提刑按察司更名曰肃政廉访司……台有廉访司分领诸道特隆其名曰肃政，则凡天下之为政者，皆当于此改视易听，肃然而后可也……自检之谓廉，泛谋之谓访，则又合二义而加重其名焉。考典故而立名易，振风采而责实难。前乎是，提纲刑狱者，牵制于柄国之人，时则官可颠取矣，罪可颠免矣，廉访之职可举矣。肃其心而后政可肃，廉其身而后人可访，此名实之说也。"（方回《江南浙西道肃政廉访司题名记》，《全元文》第 7 册，第 317 页）

吴澄为夫人余维恭作墓铭。

按：危素《年谱》载："二十八年辛卯（夫人余氏卒。夫人讳惟恭，父珏，世居里之朱溪。宝祐三年二月庚戌生，得年三十有七）。"吴澄有《亡妻余氏墓志铭》(《吴澄集》，第 1405 页)。

僧祥迈奉敕著《至元辩伪录》成。

按：《至元辩伪录》是元代佛道辩论史实的叙录，"书中较为详细地叙说了元太祖成吉思汗时，道教中全真教的兴起；元宪宗蒙哥时，全真教对佛教寺庙与其他产业的侵占，以及佛教的反措施；元世祖忽必烈时，焚毁《道藏》伪经的始末，从而成为研究元代佛道争斗历史的重要资料"。（张岂之主编、刘学智副主编、李似珍著《中国学术思想编年·宋元卷》，陕西师范大学出版社 2006 年，第 596 页）

又按：张伯淳《辩伪录序》载："天无私覆，地无私载，日月无私照。《辩伪录》之所云，良有以也。洪惟圣朝继天立极，论道经邦，以佛心子育万方，以正法泽被四海。至元辛卯之岁孟春，大云峰长老迈吉祥钦奉皇帝明命，撰述《至元辩伪录》，奏对天颜，睿览颁行，入藏流通。原其所自，乙卯间道士丘处机、李志常等，毁西京天城夫子庙为文城观，毁灭释迦佛像、白玉观音、舍利宝塔，谋占梵刹四百八十二所，传袭王浮伪语老子八十一化图，惑乱臣佐。时少林裕长老率师德诣阙陈奏，先朝蒙哥皇帝玉音宣谕，登殿辩对化胡真伪,圣躬临朝亲证,李志常等义堕词屈。奉旨焚伪经,罢道为僧者十七人,还佛寺三十七所。党占余寺,流弊益甚。丁巳秋,少林复奏,续奉纶旨,伪经再焚,僧复其业者二百三十七所。由乙卯而辛酉凡九春,而其徒鼠匿未悛,邪说诣行,屏处犹妄,惊渎圣情。由是,至元十八年冬,钦奉玉音颁降天下,除《道德经》外,其余说谎经文尽行烧毁。道士爱佛经者为僧,不为僧道者娶妻为民。当是时也,江南释教都总统永福杨大师琏真佳大弘圣化,自至元二十二春至二十四春凡三载,恢复佛寺三十余所,如四圣观者,昔孤山寺也,道士胡提点等舍邪归正、罢道为僧者,奚啻七八百人。挂冠于上永福帝师殿之梁栱间,故典如南岳山之券,为事伪者戒。试尝考之,自大教西来,汉明帝迎摩腾、竺法兰二师于洛阳,五岳道士褚善信等上表讥毁佛法,当时筑坛以佛道二经焚之,道经悉为灰烬,佛经放光无损。尊者踊身作十八变,有'狐非狮子类,灯非日月明'之至言。道士为僧者不可胜数。如寇谦之矫妄,崔浩惑魏太武,而崔浩卒以族诛;昙谟最之挫屈姜斌,斌流于马邑;齐昙显之愧陆修静。唐总章元年,法明辩化胡之伪,敕搜聚天下化胡经,抑尝火其书矣。由古而今,历代帝王之制,斯可忽诸?盖世尊等视三界众生由如一子,弃背大觉,是子背其父也。子背其父,是自昧其所天也。且师老子者道德二篇,以清虚澹泊、绝世弃智立其宗,隐居以求其志,翛然无为尔。今盗名之徒,丛啸党援,假立冠褐,峻侈宫观,苟世利养,岂老氏之用心哉!况老氏谓:大辩若讷,大巧若拙。辩者不善,善者不辩。勿矜勿伐,抱一为天下式。而占毁佛寺,窃经扇化胡之伪,是若拙若讷欤?是善者不辩欤?师老子而违其术,亦复违其自宗矣。若嫡师于老子者则弗为也,过归末流尔。虽然,麒麟至于走兽,凤凰至于飞鸟,兰蕙至于薰莸,栴檀至于秽壤,则世未有舍凤凰麒麟之瑞、兰蕙栴檀之馨,而惬走兽飞鸟之常、薰莸秽壤之垢者,人心天理爱恶之所同也。奈何菽麦未析而甘事于伪妄不实之教,复夸诞其浮辞,侮慢大觉,讪毁至圣,而弗惮三涂之沦溺乎?斯《辩伪录》之正名教,造理渊奥,排难精明,凛乎抗凌云之劲操,坦然履王道之正涂,而隄备后世之溺于巨浸者,其为言也至矣。盖有伪则辩,无伪则无辩,岂好辩哉!弘四无碍之辩者,迈公之德欤。言之者无罪,闻之者足以戒,故我皇金言喻辞曰:'譬如五指皆从掌出,佛门如掌,余皆如指',信乎王言如丝,其出如纶,明逾日月,坚逾金石,为万世之龟鉴,则斯录岂小补哉!"(《全元文》第11册,第199—201页)

张宗演卒。

按:张宗演(1244—1291),字世传,号简斋。信州贵溪人,正一教三十六代天师。至元十三年(1276),元世祖平江南后遣使召见张宗演,后赐"演道灵应冲和真人",并领江南诸路道教。至元二十八年(1291)卒。生平事迹见于刘壎《嗣汉三十六代天师简斋张真人墓志铭》、《元史·张宗演传》。

王思诚(1291—1357)生。

元世祖至元二十九年
壬辰　1292年　44岁

王恽上万言书,极陈时政。
　　按:王恽《万言书》:一曰"议宪章以一政体",二曰"定制度以抑奢僭",三曰"节浮费以丰财用",四曰"慎名爵以揽威权",五曰"重廉司以励庶官",六曰"议保举以核名实",七曰"设科举以收人材",八曰"试吏员以清政务",九曰"恤兵民以固邦本",十曰"复常平以广蓄积",十一曰"开屯田以息远饷",十二曰"息远略以抚已有",十三曰"感和气以销水旱",十四曰"崇教化以厚风俗",十五曰"减行院以一调遣",十六曰"绝交贡以示旷度"。(王公孺《大元故翰林学士中奉大夫知制诰同修国史赠学士承旨资善大夫追封太原郡公谥文定王公神道碑铭》,《全元文》第13册,第258页)王恽《万言书》,条陈时政,"在将以'大定之治'为代表的金朝行汉法方针作为元朝楷模的基础上",以奏疏"援引金朝具体的制度典故,建议元朝借鉴包括金朝经验在内的前朝故典为己所用"。(张宝珅《典范与前戒:元代前期北方士人的"以金为鉴"思想与实践》,《首都师范大学学报(社会科学版)》2023年第6期,第37页)

吴澄五月与程钜夫、邓闻诗同往虞汲家观《赵千里义鹘行图》。
　　按:赵千里(1127—1162)乃南宋著名画师,是年,程钜夫"与胡袛遹、姚燧、王恽等十人赴阙"(危素《大元敕赐故翰林学士承旨光禄大夫知制诰兼修国史赠光禄大夫大司徒上柱国追封楚国公谥文宪程公神道碑铭》,《全元文》第48册,第434页)。寓居于崇仁的虞汲为程钜夫饯行,邀请程钜夫、吴澄、邓闻诗在吴城山观赏赵千里绘制的《义鹘行图》,事见程钜夫为《义鹘行图》所作跋文。
　　又按:程钜夫《跋虞子及家藏赵千里义鹘行图》载:"义鹘事,子美得之樵夫,传至今,以子美诗故。使不遇子美,一时且泯没无闻,况可垂千年乎?然则未可薄待世之人,以为不鹘若也。有如此鹘而名湮没者,盖亦多矣。悲夫,事固系乎其所遇也。夷齐,亘古今义人也,遇夫子而名始彰。虽然,夷齐岂求名于后世哉。虞子及家宝藏此卷,盖赵千里所画。至元壬辰夏五,余如京师,子及远饯,袖以见示,与邓闻诗、吴幼清同观于吴城山之寓舍,三复嘉禾叶侯跋语,简而有味,无庸复赘辞。以子及之请也,聊署纸尾而归之。时月。离于毕,程某识。"(《全元文》第16册,第168页)

吴澄十月为黄申作墓碣铭。

按:黄申,乐安县县丞,至元二十八年(1291)卒,吴澄受抚州路总管府事史侯之请为黄申作墓碣铭。吴澄《乐安县丞黄君墓碣铭》文云:"君隆州井研县人,讳申,字酉卿。弱冠以《春秋义》贡礼部,比壮再贡。戊午出蜀,依叔父于南康。旅且贫,急就禄。己未廷试对策,特奏名,授迪功郎、江州德安尉。官满,转修职郎、抚州乐安丞,需次闲居,当路命摄县主簿、州司理,又兼提点刑狱事,多所辨明,冤者获伸。乐安之政廉谨如初,以恩升从事郎。丞相江公万里、提刑黄公震,宋末号名人,不轻许可者,称君坚壁御贫,明洁无私,其言足征云。盖惟怯于利者能勇于义,君尝与予言蜀被兵时,一守臣先出其帑,榜其门曰:'一身留许国,诸子用传家。'其年将变,君悉遣家人远避,而身自留于官,借予一力给使,纷扰之际亦逃,惟一犬随,君作传纪其事。"(《全元文》第15册,第473—474页)

吴澄于此年前作《送孔教授归拜庙序》为孔文定送行。

按:吴澄此文并未记载时间,但据应节严作于至元二十九年(1292)的《重建大成殿记略》一文来看,当时就有名为孔文定的温州儒学教谕:"力是役者教谕郭符高、潘希文、孔文定。至元二十九年四月日记。"(应节严《重建大成殿记略》,《全元文》第31册,第66页)可知至晚至于至元二十九年孔文定已任职温州,所以吴澄为孔文定作文送行之时应定在此年前,故暂系于此。孔文定是元代温州平阳孔氏成员,在南宋末年以孔子贵胄补国学弟子员,入元之后直授南康路儒学教授,秩满后调任温州路儒学教授。"元代对孔子圣裔备极尊崇,不仅将孔子嫡系子孙封为衍圣公,孔子后裔还可优先担任各地学校教官","平阳孔氏是后唐同光二年自曲阜避乱来平阳的孔桧的后代","作为流落江南的圣裔受到元朝政府和衍圣公承认,子孙中多有以学官出仕者"。(陈彩云《元代温州研究》,第231页)

又按:吴澄《送孔教授归拜庙序》载:"昔朝议大夫孔宗翰叙家谱,闵其宗族之贤俊多所遗。仁矣哉,朝议公之心也!孔氏居江南者有临江之族,在宋以三仲显;有温州之族,盖自后唐同光年间讳桧者厌中土之乱,避地吴越,家于温之平阳。越十有三世,其孙文定少时以孔氏胄试补国学弟子员,后授初阶官。未及仕,入国朝,为南康路教授。有文有学有时,才可为当世用。

官满再调,例当膺民社之寄,诠曹屈之,复俾教授于温,公议咸为君嗛,予独以为不然。吾夫子之教,素其位而行,不以获乎外者为轻重。教授官虽卑,职则儒师职也。试能得英才而教育之,以称明时兴文右儒之意,其功异于他官奚翅百倍!君家于温,而淑温之士,闾闾然、彬彬然浸用丕变,温其不为小洙泗矣乎?然则斯官何可少也?况今之屈讵知不为后之伸哉?虽然,君子无容心焉,泰然安之,以俟命而已矣。予之所期于君者大,与人之所嗛者固不同也。毋以人之所嗛者自沮,而以予之所期者自壮且自励可也。是行,归拜曲阜坟庙,当以予之言质正于宗家父兄,其然乎否。夫朝议公之于宗族也,恻然念已往者之无闻,接乎耳目者又当何如也?今无朝议公则已,如有,有不为君恻然者哉?"(《全元文》第15册,第97页)

叶李卒。

按:叶李(1242—1292),字太白,一字舜玉,杭州人。南宋时与同舍生康棣而下八十三人上书攻讦贾似道。至元十四年(1277)授奉训大夫、浙西道儒学提举。至元二十三年(1286)应程钜夫"江南访贤"入京,后授资善大夫、尚书左丞,"凡庙学规制,条具以闻,帝皆从之"。他重视商业,定至元钞法,主张"至元、中统二钞并行"(侯厚吉《元代叶李的货币管理思想》,《中南财经大学学报》1996年第5期,第79页)。至元二十九年卒。生平事迹见于黄溍《跋右丞叶公上书副本》、《元史》卷一七三《叶李传》。

宋聚(1292—1344)、郑元祐(1292—1364)生。

元世祖至元三十年
癸巳　1293年　45岁

吴澄十月至建昌探望程钜夫。

按：程钜夫此年"授正议大夫、福建闽海道肃政廉访使"（危素《大元敕赐故翰林学士承旨光禄大夫知制诰兼修国史赠光禄大夫大司徒上柱国追封楚国公谥文宪程公神道碑铭》，《全元文》第48册，第434页），自京师归江西建昌。吴澄遂前往建昌探望程钜夫，并携带杨扲卿所述杨庭杰遗事与王安石遣妾事迹的书卷，与程钜夫共观。事见程钜夫所作跋文，《跋静恭杨文安公庭杰遗事》载："今年归自京师，幼清来相劳苦，视其箧有见山公之子焱翁所述文安公遗事，与王文公遣妾事大类，然一出真实，无毫发矫亢意，或又过之。……至元癸巳阳月下弦，广平程某识其末。"（《全元文》第16册，第169页）

吴澄在程钜夫家为医人陈良友作赠序。

按：据吴澄记载，他客于程钜夫家时，识临川医人陈良友。程钜夫让吴澄一同作诗，吴澄作《赠医人陈良友序》，又附诗系于序后。

又按：《赠医人陈良友序》载："临川良医陈良友，种德三世矣。医不择家之富贫，不计赀之有无。一旦，其里之恶少以重役敛之，与语未及酬，则推而内之沟，折两股。虽断续益损，竟不复常。至今杖而行，倚而立，不能坐。或谓：'为善如此，而获报如此，施者其怠乎？'良友不然，益自誓，以济物为己任，至感于神明，形于梦寐。日理丹鼎药裹，孳孳若不及，慊慊若不足。吁，贤哉！于是肃政廉访使程公作诗以美之，命其客吴某同作，而又为之序。直躬为惠不为贪，股折肱存幸未三。施报稍乖疑有怠，精坚自誓转无惭。人虽微疾肯坐视，药试奇功在立谈。丹候孰知消息事，相逢一笑问图南。"（《全元文》第14册，第143页）

吴澄与程钜夫共观段郁文所赠书。

按：据程钜夫《段郁文诗序》言，他自京师归还江西后，曾与吴澄夜谈"当途学士大夫"，而吴澄盛赞段郁文为人："抵舍与旧友吴幼清夜语，因及当途学士大夫。幼清语余曰：'方今段郁文其人也。'幼清介士，少许可言，盖不妄。余于是又知其学。"（《全元文》第 16 册，第 128 页）吴澄《与段郁文书》称，他在程钜夫处观得段郁文所惠程钜夫之书信，作《与段郁文书》以赠。文章表达了对段郁文刚正公廉的赞许，以及仕途崎岖的惋惜："近于盱江睹所惠雪楼书，陈谊甚高，爱悦罔已，欲一见，遽使问夫子何为，则追之不及矣。……盖以刚正公廉，有志立身立事以自见于世者，足下其人也。直道难容，于己何慊？仕途崎岖，是固有命，所谓'博悬于投不在德'。愿益自勉自励，为天地间好人，勿以州县之劳自沮，幸甚。"（《吴澄集》，第 249—250 页）

又按：关于段郁文的生平记载极为罕见，仅从刘辰翁的《送段郁文序》可知段郁文为东平人士，是元代较早北人南下的汉人群体之一："郁文段君以东平书生为吾州知事，数相过，论文说诗，气相同，甚善。然北来马上，君独守文饰吏，视书如律，得不迂滞疏废。吾南士，政坐此。他日闻某事某事强人意，必郁文。"（《全元文》第 8 册，第 543 页）

吴澄为吴叔震作祭文。

按：是年，吴澄好友吴叔震卒，吴澄作祭文表哀恸之情："吾自丙戌与兄交际，知无不言，言无或避。于今八年，首末无二。今夏吾疾，兄念之至；兄疾数月，吾不谨视。初期兄之有瘳，岂料竟此而长逝？负于幽冥，抱恨积愧。呜呼！昔兄于吾，孰不筹议？今吾于兄，宁敢遗坠？（吴澄《祭吴叔震文》，《全元文》第 15 册，第 670 页）

刘因卒。

按：刘因（1249—1293），字梦吉，号静修，保定容城人。初从砚弥坚学，后于赵复处习周、程、张、邵、朱、吕之书。至元十九年，擢拜承德郎、右赞善大夫，未几归。至元二十八年征为集贤学士、嘉议大夫，不久辞官归。三十年夏四月十六日卒于容城。著有《丁亥集》五卷、《四书集义精要》、《易系辞说》、《小学四书语录》，又有文集十余卷。生平事迹见于苏天爵《静修先生墓表》、《元史》卷四六二、《宋元学案》卷九一、《新元史》卷一七〇。

又按：《宋元学案》专辟《静修学案》，将刘因与许衡、吴澄并列为元代三大学者。与同为北方学者的许衡相比，刘因尤以"涵养德性"的修养工夫为高（黄宗羲著，全祖望补修，陈金生、梁运华点校《宋元学案》卷九一《静修学案》，第 3021 页）。吴澄弟子苏天爵《静修先生刘公墓表》将刘因与吴澄视为南北士人的代表，并称吴澄于元代七人中最称许刘因："吴公于海内诸儒最慎许可,独知尊敬先生,岂其问学出处道同而志合欤！当国朝龙兴之初,岁在己酉三月,先生生于保定,吴文正公亦以是岁正月生于临川。是时南北未一,天已生斯大贤,他日辅赞国家文明之治。吴公年八十余方终,著书立言,盛传于时。先生早岁去世,虽不及大有著述,然风节凛凛,天下慕之,扶世立教之功大矣。"(《滋溪文稿》卷八,第114页)

元世祖至元三十一年
甲午　1294年　46岁

正月，元世祖忽必烈病逝。

按：《元史》载："（三十一年）帝崩于紫檀殿。在位三十五年，寿八十。亲王、诸大臣发使告哀于皇孙。乙亥，灵驾发引。葬起辇谷，从诸帝陵。……丙午，中书右丞相完泽及文武百官议上尊谥。壬寅，始为坛于都城南七里。甲辰，遣司徒兀都带、平章政事不忽木、左丞张九思，率百官请谥于南郊。五月戊午，遣摄太尉臣兀都带奉册上尊谥曰圣德神功文武皇帝，庙号世祖，国语尊称曰薛禅皇帝。……世祖度量弘广，知人善任使，信用儒术，用能以夏变夷，立经陈纪，所以为一代之制者，规模宏远矣。"（《元史》卷一七《世祖本纪》，第2册，第376—377页）

四月，铁穆耳即皇帝位，是为元成宗。

按："世祖忽必烈死后，宗室诸王会集上都，议立新君。当时皇位的主要争夺者是真金长子晋王甘麻剌和三子铁穆耳，由于兄弟二人势均力敌，历经三个多月仍无法确定皇位继承人。就在这一关键时刻，御史中丞崔彧将一枚据说是得自木华黎后人家中的传国玺献给铁穆耳的生母皇太妃，铁穆耳最终在重臣伯颜和玉昔帖木儿的支持下得以继位，是为成宗。……崔彧献秦玺，分明是临时应急之举，当时翰林学士承旨董文用的一番话说得相当露骨：'斯玺也，自秦迄今千六百余载，中间显晦，固为不常。今者方皇太孙嗣服之际，弗先弗后，适当其时而出，此最可重者。'可见这秦玺是怎么回事儿了。"（刘浦江《"五德终始"说之终结——兼论宋代以降传统政治文化的嬗变》，《中国社会科学》2006年第2期，第185页）基于"御史中丞崔彧进传国玺"（陶宗仪著，徐永明、杨光辉整理《南村辍耕录》卷之二十六"传国玺"，浙江古籍出版社2014年，第626—627页）在铁穆耳继承皇位时的突出作用，铁穆耳即位以后，很快就有任用汉法的举措。

五月，改詹事院为徽政院。

按：黄溍《资正备览序》载："前徽政院纪源之书，部帙汗漫而序述弗详。

披阅再四,莫得其要领。盖设官之始,在东宫则曰詹事院,在东朝则曰徽政院,互为废置。间尝改建储庆使司及储政院而詹事、徽政之所掌悉隶焉。今天子始赐名资正院,以奉中宫。"(《黄溍集》卷一一,第402页)詹事院为元代辅佐皇太子的机构,本质上是"皇太子真金的斡耳朵管理机构",真金去世后,真金妻子阔阔真"依照蒙元守宫制","管理丈夫生前留下的隶属于詹事院的投下事产",遂有依照汉地传统将詹事院改名徽政院,徽政院遂成为"元代中后期隶属当朝皇太后的内廷家政机构"。(李心宇《元代徽政院研究》,《元史及民族与边疆研究集刊》第四十辑,第75—90页)

七月,诏中外崇奉孔子。

按:《庙学典礼·崇奉孔祀教养儒生》载:"至元三十一年七月日,皇帝圣旨谕中外百司官吏人等:孔子之道,垂宪万世,有国家者,所当崇奉。曲阜林庙,上都、大都、诸路府、州、县邑应设庙学、书院,照依世祖皇帝圣旨,禁约诸官员、使臣、军马,毋得于内安下,或聚集理问词讼、亵渎饮宴、工役造作、收贮官物等……"(《庙学典礼》卷四,第85—86页)

又按:元成宗此诏一出,全国各地即兴起修建孔子庙及书院的风气。曲阜最早兴起修建孔庙的风向(阎复《曲阜孔子庙碑》),随后如福建兴化路(程钜夫《兴化路重修夫子庙碑》)、淇州(张从《淇州儒学文庙之碑》)、济南济阳(李谦《赡学田记》)、浙江新昌(吴天雷《重建大成殿记》)、河南黎丘(赵从智《黎丘重建庙学之碑》)、江陵(江公望《重修公安县儒学记》)、陕西榆社(贾景严《重建文庙记》)、河南中牟(张舜元《至圣文宣王庙记》)、山东长清(赵文昌《长清县学田碑记》)、上都(许有壬《上都孔子庙碑》)、涪陵(贾元《涪陵学宫碑亭记》)等都有相关记载,称当地应成宗诏令"设庙学书院"。

又按:江西亦有应诏重建孔庙的动向,并且对于孔庙的修建往往是当地汉人和其他民族人士共同完成。如至元二十三年受荐于程钜夫的曾冲子作《重建儒学记》,记载当年江西金溪崇儒举动便为金溪县丞兼济南人士吴瑾、邑长驴驴、尉马思温等人共同商议:"皇帝御极之初,诏曰:'孔子之道,垂宪万世,有国家者,所当崇奉,猗与盛哉!'畴敢不对扬丕显休命?金溪抚壮邑,实为文安陆先生之乡。学宫在城南,王令尹衡仲,迁于晁公诗九经堂之故址,且百余年。前虽屡修,止完葺涂墁,莫敢改为。济南吴公瑾来为丞,乃与邑长驴驴,尉马思温议新之。白之府,府委丞专其事。于是凿土拓基,萃石聚木,以己俸率役,而章逢助焉……建学以体朝廷尊道之意,则又其大者。"(《全元文》第8册,第71—72页)

李孟被选为武宗、仁宗之师。

按：黄溍《元故翰林学士承旨中书平章政事赠旧学同德翊戴辅治功臣太保仪同三司上柱国追封魏国公谥文忠李公行状》载："三十一年，成宗皇帝临御，首命询访先朝圣政，以备史臣之纪述。公过关中，陕西行省因俾公与诸儒讨论，汇次成编，驰乘传以进。时武宗、仁宗俱未出阁，徽仁裕圣皇后求名儒职辅导，公首当其选。"（《全元文》第30册，第41页）

张留孙善事铁穆耳。

按：袁桷《有元开府仪同三司上卿辅成赞化保运玄教大宗师张公家传》载："三十一年，上不豫，遣内侍谕隆福太后曰：'张上卿，朕旧臣，必能善事太子。'太子繇军中归，即帝位，是为成宗皇帝。成宗慕道家说，薉祀弥盛。在宥十年，岁辄祠上帝，侈甚，秘祝御名，皆上所自署。"（《袁桷集校注》卷三四，第1567页）

杨桓建言"行诰命以褒善叙劳"。

按：《元史》载："成宗即位，桓疏上时务二十一事：一曰郊祀天地；二曰亲享太庙，备四时之祭；三曰先定首相；四曰朝见群臣，访问时政得失；五曰诏儒臣以时侍讲；六曰设太学及府州儒学，教养生徒；七曰行诰命以褒善叙劳……"（《元史》卷一六四《杨桓传》，第13册，第3853页）"行诰命以褒善叙劳"是指杨桓建言元廷要遵守古制，重新在宣敕文书里书写典雅的诰文，用来奖赏士人。这反映出元朝诏敕制度的演变。元初的宣敕概念"直接源于金制"，"在授某人某官职的基本内容之前，还有会一段由词臣专门起草的骈俪文字，铺张典故，申明勉励或训诫之意，称为'诰'"，"后来情况逐渐发生了改变，宣敕文书不知从何时开始，除去极个别'有特旨'者外，已不再包括诰文"。（张帆《元朝诰敕制度研究》）因此杨桓建言的"行诰命以褒善叙劳"便是主张重新恢复诰文的书写。

又按：对于元朝宣敕文书制度的改变，吴澄《跋娄行所敕黄后》亦云："今日六品官以下，所授敕牒与前代敕牒其文同，其用黄纸书亦同。然昔也有敕，而又有诰，今则无诰，而但有敕，存之可以考古今沿革之殊，可以表子孙保守之谨。"（《全元文》第14册，第602—603页）可以说，"由于授官宣敕中已不包括排比铺叙的诰文，而是径直书写授某人以某职，一吏足以经办，不再需要文士的构思起草，它也就失去了作为一种文学作品收入文集的价值"。（张帆《元朝诰敕制度研究》，《国学研究》第10卷，北京大学出版社2002年，第107—158页）

吴澄正月随程钜夫如福州。

按：程钜夫至元三十年（1293）"授正议大夫、福建闽海道肃政廉访使"

（危素《大元敕赐故翰林学士承旨光禄大夫知制诰兼修国史赠光禄大夫大司徒上柱国追封楚国公谥文宪程公神道碑铭》，《全元文》第48册，第434页）。是年，程钜夫上任，吴澄受程钜夫邀请共同前往福州。危素《年谱》载："三十一年甲午（以上皆元世祖朝，正月甲子如福州，程文宪公为福建闽海道肃政廉访，使迎至焉）。"

吴澄向程钜夫推荐宜黄邹次陈。

按：程钜夫《书邹次陈所藏先世告身后》载，他前往福建时，宜黄邹次陈相送："癸巳冬入闽，获与公之七世孙次陈偕，叩其家世，乃知公之后以名登于礼部、吏部者累累有之，且出公提刑告身及初任太和主簿告身示余。余于是重有感也。"（《全元文》第16册，第170—171页）而邹次陈与吴澄在南宋咸淳年间就已有诸多交往（前已载）。按照程钜夫的说法，他与邹次陈是初见，极有可能是吴澄推荐二人认识。

吴澄与随侍程钜夫的乐晟交往。

按：乐晟，字幼诚，抚州宜黄人，是北宋乐史的后裔。乐晟随侍程钜夫于福州，吴澄得以与其交往。吴澄《送乐晟远游序》载："吾乡侍郎乐公《寰宇记》一书行天下，然不深考，亦未有知其书之精者。……晟字幼诚，亦其苗裔也。好吟咏，多伎能。往年事今翰林学士程公于闽中，公甚器重之。"（《吴澄集》，第608页）

吴澄在福州与教谕孙诜交往。

按：吴澄在福州，与当地教谕孙诜交往，探讨《诗经》"风雅颂"的归类问题。吴澄《答孙教谕诜书》记载："澄取交于四方有季矣，今兹来闽，获见足下，亦半世一奇遇。……且承惠教讲义三篇，俾之评论……今若曰《七月》本可列于《雅》，然《雅》有'笃公刘'矣，故寘之《豳风》；《生民》本可以列于《颂》，然《颂》有'思文后稷'矣，故置之于《雅》。如此，则是《风》、《雅》、《颂》初无一定，由人以意安排也。《七月》乃夏时之诗、豳国民俗所作，自当为《风》。其后周公取其诗以教成王，俾知先公风化之由、周家王业之始，非周公追想当时民俗于千载之后而拟作也。《生民》乃祭姜嫄之后饮酒受釐时所歌，施于人而非施于鬼神者，自当为《雅》。盖祭祀之时，歌之于鬼神者，《颂》诗也；受釐之时，歌之于生人者，《雅》诗也，况《颂》诗与《雅》诗之体制亦自判然有不同也。"吴澄又对圣贤博文约礼之方法加以细究："博文约礼者，圣贤相传为学之方也。自周以来千五百余季，而后其传续。又自周、程、张子以来至朱子殁，而其学失。近世家藏朱子之书，人诵朱子之说，而曰其学失，何也？非复圣贤博文约礼之学也。夫以约礼为事者，诚不多见；以博文为事者，未尝无也。而曰非复圣贤之学，何也？穷物理者多不切于人伦日用,析经义者亦无关于身心性情。如此而博文,非复如夫子之所以教、颜子之所以学者矣。而真能穷物理、析经义者,抑又几何人哉?"(《吴澄集》,第240—241页)

吴澄十一月初二还抚州。

按:危素《年谱》载:"三十一年甲午(……十一月戊申还家)。"

程钜夫约于是年作《论行省》。

按:行省制度开启于元朝,并深刻影响了此后中国的行政体制。虞集《江西行省平章政事伯撒里公惠政碑》云:"国家置中书省以治内,分行省以治外,其官名品秩略同。所以达远迩,均劳佚,参错出入,而天下万方如指诸掌矣。是故匡卫无缺,则宵旰纾其忧,顾豪发有间,则举体为之不宁,藩辅之寄岂不重哉?"(《全元文》第27册,第251页)《元史》载:"行中书省,凡十,秩从一品。掌国庶务,统郡县,镇边鄙,与都省为表里。国初,有征伐之役,分任军民之事,皆称行省,未有定制。中统、至元间,始分立行中书省,因事设官,官不必备,皆以省官出领其事。其丞相,皆以宰执行某处省事系衔。其后嫌于外重,改为某处行中书省。凡钱粮、兵甲、屯种、漕运、军国重事,无不领之。至元二十四年,改行尚书省,寻复如旧。至大二年,又改行尚书省,二年复如旧。每省丞相一员,从一品;平章二员,从一品;右丞一员,左丞一员,正二品;参知政事二员,从二品,甘肃、岭北二省各减一员;郎中二员,从五品;员外郎二员,从六品;都事二员,从七品;掾史、蒙古必阇赤、回回令史、通事、知印、宣使,各省设员有差。旧制参政之下,有佥省、有同佥之属,后罢不置。丞相或置或不置,尤慎于择人,故往往缺焉。"(《元史》卷九一《百官志》,第2305—2306页)

又按:程钜夫《论行省》文中表达了对于江淮行省"威权太重"、行省丞相"骄倨纵横"的批评,并提议要重设宣抚司,用以限制、规范行省宰相的权力:"窃谓行省,古来宫禁之别名,宰相常议事其中,故后来宰相治事之地谓之省。今天下疏远去处亦列置行省,此何义也?当初只为伯颜丞相等带省中相衔出平江南,因借此名以镇压远地,止是权宜之制。今江南平定已十五余年,尚自因循不改,名称太过,威权太重。凡去行省者皆以宰相自负,骄倨纵横,无敢谁何,所以容易生诸奸弊。钱粮羡溢,则百端欺隐,如同己物。盗贼生发,则各保界分,不相接应。甚而把握兵权,伸缩由己。然则有省何益,无省何损?又其地长短不均,江淮一省管两淮、两浙、江东,延袤万里,都是繁剧要会去处,而他省有所不及其五分之一。如此偏枯,难为永制。今欲正名分,省冗官,宜罢诸处行省,立宣抚司,一浙东西,二江东西,三淮东西,四福建,五广东西,六湖南北。自江淮以南,止并为六个宣抚司。其为宣抚使者,许带旧日相衔。外如诸道宣慰司,今日止是过道衙门,有无不加损益,宜尽行革罢,归其权于宣抚司。凡旧日行省宣慰司职事,皆于宣抚司责办。其江淮诸道军马,分立六个元帅府,但是有宣抚司处便有一个元帅府,管诸万户以下军官,专一讨灭盗贼。如此,军民之事有何乖误,何必令外面权臣借大名分,窃大威权,以恣横于东南哉?"(程钜夫《论行省》,张文澍校点《程钜夫集》卷十,吉林文史出版社2009年,第110页)

苏天爵(1294—1352)、朱德润(1294—1365)生。

元成宗元贞元年
乙未　1295年　47岁

三月，翰林院奏请颁布加强蒙古字学诏令。

按："此诏既表明统治者欲推行蒙古字学的强硬态度，亦反映出其坚持文治的态度。"（邱江宁《元代馆阁文人活动系年》，人民出版社2015年，第221页）《通制条格·蒙古字学》记载具体诏令细节云："羊儿年三月，钦奉系元贞元年圣旨：'翰林院官人每奏："在先薛禅皇帝，蒙古文字，不拣那里文字根底为上，交宽行者。各路分官人每，与按察司官人每一处提调者，好生的交学者……"那般奏来。如今"依在先圣旨体例里，翰林院官人每根底不商量了，蒙古必阇赤休委付者，州里也依那体例委付学正去者。提调的路分里，廉访司官人每，好生的提调者，交学者好生的学呵，依着薛禅皇帝交行来的圣旨体例里，提调来的，则依着那个体例里提调者，文字好生的教学者，教授、学正、必阇赤则依着那般体例里委付着，学文书的其间里不拣谁休入来者"。道来。这般道了呵，不好生的提调呵，文字其间里入去的人每，不怕那甚么？'"（方龄贵校注《通制条格校注》卷第五"学令·蒙古字学"，第244—245页）

元命郡县通祀三皇。

按：《元史·祭祀志》载："元贞元年，初命郡县通祀三皇，如宣圣释奠礼。太皞伏羲氏以勾芒氏之神配，炎帝神农氏以祝融氏之神配，轩辕黄帝氏以风后氏、力牧氏之神配。黄帝臣俞跗以下十人，姓名载于医书者，从祀两庑。有司岁春秋二季行事，而以医师主之。"（《元史》卷七六《祭祀志》，第6册，第1902页）元廷"全国范围内实施了三皇庙制度"，规定在春秋两季组织祭祀医学之神伏羲、神农、黄帝三者（水越知著、石立善译《元代的祠庙祭祀与江南地域社会——三皇庙与赐额赐号》，《宋史研究论丛》，河北大学出版社2007年，第523—549页）。这一制度的出现，源于"蒙古人的重医传统和医者的行业习俗"，这"促成元时三皇神格由上古圣王到医药之祖的转变"（杜谞《由圣到医：元代医祀三皇考》，《江西社会科学》2017年第11期）。

董士选被授资善大夫、江西行省左丞。

按：董士选乃元初北方汉人世侯藁城董氏家族第三代成员，蒙古平宋之后，董士选常年任职南方，乐于"荐拔南北士人，特别是努力调和南北士人之间的矛盾"（黄二宁、唐萌《元代朝廷重臣董士选》，《文史知识》2018 年第 4 期，第 66 页）。吴澄因为董士选的荐拔，得以正式北上任职中央朝廷。这年，董士选被授资善大夫、江西行省左丞，开始以行政长官的身份管理江西。吴澄《元荣禄大夫平章政事赵国董忠宣公神道碑》对董士选平定江西寇乱、治理江西的事迹多有记载："成宗嗣位，授资善大夫、江西行省左丞。赣属县有狂民为乱，公往平之，得所籍乡兵姓名十余万。……公离赣，民数万遮道拜送，曰：'父母生我人于有生之初，今公生我于既死之后。我无以报德，惟天能报公也。'遂立生祠祠公焉。"（《吴澄集》，第 1279—1280 页）

元明善任江西省掾。

按：元明善乃鲜卑族拓跋氏后裔，受到董士选的重用，任职江西省掾。马祖常《翰林学士元文敏公神道碑》载："居岁余，行枢密院辟充令史，故辨章董公士选，实金院事，敬之如宾，不以曹属御之也。董公迁江西行省左丞，复罗致之省中。会赣贼刘贵反，从左丞将兵讨之，擒贼三百人，议缓诖误，得全活者百三十人……"（《全元文》第 32 册，第 480 页）

虞集父子受邀至董士选家塾。

按：董士选任职江西行省左丞后，延请当地著名文士至其家塾，抚州的虞汲父子即受邀在列。《元史·董士选传》载："在江西，以属掾元明善为宾友，既又得吴澄而师之，延虞汲于家塾以教其子。诸老儒及西蜀遗士，皆以书院之禄起之，使以所学教授。迁南行台，又招汲子集与俱，后又得范梈等数人，皆以文学大显于时。故世称求贤荐士，亦必以董氏为首。"（《元史》卷一五六《董士选传》，第 12 册，第 3677—3679 页）《元史》载："左丞董士选自江西除南行台中丞，延集家塾。大德初，始至京师。"（《元史》卷一八一《虞集传》，第 14 册，第 4175 页）

吴澄八月游学豫章。

按：吴澄受西山宪幕长郝文邀请前往豫章教授《易》学。虞集《行状》载："元贞元年八月，游豫章西山。宪幕长郝文仲明迎先生入城，请学《易》。……城中居官之人及诸生，皆愿闻先生一言，请先生至郡学。先生为说'修己以敬'一章，指画口授，反复万余言，听者千百人。有尝用力于斯者，多所感发。"（《全元文》第 27 册，第 171—172 页）揭傒斯《神道碑》载："元贞初，至豫章，宪幕长郝文公迎馆郡庠。朝夕听讲，有所问答《原理》数千言。"危素

《年谱》载:"元贞元年乙未,元成宗朝(八月,如龙兴,游西山□□,江西湖东道肃政廉访使司经历郝文闻公至,来见问《易》,疑数十条,留居郡学,有答问之辞。郝君命吏从旁书之,令学者传录,名曰《原理》。……城中士友及诸生请开讲郡学,公说'修己以敬'章,反复万余言,听者千百,多所感发)。"

又按:郝文,字仲明,元贞初为江西廉访司经历,大德六年(1302)迁江南行台监察御史。《(至大)金陵新志》载:"郝文,征事。大德六年上。"(《(至大)金陵新志》卷六下,清文渊阁四库全书本)郝文本身精通《易》学,他与吴澄就《易》多加探讨,据程钜夫《跋郝仲明御史自叙》记载,吴澄对郝文的学问非常认可:"戊戌(1298),余归自闽,与吴幼清论《易》学,则曰:'江西廉司经历郝君于此用功专而且精。'余骇曰:'吾仲明耶。'余与之共事久,曾微一言及于《易》。仲明之深藏若虚固可喜,而余之暗于知人则甚矣。"(程钜夫《跋郝仲明御史自叙》,《全元文》第16册,第184页)可知对于《易》学的共识是郝文邀请吴澄前往豫章讲学的重要原因。基于对《易》学的共识,郝文将吴澄在豫章讲学时与师生问答《易》学的言语整理成为《原理》,"朝夕听讲,有所问答《原理》数千言","郝君命吏从旁书之,令学者传录,名曰《原理》"。《原理》因此特别反映出吴澄的《易》学思想,以及豫章的后学所接受到的《易》学倾向。(吴澄《原理》,《吴澄集》,第20—25页)

吴澄与江西省掾元明善识。

按:吴澄前往豫章游学后,与时任江西省掾的元明善结识。元明善服膺吴澄之学,终身执弟子礼。虞集《行状》载:"南北学者日众,清河元文敏公明善,时行省掾,以文学自负,常屈其坐人。见先生问《春秋》大义数十条,皆领会。至语之理学,有所未契。先生使读《程氏遗书》、《近思录》,文敏公素读是书,至是,始知反复玩味。他日,见先生曰:'先生之学,程子之学也。愿为弟子授业终其身。'"(《全元文》第27册,第171—172页)揭傒斯《神道碑》载:"省属元文敏公明善,以学自命,问《易》、《诗》、《书》、《春秋》,叹曰:'与吴先生言,如探渊海。'终身执弟子礼。"(《全元文》第28册,第506页)危素《年谱》载:"元贞元年乙未,元成宗朝(……朔南士友问学者众。时元文敏公明善自负所学,论经之次辄屈其坐人,闻公至,质诸经疑难数十条,问《春秋》尤多。公随问剖析,元公大加畏服,以为平生所遇明经之师,未见如先生者。及论性理,未甚领悟,公令其观程子《遗书》及《近思录》。元公尝读是书,至是始潜心力究而有所得。它日谢先生曰:'先生所学,程朱二子所学也,请执弟子礼终身。')。"

吴澄受到东湖书院山长赵文讲学邀请,作《答赵仪可书》。

按:虞集《行状》记载:"城中居官之人及诸生,皆愿闻先生一言,请先生至郡学。"(《全元文》第27册,第172页)即指郡学东湖书院山长赵文邀请吴澄讲学之事。程钜夫《赵仪可墓志铭》云:"国朝,为东湖书院山长,选授南雄郡文学。"(《全元文》第16册,第528页)吴澄《答赵仪可书》亦云:"当路屈耆年硕学,主湖山讲席,而澄以乡里后进,亦将至洪,喜有合并之期。"而吴澄素来敬慕赵文,遂欣然应允。其书全文云:"澄方业举子时,连岁睹荐书策名,若拔颔下髭然,固已竦异。其后潜深伏陝,读书人以《青山初稿》售,乃知向之逐时好者,又转而追古作矣。继又有见焉,而又有加于初,而又知进进之未已也。然兹事大难大难,未尝实用。力者忽之以为易,而孰知良工之心苦哉?建绍以后,可名一家者谁与?昌国正则之上,亦有其人与?迩来举子业废,稍能弄笔遣辞者,英华无所发泄,拈掇小诗之外,间或以此为务。合东西数道,可偻指者不三四,而足下其一也。当路屈耆年硕学,主湖山讲席,而澄以乡里后进,亦将至洪,喜有合并之期。远辱贻书,齿尊而礼卑,不敢当,不敢当。今之学院目为师儒如乡先生足下者有几?此在上所当敬礼、在下所当严事也,而忧于迫,而病于镇服之难,何哉?古之君子有所得于中,充然不渝其乐,外境之变于前,或顺或逆,殆如浮云空华之过目。终身顺适而自乐者未足多,满前拂逆而处之泰然者,深可贵也。足下盖尝以此意论颜子,以论颜子则未当,独不可自受用斯言乎?吾徒以心同、以义合,尚直道而不苟为悦,故虽未见颜色,而不敢隐。不自知其为躁且讦也,足下亮之。它俟面白。"(《全元文》第15册,第25—26页)

又按:与赵文的相识是吴澄生平里非常重要的事,这意味着江西抚州文学与庐陵文学的一次交锋。吴澄深知庐陵文派以"性情"为宗,但与此同时他也认为庐陵文派诗文中的"性情"有"满溢"之嫌,不复诗文温柔敦厚传统法则。吴澄曾评价庐陵后学刘志霖的诗歌是"一时情思因酒而发,浩瀚淋漓,欲禁莫可",而"志霖不自知其多也"。(吴澄《长冈燕饮诗八十韵序》,《全元文》第14册,第291页)因而结识刘辰翁弟子赵文,可以说是吴澄在至元二十五年(1288)左右与刘辰翁相识于皮一荐之门后,与庐陵文派的再次接触。

又按:赵文(1239—1315),字仪可,号青山,庐陵人。赵文乃元代前期南方文坛非常重要的文学理论家和诗文作家。他上承庐陵刘辰翁,下启刘将孙、刘岳申、刘诜庐陵"三刘",是当时所谓江西庐陵文派的中坚人物。(查洪德《赵文的文学理论与诗文创作》,《江西社会科学》2007年第3期)欧阳玄《罗舜美诗序》认为江西庐陵文派的诗风尤以刘辰翁的"奇崛"为宗:"宋末须溪刘会孟出于庐陵,适科目废,士子专意学诗,会孟点校诸家甚精,而自作多奇崛,众翕然宗之。于是诗又一变矣。我元延祐以来弥文日盛,京师诸名公咸宗魏、晋、唐,一去金、宋季世之弊而趋于雅正,诗丕变而近于古。江西士之京师者,其诗亦尽弃其旧习焉。"(《欧阳玄集》卷八,第87页)赵文继承了刘辰翁的诗文主张,尤重"性情"。刘将孙云:"蘨是吾先君子须溪先生与青山赵公相继。今四方论文者知宗庐陵,而后进心胸耳目涵濡依向,无不有以自异。"(刘将孙《赵青山先生墓表》,《全元文》第20册,第426页)

吴澄讲学东湖书院。

按:东湖书院属于豫章郡学,豫章郡有东湖、宗濂二书院,由南宋文人袁燮在嘉定四年(1211)组织修建(袁燮《东湖书院记》,《全宋文》第281册,第225—226页)。虞集《行状》云:"元贞元年八月,游豫章……城中居官之人及诸生,皆愿闻先生一言,请先生至郡学。先生为说'修己以敬'一章,指画口授,反复万余言,听者千百人,有尝用力于斯者,多所感发。"(《全元文》第27册,第172页)危素《年谱》载:"元贞元年乙未,元成宗朝(八月,如龙兴……城中士友及诸生请开讲郡学,公说'修己以敬'章,反复万余言,听者千百,多所感发)。"

又按:创立东湖书院的袁燮乃陆九渊的高弟,他在创办东湖书院时将书院创办宗旨定义为对"吾心"的坚守:"何谓道?曰吾心是也。无偏无党,王道荡荡,无党无偏,王道平平,去其不善而善自存,不假他求,是之为道。……儒者相与讲习,有志于斯,以养其心,立其身而宏大其器业,斯馆之作,固有望于斯也,岂非急务哉!"(袁燮《东湖书院记》,《全宋文》第281册,第225—226页)东湖书院有着"和会朱陆"思想的学术倾向,也有着"传承陆学思想上的重镇"地位。"元代东湖书院山长中多有服膺程朱之学者,多位书院山长与元代大儒吴澄过往甚密,从而在学术倾向上逐渐走向了朱陆同调之路。这在一个侧面也反映了朱陆之后我国理学发展的一个大方向。"(张劲松《南昌县古代书院述略》,《南昌师范学院学报(社会科学)》2018年第5期)

又按:值得一提的是,入元以后,东湖书院学官的来源也呈现多民族的特点。至正四年(1344)东湖书院再次修葺时,执掌书院、参与书院教学事宜之人多为色目人,虞集《新修东湖书院记》云:"至正四年十二月,监宪张掖刘公沙剌班,承天子之命而使于豫章也,始下车,诣郡学而亲教之,又广其事于东湖书院。……董之者,宪史阿里沙王居能、郡别驾孟举、副提学刘嗛、山长梁观先也。起手于三月戊申,竣事于八月丁酉。……礼成,燕于新堂,大合乐,凡宪司之僚佐,至于书吏皆在,行省左丞忽都不丁、参政迷只儿,坐右席。其郎中普达实立、崔从矩,都事暗都剌、刘贞,及其橼史叙焉。寓公致仕之有文学者秘书卿覃怀薛超吾、前临川太守洛阳杨公益、前进士偰直坚与焉。郡府守贰耸吾儿海牙、孟举，提学范汇，及副提学、教授、山长、学正录、训导各有席。乃延郡士之耆熊先生复专席以说经，而赵德、陈琰相次为之宾矣。"（《全元文》第 26 册，第 492 页）

吴澄于此年后作《送娄志淳太初赴石城县主簿序》。

按：吴澄曾在咸淳六年（1270）中与同年举人娄道舆结识（前已载），而娄道舆的侄子娄志淳在入元以后经程钜夫的推荐仕为南岳书院山长，后又任职石城县主簿。吴澄遂作序以赠，即《送娄志淳太初赴石城县主簿序》。（《吴澄集》，第 634 页）

又按：吴澄此文并未记载具体写作时间，仅就文中出现"夫石城……近年隶宁都州，民苦于两属"的信息来看，《元史》记载："元贞元年……戊戌，升赣州路之宁都、会昌二县为州，以石城县隶宁都，瑞金县隶会昌。"（《元史》卷一八《成宗本纪》，第 2 册，第 397—398 页）即是吴澄此文写于石城县隶宁都的 1295 年后，故暂系于此年。

吴澄为康敬德诗集作序，称其诗温柔敦厚，得性情之正。

按：康敬德是吴澄好友郑松的婚兄（前已载），吴澄非常推崇此人的诗歌，与他一同主张"鸣吾天籁，发吾天趣"，反对"局局于体格、屑屑于字句以争新奇"（吴澄《书秋山岁稿后》，《吴澄集》，第 1074 页）的晚唐诗风。吴澄在康敬德七十一岁时受邀为其诗集作序。康敬德生于嘉定十八年（1225），是年七十一岁。吴澄《秋山翁诗集序》载："翁与先君子同年生，其诗自余始生之岁以逮于今，凡四十有七年，为诗始数百篇，中间名人胜士为选其尤，十或存其五六，或存其三四，或存其一二，亦既精矣。然己酉至己巳，安乐之音也，存者无几。丙子以后，所谓哀以思者，乃层见叠出。诗固穷愁发愤而后能多欤？近一二岁，又渐造和平。其亦幸时之稍无事，得生全于天地之间，以自适其性情之正。饥渴之易为饮食如此哉！翁今年七十有一，而诗凡三变，翁不自知其然也，时则然尔。'诗可以观'，信夫！然则翁之诗存，诚足以为观风者之一助，而不能不动观物者之深慨云。翁康氏，字敬德父。温柔敦厚，天质也，非特其诗为然。"（《吴澄集》，第 313—314 页）

王恽约于此年作《慎名爵》。

按：与程钜夫《论行省》相呼应，王恽《慎名爵》强调要减少辅相的权力，张帆认为："王恽与程钜夫虽来自不同地区，站在各自不同的角度上追溯了行省出现的背景，但却殊途同归地强调行省只是一种'权宜'产物，不应成为经久之制。这只能说明行省制度与唐宋以来汉族社会日益强化的中央集权观念确实有很大抵触，并非汉地制度自然发展的结果。然而，类似的反对言论并未起到作用,这是因为行省的确适应元朝统治的特殊需要。作为历史上第一个由北方民族建立的全国统一王朝,中央集权固然要加强,而稳定地方局势的任务则更为迫切。平宋以后江南局势长期动荡,致使元廷必须予各军事占领区以相对集中的事权,以便遇到紧急事变能够迅速决策并付诸行动。任何扯皮、掣肘、推诿现象,都可能造成严重的后果。因此行省才在南方得到了比较充分的发展,为其在全国范围内的定型奠定了基础。即使在江南形势基本稳定、大一统局面完全告成之后,元朝政权的民族色彩也仍然长期保持,民族隔阂长期存在,民族压迫、民族歧视的政策终元一代基本没有改变。这样行省在稳定地方统治方面的特殊价值,显然也并未消失。另外,元朝沿用大蒙古国以来的游牧分封制,大量宗室外戚被分封于漠北和东北地区,在中原又各自领有大小不等的投下分地。对于这些天潢贵胄及其狐假虎威的家臣,一般的地方官府难以治理,非设立位高权重的行省不足以压制。辽阳、岭北两行省的设置,很大程度上就是出于这方面的考虑。最后,元朝疆域辽阔,为汉唐所不及,路府数量繁多,中央很难一一统属。设立数目有限的行省,代替中书省对其力所不及的地区进行管理,中央再从大局上对诸行省实施节制,提纲挈领,纲举目张,确实也是一种具有明显优点的统治模式。凡此种种,都导致过去主要出现于'创造之初'或'衰微之后'的行省(行台省),到元朝演变为'承平之时'的正规典制,从而在中国古代地方行政制度史上产生了重要影响。"(张帆《元朝行省的两个基本特征——读李治安〈行省制度研究〉》,《中国史研究》2002 年第 1 期)

又按:王恽《慎名爵》云:"《书》称官爵天秩,王者不可私以予人。何则?砺世磨钝,鼓舞一世,使天下之人奔走为吾用者,正赖此耳。惟贤惟能,然后授之,尚虑得之轻则视之轻,视之轻则人不重,人不重,君子耻而小人至矣。今四海一家,廓然无事,收揽威权正在今日。朝廷宜重而惜之,不轻与人。谓如李唐季年,使职或带相衔,初无分省实权,何则?既远阙廷,岂容别置省府?所以然者,盖亡金南渡后一时权宜,不可为法。其勋伐者当如汉唐封加官爵,夫有功劳者酬以官爵,有材德者任以职位,此人君御下之术也,未闻以辅相之职为赏功之官者。宜讲明典故,别议施行。"(《王恽全集汇校》卷七九,第 3305 页)

胡祇遹卒。

按:胡祇遹(1227—1295),字绍开,号紫山,又号少凯,磁州武安人。王恽称之"诚经济之良材,时务之俊杰"。中统初辟为员外郎。至元元年(1264)授应奉翰林文字,兼太常博士。后出为河东山西道提刑按察副使。

宋亡后,转任湖北道宣慰副使。至元十九年(1282)任济宁路总管,后升任山东东西道提刑按察使,治绩显著。后召拜翰林学士,未赴,改任江南浙西按察使,不久以疾辞归。祗遹学出宋儒,著述较丰,著有诗文集《紫山大全集》67卷,今存26卷本。卷八有《黄氏诗卷序》、《优伶赵文益诗序》、《朱氏诗卷序》等文,为研究元曲之珍贵资料。明代朱权《太和正音谱》评其词"如秋潭孤月"。卒赠礼部尚书,谥文靖。著有《紫山大全集》。有曲见于杨朝英所辑《乐府新编阳春白雪》中。《全元散曲》存其小令十一首。事迹见《元史》卷一七〇、《元史类编》卷二七、《元诗选·癸集》乙集小传、王恽《举明宣慰胡祗遹事状》(秋涧集)卷九一)。

康里巎巎(1295—1345)、伯颜(1295—1358)生。

元成宗元贞二年
丙申 1296年 48岁

刘六十在江西赣州作乱。

按：《经世大典》载："元贞二年七月，赣州兴国县笼坑民刘六十名季，撰妖言，张伪榜及刘季天旗，自称刘王，刻'皇汉高祖广新之帝'并'行王'二印，设朝殿，开行省，置丞相、左右丞、将军、军头等官，宣言止杀官中人，与张大老作乱。八月，攻吉州永丰。遣江西省左丞董士选讨之。十月，捕获六十，自裁，不死，伏诛。"（赵世延等撰，周少川等辑校《经世大典辑校》第八"政典·招捕"，中华书局2020年，第360页）

又按：时任江西行省左丞的董士选主动请缨平定赣州刘六十，元明善《送董慎斋左丞讨贼》赞道："负剑先驱意气闲，也胜局蹐着儒冠。古来每说从军乐，此去不辞行路难。使节再临民志定，兵锋一举贼心寒。书生奋力效驰逐，要写功名久远看。"（《全元诗》第23册，第18页）

吴澄与董士选相识。

按：虞集《行状》载："董忠宣公士选任江西行省左丞，因文敏得见先生于馆塾，以为平生所见士，未有德容辞气，援据经传如先生者。"（《全元文》第27册，第172页）揭傒斯《神道碑》载："董忠宣公士选时为行省左丞，迎至家，亲执馈食，曰：'吴先生，天下士。'"危素《年谱》载："二年丙申（如龙兴，时董忠宣公士选任江西行省左丞。元文敏公，其客也，辟为椽，以教其子，公觊谒于其馆。董公闻之，亲馈食中堂，颇问经义治道。顾元公曰：吴先生德容严厉，而不失其和，吾平生未之见也）。"

又按：受到董士选的关注与肯定，意味着吴澄仕途经历的真正开始，吴澄弟子苏天爵对此评价到："吴氏学未盛行，首与藁城董公表章之，使大有名于时。"（欧阳玄《元故奎章阁侍书学士翰林侍讲学士通奉大夫虞雍公神道碑》，陈书良、刘娟点校《欧阳玄集》卷九，第115页）

僧梵琦（1296—1370）生。

元成宗元贞三年 大德元年
丁酉　1297年　49岁

四月,朝议御史台官吏选拔制。

按:《元史》载:"中书省、御史台臣言:'阿老瓦丁及崔彧条陈台宪诸事,臣等议,乞依旧例。御史台不立选,其用人则于常调官选之,惟监察御史首领官,令御史台自选。各道廉访司必择蒙古人为使,或阙,则以色目世臣子孙为之,其次参以色目、汉人。'"(《元史》卷一九《成宗本纪》,第2册,第410—411页)元廷御史台官吏选拔对于四等人制的执行非常严格,其中限制各道廉访司需首选蒙古人,如遇阙员的情况才能从色目人中选择,汉人可供参考,而南人仍然不在元廷御史台选择的范围里,可见"元代南人在出仕方面也往往受到排挤"。(余来明《元代科举:种族与文化》,《科举与科学文献国际学术研讨会论文集》上,上海书店出版社2011年,第202页)

董士选拜南台御史中丞。

按:吴澄《元荣禄大夫平章政事赵国董忠宣公神道碑》载:"迁南台御史中丞,入金枢密院事。时军政蠹坏,卒两之长应畀职而无赂者迟迟弗畀,淹滞数百余人,连岁旅食,甚至冻馁乞丐。公视例当予者即日发遣,俾各还营垒。殷辅贪黩不公,悉遭决罚。汰褫校冗滥之员,省征夫重难之役,以纾军力。"(《全元文》第15册,第385页)

又按:董士选任职南台御史中丞,"入奏事,首以先生为荐",极力推荐吴澄,后"及在枢府,又荐之"。正是由于董士选的荐举,吴澄终于授应奉翰林文字、登仕郎、同知制诰兼国史院编修官。

李孟教授时为皇子的仁宗读书。

按:黄溍《元故翰林学士承旨中书平章政事赠旧学同德翊戴辅治功臣太保仪同三司上柱国追封魏国公谥文忠李公行状》载:"大德元年,武宗抚军北边,仁宗特留宫中,公日陈善言正道,从容启沃,多所裨益,受知于成宗,特旨除太常少卿。当国者以公不及其门,沮格不行。改礼部侍郎,命亦中寝。

昭献元圣皇后幸覃怀，公以宫僚从，戢卫卒无敢侵夺民居。在覃怀四年，夷险一节，信任益专。"（《全元文》第30册，第41页）

赵孟頫、邓文原受诏书写金经。

按：元朝蒙古统治者"尊崇释教"之盛，数次组织"金书藏经"活动并聘请南北擅书法之人前往大都抄经，这是南方士人入仕的一种途径。此年赵孟頫便受诏书写金经，杨载《大元故翰林学士承旨荣禄大夫知制诰兼修国史赵公行状》载："大德丁酉，除太原路汾州知州，兼管本州诸军奥鲁劝农事。未上，召金书藏经，许举能书者自随。书毕，所举廿余人，皆受赐得官。执政将留公入翰苑，公力请归。"（《全元文》第25册，第584页）邓文原亦受诏与赵孟頫一同书写藏经，方回《送赵子昂提调写金经》、《送邓善之提调写金经》赠予二人。

又按：方回《送赵子昂提调写金经》：青藜夜照玉堂直，外补已至二千石。不合自以艺能累，天下善书今第一。魏晋力命王略帖，摹临有过无不及。真行草外工篆隶，兼有与可伯时癖。小者士庶携卷轴，大者王侯掷缣帛。门前踏断铁门限，苦向王孙觅真迹。有时乘兴扫龙蛇，图画纸素动成疋。有时厌俗三叹息，何乃以此为人役。如池如沟弃残墨，如冢如陵堆败笔。太湖西畔松雪斋，七弦风清碧山碧。胡为舍此复尘埃，鸣鞭更上金台驿。桃花水肥钓鳜鱼，春雨春风一蓑笠。订讹补讹重缮写，金字琅函较甲乙。白马四十二章来，一大藏今五千帙。北门学士董此事，一儒迥胜缁辈百。考工记属冬官卿，润文使专宰相职。省台要官俱可得，还自管城子中出。精神如玉鬓如漆，天上知己密如栉。右军写经博白鹅，孰与明时见数多。（《全元诗》第6册，第439—440页）

又按：方回《送邓善之提调写金经》：二三十载乡间师，黄纸初除专讲帷。溧阳虽小亦新郡，学廪粗足晨昏炊。曰事未然缺次远，槐宫尚需蝉再嘶。士食天禄行或使，暗中自有神扶持。我昔识君初未髭，犀角双盈方颡颐。饱学武库富蓄贮，粹行桓璧微瑕疵。过市目不视左右，何啻董生园不窥。含章晦美抱素蕴，修之于家朝廷知。一室万里限户阈，脚跟不动名四驰。譬诸丰城瘗宝剑，紫气贯斗当有时。平生识字乃余事，仓颉科斗扬雄奇。饰翠泥金写梵夹，凡善书者能办之。至用儒流董厥役，借此进贤培邦基。晦翁岂止能诗者，澹庵胡公荐以诗。唐柳公权以笔谏，忠鲠随事堪箴规。去去行行勿复迟，未至烹雌炊炭瘃。白玉之堂凤凰池，不着君辈当着谁。（《全元诗》第6册，第440页）

吴澄冬见谌季岩诗风大变，作序以赠之。

按：吴澄《谌季岩诗序》载："丁酉冬见谌季岩诗，咏物工而用事切。谓曰:'诗诚佳。然吟诗必此诗,或非诗人所尚尔。'壬寅春又见之,则体格与昔大异。问曰:'近读何诗?'曰:'简斋。'余曰:'得之矣。'乃题而归其篇。"(《吴澄集》,第322—323页)

吴澄为谢谔《云海众堂记》作跋。

按:吴澄《跋谢尚书墨迹后》载:"宋南渡后,古文清江谢尚书为首称,而其文无集,不可悉见。龙山西福寺,谢公平昔熟游之地。尝为撰《云海众堂记》,文刻在石,而墨迹留寺,中间流落它处。大德丁酉,寺僧克齐再得故物于既失之余,袭藏唯谨,可谓知所重者。齐又医药济人,是能以佛慈惠心为心也。齐之上普慧,通儒佛书,副讲主席;其上师乘,又其上与俱。俱师号不群,乘师号梅山,慧号愚泉,齐号石厓云。"(《吴澄集》,第1257页)吴澄对谢谔十分尊崇,其《乐安重修县学记》有载:"……予稽乐安建学之始,摄尉谢公首为之记,其所期于乐安之士者甚厚。期之以临川之王,期之以南丰之曾,期之以庐陵之欧阳、清江豫章之刘若黄,而犹未已也。将藉之以问津,以诣圣门,以归于仁义道德。不欲今人有愧于古士之自期,其可不如公之所期者乎?呜呼!声利纷争,身外事也。道德仁义,性所固有,求则得之,不待资借于人。振拔而追前辈之高步,谢记已云,予何言哉?本其末而末其本,高其卑而卑其高,非所以答官府修学之意,非所以副朝廷用儒之实也。"(《全元文》第15册,第137页)

又按:谢谔,兼山学派第三代成员。兼山(即郭忠孝)学派谨遵程颐思想,"终始中庸之道,体用之说,实得于心传面命者也"(《宋元学案》卷二八《兼山学案》,第1027页)。有学者认为,兼山"学派的中心迁移至江西,对元初大儒吴澄产生了一定的影响","吴澄学术思想的转变,与(兼山学派第四代成员)黎立武有关联"。(孙劲松《兼山学派考》,《中州学刊》2005年第5期,第130—134页)谢谔古文学习欧阳修、曾巩,为时人称道。杨万里《故工部尚书焕章阁直学士朝议大夫赠通议大夫谢公神道碑》称谢谔古文:"大抵祖欧阳公与曾南丰。……仲秉以古文自命,未尝推表一人。至见此文,读之一过曰:'好。'再过曰:'极好。'三过曰:'此古人之文,非今人之文也。钧也见文集不少矣,而独未见此文,果何代何人作也?'予笑曰:'此古人今在中都之逆旅,将诣曹而觅官。'黄惊曰:'乃今人乎?'……皇矣维宋,奎宿芒动。文儒以光,漂汉涤唐。洛中之程,洞圣之经。南丰之曾,司文之盟。丰祐以降,畴嗣其响。中兴昌辰,谢公其人。摘易之蕴,孝宗下问。优入程域,澄源乎艮。以文而鸣,古文勃兴。"(辛更儒笺校《杨万里集笺校》卷一二一,中华书局2007年,第4693—4695页)

吴澄为萧粹可《粹斋庸言》作序。

按：萧粹可是吴澄好友萧立之的仲子，据吴澄记载，他在与萧粹可结识二十年时受邀为后者的诗集作序："予于赣萧君粹可交游二十载，听其议论，辄推服焉。盖其观书如法吏刻深，情伪立判，搜抉微眇，毫发毕露。有评诗二十余条，曰《粹斋庸言》，乃其善者。机耳如是而观书，真有识者也，非安于陋、喜于凿者也。君名士赟，诗人冰厓公之子，能诗固其余事云。"（《全元文》第14册，第257页）

李孝光（1297—1348）、贾鲁（1297—1353）、吴当（1297—1361）生。

元成宗大德二年
戊戌　1298年　50岁

是年，哈剌哈孙奏建庙学。

按：哈剌哈孙以"京师久阙孔子庙，而国学寓他署，乃奏建庙学。选名儒为学官，采近臣子弟入学"（《元史》卷一三六《哈剌哈孙传》，第11册，第3293页）。

周栖梧为高峰书院山长。

按：高峰书院原为黄榦（号勉斋）在江西临江路新淦州的私人书斋，咸淳九年（1273）程飞卿在书斋的基础上扩建为书院，书院"一以勉斋为法"。大德二年（1298），临川周栖梧奉行省长官命任高峰书院山长，遂对高峰书院进行新修，程钜夫《高峰书院记》详记其事始末。

又按：程钜夫《高峰书院记》载："高峰者，勉斋黄先生晚年所以名斋也。宋嘉定癸酉，勉斋宰新淦，六十年间流风未泯也。咸淳癸酉，先叔父西渠公实来为政，一以勉斋为法，致其尊慕以示风厉。于是捐俸钱三百缗，市曾氏宅一区，为高峰书院。墍屋壁，建门庑，堂设勉斋像。朱子而上别有祠。岁十一月，合九乡之士行乡饮酒礼，至者二百七十有五人。延致徽庵程先生若庸为诸生讲说，一时文物之盛，观听之新，远近相传以为希阔殊尤之举。次年三月，创燕居堂于西，以祀先圣。方将请赐额，储粟以待四方之学者，而不幸以忧去。乃命邑士张元晋、邹奎、董云章相其成。后进士韩谦复相继长之。公起复，佐沿江制阃，又守建昌。归国朝，入觐，为翰林侍读学士。虽去新淦，而高峰未尝不往来于怀也。有之临江新淦者，必嘱之护视。书院之创也，邓氏首助田若干亩。新淦为州，部使者分畀宾贤贡士在官之田，而岁入倍他日，然犹输民田之赋于官。元贞丙申，杨震仲白之当路，转闻于上，而始免输。大德戊戌，临川周栖梧奉行省命来为长，修废补敝，于勉斋祠侧设侍读公祠。又新内外重门，增塑先师、四国公像。更造祭器、燕器，百用以完。相与左右者廖弘毅、杨景困、严志仁、张应枢、杨洪、张戊孙。书来谒记。予昔者盖尝亲见叔父创始之勤，而虑善后者之难其人也。杨君、周君能若是，敢不书以为来者劝。虽然,书院之设,岂徒然哉?西渠希勉斋者也,勉斋希朱子者也,朱子希夫子者也。由勉斋之学溯朱子之学,由朱子之道溯夫子之道,有能一日志于斯事者乎!不然,居于斯、游于斯为之师者,官满而去;为之弟子者,食已而出。今犹夫人也,后犹夫人也,是岂勉斋之所以学于朱子,而西渠公之所以望于后人者哉?大德四年八月朔日记。"(《全元文》第16册,第246—247页)

  吴澄得董士选力荐。
  按:董士选入职江南行台御史中丞后,力荐吴澄于朝。虞集《行状》载:"及在枢府,又荐之。一日,议事中书起立谓丞相曰:'士选所荐吴澄,经明行修,大受之器。论道经邦,可助治世。'平章军国重不灰木曰:'枢密质贵所荐,天下士也。'丞相逮事世祖,亲见用人之道,平章许文正公高第之得其传者,是以知重忠宣之言。"(《全元文》第27册,第172页)揭傒斯《神道碑》载:"董忠宣公士选时为行省左丞,迎至家,亲执馈食,曰:'吴先生,天下士。'董公由南台御史中丞入签枢密院事,荐有道,东平文贞王不忽木曰:'董公不妄举。'方议行用之,会迁御史中丞,寻以疾薨,不果用。"(《全元文》第28册,第506页)危素《年谱》载:"二年戊戌董忠宣公以江南行台御史中丞入觐,改佥枢密院事,力荐公于朝堂,吏颇缓其事。一日,议事都堂,董公起立,语丞相完泽、平章军国重事东平文贞王不忽木曰:'士选所荐吴澄,非一才一艺之能也。其人经明行修、论道经邦,可以辅佐治世,大受之器也。'皆曰:佥院质实,所荐必天下士,何疑焉?'会平章改御史中丞,寻薨,不及用公。"

  吴澄春还家照料母亲。
  按:据吴澄此年为一名为□和卿之人写的信来看,吴澄此前在江州教学,此年春因母疾而请假归养:"昨以母疾请假归养,侍汤药半年之上,竟尔遭丧,以易练服矣,当可给由,惟公其造就之。丧满赴都,必拜庭下而后往也。"(吴澄《答和卿书》,《吴澄集》,第290页)

  吴澄母游氏七月卒。
  按:危素《年谱》载:"七月,母夫人游氏卒。"
  又按:吴澄母亲养病期间,吴澄曾请亦儒亦医的李季度为母亲治病。《李季度诗序》载:"李季度,吾之异姓兄。博览强记,真豪气。数奇不偶,家贫身贱,发于声音,往往泄不平之鸣。才赡思敏,所作诗甚富,存者无几。……季度儒流,傍及方伎,涉猎长生之说,精专救死之术。予昔养亲,每借助焉。"(《吴澄集》,第714页)

又按：吴澄曾为母亲改葬，吴澄《故逸士曹君名父墓表》载："古有改葬礼，盖非孝子所乐。或因水啮墓而改，固不可已；或因葬有阙而改，则不如其已也。昔澄于母丧犯此恶，每一思念，痛恨自讼，无所容其身。自惟不孝于亲，不愿人之如己也，而璧亦为之乎？"（《吴澄集》，第 1378 页）

吴澄此年作《送李雁塔序》。

按：李雁塔乃相师，吴澄与程钜夫当日未发达时遇之于郡市间，因其相人颇准，遂相互成为朋友。吴澄《送李雁塔序》载当日之事："韩子称李虚中以人始生年月所值日辰推人寿夭贵贱，利不利，百不失一二。昔闻其语，未见其人也。岁乙亥，今福建闽海道肃政廉访使程公从其季父官于抚，与余日尚羊郡市间。公与余同岁生，书同岁者四人年、月、日、时就雁塔李君问，君立为剖决无疑思。其一无成而夭，其一有成而虚，其一因人而成也速，其一自立而成也晚。于时君不省余二人为何若人，余二人亦不以君言为然也。后验之，则所谓无成而夭者，不数岁竟死；所谓有成而虚者，时已繇太学成进士，授户曹以归，未几革命，不及仕；所谓因人而成速者，程公也。是岁十二月，公之季父摄守旴，归附，入觐，赏献城功，公以从子得宣武将军、管军千户，既而入质，以文字被眷知，历翰林、秘书、集贤，出为行台侍御史，由侍御史为廉访使。所谓自立而成晚者，余也。自乙亥至今二十余年，于三人无一不验，所不验者，余尔。虽韩子所称李虚中之术，其能有以过是哉？或谓君之验者，尽其术以窥天也；其不验者，不尽其术以悦人也。夫尽其术以窥天，则泄天；不尽其术以悦人，则欺人。君之名日起，而术之行也日广。欺人固不可，泄天亦不可。君其无易其言哉！"（《全元文》第 14 册，第 191 页）

又按：李雁塔收到吴澄记文后又转递给程钜夫，并向程钜夫索诗。程钜夫《雁塔李君携草庐记来索诗戏题二绝》载："看了除书损道心，浮屠何事着虚名。华山处士多闲管，记得麻衣三字评。""君来唤醒少年狂，淡墨春风雁几行。塔顶夜寒星斗近，尚堪为我说文昌。"（《全元诗》第 15 册，第 231 页）

吴澄是年与程钜夫论《易》。

按：程钜夫自福建回到江西后，曾与吴澄谈及郝文之《易》学，吴澄对郝文的《易》学评价甚高。程钜夫《跋郝仲明御史自叙》载："至元丙戌，余待罪南台，始识今监察御史郝君仲明。见其于吏事明而有断，心奇之，而未暇与语也。既而余言事忤时宰，羁留京师，时仲明在内台，间得与语，而未知其学也。戊戌，余归自闽，与吴幼清论《易》学，则曰：'江西廉司经历郝君于此用功专而且精。'余骇曰：'吾仲明耶。'余与之共事久，曾微一言及于《易》。仲明之深藏若虚固可喜，而余之暗于知人则甚矣。……"（《全元文》第 16 册，第 184 页）

吴澄与高峰书院新任山长周栖梧交游。

按：吴澄《阁漕山陵云内集序》载："少时，尝偕丰城孙素少初、乐安周栖梧朝阳自皮氏之家（即皮季贤）至阁漕山，各赋一诗。"（《吴澄集》，第489页）吴澄《孙少初文集序》载："予读丰城孙少初集，其于今虽未至自成一家言，其于昔则固弟陆务观、兄刘潜夫而有余矣。孙氏之族多美才，诗文往往可传。以予所逮见逮闻，未有先于少初者也。"（《吴澄集》，第320页）

又按：四十年后，何中作《题皮季武所抄吴草庐周栖梧孙少初皮季贤四十年前阁皂碧崖联句后》呼应吴澄等人当年共游阁漕山事："皂岭清游记昔年，弥时杰句尽难联。公如乐正超诸友，我似延年咏五贤。自古高才须盖代，无前伟绩定由天。世间何限经纶手，独立苍茫意不传。"（《全元诗》第20册，第287页）

又按：吴澄等所游之阁漕山，旧作阁皂山，以道教闻名，"此山之重，以葛仙而重"。魏晋时期，葛玄曾以此作为得金丹之地："行阁色皂，土良水清，此真仙人之住宅，吾金丹之地得之矣。"（俞策编撰，施闰章修订，傅义校补《阁皂山志》，江西人民出版社1996年，第4页）在阁皂山题诗乃一时风尚，宋代孙偓、李洞、宋齐丘、沈彬、孟宾于、徐铉、陶弼皆有此举。（关于阁皂山的相关论述可参见欧阳镇《论阁皂山成为道教传箓圣地的历史条件》，《祖庭重光——中华道教灵宝文化学术论坛论文集》，宗教文化出版社2017年，第79—85页）玄教道士吴全节曾两至阁皂山，并有诗作，吴澄《跋吴真人阁漕山诗》云："闲闲吴真人，至大、延祐钦承诏旨，两至阁漕名山。天宠焜煌，照耀下土。山之一草一木，靡不衣被恩荣矣。祝釐余暇，泛应从容。珠璧之珍，绮縠之文，灿烂于诗章吟句间，又有以增益其辉光。张君省吾亲受笔墨之教，纸尾拳拳欲省吾不溺于伎，而知进于道，其意盖深远矣哉！"（《吴澄集》，第1169—1170页）

吴澄与周栖筠相交。

按：周栖筠乃周栖梧季弟，后成为吴澄妹婿。周栖筠善作诗，吴澄颇赞赏，其《周栖筠诗集序》云："世有学术贯千载、文章妙一世，而诗语或不似者。唐宋六七百年间，有学有文而又能诗，不过四五人而已，兹事岂易言哉！善诗者譬如酿花之蜂，必渣滓尽化，芳润融液，而后贮于脾者皆成蜜；又如食叶之蚕，必内养既熟，通身明莹，而后吐于口者皆成丝。非可强而为，非可袭而取。栖筠自少壮客游，以诗好，每出一语，何其似也！正而不陈腐，奇而不生硬，淡而不枯槁，工而不靡丽。观其所作，期其所到，殆将梯黄、杜而窥陶、曹，犹慊然不自足。盖其才高，其思清，不待苦心劳力，天然而成。虽得之之易，而能知其难，非真有悟于中不如是。晚年学进乎理，文进乎古，则其诗之

愈超也固宜。"(《全元文》第14册,第366页)

又按：吴澄经周栖筠推荐研读了吴肃的诗歌,盛赞吴肃"学以充其才,理以长其气"以至于"心声所发"的诗风。其《吴伯恭诗序》云："吾犹及见里中甘、许、谢三长者言诗,而吾家周栖筠亦以诗自好。每间谢、周称吴肃伯恭之才,今春留邑,始获见其诗。盖气质刚毅,不为贫贱所移。使易地而处,夫岂淫于富贵、屈于威武者哉！如是而为诗,宜非凡流所可到。而伯恭方且研经务学,以培其本。他日本亦深,理亦明,则其心声所发,理为之主,气为之辅,虽古之大诗人,何以尚兹！虽然,学以充其才,理以长其气,必有事焉,当不但能诗而已。吾其止以诗人期伯恭乎？抑犹有在于诗之外者也。"(《吴澄集》,第480页)

王德渊作《薛昂夫诗集序》。

按：薛昂夫,本名薛超吾,西域回鹘人。他在入元以后迁徙至江西南昌,在大德年间出任江西行省令史。他以色目人的身份,与江西地域的南方汉人交往密切,且拜刘辰翁为师,学习汉文化,可以说是元代多民族互动的一个典型。

又按：王德渊《薛昂夫诗集序》载："薛超吾字昂夫,其氏族为回鹘人,其名为蒙古人,其字为汉人。盖人之生世封域不同,瓜瓞绵亘,而能氏不忘祖,孝也。仕元朝明圣之代,蒙元朝水土之恩,名不忘国,忠也。读中夏模范之书,免马牛襟裾之诮,字不忘师,智也。惟孝与忠、智,根本立矣。文藻柯叶,又何难为？今观集中诗词,新丽飘逸,如龙驹奋迅,有并驱八骏、一日千里之想,振翔顿辔,未见其止。虽然,孔孟生知淑质,学犹有渐,况其下者乎？孔子四十不惑,孟子四十不动心,是四十以前,孔孟犹虑有时而动心矣。昂夫之齿尚少,今甫三十有一,余与期之于十年之后,德充气老,闳中肆外,花殒而实甘,糠扬而米凿,必有非复前日吴下之叹。且金日䃅珥貂于汉,哥舒翰建节于唐,率多武臣,少见文士。昂夫诚能篑进川增,独破天荒,异时列名于儒林、文苑传中,出类拔萃,超越前古,顾不伟欤！"(《全元文》第31册,第18页)

拜住(1298—1323)、李黼(1298—1352)、郑玉(1298—1358)、贡师泰(1298—1362)、周伯琦(1298—1369)、施耐庵(1298—约1370)生。

元成宗大德三年
己亥　1299 年　51 岁

吴澄居母丧。

按：危素《年谱》载："三年己亥居丧。"

元成宗大德四年
庚子　1300年　52岁

元廷诏拟改《至元新格》，未成。

按：三月，元成宗就命何荣祖"更定律令"。《元史纪事本末·律令之定》载："成宗大德四年春二月，命何荣祖更定律令。荣祖上书言：'臣所定者三百八十余条，一条有该三四事者。'帝曰：'古今异宜，不必相沿，但取宜于今者。'诏元老大臣聚听之。未及颁行而荣祖卒。"（陈邦瞻撰，王树民点校《元史纪事本末》卷一一"律令之定"，第84页）大蒙古国建立后一直奉行自身的"大札撒"，但是"从蒙古游牧社会产生的'札撒'，不适用于后来蒙古贵族逐渐征服的汉族农业社会"，因而忽必烈继位后陆续议定了很多新的条格。《至元新格》是至元二十八年（1291）忽必烈命何荣祖编定的新法规，是元朝第一部成文法典。但最终从实际内容来看，"它仅仅是格，基本上没有《唐律》那样的条文"，"它的条文过简，在许多情况下犹如无法一般；而且条格的十事分类，本来也不能包括律的内容"，所以在《至元新格》颁布后不久，就不断有人建议再修一部较为完整的法典。（白寿彝总主编、陈得芝主编《中国通史》第八卷《中古时代·元时期》上册，上海人民出版社2004年，第1001—1004页）

又按：《至元新格》"未及颁行而荣祖卒"，何荣祖卒后，衢州开化人郑介父上书陈述当今刑法混乱的状况："今天下所奉以行者，有例可援，无法可守，官吏因得以并缘为欺。如甲乙互讼，甲有力则援此之例，乙有力则援彼之例，甲乙之力俱到则无所可否，迁调岁月，名曰撒放。使天下黔首茧茧然狼顾鹿骇，无所持循。始之所犯，不知终之所断，是陷之以刑也。欲强其无犯，得乎？内而省部，外而郡守，抄写格例至数十册，遇事有难决则检寻旧例，或中无所载则旋行议拟，是百官莫知所守也。民间自以耳目所得之敕旨条令，杂采类编，刊行成帙，曰《断例条章》，曰《仕民要览》，各家收置一本，以为准绳。试阅二十年间之例，较之三十年前，半不可用矣。更以十年间之例，较之二十年前，又半不可用矣。是百姓莫知所避也。"（陈邦瞻撰，王树民

点校《元史纪事本末》卷十一"律令之定",第 84 页)

董士选拜御史中丞。

按:是年,不忽木卒,董士选接任为御史中丞。董士选上任以后即"决心试行新政、厉为御史台的弹劾之权"(罗玮《元代名臣董士选仕宦生涯考述》,《隋唐辽宋金元史论丛》第九辑)。吴澄《元荣禄大夫平章政事赵国董忠宣公神道碑》详载其事:"会御史中丞博果密卒,朝议难其继。时相有所举用,成宗曰:'廉介公正,谁能出董士选之右?惟此人可。'特授资德大夫、御史中丞,领侍仪司事。公言:昔哈玛特、僧格败,世祖尝责台臣缄默。今御史举劾,必令有司覆实。蒙古翰林院、宣政院及僧司所行多坏法乱纪,而御史台不得预,是沮遏台臣不使之言也,非世祖意。宗正处断大辟,但凭言语口宣,无吏牍可覆视。人命至重,宁无枉滥?合如诸司,详具狱辞。御史台审核无冤,乃可施刑。"(《吴澄集》,第 1280—1281 页)

夏友兰修建鳌溪书院。

按:蒙古统治者对于南方书院的扶持,以及将书院山长、各路教授列为学官的措施,促使"元立国之初即迎来了第一个书院发展的高峰"。同样,"与全国书院发展态势基本吻合,元初抚州书院的发展也迎来了第一个高峰。自元立国(1271)至大德(1297—1307)年间,抚州新建书院 10 所,其中广昌新建有管陶书院,南丰新建有水云书院,黎川新建有西邨书院,宜黄新建有遗安书院、明新堂,南城新建有龙山山房,崇仁新建有正中堂,乐安新建有鳌溪书院、柳堂书院,金溪新建有青田书院。"(张发祥《元代抚州书院述论》,《东华理工大学学报(社会科学版)》2015 年第 4 期)其中鳌溪书院正是在元代支持书院建设的风气下修建的,大德四年(1300),江西士人夏友兰在抚州乐安捐田 500 亩建鳌溪书院,同时还获得县尉明安达儿的支持。可以看到,通过书院建立,江西地方也多呈现多民族士人就县学展开共同合作的情景。而吴澄也多参与书院的建设,并期盼鳌溪书院能够引导学子"研究四书六经,初非记览无益之书以夸博洽、雕琢无用之文以炫华藻而已"。(吴澄《鳌溪书院记》,《全元文》第 15 册,第 304 页)

又按:夏友兰(1270—1312),字幼安,初名九鼎,抚乐安曾田人,后徙兰原。夏友兰年少时同明安达儿共同习于吴澄门下,且"诗文自出胸臆,无一语尘腐。星数、葬法、风鉴、占验等术靡不探讨"(吴澄《元将仕佐郎赣州路同知会昌州事夏侯墓志铭》,《吴澄集》,第 1450—1451 页)。他与吴澄都主张诗文应重性情。吴澄与夏友兰交往甚繁,曾为夏友兰作《更名说》。《宋元学案》将其归入草庐学派:"从草庐先生学。大德中,建鳌溪书院,捐田五百亩以赡学者,行省荐于朝。三觐仁宗于潜邸,赐书院额,授会昌州同知,辞。"(《宋元学案》卷九二《草庐学案》,第3074页)

又按:明安达儿,乐安县尉。《(同治)乐安县志》载明安达儿曾修建了柳堂书院,"在县治东,宋大德中尉明安达儿改建,名梅影书院,元统中尉孔思京增建天光云影斋"(《(同治)乐安志》卷四,清同治十年刻本)。

又按:吴澄的叔父詹叔厚曾受聘为鳌溪书院山长。《宋元学案补遗》载:"詹崇朴字叔厚,安乐人。经义融贯,卓为名儒。大德中,夏友兰建鳌溪书院,吴文正公为作启,请先生主其教事,学者多所成就。所著有《奎光集》藏于家。"(《宋元学案补遗》卷九二《草庐学案补遗》,第5515页)

吴澄六月在咸口之原建正中堂。

按:危素《年谱》载:"四年庚子(六月,作正中堂于咸口之原,长子文治其役堂成,程文宪公为之记,赵文敏公篆其额)。"

吴澄八月释服。

按:危素《年谱》载:"四年庚子(……八月释服)。"

吴澄闰八月得授应奉翰林文字。

按:此年闰八月朝廷已经应董士选的荐举,授吴澄应奉翰林文字。吴澄《赠周文炜序》自述云:"大德庚子,朝廷用荐者言,授某应奉翰林文字。"(《吴澄集》,第675页)危素《年谱》记载吴澄授应奉翰林文字登仕郎在大德五年(1301):"五年辛丑(诏授应奉翰林文字登仕郎、同知制诰,兼国史院编修官,朝廷有诏起公出仕,公不欲赴)。"但实际上,大德四年元廷已经授予吴澄应奉翰林文字,在次年正式执行此事。

又按:目前日本宫内厅书陵部所藏明初刻百卷本《临川吴文正公集》书末附有此年用八思巴字、汉字合璧的宣敕文书。文书汉字敕命标点为:"皇帝圣旨里,中书省牒。吴澄牒,奉敕'可授应奉翰林文字、将仕佐郎、同知制诰、兼国史院编修官。'牒至,准敕故牒。大德四年闰八月　日牒。"并在随后"实行参知政事、左丞、右丞、平章政事、左丞相、右丞相等宰相执政全员押字连署"。据考执政全员为中书参知政事张斯立、中书参知政事迷儿火、中书左丞月古不花、中书右丞八都马辛、中书右丞杨炎龙、中书平章政事赛典赤、段那海、梁俺都剌(梁德珪)、阿鲁浑萨理、中书左丞相哈剌哈孙、中书右丞相完泽。(李治安《元吴澄八思巴字宣敕文书初探》,《元史论丛》第14辑,天津古籍出版社2014年,第39页)

刘将孙作《申屠致远博古堂记》。

按：申屠致远（？—1298），字大用，号忍斋。汴京人，与李谦、孟琪等东平文人齐名。至元二十年（1283）任江南行台监察御史，在大德二年（1298）任淮西江北道肃政廉访司事。与南方文人多有往来。（《元史》卷一七〇《申屠致远传》，第13册，第3988页）申屠致远家族可以说是元代北方文学家族的代表（张建伟《元代北方文学家族研究》，商务印书馆2019年，第32页）。申屠致远卒后，江西文人刘将孙受其子申屠伯骐请求作《申屠致远博古堂记》。

又按：刘将孙《申屠致远博古堂记》载："东平申屠公，往以御史出使江西，一日而斯文生气。当时士大夫幽远传诵，想望风采，恨不得相见。吾先君子须溪先生尤为吾道吾世有斯人。喜山窗袁君自金陵归，又能言谈论气象。一家父子，讲贯琢磨，古书积叠，他无嗜好。名堂'博古'。客来，终日煮茗谈坐，前桥后梓，交发辉映，盖欣然未见如既见也。客有请曰：'博古何如？'则为之言古之不可以不博者。山窗请曰：'是可以为堂记矣。'则曰：'他日未愁也。'绪言如昨，于今距至元甲申相与语时，十有七年矣。而山窗慨然复语此，因俾述为记。志不得辞，则为博古记曰：古之人，古之人未有不博于古者也。计其幼而学之者，无一非此。闻见涵蓄，穷原探本，苟不传习，无问遐僻，取为师友。虽吾夫子之圣，问礼、问乐，且犹之杞、之宋，考征不足，以至问官名而信其学。此在后人，皆以为不必详者。故专车之何异，萍实之何祥，接于目者，如所睹记。想其胸中，包罗搜括，鸿荒以来，开辟而后，人事物理，《书》、《坟》、史乘，横陈历落，触而发者，千百之一二。其不及见而不可闻者，何可测也？"（《全元文》第20册，第273页）

张养浩作《上董中丞书》。

按：张养浩《上董中丞书》极言御史台之职的重要性。这可以看作是董士选任御史中丞后，锐意新政的代言。"元代御史台与中书省、枢密院成三足鼎立之势，权位十分显赫，对保障行政机关的正常运作有重要意义，也正因为这一缘故，御史台的监察工作并不容易开展。监察工作动辄就会触及某些高官显贵的利益，甚至得罪皇帝，因此很容易遭到谣言中伤"。张养浩此上书，"是想通过积极影响董士选而影响元朝的政治"。（马继业《张养浩评传》，济南出版社2009年，第37页）

又按：张养浩《上董中丞书》载："盖闻中外之官，莫要于风宪，亦莫难于风宪。民瘼有所未闻，国政有所不知，奸恶有所不白，设风宪之官使言之，兹非其要欤？其言也，及大臣则大臣待罪，及天子则天子改容，听而信从则留，违而不信不从则洁身纳履而去，兹非其难欤？往者博陵公以搏击之才，挟敢言之气，历事两朝，其事功烨然，至今表表在人耳目。然为小人中伤者凡四五,赖主上圣明,克终厥职。崔之后,特辍先朝旧臣平章军国公不忽木以领之。盖中丞,三品官耳,今乃属之宰相,则其要且难,又非前日之比矣。夫军国为人详慎儒雅,动持大体,而不轻于纠弹。譬之良医治疾,不专伐其邪,惟以滋荣元气为本。切尝合二公论之,其任斯职也,均为得体,非崔之严,人不知台宪之为重;非军国之雅,人不知台宪之为尊。昔郭子仪将河南之军,简号令,摈斥候,人未尝以为缓。及李光弼代之,不一日,斩张用济于辕门,而人亦未尝以为残。何则?处之胥得其道故也。明公忠勋累世,蔚为中朝故剑大臣之家,而又重以力量才猷,足以压服众望。项因中司缺员,中外一辞,皆曰非阁下莫宜继二公者。既而诏下,果然。虑枢府之有别奏,又奉特命以止之。于以见圣上知人之明,图治之切,眷顾世臣之重,而专风宪之寄也如此。为人臣者,当何如哉?走也才绵德凉,不足以知当世之务。自吏风宪,迨今四阅寒暑,其间失得,颇尝究之,以意不众同,未尝敢轻出诸口。前年因友人元复初得以瞻拜眉宇,而明公破城府,略齿爵,握手如平生欢。每退辄自感激,且惭无以报效。兹因明公晋居风宪,凡仆曩昔所怀者,愿由此以效一得焉。伏自世祖皇帝肇立御史台,迨今三十余年矣。其间一隆一替,一伸一屈,理所不无。然其所以为台者,则自若也。盖自昔立法,其始也人莫不知惧,及其久则亦莫不狎而玩焉。善守法者逆知其然,则必有时而振作之,使玩者变而为惧,惧者化之而至不敢犯,然又不可以常常然也。今夫人之所以怖雷霆者,以其有时而震也。设使轰轰焉日夜以警众,则人将视以为常,而彼为雷霆者,则亦无以取惧于人矣。法之于人,奚以异此?仆见今之莅官者,类皆因仍岁月,不力于政,虽任风宪者亦莫不然。此其故,盖以法之与人日疏以远,而人久而自不知其流而至于忘法也。自非有以大警耸之,未易善其后。今莫若因阁下执宪之初,以世祖皇帝肇立御史台之意,上前申明敷奏,期于必行,仍分使诸道,以戒饬之,俾中外百司晓然知上所以任公之意,顾不伟欤?且公先任行省而省务再新,次任行台而台纲具举,后召入枢府而故奸宿弊为之一空。盖其英声茂绩,上以结主知、下以孚于人也久。但明公挈其要振之,不必曳裾断鞅,而海内之人固自粲然而耳目新、蔺然而胆气夺矣。过兹以往,其有饕财蠹政、循默不胜事、与夫绝私徇公者,无问近远强弱,选其尤者而赏罚之,以示惩劝,如此则号令肃而教化行,积习除而纪纲立矣。且人臣献言于君也,不可专恃口吻之辨。自昔固有直其辞而不从,婉其言而欣然见纳者。其故何哉?诚与不诚而已矣。《传》有之:未有至诚而不动者。程夫子每当奏见,则必斋戒而后入。盖不敢浮辞说其君。而苏老泉论谏,乃欲以苏、张谲诈险诐之言必其君之从己,是岂事上之道哉?况台官所陈,又非他司之比,轻则夺人之爵,重则戕人之生,又重则回雷霆之威而挽江河之决。苟不以诚将之,一有所窒,则其所系,岂浅浅哉?且执法之官,人好之者少,恶之者多。无事尚且吹毛求疵,幸其有失而持以藉口,安可不虑于意外以中奸人之计乎?以向日监察御史观之可知已。时有二人下狱。伏惟圣上临御以来,宵衣旰食,日图善治,无远而不烛。其渴于求贤,敏于从谏,三代圣王,殆无以过。而于台察,尤倚注焉。彼当路者诚能孜孜为国,随所宜而匡救之,则雍熙之俗,有不难致。某尝谓士之处世,苟有心于泽民利物,则当竭其职分,而不容毫发之遗;若儱侗焉无意为之,则当振衣山林,亦不失为高尚之士。畏首畏尾,岂士君子之所贵哉?仆也位卑言高,谅无逃乎僭越之责。然天下之善一也,己不能行,而与能者行之,固不必自己出也。夫以明公之贤,古今事体,无不灼见,尚奚须此区区之论?抑闻水之细者,江海资其深;材之微者,栋梁假其峻;刍荛之言,圣贤取之以成其治。"(《全元文》第24册,第578—581页)

  雷思齐自序《易图通变》。

  按:雷思齐与吴澄"相友善"(揭傒斯《易图通变序》,《全元文》第28册,第392页),吴澄称其"少业进士,应举不偶,乃寄迹老氏法。儒中之巨擘,非道家者也"。(吴澄《空山漫稿序》,《吴澄集》,第471页)雷思齐因常年接受儒家经典的熏陶,"将原本儒家的教育方式引入道教体系中,不仅发展了道教文化,也进一步完成了儒道之间的会通","为易学注入了道教思想内涵"。(李秋丽《元代易学史》,齐鲁书社2020年,第433页)

  又按:雷思齐《易图通变序》载:"河图,八卦是也。图之出,圣人则之,庖牺氏昂观象,俯观法,近取身,远取物,以通神明之德、类万物之情,始因之画八卦以作《易》者也。孔子谓其则之,岂欺我哉?图之数以八卦成列,相荡相错,参天两地,参伍以变;皆自然而然。后世不本其数实惟四十,而以其十五会通于中,乃妄计天地之数五十有五,以意增制于四十之外,以求其合幸其中,故愈说愈迷,纷纷迄今。余因潜心有年,备讨众说,独识先圣之指归,遂作《通变传》以与四方千载学《易》者同究于真是焉。兼筮法亦乖素旨,附见后篇,求古同志宜能明其非敢诬也。大元大德庚子九月,临川道士雷思齐贤序。"(《全元文》第21册,第384页)

  又按:张宗演《空山先生易图通变序》载:"《道德》数千言,吾教之所独尊,古今未有能废之者。然传注层出,渺茫丛惑,莫适指归,徒见多岐之纷纷也。雷思齐嗜学有要,精研是书,探核本旨,为之传释,合儒老之所同,历诋其所异,条分绪别,终始一贯,不翅入老氏之室,避之席以相授受也。其将学是者,终究其说,知其玄之玄而不昧其所向,传之将来,庶几于吾教非小补也。至元丙戌,嗣天师简斋张宗演序。"(《全元文》第11册,第406页)

又按：吴全节《易图通变序》："昔世祖皇帝既定江南，首召三十六代天师入朝。未几，天师奉旨掌道教，还山，遂礼请先生为玄学讲师，以训迪后人。余时虽幼，而有志于学，遂受学于先生。先生尝诲余曰：'文章于道，一技耳。人之为学，将以明斯道也，不明斯道，不足以为圣贤之学矣。'余由是日知所省，益自奋发。及弱冠，入侍先师开府公于朝，遂不得事先生以终学焉。先生尝注《易图筮通变义》、《老子本义》、《庄子旨义》，凡数十卷，诗文二十卷。至顺二年秋，先生之徒弟傅性真遣徒孙周惟和持所著诸书来京师示余，且曰：'先生所注之书，虽有黄公震、曾公子良、吴公澄为之序，而未得公一言以发明之，敢以为请。'余曰：嗟夫！先生之殁，迨三十年矣，今不可得见，得见所注之书，斯可矣。然先生之学，岂所注之书可能尽哉？后之观者考诸书，则知先生之学诚不止若是也。余今且老，久留于朝，常欲集先生诸文而序之，未果也。今诸文既已成编，又岂敢嘿嘿无一言以发明先生之学哉？故续为之序。先生讳思齐，字齐贤，学者尊之曰空山先生，抚之临川人也。至顺三年岁在壬申六月旦日吴全节序。"（《全元文》第24册，第419页）

又按：揭傒斯《易图通变序》载："雷先生思齐字齐贤，临川之高士也。遭宋亡，独居空山之中，著《易图筮通变义》、《老子本义》、《庄子音义》凡数十卷，《和陶诗》三卷。去儒服称黄冠师，与故淳安令曾公子良、今翰林学士吴公澄相友善，四方名士大夫慕其人，往往以书疏自通。或闻其讲学，莫不爽然自失。故翰林侍讲学士袁公桷，博雅君子也，称其所著书援据精切，感厉奋发，合神以穷变，尽变以翼道。且曰：'知齐贤不如是，齐贤之意不明。'方今天下称为斯文宗主莫先吴公，天下称善著书莫先吴公，亦曰与谈《老子》甚契，又称其诗精深工致，豪健奇杰，有杜、韩风。盖皆以为知言。呜呼！古称虞卿非穷愁不能著书，太史公世掌天官，使不遇祸，《史记》不作。夫求雷先生之志，读雷先生之书，遑与世俗道哉！遑与世俗道哉！余读其所著之书，想其为人几五十年，今又得其诗文二十卷于其徒孙傅性真与周惟和传入京师来，因识以辞。至顺三年三月揭傒斯书。"（《全元文》第28册，第392页）

程钜夫作《岁寒亭诗序》。

按：是年秋，程钜夫任湖北廉访使，并在湖北武昌黄鹤山下修建岁寒亭，之后，又将于此所作诗歌编为"岁寒亭诗卷"。《岁寒亭诗卷》为南北文人传阅，卢挚作《摸鱼子·奉题雪楼先生鄂宪公馆岁寒亭诗卷》、姚燧作《感皇恩·捧读雪楼宪使岁寒亭记击节之余攀疏斋例亦赋乐章》。程钜夫又有次韵卢挚、姚燧之作：《摸鱼儿·次韵卢疏斋宪使题岁寒亭》、《感皇恩·次韵姚牧庵题岁寒亭》。

又按：程钜夫《岁寒亭诗序》载："大德四年秋，余之官沙羡。既至，得老屋数楹于黄鹄山下以居。居数日,旁出而后望,则莽焉坡陁粪壤,榴翳之聚,双柏出其中,如弟昆,如古丈夫,冠服并立,若有所待。余意升高可以见远,而未暇也。风霜益清,使事益有绪,退食之余,试命僮奴划拔芜秽,求一径以上,则江湖湛然,云烟在下,凡西南可览者无不献状,自是亭与心目谋矣。然既月而址始平,又月而茅竹仅集,乌衔鹊构,未就而天大雪。起视,则卉木无小大,方僵立受雪,独双柏意韵沈雄,苍颜点白,相对增媚妩。亭既成,柏亦谡谡有喜气。余戏语坐客曰:'黄鹤归于此乎?款当名款鹤。'客延目久之,曰:'无鹤有柏耳。之二柏者待公已久,亭又成于雪中,《语》不云乎"岁寒然后知松柏之后凋"。岁寒何如?'余喟然曰:'善。'虽然,无此君无以相之。遂益种以竹,而题其颜曰'岁寒'。噫,雨露亦勤矣。其阅历之久近,余不得而知之。有所待与否,余亦不得而知之。独念其蔚乎相扶于朝菌之墟,贯四时而不改,又幸斧斤之屡逃,得至于长以老,乃一邂逅于余,是亦可念已。余既念之深,又念吾亭草创不数弓,材工弗良,覆又不以瓦,其能与尔相寿于无穷耶?噫,亭柏不可相无也,缮完封殖,后日谁非岁寒亭长乎?是又不得而知之。系之以诗曰:会心不在远,数步江汉明。开荒岂不劳,我仆汗且赪。把酒酬天风,双柏遹有声。峥嵘首阳姿,愧此尽瘁情。念尔亦苦心,红紫聊合并。时拚一日费,买植数寸萌。芳菲信可玩,摇落亦足惊。不如翳把茅,隐几观平生。徘徊能几何,王事固有程。尚坚岁寒意,永与双眼青。他时两苍龙,相见白玉京。吾诗亦赘耳,此君在前荣。十二月十八日广平程某书。是日也,乃立春,积雪满庭。"(《全元文》第16册,第115—116页)

又按:卢挚《摸鱼子·奉题雪楼先生鄂宪公馆岁寒亭诗卷》载:"为君歌岁寒亭子,无烦洲畔鹦鹉。江山胜概风霜地,要近鲁东家住。丘壑趣。应素爱、昂霄老柏孤松树。登高作赋。想白雪阳春,碧云日暮,别有倚楼处。金闺彦,尚忆西清接武。年来乔木如许。团茅时复羲皇上,我醉欲眠卿去。歌欲举。还自悟君亭,琢就琼瑶句。疏斋试与。倩倚竹佳人,湘弦赴节。凉满北窗雨。"姚燧《感皇恩·捧读雪楼宪使岁寒亭记,系节之余,攀疏斋例亦赋乐章》"寻丈岁寒亭,何多环侍。烟节雪旄万青士。旄头铁甲,更两苍官为帅。落成天雨雪、皆奇事。 不独玄冬,偏生幽思。六月清风失炎炽。三年转烛,君去岂无人至。惟应无坐啸、文章使。"程钜夫《摸鱼儿·次韵卢疏斋宪使题岁寒亭》载:"问疏斋、湘中朱凤,何如江上鹦鹉。波寒木落人千里,客里与谁同住。茅屋趣。吾自爱吾亭,更爱参天树。劳君为赋。渺雪雁南飞,云涛东下,岁晏欲何处。 疏斋老,意气经文纬武。平生握手相许。江南江北寻芳路,共看碧云来去。黄鹄举。记我度秦淮,君正临清句。宣城水名歌声缓与。怕径竹能醒,庭花起舞,惊散夜来雨。"程钜夫《感皇恩·次韵姚牧庵题岁寒亭》"翠节下天来,通明谁侍。地有高斋要名士。相逢恨晚,老矣酒兵诗帅。岁寒同一笑、千年事。　黄鹤羁情,暮云离思。半掬心香火初炽。梅花满树,又是一年冬至。正相思,恰有江南使。"(唐圭璋编《全金元词》,中华书局1979年,第727、743、789、789页)

何天声卒。

按:何天声(1229—1300),字德载,号竹洲先生。抚州乐安人。何时弟,何中父亲。德祐元年(1275)跟随文天祥勤王,宋亡归隐。大德四年(1300)卒。何天声是乐安何氏家族成员,为吴澄称许。此年何天声卒,程钜夫为他撰写墓志铭时,特别提到了吴澄对于何天声以及他背后整个何氏家族的称许。事见程钜夫《何德载墓志铭》。

不忽木卒。

按:不忽木(1255—1300),一名时用,字用臣,世为康里部大人。"给事裕宗东宫,师事太子赞善王恂。恂从北征,乃受学于国子祭酒许衡","至元十三年,与同舍生坚童、太答、秃鲁等上疏"建学校,"二十七年,拜翰林学士承旨、知制诰兼修国史","言桑哥为相,必败国事",大德四年卒。官至昭文馆大学士、平章军国重事,御史中丞,兼领侍仪司事。生平事迹见于赵孟𫖯《故昭文馆大学士荣禄大夫平章军国事行御史中丞领侍仪司事赠纯诚佐理功臣太傅开府仪同三司上柱国追封鲁国公谥文贞康里公碑》、《元史》卷一三〇、《元名臣事略·平章鲁国文贞公》。

元成宗大德五年
辛丑　1301年　53岁

虞集至京师,客董士选之馆。

按:是年,虞集到达京师,客于董士选之馆。虞集《题范德机为黄士一书一窗手卷》载:"清江范德机氏,与予同生前壬申。三十后,同游京师,先后客藁城董忠宣公之馆。"(《全元文》第26册,第369页)

揭傒斯始拜程钜夫于武昌。

按:揭傒斯《病中初度盱江严仁安周仕雅欧阳伯诚周伯达临江陈道之庐陵彭宗建乡友熊可大张伯贞九原陈伯丰各以歌诗见贻而楚国程文宪公之孙敬甫独宠以百韵仆故程公客也俯仰今昔慷慨系之次韵奉酬并呈诸君子》记载此次经历到:"大德五年夏,同临川娄道舆叔侄始拜文宪公武昌宪府。"揭傒斯自言此次相识,二人言谈契合。(《全元诗》第27册,第321页)揭傒斯武昌见程钜夫后,为其所重,招至京师,"受元朝知名文人卢挚、李孟、王约、赵孟頫、元明善照拂诸多",遂与"柳贯、黄溍、虞集齐名",时称"儒林四杰"(尚衍斌《揭傒斯事迹考述》,《中国边疆民族研究》第四辑)。

吴澄正月辞董士选荐,作《复董中丞书》。

按:虞集《行状》载:"授应奉翰林文字、登仕佐郎、同知制诰、兼国史院编修官。诏有司敦遣,忠宣又以手书招之。先生答书云:'朝廷用人之不次,公卿荐人之不私,布衣之受特知,蒙特恩如此……澄虽不敏,愿自附于前修,成之者在阁下矣。'"(《全元文》第27册,第172页)危素《年谱》载:"五年辛丑(诏授应奉翰林文字、登仕郎、同知制诰、兼国史院编修官。朝廷有诏起公出仕,公不欲赴。董忠宣公时为御史中丞,特遗书起公应召,仍不赴。)。"

又按:吴澄《复董中丞书》载:"正月十一日临川儒生吴澄顿首再拜中丞相公阁下:……圣上听言如流,贤相急才如渴,繇布衣授七品官。成命既颁,而阁下又先之以翰墨,敦请谆谕,如前代起处士之礼。澄何人斯,而足以当之?夫朝廷用人之不次,公卿荐人之不私,布衣之受特知、蒙特恩如此,近世以来所希有也。虽木石犹当思所以报称，而况于人乎？然夫子劝漆雕开仕，对以'吾斯之未能信'，而夫子说之，何哉？说其不自欺也。然则开之可仕不可仕，虽夫子不能知，惟开自知之耳。阁下之举，古大臣宰相之所为也，澄敢不以古贤人君子之所以自处者自勉而事阁下哉？迩年习俗日颓，儒者不免苟求苟得，钻刺百端，媚灶乞墦，不以为羞，舐痔尝粪，何所不至？今之大臣宰相，当有以微斡其机而丕变其俗，若俾疏贱之人骤得美仕，非所以遏其徼幸冒进之萌也。澄以古人贤人君子自期，则其出处进退必有道矣，不然，贪荣嗜进，亦若而人也，阁下奚取焉？爱人以德，成人之美，是所望于今之大臣宰相能如古人者。"(《吴澄集》，第243—245页)

吴澄与随司诣门的周文暐相识。

按：此年二十余岁的周文暐随抚州太守、学官一同前来督遣吴澄赴任，吴澄得以与周文暐相识。吴澄《赠周文暐序》云："大德庚子，朝廷用荐者言，授某应奉翰林文字。命既下，明年春，郡太守、学官将敕命诣门畀付，与俱来者，周文暐也。泰定丙寅，予以翰林学士告老家居，文暐再过予，相别二十有六年矣。前之郡太守、学官各已物故，独予及文暐无恙。文暐昔年未三十，今逾五十矣，困瘁不得志。其少也，尝从技艺人赴阙，多传奇方秘术。后试吏，不乐，为医官，又不乐，而受道所一职，非其意也。盖颇知畏法安分，不汲汲于嗜进贪利。值命奇蹇，是以成之艰。予无势权货财足以振之裕之，闵其未通，惟永叹而已。其去也，书此与之别。"(《全元文》第14册，第213页)

吴澄夏为龙兴学录邹敏中作墓志铭。

按：此年夏，吴澄受熊炎的请求为龙兴学录邹敏中作墓志铭。吴澄《故龙兴学录邹君墓志铭》载："大德辛丑夏，英德倅熊侯谓澄曰：'吾弟之子妻剑池乡河湖里邹公遂，公遂将以某月某日葬其父学录君于青坑之原，靳一言光泉壤。以畴昔之未获见也，敬介某以请。'"(《吴澄集》，第1420页)

又按："英德倅熊侯"，据考应为英德州熊炎，江西丰城人，南宋咸淳十年(1274)太学生，入元后先后任龙兴路靖安邑令、瑞州路儒学正、广东儒学副提举、英德州同知。(赵文《熊仁山公及夫人余氏墓志铭》，《全元文》第10册，第161—163页)吴澄本就与丰城熊氏有往来，至元年间吴澄与清江皮一荐、徐卿孙等人交往时，丰城熊氏也因为与皮氏、徐氏多姻亲关系而为吴澄所识(前已载)，而熊炎又与吴澄的好友赵文为太学同舍生。可见这些人都处于同一个地域交际圈之中，因而吴澄此年同意熊炎的请求，为龙兴学录邹敏中作墓志铭。

吴澄夏为缪穆作墓志铭。

按：缪穆，字舜宾，崇仁人，"宋咸淳年间以能赋中程试第一，授知乐安县令",宋亡不仕。是年夏季,缪穆"豫知死期",令其子请吴澄撰写墓志铭。缪氏"为崇仁甲族,舜宾之祖姑归吏部侍郎李公刘。逢国大庆,恩需旁及舜宾之曾祖考、祖考,俱迪功郎,曾祖妣、祖妣俱封孺人……舜宾日与侍郎公家诸胄游处,有令阳春者,以诗自好,从当世能诗者学。膏馥所霑丐,于是舜宾之诗卓卓不群,乐府、长短句、四六骈丽语皆工"。吴澄与缪穆"往来久",遂作《缪舜宾墓志铭》。(《吴澄集》,第1409—1410页)吴澄《缪舜宾诗序》颇赞其创作云:"舜宾少游梅亭李氏之门,见闻既富矣,而所得于诗为尤长。然隐约不矜,人或未之知也。吾评吾邑诗人,未知其孰为夫子,舜宾其不与之中分鲁欤?"(《吴澄集》,第319页)

吴澄作《秋堂陈居士夫人黄氏墓志铭》。

按:据吴澄记载,陈居士世代从儒,陈居士之子陈景和从吴澄学。吴澄亟称景和诗不事雕琢,崇尚自然与情性之真。吴澄《陈景和诗序》云:"夫诗以道情性之真,自然而然之为贵。秋塘陈居士,吾里之德人,平生非用力于诗者。其季子以礼传其晚笔一二,所谓有德必有言也。以礼幼从予学,亦未尝教之作诗。随所感触而写其情,皆冲淡有味。陈氏自昔多大诗人,伯玉甫唐家第一,卓然为李杜所师;宋履常去非杰出于半山、坡、谷之后,极深极巧,妙绝一世,不可及矣,揆之自然,不无少慊焉。今以礼不事雕琢,而不庸腐,庶其近于自然乎?《黍离》之诗曰:'知我者谓我心忧,不知我者谓我何求?'此情之至也,亦诗之至也。予之诗,以礼盍以是观之?景和,以礼之字也。"(《全元文》第14册,第383页)

房祺编成《河汾诸老诗集》。

按:房祺《河汾诸老诗集序》云:"近代诗人,遗山元先生为之冠。先生太原人。太原境与平阳接,河山胜概,地土所宜,习俗所尚,古今人物不殊。至如师友渊源,文章正脉,略与之等。故河汾间诸老与天下人材无让。麻贻溪,与元老诗学无慊,古文出其右,公言也。张石泉、房白云,与元老游从南者。子飏、子京二陈昆仲,与元老或诗或文数相赠遗者。遁庵、菊轩,有'稷亭二段'之目,与元老相次登第者。曹兑斋,与元老同为省掾,日以文诗讲议者。或曰,兑斋云中应人也,吾子列河汾之间,得无附会欤?不然。兑斋之先,诚应人,自客汴梁,北渡居平阳者三十余年,发明道学,为文楷式,指授后进,桃李光辉,盈溢其门,或教授乡里,或宦达四方。有二子叔举、季行,文笔亦盛传。而况状元王公,赵城人,曹之外父也。兑斋生而隐德,光辉汾晋,没而丘垄在焉,岂非吾乡先生欤?夫诸老之诗,有深而冲澹如陶、柳者,有豪放如李翰林、刘宾客者,有轻俗近雅如元、白者,有对属切当如许浑者,有骚雅奥义、古风大章浸入于杜草堂之域者。往年吾友杨君仲德议成此集，不幸早世。仲德有云：'不观遗山之诗，无以知河汾之学；不观河汾之诗，无以知遗山之大；不观遗山、河汾之作，不知唐人诸作者之妙；不观唐人之作，不知《三百篇》六义之深意。'予今纂录，自贻溪至兑斋凡八人，得古、律诗二百一首，号曰《河汾诸老诗集》。皥皥郝先生序文于前，甚备。不肖继言于后，才识浅陋，不能尽其蕴。虽然，吾乡学者如林，有能慕河汾之派，观是集者，知所兴起云。大德辛丑岁二月望日，横汾隐者房祺序。"（麻革等著，房祺编，张静校注《河汾诸老诗集》附录，王晋出版社2017年，第210—211页）

又按："'河汾诸老'是金、元之交活跃在黄河、汾水流域的重要诗人群体，他们同集金代文学大成的杰出诗人元好问一起，为金代文学的发展史画上了一个圆满的句号。由于元好问在金末编纂的金代诗歌总集《中州集》不收当时在世之人的作品，因而金、元之交的诗人、诗作多有遗漏；正因为如此，元初的房祺于'大德辛丑岁'即大德五年（1301）纂辑成书的《河汾诸老诗集》可以视为《中州集》的续编，是金代文学不可或缺的珍贵文献。"（周惠泉《金元诗人群体研究的重大进展——〈河汾诸老诗人群体研究〉序言》，《江苏大学学报（社会科学版）》2005年第1期）

王履为王申子《周易辑说》作序。

按：王申子，字巽卿，号秋山，四川邛州人，精通《易》学，其《周易辑说》乃元代《易》学代表。《周易辑说》"象数、义理兼宗，一方面十分重视自宋代以来兴起的图书与先天之学，另一方面对自程朱以来以理为基础阐释的易学义理内涵也十分推崇"，因此《周易辑说》"试图较为圆融地统合两者之间的关系"。（李秋丽《元代易学史》，齐鲁书社2020年，第113页）吴澄在泰定年间将王申子作为批评的对象（见"泰定帝三年"）。

又按：王履《周易辑说序》载："尝观魏鹤山答蒋得之书及史学斋《临汝讲义》，皆祖张观物语，以九其图者见后天八卦之象，十其书者具《洪范》五行之数，谓晦庵不及见是书，故谓十图而九书。余虽不敢以其说为然，然亦无以正其说之不然。盖二图无一相合，而纵横十五，乃鬅髵八卦之位。然卦位虽见，而除四正外至补四隅空处，老师宿儒复不敢伸一喙，此诚宇宙间一大疑事。及分教澧阳时，丁石潭递至沅阳书院，策题以《易》图书数偕《春秋》王正月为问，所疑正与前合。余谓十图九书，本体也；九图十书，经纬也。拟书答之未果，而石潭已矣，至今抱此一恨。忽南阳学正李君章袖编《易》见示，读之，则吾巽卿所著《缉说》、《补说》也。巽卿生诸老后，乃能力探其原而正之。取十其图者，分纬之以画先天；取九其书者，错综之以位后天。自我作古，无一毫之穿凿，有理致之自然，真可以断千百年未了底公案。昔蒋得之指先天为河图,鹤山犹喜之。今巽卿正二图,且纬河洛以为文王全《易》,意见卓胜,得之远矣。巽卿,鹤山桑梓,使鹤山见此,其喜又将何如邪? 数年来经生学士,晨星落落,吞三爻于天上,留七分于人间,孰谓天门十六峰下尚有斯人为斯学乎? 盖二图于《易》,犹河之昆仑,源委正则下流正矣,故特拈出以与世之知《易》者道。时大德辛丑日长至昌元王履序。"(《全元文》第 37 册,第 141 页)

萨都剌(1301—约 1348)、张以宁(1301—1370)生。

元成宗大德六年
壬寅　1302年　54岁

虞集被授大都路儒学教授。

按：欧阳玄《元故奎章阁侍书学士翰林侍讲学士通奉大夫虞雍公神道碑》载："大德六年，用大臣荐，授大都路儒学教授。平阳王文宪公尹京待以客礼。"(《欧阳玄集》卷九，第114页)虞集在董士选任江西行省左丞时，曾受邀与其父虞汲一同前往董士选家塾。此年虞集得授大都路儒学教授，极有可能是受董士选推荐而成。

吴澄三月十六日作《赠罗叔厚》。

按：吴澄此诗是怀念至元二十五年(1288)时同教于吴叔震家塾的罗叔厚。吴澄《赠罗叔厚(并跋)》载："予昔时尝同潜心罗贡士于宜川吴氏家塾讲授，其子淳老亦从予游。潜心死且十年矣，而淳老过予，能不重予之悲涕乎？五言八句写怀，时壬寅三月既望。"(《吴澄集》，第1776页)

吴澄四月十六日观秋山翁康敬德诗稿。

按：四月十六日，吴澄在龙溪的康氏梅花吟院观看秋山翁康敬德诗稿，作《书秋山岁稿后》云"壬寅四月既望，于龙溪康氏梅花吟院观秋山翁戊戌、己亥、庚子、辛丑、壬寅岁稿毕，翁云：'鸣吾天籁，发吾天趣，若局局于体格、屑屑于字句以争新奇，则晚唐诗也，非吾诗也。'知翁此言，乃可观翁之诗。昔卫武公年九十五而作《抑戒》，编诗者附之《大雅》。翁今七十八矣，至武公之年，犹及见其《大雅》之作。"(《全元文》第14册，第464页)

吴澄春再见谌季岩，称其学习陈与义诗歌为正途。

按：吴澄再次与谌季岩讨论诗歌，对他学习陈与义诗歌的主张非常赞同。"元初，陈与义诗风(主要是在江西地区)的流衍情况，是其时诗坛一个颇可值得注意的现象，这是元初江西诗风转变的一个重要体现和重要方面"，吴澄云"宋诗至简斋起矣，近来人竞学之"(吴澄《曾志顺诗序》，《全元文》第14册，第259—260页)，即学习陈与义诗歌已经是当时诗坛的潮流。

这种潮流的兴起,"从文学、文学思想发展的角度来看",源于对当时诗歌之弊的纠正,"宋末元初,宋诗特征的'江西诗派'流弊尽显,'稍稍复就清苦之风'。而以唐诗自任而欲救江西之弊的'四灵'晚唐体也为人诟病,时人有意无意间都在进行着尝试和选择,'宗唐(盛唐)得古'当然代表了最主要的倾向"。对陈与义的推重,"其实也可以看作是宗宋诗派对唐诗美学风味的某种程度上的调和和包容","陈简斋诗似乎成为了元代宗宋派向'宗唐得古'风气过渡的一个环节点"。(沈松勤、史伟《元初陈与义诗风的流衍与江西诗风的转变》,《南开学报(哲学社会科学版)》2007年第4期)吴澄《谌季岩诗序》对这种学习陈与义诗风的风气表达了认可。

又按:吴澄《谌季岩诗序》载:"丁酉冬见谌季岩诗,咏物工而用事切。谓曰:'诗诚佳。然吟诗必此诗,或非诗人所尚尔。'壬寅春又见之,则体格与昔大异。问曰:'近读何诗?'曰:'简斋。'余曰:'得之矣。'乃题而归其篇。"(《全元文》第14册,第260页)

吴澄秋过武昌,访程钜夫于岁寒亭,并有诗歌倡和。

按:吴澄此年秋季应诏开始北上,而程钜夫正好在武昌担任湖北廉访使,吴澄遂至程钜夫位处黄鹤山下的岁寒亭歇脚,并赋诗《次韵湖北程廉访使岁寒亭亭在黄鹤山下有柏一株竹数茎》云:"黄鹤飞不回,苍柏乃小住。千年岁寒姿,深藏翳榛芜。偶然剔荒秽,幽意毕呈露。生来本孤特,强使此君附。作亭以面之,相对澹无语。虽蒙新知厚,颇若违余素。人间无霜雪,天上有云雾。政恐挟风雷,一夕化龙去。"(《吴澄集》,第1887页)

吴澄在武昌,遇李庭秀,作序赠之。

按:在武昌,程钜夫推荐了李庭秀给吴澄认识,吴澄作《送李庭秀序》赠予李庭秀:"湖北廉访使程公,论诗论文,法度甚严;于人无所不容,而慎许可。大德六年秋,余过武昌,访士于公。公曰:居于斯者某,游于斯者有番阳李英庭秀。一日解后与语,异之。问其乡里,曰番阳,固疑其为李君也。审其姓名,果然。翌日造其所寓,语移时,益知君之为可爱可敬也……"(《吴澄集》,第670页)

吴澄九月初一过彭泽,往观尉廨后读书岩亭。

按:九月初一吴澄经过彭泽,在彭泽,藉由儒学提举滕宾与彭泽尉和裕相识,受邀往观尉廨岩亭,吴澄以和裕能守古制而特别欣慰,作《题彭泽尉廨后读书岩亭记碑》。

又按:吴澄《题彭泽尉廨后读书岩亭记碑》载:"人子不能行三年之丧久矣,俗颓礼废之余,广平和裕仲宽独行之。孝闻朝廷,旌其门而授以官。历三任,为江州彭泽尉。尉廨后怪石数十,其间有岩,旧传宋时县尉石振兴宗教三子读书其下,豫章黄太史为书'读书岩'三字。境固奇胜,因山谷字益重名,士大夫多游焉,石刻姓名具存,率漫灭不可识。后二百余年,仲宽实来,芟剔芜秽,拂拭苔藓。岩前甃地广轮二丈许,可列坐。作六角亭于外,赋诗以落其成,翰林侍读学士王公德渊记之。大德六年,余如京师。九月朔,舟过彭泽,宿水驿,初识仲宽,遂至尉廨,观所谓岩亭,盘桓而不忍去。夫今之居官者,务在刀笔筐篚而已。仲宽昔为人子,而亲于亲;今为人父,而知教子读书之为美。想慕前修,表显遗迹,以示不朽。盖有本者如是,其可以为良臣,可以为廉吏,可以为字牧之贤父母也宜哉。"(《全元文》第14册,第465—466页)文中所提到的王德渊,广平人,至元年间任翰林修撰,大德年间官翰林直学士、侍读学士,并出巡江西。见李军《元人王德渊事迹考略》,《山西大学学报(哲学社会科学版)》2006年第2期。

又按:吴澄又作《次韵彭泽和县尉读书岩亭》诗载:"怪石崚嶒自可寻,划开岩洞更幽深。隐仙书响烟云散,太史字痕风雨侵。旧迹一朝成伟观,新亭六角面穹林。孝廉作此千年计,净洗世间尘土心。"(《吴澄集》,第1829页)

又按:和裕,字仲宽,河北洺州人。元灭南宋后,和裕南下任彭泽尉。任职期间,他以黄庭坚所书"读书岩"为名,兴修读书岩古亭。会逢吴澄途经,故邀请吴澄作题。吴澄有《次韵酬彭泽和县尉》诗云:"石仙种橘旧成林,孝子和侯重按临。自是儒流为政别,超然德度感人深。底僚此日尘中迹,卓行他年史外心。客有奇逢痴不去,天风浩荡更秋霖。"(《吴澄集》,第1830页)

又按:时任职彭泽儒学提举的腾宾,字玉霄,吴澄与他颇有往来。吴澄作《题玉霄赠西山胡氏笔工》诗云:"醉滕用笔晞颠张,醉余得意非风狂。固知笔贵锋中藏,胡家洪笔耐似杭。工书者闻吾未试,因是是之谁敢訾。一望茶坊酒肆中,壁上家家玉霄字。"(《吴澄集》,第1919页)又作《建康西江避暑用滕玉霄韵赠章如山》:"偶然出郭暂偷闲,政为炎歊倦往还。满目真山相客主,忽添一客号如山。石头城下看淮山,羡杀白云终日闲。寄语醉中彭泽令,如何飞倦始知还。"(《吴澄集》,第1765页)

吴澄舟过安庆城,憩临江水驿。

按:吴澄《临江仙》:"九日,舟泊安庆城下,晚憩临江水驿。于时月明风清,水共天碧,情景佳甚,与徐道川、方复斋、况肩吾、方清之驿亭草酌。子文、京侍,以'殊乡又逢秋晚'分韵,得殊字,赋《临江仙》。 去岁家山重九日,西风短帽萧疏。如今景物几曾殊。舒州城下月,未觉此身孤。 胜友二三成草草,只怜有酒无茱。江涵万象碧霄虚。客星何处是,光彩近辰居。"(杨镰主编《全元词》,第668页)

吴澄与徐道川唱和。

按：吴澄往还北都途中与徐道川每有唱和。吴澄《归舟次韵徐道川》："齐来齐去好齐年，只觉吾庐愧此川。西日不淄持钓手，南风初试阜财天。一舟泛泛身无系，十亩闲闲里有田。尚欲超然游八极，可能共我话良缘。"又《徐道川次文生韵仍韵奉呈》："北行往往值齐年，先后冥符岂偶然。却幸筋骸尚康健，又将步武接英贤。行藏非我由天意，久速何师赖圣传。况有兰金同志在，芳香弥烈守弥坚。"（《全元诗》第14册，第272页）

吴澄九月二十五日过新安驿，作《书驿舟》。

按：吴澄《书驿舟》载："壬寅秋，官办驿舟遣送上京师。舟一日或一易，或再易，或三易。其易也，得一舟设饰完美，从者辄有喜色。遇一舟设饰敝恶，从者辄有愠色。予心笑而谕之曰：'舟虽甚美，所寓止一二时，若三四时，久则半日，又久则一宿，斯去之矣。虽甚恶，亦复如是。奚以喜愠为也？夫喜也者，非以其有益于己而喜。愠也者，非以其有损于己而愠也。而一时之情，自不能以不然。噫！人之寓此世，亦犹寓此舟耳。多者百余年，少者数十年。骤革而数迁，倏来而忽往，何常之有哉？而乃以目前之所值，移其胸中之喜愠者何也？'九月二十五日午时，舟中书。时已过新安驿，未至吕梁驿。"（《吴澄集》，第34页）

吴澄秋过金陵，闻郝子明之名，题其德政碑后以记之。

按：吴澄驿舟秋季至金陵，期间听闻邢州人、行台御史郝子明在金陵的政绩，作《题郝令德政碑后》："大德六年秋，予过金陵，人称御史之才，必以卢龙郝公子明为最。闻于天朝，特升五品，佥江西宪事，按治所及，奸贪悉无所容。二十年来，揽辔澄清之人鲜或有是。十年冬，予至豫章，初识公。公前令乐寿时，廉明敏惠，靡政不举，民爱之如父母。既去，而有去思之碑。前代御史之官多自亲民而选，匪独国朝为然。盖以其谙下情，周庶务，谨密详审，而非徒击搏苛察之为能。是以贤邑令即才御史也。公于前之抚字也可爱如彼，于后之司臬也可畏如此，夫威奸贪所以慈吾民，其心一而已矣，谁谓今之可畏非昔之可爱者哉？"（《吴澄集》，第1102—1103页）

又按：程钜夫亦有《书郝子明赠行诗卷》载："《传》曰：'当官而行，何强之有。'余观郝君子明，其所谓能官者欤。乡君行部旴抚，余适里居。君之为政，余已见而知之。暨留京五年，谈者诵君为内县之敏，至今未息。及今使经东淮，道途之人言郝金事、郝金事者，余又闻而知之。见所见，闻所闻，将人人能言君之政矣，亦岂独江淮间哉？雷尊师方外士也，谈君尤吃吃不离口。视余此卷，因书而归之。"（《全元文》第16册，第201页）

吴澄在青州与张道济识,并同舟而北。

按:吴澄《张仲默诗序》载:"大德六年冬,于青州遇张君仲默,与之同舟而北。日相与语,而知其学之知所本也。"

又按:吴澄《张仲默诗序》:"诗必有其本。近世之为诗者不知其几千百人也,人之为诗者不知其几千百篇也,求其一句能如'池塘春草'、'枫落吴江'之可传者或鲜矣,况望其能如唐之陈、李、杜、韦,宋之王、苏、黄、陈可以成一家而名后世也哉!然则家有其业,集有其板,卒归于覆瓿而已。其用力非不勤,不谓之愚且拙乎?是无它,不修其本尔。大德六年冬,于青州遇张君仲默,与之同舟而北。日相与语,而知其学之知所本也。小官微禄,韬隐于远方者垂二十年。守约处晦,内自足而无所营于外。非知本,能如是乎?故其诗亦和平冲淡,似其为人,读之可以见其志,固非世之务声音采色以为诗,以炫于人而干于时者所可同也。君汴人,名道济。年逾五十,而问学之志不衰。其本将日以丰,而所到未可涯涘也,诗云乎哉!"(《吴澄集》,第328—329页)

又按:吴澄《张仲美乐府序》评价其乐府创作:"风者,民俗之谣;雅者,士大夫之作,故风葩而雅正。后世诗人之诗,往往雅体在而风体亡。道人情思,使听者悠然而感发,犹有风人遗意者,其惟乐府乎?宋诸人所工尚矣。国初太原元裕之以此擅名,近时涿郡卢处道亦有可取。河南张仲美,年与卢相若,而尝同游,韵度酷似之。盖能文能诗,而乐府为尤长。然仲美,正人也,其辞丽以则,而岂丽以淫者之所可同也哉?"(《吴澄集》,第404页)

又按:吴澄与张道济北上途中颇有诗歌唱和,吴澄《长芦岸阻雪次韵张仲默(二首)》:"忽地瑶华数尺深,天工妙手敏如针。无聊客子兴长叹,有思诗翁动短吟。谁与推篷问僵卧,自惊泼水透重衾。转旋真藉毫端力,早起暾阳破沍阴。""不管严风滞去舟,且欣初雪兆丰收。茫茫一白迷荒岸,炯炯双清盼胜流。似此人间岂尘镜,恍如天上有琼楼。云间日出情尤快,千里金台瑞彩浮。"《又次韵张仲默》载:"官卑禄隐尽年深,古意常存不薄今。本本原原知问学,篇篇什什亦歌吟。后生习气多纨袴,先正流风一布衾。志合岂辞千里远,相期晚岁共分阴。"《题张仲默梦元遗山授诗法图》:"张君未觉乃梦,既梦乃觉,恨我不识遗山翁耳。"(《吴澄集》,第1832、1832、1077页)

又按:张道济,字仲美。其乐府得元好问之精神,与卢挚齐名。王礼《胡涧翁乐府序》云:"文语不可以入诗,而词语又自与诗别。曾苍山尝谓词曲必词语,婉娈曲折,乃与名体称。世欲畅意者,气使豪放语,直俳伶辈,饰妇衣、作社舞耳。其不苟句者,刻镂缀簇,求字工,殆宫妆木偶,人形存而神不运。余深以为知言。自《花间集》后,雅而不俚,丽而不浮。阁中有开,急处能缓。用事而不为事用,叙实而不至塞滞,惟清真为然。少游、少晏次之。宋季诸贤至斯事,所诣尤至。姑即乡国论,吾家松竹居士,暨胡古潭、彭巽吾,皆词林之雄也。国初,太原元裕之以此擅名,其后涿郡卢处道、河南张仲美,韵度俱非寻常可及。"(《全元文》第 60 册,第 552 页)

吴澄十月至京师,而所授原官已为他人所代。

按:十月,吴澄到达京师,原授予的应奉翰林文字登仕郎、同知制诰、国史院编修官已有代者。因此吴澄在京师耽搁数月,期间与北方士人交游往来。"先生为一至京师,而代者上矣。方冬寒沍,京师学者,奉先生而问学焉。"(虞集《行状》,《全元文》第 27 册,第 172 页)最终于次年春治归。揭傒斯《神道碑》载:"五年,又以董公为中丞,乃授应奉翰林文字登仕郎、同知制诰、国史院编修官。比至,已有代。执手遮留不去。"(《全元文》第 28 册,第 507—508 页)危素《年谱》载:"六年壬寅(八月壬戌,戒行。十月丁亥,至京师。春,有司奉旨,朝命趣行,督迫邑里,具驿舟,敦遣至京师。公即欲归,河冻不可行。元文敏公朝夕奉公尤谨,大夫士多来问学,及行,元公为诗、序)。"

吴澄为董士选作《寿董中丞》。

按:此年董士选五十寿辰,吴澄作寿诗《寿董中丞》:"直气贞心命自天,风霜老柏正苍然。将千万世寿吾国,先五十年生此贤。甲子肇新初日度,丑辰依旧斗星缠。邦基身世同悠久,敢赋崧高第二篇。"(《吴澄集》,第 1833 页)

又按:张伯淳作《寿董中丞》:"左辅当时位不虚,钱唐回首十年余。重来更觉襟期好,相见何妨履迹疏。岁晚江空风力劲,冰凝雪重土膏舒。崆峒日月汾阳老,总在庭槐种德初。"(《全元诗》第 11 册,第 232 页)

吴澄观元明善《藁城董氏家传》、虞集《藁城董氏世谱》,作题记。

按:董士选任御史中丞,领侍仪司事期间,元明善和虞集分别为董士选撰写了《家传》和《世谱》,吴澄观看了二文以后,作题记《题董氏家传世谱后》云:"藁城董氏家传,元明善撰;世谱,虞集撰。传详核,谱简明。吴澄曰:董氏,世将也,而昌有以哉!孝友于家,忠于国,仁于民。始也启之,后也报之,天也,抑有人焉!语云:'成难登天,覆易燎毛。'子子孙孙如万石君世祀宜矣。"(《吴澄集》,第 1077 页)

又按:元明善《藁城董氏家传》详细记载了董士选的祖父董俊破金将武仙于真定的发家史、董士选的父亲董文炳跟随忽必烈南下伐宋事迹。文载:"国朝龙兴幕北,走金河南,中州豪杰起应以兵,而金灭矣。若真定史氏、东平严氏、满城、济南两张氏是也。后史太尉有勋王室,为诸氏冠。藁城董氏能与之班,而又以孝义称,今遂大显……龙虎公讳俊,字用章。少力田,长涉书史,善骑射。金贞祐闲边事棘,藁城令树的募兵,兵射上中者,拔为将领。众莫能弓,独公能挽强,一发破的,遂将所募迎敌。岁乙亥,木花里国王为大帅,而公审所归,遂为大元人。己卯,以劳擢知中山府,佩金虎符。金将武仙据真定,以撼定武诸城,定武诸城皆应仙。公率众夜入真定走仙,定武诸城复去仙来。庚辰春,金人大发兵以张武仙威,治中李全应之中山。公军军曲阳,仙锐气来战,败之黄山下,仙脱走。秋,献捷于大帅,由是仙以穷降。大帅承制,授公龙虎卫上将军,行元帅府事,驻藁城。……子九人:曰文炳……岁乙未,以父任为藁城令,同列皆父时人,少公,吏亦不之惮。……世祖皇帝在藩邸,癸丑秋,奉宪宗皇帝命征南诏。公率义士四十六人骑,从世祖南诏。后世祖军,人马道死亡,比至吐蕃,止两人能从。两人翼公徒行,颠颔蹢躅,取死马肉续食,日不能三二十里,期必达会……"(《全元文》第24册,第312—315页)

又按:虞集《藁城董氏世谱序》载:"此三代之际,功臣世德之家,所以传代历次,至于数十百年,与其国家相为终始者也。然其法之废久矣。汉初群臣,未有无功而侯者,及其见绝,遂散为民庶,降为庸保,后虽欲稍收合而封树之,往往又泯没而可续者无几。是岂其泽固若是斩然哉?亦维持者无其素耳……"(《全元文》第26册,第67页)

吴澄与翰林文字邓文原识。

按:据吴澄记载,赵孟頫曾在至元二十四年(1287)向吴澄推荐结交他的好友邓文原:"初,至元间,吴兴赵承旨孟頫子昂为澄历言其师友姓名,而善之(即邓文原)与焉。"直至是年,吴澄方与任应奉翰林文字的邓文原相识于京师:"及善之为翰林应奉,澄始识之。"(吴澄《元故中奉大夫岭北湖南道肃政廉访使邓公神道碑》,《吴澄集》,第1289—1290页)吴澄《送邓善之提举江浙儒学诗序》载:"越十有六年,善之与余俱被当路荐为翰林国史之属,始克会于京师,益信子昂之与为不苟。予不及试而去,善之善于其职,再转为修撰。"(《吴澄集》,第526—527页)

吴澄与翰林曹伯明识。

按:吴澄《与曹伯明书》载:"别教三年,无问讯便。中间于盱江会仲坚主簿,得闻动履之适,私以为喜。数千里相望,何由面觏,罄竭所怀,诸郎为学,想日有进益。兹因亲友袁主一行,附此,以叙眷眷之衷。善之学士不果别纸,会次幸及澄名。言不尽意,惟祈保重。不宣。"曹伯明,江西庐山人,大德中为翰林属,善诗文,为袁桷所称赏。(《吴澄集》,第260页)

又按:袁桷《曹伯明文集序》:"江西之文,曰欧阳、王、曾,以庆历以来为正宗,举天下师之无异辞。宋、金分裂,群然师眉山。公气盛意新,于科举为尤宜。至乾道、淳熙，江西诸贤，别为宗派，窃取《国策》、《庄周》之词杂进，语未毕而更，事遽起而辍。断续钩棘，小者一二言，长者数十言。迎之莫能以窥其涯，而荒唐变幻，虎豹辣而鱼龙杂也。呜呼！三公之文，其思厚以深，其理精以正，凌厉乎诸子。贞元而下，曾勃然不肯自让。后之人惧蹈袭之讥，卒至于滥觞沦胥而莫能以救，可胜恨哉！大德中，桷与端明曹公之子伯明甫为翰林属。其为诗文，如桑、麻、谷、粟，切于日用，不求酸咸苦涩，以伤乎味之正。笃实浑厚，与其履践见于事物者，实相表里。夫行以为先，言实次之。言不胜，不足以害道。翕翕夸诩，含讥以射人者，犹惧其不解，方手指其说，曰吾意盖有在。若是而罹于人祸者，多矣！伯明以亲老，再为编修官，补外以去，几二十年。来京师，为文若干卷，得而读之。其哀穷举踬，略枝叶之学，春容雅驯，以循夫规矩，它不能以诟病也。夫慕其轻浮，而欲求似于琐琐者，伯明之所不忍。抑有闻焉，老而能学，吾二人之所宜。继炳烛之勤，愿相与切瑳焉。"(《袁桷集校注》卷二二，第1157—1158页)

吴澄与刘安仁识。

按：吴澄《元赠少中大夫轻车都尉彭城郡刘侯封彭城郡张氏太夫人墓碑》载："澄大德间始识郎中于京师，交谊二十年如一日，窃尝谓郎中行己守官，庶几古名臣之风。"(《吴澄集》，第1309页)

张𦈫卒。

按：张𦈫(1236—1302)，字达善，号导江先生。永康人。张𦈫年幼即为李心传、真德秀推崇，后在景定三年(1262)跟随金华四先生之一的王柏习朱子之学。入元后为夹谷之奇推荐出为将仕佐郎、建康路教授，后授登仕佐郎、孔颜孟三氏子孙教授。张𦈫常年致力于在南北各地教学，曾在鄞城教学四年，"教声洋溢乎中州"。所著有《四经归极》、《孝经口义》、《丧服总类》、《冕弁冠服考》、《引觳训蒙》、《经史入门》、《阙里通载》、《淮阴课稿》等书，及文集若干卷。大德六年(1302)卒。生平事迹见于吴澄《故文林郎东平路儒学教授张君墓碣铭》、《元史·张𦈫传》等。

元成宗大德七年
癸卯　1303年　55岁

郑介父上《太平策》。

按：郑介父在《太平策》中针对至元年间由叶李建议而发行的至元钞法展开了批评，他反对"发行作价更高的新钞"，"反对用新钞一当旧钞几的方式掩饰发行大额纸币"，"指出钞币是国家的赋税，等于说发行钞币就是变相增加赋税"。因此"纸币使民众贫困化"，"他的这一主张是为重新启用铜钱制造舆论"，即"纸币与铜钱相权而行"。（李幹《元代民族经济史》，民族出版社2010年，第1255页）（郑介夫《太平策》，《全元文》第39册，第22—72页）

董士选出为江浙行省右丞。

按：吴澄《元荣禄大夫平章政事赵国董忠宣公神道碑》载："出为江浙行省右丞，徙河南，不赴。"（《吴澄集》，第1282页）

又按：关于此次董士选由御史中丞出为江浙行省右丞一事，吴澄《神道碑》中未多做解释。而《元史》则记载此事与朱清、张瑄案有关系："中书平章伯颜、梁德珪、段贞、阿里浑撒里……等，受朱清、张瑄贿赂，治罪有差，诏皆罢之……癸丑，枢密院臣及监察御史言：'中丞董士选贷朱清、张瑄钞，非义。'帝曰：'台臣称贷不必问也，若言者不已，后当杖之。'……（五月）命江浙行省右丞董士选发所籍朱清、张瑄货财赴京师，其海外未还商舶，至则依例籍没。"（《元史》卷二一《成宗本纪》，第2册，第449—452页）此年朝廷清查了朱清、张瑄贿赂案。董士选也陷入此风波："监察御史言：'中丞董士选贷朱清、张瑄钞，非义。'"虽最终元成宗对董士选表达了信任之意，但在随后的五月，董士选便由御史中丞出为江浙行省右丞。而董士选重用的元明善也在同一时刻，因张瑄赠送其三十斛米的缘由，由掾属曹出淮南。这显然正是因为朱清、张瑄一事遭受的贬谪。

又按：朱清、张瑄本是南宋海盗，元明善记载："张瑄者，有众数千，自宋时负海陆梁。"（元明善《藁城董氏家传》，《全元文》第24册，第317页）董士选攻打张世杰时降元,在元朝,"世祖授清、瑄,俱为管军千户。其从者亦授百户、总把",南宋降后,"清、瑄运宋帑藏至大都",又多次跟随张弘范、阿塔海等将军作战,"平陈吊眼于福建"。至元十九年(1282)丞相"伯颜追忆海道载宋图籍之事,以为海运可行,于是请于朝廷,命上海总管罗璧、朱清、张瑄等,造平底海船六十艘,运粮四万六千余石,从海道至京师","是年十二月立京畿、江淮都漕运司二,仍各置分司,以督纲运"(《元史》卷九三《食货志》,第8册,第2364页)。随后朱清、张瑄开始重回老本行,负责起了元代的海运工作。至元二十二年(1285)朱清、张瑄向元廷请求"创行海运"(柯劭忞著《新元史》卷一八二,第2872—2874页),于是朱清为海道运粮万户府事,张瑄为海运千户,专门负责南方海运事宜。

又按:海外贸易是"南宋重要的财政收入来源"(王瑞来《士人走向民间 宋元变革与社会转型》,广西师范大学出版社2023年,第13页),而朱清与张瑄作为董士选招降的宋人,在元廷里也把持这一重要的海运工作并主要服务于汉人势力。他们负责的海运事宜,在至元年间曾与色目势力多相争权。《元史》记载,至元二十四年(1287),以桑哥为首的色目势力试图截断海运权力,他们建言"置上海、福州两万户府,以维制沙不丁、乌马儿等海运船"(《元史》卷一四《世祖本纪》,第1册,第298页),同年又请求立行泉府司,专门掌控海运事宜:"专掌海运,增置万户府二,总为四府"(《元史》卷九三《食货志》,第8册,第2365页)。桑哥又试图增强沙不丁在江南的权力:"奏以沙不丁遥授江淮行省左丞,乌马儿为参政,依前领泉府、市舶两司。"(《元史》卷二〇五《桑哥传》,第13册,第4572页)由此"基本确立了在东南地区的主导地位后,沙不丁也得以更有成效地贯彻桑哥的意旨,因此,在至元二十六年到二十八年春桑哥的倒台为止的不到两年间,沙不丁任用'南官',增置盐司,'提调钱谷',施政颇为得力,以致江浙行省官为之立'穹隆无比'的'相哥(即桑哥——引者)、沙不丁辈德政碑',沙不丁也由此被划入桑哥在东南地区的主要党羽"(高荣盛《元沙不丁事迹索考》,《元史浅识》,凤凰出版社2010年,第52页)。因而最初由伯颜设立,朱清、张瑄负责的海运在此时处处受桑哥势力的限制。

又按:对于桑哥势力对朱、张所负责的海运的限制,朱清、张瑄在至元二十八年(1291)建言罢泉府司,《经世大典》载:"二十八年八月,罢泉府司所隶运粮二万户府,从朱清、张瑄所请也。平章不忽术(木)等奏:'海道运粮,朱清、张瑄万户言,往岁运粮,止以臣等二万户府。自去年隶泉府司,沙不丁再添二府,运粮百姓艰辛,所有折耗俱责臣等。乞见怜,宜罢二府,或委他人。'上曰:'彼所言是,止令二府运之。'又奏:'朱、张二万户言,或有疑臣等者,乞留臣等在此,令臣之子代运。'上曰:'安用如此?'言止以朱、张二人运之。是月并海道都漕运为二万户府,张瑄以骠骑卫上将军、淮东道宣慰使兼领海道都漕运万户府事,朱清以骠骑卫上将军、江东道宣慰使兼领海道都漕运万户府事。中书省奏准,合并设立海道都漕运万户府二处。"(赵世延等撰,周少川等辑校《经世大典辑校》第六"海运",中华书局2020年,第105—106页)朱清与张瑄的奏请非常清楚地说明了他们对请求罢设行泉府司的原因是,以沙不丁为首的万户府的重复设立加重了运粮的复杂程度,可以说"就海外贸易的管理而言,在汉地的传统体制,即地方最高机构(宋代主要是路,元代应当是行省)与市舶司之间,元代插入了行泉府司这一皇室斡脱机构的分支,而沙不丁正是这一部门的主要掌门"(高荣盛《元沙不丁事迹索考》,《元史浅识》,第52页)。吴澄对此也有清醒的认知,吴澄记载:"时相独庇江淮省平章赛富迪音(即沙不丁),复立行泉府司,俾之典领,以征舶商之输。"(吴澄《元荣禄大夫平章政事赵国董忠宣公神道碑》,《吴澄集》,第1276—1284页)其实正是因为沙不丁背后的势力限制了朱清、张瑄的海运管理权,以至于元贞元年(1295)有朝命"禁行省、行泉府司抽分市舶船货,而同匿其珍细者"(宋濂等撰《元史》卷一八《成宗本纪》,第2册,第393页)。但表面来看,忽必烈同意了行泉府司的撤立,但实际上成宗时期通过设立"制用院",以新瓶装旧酒的方式继续执行行泉府司的职能("制用院"的设立本质,学者高荣盛已经在《元沙不丁事迹索考》一文里详细说明,可供参考)。这种情况显然说明汉人势力不能轻易扳倒色目人理财派势力。果然,张瑄、朱清贿赂一案,牵涉到伯颜、梁德珪、段贞、阿鲁浑撒里,以及董士选、元明善等人。包括此时担任肃政廉访使的张珪,也因"江浙省臣之首"的"诬告"牵涉进朱清、张瑄一案,落得个"谢病归"(虞集《中书平章张公墓志铭》,《全元文》第27册,第523—524页)的下场。

又按:董士选出为江浙行省右丞时,吴澄作《送董中丞赴江浙右丞序》赠之。文中对董氏此行寄以希望,期盼其能"政成而来归":"天子一新庶政,御史中丞董公改授江浙行中书省右丞,于是朝野之正人君子咸咨嗟叹息,相与言曰:'人臣之所以委身报国者二:言责也,事任也。事任有大小,不得相侵越;而言责实关天下之重。故公之昌言直气,心有所不可无不言,往往阨于任事者之非其人,而不得行化且更矣,非公得行其言之时乎?而又以一方之事任出,是不系乎一身之轻重也?'余谓诸君子之忠虑诚深……公廉正刚明,得于天资,成于家训。当事任而敢为,当言责而敢于言,不坠其家、不负于国者,知忠而已。身之或出或入,庸何知焉?今以大臣出行中书省事,视古牧伯为尤重。江浙之地,公之先正暨公皆抚临之,与召伯世掌东方诸侯何以异,其任岂轻且小哉? 迩年上下相蒙,远近相师,政乖民怨,无处不然。况江浙地大人众,素号难治者乎? 凡弊之根株、蠹之孔穴,公盖了然于胸中,划除剔决无难也。……江浙,东南之都会,人物之渊薮,而公好贤乐善,为天下最,听言信行之际,尚其慎诸。会见公政成而来归,有以解诸君子咨嗟叹息之怀,而余于烟霞泉石间闻之,亦将共为天下喜也。"(《吴澄集》,第521—522页)

元明善此年左右因张瑄案被罢免中书省左曹掾。

按:马祖常《翰林学士元文敏公神道碑》载:"未几进登仕佐郎、枢密院照磨,转中书省左曹掾,曹无留事。坐诬免,不辨,侨寓淮南,文学益肆。顷之,坐掾事明,复掾省曹。"(《全元文》第32册,第480页)《元史》载:"(元明善)升掾南行台。未几,授枢密院照磨。转中书左曹掾,掾曹无留事。始,明善在江西时,张瑄为其省参政,明善有马,骏而瘠,瑄假为从骑,久益壮,瑄爱之,致米三十斛酬其直。后瑄败,江浙行省籍其家,得金谷之簿,书'米三十斛送元复初',不言以酬马直,明善坐免;久之,有为辨白其事者,乃复掾省曹。仁宗居东宫,首擢为太子文学。及即位,改翰林待制。"(《元史》卷一八一《元明善传》,第14册,第4172页)

又按:元明善前往淮南时,京中诸友均作诗相送。张养浩《送元复初序》载:"士所贵夫学者,安于内不摇乎外而已。用则经纶天下不以为夸,否则著述山林不以为歉。盖经纶所以行道,著述所以传道,其升沉显晦虽若不同,揆诸事业则埒也。故士之处世,进不欣,退不戚,一意义命,嚣嚣然无如而不自得者,灼于此而已矣。大抵彼于焉不务,急利而徇名,所以伛伛于未得,施施于幸成,陨获乎失,狼狈乎退者比比是,欲望穷达胥有所立,难矣。清河元君复初蚤宦学江南,富于观览,文辞踔厉奇刻,肖其为人,事有当言,剖露无所蕴。人以是重,亦以是忌焉。要其心无他也。比由枢密照磨辟掾中书,绰有才干声。未再岁,以微故去职,略无所动,即浩然挈家而南,将读书山林间,弃其旧而惟新之图。呜呼! 如君可谓善处得失者矣。虽然,人不历成败,资分虽高,其谋猷终不能底夫深远。且天将玉人于成,其颠额顿挫,有所不能免。孟子所谓'空乏其身,行弗乱其所为'者,信矣。吾恐复初此行,非惟不能深藏久遁,将因是反得厚其所养而趋其所未至。他时挟所有而复来,则赫赫于时者,非子其谁哉? 馆阁诸名公咸诗饯之,友生张某实为之序。"(《全元文》第24册,第596页)张养浩还作有《留别元复初》:"台阁联飞二十年,临岐欲别重凄然。人言廉蔺才相轧,谁信陈雷志愈坚。古井不妨风浩荡,浮云何损月婵娟。江湖秋净多来雁,莫惜平安到瘴烟。"(《全元诗》第25册,第43页)

吴澄与郑陶孙识。

按：吴澄《与郑提举书》载："澄生二十有七年，而为太平新民，及今三十年，眼中先进落落衰谢。前之岁，因缘幸会，识阁下于京师。"（《吴澄集》，第248页）

又按：郑陶孙（？—1305），字景潜，处州人。郑滁孙弟。南宋时登进士第。入元后参与编修《宋史》，后升应奉翰林文字，出为江西儒学提举。《元史》称郑滁孙、郑陶孙兄弟"在当时，最号博洽，儒学之士翕然推之。隆福宫以其兄弟前朝士，乃制衣亲赐，人以为异遇焉。"（《元史》卷一九〇《郑陶孙传》，第14册，第4338页）。郑陶孙于此年前任职应奉翰林文字，随后出为江西等处儒学提举。吴澄与郑陶孙相识于后者任职翰林时，后吴澄被授江西等处儒学副提举，正是郑陶孙的副手。

吴澄春治归，临行前作《别阎承旨》。

按：危素《年谱》载："七年癸卯（春治归，五月己酉至扬州。董忠宣公言：'应奉翰林文字吴澄，天禀高特，道成德至，不求用于时，隐居五十余载。至元间遣使求贤，同至者俱为按察，本官力以母老辞还。大德三年，举本官。有道之士都省奏充前职，咨行省特请之任。未至，而吏部作不赴任，阙。顷于本官无所加损，似失朝廷崇儒重道之意）。"

又按：吴澄于至元二十三年（1286）北上京师时与阎复相识，此次离京前，作《别阎承旨》赠阎复："赠篇题欲旧，飞刻墨方新。邂逅百五节，暌违十六春。朝廷须老手，馆阁著闲身。岁岁山中望，文星丽紫宸。"（《吴澄集》，第1777页）

又按：吴澄离京时，元明善作《吴幼清先生南归序》载："上守大宝之八年，用大臣荐，起临川布衣吴先生应奉翰林文字。大夫士相与举手交庆曰：'朝廷不靳官赏，远下林莽，高人端士，自蔽于不耀之地者，固将抚抱振迹而兴矣。'贤能并用，则治具张；治具张，则太平之象见。是故一事得，天下之人，莫不策厉以自顾；一事失，天下之人，亦莫不沮丧以相吊。举措不可不慎也如此夫！或曰：'吴先生居于深山旷泽之闲五十余年，耕钓以供衣食，无所仰给于人。其气渊朗而和粹，其学正大而明溥，澹然怡然，游心于诗书之苑。殆以是终其身者，能为一官而起邪？'或曰：'朝廷清明，天人相协，民物安阜，制礼作乐，政当今日，思得博硕隆古之士，揖让赞襄于其闲。不果于忘世，不必于售己，道足行于一家，达可行诸天下者，《易》之义也。吴先生，明《易》者也，殆以是促装速驾，就道疾驱，讵肯焦槁林壑，而为一夫之事邪？'命下之明年冬，执事者以官旷别授，而先生乃始至。大夫士相与议曰：'内翰须贤而得遗逸，兴治会才而旁远陋，尝相与庆之，今若此，又何也？'盖虚位以待士者,朝廷之宽典也;迟命以避贤者,先生之盛心也。非簸禄以给士也,而得人为急;非嫌官以慢上也,而以让贤为尚。予辞无慊,不两得欤?或必其不来,或必其速来,皆非深知先生者也。居京三月,却迹治归,去来容与,若无足动其心者。不矫抗以干名,不奔趋以射利,呜呼!其有道之士哉!于先生之归也,乃序其所以来。"(《全元文》第 24 册,第 287—288 页)

吴澄五月至扬州,受赵弘道邀,留郡学授徒。

按:当吴澄从京师返乡至于扬州时,受时任江北淮东道肃政廉访使的赵弘道邀请,留郡学授徒。同时珊竹介(1246—1309)、卢挚、贾钧、赵瑛、詹士龙、元明善也先后延请吴澄教学。学者认为,南北学者邀请吴澄教学,是董士选的授意:"吴澄大德六年的大都之行完全是在董士选的鼓动下促成的。整个征召过程非常高调,结局却非常尴尬。……经过此事,他对吴澄尽管像元明善那样倾服有加,却又平添几分愧疚。争取在其还家之前给与一定的政治补偿,很自然成为董士选的补救之方。可就在此时,朱清、张瑄一案触发中枢人事地震,牵及董士选与元明善。元因此而遭免官。董受到枢密院臣及御史台监察御史的弹劾,虽得成宗保护未受追究,但补救之事暂时已不能由其在朝中出面。他们便将目光投向吴澄归程途中的真州。"(周鑫《乡国之士与天下之士:宋末元初江西抚州儒士研究》,天津古籍出版社2014 年,第 168 页)虞集《行状》载:"七年春,中丞犹抗章论朝廷失待士之礼。先生归至扬州,时宪使赵公弘道,及寓公珊竹公玠、卢公挚、贾公钧、赵公英、詹公士龙、元公明善等,先后留先生,身率子弟诸生受业。"(《全元文》第 27 册,第 172 页)危素《年谱》载:"至扬州,江北淮东道肃政廉访使赵公完泽,以暑炽强公留郡学。中山王所(一作玠)、河南张恒皆受业焉。"

又按:吴澄《与宪金赵弘道书》载:"半生悚慕之至,来洪仅及一见。驱驰公务,独贤独劳,从古以然。然畏天命、悲人穷者,岂敢自求安逸哉?天之生是人也,此为智、为贤且贵,而为公卿大夫也;彼为愚、为不肖且贱,而为庶人也。固将使贤智而贵者治其愚不肖而贱者,此行其道而彼被其福也。故禹、稷居位,视天下之饥溺犹己实饥溺之;伊尹虽耕于野而未仕,见匹夫匹妇有不得其所者,若己推而纳之沟中焉。孔门弟子问夫子所志,亦曰安怀老少而信朋友。夫老者,年高于己者也;朋友,年齐于己者也;少者,年卑于己者也。举天下之人,凡年高于己、齐于己、卑于己者,吾则安之、信之、怀之,是使之一皆得其所也。三者之人欲其无一之不得其所,故曰圣人之心犹天也。若夫自处其身于无过之地,而视人之得其所、不得其所若无与吾事然,是则杨、朱为我之学,而圣贤之所深辟也。若曰时不可为,不若全身避害之为得,又曰今与古昔圣贤所遇之时不同也,所居之位不同也,切谓不然。夫时不同,为其时之所可为者而已;位不同,为其位之所当为者而已。若复瞻前顾后、趋利避害之私,则是于义命未能灼然无所惑也。夫贤人君子于众人之中,千百其一觏焉。幸有其人矣,而所为有未合于圣人之道,此固有识者之所惜也。是以不得不以交浅言深为辞,而敢布其愚如此,惟高明择焉。"(《吴澄集》,第242—243页)

又按:赵弘道,时任江北淮东道肃政廉访使,有关赵弘道的信息极少,但现存有程钜夫与刘将孙所作诗文可以简略推测其行踪。他们记载赵弘道在元贞元年到大德七年间改任江西湖东道肃政廉访使司,并对南方漳州路的地方教育贡献极大,而程钜夫与刘将孙对赵弘道的态度非常尊崇。程钜夫在元贞元年四月(1295)作《漳州路重建学记》:"圣上龙飞,首诏各道肃政廉访司勉励学校。雷行风动,其曷敢不共乃事。赵君弘道分司南还,亟称漳学兴复,一出郡博士郭廷炜之力。……弘道之言益信。惟学校废坏,比比相望,前修彫谢,大雅寂寥,持牒来为校官,匿薄岁月,忽不省存。"(《全元文》第16册,第236页)可知,赵弘道于元贞元年任职福建闽海道肃政廉访司,程钜夫极有可能就是在福建任职时与之相识。随后赵弘道改除江西,程钜夫、刘将孙等有诗赠之。

又按:程钜夫《寄贺弘道佥事改除江西》:"圣明初服选抡新,易地观风着此人。会见西江民吐气,久闻南峤政如神。只今寮寀情何极,惠我乡邦事亦均。说与山中吴处士,清时锡汝保闲身。"《送弘道佥事之官江西》:"赵侯丰骨冰千层,入眼壁立清且荧。乌府当年小盛却,崇台猎猎寒飔生。清问颠崖辛苦急,我亦直指江南行。云龙上下逐东野,说论感激令人惊。别来不作扬州梦,独想犳角摇风声。浮云聚散抑何定,王事靡盬无留停。去年驱车下闽峤,骢马却在西南坰。关山明月长耿耿,远欲见之怅未能。迩来倾倒连床夜,议论颇觉深逃形。书囊无底谈未了,一札又促飞鸿冥。江山共恨留不住,私喜桑梓荫余清。萱近北堂春日荣,白云望望双眼明。我家有老且望八,倘许锡类遗君羹。霜风飘飘榕叶鸣,酒钱江头须满倾。愿言努力锄荆棘,浩歌天保答升平。"(《全元诗》第15册,第219—220页)刘将孙亦作《候赵弘道佥事移江西》:"冷官候归客,俯仰意萧然。往复同千里,苍茫记一年。寒云乱鸦后,野日落鸥前。独坐孤亭久,悠悠极自怜。"(《全元诗》第18册,第231页)

吴澄授徒扬州期间,张恒从学。

又按:吴澄授徒扬州期间,张恒从学于吴澄,并向吴澄询问《孝经》事宜。吴澄《张恒字说》载:"学者张恒请字,字之曰伯固。《易》曰:'恒,德之固也。'固者,坚守而不移。或勤或怠,乍作乍辍,无而为有,虚而为盈者不至是。必终始惟一,无时厌倦,而后能之。《易》所云'一德',所云'杂而不厌',盖以此夫！恒之资可以进,其毋不一而易厌哉！抑闻之,圣师不重,则不威而不固。然则内固自外重始,恒懋诸！"(《吴澄集》,第158页)危素《年谱》载:"至扬州,江北淮东道肃政廉访使赵公完泽,以暑炽强公留郡学。中山王所(一作玠)、河南张恒皆受业焉。"

又按:吴澄《答张恒问孝经》载:"问:'《孝经》何以有今文、古文之别？'曰:'黄帝时,仓颉始造字。周宣王时,史籀因仓颉字更革为大篆。秦始皇时,李斯因史籀字更革为小篆。仓颉字谓之古文。'秦人以篆书繁难,又作隶书,取其省易,专为官府行文书而设。自此,人趋简便,习隶者众,习篆者寡,公私通行,悉是隶书。经火于秦,而复出于汉,当时传写只用世俗通行之字。武帝时,鲁共王坏孔氏屋壁,得孔鲋所藏《书》、《礼》及《论语》、《孝经》,皆仓颉古文字,后人称汉儒隶书传写之经为今文,以相别异云尔。古文《书》孔安国献之,遭巫蛊事,不及施行。安国没后,其书无传。东莱张霸诡言受古文《书》,成帝征至校其《书》,非是《汉志》所载武成之辞,即张霸伪古文《书》也。东晋梅赜,于伏生今文《书》外,增多二十五篇,今行于世,果真孔壁所藏者乎？古文《礼》五十六篇,内十七篇与今文《仪礼》同,余三十九篇谓之《逸礼》,郑玄注《仪礼》、《礼记》,屡尝引用。孔颖达作《疏》之时犹有,后乃燬于天宝之乱。古文《论语》二十一篇,与《鲁论语》、《齐论语》为三。古文《孝经》二十二章,与今文《孝经》为二,魏、晋而后不存。隋人以今文《孝经》增减数字,分析两章,又伪作一章,名之曰《古文孝经》。其得之也,绝无来历左验。《隋经籍志》及唐开元时集议显斥其妄,邢昺《正义》具载,详备可考。司马温公有《古文孝经指解》,盖温公资质重厚,于《孝经》今文尚且笃信,则谓古文尤可尊也,而不疑后出之伪。朱子识见高明,《孝经》出于汉初者尚且致疑,则其出于隋世者,何足深辨也？而《刊误》姑据温公所注之本,非以古文优于今文而承用之也。恒又问:《孝经》果可疑乎？曰:朱子云:'《孝经》出于汉初《左氏》未盛行之时,不知何世何人为之也。'窃谓《孝经》虽未必是孔门成书,然孔鲋藏书时已有之,则其传久矣。《礼》家有七十子后弟子所记,二戴《礼记》诸篇多取于彼,其间纯驳相杂,《公》、《谷》、《左氏》等书称道孔子之言者亦然。《孝经》殆此类也,亦七十子之后之所为尔。中有格言,朱子每于各章提出,而《小学》书所纂《孝经》之文,其择之也精矣。朱子曷尝尽疑《孝经》之为非哉？学者岂可因后儒之傅会而废先圣之格言也？"(《吴澄集》,第35—37页)

吴澄七月至真州,受珊竹介、贾钧、卢挚、赵瑛、詹士龙、元明善等人邀请讲学。

按:吴澄停留扬州两月后,七月到达真州。当地珊竹介、贾钧、卢挚、赵瑛、詹士龙、元明善等人相续邀请吴澄讲学。危素《年谱》载："七月至真州，淮东宣慰使珊竹公玠、工部侍郎贾公钧、湖广廉访使卢公挚、淮东佥事赵公瑛、南台御史詹公士龙及元文敏公诸寓公，具疏致币，率子弟至扬州，请公讲学。"

又按：淮东宣慰使珊竹介（1246—1309），原名拔不忽（Babugu），蒙古尼鲁温部氏。翰林学士周正方为其改名，字仲清。"初为同知北京转运司事，累迁濮州尹、平滦路总管、江南浙西道提醒按察使，移山北淮东道，召为刑部尚书，复除江东宣慰使。以病目去官，延名儒张翌、吴澄教其子。至大元年卒。"（柯劭忞《新元史》卷一三〇，第2314页）

又按：工部侍郎贾钧，字元播，获鹿人。"幼读书，渊默有容。由榷茶提举，拜监察御史，佥淮东廉访司事、行台都事，入为刑部郎中，改右司郎中、参议中书省事。仁宗即位，拜参知政事，议罢尚书省所立法。迁佥书枢密院，复参知政事，赐锦衣、宝带，宠赉有加。为政持大体，风裁峻整，不子子钧名誉。皇庆元年，从幸上都，遇疾，卒于家。"（《元史》卷一五三《贾钧传》，第12册，第3625页）吴澄有《贾参政寿日（二首）》，疑为贾钧而作。（吴澄《贾参政寿日》，《吴澄集》，第1852页）

又按：湖广廉访使卢挚，字处道，一字莘老，号疏斋。涿州人。吴澄于至元二十五年北上时与卢挚相识，此时卢挚正由湖广廉访使卸任返京。揭傒斯有诗记其事，见《湖南宪使卢学士移病归颍舟次武昌辱问不肖姓名先奉寄三首》。（《全元诗》第27册，第234页）卢挚此年春自湖广行省出发，沿长江而下，正与七月至真州的吴澄相遇。二人早于七年前就已相识，故此时卢挚延请吴澄讲学，吴澄继续在真州停留。（参考周清澍《卢挚生平及诗文系年再检讨》，《中华文史论丛》2014年第4期）

又按：南台御史詹士龙，字云卿，光州固始人。受元世祖赐，为董文炳养子。刘楚《元故奉训大夫广西道肃政廉访司佥事詹公墓志铭》载："公方在襁，随母胡氏俱北徙。时董忠献公从世祖总兵南讨，具知都统勇烈及在蜀力战死节状，归言于世祖，因以其幼子见。世祖叹曰：'佳父必生佳儿，然不宜在军中。'即以公属之忠献，忠献鞠之同己子。居北五年而胡氏亡，已八岁矣。忠献长子中书平章名士选，故名公曰士龙，以次于诸子。"（《全元文》第57册，第630—631页）此时詹士龙任职江南诸道行台监察御史，因董士选的关系，詹士龙与吴澄相识，并延请其讲学。

吴澄为腾安上的文集作序。

按：据吴澄《送方元质学正序》载，延祐二年（1315）吴澄试图将学正方元质推荐至客寓扬州的王京甫处学习。王京甫即王祁。王祁遂请吴澄为其师腾安上的文集作序。

又按：吴澄《滕司业文集序》："宋氏南渡，中州亦尚文治，风声习气不泯。逮于天朝之兴，往往有能文之士，集之行于世者概可睹也。至覃怀许公，得朱子之书而爱之，而诵之，而传之，而学者又知有义理之学矣。予客广陵，识中山王祁，知其师滕侯仲礼之为人，盖有学有行而有文者也。一日，示予《东庵家藏类稿》，乃江西廉访使赵侯（按：即赵秉政）所刻，曰：'其侍先师笔砚久，收拾遗文具备。此稿第因家藏所有而类之耳。其散逸流落者不在是，而非削之也。图再刻以会其全，请赞一语。'辞曰：'予不及识子之师，而何足以知其文？虽然，试读一二，粹然温然，悠然粲然。根之以义理，翼之以华英，信乎有学行者之言也。子守师学无玷，惧其一善之或坠而不传，事师之道宜哉！'滕侯名安上，官至国子司业，赵侯其友也。祁端谨醇厚，不忘交，不求闻于人，授徒以养其亲。玩周、程、张、邵、朱子之书，寝食为废。博考详究，必如朱子之句句而谈、字字而议也，可谓有光于师门者矣。"（《吴澄集》，第330—331页）

又按：苏天爵在《曹南李时中文稿序》中评价王祁，并认为王祁从学于吴澄进而传其学说，加快了儒学在北方的传播进度："时中少学于藁城王祁京甫，京甫则临川吴先生之高第弟子也。初，宣慰使珊竹公延导江张氏（即张埜）于仪真，诲其子弟。张氏没，复延吴先生为之师，故真、扬间学者甚盛。京甫既传其师说，开门授徒，时中尤知名于时者也。呜呼，昔宋之季，文日以弊，而江淮俗尚武侠，儒学或未闻也。国家既一，四海儒先君子作而兴之，独以经术训诸其人，宜其讲授渊源之有自欤！时中为人沉潜缜密，读书刻苦，不急一时之誉，而誉日彰。久之，大臣有知其贤者，荐之于朝，得为校官。又辟掾行省，不乐俯仰，辄弃去，盖昂然特立之士也。延祐、至治间，吴先生两被召命入朝，道出真、扬，馆于时中之家，时中受教益多，惜乎蕴其材能，弗克表见于世。予官淮东，访求士之贤者，得数人焉，时中其一，每叹去世之蚤，不及与之讲所学也。后之读其文者，尚及识时中之志矣夫。"（《全元文》第40册，第56页）

吴澄应詹士龙之请，为其父詹钧作墓表。

按：詹士龙任职南台御史期间，努力收集其父詹钧在蜀地抗元的诸多行迹。"首访先都统在蜀力战遗事，多得之故老退卒之口。归语济南文士西畴张某，辑为行状。"（刘楚《元故奉训大夫广西道肃政廉访司佥事詹公墓志铭》，《全元文》第57册，第632页）此次吴澄逗留真州期间，詹士龙趁机便延请吴澄按照行状为其父作墓表。见吴澄《詹统制墓表》。（《吴澄集》，第1382—1384页）

吴澄处真州时，与卢挚有诗唱和。

按：吴澄《玄庵铭后序》载其居真州时，与卢挚往来密切。"卢公好为文章，于数则未暇学。予尝与之谈竟日夕，傍及幽微神妙，欣欣焉乐听忘倦。虽不知数，喜数者也。"（《吴澄集》，第396—397页）

又按：吴澄《疏斋卢学士和郝奉使立秋感怀余亦次韵（二首）》载："斧威直指可能禁，鼓吹从容翰墨林。公馆月帘秋澹澹，谁家雾阁夜沉沉。唤回千古南楼兴，付与两翁东楚吟。休道铁心犹解赋，要人识取爱梅心。""政尔烦欷不可禁，秋声忽忽动鸦林。好怀恰与清风值，浮翳俱随骤雨沉。江上清枫频入梦，淮南幽桂又听吟。闲云淡漠元无系，来去常如见在心。"（《吴澄集》，第1833—1834页）卢挚读吴澄此诗后，又作诗以和。吴澄《又次韵谢疏斋和章》："昏倦群魔政叵禁，忽然惊起立如林。初闻仙乐空中下，细认香材水底沉。有句可陪薇阁老，何人敢效玉川吟。兔丝谩附千寻上，乔木樛垂见古心。"（《吴澄集》，第1834页）《夜坐四次韵》："物情自适更谁禁，草际萤飞鸟宿林。鲁叟尔来无梦寐，蜀庄此去只冥沉。客中又见秋风起，夜半初闻木叶吟。凉意逼人眠不得，坐看孤月到天心。"《书坐五次韵》："静中不觉暑难禁，况复身居七宝林。槐国避焚封蚁出，石盆趋冷戏鱼沉。蚊将伺暮深深匿，蝉未知秋恳恳吟。只有道人方燕坐，清香一缕起炉心。"（《吴澄集》，第1834—1835页）惜卢挚诗今已不传，借由吴澄之诗可见二人情谊。

吴澄作《送卢廉使还朝为翰林学士序》，赠卢挚。

按：卢挚此年本由湖广廉访使卸任返京任翰林学士，吴澄作文相送。《送卢廉使还朝为翰林学士序》载："往年北行，征中州文献，东人往往称李、徐、阎，众推能文辞、有风致者曰姚、曰卢，而澄所识惟阎、卢二公焉。阎踵李、徐为翰林长，卢公繇集贤出持宪湖南，由湖南复入为翰林学士。夫翰林之职，自唐宋至于今，一所以宠异儒臣也。公之文名，天下莫不闻，岂以宠异之数而为轻重哉？是盖未足为公荣也。然而有可以为天下喜者，何也？国有大政，进儒臣议之，此家法也。公事先皇帝，为亲臣三十年，朝夕近日月之光，朝廷事、宫禁事耳闻目见熟矣。凡宏规远范、深谋密虑，有人不及知，而公独知之者。事或昔然而今不然，昔不然而今然，苟有议，公援故事以对，言信而有证，听者乐而行者不疑，其与疏逖之臣执经泥古、师心创说，而于成宪无所稽者，相去万万也。《诗》曰：'维今之人，不尚有旧。'谓其明习旧事者也。儒之为天下贵也，用之而有益于斯世也。若曰是官也，职优而地散，秩崇而望清；步趋襜如，言论渊如，炳如也，锵如也；华虫黼黻，如玉磬琴瑟，于以仪天朝、瑞盛世而已。言及当世事，则曰夫既或治之，又奚庸间？公不如是也，而亦非天下士所望于公也。"（《吴澄集》，第522—523页）

吴澄观卢挚为熊炎所作墓志铭,有跋记之。

按:与卢挚交往的期间,吴澄得观卢挚为熊炎撰写的墓志铭。他认为卢挚的文字"约而周,蔚而核,无饰美,无蔓辞",因作跋云:"英德熊侯沈毅重厚,其施于时者,八年教育之德;其垂于世者,六传编纂之功。若广东一道,若英德一州,俱未获展布,而以忧以疾去。昔也!岂天固靳之,而留以遗后欤?内翰修史卢公之叙事约而周,蔚而覈,无饰美,无蔓辞,可谓不愧幽明矣。埴衰经走数千里而得此,庶其恔于心乎?埴真孝子哉!"(吴澄《同知英德州熊侯墓志后跋》,《吴澄集》,第1082—1083页)

又按:吴澄没有记录此文写作时间,但文中提及卢挚的职称是"内翰修史"。卢挚任职翰林院时间为大德七年(1303)以至于大德十年(1306)(参考周清澍《卢挚生平及诗文系年再检讨》,《中华文史论丛》2014年第4期),吴澄得观作为翰林修史的卢挚所作墓铭只能在此年之后,若吴澄是在卢挚手中观得此文,则只能是在此年留真州与卢挚相处之时,故暂系于此。又吴澄《故龙兴学录邹君墓志铭》载1301年熊炎尚与之有所交往,可知至少在两年前熊炎尚且在世:"大德辛丑夏,英德倅熊侯谓澄曰……"(《吴澄集》,第1420页)

吴澄在真州,与医士王君迪识,作《可山记》。

按:"可山"是卢挚赠与王君迪的赐字。吴澄此年经过仪真,受医士王君迪邀请前往其药肆参观,作《可山记》为卢挚此二字作解。文云:"学士卢公书'可山'二字遗医士王君迪,客持以视予。有同观者问曰:'可山何如?'余未应。或曰:'山镇屹不移,君迪之重厚似之,故曰可山。'或曰:'君迪家江南,环所居山崷崒明秀,皆可人,故曰可山。'余曰:'子所言者,可山之名也。夫卢公之进君迪也,果以其名乎?抑以其实乎?余所知者,可山之实也,试为子言之。今年夏,余自京师还至广陵,初识君迪。至仪真,见所设药肆,稽其貌,诚有所谓镇矻重厚者;訊其乡,诚有所谓崷崒明秀者。虽然,外也,其中所有不在是。君迪迁江北垂二十年,以医走公卿大夫间,下及闾巷士庶人之家。不计远迩,不惮往复,不避冻暍,有求必赴。寠者、困者售善药已其疾,不责其报,此其心之仁也。淮境多寓人,五方风土殊、气质殊,法不可一概施。君迪审实虚,权重轻,按古方,酌今宜,不蹔毫发,用辄应手愈。此其艺之精也。自黄帝、岐伯、扁鹊、仲景、叔和、士安诸先觉之书与夫南北久新所述方,一一究详。持脉别二十四状,参之以外候,某脏腑、某经络有偏有邪,如烛照镜鉴然。此其学、其识之到也。凡君迪所有、余所知,其实盖如此,而名不与焉。予欲名之乎?谓其可以山可也,谓其山之可亦可也。庄生云:恶乎可?可于可。山与?非山与?有山与?无山与?何所不可哉?'言

未既,客大喜,抵掌而笑曰:'善。知可山莫如斯言。请笔之,将以谂乎于君迪。'"(《吴澄集》,第831—832页)

吴澄十月将《孝经章句》授予张恒刊刻。

按:张恒从学吴澄后,非常敬佩吴澄在《孝经》上的学问,遂将吴澄《孝经章句》锓梓。张恒《草庐孝经后序》载:"吴先生隐居临川山中,大臣荐之,授文翰之职。未行,促命下,驿遣上京师。会有求为代者,先生即南还。今年夏,次广陵郡学,访道诹经者日至,恒往受业焉。恒尝问:'《孝经》何以有今文、古文之别?'先生曰:……'古文《孝经》二十二章,与今文《孝经》为二,魏晋而后不存。隋人以今文《孝经》增减数字,分拆两章,又伪作一章,名之曰《古文孝经》。其得之也,绝无来历左验。《隋经籍志》及唐开元时集议,显斥其妄,邢昺《正义》具载,详备可考。司马温公有《古文孝经指解》。盖温公资质厚重,于《孝经》今文尚且笃信,则谓古文尤可尊也,而不疑后出之伪。朱子见识高明,《孝经》出于汉初者尚且致疑,则其出于隋世者何足深辨也。而《刊误》姑据温公所注之本,非以古文优于今文,而承用之也。'恒又问:'《孝经》果可疑乎?'先生曰:'朱子云:"《孝经》出于汉初《左氏》未盛行之时,不知何世何人为之也。"窃谓《孝经》虽未必是孔门成书,然孔鲋藏书时已有之,则其传久矣。礼家有七十子后弟子所记,二戴《礼记》诸篇多取于彼。其间纯驳相杂,《公》、《穀》、《左氏》等书称道孔子之言者亦然。《孝经》殆此类也,亦七十子之后之所为耳。中有格言,朱子每于各章注出。而《小学》书所纂《孝经》之文,其择之也精矣。朱子曷尝尽疑《孝经》之为非哉?学者岂可因后儒之傅会,而废先圣之格言也?'他日,先生之子文谓少年读《孝经》时,先生整齐诸说,归于至当,附入己见,补其不足,畀文肄之。恒于是借观旧稿,就欲笔受,请于先生。先生曰:'此往年以训稚子,不欲传之,故未尝示人也。'恒再三请,乃许。既得录本,而求者沓来,应之不给。同门诸友请为锓木,以公其传,而所闻师说并记于其后云。大德癸卯十月甲寅朔,门人河南张恒记。"(《全元文》第35册,第314—316页)

吴澄十一月被任命为将仕郎、江西等处儒学副提举。

按:据虞集《行状》吴澄在大德八年(1304)被授江西等处儒学副提举:"明年八月,除将仕郎、江西等处儒学副提举。"揭傒斯《神道碑》载:"八年秋,除将仕郎、江西儒学副提举。"危素《年谱》载:"八年甲辰(授将仕郎、江西等处儒学副提举,不赴)。"但据日本宫内厅书陵部所藏明初刻百卷本《临川吴文正公集》书末附有的宣敕文书落款来看,今年十一月已经授予了吴澄将仕郎、江西等处儒学提举的官职:"皇帝圣旨里,中书省牒。应奉翰林文字、将仕佐郎、同知制诰兼国史院编修官吴澄牒,奉敕:'可授将仕郎、江西等处儒学副提举.'牒至,准敕故牒。大德七年十一月　日牒。"并在宣敕文后附有参知政事董士珍、参知政事朵觧、中书左丞尚文、中书右丞洪双叔（洪君祥）、中书左丞相阿忽台、中书右丞相哈剌哈孙等人的押字连署。（李治安《元吴澄八思巴字宣敕文书初探》,《元史论丛》第 14 辑,天津古籍出版社 2014 年）

虞集为田师孟《先友翰墨》作序。

按:《先友翰墨》是北方文人田师孟对金朝文人如杨弘道、王磐、姚枢、徒单公履等诗文的辑集。虞集受邀为此辑作序,他"从一个南方士人的角度揭示了北方士人与新政权之间的合作关系"（温佐廷《金元之际文人陈季渊生平与文学考略》,《元史及民族与边疆研究集刊》第 41 辑,上海古籍出版社 2021 年,第 37 页）。

又按:虞集《田氏先友翰墨序》载:"女真入中州,是为金国,凡百年。国朝发迹大漠,取之,士大夫死以十百数。自古国亡,慷慨杀身之士,未有若此其多者也。於乎！中州礼乐文献所在,伏节死谊,固出于性情也哉！彼其人,固知天命所在,宁轻一死而不顾,吾知其感于中者深矣！及余来中州,追其哀愤之遗意,将次序其事以待来世,已七八十年。故老莫有存者,简册无所于征,未尝不为之流涕而太息也！间从将相故家,窃问世祖皇帝初时事,云当时豪杰不死者,莫不起为世祖用,不起者竟老死,然其才皆足以用于世。於乎！此其不轻于一死者,固亦非浅丈夫也。盖以是知世祖之圣神无敌于天下矣！大德七年夏,兵部员外郎、彰德田君师孟,缉其先友手翰为一卷,使余为之序。余读其辞而悲之。盖其愤郁哀壮,称余所谓豪杰者多在是。"（《全元文》第 26 册,第 217—218 页）

金履祥卒。

按:金履祥（1232—1303）,字吉甫,号仁山先生。婺州兰溪人。在宋时从北山先生何基学,再从王柏学。后被列为北山四先生之一。入元后隐居不仕,隐居著书,晚年讲学于婺州丽泽书院,在婺州传播并促成婺州学派的形成。所著有《尚书表注》《大学疏义》《指义》《论孟集注考证》《通鉴前编》合若干卷,《仁山文集》六卷,又辑有《濂洛风雅》六卷等。生平事迹见于柳贯《故宋迪功郎史馆编校仁山先生金公行状》《元史·金履祥传》等。

傅若金（1303—1342）、余阙（1303—1358）、危素（1303—1372）生。

元成宗大德八年
甲辰　1304年　56岁

十二月,定岁贡生额。

按:《元史·选举志》载:"成宗大德八年冬十二月,始定国子生,蒙古、色目、汉人三岁各贡一人。"(《元史》卷八一《选举志》,第7册,第2029页)是年,在至元二十四年(1287)立国子监学的基础上,首次确定岁贡生额。但是制度完备的同时,"这种选拔机制毕竟是靠着利禄的诱导,它在客观上激化了学子追逐功名利禄之心理,由此导致在实际操作中渐渐流于按入学时间先后为据、循资论辈的选拔套路。'初,国子生以入学名次为先后,岁贡补官,殊无劝惩'。这反而消解了大多数学生的学习积极性,于是引发了国子监内部的两次论争。"(王建军《教养化育与科举主导:元代国子监办学模式的演变》,《河北师范大学学报(教育科学版)》2006年第2期)

是年,元廷对也里可温在江南传教作出限制。

按:《元典章》载:"大德八年,江浙行省准中书省咨:礼部呈:'奉省判:"集贤院呈:江南诸路道教所呈:温州路有也里可温创立掌教司衙门,招收民户充本教户计,及行将法箓先生诱化侵夺管领,及于祝圣处、祈祷去处,必欲班立于先生之上,动致争竞,将先生人等殴打,深为不便。申乞转呈上司禁约事。得此。照得江南自前至今,止存僧、道二教,各令管领,别无也里可温教门。近年以来,因随路有一等规避差役之人,投充本教户计,遂于各处再设衙门,又将道教法箓先生侵夺管领,实为不应。呈乞照验。得此。奉都堂钧旨:送礼部照拟。"议得:即目随朝庆贺班次,和尚、先生祝赞之后,方至也里可温人等,拟合依例照会。外据擅自招收户计并搀管法箓先生事理,移咨本道行省,严加禁治相应。具呈照详。'得此。都省咨请照验,依上禁治施行外,行移合属并僧道录司、也里可温掌教司,依上施行。"(陈高华、张帆、刘晓、党宝海点校《元典章》卷三三"礼部卷之六·禁也里可温搀先祝赞",第2册,第1143—1144页)

程钜夫拜翰林学士。

按：何中《翰林学士承旨光禄大夫知制诰兼修国史程公行状》载："上思用旧臣，八年甲辰十二月，召除翰林学士、知制诰、同修国史，散官如故。"（《全元文》第22册，第207页）

耶律有尚拜国子祭酒，其教法一遵许衡之旧。

按：《元史》载："大德改元，复召为国子祭酒。寻除集贤学士，兼其职……有尚前后五居国学，其立教以义理为本，而省察必真切；以恭敬为先，而践履必端悫。凡文词之小技，缀缉雕刻，足以破裂圣人之大道者，皆屏黜之。是以诸生知趋正学，崇正道，以经术为尊，以躬行为务，悉为成德达材之士。大抵其教法一遵衡之旧，而勤谨有加焉。身为学者师表者数十年，海内宗之，犹如昔之宗衡也。"（《元史》卷一七四《耶律有尚传》，第13册，第4064—4065页）

吴澄在仪真，为张翚文集作序。

按：是年，吴澄受到张翚门人赵思敬的请求，为张翚文集作序。吴澄《张达善文集序》对张翚之学非常肯定："昔之为文者曰：不蹈前人一言一句。或曰：此文人之文尔，儒者之文不如是。儒者托辞以明理，而非有意于文也。虽然，周子之《太极图》《易通》，张子之《订顽》《正蒙》，程子、邵子之《易传序》《定性书》《观物篇》前无是也。朱子祖述周、程、张、邵，而辞莫有同者焉。谁谓儒者之文不文人若哉！彼文人工于诋诃，以为洛学兴而文坏。夫朱子之学不在于文，而未尝不力于文也。奏议仿陆宣公而未至，书院学记曼衍缭绕，或不无少损于光洁。若他文，则韩、柳、欧、曾之规矩也，陶、谢、陈、李之律吕也。律之吕之，规之矩之，而非陶非谢，非陈非李，非韩非柳，非欧非曾也。是岂区区剽掠掇拾者而犹有诋诃者乎？噫，儒生之立言也难矣！东平教授张达善父，以诵习朱子之书为一时名公卿所礼，子弟从之游者诜诜如也。其业也专，其说也明，其考索研究也精核，南北之士鲜能敌之。知之深、始终敬爱不渝者，江东宣慰使北燕珊竹公也。至元中，予识达善于金陵，出一二著述相与细论。后十六年，予留仪真，许昌赵思敬率其同门友携达善文集来，曰：'先师遗稿，珊竹公将为锓木以传，敢请表其篇端。'余读之竟，而叹吾达善之学，殆非庸浅者之所能窥。议论正，援据博，无一语不有根柢。贯穿纵横，俨然新安氏之尸祝也。苟有关于人心世教可矣，而暇弊精神为夸末俗计哉！序记笔势翩翩，尤在诸体之上。经说等类达善既不可作，而予亦何能独审其至当？绝伯牙之弦，过惠子之墓，夫孰察予之悲慨也夫！"（《吴澄集》，第331—332页）

又按：吴澄两次为张翚文集作序，另一篇《张达善文集序》载："蜀儒张翚达善父，少从金华王氏游。王氏之学其源出自朱子门人黄勉斋先生，故凡达善所闻格言至论，皆足以范俗垂世。国朝奄有南土，中州士大夫淑其弟子以《四书》者，竞延致达善而讲说焉。或荐于朝，特命为孔、颜、孟三氏教授，邹、鲁之人至今服诵其遗训。东昌张逊谦叔得其文若干卷，刻梓以传，好善乐学之意可尚哉！达善长予十有三岁，予视之犹兄也。前此江东宣慰使拔不忽尝欲板行其文，余序其端。今谦叔之从子德光又以序为请。余悲达善之无嗣，而幸其遗文之不泯。俾后进之士因前辈所闻而知其所未知，裨益于人盖不为少，是则谦叔之功也。"（《吴澄集》，第381—382页）

又按：赵思敬，是张翚好友赵宏伟次子。赵宏伟是颍川人，号松涧先生，倾慕朱熹道学。至大年间赵宏伟任职浙东廉访副使，在浙东延请许谦、张翚"讲明伊洛之学"。（《宋元学案》卷八二"北山四先生学案"，第2754页）赵思敬后也被列为北山学派门人。（《宋元学案补遗》卷八二《北山四先生学案补遗》，第4888页）

吴澄为董士选作《立本堂记》。

按：立本堂是董士选为江浙行省右丞后新修的府邸，它以当年商挺为董文炳书写的"立本"二字来命名。可以看出，董士选此举有强调自身藁城董氏家族渊源的目的。而吴澄也为立本堂撰写记文，对董士选"一门三族"的显赫进行了表扬。

又按：吴澄《立本堂记》载："盖尝观高山巨林之木乎？其直榦亭特而上遂者千层霄，其横枝蟠偃而旁走者隐千驷，其密叶美荫童童如车盖、渠渠如厦屋者可以蔽亏日月。不以春夏雨露而增荣，不以秋冬霜雪而损瘁，何以能如是哉？其本深且固也。彼浮沙浅土，水之所啮，风之所摇，其本悬寄孤露，且颠且拔。本既不立，求其枝叶之盛如高山巨林所生，不可得已。人本乎亲，身与兄弟，其枝也；子子孙孙，枝而叶者也。厚于本者，枝叶繁；薄于本者，枝叶单，理则固然。河北藁城董氏，自龙虎卫上将军起陇亩，乘风云，致官勋，开世业，子孙日显大蕃衍。忠献公兄弟内文外武，出将入相，赫赫为时名臣。三传至今御史中丞公，尊卑长幼、官居家居数十人，人知董氏之盛，其本有在矣。龙虎公夙丧其父，事母尽孝，丧极哀，祭尽敬。一门三族，雍睦如万石君家。子孙恪守之，至于今不替。此其立本者也。天之昌董氏，岂徒然哉？《论语》次'孝弟为本'章于开卷之首，其言曰'本立而道生'。董氏三世父子兄弟忠于君，惠于民，和于乡，远近交游，内外亲戚，无所不用其厚，概自孝于其亲始。公昔为侍卫指挥使，居忠献公丧，故参政商公书神道碑，因书'立本'二字名董氏之堂。其后公更作新堂，昭揭所扁，示子孙以无忘。公之子孙朝夕斯堂、目斯扁也,盍亦悠然而思,思吾祖宗以来爵之所以隆、禄之所以充,门阀之所以穹、族派之所以丰,世世蒙其余休遗泽而无穷,繄孰为之本也? 夫如是,祖宗家法讵敢须臾而忘哉? 譬之木然,龙虎种植之,忠献封培之,今公保护之,公之子孙又从而灌溉滋溢焉。其本愈深愈固,而林叶愈茂愈久。繇今三世至于十世、百世,犹一日也。本之立者如是夫! 余未获登公之堂,而乐为之道,将以为世之厚于本者劝,非但俾公子孙不忘而已也。"(《吴澄集》,第 826—827 页)

又按:姚燧《董氏立本堂记》有关于董士选此堂建立事迹,文载:"立者,颠之反也;本者,末之负也。天下无无本之物,亦无不大之本。其观植戈乎? 下镦则立,下刃则颠。镦大而刃小,大为之本,而小其末也。语学则不然,大顾其末,而小为之本。故天下本国,国本家,而家本身。至于身,则居亿兆人之一,若是小矣。要其归也,乃为天下安危治乱之关,则身非独本一家,实为本于天下。故曰:小者本之,大者末之。然立本有道而非他,立吾身焉耳矣。孔子语孝子之终节,第立身于事亲、事君之后,则立身者,惟忠孝之家为克对,而无著闻。今评董氏者曰:'世将如汉绛侯,世相如韦贤,家法则石奋。'以故十七年,故商大参公为今中书左丞公时,以翊卫指挥使,书先正平章忠献公碑,因扁堂曰'立本'。呜呼! 非知道者,孰能名斯堂? 非笃道者,孰可居斯堂哉? 后十余年,上以江浙省臣处非其据,诏公来换之。燧以士生皇舆一轨之时,诚千载之旷遇,浮游江湖,求观南纪禹迹疆理之概,相遭东吴,见其图画之叙,措注之宜,洁白之守,任负之力,有非乔木故家渐涵庭训、上结主知者不能。《诗》曰:'虽无老成人,尚有典刑。'孙叔子劣甚叔敖,楚王思其先烈,犹封之,况托忠献遗体式谷似之者,宜圣皇擢绳父武,爰立作相也。暇则相语曰:'昔者商公特书扁耳,时未堂也。去年始落矣,其记诸!'燧思薆公乡堂此以告苗胄,固宜。今是东吴,忠献以大参、左相,两尝开府;既薨,公季父今承旨公又大参乎是,去位而公继至一门再世之间,三相而四开府矣。岂国家惓惓忠献,徇地是邦,抚绥有劳,非弟若子不命出镇,不足以系其民情然欤? 又益思夫董氏之大,立本忠献;忠献之相,立本东吴。公不可不原,为堂于此也。"(查洪德编辑点校《姚燧集》,人民文学出版社 2011 年,第 103—104 页)

吴澄子吴文请程钜夫为其家"正中堂"作记。

按:是年夏,吴澄尚在扬州,其子吴文请程钜夫其为正中堂作文。《正中堂记》载:"大德八年之夏,时暑旱炽,余方坐白雪,歌《南风》,命此君为岁寒之曲。顾有一士在门,视之,吾幼清之子士一也。相劳苦已,问幼清何如,及其家务纤琐,未竟,士一进一卷书,曰:'文自先世,家崇仁之西南,民稠俗淳,安居数百年矣。并先庐之阴,而行不一里,有谷焉,广可十亩。山冠水带,密卫环趋,前曰清,后曰白,流之合而近者也。南华盖北临川,西北芙蓉,峙之远而最者也,苍翠不可悉数,明霭不可得摹,虚中而按衍,意若有俟乎人者。于是吾父卜大母之兆而屋其傍。越三年,兆徙而屋留。屋之东偏山形如字之"个",因曰"个山"。负山构堂,于焉读书过庭,请名扁以"正中"。跪求其义,则训之曰:"阳始于北,长于东,极于南。阴始于南,长于西,而极于北。元亨利贞,天之道;仁义中正,人之德。正者体之定,贞者阴之静,属夫北者也。中者用之应,亨者阳之动,属夫南者也。是堂之北,在天,则一辰常居而不易;在地,则一山屹镇而不摇。吾之静而正者似之。是堂之南,在天,则众星隐见而互更;在地,则众水流注而不息。吾之动而中者似之。"文敬受训不敢忘,唯质下学新,不足以探索赜隐,敢请一言于父师,以觉其所未觉,俾朝夕顾諟焉。'予既阅,因念幼清方客淮海,不得共此朝夕,今闻其义方之言,亦足以慰然。……堂曰'正中'耳。士一气遒才颖,肯构之子,裕蛊之良,名方猎猎以起。《书》不云乎?'往省括于度则释。'是亦一正中之说也。士一试思之,幼清归而以告。"(《全元文》第16册,第264—265页)

吴澄六月二十二日作《送程鼎实序》。

按:程鼎实乃吴澄老师程绍开之孙。是年,程鼎实海陵教授秩满,吴澄作《送程鼎实序》勉励之:"凡冬大雪,来岁必大熟。松脂入地久而为茯苓、为虎魄,是何物也?阳气闭藏而不发泄,则地力厚而生物也。茂木之滋液于叶者未易遂,则灌注本根凝为灵药异草,理固宜也。世之贤人君子可以大用,而不获尽其有余,不竭之泽流衍于后,往往如此。月岩先生程公明戴氏《礼》,贡于乡,选于上庠,褎然为多士先。志行清峻严恪,不苟合,不轻进,而温然四海为春之意,行于万仞碌卓之间。呜呼!使公而展所蕴,名公卿也,而被其泽者几千万人。然而嵚崎历落,年余五十,乃擢乙科,官至经府元僚而止。历数肇始,以康宁寿考终。乌乎!乾坤龙战之会鲜或不伤,三百年雨露膏润之物蔚然春荣,一旦槁然秋后之园林,盖天运然,而柳子所谓咸宜、韩子所讥薄功而厚赏,岂其非耶?公归田山中,而家日以肥,子孙蕃硕而且贤,公殁之后,悉为当路所礼,起家以仕,此非公之所留者乎?予,公之门人也,识公二子矣。世孙鼎实教授海陵官满,而人士称颂之不渝,不坠其家学,不忝其世德,此非公之所留者乎?呜呼!天之生贤人君子也,以为民也。公抱贤人君子之器,百不及试一二。今二子、诸孙俱有位,方日进而日升,一命以上可赐于民,小大多寡分数不同耳。公不获大用于昔日,子若孙以之试于今焉,此贤人君子之胄所以继先志,而天所以生贤人君子之心也。其毋曰位不足以行,其毋曰时不可以行。夫今昔殊时,而今之民犹昔之民也,夫岂遂忘

之哉？斯言也，昔尝闻于公，而非迂也。鼎实归，尚以斯言谂于父兄。"（《吴澄集》，第733—734页）

又按：此文被程敏政收录入《新安文献志》，且在文末附"大德八年六月二十有二日，临川门人吴澄书于淮东仪真寓舍"，与此阶段吴澄行程吻合，故系于此年。（程敏政《新安文献志》卷七〇，黄山书社2004年，第1717—1718页）

吴澄九月离真州。

按：吴澄《与元复初书》载："自去年九月离仪真后，问讯三四，而未知达与否。雪楼之趋京也，亦有数字托其客转致。即辰冬日可爱，恭惟政事之暇，文章之娱，义理之乐，悠然自得，谁与共之？澄自素如昨，来春将为名山之游，不知何时可以胥会。袁主一，异姓兄弟也，偕其友观国之光，因之诇起居。相望辽隔，敢祈保重，以迓殊渥。不具。"（《吴澄集》，第266—267页）

吴澄作《滁州重修孔子庙记》，记滁州修庙学一事。

按：吴澄受滁州学正刘默邀请，为滁州重修孔子庙一事作记。其《滁州重修孔子庙记》载："滁州学正刘默言：'滁学在城东偏，滁水经其南。宋季年，安抚金之才修州城，修官廨，修诸神祠，亦新孔子庙。其时滁迩边界，日有儆备。于多事之际兴百役，不数月俱告成，率苟简取具。距今才四十年余，已败坏不可支。奉训大夫徐侯守是州，洁己爱人，为政期年，民怀其惠，士服其善。视庙屋不修，礼器不中，度与同列议更之。一日谒庙毕，慨然曰："滁州古名郡，前守多名贤，以文教治民。治民之本，盖自吾夫子出。天朝崇道兴学，以照化原。今庙貌如是，凡我政人与尔学子安乎？"闻者感奋，输赀效力以先。市良材，命良工撤其旧而改作，侯亲劝率之。经始于癸卯之夏，落成于甲辰之秋。庙四阿崇六仞有二尺，南北五筵，东西四筵有奇，两庑崇三仞有五尺，东十有七楹，其修十筵，西亦如之。门之崇如庑，深常有四尺，广五寻有一尺；东、中、西凡六扉，列二十有四戟。东塾之室三，西塾之室三。外三门之楹六。祭器以梓、以陶，古制也。大尊、山尊、著尊，明参之为壶尊，牺与壶钧象倍牺之数。爵二十有九，俎五十有四，笾豆以十计、簠簋以三计皆八，罍、洗各二，筐七。爵有坫篚，尊有幂，罍及酌尊有勺，诸用称是。此默所职掌，而得免于瘝旷，繄侯之赐。请记其事，俾后有考，期有嗣而修之者也。'澄观今之莅政者，非昏墨以遂私图，则苟渝以逭公责，夫孰知治之当务？其知者，不过精谨狱讼簿书间以为能，夫孰知治之有本哉？徐侯治政可称，而知士学为重、知圣道为尊、知天朝敦教励俗之意不可不承宣也，可谓知治之本矣。侯之民、滁之士，其亦知学之本乎？记诵以矜其赡、辞章以炫其艳，末也。必也处内处外而有孝慈恭逊、廉耻忠信之行，明于人伦日用之著，通于天道物理之微,审于公私善利之几,存其仁义礼智之心,检其气血筋骸之身。其静也中,其动也和,周于家国天下之务,无施而不当。退则有志有守,进则有猷有为,庶乎其可也。"(《吴澄集》,第834—835页)

吴澄十月至家。

按:吴澄《与祝静得书》:"比至京师,所闻有加焉。继留东淮,所闻又有加焉。……澄也旅而未家,去年十月来归,养疴衡茅。"(《吴澄集》,第248页)"

刘将孙为周南瑞《天下同文集》作序。

按:《天下同文集》是江西安成文人周南瑞编纂的文学总集,其中"每卷按照文体分类编排,卷一至卷四十一为各体文章,卷四十二至卷四十七为诗,卷四十八至卷五十为词。书中南北作家的作品均有收录,南方有刘辰翁、邓光荐、赵文等南宋遗民作家,北方则有卢挚、姚燧、刘因等知名作家"(张建伟、张志杰《〈天下同文集〉作家地理分布与元代南北文学交融》,《陕西理工大学学报(社会科学版)》2022年第1期)。李璞《刘将孙年谱》载:"大德八年甲辰(1304),(刘将孙)四十八岁。居庐陵。为《天下同文集》作序。卷九《天下同文集序》:'吾取以叙安成周南瑞所刻《天下同文集》甚宜。'四库本此集卷首有刘序,末有:'时大德甲辰第一甲子日叙。庐陵刘将孙撰。'周南瑞,字敬修,安成人。乡贡进士,编有《天下同文集》四十四卷,多可资考证。"(李璞《刘将孙年谱》,《词学》第十一辑)从广纳元代南北文人的角度来看,"《同文集》……显露出南北词风融汇的迹象。从词选中我们也可以更好地把握在元代这一游牧民族定鼎中原的特殊王朝,词坛从南北对立逐步走向南北交融的文学史过程。"(刘嘉伟《〈天下同文集〉选词刍议》,《北京理工大学学报(社会科学版)》2012年第2期)

又按:刘将孙《天下同文集序》载:"唐刘梦得叙柳子厚之集曰:'文章与时高下,政庞而土裂,三光五岳之气分,太音不完,故必混一而后振。'作者概以为知言。予独尝谓梦得之辞,则高矣、美矣,以其时考之,则未也。唐之盛时在贞观、开元间,其时称欧、虞、褚、薛,最后称燕许大手笔,今其文可睹也。及贞元、元和来,以韩、柳著比至德为盛而去混一之初,则有间矣。才未必皆福,福亦何必其才。因使人思《易》,所谓吉人辞寡者,其福未易量也。此则所谓时也。吾取以叙安成周南瑞所刻《天下同文集》甚宜。呜呼!文章岂独可以观气运,亦可以论人物。予每读汉初论议,盛唐词章,及东京诸老文字,三千年间,混一盛时,仅此耳。彼乍合暂聚者,其萎弱散碎,固不得与于斯也。然此盛时作者,如浑河厚岳,不假风月为状;如偃松曲柏,不与花卉争妍。风气开而文采盛,文采极而光景消。梦得之言之也,不自知盛者已及于极也。方今文治方张,混一之盛,又开辟所未尝有,唐盖不足为盛。缙绅先生创自为家,述各为体,功德编摩,与《诗》《书》相表里,下逮衢谣,亦各有烝民立极之学问。南瑞此编又得之钜公大笔,选精刻妙,则观于此者,岂可以寻行数墨之心胸耳目为足以领此哉！自《文选》来,唐称《文粹》、宋称《文鉴》皆类萃成书,他日考一代文章者,当于此取焉。"(《全元文》第20册,第148页)

元文宗图帖睦儿(1304—1332)、泰不华(1304—1352)生。

元成宗大德九年
乙巳　1305年　57岁

元郊祀制度始定。

按：此年元朝拥有了真正意义上的郊祀制度（马晓林《元代国家祭祀研究》，南开大学2012年中国古代史专业博士学位论文，第77页）。《元史·祭祀志》记载了制度实施的具体细节："大德九年二月二十四日，右丞相哈剌哈孙等言：'……天子亲祀者三：曰天，曰祖宗，曰社稷。今宗庙、社稷，岁时摄官行事。祭天国之大事也，陛下虽未及亲祀，宜如宗庙、社稷，遣官摄祭，岁用冬至，仪物有司豫备，日期至则以闻。'……于是翰林、集贤、太常礼官皆会中书集议。……夏四月壬辰，中书复集议。博士言：'旧制神位版用木。'中书议，改用苍玉金字，白玉为座。博士曰：'郊祀尚质，合依旧制。'遂用木主，长二尺五寸，阔一尺二寸，上圆下方，丹漆金字，木用松柏，贮以红漆匣，黄罗帕覆之。造毕，有司议所以藏。议者复谓，神主庙则有之，今祀于坛，对越在上，非若他神无所见也。所制神主遂不用。七月九日，博士又言：'……今检讨唐、宋、金亲祀、摄行仪注，并雅乐节次，合从集议。'太常议曰：'郊祀之事，圣朝自平定金、宋以来，未暇举行，今欲修严，不能一举而大备。然始议之际，亦须酌古今之仪，垂则后来。请从中书会翰林、集贤、礼官及明礼之士，讲明去取以闻。'中书集议曰：'合行礼仪，非草创所能备。唐、宋皆有摄行之礼，除从祀受胙外，一切仪注悉依唐制修之。'八月十二日，太常寺言：'尊祖配天，其礼仪乐章别有常典，若俟至日议之，恐匆遽有误。'于是中书省臣奏曰：'自古汉人有天下，其祖宗皆配天享祭，臣等与平章何荣祖议，宗庙已依时祭享，今郊祀止祭天。'制曰：'可'。是岁南郊，配位遂省。"（《元史》卷七二《祭祀志》，第6册，第1782—1784页）

张瑄之孙张天麟赴阙申诉。

按：大德七年（1303）朱清、张瑄贿赂案发，引发了元廷中枢人事地震，牵涉董士选与元明善等人，甚至多少波及吴澄，改变了吴澄凭借董士选入仕的原有途径。此年,张瑄之孙张天麟赴阙为其祖父及家族申诉,并最终使朱清、张瑄家族沉冤昭雪。王逢《张孝子》记载此事道:"至元末,憸人姚衍,诬二氏濒海异志。上不听,诏丞相完泽曰:'朱、张有大勋劳,朕寄股肱,卿其卒保护之。'成宗嗣位,未几疾。后专政。枢密断事官曹拾得,以隙踵前诬。后信,辄收之。丞相完泽,奉先帝遗诏,诤莫解。参政竟狱死。籍其家,没入诸子女。或窜之漠北。麟,时年甫冠。诸王有欲奴朱、张后者,麟长喟曰:'吾先世戮力王室,一旦无罪废,乃忍奴我族耶?'泣诉将作使忻都,为奏占匠户,诸女亦入绣局。麟犹以冤,食不甘味,寝不安席。大德九年春,讼之省台,弗理。夏四月,上清暑上京,麟拜辇道左。有命侍臣代问旨,未得。又伏东华门,欷歔流涕不辍,言甚哀婉,历陈先朝顾遇,为逸佞构陷状。……时王清献公都中来会葬,以上所尝语,题其门曰'孝顺之门'。"(《全元诗》第 59 册,第 240—241 页)

又按:据王逢所述可知,由此次张天麟赴阙申诉,朱清、张瑄家族终于沉冤昭雪,随后元明善便得以"有为辨白其事者,乃复橡省曹"。(《元史》卷一八一《元明善传》,第 14 册,第 4172 页)但学者认为,"大德六年的'朱清、张瑄之狱'是元成宗时期的一个非常重要的历史事件,直接导致了成宗'惟和政治'的终结"。就算最后张瑄家族得以平反,其家族也"发生转型,以武力见长的江南首富成为诗书见长的'孝顺之门'"。(申万里《理想、尊严与生存挣扎:元代江南士人与社会综合研究》,第 360—365 页)不仅如此,此次案件还直接导致董士选离开御史台,使得南人因此而带来的仕途机会全部断送。张养浩《上董中丞书》中提及"盖闻中外之官,莫要于风宪,亦莫难于风宪",让我们意识到御史台一职在当时的重要性。但董士选的离职,使得士人进入监察体系的希望落空。而吴澄虽在董士选、元明善贬出京师前就已离开返乡,但由于如此支持南方士人的董士选的离职,其仕途恐亦遭受改变。正如袁桷所言:"(大德)七年,朝廷更政。"(袁桷《翰林承旨王公请谥事状》,《袁桷集校注》卷三二,第 1500 页)

吴澄春客程钜夫家中,与程钜夫游麻源第三谷。

按:吴澄《曹璧诗序》载:"乙巳春,予客盱北。雪楼公以余游麻源第三谷。"(《吴澄集》,第 334 页)

又按:麻源第三谷在建昌城西十五里,程钜夫在这里修建了藏书阁。危素《大元敕赐故翰林学士承旨光禄大夫知制诰兼修国史赠光禄大夫大司徒上柱国追封楚国公谥文宪程公神道碑铭》载:"建昌城西十有五里曰麻源第三谷,晋谢灵运遗迹在焉。公作山房藏书,暇则携宾客燕游其间,或

幅巾藜杖,独行田野,与樵夫野叟相问答。"(《全元文》第 48 册,第 435—436 页)

吴澄为曹璧诗集作序。

按:吴澄《曹璧诗序》载:"乙巳春,予客盱北,雪楼公以余游麻源第三谷。澍雨中有士至,问其姓名,曰曹璧,余同郡英甫之从子、名甫之子也。手诗一编,以呈于公,且以请于余。试阅一二,盖阒然屏绝时俗哇丽之音、涂抹之态,余惊异焉。谓曰:子诗已得第一诗体,惟益培其根,益浚其源,则语意不求高而高,不求新而新,不求奇而奇,不求工而工,至是其至矣。然子才可以应世,非止以诗行世者,勉之,余将期子于诗之外。"(《吴澄集》,第 334—335 页)

吴澄为黄继善诗集作序。

按:吴澄《黄成性诗序》载:"余戊寅岁初客盱,其后或中岁一至,或数岁不一至。盱之俗、盱之人不悉闻悉见,大略可知也。黄成性,金溪人,而游处多在盱。盱、金溪接壤,土气颇相类,诗文往往奇倔峭厉,直讲先生其表表者。南丰和粹昭晢,盖涵茹于经而然。然稽其立己行事,不减泰伯(即李觏)。以吾陆子有得于道,亦且壁立万仞,非土风然与?乙巳春,于程氏馆读成性诗一二,已矍然惊。自吾客盱以来,未尝有也。读竟,率称是夫生长山间林下,师友不出乎一家之闻见,上无所承,下无所丽,而挺然拔起如此,器固直讲器也。泽之以南丰之经,原之以金溪之道,磨砻浸润,光莹透彻,查滓尽而冲莫存。德人之言如玉,才人之言如金,逸士高流如水晶云母,心声所发自然而然,先након又何能多!彼浮沉气中,作意仿像,虽形似超超于青冥风露之上,而人也方与蜣琅蝇蚋同梦而未醒,诗乎?文乎?言焉而已,非余之所敢知也,非成性之所肯为也。"(《吴澄集》,第 341—342 页)

又按:黄成性,即黄继善。《(雍正)江西通志》载:"黄继善,字成性,南城人。著《史学提要》,以四言韵语编贯诸史,始上古,终宋,条理井井。宁都魏禧自广陵携入江西,见者惊叹,以为秘本,旧有程元海序,今不传。"(《(雍正)江西通志》卷八三,清文渊阁四库全书本)黄继善与程钜夫交往颇繁,程钜夫曾为黄继善所著《史学提要》云:"史之为书也博而杂,其为学也烦而易遗。出没浩瀚而不可执也,必设罗落以张之。混渎阛闠而不可穷也,必立检柙以制之。此《史学提要》所攸出,而始学者宜尽心焉。"(程钜夫《黄成性史学提要赞(并序)》,《全元文》第 16 册,第 313 页)

又按:黄继善《史学提要》现已不存,但元、明、清皆有所流传,明代朱升曾将方逢臣《蒙求》、程若庸《字训》、陈栎《历代蒙求》以及黄成性《史学提要》并称为"小四书",推荐给童蒙研习:"上章困敦(即至正二十年,1360),

愚赴紫阳书会,与朋友商榷,为斋生定读书次序:首蛟峰《蒙求》,凡将者,急就之传也;名物者,小学之先也。次勿斋《字训》,性理学问,天人之道,治教之原也。次陈先生《历代蒙求》,使知古今朝代之略。次黄成性《史学提要》,使知传统事迹之详。此四书者,四字成言,童幼所便,精熟融会,宇宙在胸中矣。"(朱升《小四书序》,刘尚恒校注《朱枫林集》卷四,黄山书社1992年,第51页)

吴澄五月归家。

按:程钜夫于去年拜翰林学士,此年五月朝廷下旨促行,吴澄当在五月份随程钜夫由建昌归崇仁,"大德八年十一月,广平公除翰林学士。九年五月,命下促行。"(吴澄《晋锡堂记》,《吴澄集》,第763页)。

吴澄六月八日吊唁易伯寿。

按:吴澄《题四清堂散人家乘后》载:"大德九年六月八日癸未,居士易君伯寿甫卒,余既哭而退。"(《吴澄集》,第1098页)易伯寿(1221—1305),崇仁人,由"儒而逃于医"(吴澄《跋李公遗墨》,《吴澄集》,第1262页)。吴澄九月作《题四清堂散人家乘后》载:"大德九年六月八日癸未,居士易君伯寿甫卒,余既哭而退。越三月,其门人、医学教谕邓焱为其孤涛来言:'涛将以十有一月十有七日己未葬父于长安乡福祚里之墓背。父平生大概有自述《家乘》在,先世名讳,辱先生代书之,卒葬月日不可不补记也。涛斩焉衰绖中,不能踵门,敢因内兄焱以请。'"(《吴澄集》,第1098页)

吴澄八月二十五日为程钜夫晋锡堂作记文。

按:五月时,吴澄曾与程钜夫随行归家,此后程钜夫一直客于吴澄家。为替自己中子、幼子行婚礼之仪,程钜夫在此修建晋锡堂,八月讫工,吴澄于八月二十五日为晋锡堂作记。吴澄《晋锡堂记(见楚国程文宪公雪楼先生五世孙行在吏部郎中南云家藏墨迹)》载:"大德八年十一月,广平公除翰林学士。九年五月,命下促行。行有日,乃八月甲申。治子舍于中和堂之西偏,将俾中子、少子行昏礼于其间。晨鸠工,未逾时,再命下,使及门,命云:仍翰林学士、议中书事。驰驿赴阙,正从马四疋。于是郡邑之长属,闾里之耄倪、远近内外之友亲咸集,举手贺曰:'公之位朝,著被宠光,其素也。今以儒臣预政,前所未有,是不为公一家贺,为天下贺。'越十日,新堂成,于是侈上之赐以为斯堂荣,而名之曰'晋锡'。吴澄曰:晋卦正体之象二,上离下坤,坤顺之臣进而近离明之君也;互体之象二,中坎中艮,少二男蕃育于君臣际会之时也。公方缮营私室,为其子承家嗣亲计,而天恩适以是日至,夫岂偶然之故哉?盖天之祐忠贤,非立于其身,于其子孙绵绵延延百世未艾者,其符如此。公之晋与齐桓之观否、魏毕万之屯比实同其吉,请以齐魏之占赞公之名,可乎？堂之前曰'朝晖阁',离之大明初出也;后曰'衍庆楼',坤之厚德无量也。合之亦为晋。公曰:'子其善颂者与？'书以为记。是月廿五日,将仕郎、江西等处儒学提举司副提举临川吴澄记。"(《吴澄集》,第763—764页)值得注意的是,此次吴澄为程钜夫作记文,落款为"将仕郎、江西等处儒学提举司副提举临川吴澄记",可见吴澄此时已经接受了大德八年(1304)国家所授之官,只是尚未赴任而已。

吴澄冬作《与元复初书》、《与曹伯明书》、《与董慎斋书》,使亲友袁主一携至元明善、曹伯明、董士选处。

按:据吴澄记载,此年吴澄的亲友袁主一出发北游,吴澄向元明善、曹伯明、董士选致书问候并推荐袁主一。而当时元明善、董士选遭贬谪,故书信中有慰问之意。吴澄《与元复初书》载:"自去年九月离仪真后,问讯三四,而未知达与否。雪楼之趋京也,亦有数字托其客转致。即辰冬日可爱,恭惟政事之暇,文章之娱,义理之乐,悠然自得,谁与共之？澄自素如昨,来春将为名山之游,不知何时可以胥会。袁主一,异姓兄弟也,偕其友观国之光,因之调起居。相望辽隔,敢祈保重,以迟殊渥。不具。"(《吴澄集》,第266—267页)《与曹伯明书》载:"别教三年,无问讯便。中间于盱江会仲坚主簿,得闻动履之适,私以为喜。数千里相望,何由面觌,馨竭所怀,诸郎为学,想日有进益。兹因亲友袁主一行,附此,以叙眷眷之衷。善之学士不果别纸,会次幸及澄名。言不尽意,惟祈保重。不宣。"(《吴澄集》,第260页)《与董慎斋书》:"澄兹审三阳泰长,众正咸和,溥此春熙,施及四海。凡在一草一木之列,莫不欣欣向荣。惟是去天万里,无由致履端庆。远惟府中宾从,同纳维新之祉,可喜可幸。谦斋节使游志希夷,俾其晚景囿清静自然城中,亦公之德也。袁主一偕其友上国观光,因得问起居。未参觐问,敢冀为时保重。不具。"(《吴澄集》,第282页)

又按:据吴澄《祭袁主一文》载,袁主一是吴澄仲子吴衮的岳父:"予之中子,兄之爱婿。年未三十,不幸夭逝。"(《吴澄集》,第1683页)又《跋杨补之四清图》载袁主一是竹居君何仲躬的女婿:"尚书月湖何公(即何异)之弟之子竹居君好尚清雅,得杨补之梅兰竹石手卷一于从公游宦时,遍求鉴赏。……竹居君犹拳拳借重于人,惟恐不及,盖贵游习气如此。君后以此转授子婿袁主一,两家宝藏之且百年余,主一又每持以示人,意度一如其妇翁,所谓冰清玉润者欤？"(《吴澄集》,第1114页)

又按:关于袁主一的外舅竹居君,吴澄曾为其诗卷作跋。《跋竹居诗卷》:"尚书月湖何公盛德尊爵,为吾乡之望人;其从子仲躬父清致雅怀,为其家之贤胄。所居多竹,因号竹居。当时名士竹溪李君为之赋诗,竹林陈运使、野航谢常卿又嗣为之赋。尚书公集中有诗,亦所以状竹居也。李、聂二侍郎皆属和尚书公之韵,诸贤辞翰前后辉炳,百有余年矣。竹居君之曾孙润袭藏之,以至于今。时运迁革,而故家之流风犹存,见者固为之惊喜,又以嘉竹居君之有后云。"(《吴澄集》,第1141—1142页)

吴澄冬作《与郑提举书》,向郑陶孙说明将会延迟赴官。

按:郑陶孙为江西等处儒学提举,吴澄任江西等处儒学副提举。吴澄《与郑提举书》云:"昔夫子学夏、殷之礼,必欲征杞、宋之文献。文也,献也,二者不可得兼,则如之何?《诗》曰:'虽无老成人,尚有典刑。'《记》曰:'文武之政,布在方册,'人存则举。二说不同也。夫典刑方册,是之谓文;老成人存,是之谓献。诗人所叹,盖不得已而云。澄谓与其有文而无献,不若有献而无文。也。夫所贵乎献也者,非以其幼壮宦学之所历、父兄师友之所渐,无往而非前代宪章、故家规物与?然则献在是,文即在是矣。澄生二十有七年,而为太平新民,及今三十年,眼中先进落落衰谢。前之岁,因缘幸会,识阁下于京师。明宪章,习轨物,所谓杞、宋之献不在兹乎?是固夫子之所欲征者,而况于愚不肖也哉?文乎文乎,不能以遍考矣。得见如是之献,臣斯可矣,夫何留处止数月,合并仅三四?每见又辄卒卒无从容之暇,而澄南还。阁下既膺江广儒司之命,未几,铨衡者又进末学为阁下副。若曰同寮,则澄岂敢?庶几繇是相与朝夕见见闻闻,以偿所愿焉耳。天速阁下之来,两道士子之幸也。澄也抱微疴,方将游乔岳名山,尝草木之味,冀遇善药已吾疾。深恐期会遥只,堕阔疏懈慢之愆,是以一讯起居而后行。未遑觐间,伏惟以道自重。不宣。"(《吴澄集》,第247—248页)

吴澄《与祝静得书》,向祝静得说明将会延迟赴官。

按:祝静得为江西等处儒学副提举,吴澄《与祝静得书》云:"共惟赫赫盛名,畴昔闻之熟矣。比至京师,所闻有加焉。继留东淮,所闻又有加焉。夫京师,名利之都府;东淮,南北之通道也。人之好恶不同,从古以然,况或出于愆忌之私者乎?今也不问戚疏贤否,众口同声,称赞德美,是岂声音笑貌之末所能得此于人哉?大才辱临江右,气类津津有生意。澄也旅而未家,去年十月来归,养疴衡茅,往来言及阁下如冬之日、秋之月、夏之风、春之雨,靡不爱悦快庆,独区区犹迟于一识。晨夕慊慊不自安,眷眷不能已,不以此与?顾惟索居五十年,于世不数数,而垂老一出,谁其汰之?又俾沙砾在精凿之后,祇自愧耳。虽然,简静谦和,人人佩服盛德,匪规曷随、波及方来者,阁下之余也。澄将往观衡霍,繇南而西,西而东。还期不迩,会晤未可几也,而姓名不以闻于左右,不可,故亟亟奉此。有古之意,无今之文,惟阁下亮之。"(《吴澄集》,第248—249页)

吴澄十二月十八日为许文荐作墓志铭。

按：吴澄《白山许君墓志铭》载：“进士科试艺，非古也。唐人采誉望先期投所业，又繇所知荐引，虽不免于私，然士以此故，闲居不敢自毁其名行。宋氏糊名考校，于立法至公，利孤寒，不复计平素，其选始杂，真才实能反或厄于命，而终身沉沦。若吾白山许君季文甫之艺，缜栗卓荦，同辈所推，后辈所师。岁乙卯、丁卯，购其文者咸贡于乡；岁癸酉，二俊士共为文，霑丐膏馥，亦得预贡，而君竟不偶。后校官见君策论，惊叹失士，稽之，乃誊录院逸去赋卷。时代更，贡举废，君负长伎，自好不厌，乡里竞延致教子弟。余力哦古近体诗，置陆务观（即陆游）、刘潜夫（即刘克庄）集中莫辨。同县甘君泳不习举子业，遍游东南，交当代名人，有诗数百篇，清绝自成一家。仙佛儒悟解俱涉其藩，人称为东溪先生，不娶，无后。君讳文荐，诗工而奇。不谈仙佛，而谈考亭朱氏、青田陆氏学。欣然意会，人莫能知也。闲独与余上下其议论。卒之年授业县东三十里，近甘君墓。暇日辄适垄，徘徊彷徨，悲涕不自胜。是年十月十三日卒，年七十有七……既逾月，衰绖造余门，哭泣请曰：'继父病革时，言吾有不朽者在，意以嘱先生也。将葬矣，敢请。'君与余忘年交，不得辞，则为之铭。宅兆君所自营，首西北。乡曰长安，原曰连坊。日十八，月十二，岁大德乙巳。”（吴澄《白山许君墓志铭》，《吴澄集》，第1415—1416页）

吴澄居家校定邵子之书。

按：虞集《行状》载：“九年，校定邵子之书。”（《全元文》第27册，第172页）揭傒斯《神道碑》载：“明年，待次家居，校定邵之书，始推其书上接伏羲、文王、周公、孔子之传。”（《全元文》第28册，第507页）危素《年谱》载：“九年乙巳（较定《邵子》。公尝谓，邵子著书，一本于《易》，直可上接羲文、周孔之传，非术数之比。其能前知，在人不在书，在心不在数也。公天资高明，蚤年已能领悟，故于其书考较详审，布置精密，并有意义）。”

又按：吴澄《邵子叙录》载：“邵子书今所校定，谨第其目如右。其一《皇极经世书》十二卷，为书六十二篇，附之以《观物外篇》二。其二《渔樵问答》一卷，为书二十二章，附之以遗文六。其三《伊川击壤集》二十卷，为诗千四百九十八首，附之以集外诗十三。《后录》一卷，曰《正音》者，先生之父天叟所作；曰《辨惑》者，先生之子伯温所述。先生之学，穷理尽性至命者也，孔子以来，一人而已。吾友夏幼安，盖尝味先生之言，而有发焉。是书嗜之者鲜，传之者谬误最多，乃为整齐其篇章文字，幼安命工刻版，以与世之学者共观。是书者，诚能因其言得其意，则象数皆备于我，赞化育、参天地可也。书云乎哉！”（《吴澄集》，第26页）

吴澄校定《葬书》。

按：危素《年谱》载："较定《葬书》。"吴澄《葬书叙录》载："《葬书》相传以为晋郭璞景纯之作，内外八篇，凡一千一百五十八字。世俗所行有二十篇，皆后人增以缪妄之说。建安蔡元定季通去其十二，而存其八，亦既得之。然就其所存，犹不无颠到混淆之失。惟此本为最善，篇分内外，盖有微意。杂篇二，俗本散在正书篇中，或术家秘嗇，故乱之也。此别为篇，伦类精矣，览者详焉。"（《吴澄集》，第33页）

又按：吴澄在《葬书注序》记载，他将《葬书》分为内、外、杂篇，原则是"择至精至纯者为《内篇》，其精粗纯杂相半者为《外篇》，其粗驳当去而姑存之者为《杂篇》"。后来刘则章想要作《葬书注》，吴澄认为其不必增文而使文意繁杂："则章独能承用，将为注以传。予谓之曰：'予所删定，去其繁芜，子又增其繁芜，可乎？注不必有也。'则章笑曰：'诺。'乃书以遗焉。"（《吴澄集》，第494页）

又按：《四库全书总目》卷一〇九存《葬书》一卷，称："旧本题晋郭璞撰。璞有《尔雅注》，已著录。葬地之说，莫知其所自来。《周官》冢人墓大夫之职皆称以族葬。是三代以上葬不择地之明证。《汉书·艺文志》形法家始以宫宅地形与相人相物之书并列。则其术自汉始萌，然尚未专言葬法也。《后汉书·袁安传》载安父没，访求葬地，道逢三书生，指一处当世为上公，安从之，故累世贵盛。是其术盛传于东汉以后，其特以是擅名者，则璞为最著。考璞《本传》，载璞从河东郭公受青囊中书九卷，遂洞天文五行卜筮之术。璞门人赵载尝窃青囊书，为火所焚，不言其尝著《葬书》。《唐·志》有《葬书地脉经》一卷、《葬书五阴》一卷，又不言为璞所作。惟《宋·志》载有璞《葬书》一卷，是其书自宋始出。其后方技之家，竞相粉饰，遂有二十篇之多。蔡元定病其芜杂，为删去十二篇，存八篇。吴澄又病蔡氏未尽蕴奥，择至纯者为内篇，精粗纯驳相半者为外篇，粗驳当去而姑存者为杂篇。新喻刘则章亲受之吴氏，为之注释。今此本所分内篇外篇杂篇，盖犹吴氏之旧本。至注之出于刘氏与否，则不可考矣。书中词意简质，犹术士通文义者所作。"（永瑢等《四库全书总目》卷一百九"子部十九"，中华书局1965年，第921页）

皮湑族父皮仪卒，吴澄作墓志铭。

按：吴澄《皮仲宜墓志铭》载："往岁客南雄总管皮公之门，识公之族弟仲宜甫，髭髯姱修，言论峭直。汛扫一室，有自读之书，有自吟之诗。宾至焚香瀹茗，或觞或咏，谐笑云云，萧散不羁，宛若晋人风度。尝从总管公抚定郡境有劳，帅府欲俾效用，弗就。暨名上省府，署摄始兴县丞，亦弗就。前进士路万里高之，作真赞，有褒辞焉。赴急解纷，慷慨尚义，鉴时烛物，敏锐无滞思。凡人用所资,著发取弃,靡不中机。历览湖、湘、淮、浙而归,种菊盈庭,故相章公为题堂扁曰'菊逸'。年六十四而终,临终书'惟孝惟友,可以立身'遗其子。……时维大德九年,兆在里中某所。野与余善,又因总管公之子来请铭。"(《吴澄集》,1413—1414页)

袁桷作《书黄彦章诗编后》。

按:《书黄彦章诗编后》可以看出元代四明文人"袁桷对于江西诗派的态度",他"虽比较客观,但不欣赏"。袁桷还是认为"音与政通,因之以复古,则必于盛明平治之时","'淡而和,简而正,不激以为高,春容怡愉,将以鸣太平之盛'的创作才是时代所需要的正声。"(邱江宁《元代馆阁文人活动系年》,人民出版社2015年,第275页)

又按:袁桷《书黄彦章诗编后》载:"元祐之学鸣绍兴,豫章太史诗行于天下。方是时,纷立角进,漫不知统绪。谨懦者循音节,宕跌者择险固。独东莱吕舍人,悯而忧之,定其派系,限截数百辈无以议,而宗豫章为江西焉。豫章之诗,夫岂惟江西哉?解之者曰:'诗至于是,蔑有能继者矣。'数十年来,诗益废。为江西者,尝慷慨自许,掉鞅出门,卒遇虎象,空倦恣睢,复却立循避不敢近。使解者之言,迄幸而中。……夫别江西之宗者,是不至太史之堂者也。旷百载而有俟,舍其诸孙,曷有望焉?念嘉泰间,尚书之孙莘为常平使者于吴,曾大父枢密越公丞邑吴江,檄定理役。时苏师旦骤幸显,独绝请托,无隐,使者大喜,得刻于朝而改邑焉。俯仰百年,门下之谊犹一日也。庸叙畴昔而勉之。大德乙巳八月中秋,书于其诗后。"(《袁桷集校注》卷四八,第2125页)

高明(约1305—约1359)生。

元成宗大德十年
丙午　1306年　58岁

卢挚任江东道肃政廉访使。

按：据程钜夫《次韵卢疏斋就以赠别（二首）》载，其与卢挚相遇于湖南，时卢挚任湖广廉访使，程钜夫任江南湖北道肃政廉访使，后卢挚回京师任职翰林，二人"思之不可见，旷若隔千祀"。后来大德八年（1304）诏除程钜夫翰林学士、知制诰、同修国史，程、卢二人又得以在京师相会，即是"会逢在岁晏"。此年卢挚又接受新任，使得二人"又言当远别，东去数千里"，程钜夫即以此诗赠别。《（嘉靖）宁国府志》载卢挚"大德十一年为廉访使，才行见有，威名籍甚，尤好引接，士类一时慕之"（《（嘉靖）宁国府志》卷八，明嘉靖刻本）。当为此次上任时间。

又按：程钜夫《次韵卢疏斋就以赠别（二首）》："百川昼夜流，万折不能止。群山势崩奔，终古乃在此。人生费推挽，三叹中夜起。潇湘有佳人，朗月鉴秋水。思之不可见，旷若隔千祀。相逢在岁晏，使我寝食美。又言当远别，东去数千里。何由小踌躇，招招彼舟子。""芥拾琥珀针，不言自相得。留君我无辞，送君我无力。愿君加飧饭，努力崇明德。江空余深寒，出入慎扶翼。梅花照清颖，梦寐耿玉色。矫首东南云，金门幸回忆。"（《全元诗》第15册，第240页）

又按：卢挚任职期间有巡行徽州路一行，途经地方，卢挚"尤好引接，士类一时慕之"。有新安术者吴孔亨，卢挚为之定字号为"又玄"，定其庵名"玄庵"。吴澄《玄庵铭后序》"色之中正者，黄也；晅明者，赤也；质素者，白也；黤黮者，黑与青也。玄在青黑之间，故远而不可究曰玄，玄天是也；深而不可测曰玄，玄渊是也。玄有茫昧不可知之意，而老氏之言道曰玄。道莫尚于《易》，《易》言深远，言隐赜，言幽微，言神妙，不言玄也。而扬子云之《准易》曰：'玄然则易，其玄乎哉！'宗家子居歆，以人生所值干支配《易》卦起数论祸福，宪使卢公处道名其庵曰'玄'，而铭之。卢公好为文章，于数则未暇学。予尝与之谈竟日夕，倘及幽微神妙，欣欣焉乐听忘倦。虽不知数，喜数者也。然则数其玄乎哉？夫一衍四，二衍八，三衍十二，四衍十六，五十去一而七七四十九，策之过揲凡万一千五百二十者，《易》之著数也。二倍四，四倍八，八倍十六，十六倍三十二，五画加一，而八八六十四，卦之再重凡四千九十六者，《易》之卦数也。一而三，而九，而二十七，而九九八十一，复乘之以九，而七百二十九者，杨氏玄数也。一而十二，而三百六十，而四千三百二十，而十二万九千六百，复乘之至三，而五万五千九百八十七万二千者，邵氏《皇极》数也。若夫子、壬一、亥、癸六、巳、丁二、午、丙七、寅、甲三、卯、乙八、酉、辛四、申、庚九、辰、戌、戊五、丑、未、巳十、天地生成数也。子、癸配坎一、午、壬配离九、卯、庚配震三、酉、丁配兑七、戌、亥、甲配乾六、未、申、乙配坤二、丑、寅、丙配艮八、辰、巳、辛配巽四者，九宫纳甲数也。甲巳子午九、乙庚丑未八、丙辛寅申七、丁壬卯酉六、戊癸辰戌五、己亥四者，五行纳音数也。是皆例之所可推、算之所可求，何玄之有？盖数，器也，器匪玄；数，迹也，迹匪玄；数，粗也，粗匪玄。数匪玄也，所以数者，玄也。虽然，玄有三：深远不可名，此为玄之真；茫昧不可诘，此为玄之似；浅近不可言，此为玄之反。然乎否？主庵者曰'然'。"（《吴澄集》，第396—398页）

又按：吴澄未提及吴孔亨名字，徐明善《赠又玄吴君序》云："新安吴君孔亨以相字名江西四十年，定犹豫，决吉凶成败，蓍龟有不及。盖《易》卦深几，兆芒微，不若孔亨之言明白而易知也。……疏斋卢公号君又玄，由今观之，扬子云识奇字，比参阴阳六甲，故玄；孔亨相古今字，究测阴阳五行，故又玄。疏斋真知孔亨者哉！君征言，因书以赠。"（《全元文》第17册，第212—213页）

吴澄春出游衡山，时邵子之书已修好。

按：吴澄《答郑提举书》载："去冬上问之后，今春谋为衡霍之游。初以冰雪阻，继以水潦阻，夏且半矣，黾勉出门，则饥荦塞道，炎炽如火。每日同间道进数里，遇可休息之所即止。稍适意，或宿或信，或数日留。陆而舟，舟而陆，如是再阅月，犹未越西江之境。沿途往往避人，不与吾徒接。所值非缁褐之流，则樵牧之伍也，坐是不能详通都会府事。临袁之间，闻静得变，故疑不敢前，而不敢询，亦不欲询、不忍询也。家童疾趋而至，询之果然。尊谦惠爱未属，招之速前，甚以早获亲炙老成为喜。第于旧政不及一聆告新之令猷，而邈隔今古，良亦可悲。承命之日，遄东其辕。残暑犹剧，晨兴昼伏，未免迟迟。尘埃满衣，颜色如赭，到家又须浣沐斋袚而行，俟华祝嵩呼礼毕，乃能一舸东下。先期不烦再遣卒隶，盖处士门闾无用此辈为也。于新淦已耳公牍嘱州学，专达淦之东鄙。又得再移，感悚愈深，亟走一介报命所赐教墨。

又稽回答，大惧不敏，亦就旅次拜先施之辱。扰扰匆匆，辞不赡蔚，维是前托交承之好，兹联长贰之署。宿缘宿契，依倚正殷，欲谢欲言，究悉未易，并需觌侍以请。澄不酒不肉，二力携箪瓢从所至，如全真道行脚僧，斗室自可安单，至日徐图之。不宣。伏蒙赐书，重以礼币。然礼尚往来，施而不报，非礼也。家无青玉案，难酬美人锦段之赠，况在旅中，尤不能办。《曲礼》有云：'贫者不以货财为礼。'阁下与澄俱不可谓富，请遵用《曲礼》所云，可乎？来币二两卷还，九书留下，是亦领厚意矣。邵先生集，澄所订定，视番阳旧刻舛误错脱者大不侔。其文字之提挈高低，章节之离合次第，考校详审，布置精密，并有意义可备观览。行橐偶存一部，庸敢以伴回字，管城子二十辈与偕。此非货财之比，勿讶，幸甚。"（《全元文》第 14 册，第 22—23 页）

又按：吴澄六月收到郑陶孙书信，得闻祝静得去世消息，故其《答郑提举书》云："临袁之间，闻静得变，故疑不敢前，而不敢询，亦不欲询、不忍询也。家童疾趋而至，询之果然。"吴澄作《祭祝静得提举文》云："猗嗟夫君！如瑜如珣，如兰如芝，如凤如麟。初宾淮甸，继宦江滨。所至所历，与物为春。吾闻其风，未见其人。拙疏缪悠，垂老乃仕。与君交承，自觉形秽。南还一年，爰始通使。西游数月，音问莫嗣。道中讣传，疑骇惊悸。公牍促行，遽信其然。发书旅次，汗泪交涟。恻怆未已，次且不前。缄辞絮酒，亟奠几筵。悁悁目送，秋水长天。尚享。"（《吴澄集》，第 1683 页）

又按：刘将孙《祭祝静得提举文》云："维大德十年丙午六月十有一日，庐陵刘某谨缄词致奠，追哭于近故江西儒学副提举静得先生祝君庚兄之柩前曰：君来江西，予适为客。一时倾盖，四海肝膈。初惊见晚，继叹淹屈。神交景景，梦语历历。"（《全元文》第 20 册，第 399 页）

吴澄作《赠长沙王秀才序》。

按：吴澄到达湖南后，为长沙王秀才作序。"长沙王秀才，世为儒家，家有恒产。六七岁读书，即能为文，被慈母之教，九岁而母没。父有群妾，又有后母。年十五，弃家而出游。年二十，归娶妻，既娶而复出。诗文雄伟俊迈，震曜人耳目。挟其才气，不屈下于人。人稍不相知，辄奋怒。游之所得，随得随丧。弊衣破帽，走尘垢泥涂中。湖广、江淮、两浙无不历，且将北行中州，抵京师。有奇之者焉，有怪之者焉。或谓毁节以快其欲耳，或谓将钓誉以跻其身也。而其中之然不然，皆未易测。予独慨长沙多才士，近年有才气而游者，予见其二，一显一晦。然公不能以表于世，私不能以卫其生，可耻也，而不足算。屈大夫不得于君，虽遭放逐，犹依依怀恋而不忍离，甚至放泪哀吟而不能已。所以为千古词人之宗，岂徒文之奇哉！历九州而何必怀此都？贾傅尚得为知原者乎？臣之于君，子之于亲，一也，而人子尤无远去之理。古圣人之怨慕卓矣。后之王祥、薛包,概可师也。不顺乎亲,不可为子。纵使文章盖世,亦何足以取？人之重而有识者不为也。予每与来朋谈孔孟之道,秀才颇若厌闻。征予赠言,窃虑言之不相合,而慎于作。酒酣论诗,酷爱后山、简斋。予跃然曰:'子于二陈,能喜其诗,必喜其人,二陈之为人何如也？'秀才曰:'吾之游,匪为利,匪为名也。览天下山川,识天下人物,以恢廓吾之胸,即归理畎亩,守坟墓,终身与父母、兄弟、妻子处,复何求？'予又矍然曰:'始予谓子有才气而已,今有识如此,人固不能知子也。真奇士,真奇士！讵可以狂士而视子也哉？'"(吴澄《赠长沙王秀才序》,《吴澄集》,第596—598页)

又按:吴澄此文并未记载具体时间,但据刘楚《王秀才墓志铭》记载,王秀才"始婴羸疾于戊午之二月,卒于己未之五月六日,享年三十有三。"吴澄之文云"年二十,归娶妻……",即当在大德十一年(1307)。刘楚《王秀才墓志铭》载王秀才事云:"王氏系出长沙……父兴生某,起予其字也。初起予由梅冈侨居庐陵之永和而生颖。颖生而警异,因以颖名之。比晬,父母罗百器物试之,颖一不顾,惟取书册与笔而已。间出从群儿戏,独持片纸咿咿作读诵声,或指字教之,即识而不忘。七岁从乡先生授四书经传,通其大义,学为五七言诗,辄清丽可爱,至为歌行,下笔飘飘然率数十韵。人以奇童目之。方王君未为御史时,常从之游,言谈出入多见器重。性温雅自持,丰姿工洁,被服俭素,未尝见其疾言遽色。事父母极婉婾敬顺起居先志,而谕抚诸弟尤欢然有恩,不肆陵狎。比壮,请于亲曰:'今海宇宁一,舟车四达,都会文物盛丽可观以则。儿不能久居膝下矣。愿大人斥装橐赢馀,俾资之远游,以振拓其鄙陋,不亦可乎。'亲悦而从之。乃去家浮江越湖,沿扬子至京师游观,久之又东过维扬,绝淮溯河,以达于齐鲁燕赵之墟,至浮海□碣石而归。每过名区胜境,遇高人硕士,辄倾倒愿交,赏咏终日,至解橐挥金不吝也。尤喜购良方,居善药,良愈奇疾。见病而窭者,即授以成剂,无倦色焉。乳母阮疾卒,哭之哀,为具衣棺祭奠,不以疏远废礼。丁巳秋自北游归,作予隐堂于所居之西偏,既成而病,病而日思余记焉。始婴羸疾于戊午之二月,卒于己未之五月六日,享年三十有三……颖字公敏。"(《全元文》第57册,第648—650页)

又按:王礼《王公敏哀辞》云:"公敏讳颖,梅岗王氏之佳子弟也,生于永和,其父予隐之贰馆在焉。幼聪慧,读书辄能记忆。稍长,下笔清丽可爱,愈损抑期进年。逾弱冠,念山东多鱼盐漆丝之利,遂求陶朱积著之理、端木废举之术,因赋远游,以观邹鲁圣贤之高踪、燕赵豪杰之遗烈,其志诚可尚也。"(《全元文》第60册,第775页)

吴澄约于此年在袁州学正黄良孙家授徒讲学。

按:据《(同治)清江县志》载,吴澄曾至袁州学正黄良孙家讲学,因其具体时间已不可考,故暂推测他在此年授徒袁州:"入元,累征强起,旋以疾辞。尝寓清江,馆于南雄总管皮氏,又主袁州学正黄良孙家授徒讲学,清江从受业者数十人。"(《(同治)清江县志》卷八《人物志》下,清同治九年刻本)

又按:黄良孙,字世弼,父钺。"宋淳祐壬子、宝祐乙卯、戊午、咸淳丁卯四贡于乡"(吴澄《雪崖书堂记》,《吴澄集》,第959页),"良孙从吴澄游,澄尝主其家,称其处父子、兄弟、夫妇、朋友有可称无可议,而讨论讲贯,修身践行,又有日长月益之功。所以顺其同、克其异者,已知所以用其力以进于古之圣人,以荐为南城县教谕,改袁州路儒学正。以父号雪厓,于所居创雪厓书院,吴澄为之记。"(《(同治)清江县志》卷八《人物志》中,清同治九年刻本)

又按:吴澄《雪崖书堂记》载:"临江贡士黄先生钺,宋淳祐壬子、宝祐乙卯、戊午、咸淳丁卯四贡于乡,议论慷慨,才猷卓荦,无曲士龌龊之态。今袁州路儒学正良孙,其子也。曩从予游,家有阁,扁曰'同拟'。予经过,则馆于其中,岁久敝坏。学正在袁时,冢子振祖新之,又于阁后创书堂,将以祠其祖,其父归而嘉其意。今年五月,访予山间,请为之记。越数月,振祖复来温请。予叹曰:孝子慈孙之厚于其亲也如此哉!贡士君四举无成,子若孙堂而祠之者,欲其名之永存也。然名之存不存,不系祠堂之有与无、记文之传与否也。盖闻显其亲者,在于立其身而已。身能自立,则身之名扬,而亲之名与之俱显。所以立身者,学也,而非如今世之士所谓学。今世之学,不过应举觅官;幸而得焉,志愿毕矣。必欲永存其名,殆未可也。立身扬名之学窃尝闻之先儒,而未之能。振祖资质粹美,可进于是。倘欲闻之乎?他日当为言之。雪厓者,贡士君所自号也。"(《吴澄集》,第959—960页)

吴澄于此之前曾作《送南城教谕黄世弼序》赠黄良孙。

按:吴澄在做客袁州学正黄良孙家前就已与黄良孙相识。《送南城教谕黄世弼序》说明在黄"改袁州路儒学正"前,吴澄就已经作此文赠予之。文载:"临江黄良孙世弼为建昌南城教官,将行,言于予曰:'盱江之为郡,有李泰伯、曾子固学行文章,百世师表。某将惟二子者是慕是效,以率其乡人士,以庶几于寡过。然畴昔尝闻先生绪言,教者之所以教,当进于古之圣人,则似非可以如二子自画。其详可得而闻乎?'余曰:'今之职教者,苟度岁月以俟叙迁。能思其职,慕效先贤,以图寡过者盖鲜,况又不肯安于小成,而欲进于古之圣人。子之志如是,可尚矣。抑古圣人之教人,初非过为高远,而以人所不可知、不可能者强夫人也,因其所固然,革其所不然而已矣。生而爱其亲,长而敬其兄,出而行之于朋友,娶而行之于夫妇,仕而行之于君臣,此良知良能之得于天,而人人所同也。以其所禀之气、所赋之质不能皆清且淳,故于伦理之间有厚者、有薄者,有全者、有偏者,有循者、有悖者,于是而有万有不同者焉。圣人之教,使人顺其伦理,克其气质,因其同,革其异,所以同其同也。契之教也,顺其伦理之同也;夔之教也,克其气质之异也。世弼之处父子、兄弟、夫妇、朋友也,有可称,无可议,而讨论讲贯、修省践行,又有日长月益之功,所以顺其同、克其异者固已。知所以用其力,精之熟之,持之勉之,以此治己,期于必成;以此率人,人其有不从者哉?'"(《吴澄集》,第580—581页)

吴澄在夏秋之际作《答郑提举书》,回复郑陶孙之书信。

按:吴澄在去年冬季作《与郑提举书》,向郑陶孙表达了延期赴官的意思。此年吴澄西游路上,郑陶孙催促就官的书信再至,许是得闻原江西等处儒学副提举祝静得卒一事,吴澄同意了此次任职,其向郑陶孙表示将承命而行,并将随携的邵子之书赠予后者以观。(吴澄《答郑提举书》,《吴澄集》,第250—251页)

吴澄作《答姜教授书》。

按:吴澄《答姜教授书》载:"辱书,知前在京师时,尝蒙惠顾,失于承接,负愧负愧。高兄年虽少而择交严,视所与游,相悉不待相识也。人来自洪,多谈盛美,聚会必在岁晚。方触暑西行,将追蹑昌黎公祝融、石廪之遗迹,中道忽得公牍,趣近赴官程期。司长有命,而足下申之,藻句葩辞,照耀客舍,此意勤甚。澄迂避人也,于仕素非所欲,亦非所谙,散职何庸冒处林林时俊之右?它无能焉,唯曰一豪有所希觊、侵渔于学校以益其私,则决不为耳。近年贪浊成风,在在而然。行之不以为非,言之不以为耻。陷溺至此,盖有为也。何为?为饮食之费、妻妾之奉、子孙之遗而已。澄酒肉俱绝,而无所于费也;中馈久虚,而无所于奉也。二三儿躯干壮健,写字读书之余,各务耕桑,自营衣食于家,可以不饥不寒,而无俟于其父之遗也。……敬舆此志,澄与诸贤所同也,足下能为数十郡之倡乎?澄所深愿。及是闲暇,其率佐属熟讲详究,有可开谕者,勿吝。旅次草草复来施,非久至洪,又得面布。"(《吴澄集》,第252—253页)

又按:吴澄文中提及,此次西行将追蹑昌黎公祝融、石廪之遗迹。"祝融、石廪之遗迹"指的是韩愈在永贞元年(805)任江陵法曹参军时,"委舟湘流,往观南岳"(韩愈《祭河南张署员外文》,刘真伦、岳珍校注《韩愈文集汇校笺注》卷一二,中华书局2010年,第1342页)的行迹。韩愈《谒衡岳庙遂宿岳寺题门楼》诗云:"紫盖连延接天柱,石廪腾掷堆祝融。"(韩愈《谒衡岳庙遂宿岳寺题门楼》,方世举编年笺注,郝润华、丁俊丽整理《韩昌黎诗集编年笺注》卷三,第144—145页)此应是吴澄所谓"追蹑昌黎公祝融、石廪之遗迹"之出处。

吴澄是年秋指导何中学习詹叔厚的文章。

按：何中《与詹叔厚书》载，"去年秋，吴先生于崇仁谓中曰：'尝见叔厚近文乎？'曰：'未也。'先生曰：'叔厚学与文俱进，归其请之。'中归而贫病攻剽，竟不果请。比蒙示教大集，伏读累日，跃然曰：执事之文，理明之文也。故其读之也，悠然而长，渊然而光，端然而庄，愈味而愈无穷。回视机筒激水，剪彩像生者之为，霄壤悬绝。所谓重而实，雅而真者，不在彼而在此矣。中童时弄翰，怅然□之道。今年且四十有三，概乎其未有闻。平生所课千诗，每一自阅，不自知其面热汗下。近复不忍尽弃，略存一二，以志其过。自知其不足以当古人奴役，然非藉此，则无以请益于当世宗工。"（《全元文》第22册，第171页）何中出生于咸淳元年1265年，四十三岁时作《与詹叔厚书》，提及前一年经吴澄推荐习读了詹叔厚近文。是以吴澄向何中推荐阅读詹叔厚一事，当系于何中四十二岁秋，即大德十年（1306）。

吴澄是秋作诗、文赠别北上当傒使的皮溍。

按：皮溍是皮一荐的长子，皮溍年幼从吴澄游，皮一荐卒后，皮溍"以父南雄总管荫补邵阳丞"（《宋元学案》卷九二《草庐学案》，第3077页），据吴澄《皮昭德北游杂咏跋》载，皮溍于"大德十年秋如京，明年忧南还"（《吴澄集》，第1086页），故皮溍此年北上担任傒使，吴澄作诗、文赠别。

又按：吴澄《送南雄总管之子皮昭德赴京当傒使》："豁豁凌公牧，天然重厚人。公侯宜有子，才艺觉无伦。异识超纨绮，英猷撼缙绅。试能真可续，伫俟立通津。"（《吴澄集》，第1785页）傒使是元代的承荫制，至元五年元世祖下诏称："诸荫官各具父祖历仕缘由、去任身故岁月并所受宣敕札付、彩画宗支，指实该承荫人姓名年甲，本处官司体勘房亲，揭照籍册，别无诈冒，及无废疾过犯等事，上司审验相同，保结申覆，令亲赍文解赴部。诸荫叙人员，除蒙古及已当秃鲁花人数别行定夺外，三品以下、七品以上、年二十五之上者，当傒使一年，并不支俸。满日，三品至五品子孙量材叙用外，六品七品子准上铨注监当差使，已后通验各界增亏定夺。"（《元史》卷八三《选举志》，第7册，第2060页）皮溍父皮一荐任职南雄路总管，南雄路总管府立于至元十五年，总管一职为正三品（《元史》卷九一《百官志》，第8册，第2316页）。也即，皮溍此次上京任傒使，应当一年后方可随材加以任用。如《皮昭德北游杂咏跋》载，皮溍此次于"大德十年秋如京，明年忧南还"（《吴澄集》，第1086页），所以，皮溍在北边试职不及一年，即因丁忧南还。

又按：吴澄《送皮昭德序》云："圣门之可使从政者，赐之达、求之艺、由之果也。清江皮溍昭德，承父泽出仕，例当赴省部给使，以试其能其行也。西江数郡之士相率为诗文以赠之，而请益于予。予谓三子之达、之艺、之果虽未易能,而子于国典俱谙晓,亦云达也已;于世务俱练历,亦云艺也已;于谈锋事机俱敏决,亦云果也已。概以异代取人之志,如所谓言辞之辩正,如所谓楷法之遒美,如所谓文理之优长,靡不绰绰有余。以子之能试于今,宜无施而不可。余既嘉子之才,又尝进子于圣门学者之列。达而守之若愚,艺而处之若无,果而发之以徐,夫如是,不矜己以急人之知,而人自知己,必曰是真可使从政者也,而子之登膴仕者有日矣。"(《吴澄集》,第732页)。

又按:皮潜从学于吴澄期间,曾请吴澄以"尊德性道问学"更其斋名。吴澄有《尊德性道问学斋记》载:"天之所以生人,人之所以为人,以此德性也。然自孟氏以来,圣传不嗣,士学靡宗,谁复知有此哉?汉唐千余年间,儒者各矜所长,奋迅驰骛,而不自知其缺。董、韩二子依稀数语近之,而原本竟昧昧也,则亦汉唐之儒而已矣。宋初如胡、如孙,首明圣经以立师教,一时号为有体有用之学,卓行异材之士多出其门,不为无补于人心世道。然稽其所极,度越董、韩者无几,是何也?于所谓德性未尝知所以用其力也。逮夫周、程、张、邵兴,始能上通孟氏而为一。程氏四传而至朱,文义之精密,句谈而字议,又孟氏以来所未有者,而其学徒往往滞于此而溺其心。夫既以世儒记诵词章为俗学矣,而其为学亦未离乎言语文字之末,甚至专守一艺而不复旁通它书,掇拾腐说而不能自遣一辞,反俾记诵之徒嗤其陋、词章之徒讥其拙,此则嘉定以后朱门末学之弊,而未有能救之者也。夫所贵乎圣人之学,以能全天之所以与我者尔。天之与我,德性是也,是为仁义礼智之根株,是为形质血气之主宰。舍此而它求,所学果何学哉?假而行如司马文正公,才如诸葛忠武侯,亦不免为习不著、行不察,亦不过为资器之超于人,而谓有得于圣学,则未也,况止于训诂之精、讲说之密,如北溪之陈(即陈淳)、双峰之饶(即饶鲁),则与彼记诵词章之俗学相去何能以寸哉?汉唐之儒无责焉,圣学大明于宋代,而踵其后者如此,可叹已。清江皮公字其子潜曰昭德,其师名其读书之斋曰学。潜从吾游,请以'尊德性道问学'更其扁名,合父师所命而一之。噫!而父所命,天所命也。学者,学此而已。抑子之学词章则云至矣,记诵则云富矣。虽然,德性无预也,姑置是。澄也,钻研于文义,豪分缕析,每犹以陈为未精,饶为未密也。堕此科臼之中垂四十年,而始觉其非。因子之请,惕然于岁月之已逝。今之语子,其敢以昔之自误者而误子也哉?自今以往,一日之内子而亥,一月之内朔而晦,一岁之内春而冬,常见吾德性之昭昭,如天之运转,如日月之往来,不使有须臾之断间,则于尊之之道,殆庶几乎!于此有未能,则问于人、学于己,而必欲其至。若其用力之方,非言之可喻,亦味于《中庸》首章、《订顽》终篇而自悟可也。夫如是,齐于圣,跻于圣,如种之有获,可必其然也。愿与子偕之,若夫为是标榜,务以新美其名,而不务允蹈其实,是乃近代假托欺诳之儒所以误天下、误国家而自误其身,使异己之人得以藉口而谓之为伪学者,其弊又浮于朱学之外,而予不为是也。"(《吴澄集》,第841—843页)吴澄认为,宋嘉定以来,朱子离世之后,其末学以记诵词章为溺,就连北溪陈淳、双峰饶鲁都与此风相去不远,这种训诂之精、讲说之密,渐渐忽略了朱熹对于道体的重视,今皮滽以"尊德性道问学"为标榜,需要在实践中时刻谨记道体的重要。

又按:晚明黄士俊为陈献章文集作序时,曾引用吴澄此观点,用以支撑"章句训诂之学锢溺天下之人心"的观点。其《重刻陈白沙先生集序》云:"新会邑侯黄君宰邑之明年,即求白沙陈文恭集而重锓之,以完旧所阙,而属予为序。予固私淑文恭,又乡先进也。不撰而序之曰:圣人之道,百姓日用而不知,学士习焉而不察,而道固未尝绝于天下也。有志之士,苟能潜心而逊志,反躬而力行,豁然有省,则虽千百年之远,荒陬穷海之滨,而悟此心此理之同,自可以上溯孔孟之源,下俟百世而不惑。自章句训诂之学锢溺天下之人心,于是儒者不必内求自得而惟外奉陈诠。虽以上蔡、象山之深造,而或病之曰太简,或目之曰近禅。天下畏禅之形而避其影,将所谓尊德性者或几乎息矣。呜呼,不有哲人,其何能淑?先生奋起南隅,翱翔上国;始谒临川,言归江门;求之博而舍其繁,求之静以复其体。林待用谓其立志甚专,向道甚勇,涵养其熟,独超造物牢笼之外,而寓言寄兴于风烟水月之间,有舞雩陋巷之风焉,盖实录也。昔精一之传至禹止矣。其后数百年而有莘耕夫嚣嚣乐道,降衷一德之语,遂继典谟洙泗之传,至孟轲止矣。其后千余年而濂洛诸贤倡明讲习太极皇极之书,穷极性命,至道至德,岂不待其人哉!嘉定以后,徒资文义讲学于经传,鳞比栉次。在当时号为精密,在今日犹未免疏漏,况于作圣真源相去益远。故双峰之饶、北溪之陈为吴草庐之所不取。然则先生之道,其足以继往开来,功亦巨矣。先生存而名震四海,殁而从祀孔庙,其论定久矣,固非待后死者为置喙。且其志不存于著述,则其集虽具在,学者要当于语言文字之外求之而后可也。昔庄定山诗与先生齐名,时号陈庄。其风节格调或相颉颃,然湛深于道德,流露其胸中所见,则先生为宏远矣。(孙通海点校《陈献章集》附录三,中华书局1987年,第906页)文章指出,嘉定之后,"章句训诂之学锢溺天下之人心",学者们为了避免谢良佐、陆九渊学问的太简、类禅的缺点,纷纷偏重于道问学之学,这使得朱子原本试图在尊德性与道问学中找到的平衡被打破,尊德性由于容易入禅的特点被学者们排斥,是以琐碎之工夫倍起,道德的追求反而不深。

又按:皮滽此次北上,有从子皮鲁瞻随行,皮鲁瞻此次随族父入京,归来后有《北游诗》十篇,归乡后曾示与师友观看。吴澄有《皮鲁瞻诗序》载:

"鲁瞻,皮氏之贤子,从其族父游京师,有纪咏数十篇,俨然如醇儒端士,读之益信其贤。吾友元复初自负才高,于人寡许可,独进鲁瞻当路,又荐之试吏。余为子以吏喻诗。夫吏以文无害为善,一变则深文巧诋之吏,再变则舞文弄法之吏。吏不可如是,诗不可不如是。方见其为醇儒端士,倏见其为飞仙化人,诗之变也。变至此,诗之至也。余将徯子之至。"(《全元文》第14册,第289—290页)丰城熊朋来亦有《奉还皮鲁瞻北游诗》云:"桃花入赋长孙枝,虎豹传斑继子皮。衰朽无因出门去,感君示我《北游诗》。"(《全元诗》第13册,第132页)

吴澄十月任职江西等处儒学副提举。

按:危素《年谱》载:"十月朔上官。(各路学官循常例,其礼物致庆者,却之,惟谕之以笃意教养而已。有直学以钱谷讦其教授者,公曰:'直学所窃,教授有所不知;教授所得,直学无不知者。均谓之盗,欺人不知而恕其可知者,可乎?直学为教授属,于义为犯上,当先治之。'时天寒,其人惶愧汗下,拜谢悔过,告讦者为之息。学官之不严者,闻之皆凛然知耻云。省若宪以两提举俱硕学鸿儒,每加优礼。宪府即郡庠设燕以听讲为请,郑公以讲席逊公,公亦以其出于诚意,毋谦也,为讲《孟子》一章,开发明辨,有以各当其心也。日与郑提举谒参政戎公益,公曰:'东南士习凋敝,得二先生作而新之,使不习如某者得以蒙成而遒责,岂非幸欤?'公从容言曰:必欲作成人才,在于教人言忠信、行笃敬,以尊德性而已。')"(危素《年谱》,《吴文正集》附录,文渊阁四库全书本)

吴澄冬至豫章,与郝子明结识,作《题郝令德政碑后》。

按:吴澄曾在大德六年(1302)于金陵听闻郝子明御史的政绩。是年冬,吴澄到达豫章后与郝子明正式结识。吴澄《题郝令德政碑后》载:"大德六年秋,予过金陵,人称御史之才,必以卢龙郝公子明为最。闻于天朝,特升五品,佥江西宪事,按治所及,奸贪悉无所容。二十年来,揽辔澄清之人鲜或有是。十年冬,予至豫章,初识公。公前令乐寿时,廉明敏惠,靡政不举,民爱之如父母。既去,而有去思之碑。前代御史之官多自亲民而选,匪独国朝为然。盖以其谙下情,周庶务,谨密详审,而非徒击搏苛察之为能。是以贤邑令即才御史也。公于前之抚字也可爱如彼,于后之司皋也可畏如此,夫威奸贪所以慈吾民,其心一而已矣,谁谓今之可畏非昔之可爱者哉?"(《吴澄集》,第1102页)

又按:吴澄文中所言"去思之碑",即徐明善所撰《宪佥郝子明乐寿县去思碑》。碑文载:"燕山郝公子明佥江西宪事,疾恶如恶恶臭,不斥去不慊也。列城士民,无不徯公咨诹以为快。所至贪冒落胆,奸诈失魄,咸称神明。余既信其非要名矫情者,一日,出示宰乐寿时邑人所树碑,则又娓娓曰父母,余未敢雷同信之。徐而得公建白二事。大德丙午夏,大饥,官以米贷民,期十月输之仓。既秋而禾不登,价视贷时贵一倍,堪输者倍,差吏征急,民悔且泣曰:'不如殍之愈也。'公建言,俾明年冬输之仓,于是民乃破涕解颜,如更得贷,一也。东湖者,豫章城中水所溷也,湖溢则滨湖之家有沉灶者。丙午冬,官议浚湖,然不思江高于湖,湖可浚而深,斗门不可阙而下也。阙而下则江反入湖,不阙而下则湖之泄尽斗门而止尔,虽浚之九仞,江涨高则湖溢自若也。是冬,无禾蔬,薪倍贵,令下计工数十万,民皇骇不知所为。公力白主者罢之,脱数十万人风雪泥淖之苦,二也。二事公不自言,余欲征乐之称父母者不虚,故具尔。此可谓若保赤子者也。嗟夫!父母、神明,美称也,然固忠国庇民者职分当然尔。不父母,将立而视其死乎?不神明,将废耳目之用乎?然且要名矫情者不多见,况如郝公者乎?安得百子骏,吾于子明亦云。子明由乐寿为御史,擢江西,能使所居官大宜然。"(《全元文》第 17 册,第 247—248 页)

  吴澄十二月应郑季政,郑元凤、郑元谦父子请,为其妻、母作墓志铭。(《吴澄集》,第 1418—1419 页)

  戴表元作《陈晦父诗序》。

  按:戴表元《陈晦父诗序》载:"世多言唐人能攻诗。岂惟唐人,自刘项、二曹父子起兵间,即皆能之,无问文士。至唐人乃设此以备科目,人不能诗,自无以行其名,故不得不攻耳。近世汴梁、江浙诸公,既不以名取人,诗事几废,人不攻诗,不害为通儒。余犹记与陈晦父昆弟为儿童时,持笔橐出里门,所见名卿大夫,十有八九出于场屋科举。其得之之道,非明经则词赋,固无有以诗进者。间有一二以诗进,谓之杂流,人不齿录。惟天台阆风舒东野,及余数人辈,而成进士早,得以闲暇习之。然亦自以不切之务,每遇情思感动,吟哦成章,即私藏箱笥,不敢以传诸人。譬之方士烧丹炼气,单门秘诀,虽甚珍惜,往往非人间所通爱。久之科举场屋之弊俱革,诗始大出。而东野辈憔悴老死尽矣,余亦鬓发种种。"(《全元文》第 12 册,第 122 页)

  西夏文《大藏经》刊印完成。

  按:大德六年(1302),奉敕于江南浙西道杭州路大万寿寺刊印三十余部河西(西夏)字《大藏经》及《华严》大经、《梁皇宝忏》、《华严》道场忏仪各百余部,散施于甘肃地方诸寺院。又以西蕃(西藏)字之乾陀、般若、白伞盖等三十余种经咒各千余部,散施西藏地区。大德十年,补刻碛砂藏一千余卷。期间将直北教藏(大都弘法寺板)与江南闽浙之诸教藏板相互比对,发现诸教藏板短缺秘密经律论数百卷,即于杭州路成立印经局,依弘法寺板刊雕补足之。大德六年(1302)至大德十年(1306)年间,广福大师管主八先后在江苏碛砂延圣寺和杭州路大万寿寺雕印和流通了大量的汉文、西夏文和藏文佛经。该经为元世祖下令由江南浙西道杭州路大万寿寺雕印,共三千六百二十余卷。现存宋版《碛砂藏》大藏经中收录有他施刊佛经的两篇愿文。"管主巴"对为藏文 bkav—vgyur—pa,为"三藏法师"之意。元人又尊称其为广福大师。由此可知,管主巴乃为称号,而非其真实姓名。有考其为西夏人,亦有学者认为其为萨迦派大德。

又按:管主八愿文之一:"上师三宝加持之德,皇帝太子福荫之恩,管主八累年发心,印施汉本、河西字大藏经八十余藏,华严诸经忏、佛图等西蕃字三十余件经文外,近见平江路碛砂延圣寺大藏经版未完,施中统钞贰佰锭及募缘雕刊,未及一年已满千有余卷,再发心于大都弘法寺取秘密经律论数百余卷,施财叁佰锭,仍募缘于杭州路,刊雕完备。续天下藏经悉令圆满,集于(是)功德,回向西方导师阿弥陀佛、观音、势至、海众菩萨;祝延皇帝万岁,太子诸王福寿千春,佛日增辉,法轮常转者。大德十年(1306)丙午腊八日,宣授松江府(路)僧录广福大师管主八谨题。"

又按:管主八在大德十年(1306)所撰、愿文之二:"上师三宝佛法加持之德,皇帝、太子、诸王复护之恩,管主八誓报四恩,流通正教,累年发心,印施汉本大藏经五十余藏,四大部经三十余部,华严大经一千余部,经、律、论、疏钞五百余部,华严道场忏仪百余部,焰口施食仪轨三千余部,梁皇宝忏、藏经目录、诸杂经典不计其数。金银字书写大华严、法华等经,共计百卷。装严佛像金彩供仪,刊施佛像图本,斋供十万余僧,开建传法讲席,日逐自诵大华严经一百部,心愿未周,钦睹圣旨:'于江南浙西道杭州路大万寿寺雕刊河西字大藏经三千六百二十余卷、华严诸经忏板。'至大德六年(1302)完备。管主八钦此胜缘,印造三十余藏,及华严大经、梁皇宝忏、华严道场忏仪各百余部,焰口施食仪轨千有余部,施于宁夏、永昌等路寺院,永远流通。装印西蕃字乾陀、般若、白伞盖三十余件、经咒各千余部,散施土蕃等处,流通读诵。近见平江路碛砂延圣寺大藏经板未完,遂于大德十年(1306)闰正月为始,施财募缘,节续雕刊,已及一千余卷。又见江南闽浙教藏经板,较直北教藏缺少秘密经律论数百卷,管主八发心,敬于大都弘法寺取到经本,就于杭州路立局,命工刊雕圆备,装印补足。直北、腹里、关西、四川大藏教典,悉令圆满。集斯片善,广大无为,回向真如实际,装严无上佛果菩提,西方教主无量寿佛、观音菩萨、势至菩萨、清净海众菩萨。祝延皇帝万岁,圣后齐年,太子诸王福寿千春,帝师法王福基巩固。时清道泰,三光明而品物享;子孝臣忠,五谷熟而人民育。上穷有顶，下及无边，法界怀生，齐成佛道者。大德十年（1306）丙午腊月成道日，宣授松江府僧录管主八谨愿。"（段玉泉《管主八施印〈河西字大藏经〉新探》，《西夏学》2006年第1辑；熊文彬《元代皇室成员施刊的藏文佛经》，《中国藏学》2009年第3期）

赵复卒。

按：赵复（约1215—1306），字仁甫，荆湖北路德安府人。南宋乡贡进士。端平二年（1235）蒙古军破德安，被俘，以国破家残，欲弃生。得姚枢相救，礼送至燕京，以所学教授学生，从学者甚众，名大著。时"南北绝道，载籍不相通"，便"以所记程朱诸经传尽录以付枢"。十二年，姚枢与杨惟中于燕京建太极书院，延为主讲。由是许衡、郝经、刘因等皆得其书而尊信之。复常有江汉之思，学者称"江汉先生"。著有《传道图》《伊洛发挥》《希贤录》《朱子门人师友图》。事迹见《元史》卷一八九。

阿尼哥卒。

按：阿尼哥（1245—1306），尼波罗国王后裔。至元十年（1273），元廷设诸色人匠总管府，阿尼哥担任总管，统管十八个四品以下司局。至元十五年（1278），忽必烈命阿尼哥还俗，授光禄大夫、大司徒、兼领将作院，印、秩皆视同丞相。元人推其技术为"每有所成，巧妙臻极""金刿玉切，土木生辉"。事迹见程钜夫《凉国敏慧公神道碑》（《雪楼集》卷七）、《元史》卷二〇三《方伎传》、《新元史》卷二四二《方伎传》。

方回卒。

按：方回（1227—1306），字万里，号虚谷，别号紫阳山人，歙县人。景定三年（1262）进士，知建德府。元兵至建德，出降，改授建德路总管兼府尹，为郡人所耻。以诗游食元朝新贵间二十余年，也与宋遗民往还，长期寓居钱塘。方回诗初学张耒，晚慕陈师道、黄庭坚，鄙弃晚唐，自比陆游，是江西诗派最后一位重要代表作家，主张"一祖三承继宗"说。继承江西诗派理论，又发展之，在当时及以后皆有影响。著有《桐江集》《桐江续集》《虚谷集》等，并编选唐、宋以来律诗为《瀛奎律髓》。事迹见本集有关诗文，明弘治《徽州府志》卷七有传。

元成宗大德十一年
丁未　1307年　59岁

正月，帝铁穆耳崩于玉德殿。

按：《元史》载："十一年……崩于玉德殿，在位十有三年，寿四十有二。乙亥，灵驾发引，葬起辇谷，从诸帝陵。是年九月乙丑，谥曰钦明广孝皇帝，庙号成宗。国语曰完泽笃皇帝。成宗承天下混一之后，垂拱而治，可谓善于守成者矣。惟其末年，连岁寝疾，凡国家政事，内则决于宫壸，外则委于宰臣；然其不致于废坠者，则以去世祖为未远，成宪具在故也。"(《元史》卷二十一《成宗本纪》，第2册，第472页)

五月二十一日，海山即位于上都。

按：《元史》载："十一年春，闻成宗崩，三月，自按台山至于和林。诸王勋戚毕会，皆曰今阿难答、明里铁木儿等荧惑中宫，潜有异议；诸王也只里昔尝与叛王通，今亦预谋。既辞服伏诛，乃因阇辞劝进。帝谢曰：'吾母、吾弟在大都，俟宗亲毕会，议之。'先是，成宗违豫日久，政出中宫，命仁宗与皇太后出居怀州。至是，仁宗闻讣，以二月辛亥与太后俱至京师。安西王阿难答与诸王明里铁木儿已于正月庚午先至。左丞相阿忽台，平章八都马辛，前中书平章伯颜，中政院使怯烈、道兴等潜谋推成宗皇后伯要真氏称制，阿难答辅之。仁宗以右丞相哈剌哈孙之谋言于太后曰：'太祖、世祖创业艰难，今大行晏驾，德寿已薨，诸王皆疏属，而怀宁王在朔方，此辈潜有异图，变在朝夕，俟怀宁王至，恐乱生不测，不若先事而发。'遂定计，诛阿忽台、怯列等，而遣使迎帝。五月，至上都。乙丑，仁宗侍太后来会，左右部诸王毕至会议，乃废皇后伯要真氏，出居东安州，赐死。执安西王阿难答、诸王明里铁木儿至上都，亦皆赐死。甲申，皇帝即位于上都，受诸王文武百官朝于大安阁，大赦天下。"(《元史》卷二二《成宗本纪》，第2册，第479页)

秋，追封答剌麻八剌为元顺宗。

按：海山即位后，即追封他的父亲答剌麻八剌为元顺宗。《元史·顺宗传》载："顺宗昭圣衍孝皇帝，讳答剌麻八剌，裕宗第二子也。……明年春，世祖北幸，留治疾京师，越两月而薨，年二十有九。子三人：长曰阿木哥，封魏王，郭出也；妃所生者曰海山，是为武宗；曰爱育黎拔力八达，是为仁宗。大德十一年秋，武宗即位，追谥曰昭圣衍孝皇帝，庙号顺宗，祔享太庙。"(《元史》卷一一五《顺宗传》，第10册，第2895—2896页)

程钜夫被授翰林学士、正奉大夫、知制诰、同修国史、商议中书省事。

按：何中《翰林学士承旨光禄大夫知制诰兼修国史程公行状》载："十一年丁未十月，除山南江北道肃政廉访使。公将就道，上命留公。十二月，再除翰林学士、正奉大夫、知制诰、同修国史、商议中书省事。"(《全元文》第22册，第207页)

李孟受征诣阙下。

按：黄溍《元故翰林学士承旨中书平章政事赠旧学同德翊戴辅治功臣太保仪同三司上柱国追封魏国公谥文忠李公行状》载："十一年春，成宗陟遐，神器暂虚，宗王大臣密谋构变，国势危疑，人情汹汹。公从两宫还京师，遂与丞相哈喇哈逊达尔罕等，力赞仁宗，削平内难，中外晏然。定策迎武宗入正大统。仁宗即承制，以公为中书参知政事。公久在民间，于闾阎之幽隐靡不究知，损益庶务，悉中其利病，远近无不悦服。然以抑绝侥幸，群小多不乐，公不为之少挠也。居亡何，言于仁宗曰：'执政大臣宜出于嗣天子亲擢。今銮舆在道，臣未见颜色，诚不敢冒当重寄。'仁宗不许，则逃之许昌，筑室于陉山溪水间，若将终身焉。夏五月，武宗即皇帝位，仁宗为皇太子。物色得公所在，白于上，遣使征诣阙下。"(《全元文》第30册，第41页)

又按："成宗死后……真金后裔的嫡系地位和'支子不嗣'的典制不仅汉人确认，在蒙古人中也已得到很大程度的认可；元朝中枢政府的运行机制已基本确立，不再是内廷和诸王贵族所能随意左右。'雅重儒术'的右丞相哈剌哈孙就将立安西王的图谋视为违制，而力主皇位应属海山兄弟。他以中书省为头长官并兼掌一宿卫之权，尽收京城百司符印，封府库，守宿宫阙，称病不受皇后内旨，不署文书，同时密遣人驰报海山兄弟，请速回京。爱育黎拔力八达接报后犹豫未决，李孟进言：支子不嗣是世祖典训（说明安西王觊觎皇位违制），现在宗庙社稷处于危疑之中，而大兄远在漠北，殿下应奉母急还宫廷，以折奸谋，固人心；如果奸谋得逞，下诏来召，势将难以自保。于是爱育黎拔力八达决计启程，二月十六日抵大都。李孟受命密往哈剌哈孙处探问，恰遇卜鲁罕皇后派人来问病，李孟假装医者上前切脉，未被识破。他从哈剌哈孙处获悉卜鲁罕拥立安西王之谋已迫在眉睫，即还报，主张先发制人，尽早采取行动。但当时卜鲁罕手握玉玺，可以调动上万宿卫军，安西王侍从亦多,而爱育黎拔力八达侍卫仅数十人,兵仗不备,形势不利,因而有人提出等海山到达再动。李孟分析说:群邪违弃祖训,欲立庶子,必不得人心,殿下进入内廷,晓以大义,宿卫士将倒戈来从,即可清除此辈;如果安西王抢先登基,即使大兄至,彼岂肯拱手让出?……爱育黎拔力八达命以占卜决之,卜者按李孟吩咐解卦言吉,意遂决。三月朔,卜鲁罕皇后令省臣签署决定初三日由她临期听政的文书,哈剌哈孙即署之,当夜派人禀报爱育黎拔力八达,请'先事而发'。次日,爱育黎拔力八达率李孟及诸侍卫入宫,哈剌哈孙来迎,控制了宫廷……"可以说,"李孟以一个全无根脚的汉人,在这场蒙古皇室惊心动魄的帝位之争中竟扮演了'军师'的角色",因此"清除政敌后,李孟即被爱育黎拔力八达任为中书参知政事"。"但随之而来的海山兄弟间的皇位风波,却使他陷入险境",爱育黎拔力八达"夺权成功后,诸王阔阔出等劝仁宗'早正天位',仁宗表示无意乘势'觊望神器',皇位应属长兄,即遣使北迎海山",而海山的确声称自己"神器所归,灼然何疑",并指责近臣推举爱育黎拔力八达的举动是奸谋。"海山对'任事之臣'充满杀机的指责不能不使李孟深为震惧,即请求辞职"。"海山即位后,果然就有人告称'内难之初定也,李孟尝劝皇弟以自取',武宗虽不加追究,且立皇弟为皇太子,但兄弟嫌隙似未完全消除,连'定难'的柱石功臣哈剌哈孙也因谗言被贬为和林行省左丞相,中枢大臣多换成武宗的漠北旧部或其他亲信,爱育黎拔力八达自然不敢提李孟的定难之功和政务才能了"。(陈得芝《耶律楚材、刘秉忠、李孟合论——蒙元时代制度转变关头的三位政治家》,《元史论丛》第九辑,第13—14页)以上即李孟受(爱育黎拔力八达)征诣阙下的完整背景。

虞集任国子助教。

按:赵汸《邵庵先生虞公行状》载:"十一年,除国子助教。……公为助教,即以师道自任,申国学之成法,以严正大之规;本圣贤之遗书,以发精微之蕴;明事理之非二,通雅俗于性情。修辞者陈义必精,辨惑者无微不显,学者资质不齐,俱获其益。有志者待公之退,多挟策趋门下,以卒其业。他馆之士靡然宗尚,多相率诣门下请益,为之师者,一无间言。"(《全元文》第54册,第354—355页)

耶律有尚任昭文馆大学士,仍兼国子祭酒。

按:苏天爵《皇元故昭文馆大学士兼国子祭酒赠河南行省右丞耶律文正公神道碑铭》载:"武宗即位,大臣奏请:'许文正公典教胄子,耶律某继之,自助教至位祭酒,匡辅造就功名。久列三品,宜优爵秩。'上曰:'是儒学旧臣也。'进拜公昭文馆大学士,仍兼祭酒。"(陈高华、孟繁清点校《滋溪文

稿》卷七,第 104 页)

吴全节被授玄教嗣师。

按:虞集《河图仙坛碑》载:"十一年,武宗皇帝自朔方归纂大统,制授公玄教嗣师,总摄江淮荆襄等处道教都提点,崇文弘道玄德真人。铸银为印,曰玄教嗣师之印,视二品,封其父克己翰林学士、中顺大夫。"(《全元文》第 26 册,第 197—198 页)

范梈始客京师。

按:吴澄《故承务郎湖南岭北道肃政廉访司经历范亨父墓志铭》载:"年三十六,始客京师,勋旧故家延致教其子,艺能操趣绷中彪外,流光浸浸以达中朝。"(《全元文》第 15 册,第 638 页)虞集《题范德机为黄士一书一窗手卷》载:"清江范德机氏,与予同生前壬申。三十后,同游京师,先后客藁城董忠宣公之馆。"(《全元文》第 26 册,第 369 页)

道士吕虚夷扩建象山县大瀛海道院。

按:大瀛海道院地处象山县,由正一派道士吕虚夷在原先的基础上扩修而成。吕虚夷扩修道院一事特别为元代文人称许,吴澄、陈旅、马臻、黄溍、危素、卜思义、袁士元、蒋宗简等等文人或到达大瀛海道院游赏,或为大瀛海道院作记文、题记、诗歌以赠吕虚夷。

吴澄正月初一辞官。

按:吴澄自去年十月赴任,今年正月初一即辞官,官止三月。虞集《行状》载:"十一年正月朔,以疾辞去。"(《全元文》第 27 册,第 172 页)揭傒斯《神道碑》载:"明年冬,始就官居三月,即免去。校定《老子》、《庄子》、《太玄》。"(《全元文》第 28 册,第 507 页)危素《年谱》载:"五旬之内,本司遣学职催请者六,吏人催请者四,文移往复凡数十。又移省宪趣还,公固辞以疾。尝曰:'学校教育各有其职,钱谷出入总之有司,提举之官本为虚设,徒縻廪粟。'故勇于辞职。"

吴澄二月就医富州,并订定《老子》、《庄子》、《太玄》章句。

按:虞集《行状》载:"留清都观,与门人论及《老子》、《庄子》、《太玄》等书之本旨,因正其讹伪,而著其说。"(《全元文》第 27 册,第 172 页)危素《年谱》载:"十一年丁未(正月戊辰,以疾谒告。二月就医富州,寓清都观。五旬之内,本司遣学职催请者六,吏人催请者四,文移往复凡数十。又移省宪趣还,公固辞以疾。尝曰:'学校教育各有其职,钱谷出入总之有司,提举之官本为虚设,徒縻廪粟。'故勇于辞职。订定《老子》、《庄子》、《太玄》章句。公以老、庄二子,世之异书,读者不人人知其本旨,注释者又多荒唐自诞。公为之参考订定,将使智之过高者不至陷溺于其中,凡下者不至妄加拟度于高虚云耳。《太玄》之书,其文艰深,读之者少,然邵子于其数实有取焉)。"

又按:吴澄居清都观期间,校定了《老子》、《庄子》、《太玄》三书。吴澄《老庄二子叙录》载其校定缘由,并阐述到自己的校定格式:"老氏书字多谬误,合数十家校其同异,考正如右。庄平君(即严遵)所传章七十二,诸家所传章八十一。然有不当分而分者,定为六十八章云。上篇章三十二,字二千三百六十六,下篇章三十六,字二千九百二十六,总之五千二百九十二字。庄氏书,《内篇》盖所自著,《外篇》或门人纂其言以成书。其初无所谓《杂篇》也,窃疑后人伪作《让王》、《渔父》、《盗跖》、《说剑》剿入《寓言》篇中,离隔《寓言》之半为《列御寇》篇,于是分末后数篇并其伪书名为《杂篇》,以相混淆云尔。今既从苏氏说黜其伪,复以《列御寇》合于《寓言》而为一篇,《庚桑楚》以下与《知北游》以上诸篇不见精粗深浅之不侔,通谓之《外篇》可也。夫庄氏书环玮参差,不以觭见之,唯《骈拇》、《胠箧》、《马蹄》、《缮性》、《刻意》五篇自为一体,其果庄氏之书乎? 抑亦周、秦间文士所为乎? 是未可知也。故特别而异之,以俟夫知言之君子详焉。苏氏所黜四篇亦存之,以附其后。或曰:《史记》称庄子作《渔父》、《盗跖》、《胠箧》以诋訾孔子之徒。当时去战国未远也,而已莫辨其书之异同矣,且其书汪洋恣纵乎绳墨之外,而乃规规焉、局局焉议其篇章,得无陋哉! 曰:得意固可以忘言,将欲既其实而谓不必既其文,欺也。杨倞注荀卿书,定其篇次,读者咸以为当。予于庄氏之书亦然。"(《吴澄集》,第32—33页)

又按:对于吴澄《老子章句》、《庄子章句》,四库馆臣认为吴澄好以意为之:"据澄年谱,称大德十一年澄辞疾归。自京南下,留清都观。与门人论及《老》、《庄》、《太元》等书,因为正厥讹伪而著其说。澄学出象山,以尊德性为本,故此注所言,与苏辙指意略同。虽不免援儒入墨,而就彼法言之,则较诸方士之所注,精邃多矣。篇末有澄跋云:庄君平所传章七十二,诸家所传章八十一,然有不当分而分者,定为六十八章。上篇三十二章,二千三百六十六字。下篇三十六章,二千九百六十二字。凡五千二百九十二字。然大抵以意为之,不必于古有所考。盖澄好窜改古经,故于是书亦多所更定,殆习惯成自然云。"(永瑢等《四库全书总目》卷一四六"子部五十六",第1243页)

又按:吴澄还校定了《太玄》。吴澄《太玄叙录》载:"扬子云拟《易》以作《太玄》,《易》自一而二,二而四,四而八,八而十六,十六而三十二,三十二而六十四。《太玄》则自一而三,三而九,九而二十七,二十七而八十一。《易》之数乃天地造化之自然,一豪知力,无所与于其间也。异世而同符,惟邵子《皇极经世》一书而已。至若焦延寿《易林》、魏伯阳《参同契》之属,虽流而入于伎术,尚不能外乎《易》之为数。子云《太玄》名为拟《易》,而实则非《易》矣。其起数之法,既非天地之正,又强求合于历之日。每首九赞,二赞当一昼夜,合八十一首之赞,凡七百二十九,仅足以当三百六十四日有半,外增一踦赞,以当半日,又立一嬴赞,以当四分日之一。吁,亦劳且拙矣! 子云此书未能见重于当时,后世虽有好者,亦未可谓大行也。宋大儒司马公爱之甚,尝有集注,晚作《潜虚》以拟之。以邵子范围天地之学、卓绝古今之识,而亦称其书。要之,惟朱子所论可以为万世之折衷。本经八十一首,分天玄、地玄、人玄三篇,盖拟《易》之上下经。经后十一篇,则拟夫子之《十翼》而为《太玄》之传。晋范望始依《周易》、《彖传》、《象传》附经例,升首辞于经赞之前,散测辞于各赞之下。首、测两篇之总序无从而附,则合为一,以寘经端。其牵缀割裂,无复成文,殆有甚于《易经》者。《易经》有晁氏、吕氏,定从古本,而朱子因之。故今于此书亦俾复旧,而第其目如右。兼以读经者病其揲法不明,骤观未易通晓,复为之别白其辞,以著于后。虽非愿为后世之扬子云,亦欲使后之学者知前人之作,不可以己意妄有易置。按:《法言》、《序》篇监本共为一篇,继十三篇之末。今本亦如书之小序,各冠篇首,并为考正。于子云之书,盖不无小补云。"(《吴澄集》,第 27—28 页)

　　吴澄居富州,为富州尹刘秉彝二子作字说。

　　按:吴澄《刘节刘范字说》载:"刘节、刘范,富州尹、真定刘侯之伯子、仲子也。伯务学循理,应事知方;仲一惟伯氏步武是随,器之良者也。节字叔度,范字叔伦。夫《易》之卦有《节》焉,《书》之篇有《范》焉。《易》之《节》曰:'节以制度。'《书》之《范》曰:'彝伦攸叙。'节,如竹之有节;而度者,分寸尺丈之则也。范,如金之有范;而伦者,先后次第之序也。一言一行,不逾乎界限之外,斯中度矣;一言一行,必由乎模楷之内,斯中伦矣。能如是,奚翅一家之良子而以! 居官为良吏,立朝为良臣,繇此其选也。节也,范也,尚思所以称其名哉! 二子尝从周栖筠学,而栖筠游吾门,是以勉其进。"(《吴澄集》,第 162 页)

　　又按:吴澄《送富州尹刘秉彝之京》载:"六载心如一,今朝船欲东。我来期数数,公去忽匆匆。别意万里外,交情片语中。自怜栖病鹤,不得逐长风。"(《吴澄集》,第 1787 页)

　　吴澄居富州,与朱元明颇有往来。

　　按:吴澄《移疾寓富州清都观次韵朱元明送蕨》载:"倦思浑如焦谷芽,病余无力到君家。分来紫蕨长如许,欲向故山看麦麻。"(《吴澄集》,第 1729 页)

　　又按:吴澄为朱元明有原堂作记。《有原堂记》载:"'半亩方塘一镜开,天光云影共徘徊。问渠那得清如水? 为有源头活水来。'朱子诗也。朱元明摘诗中'有原'二字名其堂。夫水有原则活,活则清;无原则死,死则污。理之在人心,犹水之在地中。昼夜生生而不竭,是之谓有原。心理之发见犹原泉之初出,毋滑坏,毋阏绝,将混混乎其来,常活而常清矣。彼污池之聚,无原泉之生,虽或一勺之多,死水耳。臭腐之区,泥涂之窟,黄浊淳滀,枯涸立至,胡可以镜。而又乌取天光云影于其间哉?审乎是,君子于此心之理,其可以滑坏阏绝于其原乎?果行育德,在《易》取山下出泉之象。育之果之,不滑不阏之谓也。孟子曰:仁、义、礼、智四端扩而充之,若泉之始达。孟子之学传于朱子。元明氏朱而派其派,则亦学朱而原其原可也。朱子之学,类非俗儒之所讲闻。思之思之重思之,思而得,得而学,学而成焉,朱氏世有人矣,岂但称斯堂之名而已哉!"(《吴澄集》,第846—847页)

吴澄为徐安道《左传事类》作序。

按:朱元明以徐安道所辑《左传事类》示吴澄。吴澄作《左传事类序》载:"杜元凯(即杜预)读《左传》法曰:'优而柔之,使自求之;餍而饫之,使自趣之。若江海之浸、膏泽之润,涣然冰释,怡然理顺,然后为得。'渊哉乎其言也!岂惟读《左传》宜然,凡读他书皆然。朱元明以徐安道所辑《左传事类》示予,夫作文欲用事,而资检阅记纂,不为无功也。用心如此,亦勤矣。以此之勤,循元凯之法,俾《左氏》一书融液贯彻于胸中,倘有所用,随取随足,无施而不可,其功犹有出于记纂之外者。安道试就季父半溪翁质之。"(《吴澄集》,第354页)

吴澄与八思巴字教授杜唐臣相识,作《送杜教授北归序》。

按:吴澄寓居富州时,有富州儒学教授杜唐臣于此教授八思巴字。是年杜唐臣官满北归,州之人皆作诗文以赠,并延请吴澄为这些诗文作序。吴澄《送杜教授北归序》载:"五方之人言语不通,而通之者,曰译曰鞮,曰寄曰象,周之设官也,总名象胥。皇元兴自漠北,光宅中土,欲达一方之音于日月所照之地,既有如古之象胥通其言,犹以为未也。得异人制国字,假形体,别音声,俾四方万里之人,因目学以济耳学之所不及,而其制字之法则与古异。古之字主于形,今之字主于声。主于形,故字虽繁,而声不备;主于声,故声悉备,而字不繁。有形者象其形,无形者指其事,以一合一而会其意,三者犹未足,然后以一从一而谐其声,声谐,则字之生也曼衍无穷,而不可胜用矣。然亦不足以尽天下之声也,有其声而无其字甚夥,此古者主于形者然也。以今之字比之古,其多寡不逮十之一。七音分而为之经,四声合而为之纬。经母纬子,经先纬从,字不盈千,而唇、齿、舌、牙、喉所出之音无不该,于是乎无无字之音,无不可书之言。此今之主于声者然也。国字为国音之舟车,载而至中州,以及极东极西极南之境,人人可得而通焉,盖又颉、籀、斯、邈以来文字之一助也。皇风浩浩，无远弗被，建学立师，以宣其教。内置学士，外提举官，而路、府、州各设教授与儒学等，敕国字在诸字之右，示所尊也。河北杜唐臣，以国字教授富州，慈良纯厚，州之人莫不崇重。官满而去，相率为诗文以华其归。余官于洪，移病就医至于此州，人以其诗文属余叙其首。余一见唐臣，而知其贤果如州人之所称，乃为之叙耳。"（《吴澄集》，第533—534页）

吴澄与道士刘季荣识。

按：吴澄《赠道士刘季荣》载："白鹤观道士刘季荣，号清真师。生平以能棋游四方，诸名公莫不敬礼。携其所得赠言示予，就徽予作。师既老且贫，又无法嗣，若有不释然者。为赋长句，以开解之。时予移疾客剑江，寓清都观。"（《吴澄集》，第1904页）

吴澄与黄幼德、黄东父子相识。

按：吴澄居富州时，黄幼德、黄东父子前来拜见吴澄。吴澄《故逸士黄幼德墓碣铭》载："古豫章郡之丰城县，今为富州。往年余暂息其地，有士黄东来见，年少而务学；其父幼德亦来见，敦朴谨愿，异乎流俗士。余甚喜之。"（《吴澄集》，第1518页）

吴澄是年为黄幼德"忍默堂"作记。

按：吴澄《忍默堂记》载："一忿或至于亡身，一言或至于丧邦，其小者或以招祸，或以败事。矫其失者，所以有取乎忍与默也。豫章黄幼德，愿悫士，取山谷老人养生四印之二，名其堂曰'忍默'，将以自警，且以戒其子，用意不其严乎？抑闻古之君子休休而容，恂恂而谨。容则自平其忿，谨则自认其言。奚事于忍、奚事于默哉？当忍而忍，当断而断，惟其可；当默而默，当语而语，惟其时，又岂专于忍、专于默耶？前之所云，仁之所能；后之所云，义之所为。仁者宽洪而静重，义者裁制而精审。夫如是，忍默之名可废也。或者因字取象，而加忍于心；托物取形，而三缄其口。以示警戒，则善矣。然皆矫枉过直之意，非大中至正之道也。幼德姑置太史之诗，而留意圣贤之书。居仁由义，而有实得，其必欣然领会予之说。请为笔之，以志堂壁。"（《吴澄集》，第845—846页）吴澄《黄东字说》载："豫章黄幼德之子名东，字元长。夫东、南、西、北，地之四方也，而东为先。元、亨、利、贞，天之四德也，而元为长。地之东，天之元，时之春，人之仁也。《易》曰：'体仁足以长人。'仁者何？人之心也。苟能体此，则有我之私，纤介不留；及物之春，洞彻无间，真足为人之长矣。不然，失其本心，没于下流而不能自拔也，又奚长之云？东也勉夫！东请问求仁之方，曰：'稽之《鲁论》。'"（《吴澄集》，第163页）

吴澄四月为熊佐作墓志铭。

按：富州熊大经长子熊佐卒，其弟熊师周托吴澄妹婿周栖筠的关系，邀

请吴澄为其兄作墓志铭,吴澄遂有《故逸士熊君佐墓志铭》。(《吴澄集》,第1423—1424页)

又按:吴澄《故逸士熊君佐墓志铭》云:"富州之甲氏熊为盛,而不一族。横冈之族,其先知制诰龙图公之后,繇鄱徙。至讳之翰者早世,其配周氏,以姨之子为子,实丞相京文穆公之从孙讳礼,娶从事郎王尉之女,生子四,仲讳大经,娶韶州周守之姑,生子二。君佐讳师贤,其长也。幼敏悟,长治进士艺,驰俊誉。叔父贡士暨乡先辈皆期以早达,仅一试贡闱,而科举废,读书娱亲于山。至元壬午,先庐燬,隐城市。十年,父既殁,养母能尽欢。大德辛丑,筑室还故乡,扁其堂曰'寓乐',与老梅疏竹、丛桂幽兰、细蒲怪石俱。便坐扫地焚香,琴书图画罗列后先,尤嗜古器玩。尝学琴,后不复操,曰:'但识琴中趣尔。'惟工诗不辍,一时吟人咸相推许。弟师周,同居同财三十年,无间言。暇日弟若子相赓酬,自为师友。乙巳罹母丧,哀慕几欲无生。其明年冬,感疾。丁未夏四月,竟弗起,年五十有三。秋七月壬辰晦,窆于卦塘栖龙山之阳。初娶监吉州粮料院李登孙女,再娶户部侍郎邓咏孙女。男希勉,女适胡宜审。孙寄生。予移疾寓富州,先葬期,师周以书将前太学进士徐懋初状因予妹婿周筠来请铭。筠谓君佐敦厚笃实,好宾客而不妄交。希勉笃实如其父。徐之状亦云'辞翰清粹端健,为诗冲澹潇散,不求工而自理致'。予虽不识君佐,其概可睹已。呜呼!向之科举诚不足得士,然拘以定法,乖逢一制于命,非可以苟求得,不得者安焉。自科举法废,而进仕之途泛,人人怀希觊速化之心。离亲戚,弃坟墓,跋涉攀援,百计干入;经岁年,敝衣履,犯风雨寒暑,或至破家殒躯而不悔,愚亦甚哉!君佐之才岂不可以翔骛?以其清致出而与今之君子游,必有合也。而安分知止,澹然无营于世,以终其身,可不谓贤乎?往年予被命征为国史官,弗果赴。今幸补外闲散,无编纂之勤。每欲述野史以自嬉,凡山林恬退有足称者,具逸士传,若君佐其可。铭曰:群动芸芸濯其浑,独立誾誾咀其芬。有美逸民清意存,贞于坚珉丽千春。"(《吴澄集》,第1423—1424页)吴澄《熊君佐诗序》云:"豫章熊君佐,嗜好推敲,能自蜕于一切世味之中。是以诗似其人,若草木生天香,若花尽春容瘦,不事雕琢而近自然。细评古今难为别,则予亦未能窥其何如也。"(《吴澄集》,第363页)

吴澄四月到临江路,客居门人清江皮㵉家,期间作《皮昭德北游杂咏跋》。

按:危素《年谱》载:"六月如临江路,病至百日,止门人清江皮㵉家。十月还家。"按照危素记载,吴澄在六月到达临江路,但今据吴澄《故待补国学进士何君墓志铭》一文可知,他在四月就已到清江并居于皮㵉家,并应皮㵉推荐为何应子作墓铭。而皮㵉于去年北游秋如京,今年因丁忧春还,恰逢吴澄留宿其家,故皮潛向吴澄出示《北游杂咏》。吴澄作《皮昭德北游杂咏跋》云:"《秦蜀诗》非秦蜀以前诗,《夔峡诗》非夔峡以前诗,昔之诗人则然。清江皮昭德少学诗,得老杜句法,前作固多佳。大德十年秋如京,明年忧南还,有《北游杂咏》一编,视前作逾超。盖诗境诗物变,眼识心识变,诗与之俱变也宜。非素用意于诗者,何能因外而有得于内若此哉?计其一往一来,半载间尔。往而过吕梁洪也,曰'岂知极深畜几险,莫倚波面如镜平';还而过徐州洪也,曰'洪中平无涛,不见湍石激'。观乎此,不但诗进,而学亦进矣。"(《吴澄集》,第1086页)

又按:吴澄颇重皮潛诗,《皮照德诗序》载:"诗之变不一也。虞廷之歌邈矣,勿论。予观三百五篇,南自南,雅自雅,颂自颂,变风自变风。变雅亦然,各不同也。诗亡而《楚骚》作,《骚》亡而汉五言作。讫于魏、晋颜、谢以下,虽曰五言,而魏、晋之体已变。变而极于陈、隋,汉五言至是几亡。唐陈子昂变颜、谢以下,上复晋、魏、汉,而沈、宋之体别出。李、杜继之,因子昂而变,柳、韩因李、杜又变。变之中有古体,有近体;体之中有五言,有七言,有杂言。诗之体不一,人之才亦不一。各以其体,各以其才,各成一家。信如造化生物,洪纤曲直,青黄赤白,均为大巧之一巧。自三百五篇,已不可一概齐,而况后之作者乎?宋氏王、苏、黄三家各得杜之一体。涪翁于苏迥不相同,苏门诸人其初略不之许。坡翁独深器重,以为绝伦。眼高一世,而不必人之同乎己者如此。近年乃或清圆侗侊之为尚,而极诋涪翁。噫!群儿之愚尔,不会诗之全而该。夫不一之变,偏守一是而悉非其余,不合不公,何以异汉世专门之经师也哉!清江皮潛,才优而学赡。其为诗也,语工而句健,盖诸家无不览,而守涪翁法严甚。余深喜之,而意晁、张者流或未然也。故具道古今之变,以与能诗者共商焉。"(《吴澄集》,第335—336页)吴澄历叙诗歌之演变,称赞皮潛能从黄庭坚诗歌入手,学老杜诗法。吴澄文中反驳了当时以"清圆侗侊"为风尚的诗人对黄庭坚的批评,并夸赞皮潛谨守涪翁诗法。

又按:皮潛北上到大都后,与钱塘诗人白贲相识,返乡后在吴澄面前称道白贲。吴澄因之作《素轩说》:"丝未染色曰素。《羔羊》、《干旄》之诗并托素丝以美其大夫之德。素也者,不苟悦乎新以改乎其旧,不外假乎文以增乎其质。素位而行,唯君子能之。夫不安其素而悦乎新、假乎文,斯须之荣不足以偿其终身之羞者有之矣。余于杜子美《白丝行》之作所以每三复焉,而叹其深得《国风》之意也。清江范亨自京师来,称太原白贲无咎之贤,皮潛亹亹为余道,且言其以'素'名所居之轩。余闻之而惊异。噫!是殆庶乎能安其素者,因为说素之义。皮、范如京,闻余说而喜,请书以遗。虽然,白已仕,皮将仕,范未仕。见贤而思与之齐,一当以白君为师,而于《白丝行》之诗之意讽诸口,识诸心,其勿忘。不然,可黄可黑,固墨氏之所悲也,而况不为墨氏者乎?"(《吴澄集》,第 100 页)

又按:白贲,子无咎,钱塘人,祖籍太原。白珽之子。延祐中,以省郎出典忻州郡。至治三年为温州路平阳州教授,后为南安路总管府经历。能画,作花古雅,可追徐熙、黄荃、钱舜举。又工曲,所作小令《鹦鹉曲》极有名,后多唱和者。《录鬼簿》称"白无咎学士",列于"前代已死名公有乐府行于世者"。与范梈、程钜夫、袁桷等人交往密切,唱和颇多。此时白贲以"素"名轩,曾向袁桷乞赋,袁桷今有赋记之:"太原白无咎征名,字于《易》,复以'素'名轩,实维其祥。乞赋,陈郡袁桷赋曰……"(袁桷《素轩赋》,《袁桷集校注》卷一,第 31—32 页)程钜夫亦有《白无咎素轩》诗:"下基厚地上高天,饥即加餐困即眠。几度诗成还阁笔,恐将文字渎天全。"(《全元诗》第 15 册,第 249 页)

吴澄谒见清江黎立武,有《赘大座主黎寄翁书》。

按:吴澄四月到达临江路后,又去往清江金凤书院拜见黎立武。《(同治)清江县志》载:"大德十一年,辞江西儒学副提举,如清江城,谒其座举黎立武于金凤书院,仍主门人皮潜家,留半岁,乃去。泰定四年,复寓清江讲学,自荆襄来学者十有五人。澄所至讲学,士大夫皆迎请,执业弟子千余人。"(潘懿修、朱孙诒纂《(同治)清江县志》卷八"人物志"下,清同治九年刻本)此次吴澄谒见黎立武前,曾作《赘大座主黎寄翁书》表达自己对面见黎立武的渴望。文载:"吴澄顿首再拜,致书于司业侍郎阁下:未见颜色,荐辱惠教寄书,极欲进参左右,以听诲语。……以三十八年之门生,而尚稽座主之拜,不知者几何不以为简?而中实不然也。比因退飞左次,滞留富城、清江二界间,方与世弼谋拟径造先生之庐而请教。俟世弼自郛来,袖示翰墨,乃知真人东行,德公暂到城市,则区区抠趋之便又甚迩,何其幸哉!即图一舸西溯,视辕端所指,而其后世弼云尊体略服药,未可以挠节宣,是以少迟,且此伺候兴居。引领凤洲,神丧飞越,欲言不一,倚需侍究。"(《全元文》第 14 册,第 68 页)

又按:金凤书院地处临江路,《大明一统志》记载:"金凤书院。在府治东南隔江金凤洲上。宋国子司业黎立武建。立武又有蒙立讲书堂,在新喻县北八十里。"(方志远等点校《大明一统志》卷之五十五"江西布政司",巴蜀书社 2017 年,第 2384 页)

又按:黎立武,字以常,临江新喻人。在宋时"年二十入太学,二十六擢进士第三人",授承事郎,署镇南军节度判官,后担任抚州乡试的考官。(吴澄《元中子碑》,《全元文》第 15 册,第 400 页)而吴澄咸淳六年(1270)应抚州乡试时,黎立武正好为考官。黎立武入元不仕,著有《中庸旨归》、《中庸分章》、《大学发微》、《大学本旨》等书。《四库全书总目提要》称黎立武《中庸》注解发挥的是郭忠孝《中庸说》,《大学》注解以"止至善为归,而以诚意为要","盖《中庸》之学传自程子,后诸弟子各述师说,门径遂歧。游酢、杨时之说为朱子所取,而郭忠孝《中庸说》以中为性,以庸为道,亦云程子晚年之定论,立武《中庸指归》皆阐此……"(永瑢等《四库全书总目》卷三十五"经部三十五",第 297 页)

又按:后黎立武于至大三年(1310)卒后,吴澄作《元中子碑》记其生平:"元中子黎氏讳立武,字以常,临江新喻人。年二十入太学,二十六擢进士第三人,大父母、父母俱存,一时荣之。授承事郎,签书镇南军节度判官,明年,奉四亲之官。又明年秋贡,校文抚州。……且将大用,而国事去矣。间道来归,备历艰险。自是闲居三纪,逮事二亲犹二十年。北来达官闻誉望睹风采,礼之如天人,诹访相属,或延致,或就见焉,意度安舒,威仪整暇,不待交谈,人已起敬。……官秘省时,阅官书,爱二郭氏(指郭忠孝、郭雍父子)《中庸》。郭游程门,新喻谢尚书(指谢谔)仕夷陵,尝传其学。将由谢溯郭以嗣其传,故于《大学》、《中庸》等书间与世所宗尚者异义。生平著述积稿如山,演绎旧闻,敷畅新得,有图、有赞、有讲义,诸篇悉锓诸木,当路好事者往往取去。年六十八,微疾端坐而逝。越六十,岁在单阏,日次星纪,月离天街,启殡葬于埵庄之原。……伯兄立言,国学进士,好读《易》,纂诸儒所传成一书。澄,抚州校文时所贡士也,后三十八年,始拜座主于清江之客舍,一觌容貌,心醉神融,喟然曰:'世有斯人欤?世有斯人欤?廊庙器也,福德身也。'盖雍容和粹,气象仿佛河南程伯子云。昔关西张子卒,私谥明诚,中子质之程伯子、司马公,弗可,遂止。黎之孤暨门人援王文中为比,以元中易名。伯兄详其事,为状传于世;诸孤约其文,为志纳于圹矣。噫!孟有贞曜,陆有文通,河汶而后已。然澄亦门人也,而弗得与斯议也,乃稽状与志,最其凡以碑为墓隧。"(《全元文》第 15 册,第 400—401 页)

又按:黎立武是兼山学派传人、谢谔的弟子。兼山学派成立于程颐弟子郭忠孝之手,"据《宋元学案·兼山学案》记载,该学派由郭忠孝传至其子郭雍,郭雍传谢谔、蒋行简,谢谔传欧阳朴、孟程、左揆、曾震、曾机、曾零、黎立武,曾震传其子克己、克允、克觉、克家"(孙劲松《兼山学派考》,《中州学刊》2005 年第 5 期,第 130 页)。黎立武作《中庸指归》,对郭忠孝《中庸说》诸多引用,"而郭忠孝对'中庸'的理解与游酢、杨时之纪录的程颐语录不同"。但吴澄却对黎立武颇高评价。

吴澄居临江路，为何应子作墓铭。

按：吴澄四月如清江，在皮潜家停留两个月。期间应何与道之请为其父何应子作墓志铭。《故待补国学进士何君墓志铭》载："予移疾还家，道过清江皮氏，留再月。有衣大布之衣，介皮氏来谒，问之，何其氏，与道其名。揖之坐，作而请曰：'与道之兄有道，弟安道，是为待补国学进士君之子。先君讳应子，字奕夫，世居清江县崇学乡之彭泽。生宋淳祐辛丑，弱冠丧父，奉母聂氏理家。刻意学业，师进士周先生，由词赋改习《尚书义》。甲子庚午秋贡，俱以补弟子员，待试国学。与熊夫人之从父、前进士介游从讲问最密。科举既废，隐处，绝仕进意。峨冠博袖，延师教子弗怠。他境尝有逮捕，根株几蔓，出身扦蔽，同井赖以无扰。岁饥，平粜以济族姻。贫不克葬，捐赀以助。人有急，必赒；有负，未尝责。不幸于大德丙午五月四日终，将以丁未四月某日葬某处之原。与道兄弟痛惟先君与总管皮公世姻世邻，荷待遇特厚。先生善皮公，于公之所厚能无情乎？倘俾一言光于幽，不惟先君长逝不恨，而其遗胤与有佼焉。'予曩闻皮公言彭泽之何为儒族，其先彭泽县人，官于吉，因家于此。其后有阳山令致仕来归，遂名其地为彭泽，以志其祖之所自。公又数称奕夫为善士。噫！公之言足征，而其子又请之勤勤，是可铭已。君娶熊氏，子三男三女，孙二男三女。卢应开、熊文瑞、杨德懋，其婿也。父讳梦龙，大父讳泳，曾大父讳珉，并隐德弗耀。夫善积者庆余。以君之善，其蕃其昌，不在后之人乎？铭曰：积之厚，其究也楸；前所留，维后之休。"（《吴澄集》，第1425—1426页）

吴澄观临江学宫修整，作《临江路修学记》颂之。

按：吴澄在临江时，看到临江学堂焕然一新，得知乃真定刘德原修整所致，作《临江路修学记》以记之。文云："官之于人也，不戾于其才；人之于官也，不戾于其职。此盛治之世，而人不能以皆然也。纠察之官必明如水镜也，而罢软昏庸者有之；字牧之官必慈如父母也，而贪饕残虐者往往而是。至于儒之设官，此古之所谓以道得民者，岂苟然哉？必曰立师道以善一世，固难；其人傥能为其所能为，以不堕其职，斯亦可矣。大德十年冬，予董江西广东儒学，稽教官之能振职者，莫不以临江为首称。明年，予移疾还家，道经临江，见其学宫之饬、学徒之聚、学计之饶、学务之举，心甚异之。有顷，诸生合辞进曰：'临江学计常时三四月已匮，用不足则事事弛，前教授所不能拯。真定刘君德原以学正行教授事，乃能若是。盖学正，贰教官者也。长所为，贰或不欲；贰所欲，长或不然。此事之所由废。今以贰兼长，无牵制之患，故能专心一力，有所规画。殿楹之朽蠹者易以良材，殿壁之败坏者堲以坚甓。前雷敞重檐五间，俾行礼典乐者遇雨无沾服之忧。两庑从祀绘像一新。礼器若尊爵,若罍洗,若籩豆,悉范以铜;乐器若琴瑟,若笙镛,若柷敔,并准太常旧制肇造。购得英石,作悬磬十六。执事之人各制祭服,讲堂、书楼、府库、庖廪靡不修治。生徒有肄习之斋,教官有燕适之所。其于学计,征其逋负,而所入丰;节其浮冗,而所出约。比及三年,沛然足用。会所余以上送至元钞为贯四千有奇。学有田,在新淦之鄙,与僧舍邻,冒占强夺垂二十年。官职往问,贪者中其饵,怯者骇其横,卒莫之谁何。今兹力陈于当路,僧计穷,纳赂以请,却弗受,竟归其侵,得米百四十余斛。'予闻而益嘉之。噫!官不问崇卑,维廉维能,何事不办!君之仕,此其发端耳,可不谓才之无戾于其职者与?循是而充之,何官不可为也?抑自昔临江人才,于江西为盛。集贤刘公之经学,视古无前;尚书谢公之古文,追配欧阳文忠公、王文公、曾中书、李直讲而无愧,然未闻其继也。今在学之士,有宫以居,有粒以食,藏息其间者,亦求所以跻二公而上合古之圣贤否乎?内之学何学?外之文何文?群居所言者何言?日用所事者何事?若止如今所观而已,则二公未可及也,而况于过之乎?处则为名儒,仕则为名宦,必有其本,其思之哉!其勉之哉!于是诸生请记其语,遂书以遗焉。"(《吴澄集》,第849—851页)

吴澄十月还家。

按:危素《年谱》载:"六月(按:前已考为四月)如临江路,病至百日,止门人清江皮滫家。十月还家。"

吴澄为友郑松作墓碣铭。

按:吴澄《故乡贡进士郑君碣铭》载:"君讳松,字特立,初名复。贡于运司者再,贡于乡郡者二,三试礼部不中。尝以诗文见知郡守。会郡守救荒,有富户闭粜,将加之罪,君为救解得免。富户恩之,结为婚姻,以家事托。富者死,家之寡幼咸听命焉。一统之初,新民未谙新政,吏乘时为暴利,寡幼之财悉于君乎求取。肉既尽,而虎狼吞噬如昨无厌,及我君,竟坐视而贫。君视财如粪土,不惟求取者洒然与之不吝,虽给使令之人资用,不会其赢缩,故贪诈咸乐为役。德祐间,大军逼境,制置使左次于抚,崇陴浚隍,募人凿鸿鹤山,复吁水故道,灌注城下。君应其募,制置司赏以官,且捐没官田租八十万,俾练庄户为兵。既革命,犹有图兴复者,檄君为助,君以民兵应之。其卒勇敢,独能与大军遇,多所杀获。俄而卒战死者众,遂溃。君避入溪洞,遇赦乃出。少学诗于乡之曾明卿,又学于赣之曾子实,有《唐山初稿》、《晚稿》在。中岁与予为友,听予说诸经诸子,领会悦怿。予所校四经三礼,悉命笔工抄写,促予著书。予曰:'少俟。'君即自为之,虽范淳夫之信程叔子,不是过也。间成一二示予,予谓尚宜修改,故其书未出,然好事者亦或传录以去。邵子《以运经世》之篇纪事,始尧讫五代,君续纪二百七十五年之事,起庚申宋兴,终甲午金亡,名曰《经世续书》。从葬师得葬术,富者一游一夏,并师其学。予进之翰林学士程公,亦待以殊礼。……君生于端平乙未五月,终于大德丁未十一月,葬于十洞,所居之后。君尝嘱其子求程公书墓额,而予为志铭。君没之后,予有远役,未暇作也。今乃叙君平生大概碣于墓,而系之以铭。"(《吴澄集》,第1444—1446页)

吴澄为豫章熊日广作墓表。

按:熊日广是龙兴路南昌县尹,大德三年卒,是年熊日广妻何氏亦卒。吴澄受请为他们作墓表云:"予素知熊为豫章大姓,又闻府君为一邑善人,而万安之政绩能不忝于亲,其美皆可书也,是以不辞而表其墓焉。"(吴澄《元赠承务郎龙兴路南昌县尹熊君墓表》,《吴澄集》,第1357页)

何中作《与詹叔厚书》,称赞詹叔厚即理得文的诗文特点。

按:何中《与詹叔厚书》是对吴澄去年引导他学习詹叔厚诗文的回应,在这篇文章里,何中特别强调了文与理的关系,他主张诗文创作都要坚持因性情之真、即事物之理而发。何中《与詹叔厚书》载:"叔厚执友座前:文,所以明理也。不明乎理,而惟文之□,是犹欲羡其流而不浚其源,欲沃其枝叶而不培其根本,非涸则槁。是故人之于文,必因其理之所在,而传之以辞,无强为,无苟作,愈平近而不可及。……汉魏勿论,唐韩柳,宋欧苏,皆崒然立一代之表,然犹先文而后理。故其先就也,其因文而求理。……或者谓:'文则然矣,诗与文异。今之诗不减于古,其庶几乎?'是不然。诗、文一也。古之诗,因其性情之真,即其事物之理,其辞皆出于诚,而足以感发善心,惩创逸志。今之诗,不因乎性情之真,不即乎事物之理,愈高而愈失,愈巧而愈陋。虽痛快烂熳,嵬眼倾耳,太白、东坡,且溟涬第之而不知,识者观之,深叹其无知而妄作也。故又常以为,古之诗雅而真,今之诗浮而伪。沿而观之,莫弊于今之诗。伏惟执事长材,远近所宗,文章正途,超然诣绝。每窃窥其绪,未尝不钦伏也。去年秋,吴先生于崇仁谓中曰:'尝见叔厚近文乎?'曰:'未也。'先生曰:'叔厚学与文俱进,归其请之。'中归而贫病攻剽,竟不果请。比蒙示教大集,伏读累日,跃然曰:执事之文,理明之文也。故其读之也,悠然而长,渊然而光,端然而庄,愈味而愈无穷。回视机筒激水,剪彩像生者之为,霄壤悬绝。所谓重而实,雅而真者,不在彼而在此矣。"(《全元文》第22册,第170—171页)

阿鲁浑萨理卒。

按:阿鲁浑萨理(1244—1307),回鹘北庭人。"袭先业,通经、律、论。

业即成，师名之曰万全"，先从八思巴学佛法，后忽必烈令他学习汉文书，"遂通诸经史百家，若阴阳、历数、图纬、方技之说，靡不精诣"。阿鲁浑萨理历仕世祖、成宗两朝，历任集贤大学士、资德大夫、尚书右丞、太史院事、荣禄大夫、平章政事，对集贤院的设置、国子监学官的设立起了关键作用，又数谏元代理财派权臣桑哥，对元朝实施儒治立下不少功绩。大德十一年（1307）卒，被追封为赵国公，谥号文定。生平事迹见赵孟頫《大元敕赐故荣禄大夫中书平章政事守司徒集贤院使领太史院事赠推忠佐理翊亮功臣太师开府仪同三司上柱国追封赵国公谥文定全公神道碑铭》、《元史·阿鲁浑萨理传》等。

又按：赵孟頫曰："太祖皇帝既受天命，略定西北诸国，回鹘最强，最先附，遂诏其主亦都护第五子，与诸皇子约为兄弟，宠异冠诸国。自是有一材一艺者，毕效于朝。至元、大德间，在位之臣非有攻城野战之功，斩将搴旗之勇，而道包儒释，学际天人，寄天子之腹心，系生民之休戚者，惟赵国文定而已。"（《赵孟頫集》，第194—195页）阿鲁浑萨理之于元代多元文化交流的意义，陈垣《元西域人华化考》对此论述云："本篇最为可注意者，为阿鲁浑萨理之学，先释而后儒。元时隆礼国师，过于孔子，苟无二三西域人之服膺孔学者揩拄其间，释氏之徒，且欲以其道易天下，借兵威之所及，非尽变中国为佛教国不止。中国儒者，其得国主之信用，远不逮西域儒者，是故高智耀之入见宪宗也，力言儒者之道，帝曰：'前此未有以是告朕者。'不忽木之与世祖论道也，世祖曰：'曩与许仲平（衡）论治，仲平不及汝远甚。'当是时，百汉人之言，不如一西域人之言，一西域人儒者之言，不如一西域人释者之言之尤为有力，而得国主之信用也。许衡、吴澄之徒之所以能见用于时者，纯恃有二三西域人后先奔走之，而孔子之道之所以能见重于元者，亦纯赖有多数异教西域人，诵其诗，读其书，倾心而辅翼之也。"（陈垣《元西域人华化考》，第29页）

元武宗至大元年
戊申　1308年　60岁

三月，元廷命翰林国史院纂修顺宗、成宗《实录》。

按：《元史》载："（三月）命翰林国史院纂修顺宗、成宗《实录》。"（《元史》卷二二《武宗本纪》，第2册，第497页）

又按："元代纂修实录的这种特殊作法，可能是受金朝的影响，但更与元代政治的特殊性紧密相关。忽必烈作为蒙古大汗入主中原，他采行汉法是有限度的。元代既保留了大量的蒙古国时期的制度，同时又学习中原王朝的许多制度。元代政治的最大特点就是蒙汉二元体制的并行。但是在吸收汉法的过程中，蒙古统治者并没有全盘汉化。在蒙古统治者理解汉法的问题上，有时也会出现很可笑的事情……在宗法礼仪上，他们学习中原王朝修祖庙建庙号的做法，而他们同时也为没有做过皇帝的父亲建庙号。因此在蒙古统治者看来，既然可以为没有做过皇帝的父亲建庙号，那么为其纂修一部记录其历史的《实录》也是应该的。于是元代在特殊的政治背景下，《实录》的纂修就出现了中国传统史学上的非常特殊的情况。"（时培磊《元代实录纂修问题考辨》，《文献》2010年第3期，第113—118页）

五月，皇太子奏请继续建设完成国子监。

按：《元史》载："（五月）丁卯，御史台臣言：'成宗朝建国子监学，迄今未成，皇太子请毕其功。'制可。"（《元史》卷二二《武宗本纪》，第2册，第498页）

五月十八日，中书省奏请禁白莲教。

按：《通制条格》载："至大元年五月十八日，中书省奏：'江西福建奉使宣抚并御史台官人每，俺根底与将文书来："建宁路等处，有妻室孩儿每的一枝儿白莲道人名字的人，盖着寺，多聚着男子、妇人，夜聚明散，佯修善事，扇惑人众作闹行有，因着这般，别生事端去也。又他每都是有妻子的人有，他每的身已不清净，与上位祝寿呵，怎生中？将这的每合革罢了。"么道，与将文书来有。俺商量来，将应有的白莲堂舍拆毁了，他每的塑画的神像，本处有的寺院里教放着。那道人每发付元籍,教各管官司,依旧收系当差。已后若不改的人每根底,重要罪过。更其余似这般聚着的,都教管民官禁约。不严呵,教监察御史、廉访司纠察呵,怎生?'么道,奏呵,奉圣旨:'那般者。'钦此。"(方龄贵校注《通制条格校注》卷第二九"僧道·俗人做道场",第 730 页)

九月,朝命太常寺改为太常礼仪院。

按:《元史》载:"甲戌,改太常寺为太常礼仪院,秩正二品。"(《元史》卷二二《武宗本纪一》,第 487 页)

又按:《元史·百官志》载:"太常礼仪院,秩正二品。掌大礼乐、祭享宗庙社稷、封赠谥号等事。中统元年,中都立太常寺,设寺丞一员。至元二年,翰林兼摄太常寺。九年,立太常寺,设卿一员,正三品;少卿以下五员,品秩有差。十三年,省并衙门,以侍仪司并入太常寺。十四年,增博士一员。十六年,又增法物库子,掌公服法服之藏。二十年,升正三品,别置侍仪司。至大元年,改升院,设官十二员,正二品。四年,复为太常寺,正三品。延祐元年,复改升院,正二品,以大司徒领之。七年,降从二品。天历二年,复升正二品。定置院使二员,正二品;同知二员,正三品;佥院二员,从三品;同佥二员,正四品;院判二员,正五品;经历一员,从五品;都事一员,从七品;照磨兼管勾承发架阁一员,正八品。属官:博士二员,正七品;奉礼郎二员,奉礼兼检讨一员,并从八品;协律郎二员,从八品;太祝十员,从八品;礼直管勾一员,从九品;令史四人,通事、知印、译史各二人,宣使四人,典吏三人。太庙署,秩从六品。掌宗庙行礼,兼廪牺署事。至元三年始置。令二员,从六品;丞一员,从七品。郊祀署,秩从六品。大德九年始置。掌郊祀行礼,兼廪牺署事。令二员,从六品;丞二员,从七品。社稷署,秩从六品。大德元年始置。令二员,从六品;丞一员,从七品。大乐署,秩从六品。中统五年始置。令二员,从六品;丞一员,从七品。掌管礼生乐工四百七十九户。"(《元史》卷八八《百官志》,第 2217—2218 页)

是年冬,国子监校舍建设告竣。

按:国子监成立于至元二十四年(1287),但至于今年才正式建成校舍。国子监校舍的修建是在丞相哈剌哈孙和工部尚书贾驯的监工下完成的。建设告竣后,吴澄为工部尚书贾驯的功劳作了颂文。吴澄《贾侯修庙学颂》载:"世祖皇帝既一天下,作京城于大兴府之北,其祖社朝市之位,经纬涂轨之制,宏规远谋,前代所未有也。至元二十四年,设国子监,命立孔子庙。暨顺德忠献王哈喇哈逊相成宗,始克继先志,成其事,而工部郎中贾侯董其役。……肇谟于大德三年之春,讫功于大德十年之秋。于时设官教国子已二十年矣,寄寓官舍,不正其名。丞相以为未称兴崇文教之实也,乃营国学于庙之西。……屋四周通百间,逾年而成,不独圣师之宫巍然为天下之极,而首善之学亦伟然耸天下之望。远迩来观,靡不惊骇叹羡其高壮宏敞。盖微丞相,其孰能赞承圣天子之德意;而微贾侯,亦孰能阐张贤宰相之盛心哉!侯之董役也,晨夕督视,不避风雨寒暑,措置分画,一一心计指授,工师莫能违焉。升本部侍郎,又升本部尚书,出领他处营造事。身虽在外,心未能忘庙学也。"(《全元文》第15册,第347—348页。)

程钜夫奉诏修《成宗实录》。

按:何中《翰林学士承旨光禄大夫知制诰兼修国史程公行状》载:"至大元年戊申,公与修《成宗皇帝实录》。"(《全元文》第22册,第207页)

邓文原复为修撰,预修《成宗实录》。

按:吴澄《元故中奉大夫岭北湖南道肃政廉访使邓公神道碑》载:"至大戊申,考满进阶,仍旧职。"(《全元文》第15册,第391页)《元史·邓文原传》载:"至大元年,复为修撰,预修成宗实录。"(《元史》卷一百七十二《邓文原传》,第4023页)

元明善与修《成庙实录》。

按:马祖常《翰林学士元文敏公神道碑》载:"至大戊申,我仁宗皇帝养德东朝,左右文化,选天下髦俊之士,列在宫臣。公首被简拔,授承直郎、太子文学。仁宗即皇帝位,迁翰林待制、承直郎兼国史院编修官,与修成庙实录,加奉议大夫。"(《全元文》第32册,第480页)

贡奎转应奉翰林文字,阶将仕郎,预修《成庙实录》。

按:马祖常《集贤直学士贡文靖公神道碑铭》载:"至大元年,转应奉翰林文字,阶将仕郎,预修成庙实录。丁秘书府君艰,比京师至家,毁瘠枵然,言不能声。太夫人见之曰:'尔嗣业于祖,从事于朝,少而学,壮而仕,父母曰是将大吾家,邻曲曰是能华吾乡,宗人朋友之望,尔犹是也。尔父不幸死丧,不有中制耶?脱有讳,非孝也。'始勉之粥食以自强啬。"(《全元文》第32册,第483—484页)

畅师文修《成宗实录》,加少中大夫。

按:许有壬《大元故翰林学士资善大夫知制诰同修国史赠推忠守正亮节功臣资政大夫河南江北等处行中书省左丞上护军追封魏郡公谥文肃畅公神道碑铭》载:"成宗宾天,武宗抚军朔方,仁宗渊潜覃怀,而中宫属意安西,宰相知其不可,乃集馆阁议,以察向背,公与焉,即飏言曰:'此宗社重事,讵宜苟且!'众皆默然。又曰:'余病矣,请归调治。'遂拂衣而起。仁宗入京,

始出视事,草至大改元诏,修《成宗实录》,赐中统楮币为定一百,加少中大夫。"(《全元文》第38册,第358页)

张留孙加大真人,知集贤院事。

按:袁桷《有元开府仪同三司上卿辅成赞化保运玄教大宗师张公家传》载:"十一年,兴圣皇太后自怀孟还宫。武宗即位,加大真人,知集贤院事。"(《袁桷集校注》卷三四,第1567页)

何中拟北游,吴澄作《送何太虚北游序》,勉励他向圣人学习增广见闻。

按:是年,何中计划北游京师,吴澄写下了著名文章《送何太虚北游序》,序文载:"士可以游乎?不出户而知天下,何以游为哉?士可以不游乎?男子生而射六矢,示有志乎上下四方也,而何可以不游也?夫子上智也,适周而问《礼》,在齐而闻《韶》,自卫复归于鲁,而后《雅》、《颂》各得其所也。夫子而不周、不齐、不卫也,则犹有未问之《礼》、未闻之《韶》、未得所之《雅》、《颂》也。上智且然,而况其下者乎?士何可以不游也?然则彼谓不出户而能知者,非欤?曰:'彼老氏意也。'老氏之学,治身心而外天下国家者也。人之一身一心,天地万物咸备。彼谓吾求之一身一心有余也,而无事乎他求也,是固老氏之学也,而吾圣人之学不如是。圣人生而知也,然其所知者,降衷秉彝之善而已。若夫山川风土、民情世故、名物度数、前言往行,非博其闻见于外,虽上智,亦何能悉知也?故寡闻寡见,不免孤陋之讥。取友者一乡未足,而之一国;一国未足,而之天下;尤以天下为未足,而尚友古之人焉。陶渊明所以欲寻圣贤遗迹于中都也,然则士何可以不游乎?而后之游者或异乎是。方其出而游于上国也,奔趋乎爵禄之所,伺候乎权势之门,摇尾而乞怜,胁肩而取媚,以侥幸于寸进。及其既得之而游于四方也,岂有意于行吾志哉?岂有意于称吾职哉?苟可以寇攘其人、盈厌吾欲,囊橐既充,则扬扬而去尔。是故昔之游者为道,后之游者为利。游则同,而所以游者不同。余于何弟太虚之游,恶得无言乎哉?太虚以颖敏之资、刻苦之学,善书工诗,缀文研经,修于己,不求知于人,三十余年矣。口未尝谈爵禄,目未尝睹权势。一旦而忽有万里之游,此人之所怪,而余知其心也。士之能操笔,仅记姓名,则曰吾能书;属辞稍协声韵,则曰吾能诗;言语布置粗如往时所谓举子业,则曰吾能文;阃门称雄,矜己自大,醯瓮之鸡,坎井之蛙,盖不知瓮外之天、井外之海为何如。挟其所以能,自谓足以终吾身、没吾世而无憾。夫如是,又焉用游?太虚肯如是哉?书必钟、王,诗必韦、陶,文不韩、柳、班、马不止也。且方窥闯圣人之经,如天如海而莫可涯,讵敢以平日所见所闻自多乎?此太虚今日之所以游也。是行也,交从日以广,历涉日以明,识日长而志日超,迹圣人之迹,而心其心,必知士之为士,殆不止于研经缀文、工诗善书也。闻见将愈多而愈寡,愈有余而愈不足,则天地万物之皆备于我者,真可以不出户而知。是知也,非老氏之知也,如是而游,光前绝后之游矣,余将于是乎观。澄所逮事之祖母,太虚之从祖姑也。故谓余兄,余谓之为弟云。"(吴澄《送何太虚北游序》,《吴澄集》,第725—727页)

又按：今人学者周兴陆认为,吴澄《送何太虚北游序》坚定了何中北游出仕的志愿："吴澄为什么要写这篇赠序与表弟何太虚论'游'呢？这要从两方面来解释。从何太虚一面来看,父辈是抗元名将,不屈服于异族统治。像他这年轻一辈是继续采取与新政权不合作的态度,穷居乡里,困厄一生？还是抓住'朝中有人'的好机会,出仕新朝,从而施展抱负？这不能不说是梗阻在他心头的矛盾。……何太虚这样的饱学之士,面对新兴的政权,既不能如刘辰翁那样坚决地不合作,也难以如陶渊明那样一味地保持恬淡,读书人思有用于当世,年轻的何太虚也有用世的愿望。……他就是这样处于'进'与'退'、出仕与隐居的两难选择中。这时恰逢程钜夫的招引,于是何太虚的从祖兄吴澄作了《送何太虚北游序》,以坚定何太虚北游出仕的志愿。从吴澄一面来看,吴澄年龄比谢枋得小二十五岁,比刘辰翁、文天祥小十余岁。虽然世代以儒为业,但祖、父辈在南宋时没有做官,不像谢枋得、何时与文天祥那样有'理宗亲擢'的荣耀,他没有沾濡赵宋的多少恩泽。宋咸淳七年吴澄省试落第,乡居授徒,不久南宋覆灭了。至元二十三年,少年时的好友程钜夫来江南访贤,吴澄先后两次被强征出仕,两次都到了大都,后还是以母老辞归了。这时的吴澄还是'要以不仕保持节操,从而自拔于流俗'。到了至大元年,朝廷再次以从仕郎、国子监丞召吴澄入大都,官职虽小,但国子监丞掌管教育国子生的重任,这是一个为南方士人铺就进身之阶的大好机会。当时刘岳申在《送吴草庐赴国子监丞序》中就说：'方今出宰大藩、入为天子左右大臣者,皆世胄焉。以故中州之人,虽有杰然者,不在是任；然则南士愈不敢望矣。使先生以道教胄子,他日出宰大藩与为天子左右大臣者,皆出先生之门,是犹先生之志得而道行也。此世道生民之福也。'也就是说,这不是屈身异朝,而是大行吾道的机会。吴澄也是基于这种认识,接受了朝廷的征辟,次年入京。"(周兴陆《吴澄〈送何太虚北游序〉本事钩沉》,《文学遗产》2017年第1期,第107—111页)

何中居都两月后南还。

按：《元故聘君高圃先生何公隐士世系行述》载："至大初,先生以程公钜夫、元公明善皆在朝,携所著书一至京师,见承旨姚公端夫(即姚燧)、王公肯堂(即王构)。于时元公率官属言之太史公,而以行义姓名上之中书……。"(何中《知非堂稿》卷七,清文渊阁四库全书本)

又按：何中南还之事，揭傒斯《何先生墓志铭》认为是"权臣用事"："至大初，二公及柳城姚公燧、东平王公构皆在朝，遂北入京师，以文章自通。会诸权臣用事，内外翕翕，居两月，天大雪，竟不别而去。"（《全元文》第28册，第540页）揭傒斯有《送何太虚南归》诗："穷秋乍到深冬别，来已俄然去忽然。学士已分修史禄，道人特送卖丹钱。单车欲发无三日，几处同行可百年。积雪坚冰愁客路，徐州城下便通船。"（《全元诗》第27册，第215页）其中"学士已分修史禄"应指何中在大都两月中，参与编修《成宗实录》一事。何中《酬揭曼硕赠别》云："来日君还在我前，归时我独占君先。冰寒断道鸣驼外，雪暗空村落雁边。画省诸公扶日月，南州孤客记山川。松声多处黄精好，举手青霞始学仙。"（《全元诗》第20册，第289页）

又按：揭傒斯之后又有《重饯何太虚》："鸡鸣晓色动，行人出南郭。徘徊望车马，飞雪何漠漠。巨野四面平，中路凄以索。黄狐超客过，惊鸥向人落。结轸赴悲笳，凝酸属哀角。时逢古人迹，因究平生学。回首睇关山，低心望蓬霍。离合两不期，思怀独难托。"《不寐呈何太虚》："隙月斜依壁，窗风细著人。飘零知命晚，牢落梦家频。断雁何曾定，鸣鸡不肯晨。何郎诗句好，万里独相亲。"（《全元诗》第27册，第242、254页）

又按：除揭傒斯外，元明善有《送太虚南归序》："余昔问道于抚乐山草庐隐者吴先生，先生姻弟何君太虚因与予友。而太虚清厉警敏，工诗善书，闭门研经，口不谈当世事。后余去江西而官于京师也，太虚常奇余所为文。而吴先生两征两起，今又征矣，而太虚之隐益深，道益进，声光□焯燿于人。余每言其懿于吴先生，而吴先生亦复乐其幽潜自信，方相与叹之。今年秋，太虚忽揖余于门。推问其所从来，曰：'吾主于内相程夫子，吾又念君，而定为远游也。'余私谓：'太虚亦有意于时耶？'亟言诣太史公，而书以上其实。太史公方瞻予书，上之中书，而太虚晨忽来别曰：'予□南归，归而读吾书，以求吾所志。'嗟乎！贤者其不可测耶！方其来也，余揣之以浅近之情，故欲推之于群人所趋之途。欲然其归也，又告余以隐者之事。嗟乎！贤者果不可测哉！虽然，余亦有以知也。其始也，以南北分裂久矣，一旦廓而一家，山川风土之殊，人物都邑之盛，将以质吾之书，进吾之识，所谓卿大夫士之位，将有以质吾之才也。尝试来之，暨览暨历，浚其所未深，垒其所未高，悉其所以富乎吾也。所谓卿大夫士不吾必也，吾何与謑謑焉日下趋而丧吾之素哉？此其所以不再月而浩乎其去不晋也。虽然，太史公大贤也，宰相信其言，而又政化日新，用事不以楷梯。而太虚之归也，或将不得遂其隐者之事矣。于其行，与之酒，序其所以，而书以赠。"（《全元文》第24册，第289—290页）袁桷《送何太虚归山中》："飘飘两屐山中云，青眼不受京尘昏。意行扁舟本爱雪,独去五柳犹当门。人言江湖在迟暮,立谈双璧非谬误。相逢挽君君不回,落日苍茫蹇驴去。"(《袁桷集校注》卷六,第 317 页)

又按:周兴陆认为何中离开京师以及"揭傒斯所谓的'会诸权臣用事,内外翕翕',应该是当时北方贵胄对南方士人的猜忌和无礼","何太虚'禀性孤特,不肯苟合于人',大约无法容忍朝廷对南方士人的这种轻慢无礼。何太虚南归最根本的原因,还是在于从父辈继承下来的精神遗产。与吴澄、揭傒斯都不同,何太虚的父辈是抗元名将,他称赞伯父何时'穆陵亲擢士,公不愧诸贤',那么自己怎能坦然地屈身侍奉新朝呢?如果新朝能够礼遇南方文士的话,他或许可以借此弘道正学,以华化夷。面对'诸权臣用事,内外翕翕'的朝廷,他远离纷争,抽身南归,才是最明智的选择。"(周兴陆《吴澄〈送何太虚北游序〉本事钩沉》,《文学遗产》2017 年第 1 期)

吴澄作《自赞画像》。

按:吴澄《自赞画像》载:"峨峨玄冠,肃肃玄端。人今服古,貌丑神完。秋霜面目,春阳肺肝。少也弗秉耕莘之耒,老而弗持钓渭之竿。徜徉烟霞泉石之间,悠然而有余欢。其自适于乐水乐山者欤?一吾山人自赞。""身形瘦削,春林独鹤;眼睛闪烁,秋霄一鹗。远绝尘滓,大同寥廓。自鸣自和,自歌自乐。以尔蕞尔之躯,谁谓充满六合而有余?以尔荧然之目,谁谓周流万古而不足?舒舒其居也,于于其趋也,其山林樵牧者乎?野之耕筑者乎?"(《吴澄集》,第 1956—1957 页)

十月,以国子监丞征召吴澄。

按:虞集《行状》载:"至大元年,除从仕郎、国子监丞,朝命行省敦遣。"(《全元文》第 27 册,第 172—173 页)揭傒斯《神道碑》载:"至大元年,以从仕郎国子监丞召。修许文正公之教,日讲于公,夕讲于次,寒暑不懈。"(《全元文》第 28 册,第 507 页)危素《年谱》载:"至大元年戊申,元武宗朝。(诏授从仕郎国子监丞,公不欲赴任,左丞曰:上命不可违,宜速为行。)"(危素《临川吴文正公年谱》,清乾隆二十一年刻本)《年谱》所载"左丞曰"误,时吴澄父亲已于至元二十一年捐馆,不可能在此时还与吴澄对话,《年谱》如此书写恐是为吴澄出仕作一借口。

又按:时刘岳申作文送别吴澄,期以重望。《送吴草庐赴国子监丞序》载:"至大元年秋,临川吴幼清先生以国子监丞征,当之京师,郡县趣就道者接乎先生之门。明年三月,先生至洪,门生儿子从先生行与送先生而返者,咸相与言曰:'先生有道之士,不求闻而达者也。监丞七品,其进退不为先生轻重加损也审矣。'或曰:'官虽卑,以教则尊,教胄子又尊。'或曰:'官无卑,君命也。以君命教胄子，先生之任不既重矣乎。方今出宰大藩，入为天子左右大臣者，皆世胄焉。以故中州之人虽有杰然者不在是任，然则南士愈不敢望矣。使先生以道教胄子，他日出宰大藩与为天子左右大臣者，皆出先生之门。是犹先生之志得而道行也。此世道生民之福也。先生不宜卑小官以弃斯道斯民之福也。'或曰先生出处进退有道，众人固不识也。先生尝以翰苑征至京而不就列，又当劝学江右至官而不终淹，今其久速未可知也，由此大任亦未可知也。临川自王氏以文学行谊显，过江陆氏以道显，至于今不可尚。先生出乎二氏之后，约其同而归于一，所谓尊德性而道问学者，盖兼之矣。使先生之学行，岂复有遗憾哉。将天下有无穷之休，而复临川有无穷之闻。以临川复显于天下，必将自今始。"（《全元文》第 21 册，第 416—417 页）据刘岳申言，他早年曾受业于吴澄，后却未能登门亲见，直到泰定元年（1324）吴澄居京师备讲经筵时，刘岳申才正式请见。也就是说，此次吴澄蒙授国子监丞一职时，刘岳申与之关系并不密切，只是因曾受业于吴澄门下，且同为江西人，刘岳申意识到这是一件很有意义的事；又因国子监丞能够传道授业的功能，势必能够改变北方文坛格局。有学者指出："现存文献让人给看到更多的是元中期馆阁文臣对江西文风的批判，而江西文人对此回应的材料很少。惟其如此，刘诜、刘岳申维护江西文风、坚守庐陵立场的声音才觉可贵。他们在大家凋零之后的元中后期庐陵，果敢地承担起维护庐陵文脉的责任。与虞集等馆阁文臣的对话，充分显示他们既不妄自菲薄也不盲目跟风的心态，元中后期的庐陵文学因为他们而不致于平淡，元中后期盛世文风因为有了他们的声音而更值得人们去思考。"（李超《刘诜、刘岳申与元中后期庐陵文学》，《文艺评论》2012 年第 12 期）

又按：日本宫内厅书陵部所藏明初刻百卷本《临川吴文正公集》书末附有此年用八思巴字、汉字合璧的宣敕文书。文书汉字敕命标点为："皇帝圣旨里，中书省牒。将仕郎、江西等处儒学副提举吴澄牒，奉敕'可授从仕郎、国子监丞'。牒至，准敕故牒。至大元年十月　日牒。"敕命后附有参知政事郝彬、参知政事乌八都剌、中书左丞郝天挺、中书左丞何玮、中书右丞波罗帖木儿、中书右丞波罗达识、中书平章政事脱脱木儿、中书右丞相行中书平章政事阿沙不花、中书左丞相塔思不花的署牒押字。（李治安《元吴澄八思巴字宣敕文书初探》，《元史论丛》第 14 辑，第 47—49 页）

吴澄此年为许功甫弟妇王夫人作墓志铭。

按：吴澄年少时曾在郡学接受许功甫的指导，此年吴澄受何伯阳邀请为许功甫的弟妇王夫人作墓志铭。吴澄《许母王氏夫人墓志铭》载"昔年予以童卯就郡学补试，同邸有一先生长者，视予所作赋，勉而教之。试毕，各不问名居而去。后八年,予忝乡贡士,歌《鹿鸣》之燕,向所见先生长者亦在焉。问之,则临川许先生功甫也。其年为江西转运司所贡士,遂相款密。自是数岁间或一见,情谊如父子师友。先生每言其族中诸少之可进者,必称如心。越数年,予同升贡士金溪何伯阳过予,以如心所述母夫人王氏行实请铭。如心之父登仕君讳泰,功甫先生弟也。初娶黄,生子三,曰直心,曰敬心,曰如心。再娶王,生子二,曰原心,曰惠心。王为右族,择婿甚严。登仕君失元配,乃议以夫人归许。夫人慈顺详审,工女事,略通诗书大义。处内睦而敬,御下宽而肃,躬勤俭而有赒恤心。夫所友、子所师,待遇悉以礼。乱离中值母丧,哀毁憔悴。丧既除,中寒疾不起。明年正月,葬熊坊新庄山。如心五岁无母,夫人鞠育如己出。原心痛其母不得年,思以贻不朽。伯仲二兄已先卒,而季兄如心为之请。《礼》曰:'继母如母。'《传》曰:'继母之配父与因母同,故孝子不敢殊也。'如心能若是,可以为士矣。予既与登仕君之兄厚,且知如心,伯阳又言之勤勤;阅所述,证所言,夫人贤妇人也,铭恶可辞!夫人讳某,生二十八年而归,归八年而逝,逝余月而葬。生之岁癸卯(1243),归之岁庚午(1270),逝以丁丑之冬(1277),葬以戊申之春(1278)。葬三十一年(1308),而始得铭。铭曰:得所丰者贤,所啬者年,猗嗟乎天!"(《吴澄集》,第1426—1428页)

吴澄此年后为邓元实《秀山小稿》作序。

按:邓元实是南宋建宁府节度推官,咸淳四年(1268)进士。吴澄《秀山小稿序》载:"宋从政郎、建宁府节度推官南丰邓元实,咸淳戊辰进士,元至元戊寅秋卒。仕未十年,年止四十七。平生遗文仅仅存此,皆一时随俗应用之作,非有意传后者。然葩华光彩至今晃耀人目,亦其才思之超迈而然。子既昭既以锓诸木,孙允文又以授诸人,盖欲永其传、广其传也,孝子慈孙之心哉!"(《吴澄集》,第478—479页)

又按:吴澄此文未记载时间,但据刘壎为邓元实撰写的墓志铭记载,邓元实《秀山小稿》锓梓时间在至大元年(1308)左右,而吴澄此文作于此事后,故暂系于此。刘壎《建宁推官邓公墓志铭》载:"邓君元实,讳德秀,世居南丰……为文,飞翰翩翩,靡待构思。其明义理,推治乱,皆颖出深谊。繇是两取乡荐,登咸淳戊辰进士科。初,景定庚申辛酉间,三山陈令君琥来莅邑。令君成均名流,邑之士望琴堂希一盼如渴,令君鉴裁特精拔,尤加礼敬焉。时辈如汤斯立、曾唯仲及君俱列上宾,余最钝朴,亦厕迹末坐。……初调沣州司户参军事,宪使青阳公梦炎能策略,号西州奇杰,于僚属靳许可,察君廉敏,独委任无贰,案牍非经君阅不署也。宪兼郡事,檄君决常德狱,狱有冤,根连充斥,君一阅得实,纵舍殆尽。沣阳尉逐捕弗获,应黜,君怜其初仕,白宪使,宽之,止校尉,吏人称长者。制置使李公庭芝、郡守赵公汝澜亦知君,遂与宪使交荐于朝。会考满,留君助,而君以便养丐归,调建宁府节度推官。……记癸酉岁,予家盱城中,君从湖外沿檄归省,因过予曰:'近得君策一篇,真可读且可法也。'其谦奖如此。丙子兵交,大势未一,有仗名义图兴复者,君与其谋,军声震邻。……明年,君避地市山,俄疾终,至元戊寅岁七月四日也。年止四十有七,官止从政郎。……君葬九陂奢之杨梅,逾三十年,有孙继昭,轩然振立,一日袖君所著《秀山小稿》蕲予诠次,将锓梓,且丐铭。予喜君之有后,又念君之不可无述也,遂铭之。"(《全元文》第 10 册,第 421—423 页)

释普度进献《莲宗宝鉴》。

按:《莲宗宝鉴》又名《庐山莲宗宝鉴》、《庐山莲宗宝鉴念佛正因》、《念佛宝鉴》10 卷,乃阐述宋元净土宗支派白莲宗正统思想之著作。是叙述白莲宗宗义最详尽的资料,亦为研究宋元净土宗思想之重要资料。普度《莲宗宝鉴序》云:"《莲宗宝鉴》一部,发明佛祖念佛三昧,已蒙诸尊善知识题跋印证。来诣大都,礼拜厮宾国公班的答师父主盟佛法。得奉法旨,教般若室利长老贤耶那、室利阔罗罗司丞,于至大元年十月十一日至隆福宫今上皇帝潜龙时分月海怯薛。第一日,亲捧《莲宗宝鉴》,启奉令旨,教刊板印行者,敬此。即于大都明理不花丞相施到无量寿法王寺内镂板,已遂毕工。所集洪因,端为祝延皇帝圣寿万安,皇太后、皇后齐年,太子、诸王千秋,文武官僚高增禄位,皇图永固,佛日光辉!凡曰见闻,同成佛道。"(《全元文》第 35 册,第 76—77 页)

爱薛卒。

按:爱薛(1227—1308)。爱薛生于叙利亚,景教徒。1246 年抵达蒙古。通晓西域诸部语言,擅长星历、医药。他长期掌管回回司天台及广惠司(回回医药)事务,乃首个在中国医政机构中担任主要负责人之外域人士。历仕光禄大夫、平章政事、翰林学士承旨、秘书监领崇福司事,被封为秦国公,卒后赠官"推诚协力赞治功臣太师开府仪同三司上柱国",并追封拂林王,谥号忠献(程钜夫《故金紫光禄大夫平章政事翰林学士承旨秘书监领崇福司事秦国公爱薛赠推诚协力赞治臣太师开府仪同三司上柱国追封拂林王谥忠献制》)。据程钜夫神道碑记载,爱薛"刚明忠信,能自致身立节。于西域诸国语、星历、医药无不研习"。(《程钜夫集》第 57 页)事迹见程钜夫《拂林忠献王神道碑》(《雪楼集》卷五)、《万姓统谱》卷九九。

哈剌哈孙卒。

按：哈剌哈孙(1246—1308)，斡剌纳儿氏。至元九年(1272)，袭父囊加台掌宿卫，袭号答剌罕。大德二年(1298)，拜光禄大夫、江浙行省左丞相，征拜中书左丞相，进阶银青光荣禄大夫。哈剌哈孙摒斥元朝理财派势力，崇尚儒学，致力于京师庙学的建设，又集群议建南郊。大德十一年(1307)成宗崩，哈剌哈孙遣使北迎武宗，南迎仁宗，在与安西王阿难答夺权的斗争里有大功。武宗即位后，哈剌哈孙因谗言被贬为和林行省左丞相，至大元年五月卒，卒后追赠推诚履政佐运功臣、太师、开府仪同三司、上柱国，追封顺德王，谥忠献。生平事迹见于《元史·哈剌哈孙传》。

王蒙(1308—1385)生。

元武宗至大二年
己酉　1309年　61岁

八月,立尚书省。

按:《元史》载:"二年八月,立尚书省,诏太子兼尚书令,戒饬百官有司,振纪纲,重名器,夙夜以赴事功。"(《元史》卷二四《仁宗本纪》,第2册,第536—537页)尚书省是为整顿财用而成立,《元史》载:"乐实言钞法大坏,请更钞法,图新钞式以进,又与保八议立尚书省,诏与乞台普济、塔思不化、赤因铁木儿、脱虎脱集议以闻。……癸丑,立尚书省,以乞台普济为太傅、右丞相,脱虎脱为左丞相,三宝奴、乐实为平章政事,保八为右丞,忙哥铁木儿为左丞,王罴为参知政事,中书左丞刘楫授尚书左丞、商议尚书省事,诏告天下。"(《元史》卷二三《武宗本纪》,第2册,第513—514页)

又按:元朝尚书省臣执政的重点是"通过各种途经开辟财源,以增加国入。这一点与儒家传统中占传统地位的只注重节流的观点正好相悖。儒臣们主张兴利不如除弊;'利源不可启,以其一启而不可复塞也'(许有壬《谨正堂记》)。因此他们从尚书省初建,就一直通过各种方式批评和阻挠这些理财措施的实行。"(《中国通史》第八卷"中古时代·元时期",第379页)《元史纪事本末》记载"尚书省之复"原委:"武宗至大二年八月,复置尚书省……欲复置尚书省,分理财用。御史台臣言:'至元中,阿合马、桑哥相继立尚书省,综理财用,事败,并入中书。今四方地震水灾,岁仍不登,百姓重困,又复立之,则必增置有司,滥设官吏,殆非益民之事。且综理财用,在人为之,若止命中书,未见不可。'帝曰:'卿言良是。此二人者,愿任其事,姑听其行焉。'至是,乐实又与保八言其事,帝命与塔思不花集议。保八言:'政事得失,皆前日中书省臣所为,今欲举正,彼惧有累,孰愿行者。臣请乞旧事从中书,新政从尚书。其尚书省官,请以乞台普济、脱虎脱等为之。'帝并从其议。塔思不花言:'此大事,遽尔更张,乞与诸老臣更议之。'帝不从。三宝奴言:'尚书省既立,更新庶政,变易钞法,用官六十四员。其中宿卫之士有之,品秩未至者有之,未历仕者有之,此皆素习于事,既已任之,乞勿拘例,授以宣敕。'仍改各行中书省为行尚书省,以尚书条画颁示天下,敢有沮挠者罪之。"(陈邦瞻撰,王树民点校《元史纪事本末》卷一五"尚书省之复",第125—127页)

九月,颁行至大银钞。

按:印制至大银钞就是尚书省成立后设置的理财措施,《元史》载:"颁行至大银钞,诏曰:'昔我世祖皇帝既登大宝,始造中统交钞,以便民用,岁久法隳,亦既更张,印造至元宝钞。逮今又复二十三年,物重钞轻,不能无弊,乃循旧典,改造至大银钞,颁行天下。至大银钞一两,准至元钞五贯、白银一两、赤金一钱。随路立平准行用库,买卖金银,倒换昏钞。或民间丝绵布帛,赴库回易,依验时估给价。随处路府州县,设立常平仓以权物价,丰年收籴粟麦米谷,值青黄不接之时,比附时估,减价出粜,以遏沸涌。金银私相买卖及海舶兴贩金、银、铜钱、绵丝、布帛下海者,并禁之。平准行用库、常平仓设官,皆于流官内铨注,以二年为满。中统交钞,诏书到日,限一百日尽数赴库倒换。茶、盐、酒、醋、商税诸色课程,如收至大银钞,以一当五。颁行至大银钞二两至二厘,定为一十三等,以便民用。'……己亥,尚书省臣言:'今国用需中统钞五百万锭,前者尝借支钞本至千六十万三千一百余锭,今乞罢中统钞,以至大银钞为母,至元钞为子,仍拨至元钞本百万锭,以给国用。'"(《元史》卷二三《武宗本纪》,第515—516页)

耶律有尚以疾辞归。

按:苏天爵《皇元故昭文馆大学士兼国子祭酒赠河南行省右丞耶律文正公神道碑铭》载:"至大元年,进阶中奉。俄以疾辞,逾年始允。诏赐楮泉五千缗,使者护送归乡里。……初,公受学于许文正公,于文正言行默而识之,其后考次年谱,笔之于书,凡日用纤悉,取以为师法焉。而文正德业学术之微,因以表见于世。公尝曰:'文正著述,惟《小学大义》、《孟子标题》、《读易私言》,而《中庸四箴》等说乃门人所记,他则不足征也。'庄慎公尝同昆季作《传家誓训》以教子孙,大概以谓:'自东丹王以来,生长中国,素习华风。父子夫妇纲常严正,累世弗变,不当效近世习俗渎,乱彝伦。'公佩服遗训惟谨,治家严肃,以身先之,诸子卓然有立。其教人也,师道尊崇,凛乎若不可犯。出言简而有法,庙堂论议,成均讲授,人皆耸听,恐不卒得闻。公教国子几三十年,始终如一,学规赖以不隳,作成后进居多。故参知政事蔡公文渊始由诸生擢为学官,公加敬礼,引为同列,士咸多其识量。公于祭酒,以集贤学士、昭文馆学士兼者皆再,特授者一。及公辞归,朝廷严于择人,旷官者数年,古所谓才难者,不其然乎。公既归老,屏居别墅,未尝一入城府,自号汶南野老。表所居曰寓斋,终日端坐,略无惰容。晚不能视,令弟子诵读经史,心领神会,怡然忘倦。门生、朝贵、四方之士造谒无虚日,听其言论,或不忍去。既葬,监察御史王笴请即公乡建书院祠宇,垂范后学,廷议是之。"(《滋溪文稿》卷七,第104—105页)

  赵孟頫升中顺大夫、扬州路泰州尹兼劝农事,未上。

  按:杨载《大元故翰林学士承旨荣禄大夫知制诰兼修国史赵公行状》载:"至大己酉七月,升中顺大夫、扬州路泰州尹兼劝农事,未上。仁宗皇帝在东宫,收用文武才士,素知公贤,遣使者召。"(《全元文》第25册,第585页)

  虞集再除国子助教。

  按:赵汸《邵庵先生虞公行状》载:"十一年,除国子助教。明年,丁内艰。至大二年,再除国子助教。"(《全元文》第54册,第354页)虞集《书堂邑张令去思碑后》载:"至大二季夏五月,余受国子助教入京师。舟过会通河,会河间运司括行舟,取盐海中。"(《全元文》第26册,第388页)

  萧㪺议国子监当罢岁贡。

  按:苏天爵《元故集贤学士国子祭酒太子右谕德萧贞敏公墓志铭》载,萧㪺是年建议罢除大德八年(1304)推行的国子监"岁贡"之法,萧㪺认为"岁贡"之法有引诱学子追名逐利之嫌,不利于国子监学子崇信真才实学。萧㪺的建议却引发舆论反对,最终未被采纳,萧㪺遂辞去国子祭酒职位。"二年四月,征拜集贤学士、国子祭酒,依前太子右谕德,进阶通议大夫。公以老疾辞。门人疑焉,问曰:'圣人乐得天下英材而教育之,今先生辞祭酒者何也?'公曰:'曩在京师,有朝士再三以成均教法为问者,余告之曰:"若欲作新胄子,当罢岁贡,一如许文正公时,专于教养。彼既外无利禄之诱,内有问学之功,则人材庶有望矣。"'此语一传,物议鼎沸,执政者亦深不以为然,今余出则徇人,岂能正己以正人乎!"(《滋溪文稿》卷八,第116—117页)

  曾巽申进《郊祀卤簿图》。

  按:曾巽申(1282—1330),江西庐陵人,南宋御史、兵部侍郎曾晞颜之子。曾巽申本年进《郊祀卤簿图》,并因此"进入太常礼仪院,参与了武宗朝新定郊祀制度的讨论"。(马晓林《蒙汉文化交会之下的元朝郊祀》,平田茂树、余蔚编《史料与场域:辽宋金元史的文献拓展与空间体验》,第430页)刘岳申《送曾巽申进郊祀卤簿图序》载:"上临御之二载,有意稽古礼文之事,以太常寺为太常礼仪院。明年,亲祀太室,诞布宽条,以与天下长治久安。庐陵布衣曾巽申,序次古今郊祀卤簿,既成书则图而进之。洪惟昭代广土众民,自有天地所未有。而郊祀大驾卤簿,犹有所待而备举。……巽申其先代多闻人,家故多书,博古而尤详于礼,悉心与力,用意远甚。方今议礼考文,必有采取而用之者,为太平之候也。是可彰昭代之盛,而补吾党之愧矣。"(《全元文》第21册,第432—433页)至大元年元武宗下令改太常寺为太常礼仪院,这是武宗有意"稽古礼文"的一个体现。曾巽申的《郊祀卤簿图》正是在这样的时机下进献,后升"为大乐署丞"。

吴全节大父、父母受封赠。

按:袁桷《饶州安仁县柳侯庙碑》载今年吴全节大父、父母受封赠:"至大二年,崇文弘道玄德真人吴全节,蒙被殊遇,推荣其亲。……集贤敷奏,天子以昭神惠。秋七月,武宗皇帝御朝,封'显灵溥惠冲祐真君',命词臣宣制而褒锡之。是岁,真人归至安仁县,以制书授神及饶国公、饶国夫人,吏士再拜,吴氏长幼亦再拜。礼成,还风交雷,挟雨来应。"(《全元文》第23册,第559页)

又按:吴全节受封后,吴澄、赵孟頫、邓文原都作诗文以赞之。吴澄《题吴真人封赠祖父诰词后》:"吴真人全节寄迹道家,游意儒术,明粹开豁,超出流俗。初从其师入觐,大被眷知。遂嗣其师主教,锡号崇文弘道玄德真人。扈跸日久,特嘉其劳,以翰林学士、中顺大夫官其父。越明年,群臣例有封赠,真人恩及二代。生者封一品,死者赠二品。宠光荣耀,儒臣或不能及;制诰谆详,又前代词臣所未尝有也。真人供给祷祠之臣也,而能致此者,固圣朝之厚恩,而亦有由焉。盖其立心也异,故其获报也亦异。其善不可一二数,而其大者,则好贤也夫! 天下之善,莫大于好贤;天下之恶,莫大于妒贤。世谓妒贤之人犹妒妇,非特妒其得近于夫者,虽见他人之姝亦妒,虽见图形之丽亦妒。徐察之,信然。夫治天下者,在得人;相天下者,在用人。用人必自好贤始。周公,大圣也,而急于见贤,一食三吐其哺,一沐三握其发。赵文子,贤大夫也,所举筦库之士七十有余家。呜呼! 当时周公所见、文子所举,岂必皆其亲旧而有所请求者哉? 好贤之臣能容人,而天下治;妒贤之臣不能容人,而天下乱。此《大学》平天下章所以引《秦誓》之言,而深切教戒也。真人非居用人之位,非秉用人之权,而人有寸长,惟恐其不闻、惟恐其不达,呜呼! 安得相天下而有是心也哉! 故推原真人显亲之由,而归美其好贤之心,以告夫千万世之相天下者。"(《吴澄集》,第1158—1159页)

又按:赵孟頫《赠吴真人(父封饶国公,母饶国夫人)》:"上清真人天上来,云收雾敛天门开。手持玺书归故里,琼琚玉佩相追陪。堂上老仙千岁寿,喜儿归来酌春酒。帝命建尔于上公,老仙拜前儿拜后。古来子贵父母荣,今见恩荣萃一门。紫衣玉带照华发,金冠瑶简明朝暾。人间五福谁能备,岁晚寒香满天地。真人妙行我所知,曾是玉皇香案吏。"(《全元诗》第17册,第222页)

又按：邓文原《吴全节真人封诰副本赞》载："至大三年，崇文弘道玄德真人臣全节蒙被上恩，封赠二代。归荣父母，焜燿来今。玉语昭垂，烂若云汉。书之副本，传示无穷。国子司业臣文原拜首稽首，为之赞曰：粤若犹龙，道根絲邈。渊乎无为，智周万物。圣元启运，宗其玄默。乃命宾师，弘教是立。吉蠲厘事，覃及九域。维臣全节，秉心亮直。式契道枢，申用儒术。帝曰予嘉，孝思类锡。纶言斯皇，泥封犹湿，羽斾归觐，耀于乡国。宠数便蕃，振古难匹。报忠伊何？古训是式。治若烹鲜，常德勿失。少私寡欲，清静宁一。爰启嘉猷，益赞皇极。"（罗琴整理《邓文原集》，第82页）

又按：由元入明的刘楚对方外之士得如此厚恩有所非议，其《书元吴真人二代封赠诰词副书刻本后》写道："自昔国家尊宠方外之臣，逮前元蒙古氏极矣。爵以开国上公，至封赠其父母、祖父母，又敬礼而优赉之。虽同时功高德巨之臣，亦有不得与抗者，是果何修而致此哉。若饶国吴全节真人，其最著者也。……余窃悲之。以为方外之士所以贵重于世者，以能外声利、薄荣宠也。今真人峨冠被褐曰于然从大官贵人出入中禁，闱事襓襘而不自以为烦。及道行势得，乃不阶尺寸，褒然拔令式追赠先祖、跻封二亲，如拾芥然。此其志虽弃家，而能不遗其亲。然上之人所以施之者，不亦溺于所尚而少所节抑哉。余奉命贰宪北平之三年，佥事徐叔铭得真人二代封赠诰词副书刻本以示，乃故赵文敏公所书。一时名卿学士自邓文原而下所为跋语凡九首，所以赞扬其光宠孝忠者同然一词，可谓盛矣。抑是命也，国家庆赏劝功之大柄，天下之名器系焉。而当时士大夫曾不知僭惑之若是，方且为之咨嗟羡慕而不已，固可悲矣。彼或儒其冠服，不思自植，乃汲汲然借誉求助謦咳之间，至争出门下，此其人果何如哉。虽然，世之生子者固不必皆真人若也。而真人所以自致贵显者，亦可谓千载一时之幸遇者矣。独不知其于人之家国成败之数何如也。后之考德论世，宜必有慨然于余言者矣。"（《全元文》第57册，第564—565页）

吴澄次子吴衮于正月二十三日卒。

按：危素《年谱》载："二年己酉。（正月丁未，次子衮卒。衮，字士工，生至元壬午七月己卯。既殡，郡县以都堂移江西行省，遣官礼请，给驿舟，具礼敦遣。公哀痛未欲行，督趣不置。）"吴澄《题金溪吴节妇黄氏训子诗后》载："予仲子衮之妇亦生于至元壬午，及至大己酉余子丧时，有孙男一、孙女二，少者才二岁，今各嫁娶毕。"（《吴澄集》，第1100—1101页）

又按：吴澄《故次男吴衮墓铭》："吴衮字士工，次尚三，澄之第二子也。幼而明粹，长而傀奇。学法书，学诗文，皆能之。至元壬午七月己卯生，至大己酉正月丁未卒。殡于后园。延祐乙卯六月甲申，葬于横江涟田坑，首兑趾震。娶袁，子四，男蕃，女贤、嬴、宝。其葬也，父澄铭其墓曰：生之勤，死之闵。啬汝身，以礼汝后人。"(《吴澄集》，第1472页)

吴澄夏至仪真，与珊竹介相会。

按：吴澄夏至仪真，并与珊竹介面晤。吴澄《祭珊竹宣慰文》载："己酉之夏，予如京师，于广陵之寓府，话六载之别离，公云：'去冬一病，几不可起，幸今少瘳，得再相见于此。'予觇公体貌虽羸，视听不衰，意或日就于平复，而年寿未可涯也。"(《全元文》第15册，第674页)

吴澄六月就任国子监丞。

按：六月，吴澄到官。虞集《行状》载："二年六月，到官。先是，世祖皇帝初命许文正公自中书出为祭酒，文正始以所得朱子小学躬尊信之，以训授弟子，继之者多其门人，犹能守其法，久之浸失其旧。先生既至，深闵乎学者之日就乎荒唐，而徒从事于利诱也，思有以作新之。于是，六馆诸生，知所趋向。先生旦秉烛堂上，诸生以次授业。昼退堂后寓舍，则执经者随而请问。先生恳恳循循，其言明白痛切，因其才质之高下，闻见之浅深，而开导诱掖之。使其刻意研究，以究乎精微之蕴，反身克治，以践乎进修之实。讲论不倦，每至夜分，寒暑不废。于是一时游观之彦，虽不列在弟子员者，亦皆有所观感而兴起矣。时朝廷循习宽厚，好功名者奏立尚书省，改更纷然。新执政铸钱货、变钞法以为功，欲得先生助己，而恐其不可致。有士请致先生，先生卧病门生家不可致。乃归给其人曰：'老儒不善骑，堕马折臂，病矣。'"(《全元文》第27册，第173页)危素《年谱》载："六月，上官。初，许文正公为国子祭酒，始以朱子之书训授诸生。厥后，监官不复身任教事，唯诿之博士、助教。公至就位，六馆翕然归向。公清晨举烛堂上，各举所疑以质问；日昃，退就寓舍，则执经以从。公因其才质之高下而开导诱掖之，请论不倦，每至夜分，寒暑不废。一时观感而兴起者甚众。时未设典簿，廪膳出内，监丞主之。公会其羡余以增养赡，而旧弊悉革。中书省政多循习故常，好大喜功，乘间而起，立尚书省以夺其政权。其丞辖尝通《洪范》、《易经》之义，近进者多言儒术以迎合之，数欲引公以为之重。公严重不可屈致，有辩士自谓能致之，踵门曰：'先生负治平之学，生民之涂炭，国家之困敝，甚矣。今在朝廷，宁能不一副执政者之求乎？公以疾辞，明日又至，则避之。辩士遂知终不可致，归给其人曰：老儒未尝骑乘，堕马折臂，不能来矣。'乃止。"

又按：危素《年谱》表示当吴澄任职国子监丞后，有尚书省丞试图拉拢吴澄，并表示该尚书省丞"尝通《洪范》、《易经》之义"。此丞当为此年任命的尚书省右丞保八。魏源《元史新编·艺文志》考证保八著有"《易原奥义》

一卷、《周易原旨》六卷、《系辞》二卷"（魏源《元史新编》卷九一《艺文志》，岳麓书社 2004 年，第 2449 页）。这说明保八是擅长《易经》的蒙古学者。（陈少彤《保巴生平、著作及其哲学思想》，《孔子研究》1988 年第 1 期）

又按：今存任士林为保八作《易体用叙》载："《易体用》者，貳卿保公所著。夫《易》之为书，广矣大矣，而羲、文、周、孔之心，千载而得其解，犹旦暮遇之也。盖《易》之为道，远而天地之始终，近而一日之旦夜；大而天下国家之经纶，小而一身之进退得失。体而用之，无不在。是故举理而言，神明通矣，而遗于末也；举数而言，三五成矣，而离于一也。……今观貳卿所著，犹不免于言下有言。盖离言则道不明，离道则言不成，言与道交相涉也，而后体用之学行。观貳卿之《易》者，当求于言之外云。"（《全元文》第 18 册，第 359—360 页）

吴澄八月为国子监同僚刘世安送行。

按：国子监同僚刘世安在与吴澄共事两月后，迁江南等处行台监察御史，吴澄作《送监察御史刘世安赴行台序》送行："郡县也，监临统治之意多，而不专于举刺弹击。若夫专为督察郡县而设，则武帝绣衣宜指之使、顺帝八使之遣是已，而特一时创见之事，员不常置。皇元因前代郡县之制损益之，郡之大者曰路，其次曰府若州。其下有属县，若古附庸，府若州如古次国、小国。路设总管府，如古大国之为连率。路总于道，古之州牧也。内有省，外有行省，以总诸道，古之方伯也。此其监临统治之职也。内有御史台，外有行台，台之属有监察御史，各道有肃政廉访使。视刺史、观察，则其事专；视直指、八使，则其职常。此其举刺弹击之任也。各道、各路、府若州、若县，廉访司纠之；内省、外省，监察御史纠之。故监察之权比各道廉访为尤重。夫服七品之服，而自一品以下之官府莫不畏惮。地无远近，事无大小；官之得失，民之利病；有闻无不得言，有言无不得行，其权不既重矣乎？权之重若此，其权不大重矣乎？而岂人人当其选哉？济宁刘世安……擢为江南等处行台监察御史。命下之日，佥谓得人。余自江南来貳国子监，与世安同僚再阅月，一见知其才之有用，而又喜是官之称其才也。于其行也，不能已于言……世之议者曰：'御史之职，以发奸摘伏为事而已耳。而曰澄源正本，何其迂也？'夫世安，儒者也，与予同业也，是以为是言也。夫孟子之言，时君咸以为迂；夫子之言，门人犹以为迂也。以儒者之言，言之于儒者之前，人之迂之也固宜，而孰知其有不迂者存乎其间哉！不然，今日罢一官，明日挞一吏；今日平反一狱，明日改正一事，如是而曰'吾职已尽'，噫，此才御史也，非儒御史也。世安，非徒才者也，才而儒者也。才而儒，儒而才，他日御史之最，其不在吾世安乎？夫行台所纠三省十道，若路、若府、若州、若县，不知其几，

皆御史按行所至也。事之可为、当为、得为者，亦众矣，得为即为之，予将为江南之民幸。"（《吴澄集》，第530—533页）

吴澄任职期间，与国子伴读李亨相识。

按：吴澄《送国子伴读李亨受儒学教授南还》载："夙昔怀知己，堂山德义敦。恍然惊再世，及此见诸孙。胄馆五年客，公朝一命恩。今辰奉檄去，光彩照闾门。"（《吴澄集》，第1800页）

又按：李亨南还时，吴澄作《南楼记》赠之："古之大夫、元士有家，有家者何谓？邑有食采之田以奉宗庙，子孙虽不世爵，而犹世禄。承家之宗子世世守其宗庙所在，而支子不得与焉。宗子出在他国而不复，然后命其兄弟若族人主之，此古者大夫士之家所以与国咸休，而无时或替也。后世大夫士则无家矣，故虽田连阡陌，皆其私自植立者，可得而分异，可得而償贸。既非君赐之禄，其势自不能永久。以大夫士之贵犹尔，而况巨姓甲族之富者乎？兴替之无常，迁徙之靡定，于是祖宗堂构之旧，子孙或不能以长有其有，岂不深可悯哉！国子伴读、番阳李亨言其先大父文学尝筑南楼，教子读书其中，因号为南楼翁。翁殁，居室分为三，而楼属之长。迫于世变，长避地去，而楼入于族人。其父时泉居士，翁季子也，亦徙他处。慨斯楼之不存，思已往而如割。新一楼于居室之南，族祖父宗正寺丞为书其扁，仍曰'南楼'，以示不忘亲也。予闻之而叹且嘉焉。叹者，叹后世之族姓不能如古之大夫士；嘉者，嘉居士君得人子之道也。夫人子之于亲，何所不至哉？见书册，思手泽；见食器，思口泽；思其平日之所乐，思其平日之所嗜欲；思其居处之所在，思其志意之所存。所谓南楼者，非其亲居处所在、志意所存者乎？见之如见亲。然当何如其思也？夫有后弗弃基，父之所望于子者人人同，事有不能以如人意，既末如之何矣，以父之心为心，人子终身之慕也，不以本支之异而有间，讵忍以异居之支子自诿，而恝然不一动念乎？若居士君，可谓能子矣。抑人子之身，受之于父母，斯须顷刻不敢不谨其身者，不忘其亲之故也。李氏世之儒宦有闻，居士君父子果能跻此身以上达圣贤之域，俾人皆称曰某之子某之孙如此，是为全其所受于亲之身，其所关系又有重于一楼者。亨其勉诸，而归以告父兄，尚有以副予之言哉。亨曰：'唯唯，敬受教。先生其书之，愿以揭于楼之壁间。'予遂不辞，而书以遗焉。"（《吴澄集》，第853—855页）

吴澄任职期间与张埜相识。

按：张埜乃张之翰之子，时任翰林修撰。吴澄《题西斋倡和后》表达了对张埜的欣赏："宗弟此民教授待选留京师，张野夫修撰宾而师之。野夫家世文儒，诗词清丽，固风尘表物。暇日主宾吟咏，多至累百。盖其意气相似，才力相当，云翻川鳞不足以喻其适，是以无倡而不和也。余在京师时，察其交道,与苟合强同者辽绝。宾之忠直,主之爱敬,始终如一而不渝。此民得官南还,依依而不忍别。追录主宾倡和之什,犹存五十余篇,野夫为之引,恻然兴风俗日衰、师友道缺之叹。呜呼远矣! 古之吟咏,所以厚伦而美化,言辞声音云乎哉? 凡今之交,有如二君者乎? 余将进之。《宵雅·伐木》不废,《谷风》可无作也。"(《全元文》第14册,第469页)

又按:吴澄多次到达京师,若据《题西斋倡和后》所言"余在京师时",本不能推测他是在此次到达京师后识得张埜。但根据《题西斋倡和后》的内容可知,此文是吴澄写给与张埜在京师接触的吴澄宗弟吴此民的,此年吴此民在谒选留京师后,"得官南还"。而程钜夫正有《送景星山长吴此民谒选》一诗存,诗载:"古今通显途,十五戊契致。嗟余就衰懦,羡子方猛锐。手提青冥靶,欲厉黄河水。明时急需材,诸老虚席俟。"(《全元诗》第15册,第209页)程钜夫卒于1318年,此诗在1318年前所作,而这个时间又要与张埜任职翰林修撰的时间吻合,张埜的生平传记暂无,仅就其所作诗词,可知其于1298年客京师(张埜《青玉案(戊戌元宵客京师赋)》作于1298年),1308年至西湖(《八声甘州(戊申再到西湖)》),后又在至大、皇庆、延祐年间居于京师,因此,吴澄能够认识他的时间只有此年达到京师的几年内,故将此条系于此。

吴澄作《题吴真人封赠祖父诰词后》。

按:吴澄《题吴真人封赠祖父诰词后》是为今年吴全节大父、父母受封赠之事所作。吴澄以儒者的视角对吴全节因道教而显的事迹作出评价:"吴真人全节,寄迹道家,游意儒术,明粹开豁,超出流俗。初从其师入觐,大被眷知。嗣其师主教,锡号崇文弘道玄德真人。扈跸日久,特嘉其劳,以翰林学士、中顺大夫官其父。越明年,群臣例有封赠,真人恩及二代。生者封一品,死者赠二品。宠光荣耀,儒臣或不能及;制诰谆详,又前代词臣所未尝有也。真人供给祷祠之臣也,而能致此者,固圣朝之厚恩而,亦有由焉……好贤之臣能容人,而天下治;妒贤之臣不能容人,而天下乱。此《大学》平天下章所以引《秦誓》之言,而深切教戒也。真人非居用人之位,非秉用人之权,而人有寸长,惟恐其不闻,惟恐其不达。呜呼! 安得相天下而有是心也哉! 故推原真人显亲之由,而归美其好贤之心,以告夫千万世之相天下者。"(《吴澄集》,第1158—1159页)

吴澄为李周卿诗集作跋。

按:吴澄《跋李氏家集》载:"番阳李周卿尝闻诗法于南康三冯,又尝见莆田刘潜夫(即刘克庄),故其诗多可传。其从孙南甫衷聚得数十篇,而以周卿之兄、之父、之大父、之曾大父,凡生平吟咏可追录者冠其颠,其从祖、祖父及其二从祖兄所作亦附载。四世八人，诗百余首，标曰《李氏家集》。汲汲然欲存先世之美，惟恐或泯没废坠也。予于是而叹南甫之孝爱远矣哉！"（《吴澄集》，第1122页）

吴澄此年后为杨庭杰诗集作跋。

按：杨庭杰，字子厚，眉州人。北宋元丰进士。吴澄非常欣赏杨庭杰的诗歌，《绍陵赐杨文仲诗后跋》载："咸淳间，将作监杨公文仲两侍经幄，所得赐诗如右。不十年而历改。'一元肇始，太原壹正'八字皆诗中语，几若谶语，异哉！丧乱流离中，公之子焱翁罔敢失坠。戊辰、己巳（即咸淳四、五年1268、1269）至今逾四十年，奎画如新。公之孙绍祖出以见示。呜呼！宋三百年，礼儒臣，尚经训，前代莫及。虽季世，家法犹未替。天命之与？人文固薆然不相关欤？"（《吴澄集》，第1118页）

吴澄是年前后作《赠用和谢教授序》。

按：据吴澄记载，他曾为福建将乐人谢中作赠序，其间表彰了谢中对其父谢景云遗文的收集之功。吴澄《赠用和谢教授序》载："文，固士之末技也，亦有可得于后而不朽者，虽既殁，而其言立。立者何？谓其卓然树立于天地之间而不仆也。闽之将乐，实为程门高第弟子杨中立先生之乡，南方讲道之祖也。士生其处，渐被余教，往往与他土异。咸淳贡士谢景云，精于举业，由《春秋》义改治《诗》，兼治《书》，先辈称其潜心理学，时造根极，笺、表、记、赋、诗、词、杂著，靡不工致。年三十二而卒，其学、其文不可得而见矣。其子中收拾文书于乱离之后，仅得经义论策二十三篇，读之令人悦怿，一时俦侣盖鲜能及。然此应试之文尔，其可传远则不在是。孝子于父之手泽，哀慕终身，如见其存，斯须不释去。立身之孝，显亲之本也。子之立身，则父之名立，岂在乎文之传不传哉？中字用和，文学为时所推，寡浅者莫敢仰视。其能有立于世也，景云其有子矣夫！"（《吴澄集》，第630—631页）

又按：吴澄此文并未记载具体时间，然据黄仲元所作《故进士谢春塘墓志铭》记录到"春塘平生所著十无二三，无疑收拾残断，广求魁人韵士印可，以慰春塘于九京"，黄仲元此文作于至大二年（1309），可知其时谢中正忙于收集其父遗文一事，故暂将吴澄此文系于此年。

又按：除吴澄以外，当时许多文人都对谢景云的诗文尤其是时文颇欣赏。袁桷《书南剑谢君程文后》："唐宋以词赋取士，其所为文，率不传后。至王安石改经义，独张庭坚陈古正义，阐儒先之微旨，故东莱吕氏，取而第之。……今世之所传者，断自乾道、淳熙之际，彬彬然犹可考也。延平谢君用和，示其先人所为诗论及其程文。文献之征，将于是有取。噫！宋世帖经、墨义之制，虽见于史，莫得详。自吕申公试卷之编行，而其法具在。谢君之意,余深知之。"(《袁桷集校注》卷四八,第2139—2140页)张伯淳《题谢春塘举业》载:"举业,业举子之文也。世以科举取士,士不得不以时文自见。时文亦岂易哉!经必通义,赋必蓄料,论必抑扬顿挫,而后可以商订古今之事。至于策,非通达时务,稍识前言往行,则未易展布,此其概也。谓时文足以尽天下之文,不可,然为文而不于此入门,终恐疑辞决辞不免如柳子所诮。世之非时文者,未尝工于时文者也。延平谢用和钱塘邂逅,得观乃翁春塘先生举业一编,有本者如是,夫以若机轴进而古文可也。"(《全元文》第11册,第213页)熊禾《跋谢春堂诗义后序》载:"余读春堂谢先生《诗义》,至《庚午科江汉告成》一篇,未尝不怃然废卷,而继之以流涕也。……下土儒生,方且角一日长技于万人场屋之战,其不为武夫健儿所揶揄者几希。虽然,文在天地间犹一日,六经大义,何可废也。武亦儒者一事耳。鸣条伊挚,戮力造攻,岂不甚武,而《一德》等篇,对语亲切,虽后儒竭其偶俪模写,亦一语不能似。……道南一脉,皆在延平,春堂问学,其渊源有自来矣。令子学正君用和,克世其业,敦厚温柔中,有英烈激发气,此岂寻常龌龊者,可企其意度之万一?余来三山,时相过从。一日,出其父书及当代诸名贤题跋,且征予语,辄序其所感者如此。鸣呼!《雅》亡《春秋》作,汉鄎之臣,不入于荜路蓝缕之所启辟,则沦于车邾驷騩之所蹂躏,岂复念宣王召虎之经营哉?江山无恙,风景渺然,光武一用之以徇河北,昭烈再用之以向中原,亦存乎其人耳。文公尝以邓禹《杖策》、孔明《草庐》二对,作一类文章看,今世儒者所未讲也。"(《全元文》第18册,第532—533页)

吴澄此年前为徐卿孙文集作序。

按:请序之人为徐卿孙之子徐必茂。而据徐必茂之子徐镒云,徐必茂卒于1309年,则其请序之事当在此年之前。吴澄《徐侍郎文集序》载:"故兵部侍郎云屋徐公明经,登进士第,以能治剧县,政声闻于朝廷,擢升台谏,历官至侍从。公之子必茂辑公奏疏若干篇,余读之畅达恳切,壹是以仁义陈于上前。荐李、文二公可当大事,卒能有所立,可谓知人之明。它文亦醇洁,似其为人。韩子曰'仁义之人,其言蔼如',岂不信哉!公又有《四书》、诸经、《太极图》、《通书》等说在集外。"(《吴澄集》,第326页)

又按:《宋元学案补遗》载:"徐必茂字幼学。南昌人。宋侍郎卿孙之子。侍郎自官衡山,居朝所从师皆名当世士。讲授经学,涉知源委。家庭因事设教,虽酬接万变,必本深厚。先生服行唯谨,尝辑其语,作家传遗事,以诫子孙。丁侍郎忧,葬祭礼无违者,每之墓所,辄孺慕如初。侍郎有文稿若干卷,烬于火,先生购求百艰,卒校雠为定本。思弗泯先德,得侑祠于学宫,待侍郎之师友,己所从师子弟,必曲尽恩意。季妹适文丞相之子升,馆屋西偏,情义款洽。研订经史,日书一事,取切于进修者,夜聚群从讲习。及所著谈丛,多要语也。尝受命尉潭之长沙,主汀洲上杭簿,以母老,不肯晨昏离左右。最后遣其子鉴从师王某。游京师,得广交道。益见闻云。"(《宋元学案补遗》卷八八《巽斋学案补遗·徐氏家学》,第5253页)

珊竹介卒。

按:珊竹介(1246—1309),原名拔不忽(Babugu),蒙古尼鲁温部氏。翰林学士周正方为其改名,字仲清。中统三年(1262)同知北京转运司事,"累迁濮州尹、平滦路总管、江南浙西道提刑按察使,移山北淮东道,后召为刑部尚书,复除江东宣慰使。"后因病去官,在真州、扬州间养病,并多延请儒学教授讲学,张翚、吴澄都是他延请的对象。至大二年卒。生平事迹见于姚燧《有元故中奉大夫江东宣慰使珊竹公神道碑铭(并序)》、吴澄《祭沙珠宣慰文》、《新元史》卷一三〇《拔不忽传》等。

陈孚卒。

按:陈孚(1259—1309),字刚中,号勿斋,临海人。曾以布衣献《大一统赋》。署为上蔡书院山长。调翰林国史院编修官,摄礼部郎中,随梁曾出使安南,迄不辱命,归来除翰林待制。卒后追封海陵郡公,谥文惠。《元史》称他:"天才过人,性任侠不羁,其为诗文,大抵任意即成,不事雕琢。"著有《观光稿》、《交州稿》、《玉堂稿》、《天游稿》、《桐江稿》、《柯山稿》各一卷。事迹见《元史·儒学传》、《台州府志》、《临海县志》。

元武宗至大三年
庚戌　1310年　62岁

李孟被特授荣禄大夫、平章政事、集贤大学士、同知徽政院事。

按：据黄溍记载："至大三年春正月，入觐武宗于玉德殿。上指公谓宰执大臣曰：'此先太母命为朕宾师者，宜亟任用之。'三月，特授荣禄大夫、平章政事、集贤大学士、同知徽政院事。"（黄溍《元故翰林学士承旨中书平章政事赠旧学同德翊戴辅治功臣太保仪同三司上柱国追封魏国公谥文忠李公行状》，《全元文》第30册，第41页）

吴全节归乡荣亲。

按：虞集《河图仙坛碑》载："三年，公奉圣旨，设醮于龙虎阁皂、句曲三山，制赠公大父鉴昭文馆大学士，资善大夫，追封饶国公，谥文靖。祖妣陈氏，封饶国夫人。父翰林学士克己加授荣禄大夫、司徒、饶国公。母舒氏，饶国太夫人。仍赐对衣上尊。有旨，命公奉赞书归乡荣其亲。因命设醮于安仁县之崇真观，以庆成。"（《全元文》第27册，第198页）

赵孟𫖯官拜翰林侍读学士、知制诰、同修国史。

按：杨载《大元故翰林学士承旨荣禄大夫知制诰兼修国史赵公行状》载："庚戌十月，拜翰林侍读学士、知制诰、同修国史。"（《全元文》第25册，第585页）

邓文原被授江浙儒学提举。

按：邓文原在至大元年（1308）复任翰林修撰后，此年出任江浙儒学提举。吴澄《元故中奉大夫岭北湖南道肃政廉访使邓公神道碑》载："越三年庚戌，出任江浙儒学提举。"（罗琴整理《邓文原集》附录，第411页）黄溍《岭北湖南道肃政廉访使南阳郡公谥文肃邓公神道碑》载："以儒林郎出为江浙等处儒学提举，教人先学行而后文艺，士习为之丕变。"（《全元文》第30册，第184页）

又按：邓文原动身前往江浙时，朝中文人以"落月满屋梁，犹疑见颜色"为韵，为邓文原作诗送行。据吴澄《送邓善之提举江浙儒学诗序》载："情发于声,于是各有声诗,以'落月满屋梁,犹疑见颜色'为韵,盖其情犹子美之于太白云尔。夫李杜文章才气格力相抵,相视如左右手。离别眷眷之情,又岂常人之所可同!宜乎咏歌嗟叹之不能已也。诗若干首,临川吴澄为之序,而系之以诗。诗曰:所谓温如玉,如今见此人。形神两素淡,文行一清淳。禁著声华重,东南教事新。朋知相继出,吾亦欲垂纶。"(《吴澄集》,第526—527页)

又按:范梈《奉同元学士以落月满屋梁犹疑照颜色为韵赋赠邓提举之官江浙(一首)》:"青天青如石,星辰何磊落。适见北斗高,忽复滞郊郭。感此流电惊,行迈孰为乐。况值杪春令,清商动凉幕。芳宴候朋亲,驱车背河朔。登高望四野,下田毕新获。于时不同赏,惆怅睇云岳。古人有云然,末契重交托。托契自有初,相晞在结发。请持交龙镜,比似空际月。昔月三五盈,今夜三五缺。月盈自有时,俟君采薇蕨。采薇涉崇冈,空筐不易满。季女怀朝饥,日下光纂纂。岂无机杼思,十旬义一浣。含凄就经纬,意长丝绪短。路逢相识亲,要入鲛人馆。泣下仍成珠,更苦哀歌缓。缓歌浮云停,急歌流水促。水流亦有宗,云散复成族。踽踽行路子,离居振群肃。会合宁无期,载感时运速。晨风怀菀林,玄鸟辞华屋。明发念飞蓬,秋声浙江曲。浙河名山水,在昔最余杭。浩浩海负区,地绝川无梁。执玉夸禹会,带甲宣吴疆。慨彼仁义都,风俗殊兴亡。末代缀緌会,周衢沸丝簧。闻之虚庙闵,断雨生蚩蝥。幸及九域一,四民乐时康。游历须慎重,勿用多殒伤。矧兹握新命,出布尧文章。虽当日月远,足昭云汉光。凄其金气厉,嘉实方敛藏。杨柳卧枉浦,蒹葭委严霜。物情各有归,我独不得将。仰视云中雁,肃肃俱南翔。云雁明天中,回首顾齐州。沙屿重緜亘,竟复少迟留。欲知鸣雁心,黍稻非终谋。视彼群飞者,矢心良不犹。不犹将谓何,岂复不如兹。明年择圣蹈,既往无复疑。譬之騄蹄驹,昂藏养云姿。下乘岁百驾,逸足诚归谁。伯乐偶并世,当受知者知。长鸣待俦侣,首路复安之。所之在东南,断水列风峤。至人遗吏隐,出处惠兼妙。千莫居匦中,千年逸神耀。一朝持入手,未言心相照。照之千里外,如在只尺间。明夜梦见君,怡怡越河关。惜去不须臾,念来亦循环。古时岐路人,何用涕潺潺。景岩草木断,虎豹嗁空山。方冰先春水,野饭维清湾。买鲂斯鱼鲜,甫谢金銮班。此行竟遂媾,亦慰亲友颜。天目扫烟岫,日夕飞禽还。山中桂树多,庶为故人攀。攀花贻远道,询美道中辄。苦复无相忘,报之双白璧。美人如芙容,隔浦无相识。旧交日以违,新交当日得。各自有殷勤,初不在容色。俯水愧游鳞,仰空惭飞翼。眷言执手地,岁暮霜霰迫。踟蹰复踟蹰,凄恻重凄恻。"(《全元诗》第26册,第343—344页)

又按：贡奎《同元学士诸公以落月满屋梁犹疑照颜色之诗为韵赋赠邓提举之官江浙》："天寒道路遥，岁晚风雨作。虚名谅何为，矧此怀抱恶。子行既云惬，离居愧予索。物盛固有时，空山正雕落。悠悠故人心，皎皎江上月。行行道中乖，冉冉孤云隔。相望一何远，相思几时歇。月亏会复盈，持以心不灭。江湖起秋风，眛目尘黯暧。挂席飞云颠，行子归意满。蹇予如病鹤，欲往翅常短。怅望不能休，城高莫山远。斯文日已弊，何以振靡俗。维兹东南州，前哲剩膏馥。儒台列华要，厥职重攸属。育材体菁莪，怀居讵私淑。莽莽彼黍墟，黯黯亡社屋。怀哉鹗林音，淳风徯斯复。昔我事远游，兹焉屡星霜。子行虽云先，受秩已还乡。玄发日以改，梦寐侍亲旁。风靡波逝川，欲济宁无梁。枉道诚自羞，贫贱士乃常。缄情睇天末，冥鸿亦惊翔。停车子踟蹰，把袂我夷犹。念此离别难，况乃交契绸。雨霁白云飞，日斜红树浮。望极意逾远，愁多身更留。岂无负郭田，何苦事远游。归来亦从人，商歌激高秋。鳌禁肃弘敞，璇题映清池。砌日转午阴，疏桐静交枝。曳裾接剑履，辉华瞩多耆。列职诸俊良，萃拔立采仪。晨饥郐瑶餐，翱飞念何之。岂无戢翼思，矫首鸣声悲。积简护缃袭，衮词俟雕摘。罗致讵云晚，占情竟奚疑。优哉西湖居，虞彼北山移。濛濛云气深，渺渺瀛洲峤。关情重回首，沧波闪红照。白云一觞酒，离思沧溟间。子行勿复居，念我何当还。杳杳飞鸿书，瑟瑟清镜颜。潜机不私贷，岁月忽已阑。赠之云锦章，譬彼苍玉环。何以解尘缨，幽泉弄潺潺。潋潋西湖波，宛宛漫山色。轻飙转歌舫，车盖妍藻饰。慷慨少年子，仰箭堕飞翼。欻然天一涯，兹乐岂再得。勖哉重言辞，慰我远相忆。"（《全元诗》第 23 册，第 99—100 页）

又按：卢亘《送邓善之提举江浙》："北门古深严，论思寄筹度。自非鸿才世，训诰何犹作。夫君出巴蜀，文采动京洛。十年掌丝纶，摛藻扬景铄。荆璞抱瑾瑜，龙渊淬锋锷。肯献上林赋，宁居天禄阁。即今观浙江，眷恋晞金雀。黄图郁紫氛，绛节生碧落。依然难为情，清霜养飞翮。春秋严笔削，凛若执玄钺。君独抱遗经，结发饱刲剔。明剖是非心，微探义理窟。下视群儿愚，争端王正月。竭来奋直笔，浩然心思竭。王功与帝德，昭昭日月揭。胡为厌词林，拟欲观溟渤。荣华若浮烟，汗简青不灭。词林富声华，几人得精悍。悠悠三百年，篇翰孰承缵。夫君清庙器，祼荐盛圭瓒。五就惜繁缨，九游载云罕。依依风向翔，忽忽月新满。泠然时雨情，短章不可断。风雨妒芳华，稂莠深嘉谷。天地岂不仁，盛德禀命独。明廷萃群英，四门延穆穆。既卜渭水钓，又起傅岩筑。声华何岌嶪，众辐辏一毂。銮坡俨清韵，硕人歌在轴。愿言往从之，星驾命宜夙。岂知彼玄鸟，戢翼辞云屋。幸无素丝悲，庶免穷途哭。离离天星高，皓皓云月光。候雁过楚泽，蟋蟀鸣中堂。天时谅难测,徒然多感伤。念子去意远,沉爱结衷阳。忆昔初奉欢,露白春兰芳。清尊罢新制,妙趣深濠梁。飞景急西匿,川流浩荡荡。玄发凄岁晚,木脱天雨霜。蔓草岂容惜,松柏在高冈。翰林子元子,武库森戈矛。英声迈千古,逸韵横九州。与君契金兰,投分何绸缪。清和谢夷惠,典刑追韩欧。坐令人文焕,允塞昭王猷。念君独远迈,寥落行人愁。木瘦楚山晓,风静寒江流。何当驾飞车,都宴昆仑丘。尘埃满腥腐,朝莫同蜉蝣。旸谷上寒日,影射扶桑枝。瞬息及中夫,流光迅难持。人生百年内,昂昂何所施。孤鸿东南征,浮云西北驰。可怜万感身,会合须臾期。安得弄明月,皎皎远忧疑。折花芙蓉浦,荡桨江汉涯。优游以卒岁,身名良不隳。游云苍鳞穹,阊阖不可叫。徒令虎豹闲,日月近辉耀。濛濛八表尘,隐隐万汇窍。泯然一归途,伊谁执其要。栖栖圣者徒,礼乐怀窈眇。闭门忍朝饥,风雨深蓬蓼。今年江海去,光景短萤爝。禾黍满故墟,闾巷余返照。挥弦送飞鸿,今古入长啸。昔我适吴会,日夕承欢颜。高堂乐起舞,彩服何煸斓。东潮汹波涛,西湖翠烟鬟。北归余十年,谬迹通朝班。家祸一朝集,音容何可攀。悲号苍穹迥,往事思日艰。命穷时亦迫,志弱体自孱。安得腾化术,从君超人寰。执手不忍诀,临风涕空潸。我留君勿思,君归我当忆。十年胶在漆,一旦各异域。吴江激微波,震泽起暝色。鹍鹏隔天地,雁鹜杂南北。念我平生友,怆恨摧胸臆。独看燕山云,岁暮日初昃。永言长风翔,情寄南风翼。"(《全元诗》第 27 册,第 115—117 页)

又按:任士林《送邓善之修撰序》:"文章之尚,缘时而兴。时有淳庞,则文有隆污,其势则然也。亦固在夫操制作之柄者,与道消息,与时翕张,于以风示当世,然后学者一趋于正也。且六经述作,如日星昭布,如四时错行,浑浑乎山川之流峙也,挺挺乎草木之华滋也,何其浑厚而博大,伦理而音节也?千载之下,读之者油油然雍熙,浑颢之盛,如亲见之。至若庄周之荒唐,屈原之沉郁,苏秦、张仪、公孙衍、驺奭谲诈之谈,商鞅、李斯、韩非、申不害惨礉之论,以至荀卿、扬雄醇疵之作,东方朔、司马相如恢诡之辞,何其披靡而支离、岩崿而澎湃也?百世之下,览之者蕭蕭然,破碎碟裂之风,如新沐之。然而操觚弄翰之士,宁为此而不为彼,何耶?往时科举事具,人方以言语相雄长,文字第甲乙,不旁搜以为奇,远引以为博,钩致以为深,有不可也。今天下一家,元气浑合,大声洋洋。朝廷之上,躬行古人而右文之治,四海风被。山林之远,时及睹播告之修,纪载之作,咏歌之章,浑然典谟之温润,风雅之清扬,将作为一经,以袭六为七,何其盛耶?友人邓善之,归自词垣,与余剧谈西湖之上。观其浑厚以和,沈潜以润,如清球在县,明珠在乘,信涵养之深而持守之纯也。呜呼!质乎?文乎?若环循乎?盛古之风,躬行之治,历数千百年而后振乎？则夫操制作之柄者，得不有思乎？宜非枯槁之士果所窥也。八代之衰，退之起之；五代之陋，永叔弛之。百川东障，狂澜靡之。故其为力也为甚难。今时则易然也。善之勉乎哉！天风万里，将还玉堂之署，幸为我谢诸君。江海之迹倦矣，得无恋恋盛时乎？"（《全元文》第 18 册，第 341—342 页）

吴澄正月一日作《拟贺正表》。

按：吴澄《拟贺正表》记载他于某皇号三年正月作此文，考吴澄生平只有本年满足条件。文载："祥开凤历，三年书正月之春；喜溢龙墀，万国庆九天之拜。朝廷有道，臣庶齐心。中贺孝友慈仁，聪明睿智，敬上帝而尊祖考，怡太后以及族亲。正始厚伦，式昭风教之本；更化善治，茂迎福禄之来。际熙洽之昌辰，举会同之盛典。某致身胄馆，稽首宸居。日月照临，祝圣人之悠久；乾坤交泰，值君子之吉亨。"（《吴澄集》，第 1694—1695 页）

吴澄居国子监时，常与康里回回往来。

按：康里回回乃不忽木长子，时任职太常卿，吴澄居国子监时，与康里回回多有往来。吴澄《鲁国太夫人王氏墓志铭》载："鲁国太夫人王氏，资政大夫、前御史中丞王公某之子，故昭文馆大学士、荣禄大夫、平章军国事、行御史中丞、赠纯诚佐理功臣、开府仪同三司、太傅、上柱国、鲁国文贞公喀喇氏讳博果密之妻，嘉议大夫、太常卿回之继母也。……常卿与予游，予国子师，而猱，国子生也。……"（《吴澄集》，第 1429—1430 页）

吴澄为康里回回"时斋"作记。

按：康里回回在国子监舍的西边修建了"时斋"。吴澄《时斋记》载："春、夏、秋、冬，时之运也；温、凉、寒、暑，时之化也；阴、晴、风、雨，时之迭至而不齐者也。在天之时若是，而在人者如之何哉？夫先天而天弗违，后天而奉天时，德与天合者然也。若夫君子而时中，曰时措之宜，曰当其可之谓时，是则人之所能为者。康里子渊卜筑于国子监之西，而名其斋居之室曰'时'。大矣哉！时之义乎！昔先文贞公为国名臣，从贤师，知圣学，其行于身、施于家、发于事业，固已得中得宜，而当其可矣。子渊淳正明敏，益之以平日家庭之所闻，众人纷纷竞竞，而退然闲处，若无意斯世者。然苟所当辞，虽近而怯就；苟所当受，虽远而勇去。所谓中、所谓宜、所谓可，盖亦无忝于其先公，此所以名其斋室之意也。虽然，时之为时，莫备于《易》。先儒谓之随时变易以从道，夫子传六十四象，独于十二卦发其凡，而赞其时与时义、时用之大。一卦一时，则六十四时不同也；一爻一时，则三百八十四时不同也。始于乾之乾，终于未济之既济，则四千九十六时不同也。值引而伸，触类而长，时之百千万变无穷,而吾之所以时其时者一而已。子渊好读《易》,予是以云云。子渊又善晋人书,书以志诸其壁。"(《吴澄集》,第857—858页)

吴澄三月为不忽木继妻王氏作墓志铭。

按:受国子生康里巎巎请,吴澄在三月为不忽木继妻王氏作墓志铭。康里巎巎乃不忽木之次子,时为国子学生。吴澄《鲁国太夫人王氏墓志铭》载:"鲁国太夫人王氏,资政大夫、前御史中丞王公某之子,故昭文馆大学士、荣禄大夫、平章军国事、行御史中丞、赠纯诚佐理功臣、开府仪同三司、太傅、上柱国、鲁国文贞公喀喇氏讳不忽木之妻,嘉议大夫、太常卿回之继母也。王公正直和易,为时端人。夫人生长名门,天质纯美。父教母范,闲习见闻。懿德夙成,如古淑女。年及笄字,谨选所归。会喀喇公丧初配,议者咸曰:'贵族重臣,有行有学,可妻,宜莫如公。'遂以夫人归焉。夫人沈静寡言,廉俭中度,克相克顺,官事无违。礼于族姻,仁于媵御。闺门之内,雍雍如也。暨喀喇公薨,屏居一室,称未亡人,非归宁不至门外。男曰猱,女曰宜童,视前夫人子均爱如一。公薨之十年,恩封鲁国太夫人。其明年,以疾终,祔于宛平东安祖姑之茔。生之日,至元乙亥六月辛酉。薨之日,至大庚戌三月癸未。越七日己丑窆。常卿与予游,予国子师,而猱,国子生也。请曰:'宜为吾母铭。'乃铭。铭曰:婉婉女士,嫔于相家。令德令仪,允也柔嘉。釐居十年,志义贞专。所天一天,誓从九原。胙封大邦,以荣厥躬。云胡不遐,遽尔长终?若防若堂,寻有四尺。媲美维何?视此坚石。"(《吴澄集》,第1429—1430页)

何中族大父何垚六月卒,吴澄为作《故宋文林郎道州判官何君墓碣铭》。

按:何垚(1241—1310)是吴澄姻弟何中族大父,吴澄评价他的"文温淳雅健,诸诗谨严精妙",且其四六文"典丽赡密",能与刘克庄相提并论。林希逸评价刘克庄:"茫茫宇宙,人物何限?其能擅一世盛名,自少至老,使言诗者宗焉,言文者宗焉,言四六者宗焉,虽前乎耆老,后乎秀杰之士,亦莫不退逊而推先,卒至见知于人主者,古今能几人哉?"(《宋修史侍读尚书龙图阁学士正议大夫致仕莆田县开国伯食邑九百户赠银青光禄大夫后村先生刘公行状》,辛更儒笺校《刘克庄集笺校》卷一九四,第7548页)

又按:吴澄《故宋文林郎道州判官何君墓碣铭》载:"宋之季,抚州进士科名之盛,推乐安何氏,盖一家兄弟成名者四人。道州判官、文林君讳尧,字唐佐,其次在三。年二十一,偕伯兄霖与贡。明年同试礼部,伯兄登乙科。越三年,君再与贡,明年遂中礼部选。时国恤,不亲策士,以省试名数先后第甲乙。君名殿迟,郊祀恩乃得仕。越三年,授迪功郎、静江府修仁县尉兼主簿,越五年之官。广西提点刑狱兼提举常平茶盐事号能吏,声实素隆。君投启事以见，中意，留为属，俾掌撰述，辟监军资库。而广西经略安抚兼转运使得二巨人，相继嘉君有文，亦罗致幕下。凡笺表及庆吊于中朝达官、告谕下邻壤蕃国，一一属笔焉。三使长各举关，升循从政郎，守旧职。秩满再调，转文林郎、道州军事判官。是年伯兄班见改官，知宜章县；仲兄希之试策甲科第六人，教授永州；季弟梦牛亦进士出身，主广昌簿。兄弟聚于行都，同时受新命以归，二亲具庆，闻者荣之。明年，二亲年皆七十，四子袍笏称寿，里中传夸为盛事。县大夫表所居，曰丛桂荣亲之坊。未几，历数改，连丁内外艰，伯兄即世。咈逆充前，人所不堪，君处之裕如。扁书塾曰'道心'，其后一新堂构，更扁曰'乾坤草亭'，自号为漫翁。仲兄教授，暨族之诸甥詹贡士崇朴，比屋而处，三人年德相辈行，出入必偕，人目为三老。过者必礼于其庐，仕者问民休戚，诹政得失，无虚日。君静重简默，然诺不苟，门绝请托，是以交游不间远迩，始终敬服不渝。初娶崇仁吴氏。其外姑饶氏再归光山黄主簿辉应。黄以工骈俪客制闱，数数共君语。君所作四六典丽赡密，应律合度，渊原盖有自云。他文温淳雅健，诸诗谨严精妥，近体尤长，乐府、长短句绰有风致。昔在理宗时，闽人刘公克庄驰文誉资望堪掌制，以世赏，非进士，于例不可，朝廷怜才，特赐进士出身，入翰苑。识者评君四六、杂文、诗词与刘伯仲，且有科名，拟君所到不减于刘，而竟不获大用。惜哉！平生论著多不存，存者有《草亭漫稿》、《深衣图说》、《郭孝子后传》，所编纂有《小学提纲》、《资暇录》、《鳌溪群贤诗选》。君丰仪秀整，辞气雍和，喜愠不形于色。幅巾野服，炉香书卷，飘飘有尘外趣。乍见疑为公侯世家子，不知为寒素士也。生淳祐辛丑五月九日，终至大庚戌六月五日。高祖思，以五举推恩仕容州司法。曾祖庚，祖湛，父宏中，三世不仕。母董氏，内外教养，饬子以学，故君兄弟悉能有成。元配吴氏，卒于广西。生男三，友直、友端、友成。再娶外姑饶氏妹之女陈氏，生男四，友学、友德、友实、友政。友成先十八年卒，友德后三月亦卒。女二，适饶，适詹。孙男七，梅庆、梅馥、梅鼎、梅硕、梅玉、梅相、梅午。女七，适陈，适游，适黄，一许适陈，一许适潘，余幼。曾孙男一，孔年，更名诚。卒之年十月三日丙午，葬杨林之原。君长予八岁，蚤相好，晚益相知，尝谓君诗文可传。而诸孤以宜章之子友道所述行实来征铭，不敢辞也。铭曰：玉也挺挺，冰也炯炯。超蜕壒滋，表表脱颖。柴桑永初，沉寥里居。有来睢盱，而式斯庐。疏越流音，聩聩充耳。繄畴与聆，期旷之俟。耆造云远，索焉弗遗。昭铭幽宅，予衷孔悲。"（《吴澄集》，第1452—1455页）

  吴澄任职国子监期间，与翰林院陈仲江同游。

  按：吴澄《送番阳陈仲江序》载："番阳陈仲江，质美而学劭，行完而文懿，执事为翰林、国史之属有年矣。予在国子监时，数数同游处。予既南还，

逾年而仲江亦去其职。"(《吴澄集》,第 667 页)

吴澄与国子学生王思恭相识。

按:吴澄《赠王士温序》载:"古者公卿大夫之子,凡未仕必学。学以明义理,仕以行政事。所明者本,所行者用也。本之所培者深,则用之所达者优。予处国子监时,今平章政事王公伯弘之子思恭为国子学生。"(《吴澄集》,第 673 页)

吴澄与国子学生张策、张簠兄弟相识。

按:吴澄《故赠承事郎乐陵县尹张君墓表》载:"河间张策起自畎亩,承父母命,暨其弟簠学于国子学。数年后,俱得仕,官升七品。"(《吴澄集》,第 1358 页)

吴澄与国子学生洪汝懋相识。

按:吴澄《故平山舒府君墓志铭》载:"曩余官国子监,汝懋为国学生,知其言足征也。"洪汝懋为黄庭坚外甥一脉,吴澄《题姚博士与洪汝懋赠言后》云:"豫章四洪,黄太史之甥也。王父之后有汝懋,文工才俊,繇国学生预贡礼部,蒙特恩,出长东湖书院。行之时,博士姚君所以教戒之者至矣。尚思无负于博士之言哉!"(《吴澄集》,第 1509—1511、1156 页)

吴澄与国子学生苏天爵相识。

按:赵汸《滋溪文稿序》载:"公世儒家,自其早岁即从同郡安敬仲先生受刘公之学,既入胄监,又得吴公、虞公、齐公先后为之师,故其清修笃志足以潜心大业而不惑于他岐,深识博闻足以折衷百氏而非同于玩物。"(《滋溪文稿》,第 1—2 页)

吴澄得国子学生徐守义从学。

按:徐守义是徐毅之子。吴澄《徐中丞文集序》载:"御史中丞徐公伯弘父之文如谷粟之可以食、桑麻之可以衣也,彼烂然红紫之花,蔚然苍翠之草,可玩而已矣。公之子守义曩从予于胄监,而予及识。"(《全元文》第 14 册,第 364 页)

吴澄约此年识项时俊。

按:吴澄《项振宗墓志铭》载:"始予在国子监,集贤直学士文升以其乡人项时俊见。予既移疾去,时俊亦以同知永昌府事南归。归之次月,其父司丞君卒。卒之明年,命客持光泽主簿刘将孙状来谒铭以葬。"(《吴澄集》,第 1461 页)吴澄《龙泉济川桥记》云:"予素善时俊,知其能世父之美。"

又按:吴澄《龙泉济川桥记》:"泰定五年正月,龙泉县新石桥成,邑之人请记始末,曰:'龙泉左右二江俱发源于柳衡,演迤百余里,而会为一。横界邑市而中分之,架木为桥,以通南北,燥湿迭更,木易朽腐,支倾补敝,劳费罔已。宋末有大家施田,岁输所入,以备修完,桥赖是不圮。宋亡,其家毁,田宅属官，而桥无赖焉。今官府每以桥梁为急务，大率令里长驱编氓迫促而成之。成之苟，而坏亦速。坏而复修，修而复坏。桥坏则舟济，春夏暴涨，舟弗敢前；秋冬浅涩，舟复难动。待渡者迟迟，病涉者累累，公私两阻，末之如何。项司丞振宗资富好义，恻然兴怀。至元辛卯，斩木鸠工而桥之，远迩大悦。然三岁辄一易，易者数矣。司丞谓与其如此，孰若攻石为之，使永久坚固，历数百年而长存乎？访求良工未获，而司丞逝，事遂中止。其子丞事郎、同知永昌府事时俊追念先世，得浏阳工人，甲子初元乃兴其役，及今将五年，而工毕，费缗钱约十二万五千。石墩凡六，墩之相距三常有奇，其崇二寻，羡寻之半；其修四寻，其厚一寻，羡亦如之。墩之上叠木七重，木之上布板，其广如墩之厚。板之上构屋，以间计三十七，袤四十二寻有四尺。两崖升降之道至岸寻又七尺，屋之南北端为门，其中为神祠。自是人无待渡病涉之忧，桥无数坏数易之患。南北往来，如在家居，如履平地，不复知有一水之隔，莫不嘉叹而归德。傥无文以记，恐后人昧兴造之由，此非邑人之私喜也，敢请。'予素善时俊，知其能世父之美。父尝新邑校，则拓其所已为；父欲作石桥，则成其所未为。有继志之学，有济众之仁。所费不赀，不以为意；自忘其富，超然尘外，趣皆非人之所易能也。因邑人之请，特书其美，以劝方来。"（《全元文》第 15 册，第 163—164 页）。

吴澄与夏友兰同游京师。

按：吴澄《元将仕佐郎赣州路同知会昌州事夏侯墓志铭》载："予在国子监，幼安白慈亲，愿观国光。亲许，遂趋京师，又趋上都，觐日表于潜邸，得旨从集贤大学士李公游，出入禁闼必从。"（《吴澄集》，第 1451 页）

吴澄作《送吴真人序》赠别吴全节。

按：吴全节今年祝厘江南、归乡荣亲，吴澄时任职于国子监，作《送吴真人序》以赠："新天子即位，追崇太庙，达其孝于群臣之家，封赠逮三世，或再世，或一世。于是真人之曾大父母、大父母例追赠，而父进秩荣禄大夫、大司徒，封饶国公，母封饶国夫人。真人将上旨祝厘江南，祗奉恩命以归而荣其亲。世儒率谓二氏之徒去家离亲而外伦纪，固哉言夫！夫竺土之习不可知，道家者流，则守藏吏者也。予观礼家所记答夫子问礼之辞，纤悉周遍，其后注宫假解传世演迤，谓外伦纪，可乎？真人虽游方之外，而事亲之孝，儒家子有不能及。其事君也恭顺，其事师也无违礼，盖在三如一矣。而又通儒好文，乐道人善。凡所尊所嘉，所容所矜，一一各得其欢心。是以无贵贱，无长少，无远近，翕然称之曰贤。所以光其亲者，诚如昔人所谓'幸哉有子如此'，岂特人爵之荣荣其亲而已哉？"（《吴澄集》，第 528—529 页）

拉施特丁《史集》于 14 世纪初完成。

按：《史集》又名《集史》，是 14 世纪初伊利汗国拉施特奉伊利汗合赞和合儿班答之命，主持编撰的一部世界通史著作，历时十年编纂而成。在波斯伊利汗国建立后将近半个世纪时，第七代伊利汗合赞为了让以成吉思汗家族为首的蒙古统治者的历史传诸后世，于伊斯兰教历 700 年（1300 年 9 月—1301 年 9 月）下诏让他的宰相拉施特编纂一部详细的蒙古史。在拉施特编完这部蒙古史之前，合赞汗于 1304 年去世。同年 7 月嗣位的其弟完者都汗，在举行了即位庆典后，询及此书的编纂情况，他披览了已编写出的草稿和一部分誊清稿后，下诏让拉施特将此书进行修改、继续编完。《蒙古史》编成后，于伊斯兰教历 706 年进呈完者都汗。完者都披览后，下诏将这部《蒙古史》题献于其兄合赞，定名为《合赞汗御修史》；接着，他又命令拉施特编写以世界各民族史，尤其是信仰伊斯兰教的各民族史为内容的第二部书——《世界史》，以及以世界各地区地理情况为内容的第三部书——《世界地志》。包括这三部书的全书定名为《史集》。伊斯兰教历 710 年（公元 1310 年），《史集》全部编成，进呈完者都汗御览。

又按：《史集》全书原分为三部：第一部为《蒙古史》，第二部为《世界史》，第三部为《世界地志》。但留传至今的只有前两部和一个残缺不全的附编：《阿拉伯、犹太、蒙古、拂郎、中华五民族世系谱》。第一部《蒙古史》包括第一至三卷，分别记述了乌古思及起源于乌古思亲属、后裔的各部落、民族，札剌亦儿、塔塔儿等十九个部落，克烈、乃蛮、汪古、唐兀、畏兀儿、吉利吉思等九个大部族，自古以来就称为蒙古的诸部落，成吉思汗先祖纪和 1155—1227 年的成吉思汗纪及同时代的亚洲、北非各国君主传，成吉思汗编年大事记、成吉思汗训言、军队编制，波斯伊利汗以外的成吉思汗后裔史以及旭烈兀至合赞诸伊利汗史。《蒙古史》完成期间，孛罗在伊利汗，提供大量资料。第二部为《世界史》，包括第四至七卷，分别记述了波斯古代诸帝王史迄萨珊王朝之衰亡，以及先知穆罕默德传，阿布·伯克尔以迄穆斯塔辛诸哈里发史，波斯后期伊斯兰教诸王朝史，包括哥疾宁、塞尔柱、花剌子模、撒勒噶尔、亦思马因派等王朝史，突厥、中华、犹太、拂郎、印度等民族的历史。

姚燧作《跋雪堂雅集后》。

按：姚燧《跋雪堂雅集后》载："释统仁公见示《雪堂雅集》二帙，因最其目序四、诗十有九、跋一、真赞十七、送丰州行诗九，凡五十篇。有一人再三作者，去其繁复，得二十有七人：副枢左山商公讳挺，中书则平章张九思，右丞马绍、燕公楠，左丞杨镇，参政张斯立，翰林承旨则麓庵王公讳磐、董文用、徐琰、李谦、阎复、王构，学士则东轩徐公讳世隆、李槃、王恽，集贤学士则苦斋雷君膺、周砥、宋渤、张孔孙、赵孟頫、御史中丞王博文、刘宣、吏曹尚书则谷之奇、刘好礼、郎中张之翰、太子宾客宋道、提刑使胡祗遹、廉访使崔瑄，皆咏歌其所志，喜与搢绅游者，求古人之近似，惟唐文畅，故柳送其行曰：'晋宋以来，桑门上首道林、道安、慧远、慧休。其所与游，谢安石、王逸少、习凿齿、谢灵运、鲍照，皆时之选。'夷考其言，有失有得。其失者，以天官顾少连、夏官韩罨之徒，为有安石之德、逸少之高、凿齿之才，其不伦何啻相去千百而十一，又且近谀。其得者，文畅亦桑门上首，时不相及，方以林安远休，夫谁曰不然？与以灵运、明远之文自居，皆无愧德。斯自唐视晋宋者也，自今而视唐，独不可为之比乎？柳之颂文畅，曰：'道源生知，善根宿植。脱弃秽累，宣涤凝滞。'施之仁公，亦声闻称情而不过者，然求如灵彻、澄观、重巽、浩初、元暠、文郁、希操、深浚之流，与文畅生同其时，若是之多，则仁公为独行而无徒矣。又彼少连、罨者，岂足躅二十有七人之遗尘，而求安石、逸少、凿齿之德之高之才，吾亦不能必其当者何人，况文乎哉？其敢以灵运、明远自居，如柳州者，盖不知其谁也？然此中予未之识四人，镇、琰好礼、瑄然已皆物故。其存者，阎、李两承旨而已，可为人物眇然之叹。至大庚戌秋八月下弦日跋。"（《全元文》第9册，第406—407页）

又按："雪堂"是"大都天庆寺住持僧普仁居室，至元二十二年（1285）至二十三年（1286）间建成，为文坛著名活动场所"（《元代馆阁文人活动系年》第302页），"雪堂雅集"是"以太子真金崇儒尚士为政治背景，汉族文士宦海沉浮为个人背景，雪堂禅房19名公雅集为肇始和契机"，（叶爱欣《"雪堂雅集"与元初馆阁诗人文学活动考》，《平顶山学院学报》2006年第6期）宣传以元好问构建的"中州文统"（求芝蓉《元至元间文坛盛世"雪堂雅集"考》，《中国典籍与文化论丛》2020年第1期）。

高克恭卒。

按：高克恭（1243—1310），讳克恭，字彦敬。其先西域人，后占籍大同。"公早习父训，于经籍奥义，靡不口诵心研，务极源委，识悟弘深。至元十二年，由京师贡补工部令史。江南归附，选充行台掾，复迁内台掾，复擢山东西道按察司经历。自工部为经历，率间岁一迁。""当时文法吏每多希旨，务从刻深，而公一用平恕。浙右风物繁会，众亦莫能浼以私。""至大三年（1310）春二月，还京师，客城南。将入觐，得寒疾，久不愈，至九月初四日卒，即以是月二十九日葬在佐山化山之原，从嘉甫先生之兆。公生于戊申十一月□日，享年六十有三。积官至大中大夫。"（邓文原《故大中大夫刑部尚书高公行状》）高克恭工画山水，也善画竹，初学米芾，晚年师法董源、巨然，有作品

《云横秀岭图》、《墨竹坡石图》等存世。著有诗集《房山集》。事迹见《元诗纪事》卷一〇、《元诗选·二集》小传、邓文原撰《故大中大夫刑部尚书高公行状》(《巴西集》卷下)。

戴表元卒。

按：戴表元(1244—1310)，字帅初，一字曾伯，奉化人。南宋末中进士，授建康府教授，以兵乱归剡。元大德八年(1304)，被人推荐为信州教授。再调婺州，因病辞职。戴表元曾从王应麟、舒岳祥等游。著有《剡源集》三十卷。事迹见袁桷《戴先生墓志铭》(《清容居士集》卷二八)、《元史》卷一九〇、《新元史》卷二三七、《宋元学案》卷八五，近人孙蒱侯有《戴剡源年谱》。

乃贤(1310—1368)、顾瑛(1310—1369)、宋濂(1310—1381)生。

元武宗至大四年
辛亥　1311年　63岁

正月,帝海山崩。

按:《元史》载:"(四年)帝崩于玉德殿,在位五年,寿三十一。壬午,灵驾发引,葬起辇谷,从诸帝陵。夏五月乙未,文武百官也先铁木儿等上尊谥曰仁惠宣孝皇帝,庙号武宗。国语曰曲律皇帝。是日,请谥南郊。闰七月丙午,祔于太庙。武宗当富有之大业,慨然欲创治改法而有为,故其封爵太盛,而遥授之官众,锡赉太隆,而泛赏之恩溥,至元、大德之政,于是稍有变更云。"(《元史》卷二三《武宗本纪》,第2册,第530—531页)

又按:虞集评价武宗道:"武皇帝入纂大统,当富有之大业,圣明于赫,盛莫加焉。方是时也,国家丰裕,府库充斥。封爵并建于公孤而不摄,锡赏下逮于皂御而不匮。而秉钧轴者,多练事而袭故,安常而厌动,慢弛之习见焉。于是有智力过人者,欲见于有为,以功名自许,招徕才俊,采拾论议,一言悟主,风采震动。立尚书以出朝廷之政,治天下之事。中书之署,仅同闲局,居其职者,俯焉食禄而已。于是新任事执政者,各献其能,以佐君相,不次超擢,以建事功。政令日出,震耀奇伟。其大者如作中都,改楮币,复泉布,责郡县吏以九载黜陟之法,而考功之职兴焉。"(虞集《翰林直学士曾君小轩集序》,《全元文》第26册,第232页)

春,罢尚书省,后改行尚书省为行中书省。

按:《元史》记载此次罢尚书省细节为:"壬午,罢尚书省。以丞相脱虎脱、三宝奴,平章乐实,右丞保八,左丞忙哥帖木儿,参政王罴,变乱旧章,流毒百姓,命中书右丞相塔思不花、知枢密院事铁木儿不花等参鞫。丙戌,脱虎脱、三宝奴、乐实、保八、王罴伏诛,忙哥帖木儿杖流海南。……己亥,改行尚书省为行中书省。"(《元史》卷二四《仁宗本纪》,第2册,第537—538页)

又按:此次罢尚书省影响巨大。虞集谈到自至大二年(1309)立尚书省后,中书省等同闲置,考功之职受到追捧。今罢尚书省,专任考功之职的官员如曾德祐则罢官还家:"立尚书以出朝廷之政,治天下之事。中书之署,仅同闲局,居其职者,俯焉食禄而已。于是新任事执政者,各献其能,以佐君相,不次超擢,以建事功。政令日出,震耀奇伟。其大者如作中都,改楮币,复泉布,责郡县吏以九载黜陟之法,而考功之职兴焉。武功曾君益初,自逢被超拜翰林直学士,而专任考功,一司于天官矣。明年,政归中书,考功随罢,益初竟归庐陵。"(虞集《翰林直学士曾君小轩集序》,《全元文》第26册,第233页)

三月,爱育黎拔力八达即位于大明殿,是为元仁宗。

按:《元史》载:"三月庚辰,召前枢密副使吴元珪、左丞拜降、兀伯都剌至京师,同诸老臣议事。……庚寅,即皇帝位于大明殿,受诸王百官朝贺。……今则上奉皇太后勉进之命,下徇诸王劝戴之勤,三月十八日,于大都大明殿即皇帝位。凡尚书省误国之臣,先已伏诛,同恶之徒,亦已放殛,百司庶政,悉归中书,命丞相铁木迭儿、平章政事李道复等从新拯治。可大赦天下,敢以赦前事相告言者,罪以其罪。"(《元史》卷二四《仁宗本纪》,第2册,第539—540页)

命朝廷政务重归中书省。

按:爱育黎拔力八达即位后,重新恢复了中书省的中枢作用,他下诏称"百司庶政,悉归中书。"(《元史》卷二四《仁宗本纪》,第2册,第539—540页)并命中书省从新整治制,诏曰:"朕自即位以来,累降诏旨,图治惟勤,绩效未著。盖司民政者抚字乖方,居风宪者弹劾失当,不能副朕爱恤元元之意。今命右丞相达尔罕、左丞相阿固台、中书省官从新整治。其布告天下:凡在官守,自今以始,洗心易虑,各尽乃职。贪污败政者责罚黜降,廉勤公正、治有成效者特加升擢。期于政化流行,黎民安业,共享和平之治。"(程钜夫《命中书省从新整治制》,《全元文》第16册,第2页)

又按:元仁宗整治大德以来的弊政集中于四方面:"'名爵扫地而削其尤,锡予空帑而复其旧,太官恃不钩检而核其滥,宿卫依凭城社而汰其冗。'(许有壬《秋谷文集序》)其一,重名爵。爵滥官冗问题,大德间已很突出,武宗时严重至极。世祖时仅皇子得封一字王,武宗为奖赏支持他得位的诸王贵戚,新授王号28人,其中一字王达18人,内9人系疏属,6人系驸马,前所未有。不仅中枢军政机构实职官员数大增,'遥授'者更多至不可胜数。……仁宗即位,准李孟奏,将滥冒名爵者悉夺之,罢僧道官……其二,节赐与。作为蒙古贵族利益的主要体现,对诸王勋戚的赏赐是元朝最沉重的财政支出。成宗时,因赐与倍增,已是'岁入之数,不支半岁'。武宗即位当年,朝会应赐达350万锭。时岁赋400万锭,除地方留用,上缴朝廷280万锭,而武宗登基五个月,支出就达420万锭,应求未支还有100万锭。在库藏空虚的情况下，武宗仍'每赐一人，辄至万锭'，张养浩《时政书》将赏赐太侈列为害政最甚之首。仁宗新政的首位实为压缩开支，特别是赏赐。他曾谕掌内府库藏的太府监臣：'自今虽一缯之微，不言于朕，毋辄与人。'并停止中都及五台山等处工役。其三，核太官滥费。元代掌内廷饮食及朝会宴享等事的宣徽院，开支不受政府的检核，滥费严重，武宗时后宫饮膳竟与皇帝无异……仁宗即位之初，就下令撙节内府财用。其四，汰宿卫冗员。成宗时怯薛不限员数，大量杂流人等通过行贿内官，……仁宗即位次月，即'诏分汰宿卫士，汉人、高丽、南人冒入者，还其原籍。'"（陈得芝《耶律楚材、刘秉忠、李孟合论——蒙元时代制度转变关头的三位政治家》，《元史论丛》第九辑，第14—15页）

四月，诏罢资国院及各处泉货监提举司，取消钞法改革。

按：《元史》载："丁卯，诏曰：'……尚书省不究利病，辄意变更，既创至大银钞，又铸大元、至大铜钱。钞以倍数太多，轻重失宜；钱以鼓铸弗给，新旧恣用；曾未再期，其弊滋甚。爰咨廷议，允协舆言，皆愿变通，以复旧制。其罢资国院及各处泉货监提举司，买卖铜器听民自便。应尚书省已发各处至大钞本及至大铜钱，截日封贮，民间行使者，赴行用库倒换。'"（《元史》卷二四《仁宗本纪》，第2册，第541—542页）

又按：时任礼部尚书的杨朵儿只对仁宗废至大钞法颇有非议。《元史·杨朵儿只传》载："初，尚书省改作至大银钞，视中统一当其二十五，又铸铜为至大钱，至是议罢之。朵儿只曰：'法有便否，不当视立法之人为废置。银钞固当废，铜钱与楮币相权而用之，昔之道也。国无弃宝，民无失利，钱未可遽废也。'言虽不尽用，时论是之。迁宣徽副使，御史请迁为台官，帝以宣徽膳用，素不会计，特以委之，未之许也。"（《元史》卷一七九《杨朵儿只传》，第14册，第4152页）

闰七月，定国子生额为三百人，增陪堂生二十人，著为定式。

按：《元史》载："己未，诏谕省臣曰：'国子学，世祖皇帝深所注意，如平章不忽木等皆蒙古人，而教以成材。朕今亲定国子生额为三百人，仍增陪堂生二十人，通一经者，以次补伴读，著为定式。'"（《元史》卷二四《仁宗本纪》，第2册，第545页）《元史·选举志》载："武宗至大四年秋闰七月，定生员额三百人。……试蒙古生之法宜从宽，色目生宜稍加密，汉人生则全科场之制。"（《元史》卷八一《选举志》，第7册，第2030页）

九月，诏至大五年改元皇庆。

按：《元史》载："壬子，改元皇庆……其以至大五年为皇庆元年。'"（《元史》卷二四《仁宗本纪》，第2册，第546页）

十二月，复立国子学试贡法。

按：《元史·选举志》载："冬十二月，复立国子学试贡法，蒙古授官六品，色目正七品，汉人从七品。试蒙古生之法宜从宽，色目生宜稍加密，汉人生则全科场之制。"（《元史》卷八一《选举志》，第 7 册，第 2030 页）

此年，恢复白莲教合法地位。

按：此年，元仁宗下诏允许白莲教传教，并封普度为白莲教主，赐号"虎溪尊者"。袁桷《妙果寺记》记载了普度慨然兴复白莲教的过程："庐山东林寺，以远法师为祖庭，其教行乎海寓。阅年滋多，厖幻杂糅，坏宫夷址，将绝其遗教。寺僧普度，慨然兴复，率弟子十人，芒屦草服，诣京师上书，演为万言。又集历代经社缘起，作《莲宗宝鉴》十卷。仁宗在东宫，阅其书，尽初帙，问曰：'得无欲布施乎？'合指谢'不敢'。又问曰：'得无欲补僧职乎？'复谢'无是想，惟莲教坠绝，愿殿下振复。'时武宗皇帝在御，近臣以其事奏，即以诏旨慰抚，如律令。至大四年始，播告中外，而度俾职其教，为优昙主。师丹阳人，在县为竹林山妙果寺，率徒喻俗，将大广其居，以称圣天子崇重之意。"（《袁桷集校注》卷二〇，第 1063 页）

中书右丞相铁木迭儿遭罢。

按：铁木迭儿是皇太后答己亲信，此年仁宗以柏帖木儿死谏皇太后，终于罢免了铁木迭儿。黄溍记载此事到："至大四年二月，仁宗即皇帝位，拜王资德大夫、大都留守兼少府监，寻擢侍御史……乃拜命。即日以台评劾右丞相铁木迭儿素乏人望，贪墨败官。上可其奏，而皇太后不直之。王扣头陈世祖旧训所以彰善瘅恶之意，卒罢之。"（黄溍《太傅文安忠宪王家传》，《全元文》第 30 册，第 29 页）《元史·铁木迭儿传》将此事记载为铁木迭儿请求以病去职："皇庆元年三月，铁木迭儿奏：'臣误蒙圣恩，擢任中书，年衰且病，虽未能深达政体，思竭忠力，以图报效，事有创行，敢不自勉，前省弊政，方与更新……其有托故侥幸他职者，亦不叙。'仁宗是其言。既而以病去职。"（《元史》卷二〇五《铁木迭儿传》，第 15 册，第 4577 页）

李孟拜中书平章政事，进阶光禄大夫。

按：黄溍记载："四年春，仁宗皇帝正位宸极，真拜中书平章政事，进阶光禄大夫，推恩其先三世，且谕之曰：'卿，朕之旧学。其悉心以辅朕之不逮。'公感上知遇，毅然以国事为己任。慎赐予，重名爵。核太官之滥费，汰卫士之冗员。贵戚近臣恶其不利于己，而莫敢言也。前所建新法有未便者，奏请革去。百司庶政，一遵世祖皇帝成宪而行焉。仁宗素崇儒，且察见吏弊，欲痛划除之。公曰：'吏亦有贤者，在乎慎择而已。'上曰：'卿儒者，宜与吏辈气类不合,而曲佑之如此,真长者之言。卿在朕前,惟举人所长,而不斥其短,尤朕所深嘉也。'同僚有积与公忤者,人意公必衔之。及其坐事见黜,公乃力言于上,俾殿外藩,且优加赐赍,以慰其意。闻者莫不服其有容。方是时,朝野乂安,民康物阜,号称极治。公欿然不自以为功。士大夫或誉之,辄谢曰:'此圣天子之德也,吾何力之有焉?'乞解机务。上曰:'朕在位,必卿在中书。朕与卿君臣当相为终始。自今其勿复言。'寻赐爵秦国公。上亲授印章,仍锡书命,以褒宠之。上在潜邸,尝因公所自号,命集贤大学士王颙书'秋谷'两大字,御署以赐公。至是,又命绘公象,敕词臣为之赞。入见必赐坐,与语移时而退。惟以字呼之曰道复,而不名。其见尊礼如此。"(黄溍《故翰林学士承旨中书平章政事赠旧学同德翊戴辅治功臣太保仪同三司上柱国追封魏国公谥文忠李公行状》,《全元文》第 30 册,第 41—42 页)

李孟整饬国子监学。

按:《元史》载:"(十二月)乙未,命李孟整饬国子监学。"(《元史》卷二四《仁宗本纪》,第 2 册,第 548—549 页)李孟得到元仁宗重用后,"毅然以国事为己任",他整顿国子监学,"确立了国子学的试贡法,规定'蒙古授官六品,色目正七品,汉人从七品。试蒙古生之法宜从宽,色目生宜稍加密,汉人生则全科场之制。'这一原则的确立使国子监的教学与选官制度沟通,不仅有利于国子监教学走上规范化轨道,而且在全社会树立了'学而优则仕'的选官原则"(王建军《走进李孟》,《元史及民族史研究集刊》第 14 辑)。

刘赓任资政大夫、国子祭酒。

按:虞集《翰林学士承旨刘公神道碑》载:"四年,除资政大夫、国子祭酒。"(《全元文》第 27 册,第 292 页)

刘赓闰七月诣曲阜,以太牢祠孔子。

按:《元史》载:"闰七月辛丑,命国子祭酒刘赓诣曲阜,以太牢祠孔子。"(《元史》卷二四《仁宗本纪》,第 2 册,第 545 页)马利用作《祀至圣碑》载:"至大改元,先帝制诏,加号大成,遣使阙里,赍奉银币,祀以太牢。四年辛亥,圣人龙飞九五,乾清坤夷,制度礼乐,一出儒术,于是孔氏之道尊而明。是年七月二十有六日,中书宰辅集贤学士等于大安阁奏言:'陛下新正宸极,唯阙里之祀为重,宜选儒臣以往。'列名以进,上曰:'国子祭酒刘熙载可。'臣赓奉旨,十月一日驲骑诣阙里,仰致天子之命,持翰林所撰祝三事,其文曰:'皇帝谨遣资政大夫、国子祭酒刘赓致祭,其恭且严如是,及赐御香一封,白金叁锭,重壹百伍拾两,珍币杂彩表里各壹拾叁段,牲用太牢。'会上赐祭服雅乐,适达祖庭。未逾月,钦遇大礼,遂登乐于堂。……今载惟至大四年岁次辛亥十月戊辰朔,越四日辛未,皇帝谨遣资政大夫、国子祭酒刘赓昭告

于大成至圣文宣王,以神器界付朕躬,受命惟新,若稽旧典,肇修禋类,遍于群神。"(《全元文》第33册,第64—65页)

齐履谦被授奉直大夫、国子司业。

按:《元史》载:"四年,仁宗即位,嘉尚儒术。台臣言履谦有学行,可教国学子弟,擢国子监丞,改授奉直大夫、国子司业,与吴澄并命,时号得人。每五鼓入学,风雨寒暑,未尝少怠,其教养有法,诸生皆畏服。未几,复以履谦佥太史院事。"(《元史》卷一七二《齐履谦传》,第13册,第4030页)

程钜夫拜翰林学士承旨、资善大夫、知制诰、兼修国史。

按:何中《翰林学士承旨光禄大夫知制诰兼修国史程公行状》载:"四年辛亥,武宗皇帝宾天。上居谅闇,首召老臣十六人造朝,而公与焉。九月,除翰林学士承旨、资善大夫、知制诰,兼修国史,与修《武宗皇帝实录》。"(《全元文》第22册,第207页)

又按:何中《贺程承旨启》云:"伏以辞荣丹陛,寻隐红泉。汉庭尊疏传之贤,用成其美;士流羡欧公之退,共仰其高。展也伟人,见于今日。窃尝观功名之际,罕有能始终之全。虽如唐虞三代之时,无逾伊周二公之懿。然当保衡之任,则有营桐之危;居负扆之时,不免彻桑之虑。使其非望,实在人之有素,诚未知明哲保身之何如。是以霸越治吴,遄动扁舟之兴。除秦蹙项,即从赤松之游。天下徒称其知几,胸中所存岂易识。不然叔季之希阔,何为踪迹之寂寥。借曰有之,亦云末矣。渊明之弃其职,特不堪于督邮;巨源之归其乡,以既老于司业。校其去就,彼哉重轻。况于泰运之方隆,可以遁肥而自诡。此公之事,于世无伦。共惟承旨相公雪楼先生阁下:一代宗工,四朝名德。迪我高后,旁招俊义之贤;式是南邦,远有光华之被。摧权奸于方炽,振台纲而益强。显惟成宗,召彼故老。俾商中书之事,兼崇内相之班。宜为诰者,王某之文;可力史者,退之之责。铺张尧舜,铸二典三谟之辞;蹂躏汉唐,抗八索九丘之制。因选抡于鄂省,暂检校于山房。陛下继明,元臣汇进。虞庭十六相,亦惟汝谐;周卫一二臣,爰命公后。声摇鳌顶,价重鸡林。圣主尊之而不名,群公敬之而无间。道德如此其厚,节概如此其高。文章如此其炜煌,名位如此其超卓。举无不足,所欠者归帐饮都门,定有画图之迹;锦衣荣故里,允为邦家之光。中独抱喜心,亟绅贺幅。车无下泽,马无款段,不渐足茧于奔驰;墨有黟川,笔有宣城,何惮手胝于模写。诵言犹浅,倚德滋深。谨奉启陈贺以闻。伏惟钧慈,俯赐鉴在。谨启。"(《全元文》第21册,第176—177页)

赵孟頫升集贤侍讲学士、中奉大夫。

按:杨载《大元故翰林学士承旨荣禄大夫知制诰兼修国史赵公行状》

载:"(仁宗)即位,辛亥五月,升集贤侍讲学士、中奉大夫,用从二品例,推恩二代。"(《全元文》第25册,第585页)

元明善升翰林直学士、朝列大夫、知制诰同修国史。

按:马祖常《翰林学士元文敏公神道碑》载:"至大戊申,我仁宗皇帝养德东朝,左右文化,选天下髦俊之士,列在宫臣。公首被简拔,授承直郎、太子文学。仁宗即皇帝位,迁翰林待制、承直郎兼国史院编修官,与修成庙实录,加奉议大夫。是年升翰林直学士、朝列大夫、知制诰同修国史。"(《全元文》第32册,第480页)

虞集被授将仕郎、国子博士。

按:赵汸《邵庵先生虞公行状》载:"……为博士,言于祭酒曰:'惟学务修德,诱以利禄使之进,虽勉弗善也。圣天子加惠监学,使得岁贡士,以次授官,盍求其足以为劝者而激厉之?'李秦公时领学事,闻而是之,曰:'趣以名来,当言之于上。'乃于诸生中得端静有守尝试以事者二人,并牒上之,绌于吏议不得达,而秦公已归翰林矣。"(《全元文》第54册,第355页)虞集是年任职国子博士之后,批评监学推行的"岁贡法"是以利禄诱使学生学习,不利于教养的培养。时任国子祭酒的刘赓以及负责整饬国子监学的李孟,听闻虞集的主张,非常赞同并有推荐"端静有守"的国子生二人的尝试,但"绌于吏议不得达",而李孟又离开国子监去翰林院,虞集之议遂作罢。

忽都鲁都儿迷失译老臣议政言。

按:忽都鲁都儿迷失是元代著名的畏兀儿翻译家。《元史》记载:"帝谕集贤学士忽都鲁都儿迷失曰:'向召老臣十人,所言治政,汝其详译以进,仍谕中书悉心举行'"(《元史》卷二四《仁宗本纪》,第2册,第542页)。"所谓'老臣十人',即指元武宗为了奖赏支持他继位的诸王贵戚,新授王号二十八人,其中一字王(忽必烈时仅皇子才能得封一字王)达十八人,内九人系疏属,六人系驸马,前所未有。很显然,《元史》所提及的'老臣十人',无疑是十八人中的多数,他们作为前朝旧臣继续为仁宗任用,遂令精通畏兀儿语、蒙古语以及汉语的忽都鲁都儿迷失将众老臣所言治政内容翻译成蒙古文进呈圣上,这无疑是符合情理的事情。种种迹象表明,仁宗对忽都鲁都儿迷失极为器重,这或许与他的语言天赋及家庭背景有关。"(尚衍斌《元代畏兀儿翻译家忽都鲁都儿迷失史事考述》,《西域研究》2020年第2期)

吴澄三月一日作《贾侯修庙学颂》,赞颂贾驯监修国子监校舍一事。

按:吴澄《贾侯修庙学颂》"世祖皇帝既一天下,作京城于大兴府之北,其祖社朝市之位,经纬涂轨之制,宏规远谋,前代所未有也。至元二十四年,设国子监,命立孔子庙。暨顺德忠献王哈喇哈逊相成宗,始克继先志,成其事,而工部郎中贾侯董其役。庙在东北纬涂之南、北东经涂之东。殿四阿,崇十有七仞,南北五寻,东西十筵者三,左右翼之,广亦如之,衡达于两庑。两庑自北而南七十步,中门崇九仞有四尺,修半之,广十有一步。门东、门西之庑各广五十有二步,外门左右为斋宿之室,以间计各十有五。神厨、神库南直殿之左右翼,以间计各七。殿而庑,庑而门,外至于外门,内至于厨库,凡四百七十有八楹。肇谟于大德三年之春,讫功于大德十年之秋。于时设官教国子已二十年矣,寄寓官舍,不正其名。丞相以为未称兴崇文教之实也,乃营国学于庙之西。中之堂为监,前以公聚,后以燕处,旁有东西夹,夹之东西各一堂,以居博士,东堂之东、西堂之西有室,东室之东、西室之西有库,库之前为六馆,东西向,以居弟子员。一馆七室,助教居中以莅之。馆南而东、而西为两塾,以属于门。屋四周通百间,逾年而成,不独圣师之宫巍然为天下之极,而首善之学亦伟然耸天下之望。远迩来观,靡不惊骇叹羡其高壮宏敞。盖微丞相,其孰能赞承圣天子之德意;而微贾侯,亦孰能阐张贤宰相之盛心哉!侯之董役也,晨夕督视,不避风雨寒暑,措置分画,一一心计指授,工师莫能违焉。升本部侍郎,又升本部尚书,出领他处营造事。身虽在外,心未能忘庙学也。至大二年还朝,拜户部尚书,首诣庙学,环匝顾瞻,如其家然。呜呼!世之居官者,大率簿书期会、刀笔筐箧是务,知政治之有原、名教之可宗者,几何人哉?人咸以为迂,而侯拳拳汲汲,惟恐或后,盖其资识卓矣。侯少时为宪府属,宪长诬其副柄国者仇正直,欲置之死,数十人皆将连坐。证左迫于拷掠,悉附和以成其诬。侯与在数中,独守正不阿徇,淹系三载,卒不变移,受诬者藉是得脱。自户部尚书而参议省事也,会有罗织之狱,侯议详谳,大忤时宰,几与同罪,赖救解以免。呜呼!侯之为人如此,宜其于圣道儒术深有契也,非资识之过人而能之乎?侯每以范文正期国学诸生,澄闻而愧,辄面赤汗下。夫文正之为文正,无他,亦曰'先天下之忧而忧,后天下之乐而乐'耳。呜呼!安得人人不负侯之所期者哉?侯名驯,字致道,济南邹平人。将归其乡,故著侯之所以有绩于庙学者为颂。至大四年三月朔,国子监丞吴澄叙。诗曰:于赫皇元,泽弥八埏。翼翼京师,风化攸先。孔道昺明,千古日月。帝曰庙之,以对光烈。显允庞臣,钦辅神孙。祖训是承,往圣是遵。相谓而驯,而官而职。乃基乃构,乃墁乃甓。侯祗相言,弗懈以虔。新宫巍巍,有倬其骞。宫墙之西,学宫爰作。我宏尔居,尔懋尔学。尔士来游,四方具瞻。尔则匪遥,像貌肃严。恂恂贾侯,克敦克敏。孰挫其廉?孰混其畛?一正不阿,百折不回。族斯纠纷,郹之恢恢。庙学之崇,天子之德,丞相之功,贾侯之力。"(《全元文》第 15 册,第 347—348 页)

又按：蒲道源《贾致道监修京师庙学诗卷》云："圣朝天下一戎衣，文治方隆万世基。已集大成新庙学，更崇首善自京师。元臣力赞应谁似，工部贤劳不已私。欲识贾君奚取信，后人请读辟雍碑。"（《全元诗》第19册，第298页）

吴澄五月经中书省奏，升为国子司业。

按：据危素《年谱》记载，吴澄在今年被中书省臣奏请升为国子司业。而清代毕沅《续资治通鉴》则称此次任职为虞集推荐："诏勉励学校。以国子监虞集言，升监丞吴澄为司业，与齐履谦同日并命，时号得人。"（毕沅撰《续资治通鉴》卷一九八，第5386页）虞集《行状》载："四年，武皇宾天，仁宗即位。尚书省罢，先生升司业。侍御史刘公赓拜集贤大学士、国子祭酒，召诸生语之曰：'朝廷徒以吾旧人，自台臣迁以重国学。司业大儒，吾犹有所质问，师不易得，时不可失，诸生勉之。'"（《全元文》第27册，第173页）

又按：日本宫内厅书陵部所藏明初刻百卷本《临川吴文正公集》书末附有的宣敕文书称五月授了吴澄国子司业："长生天气力里，皇帝圣旨：'从仕郎、国子监丞吴澄可授文林郎、国子司业，宜令吴澄。'准此。至大四年五月日。"（李治安《元吴澄八思巴字宣敕文书初探》，《元史论丛》第14辑）

吴澄损益程颢学校奏疏、胡瑗太学教法、朱熹学校贡举私议，立为教法四条。

又按：吴澄升国子司业后，取程颢学校奏疏、胡瑗太学教法、朱熹《学校贡举私议》，合称"教法四条"，进行国子教学改革。揭傒斯《神道碑》载："仁宗即位，进司业，乃损益程文公《学校奏疏》、胡文定公《太学教法》、朱文公《学校贡举私议》为教四条：一曰经学，二曰行实，三曰文艺，四曰治事。"（《全元文》第28册，第507页）危素《年谱》载："四年辛亥（诏授文林郎国子司业，癸酉上官。尚书省臣伏诛，阿附得进者皆斥罢。中书省奏公升司业。刘公赓侍御史，拜集贤学士兼国子祭酒，特语诸生曰：'朝廷徒以吾旧臣，故自台臣来领学士。主上作新斯文之意甚重，吾岂敢当？司业大儒，吾犹有所质问，时不可失，师不易遇，诸生其勉之。'公为取程淳公学校奏疏、胡文公大学教法、朱文公贡举私议，三者斟酌去取。一曰经学：《易》、《诗》、《书》、《仪礼》、《周礼》、《礼记（《大戴记》附）》、《春秋（三传附）》，右诸经各专一经，并须熟读经文，傍通诸家讲说，义理度数，明白分晓。凡治经者，要兼通小学书及《四书》。二曰行实：孝，于父母；弟，在家弟于兄、在外弟于长；睦，和于宗族；姻，和于外姓之亲；任，厚于朋友；恤，仁于乡里以及众人。三曰文艺：古文、诗。四曰治事：选举、食货、礼义、乐律、算法、度支、星度、水利，各依所习，读《通典》、《刑统》、《算经》诸书。是为拟定教法。同列欲改课为试，行大学积分法。公谓教之以争，非良法也，论议不合，遂有去意）。"

又按：吴澄的"教法四条"分别损益学校奏疏、胡文定公太学教法、朱文公学校贡举私议，其中学校奏疏即其程颢《请修学校尊师儒取士札子》，文章重点设想了从州郡之学到太学的完整教化链条，旨在取"道德仁义""行实材学"之人，取缔"声律小碎、糊名誊录、一切无义理"的人才培养方式。（程颢《请修学校尊师儒取士札子》，王孝鱼点校《二程集》文集卷第一，中华书局2004年，第448—450页）其次胡瑗太学教法是指胡瑗推行的"苏湖教法"，此法以明体达用之学为主，目的是在崇尚词赋的大众教育中着重推崇实学。《宋史·选举志》载："安定胡瑗设教苏、湖间二十余年，世方尚词赋，湖学独立经义治事斋，以敦实学。"（《宋史》卷一五七《选举志》，第3659页）《宋元学案》记载宋人对胡瑗太学教法的评价："胡瑗以道德仁义教东南诸生时，王安石方在场屋中修进士业。……国家累朝取士，不以体用为本，而尚声律浮华之词，是以风俗偷薄。臣师当宝元、明道之间，尤病其失，遂以明体达用之学授诸生。夙夜勤瘁，二十余年，专切学校。始于苏、湖，终于太学，出其门者无虑数千余人。故今学者明夫圣人体用，以为政教之本，皆臣师之功，非安石比也。"（《宋元学案》卷一《安定学案》，第25页）再是朱熹的《学校贡举私议》。朱熹此文也借鉴了程颢的熙宁奏疏，主张要从根源上解决科举教育未能培养出人才的缺陷。而朱熹所谓的"根源"即要以德行为本，罢黜词赋科，取消"解额舍选"等选拔捷径。朱熹还规定了选拔的具体措施和人数，以及针对王安石新学弊端而设立的考试。（朱熹《学校贡举私议》，《全宋文》第251册，第270—278页）

又按：经由损益程颢《学校奏疏》、胡瑗《太学教法》、朱熹《学校贡举私议》之法，吴澄定教法四条。教法四条的具体内容即为吴澄的《道学基统》（《吴澄集》，第1961—1972页）。吴澄教法四条的教学改革尤其重视对义理道德的强调："当年许衡规划国子监教学，著力在小学功夫，对大学之理强调甚少，这既与许衡本人的学术功底有关，又与元初崇儒兴学之需求程度有直接关系。而到了武宗、仁宗时期，程朱理学对元代社会的影响与元初已大不相同，其需求程度也相应提升。如果国子监的教学依然还停留在洒扫应对这一层面，而不能深入探讨理义道德之蕴，让学生明了人心之精微天理之极致，要达到'守于心'的目的是不可能的。来自朱、陆之学产地的吴澄敏锐地捕捉到了这一变化的趋势，并以他兼容并蓄朱学和陆学的理论功底，在国子监教学中引导学生刻意研究以究乎精微之蕴，反身克治以践乎进修之实，进一步深化了许衡的办学思路。"（王建军《元代国子监研究》，第259页）

吴澄与国子祭酒刘赓交好。

按：刘赓时任国子祭酒，吴澄任国子司业，期间两人成为好友。吴澄

《寿刘承旨并序》云:"唯斋先生年登八袠,旧友江西吴澄寄诗为寿。"全诗为:"去岁公年七十九,我共群贤祝公寿。今年公寿八十齐,我已还家在江右。江右望公五千里,坐憩音容如尺咫。我公历遍翰苑官,八袠堂堂老承旨。公家寿域极天峻,弥仰弥高世增累。公前我后许跻攀,梯级已成因旧垒。公今具足五福畴,我更期公百不忧。蟠桃岂待三千岁,夜梦仙娥荐石榴。"(《吴澄集》,第1909页)据吴澄记载,刘赓担任国子祭酒以来,重学问、名望而不重官阶。《题人瑞堂记后》载:"皇上践位之初,翰林学士承旨刘公(即刘赓)为国子祭酒。盖以望实选,不以品秩论。澄由国子监丞任司业,朝夕事公。公为官长,又年长,恂恂焉视予犹弟也。"(《吴澄集》,第1183页)

吴澄五月作《送李吉夫赴河南行省理问序》以送李吉夫。

按:此年李吉夫迁任河南中书省掾,吴澄作《送李吉夫赴河南行省理问序》以赠。文载:"仕不出乡,人之至愿也。中世游宦在数千里外,不能复归其乡里者有焉。归德李侯吉夫,繇从事大司农府升中书省掾,擢授工部主事、通政院都事、大都路治中、通政院判官,留京师十有八年,今得河南行省理问以归。河南省治汴梁,领路十有二,府若州四十有六,县百八十有三,归德为支郡,相去不三百里,可谓仕不出乡者矣。三代之时,民自选举贤能以长治其乡里。选之举之者必当其人,所以利于我也;长之治之者必尽其心,所以仁其乡里也。自选举不本于乡里,而仕于四方者或不谙其土俗,或视其民如路人,而螟螣之,鱼肉之,靡所不至。一旦官满,掉臂而去耳。乌乎!人心吏治之不古也,比比若是,可叹也。夫李侯质直无城府,其莅官也廉而才,其处繁剧也泰然不失其常度,而慈祥岂弟,无丝毫伤人害物之意。以是为政于天下,何施不可?而况于其乡里,尤所用情者乎?理官理刑狱,虽专问大吏,而不及小民,然大河以南、大江以北数道,方伯之寄,事之关民休戚者众矣。得贤者能者为之属,从容赞画,阴有以福泽其民,而乡里与受其赐,其所补岂少哉?侯之考妣俱受恩赠,考爵县子,妣封县太君。侯归拜坟墓,会宗族,见长老,白叟黄童欢呼及门,喜吾乡里之贤能将有以福泽于我也。侯不自以为荣,而乡里荣之;侯不自以为幸,而乡里幸之。予也与侯同年生,嘉侯之归其乡,而愧予之未能也。故于侯之行也,以是赠。至大辛亥五月甲午。"(《吴澄集》,第543—544页)

吴澄十月为孙登龙作墓碑文。

按:吴澄为孙登龙作墓碑文是受旧友萧士资请。在墓碑文里,吴澄强调了同知东川路总管府事孙登龙在宋蒙战争时,保全赣州宁都人民的功劳,以及入元以后以儒学教授的身份"以周孔之教变殊俗"的事迹。(吴澄《有元同知东川路总管府事孙侯墓碑》,《吴澄集》,第1296—1297页)

吴澄作《致存亭记》。

按：吴澄为孙登龙作墓碑文后，后者子孙毅臣于墓近之处修"致存亭"，吴澄因之作记以存之，见《致存亭记》。（吴澄《致存亭记》，《吴澄集》，第906页）

吴澄后又作《宁都州学孙氏五贤祠堂记》。

按：孙登龙卒后，宁都士人请以祔孙氏四贤之祠，后称宁都州学孙氏五贤祠堂。吴澄受邀为此事作记，见《宁都州学孙氏五贤祠堂记》。（吴澄《宁都州学孙氏五贤祠堂记》，《吴澄集》，第871—872页）

吴澄为张翚作墓铭及祭文。

按：张翚卒于大德六年（1302），此年王元远走京师请求吴澄为张翚撰写墓铭。吴澄《故文林郎东平路儒学教授张君墓碣铭》载："君蜀人也，姓张氏，讳颜，字达善，世居永康之导江。曾祖广成，赠承事郎。祖讳汝舟，乡贡进士。父讳瀛，特奏名迪功郎、江州彭泽县主簿。母黎氏。蜀有兵难，主簿君从其外舅监丞黎公出蜀寓浙。君生始四岁，主簿君携以见秀岩李公、西山真公，俱目为奇童。年十六而孤，奉母居海滨。师其先友，业进士诗赋。弱冠以蜀士流寓试不中，改试《春秋义》，平舟杨公栋勉之学义理之学。年二十七，师金华鲁斋王先生柏。君有才华，以所读书十数条演绎其义，质于师，不答。君请曰：'某不敏，愿先生启发之。'乃出君所论，指示之曰：'若所论，昔人已尝如此云云，朱子所不取也。'俾读《论孟精义》，自此君得闻所未闻。既而平舟杨公罢参政居台，而台之赵守及临海赵令并喜讲学，君造请其间，多所资益。游钱塘，出入翰林史馆、礼寺，习知故实。还台省母属，天兵南来，家歼焉，君茕然一身，授徒自给。初以浙西按察佥事夹谷公荐，授将仕佐郎、建康路教授，迟迟四年始之官，未及一期而代。再以行台御史中丞徐公荐，授登仕佐郎、孔颜孟三氏子孙教授。颜、孟家庙岁时以俗礼荐，为制笾豆，更定祭仪，畀其家申请正颜、孟配位南向之失，升曾子、子思配飨，以周、程、张、邵、司马、朱、张、吕氏九儒从祀，及其他便益事宜非一。秩满，鄄城士大夫具书币迎致，以淑其郡人。留四年，学徒自远而至者日富，教声洋溢乎中州。有以国子监官荐者，授文林郎、东平路教授，引疾不赴，归于仪真，依江东宣慰使珊竹公以处。君自幼敏悟，气毅而容肃，未尝一日废书。经史传记、礼乐名数，靡不研究。教人读《近思录》为四子阶梯，《四书》以朱子章句、集注为本，次读《仪礼》、《诗》朱氏传、《书》蔡氏传；《易》先朱子启蒙、本义，以达程传；《春秋》胡氏传、张氏集传。读史及诸子百家，定其是非邪正，作文书字亦各有法。讲说明畅，援引该赡，粲然皆成文辞。音节抑扬中度，听者莫不竦服。其所著述有《四经归极》、《孝经口义》、《丧服总类》、《冕弁冠服考》、《引彀训蒙》、《经史入门》、《阙里通载》、《淮阴课稿》等书，及文集若干卷。年六十七,以疾终,大德壬寅六月十七日也。葬于扬子县甘露乡三城里蜀冈之原,以前配冯氏祔。再娶黎氏,外族宣教君之女,生女二人,长延秀,通诗书大义,嫁门人保定王元;次延颖,许嫁真定李某。至元丁亥,予识君于建康。其后予客东淮,又与君之所交、所教者游,故知君为深。至大辛亥,王元走京师,求文表君墓。呜乎!讲明朱子之学以授学徒,使人人闻风敬慕,能如君者鲜矣。而不获于时,又无嗣,仅有女传业,畴不为君惜,况知君之深者乎?于是叙次其事,而系之以铭。其辞曰:煌煌陈编,茫茫绪言。弥演弥绎,波滔蔓延。孰得其珠?孰买其匮?维占是呻,奚告非渎?曰若石师,泯焉夸毗。孰为省之?孰令领之?猗达善父,蕴茹今古。飚驰霆訇,亹亹音吐。异耳骇异,金玉师传。爰著斯嘉,耀于荒阡。"(《全元文》第 15 册,第 496—498 页)

又按:吴澄另有为张善达作祭文。《祭张达善文》载:"猗欤朱子,训释《四书》,微辞密意,日星炳如。纷纷末学,经笥文藻,而于本原,或昧探讨。卓哉张君,学有正传。章句义理,究索精专。讲说铺陈,敷畅厥旨。抑扬翕张,耸动群耳。公侯之门,宾师之尊。始终情义,弥久弥敦。晚官鲁洙,又客卫服。诜诜游从,济济受读。归来淮土,妙运海规。有言于朝,将升胄闱。如何如何,天不寿道?忽此弃遗,曾未耋老。昔游白下,及上君堂;今滞仪銮,君丧已祥。遥瞻蜀冈,墓长宿草。进拜遗像,涕陨心悚。学之不坠,允也不忘。怆焉一奠,以寓哀伤。尚享。"(《吴澄集》,第 1681 页)

李文卿七十辞官告老,以友朋赠别诗卷请吴澄、赵孟頫先后作序。

按:赵孟頫《书吴幼清送李文卿归养序后》云:"饶阳李文卿方佐涟海戎幕,一旦请解官归养,是时其父八十余矣。温清之问,甘旨之供,又数年而父卒。既卒,葬之以礼。服阕,复佐真定戎幕于杭。于是文卿亦七十矣,告老而归。我帅苦留之,不可夺。乃以诗卷使其表弟宋某来征余言。仆开卷见司业吴公之文。嗟乎!吴公之言,愤世嫉贤,可为万世戒,而益有以见文卿孝于其亲、异于流俗万万也。况文卿之家,七世不异爨,其所由来,盖亦有自。而文卿又能引年致仕,视世之贪荣苟禄者,何啻霄壤也!尤使人敬之爱之,不能自已。敬书吴公之序之后而归之。"(《全元文》第 19 册,第 92 页)

又按:吴澄《送李文卿序》载:"古之仕者三,后世行可之仕几于无,而际可之仕亦或鲜矣,大率皆公养之仕也。夫既曰公养,则有亲者,凡以为其亲而已。于养不便,不仕可也。盖人之大伦五,父子其首也。孝于父,斯可移于君。自非贵戚大臣,身系社稷安危,膺托孤寄命之重,不得不以公义夺私情。苟守一官一职,去就繇己,而诿曰委身为国,不顾其私,虽曰不贪荣,吾不信也。余犹记数十年前仕而少亏于子道,清议不容,不以人类比数,坐是终身沦废者有焉,而窃怪海宇混同以来,东西南北之相去,地理辽绝,有违其乡而仕远方者，于其亲也，或五六年、或七八年、或十余年而不一省，不惟安否之问、甘旨之供阙，至有畜妻抱子、新美田宅于它所，而其亲自营衣食、自给繇役于家，窭穷劳苦而莫之恤，老矣而无欢。或不幸永诀而不相闻，甚者闻而不奔，又甚者匿而不发，饮食、衣服、言语、政事扬扬如平时。噫！是岂独无人心哉！其沦染陷溺之深而然与？其未尝讲闻礼经之训而然欤？可哀也已。迩来国典许人子以终养终丧，此孝治天下之第一事也。颓风流俗之中，能自拔者谁乎？饶阳李文卿，温温有君子之德。其家七世不分异，其太母逮见玄孙，年九十九而终。其父年逾八十。文卿佐涞、海两州戎幕，力请解官归养，期年而后，遂买舟北渡。于是两州人士及见者、闻者莫不为诗文以褒美之。夫文卿是举，人子之所当然。然行之于人所鲜行之时，亦其天资之粹，卓然有以自拔于世矣。归侍其亲，诸弟、诸子、诸孙林林乎其前，一家自为师友，即《论语》、《孟子》、周公所制之《礼》、戴氏所辑之《记》、汉魏唐宋诸儒之注疏论说，杜氏《通典》、司马氏《书仪》及《刑统》等书参稽熟究，见古圣先王礼律所载所议，其与今日国典异世而同符，缘是悉人子事亲之道，则立身扬名，将俾天下后世闻风而想慕，不但二三子区区之褒美云尔。"（《吴澄集》，第671—673页）

姚燧作《李平章画像序》。

按：此年元仁宗命图李孟像，敕词臣作赞："孟在政府，虽多所补益，而自视常若不及，尝因间请曰：'臣学圣人道，遭遇陛下，陛下尧、舜之主也。臣不能使天下为尧、舜之民，上负陛下，下负所学，乞解罢政权，避贤路。'帝曰：'朕在位，必卿在中书，朕与卿相与终始，自今其勿复言。'继赐爵秦国公，帝亲授以印章，命学士院降制。又图其像，敕词臣为之赞，及御书'秋谷'二字，识以玺而赐之。"（《元史》卷一七五《李孟传》，第13册，第4088页）

又按：姚燧《李平章画像序》："陛下之未出阁，由李道复日侍讲读，亲而敬之。尝召绘工，惟肖其形，赐号秋谷。命集贤大学士王颙大书之，手刻为扁，而署其上。又侧注曰：'大德三年四月吉日为山人李道复制。'至大四年辛亥春，正位宸极，制授道复光禄大夫、中书平章政事，以尽学焉。后臣之义，装潢是图，填金刻扁，而摹赐号与御署，加卷标轴，宠耀至矣，人孰与俦？敕臣燧序之，将俾词臣颂歌其下，而亲览焉。臣闻命屏营，反覆究思，在昔帝王，图其臣者，商高宗之傅岩，汉中宗之麒麟阁，世祖之云台，唐太宗之凌烟阁，四焉耳。麟阁而下，皆将相之开国承家，平乱亡以赞弥纶，资訏谟，以致隆平者。傅岩不然，初未有是赫赫显烈，肖其梦形，求得诸野，爰立作相，以道复肖形可同说乎？高宗图于既王三年之后，陛下则图于未帝一纪之先。其时绘工运思，有所未至，手为设色，高宗于说有是乎哉？断所无者。李泌从肃宗于途,人指目曰:'黄衣者圣人也,白衣者山人也。'已乃为相。而道复姓偶同乎泌,亦白其衣,今亦已相。谓道复山人可同泌乎?为之赐号刻扁,肃宗于泌有是乎哉?亦断所无者。泌虽贤者,而言涉神仙迂怪,以故史氏短之,惟说则无间然。尝改观之,古今之世,相去若异,帝王为治,道罔不同,何则?陛下所居,则列圣之位也。列圣君临之中土,尧舜昔尝有也。乃若高宗,亦商圣贤之君,耻其不为尧舜,故命说曰:'若金,用汝作砺;若济巨川,作舟楫;岁大旱,作霖雨。作酒醴,惟曲糵;作和羹,惟盐梅。'取喻再三,求其交修者,皆陛下有虞道复之心。今谓道复其才有足方说,孰敢犯是不韪?然其所处,则说地也。如较其学焉,后臣顾说所无,能求多闻以建事,学古训以道,积厥躬招俊义,以列庶位,对扬天子之命,亦足袭说遗芳余烈,报陛下矣。然非旧学之臣,世不以是责难。俟夫治定而功成,德尊而年及,或遂悬车于秋谷,钓云月以弄泉石。朝堂有疑,驰使谘之,犹不得专为山人,世则目曰山中宰相者,所不免也。是年夏五。"(《全元文》第 9 册,第 382—383 页)

又按:程钜夫作《李秋谷平章画像赞》:"天作之君,必拟之臣。猗欤秋谷,潜龙旧人。辅导羽翼,蔼然师友。图像青宫,德义是取。九居五位,转坤旋乾。道同志合,匪人伊天。万国具瞻,始会天意。玉质堂堂,俨廊庙器。身为道寄,道以身宏。孰道孰身,穆穆迓衡。道不计功,而功孔炤。千载如新,云台麟阁。"《李秋谷画像赞》:"历观宰辅,久无儒者。潜龙羽翼,公乃大雅。帝曰旧学,汝遂相予。真儒之效,此其权舆。熙运方开,明良起喜。如龙而云,如鱼而水。任以天下,可谓大臣。劳谦得士,清静宁民。想其风采,金玉珪璧。赐之画图,式是百辟。岂惟丹青,盛德形容。尚友凌烟,黄阁清风。"(《全元文》第 16 册,第 313、317 页)

又按:同恕作《李平章秋谷赞》:"于穆圣心,全体太极。好善忘势,前无古昔。剡我师臣,蚤侍经席。眷注绸缪,宜莫与匹。迺濡瑞毫,象仪是饰。迺运宝锋,号肩斯勒。天巧焜煌,山人说怿。对扬显休,臣敢不力!维此山人,孔门之特。道行与行,无身有国。昔也龙渊,以羽以翼。今焉凤池,伊契伊稷。培植太平,仁膏义泽。在谷满谷,孰匪秋获?猗欤盛明,得士之吉。奉奉姜姜,以颂无斁。"(《全元文》第 19 册,第 377 页)。

又按:蒲道源作《秋谷平章真容赞(并序)》:"某伏在田里,恭闻秋谷平章秦国公有大勋于帝室,诏画工图其容,仍命词臣等赞颂,宠渥至矣。窃谓君臣际会,古今盛事。太平之业,实基于此。某不胜欣跃,亦拜手稽首拟而献云:烈烈秦公,两济艰难。阴孽既除,天步以安。事机之来,间不容发。匪谋曷济,匪断胡克。四方奠枕,有闻无声。曾是觤觤,化为丕平。帝曰休哉,汝其予相。视昔凌烟,其肖尔像。气宇魁然,山河之英。目光炯然,箕昂之精。巍巍庙堂,愿公寿考。身任安危,天子是保。惟天子圣,倚注方隆。岂若画图,置而不庸。公其报国,确乎自许。肯效丹青,静而不语。君臣一德,罔替初终。百辟是式,聿观厥容。"(《全元文》第21册,第281页)。

虞集作《知还斋记》。

按:虞集此文是应李孟之请所作。李孟此年当政,总揽中书省事务,但改革并不畅通,是年七月李孟请求解除政务:"完泽、李孟等言:'方今进用儒者,而老成日以凋谢,四方儒士成才者,请擢任国学、翰林、秘书、太常或儒学提举等职,俾学者有所激劝。'"(《元史》卷二四《仁宗本纪》,第2册,第545—546页)随后李孟筑斋,名"知还",显示自己致仕之决心。故虞集《知还斋记》写道:"相国李秦公,治小斋于居第之后,取陶渊明《归去来兮辞》中语,名之曰'知还',而命集记之。集对曰:'夫身任天下之重者,必有周天下之虑。虑周天下,则凡所以竭其心力者劳矣。于是求高明广大之居,以佚其身,休其气息。其聪明之用,以待事物之无穷者,人之所同也。而窃尝观盛德于下风矣。初,天子之在渊潜也,公以仁义为之师。处忧患于危疑之日,而不为动;决几微于造次之顷,而不为慑;挈宗社于大安之地,而不为矜。神闲意定,若初无为乎其间。及天子即位,公以旧学为之相。大纲细目,疏治条理,不紊不遗,意若有不足,而公方日与天子坐论道德,治乎无为。四海晏然蒙其泽而莫之觉,此其所存者大,而所息者深,又何假夫居以厚其养哉?顾乃因方丈之室,托微物以见志,若惧满盈而有退然之意者,其忧深思远之故,集何足以知之。'虽然,公命也,集不敢辞。乃为之记曰:'朝出乎乔林,而夕返乎一枝者,众鸟也。故隐民远土,得以寄兴而自喻。乃若鸣凤,历数千百载而一出,其进退岂直系其身也哉?是故奉其身以为进退者,庶士之事也。进退不系其身,而系其道者,大人之事也。公以身系天下之安危,其道著矣。今而自托于此,是岂以功名富贵易其心者哉?集以是知易道之所以贵夫知进退而不失其正者也。'"(《全元文》第26册,第635—636页)

勖实带卒。

按:勖实带,蒙古怯烈氏,世为炮手军总管,居河南鸣皋镇。早年从世祖平宋,所至唯取图书。归后建立学校。为屋五十楹,割田千亩,以为学产。其子慕颜铁木复建稽古阁,贮书达万卷,延祐间,被赐名"伊川书院"。勖实带大肆于学,手不释卷,与中书右丞陈天祥,翰林学士承旨姚燧、卢挚,侍御史赵简等交游甚密,诸人欲荐之入翰林,会卒。勖实带善诗,有诗五百余篇曰《伊东拙稿》。事迹见程钜夫《故炮手军管克烈君碑铭》(《雪楼集》卷二二)、薛友谅《敕赐伊川书院碑》(《崇县志》卷八)。

元仁宗皇庆元年
壬子　1312年　64岁

李孟本年春,被特授翰林学士承旨、知制诰兼修国史。十二月辞官未被允准。

按:黄溍《元故翰林学士承旨中书平章政事赠旧学同德翊戴辅治功臣太保仪同三司上柱国追封魏国公谥文忠李公行状》载:"皇庆元年春正月,特授翰林学士承旨、知制诰、兼修国史,依前平章政事。寻谒告,归葬其父母于潞州之先茔。上劳送之,曰:'卿襄事毕,宜亟还,毋久留,孤朕所望。'冬十二月,入朝,上大悦。公因请谢事。优诏不允;然重违其意,乃命以平章政事议中书省事,依前翰林学士承旨、知制诰、秦国公。大诏令皆公视草,史册所记,亦公手自刊定。辟置官属,多时之闻人。"(《全元文》第30册,第42页)

又按:陈得芝《耶律楚材、刘秉忠、李孟合论——蒙元时代制度转变关头的三位政治家》指出李孟一再辞爵的原因:"李孟何以在君臣正相得时一再辞职、辞爵?原因在于他的改革遇到了无法抗拒的阻力。《元史·仁宗本纪》载,至大四年十一月李孟奏:'钱粮为国之本,……今每岁支钞六百万锭,又土木营缮百余处,计用数百万锭,内降旨赏赐复用三百余万锭,北边军需又六七百万锭。今帑藏见贮止十一万锭,若此安能周给。自今不急浮费宜悉停罢。'仁宗虽纳其议,但只罢营缮,而不及赏赐等项。十二月,中书省奏:'世祖定立选法升降,以示激劝。今官未及考,或无故更代,或躐等进阶,僭受国公、丞相等职,诸司已裁而复置者有之。今春以内降旨除官千余人,其中欺伪,岂能尽知,坏乱选法,莫此为甚。'这就是说,李孟当政头一年,其重名爵、节赏赐两大项改革都收效甚微,而且都是由于'内降旨'所致。内有皇太后答己做贵戚近臣的后台,外有太后宠臣右丞相铁木迭儿掣肘,库藏枯竭,官制仍坏,这政如何当得?李孟归乡葬亲间所作《偶成》诗云:'日午山中道,停骖进步难。硗侵苔径滑,风吹毳袍寒。匡国终无补,全身尚未安。一尊茅店酒,强饮不成欢。'其处境之艰危可想而知。"(陈得芝《耶律楚材、

刘秉忠、李孟合论——蒙元时代制度转变关头的三位政治家》,《元史论丛》第九辑,第15页)

又按:姚大力则认为,李孟一再地辞官是看出了仁宗朝的险恶局面:"对太后通过铁木迭儿干政,仁宗虽然心怀不满,却只能间接地进行抵制。他的即位诏称:'命丞相铁木迭儿,平章政事完泽、李道复等从新拯治。'当日中书省,应该还有中书右丞相铁木儿不花、平章政事床兀儿等。诏书突出东宫旧人完泽、李孟与铁木迭儿对举,显示出仁宗欲倚重他们与铁木迭儿相周旋的意图。但是,老于世故的李孟眼看局面险恶,不久就以归葬父母为由告假而去。皇庆元年底,李孟还朝后,坚决不肯再进中书,结果只做一个议事平章了事。仁宗担心权力失衡,遂于翌年初,由他的亲信柏帖木儿出面,向太后叩头力陈,硬是争得铁木迭儿'以病去职'。延祐元年九月,铁木迭儿复为右丞相;同年冬,仁宗又强勉李孟接受中书平章职务。但他好像仅仅以中书执政的地位主持了延祐二年春天的廷策进士,自后坚持以衰病不任事。仁宗出于无奈,乃起用御史中丞萧拜住为中书左丞,寻升平章政事,转而依靠他来牵制铁木迭儿。"(姚大力《元仁宗与中元政治》,《内陆亚洲历史文化研究——韩儒林先生纪念文集》,南京大学出版社1996年,第134—135页)

齐履谦改金太史院事。

按:苏天爵《元故太史院使赠翰林学士齐文懿公神道碑铭》载:"仁宗自居潜宫,嘉尚儒术,及其即位,学校、贡举之制兴矣。台臣屡荐公当为胄子师,宰相李韩公承上意拔用名士,擢公国子监丞,易阶奉直大夫。公严条要,以身先之,诸生惴惴畏服。说经精明,质疑请问无虚日。诸生斋居者休旬无所于食,公积学廪之赢典之,夜给膏油继之。公每五鼓入学,风雨寒暑未尝懈也。改金太史院事。"(《滋溪文稿》卷九,第130页)

邓文原继吴澄为国子司业。

按:邓文原继吴澄后为国子司业,他任职后,也试图改革国子学,但仍未能成功,于是他也投劾而去。虞集《送李扩序》载:"邓文原善之以司业召至,会科诏行,善之请改学法。其言曰:'今皇上责成成均至切也,而因循度日,不惟疲庸者无所劝,而英俊者摧败,无以见成效。'议不合,亦投劾去。于是纷然言吴先生不可,邓司业去而投劾为矫激,而仆之谤尤甚。"(《全元文》第26册,第175页)吴澄《元故中奉大夫岭北湖南道肃政廉访使邓公神道碑》载:"皇庆壬子,入为国子司业。"(《邓文原集》附录,第411页)黄溍《岭北湖南道肃政廉访使南阳郡公谥文肃邓公神道碑》载:"召除国子司业,建白修明学政,而乐因循、惮改作者与之论不合,遂移疾去。"(《全元文》第30册,第184页)

范梈、杨载充翰林国史院编修。

按：范梈《杨仲弘集原序》载："大德间，余始得浦城杨君仲弘诗读之，恨不识其为人。及至京师，与余定交，商论雅道，则未尝不与抵掌而说也。皇庆初，仲弘与余同为史官，会时有纂述事。每同舍下直，已而犹相与回翔留署，或至见月，月尽继烛相语。"（《全元文》第 25 册，第 590 页）吴澄《故承务郎湖南岭北道肃政廉访司经历范亨父墓志铭》载："荐举充翰林编修官，官满，部注建昌路照磨。"（《全元文》第 15 册，第 638 页）

吴澄正月一日作《拟皇庆贺正表笺（二道）》。

按：吴澄《拟皇庆贺正表笺（二道）》载："元年正月，鼎新历数之初；丽日中天，咸集衣冠之拜。照临所暨，悦豫惟均。陛下明睿冠伦，缉熙典学。持守臻太平之盛，怡愉尽致养之欢。众贤聚于朝廷，政修事举；利泽周乎宇宙，吏称民安……"（《吴澄集》，第 1697 页）

吴澄正月十八日辞归。

按：据吴澄《壬子自寿》记载，他在生日前一天即正月十八日辞官南还："昨日辞京国，通州岸下船。年年此初度，度度似今年。快活神仙地，欢愉父子天。小成重八数，圆满大三千。"（《吴澄集》，第 1802 页）虞集《行状》载："皇庆元年正月，先生使买舟通州。既行，而后移文告其去。监学官愕然，贵游之士，怅怅失所依，有流涕者。数十人追至河上，恳留不从。朝廷亦遣人追留，或尼不行。"（《全元文》第 27 册，第 173 页）揭傒斯《神道碑》载："未及施行，为同列所嫉，一夕竟去。六馆诸生怅怅如失父母者，有不谒告从之而南者，居数年然后归，归皆取高科，为名士。"（《全元文》第 28 册，第 507 页）危素《年谱》载："皇庆元年壬子，元仁宗（二月，辞归。公登舟赋诗，僚友皆为之惊愕，诸生一旦失所依归，有流涕者。监学命属吏及诸生数十人，追至通州河上，恳留，不从。朝廷特遣使请公，仍不久而去）。"

又按：虞集《请吴先生书》载："先生生朝，避客连日，奉使还监。今蒙令嗣来，始蒙垂示。留别之意，实为惊愕。盖进难退易，固士君子之大节，而去留之间，必有攸当。今朝廷嘉惠斯文，德意至渥。钦体近旨，则监学所系甚重。先生抱道怀德，经明行修，系乎监学者匪轻。翩然去之，于雅志则得矣。朝廷其谓监学何，则区区之未喻也。谨遣学生某等，请于河上，以必还为期。惟执事留意，北棹毋阻。幸甚！"（《全元文》第 26 册，第 47—48 页）

又按：关于吴澄辞官南还的原因，几种传记记载不一。虞集认为，部分国子监学者认为吴澄引导学生学习陆九渊之学，因此他们表面上以吴澄不遵守许衡尊信的朱熹学说为借口，非议吴澄，吴澄只好辞官南还："盖先生尝为学者言：'朱子道问学工夫多，陆子静却以尊德性为主。问学不本于德性，则其弊偏于言语训释之末，果如陆子静所言矣。今学者当以尊德性为本，庶几得之。'议者遂以先生为陆学，非许氏尊信朱子之义。然为之辞耳，初亦莫知朱陆之为何如也。"同样虞集在《送李扩序》里也用很多篇幅对此重申。他指出，许衡对于国子学教育功劳甚大，他促进了朱子学问的传播，但是在许衡卒后，他的门人并未领悟许衡建立圣贤之道的苦心。而吴澄任职国子司业后以"教法四条"来更新国子监教学方法与教学内容的做法，实际上是延续了许衡对于朱熹之学的推崇。吴澄对涵养德性的重视并不是偏向陆九渊之学，而是针对科举教育虽重视朱熹之学，却有偏重训诂以及利诱两个弊端所进行的修正。虞集以为许衡、吴澄对国子监的看法是一以贯之的，事实上监学也需要像吴澄这样的人来进行改革。但是，除了吴澄不为人接受，像同时的国子祭酒刘赓、国子司业齐履谦、国子司业邓文原三人前后在监学里针对教育的改革措施也多少以失败告终："国家之置学校，肇自许文正公。……文正故表章朱子小学一书，以先之，勤之以洒扫应对以折其外，严之以出入游息而养其中，掇忠孝之大纲，以立其本，发礼法之微权，以通其用。于是数十年彬彬然号称名卿材大夫者，皆其门人矣。呜呼！使国人知有圣贤之学，而朱子之书得行于斯世者，文正之功甚大也。文正没，国子监始立。官府刻印章如典故，其为之者，大抵踵袭文正之成迹而已。然予尝观其遗书，文正之于圣贤之道，五经之学，盖所志甚重远焉。其门人之得于文正者，犹未足以尽文正之心也。……故使文正复生于今日，必有以发理义道德之蕴，而大启夫人心之精微，天理之极致，未必止如前日之法也。而后之随声附影者，谓修辞申义为玩物，而从事于文章，谓辩疑答问为躐等，而始困其师长，谓无所猷为为涵养德性，谓深衷厚貌为变化气质，是皆假美言以深护其短，外以聋瞽天下之耳目，内以蛊晦学者之心思。此上负国家，下负天下之大者也，而谓文正之学果出于此乎？近者吴先生之来为监官也，见圣世休明，而人才之多美也，慨然思有以作新其人，而学者翕然归之，大小如一。于是先生之为教也，辩传注之得失，而达群经之会同；通儒先之户牖，以极先圣之阃奥。推鬼神之用，以穷物理之变；察天人之际，以知经纶之本。礼乐制作之具，政刑因革之文，考据援引，博极古今，各得其当，而非夸多以穿凿。灵明通变，不滞于物，而未尝析事理以为二。使学者得有所据依，以为日用常行之地，得有所标指，以为归宿造诣之极。噫！近世以来，未能或之先也。惜夫在官未久，而竟以病归。呜呼！文正与先生学之所至，非所敢知所敢言也，然而皆圣贤之道，则一也。时与位不同，而立教有先后者，势当然也。至若用世之久速，及人之浅深，致效之远近小大，天也，非人之所能为也。……

先生虽归,祭酒刘公以端重正大临其上,监丞齐君严条约以身先之,故仆得以致其力焉。未几,二公皆他除,近臣以先生荐于上,而议者曰:'吴伯清,陆氏之学也,非朱子之学也。不合于许氏之学,不得为国子师。是将率天下而为陆子静矣。'遂罢其事。呜呼!陆子岂易言哉?彼又安知朱、陆异同之所以然?直妄言以欺世拒人耳。是时仆亦孤立不可留,未数月,移病自免去。邓文原善之以司业召至,会科诏行,善之请改学法。其言曰:'今皇上责成成均至切也,而因循度日,不惟疲庸者无所劝,而英俊者摧败,无以见成效。'议不合,亦投劾去。于是纷然言吴先生不可,邓司业去而投劾为矫激,而仆之谤尤甚。悲哉!"(《全元文》第 26 册,第 173—175 页)

又按:根据虞集所言,国子监自成立以来,一直延续着许衡所主张的以洒扫应对为重的朱子小学教法。例如大德八年耶律有尚拜国子祭酒时,《元史》直接称其以"一遵衡之旧"的信念行事。而吴澄在至大四年推行的教法四条,则明确提出要承袭程颢、胡瑗、朱熹的"明体达用之学"一脉,即是要突破许衡以来的只注重洒扫应对式的小学教法,加重"明体"的部分,对于义理道德亦要有所追求。但是墨守许衡成规的学者显然并不肯定吴澄的做法,并且还以吴澄是陆子之学来攻击他,虞集对此直言道"陆子岂易言哉?彼又安知朱、陆异同之所以然?直妄言以欺世拒人耳"。虞集指出学者实际上并不明白何为陆子之学,仿佛只要有人一提出重视义理便是心学,如此的根源,是连朱熹之学都不明白。虞集表示,不仅吴澄,就连邓文原和他自己都不能为国子监所容,单就刘赓和齐履谦二人之力并不能保证国子监学的真正更新。因此,从本质上来说,吴澄此年自国子监南归是因为无法撼动国子监学里的固有势力。

又按:揭傒斯《神道碑》认为吴澄南还原因是"为同列所嫉",危素则称是吴澄与当时监臣想要推行的"积分法"不合引起:"同列欲改课为试,行大学积分法,公谓教之以争,非良法也,论议不合,遂有去意。"据考,"大学积分法"是国子司业的齐履谦倡导之法,齐履谦希望用积分法改变原本的岁贡法,《元故太史院使赠翰林学士齐文懿公神道碑铭》载:"明年(1314),复拜国子司业。有制,国子岁贡六人。蒙古二,官从六品;色目二,官正七品;汉人二,官从七品;第以入学名籍为差次。公曰:'不变其法,士何由进学,国何以得材。'乃酌旧制,立升斋积分等法。其言曰:国学立六斋,下两斋以初学者居之,中两斋治《大学》、《论语》、《孟子》、《中庸》,学诗者居之,上两斋治《易》、《诗》、《书》、《春秋》、《礼记》,属文者居之。每季考学问,进者以次第升。又必在学二年以上,始与私试。孟仲月试经疑、经义,季月试策问、古赋、制诰、章表,蒙古、色目试明经、策问。辞理俱优者为上,准一分;理优辞平者次之,准半分。岁终积至八分者充高等生,以四十人为额,员不必备,惟取实才。然后集贤、礼部试其艺业,及格者六人以充贡。诸生三年不能通一经,及在学不满半岁者,并黜之。"(《滋溪文稿》卷九,第130—131页)这种做法的确与吴澄、虞集主张的"于诸生中得端静有守尝试以事者二人,并牒上之"的保举法不同,但是根据吴澄对齐履谦的看法,如他后为齐履谦《周易本说》作序时说:"或曰:'齐氏之说与子之说《易》不尽同也。'予曰:然。彼之与予同者,予固服其简且严矣;其不与予同者,予敢是己之是而必人之同乎己哉?亦将因其不同而致思焉。则其同也,其不同也,皆我师也。伯恒学孤特,行清介,所守确乎不移。予尝与为寮友,君子人也,非止经师而已。"(《吴澄集》,第427页)可见吴澄对齐履谦本人并无非议。吴澄推行的教法四条与大学积分法的冲突或许加速吴澄南还的想法。

又按:陈得芝《耶律楚材、刘秉忠、李孟合论——蒙元时代制度转变关头的三位政治家》称:"江南大儒吴澄作跋,虽赞许其'忘势谦己',但接着就说:'然君子之言皆写其心之实,表里无二致也。公之诗云"逃名君笑我,伴食我惭伊",美哉言乎。盖一时故为是言而已,非实以人之笑、己之惭而惧也。使公果能惕然于人之笑,慊然于己之惭,其相业宜不止如后来所观。序所谓:"终当借五湖舟,访予于空明渺㳽之际。"晚节而践斯言也,岂不高出一世也哉。'意在讥其言不由衷,政绩不著,贪恋权位,晚节未善。这实在是过于苛刻的评价(吴澄于仁宗初升任国子学司业,但因提倡朱、陆并重,遭到同僚反对,愤而去职。可能他把此事归咎于李孟)。"(《元史论丛》第九辑,第16页)张欣《论元儒吴澄的五经之学——以〈四书〉独尊和南北抵触为背景》认为"身为南人的吴澄北仕大都,受到以李孟为主的北方士人的压制而无从实现在国子监的教法改革,被迫辞仕"。他根据虞集《河图仙坛碑》文中所述"去后,又召为国子监丞,升司业,与时宰论不合,又去"一语,论述认为:"《年谱》的记载更直接:'集贤院请以国子祭酒召公还朝,平章政事李孟曰:"吴司业年高养病而归,今即召还,是苦之也。"遂不复召。'则阻扰吴澄回京任职的是时任中书平章的李孟,也就是与吴澄'论不合'的'时宰'。……(李孟)身为北士,时任中书平章的他并没有以高迈眼光与心胸来等视南北士人,而是出于集团利益考虑,以'年高养病而归'为由婉拒了集贤院以国子祭酒召吴澄回京的提议,直到李孟去世后,吴澄才得以再次回京为官。吴澄对此也颇为忿然,其跋李孟所作《赠黄秋江处士诗》,便讥讽其人言不由衷、贪恋权位、晚节未善。"(《孔子研究》2015年第6期,第45—47页)

吴澄自京南还时,夏友兰同行。

按:夏友兰于至大三年1310年前往大都探望时在国子监的吴澄,此年吴澄南还,夏友兰同行并赴会昌州同知。吴澄《祭夏幼安文》载:"予于今春移疾去位,吾友南还,同舟共济,予于江干数月淹滞,吾友前迈,旋即官次。比予及家,秋聿云季。"(《吴澄集》,第1686页)

吴澄南还途中作《途中代柬监学僚友》。

按:吴澄《途中代柬监学僚友》载:"畴昔何曾三宿恋,如今已是四年淹。朝廷礼意不相薄,朋友欢情殊未厌。日月无私光普照,烟霞有约分应潜。归衫鸟哢花香里,处处春风动酒帘。"(《吴澄集》,第1859页)

吴澄在真州吊唁珊竹介。

按:吴澄之前真州讲学时与珊竹介建立起以儒学为介的友谊,此年吴澄再次自京南还过真州时,珊竹介已卒四年,吴澄遂在真州吊唁珊竹介,并作祭文表达了自身的悲怆之情。

又按:吴澄《祭珊竹宣慰文》载:"呜呼!己酉之夏,予如京师,于广陵之寓府,话六载之别离,公云:'去冬一病,几不可起,幸今少瘳,得再相见于此。'予觑公体貌虽羸,视听不衰,意或日就于平复,而年寿未可涯也。予去曾几何时,公厌世而若遗。二千里外,凶讣莫知。久乃闻之,恻怆不怡。遣使吊问,爰足以罄中怀之悲。日月不淹,忽焉四期,予始南还,而公不复见。感伤叹惋,盖有甚于初闻之期。维公超超特异之姿,恢恢大受之器,富而好礼,贵而下士,四海名胜之所愿从,而知与不知之所共美。虽以疾废而归居,庶乎久生以观斯世之何如尔。乌乎!公其已矣,而有贤嗣,则公之死犹不死也。宿草芊绵,晨露晚烟。一觞敬酹,乌乎!安得起公于九原?"(《全元文》第15册,第674—675页)

吴澄四月十五日作《题范氏复姓祝文后》。

按:吴澄《题范氏复姓祝文后》载:"大德十年二月乙卯,真州范之才祝于其先考宣教君曰:'我祖派衍文正,历世既远。考君赘居唐氏,生之才与兄颐。不幸幼失所怙,随母适周,藉兹养育以成。长大习学艺术,粗赖温饱,以至于今。既感其恩,勉随周姓。每伤所思,敢忘本祖!姓久未复,罪莫大焉。不幸先兄去春早世,归宗之义有孤。呜呼哀哉!我母已往,于周所生一子亦既有孙,克承祭祀,周氏有后。范氏归宗,无遗憾矣。我母谨藏先世诰命,可以凭依,子孙之幸也。伊我文正公幼随母适朱,长归本,宗当时韪之,以为美事。爰兹末裔,亦举斯典。今涓吉旦,祠庙复姓。高曾祖考,庶其来格。'皇庆元年,国子司业吴澄移疾还家,道过真州。之才之子有元从沔阳教授蒋华子来见,具道复姓始末。澄按:《仪礼·丧服》篇'齐衰不杖期'章'继父同居者'传云:'夫死妻稚子幼,子无大功之亲,与之适人,所适者以其货财为之筑宫庙,岁时使之祀焉,妻不敢与。'然则古之随母适人者,虽与继父同居,而未尝易其姓、废其祀也。后世或有贫不能自存,幼未能有知,依托于人,至于易姓废祀者,可悲也已。范文正初冒朱姓举学究,既知所自出,则复范姓举进士,卒为宋名臣。今有元克相其父效文正,此举不亦善乎? 然文正所以光其祖、大其宗,不在复姓一事。宋三百年,参知政事凡几人,而范文正公惟一人耳。继自今,有元用心立身,一以文正为法,则人将曰:是真大贤之后矣。不然,不可也。有元其尚兢兢勉勉于兹。是年四月望日。"(《吴澄集》,第1166—1168 页)

  吴澄四月二十五于王氏别墅作《王德臣求赙序》。

  按:吴澄《王德臣求赙序》载:"丧有赙尚矣。赙,礼也;求赙,非礼也。然则人有宦游数千里之外,亲没,力不能以归葬者,如之何? 求之非礼,不求之非孝,二者之间,必有处焉。河东王君为县令江南,迎母就养,其弟德臣亦弃其仕,奉母以行。兄弟朝夕致养唯谨,不幸大故,棺敛如礼。家素贫,而令之守官也廉,载柩寄钱唐佛寺,谋归其乡。数千里舟车之费无所于办,赙者未之有,为子者亦弗之求也。哀之者哀吁于仁人义士,叙以述其事,诗以道其情,累累矣。予谓世俗之大不孝有三:仕而不将母,一不孝;不将母而仕,二不孝;亲肉未寒,而畀彼炎火,三不孝。此盖羽毛之族之所不忍为,而人或为之,噫! 是诚何心哉? 县令之迎养、季氏之不仕,其母之丧也,或以家贫道远劝之如浮屠氏教,兄弟坚拒其说。之三者,其不贤于世俗之人矣? 夫贫而廉如是,贤于人又如是,虽慕义强仁者,孰不兴哀? 况仁人义士哉! 虽然,予壹有怪。德臣之出也,犹未练。今祥且过矣,禫且及矣,当除丧而不得除。累累丧容,栖栖旅食,皇皇无所归。叙之者有人,诗之者有人,而赙之者谁欤? 岂今之世无一仁人义士哉? 抑有之而不相值欤? 所望者仁人义士,而仁者、义者不可见,大事其可不以终乎? 于此必有道。语云:亲丧固所自尽也。夫苟自尽,自为谋可也。求夫仁者、义者而未之见,试求夫智者、知礼者而与之谋,其必有以当于人之心。不然,久淹留于此,奚益? 皇庆元年壬子四月二十五日,书于王氏别墅。"(《吴澄集》,第572—574 页)

  吴澄夏至东淮,遇刘惟思之子刘复初。

  按:与刘复初相遇后,吴澄读刘惟思《中庸简明传》,为之作序。吴澄《中庸简明传序》载:"《中庸》,传道之书也,汉儒杂之于记《礼》之篇,得存于今者,幸尔。程子表章其书,以与《论语》《孟子》并,然蕴奥难见,读者其可易观哉? 程子数数为学者言,所言微妙深切,盖真得其传于千载之下者,非推寻测度于文字间也。至其门人吕、游、杨、侯,始各有注。朱子因之,著《章句》《或问》,择之精,语之详矣。唯精也,精之又精,邻于巧;唯详也,详之又详,流于多。其浑然者巧则裂,其粲然者多则惑。虽然,此其疵之小也,不害其为大醇。庐陵刘君惟思良贵甫,以朱子《章句》讲授,考索玩绎五六十年。年八十,乃纂其平日教人者笔之于纸,辞简义明,仿夫子说《蒸民》诗之法,始学最易于通习,惠不浅也。夫汉儒说稽古累数万言,而郑康成于《中庸》二十九字止以十二字注之,朱子深有取焉。然则良贵父之简明,是亦朱子意也,而见之不同者不曲徇。澄少读《中庸》,不无一二与朱子异。后观饶氏伯舆父(即饶鲁)所见亦然,恨生晚,不获就质正。今良贵父,吾父行也。皇庆元年夏,其子秘书监典簿复初官满南归,相遇于东淮,出其父书以示。澄读之竟,既知先辈用功之不苟,而良贵父亦已下世。畴昔所愿质正于伯舆父者,今又不获从良贵父而订定。三人之不同,各有不同。三卒未能以合于一也,则又乌乎不怅焉以悲? 故为识其左,而还其书于典簿氏。"(《吴澄集》,第 430—431 页)

吴澄七月过金陵,馆于王子清家,居数月。

按:吴澄《故金陵逸士寅叔王君墓碣铭》载:"皇庆元年春,予在国子监,以疾寻医。其夏,过金陵,郡士王寅叔授予馆,执弟子礼而请学焉。每为谈士君子修身谨行之概,言言胥契,如水沃地。其秋,予溯江而南,则依依不忍别,若有失也。"(《吴澄集》,第 1491 页)

吴澄在金陵与胡助识。

按:胡助(1278—1355),字履信,一字古愚,婺州东阳人。此年胡助为行中书授建康路儒学学录,吴澄在金陵与胡助相识并往来。吴澄《题康里子渊赠胡助古愚序》载:"士之遇不遇有命焉,不系乎学与才也。皇庆初,予识东阳胡助古愚于金陵,嘉其资质粹美,辞章俊拔,意其必遇也。"(《吴澄集》,第 1173 页)胡助《纯白先生自传》载:"会司业吴草庐先生南归过金陵,见先生所为诗,大加称赏,列在上品。由是名振一时,实皇庆初元也。"(《全元文》第 31 册,第 538 页)

吴澄为胡助诗集作序。

按:吴澄《胡助诗序》:"金华胡助诗如春兰茁芽、夏竹含箨,露滋雨洗之余,馥馥幽媚,娟娟净好,五、七言,古、近体皆然,令人爱玩之无斁。《颂》、《雅》、《风》骚而降,古祖汉,近宗唐,长句如太白、子美,绝句如梦得、牧之,此诗之上品也。得与于斯者,其在斯乎! 其在斯乎!"(《吴澄集》,第 474 页)

吴澄与廉充相遇于金陵,作序以赠之。

按:国子学生廉充(出于廉希宪一脉)此年授江南浙西道肃政廉访司照磨,四月至江南省亲,正与滞留在金陵的吴澄相遇,吴澄因作《送廉充赴浙西照磨序》。文载:"皇庆元年春正月,国子司业吴澄以疾去官,就医于江南。三月,敕国子学生廉充授江南浙西道肃政廉访司照磨,兼承发架阁。命下,给驿骑趣就道。夏四月，充至江南，过家省亲。余留金陵，适相值，喜充之学而仕也。充表愿中昭，耽书如理丝射侯，必循缕寻绪，端括审的。试之事，虽劳僽不辞；使之言，善达彼此情。未尝不底于成，未尝不称人意。号才辩者俱让其能，未之或先也。余已是知充之有用，仕其可。充，勋阀家也。不以勋阀进，而以学业选，异哉！宪官之属，此其底，职优事简莫是官若，培德植艺莫是官若。学矣而仕，仕矣而学，烝烝日罔已，他日胜巨任，实由此基之。将光于前勋，俾廉氏休闻逾大逾远，其不在充乎？不然，非余之所几于充也。"（《吴澄集》，第727—728页）

又按：虞集亦有《送廉充赴浙西宪司照磨序》："国朝建学之初，以许文正公为之师，其弟子往往巨公名卿才大夫也。及门者犹藉其门得美仕，至于今不绝。国学既立，人才由此出为时用者相望也。然特起骤为大官者，常因其族，而不尽以诸生选，而其人犹曰：'吾尝受教国学云耳！'其由诸生选者，三岁一贡，贡凡六人。其初受官，上不过七品。今天子即位，始特诏岁贡六人，而予官自六品以下皆有差。于是取材甚急，责效甚严矣。台臣体圣上之意，察于诸生之中，得廉生焉，以为浙西宪司属。生系出西方之贵族，自平章公以英材雄略清节重望事世祖皇帝，得以廉为氏，其子孙皆贵近显用，出入中外，天下无不知者。生之来学也，其兄今中丞公，尝实与台之长贰亲致天子之命焉。而生也不矜不扬，退然就列，执经问义，岁无旷日。友生服其敏，师资许其通，而生之名著矣。此台臣所以取而用之也。然生之家世若此，则生以贵官起，人孰曰不可？今宪幕，八品官耳，而君子乐道之者，以其由诸生选，而非常贡也。以台臣之取于诸生者，前所未闻也。以生之族贵而得小官，兢兢然若弗胜，无自足之容，无不足之意也。生之行，其友皆歌以饯之，而请序于仆。仆曰：'子行矣，及子之还，君子曰："是能不倍其学，以无负于教育者。"则庶几勉之哉！'"（《全元文》第26册，第169页）

吴澄秋沿长江南下。

按：吴澄《故金陵逸士寅叔王君墓碣铭》载："皇庆元年春，……其秋，予溯江而南，则依依不忍别，若有失也。"（《吴澄集》，第1491页）

吴澄十月为夏友兰作祭文、墓志铭。

按：十月二十四日，吴澄门人夏友兰卒。吴澄《祭夏幼安文》载："呜呼！以吾友朋明悟之质，和粹之气，深沉之量，重厚之器，宜其得于天者既丰且备，胡为啬于寿而不假之以年岁也？乌乎吾友！卓尔殊异，齐诸辈俦，寡所匹俪。方其少也，于亲孝敬，于长顺悌；恪共子职，克承考志。如于越之剑，匣藏未试，炳炳辉辉，微见锋锐。及其长也，父丧既毕，家业益炽，田畴广辟，积贮赢利，如源泉之水，春流方至，汩汩滔滔，莫测涯涘。其壮而学也，脱略凡近,超绝造诣,忘筌蹄于章句,探奥突于理义,未尝执笔求工于文辞,未尝挟册求多于诵记,而施于今者粲然可观,而师于古者吻若冥契。其强而仕也,观天光于上国,觐日角于潜邸,攀龙附凤于禽猰,化鲲为鹏于尺咫,由布衣而七品,出玉音之特旨。时宰下礼于其庐,贵游愿交者如市,腾焰焰于北方,冠总总之南士。彼商财而计资,率面赪而颡泚。乌乎!吾友众美攸萃,言温雅而中伦,容安详而合轨。闻者称扬,见者叹喟。乌乎吾友!而止于是。予于今春移疾去位,吾友南还,同舟共济。予于江干数月淹滞,吾友前迈,旋即官次。比予及家,秋聿云季。吾友谒告,自官来憩。微恙遽感,良药亦哜。日望其瘳,岂意长逝?病弗及问,敛弗及视。去者日远,来者日驶。衮衮剧痛,洒洒哀泪。乌乎吾友!竟至于此,命也奈何?奚怨奚怼?贤母有命,俾淑而嗣。畴昔交情,罔间生死。有不尽心,幽显负愧。一酹几筵,尚鉴予意。"(《吴澄集》,第 1685—1686 页)

又按:吴澄《元将仕佐郎赣州路同知会昌州事夏侯墓志铭》载:"夏友兰,字幼安,初名九鼎,抚乐安曾田人,后徙兰原。世以材武长军籍,幼安亦弓马便习,读书不及卒业。夙慧,自能为诗。逮其父时,任家督,精簿书,稽钱谷出入,欺弊无所容。父卒,家力逾大。凡事提纲众目,各界所司。谦厚文雅,声誉四达,闻风缔交者自远而至。每叹儒流识卑言陋,遇方外人,倾心向慕。邑尉明安达尔志同意合,俱造吾门受学,获闻往圣先贤所言性命道德之懿,濯去旧见,自是假真赝伪者不能惑。当父忌日,哭泣尽哀。事母婉顺,致养唯谨。家居之仪、时祭之礼,一遵司马氏、朱氏所定。邑东门外创建书院,施田赡给,敦请名儒詹贡士掌教。其事闻上,官为设官。家有内塾教子,又有外塾普及亲邻诸幼之可教者。月朔弦望,远近宾朋、内外子弟深衣会讲,以身率先。升降进退,威仪整肃,如学校规。诗文自出胸臆,无一语尘腐。星数、葬法、风鉴、占验等术靡不探讨。或劝之仕,则曰:'是有命焉,不可幸致也。'予在国子监,幼安白慈亲,愿观国光。亲许,遂趋京师,又趋上都,觐日表于潜邸,得旨从集贤大学士李公游,出入禁闼必从。明年,龙飞御极,李公(即李孟)秉政,奏授将仕佐郎、同知会昌州事。皇庆元年春南归,秋至官一月,闻恩旨下,护持所创书院。亟归迎拜,至家感疾,再阅月而终,十月廿四日也。二年十二月廿七日,葬于宅东之圃。幼安生长将家,衣被儒术,深潜端重,山立时行。中州外域显官贵戚,一见共谈,起敬起爱,不信其为楚产也。平居处事详审,年四十三始仕,廉仁外著,士民悦服。比闻其丧,怅怏觖望。父讳雄,管军百户,镇抚乐安县三翼。母刘氏,慈善好施,综理内外事秩然。娶前吏部侍郎李公曾孙女。男志学,以七品官之子充国学弟子员。予于幼安之不得寿也,痛之惜之,志而铭之。"(《吴澄集》,第 1450—

1451页）

吴澄作《鳌溪书院记》，记夏友兰建鳌溪书院历史。

按：夏友兰卒后，吴澄秉持着记录友兰以先宋之补学校之缺、后宋传为己有用之学的目的创建鳌溪书院的心态，作《鳌溪书院记》："乐安县治之南，水际巨石似鳌，故名其溪鳌溪。书院，邑人夏友兰所建也。书院之名何始乎？肇于唐，盛于宋。书院之实何为乎？盖有二焉。古昔盛时，王国侯国达于乡党闾巷，俱有校序庠塾，以施其教。井田封建既废，后世惟京师郡邑有学，犹古王国侯国之学也。乡党闾巷之间，校序庠塾之制泯然无闻。虽郡邑之学，亦有废而不立之时，学者无所就学。于斯时也，私设黉舍，广集学徒，以补学校之缺。如李渤之于白鹿，曹诚之于睢阳是也。上之人以其有裨于风化，笺赐额敕，以风励天下，与河南嵩阳、湖南岳麓号为四大书院，而衡之石鼓亦赐额。此先宋以前之书院也。宋至中叶，文治浸盛，学校大修，远郡僻邑莫不建学。士既各有群居肄业之所，似不赖乎私家之书院矣。宋南迁，书院日多，何也？盖自舂陵之周、共城之邵、关西之张、河南之程数大儒相继特起，得孔圣不传之道于千五百年之后。有志之士获闻其说，始知记诵词章之为末学，科举利禄之坏人心，而郡邑之间设官养士，所习不出乎此。于是新安之朱、广汉之张、东莱之吕、临川之陆暨夫志同道合之人，讲求为己有用之学，则又自立书院，以表异于当时郡邑之学专习科举之业者。此后宋以后之书院也。大元混一区宇，凡郡邑之学、各处书院皆因其旧，有隆无替，而新创书院溢乎旧额之外，比比而有。此其用意所在，与前代或同或异，固不得而悉知也。若夫鳌溪书院之建，则澄尝与闻其议。其见于公移者曰：'儒者之学，必先孝弟忠信、礼义廉耻。收敛此心，穷格此理，近而人伦日用之常，远而天地造化之运，必使秩然有当，洞然无疑。行之于身，得之于心，施之于事，无所不宜；用之于世，无所不能。其求端用力之方，在研究四书六经，初非记览无益之书以夸博洽、雕琢无用之文以炫华藻而已。否则，迷悖本原，汩没末流，于己无得，于时无用。邪见缪行，不以为非，躁进苟求，良可慨叹！议建书院一所，延请明师，招至益友，相与传习，庶几由己及人，悉明孔子之道。'故其于先宋后宋人所创书院之意，盖兼而有之。书院在乐安东门之外。先圣燕居有堂有庭，有庑有门。外门之楹六，先贤有祀。后讲堂，前大门，翼以两庑。养士之田以亩计者五百，岁入之米以斗计者二千有奇。其募构、其田粮皆夏氏之赀。经始于大德四年，越十有一年而内省畀额，越一年而外省始设官。皇庆元年，天子锡命宠嘉之。友兰先被特旨，得贰州政。赴官一月而归，以疾终。子志学承父志，钦奉纶音，勒之坚砥，以对扬万亿年，而澄为记其创建之意，如前所云。继今来学之士亦思上命之表章、公朝之扶植、友兰之所以悉心竭力于此者,岂有他哉?期与同志共学圣人而已。闲居应接之际,惕然自省吾之所主所行,果公欤?果理欤?由是而存心致知,反身力践,圣人之道可驯至矣。果私欤?果欲欤?圣门之罪人也,虽居游于书院,奚益?呜呼!可不惧哉!可不勉哉!"(《全元文》第15册,第303—305页)

吴澄冬还家。

按:危素《年谱》载:"皇庆元年壬子,元仁宗。……冬还家。"

吴澄此年左右作《丹阳书院养士田记》,记陈童继卢挚后修补丹阳书院一事。

按:据吴澄记载,卢挚在至大元年(1308)议割天门书院来补丹阳书院,议事论定,卢挚却卸职而去,补休丹阳书院一事就此搁置。后提举陈童于卢挚后再次提出补修,已是"丹阳书院之创垂五十年"之时。丹阳书院建立于景定五年(1264),故此次陈童补修一事当在1308—1313年间,结合吴澄称其创建垂五十年的说法,拟定在今年更为准确。吴澄《丹阳书院养士田记》载:"黄池镇有书院旧矣,自宋景定甲子,贡士刘君肇建,郡守朱公以闻于朝,锡'丹阳书院'名,额拨僧寺没官之田二顷给其食。厥后僧复取之,而书院遂无以养士。至大戊申,宪使卢公(按:卢挚)议割天门书院之有余以补不足。令既出,会公去,不果如令。人匠提举陈侯分司黄池,暇日与群士游,习知书院始末,慨然兴怀,移檄儒司上之省。省下之郡,郡太守主之力,竟如宪府初议,俾天门书院归田于丹阳,以亩计凡四百。侯犹以为未足以赡,乃劝士之有田者数十家暨官之好义者一二人各出力以助。或十亩,或五亩,有八亩七亩者,有四亩三亩二亩者,积少而多,所得之田以亩计凡二百。噫!丹阳书院之创垂五十年,而教养之阙余三十年。今一旦有田六百亩,卢公开其始,陈侯成其终。卢公勉励学校,固其职也;陈侯典治丝设色之工,而用心儒教,有出于职分之外者。尸祝越樽俎而治庖,可乎?《唐风》之诗曰:'职思其居。'又曰:'职思其外。'夫居者,其分也;外者,其余也。《唐风》,思之远者也。于职既尽其分,而兼及其余,所思可谓远也已,陈侯有焉。侯所效率,隶匠籍者五之一,隶儒籍者十之八,此岂以气势利害动而使之从哉?能得其心说而乐助,盖有以也。非才之优、识之定,其孰能感人如是?田之疆畎名数久则湮,群士请勒诸石,而陈侯之功尤不可泯。《春秋》常事不书,侯此举,非常也,宜得书。若夫士既有以养,必知所以学,是不待余言也。侯名童,单州人。"(《吴澄集》,第796—797页)

又按:邓文原《丹阳书院田记》:"书院旧有记,建康道肃政廉访使卢公之所作也。若郡县之因革,儒教之废兴,与书院之创始而承序者,亦既参稽方志,咨诹故老,阐道之奥,垂训方来。按书院肇自宋景定甲子,刘君应安尝贡于其乡,即别业建精舍,为学者藏修息游之所。郡守朱公禩孙为请于朝,报可,且赐公田,为亩者二百。由是教养以立,多士用劝,名登大比,炬著后先。属王师抚定函夏,声教所暨,朔南是钧。章逢子息徭宽赋,殊于甿隶。刘君自长兹山,即擢文学掾,溧阳邵子辉、孙继之,亦职教海陵。历岁滋久,而书院缮治悉完。弘丽靓深,乡邑改观。独赐田夺于浮屠氏,廪稍弗供。弦诵荒简,被檄来者。居若传舍,视荫去留。龙泉陈君润祖至,则慨然曰:'官无崇庳,惟勿旷厥职。矧兹弊废,其曷敢不图,以臻前人成功?'乃谂诸慕义者,黄池典织染局漆君荣祖为之副,首助田十亩,以倡学者。提举陈侯侗义之,卜日之吉,觞酒俎肉,燕毕而语属刘君泊、前山长姚霖、龙学宾、董文宾,告以如漆君之志,相协厥成。众曰:'诺!'不数月,得田数仍其旧。夫可以义动,甚转丸哉。陈侯职在监工,乃能以庠养为务,可谓知本也已。余闻而叹曰:'古之为民者,各有分田以周事育,而暇则从乡之长老习孝弟忠信之道。其秀者自乡升之司徒,有选俊造进之等,简不帅教者,右乡移之左,左亦如之。甚则屏之远方,终身不齿,其道易明而教易行也。自田制坏而贫富以病,士无田,至不以祭。乃出游四方,资权谋术数,以猎取声利,去先王之道益远。后世知游士之不可无归也,则为之夏屋以居,腴田以食,其意非不同渥,而仍莫诵习,乃揖揖乎词章艺业之末,则人才之不逮古,又不在无田也,学者可以求其故矣。今夫不易之田二顷,上农夫二家之产,风耕雨耘,终岁不得息,规豆区之入,以糊其口。而水旱凶荒之不时,犹或不给焉,而不敢堕也。学者群居逸游,岁月逾迈,而问学不充,视农夫宁不有愧哉?'余既纪其事,复诵所闻,与学者共朂之。润祖,字正德,世为儒宗,习闻义训,故克有树立,以才诣称,是宜书。若田则详诸碑阴云。"(《邓文原集》,第29—31页)

吴澄约于此年后作《送唐古德立夫序》。

按:唐古德立夫乃薛昂夫之弟,色目人。吴澄《送唐古德立夫序》载:"古之仕者将以行其志,后之仕者将以遂其欲。所志亦所欲也,而有公私、义利之不同。唐古德立夫,故御史中丞覃国公之子,今金典瑞院事薛超吾昂夫之弟也。从事江西行省,志有所不乐而去。余观昂夫,亦小试其才于此,去而为达官于朝。立夫之才岂出兄下?接踵登朝,盖可期也。志之得行,固有其时,而不在于汲汲。于其游杭也,赠之言,而勉之以居易俟命焉。若夫急于遂其所欲,则立夫不为是也。"(《吴澄集》,第594页)

又按:唐古德立夫因不满从事江西行省而去位,吴澄为他作序以送,即是证明此时吴澄已身处江西。再加之吴澄此文谈及薛昂夫时任"金典瑞院事",据虞集《马清献公墓亭记》载,薛昂夫于皇庆元年(1312)任职典瑞:"仁皇在御,昂夫得召见,以大宗伯之属士通禁从,主天子符玺,官典瑞,三加而弥尊,眷遇日亲显。……"(《全元文》第 26 册,第 537 页)故正与吴澄此年南还之年相符,故极有可能正是吴澄南还后与薛昂夫之弟唐立夫相知,于此时作序以赠之。

刘辰翁《须溪先生集》刊刻成书。

按:刘将孙《须溪先生集序》载:"于是先君子须溪弃人间世六十年矣!乃皇庆壬子,泉江文集刻本成,远征为序。呜呼!如之何使孺子僭妄,重贻笑于大方也。抑岁月不可以不之志,述其所以刻者,而感慨系之矣。盖尝窃观于古今斯文之作,惟得于天者不可及。得于天者,不矫厉而高,不浚凿而深,不斫削而奇,不锻炼而精。若人之所为,高者虚,深者芜,奇者怪,精者苦。三千年间,惟韩、欧、苏独行而无并。两汉以来,六朝南北,盛唐名家,岂不称雄一时,而竟莫之传者,天分浅而人力胜也。先生登第十五年,立朝不满月,外庸无一考。当晦明绝续之交,胸中之郁郁者,壹泄之于诗。其盘礴襞积而不得吐者,借文以自宣。脱于口者,曾不经意。其引而不发者,又何其极也。然场屋称文,自先生而后,今古变化,义理沉着,皆有味之言,至于今犹有遗者。师友学问,自先生而后,知证之本心,溯之六经,辨濂洛而见洙泗,不但语录或问为已足。词章翰墨,自先生而后,知大家数,笔力情性,尽扫江湖晚唐锢习之陋。虽发舒不昌,不能震于一世之上如前闻人,而家有其书,人诵其言,隐然掇流俗心髓而洗濯之,于以开将来而待有作。尝论李汉称韩公摧陷廓清之功,雄伟不常,比于武事。东坡推欧公同于禹抑洪水,周公之膺惩,千载无异词。抑佛老,人知其为异端也。西昆体,世之所谓时文也。未有若学问之平沉而文字之澜倒也。且视韩、苏所遇为何如哉?而振拔一时至此!则先生之文,岂不有关于世运,力难而功倍?而其不幸,则可感者在是矣。往年侍侧,尝授以诗卷,俾为选次,谨排比一卷以呈,不以为不然。丁酉以来,深惧散佚,编汇成集。季弟参之。婿项逢晋笃志愿学,乃其父时楸审而授之。今刻为诗八十卷,文又如干。绪言如昨,荒忽队忘,不能有所发明,顾无以慰刻者之意,诚如其不赴不赎,而亦无所逃也。是岁十月之望癸卯,嗣子将孙谨书于昭武之光泽。"(《全元文》第 20 册,第 174—175 页)

岳铉卒。

按:岳铉(1249—1312),字周臣。世为司天官。由刘秉忠荐举而得到元世祖赏识,至元十三年(1276)授司天台提点。参修《授时历》,主持监修《元大一统志》。精通天象,历仕世祖、成宗、武宗、仁宗四朝,出入宫禁四十余年。卒谥文懿。事迹见郑元祐撰《元故昭文馆大学士荣禄大夫知秘书监镇太史院司天台事赠推诚赞治功臣银青荣禄大夫大司徒上柱国追封申国公谥文懿汤阴岳铉字周臣第二行状》(《侨吴集》卷一二)。

熊禾卒。

按：熊禾(1253—1312)，字去非，一字位辛，号勿轩，又号退斋，建阳人。宋咸淳十年(1274)进士，授宁武州司户参军。宋亡后，"遂束书入武夷山"，卜居"洪源书室"讲学。当时名流如胡庭芳、詹君履、谢枋得等都来访学，求学者甚多，遂改为书院。治学宗朱熹，纂有《文公要语》，著有《易经讲义》、《尚书集疏》、《毛诗集疏》、《大学广义》、《春秋议考》、《春秋通义》、《诗选正宗》、《小学正宗》、《小学句解》、《诗说》、《熊禾勿轩集》等。事迹见《新元史》卷二三四、《宋季忠义录》卷六四、《宋元学案》卷六四、《元诗选·初集》小传、《识熊勿轩先生传后》(《闽中理学渊源考》卷三七)。

阎复卒。

按：阎复(？—1312)，字子静，高唐人。弱冠入东平学，师事名儒康晔。后严实领东平行台，招诸生肄进士业，迎元好问来东平校文，阎复为首名预选者。至元二十三年(1286)，阎复升翰林学士，再任浙西道肃政廉访使。武宗时进阶荣禄大夫，遥授平章政事。皇庆元年三月卒，年七十七，谥文康。著有《静轩集》五十卷。阎复是元初东平文人圈的代表人物，世以阎复、徐琰、李谦、孟祺四人合称"东平四杰"。生平事迹见于袁桷《翰林学士承旨荣禄大夫遥授平章政事赠光禄大夫大司徒上柱国永国公谥文康阎公神道碑铭》、《元史·阎复传》。

元仁宗皇庆二年
癸丑　1313 年　65 岁

六月,建崇文阁于国子监。

按:《元史》载:"甲申,建崇文阁于国子监。"(《元史》卷二四《仁宗本纪》,第 2 册,第 557 页)崇文阁修成后,蒲道源作《崇文阁上梁文》纪其事:"伏以爰集四方,京师为首善之地;若稽三代,国学乃风化之原。今上皇帝发政施仁,仰绳祖武,右文尚德,创设儒科。政府扬休,期大猷之是阐,中台集议,惧阙典之未兴。以为教胄子既有成均,尊圣经可无杰阁。……四海底雍熙之治,一时称作养之功。罔俾斯楼,徒为虚器。"(《全元文》第 21 册,第 353—354 页)

十月,敕中书省议行科举。

按:《元史》载:"敕中书省议行科举。"(《元史》卷二四《仁宗本纪》,第 2 册,第 558 页)

又按:至于科举考试内容,程钜夫代元仁宗所拟《科举诏》云:"考试程式:蒙古、色目人,第一场经问五条,《大学》《论语》《孟子》《中庸》内设问,用朱氏章句集注。其义理精明、文辞典雅者为中选。第二场策一道,以时务出题,限五百字以上。汉人、南人,第一场明经经疑二问,《大学》《论语》《孟子》《中庸》内出题,并用朱氏章句集注,复以己意结之,限三百字以上;经义一道,各治一经,《诗》以朱氏为主,《尚书》以蔡氏为主,《周易》以程氏、朱氏为主。已上三经,兼用古注疏,《春秋》许用《三传》及胡氏《传》,《礼记》用古注疏,限五百字以上,不拘格律。第二场古赋诏诰章表内科一道,古赋诏诰用古体,章表四六,参用古体。第三场策一道,经史时务内出题,不矜浮躁,惟务直述,限一千字以上成。或蒙古、色目人,愿试汉人、南人科目,中选者加一等注授。蒙古、色目人作一榜,汉人、南人作一榜。第一名赐进士及第,从六品,第二名以下及第二甲,皆正七品,第三甲以下,皆正八品,两榜并同。所在官司迟误开试日期,监察御史、肃政廉访司纠弹治罪。流官子孙荫叙,并依旧制,愿试中选者,优升一等。在官未入流品,愿试者听。若中选之人,已有九品以上资级,比附一高,加一等注授。若无品级,止依试例从优铨注。乡试处所,并其余条目,命中书省议行。"(《全元文》第36册,第44—45页)

又按:元兴科举,意义和影响重大。元人每有评述:苏天爵《伊洛渊源录序》:"逮仁庙临御,肇兴贡举,网罗俊彦。其程试之法,表章《六经》。至于《论语》、《大学》、《中庸》、《孟子》,专以周、程、朱子之说为主,定为国是,而曲学异说,悉罢黜之。是则列圣所以明道术以正人心、育贤材以兴治化者,其功用顾不重且大欤。"(《滋溪文稿》卷五,第74页)虞集《跋济宁李璋所刻九经四书》:"而朱氏诸书,定为国是,学者尊信,无敢疑贰。其于天理民彝,诚非小补,所以继绝学开来世,文不在兹乎。有得是书而诵之者,庶几尽心焉。"(《全元文》第26册,第333页)欧阳玄《李宏谟诗序》:"宋讫,科举废,士多学诗,而前五十年所传士大夫诗多未脱时文故习。圣元科诏颁,士亦未尝废诗学,而诗皆趋于雅正。旧谓举子诗易似时文,正未然也。安成李宏谟,汇所作诗以求序。读之终篇,语多清新,迥出时文旧窠,诚可尚也。抑国朝取士之文,先尚雅与?不知旧习浮靡,故他所作亦然与?抑亦治世之音流布乐府自是始与?因序以志予喜。"(《欧阳玄集》卷八,第85页)

又按:吴澄《送虞叔常北上序》:"盛时方行贡举。贡举者,所以兴斯文也,而文之敝往往由之。何也?文也者,垂之千万世,与天地日月同其久者也。贡举之文则决得失于一夫之目,为一时苟利禄之计而已,奚暇为千万世计哉?贡举莫盛于宋。朱子虽少年登科,而心实陋之,尝作《学校贡举私议》,直以举子所习之经、所业之文为经之贼、文之妖。今将以尊经右文也,而适以贼之、妖之,可乎?斯敝也,惟得如欧阳公者知贡举,庶其有瘳乎?闲之于未然,拯之于将然,俾不至于为贼、为妖,而为朱子所陋,则善矣。倪有今之欧阳公,试问所以闲之、拯之之道。"(《吴澄集》,第572页)

李孟建议行科举。

按:黄溍《元故翰林学士承旨中书平章政事赠旧学同德翊戴辅治功臣太保仪同三司上柱国追封魏国公谥文忠李公行状》载:"二年夏,请归秦国公印绶,不允,章三上,乃如其请。先是上与公论用人之道,公曰:'自古人材所出,固非一途,而科目得人为盛。今欲取天下人材而用之,舍科目何以哉?然必先德行、经术,而后文辞,乃可得其真材以为用。'上深然其言,遂决意行之。"(黄溍《元故翰林学士承旨中书平章政事赠旧学同德翊戴辅治功臣太保仪同三司上柱国追封魏国公谥文忠李公行状》,王颋点校《黄溍集》卷一九,第707页)

张珪领国子学,五月罢。

按:《元史》载张珪于去年十二月任中书平章政事,今年二月以平章政事领国子学:"命张珪纲领国子学。"(《元史》卷二四《仁宗本纪》,第555页)旋即因五月兀伯都剌为中书平章政事罢。

兀伯都剌为中书平章政事。

按:《元史》载:"五月辛丑,升中书右丞兀伯都剌为平章政事,左丞八剌脱因为右丞,参知政事阿卜海牙为左丞,参议中书省事秃鲁花铁木儿为参知政事。"(《元史》卷二四《仁宗本纪》,第556页)

李世安于此年任江西行省平章政事。

按:李世安是西夏人李恒之子。此年李世安任江西行省平章政事。吴澄《元故荣禄大夫江西等处行中书省平章政事李公墓志铭》载:"次年冬,除江西等处行中书省平章政事。"(《全元文》第15册,第636页)

又按:李世安任职期间,吴澄为其家传作序,表彰李世安父亲李恒能仿效曹彬在平定天下中不乱施行戮。吴澄《滕国李武愍公家传后序》载:"滕国李武愍公,西夏人。……结发从戎,熟历行阵,技精气锐,所向莫御。庙算平南,自荆襄始。……抚及建昌,瑞及临江,相继皆降。移师指吉,吉人侦师所过不杀不扰,叹曰:'此仁义之兵。'开门迎师。赣、南安闻之,亦来纳款。民按堵不动,不知干戈之临、运代之革也。……公之官肇端淄莱路安抚司郎中,继授诸军总管,继授副万户,继兼益都、淄莱两路军职,升副都元帅,同知江西道宣慰司事,遥领福建道正使。寻改使江西,由宣慰使除行中书省参知政事,由都元帅除行中书省左丞,……公之长子荣禄大夫、江西等处行中书省平章政事世安,长孙翰林直学士、中议大夫屺,澄所识也。因阅公行状、神道碑,载公之忠武勤劳夥矣。而澄数奉教于中州诸老,窃闻世祖皇帝笃信孟子能一天下之言,习知曹彬前平江南之事,睿谋神断,专以不杀为心,故南行将相必丁宁戒敕。其能钦承上意者固有,而亦岂人人如曹彬乎?惟公天资仁厚,江西之受其赐为独优。"(《全元文》第14册,第393—395页)

又按:吴澄与李世安孙李屺相交甚厚。《跋李伯瞻字》云:"伯瞻传儒术,精国语,又工晋人法书,世胄之良也。此卷以赠昭德,亦其好尚之同者云。"(《全元文》第14册,第568页)《与李伯瞻学士书》云:"澄日与深山之木石俱,而病魔相寻,坐卧之时多,行立之时少。遥睇旧知于数百里外,欲一见而无由。恭惟西雨南云,晨夕佳趣,何时得分半席乎?"(《全元文》第14册,第33页)

李孟阻吴澄还朝。

按:危素《年谱》载:"集贤院知公之教人不倦,同至都堂,请以国子祭酒召公还朝。平章李公孟曰：吴司业高年而归，今问不还，是苦之也。遂不复召。"

吴澄正月十九生日时次韵黄泽。
按：据吴澄记载，黄泽与他的生日同样在正月。吴澄《癸丑生日次韵酬黄山长》载："拟进华筵酒一钟，将行复止谩匆匆。先天愧我十年长，初度偶然正月同。政为蓼莪悬讲榻，又传梅使寄东风。有怀不寐夜参半，熠耀文星丽碧穹。"（《吴澄集》，第1878页）

吴澄因曾巽申作《武城书院记》。
按：前载至大二年（1309）曾巽申进《卤簿图》五卷，自此曾巽申便在京师任太常署丞。至大四年（1311），武宗崩，曾巽申与其兄南归，后至延祐元年（1314）才得以北上任翰林编修（见虞集《曾巽初墓志铭》）。这期间，曾巽申在家乡吉安永丰修建武城书院，书院成，曾巽申亲登吴澄门求记。《答曾巽初书》云曾巽申登门时间为夏季，考吴澄近期行踪，他于皇庆元年南归，夏秋时尚淹留于扬州路，本年夏方在家，候得曾巽申之来。

又按：吴澄作《武城书院记》载："武城书院，吉永丰曾氏之所建也。其名武城何？本曾氏之所自出也。按《史记·仲尼弟子传》，曾参，南武城人，其苗裔有自鲁国徙江南者，故南丰之鲁追述世系，以为曾子之后，而永丰之曾亦然。盖武城之曾盛于鲁，越千数百年而南丰之曾始盛。南丰之曾盛于宋，又数十年而永丰之曾继盛，兄弟俱仕翰苑。其父，前进士、宋之监察御史、元之儒学提举也，因子贵，追封武城郡伯（按：即曾晞颜），于是设书院，祠先圣先师以及其考，以处宗党来学之人。翰林之长移文集贤院，转而上闻，朝议可之，俾推曾氏子孙之儒而贤者掌其教。予自京师归，而曾氏请为记其书院兴创之由。予观前代书院，皆非无故而虚设者。至若近年，诸处所增，不可胜数，袭取其名而已。有之靡所益，无之靡所损。曾氏自谓先师之胄，而为请于朝者，且以上传道统、下继祖风期之，其待之至厚、责之至重矣，岂可复如他处书院之有名无实也哉？然则武城之教宜何如？学曾子之学可也。曾子之学，大概切己务内，无一毫为人徇外之私。必孝弟，必忠信；行必无玷，言必无伪。使近而宗族、远而乡邦，万口一辞，称之曰君子，而后可以庶几焉。不然，有一疵疚，人将议笑，而徒以涉猎故实、炫饰词华为学，恐非所以继祖风也，况于道统之传，而敢轻议哉！澄也氏虽非曾，而所愿学者在此，用敢为武城后世之子孙勉。武城伯名晞颜，翰林直学士名德裕者，其仲子也；应奉翰林文字名巽申者，其季子也。"（《吴澄集》，第778—779页）

又按：吴澄又作《答曾巽初书》表示期望在适当时参观其书院："夏间辱

枉顾，山中草木，至今衣被余光。穷乡寂寞，弗克少淹驺从，别去黯然。继厪贶礼，非所宜蒙，感愧何极！即辰秋暑尚炽，谅维凝神定虑，一静可以敌炎歊，清风穆如也。承不鄙斥，令撰记序。今录去，呈以过目是幸。外一二未下笔者，辄陈卑见，言其所以，非怠于报命，君其鉴裁之。拟一观书院规制，私务萦绊，欲出未能，俟稍暇即当至彼。来期以前，不烦伺候。未会晤间，祈保重以迂殊渥。"（《吴澄集》，第 268—269 页）

  吴澄秋作《乐安重修县学记》，记陈仕贵修乐安县学一事。

  按：吴澄《乐安重修县学记》载："宋绍兴乙巳，割抚、吉、崇仁之四乡置乐安县。置县之六年，令魏彦材始建学。建学之七年，清江谢尚书谔时为摄尉，令王植委之考进诸儒，不满二百。盖创县未久，教犹未洽也。……县学之建百二十有二年，而地归于大元。壤土遐僻，干戈抢攘，人士逃生救死不赡，遑及弦诵俎豆事哉？……越数年，堂复敝。邑士陈士贵率其弟进市民屋五间，辇任以至。彻其旧，再新之，又新中门三间，葺庙殿并两庑。从祀有室，肄业有斋，缭以三门，庖廪具完。令王英、薄董进、教官前太学进士董德暨诸儒力也。皇庆初元，庙之前宇将压，令刘汝弼议更造，筑基崇于旧二尺。教官阙具，以陈仕贵摄事，资取于其家，材取于其山，先为之倡，而学之士及邑之好事者捐费以助。……八月鸠工，九月竖楹，明年秋告成。……予稽乐安建学之始，摄尉谢公（即谢谔）首为之记，其所期于乐安之士者甚厚。期之以临川之王，期之以南丰之曾，期之以庐陵之欧阳，清江、豫章之刘若黄，而犹未已也。将藉之以问津，以诣圣门，以归于仁义道德。不欲今人有愧于古士之自期，其可不如公之所期者乎？呜呼！声利纷争，身外事也。道德仁义，性所固有，求则得之，不待资借于人。振拔而追前辈之高步，谢记已云，予何言哉？本其末而末其本，高其卑而卑其高，非所以答官府修学之意，非所以副朝廷用儒之实也。"（《吴澄集》，第 783—785 页）

  吴澄十月作《送虞叔常北上序》，赠别赴吏部待选的虞槃。

  按：虞叔常乃虞集胞弟虞槃，《送虞叔常北上序》载皇庆二年（1313）十月吴澄作文赠别虞槃北上一事："文者，士之一技耳，然其高下与世运相为盛衰，其能之者非天之所与不可得，其关系亦重矣哉！东汉至于中唐六百余年，日以衰敝。韩、柳二氏者出，而文始革。季唐至于中宋二百余年，又日以衰敝。欧阳、王、曾三氏者出，而文始复。噫！何其难也。同时眉山乃有三苏氏者，萃于一家。噫！何其盛也！三苏氏以来且二百年矣，眉之别为陵。陵之虞先世以文士立武功，致位宰相。数世之后，有孙子及寓江之南，其文清以醇。有子曰集，曰槃，一家能文者三，而二子表乎畴众之上，几若眉之有三苏然。噫！又何其盛也！子及再为大郡教官，倦游而家居。伯子集，国子助教迁国子博士,久处京师,其文也人固见之,其名也人固闻之矣。叔子槃,由书院长赴吏部选,其文也或未之见,其名也或未之闻也。子由之文如子瞻,而名可与兄齐者也。昔二苏之齐名也,欧阳公实奖拔之。今在朝岂无欧阳公其人与?槃此行也,必受知焉。兄既显名于前,弟复显名于今,虞之兄弟之有光于子及,犹苏之兄弟之无忝于明允也。盛时方行贡举。贡举者,所以兴斯文也,而文之敝往往由之。何也?文也者,垂之千万世,与天地日月同其久者也。贡举之文则决得失于一夫之目,为一时苟利禄之计而已。奚暇为千万世计哉?贡举莫盛于宋。朱子虽少年登科,而心实陋之,尝作《学校贡举私议》,直以举子所习之经、所业之文为经之贼、文之妖。今将以尊经右文也,而适以贼之、妖之,可乎?斯敝也,惟得如欧阳公者知贡举,庶其有瘳乎?闲之于未然,拯之于将然,俾不至于为贼、为妖,而为朱子所陋,则善矣。傥有今之欧阳公,试问所以闲之、拯之之道。皇庆二年十月甲子(1313)。"(《吴澄集》,第571—572页)

吴澄为宜黄县学作记。

按:曾巩曾作有《宜黄县县学记》,吴澄继曾巩后再作《宜黄县学记》记县学重建事,虞集三十七年后再有《抚州路宜黄县重修宣圣庙学记》。

又按:吴澄《宜黄县学记》载:"宜黄,抚之支邑。宋皇祐元年,邑令李详始建学,南丰先生曾文定公为之记。学近社坛,遗址今不可考。后徙城隍庙北,绍兴初燬。邓令庚改筑于县治之北,叶令上达又改筑于北门石下,而以旧学为尉治。邓令昌朝病其近水垫隘,乃徙今所。绍定庚寅,邻寇犯邑,官舍民居燬者过半,而学独存。淳祐初,赵令希点、黎簿璹更造大成殿、御书阁,陈尉寀祠邑之先达于左右庑。宝祐间,杨令允恭复新两庑、四斋,至元丙子(1276)再燬。越二年,教谕成都胡端宜即其基营构。大德乙巳(1305),居民失火,又燬。廉访分司郝侯鉴巡按适至,召诸生议重建,以命邑长爱忽都鲁。时学官去职,邑士李仲谋董其役。取材于官山,士之有力者捐赀以助,未几庙殿成,讲堂成,两庑从祀之室各五、斋舍四,各三间,中门五间,外门六楹,立先圣像。至大辛亥,教谕南丰陈敏子增陶瓦密覆,门庑立四先师,从祀十子像,又绘两庑七十二子诸儒像,祀邑先达乐公以下十二人。先是,前进士邹次陈书来征记;至是,教谕复以请,将刻南丰先生旧记于石,以与新记并。呜呼!学校庠序之设,自三代至于今,凡有社、有民者,率莫之敢后,诚以国命系于人才,人才系于士学也。夫士之为学,岂待官之建学哉?然而官必建学,以居夫士,俾为学者于是乎学焉,厚之也。上之厚之者如此,士之自厚者当何如耶?故居学而不为学,自薄也;为学而不知所以学,自误也。所以学如之何?如南丰先生之记之所云是已。呜呼!三代而下,正学湮废,士各以其质之所近、意之所便为学,学其所学,非三代之士所学者也。若南丰先生之记,在孟学不传之后,程学未显之前,而其言精详切实,体用兼该,有汉唐诸儒所不得而闻者。宜黄虽小邑,自昔多良士。继自今,士之为学,人人能如南丰先生之记之所云,则合乎程,接乎孟,以上达乎孔氏,不待他求也。于心有得也,于身有守也,于时有用也,斯无愧于居是学矣。不然,不学者业荒行毁,其为学者又不过夸记览、炫文辞,以钓名声、干利禄而已。是岂上之人所期于邑之士者哉!"(《吴澄集》,第775—776页)

又按:虞集《抚州路宜黄县重修宣圣庙学记》:"皇庆癸丑,廉访分司郝公鉴,命邑长爱忽都鲁作之,则故翰林学士崇仁吴文正公之所记也。今三十有二年,有司不以时治,积圮弗支。至正甲申六月,县令某图新之,学官告之令,为出财以授民之能者,度材佣工,莫不尽力,凡前记所载庙学、礼殿、讲堂、门庑、祠宇、斋舍、像设、器皿、户庭、涂甓、庖庾之属,皆因其旧而更新之。挠者易以壮,细者更以巨。……时则有若监邑伯哥善与其成。能簿信居仁,克济其平易。是以成学之事,不出于数十日之间,而功倍于前人也。既成,命其吏李浩书其程督之会,介其邑之学者谭黻来求记之。集既为书其事,读南丰临川之文而叹焉。……若夫义礼之遗篇,儒先之所辑录,有司行事之仪注缺逸,而仅存则有待于推究而折中,以得其体要,是以为难也。斯文之将兴,经学之粹密,有如南丰曾公,求诸圣贤之遗言,以考定周官之法度,学校之制,见于此篇。而吴公之意,必欲学者因曾公之言,而求诸程氏之学,以达于孟子者,盖必有得于此,而后不差也。乃若博学而无要,坚辟而自任,世固有之。苟无得于圣贤之心,以其意识之所及,掇拾简编之余而用之,其不害于事者几希矣!故非后记不足尽曾公之意也。……是故曾公盛言之以待后来,吴公深言之责诸学者。始终先后,卒归于必可行,莫备于宜黄两学记矣。夫以一家而论之,子弟有望于父兄矣,通一邑而论之,细民有待于君子矣。"(《全元文》第26册,第476—478页)

吴澄为项振宗作墓志铭。

按:项振宗乃前载项时俊父亲,曾以家财新起龙泉县学,受到中书省旌表。吴澄乃因龙泉县主簿刘将孙登门请铭而作《项振宗墓志铭》。文载:"始予在国子监,集贤直学士文升以其乡人项时俊见。予既移疾去,时俊亦以同知永昌府事南归。归之次月,其父司丞君卒。卒之明年,命客持光泽主簿刘将孙状来谒铭以葬。予阅状,喟然曰:噫!大运有兴衰,飞奔其间者与之俱。或前之烜赫,而泯泯以微;或昔之隐约,而焰焰以炽。虽小而一家之数,大而一代之运,若邈乎辽绝,而不相关。然以疏通卓荦之才一纷纭胶辚之会,左右信缩,弛张阖辟,虑无不中,行无不获,非有所承藉缘循也,非有所值遇乘成也,而声生气长,日进月益,勃然兴而莫之御,是其遇数之符,宰物者久拟之以待斯今。盖或阴相默协于冥冥之中,而岂其日为自致于昭昭之地如此哉?君舍龙泉人,自少倜傥不群,隘陋丘井,翱翔淮汉,视一时以名相轧、以利相雄之流稷稷营营,心易而气吞之。南邦内属,新令未狎,故家右族往往失色于风震雨凌之下。特见定力,履之若夷。人皆芒芒,而己阳阳;彼方愕愕,而此绰绰。不惟侪辈望之若不可阶,而官府倚之若砥柱然,不可须臾舍。龙泉绾江、湖、交、广之郊,近已猖狓不易栉理,远鄙连冈延袤,草木蓁蓁,干霄蔽日,虎豹犲狼鹿豕之宅,奸藏慝聚固其所,承平犹或弗率,况勍勍反仄时邪?丙子以后、甲午以前十八九年,靡有宁岁。茶陵以南、桂岭以东五六百里,靡有善地。近而怙乱者沸境内,远而阻险者环境外,邑苟旦夕于羁縻,群老岁月于禽狝,孰视几末如之何!运奇制胜,卒底于平,微夫人,谁焉领此?广獠鸥张,分合如云,刘老弱,走强壮,俘子女,掠宝货,火室庐,残蟄逼于郛郭,以至上勤宥府之兵,巨公督戎,亲履遐僻。于郊迎次,独被礼接。问计安出,竟如所陈,以礥其渠、披其支。由是邑遂无警。若是者何也?形势机权、征谋治法一不凝滞于心;需饷饷办,征众众集一不牵掣于人,智也,力也。智力相须,不慑不懈;算无遗策,动有成功也固宜。而又有难者,戍军当诣南丰,万夫之长临遣仓卒生变,一呼群溃。单骑往谕,片言而翕然定,就道如律,讫无嚣哗,此非可以力劫智绐,而得其信服,夫岂屦夫庸人之所可能哉?其艰其勤之余,汲汲以善事为乐。倡义平籴,自丙戌始,凶岁不令腾踊。辛卯饥,给籴户三千直,减其价之半,廪五发而及新。施粥食饿,施粟赈贫,又广籴以瞻远土。敛有先备,散有成规。尔后岁虽饥而不害。邑校初燬,因仍简陋,弗克如旧。拓而敞之,增而广之矣。再燬,则撤而新之,基崇构美,门庑庖廪具视昔有加焉。落成舍菜,士聚三日,饔飧不以费公储。田租隐漏,核实而归之学。又节缩其嬴,以造祭器之宜有者。事闻于朝,特命旌表。邑有浮梁通南北,有田以备修完。田没入官,而梁废,民病涉。出力造舟以渡,一岁辄敝。乃复浮梁,两厓甃石数千尺。其守护之也,隩有屋,屋有僧,僧有徒,岁有常给。辛卯以来,舟梁亦四易矣。交游敦谊,终始弗渝。赴急解纷,捐千金等一羽。佛者、老者、民无告者、士无业者,凡可惠利于人者,凡为神、为人、为公、为私,有工、有役者,苟有求,无不应也。八岁而孤,事母至孝。寿逾八十,养送如礼。上有三兄,恭顺怡怡。季兄早逝,抚其子如己子。胸怀磊落,贯穿今古,虽老犹不废书。博览强记,论辨亹亹,听者耸然。往岁寇平,当路勋功以上,议赐爵秩。适有罣误,命格不下。慨然辞知己,出都门,还旧隐。建延庆道院,筑玉林别墅,预营寿藏。逍遥自适,澹乎无复有用世之志。赈荒格例,应赏授进士副尉、两浙都转运盐使司袁部场盐司丞,匪其欲也。初名应宗,字振宗,以如常副其字,后遂以字行。生淳祐辛亥十月之朏,终皇庆壬子五月之朒,葬于玉林手卜之兆,癸丑二月十有二日也。曾祖某,祖某,考某,妣王氏。娶王氏。子男三,长丙孙;时俊其次,官承事郎;季甲孙。女二,一适杨,一先卒。孙男六,女一。予观有禄有位之人,食其食、不事其事十盖八九。今也非居侯伯之位,非享公上之禄,徒以素封拟于九命之贵,齐于千乘之富,而群邑乡里事之重大艰难、众之旁观缩手者,必项氏焉归。甚劳而不辞,甚费而不惜。一旦无是,皇皇失其所资,伥伥失其所依,若不能以独立于世。则状之所述,以为'百年之思、百里之泽,微斯人,宁复有斯邑'者,岂虚美哉？呜呼！此可为识者道也。铭曰：猗嗟才难！有夷斯艰,有纶斯繁。或汗彼颜,而此闲闲,刃游节间。梗楠樟槠,枝条扶疏,隐庇万夫。岂其栎樗？可栋可栌,不逢其须。逝矣畴依？已矣畴资？身后之思。功如所怀,用不雠才,天乎人哉？"(《吴澄集》,第1461—1465页)

又按：项振宗卒后,江西行省咨上中书省,为项氏请旌表,表彰其对于龙泉县县学的修复之功。刘将孙有《项氏旌表记》载："皇庆元年,江西行省咨上中书,言吉安路龙泉县项振宗,以家财新起县学,庙舍咸备。府、宪覆实如章,宜议所以旌表之者。中书下部议,还报行省所言实,饬所司旌表门闾。于是龙泉县官崇阀阅其家,扁曰：'朝省旌表义士项振宗门闾。'"(刘将孙《全元文》第20册,第247—248页)

吴澄同时又作《与龚国祥书》以回复此前求铭之事。

按：龚国祥亦曾请吴澄为项振宗作墓志铭,故吴澄又作《与龚国祥书》答复,文载："澄往岁一解后间,竦然起敬,知为昭代有用之器,别去每以嗣会无缘为欠。区区客京华三载,移疾南归,得闻小淹长材,试仕敝郡。养疴衡茅之下,未能振衣相从,以话契阔。一雁南翔,倏枉嘉问,五云绚烂,老眼为之增明。司丞项氏之誉洋洋盈耳,其子同知在都下亦相闻,所需铭文敢不如戒,第恐笔墨枯淡,不足慰孝子慈孙之心尔。上介告旋,且此酬先施之辱。合簪未卜,快睹优擢,尚规后便以贺以谢。"(《吴澄集》,第281页)

吴澄作《送王东野序》。

按：徽政院广惠局废后,任职于广惠局的王东野将归故里。吴澄因作序以赠之。王东野,永新人。精方脉,尝著《本草经》,知名于当时,任太医院御医。虞集、揭傒斯、程钜夫、刘岳申、赵孟𫖯等皆与之交,尤其与赵孟𫖯交厚。(余之祯总修,王时槐纂修,汪泰荣点校《(万历)吉安府志》卷三一"杂传·工伎",中华书局2018年,第386页)吴澄《送王东野序》载："吉永新王氏世执医伎,而东野始以发身,提领官医。自州而路,比至京师,因贵近上其名,遂得给事圣宫,涪膺宠锡。徽政院请立广惠局,以济民病,实自东野倡其

元仁宗皇庆二年 癸丑 1313年 65岁

议。被恩命,受同提举官,又升提举官,一时荣遇有如此者。其后局废,东野不复仕。年六十三,将其帑归故乡。予观嗜进之人,舍旧者必图新,出此者必入彼。有所未餍,则顾而之它,奔走伺候,无休息时。钻刺罅缝,营求百端,以侥幸于万一,孰肯轻去名利都府而退就田里也哉?今东野未鳌老,而知止足之分,回车复路,以修其初服,脱然无所系恋,超超乎有高尚肥遁之风,其贤于人远矣。东野所受赐赉不赀,悉以买田赡其乡之医学。家藏集验方,锓木以传。夫财者,人之所秘而皆不私诸己,其用心之广为何如?儒流或未能,而医流能之,予所以再三嘉叹,而于其归也,书以为赠。"(《吴澄集》,第676—677页)

又按:吴澄此文并未记载具体时间,据程钜夫作于延祐元年(1314)的《永新州医学祭田记》记载,王东野在皇庆二年(1313)夏"乘传还江南迎妻子"(《全元文》第16册,第284页),随后归故乡永新,并且在永新购买五十亩地作学田奉春秋之祀,完善当地三皇庙的修建。这个说法正好与吴澄所言"悉以买田赡其乡之医学"相对照,所以吴澄此文当作于此年或之后。

又按:袁桷有《送永新王东野还里》诗作:"天际风花黑,灯前鬓影苍。方刊肘后秘,金散橐中装。某树童年种,兹丘晚岁藏。已忘朝野事,飞鹭起鸣榔。"(《袁桷集校注》卷九,第472页)

吴澄此年后作《罗垚诗序》。

按:吴澄《罗垚诗序》载:"豫章罗垚,予识之之时年甚少,不及与之细论。今死矣,观其诗文若干篇,超然有见,不似专学言词之人。天假之年,学日以充,所到讵可量哉!其不寿也,非先哲所谓间值之难,而数不能长者欤?惜也!予之中子褎少亦学为诗文,亦年二十八而卒。垚之父之悲,犹予之悲也。而予之所以重惜之者,岂但如其父子之惜而已乎?"(《吴澄集》,第398页)

又按:吴澄此文并未记载具体时间,只云其作于罗垚卒后。据程钜夫《罗垚墓志铭》载,罗垚卒于皇庆二年(1313)冬十一月:"皇庆元年秋,盱江吴东之病于京师,广平尉明安达尔慕其名,载与俱归邯郸,不数月竟死。明年冬十有一月二十有七日,其友豫章罗垚亦暴死京师。二人余知也,一岁之间俱丧焉,未有以抒余悲。延祐改元春三月,垚之父某来归其丧,长秋寺卿讷古德勒谓余铭以慰其父心。"(《全元文》第16册,第487—488页)故将吴澄为罗垚诗歌作序暂置于此。

又按:吴澄又为罗垚《明良大监》作序,文载:"罗垚少而俊敏,天才绝出,诗文足以动人。受知贵戚之卿,拔之为属,得八品官。年二十八,客死京师。予友姜肃序其初稿,又以其所著《明良大监》示予。予尝诫后生晚进勿轻著书,垚之著书也太蚤,其谢世也亦蚤。悲哉!《相业》一篇多好语。呜呼！使其得年，而学不期于速成，而期于大成何可当也？垚字奕高，豫章人。"（《明良大监序》，《吴澄集》，第398—399页）

程钜夫作《大元国学先圣庙碑》。

按：是年元仁宗命修建国学先圣庙碑，程钜夫应制作此文。文章对元朝的国子学的建设历史沿革进行了简要回顾。《大元国学先圣庙碑》载："皇庆二年春，皇帝若曰：'我元祚百圣之统，建万民之极，诞受厥命，作之君师。世祖混一区宇，亟修文教。成宗建庙学，武宗追尊孔子。所以崇化育材也。朕纂丕图，监前人成宪，期底于治。可树碑于庙，词臣文之。'臣某拜手稽首奉诏言曰：臣闻邃古之初，惟民生厚。风气渐靡，圣人忧之，越有庠序学校之制，天下之治，胥此焉出？中统二年，以儒臣许衡为国子祭酒，选朝臣子弟充弟子员。至元四年，作都城，画地宫城之东为庙学基。二十四年，备置监学官。元贞元年，诏立先圣庙，久未集。大德三年春，丞相臣哈喇哈逊达尔罕大惧无以祗德意，乃身任之。饬五材，鸠众工，责成工部郎中臣贾驯。……至大元年冬，学成，庙度地顷之半，殿四阿，崇尺六十有五，广倍之，深视崇之尺加十焉。配享有位，从祀有列。……皇帝御极，升先儒周敦颐、程颢、程颐、司马光、张载、邵雍、朱熹、张栻、吕祖谦、许衡从祀。广弟子员为三百，进庶民子弟之俊秀相观而善业精行成者，拔举从政。"（《全元文》第16册，第338—340页）

虞集作《送李扩序》。

按：虞集《送李扩序》是载吴澄在国子监改革引发的冲突以及虞集个人立场的文章。文章赠予吴澄在国子监的学生李扩，虞集向李扩阐述了吴澄之学以及他在监学推行的"教条四法"的本质是"通儒先之户牖，以极先圣之阃奥"，而并非监中学者所攻击的吴澄的偏宗陆九渊之学。虞集认为，许衡在国子学里重点推行洒扫应对等小学的方式，旨在通过这些方式学习朱熹的圣贤之学，这形成了元代国子监学的基本培养方式和学习内容。但许衡卒后，洒扫应对等小学学习内容和方式应该有继续发展和革新，而吴澄推行的"教法四条"旨在"发理义道德之蕴"，重点培养学生的道德修养，不仅没有偏离许衡之学，更是对许衡的教学有所精进，只是当时国子监学人不仅不明白陆九渊之学为何物，更是连朱熹之学以及许衡推行朱熹之学的深意都不懂，因而才导致了吴澄离开国子监一事。可以说，"作为熟悉南北争端情形的虞集来说，他的这篇文章也可以看作是宗衡（许衡）派与宗澄（吴澄）派争论的最重要文献"（《元代馆阁文人活动系年》，第335页）。

又按：虞集《送李扩序》载："国家之置学校，肇自许文正公。文正以笃实之资,得朱子数书于南北未通之日,读而领会,起敬起畏。及被遇世祖皇帝,纯乎儒者之道,诸公所不及也。世祖皇帝圣明天纵,深知儒术之大,思有以变化其人而用之,以为学成于下,而后进于上,或疏远未即自达,莫若先取侍御贵近之特异者,使受教焉,则效用立见,故文正自中书罢政为之师。是时风气浑厚,人材朴茂。文正故表章朱子小学一书,以先之,勤之以洒扫应对以折其外,严之以出入游息而养其中,掇忠孝之大纲,以立其本,发礼法之微权,以通其用。于是数十年彬彬然号称名卿材大夫者,皆其门人矣。呜呼!使国人知有圣贤之学,而朱子之书得行于斯世者,文正之功甚大也。文正没,国子监始立。官府刻印章如典故,其为之者,大抵踵袭文正之成迹而已。然予尝观其遗书,文正之于圣贤之道,五经之学,盖所志甚重远焉。其门人之得于文正者,犹未足以尽文正之心也。子夏曰:'君子之道,孰先传焉?孰后倦焉?'程子曰:'圣贤教人有序,非是先传以近者小者,而不教以远者大者也。'夫天下之理无穷,而学亦无穷也。今日如此,明日又如此,止而不进,非学也,天下之理无由而可穷也。故使文正复生于今日,必有以发理义道德之蕴,而大启夫人心之精微,天理之极致,未必止如前日之法也。而后之随声附影者,谓修辞申义为玩物,而从事于文章,谓辩疑答问为躐等,而始困其师长,谓无所猷为为涵养德性,谓深衷厚貌为变化气质,是皆假美言以深护其短,外以聋瞽天下之耳目,内以蛊晦学者之心思。此上负国家,下负天下之大者也,而谓文正之学果出于此乎?近者吴先生之来为监官也,见圣世休明,而人才之多美也,慨然思有以作新其人,而学者翕然归之,大小如一。于是先生之为教也,辩传注之得失,而达群经之会同;通儒先之户牖,以极先圣之阃奥。推鬼神之用,以穷物理之变;察天人之际,以知经纶之本。礼乐制作之具,政刑因革之文,考据援引,博极古今,各得其当,而非夸多以穿凿。灵明通变,不滞于物,而未尝析事理以为二。使学者得有所据依,以为日用常行之地,得有所标指,以为归宿造诣之极。噫!近世以来,未能或之先也。惜夫在官未久,而竟以病归。呜呼!文正与先生学之所至,非所敢知所敢言也,然而皆圣贤之道,则一也。时与位不同,而立教有先后者,势当然也。至若用世之久速,及人之浅深,致效之远近小大,天也,非人之所能为也。仆之为学官,与先生先后而至。学者天资通塞不齐,闻先生言,或略解,或不能尽解,或暂解而旋失之,或解而推去渐远。退而论辩于仆,仆皆得因其才而达先生之说焉。先生虽归,祭酒刘公以端重正大临其上,监丞齐君严条约以身先之,故仆得以致其力焉。未几,二公皆他除,近臣以先生荐于上,而议者曰:'吴伯清,陆氏之学也,非朱子之学也。不合于许氏之学,不得为国子师。是将率天下而为陆子静矣。'遂罢其事。呜呼!陆子岂易言哉?彼又安知朱、陆异同之所以然？直妄言以欺世拒人耳。是时仆亦孤立不可留，未数月，移病自免去。邓文原善之以司业召至，会科诏行，善之请改学法。其言曰：'今皇上责成成均至切也，而因循度日，不惟疲庸者无所劝，而英俊者摧败，无以见成效。'议不合，亦投劾去。于是纷然言吴先生不可，邓司业去而投劾为矫激，而仆之谤尤甚。悲哉！归德李扩，事吴先生最久，先生之书，皆得受而读之。先生又尝使来受古文，故于仆尤亲近。去年，以国子生举。今年，有司用科举法，依条试之，中选，将命以官，间来谒曰：'比得官犹岁月间，且归故乡治田亩，益得温其旧学，请一言以自警。'会仆将归江南，故略叙所见以授之。使时观之，亦足以有所感而兴起矣。"（《全元文》第 26 册，第 173—175 页）

贯云石为杨朝英所编《阳春白雪》作序。

按：《阳春白雪》乃杨朝英选辑元人小令、套数编成，杨氏另又编《太平乐府》，人称《杨氏二选》，元人散曲多赖此二书保存和流传。《阳春白雪》前后集共十卷，前集五卷为小令，后集五卷为套数。共选七十余家散曲。

又按：贯云石《阳春白雪序》云："盖士尝云：'东坡之后，便到稼轩'，兹评甚矣。然而比来徐子芳滑雅，杨西庵平熟，已有知者。近代疏斋媚妩，如仙女寻春，自然笑傲；冯海粟豪辣灏烂，不断古今，心事天与；疏翁不可同舌共谈；关汉卿、庾吉甫造语妖娇，却如小女临杯，使人不忍对觞。仆幼学词，辄知深度如此。年来职史稍稍遐顿，不能追前数士，愧已！澹斋杨朝英选词百家，谓《阳春白雪》，征仆为之引。吁，阳春白雪久亡音响，评中数士之词，岂非阳春白雪也耶？客有审仆曰：'适先生所评，未尽选中。谓他士何？'仆曰：'西山朝来有爽气。'客笑。澹斋亦笑。酸斋贯云石序"。（隋树森《新校九卷本阳春白雪》，中华书局 1957 年，第 3 页）

程钜夫作《跋酸斋诗文》。

按："酸斋"乃贯云石之号，其祖父是著名功臣阿里海涯，被追封武定公。程钜夫《跋酸斋诗文》载："右诗文一卷，故勋臣楚国武定公之孙酸斋所作。皇庆二年二月，拜翰林侍读学士，与余同僚，因出此稿。余读至《送弟之永州序》，恳款教告；五七言诗、长短句，情景沦至，乃叹曰：妙年所诣已如此，况他日所观哉？君初袭万夫长，政教并行，居顷之，逊其弟。以学行见知于上，而有今命。余听其言，审其文，盖功名富贵有不足易其乐者。世德之流，讵可涯哉。"（《全元文》第 16 册，第 207 页）

姚燧卒。

按：姚燧（1238—1313），字端甫，姚枢侄。"年十三，见许衡于苏门，十八,始受学于长安","至元七年,衡以国子祭酒教贵胄,奏召旧弟子十二人,燧自太原驿致馆下","元贞元年,以翰林学士召修世祖实录","(大德)九年,拜中奉大夫、江西行省参知政事","至大元年,仁宗居藩邸,开宫师府,燧年已七十,遣正字吕洙,如汉征四皓故事,起燧为太子宾客。未几,除承旨学士,寻拜太子少傅。武宗面谕燧,燧拜辞,谢曰:'昔臣先伯父枢,尝除是官,尚不敢拜,臣何敢受!'明年,授荣禄大夫、翰林学士承旨、知制诰兼修国史"。皇庆二年卒于家,卒谥"文"。著有《牧庵姚文公文集》五十卷。生平事迹见于《元史·姚燧传》、刘致《牧庵年谱》。

又按:《元史》评其学,"燧之学,有得于许衡,由穷理致知,反躬实践,为世名儒。为文闳肆该洽,豪而不宕,刚而不厉,春容盛大,有西汉风,宋末弊习,为之一变。盖自延祐以前,文章大匠,莫能先之。或谓世无知燧者,曰:'岂惟知之,读而能句,句而得其意者,犹寡。'燧曰:'世固有厌空桑而思闻鼓缶者乎,然文章以道轻重,道以文章轻重。彼复有班孟坚者出,表古今人物,九品中必以一等置欧阳子,则为去圣贤也有级而不远,其文虽无谢、尹之知,不害于行后。岂有一言几乎古,而不闻之将来乎!'当时孝子顺孙,欲发挥其先德,必得燧文,始可传信;其不得者,每为愧耻。故三十年间,国朝名臣世勋、显行盛德,皆燧所书。每来谒文,必其行业可嘉,然后许可,辞无溢美。又稍广置燕乐,燧则为之喜而援笔大书,否则弗易得也。"(《元史》卷一七四《姚燧传》,第4059—4060页)

又按:柳贯《姚燧谥文》云:"天地真元之气一会,则圣神代作,扬熙秉耀,承华协瑞,以开太平。而必有不世出之臣,挺生其间,揽结粹精,敷为制述,于以增焕盛德大业,而耸之三五载籍之上,盖数百年而得一二人焉。其有关于气运者如是,岂徒文乎哉!乃若先正许魏文正公之在吾元,实当世祖皇帝恢拓基图之始,倡道明宗,振起来学。一时及门之士,独称集贤大学士姚公燧,为能式纂厥绪,以大其承。然观公之言,而考乎文正公之学,则其机篇之相须,殆不啻山鸣而谷应,云兴而龙翔也。故大德、至大、皇庆之间,三宗继照,天下乂宁。而公之文章,蔚为宗匠。典册之雅奥,诏令之深醇,固已抉去浮靡,一返古辙。而铭志箴颂之雄伟光洁,凡镂金刻石,昭德丽功者,又将等先秦两汉而上之,以闯夫作者之域。排沮诋訾不一二,而家传人诵已十百。虽欲掩之,孰得而掩之哉?他日良史执笔,以传儒林,则公在文正之门,岂直偞之游、夏而已也?《易》曰:'黄裳元吉,文在中也。'然则以之节惠,公奚歉焉?谨按谥法,博闻多见曰'文',敬直慈惠曰'文',请谥曰'文'。"(《全元文》第25册,第114—115页)

孛罗卒。

按:孛罗(1246—1313),蒙古朵儿边部人。少时即起为忽必烈之怯薛成员,元廷重臣。1283年出使伊利汗国,1285年抵达波斯,后留居伊利汗国。为伊利汗所重用。曾参与该国丞相拉施德丁主持编写之《史集》工作。

詹士龙卒。

按:詹士龙(1256—1313),字云卿,光州固始人。受元世祖赐,为董文炳养子。"公方在褓,随母胡氏俱北徙。时董忠献公从世祖总兵南讨,具知都统勇烈及在蜀力战死节状,归言于世祖,因以其幼子见。世祖叹曰:'佳父必生佳儿,然不宜在军中。'即以公属之忠献,忠献鞠之同己子",后董文炳弟董"文忠佥枢密院判后赠司徒忠贞寿国公者,以宋故忠臣子孙荐公于朝,试经学吏事高等,授高邮兴化尹"。詹士龙任职期间,"招徕流徙,抚以恩信,芟剪芜秽,教之耕桑。又籍户绝田若干亩入学官,召佃垦之,岁得谷三百五十余石以赡士。凡庙学之殿堂斋庑圣贤像设,咸创而新之。民士观仰,俗以丕变",后擢"为两淮都转运盐使司判官,参治盐规,赋以充羡。调淮安路推官,未及考,拜江南诸道行御史台监察御史",官至"奉训大夫、广西道肃政廉访司佥事",皇庆二年卒于家。生平事迹见刘楚《元故奉训大夫广西道肃政廉访司佥事詹公墓志铭》、吴澄《詹统制墓表》、朱善《詹士龙传》、宋濂《詹士龙小传》等。

全国高校古籍整理委员会项目（项目号：2063）

国家社科基金重大招标项目：
13—14世纪丝路纪行文学文献整理与研究（17ZDA256）

吴澄年谱长编（下册）

邱江宁　梁杰◎著

复旦大学出版社

浙江师范大学出版基金
(Publishing Foundation of Zhejiang Normal University)
资助

元仁宗延祐元年
甲寅　1314年　66岁

正月改元延祐。

按：《元史》载："（正月）丁未，诏改元延祐。"（《元史》卷二五《仁宗本纪》，第2册，第563页）

四月，立回回国子监。

按：《元史·选举志》载："至仁宗延祐元年四月，复置回回国子监，设监官，以其文字便于关防取会数目，令依旧制，笃意领教。"（《元史》卷八一《选举志》，第7册，第2028页）至元二十六年（1289）立回回国子学，主要教学"亦思替非文字"，以培养能与西域国家交往的精通敛财技术的专门人才（前已载）。今年再置回回国子监，仍以"掌亦思替非官属归之"（《元史》卷八七《百官志》，第7册，第2190页）。

五月，诏陕西行台立鲁斋书院。

按：《元史》载："戊寅，京兆为故儒臣许衡立鲁斋书院，降玺书旌之。"（《元史》卷二五《仁宗本纪》，第565页）

又按：程钜夫《谕立鲁斋书院》载："谕陕西行省、行台大小诸衙门官吏人等：中书省奏御史台言：'故中书左丞许衡，首明理学，尊为儒师。世祖皇帝在潜邸，尝以礼征至六盘山，提举陕右学校，文风大行。西台侍御史赵世延请依他郡先贤过化之地为立书院。前齐哩克琨总管王某献地宅以成之，延请前国子司业某同主领，教生徒。乞降旨拨田养士，将王某量加旌劝。'准奏。可赐额曰'鲁斋书院'。仰所在官司，量拨系官田土入学，奉朔望、春秋之祀，修缮祠宇，廪饩师生。务在作养人材，讲习道义，以备擢用。从本路正官主领，敦劝行省、行台，常加勉励。其王某，令有司别加旌表。仍禁治过往使臣、官员人等，毋得在内停止、亵渎、饮宴、聚理词讼。造作工役，应赡学产业。书院公事，毋得诸人侵扰。彼或恃此为过作非，宁不知惧！"（《全元文》第16册，第5—6页）

又按：程钜夫延祐二年作《鲁斋书院记》载："邠岐、丰镐之间，周之故都也。三代之文莫尚于周,周之文莫盛于文、武、周公。江汉远矣,其化犹存于小夫弱女,况千里之近者乎?无他,圣人之道与天地并立、日月并明,孰有外天地日月而能久其生者?吾意有能复兴文、武、周公之教于其地,特易易焉耳。世祖皇帝经营四方,日不暇给,而圣人之道未始一日不在讲求。观兵陇山,首召河内许仲平先生衡入见,先生亦首以圣人之道为必可行,嘉言笃论,深契上心。时自陕以西,教道久废,乃命先生提举学事。于是秦中庠序鼎兴,搢绅缝掖,川赴云流,文事翕然以起。其所成就,皆足以出长入治,由是圣人之道乍明。世祖皇帝践阼,先生又以其道入佐皇明,施于天下,卒能同文轨而致隆平,由是圣人之道复著。盖有是君必有是臣,阴阳之消长,日月之晦明,圣贤之用舍,固各有其时也。今天子以天纵之质,继列圣之绪,向用经术,尊礼儒先,彬彬雍雍,著者益彰而且广矣。先圣后圣,顾不同条而共贯与。先是,云中赵侯守长安,尝议建书院如他郡先贤故事,不果。后以西台侍御史复来,因请以先生从祀夫子,且申前议。乃有王氏欲斥居宅为之,得前太子家令薛处敬赞其决士,民承风劝趋,前御史张崇、推官李益、匠府同知韩祐相与董成之。前为夫子燕居之殿,以颜子、曾子、子思、孟子侑坐;后为讲堂,左右列格物、致知、诚意、正心四斋。以张子厚先生昔讲道于横渠,乃为室东偏,合张、许二先生而祠之。库寝庖廪毕备,屋凡若干楹。事闻,有诏赐名曰'鲁斋书院',仍谕陕西省给田、命官、设禁如他学院故事。有司既奉诏,而祐等请纪以文。夫文者何也?以西伯周公之圣而止曰'文'。今郡国校官往往而具宫居而师事者,亦无不同。及观其效,则弥阔而遂疏者,何耶?无亦文非其文而然与?夫子不曰'斯道'而曰'斯文',学于此者,亦可以深长思矣。若昔儒先自伊洛关辅以来,相望百年,不绝而续。若朱子之立言,使圣人之道复明于简籍。许先生之立事,使圣人之道得见于设施。皆所谓豪杰之士也。观先生之于朱子,信其道,从其言,尊之为父师,敬之如神明,呜呼,殆所谓虽无文王犹兴者与。终际昌时,出其所学,有以当圣人之志,建不朽之功,可谓开物成务之材矣。《诗》云'亹亹文王,令闻不已',圣祖有焉。'乐只君子,邦家之基',先生有焉。侯于先生有慕用之诚而不能忘,凡所以尊先生者,无不为也。然非私也,所以为道也,所以广圣天子之教也,所以使学者知所宗也,所以志先生之志而学先生之学者也。一举而众美具焉,可无述哉?侯名世延,字子敬,今为资善大夫、御史中丞。斥居宅者,王庭瑞,尝为怯连副总管,诏旌其间以褒之。呜呼,圣天子之欲化民成俗,可谓诚且笃矣。承学之士,奚可以不自力乎?自今邠、雍之间,郁郁乎复如文、武、周公之世,吾犹有望。延祐二年十有一月朔记。"(《全元文》第16册,第292—293页)

十月,敕吏人转官,止从七品。

按：《元史》载："乙未，敕：'吏人转官，止从七品，在选者降等注授。'"（《元史》卷二五《仁宗本纪》，第 2 册，第 566 页）《元史·李术鲁翀传》载："时有旨凡以吏进者，例降二等，从七品以上不得用。翀言：'科举未立，人才多以吏进，若一概屈抑，恐未足尽天下持平之议。请吏进者，宜止于五品。'许之，因著为令。"（《元史》卷一八三《李术鲁翀传》，第 14 册，第 4220 页）

又按：许有壬对此项政策亦颇有议论："钦奉圣旨：'节该汉儿吏道从七品以上，休委付者。教授、秀才并职官内取的令史，依旧例委付者。'……窃谓一统万邦，治虽多术，大经要道，首在得人。论材有长短之不齐，立法贵变通而无弊。故求贤择善，必自多门，而趋事赴功，庶臻成效。钦惟我朝建元以来，百度修举，惟科举条目，议而未行。出官之制，大率由吏而贡。吏之法，必以儒通吏事，吏通经书，然后补用在后，奉行不至。试补之间，多不依法，遂使贤愚混淆，政事败阙。仁宗皇帝励精图治，痛惩其弊而一新之。由吏出身者，限以从七，不使秩高权重，得以纵恣。设立科举，取人以德行为首，试艺以经术为先，求贤之方，视古无愧。但科举未行之时，以吏取人，实学之士，亦未免由此而进，一概限之，不无同滞。且名器之设，所以陶铸人才，鼓舞为善者也。各衙门通事、知印、宣使、奏差之类，劳佚悬绝，而出职反高，又得升转，独于吏员，待之既殊，遏之又甚，自非特立坚守之人，亦何劝而为善耶？目今中县以上，铨衡有乏材之叹，郡邑多阙官之所。又钦奉圣旨，岁举推官一人。推官从六品职，必精晓刑名，洞达事理，慈祥恺弟，历练老成之人，方可任此。不广其途，亦难选举。夫吏弊蠹政，固为不少，但科举未行之前，儒皆为吏。其贪虐鄙俚之徒，限之固宜，而廉慎儒雅之才，恐遂并弃。合无自颁行科举诏书日为始，以前该降吏员，量许升至三品，以后入役者，从五品止。庶贤愚无同滞之患，官府有得人之效。"（许有壬《吏员》，《全元文》第 38 册，第 42—43 页）

又按："这条规定可以说是剥夺了在官僚界占了大半的吏员出身者向中高级官职升迁的可能性，从结果上来说，等于将之转而交予了科举及第者。从七品官虽有恩荫子孙的资格，但其所荫官职乃为最低等级，基本不过许以自下县、下州的钱谷官出仕。……这一变革……足以使得吏员这一出仕途经的吸引力就此衰减。可以说，延祐元年十年的敕令，是对原有升迁体系的大幅改变，尤其在无形中提升了科举这一不经由个人推荐、个人关系的出仕途经的地位。"（饭山知保著，邹笛译《另一种士人：金元时代的华北社会与科举制度》，浙江大学出版社 2021 年，第 360 页）

二月，赵世延拜中书参知政事，领国子学。

按：《元史》载："延祐元年，省臣奏：'比奉诏汉人参政用儒者。赵世延其人也。'帝曰:'世延诚可用,然雍古氏非汉人,其署宜居右。'遂拜中书参知政事,居中书二十月,迁御史中丞。有旨省臣自平章以下,率送之官。其礼前所无有,由是为权臣所忌,乃用皇太后旨,出世延为云南行省右丞。陛辞,帝特命仍还御史台为中丞。"(《元史》卷一八〇《赵世延传》,第14册,第4164—4165页)

铁木迭儿复拜中书右丞相。

按:《元史·铁木迭儿传》载:"延祐改元,丞相哈散奏:'臣非世勋族姓,幸逢陛下为宰相,如丞相铁木迭儿,练达政体,且尝监修国史,乞授其印,俾领翰林国史院,军国重务,悉令议之。'仁宗曰:'然。卿其启诸皇太后。与之印,大事必使预闻。'遂拜开府仪同三司、监修国史、录军国重事。居数月,复拜中书右丞相,合散为左丞相。铁木迭儿奏:'……今请以江浙右丞曹立领其事,发舟十纲,给牒以往,归则征税如制;私往者,没其货。又,经用不给,苟不预为规画,必至愆误。臣等集诸老议,皆谓动钞本,则钞法愈虚;加赋税,则毒流黎庶;增课额,则比国初已倍五十矣。惟预买山东、河间运使来岁盐引,及各冶铁货,庶可以足今岁之用。又,江南田粮,往岁虽尝经理,多未核实。可始自江浙,以及江东、西,宜先事严限格、信罪赏,令田主手实顷亩状入官,诸王、驸马、学校、寺观亦令如之;仍禁私匿民田,贵戚势家,毋得阻挠。请敕台臣协力以成,则国用足矣。'仁宗皆从之。寻遣使者分行各省,括田增税,苛急烦扰,江右为甚,致赣民蔡五九作乱宁都,南方骚动,远近惊惧,乃罢其事。"(《元史》卷二〇五《铁木迭儿传》,第15册,第4577—4578页)

李孟复拜中书平章政事。

按:黄溍记载:"延祐元年冬十二月,复拜公中书平章政事,依前翰林学士承旨、知制诰、兼修国史。"(黄溍《元故翰林学士承旨中书平章政事赠旧学同德翊戴辅治功臣太保仪同三司上柱国追封魏国公谥文忠李公行状》,《全元文》第30册,第42页)

齐履谦复拜国子司业,立升斋积分法。

又按:齐履谦升国子司业后,修改了原来的岁贡法,以积分法考试来定次第。《元故太史院使赠翰林学士齐文懿公神道碑铭》载:"明年(1314),复拜国子司业。有制,国子岁贡六人。蒙古二,官从六品;色目二,官正七品;汉人二,官从七品;第以入学名籍为差次。公曰:'不变其法,士何由进学,国何以得材。'乃酌旧制,立升斋积分等法。其言曰:国学立六斋,下两斋以初学者居之,中两斋治《大学》、《论语》、《孟子》、《中庸》,学诗者居之,上两斋治《易》、《诗》、《书》、《春秋》、《礼记》,属文者居之。每季考学问,进者以次第升。又必在学二年以上,始与私试。孟仲月试经疑、经义,季月试策问、古赋、制诰、章表,蒙古、色目试明经、策问。辞理俱优者为上,准一分;理优辞平者次之,准半分。岁终积至八分者充高等生,以四十人为额,员不必备,惟取实才。然后集贤、礼部试其艺业,及格者六人以充贡。诸生三年不能通一经,及在学不满半岁者,并黜之。中书奏行其法,于是人人厉志读书,益多材学之士矣。"(《滋溪文稿》卷九,第130—131页)苏天爵《元故中奉大夫江浙行中书省参知政事追封南阳郡公谥文靖字术鲁公神道碑铭》又称:"初,国子生以入学名次为先后,岁贡补官,殊无劝惩,故太史齐公履谦为司业,请以学业为升斋等第,以积分公试,文词优者为中选,繇是诸生咸思奋励而人才兴矣。"(《滋溪文稿》卷八,第125页)

虞集奉诏西祠岳渎。

按:欧阳玄《元故奎章阁侍书学士翰林侍讲学士通奉大夫虞雍公神道碑》载:"延祐元年,改从仕郎、太常博士,奉诏西祠岳渎。"(《欧阳玄集》卷九,第114页)

又按:虞集《成都路正一宫碑》载:"蜀之山川,高厚而深远,故其生物也特异。文武材能豪杰之士,世世不乏,然犹不足尽其神气之秘蕴。于是,有神人仙者,图赤斧之流,出乎其间。而世所共知者,汉正一天师张陵遗迹,几遍西南,事最著。其兴利若盐井之属,至于今赖之。其后,若朱桃椎、王葆和等,尤不可胜数。最近者且百年,有法师刘浩然、碧云庵道士张全者,高行奇术,近接耳目,里中儿女子能道之。故成都青阳玉局诸宫,桀然以名天下者,非一日矣。延祐三年春,予在奉常,被旨修岁祀于江渎,礼成且还,思昔之所闻而问焉。凡宫室楼殿,苍乎其幽,黝乎其潜,萃乎魄乎其雄杰高岸不可测者,亦徒见夫深林茂木,清泉瑰石而已,求其人,固不得仿佛而从之也。盖为之踌躇叹息,而不能去。"(《全元文》第27册,第434页)

揭傒斯经程钜夫、卢挚推荐,特授翰林国史院编修官。

按:欧阳玄《元翰林侍讲学士中奉大夫知制诰同修国史同知经筵事豫章揭公墓志铭》载:"皇庆初,程公入朝,公馆其门。时国初诸老尚存,闻程公有佳客,咸愿识之,及与之言,荐恐后。延祐元年,用荐为翰林国史院编修官。"(《欧阳玄集》卷十,第159页)

黄溍参加杭州乡试。

按:宋濂《故翰林侍讲学士中奉大夫知制诰同修国史同知经筵事金华先生黄公》载:"延祐元年,贡举之法行,县大夫又强起先生充赋乡闱。适古赋以《太极》命题,场中作者往往不脱陈仁义为言,独先生词致渊永,绰然有古风,特置前列。"(黄灵庚编辑校点《宋濂全集》卷七六,第4册,人民文学出版社2014年,第1851页)

吴全节是年奉旨斋醮龙虎等三山,并请返家庆其父母之寿。

按:虞集《河图仙坛碑》载:"延祐元年,公奉旨设醮于龙虎、阁皂、句曲三山,因请归庆其父母八十之寿。对衣尚尊之赐,如初。是年,传旨江浙行省,促公还朝。"(《全元文》第27册,第198页)

吴澄被江西行省参知政事敬俨推荐为乡试考试官。

按:敬俨,易州人,敬铉的侄子,他在皇庆二年任江西等处行中书省参知政事,延祐开科之后,他推荐吴澄为江西乡试考试官。《元史·敬俨传》载:"二年,拜江西等处行中书省参知政事。旧俗,民有争,往往越诉于省,吏得并缘为奸利,讼以故繁。俨令下省府,非有司,不得侵民,讼事遂简。诏设科举,俨荐临川吴澄、金陵杨刚中为考试官,得人为多。"(《元史》卷一七五《敬俨传》,第13册,第4095页)危素《年谱》载:"延祐元年甲寅,元仁宗。(……)八月,江西贡院请考校乡试,以疾辞)"又四库本《年谱》载:"屡以病辞,不获。"

又按:杨刚中,字志行,金陵上元人。他是导江先生张𩆜的门人,"为文奇奥简涩,动法古人,而不屑为世俗平凡语",元明善极为推崇他。(《元史》卷一九〇《杨刚中传》,第14册,第4341页)张铉《(至大)金陵新志》记载,杨刚中校文期间,"有以不及贡额为言者,公谓国家以科目取士,选贵精审,不宜以碌碌者充数,闻者是之。迁江东廉访司照磨,复校文江浙行省,得士尤多"(张铉《(至大)金陵新志》卷一三下之上,清文渊阁四库全书本)。

又按:吴澄与杨刚中早已相识,在出任江西乡试考试官前,杨刚中任职福建闽海道肃政廉访司,管勾承发架阁库兼照磨。吴澄有《送杨志行赴闽海照磨效其体》诗:"负疴出京华,息担憩江介。邂逅玉雪姿,乘陵尘嚣外。嘉名昔屡闻,良觌今一快。谈谐每欣豫,晨夕数期会。藉此慰羁孤,明将倏离北。天书下司臬,海峤备寮寀。阳乌方赫曦,驿骑促徂迈。去矣君勿留,怀哉我奚赖。"(《吴澄集》,第1894页)

吴澄以"石鼓赋"为乡试古赋一场试题。

按:延祐初科江西乡试古赋试卷为"石鼓赋"。今存李丙奎、徐汝士、王与玉、陈祖义、李路、罗曾、吴舜凯、苏弘道等人答卷,见朱希召《宋元科举题名录》(《北京图书馆古籍珍本丛刊》)。

吴澄于江西乡试录十八人进入会试。

按:皇庆二年科举诏规定江西行省乡试需录二十二人,但首年乡试只得十八人进会试。吴澄《大元将仕郎南丰州判官萧君墓志铭》载:"大元有江南、一天下三十有九年,始以进士科取士。江西行中书省所统两道贡士三十有二，校艺之优劣定去取，而吏议以杂犯违制，有所黜。校文者争之，一二达官临之亦务宽厚，欲备其名数，卒不能夺吏议，于是与选止十有八人，而吉安一路居其六。"（《全元文》第 15 册，第 533 页）

又按：江西乡贡进士十八人，目前可考有杨晋孙（第一）、李丙奎（第二）、夏镇（第三）、钟光国（第六）、饶抃（第七）、陈祖义（第八）、杨景行（第九）、萧立夫（第十二）、牛文炳（第十三）、叶绩（第十四），另有不知名次者李路、罗曾、许晋孙、黄鸿荐、易之序共十五人。另有色目人偰哲笃一人。（参考萧启庆《元延祐二年与五年进士辑录》，《台大历史学报》1999 年第 24 期）（余来明《元代科举与文学》又有黄鸿荐、易之序二人存疑之说。（余来明《元代科举与文学》，武汉大学出版社 2013 年，第 330 页）

吴澄对贡士饶抃颇赏识。

按：饶抃乃延祐乡试第七名，吴澄《送左县尹序》载："贡举初行时，予于校文得一士，曰饶抃，新城人，文工行淳，良士也。其明年试礼部，罢黜，以特恩厕儒学教授选中，予荐之于集贤，充国子助教，而未用也。今承乏词馆。"（《吴澄集》，第 663 页）

吴澄校文期间为敬俨叔祖敬铉《春秋备忘》作序。

按：敬铉是金代硕儒，治经尤粹于《春秋》，著有《春秋备忘》。敬俨拟刊刻此书，遂请吴澄作序。

又按：吴澄《春秋备忘序》载："《春秋》，鲁史记也。圣人从而修之，笔则笔，削则削，游、夏不能赞一辞。修之者，约其文，有所损，无所益也。其有违于典礼者笔之，其无关于训戒者削之。何以不能赞一辞？谓虽游、夏之文学，亦莫能知圣人修经之意为何如也。盖自周辙东，王迹息，礼乐征伐之柄下移，诸侯国自为政，以霸而间王，以遐服而逼迩；天经紊，人理乖；灾见于上，祸作于下；耳闻目见，一一皆乱世之事，王法之所不容。圣人伤之，有德无位，欲正之而不能，于是笔之于经，以俟后圣。故曰：'《春秋》，天子之事也。'又曰：'《春秋》，孔子之刑书也。'又曰：'《春秋》，正王道，明大法，孔子为后世王者而修也。'然此意也，当时及门之高第弟子有不能知，而况于远者乎？然则三《传》释经，讵能悉合圣人之意哉？澄也常学是经，初读《左氏》，见其与经异者，惑焉；继读《公》、《榖》，见其与《左氏》异者，惑滋甚。及观范氏《传序》，喜其是非之公；观朱子《语录》，识其优劣之平；观啖、赵《纂例》、《辩疑》，服其取舍之当。然亦有未尽也。遍观宋代诸儒之书，始于孙、刘，终于赵、吕，其间各有所长，然而不能一也。比客京华，北方学者言《春秋》专门亟称敬先生鼎臣，澄惜其人之亡，而不知其书之存也。先生之从孙俨参知江西行省政事，因是获睹先生所著《春秋备忘》三十卷、《明三传例》八卷。稽其用功次第，见于自序。弱冠受读，学之三十年而始著书，年几七十，而修改犹未已。前后凡五易稿，总数十家之说而去取之。其援据之博，采览之详，编纂之勤，决择之审，至谨至重，惴惴然不敢易，可谓笃志穷经者矣，非浅见謏闻所能窥测也。参政属澄序其端。窃惟《春秋》一经，自三《传》以来，诸家异同殆如聚讼。今于众言淆乱之中折衷以归于一，是诚有补于后学。澄之庸下，有志于斯者，亦得因先生之所同以自信，又得因先生之所异以自考，遂不让而为之序。先生讳铉，易水人，金朝参知政事之孙。兴定四年登进士第，主郏城簿，改白水令。值中州多虞，北渡隐处。国朝访求前代遗逸，宣授中都提举学校官。旧读书大宁山下，人号为大宁先生云。"（《吴澄集》，第392—393页）

吴澄乡校期间，为江西行省郎中杨士允作《勉庵铭》。

按：吴澄《勉庵铭（并序）》载："勉生于不足，不勉生于足。不足则勉，勉则进；足则不勉，不勉则止。昔之圣贤兢兢业业，孜孜汲汲，不自足故也。世之自以为有余者反是。华县杨氏代有闻人，行省郎中杨士允学足以堤身，才足以周务。仕登要路矣，而慊慊不自足也，其进而未止，讵可量也哉！临川吴澄为作《勉庵铭》。硁硁鄙夫，哆然有余。柴柟厥衷，衷肛尔躯。怙恃孤雄，气凌万夫。矜持小黠，术笼众狙。视今之人，曾莫我如。欲其勉也，不亦难乎？谦谦自牧，歉然不足。深藏若虚，上德若谷。海纳百川，如秕一粟；山崇九仞，如篑初覆。视古之人，思蹈往躅。俛其未逮，何敢不勖！温温杨君，允艺允文。维学是种，维业是耘；维事克敏，维职克勤。弗辞劳瘁，弗惮纠纷。光于世美，懋乃官勋。勉哉无斁，尚永有闻。"（《吴澄集》，第1045—1046页）

又按：杨士允是由京师赴江西行省出任郎中。程钜夫有《杨士允郎中将赴江西省幕出示勉庵记因题其后兼以赠行》云："高斋对时雨，竹树蔼青青。手披勉庵文，忽念君子行。君子今何行，江右抚列城。君子当世彦，累世飘华缨。忠贞所服袭，孝友日光明。自从列中朝，海内仰清声。云何有远适，天意在黎氓。顾惟大江南，去国数日程。贡赋天下九，舟车日无停。有民此有财，暴本必伤生。井法废已久，贫富始相形。贫以食其力，富以蓄其赢。贫多富恒少，相养乃相成。俗吏守一隅，上下荡无经。民心国之本，可正不可倾。愿君执其纲，一视使其平。矧今用文治，礼让渐可兴。勉哉君子政，素学此足征。"（《全元诗》第15册，第281页）贡奎亦《题勉庵》云："出门履修途，所志在万里。力行无它歧，圣贤同一轨。藏息惭斯庵，亦岂能自已。进修踵成公，孔孟诚可企。智者越其恒，愚者昧于理。念子独皇皇，求道惟善止。所以名庵义，警兹勉焉尔。"（《全元诗》第23册，第124页）

吴澄校文毕,应周珪之请作《具庆堂记》。

按:吴澄校文完毕后,东昌人周珪请吴澄为其"具庆堂"作记。《具庆堂记》:"延祐元年秋,江西行省试士,余校文贡闱,郎中杨士允、都事石国器亟称东昌周珪之美。问其详,曰:'其为人也,盍试吏;其试吏也,在吴郡得廉能之誉,遂升于宪府,继升于察院,历外台内台。其入官也,一命江西宪属,再命广东宪属。其既官而复补吏也,掾行台、行省;其既吏而复授官也,长一路府僚。初仕江西时,迎养父母,家于洪。其后承台檄吏南台,则以二亲年高不愿就,而仕洪省以便养。又其后被朝命官肇庆,亦以二亲年高,不愿去,而宁弃官以终养'。余向尝听人评江西宪属,已知周君名。及闻二君言,益嘉之。校文毕,余将归,周君具书请曰:'珪少蒙二亲之教,置身风宪,从事台省三十余年,幸无瑕玷以忝所生。去年二亲年俱八十,会内外宾友奉亲欢,有翰林侍读贯学士适至洪,为书"具庆堂"三字扁所居。愿赐一言,俾获闻事亲之道,以毋贻此堂羞。'……"(《吴澄集》,第896—897页)

吴澄为夏友兰父夏雄作墓志铭。

按:吴澄《乐安夏镇抚墓志铭》载:"镇抚讳雄,字淑芙,姓夏氏,族在崇仁之成冈。宋南渡时,以抚崇仁、吉永丰二县相距阔远,盗尝聚二鄙间,籍土军防遏,置砦崇仁之曾田,夏氏之先领众守戍,因家焉。既而分崇仁三乡、永丰一乡置乐安县,曾田遂隶乐安。镇抚为人慷慨易直,不事机巧;志气超迈,材质沉毅;精于技击,一可当十,御寇辄以技胜。国朝收附江南,遐陬尚有弗靖。大军所向,必率所部前驱,荐著劳绩,北来戎帅咸异其能。受抚州路管军总管府命镇抚三翼,又受江西等处行枢密院命长百夫。先是,县有暴卒肆恶、吞噬,家之所有悉遭劫夺,执置囹圄,几不自保。会暴卒伏诛,始得复业。徙居兰原,家益饶裕。资右一县,谦谦自卑。每遇凶岁,赈饥周贫,人怀其惠。至元癸巳四月十六日卒,年四十六。……延祐甲寅某月某日,志学奉祖母教,安厝于阇黎。"(《吴澄集》,第1466—1467页)

吴澄为朱光甫《甲子释义》,作序。

按:是年左右,吴澄与朱光甫子朱逸会于夏氏之馆。吴澄《题咸淳戊辰御赐进士诗后》载:"咸淳辛未岁,予与朱光甫先生同试省闱,试毕,同途而归,今四十三年矣。其子希一以戊辰特奏名时所得御赐诗墨刻示予,观之泫然。"(《吴澄集》,第1137页)朱光甫,名桂发,屡试不中,以特奏名授迪功郎、吉州太和县主簿,遴选太和县试靡不精当,多"为举子师"。吴澄《题文公赠朱光父二大字后》云:"朱光父先生工律赋,为举子师,尤精于校文。少年贡于乡,五举推恩得官,又两与转运司贡,咸淳壬申,主吉州太和学事。县学春试时,文公天祥、张公槐应皆家居。春试取中,第一名赋出自文氏,第二名赋出自张氏,人莫不惊骇曰:'暗中摸索而得二抢魁之文,异哉!'其年秋试,文氏子弟宾客投赋卷六十,考校毕,无一中选。文公阅卷,见先生披抹,大敬服,谓遭黜落宜当,遂书'古香'二大字寄赠云。先生名桂发,古香者,其书室之扁也。官至江州德化丞。子希一醇儒,不坠其家学。"(《吴澄集》,第1137—1138页)何中《知非堂稿自序》云:"……中始从师问学,师宋进士张叔芳、朱光甫、罗士鼎……"(《全元文》第22册,第179页)

又按:吴澄《甲子释义后序》:"十干十二支之名立,而相配为六十,不知其所始。世传黄帝命大挠作甲子,或然也。汉之时,术家以六十之四十八配《周易》八纯卦之六爻,谓之浑天纳甲,不过以寅、卯二支为木,巳、午二支为火,申、酉二支为金,亥、子二支为水,辰、戌、丑、未四支为土而已。后之所谓纳音者,每支五行备,而每行周乎十二支,干则否。壬、癸各二水,而四金四木,丙、丁各二火,而四土四水,戊、巳各二土,而四木四火,庚、辛各二金,而四木四土,甲、乙不为木,而四火四水四金焉。予尝谓纳甲之五行犹先天之卦,纳音之五行犹后天之卦也。且纳音始于谁乎? 五行之上曰某水、某火、某土、某金、某木者,又始于谁乎? 疑末世术家猥琐之所为也。予壮岁过德化县丞宋(按:当为朱)先生光父之家,见其所撰《甲子释义》,凡干支所属五行及其上所加二字,皆以理论。虽甚精密,而亦不无牵强者。予曰:'纳音盖以数起,得木数者木,得金数者金,得土数则水,得水数则火,得火数则土也。'先生布算算之而悉合,喜曰:'当改而正之。'越三十余年,希一与予会于夏氏之馆,出所改《释义》以示。下之五行概诸数,上之二字析诸理,愈明白而愈精密。予追思往时,先生年几六十,而嗜学不倦、舍己不吝如此。噫!今不可复见矣,感慨而识其左方。先生工进士业,蚤年充贡,五试礼部,特奏名授官。既仕,转运司又以贡于礼部者再。"(《吴澄集》,第391—392页)

吴澄本年冬应朱逸请,为其父朱光甫作墓志铭。

按:吴澄《故宋江州德化县丞朱君墓碣铭》:"乐安天授乡之朱,其族最久而蕃。唐末有为郡司马者,以材武雄其里,子绘称为大夫。八世孙奕富饶倜傥,清江谢尚书谔志其墓。奕生安民,安民生克永,克永生居敬,居敬生德化县丞桂发,工进士诗赋,与从兄焕齐名。其从兄终身不偶,宋末乃有一子入太学,升内舍。县丞君字光甫,年二十有一贡于乡,次年淳祐辛丑至开庆己未、景定壬戌、咸淳乙丑、戊辰凡五试礼部。戊辰,族子一鹗暨金溪一士同试,君为详定其文,俱得进士出身,而君独黜。以五到礼部,恩对策殿,廷授迪功郎、吉州太和县主簿。越四年,奉母之官,时母年八十有一。太和多士,邑有壬戌进士第三人张槐应,邻境有丙辰进士第一人文天祥。每县学春秋试,二家子弟宾客各献其艺。君遴选公明,所取所黜靡不精当,二达官心服焉。文书'古香'二大字名君家塾,以示相敬。君既仕,庚午、癸酉两赴转运司解试,并与贡;辛未、甲戌又两试礼部,亦不利,授江州德化县丞以归。丁母忧,自是不复仕。寓居僻壤,安贫自乐,澹如也。大元大德戊戌十月十有七日终,年七十有九。庚子十有一月某日葬横坑原。配黄氏,后君五年终,年八十有七,葬古城。四子,男五遂、珠、魏翁早夭,逸世其学。女一,适邬。孙男六,及、献、迪祖、生、午、望。女一,适邬。曾孙男三,三孙、吉孙、善孙。女二。延祐甲寅冬,逸谓澄曰:'先君葬十有五年,而墓碣未树。子其畀之辞。'君之齿,澄父党也,素相悉,乃不让而为之铭。铭曰:维艺之精,维士之程。三与宾兴,七试礼部,迄不一成,而谓是科足罗豪英。勿眩斯名,维实其贞,维古其承。"(《吴澄集》,第1468—1469页)

吴澄本年作《岳麓书院重修记》,记刘安仁重修岳麓书院一事。

按:吴澄于大德六年(1302)在京师与刘安仁相识。刘安仁延请吴澄为其重修岳麓书院一事作记文。吴澄《岳麓书院重修记》载:"天下四大书院,二在北,二在南。在北者,嵩阳、睢阳也;在南者,岳麓、白鹿洞也。其初,聚徒受业,不仰于公养,然嵩阳、睢阳、白鹿洞皆民间所为,惟岳麓乃宋开宝之季潭守朱洞所建。其议倡自彭城刘熬,而潭守成之也,时则陆川主簿孙迈为之记,绍兴燬于兵。乾道之初,郡守建安刘珙重建,时则有广汉张子敬夫为之记,德祐再燬于兵。大元至元二十三年,学正郡人刘必大重建,时则有奉训大夫朱勃为之记。逮延祐甲寅,垂三十年矣。璜陵刘安仁来为郡别驾,董儒学事。睹其敝圮,慨然整治。木之朽者易,壁之漫者圬。上瓦下甓,更撤而新。前礼殿,傍四斋;左诸贤祠,右百泉轩,后讲堂。堂之后阁曰尊经,阁之后亭曰极高明,悉如其旧。门庑庖馆,宫墙四周,靡不修完。善化主簿潘必大敦其役,朱某、张厚相继为长,具始末,请纪岁月。余谓书院之肇创、重兴与夫今之增饰,前后四刘氏道同志合,岂苟然哉?开宝之肇创也,盖惟五代乱离之余,学政不修,而湖南遐远之郡,儒风未振,故俾学者于是焉而读书。乾道之重兴也,盖惟州县庠序之教沉迷俗学,而科举利诱之习蛊惑士心,故俾学者于是焉而讲道。是其所愿望于来学之人,虽浅深之不侔,然皆不为无意也,考于二记可见已。呜呼!孟子以来,圣学无传。旷千数百年之久,衡岳之灵钟为异人,而有周子生于湖广之道州,亚孔并颜,而接曾子、子思、孟子不传之绪。其原既开,其流遂衍。又百余年,而有广汉张子家于潭、新安朱子官于潭。当张子无恙时,朱子自闽来潭,留止两月,相与讲论,阐明千古之秘,骤游岳麓,同跻岳顶而后去。自此之后,岳麓之为书院,非前之岳麓矣,地以人而重也。然则至元之复建也,岂不以先正经始之功不可以废而莫之举也乎?岂不以真儒过化之响不可绝而莫之续也乎?别驾君之拳拳加意者,亦岂徒掠美名而为是哉! 其所愿望于诸生,盖甚深也。且张子之记,尝言当时郡侯所愿望矣,欲成就人才,以传道济民也,而其要曰仁。呜呼! 仁之道大,先圣之所罕言,轻言之,则学者或以自高自广,而卒无得。《论语》一书,大率示学者求仁之方,而未尝直指仁之全体。盖仁体之大如天之无穷,而其用之见于事,无所不在。迩之事亲事长,微而一言一动,皆是也。饮食、居处一不谨焉,非仁也;步趋、唯诺一不谨焉,非仁也;温清、定省一不谨焉,非仁也;应接、酬酢一不谨焉,非仁也。凡此至近至小,甚易不难。而明敏俊伟之士往往忽视,以为不足为,而仁不可几矣。呜呼! 仁,人心也,失此则无以为人。曾是熟于记诵,工于辞章,优于进取而足以为人乎? 学于书院者,其尚审问于人,慎思于己,明辨而笃行之哉!"(《全元文》第 15 册,第 138—139 页)

吴澄又作《百泉轩记》。

按:百泉轩是岳麓书院旁自西向东数条河流中所建的小屋。此年刘安仁重修岳麓书院,又顺便将此百泉轩修建了一番。吴澄《百泉轩记》载:"昔孟子之言道也,曰'若泉始达',曰'原泉混混'。泉乎,泉乎,何取于泉也? 泉者,水之初出也。《易》八卦之中,坎为水;六十四卦之中有坎者十五。水之在天为云、为雨,而在地则为泉。故坎十五卦,象水者十一,象云者二,象雨者一。独下坎上艮之蒙,水出山下,其象为泉,而以拟果行育德之君子。岳麓之泉,山下之泉也。岳麓书院在潭城之南、湘水之西、衡山之北,固为山水绝佳之处。书院之右有泉不一,如雪如冰,如练如鹤,自西而来,趋而北,折而东,环绕而南,注为清池。四时澄澄,无毫发滓;万古涓涓,无须臾息。屋于其间,名百泉轩,又为书院绝佳之境。朱子元晦、张子敬夫聚处同游于岳麓也,昼而燕坐,夜而栖宿,必于是也。二先生之酷爱是泉也,盖非止于玩物适情而已。'逝者如斯夫,不舍昼夜',惟知道者能言之。呜呼! 是岂凡儒俗士之所得闻哉! 中经兵火,轩与书院俱燹。至元丁亥,始复旧观,上距乾道丁亥二先生游处之时百二十一年矣。延祐甲寅,潭郡治中巢陵刘侯又重修之。侯与余相好也,余亦知侯之为人,故其修是轩也,余为之记。侯名安仁,字德夫。余为谁? 临川吴澄也。"(《吴澄集》,第 901—902 页)

吴澄为饶宗鲁作《极高明楼记》。

按:吴澄《极高明楼记》载:"临川东乡饶君仲博父,昔有读书之堂,乡先生金溪曾县令名之曰'极高明',其后旴江程学士为书三大字。饶君之子宗鲁克绍先志,延祐甲寅新一楼于堂之东,以贮父书,移堂之扁于楼。东有竹,西有松;春晴夏风,秋月冬雪,皆相宜也。北则重岗复岫,起伏缭绕;南则林影湖光,葱茏荡漾。龙角、柏峰诸山崷崒,苍翠如画。征予文记之,而曰:'楼之作非为景物役。晨夕藏修息游其间,仰瞻名扁,俨然如父师在前,薪闻一言以自勖也。'予谓世之名其室屋者,姑为是名尔,岂必践其实哉?而欲因楼之名以求极高明之实乎?吁!未易言也。高明者,天也,惟圣人可以配天;极之云者,俾学者穷之而至其境也。然则何以能极之乎?吁!未易言也。窃尝闻鄱阳饶氏中庸之说,盖以'尊德性道问学'一语为之纲,而道问学之目有八,八之中四言知,四言行。极高明者,八之一也。是为致知之极功,尽心之能事,至之有其渐,求之有其方。譬之斯楼,登楼而观与在下而观者固殊矣;以是为高明,则未也。极之极之又极之,至于无可复止,而后谓之高;至于无所不见,而后谓之明也。其必心识充周,而无一毫障蔽之隔;其必物理昭彻,而无纤芥渣滓之留。如身居九万里之上,俯视九万里之下,四通八达,一览无遗。学者欲求至乎是,岂易能哉?子思子于极高明之前,有所谓尽精微也;于极高明之后,有所谓温故知新也,是四者皆言知。目虽四,而实则一也。欲极高明者如之何?亦曰尽精微而已。未有不尽精微而能极高明者也。欲尽精微者如之何?亦曰温故知新而已。未有不温故知新而能尽精微者也。温而知焉,知而尽焉,此极之之方也。何也?尽心必自知性始,致知必自格物始。由其方,而高明可驯至也。夫楼之扁曰'高明',而予之言则卑近。如楼之扁,其至也难;如予之言,其入也易。宗鲁字心道,笃志勤学,故予不敢隐,而诵所闻以为记。其毋厌予言之卑近也哉!"(《吴澄集》,第891—893页)

又按:饶宗鲁乃平山先生曾子良弟子。饶宗鲁辑曾子良平日所言《易》,录为《周易辑说》一书,并请吴澄作序。吴澄《周易辑说序》载:"《易》之道,其大如天,其广如地;其悉备也,如天地间之万物,靡所不有。世之说《易》者各随所见,苟不悖于理,其为言也必有可观。无他,《易》广大悉备,无不包罗,无不该遍故也。金溪曾先生,讳子良,在宋两贡于乡,擢进士科,仕至县令。晚节隐居讲授,以通经学古、能诗能文为后进师。临川饶宗鲁游其门,每日授《易》,所闻者皆记忆。师既卒,乃祖述其意,撰著新辞,文口谈之质俚,如传注之纯雅,名曰《周易辑说》。意或未安,不敢辄改。盖有汉儒治经守家法之遗意焉。先生之年,吾父党也,素所敬慕者。今因所辑,得窥前辈之所学,又嘉宗鲁之能守其师说也,是以为之序云。"(《吴澄集》,第429—430页)

又按:吴澄还曾为饶宗鲁四子作《饶氏四子字说》:"临川饶心道之教子也以《礼》,故其名子也皆于礼乎有取。伯名约,仲名绚,叔名经,季名纪,而请予字之。予字约曰伯本,博而约之以礼者,末而反其本也。字绚曰仲仪,素而绚之以礼者,质而备其仪也。字经曰叔常,《传》云:'夫礼,天之经。'经者,言其常也。字纪曰季理,《记》云:'礼义以为纪。'纪者,言其理也。盖礼也者,所以固人肌肤之会、筋骸之束。以之治身则庄敬,斯须不庄敬,而慢易生焉。人之于礼也,可不学乎?昔关西张子教学者先学《礼》,程子善之。饶氏四子之承父训也,其必内而主一无适以立乎其大,外而三百三千以谨乎其小,庶其无忝于父之所期者夫!"(《吴澄集》,第191页)

  吴澄为李弘道作墓铭。

  按:吴澄《李弘道墓志铭》载:"宋宝章阁待制、正奉大夫、吏部侍郎李公之孙畴,字弘道,文林郎、沿江制置使司干办公事讳修之嫡长子也。侍郎掌制时生,命之曰制。……女一适文虎,一适夏有兰,一适邬文传。李氏世居崇仁乡之白沙,侍郎贵显,始徙于邑。江南新附,法令未孚,军寇交扰,避地靡定,依贞妇家数年。时既宁谧,复归白沙筑室。大德丙午正月八日卒,年六十有七。予少以里中子识制干公,交游三世矣。贞数数为其父请铭。延祐甲寅某月日,贞、允思奉柩葬于宜风里上塘祖茔之左,乃为铭。"(《吴澄集》,第1477—1478页)

  吴澄此年前曾应李弘道请作《赠袁州路府掾张复先序》。

  按:据吴澄记载,李弘道于大德十年(1306)去世前,曾委托吴澄为任袁州路府掾的张复先作序。吴澄《赠袁州路府掾张复先序》载:"淦张复先以儒生选,择为吏,将从事大府,因吾里李弘道蕲予一言之益。夫耕问奴,织问婢,宜也,借视听于盲聋,则不可。为吏者,自当就吏师而问,顾乃于迂儒而求益焉,不亦左乎?虽然,必有以也,而予何敢默。古之庶人在官者曰府史,受禄与下士同,待之亦不轻矣。当时人人有士君子之行,其贤其能,固已推举为长民治民之官。至若府史之职,亦必乡里推举,其独无士君子之行乎?自俗不古,吏习于贪,习于刻,为人所畏,不为人所爱,于是世始贱吏而不知贵。今日以儒为吏,上之人盖欲革吏之心也。本之以慈,行之以公,不汩没于利。凡事之曲直,无高下其手,无变乱其黑白,文无害而人不冤,讵非古昔盛时之府史乎?苟其不然,虽满其意于一时,殃于其身,以及其子孙,可指日而待也。吾弘道有才略,有气义,与之契,则复先之为人可知已,必不以吾言为迂。"(《吴澄集》,第592—593页)

  吴澄为揭傒斯兄弟揭志道撰写墓表。

  按:揭志道乃揭傒斯兄弟,是年卒,吴澄作《揭志道墓表》。文载:"'丰城揭车之大父道孙,字志道,英伟豪迈,须髯奋张。少业进士,一笔千余言。世革,伎无所施,则尚羊山水幽处,痛饮狂歌,继以太息。后乃还治农圃,教授乡里。……年六十八,将终,意气闲定。家人环立,摇手止之曰:'勿乱。'凝然而逝。噫!此士之不遇者也。若酒若佛,盖托焉以消遣世虑,而不知者讥其使酒佞佛云。车能劬学,惧其祖湮没无闻,可谓慈孙也已。"(《全元文》第 15 册,第 435 页)虞集也有《揭志道墓志铭》,云:"志道讳道孙,姓揭氏。世居豫章丰城。少笃学,为文章,通阴阳卜筮方药之说。……延祐元年正月二十八日,以疾卒。年六十八。"(《全元文》第 27 册,第 608 页)

赵孟頫作《送吴真人谒告归为二亲八十之寿兼降香名山》。

按:赵孟頫《送吴真人谒告归为二亲八十之寿兼降香名山》:"许迈杨羲奕世仙,木公金母共长年。斑衣归戏鄱君侧,绛节朝辞玉帝前。去去青牛随紫气,飞飞白鹤绕香烟。大椿自得人间寿,八十从今数八千。"(《全元诗》第 17 册,第 257 页)

袁桷作《送吴成季归省序》。

按:袁桷《送吴成季归省序》载:"噫!吾徒来京师,视成季有三愧焉:居京师者,不宜以块处,蓬蓬然结鞍整袂,惜日以进,其不能是者,目以为固野。成季则不然,闭门展书,视日蚤莫,冰渟而川止也。达公贵人,语未脱口,纳柔奉佞,千巧百诡。成季独正色指画,朗言某事未当。至论天下休养大计,龟灼绳直,听者咋舌,方疾趋以行,不胜其愧。成季幼为方外士,常所置论,必曰:'吾父母皆耆年矣!惕焉不得以朝夕养。'而吾徒将捐弃尊爱,荒尘败屋,啜蔬饭粝,业官以为生,如无所容归。若是者,愧之大者也。今年春,承诏如南,得省其亲,乐不能以已。而怀愧者,亦争道而交赞。夫人之情,于道不远。极其所骛,而卒莫之救。化之者不足以导欤?将人事之未思,不复以致此欤?唐之阳城,语若鄙近,薰然而归养者,凡数十人,何则?机使之然也。儒于道最高,力不胜其弊,则成季之出处,吾当疾驰焉。从而慕之,整辕于四达之衢,斯得矣!又何愧焉!因其行,序以侈之。"(《袁桷集校注》卷二三,第 1171—1172 页)袁桷《送吴成季五绝》载:"墙东杏树花千片,片片随风到马头。只恐花飞不解走,度关时萠暮云羞。北雪初消未见山,驮铃声杂佩珊珊。廉家池馆春风好,独看牡丹惟我闲。上京新酒玉津津,薄醉深春恼杀人。截取当年钓竿竹,卷筒相寄不嫌频。诗瓢淅沥风前树,雪在深村月在梅。从此不须生感慨,晚寒更上望乡台。鳌峰路与仙峰近,取次诗筒日往来。惭愧阿戎松下坐,洞门深锁碧桃开。"(《袁桷集校注》卷十三,第 676—677 页)

虞集作《送吴真人序》。

按:虞集《送吴真人序》:"饶国吴公及夫人,偕年八十之岁,其子玄德真人,自京谒告归省。事闻,天子赐以上尊对衣,使为之寿,太母有加赐焉。于是朝之公卿大夫士,咸荣之曰:'人有以公夫人之居于家,仍年八十偕老而康强,其子在天子左右,甚尊显高上,其生日又能致天子之赐,此岂惟当世之所无,亦前代之罕闻者也。'乃皆为文章诵说其美,以耸动观听,而示诸久远,可谓极其盛矣。集贤侍读学士赵公子昂,又以为未也,顾谓其人曰:《诗》不云乎?'绿竹猗猗',卫人所以美武公之德也。'维石岩岩',言民之所具瞻也。'南有樛木,葛藟累之。'君子之所以绥福履也。乃合绢两大幅,作《古木竹石之图》以遗之。……而集贤侍讲学士商公德符又曰:'是未足以尽吾意也。夫公夫人之所以致此者,圣代涵煦覆焘之所及也。真人何可一日而忘报上之心哉?金杨秘监尝送客卢沟,会风雨不成别,归而作《卢沟雨别图》以赠云。今真人之行,风雨略相似,因仿其意为横图。'长不满三尺。南望则山川回互,白云霭霭,万里如在几席。……夫真人家庆之美,天下所共乐闻而好诵之者,人之至情也。天子之恩宠,可闻而知也。群公之诗,可咏而传也。独二公之意,托于翰墨者最为幽远而精微。天下之士,有闻知之者,皆欲亟览。然而未必皆得升饶国之堂,而睹斯图也。故为之序以传之,则吴氏之盛与二公之意,可坐想而得之矣。"(《全元文》第 26 册,第 250—251 页)

范梈作《送吴真人持诏宁亲》。

按:范梈《送吴真人持诏宁亲》:"垂杨十二门,旦旦罗鸣驹。千骑万骑中,孰是违世侪。美哉吴夫子,脱洒住丹丘。气涵群象动,思与万物周。天马出名驹,逸态横九州。自从下地走,但饮星河流。明月落中江,倒影射斗牛。飘然持玉节,去犯苍山稠。紫凤把细华,逶迤仙岩陬。遂经三茅岑,已登阁峰头。还家拜封君,玉册珊瑚钩。笑问游子衣,不独五色优。门县朱雀旗,坐拥金明裘。开筵浥芳醴,炮胾进庶羞。承颜开淑训,慰尔道路修。尔归奉天子,万岁更千秋。番君大国寿,贺老清湖愁。烟水三万顷,宫袍在扁舟。荷花合古渡,此处不夷犹。云锦双鸳鸯,悠悠戏汀洲。东风长年来,扬我阑槛幽。白马络金羁,奈此甚盛休。侬家阁峰下,霞竹敷稻畴。鹤集偃松雪,青云互绸缪。自从干戈余,川岳秋萧骚。骨肉倚四海,风云扰吟讴。闻君复此去,浩荡怀今游。罢酒黄鹂鸣,高华艳城楼。良辰难能别,嘉会易为酬。至乐夫子行,子行无滞留。"(《全元诗》第 26 册,第 354 页)

邓文原作《送吴宗师南祀归》二首。

按:邓文原《送吴宗师南祀归(二首)》载:"国老分茆社,祠官从使星。鹤书来涧谷,羽节动仙灵。寸草春逾碧,黄花晚独馨。真人犹五采,归受《蕊珠经》。　　草木南薰候,神仙上界官。平生修月斧,万里御风翰。江雨鸣星剑,凉空忆露盘。白鸥秋水外,相与醉凭阑。"(《邓文原集》,第 343 页)

杨弘道作《送吴真人》(一说为杨载所作)。

按:杨弘道《送吴真人》载:"具严威命有祠官,历祀名山不厌难。上帝乘龙游下土,真人骑鹤降虚坛。已刊白玉为封检,更铸黄金作祭冠。国寿延洪千万岁,愿祈谷熟小民安。"(《全元诗》第 1 册,第 160 页)

杨载作《送吴真人》。

按:杨载《送吴真人》载:"子绍重黎有大功,父宜封建至三公。丝纶诏下皇恩重,黼黻衣成古礼崇。视草乍闻辞玉府,献桃曾见到珠宫。(阙一句),便与彭篯得寿同。"(《全元诗》第 25 册,第 293 页)

吴师道作《送吴闲闲真人还山寿亲》二首。

按:吴师道《送吴闲闲真人还山寿亲》二首载:"翠蕤芝盖袭灵氛,名在钧天四海闻。重见盖公隆汉室,由来番国属吴君。三秋胜日双亲寿,一沼清游万里云。肯诧光荣动闾井,祇将忠孝答殷勤。""天恩亲许拜慈颜,飞凤衔书逐佩环。江上白云秋近舍,人间紫气晓浮关。木公金母齐高算,芝草琅玕满故山。千载楚莱芳躅在,羽衣交映彩衣班。"(《吴师道集》,第 175 页)

蒲道源作《送吴闲闲真人》二首。

按:蒲道源《送吴闲闲真人》载:"玄德真人领教宗,一时清贵齿群公。问安日报双亲健,上寿天教八裒同。饶国并封荣莫及,庄椿齐岁福兼隆。一门盛事诚堪贺,不惜题诗在下风。"(《全元诗》第 19 册,第 297—298 页)

又按:蒲道源《送吴闲闲真人》载:"天风吹衣雨浥尘,卢沟晓别诗境新。石梁雄据天下津,群峰迤逦西北垠。草木点缀生精神,骄马驻足车停轮。纷纷追逐皆朝绅,相与祖饯为何人。闲闲嗣师方外臣,貌虽老氏心儒珍。恩许还家寿乃亲,翁媪年皆八十春。饶国启封降丝纶,上尊分赐光禄醇。道旁见者咨嗟频,此行岂为思鲈莼。觚棱远瞻恋严宸,青云我亦忝致身。先世赠典蒙深仁,但恨不及生存辰,因君此图泪霑巾。"(《全元诗》第 19 册,第 245—246 页)

邓文原为贯云石文集作序。

按:邓文原与贯云石在差不多的时间内相继南归。据虞集作于皇庆二年(1313)的《送李扩序》载:"邓文原善之以司业召至,会科诏行,善之请改学法。其言曰:'今皇上责成成均至切也,而因循度日,不惟疲庸者无所劝,而英俊者摧败,无以见成效。'议不合,亦投劾去。于是纷然言吴先生不可,邓司业去而投劾为矫激,而仆之谤尤甚。"(《全元文》第 26 册,第 173—175 页)是以邓文原为贯云石文集作序的时间在南还后的 1314 年,而贯云石是年往钱塘,与邓文原相逢。

又按:邓文原《翰林侍读学士贯公文集序》载:"余往在词林,职司撰著,获事翰林承旨姚先生,于当世文章士少许可。然每称贯公妙龄,才气英迈,宜居代言之选。予私窃幸愿,倘得从公言语文字间,先生之取人也必信。未几,公入拜翰林侍讲学士,而余适外补,莫偿所愿。越二年,余以国子司业征

（按：1312年），日聚群弟子从咕哔，每休沐，或牵以它事，又不得一接颜面，如昔人所谓倾盖而论交者。虽俗士之款洽吾门日千百，而其乐终不以此易彼也。亡何，而公与余相继南还。别之一年，公来游钱唐，过余，相见若平生欢。示所著诗若文，予读之尽编，而知公之才气英迈，信如先生所言者。宜其词章驰骋上下，如天骥摆脱羁羁，一踔千里，而王良造父犹为之愕眙却顾。吁！然亦奇矣。儒先有言，古之名将必出于奇，然后能胜。然非审于为计者不能，奇在速，速在果，此天下伟男子所为，非拘牵常格之士所知也。公之先大父丞相长沙王，统师南伐，功在旂常。公袭其休泽，尝为万夫长，韬略固其素谙，词章变化，岂亦有得于此乎？汉李广、程不识俱称善将，广行无部曲行阵，不击刁斗自卫，幕府省文书，其事甚疏略，然声名常在不识右。如予者，自少好为文，堇堇守绳尺自程，终亦不能奇也。视公能不有愧哉？尝观古今能文之士，多出于羁愁草野。今公生长贵富，不为燕酣绮靡是尚，而与布衣韦带角其技，以自为乐，此诚世所不能者。夫名者，天下之公器也，公亦慎勿多取也夫。"（《邓文原集》，第74—75页）

  袁桷作《送虞伯生降香还蜀省墓》。

  按：此年虞集奉诏西祠岳渎，京中士臣纷纷作诗、和诗以赠之。袁诗载："玉雪祠官貂帽低，笑乘飞燕上天梯。宝幡绣重团金粟，钿合香严印紫泥。官馈每供千岁鹿，驿程深听五更鸡。流沙可是河源地，摇首扬鞭更欲西。""丞相坟前双阙摧，泉声隐隐柏崔嵬。金牛已向秦中去，铜马空传渭上来。丛竹雨留银烛泪，落花风飐楮钱灰。百年华表尘千劫，闻道曾孙始一回。"（《袁桷集校注》卷十，第510页）袁桷又作《再次韵》："振衣千仞笑云低，扪历星辰履剑梯。度坂政须三尺筆，入关应笑一丸泥。神君祭重祠青马，墨客才工颂碧鸡。万里遨头端不负，花开缓醉玉东西。""阁道新平旧石摧，望乡使客意嵬嵬。犀牛坐见降王去，杜宇声随望帝来。三卯录成魂有磷，五丁神泣劫扬灰。推酾欲作乡邻会，挥手先催驽矢回。"（《袁桷集校注》卷十，第511—512页）又《三次韵》："触石危藤压路低，哀猿送客上丹梯。一百八盘云亦雨，二十四番花似泥。解佩浮游怜野马，振衣亭育听天鸡。拾遗已去武侯远，空恋祠堂与瀼西。""时平吊古莫心摧，去驿斜阳指马嵬。曲曲松阴随帽转，层层山影入杯来。草玄有意池留墨，观象无心箸画灰。为问丈人今在否，青牛穿岭日千回。"（《袁桷集校注》卷十，第512页）

  王士熙作《送虞伯生祭（一作代）祠还蜀用袁待制韵》。

  按：王士熙步袁桷诗韵作诗送虞集。诗载："蜀道扬鞭旧险摧，家山遥认碧（一作石）崔巍。奉香暂别金銮去，题柱真乘驷马来。祠罢汾阴迎汉鼎，路经骊谷吊秦灰。归厘宣室须前席，不似长沙远召回。"（《全元诗》第21

册,第7页)

马祖常作《和袁伯长待制送虞伯生博士祠祭岳镇江河后土(二首)》。

按:时马祖常亦有诗和袁桷之诗。诗载:"芙蓉仙掌坐中低,后土霄光手可齐。栈路连绕山有阁,蜀天常漏石无泥。岐阳过马应闻凤,陈宝停輈莫信鸡。使者才华似杨马,题诗应近草堂西。""房闼歌儿翠黛摧,不禁夫婿陟崔嵬。一春花好人相别,四月梅黄雨又来。酒酌玉缸酣脸晕,香消银叶蠹炉灰。祠官好致君王意,早奉神休马首回。"(《袁桷集校注》附录四,第2328—2329页)

又按:清顾嗣立《元诗选》录此诗于萨都剌名下,误。(见顾嗣立编《元诗选初集·戊集　萨经历都剌·次韵送虞伯生(一作"先生")入蜀代祀伯生》,中华书局1987年,第1214页)今存虞集《代祀西岳答袁伯长王继学马伯庸三学士》一诗,说明此诗当为马祖常所和。

李源道作《次韵送虞伯生使蜀降香》和之。

按:李源道有诗和袁桷诗韵。诗云:"城南尺五去天低,回首彤楼十二梯。六月岷山犹有雪,三春云栈迥无泥。浣花溪上看秧马,芳草渡头闻竹鸡。见说草堂遗构在,公余须到锦城西。""乔木千年劫火催,峨眉峰顶自崔嵬。岷江东去人西上,驿马南嘶雁北来。蜀国山川明似昼,文公风化冷于灰。太常直笔今词伯,既倒狂澜赖挽回。""皇华驿使气凌秋,风概沉雄陋九州。金节暂辞金殿去,锦衣还作锦城游。文高方朔三千牍,刀善庖丁十二牛。好向名山瞻胜境,瓣香遥捧祝宸旒。"(《全元诗》第28册,第146页)

文炬作《次元复初韵送虞伯生代祀江渎(二首)》。

按:除袁桷诗外,尚有元明善所作诗歌得众人次韵,惜所作诗未存。今有文矩与吴全节二人和元明善诗。文矩《次元复初韵送虞伯生代祀江渎(二首)》载:"成均十载宛遗经,未识沙墩长短亭。旌旆晓霞穿化日,文章秋月映华星。鸟鸣春昼岷江白,鹘没天低陇树青。四海车书今混一,摩挲剑阁重镌铭。""出宿春城宿雾低,阅人老眼似层梯。功名愧我蝇钻纸,文采怜君玉在泥。蜀道连云春系马,巴山踏月夜闻鸡。赠言却笑瀛洲客,吟落梅花日又西。"(《全元诗》第23册,第9页)

吴全节作《送虞伯生使蜀》。

按:吴全节《送虞伯生使蜀》载:"送别应思旧所经,秦川花柳短长亭。三峰高拊仙人掌,万里先占使者星。锦水东流江月白,潼关西去蜀山青。当年不尽登临意,待汝重镌剑阁铭。"(《全元诗》第23册,第29页)

虞集有《代祀西岳答袁伯长王继学马伯庸三学士》回袁桷、王世熙、马祖常。

按:虞集《代祀西岳答袁伯长王继学马伯庸三学士》载:"紫禁沈沈曙色

低,奉祠群使已肩齐。承恩归院迷烟树,赐传开关踏雪泥。踥蹀共怜骑苑马,委蛇不若听朝鸡。山川有事宁辞远,咫尺成都是国西。""栈道年年葺旧摧,已将平易履崔嵬。经行关辅图中见,梦想乡山马上来。诸葛精神明似日,相如情思冷于灰。重思亲舍犹南国,愿托江波去却回。"(《全元诗》第26册,第83页)又《代祀西岳至成都作》:"我到成都才十日,驷马桥下春水生。渡江相送荷主意,过家不留非我情。鸬鹚轻筏下溪足,鹦鹉小窗知客名。赖得郫筒酒易醉,夜深冲雨汉州城。"(《全元诗》第26册,第82页)

董士珍卒,欧阳玄奉旨作神道碑。

按:董士珍(1256—1314),字周卿,董文忠之子。欧阳玄《太傅赵国清献公董士珍神道碑》载:"至正四年冬十二月甲子,皇帝有敕:赐中书左丞董守简之父赵国清献公士珍神道碑铭,命翰林学士承旨臣欧阳玄为文,翰林学士承旨臣张起岩书丹,翰林学士承旨臣姚庸篆额。"(《全元文》第34册,第679页)

又按:董士珍卒后,其长子董守中认为张晏所作《行状》、元明善所作墓铭、欧阳玄所作《神道碑》有所遗漏,又补撰《赵国董正献公家传》,吴澄后为之作序。吴澄《赵国董正献公家传后序》载:"上天命皇元一四海,多生硕才以拟其用,河北史、董二家最著。董氏由龙虎卫上将军俊始归国,竭忠力战而死。越四十余年,其仲子文炳竟佐丞相伯颜取江南,功第一;其季子文忠以近臣侍左右,朝夕讽议,有裨君德国体、兵谋民病者甚夥,恭谨谠直,人比之石奋、魏征,官至资德大夫、佥枢密院事,加赠体仁保德佐运功臣、太师、开府仪同三司、上柱国,追封赵国公,谥正献。适嗣士封(按:当为珍),资政大夫、御史中丞,赠纯诚肃政功臣、太傅,其余官勋封国并如父,谥清献。适孙守中,今参知湖广行中书省政事。谓正献公行状、墓志、神道碑事迹有缺遗,嘱其客修成《家传》,纂述该悉。夫论撰称扬其先祖之美,勒在烝彝尝鼎,以明示后世,此古昔孝子孝孙之心,记礼者嘉之。参政之心同乎是心也。呜呼!为人臣下,克忠于君;为人子孙,克孝于亲。忠孝之行萃董氏一门,其世美之久而弥彰也有以哉!"(《全元文》第14册,第395—396页)

徐毅卒。

按:徐毅(1254—1314),字伯弘,平阳赵城人。卯角受业于许衡,元世祖擢之为监察御史,建言"增国子之员,重教官之选,以兴学校"。成宗继位,擢佥陕西汉中道肃政廉访司事,未赴任,改吏部员外郎。除佥河东山西道肃政廉访司事,再召徽政院长史。后擢治书侍御史。仁宗时,拜陕西诸道行御史台御史中丞。延祐元年卒于家。生平事迹见于黄溍《御史中丞赠资政大夫中书右丞上护军追封平阳郡公谥文靖徐公神道碑》。

僧沙啰巴卒。

按：沙啰巴(1259—1314)，号雪岩，西番人，"姓积宁氏，名沙啰巴，华言为吉祥慧"。读儒书，喜与儒士游。善解诸国语。世祖命译中国未备显密诸经，辞旨明辩。特赐号大辩广智，授江浙等处释教都总统。改统闽粤，忤同列罢职。武宗复召拜光禄大夫、大司徒，馆于大都庆寿寺。译有《彰所知论》二卷。事迹见《秋涧集》卷二二、《古今图书集成》神异典卷一八六。

脱脱(1314—1355)、陈基(1314—1370)、贝琼(1314—1379)、朱善(1314—1385)、王礼(1314—1386)生。

元仁宗延祐二年
乙卯　1315年　67岁

二月会试进士。

按：《元史》载："二月己卯朔,会试进士。"(《元史》卷二五《仁宗本纪》,第2册,第568页)

三月廷试进士。

按：《元史》载："三月乙卯,廷试进士,赐护都沓儿、张起岩等五十六人及第,出身有差。"(《元史》卷二五《仁宗本纪》,第2册,第568页)

又按：此次廷试,共录右榜16人,许有壬《张雄飞诗集序》："延祐首科,国人暨诸部列右榜者十六人。"(《全元文》第38册,第115页),右榜为护都答儿、马祖常、马祖孝、偰哲笃、哈八石、张翔、护都(存疑)(参考余来明《元代科举与文学》,武汉大学出版社2013年,第319—320页)

又按：左榜40人,为张起岩(第一)、杨宗瑞(第二)、王沂(第三)、赵贇翁(第五)、李武毅(第九)、孙以忠(一〇)、张士元(一三)、焦鼎(一四)、杨晋孙(一五)、黄溍(一六)、朱嵘(二六)、李政茂(二七)、干文传(三一)、李路(三二)、杨景行(三四)、欧阳玄(三六)16人,合不知排名者许有壬、梁宜、郭孝基、焦鼎、王士元、王弁、文礼恺、邹惟新、杨载、曹敏中、彭幼元、萧立夫、罗曾、许晋孙、刘彭寿、陈奎、李朝端,共33人。(参考陈高华《两种〈三场文选〉中所见元代科举人物名录——兼说钱大昕〈元进士考〉》,《中国社会科学院历史研究所学刊》第一集,社会科学文献出版社2001年,第358页)

四月,赐会试下第举人官职。

按：《元史》载："辛丑,赐会试下第举人七十以上从七流官致仕,六十以上府、州教授,余并授山长、学正,后勿援例。"(《元史》卷二五《仁宗本纪》,第2册,第569页)《元史·选举志》载："若夫会试下第者,自延祐创设之初,丞相帖木迭儿、阿散及平章李孟等奏：'下第举人,年七十以上者,与从七品流官致仕；六十以上者,与教授；元有出身者,于应得资品上稍优加之；无出身者,与山长、学正。受省札,后举不为例。今有来迟而不及应试者,未曾区用。取旨。'帝曰:'依下第例恩之,勿著为格。'"(《元史》卷八一《选举志》,第 7 册,第 2026—2027 页)

是年,明经书院获准赐匾额,并设立山长。

按:明经书院是胡淀在婺源修建的书院,是年,尚书吏部下达《明经书院赐缘由》载:"行在尚书吏部符准中书门下省送到礼部,惟都省批送下准徽州路婺源州知州黄惟中状申:伏惟本州为文公桑梓之邦,考川乃唐进士胡昌翼讲学之地,历世以明经举者,事迹显著。皇庆年间,裔孙龙泉县主簿胡淀为从父胡炳文建立书院,以为讲学之所,若不告乞申奏,请敕旌额,设立山长主教,将来必置废弛。本司先委右修职郎、宣州旌德县主簿李浯前去体究得并系实迹,保明是实,本司再委右迪功郎、池州青阳县主簿乔倪复行按实体得,委是立学教养人材,本司保明是实,批送礼部寻行下太常寺勘会,行江南东路转运司婺源州准赐额明经书院,本部即行铨注,山长准太常寺所申事理施行。延祐二年月日奉,圣旨准该部所申。"(胡炳文《明经书院赐额缘由》,江增华校注《云峰胡先生文集校注》卷九,安徽师范大学出版社 2015 年,第 218—219 页)

李孟封韩国公,知贡举,为监试官。

按:李孟在推行科举一事中作用颇大。是年正式举行会试、廷试,元仁宗便命李孟总理贡举事宜。黄溍记载:"二年春,遂命公知贡举。及亲策多士于廷,仍命公为监试官。秋七月,进阶金紫光禄大夫,加勋上柱国,改封韩国公,职任如故。公频年扈从上京,数以衰病不任事,乞归田里。"(黄溍《元故翰林学士承旨中书平章政事赠旧学同德翊戴辅治功臣太保仪同三司上柱国追封魏国公谥文忠李公行状》,《全元文》第 30 册,第 42—43 页)

又按:李孟被任命主管贡举一事后,作《初科知贡举》诗:"百年场屋事初行,一夕文星聚帝京。豹管敢窥天下士,龙颜谁占日边名。宽容极口论时事,衣被终身荷圣情。愿得真儒佐明主,白头应不负平生。"(《全元诗》第 18 册,第 35 页)顾嗣立评价李孟此诗称:"明年二月,会试京师,中选者朕将亲览焉。是时韩公为平章,实主其议。许中丞有壬序《秋谷文集》曰:贡举倡于草昧,条于至元,议于大德,沮尼百端,而始成于延祐,亦戛戛乎其难哉!今读此诗,可以想见韩公为国求贤之苦心矣。"(顾嗣立编《元诗选二集》,中华书局 1987 年,第 199 页)

张珪拜中书平章政事。

按:张珪是继李孟之后担任中书平章政事的,他上任以后,请减烦冗,并非议铁木迭儿,为后者嫉恶。虞集《中书平章张公墓志铭》载:"延祐二年,拜中书平章政事,请减烦冗,还有司以清中书之务,得专修宰相之职焉。上从之,著为令。……皇太后以中书右丞相铁木迭儿为太师万户别薛,参知行省政事。公曰:'太师辅上道德,铁木迭儿非其人,万户无功不得为外执政。'上深许公言,而东朝之怒滋矣。失列门等谋所以去公中书者,间车驾时巡,既度居庸,皇太后宫幄在龙虎台,猝遣使召公宫门下,以中旨切责之。赐杖,公创甚,舆归京师。明日,遂出国门,贤人士大夫祖饯感叹,以为公之身可辱,公之名不可辱。"(《全元文》第27册,第520页)

贡奎授承事郎、江西等处儒学提举。

按:李黼《故集贤直学士奉训大夫贡公行状》载:"服阕,延祐初元,宣授承事郎、江西等处儒学提举。适科目肇行,江浙行省奉币封传,请公掌文衡。二年,始至江西。既署事,见列械庭下,立系数人,吏旁午往来。公曰:'彼何为者?'吏前曰:'此学校吏,急于报事者也。'公曰:'吾任职教化,人有违教,宜夏楚之。至于严期会,计金榖,置岸狱,乃有司事焉,可昧所轻重耶?'亟命释系吏,以械属有司,曰:'毋恩吾教也。'大书公署之屏,曰:'读书之中,日有其益。饮水之外,他无所求。'日坐堂上,命诸生列侍,讲明道德性命之学。"(《贡氏三家集》,吉林文史出版社2010年,第134页)

贡师泰从学于吴澄。

按:是年,贡奎之子贡师泰随行至江西,从学于吴澄:"延祐二年,文靖提学江西儒学,公从行。时吴文正公辞国子司业,归乡里,公受业其门,文正深器之。"(揭汯《有元故礼部尚书秘书卿贡公神道碑铭》,《全元文》第52册,第82页)

元明善代丞相祷雨长春宫。

按:虞集《玄门掌教孙真人墓志铭》载:"真人道行,著于天下。其最可传信者,延祐二年夏,礼部尚书元明善代丞相祷雨长春宫,真人曰:'明日雨微至,须丞相上章,自言忧民报国之意,小得雨。'尚书即为章往白丞相。丞相病在卧内,使人取章入,署名付还。真人一见,告尚书曰:'章触妇人手,且得罪,宁敢望雨乎?'使人问丞相门下,果然。二人恐惧,拜伏请罪,久之退斋宫俟命。夜半真人曰:'上帝念民无辜,赐之雨三日。'果雨三日。"(《全元文》第27册,第653—654页)

徽州路黄一清执门生礼拜李孟里第。

按:是年,徽州布衣黄一清执门生礼拜李孟。二人相遇即互相赏识,李孟以秋谷自号,黄一清以秋江自号,李孟遂作"君钓秋江月,我耕秋谷云。逃名君笑我,伴食我惭君"之句。此事引发朝中文人的赞叹,文人纷纷乐道布衣、将相结交的美好。黄溍《秋江黄君墓志铭》载："君姓黄氏，讳一清，字清夫，徽之休宁人。初，李韩公以中书平章政事知贡举，某用门生礼，拜公里第，君在焉。……洎李公以旧学相仁宗，贤才汇进，而君以母老不忍去。母告之曰：'汝父夙有志四方，而今已矣，汝其忘之乎？'君乃幡然复入京师谒李公。君古貌长身，须髯如戟，宽衣高冠，容止简率，又作吴语，左右多目笑之。公望见，大惊异，即下执其手，延之上座。"（《全元文》第30册，第315页）

又按：李孟作《赠黄秋江处士》、《题新安黄秋江岭南十景》赠黄一清。《赠黄秋江处士》："君钓秋江水，我耕秋谷云。逃名君笑我，伴食我惭君。老我素多病，壮君高出群。何时各归去，云月总平分。"《题新安黄秋江岭南十景》："钓月耕云足退藏，笔峰屏巘称山房。浮龟涧接扶车岭，巢鹤林依揭斗冈。寒溜两泓凝合璧，晴霓千尺架飞梁。此中胜概知多少，碌碌红尘有底忙。"（《全元诗》第18册，第36、37页）

又按：李孟与黄一清的交往，被京师文人冠以秋谷、秋江相遇的美好场景，李孟也因之被文人盛赞能"以公辅之尊而友处士之贱"（吴澄《跋李平章赠黄处士序诗后》，《全元文》第14册，第614页），黄一清则被冠之隐士遗才。赵孟頫作《秋江钓月图》并题诗云："尘土染人衣袂，烟波着我舡窗。为问行歌都市，何如钓月秋江。"（赵孟頫《黄清夫秋江钓月图》，《全元诗》第17册，第265页）

又按：围绕赵孟頫所作《秋江钓月图》，朝中文人多有题跋。曹伯启《题黄秋江钓月图》："渺渺秋江浸月宫，扁舟来往一丝风。锦鳞钓得浑闲事，万象包罗指顾中。桂影扶疏漾碧流，高人归隐坐垂钩。乾坤空廓心无际，雨笠烟蓑老即休。"（《全元诗》第17册，第391—392页）。袁桷《秋江钓月图歌》："南山舞空趋翔鸾，北山人立如啼猿。长流东来贯其腹，谓是浙水屈曲万丈之上源。大鱼奔腾鳍鬣焦，小鱼委靡随江潮。中有白玉蟾，落落五采凝不消。人言此蟾在天主阴魄，沦没何为水中宅。篝篝千尺纶，蟾永不受吞。广寒高居凌紫清，日逐乌御不得停。爱此江水碧，倒空浴影潜金精。感君缠绵如有素，瞬息还须上天去。君不闻，任公子，东海投竿非小智。又不闻，严先生，羊裘古濑成高名。君家慈母占毕迪，百尺楼观端可居。黄金之钩不复理，明月年年在秋水。"（《全元诗》第21册，第175页）范梈《题黄隐君秋江钓月图》："旧识先生隐者流，倘因图画想沧洲。断云满路碧窗晚，明月何年青嶂秋。世故风尘双短屐，生涯天地一扁舟。何由白石空几畔，招得人间万户侯。"（《全元诗》第26册，第446页）释善住《秋江钓月图》："遥村烟树依微，独钓渔翁未归。雨过长江新霁，秋空月满荷衣。"（《全元诗》第29册，第226页）胡助《题黄清夫秋江钓月图》："袅袅秋风鲈鲙肥，几回南望白云飞。

钓竿自倚珊瑚树,月满江楼人未归。""故人天子征不起,相国新知即赋归。今古高风宁有异,秋江明月满蓑衣。"(《全元诗》第29册,第128页)胡助又有《题黄清夫耕云钓月图》文:"秋谷耕云者,相国李韩公也。秋江钓月者,处士黄清夫也。韩公为天子之宰,有大勋劳忠于君者也。清夫山林之士,以耕钓养母为悦孝于亲者也。昔者见知于相国,长揖而去,不以功名富贵介心。相国既赠以诗,且欲友之而不可得,其志节之高可见矣。然则,相国之于处士,其贵贱虽不同,而忠孝之道一也。子昂以翰墨之美为之屡书,而在朝之大夫士诗之、序之、咏赞之者至矣。处士果何求哉! 虽然,当是时韩公身任天下之重,厥后危机岌岌,固有不得遂其耕云之志者,而今又何如也。曷若处士老而不衰,脱屣荣名之虑,而天固益予之寿考,使得优游,钓月明于秋江之上,独擅清乐于无穷,宜其不以此而易彼也,故为题其末。"(《全元文》第31册,第504—505页)

又按:吴澄有《跋李平章赠黄处士序诗后》载:"平章政事李公以公辅之尊而友处士之贱,赠之以诗章,重之以序引,可谓忘势谦己者矣。然君子之言皆写其心之实,表里无二致也。公之诗云:'逃名君笑我,伴食我惭伊。'善哉言乎! 盖亦一时姑为是言而已,非实以人之笑、己之惭而惧者也。使公果能惕然于人之笑,慊然于己之惭,则其相业宜不止如后来所观。序所谓'终当借五湖舟,访予于空明渺茫之际',晚节而践斯言也,岂不高出一世也哉? 噫!"(《吴澄集》,第1267页)又《跋张蔡国题黄处士秋江钓月图诗》载:"夫言,心声也。故知言者,观言以知其心。世亦有巧伪之言。险也,而言易;躁也,而言澹;贪恋也,而言闲适。意其言之可以欺人也。然人观其易、澹、闲适之言,而洞照其险、躁、贪恋之心,则人不可欺也,而言岂可伪哉? 今读蔡国张公《题黄处士秋江钓月图诗》,超超出尘。言彼之外境,而观者因以得公之内境也。其澹也,其易也,其闲适也,纯乎一真,心声自然,无雕琢之迹,盖非学词章者可到。必其中之有所见,有所养,而后能也,唯陶、韦妙处有此。予敢自谓知言乎? 真知言之人,乃知予所知之非妄知也。"(《吴澄集》,第1191—1192页)

陈栎作《赠黄秋江序》。

按:此年黄一清辞谢了李孟荐之于翰林的好意,携带了京师士大夫所赠诗文回归故里,过陈栎家,陈栎作《赠黄秋江序》以赠。文载:"予旧居五城,距黄君清夫家一舍而遥,知其事亲孝、交友信,惟号'秋江钓月',于今三四十年。迩年来闻其受知当路,声动朝野,未详也。延祐乙卯冬十月,清夫归自京师,过予寓馆,出巨帙,会粹题名,作自平章秦国公而下,贤卿大夫、新进士诗文咸在,雅雅奇奇,并蓄兼收,描画隐趣,殆无遗蕴……因谂之曰:'大伦有五,君亲居其二。士君子出处道二,二当贯于一,耕钓隐处者事出,而显者于耕与钓,始或身之,中每心之,终不得身之者多矣。沮溺之耕,志和之钓,偏于隐处,长往不来,意者自揆其才,自行其志,于以养其亲及敬其亲之遗体焉。莘野之耕,磻溪之钓,则始身为之,暨聘而改,卜而载,不终隐也。愚所谓贯于一者也。然既而得君,则此身君之身矣,如阿衡虽将告归,姬公虽请明农,心固愿隐,不得遂已。清夫素志乎秋江钓月,然以儒饰术,以理测数,远游尽大观,结知大臣者数年,虽欲枭一丝风于见底江上而不可得,'钓月'之号,几成虚设。秦国公尝欲以词翰荐之,力以养母辞归。又将筑'钓耕山房'与母偕隐,自此以后之岁月,钓将真钓,耕将真耕,以给甘旨,爱日不足。予三四十年来,闻清夫之孝于亲,今真信而有征,宜乎集贤大学士上闻于朝,将表厥宅里也。秦国公以当世大臣,乃肯下友一士,图其《秋谷耕云》与《秋江钓月》四诗,且序之,以'云月平分'为约,以访之渺莽之际为期。此盛德事,古今寡二。司徒刘公且欲乞鉴湖一曲,以从公后期,三人相视而笑。予谓二公全德大才,方忠于圣君,乃显而欲隐;清夫筑室终养,方孝于其亲,隐而不愿显:虽有此约,未必可践。若予者,以六十之年方名荐书,南人举子六十余人,多得观光用宾,独予抵杭以病而尼,是天欲隐之也。且家与清夫近,缓步当车,二日可至,清夫勉旃!山房将落成,旌表将自天而下,予当斗酒只鸡,升堂拜母,奉觞为寿。二公所不得践约者,予与子真得践之,必当莫逆于心,相视而笑。"(《全元文》第18册,第85—86页)

吴澄正月如龙兴,欲陈赋重之害。

按:危素《年谱》载:"二年乙卯(正月,如龙兴。时经理田粮,限期严迫,使者立法苛刻,务重增民赋以觊爵赏。郡县奉行尤虐,民不堪命,群情汹汹。邑父老知公与部使杜显祖在朝廷有交承之谊,请陈其害。公既行一日,使者已趋袁、瑞,不及入城而还)。"

又按:自铁木迭儿复任中书右丞相后,"'始自江浙,以及江东、西,宜先事严限格、信罪赏,令田主手实顷亩状入官,诸王、驸马、学校、寺观亦令如之;仍禁私匿民田,贵威势家,毋得沮挠。请敕台臣协力以成,则国用足矣。'仁宗皆从之。寻遣使者分行各省,括田增税,苛急烦扰,江右为甚"。(《元史》卷二〇五《铁木迭儿传》,第15册,第4578页)江西赋税增重,百姓甚苦,吴澄如龙兴为民请命。

吴澄是年作《宁都州判官彭从事平寇记》。

按:是年,宁都蔡五九作乱,八月盗平,吴澄受萧士资请为平盗的宁都判官彭淑作记。吴澄《宁都州判官彭从事平寇记》载:"县有尉,职捕盗,旧矣。州之判官职如尉,国朝制也。延祐二年六月,赣宁都州寇作,判官彭君以运粮留总管府,同知州事赵某摄其职,从州长出御寇。七月惟己酉朏,越五日癸丑,赵与寇遇,死焉。州无镇守军,官设捕盗之卒不满百。时平豢安,武备无一有。闻警,亟白之府,出私钱市弓箭,疾驰而还,缮修壁垒。越四日丙辰,寇逼城下,关外民居悉燬。君画计谋,悬赏彀弓机砲,躬事矢石,率民兵出城与之角,杀寇五六十,收众而入。会总管府长官至,万户府官亦领军至,决寇围入州城,慰安人心。州之长贰与君及大家分城四面而守。厥七日壬戌,寇退。越七日戊辰,官军与寇战于延福里,君率先冲阵,发六矢,俱殪,获马二匹。寇设伏,官军失利而溃,寇复进围城。君竭力守御,寝食为废。遍告危急于上司,纠集两乡民兵七千人。八月戊寅旁死魄,暨巡检官率民兵屯州城七里外。越翼日己卯,寇万余人自城下来战,君不避锋锐而前,群众齐力薄寇,杀死甚众。令卒登高麾旗,招城中之兵出,内外夹攻,寇不能支,奔散渡溪。水涨不可渡,溺死过半,寇大衄遁去。州城再受围,凡十有二日乃解。越四日壬午,行省平章政事李公(即李世安)出董师,台宪官咸集,有指挥使,有副元帅,有江浙省平章,皆受朝命来督视。赣州路长官及万户六人总六郡兵捣寇巢穴,君为乡导,首攻拔一砦。官军继进大蹂,歼其丑类无遗育,渠魁就擒,始班师,州人以宁。于是州之士民相率造彭君之庭,劳且贺曰:'君侯劳矣哉!寇之围城经再,初守城经七日,君侯之功一;再守城经十有二日,君侯之功二;寇之交锋者三,出城杀寇小胜,君侯之功三;射寇获马小胜,君侯之功四;大战大胜,遂解城围,君侯之功五;引军深入,遂净寇尘,君侯之功六。保一城之民得免为鱼肉,君侯之德也;救诸乡之人不化为鬼物,君侯之德也。敢贺!矧君侯驻兵之地曰仙亭背,俗传昔有飞仙于此而升举,盖吉地也。战之日,寇既死于兵,又死于水,若有冥助然。士民愿勒石其处,以纪君侯之功,以无忘君侯之德。'君蹙然曰:'噫!仆佐州无状,牧驭乖方,弗能先事弭变。为民父母,而使赤子弄兵,延及于良民,遭杀戮、遭俘虏、遭胁从者不知其几,以至攻犯州城,震撼邻境,彻闻天京,中外文武重臣下临遐陬,动数路之兵,然后荡除。居者疲于供亿,征者毙于锋镝。寇之所污、军之所历,冒罥蹒藉,而不得以天年终者,往往无辜之人也。思之痛心,言之哽咽,可吊也,而何贺焉?其敢自以为功乎?'士民曰:'君侯有功而不居,谦矣。抑此寇一日未殄,则州人受一日之祸,死生所系,而非小小利害也。君侯之德,其敢忘乎哉?'于是余之友、前叙浦县尹萧君士资具书述士民之意,来征余文。余谓彭君之不居功也,其言仁;士民之不忘德也,其言义。上皆能仁,则何至于致寇?下皆知义,则何至于为寇?继自今,官吏士民人人为仁义之人,则宁都为善地,为乐土矣,余亦乐书其美以劝。彭君名淑,字仲仪,济南

历城人。年少而识高，慈敏而廉平，为州人所称云。"（吴澄《宁都州判官彭从事平寇记》，《吴澄集》，第752—755页）

又按：宁都判官彭淑是在时江西行省平章政事李世安的领导下平叛的。吴澄《元故荣禄大夫江西等处行中书省平章政事李公墓志铭》载："自至元之末逮延祐之初，江西二十有余年无寇祸。延祐二年，宁都官吏经理田粮，残虐启衅，寇大作，杀死州官。军官围城至再，省中同列诣公请曰：'非公孰能弭此变。'公以不兼提调兵马之职，非所当任，恳请不已，公乃移咨密院，然后就道。不两月，获其渠魁，禁戢用兵，缓辑胁从，罪误之众一如往年之于南丰、广昌。平寇隽功，此其四矣。恩赉三珠虎符，以赏功也。"（吴澄《元故荣禄大夫江西等处行中书省平章政事李公墓志铭》，《吴澄集》，第1629—1632页）

又按：刘将孙作《李龙川平盗诗序》："延祐乙卯夏秋之交，有盗起于赣之宁都，声势摇煽张甚。龙川平章提兵临捕，省掾李君友仁实掌案牍。未几而盗溃，又未几而盗执。曾不二三月之间，班师奏凯。暨朝命遣将，此已平定。盖混一以来，用师之神速，成功之伟特，未有若斯之盛者也。虽繇元臣威德，将吏用命，抑幕议与有力焉。归过庐陵鹿湖之甘棠也，咏西平之有子，喜平蔡之成功。于是咸相与为诗，而属笔为之叙。余受言记载曰：此亦一平蔡也。虽淮西之事，不可与一邑语。然以唐封域之大，平淮、蔡二小州，经十数载之久，晋公与小西平公、韩退之、李建封诸人，仅乃平之。兹寇亦蔡也，收功于数月，不谓之平蔡乎。昌黎诸诗每称平蔡，亦自喜其名也。君以世家之懿，兼幕府之英，第劳行赏，在此行矣。昔晋公繇平蔡入相，昌黎、建封皆列侍从，此平蔡赏例也。君又建封当家，嗣有褒嘉，尚能为君赋之。"（《全元文》第20册，第216页）

又按：彭淑有诗集《正山诗卷》，吴澄《题正山诗卷后》云："《诗》曰：'淑人君子，其仪不忒。其仪不忒，正是四国。'济南彭君名淑，字仲仪，而扁其燕处之塾曰'正'。淑者，善之在中也；仪者，美之在外也。有诸中，形诸外，则己正矣。己既正，于正人也夫何难？君任宁都判官，为政有惠，平寇有功，其亦能知吾夫子之答季康子者乎？"（《吴澄集》，第1222页）

吴澄为皮榮作《字说》。

按：皮榮(1297—1336)，皮潏子。吴澄《皮榮字说序》载："父之爱其子，何所不至哉！爱之至，则期之深。仕也，期其位之极于人臣；用也，期其才之益于人国。皮氏子名榮，而字维桢。榮者，公之仪、位之高也；桢者，国之榦、才之大也。位高足以展其才，才大足以胜其任，斯无愧于人臣，无负于人国矣。榮也，平江州判官之子、南雄路总管之孙也。其如所期，以弘父训而光祖烈哉！"（《全元文》第14册，第311页）

又按：皮潛是虞集妹婿，皮榮年三十九而卒，虞集曾受其父之托为其作墓志銘："皮榮，字维桢，临江路、清江县，崇学乡下爊里人也。故宋，参知政事龙荣之世家，绍定己丑进士，宣教郎、知平江县事巽之曾孙；乡贡进士，内附国朝，嘉议大夫、南雄路总管府尹，兼劝农事一荐之嫡长孙；荫授忠显校尉，前岳州路平江州判官为潛之子也。母虞夫人，则故丞相忠肃公之五世孙；国朝赠嘉议大夫、礼部尚书、雍郡侯展之孙；中奉大夫、四川等处行中书省参知政事、雍郡公汲之女，而集之长女弟也。荣以大德丁酉闰十二月初十日生。弱冠，以文学称于乡，娶河东李氏，故集贤侍读学士、中奉大夫偁之女也。故翰林学士、资善大夫、知制诰、同修国史临川吴公澄之在朝也，肇开经筵，进读极一时之选。其告老而归，犹拳拳以劝讲为重事，荐才为己任，特为书达子朝廷，使备检讨之选，未报。故集贤大学士、光禄大夫高昌岳柱，出为江西行省平章政事，所部州郡，有知名士皆礼而延之，而荣为之客，甚见爱重，将署置幕府，不屑也。盖其负志甚高，而母氏先殁，李氏妇又丧，其父不乐仕州县，屡迁官不以为意。二知己巨公又先后去世，是以未能有所发也。再娶同里徐氏，盖东汉隐君孺子之裔孙。子男一人，西。女三人。长适同里杨某，次女许适同里姓某。次幼。荣以至元丙子二月七日卒，得年三十九。后二年戊寅三月十九日，其父葬之龙兴路富州奉化县黄原，坐未向丑，集为纪其家世岁月如此。呜呼！前朝故家日远而微，其起而际遇国家之盛者，其氏族不必因其旧也多矣。荣内外家文献庶有足征者，荣又敏学，意气盖有父风，而翰墨几乎舅氏之似矣。吾女弟止有子一人，而止于是，其可悲也夫，其可感也夫。铭曰：金利玉辉，鼎铉弗施，永瘞于兹。噫！"（《全元文》第27册，第574—575页）

吴澄五月为龚孟夔作墓志铭。

按：吴澄《故楚清先生龚君墓碣铭》载："君讳孟夔，字龙友。莫本系龚所后也。临川龚自昭武徙，大王考诚之，王考良英，考方乡贡进士，妣汪氏赠孺人。君亦汪出也，故孺人子之吉州判官名若、通山县尉名雷复者，莫氏二兄也。咸淳辛未，伯兄以太学进士第黄甲，仲兄以南省进士赐出身，而君受两浙之命。时莫氏母无恙，见三子俱贵，部使名其所居之坊曰'丛桂荣亲'。君仕进时，洪庚岁收缗钱数百，归监纳官，挥却不受。其它日给日共，旧例所得一切屏绝，唯食廪稍而已。……所受举荐者，安抚吴坚、曹孝庆，转运陈合、朱浚，监察御史曾渊子；所与同僚者，节度判官黎立武、节度推官萧立之；季年所善者，曾县令子良；异代所师者，陆先生子静也。宋嘉熙庚子五月中一，生之日也；今延祐乙卯五月上二，卒之日也；是年六月丁酉，葬之期也。……状君之行者，唐浚也，专门治《春秋》，长于君二岁，贫而有守，盖与君合。志碣墓而请铭者，君之孙文潜也。为之铭者，乡之后进吴澄也。"
(《吴澄集》，第1473—1475页)

又按：程钜夫《楚清先生墓表》载："延祐二年冬，临川娄泰初书来京师，曰：'楚清先生以今年夏五月二日卒。'呜呼，先生服仁履义，宜享百龄，乃七十又六而止耶。先生临川人，……先生亦再举于乡，对廷列名第六，授隆兴府观察推官、两浙转运司干办公事，迁临安府观察判官，改福建转运司干办公事，积阶儒林郎。……归而屏居山中，与名辈相从讲学，求圣贤乐地，如是十许年乃还。名闻四方，士大夫至临川者必诣焉，得其点墨只字为喜。……性刚直，绝畦畛，为文辞伸纸写心，造次皆本于理。有集五十卷，外集若干卷。……临川龚孟夔，字龙友，世济其清，人皆称之曰楚清先生。……先生既卒，文潜以其年六月丁酉葬先生于临川县积善乡西盈之原，实汪夫人墓左。'遂以述来征铭。余尝学于临川，先生时在仕国。及先生隐闾巷，余间以归客经从，每见益亲，然终不得朝夕见。今方引年，意谓川观岩居将得从先生游，而乃不然。"(《全元文》第16册，第530—531页)

吴澄六月为其次子吴衮作墓志铭。

按：吴澄《故次男吴衮墓铭》："衮，字士工，次尚三，澄之第二子也。幼而明粹，长而傀奇。学法书，学诗文，皆能之。至元壬午七月己卯生(1282)，至大己酉正月丁未卒(1309)，殡于后园。延祐乙卯六月甲申葬于横江湴田坑，首兑趾震。娶袁，子四：男蕃；女贤、嬴、宝。其葬也，父澄铭其墓曰：生之勤，死之闵。嗇汝身，以丰汝后人。"(《吴澄集》，第1472页)

吴澄冬与陈仲江论学，有《送番阳陈仲江序》赠之。

按：吴澄与陈仲江相识于至大三年吴澄任国子监丞期间(前已载)。本年陈仲江到吴澄家看望后者，二人累日论学，陈仲江还易名为陈浣，吴澄因作《送番阳陈仲江序》。文载："番阳陈仲江，质美而学劬，行完而文懿，执事为翰林、国史之属有年矣。予在国子监时，数数同游处。予既南还，逾年而仲江亦去其职。延祐二年冬，顾予于山中，论学者累日，且易其名曰浣。其意若曰：……吾将如浣衣之垢以浣心之垢，庶乎其可以自新乎？予察其意，而嘉叹焉。乃言曰：江汉以濯，皜皜乎不可尚。曾子有得于夫子之道者如此，故其传大学也，述汤《盘之铭》以喻自新之功。苟志于夫子之道，其不由于自新之学乎？濯去旧见，知之新也；涤除旧习，行之新也。知日以新，行日以新，愈新愈洁，垢尽而诚存。始也有事乎浣，终也无事乎浣，而今之仲江，非昔之仲江也。"(《吴澄集》，第667—668页)

吴澄十二月作《送方元质学正序》。

按：方元质今年为扬州路儒学正，吴澄作《送方元质学正序》。文载：

"所贵乎学者,以其能变化气质也。学而不足以变气质,何以学为哉?世固有率意而建功立业者矣,亦有肆情而败国殄民者矣。彼其或刚或柔,或善或恶,任其气质之何如,而无复矫揉克治以成人。学者则不如是。昏可变而明也,弱可变而强也,贪可变而廉也,忍可变而慈也。学之为用大矣哉!凡气质之不美,皆可变而美,况其生而美者乎?气质之生而美者,甚不易得也,予于交游中得清江方元质焉。初识之于京师,望其貌已知其为美,听其言而信,观其行而尤信。又稽之于人,或久与之处,或一与之接,莫不啧啧称叹曰:'善士!善士!'其何以得此于人哉?非其美之弸中而彪外,其能然乎哉?以如是气质,虽或未学,亦不害其建功立业,而不至于败国殄民矣。而元质又勤勤勉于学,则其所就,讵可量也耶?今为扬州路儒学正。夫扬州当南北之冲,四方学者所辐辏,人得熏其气质之美而善良。元质又以其所学淑乎人,则气质之从而变者亦众矣。虽然,学之名一也,而其所以学者或不同。盖亦有表表然号于人曰为学,而逐逐于欲,役役于利,汩没于卑污,苟贱以终其身,与彼不学者曾不见其少异,是何也?所学非吾所谓学也。夫今之学者之学,不过二端,读书与为文而已矣。读书所以求作圣人之路径,而或徒以资口耳;为文所以述垂世之训辞,而或徒以眩华采。如是而学,欲以变其气质,不亦难哉!宜其愈学而无益。虽皓首没世,犹夫人也。吾元质之学不然,而予亦不复有言也。中山王京甫(即王祁)客寓扬州,沉浸于周、张、程、朱之书有年矣。年将五十,而不求闻达于时。元质往哉,试与之论学。延祐乙卯十有二月己亥序。"(《吴澄集》,第576—578页)

吴澄作《瑞州路正德书院记》。

按:正德书院位于江西瑞州路,至元年间由侯孛兰奚创建,今年夏季提举陈以忠重新修葺书院,吴澄为此事作记文。吴澄《瑞州路正德书院记》载:"瑞州路正德书院,蒙山银场提举侯君孛兰奚所创建也。夫荆、扬贡金,从古以然。《周官》卝人掌其地,守之以禁,而取之以时。盖犹秘其宝于地,藏其富于民,而不尽括其利于官也。蒙山跨瑞、袁、临江三郡之境,固为宝藏,唐以前未之闻。宋之中世,山近之民颇私其利。而置场设官自国朝始,职其职者旦旦惟利国是图,既无治民之责,谁复有教民之意哉?当衮衮兴利之场,而切切兴学之务,其人识虑盖远矣。然创建之初,功未完而侯君去,至于今二十余年。田租薄少,不足以赡给,室屋日就敝坏。延祐二年夏,提举陈君以忠至,祗谒先圣,顾瞻怃然,即日修葺殿堂门庑,焕然一新。涂径阶除,甃砌端好,圣师像位、龛帐案座靡不整严。置田增租,岁入可二百斛,比旧多十之七八。其费一皆己出,无所资于人。延请师儒,招集徒众,诵习其间。公退之暇,躬自劝督。佐其经画者,前龙兴路学录邹民则也。予尝叹天下诱于其名、眩于其实者总总而是。若此书院之设,岂徒徇其名而已,固将责其实也。蒙山僻在万山之偎,近于宝货,则其民贪;远于都邑,则其俗陋。身不游于庠序,则耳目不濡染乎礼义,殆如孟子所谓饱暖逸居而无教者矣。故夫居之以群居之地,教之以善教之人,俾学者于是而学其当学之事,此陈君所以继侯君之志也。而诸人所以副陈君之心者何如哉?是有在于学者,而尤有系于教者焉。今之所以教、所以学,其最下不过追随时好,以苟利禄;其稍上不过采撷华藻,以工辞章;又稍上不过记览群书,以资博洽;其最上亦不过剽掠先儒绪论,以谈义理。之四者,皆虚也,而非实也。古者二十五家之里门有塾,塾有师,不特为士者学,民之朝夕出入必受教而后退。是以风俗厚、伦纪明,人人亲其亲、长其长,族姻乡党相交相助相扶持,蔼然仁让忠敬,自家庭达于道路。虽闾巷之民,莫不有士君子之行。当时之教必有异乎今者。今之教于书院者诚能如古,旧习不变,而蒙山之民新矣。不然,教之数十年,犹夫人也。书院之名曰'正德',而于正民德之实安在?陈君之所期果如是乎?陈君,瑞之高安人。宽易倜傥,重义轻财。尝冶银于兴国,所获赢余悉以施与。"(《吴澄集》,第789—790页)

陈栎作《上秦国公书》。

按:陈栎《上秦国公书》载:"延祐二年八月吉日,学生乡贡进士新安陈栎谨斋沐裁书,百拜献于平章大丞相秦国公钧座前:栎江南一寒士,望翘材馆远在九霄上,安敢轻以书渎?若稽昌黎韩子,亦尝以乡贡进士上书光范之门,以此例之,或者其可。又以黄清夫相门之客,栎之良友也,托其贡书,似非无因。而前是用忘其微贱,轻叩洪钧,首祈相度天宽略垂听焉。栎闻之:姬公没,百世无善治;亚圣往,千载无真儒。无善治,圣贤之道不行;无真儒,圣贤之道不明。汉唐以来,往往坐此。恭惟国公大贤间世,遭时得君,可谓继亚圣之真儒,致姬公之善治,远方寒士,虽不能尽知辅相大业,然海宇苍生,沐浴于深仁厚泽中,岂非圣贤之道得公而行乎?科举宏开,昭昭然以朱文公之学揭日月而行之,天经人理,复浸溉士心,闻多于公建白,岂非圣贤之道,赖公而明欤?栎也幸际斯时,忝与士类,前岁应江浙乡试,偶在选中。结友买舟,期应会试,亦既至古杭,行有日矣,倏尔遘疾,众行独留,疗经逾年,甫得痊愈,试期已迫,度难奔趋,然亦不敢擅自归也,告状杭州路录事司,勘会移关,始克还家,寻绎旧闻,以待学者。继获睹书坊所刊会试程文,内有科录程试,该载圣旨,内一款如栎等不曾会试病患来迟之人,亦许得与寸进。尧言远布,信如四时,猗欤盛哉!真激励作成之大造也。栎生于前壬子岁,犬马之齿,于今六十有五矣。群材皆春,散木尚槁,岂造化之有偏,特未有闻于钧前者耳。栎也生朱文公之乡,学朱文公之学,自少有志,至老弥勤,发挥先儒之所未尽言,诸经几遍,虽假馆授徒,不能一日舍此以食,然其及人,终不为多。倘蒙钧慈,钦遵已降圣旨,照年六十以上例,除栎一泮水近阙,使得及此已老未衰之年,以平生所闻于朱文公者与诸生讲明而躬行之,作养成材,以待选举,或使道略明于乡郡,则未没之年皆感戴之日也。谨托清夫为声悃愊,惟国公垂怜焉。干冒威尊,恐悚无已。"(《全元文》第 18 册,第 12—13 页)

卢挚卒。

按:卢挚(1235—约 1314),字处道,号疏斋,又号嵩翁。涿郡人。幼为忽必烈怯薛侍从,累迁河南路总管。大德初,授集贤学士,复入京为翰林学士,迁承旨,后任燕南河北道提刑按察副使、岭北湖南道肃政廉访使,晚年客寓宣城。文章与姚燧齐名,世称"姚卢",诗与刘因齐名,世称"刘卢",散曲则在徐子方、鲜于枢之上。著有《疏斋集》,已佚。《全元散曲》存其小令一百二十首。最迟至于延祐二年卒。(周清澍《卢挚生平及诗文系年再检讨》,《中华文史论丛》2014 年第 4 期)事迹见《新元史》卷二三七、《元诗选·三集》小传。

又按:程钜夫曾读卢挚《江东稿》,为之作引:"疏翁意尚清拔,深造绝诣,荤荤不羁,故其匠旨辑辞,往往隔千载与古人相见。向者遣教余以其诗文一编曰《江东稿》,挹其风味,如在疏斋时也。余携以自随,泛舟江汉,相与卧起。噫,孰使余欣然于风波之上者,非此稿也耶?诗不古久矣,自非情其情而味其味,则'东篱南山'、'众家物色'、'森戟凝香'、'寻常富贵'于陶、韦乎何取?疏翁于此殊不疏,今又弭节骚国,抑尚有起予者乎?稿还,因以讯之。"(程钜夫《卢疏斋江东稿引》,《全元文》第 16 册,第 114—115 页)吴澄评价卢挚古诗云:"比年涿郡卢学士处道所作古诗,类皆魏晋清言;古文出入《盘》、《诰》中,字字土盆瓦釜,而倏有三代虎雌瑚琏之器,见者能不为之改视乎?"(吴澄《盛子渊撷稿序》,《全元文》第 14 册,第 370 页)

赵文卒。

按:赵文(1239—1315),字仪可,一字惟恭,号青山,庐陵人。南宋时三贡于乡,由国学上舍任南雄府教授。入元后隐居,后为东湖书院山长,授清江儒学教授。赵文善作诗文,晚年以理学自任。延祐二年卒。生平事迹见于程钜夫《赵仪可墓志铭》、刘将孙《赵青山先生墓表》。

杨奂卒。

按:杨奂(1245—1315),字焕然,乾州奉天人。"奂博览强记,作文务去陈言,以蹈袭古人为耻。朝廷诸老,皆折行辈与之交。关中虽号多士,名未有出奂右者。奂不治生产,家无十金之业,而喜周人之急,虽力不赡,犹勉强为之。人有片善,则委曲称奖,唯恐其名不闻;或小过失,必尽言劝止,不计其怨也。所著有《还山集》六十卷、《天兴近鉴》三卷、《正统书》六十卷,行于世。"(《元史》卷一五三本传)。事迹见《元史》卷一五三、《钦定续通志》卷四五九、《元儒考略》卷一。

陈高(1315—1367)、章溢(1315—1369)、陶安(1315—1371)生。

元仁宗延祐三年
丙辰　1316年　68岁

六月，元廷欲令天下祠帝师八思巴。

按：八思巴帝师祭祀是元代最具时代特色的国家祭祀之一，据高丽人李齐贤记载此年议天下祠帝师八思巴事云："延祐初，有鲜卑僧上言：'帝师八思巴，制蒙古字以利国家，乞令天下立祠，比孔子。'有诏公卿耆老会议。"（李齐贤《有元赠敦信明义保节贞亮济美翊顺功臣太师开府仪同三司尚书右丞相上柱国忠宪王世家》，《全元文》第36册，第466页）又《（至顺）镇江志》载："延祐三年六月，先皇帝采摭群言，博议朝著，丕视功载，锡之荣号，作庙勒碑，月谒岁祭，通乎天下。"（俞希鲁《（至顺）镇江志》卷九，清嘉庆宛委别藏本）

又按：元廷拟议天下祠帝师八思巴时，曾召集朝中士人就此事进行讨论。长期滞留中国的高丽忠宣王王璋对以帝师比拟为孔子一事有过异议："师制字有功于国，祀之固宜，何必比之孔子。孔子百世之师，其得通祀以德不以功，后世恐有异论。"（曾廉撰《元书》卷八十七，《四库未收书辑刊》肆辑，北京出版社2000年影印本，第15册，第597页）学者张春晓分析道："可见在国家祭祀的首轮推进中，官方固然在'造字'和'比之孔子'之间选择了'至德'立论以效孔子，即释法洪《敕建帝师殿碑》所称道，然而对'至德'进行消解的内在矛盾在立祀之初即已存在。"（张春晓《元明清三代对帝师祭祀的多元接受与消解》，《宗教学研究》2021年第3期）

程钜夫南还。

按：何中记载："三年丙辰春，疾复动。夏五月，得告南还，赐锦彩，特授光禄大夫，职如故。命男交祀署令臣大本护侍，所在官司常加存问。命廷臣祖饯以荣其归。十一月，抵家，医药祷祠毕举。"（何中《翰林学士承旨光禄大夫知制诰兼修国史程公行状》，《全元文》第22册，第207页）

赵孟頫拜翰林学士承旨、荣禄大夫、知制诰、兼修国史，推恩三代。

按：程钜夫南还后，赵孟頫继任翰林学士承旨。杨载《大元故翰林学士承旨荣禄大夫知制诰兼修国史赵公行状》载:"丙辰七月,进拜翰林学士承旨、荣禄大夫、知制诰、兼修国史,用一品例,推恩三代。……初,程公钜夫荐公,起家为郎。其后程公以翰林学士承旨致仕,公遂代之,先往拜其门,而后入院。坐主、门生,相继为翰长,真衣冠盛事也。"(《全元文》第 16 册,第 585—586 页)

马祖常拜监察御史。

按:马祖常于延祐二年廷试第一,是年拜监察御史。任职期间,与铁木迭儿展开激烈斗争。他曾上疏请朝廷恢复任用吴澄等人职位。苏天爵《元故资德大夫御史中丞赠摅忠宣宪协正功臣魏郡马文贞公墓志铭》载:"三年冬,擢拜监察御史。……丞相铁木迭儿专权擅势,大作威福。公帅同列论奏其恶,又摭其贪纵不法十余事劾之。仁宗震怒,命罢其政事,将治以罪,赖太后救解得免。……又荐:'前中书平章萧拜住、左丞王毅,曩在政府数与丞相抗论是非,当真机要,勿令外补,朝廷缓急有所赖焉。前监察御史彻里帖木儿、中书参议韩若愚皆被丞相诬罔排摈,早赐录用。翰林承旨刘敏中精力尚强,敛身高蹈,可赐半俸,以厉廉隅。国子司业吴澄通经博古,海内名儒,可进两院,以备访问。翰林修撰陈观、刑部主事史惟良其材方严,宜居谏职。'"(《滋溪文稿》卷九,第 139—140 页)

又按:马祖常《举翰林待制袁桷等》论及吴澄等人应该再加以任用事云:"上件官,学问究极乎群经,文章粲著乎当世。修国史则足以宣扬圣业,代王言则足以润色皇猷。久次翰林属官,诚为淹抑。翰林修撰陈观,性禀端方,操履严慎,使之居纠察之地,必能振举职业,不苟于事。前国子司业吴澄,知经博古,学术淳深,求之海内,可谓名儒。如蒙擢置两院,以备访问相应。"(《全元文》第 32 册,第 396 页)

赵世延劾奏铁木迭儿十三条罪。

按:《元史·赵世延传》载:"三年,世延劾奏权臣太师、右丞相帖木迭儿罪恶十有三,诏夺其官职。寻升翰林学士承旨,兼御史中丞,世延固辞,乃解中丞。"(《元史》卷一八〇《赵世延传》,第 14 册,第 4165 页)

吴澄春作《观复楼记》,记蒙山银场提举陈以忠修建观复楼一事。

按:吴澄《观复楼记》载:"高安陈以忠季行,畴昔孝于其亲,亲殁而犹有终身之慕。今为蒙山银场提举,创楼于公廨之侧,面池背市。峙乎其右者,大蒙之山;耸乎其左者,钟秀之峰也,翼以圆明丈室。退食之余,宴坐其中,悠然而遐思,以不忘其亲。楼经始于延祐乙卯之冬,落成于今兹丙辰之春,而扁之曰'观复'。"(《吴澄集》,第 930—931 页)

吴澄入宜黄五峰寺,修《易纂言》。

按:虞集《行状》载:"延祐三年,先生深入宜黄山中五峰僧舍以居,六越月,修《易纂言》。"(《全元文》第27册,第173页)危素《年谱》载:"三年丙辰(留宜黄县五峰寺。公隐五峰僧舍,著《易纂言》。门人往从者数十余人)。"

又按:吴澄自叙《易纂言》撰述目的云:"《易》,伏羲之《易》。昔在皇羲,始画八卦,因而重之为六十四。当是时,《易》有图而无书也。后圣因之,作《连山》,作《归藏》,作《周易》。虽一本诸伏羲之图,而其取用盖各不同焉。三《易》既亡其二,而《周易》独存。世儒诵习,知有《周易》而已。伏羲之图鲜或传授,而沦没于方伎家。虽其说具见于夫子之《系辞》、《说卦》,而读者莫之察也。至宋邵子,始得而发挥之。于是人乃知有伏羲之《易》,而学《易》者不断自文王、周公始也。今于《易》之一经,首揭此图,冠于经端,以为伏羲之《易》,而后以三《易》断之。盖欲使夫学者知《易》之本原,不至寻流逐末,而昧其所自云尔。《连山》,夏之《易》。《周礼》:太卜掌三《易》,'一曰《连山》,二曰《归藏》,三曰《周易》。其经卦皆八,其别皆六十有四'。或曰神农作《连山》,夏因之。以其首《艮》,故曰'连山',今亡。《归藏》,商之《易》。子曰:'我欲观殷道,是故之宋,而不足征也。吾得坤乾焉。'说者以坤乾为《归藏》。或曰黄帝作《归藏》,商因之。以其首《坤》,故曰'归藏',今亡。《周易》上下经二篇,文王、周公作。《彖》、《象》、《系辞》上下、《文言》、《说卦》、《序卦》、《杂卦》、《传》十篇,夫子作。秦焚书,《周易》以占筮独存。《汉志》'《易》十二篇',盖《经》二、《传》十也。自魏、晋诸儒,分《彖》、《象》、《文言》入经,而《易》非古。注疏传诵者苟且仍循,以逮于今。宋东莱先生吕氏始考之,以复其旧,而朱子因之。第其文字阙衍谬误,未悉正也。故今重加修订,视旧本颇为精善。虽于大义不能有所损益,而于羽翼遗经,亦不为无小补云。"(吴澄《四经叙录》,《吴澄集》,第1—2页)

又按:清朱彝尊《经义考》载"观生"为吴澄《易纂言》作跋事云:"观生跋曰:先生著是书几四十年,其间稿成,改易者凡数四,壬戌秋书成,然未尝以示人。明年春,观生固请锓诸梓以示学者,先生慨然许之。犹虑传写之或差,乃命抄写而自督视,因正其未安,明其句读,而益加详密。写未及半,适特旨遣使召入翰林,度不可辞,不数日上道,观生随侍。至郡城,集同志分帙毕写,将及九江,点校才竟。若卦图、象例陆续刊行,因书之成,遂志年月于右。尝闻诸先生曰:吾于《易》书用功至久,下语尤精,其象例皆自得于心,亦庶乎文王、周公《系辞》之意。又曰:吾于《书》有功,于世视《易》为犹小;吾于《易》有功,于世为甚大。则读是书者,其可不知先生用意深切而泛视之哉?至治癸亥五月。"(朱彝尊《经义考》卷四二,清文渊阁四库全书本)全祖望认为"观生"乃吴澄弟子解观:"乡举解先生观。解观,吉水人。天历乡举,预修宋史。有《四书大义》行于世。(梓材谨案:《春雨堂集》载先生初名子尚,字观我,入试名观,吴文正公更字之曰伯中。称其著《宋书》一千卷、《天文星历》一卷、《地理》若干卷、《衍八阵图注武经刑书考》一卷。又称其作《万分历》,推步如神。又作《儒家博要》、《周易义疑通释》。又案:先生深于《易》。《经义考》述草庐《易纂言》有观生跋,言其著是书几四十年,壬戌秋书成,明年春观生请锓诸梓。又言:'写未及半,适特旨遣使召入翰林,观生随侍至郡城,集同志分帙毕写。'观生恐亦先生之名也。)"(《宋元学案》卷九二"草庐学案",第3077—3078页)按照朱彝尊所载解观说法,吴澄《易纂言》构思四十余年,于至治二年(1322)书成,会逢次年授翰林学士,吴澄及其弟子解观于赴京途中修订书稿并正式刊行。

又按:全祖望认为《易纂言》仍然延续着吴澄好臆改的倾向:"读草庐《易纂言》曰:'草庐著《易纂言》,累脱稿而始就。其自言曰:"吾于《易》书,用功至久,下语尤精。其象例皆自得于心,庶乎文、周《系辞》之意。"又曰:"吾于《书》有功于世为犹小,吾于《易》有功于世为最大。"及愚谛观其书,如以《大传》所释诸卦爻辞为《文言传》之错简合作一篇,芟《震》、《彖辞》"震来虩虩"八字为爻辞所重出,增"履者礼也"一句于《序卦传》,俱未免武断之失。而《坤》之《二》以"大不习"句,《师》之《初》以"以律不臧"句,《小畜》之《四》以"去惕出"句,《履》之《上》以"考祥其旋"句,皆未见其有所据也。若改《屯》、《初》之"磐桓"为"盘桓",《师》、《象》之"丈人"为"大人",《否》、《二》之"包承"为"包羞",而以"亿丧贝"为后世意钱之戏,则经师家亦岂有信者!然则草庐之所以为自得者,殆其所以为自用也。世所传朱枫林《卦变图》以十辟六子为例,实则本诸草庐云。'"(《宋元学案》卷九二《草庐学案》,第3050页)

又按:吴澄《五峰庵记》:"自佛氏之教行乎中土,其始也,福田利益之说足以诱庸愚;其久也,明心见性之说足以悦贤智。是以智愚贤不肖,莫不翕然信奉而尊事之,由晋、隋、唐、宋以逮于今,可谓盛矣。百年之前,袁州慈化寺僧号普庵师,得正觉法,了悟自性,作慈悯念,济度众生。……僧道兴者,瑞州高安谌氏之子。幼年辞家,舍身临江宝庆院,苦行勤力,遍游诸方,道路桥梁种种方便事,不惮劳瘁,独力修完。岁在乙亥,历抚州宜黄。于时疫疠煽炽,凭普庵师威神发愿救治。是年六月,行宜黄南鄙之仙符坪,左黄山,右华盖,五峰森耸乎其前,照镜石、仙人塔隐映乎其后。水口无路可通,沿流而下,有九龙渊幽阒寥迥,亢爽显敞,拱卫旁罗,襟抱环匝,于佛境界为宜。遂结草为庵,名曰五峰。地属袁氏,即日喜舍,庵之四畔林阜原陆悉以归焉。

垦辟荒芜,自给衣食。每有祈禳,应答如响,趁之者如市。至元壬午,有乐贡士祈禳获安,施杉木一千株,构佛殿及藏殿,运转法轮。大德庚子,于东建观音阁。至大己酉时,西建华严阁,门庑、庖厨一一周遍。又设普庵道场,曰玉泉庵,命其徒觉了主之。又造僧寮一所,曰桂溪庵,命其友江生主之。夫道兴赤手而来,于万山之间人迹不到之处诛茅营,剪荆棘,驱狐狸豺狼,而立佛祠。乙亥至癸丑垂四十年,鼓舞群动,赫赫如小慈化,虽曰福利之诱人,然非坚志长才足以办事,亦安能成就若此?故尝谓世之士大夫学孔氏之教者,食君上之禄,膺民社之寄,使人人能如佛氏之徒,何事不可办?而素餐尸位惫其事者比比,可叹已!吾安得不于道兴之所为,而嘉其志、其才之不易及哉!"(《吴澄集》,第1003—1005页)

  吴澄作《宜黄县三皇庙记》。

  按:三皇庙是祭祀医学之神伏羲、神农、黄帝三者的庙宇,吴澄指出"庙以祀三皇,肇自皇元,前所未有也"。《宜黄县三皇庙记》载:"医有学,学有庙,庙以祀三皇,肇自皇元,前所未有也。夫上古圣人继天心,立民命,开物创法,以为天下利,至于今赖之者,莫如三皇。然历代以来,未闻立庙以祠。唐天宝间制立三皇庙,与五帝庙同置,命有司以时祭享,盖曰祠古圣云尔,非如今日医学之专庙特祭也。当今路、府、州、县儒学有孔子庙,皆因其旧。医学立三皇庙,与儒学孔子庙等,则新制也。宜黄县儒学重修孔子庙,甲于诸邑,而医学三皇之庙无其所,每岁春秋,设主于废社之屋以行礼。延祐元年,资阳史君荐为宰,政治明敏,民用丕諴,乃及神祀。以三皇祠宇未备,慨然曰:'是岂所以尊古圣、钦上制哉!'于是悉意兴造,辟废之坛以为基,伐官山之木以为材,人乐助其费,身乐亲其劳。三年二月,礼殿成。又一月,左右庑、内外门成。不数月而功毕。缭以周垣,四围甓甃,具完具美,设伏羲氏、神农氏、黄帝氏三圣人像,配享从祀名数位次悉如朝议。书来请记其事。呜呼!吾闻韩子云:古之无圣人,人之类灭久矣。为之医药以济其夭死,其一事也。三圣人之功在万世,如天地之覆载、日月之照临,奚翅医药一事哉?然神仙医药之伎,往往根极先天之卦图,而《本草》之明品、《内经》之答问,虽或有后人之所依托增饰者,然至今为医家方论之祖,亦以圣人之无所不知,无所不能,故其聪明睿智之绪余,犹足以周于小物如此。皇元崇尚之制,类非议礼聚讼之流所得闻,而天下守土之臣钦承帝制,无敢不虔。若史君之为,可谓能官也已。抑君非独于医学为然,儒学西偏,局于地隘,莫可展拓。君为节缩冗费,市学外隙地于邑之大家,而广其居。又累石作址,构书楼三间于明伦堂之后,扁曰'仰高',书《儒行篇》于壁,以励来学。史君之仕也,所至有能声。宜黄之政,此其可称可观者焉。"(《吴澄集》,第809—811页)

吴澄为宜黄吴叔震作族谱序。

按：吴叔震是吴澄的好友，是年吴叔震从子吴京玉请求吴澄为宜黄吴氏撰写族谱序。《宜黄吴氏族谱序》载："吴为宜黄崇仁大姓也旧矣，而宜黄之吴自朝散大夫公（按：即吴叔震五世祖吴贵）以五举特奏名佐邑，奉直大夫公（按：吴叔震四世祖吴荣）以一举正奏名参制置司议，遂以贵显，又其一初也。奉直之子有世禄而官至儒林者，有世禄而官至通直者，有乡贡而恩科如其祖者。其孙一与贡，一登科，而其曾孙一，又有以武爵仕者，其玄孙一人贡于宋，一人仕于国初，为永春主簿（按：吴叔震）。予与主簿君交游如亲兄弟，惜其不得年以卒。卒之二十四年，其从子京玉以其伯父所修族谱示予，览之慨然。噫！吴自朝散以来，至于今殆将十世，而六世之间正科者二，特科者二，贡者凡五，仕者凡七，富而贤者，振振如也，其族可谓盛也已。觇国之兴者，以其人才之众；验家之兴者，以其子孙之贤。吴氏之兴，其未替也夫。予悲主簿君之不可复见，故为书此而还其谱，且以俟于其族之子孙云。"（《吴澄集》，第695页）

吴澄九月十五日为宜黄李仲谋作《送李教谕赴石城任序》。

按：李仲谋，字敬心，宜黄人。本年他任职赣州路石城县儒学教谕。吴澄《送李教谕赴石城任序》载："昔宜黄李君夔友以太学名士释褐为赣州教，不及禄，而其子仲谋中教官选，再任得石城教。石城，赣州属邑也。予少时客宜黄，亲见赣州之所以教其子者，又见仲谋之所以学于家者，往往异于常人。盖自宋末，举世浸淫于利诱，士学大坏。童年至皓首，一惟罢软烂熟之程文是诵是习，无复知为学之当本于经，亦无复知为士之当谨于行。赣州之教子则不然。仲谋九岁以前，《论语》诸经皆能成诵。……今之往石城也，谂于予曰：'新制取士，以经明行修为首，好尚近古，谓宜一变可以至道，而学校承袭旧弊，不知所以自新之方。'凛凛焉以经未明、行未修为忧。呜呼！今之任教事者，靡不哆然若有余，而仲谋独慊若不足，此其贤于人也远矣哉。予之少也，尝有志于古人，而荒落久矣，何能有所裨益于今之时俊乎？虽然，不敢不诵所闻。古圣遗经，先儒俱有成说，立异不可，徇同亦不可。虚心以玩其辞，反身以验其实，博览而归诸约，傍通而贯于一。一旦豁然有悟，则所得者非止古人之糟粕也。人之一身，内有父母、兄弟、夫妇，外有宗族、姻亲、朋友。近而乡党，远而四方，推吾爱亲敬长之良知良能以达乎彼，何莫非吾之所当厚善者？宁厚毋薄，宁过毋不及。夫如是，经岂有不明？行岂有不修者哉？而非有甚高难行之事也，人病不为耳。今之往石城也，试以斯言与一邑之士详究而实践之，殆必有契于畴昔家庭之所闻也，其毋厌予言之卑。延祐丙辰九月之望。"（《吴澄集》，第590—591页）

又按：李仲谋后迁临川、建昌，秩满后北上。吴澄作《送李仲谋北上序》载："宜黄之士李敬心，有学有文，太学释褐进士、赣州教授迪功君之子也。生质粹美，方韶年，已俨然如老成人，咸羡李氏之有子。摭曹孟德嘉叹孙氏之子之语，而字之曰仲谋。后以字行，更字敬心。其学足以浸灌，其文足以藻饬，而其才又足以荷大任、勤小动。邑校燬，职之者不职其职而去，众士友推举典兴造事。省劳省费，期年落成，壮丽十倍于昔。既而主教石城、临川二邑，修补废缺，振拯颓敝，俱炜烨可称。迁教建昌州，值连年荒旱，学计悉空，人所不能为，而犹能为之。于表章前修、启迪后进，靡须臾怠也。秩满，剡名而上，谓予曰：'某将如京师，欲遍事诸达人巨公。事之当何如？'予曰：'岂有他道哉！言必信、行必敬而已矣。'坐间有客诘予曰：'君子之赠人以言也，或因其所劣而裨之，或因其所短而规之。无一毫虚伪之谓信，无一毫慢忽之谓敬。窃观敬心之言行素谨，言无虚伪，行无慢忽，盖其所优所长者也。而复援此以告，无乃陈腐庸常，而非所以益之乎？'予曰：'告人者，推己之所能而语之也。予之所能仅止此，若厌其陈腐庸常，别为新奇之说语人，而不由其衷，是诬也，予何敢？夫子答子张之问行，不过此二者；其答干禄之问亦然。虽敬心之所素能，愈加勉焉可也。舍此，予无以为赠。'敬心瞿然起立，曰：'先生之训是也。某虽不能如子张之书绅，谨拳拳服膺而弗敢坠。'"（《吴澄集》，第656—657页）

吴澄冬作《题实堂记后》。

按：是年冬，延祐元年乡试进士饶抃来拜访吴澄，向吴澄言其省掾王暄之才，吴澄因作《题实堂记后》。文载："曩岁闻人称江西行省省掾王暄君宝之美，不知其为何官也。延祐三年冬，盱江（即建昌路新城）饶抃士悦来，言其邑宰之廉。问为谁，曰王君宝也。于是始信曩岁所闻之不虚。士悦曰：'君宝处新城五年矣，终始如一日。'予于是益嘉叹焉。近年廉耻道丧，仕者往往为利而仕，殆如市门之倡、穿窬之盗，失其身犯法所禁，为人之所不为，苟可以得利，不顾也，故不能自守者十之九。间有不取者，伪也。伪于初任者，至再任而变；伪于一二年者，至三四年而变。君宝省掾时如此，邑宰时又如此；初年如此，五年时亦如此，则其廉之实非伪也审矣。君宝惠于民，能于事，多可称，而予独深喜其廉，廉为本也。苟无其本，虽有他善，不足称也已。君宝以'实'名其堂，有为之记、为之说者。予闻士悦之言，因著其廉之实，而附书于左方。"（《吴澄集》，第1142—1143页）

吴澄十一月二十五日作《延祐三年丙辰十有一月甲子诗赠武当山月梅道士（二首）》。

按：吴澄《延祐三年丙辰十有一月甲子诗赠武当山月梅道士（二首）》：

"显德年间旧丙辰,武当旧隐有高人。高人一去睡来觉,丁巳重来第七春。""武当道士能风鉴,定是希夷身后身。阅遍王门厮役了,尘中还见出尘人。"(《吴澄集》,第1757—1758页)

又按:月梅相师,吴澄曾作《送张相士序》赠之:"有皎然乎其中、癯然乎其外者,为谁?月梅相师也。其谈论亹亹,如山林众籁,謦謦而远闻;其记诵琅琅,如江汉顺流,衮衮而无尽。其祸福奇中,如烛镜照鉴而龟卜,盖师之阅人也多矣。刑也而王,奴也而侯,厮役也而将相,师一见能识之。亦有眇小谓宜饿死、夭贱谓宜隐浮屠,而其后乃大不然,皆师之所能辨也。虽然,人之身,天所生也,一受其成形而有定。孟子则曰:'居移气,养移体。'气也,体也,既因所居、所养而移,则夫孰不可移?彼肌肤绰约而若冰者,何人哉?骨肉融释而随风者,何人哉?若然者,形质销铄,人貌而天虚,非阴阳五行之所能拘,相之应别有法。邂逅其人,试以语我。师金溪张氏。"(《吴澄集》,第570页)

吴澄此年左右作《送常宁州判官熊昶之序》。

按:据吴澄记载,崇仁县尉熊昶将赴湖南常宁州任职判官。吴澄作序为他送行。序载:"豫州熊昶昶之,尉崇仁六年,其廉如清济之水,无一尘之滓,且明且能,且仁且公,士民思之,至于今不忘。闻将赴湖南常宁州判官。近者平阳李有仲方六年金溪县尹,其操守、其政事实与崇仁尉相似。予尝称李尹之善,一曰廉,二曰明,三曰仁,四曰能,五曰公,而为言之曰:……予之称李尹者若是,而熊君亦然。因书此以寄,而赠之行。它日湖南之士民必知予所言之为信。"(吴澄《送常宁州判官熊昶之序》,《吴澄集》,第549页)

又按:吴澄此文并未记载熊昶任职常宁州的具体时间,但其《故承直郎崇仁县尹胡侯墓志铭》言及墓主胡氏去世的至治元年(1321)时,熊昶仍为崇仁邑尉:"虞集、同邑尉熊昶晨夕顾视。"(《吴澄集》,第1503页)再按照吴澄所言熊昶任职崇仁共六年时间,是故其时间上下限为1316—1326年。而吴澄《送常宁州判官熊昶之序》又提到熊昶秩满之时,有一名为李仲方之人为金溪县尹,据危素《与唐休宁书》记载,"延祐间,平阳李仲方为尹于敝县"(危素《与唐休宁书》,《全元文》第48册,第152页),得知李仲方在1314—1320年间任职危素家乡金溪,由此可推熊昶任职崇仁时间当在1316—1320年间,此六年间,吴澄在崇仁的时间以此年(1316)最长,故将其作此文为熊昶送行暂定于此处。

程钜夫应诏作《魏国赵氏先德之碑》。

按:《魏国赵氏先德之碑》是程钜夫为侍御史赵简的先世而作,碑文追述了赵氏德行与世系。文载:"金源氏之末,有赵令宰元城,吏民爱之。既没,相与封树其坟,至今谓之'县冢'。此可谓善孚于人者矣。令之冢妇曰袁,寇至,携二儿逃于邻穴,不纳,则弃己所生者于草,抱前室子以免。明日寇退,草中儿亦无他。众义而贤之。此可谓善孚于家者矣。其孙为吏,使东南,还过润,适秋涛大溢,昌田庐,毁城郭,失亡甚众,存者无所得食。辄以便宜发官粟以赈,全活无算。其后,乘贰车廉问浙部,又值饥疫,躬历民庐,劝分济活如上,然则好善其家法耶。先是,朝廷兴举恤典,以劝臣邻,视厥子孙之秩,追命其先有差。乃延祐二年冬,御史台言曰:'侍御史赵简自始通籍以迄于今,宣猷多矣。其家赠封之恩,敢议循令甲。'制曰:'可。'赠大父琛资善大夫……明年春,再以表墓为请。有旨,命臣某文之于碑。谨按:赵氏魏人,曾大父藻,元城令。大父琛,潜德流辉,七十二乃终。娶于李,生汴而卒;再娶于袁,生楫,即草中弃者也。……中统初,宣抚张公某材而辟之,辞,不许,则愿下就工官以便定省,张公益贤之。后迁承事郎、织染司提举,善于其职,尝输币于宫府,独以精良,受美锦之赏。以老上印绶去。陈书乐宾,不复与世事。张梦符书其堂曰'余庆',李受益为之记,卢处道为之铭,名士数十人皆歌诗以属之。大德癸卯正月十三日卒,得七十有四年。……子男四:曰简,中大夫侍御史;曰亨,襄阳三司大使;曰润,山东宣慰司照磨;曰循,杂造织染提举,皆能官有誉。简端深闿亮,服膺《诗》《书》,向自浙部,入为刑部侍郎,迁南台治书、河东宪,拜治书侍御史、参议中书、河南参政。晋居台端,建白'宜开经筵,备闻治道'及'选耆儒训迪宫邸'。上嘉其忠,赐貂裘、犀带。至是,又有今命,父子、祖孙,逮于闺门,咸食善报。所谓降之百祥者欤。《书》云:'皋陶迈种德。'夫皋陶亦岂若农圃,然日夜眷眷,迟其所殖之孳茂且实,而享有其利哉。世或不察,而以种德自名,持狭而望奢,尅期延伫。小有不遂,则已因疑而怠,众亦且笑而议之矣。夫以一妇人,当危急存亡之时,身且不保,何暇他有所计?特其真诚恤孤,保抱鞠育,同于所生。及颠沛造次之顷,能不失其本心耳,又岂知今日之报乎?惟赵氏之善,发于元城,浚于魏郡,而澄涵于敏惠。然非有为而为之,是故充于中而弗外见,必有后嗣若此,然后大襮。君子曰幸哉,不然,为善者何恃?臣既奉诏叙次,为之三叹,申以铭诗。"(《全元文》第 16 册,第 331—333 页)

又按:吴澄后读程钜夫所作碑文,作《题赵氏先德碑(并序)》:"赵氏,魏人也。今御史中丞简之曾大父讳藻,金末为元城令,有惠政,卒于官。吏民怀思,为营冢墓,至今号县家冢云。大父讳琛,潜德弗耀,以孙贵,为赠资善大夫、司农卿、上护军,追封魏郡公,谥安僖。初娶李,生一子。再娶袁,亦生一子。不偏所爱,视李之子犹己。外值有寇惊,以二子寄逃邻之窟室。邻恐儿啼，拒不纳，弃己之子于草间，携李之子以匿。寇退，草间儿幸无恙。众义而贤之，追封魏郡夫人。父讳楫，魏郡夫人所生也。仕至承事郎、织染司提举，以子贵，赠荣禄大夫、司徒、上柱国，追封魏国公，谥敏惠。娶李，追封魏国夫人。中丞，魏国长子也。既封赠其祖与父，明年有旨立碑，命翰林承旨程钜夫为文，翰林学士承旨赵孟頫书丹，集贤大学士郭贯篆额，临川吴某读碑文，为作诗六章。曾闻循吏葬桐乡，过者如瞻召伯棠。百里元城遗惠在，县家坟树郁苍苍。元城茂德世其昌，嗣哲韬珍閟弗章。况有闺中贤冢妇，善源深积庆弥长。爱儿谁不羡亲生，奇也履霜祥卧冰。仓卒逃生捐所爱，割恩取义有谁能。肯抛己子抱前儿，此事今难古亦稀。天鉴昭昭两全活，故应门户日光辉。幼脱难危长必通，平林弃子有郘封。莫嗟承事官犹小，身后余荣爵上公。执法明星玉粹温，宦途清誉满乾坤。皇仁天广崇先德，世世公侯魏国孙。"(《吴澄集》，第1768—1770页。)

袁桷作《七观》赠别程钜夫。

按：此年程钜夫南还，在江西南城麻源三谷修藏书山房。袁桷仿照刘歆《七略》作《七观》赠程钜夫。泰定二年(1325)，袁桷作《刻七观后记》云："翰林承旨程公，建藏书山房于麻源，令桷赋其事，遂仿刘氏《七略》作《七观》。家世书楼，以先越公所藏嘉定旧赐'奇观'二字扁于其上，遂刻《七观》于其下。泰定二年秋九月戊申，桷记。"(《全元文》第23册，第30页)赵孟頫又为袁桷《七观》作跋云："《七观》者，翰林待制袁公桷之所作也。何为而作也？翰林承旨程公请老而归，袁公作此以送之也。送程公之归而不及乎执手伤离之情，顾乃铺张组织，细大靡遗，何其勤且博也！盖自枚生始作《七发》，魏晋而下，往往追踪蹑影，夸奇斗丽。才高者干云霄，学博者涨溟渤，后之学者绝响久矣。公之此作，因事以发其辞，引类而极其理，将驰骋乎汉魏，超轶乎班扬，非夫贯通三才，博综百家，畴能缜密宏辨，若斯其美也？仆虽衰老目昏，不觉援笔为书一通。若袁公不以笔札之陋，刻诸坚石，庶几词翰相须之义，传之天下后世，以为美谈云尔。"(《全元文》第19册，第93页)

田泽刊王申子《大易缉说》。

按：田泽服膺王申子《易》学，曾以澧州路推官身份，于大德年间将王申子撰写的《大易缉说》、《春秋类传》递送翰林、集贤二院，希望得到官方的考正和表章。又在至大元年三月，通过湖广行省将《大易缉说》、《春秋类传》判送礼部，行移翰林国史院。礼部准允此二书在湖广行省儒学印造，并令当地山长、学正将其用作教材进行教学。由于田泽的努力，王申子在皇庆二年(1313)被授予武昌路南阳书院山长，虽未到任。其学术影响却随之扩大了。

是年田泽准备付梓王申子《大易缉说》,宣传王申子之《易》说。

又按:田泽《续刊大易缉说始末》载:"泽昨于大德十年,任澧州路推官,咨呈本路节文云:窃谓天地以道托诸圣贤,圣贤以道载诸经书,所以绍天明,扶世教,立民命,开太平。故自孔圣删定系作之后,在上者常以表章自任,在下者多以训注名家。于是圣经旨义愈阐愈明,圣经功用愈久愈著。今观世所谓九经者,《诗》、《书》、二《礼》、《孝经》、《语》、《孟》,犹是圣贤杂著之书,独《易》与《春秋》,纯乎圣人之笔。而《易》又出于天地之文,故《易》最精微,难得明白。自子夏以来,说之见于世者,何啻数百家,不为不多。然河图、洛书之象数,《易》所本也,而未免错乱;先天、后天之卦象,《易》所祖也,而未免缺疑。学者迷惑,终未释然。至如《春秋》一经,按《艺文志》,皆谓左氏受经于仲尼,公、谷受经于子夏,既已讹矣。后儒之说,但祖三传,如释例、长历、集解、调人、繁露、义函之类,闻于世者,亦不啻百余家,不为不多。然'元年春,王正月'之义,终无确论,虽胡氏有夏时冠周月之说,阳氏有改岁不改正之论,而学者质以古今之正义,终不能无疑,是皆守三传之失、昧作经之旨故也。卑职误叨恩命,来此推刑,访得蜀儒王申子所解《大易缉说》、《春秋类传》二书,公退之暇,详玩绅绎。其《大易缉说》,分纬河图,以溯伏羲画卦之由;错综河洛,以定文王位卦之次。又参上系下系,以覆圣人设卦系辞之旨;又主成卦之爻,以发圣人立象取义之因。如贯通爻义,如章分象传,如订晦庵十图九书之旨,辨濂溪无极太极之说,无一毫之穿凿,有理致之自然。其《春秋类传》则曰:有贬无褒,乃夫子一部法书,出乎周公之礼,则入乎夫子之法,拨乱反正,无罪不书。其志封疆者,所以著侵夺之罪也;其志世次者,所以著篡弑之罪也。志礼乐、志正朔者,著僭窃无王之罪也;志官职、志兵刑者,著违制害民之罪也。谓侯国不合自称元年,故书元年;谓鲁不合以子月为春,故书春。谓举世不知有王,故书王;谓子月非正月,故书正。发此义例,类成一书,自我作古,字字精当。皆发先贤之未发,深得圣人之本旨,可谓穷到极处而不苟同者也。询之学校诸儒,皆曰:'王申子,前卭州两请进士,寓居慈利州天门山,隐处幽深,无心求仕。垂三十年,始成此书。'观其覃思之精,用力之勤,诚可嘉尚。古先有云:六经气数,常与世运相为盛衰,一治则经一明。洪惟圣朝,混一区宇,偃武修文,上驾唐虞,下轹汉晋。如此二经明于今日,此迨圣朝气运有以扶之,使圣经复日月于混一之世也。卑职再三思之,与其使王申子私授门人,曷若进呈朝省,广布天下。为此,将《缉说》、《类传》妆褙咨去,如蒙缴申省台,送翰林、集贤二院,考正而表章之,于以决万世经传之疑,于以昭圣代文明之治,圣经幸甚!世教幸甚!本路转申湖广等处行中书省,并牒呈江南湖北道肃政廉访司照详。去后,当年十一月回准廉访司牒,该未经儒学提举司考校,是否相应。本路移准湖广等处儒学提举司牒,行据南阳书院王山长申子,尝观前贤解释经书最难,而解释《易》与《春秋》之经为尤难。何者?《诗》、《书》、《礼》、《乐》,吾夫子删之、序之、定之而已。至于《易》,则明体用一源、显微无间之理;《春秋》,则著王道权衡、制治模范之经。前辈谓二书为夫子之文章,此非精于学识者不能发明。故自昔以来,注释者何止数百家,而犹未能尽。今观王申子所注《易》书,如先后天二图,真得图书经纬之要,卦象爻辞,真能折衷诸儒之说,简易明白。所注《春秋》,如'元年春,王正月'等处,出乎周公之礼,则入乎夫子之法。有贬无褒,无罪不书等议论,诚有功于圣治,有补于后学,而非苟然作者。比若蒙转申庶,不负皓首穷经之志,使后辈亦可闻风而兴起矣。备此牒呈,去后,承准廉访司牒,未经儒学提举正官考校,行据儒学提举司状申、提举许承事考较,得王申子所著《大易缉说》,得千百载经纬图书之秘要,发四圣人设卦系爻之本旨。其著《春秋类传》,破诸儒褒贬之泛说,探圣人笔削之本心。用力良勤,考索有据,诚有功于圣经,有补于世教,有益于后学,与其他别笺数语、经营入仕者不同。得此移准常澧分司牒,该考校得,即与儒学提举许承事较勘相同。本路于至大元年三月,备申湖广行省,移咨都省,判送礼部,行移翰林国史院,送据修撰邓从任呈。议得王申子所著二经,如《易》之十图九书,《春秋》之有贬无褒,皆推本先儒之说,绅绎错综,附以己见,言辞条达,旨意详明,诚皓首穷经之士,非末学剽切以干仕进者比。使广其传,后学不为无补。本院议得本人所著二书,考据精确,著述详明,传之于世,诚为有益。备此回关礼部议得,若令本处儒学印造,庶广其传。王申子皓首穷经,不求闻达,其志可尚。如蒙移咨本省,于山长、学正内委用,不负勤劳,激劝其余。本部于至大四年三月,具呈都省照详,移咨湖广行省,于山长、学正内类选。皇庆二年四月,蒙行省札付,拟王申子充武昌路南阳书院山长。王申子守志不出,隐处山林,反覆沉潜二书,愈见明白。泽向已刊《类传》于澧城,见者称善。兹念《缉说》尤不可无,爰醵同志续锓诸梓,以与学者共。时延祐丙辰日长至,承直郎、前常德路总管府推官居延田泽拜首谨书。"(《全元文》第39册,第551—554页)

李琳为《周易辑说》作序。

按:李琳《周易辑说序》载:"东鲁韦前之太极,一画谁牵;北岩籬外之遗编,三分犹剩。造化之初有易,神明之用在人。目孰彻于大方,喙并驰于各牗。兰沣隐者,卭蜀巽卿,以手辑一家之言,而髓探三圣之旨。天机独露,揭之自本自根;日用互明,縠以见仁见知。象数之源毕具,性命之理全彰。勘辨诸方,拈提最义。习斋田氏,居延漠英。吻合箴锋,发光毫楮。研朱点勘,月标鹤洞之玄;副墨刊传,冰释鹅湖之辨。矧运值同文之世,宜家有向道之书。庐蠾于此同参,皋比为之勇撤。龙图现瑞,岂但拓光芒荥洛之间;象度截流,于以赞声教跋提之外。明明指喻,的的心宗。延祐三年十一月望日前进士长沙李琳书。"(《全元文》第 22 册,第 353—354 页)

  郭守敬卒。

  按:郭守敬(1231—1316),字若思,河北顺德邢台人。曾设计开凿通惠河以通漕运,并修治其他河渠多处。至元十三年(1276),奉命参加创制简仪、高表、候极仪、浑天象、玲珑仪、仰仪等十三件精巧仪器。提曾出"三次内插公式"及"球面直角三角形解法"。著有《授时历经》三卷、《授时历推步》七卷、《立成》二卷、《历议拟稿》三卷、《转神》一卷(又名《转神选择》二卷)、《上中下三历注式》十二卷、《时候笺注》二卷、《修改源流》一卷、《仪象法式》二卷、《二至晷影考》二十卷(钱大昕《元史艺文志》注曰:齐履谦传二卷)、《五星细行考》五卷、《古今交食考》一卷、《新测二十八舍杂座入宿法极》一卷、《新测无名诸星》一卷、《月离考》一卷、《授时历法提要一》。事迹见齐履谦《知太史院郭公行状》(《国朝文类》卷五〇)、苏天爵《太史郭公》(《国朝名臣事略》卷九)。

  陶宗仪(1316—?)生。

元仁宗延祐四年
丁巳　1317年　69岁

二月，升蒙古国子监秩正三品。

按：《元史》载："乙丑，升蒙古国子监秩正三品，赐银印。"（《元史》卷二六《仁宗本纪》，第2册，第578页）

四月，翰林学士承旨进蒙语节译本《大学衍义》。

按：据虞集《（浦城县）西山书院记》记载，起初，真德秀族人用"建安祠朱文公之比，筑室祠公，相率举私田，给凡学于其宫者，而请官为之立师"，江浙行中书省上其事于朝廷，"朝廷伟之"，延祐四年四月，名之曰西山书院，列为学官。同年，仁宗命大司农晏、翰林学士承旨忽都鲁都儿迷失译公所著《大学衍义》，用国字书之，每章题其端曰"真西山云"（《虞集全集》，第639页）。《元史·仁宗本纪四》载，延祐四年四月，翰林学士承旨忽都鲁都儿迷失、刘赓等译《大学衍义》以进，"帝览之，谓群臣曰：'《大学衍义》议论甚嘉'"，又命翰林学士阿怜帖木儿译以国语。延祐七年，忽都鲁都儿迷失将书译成进献刚即位的英宗皇帝。英宗评价认为："修身治国，无逾此书。"（《元史》卷二六、二七，第2册第578页、第3册第608页）

又按：虞集《西山书院记》："建宁路浦城县，真文忠公之故居在焉。其孙渊子言：其族人用建安祠朱文公之比，筑室祠公，相率举私田，给凡学于其宫者，而请官为之立师。江浙行中书省上其事，朝廷伟之，名之曰西山书院，列为学官，实延祐四年四月也。是年，天子命大司农晏、翰林学士承旨忽都鲁都儿迷失译公所著《大学衍义》，用国字书之，每章题其端曰'真西山云'。书成，奏之，上尝览观焉。昔宋臣尝缮唐宰相陆宣公奏议，以进其言曰：若圣贤之相契，即如臣主之同时，识者以为知言。由今观之，宣公之论，治道可谓正矣。然皆因事以立言，至于道德性命之要，未暇推其极致也。公之书本诸圣贤之学，以明帝王之治，据已往之迹，以待方来之事，虑周乎天下，忧及乎后世，君人之轨范，盖莫备于斯焉。董仲舒曰：人主而不知《春秋》，前有谗而不知后有贼。而不见此，虽未敢上比于《春秋》，然有天下国家者,诚反覆于其言,则治乱之别、得失之故、情伪之变,其殆庶几无隐者矣。公当理宗入继大统之初,权臣假公之出以定人心,既而斥去之,十年复召,首上此书。当时方注意用之,未几,而公亡矣。诗云:人之云亡,邦国殄瘁。公再出而世终不获被其用,岂非天乎?庸讵知百年之后,而见知遇于圣明之时也?然则公之祀,岂止食于其乡而已乎?盖尝闻之,工师之为宫室也,犹必有尺度绳墨之用,朴斫缔构之制,未有无受其法者也。为天下国家,其可以徒用其材智之所及者哉?今天子以聪明睿知之资,然犹能自得师,尊信此书以为道揆,况众人乎!学者之游于斯也,思公之心而立其志,诵公之书而致其学,圣朝将得人于西山之下焉,不徒诵其言而已也。"(《虞集全集》,第639—640页)

是年,中书平章政事察罕译《贞观政要》以献,仁宗大悦,诏缮写遍赐左右。

按:仁宗又下诏译《帝范》为蒙文。又命译《脱必赤颜》、《圣武开天纪》、《历代帝王纪年纂要》、《太宗平金始末》等书,俱付史馆。(《元史》卷一三七)据程钜夫《历代帝王纪年纂要序》载,《纂要》在呈乙览后由程钜夫作序。程钜夫言,《历代帝王纪年纂要》乃"平章白云翁以政事余暇,悉取诸家纪载而集正之,一以康节为准,名曰《历代帝王纪年纂要》,亦上及羲、农者,因备博览而已"。

又按:程钜夫为察罕《历代帝王纪年纂要》作序云:"史莫信于《书》、《春秋》,莫博于《史记》,后之稽古者,舍此何以哉?然孔子断自唐虞,政以世近而可信也。司马迁乃上述黄帝以来,又远详其世次,先儒固尝疑之矣。至于诸家编纪沿讹袭舛,此皆好博之过。后惟康节《经世书》以历纪之,始明白可信。然好奇惑异者犹不能据依,著述纷然,莫之统一。近平章白云翁以政事余暇,悉取诸家纪载而集正之,一以康节为准,名曰《历代帝王纪年纂要》,亦上及羲、农者,因备博览而已。呜呼!白云知所去取哉!白云信道笃学,博观约取,于天下之务莫不尽然,不独是书也。是书既经乙览,复征予序。夫康节所以可信者,以其信孔子也。白云所以可信者,以其信康节也。然则可信者莫若孔子,信孔子者,莫若康节,信白云者,端在此编矣。"(《程钜夫集》,第174页)

铁木迭儿六月罢。

按:《元史》载:"六月乙巳,太阴犯心。内外监察御史四十余人劾铁木迭儿奸贪不法。戊申,铁木迭儿罢,以左丞相合散为中书右丞相。己酉,兀伯都剌复为中书平章政事。"(《元史》卷二六《仁宗本纪》,第2册,

第579页）

李孟七月罢。

按：《元史》载："秋七月乙亥，李孟罢，以江浙行省左丞王毅为中书平章政事。"（《元史》卷二六《仁宗本纪》，第2册，第579页）

又按：实际上，李孟自至大三年以来，数次请罢中书平章政事一职，其皆因为以铁木迭儿为首的皇太后势力炙手可热，李孟入相时段实难有作为。李孟曾作《在朝思乡》自嘲："西望家山咫尺间，白头多病不知还。中书三入成何事，画里相看亦厚颜。"（《全元诗》第18册，第37页）

邓文原迁翰林待制。

按：前考邓文原在皇庆二年试图改国子监教学方法，但却与国子监主流意见不合，投劾而去。此年邓文原升为翰林待制。吴澄记载："延祐丁巳，迁翰林待制。"（吴澄《元故中奉大夫岭北湖南道肃政廉访使邓公神道碑》，《全元文》第15册，第391页）

贡奎知江西贡举。

按：李黼《故集贤直学士奉训大夫贡公行状》载："延祐四年，知江西贡举，比放名，或诋有私某士者，及拆封卷，姓名适符人言。众欲黜之，公独曰：'吾以文校士，何恤浮议！'已而其人果以才忌于众者也，时皆服公之坚正有守焉。"（《贡氏三家集》，第134页）

揭傒斯迁国子助教。

按：黄溍记载："四年，迁国子助教，用本院奏，留居旧职。"（黄溍《翰林侍讲学士中奉大夫知制诰同修国史同知经筵事追封豫章郡公谥文安揭公神道碑》，《全元文》第30册，第178页）

苏子宁出任和林幕府长，袁桷、马祖常、王士熙、虞集等馆臣赠诗送行。

按：苏子宁乃苏天爵父亲苏志道。据虞集序言所述，和林"控制要害"，乃"北边重藩"，而元廷亦"岁出金缯、布币、糇粮以实之。转输之事，月日相继，犹以为未足，又捐数倍之利，募民入粟，其中亦不可胜计，由是遂为殷富。"除在物质上殷实和林外，元廷亦派"大臣镇抚经理之，安庶比于都会，仕有不次之擢，贾有不赀之获"，以此，和林城"侥幸之民争趋之"。史载，和林，位于蒙古中部鄂尔浑河流域，自古以来即为北方各游牧民族驻牧之地，许多游牧民族曾在这里建立政权并修建都城。自1220年成吉思汗创建蒙古帝国首都哈剌和林之后，蒙古帝国前四汗，即窝阔台、贵由、蒙哥等蒙古前四汗均坐镇哈剌和林管理皇朝，和林一度为蒙古帝国政治、经济、文化中心。而中统之际，忽必烈与阿里不哥帝位之争，以阿里不哥失败告终之后，忽必烈将都城南移到大都，和林的中心地位开始衰落，仅置宣慰司都元帅府，但和林作为游牧民族聚居中心,仍为漠北重要都市,元朝每以大臣出镇,遣重兵防守,于其地开屯田,建仓廪,立学校。皇庆元年(1312),元政府将和林行中书省改名为岭北行中书省,并将和林路改名为和宁路。故苏子宁出任和林,馆臣又云岭北省。毕竟和林位于极北之地,中原人士前往多有不适,宋褧的挽诗来看,苏子宁最终卒于和林。

又按:虞集《送苏子宁北行诗序》:"士大夫出处贵乎知所重轻,义命是也,而人知者鲜矣。是故有合乎此者,可不识哉?和林城控制要害,北边重藩。往时朝廷岁出金缯、布币、糇粮以实之。转输之事,月日相继,犹以为未足,又捐数倍之利,募民入粟,其中亦不可胜计,由是遂为殷富。又尝有大臣镇抚经理之,安庶比于都会,仕有不次之擢,贾有不赀之获,而侥幸之民争趋之矣。迩者一旦边警遽至,非亡则随丧失,其所主守缓急,无一可赖者,何也?人素不知义、不守法故也。延祐丁巳,真定苏君自枢廷出长其幕府。受命之日,不复内顾其家,廷议壮之。方是时,使往者多惮行,使苏君计其赀,非不足于美宦京师也,然毅然当隆冬冲犯寒雪,远出万里无所避,非所谓知重轻者乎?苏君昔从御史按事北边,将竟其法,或谓边宜少宽假,苏君持之曰:不可。远人素无教,渐不可长,何得以苟徇免?当使明知国法。凡为臣子之义,后不敢犯,乃所以假之也。予尝闻其言而识之,乡使后君往者皆持法守令,其吏民知分义黑白,岂至如今日哉?今此行,其能有所设施矣。或曰方无事时,常人餍其利,少值艰难,则君子当之,不亦偏乎?予应之曰:理固然矣,且苏君之志决矣,第观其还报成功于天子可也。朝贤送者,皆以歌诗,而蜀郡虞某为之序。"(《虞集全集》,第533页)

又按:袁桷《送苏子宁和林郎中二首》:"貂帽护寒沙,冰天阅岁华。断溪驼听水,密雪犬行车。云尽难寻雁,春深未识花。昔人奇绝处,八月解乘槎。 往岁经游地,寒芜碧磷深。云开山后阵,水咽陇头吟。雪白毡房重,天青羽檄沉。重华新雨露,悲喜候车音。"《苏子宁地行诗二首》:"出塞黄云尽,经春白雪多。楼高闲鼓角,绝域静干戈。风急盘雕岭,冰深饮马河。征鞍迟明发,挥手渭城歌。""去去居庸道,关山冬气深。雪天孤帐宿,寒月一筇吟。石堞栖鸦稳,沙场过雁沉。粉闱多暇日,归骑有佳音。"(《袁桷集校注》,第454—456页)

又按:马祖常《送苏子宁赴岭北省幕》:"鸡塞鸣秋柝,龙沙列夜营。赐衣俱鲁缟,给饷尽吴粳。野井冰生夏,寒天雪没晴。藩垣资赞画,幕府正知名。"(《马祖常集》,第33页)

又按:王士熙《送和林苏郎中(一作"送苏公赴岭北行省郎中")》:"居庸关头乱山积,李陵台西白沙碛。画省郎官貂帽侧,飞雪皑皑马鞯湿。马蹄雪深迟迟行,冷月栖云塞垣明。铁甲无光烽不惊,万营角声如水清。明年四月新草生,征人卖剑陇头耕。思君遥遥隔高城,南风城头来雁鸣。"(《全元诗》第21册,第3页)

又按:宋褧《挽岭北省郎中苏子宁(真定人)》:"河朔多奇士,栾城有令孙。策名游宦海,衍庆出儒门。两府推曹掾,群公听讨论。天池鹏远击,云路鹤高骞。腾达初云迈,驰驱岂惮烦。河汾一白简,江浙两华轩。吏牍机权密,官联体统尊。流亡藉安集,诖误得平反。材器梗楠耸,胸襟云梦吞。北藩曾入幕,南国复攀辕。凤望存台阁,声能著塞垣。芸编严子训,芝检答亲恩。显达逢昭代,荒凉惜故园。修程车骈辙,厚福水流源。政抚青霄立,俄瞻素旆翻。佳城俨新市,搔首赋招魂。"(《燕石集》卷五,《全元诗》第37册,第229—230页)

又按:柳贯《苏郎中挽歌词》:"大漠阴山斥候通,济时深欲仗英雄。边庭数粟知军实,幕府程书上国功。万里赐环行遂遂,一丘埋玉恨匆匆。儒林有子能昭绩,六尺桓碑载事丰。"(《全元诗》第25册,第175页)

又按:马祖常《郎中苏公哀挽》:"墓门翁仲泣,秋草九原深。身世书盈屋,乡园树满林。故人多执绋,令子早冠簪。曾作阳关曲,今成薤露吟。"(《全元诗》第29册,第327页)

吴澄正月为延祐二年进士萧立夫作墓志铭。

按:萧立夫是延祐元年江西乡试第十二名、延祐二年进士,却在当年十月去世,吴澄今年正月为他撰写墓志铭。见吴澄《大元将仕郎南丰州判官萧君墓志铭》。(吴澄《大元将仕郎南丰州判官萧君墓志铭》,《吴澄集》,第1488—1489页)

吴澄宿金溪洪士良馆。

按:吴澄《金溪洪君士良故妻张氏墓志铭》载:"余于延祐丁巳春往拜陆先生(陆九渊)墓,托宿洪馆。洪方偕一二士构陆祠,余固异其家有礼义遗风,今而知其外内俱贤也。"(《吴澄集》,第1648页)

吴澄为金溪教谕梁某赠序。

按:吴澄《赠梁教谕序》载:"南安梁君为金溪教谕三年矣,延祐丁巳春,予过自金溪,征予赠言。噫!予将何以赠子哉?夫今之仕者,由儒官而民官,由民官而清要,虽位极人臣可也。然居官之大要,不过曰廉、曰能而已。……当今贵儒而贱吏。贵儒者,非徒贵其能,盖贵其廉也。贱吏者,岂谓其不能哉?恶其不廉耳。子方且治儒术,以应上之求。从上所好,违上所恶,人臣之义也。舍是,予何以赠子哉?"(《吴澄集》,第589页)

吴澄四月在中和堂贺程钜夫生日。

按：吴澄《贺程雪楼生日启》载："伏审四月维夏，初度揆予。坐中和堂，蔼佳气葱葱之瑞；饮欢喜酒，融蒲怀拍拍之春。违咫尺之天边，作神仙于地上。恭惟某官，一元间气，四朝旧人。……昔焉不得已而复起，今也未致仕而先闲。光禄归田，缙绅嘉叹。大夫知足，乡里夸传。式逢麟绂之期，盛举兕觥之庆。过今年年七十，耻吟学士之未宜休……"（吴澄《贺程雪楼生日启》，《吴澄集》，第 305 页）

吴澄七月任江西乡试主考。

按：虞集《行状》载："四年，江西行省请考乡试，先生出经问曰：'孟子道性善，尧舜至于涂人一耳。而《论语》曰"性相近"，何也？'同官或怪其平易。先生曰：'于此有真知，则言不差。'江西贡士二十二人，而答此问不差者，先生以为才得三、四卷耳。"（《全元文》第 27 册，第 173—174 页）吴澄有《江西秋闱分韵并序》载其事。

又按：吴澄《江西秋闱分韵并序》："延祐四年，江西府中书省钦奉天诏第二举进士。典校文者七人，或居千里外，或居千里内，一时麇至，来集于兹。晨夕相亲，亦云乐矣。其将别也，能无情乎？乃九月九日，开尊畅饮。登楼远眺，秋意满目，悠然兴怀。酒阑，以'日月依辰至，举俗爱其名'为韵，各赋古诗一首，爱记良辰会聚之乐，且抒异日离索之思焉。一天秋意满，淡泊散微霭。羁栖滞公馆，朓朒忽已再。佳辰遘九日，节物两冥昧。东篱黄花吐，应笑我安在。天网罩群髦，驱使及我辈。白袍蚁蜂聚，黑字蛇蚓态。居然三千牍，负以几牛背。妍媸属镜鉴，蹲驳混铅黛。披条索其华，掇颔纷琐碎。临文费三思，抚几一时慨。皇心天广远，鸿泽海汪濊。猗欤际休明，光垢勇砺淬。谁能日鉏耨，沃衍有荒秽。继今获小成，力学期大耐。异时国君臣，彪炳丽昭代。此中断金侣，清气浮沉瀣。缱绻胶漆情，颉颃璃瑶珮。忽谓岁华徂，共希贤哲配。道崇极所跻，厚德重弥载。临别无媚言，努力各自爱。"（《全元诗》第 14 册，第 306 页）

吴澄为江西乡试出试策三道，问礼乐、刑法、赏罚。

按：吴澄为江西乡试出试策三道，其一为："问：昔在有虞，伯夷典礼，后夔典乐，逮至成周，宗伯、司乐悉属春官。周道衰微，礼乐在鲁，韩起得见周礼，季札得观周乐。周之经制，破坏于秦，汉定朝仪，杂采秦制。鲁两生谓礼乐百年而后可兴，故文帝谦让未遑，至于武帝，而后号令文章，焕然可述。然古制不复，君子不无憾焉。天佑国家，光启文治，学校盛，贡举行，礼乐之兴于其时矣，厥今玑衡、历象，太史掌之；舆图、职贡，秘书掌之。至精至详，度越千古。独太常礼乐，尚循近代之遗，伊欲大备皇元之典，若之何而为礼，若之何而为乐,必有能明制作之本意者,庶几有补于明时。若曰事得其理之谓礼,物得其和之谓乐,苟得其本,何以文为?'礼云'、'乐云',度数声音云乎哉? 沦于高虚,流于苟简,则非有司之所愿闻。"其二为:"问: 古昔圣人用刑政以治天下,立法制以传后世。周官所掌,则有刑典,吕侯所命,则有刑书,汉继秦后,首定律令,盖惟邦宪之重,民命所关,苟无条章可以遵守,则奸胥黠吏以意重轻,刑罚不中,民无措手足矣。律十二篇,历代承用,疏义雅奥,与三《礼》相经纬。或言律是八分书者,盖有所见。伊洛大儒深然其说,岂道德之士于律亦有取欤? 或言读书不读律者,盖有所讥。及其释经辄引律文,岂文章之士于律亦不废欤? 当今断狱用例不用律,然断例合天理,当人情,与律奚异? 岂阳摈其名,阴用其实欤? 或欲以今例、古律,参合为一,或又谓例即律,律即例,有例固可以无律,然欤? 否欤? 宾兴之贤能皆识时务之俊杰,其悉意以对,有司将以复于上。"其三为:"问:赏以劝善,罚以惩恶。赏贵乎信,不信则人不怀; 罚贵乎必,不必则人不畏。古昔圣人,仁如天地,亦不能无刑而治。刑之所加,有宥无赦。流宥五刑,情轻者宥之而已。眚灾肆赦,过误者始或赦之。逮至吕侯所命,五罚皆赦,非过误者亦赦之,何欤? 鲁肆大眚,《春秋》示讥,岂眚之小者可赦,而大者不可赦欤? 楚有星害,其臣劝之修德,修德岂无他事,而必以降赦为德,何欤? 诸葛为相,国以大治,其果不赦之效欤? 王仲淹云:无赦之国,其刑必平。岂数赦所以惠奸欤? 贤能明于古今、达于刑赏,愿闻至当之说。"(《吴澄集》,第42—44页)

又按:延祐四年江西乡试共录取进士二十二人。考此年进士,其人有:廖成大(第一)、萧应元(第二)、高钺(第三)、彭士奇(第四)、陈阳凤(第六)、尹梦锡(第七)、祝彬(第八)、萧渢(第十)、张道益(十二)、罗振文(十七)共十人(以上根据《类编历举三场文选》所录名单排列,参考陈高华《两种〈三场文选〉中所见元代科举人物名录——兼说钱大昕〈元进士考〉》一文所录《类编历举三场文选》延祐四年江西乡试名单,见陈高华《两种〈三场文选〉中所见元代科举人物名录——兼说钱大昕〈元进士考〉》,《中国社会科学院历史研究所学刊》(第一集),社会科学文献出版社2001年,第350页)。另有不知排名者熊良辅、周尚之、黄菊生、叶绩、虞槃、黄常(虞集《送乡贡进士孔元用序》)、冯蒋翁、陈植共十八人。(参考萧启庆《元延祐二年与五年进士辑录》,《台大历史学报》1999年第24期,第397—399页;余来明《元代科举与文学》,武汉大学出版社2013年,第340—342页)

又按:钱大昕《元进士考·江西通志选举志》录入祝蕃、邵宪祖为此年江西行省乡试及第者,今考二人籍贯皆为贵溪,且所作考卷为《明堂赋》,是当年江浙行省乡试的内容,钱大昕《元进士考》及《江西通志》记载误。清顾嗣立《元诗选》载:"祝经历蕃,蕃字蕃远,一字直清,贵溪人。宋乡贡进士起岩之子也。以茂才授高节书院山长。延祐四年丁巳乡试,与邑人邵宪祖名在高等,主司嘉之,并录其《明堂赋》以传。"(顾嗣立、席世臣编,吴申扬点校《元诗选癸集·癸之丙》,中华书局2001年,第277页)

又按:吴澄《题延祐丁巳诸贡士诗》载:"江西省试士,与选二十有一人。省府命其属吏王君质持檄诣门,礼请赴省敦遣。诸所贡士萧然清寒,颓檐败壁,冰雪相看。其礼使人也,各赋一诗为赠而已。君质跋履辛勤,资屡匮乏,而以气味之同得所赠诗,如宝珠玉,于是度越时流远矣。便道过予,喜而书其赠诗之卷首。"(《吴澄集》,第1150页)

吴澄校文期间与张道济共事,为其文集作序。

按:吴澄与张道济相识于大德六年(1302),此年张道济也担任江西乡试的校文工作,吴澄为其文集作序云:"古之文自虞夏、商、周,更秦历汉,至后汉而弊,气日卑弱,莫可振起。唐韩、柳,宋欧、曾、王、苏七子者作,始复先汉之风。他岂无人,要皆难与七子者并,以文论人则然也。欧、曾、王、苏同时有若司马文正公,岂出数子上哉?然读者不肯释手,何欤?盖其心术正,伦纪厚,持守严,践履实;积中发外,辞气和平,非徒言之为尚,以人论文则然也。河南张仲美名道济,修洁士也。小官微禄,韬隐远方垂三十年,屡空而不戚。身外之物,一物不苟取;天下之人,一人不轻与。为诗为文,一本诸中言,言必丽于理。世之绚采色,调声响,炳炳琅琅以饰其于外者,能如是乎?故余不以文论其人,而以人论其文。昔年邂逅清、沧间,一见相好。偕至京师,聚处数月,尝序其诗。越十有五年,仲美由绍兴知事、黄冈县尹迁宁州判官,以年逾七十,告致仕而去。共余校文江西,获睹全集。每篇三复而嘉叹焉。再为之序,而还其稿。呜呼!有德者必有言,有言者不必有德,吾闻诸夫子云。"(《张氏自适集序》,《吴澄集》,第402—403页)

又按:共事期间,吴澄、张道济二人有诗歌唱酬,惜张道济诗文已佚,目前仅存吴澄和韵三首。《贡院中和张仲美》载:"墙外浮屠压古城,案头文字浩纵横。不辞霜鬓年华老,又办天朝岁贡英。秋陇故园迷蝶梦,晓窗客枕厌鸡声。何当孺子亭前去,省想高风浣俗情。"(《吴澄集》,第1872页)《又和张仲美韵(二首)》载:"病减飧加进,神清睡趱迟。避风违北牖,待月立东垂。人定籁声寂,天旋斗柄移。有谁知此意,谩说铸钟期。""逍遥知胜地,缥缈到钧天。动境风中叶,浮生水上船。有形俱待尽,无住自忘年。万古中秋月,嫦娥夜不眠。"(《吴澄集》,第1797—1798页)

又按:吴澄又作《贡院校文用张韵(四首)》:"棘围校艺日如年,生怕谈经说用燕。执笔敢矜修月手,称心得似顺风船。鉴衡遇物元无意,竹帛书名固有天。裁决至公还似乐，赓诗何惜费长笺。""文弊东都六百年，初唐犹似说张燕。障川亦有回澜手，航海应无到岸船。韩祖苏孙星北斗，周情孔思日中天。与君共此谈生活，弊帚千金一幅笺。""水驿相逢记昔年，长芦飞雪暗全燕。栖迟阙下长联步，顾望山中各问船。一去几经槐国梦，再来共对菊花天。此行又别何时会，倘有宾鸿数寄笺。""与君相聚各耆年，世路从渠自越燕。元不东陵千户食，底须西子五湖船。牛刀绰绰存余地，鸡瓮区区看隙天。似此唱酬亦云乐，剩磨浓墨写吴笺。"(《吴澄集》，第1873—1874页)九月，校文事毕，吴澄作《与张仲美别仍用前韵（二首）》赠别张道济："乡邻应怪我，何以独归迟。木末芙蓉发，帘前果蠃垂。夜寒知露重，秋老验星移。南浦今番别，重来倘可期。　已了公家事，归寻小洞天。交吟留别句，官办送归船。夜月各千里，秋风又一年。但当频寄字，悃恳问安眠。"(《吴澄集》，第1798页)

吴澄校文期间与贡奎有诗往来。

按：贡奎是年知江西贡举，与吴澄共事，二人有诗酬赠。贡奎《试院次韵吴草庐先生二首》："暂客留应喜，微官去恨迟。竹高当户直，花重向帘垂。对酒惊人别，看诗感岁移。山中有幽事，猿鹤旧曾期。""重棘门深锁，凭高独见天。旧衔疑直院，新梦似归船。得士能忠国，离家岂计年？怜君遂高蹈，长伴白云眠。"(《贡氏三家集》，第77页)

吴澄与胡长孺共事。

按：胡长孺（1249—1323），字汲仲，号石塘，婺州永康人。胡长孺以经术文学知名，本年吴澄与他同在江西校文。吴澄《与胡石塘书》载："澄去秋豫章贡院晨夕亲炙，此乐何极！别去数月，始得所惠翰墨，乃知尚留旴江。尊体服药想已安愈。相望二百里间，苦无承接之由，怀人奈何？"(《吴澄集》，第281页)

吴澄识贡士陈植。

按：吴澄《送陈中吉序》载："庐陵陈植，延祐四年江西省所贡士也。试礼部罢归，益厉其志，读书为文不休。或告之曰：'子之学，学于古者也。士贵通古而通今，盍亦学于今乎？'于是将游四方，以历览山川，遍识人物。过予，道其行之意。予曰：'男子初生而蓬矢以射，固以四方为分内事矣。人谓司马子长之史、杜子美之诗，皆得之于游，未必然也。然夫子，大圣人也，适周而问未问之礼，自卫而正未正之乐，征夏、殷之文献，而必之杞、之宋也，况下于圣人者乎？览不厌其广也，识不厌其博也，见闻不厌其多也。不广、不博、不多，则不无孤陋之讥。予其敢禁子之游乎？虽然，既广矣，既博矣，既多矣，有反诸约之道焉。未广、未博、未多而径约，则不可也。子其行哉。俟

他日之广博而多,当为子指其所谓约者。于斯时也,不出户而知天下,而何事乎游!'"(《吴澄集》,第587—588页)

吴澄在东湖书院识甘成。

按:吴澄《题甘公成诗集》载:"延祐四年秋,乡试校文毕,于东湖书院见一士,问其姓、字,曰甘公成。示予书二帙,皆律历度数之学。此虽末艺,然为士者,往往不知。而能究之不差,可尚已。今又见其诗文一篇,语甚俊拔。噫!才士也夫!虽然,诗文、度数之外,犹有当学者,亦知之乎?"(《吴澄集》,第1156页)

吴澄十一月作《收说》、《游说》。

按:吴澄校文归乡后,饶州路乐平陈熙于十一月登门拜访。陈熙向吴澄告知其先世之书的保存事宜,吴澄因作《收说》称赞他们的"收"存之功,又作《游说》,意在劝诫陈熙息游归读祖父所收之书。

又按:吴澄《收说游说》:"《收说》者何?遗番阳陈熙也。《游说》者何?亦遗番阳陈熙也。作之者谁?临川吴澄也。延祐丁巳十有一月,饶乐平陈熙来山中,言其先世以家所藏书悉上送官,得赐号清白处士。处士之孙,庆历之间擢进士科,卒大理寺丞,致仕。诗集中与范文正、包孝肃、唐介、孙莘老诸公相往还。仕进代不乏人。熙之先大父教授于家,临终嘱诸子:'谨收吾书。'熙之父遵考训,扁读书之堂曰收。至熙之子生,亦名之曰收。收之一字既以名堂,复以名子,示不忘也。予谓农之力穑而获谓之收,井之汲水而上谓之收。农之收,以供食也。井之收,以供饮也。书之为世用,甚如六府之有谷、五行之有水也。收之者,岂无所用乎哉?收而不知所以用,是犹储谷于囷仓,贮水于瓶罂,而不以食饮也。然则用之将何如?在乎子孙善读之而已矣。读而有所悟,悟而有所得,小用之可以钓爵禄,而荣其身,而显其亲,大用之可以跻圣贤,而泽被生民,而道济天下。书之用如此。收之者,有期于后者也。用之者,有光于前者也。有收之实,遂有其名。有收之名,必有其用。故予于陈氏之有书也,不徒嘉于祖父之善于收,而犹俟其子孙之善于用云,作《收说》。古无游士也。修于家,举于乡,仕不出邦域之内。其穷而不遇者,以先觉而耕于野,以良弼而筑于岩。苟非以币而三聘,以梦而旁求,则终身岩野而已矣,孰肯以游为事?自王政衰,陵夷至于春秋,至于战国,生民涂炭。孔、孟抱济时之具,而时不用。圣贤不忍恝然忘天下,于是乎历聘环辙。而当时洁身避世之士犹且非之,倘无圣贤救世之心而游焉,则其非之也,又当如之何哉?七雄以力相并吞,冀得权谋术数之流,不爱高爵厚禄,以招致游士。游士因得大肆其意,以傲世主。然孟子比之妾妇,则其可贱甚矣。汉、晋、隋、唐以来,游者不得如战国之盛。宋之季,士或不利于科举而游。入事台谏,则内外庶官畏之;出事牧伯,则郡县庶民畏之。虽不能如战国之士,立跻显荣而挟其口舌中伤之毒,亦可要重糈于人。若夫游于今之世,则异是。上之人无所资乎尔,下之人无所畏乎尔。于身既不可以骤升,于财又不可以苟得。叩富儿门,随肥马尘,悲辛于残杯冷炙之余;伺候公卿,奔走形势,侥幸于污秽形辟之地。不过如子美、退之所云,其可哀也夫!而好游者诿曰:'吾之游,非以蕲名,非以干利,将以为学焉尔。'是大不然。夫古之谓游学者,不远千里,从师问道也。盖如孔子者,天下一人而已。故远近翕然宗之,如百川之赴海。世无孔子,其孰可师?如欲为学,私淑艾于古圣遗言可也。不求之于此,而求之于游,伥伥欲何之乎?司马子长世掌文史,父子授受,而负杰然不羁之才,虽使终身不出门户,亦自有此雄健之笔,岂得于游哉!谓子长因游而有史者,谬也;信其说者,惑也。乐平陈氏,家世收书。而熙也气清才俊,可以得志于今,进之可以尚志于古。将游于四方,予劝之息游而归读祖父所收之书,作《游说》。"(《吴澄集》,第106—108页)

吴澄弟子李岳中进士。

按:吴澄《送舒庆远南归序》载:"往年,河间李岳及吾门,以治《周易义》应举。吾观其所为文,曰:'可擢科矣。'遣之去。次年,果成进士。"(《吴澄集》,第631页)《宋元学案补遗》载:"进士李先生岳合传:李路,乙卯进士。李岳,戊午进士。从草庐游,草庐病其名之不雅驯,为之更名。"(《宋元学案补遗》卷九二《草庐学案补遗》,第5549页)

吴澄在豫章为舒公平作墓志铭。

按:舒公平墓志铭乃据国子学生洪汝懋所撰写的行实而作。《故平山舒府君墓志铭》:"舒以国为氏,自江北徙江南,家洪之靖安,为著族。府君讳公平,字廉夫。其高祖邦佐,宋淳熙八年进士,任衡州录事参军,受知连帅朱文公。未老,以疾致仕,官至通直。生四子,其二选,君之曾祖也。生三子,其长乡贡进士巘,君之祖也。贡士亦三子,其三燧,君之父也。君资识警敏,意气爽迈。幼年值家中衰,从亲往依外氏。刻厉奋发,期于立身兴家。从其舅学进士诗赋,驰声。应举至再,不利。贵富家竞延至为子弟师。一统之后,君之父念故土,遂奉二亲以归。收拾余烬,治财殖产,日以饶裕。竭力甘旨,先意承颜。父丧哀毁庐墓侧。服丧母时年几六十,如丧其父。携弟就学,迄成人,不更他师。从祖兄瑞昌县尹赀富无嗣,为之立后,匡翼其家,始终弗渝。有族人贫困,教育冠婚,计其逋欠,罄所有不足以偿,则悉蠲之。又一人殁于外,无以为殓,舆榇往殡。邻有病患死丧,周之唯恐或后。命工斫材,以给死而无棺者。岁饥,竭所积赈贷,略无乘时徽利之想。友朋情谊尤笃,见故人子,闵闵焉望其成。或自远来归,则买宅以居,给田以耕。与人语,极恳款;至有过,必面责,弗阿徇。前依外家,因学徒所资得田百亩。及归乡,悉以分畀外家之贫族。官定户籍,奉命总核一乡。凡有田不税、无田虚税之家,悉以实报,蒙惠者甚众。捕寇之军留数月,日有馈饷,而弗以扰乡邻。所俘男女百余,早夜饮食之,且言于主帅,多获释免。流民数百入境,邀重糈弗得,则肆掠。君与之约,令勿旁骚,当供汝三日之食。帖帖如约而去。舒氏自通直公积德累善,尝买田二千亩为义庄,以赡亲故之不给。其乡邻之无告者,人食其德至于今。而舒之福庆绵远,胤族蕃盛,富甲一邑,子贤孙俊,而文擢科预贡及仕于国朝者,累累有之。君文学卓然不群,博涉经史,于《春秋》尤邃。文不苟作,必传经理,裨世教。评论宋文,推苏明允第一。后进寸长片善,绳之不置;一时秀彦,多出其门。曾受讲书者尊称曰平山先生。延祐初行贡举,举君为首。辞曰:'吾老矣,岂较艺时耶?'次科,君已病,遣一子就试,曰:'汝能续世科,吾死不憾。'君之母涂氏,家世儒宦。诸孙侍立,必勉以学。君之配熊氏,事舅姑,相其夫,抚诸子,俱不违则。子男八,绍隆、嗣隆、奕隆、世隆、系隆、裔隆、永隆、昌隆,克自树立。孙男十,女六。君生宋淳祐辛亥十月二十四日,延祐丁巳十二月戊午卒。前时自卜藏于桃源之云山,将以某年某月葬。余过豫章,绍隆以君之门人、前乡贡进士洪汝懋所述行实来请铭。曩余官国子监,汝懋为国学生,知其言足征也。乃为铭曰:群舒肇氏,绵二千祀。南宗趾美,儒效有炜,衡州所累。基此良士,曾孙之子,文葩行衹。弗试遄已,留其遗祉,以锡尔嗣。"(《吴澄集》,第1509—1511页)

吴澄十二月为黄遵作墓铭。

按:吴澄《故千户黄府君墓志铭》载:"黄氏之先,邵武人也。迪功郎讳忠者,来家江西之清江镇,配杨氏,以进义副尉讳宪者为子。进义君配甘氏,子三人,其仲千户府君也。府君讳遵,字正道,生宝祐甲寅十一月壬戌(按:1254年)。孝友敏悟,根于天质,一时名卿巨公咸颙异之。长游淮壖,值至元革命,受知元帅府,用为管军千户,辞以亲老归。未几,遘父丧,致哀如礼。兄弟继殁,悲戚逾深。奉母抚孤,内外雍睦,有前代义门遗风。一新居宅,翰林承旨程公为扁曰'后山堂',盖进义君尝以苍山自号,示不忘先志也。母年九十,蒙恩赐帛,里中高年妇会宴称寿,远迩叹羡,以为希有。母病,养不离侧。及丧,致客数郡。年几六十,孺慕如少。市失火,延燎几逮,躬抚母柩,泣拜吁天,俄而风止火息,邻居免爇,并推孝感之功。哀毁成疾,数年颇瘳。皇庆癸丑秋复作,弥剧。一日止药弗进,语诸子曰:'修短有数,汝辈友恭,克世先业,吾死奚憾!'言毕而逝,八月甲戌也。娶熊氏,生子一,曰子锺,先二十年卒。再娶喻氏,生一男一女。孙女二,俱幼。兄珪一子,曰莘。弟浩无子,钟继其后。延祐丁巳十二月丁酉,葬富州会昌乡之杨原。先期,钟造门,将期兄之命,以岳州路平江州判官皮潪状来征铭。余谓范蠡,英杰也,其智足以霸越,弃卿相如脱屣,岂区区势利所能浼? 然一居于陶,则匪直变易姓名而已,并与生平识虑俱变易而用之于小,是何也? 其居使之然也。清江镇,大江以南之陶也,居其间者鲜不惟趋时计赢是务。独府君庄重闲雅,俨然贤大夫之仪。对客清谈,泠泠如壶冰盘露,蝉蜕埃壒之表。以诗书礼义淑后,三世同财,而无间言。父无恙时,誉望亦籍籍。嗣之而兴,益以光昭。居斯地也,而有斯人乎? 斯古所谓不随流俗者,府君有焉。非特余知之也,风宪清流、外服之官暨中朝之使,苟贤且明者,每见每闻,莫不嘉敬,而惜其不获用于时。是果何以得此于人也? 状称府君'刚介自立,不轻与人交。事上接下,各得其当。乐施与,振流落,不以为恩。或受累,不以为怨,而为善益不倦',盖摭其实云。铭曰:昔铭其母,今铭其子。一贤一孝,世世视效。"(《吴澄集》,第1504—1506页)

又按:程钜夫为黄遵新斋题名"后山堂",吴澄有《后山记》记之,文载:"清江黄正道之父尚幹君,居市而爱山,扁'苍山'二字,晨夕其下,悠然若有见者。盖与夫苍苍者冥会于中,而人莫知其意之所存,独正道知之,可谓善承意矣。后正道复扁其肄习之所曰'后山',或议之曰:'世有藏山之固者,不免为南华仙所笑。子之先君子于山已癖,子又欲世世专此山乎?'正道曰:'吾闻移山之夫,智人笑其愚。彼谓"吾之子孙无尽,而山不加益,何不可移之有"? 吾味其言,安知笑者之非愚,而移者之非智? 夫彼之山有形,而移之也,有事乎力,犹且期之子子孙孙而必其可;吾之山无形,而一毫无事乎力,子子孙孙之世守之也,夫何难而不可哉?'"(《吴澄集》,第822页)

吴澄是年冬作《乐安重修县学后记》,记乐安县黄冬孙重修县学一事。

按:吴澄《乐安重修县学后记》载:"皇庆元年,乐安陈仕贵以前学录摄教邑学,承邑令刘汝弼命,与诸儒协心重建夫子庙殿,余为之记其成(即《乐安县重修县学记》)。然讲堂、斋舍、左右庑、内外门,未及一一修也。延祐三年,豫章邓镕为教官,时邑长倒刺沙提调学事,议修之。四年冬,邑令黄栋孙至长倡其议,令成其谋,而教官不惮劳,以躬其役。有富家捐至元楮一百贯,专修讲堂。诸儒率皆有助,由内暨外,靡不用工。若左右四斋,若东从祀室,倾者支,阙者补,楹檩宋桷之朽者易。若西从祀室,敝坏已极,不可支补,则撤其旧,而构架中门,当庙殿之前。外门在东南之隅,黄令悉命新造,宏敞其制。……于是乐安之学既完且美,复请予作后记。余谓官之修学,职分所当,而能加意勤力若是,盖可尚已。至于士之为学,其当加意勤力,甚于官之修学可也。苟官修其室屋,而士不修其行业,则游居于学将何为哉? 宋末儒科之盛,乐安甲于诸邑。皇元肇兴贡举,而乐安得士又在他邑先。虽曰士所以学不止乎是,然乘其气数之新,勉勉勿怠,异时学术大明,端自今日学舍一新始。俾见者、闻者,莫不嘉叹敬慕,不其伟欤?此亦一邑治官教官之所愿望也。"(《吴澄集》,第777—778页)

吴澄是年冬为丰城吴庆长作墓志铭。

按:吴澄《故吴君庆长父墓志铭》载:"古丰城之长安,与崇仁之青云接境,吴族居焉。其初,与崇仁之吴俱来自宣州。宋之盛时,有躐科第而仕者。逮南渡以后,崇仁之吴文学科第大显于时,而丰城之吴亦儒雅循良,饶裕自殖。巨公名士以德义相契,交际过从络驿不绝。至元间,予至其乡,有五云峰居士,端严谨厚,冠衣淳古,俨然商皓之遗风。适孙名演,字庆长,年二十余,嶷立侍侧,简默凝重,博洽秀异,望之知为远器。厥后耇艾日以凋谢,族之富盛者亦渐衰替,独庆长卓然树立,甲于一族。户门孔艰,疏剔振治,不劳而办。乡邻弗靖,协心奸殄,众得奠枕。赀力非甚有余,而饥岁率先赈救,豪右愧焉。名声四驰,远近竦慕,当路亦有知己,而不愿仕,日与吟唱倡和自乐。诗曰《梅朧集》。……生宋宝祐丁巳十月之癸卯,卒元延祐甲寅三月之己未。越四年丁巳十二月戊午,祔于六世祖妣曾夫人之兆,原曰桐坑。……庆长少余八岁,视余犹兄也。菜请铭,故为铭。"(《吴澄集》,第1493—1494页)

吴澄约在此年左右作《玄玄赘稿跋》。

按:《玄玄赘稿》是吴全节弟吴玄初的诗稿,吴澄此年左右为该诗稿作跋:"《玄玄赘稿》,吴君信中诗也。平山翁引曰:'复所以溯赘而返玄。'且曰:'一非赘。玄而又玄,斯赘。'吁!玄又玄,玄祖实云,是可赘乎?夫玄而玄,虽赘,不赘也。不然,虽不赘,赘也。芸芸并作,必观其复。君于祖教熟之,而犹以稿授余,谓余:'试出其赘以入于玄。'余谢:'非玄圣,奚敢君师?吾里空山翁、平山翁,翁友也,师友固自成一家言。二翁俱往矣,弗获与语,以大契于玄同。玄玄岂赘邪?复可也。复有二:敛众妙而一玄,玄祖《道经》所云也;散一玄而众妙,玄圣《易》传所云也。二而一者也。君迹玄祖而心玄圣,其不达是哉?'"(《吴澄集》,第1079页)

又按:吴澄此文并未记载时间,虞集《书玄玄赘稿后》交代玄玄赘稿作序的时间:"后十余年,集来京师,见今翰林待制袁公伯长作《空山墓铭》……今又十五年,思空山之高致而不可见,乃于玄初焉而见其传绪之微矣。"虞集所写时间在第一次去京师的后十五年,即1302年的后十五年,若吴澄此跋与虞集文章时间相近,当在此年左右。

又按:虞集《书玄玄赘稿后》:"人之于文也,犹日月之有辉光,山川之出云雨,草木之有华实也。时至气应,感遇于事物之动而发见焉,无所容其私心也。而以私心秉之者,则纠缠芜秽,奇险僻陋狂妄之病,有不可胜计者焉。是故,天下之文鲜矣。夫唯常为于不得不为,因其所当为而道之,无一毫故为之意。挽抢乎其间,则天下之至文,焕然著见,不可掩矣。而非知道不能也,何也?知道则无婴儿女妇之见,而有天下后世之虑矣。以其有天下后世之虑也,故不得已于言而言。以其无婴儿女妇之见也,故时寓于言,以自适其性情,一无累其客情浮气之妄动,古之人之名世者,概出于此而已矣。而此其所存为何在也,而谓有可媚嫉者,非知文者也,而况道乎?集于所谓文者,盖尝好而习之。人或曰:'此为词章者也。'于是,不必言而强言之,以相长于一日,其自愧于中多矣。且夫身之所处,非深有交于物变之可愕者,而又生当太平之盛,从容优游于言语文字之间,不亦可乎?观于《玄玄赘稿》而三叹焉。《玄玄赘稿》者,龙虎山高士吴君玄初所为诗文也。玄初服黄冠以自隐,无所营于时,故无所争于人,无所碍于物。交游天下之名士,诗文往来,皆一时之盛者。其言温而肆,清而容,杂而不厌。无所迫于忧患,无所溺于宴安,直几于道者之为乎。"(《全元文》第26册,第389—390页)

刘壎作《诗说》。

按:刘壎此文记载了曾原一、赵崇嶓、黄文雷推崇的"以老杜为法"的复盛唐诗主张,此文可以帮助理解吴澄称许曾原一诗歌的原因。刘壎《诗说》载:"至元辛卯秋,予与故友易雪厓闲游南城乡,至欧桥,访小溪周文郁。(名从周,淳祐丙午中乡举)因过坡下,访彩墅黄卫道。(名阆,登科仕为兴国军通判,除榷院)就往金溪县之曾坊,访平山曾仲材。(名子良,咸淳戊辰登科,仕至严州淳安令)三先生者,皆予旧识也。前修雅望,绰有典型,从容说诗,各得一论,足以补后学之阙漏。今二十有七年矣,……因据其说,载家集以示吾孙。小溪翁曰:昔在行都,访白云赵宗丞参诗法,因问何以有盛唐、晚唐、江湖之分。赵公曰:此当以斤两论,如'齐鲁青未了',如'乾坤绕汉宫',如'吴楚东南坼',如'天兵斩断青海戎,杀气南行动坤轴',如'白摧朽骨龙虎死,黑入太阴雷雨垂'等句,是多少斤两?比'风暖鸟声碎,日高花影重'即轻重见矣。此盛唐、晚唐之分,江湖不必论也。已而访苍山翁曾子实,以赵公语质之,曾谓赵公言是。适有一客从旁窃笑,心怪之而未敢叩。异时徐问客何为笑,曾公曰:'有故。盖白云之说虽当,顾其自作,则起末皆未是,客之所以笑也。'文郁请问歌行,曾公曰:'凡歌行,止合以老杜为法。'其后又谒看云翁黄希声参诗。黄公简默庄重,不事庄辩,止云'诗只如此'。于近世诗深取苍山翁,且云:'少谒苍翁于行都,翁曰:君作丰,大合作颠诗一番,然后约而归之,正乃有长进。'问何谓颠诗?曰:'若太白、长吉、卢仝是已。'然性不喜为此体,竟不果学。今老而思当时,傥不以己见横于胸次,而从前辈之教,用工一番,则吾诗当不止此,叹息久之。予以诸老前后言语参玩,乃知前辈作诗俱有节度,如今人率尔五七字凑砌成章,遽名曰诗,宜其不足传矣。……延祐丁巳重阳日,记于东轩。做,'做来做去,到平淡处即是'。又曰'诗贵平淡,做到此地位自知耳'。三诗人之所以语小溪者如此,小溪以其说授予。……予访彩墅黄榷院,年八十有四矣,精健不衰,气象温雅,有乾、淳遗老风致,忠厚之味蔼然。从容谈诗,有曰:'诗贵平易自然,最要血脉贯通,有伦有序。'因举梅诗'墙角数枝梅'云云。又举月诗'腾腾离海角'云云。此二篇,血脉贯通,次序不差,是一样子也。越二日,往金溪访平山曾公,作诗多雄健。"(《全元文》第10册,第362—364页)

齐履谦自序《春秋诸国统纪》。

按:齐履谦《春秋诸国统纪自序》云:"孔子曰:'属辞比事,春秋教也。'所谓春秋者,古者史记之通称也。何以明之?孟子曰'王者之迹熄而诗亡,诗亡然后春秋作',庄子曰'春秋,先王经世之志',墨子曰'吾见百国春秋',皆非谓今之《春秋》也。又尝考之古文,有夏商春秋,又有晋春秋。《国语》,晋羊舌肸习于《春秋》,悼公使傅其太子,楚庄王使申叔时傅太子箴教之《春秋左传》,韩宣子适鲁,见《鲁春秋》。至于后世,史学亦多以春秋名其书者,若《虞卿春秋》、《吕氏春秋》、《陆贾春秋》、《吴越春秋》、《汉魏春秋》、《唐春秋》之类,往往有之。故知春秋者,古者史记之通称。而今之《春秋》一经,圣人以同会异、以一统万之书也。始鲁终吴,合二十国史记而为之也。然自三传既分,世之学者类皆务以褒贬为工,至于诸国分合,与夫《春秋》之所以为《春秋》,未闻其有及之者。予窃疑之久矣。暇日辄以所见妄为叙类,私之巾箧,盖不惟有以备诸家之阙,庶几全经之纲领,而自此或可以寻究云。延祐四年丁巳夏六月乙未朔,沙鹿齐履谦谨书。"(《全元文》第21册,第752页)

李存作《次韵送邵文度赴省试》。

按:邵文度是此年赴江浙行省乡试的考生。据吴澄记载,"文度以其家传《易》学中延祐四年乡贡,次年会试于京师"(吴澄《送邵文度仕广东宪府序》,《全元文》第14册,第172页),故李存作诗以赠。李存《次韵送邵文度赴省试》载:"早岁天香一折秋,直将勋业望伊周。光飞彤管三千字,喜动红云十二旒。上苑锡筵人入画,禁城传诏马如流。相知有问卢仝者,纱帽萧萧正在头。"(《全元诗》第31册,第66页)

僧一宁卒。

按:一宁(约1250—1317),本姓胡,号一山,浙江台州人。精通释典诸部、僧道百家、稗官小说,善于书法。日本后宇多天皇笃信佛教,最尊信他,卒赠国师。宇多曾亲题像赞曰:"宋地万人杰,本朝一国师"。著作今存《语录》2卷,其高徒雪村友梅于其圆寂后入中国,留住22年之久,后成为日本五山文学的创始人。事迹见虎关师炼《一山国师妙慈弘济大师行记》、《中国佛教百科全书》。

畅师文卒。

按:畅师文(1247—1317),字纯甫,号泊然,南阳人,徙襄阳。从伯颜平宋,授东川行院都事。官至翰林学士,卒,追谥文肃。纂《农桑辑要》与修《成宗实录》。著有《平宋事迹》1卷。事迹见许有壬《大元故翰林学士资善大夫知制诰同修国史赐推忠守正亮节功臣资政大夫河南江北等处行中书省左丞上护军追封魏郡公谥文肃畅公神道碑铭》(《圭塘小稿》卷九)、《元史》卷一七〇、《元诗选·癸集》小传。

王沂(1317—1383)、戴良(1317—1383)生。

元仁宗延祐五年
戊午　1318年　70岁

三月七日,御试进士。

按:《元史》载:"三月戊辰,御试进士,赐忽都达儿、霍希贤以下五十人及第、出身有差。"(《元史》卷二六《仁宗本纪》,第2册,第582页)

又按:此次御试,共录右榜4人,左榜46人。今知右榜有:护都答儿、八儿思不花、塔海、偰玉立四人,左榜:霍希贤、盖苗、李岳、韩准、韩镛、刘复亨、蒲机、安震、谢端、岑良卿、周仔肩、汪泽民、祝尧、郑原善、雷机、林冈孙、李槃、萧㴠、虞槃、黄常、冯福可、程棨、何元同、何克明共二十四人。另余来明《元代科举与文学》考出存疑者30人:刘汝翼、李彦博、祁君璧、祝彬、欧阳南、苑汝舟、赵庭式、靳廷周、张文、陈继贤、薛汉卿、张安国、郑用和、邵贞、程万里、汪焕文、汪文瓒、李杲、鲁子明、黎颜叔、李元奎、陈彦伦、刘大观、周用章、刘光、胡志仁、高骧、丘堂、章毂、陈阳凤。(余来明《元代科举与文学》,第342—348页)

十一月令江西行省刊刻陆淳《春秋纂例》、《辨疑》、《微旨》。

按:《元史》载:"丙子,集贤大学士、太保曲出言:'唐陆淳著《春秋纂例》、《辨疑》、《微旨》三书,有益后学,请令江西行省锓梓,以广其传。'从之。"(《元史》卷二六"仁宗本纪",第2册,第587页)

又按:吴澄对陆淳所注《春秋》评价甚高,其《春秋集传释义序》称:"古之学者醇厚笃实,不肯背其师说。予观公羊氏、谷梁氏之徒,既传其师之说以为传,而其间有特称'子公羊子'、'子谷梁子'者,又以著其师之所自言也。呜呼!此其所以为三代以上之人与?汉儒治经亦谨家法,不以毫发臆见乱其所闻。唐之陆淳,初师啖氏,啖卒而师啖之友赵氏,遂合二师之说为《纂例》、为《辨疑》等书。至今啖、赵之学得以存于世者,陆氏之功也。"(《吴澄集》,第431—432页)

又按:清皮锡瑞在论述由陆淳至于吴澄的《春秋》注疏时以《论啖赵陆不守家法未尝无扶微学之功》为主题,尤其谈到吴澄对于啖助、赵匡、陆淳

"信经驳传"观点在《春秋》学术史作用的肯定:"宋儒治《春秋》者皆此一派。三《传》专门之学,本不相通……今世所传合三《传》为一书者,自唐陆淳《春秋纂例》始。淳本啖助、赵匡之说,杂采三《传》,以意去取,合为一书,变专门为通学,是春秋经学一大变。宋儒治《春秋》者皆此一派,如孙复、孙觉、刘敞、崔子方、叶梦得、吕本中、胡安国、高闶、吕祖谦、张洽、程公说、吕大圭、家铉翁,皆其著者。以刘敞为最优,胡安国为最显。刘敞《春秋传》本啖、赵、陆之法,删改三《传》,合为一传。陈澧纠其删改不当,如《郑伯克段于鄢》,录左传而改之云:'太叔出奔,公追而杀诸鄢。'既信《公》、《谷》杀段之说,乃录《左传》而删改之。此孔冲远所谓方凿圆枘者。胡安国《春秋传》杂采三《传》,参以己意。朱子已驳其王不称天,以宰咺为冢宰、桓公不书秋冬、贬滕称子之类。其说有本于《公》、《谷》者;有胡氏自为说,出《公》、《谷》之外者,盖宋人说《春秋》,本啖、赵、陆一派,而不如啖、赵、陆之平允。邵子曰:《春秋》三传之外,陆淳、啖助可以兼治。程子称其绝出诸家,有攘异端、开正途之功。朱子曰:赵、啖、陆淳皆说得好。吴澄曰:'唐啖助、赵匡、陆淳三子,始能信经驳传,以圣人书法纂而为例,得其义者十七八。自汉以来,未闻或之先也。'案:吴氏极推三子得圣人之义,胜于汉儒之不合不公。盖自唐宋以后,《春秋》无复专门之学,故不知专门之善,而反以为非。后儒多归咎于昌黎三《传》束阁之言(见昌黎《赠玉川子卢仝》诗),诋啖、赵、陆不守家法,而据啖子。……《公羊》、《谷梁》殆将绝废,啖氏正当其时,于经学废坠之余,为举世不为之事,使《公》、《谷》二传复明于世,虽不守家法,不得谓其无扶微学之功也。"(皮锡瑞《经学通论·春秋》,中华书局 2015 年,第 574—576 页)

袁桷作《试进士策问》进。
按:这年的会试考题期望考生能结合时事,观通古今,由礼、乐、刑、政四方面,综合切实地讨论国家治道,以使国家纲纪清楚,赏罚分明,善恶判然。袁桷《试进士策问》:"制曰:盖闻昔之圣人,垂衣裳以成无为之治。稽于《书》、《传》,任贤设教,品节备具,谆谆然命之矣。是无为者,始于有为也。事久则弊。唐虞之世,历年滋多,不闻其有弊也。治莫重于定国体,尊国势。纲常之分严,风俗之化一,国体定矣。善恶之类明,赏罚之制宜,国势尊矣。廉远堂高,上下之辨也。量才授官,莫得逾越,国之大柄也。若是者,其道何以臻此。《记》曰:'礼乐刑政,四达而不悖,王道备矣。'夫礼以防民,乐以和志,刑以禁暴,政以善俗。四者何所先也?凤夜浚明,卿大夫之德也。知其邪慝,则知所以儆之,知其困穷,则知所以振之。为吏习常,恬不知省,其故何也？继体守文，善论治者尤以为难。朕承累圣之丕绪，宵旰图治，罔敢暇豫，于变时雍，若有缺然者。子大夫观乎会通，酌古今之宜，毋迂言高论以称详延之美。朕将有考焉。"（《袁桷集校注》，第1582页）

李源道以集贤直学士出为云南肃政廉访使。

按：据虞集记载，此年李源道由集贤直学士出为云南肃政廉访使。虞集《送李仲渊赴云南廉使序》载："延祐五年六月，翰林（疑为集贤）直学士李公仲渊，除云南肃政廉访使。十二月二十有八日，乘驿骑五，出国门西去。明日还书京师，告诸执政台阁侍从之臣、文学之士、常所从游者，曰：'区区万里之行，每为诸公贵游，平昔爱厚，分当言别。盖难为别，亦不忍别也。请亮其慺慺之诚也。'嗟夫！朝廷岂弃君于蛮夷哉？"（《全元文》第26册，第162页）

贡奎任翰林待制。

按：李黼《故集贤直学士奉训大夫贡公行状》载："五年，迁翰林待制、文林郎，纂修《仁宗皇帝实录》，书成，赐金币有差。"（《贡氏三家集》，第134页）

贡师泰入国子监向吴澄等大儒学习。

按：朱镒《玩斋先生纪年录》载："延祐间，云林公待制翰林，以公从学国胄。时雪楼程公、草庐吴公、于罨鲁公、伯生虞公、元功欧阳公相继为监官，公游诸公间，涵濡渐渍，所得者深。"（《贡氏三家集》，第462页）

李粲任职崇仁县丞。

按：李粲是延祐五年进士，此年他任崇仁县丞，吴澄《书别李灿然》载："番阳李灿然，延祐戊午进士。丞崇仁六年，乃得代。"（《全元诗》第14册，第265页）

吴澄正月除集贤直学士，特升奉议大夫。

按：此年正月，吴澄被授予集贤直学士特升奉议大夫。此次任职由时任集贤修撰的虞集奉诏召吴澄于家。虞集《行状》载："五年春，除集贤直学士特升奉议大夫。遣集贤修撰虞集奉诏，召先生于家，行至仪真，病作不复行。"（《全元文》第27册，第174页）揭傒斯《神道碑》载："四年，再校艺江西，而诏集贤修撰虞集乘传山中，起为集贤直学士，特加奉议大夫。明年秋，行至仪真，以疾谢遣使者。就金陵，过九江，拜周元公墓而归。北方学徒数十人，皆从之至家，留不去。"（《全元文》第28册，第508页）危素《年谱》载："（先是，臣僚数言公姓名于上前。八月，上特问公何在。太保曲枢对：臣闻居江西。集贤知上意所在，请以代李源道，为直学士，中书奏可，命修撰虞集给驿聘召）五年戊午，永丰县武城书院请讲学（诏授集贤学士奉议大夫，既拜命，疾作，久之无行意。虞集曰：此除实出上意，宜勉为行。五月，戒行。八月,次仪真。时使者亟欲复命,公因疾辞谢,遂留淮南。十一月留建康,《书纂言》成)。"

又按:时有敕诰云:"上天眷命,皇帝圣旨:'文林郎、国子司业吴澄可授集贤直学士、奉议大夫,宜令吴澄。'准此。延祐五年正月日。"(李治安《元吴澄八思巴字宣敕文书初探》,《元史论丛》第14辑,第50页)

吴澄春季至永丰武城书院讲学。

按:危素《年谱》载:"五年戊午。永丰县(在吉安路)武城书院请讲学。"

吴澄春遇道士周常清,作《琴说赠周常清》。

按:周常清是玉笥山道士。吴澄《琴说赠周常清》载:"庐陵周大江,挟琴游士大夫间,号为琴师,莫之可俪也。其子常清,得其父之伎。延祐戊午春,予与同止宿者再浃日。每于隔壁听其吟弄之妙,尘累为之顿消,于是深服其伎之精。予自少有志于乐,尝叹古乐泯绝,学之无由。夫八音之中,革、木无当于五声。匏、竹、土之与金、石,五声虽具,而其节奏不过教坊燕乐。丝之一音,若筝,若纂,若箜篌,若琵琶,非古雅乐器,无足论者。唯琴、瑟,古乐器也。瑟之器虽古,而声亦今。庶几可以古者,琴而已。琴之谱调,超出俗乐之上。然自古及今,不知几变矣。更造改作者,果皆石夔、师旷其人乎?抑亦犹夫人也?唐、宋盛时,韩子、欧阳子所听之琴,犹不免可憾,况后此者乎?以予所知,未百年间已变三谱。愈变愈新,其声固有可尚。而纤秾哀怨,切促险躁,或不无焉。淳古遗音,和平安乐、澹泊优游之意,其亦若是?否也。世之能琴者往往非儒,能儒者又不知音。欲与论此,而无其人。大江,儒者也,而精于伎。常清归省,其以予言质正于家庭。他时再会,必有以起予者。故于其行也,书此以赠。"(《全元文》第14册,第660页)

吴澄武城书院还家后作《净居院记》。

按:吴澄从武城书院还家后,有僧道登门请求吴澄为崇仁县的净居院撰写记文,遂作《净居院记》。文载:"崇仁一县六乡,而崇仁乡之地最广。乡之南鄙不二十里间,僧之院有九,赀力则长兴院为甲,徒众则净居院为盛。其初,同乡陂头袁氏施田一百八十亩共一区,田之两旁山林园野皆与焉。宋绍定庚寅,院遭虔寇残燬,既燬而修,久而后完。景定甲子,僧觉应建法堂及东庑;咸淳丙寅,僧觉升建佛殿及西庑。前所建法堂墁以采,甃以甓,而犹未周备也。皇元大德甲辰,僧道正重修佛殿、两庑,增益陶瓦,鳞比缕密,加以墁甃。越三载,造新庖。延祐乙卯,造中门、外门,回环四围缭以墙屋。次年铸大钟,又次年新覆法堂,又次年题助于乐善好施之人以造钟楼,望之峭然,即之伟然,而院始周备矣。予适家食,道正求文记之。呜呼!晋唐以来,佛法与儒老二家并而为三教。三教兼崇,无所偏重者,皇元之德也。前此僧自置司征取，无艺力不能支，往往僧逃而院废。皇上御极，嘉惠僧徒，罢去专官，四海之内咸仰圣恩，大小寺院浸以兴隆。净居在深山中，非若大禅刹日费浩瀚，然数年以前，几不能以自立。今而得以安居暇食，香灯钟鼓晨夕供养，优游自乐，有此室庐，非赖吾皇天涵地育之赐，其何以臻此哉？僧道正，丰城徐氏。其师曰永顺，其祖师曰觉应。道正之下，其徒殆将十人。九院长兴、修祈、华严、芙蓉各有僧，乂兴、石绳、龙泉、龙兴皆净居之徒分处。"（《吴澄集》，第996—997页）

吴澄复胡长孺书信。

按：吴澄信中提及去年秋校文江西，又谈到即将北上的动向，故他收到胡长孺来信当在此年。吴澄《与胡石塘书》载："澄去秋豫章贡院晨夕亲炙，此乐何极！别去数月，始得所惠翰墨，乃知尚留盱江。尊体服药想已安愈，相望二百里间，苦无承接之由，怀人奈何？《三规图》新本未得到手，旧有背成二轴，附便申纳。区区衰老，又不免再北行一次，不知何时可复屠羊之肆。未期合簪，伏惟保爱。前迕殊擢。不具。"（《吴澄集》，第281页）

吴澄六月奉诏北上。

按：危素《年谱》载："五年戊午。永丰县武城书院请讲学。诏授集贤学士奉议大夫。既拜命，疾作，久之无行意。虞集曰：此除实出上意，宜勉为行。五月，戒行。"又吴澄《跋皮昭德藏李士弘所临书谱》载："延祐五年，澄以集贤直学士召。修撰虞伯生将旨而南，侍读学士河东李士弘亦被命祠衡岳，讫事过家。是年五月，与平江州判官清江皮昭德会于豫章，留月余，欲俟澄与伯生至。澄以疾病，六月始克就道，至则侍读公行矣。临别时，以其所临孙过庭《书谱》赠昭德，意甚不轻。盖侍读于皮氏昔为故旧，今则婚姻，而伯生与澄素悉其相知。以士弘之俊迈逸逸，而于亲故慇懃缱绻如此，亦其德之厚也。"（《全元文》第14册，第528页）则吴澄受诏后，六月始行。

吴澄为崇仁县上方观作文。

按：吴澄《上方观记》："上方观在崇仁县之青云乡。崇仁，抚之壮县也。县之西北耸然特起而高大者曰罗山，罗山之阳，宋初时侍郎乐公父子兄弟接踵擢科，故名其乡曰青云。其后罗文恭公与丞相赵忠定公同时秉政，安宋社稷，山之灵异钟为伟人，其蜿蜒磅礴、郁积不尽者，往往为仙佛之徒。近年以来，道观之最盛者，上方也。俗传晋代尝有飞仙往来其地，因以立观，三徙而宅旗峰之侧，今观是已。中间道流传系泯绝，道士陈逢吉派出东京寿圣观，苦行清文。受知邑令范清敏公，嘉定季年来主观事，观之重兴自此始。数传之后至吴惟一，朴素直谅，为众所向。田园岁入增三之二，骎骎日趋于盛。继而陈次拚、陈复宗志宏才优，同心协济，用克树立，世绪弥昌。广其所居，益其所食,不啻数倍于昔。……复宗尝奉其师次抟命来索观记,而予未暇作也。会有集贤之命,以予行之有期,督之逾亟。予谓家国之兴替,系乎其子孙臣下之能不能。虽游乎方之外者,与人家国一也。上方之盛,基于吴而成于二陈,非其才之与志合而能若是乎?视彼寄身清净教中,……予既有嘉于昔吴与今陈,而人之尊之也,各以号称。吴曰竹隐,次抟曰林居,复宗曰昶山。昶山长于文恭公之族,其初以罗氏。若其构架之广凡若干楹,壤土之益凡若干顷,不能悉记也。年月日记。"(《吴澄集》,第977—978页)

又按:吴澄与上方观观主陈复宗交往颇密,虞集《九万彭君之碑》载:"九万先生彭君南起者,庐陵人。六岁能记诵经史,其父携之至豫章西山。又六岁,入城府学于紫极宫,遂为道士。稍长,游湖湘。既归,有文名,尤长于诗。临川崇仁西北四十里有仙祠,曰上方观。观之主者陈复宗,见而异之,延而客之,亲之誉之,使其长老友之,其卑幼事之为父兄,时人盖莫知其意也。故翰林学士临川吴公澄,搢绅儒宗,海内之彦,及其门者甚众。方外士以清通博雅见知遇,则未有如君之无厌无倦者也。"(《全元文》第27册,第450页)

吴澄七月一日作《送傅民善赴衡州路儒学正序》。

按:吴澄《送傅民善赴衡州路儒学正序》载:"学正,教授之贰,其职甚不轻也。傅民善妙年俊才,清文粹行,选在此职,岂窃禄尸位者所可儗伦也哉!夫天地之气钟聚而耸起者为山,山之高大者,岳也。衡岳,南方之巨镇,郡踞其趾。岳之灵异,怪物奇宝不足以当,则生伟人。循岳而南,春陵昔有周子,实绍圣道不传之统;而文定胡先生,父子兄弟皆于衡而讲道,二百年间,流风未泯。今之衡,安知无有志之士卓然崛兴,能蹑胡而探周者乎?民善至衡,试求其人,而与之语。若衡之士不过应举觅官以为学,殆恐未足以尽岳之秀也,民善其择焉。延祐五年七月朔。"(《吴澄集》,第593页)

吴澄七月二十八日至彭泽水驿,次日与虞集共登孤山,有诗作。

按:吴澄《登孤山(有序)》载:"延祐五年秋,与伯生修撰憩彭泽水驿。值江州推官毕侯来审囚,棹舟登孤山,有彭簿、刘尉同游,因赋五十六字。"全诗为:"三十年前东下时,开篷曾赋小孤诗。风涛如许相冲激,天柱迄今无改移。长愿江流平似镜,坐看舟客去如驰。悠悠此日登临意,付与浔阳循吏知。"(《吴澄集》,第1875—1876页)又作《彭泽水驿和虞修撰》:"此非元亮幽居处,而喜亦无车马喧。澍雨一时苏郁热,流风千载挟清寒。秋田旧治民犹昨,柳岸新亭客避烦。江面波神应冷笑,曾闻容膝可偷安。"(《吴澄集》,第1875页)

又按:虞集《小孤山新修一柱峰亭记》载此次登孤山具体时间为七月二

十九日,文载:"延祐五年,集以圣天子之命,召吴伯清先生于临川。七月二十八日,舟次彭泽。明日,登小孤山。观其雄特险壮,浩然兴怀。想夫豪杰旷逸名胜之士,与凡积幽愤而怀感慨者之登兹山也,未有不廓然乐其高明远大而无所留滞者矣。旧有亭,在山半,足以纳百川于足下,览万里于一瞬,泰然安坐而受之,可以终日。石级盘旋以上,甃结坚缜,阑护完固,登者忘其险焉。盖故宋江州守臣厉文翁之所筑也。距今六十三年,而守者弗虔,日就圮毁,聚足以涉,颠覆是惧。至牧羊亭上,芜秽充斥,曾不可少徙倚焉。是时彭泽邑令咸在,亦为赧然愧,艴然怒,奋然将除而治之。问守者,则曰:'非彭泽所治境也。'乃相与怃然而去。明日,过安庆,府判李侯维肃,集故人也,因以告之。曰:'此吾土也。吾为子新其亭,而更题曰"一柱"可乎?夫所谓一柱者,将以卓然独立无所偏倚,而震凌冲激,八面交至,终不为之动摇。使排天沃日之势,虽极天下之骄悍,皆将靡然委顺,听令其下而去,非兹峰,其孰足以当之也邪?新亭峥嵘,在吾目中矣,子当为我记之。至池阳,求通守周侯南翁为吾书之以来也。'李侯真定人,仕朝廷数十年,历为郎官,谓之旧人。文雅有高材,以直道刚气自持,颇为时辈所忌。久之起佐郡,人或愤其不足,侯不屑也。观其命亭之意,亦足以少见其为人矣。且一亭之微,于郡政非有大损益也。到郡未旬日,一知其当为,即以为己任。推而知其当为之大于此者,必能有为无疑矣。"(《全元文》第 26 册,第 578—579 页)

吴澄在彭泽邂逅曹成之,有诗赠之。

按:吴澄《彭泽遇成之之京都(有序)》载:"予有集贤之命,与修撰虞伯生俱乘驿而北。于彭泽解后曹成之训导,将观光上国,为赋此。人海茫茫名利场,盛年快意一观光。顾予白发归来晚,羞过渊明五柳庄。"(《吴澄集》,第 1760—1761 页)

吴澄过集庆路江宁,与主簿朱端识。

按:据吴澄记载,时江宁主簿朱端正于此年任职,恰好与吴澄途经江宁时间相合,故暂系于此年。吴澄《元赠承事郎封丘县尹朱君墓表》载:"承事郎、抚州路经历朱端……延祐戊午,簿建康之江宁,既而掾江浙行省。泰定甲子,升正七品,掌案牍于抚。……余初识经历君于金陵,固已嘉其人。及今抚州之政公正宽平,盖循良吏也。且闻昔仕宪府时,平反重囚,多所全活。其阴德在人,获报于天,宜未艾也。"(《吴澄集》,第 1347—1348 页)

吴澄八月至仪真,为李谦的复庵作记。

按:李谦是东平四杰之一,仁宗朝时致仕,在仪真城西南十五里建造复庵。是年吴澄到达仪真时,为李谦的复庵撰写《复庵记》。文载:"与物相刃相靡,终身役役而不知所归,此漆园达士之所嗤也。李君谦甫仕于天下一统之初，相诸侯，相方伯，职修事治，清谨慈惠之闻孚于人。当路将阶而升之，年甫五十，遽老于仪真，因宦游所历而家焉。城西南十五里，结草为庵，名之曰'复'。每岁春夏秋居宿其间，视耕耘敛获事。勤则书，倦则枕，暇则宾友共壶觞，徜徉花卉竹树之侧，望江中航樯往来，上下梭织交错，络绎不绝；江外群峰森耸，苍翠阴晴，朝夕变化万状，而嶷立不改。田夫野叟争席，欣欣然与之相忘，盖有晋渊明之风。噫！昔之人未尝不欲仕，仕而或止，何也？语云：'可以仕则仕。'彼往而不复者，不计其可。震荡风波之航，冲舣豺豹之丛，惊悸喘汗而行不休，考其终竟何成哉？而其甚也，父子、兄弟潜然凄然，相视而叹，追忆东门之犬、华亭之鹤，当是时，虽欲复，可得耶？余恶乎而不善吾李君之善复也？渊明少日为州祭酒、参镇军，军既而令邑，幡然赋归，以行迷未远自幸。时亦艾而未耆也，由世俗观之，似太早计，而孰知士之高见远识，固未易为常人道也？举世滔滔汩汩，熙熙壤壤，而见斯人，其在《周易》不谓之独复、不远复者乎？噫！古今人所值、所志不皆一一同，若吾李君之复，则于古人殆几矣。君河北安平人也。或曰：'去官不复其土，而侨寄它乡，复其未邪？'是不然。复也者，于其义，不于其地。迷于声利权势之途而能复者，古今有几？惟随所在而安者，庶乎其能也。必于怀居与迷而不复等尔，而君岂为是哉！余尝与友人元复初评所知曰：'安分而无忮乎心，而无愧于之妇，翁与？'应曰：'然。'翁谓君也。"（《全元文》第15册，第172—173页）

又按：刘敏中为李谦复庵作铭文。《复庵铭（为仪真李仲谦作）》："晦明相推，一日之复也。燠寒迭运，一岁之复也。语默动定，一时之复也。行藏卷舒，终身之复也。人之复，天地之复也。乌乎复乎，其予独乎！惟能知复之所以复而复者，理庶有以烛乎。"（《全元文》第11册，第458页）袁桷《复庵赋》："扬子之冲，千流交趋。蔽帆云凝，炙毂雷嘘。尘奔瓦联，拥关蹋衢。土衍隩匀，深耒广畲。百技眩衺，千贾献姝。爰有倦游之叟，卜龟食吉。构兹廔廙，不斲不甓。茹玉芝而三咽，膏玄发以若漆。"（《全元文》第23册，第17—18页）

吴澄见李思温遗稿，作题。

按：李思温是李谦之子。李思温曾随吴澄习读《尚书》，却早卒于延祐四年。是年，吴澄过仪真，见李思温的遗稿，作《题李思温举业稿后》云："前浙东宣慰司都事李谦父之子思温，往年从予受《尚书》，凡殷《盘》周《诰》诘屈赘牙，旧注黯暗不明、宿儒媕婀难语者，悉畅其义，洒洒可听，颖然特出，秀于群弟子之中。年二十游京师，一二巨公贵人器之，以闻于上，得补国学弟子员。贡举行，为应试之文及投赠等作，俱有可观。假之年，而进进何可量也？不幸婴疾以归，竟弗可疗。生至元甲午，卒延祐丁巳，年止二十有四。

其父痛之不置。卒之明年,予过仪真,观其遗稿,亦为之悲感焉。天之生人也,与之才者,或夺其寿,从古以来至于今多矣。是其关于一时之运数欤?抑系于一家之福分欤?呜呼!"(《吴澄集》,第1184—1185页)

吴澄至仪真,病作不复行,憩金陵王进德家。

按:虞集《行状》载:"行至仪真,病作不复行。渡江憩金陵门人王进德家新书塾,所至学者云集。居数月,修《书纂言》。"(《全元文》第27册,第174页)危素《年谱》载:"八月,次仪真。时使者亟欲复命,公因疾辞谢,遂留淮南。"

吴澄在金陵修《书纂言》。

按:虞集《行状》载:"渡江憩金陵门人王进德家新书塾,所至学者云集。居数月,修《书纂言》。"(《全元文》第27册,第174页)危素《年谱》载:"十一月留建康,《书纂言》成。"

又按:吴澄《四经叙录》载:"《书》二十八篇,汉伏生所口授者,所谓今文《书》也。伏生故为秦博士,焚书时,生壁藏之。其后兵起,流亡。汉定,生求其书,亡数十篇,独得二十八篇,以教授于齐、鲁之间。孝文时,求能治《尚书》者,天下无有。欲召生,时年九十余矣,不能行。诏太常遣掌故晁错往受之。生老,言不可晓,使其女传言教错。齐人语多与颍川异,错所不知凡十二三,略以其意属读而已。夫此二十八篇,伏生口授,而晁错以意属读者也。其间阙误颠倒固多,然不害其为古书也。汉、魏数百年间,诸儒所治,不过此耳。当时以应二十八宿,盖不知二十八篇之外犹有《书》也。东晋元帝时,有豫章内史梅赜,增多伏生书二十五篇,称为《孔氏壁中古文》。郑冲授之苏愉,愉授梁柳。柳之内兄皇甫谧从柳得之,以授臧曹,曹授赜,赜遂奏上其书。今考传记所引古《书》在二十五篇之内者,郑玄、赵岐、韦昭、王肃、杜预辈并指为《逸书》,则是汉、魏、晋初诸儒曾未之见也。故今特出伏氏二十八篇如旧,以为汉儒所传确然可信,而晋世晚出之《书》别见于后,以俟后之君子择焉。"(吴澄《四经叙录》,《吴澄集》,第2—3页)吴澄《书纂言序》云:"书者,史之所纪录也,从聿,从者。聿,古笔字。以笔画成文字,载之简册曰书。者谐声。伏羲始画八卦,黄帝时,苍颉始制文字。凡通文字能书者谓之史。人君左右有史,以书其言动。尧舜以前,世质事简,莫可考详。孔子断自尧舜以后,史所纪录定为虞、夏、商、周四代之《书》。初盖百篇,遭秦焚灭,挟书有禁。汉兴,禁犹未除,旧学之士皆已老死。文帝时,诏求天下能治《书》者,惟有济南伏生一人,年九十余,遣掌故晁错即其家传受,仅得二十八篇。武帝时,河内女子献伪《泰誓》一篇,得附二十八篇之列。元、成间,东莱张霸作伪《舜典》等二十四篇,其书不行。东晋豫章内史梅赜增多伏生《书》

二十五篇，又于二十八篇内分出五篇，共五十八篇，上送于官，遂与汉儒欧阳氏、大小夏侯氏三家所治伏生之《书》并。唐初尊信承用，命儒臣为五十八篇作疏，因此大显，而三家之《书》废。今澄所注，止以伏生二十八篇之经为正。"（《全元文》第14册，第419页）

又按：清全祖望评吴澄《书纂言》说："谢山读草庐《书纂言》曰：'宋人多疑《古文尚书》者，其专主今文，则自草庐始。是书出世，人始决言古文为伪，而欲废之，不可谓非草庐之过也。近世诋《古文》者日甚，遂谓当取草庐之书列学宫以取士，亦甚乎其言之矣！竹垞亦不信《古文》，不敢昌言，而谓草庐之作尚出权辞。噫！权辞也，而轻以之训后世哉！'"（《宋元学案》卷九二《草庐学案》，第3053页）清四库馆臣评《书纂言》云："古文《尚书》自贞观敕作《正义》以后，终唐世无异说。宋吴棫作《书裨传》，始稍稍掊击。朱子《语录》亦疑其伪，然言性言心言学之语。宋人据以立教者，其端皆发自《古文》，故亦无肯轻议者。其考定《今文》、《古文》，自陈振孙《尚书说》始。其分编《今文》、《古文》，自赵孟頫《书古今文集注》始。其专释《今文》，则自澄此书始。自序谓晋世晚出之书，别见于后。然此四卷以外，实未释《古文》一篇。朱彝尊《经义考》以为权词，其说是也。考汉代治《尚书》者伏生《今文》，传为大、小夏侯，欧阳三家。孔安国《古文》，别传都尉朝庸生胡常，自为一派。是《今文》、《古文》本各为师说。澄专释《今文》，尚为有合于古义，非王柏《诗疑》举历代相传之古经，肆意刊削者比。惟其颠倒错简，皆以意自为，且不明言所以改窜之故，与所作《易纂言》体例迥殊。是则不可以为训。读者取所长而无效所短，可矣。"（永瑢等《四库全书总目》卷十二，第96页）顾海亮《吴澄〈书纂言〉"疑经改经考"》认为："吴澄《书纂言》乃宋元'疑经改经'集成之作，既多沿袭宋儒陈说，且又能独抒己见，尤其厘正《洪范》、《洛诰》错简，远迈宋人。"（《中国经学》第二十八辑，第91页）

吴澄馆于李时中家。

按：苏天爵《曹南李时中文稿序》载："延祐、至治间，吴先生两被召命入朝，道出真、扬，馆于时中之家，时中受教益多，惜乎蕴其材能，弗克表见于世。"（《滋溪文稿》，第66—67页）

吴澄在金陵，与王子霖游。

按：王子霖是金陵王子清的堂兄弟，吴澄在皇庆元年（1312）路经金陵时，曾馆于王子清家。今年吴澄再过金陵，王子清已卒。吴澄为王家仁寿堂作记道："金陵之人世积仁厚者，王氏为首称。王子渊深源之家有堂名'仁寿'，予昔与其弟子清寅叔游，今与其弟子霖起岩游，见其季父仁甫之善行，又闻其先翁国济父之遗事，于是而知王氏世积仁厚之实。李桓仲蒙，介士也,谓予:'深源之先翁讳君久,素号长者。其先汴人,宋南渡,徙雪川,再徙金陵。勤俭殖生,以致饶裕。周人之急,虽重费不吝。至元间,郡既降,兵犹散掠郊外。有秦氏者,旧曾识面,为兵所执,求资靡应。将就戮,秦绐云:"有白金寄姻戚家,愿偕往以索。"兵捽秦径抵翁所,秦绕屋叫呼:"急活我!急活我!"声甚哀。翁恻然兴怜,出迎军校坐,啗以酒肉,众咸喜。言及索金,指秦喻之曰:"彼贫人,安有寄物,即非吾姻戚也。汝所需几何?当代输以易其命。"众感动许诺,畀白金若干,秦获免死。又有许氏者,尝客于门。妻子被俘,翁遣人赍金帛,遍地寻访,竟赎之以还。许之家已毁,资以牛六十蹄角,令归治田。许得复业,后成富家。秦、许之子孙至今不敢忘德,而外人鲜知之者。其生平阴德多类此,某生晚,不能悉之。'予闻仲蒙言,叹曰:'世有若人乎?以是翁为兄,宜其有仁甫之弟也;以仁甫为弟,宜其有若是之兄也。"仁寿"名堂,不忝矣。'一日,深源请曰:'子渊为人子,弗克扬父之美,常悒悒于怀。先生幸知之,敢请纪此遗事于仁寿堂之壁,俾后之人世世鉴观之。如之何?'予曰:'可也。……深源既知所以光其先,益思所以淑其后,化所居之里为仁里,拓所至之域为寿域,皆此一堂之仁寿为之基,勉之哉!'深源曰:'敬闻命矣。'乃书以遗焉。"(《吴澄集》,第927—929页)

吴澄为王子清作墓碣铭。

按:吴澄《故金陵逸士寅叔王君墓碣铭》载:"皇庆元年春,予在国子监,以疾寻医。其夏,过金陵,郡士王寅叔授予馆,执弟子礼而请学焉。每为谈士君子修身谨行之概,言言胥契,如水沃地。其秋,予溯江而南,则依依不忍别,若有失也。一年余不相闻,或传寅叔死矣。夫金陵,东南大都会也。然自吴晋以来,常为用武之国,事文学者视他郡为少,况归朝之后,士之世业者或弃其业而他从。寅叔一身独膺持家干蛊之任,犹能有余力,不废学。其为学也,又不卑卑于世儒记诵词章之习,上慕古之圣人贤人而为师,可不谓特见卓识者哉?而竟不得年以死,是可慨也已!延祐五年冬,予再至金陵,寅叔之子谓:'吾父虽已就土,而穴有水泉,宜改葬。'乃营宅兆于城南西石子冈,以明年正月四日奉柩而窆,予为文以碣于其墓。……寅叔生宋咸淳己巳岁六月十有七日,其卒皇庆癸丑岁十月十七日也。"(《吴澄集》,第1491—1493页)

吴澄本年秋作《回饶睿翁书》。

按:吴澄《回饶睿翁书》是回复西园主人饶睿翁的书信,此年春吴澄曾作《西园记》、《寄题饶氏西园》以感叹西园之盛,很有可能西园主人饶睿翁后又有书信寄予吴澄,吴澄才再作《回饶睿翁书》。文载:"澄岁首尝留金溪,密迩珂里,甚恨不获一造西园览观胜景为欠事。惟泽火既革之后,地天重泰之初,文献故家能如经冬之木荣于春、经宿之火然于旦,非其先世福泽之深厚、后嗣才能之优异,其曷能然?东西行者往往道名门盛事。伏承尺书,示以诸公记咏。数字远寄,聊订后会之约,政恐林惭涧愧尔。秋暑犹炽,治复不能详谨,未究衷怀,尚储嗣讯以既。不具。"(《吴澄集》,第279—280页)

吴澄约冬十一月至京师。

按:今虞集《行状》、揭傒斯《神道碑》以及危素《年谱》皆未言吴澄此年冬季动向,似以吴澄秋至金陵淹留则止。但吴澄今存《题郝陵川雁足系诗后》一诗,疑为是年冬十一月所作,诗云:"忠贞信使早许国,羁旅微臣晚见诗。追忆当时如一梦,濡毫欲写泪交颐。"(《吴澄集》,第1752页)据宋濂《题郝伯常帛书后》载:"延祐五年春,集贤学士郭贯出持淮西使节获见焉,遂奏于朝,敕中使取之。十一月,太保曲出集贤大学士李邦宁以其书上仁宗,诏装潢成卷,翰林集贤文臣各题识之,藏诸东观,而王约、吴澄、袁桷、蔡文渊、李源道、邓文原、虞集皆有所作矣。"(《陵川集》附卷三,第1606—1609页)此年冬十一月,吴澄与京师翰林集贤诸多文臣共同观赏了新装潢成卷的郝经帛书,并与众人一起作题诗以记之,则吴澄是年冬季至京师,任职集贤直学士。

吴澄约于十一月作《题郝陵川雁足系诗后》。

按:吴澄《题郝陵川雁足系诗后》载:"忠贞信使早许国,羁旅微臣晚见诗。追忆当时如一梦,濡毫欲写泪交颐。"(《吴澄集》,第1752页)

又按:袁桷《题郝伯常〈雁足〉诗》称:"深羁孤馆鬓毛斑,猛虎摇鬣障海寰。玉树已歌归逝水,羽书难射隔平山。不须羝乳终回汉,肯学鸡鸣诈度关。一寸蜡丸凭雁寄,明年春尽竟生还。"(田同旭校注《郝经集校勘笺注》附录,三晋出版社2018年,第3382页)

又按:王逢《读国信大使郝公帛书有序》:"'霜落风高恣所如,归期回首是春初。上林天子援弓缴,穷海累臣有帛书。中统十五年九月一日放雁,获者勿杀。国信大使郝经书于真州忠勇军营新馆。'书盖如此。公,字伯常,仕世祖皇帝。庚申岁使宋,为贾似道拘幽十有六年。此书当在至元十一年。是时南北隔绝,但知纪元为中统也。先是公羁旅日,有以雁四十饷公。内一雁体质稍异,命畜之于后。雁见公,辄张翮引吭而鸣。公感悟,择日率从者三十七人,具香北拜,二人舁雁跽其前,手书尺帛,亲系雁足。且致祝曰:'累臣某,敢烦雁卿,通信朝廷,雁其保重。'欲再拜,雁奋身入云而去。未几,虞人获之苑中,以所系帛书,托近侍以闻。上恻然曰:'四十骑留江南,曾无一人雁比乎!'遂进师南伐。越二年,宋亡,书今藏诸秘监。河南王客刘澹斋云。西北皇华早,东南白发侵。雪霜苏武节,江海魏牟心。独夜占秦分,清秋动越吟。蒹葭黄叶暮,苣蓿紫云深。野旷风鸣籁,河横月映参。择巢幽鸟远,催织候虫临。衣揽重裁褐,貂余旧赐金。不知年号改,那计使音沈。国久虚皮币,家应咏稿砧。豚鱼曾信及,鸿雁岂难任。素帛辞新馆,敦弓入上林。虞人天与便,奇事感来今。"(《全元诗》第 59 册,第 36 页)

　　吴澄当在大都观贡奎文稿,作题赠之。

　　按:据吴澄记载,他的好友贡奎在前往上都之前,在京师出示新作文稿数十篇给吴澄,吴澄遂作题跋。而据李黼《故集贤直学士奉训大夫贡公行状》记载,贡奎上都之行是在延祐六年五月:"六年夏五月,中书选词臣祭海神直沽,以公忠慎,特命之行。既祭,漕府循故常,致礼馈。……七年,公考试上京。"(《贡氏三家集》,第 134 页)则吴澄是年冬在京师,得观贡奎文稿。

　　又按:吴澄《题贡仲章文稿后》载:"理到气昌,意精辞达,如星灿云烂,如风行水流,文之上也,初不待倔强其言,蹇涩其句,怪僻其字,隐晦其义而后工且奇。噫!兹事微矣。名于宋者五而已,亦惟难哉!仲章江南之英,与吾善之、伯长俱掌撰述于朝,各能以文自见。蔚乎其交荫,炳乎其争辉,予有望焉。予来京,仲章将有上京之役,示予新作数十,温然粹然,得典雅之体,视求工好奇而卒不工不奇者,相去万万也。读之竟,喜之深,书此而归其橐。夫上有所规,下有所逮;正有所本,旁有所参。韩、柳氏自陈,其所得甚悉。暇日善之、伯长切磋究之,又必有以起予也。"(《吴澄集》,第 1121 页)

　　吴澄约在本年为同年乡贡进士倪南杰作墓志铭。

　　按:吴澄《倪君立墓志铭》载:"与予同生淳祐己酉者日就凋落,其存者,相知有广平程公,相闻有上饶倪君。延祐丙辰,程公自翰林承旨以疾谒告归。是年冬,倪君亦得疾如程,次年丁巳春,竟不起。其孤介通山主簿邓君希颜书,以前太学进士余君钥所状君行来征铭。……予与君犹兄弟也。君生九月朔,后于予八月,而先于予以殁,能无悲乎?遂不让而铭诸。君讳南杰,字君立,先世银青光禄大夫始居贵溪之沂阳。……咸淳庚午秋贡与选,待试国学,提刑唐公特荐入官,以养亲辞。……至元辛巳,省差徽州路学正、紫阳书院山长,黾勉供职。究朱、陆异同,捐俸以修黉舍,士众悦服。"(《吴澄集》,第 1613—1614 页)

　　吴澄为吴镒作墓志铭。

　　按:吴澄《故复轩居士吴君墓志铭》载:"宜黄之邑,居者吴与邹、涂为巨族。宋咸淳间,予客于邹;元至元间,又客于吴,得与三族之人接。吴之盛自参议,四子,其三曰骈,骈生兑。兑亦四子,其二曰镒,字子万,业进士诗赋,以登仕郎两赴江西转运司试,不偶,自此绝仕进想。为人端庄静重,谈论畅达笃实,所言皆敬身明伦之要、应世处事之方。……君生绍定壬辰九月中旬之七日,终延祐戊午二月上旬之四日。……陈焕文以邓文所具事行来

曰……予不辞而铭。"(吴澄《故复轩居士吴君墓志铭》,《吴澄集》,第1531—1532页)

吴澄作《送邵文度仕广东宪府序》。

按:《送邵文度仕广东宪府序》是为邵宪祖作。邵宪祖乃1317年江浙行省乡试贡士,是年会试失利,恰逢朝廷恩赐下第士人官职,"俾从事广东宪府",吴澄因作《送邵文度仕广东宪府序》以赠行:"上饶邵宪祖文度,先世擢儒科者累累,文度以其家传《易》学中延祐四年乡贡,次年会试于京师,未能成进士,退归。既而宪台嘉其才,俾从事广东宪府。人谓文度世科之盛、才名之美,屈之仕僻壤、践卑位,若非其所宜处。而文度裕然无不怿之意,其殆有悟于《易》之变通,能随所在而安之者。古之君子之未遇也,或乘田,或委吏,或抱关击柝,或仕于伶官,悉皆安之而不辞。宪属,清流也,有权有势,人多贵之、荣之,非如乘田委吏之浊、抱关击柝之贱、仕于伶官者之辱也,则随其所在,而为其所得为,固儒者之安于命,安于义。近年宪府之选其属者,必不产于荆、扬者始与其选,盖疑荆、扬之人轻狡险黠,未易制御,故摈斥不用,而仅得以周旋于岭海之间。夫人才苟可用,随地皆可;苟其不可用,则无处而可。岂有不可用于彼,而犹可用于此者哉?三道之宪,独非朝廷之宪乎?二广之民,独非朝廷之民乎?而何其待之以轻重厚薄也?虽然,所重、所厚之处,其所选、所用果能尽得其人乎?不论其人之何如,而惟论其地之所产,何耶?噫!风宪之职不轻矣。下不能以其上之心为心,属不能以其长之心为心,其所以非诸人者往往不能无诸己。居其上、为之长者不欲章其家之丑,则不得不护其子之短,如是,复何所忌惮哉?文度之往,其必颖然有以异于辈俦,使人知儒者之所为果非常人所可及,亦使用人者知其不用之人未必皆劣于其所用者也。"(《吴澄集》,第622—623页)

元廷诏令江西行省刊刻郝经所著《三国志》、《陵川文集》等。

按:元刊延祐本《江西等处行中书省札付》:"延祐五年(1318)五月初九日,奉江西等处行中书省札付,准中书省咨集贤院呈:延祐四年十二月初五日,也可怯薛第二日,嘉禧殿内有时分,对速古儿赤、明里董瓦、学士喜春等,有来本院官陈大学士奏:'郝伯常学士做国信使入宋讲和去时,于真州拘留了十六年间,作了一部《续后汉书》,并他平日作来的文章《陵川文集》。这两部书,中书省交江西行省,有管下学校钱粮内,开板去了也。奏。'呵奉圣旨:'您与省家文书交疾忙了者么?'道:'圣旨了也。钦此。'具呈。照详得此,咨请钦依施行。准此。省府仰依,已行开刊施行。奉此。"(《郝经集校勘笺注》附录,三晋出版社2018年,第3402页)

又按：元刊延祐本《中书省移江西行省咨文》："皇帝圣旨里，中书省礼部呈，奉省判：翰林国史院呈，照得先据经历司呈奉礼部符文，承奉中书省，判送本部，呈准尚书郭嘉议关。窃谓'士遇则致君泽民，功被一时；不遇则著书立言，名垂后世'。故翰林侍读学士、国信使、赠昭文馆大学士、资善大夫文忠郝公，以命世之才，为世祖皇帝所知。潜邸召见，置诸侍从。中统御极（元世祖中统元年，宋理宗景定元年，1260），即命讲好使宋，拘留十有六年，至元乙亥（元世祖至元十二年，宋恭宗德佑元年，1275）始得归国。凛然风节，远配古人。将被大用，以宿瘴而卒。其平日著述，如《三国志》，黜曹魏而主刘蜀，使正统有归，吻合朱文公《通鉴纲目》笔法，一洗前书之谬误，是诚有补于世教。又如《春秋外传》、《一王雅》、《陵川文集》等书，学者愿见而不得。似此遗稿，家藏尚多。不幸其子山南江北道肃政廉访使文征早卒，伏虑前书，久而散失，良可惜也。如蒙朝廷允许，于怀州本家取发前来，付翰苑披详，发下板行。庶使一代儒宗雄文杰作不至湮没，传之将来，以见圣治文明之盛。是则非惟死者之幸，实后学之幸也。请转呈都省，照详施行。本部参详，如准所言，将郝文忠公遗文裒集梓行，诚有补于世教。具呈照详。覆奉都堂钧旨：'送礼部，依上施行。'奉此，行据怀孟路申，今将《陵川文集》并《三国志》，申解前去，乞照验事，省部仰照验，议拟施行。承此具呈。照详得此，除将发到《陵川文集》一十八册，《三国志》三十册，送付编修官蒲道源等考校。去后，今据待制赵穆、编修官蒲道源等官连呈：'文忠公郝经所著文集，笔力雄深，议论该博，忠义之气蔼然见于言意之表。其《续汉书》得先儒之至论，黜晋史之帝魏，使昭烈上系汉统，扶立纲常，有补世教。其间叙事典赡核实，多前史所未及者。若蒙呈达都省，行下书坊，版行传后，非惟使斯人生平精苦之志，有以表见于世，亦示我国朝之有人焉。呈乞照验。'得此，翰苑议得：'如准待制赵穆等所言，相应除将前项文集，依数发付礼部，依上施行。'外，得此，奉都堂钧旨：'送礼部，照拟施行。'奉此，本部参详，郝文忠公著述《三国志》、《陵川文集》等书，既翰林国史院考校，得堪以板行。相应得此，南行省所辖儒学钱粮多处刊行。相应得此，今将前项文集，随此发去都省，合行移咨，请照验行下。合属，依上委官提调，如法刊毕，各印二十部，装褙完备咨来。"（《郝经集校勘笺注》附录，第3402—3403页）

赵孟頫五月奉敕为杨叔谦画、本人题诗的《农桑图》作序。

按：自忽必烈至元二十三年（1286）设立大司农司，元廷对于农业都给予原则上的重视，在忽必烈时代曾召集大臣编撰《农桑辑要》。仁宗即位后，颇为重视农桑，曾令人作《七月图》赐予东宫太子，并屡屡降旨要求设劝农官。《农桑图》乃回回杨叔谦根据大都风俗，以十二月为序，分农桑为二十幅图，赵孟頫在图边附诗，又由翰林承旨阿怜帖木儿用维吾尔字翻译于左边以便皇帝观览。

又按：赵孟頫《农桑图序》："延祐五年四月廿七日，上御嘉禧殿，集贤大学士臣邦宁、大司徒臣源进呈《农桑图》，上披览再三，问：'作诗者何人？'对曰：'翰林承旨臣赵孟頫。''作图者何人？'对曰：'诸色人匠提举臣杨叔谦。'上嘉赏久之，人赐文绮一段、绢一段，又命臣孟頫叙其端。臣谨奉明诏。臣闻《诗》、《书》所纪，皆自古帝王为治之法，历代传之以为大训，故《诗》有《七月》之陈，《书》有《无逸》之作。《七月》之诗曰：'三之日于耜，四之日举趾，同我妇子，馌彼南亩。'又曰'十月获稻'，又曰'十月涤场'，皆农之事也。其曰'女执懿筐'，'爰求柔桑'，'蚕月条桑'，'八月载绩，载玄载黄'，皆妇工之事也。《无逸》之书曰：'君子所其无逸，先知稼穑之艰难，乃逸。'二者，周公所以告成王，盖欲成王知稼穑之艰难也。钦惟皇上以至仁之资，躬无为之治，异宝珠玉锦绣之物，不至于前，维以贤士丰年为上瑞，尝命作《七月图》以赐东宫，又屡降旨设劝农之官。其于王业之艰难，盖已深知所本矣，何待远引《诗》、《书》以裨圣明！此图实臣源建意，令臣叔谦因大都风俗，随十有二月，分农桑为廿有四图，因其图像作廿有四诗，正《豳风》因时纪事之义。又俾翰林承旨臣阿怜帖木儿用畏吾儿文字译于左方，以便御览。顾臣学术荒陋，乃过蒙圣奖，且拜绮帛之赐。臣既叙其事，下情无任荣幸感恩之至！"（《全元文》第19册，第83页）

柳贯作《护国寺碑》。

按：柳贯《护国寺碑》载："延祐五年，岁在戊午，皇姊鲁国大长公主新作护国寺于全宁路之西南八里，直大永庆寺之正，以为摩诃葛剌神专祠。亦既考成，命某篆其事于碑。某谨按，摩诃葛剌神，汉言大黑神也。初，太祖皇帝肇基龙朔，至于世祖皇帝，绥华纠戎，卒成伐功，常隆事摩诃葛剌神，以其为国护赖。故又号大护神，列诸大祠，祷辄响应。而西域圣师太弟子胆巴，亦以其法来国中，为上祈祠，因请立庙于都城之南涿州。祠既日严，而神益以尊。方王师南下，有神降均州武当山，曰：'今大黑神领兵西北来，吾当谨避之。'及渡江，人往往有见之者。武当山神，即世所传玄武神，其知之矣。然则大黑者，于方为北，于行为水，凝为精气，降为明灵，以翼相我国家亿万斯年之兴运，若商之辰星，晋之参星，耿耿祉哉，焉可诬也。全宁，东北京师千二百里，其地当芦川之上，淮安、甘泉二山之间。阴幽之气，渟蓄萃结，其食兹土，非神孰宜？今大长公主之在藩，首崇是祠，使为其法者，严事如式。夫以昭承圣祖悊祀之宏猷，导迎两宫钦祠之洪贶，而岂私福也哉！《礼》所谓不越望而祀者，神固足以当之矣。宜乎神之监之，垂休锡羡，以燕贻后之人与国无极。其词曰：阴阳聚散交屈伸，二气合一一乃神，下维山川上星辰，阳明阴幽理诚陈。北方有神镇天垠，大黑之气为形身，神来乘刚飚两轮，飞龙中天逢圣人。元会运世此一新，翊扶不啻臣与邻，弓戈所指宇无尘，西开滇蜀南荆闽。乾清坤宁物物春，神顾作主歆明禋，帝姬封鲁大国均，皇祖有训式克遵。辟祠藩邑肖像真，用其法祀严昏晨，玄玉置琪瑶为茵，鼍皮叠皴和以锌。神兮监德响然臻，昭其灵赆来缤缤，天子垂拱坐严宸，戚王继世仁如麟，千秋万岁宜人民。"（《全元文》第25册，第348—349页）

袁桷作《兴福头陀院碑》。

按：袁桷《兴福头陀院碑》载："兴福院，在都城保大坊北。院既成，其主僧尼舍尘，以其状来谒。曰：'舍尘王姓，膠州即墨人也，家世素奉佛。今之言佛教有三：禅以喻空，教以显实，律则摄其威仪。禁妄绝非，鼎立以陈。融会莫究，惟头陀教。吾佛宣演，形色自然。汨其纷华，而悲恼集焉。外守或懈，内持益离。参而范之，将释诸尘，以成安乐。若是者，诚有端绪矣！教始于西竺，盛于齐梁，皇元建国，今其教凡十传。舍尘始与其徒刘普照，誓志游京师，刻意问道。日唯一食，精严自牧。以劳役为调伏，菲薄为精进。草芨安寄，束身坚忍。至元中，今平章政事王公毅、枢密副使吴公珪、福建宣慰使李公果见而异之，始买今院地。至大德□年，平章政事贾公某迓院居，审舍尘积行无退意，遂与其夫人林氏引见于皇后。下教出财帛，建其殿曰'慈尊'。俾开府知院月鲁公暨贾公奏其事于皇帝、皇太后，咸曰：'可。'其悉以皇后私府输助之。延祐五年院告成，复奉宸旨禁护，而掌其教者，锡名'清修妙行'以褒美之。是役也，斋庖庑室，皆舍尘所鸠建。尝谓释氏之说，福田利益，姑警诱盲骏。若曰：'离爱辞荣，非感物而动者也。真性虚湛，奚假于外？'则其说近矣。词曰：粤昔能仁，蝉蜕侈华。绵缊泰始，雪霜励磨。厥性眇微，五采眩诃。毁形坏衣，其仪不颇。空假广陈，荡忿斯病。佩规带衡，迄莫内省。兹惟艰哉，爰参以竟。恼由乐积，烦以欲骋。除彼垢纷，曰执中无竞。女德效坤，静于鸿蒙。维大雄是师，头陀是宗。人悯厥劳，熙然以充。善士日来，格于群公。三宫清穆，昭事孔肃。鉴观宇县，作极锡福。夸荣逐魂，是究是度。秉持法权，俾民不黩。伊教之兴，泊然缵承。千甓固室，百礎栱楹。式尊其初，匪维诞矜。戒尔后人，战兢永宁。"（《袁桷集校注》，第1258—1259页）

宋本作《舶上谣送伯庸以番货事奉使闽浙》。

按：由宋本的钱别诗题《舶上谣送伯庸以番货事奉使闽浙》可知马祖常出使泉州事。宋本《舶上谣送伯庸以番货事奉使闽浙》十首：

"江华江月要才情，多病堪怜马长卿。莫向都门折杨柳，帝乡春色不南行。

　　流球真蜡接阇婆,日本辰韩蕰貊倭。番江去时遗矿石,年年到处海无波。

　　朱张死去十年过,海寇凋零海贾多。南风六月到岸酒,花股篙丁奈乐何?

　　涌金门外是西湖,堤上垂杨尽姓苏。作得吴越阿谁唱,小卿坟上露兰枯。

　　旧时家近黑桥街,三十余年不往来。凭仗使君一问讯,杨梅银杏几回开?(予以至元廿六年出杭,故居东南隅四条巷旁,有桥名黑桥。居有杨梅、银杏二树,在巨井上)

　　闽中父老白髭须,老子风流记得无?昔日郎君骑竹马,如今使者驾轺车。(伯庸之先尝仕闽中)

　　素馨花畔十八娘,炎云瑞露酌天浆。一日供厨三百颗,使君馆券莫支羊。

　　薰陆胡椒腽肭脐,明珠象齿骇鸡犀。世间莫作珍奇看,解使英雄价尽低。

　　东海澄清南海凉,公厨海错照壶觞。郎君鲞好江珧脆,水母线明乌贼香。

　　明年归路蹋阳和,缺胯轻衫剪越罗。春风通惠河头路,还与官家得宝歌。"(《马祖常集》,第296页)

　　萧㪺卒。

　　按:萧㪺(1241—1318),字维斗,奉元路咸宁人。儒学学者。读书终南山下,三十年屡征不应。卒谥贞敏。《元史》称他"博极群书,天文、地理、律历、算术,靡不研究",著有《勤斋集》及《三礼说》、《三礼记》、《小学标题驳论》、《九州志》等。事迹见苏天爵《元故集贤学士国子祭酒太子右谕德萧贞敏公墓志铭》(《滋溪文稿》卷八)、《元史》卷一八九、《元诗选·癸集》乙集小传。

　　刘敏中卒。

　　按:刘敏中(1243—1318),字端甫,号中庵,济南路章丘人。至元十一年(1274),任监察御史,大德七年(1303),为宣抚使巡行诸道,大德九年(1305),任集贤学士。卒赠光禄大夫、柱国,追封齐国公,谥"文简"。著有《中庵集》二十卷、《平宋录》。事迹见曹元用《敕赐故翰林学士承旨赠光禄大夫柱国追封齐国公刘文简公神道碑铭并序》(元统间刻本《中庵集》卷首)、《元史》卷一七八、《大明一统志》卷二二、《元诗选·癸集》丙集小传。

拉施特丁卒。

按：拉施特丁(Rashid al—Din,1247—1318),起初担任伊利汗国的御医,后于1297年受合赞汗赏识任伊利汗国丞相。合赞汗过世以后,拉施特丁继续奉职继任可汗完者都汗。拉施特丁的政敌、另一宰相阿里沙进谗于不赛因汗,拉施特丁被罢免,阿米尔楚邦统治期间,拉施特丁曾重获职务,但最终仍获罪被处以腰斩。拉施特丁起初信奉犹太教,后来改宗伊斯兰教。拉施特丁一生著作丰富,尤其是《史集》影响深远。

程钜夫卒。

按：程钜夫(1249—1318),讳文海,号雪楼,又号远斋,建昌路南城县人。咸淳三年(1267)从学于临汝书院程若庸,为吴澄同学。至元十二年(1275)随叔父程飞卿以建昌城降元,至元十三年授宣武将军、管军千户,至元十六年"除应奉翰林文字、朝列大夫",至元二十三年(1286)改集贤直学士、少中大夫,受命为嘉议大夫、侍御史,行御史台事,并前往江南诸道访求贤俊,得万一鹗、余恁、赵孟頫等人。后为福建闽海道肃政廉访使,大德八年(1304)除翰林学士、知制诰、同修国史,皇庆二年(1313)参议科举之法,延祐三年(1316)以疾南还,五年卒于家。著有《雪楼集》三十卷。生平事迹见于何中《翰林学士承旨光禄大夫知制诰兼修国史程公行状》、危素《大元敕赐故翰林学士承旨光禄大夫知制诰兼修国史赠光禄大夫大司徒上柱国追封楚国公谥文宪程公神道碑铭》、《元史·程钜夫传》等。

元仁宗延祐六年
己未　1319年　71岁

李孟复任翰林学士承旨、知制诰、兼修国史。

按：黄溍记载："公频年扈从上京，数以衰病不任事，乞归田里。六年，乃从所乞，解其政柄。复授翰林学士承旨、知制诰、兼修国史，散阶勋爵如故。公既退居散地，日以文史自娱。"（黄溍《元故翰林学士承旨中书平章政事赠旧学同德翊戴辅治功臣太保仪同三司上柱国追封魏国公谥文忠李公行状》，《全元文》第30册，第43页）

元明善自翰林侍读出参湖广省政事。

按：吴澄《元赠中奉大夫吏部尚书护军清河郡元孝靖公神道碑》载："延祐己未，参政自中书参议再为翰林侍读，自翰林侍读出参湖广省政事。"（吴澄《元赠中奉大夫吏部尚书护军清河郡元孝靖公神道碑》，《吴澄集》，第1271页）

吴澄春留金陵，与成用大往来。

按：吴澄《赠成用大序》载："成用大于时流靡不交，于时务靡不达，盖亦有用之士。延祐六年春，自和州来，与予遇于金陵，欲学《易》。予告之曰：《易》在我，不在书也。坚子之志，充子之才；敛藏其精神，专一其智虑，先之以小学之明伦敬身，继之以大学之穷理慎独。夫如是，可以为士矣。……子欲学《易》，于此深思之。"（《吴澄集》，第651页）

吴澄过金陵遇昔日国子学生、现江南行御史台掾王思恭作文以赠之。

按：王思恭为时平章政事王毅之子，此时他任江南行御史台掾，吴澄作《赠王士温序》。文载："古者公卿大夫之子，凡未仕必学。学以明义理，仕以行政事。所明者本，所行者用也。本之所培者深，则用之所达者优。予处国子监时，今平章政事王公伯弘（即王毅）之子思恭为国子学生。予去官七年，道过金陵，而思恭为行御史台掾。学于国学者，学义理也；仕于宪台者，学政事也。朝廷大臣苟欲官其子，即日可跻崇显，不待议而升也。平章公固抑其子,俾就劳职,躬细务,此其远识,岂常流所能及哉!思恭质粹美行醇谨,无贵游骄惰之态,学之所造、仕之所到,未可量也。……予在京见平章公,在此见中丞赵公,位既穹,年既耆,而且孳孳焉好学不倦,况子年犹少也,位犹下也,其力于学当何如也?"(《吴澄集》,第673—674页)

　　吴澄与赵简相识,作《墨诗寿赵中丞》。

　　按:吴澄《赠王士温序》曾提及,他今年居金陵时,识得中丞赵公。考此赵公即御史中丞赵简:"予在京见平章公,在此见中丞赵公,位既穹,年既耆,而且孳孳焉好学不倦,况子年犹少也,位犹下也,其力于学当何如也?"(《吴澄集》,第673页)吴澄《墨诗寿赵中丞》载:"老松换骨德玄玄,来寿人间柏府仙。描写精神长照世,发挥光彩上通天。一真不受丹青变,百物难磨铁石坚。耐久结交浓淡等,清名留取共千年。"(《吴澄集》,第1812页)

　　吴澄五月初二作《蛾眉亭重修记》。

　　按:吴澄《蛾眉亭重修记》载:"姑熟之水西入大江,其汭有山突起,曰采石,横遏其冲。江之势撞激啮射,浩荡而不可御;山之骨峻削刻露,巉绝而不可攀。其下有几,曰牛渚,晋温峤侍峤然犀烛怪之所也。其上有亭,曰蛾眉,宋元祐张守环之所创也。俯眺淮甸,平睨天门,一水中通,三山旁翼,修曲如蛾眉状,亭之所以名也。据险而临深,凭高而望远,水天一色,景物千态,四时朝暮,变化不同,虽巧绘莫能殚也,濒江奇观未能或之双者。元祐至今余二百年,亭嗣葺盖亦屡矣。延祐五年秋,予舟过之,又得寓目,而慨亭之将敝也。明年夏,留金陵,姑熟郡侯命其客持书抵予曰:'……重修岁月不可以无述,敢征一言。'惟侯尝仕江西行省,绰有令誉。其牧郡也,廉正如江西时,声实孚于上下,郡事治而心思靡所不周。一亭之微,可以观政。他日郡民思之,触目皆遗爱也,岂特四方来游、来观之人啧啧叹美而已哉?……侯名铁柱,亚中大夫、太平路总管、翰林学士承旨司徒公之子也。是岁五月丙辰记。"(《吴澄集》,第945—946页)

　　又按:吴澄此文后以碑文形式立于蛾眉亭旁,王沂后登蛾眉亭见吴澄此文,作诗称赞吴澄文章之雄,作《登李白捉月之亭访温峤燃犀之所览草庐吴先生蛾眉亭记宋漕使韩南涧元学士欧阳圭斋乐府李溉之长歌慨然有赋》诗:"牛渚矶头捉月亭,古今临眺总文星。风流往事凭谁问,天上飞仙醉不醒。""吴氏雄文久勒碑,韩欧乐府世称奇。淋漓醉墨长歌好,尤忆山东李溉之。"(《全元诗》第58册,第202页)

　　吴澄七月十一作《建康路三皇庙记》。

　　按:吴澄《建康路三皇庙记》载:"自天开地辟,而万物生,人与飞走草木、翾狨莽苍混为一区。不有大圣者作,君之师之,其何以得生其生,而自异于羽毛鳞介之伦哉？鸿荒以来，载籍莫考。盖不知几千万年，而有伏羲氏、神农氏、黄帝氏，仰观俯察，画卦造《易》，实开人文民用之先。医药方伎肇端发源，又在十三卦备物之外。三圣人之有功德于人也，其犹天地欤？夫有功德者必有报。能定九州而祀以为社，能殖百谷而祀以为稷，况三圣人与天地同其大者乎？古者旅上帝之礼，以五人帝配，所谓木德、火德、土德之君者，此三圣人也。祀之以配天，其尊不亦重乎？古礼缺废，唐开元间，三皇与五帝俱列庙祀。皇元新制：路、府、州、县医学立三皇庙，视儒学孔子庙等，可谓不忘三圣人之功德也已。建康，大会府也，江南诸道行御史台在焉。而三皇庙庳陋弗修，将及倾圮。台臣目之，谓弗称明时崇古重本之意，以监察御史言命有司修理。惟庙学地隘，弗堪展拓，于城中西北隅得官地十有余亩，宋时公馆旧址也。度之以度，衡之广八常有二尺，从之深三十有七寻有半。谕有司曰：'庙迁新基，宜得新构，旧木石其一切勿用。'乃市材鸠工，卜日兴役。既而御史公、荣禄大夫伯颜自京师至，御史中丞、资德赵公简，治书侍御史、奉政公帖木歌帅其属暨诸监察、诸从事，各捐俸钱以助，于是郡邑官吏以及医家以及士民莫不捐俸捐资，建康所辖一司二州三县悉来输力。延祐五年之冬肇创，而六年之秋且完。正殿中峙，前中门，后讲堂，以间计各七。中门之左右有塾，以间计各四。外门之楹六，东西两庑各七间，东西斋舍各九间。若庖、若廪、若便门亦各五间。崇峻宏敞，规制伟然，为江南诸郡之甲。又得官地若干顷，俾收其岁入，以充庙学春秋祭祀经费。盖非台察注意之专、郡邑奉令之虔，莫克臻于兹也。世谓风宪之官惟监临督察其务，夫孰知天地生民之所本、古今治道之所始，而有此远大之思者哉？窃尝论之，圣君贤相之心，欲民得生其生而已。遂民之生者陟之，是以有字牧之寄；贼民之生者黜之，是以有纠治之职。劝农桑，通商贾，俾之衣食余饶，财货阜通；励学校，明教化，俾之由于礼义，免于刑戮。凡为斯民计者，皆爱之而欲其生也。疾病疠疫，虑其无医药也，则惠民有局。犹以为未也，医有学，学有官，俾医流之习业一如儒流，幸其达脉病证治之因，审温凉寒热之用，而不误人以致枉夭。仁矣哉，是心也！推究斯民生生之初，而思三圣人之大功大德，为两间开物之祖。圣君定其制于上，贤臣承其意于下，殚其崇极以报本者，一以为民也。若曰壮丽其栋宇，设饰其像貌，以竦人之观瞻焉尔，则何足以知圣君贤臣之用心与？是役者，其名各书于碑阴。是年岁在己未，七月十有一日甲子记。"（《吴澄集》，第804—806页）

吴澄秋作《题赵中丞述眼医说后》。

按：据吴澄记载，他淹留金陵时，得观赵简所述《眼医说》，作《题赵中丞述眼医说后》。文载："道济天下而不有其功，施及群生而不祈其报者，此禹、稷、伊、周之用心，士大夫未必人人能若是也，而况技艺之家乎？古今之流，最莫秦越人之若也。其适周、适赵、适秦，随时改变，为老人医、妇人医、小儿医，以迎合其国俗，盖亦为利焉尔。故以轻身重财，则列于六不治之一，其志可知也。扁鹊犹然，则于俗医，庸何责？河南常光明，精专眼科。河北老儒李彦政双目失明，跬步无进。适相邂逅，恻然怜之，为之畀之药，而其疾顿减于昔，仿佛有见，遂能扶杖以行。艺既神矣，又且却所报而不受，厚感其德，拳拳不忘于心。延祐六年秋，客金陵，告之于其乡达尊中丞赵公。公嘉其人，以至笔之于书，而予亦得闻其事。噫！孰谓技艺之中有能若是者哉？使世之士大夫能以是心为心，则禹、稷、伊、周之心庶乎其不泯矣。彦政，儒之穷也；常光明，医之良也。救人之疾而不图其利，感人之德而不坠其名，二者皆厚之道也。寡情薄义之徒，受人再生之恩如父母，而亦旋踵忘之者，其心之厚薄为何如也？一观赵公之辞，而兼显二人之美，所谓一言而可以善风俗，其若公之言也夫？"（《吴澄集》，第1181—1182页）

又按：曹伯启有诗记此事，《常光明瘳李彦政既盲之目因缀一绝于中丞赵公序末》载："何处浮云翳太清，飞廉驱逐便开明。常君似是回天手，好藉余光老魏京。"（《全元诗》第17册，第397页）

吴澄在建康，或与邓文原相见。

按：据吴澄《元故中奉大夫岭北湖南道肃政廉访使邓公神道碑》载，邓文原由延祐六年（1319）任职江东道肃政廉访司事："明年戊午，佥浙西道肃政廉访司事。又明年己未，改江东道肃政廉访司事。至治壬戌，召为集贤直学士。"（《全元文》第15册，第391页）此年吴澄途经金陵时，极有可能与邓文原相处了一段时间，今存《题人瑞堂记后》，就有可能是这个期间所作。

又按：吴澄《题人瑞堂记后》载："皇上践位之初，翰林学士承旨刘公（按：刘赓）为国子祭酒。盖以望实选，不以品秩论。澄由国子监丞任司业，朝夕事公。公为官长，又年长，恂恂焉视予犹弟也。时公年六十有五，而公之父邢国公年八十有三，颜若童孺，气若少壮。予岁时执卑幼礼，及门致拜，必抑损下接，不自知其齿德之尊，煦煦焉待予犹子也。其明年，予移疾归田。虽邈在大江以南数千里之外，而公一身之信厚，一家之善庆，寤寐常佩服于衷也。越七年，邢国年九十。皇上敦老老之仁，特旨锡燕。三宫颁赏，恩贶渥洽，朝臣咸至称寿，文臣各为赋诗，而平章政事李公序之，布宣上意，为邢国为人瑞。承旨于是以'人瑞'名其堂，而翰林待制邓侯记之。一时宠荣福祉之隆，君臣父子之懿，宾客僚友之集，京都相传，以为盛事，诚旷代所希有者。予不获供给使令其间，而于江南窃睹邓侯所作堂记，为之三复，祗叹而志其后云。"刘赓父亲刘懋受元仁宗锡宴赐杖一事发生于延祐五年（1318），时任翰林待制的邓文原作《人瑞堂记》记载了此事,随后不久,邓文原出为浙西道肃政廉访司事,又改任江东道,吴澄在邓文原处看到了他创作的《人瑞堂记》,故有此题作。(《吴澄集》,第1183—1184页)

又按:元仁宗锡宴赐杖刘赓九十岁父亲事,柳贯《刘愨谥孝靖》载:"谨按故司徒邢国公刘愨,以文献公为之父,以承旨公为之子,人门之美,有称于时。而公以耆俊,介居其间。知谨身之为孝,约己之为安。黄发庞眉,享有乐康,合于仁者必寿之义矣。……方其晋长词垣,属仁宗皇帝恢弘孝治,惇右文儒,而公既跻上寿,遂以一品爵秩,即家授之,以为公荣。洎登九十,命大臣按修故事,锡宴赐杖,儒臣作为诗歌,又敕光禄日给尚醖,所以示尊礼高年之意,休矣盛哉!越三年公薨,英宗皇帝宠之赗禭,朝士引绋,返葬故丘。生荣死哀,固无遗憾,而《礼》重易名,考德揆行,厥有攸司。谨按谥法,尊仁安义曰'孝',宽乐令终曰'靖',请谥曰'孝靖'。"(《全元文》第25册,第118页)

又按:苏天爵《元旌表孝行刘君墓碣铭》载:"故翰林承旨刘公赓,以宿德雅望,久在朝著,搢绅推服,适与君同里闬,熟君之行,登名于朝,朝议是之。礼部符下,表其门曰'孝行'云,延祐五年正月也。是时天子方以孝治天下,而刘公年已七十,为国耆老。其父孝靖公,年九十余,天子重其高年,数遣使即其家,赐以币帛酒醴。一时敬老兴化之意,诚太平之盛典也。故刘公一言,而君遂承旌命,海内闻之有不兴起者欤!《礼》曰司徒养耆老以致孝,讵不信夫!"(《全元文》第40册,第373页)

吴澄八月为黄泽作《易学滥觞春秋指要序》。

按:据吴澄记载,他在立秋后四日为黄泽《易学滥觞》、《春秋指要》二书作序。吴澄《易学滥觞春秋指要序》载:"楚望父(即黄泽)之注经,其志可谓苦矣。《易》欲明象,《春秋》欲明书法,盖将前无古而后无今。时出其所得之大概示人,而全注未易成也。每以家贫年迈,弗果速成其注为嗟。世亦有仁义之人,能俾遂其志者乎?予所不能必也。道之行与?命也。爱莫助之,永叹而已。延祐第七立秋之后四日,临川吴澄书于《易学滥觞》、《春秋指要》之卷端。"(《全元文》第14册,第418页)

吴澄在江州,为黄泽《六经辩释补注》作序。

按:据黄泽记载,他在延祐年间居家江西九江,"闭门授徒以为养",德化县王子翼在延祐五年(1318)刊刻了他的《六经辩释补注》:"延祐五年,东平王子翼始为刊《六经辩释补注》"(黄泽《易学滥觞后序》,《全元文》第21册,第709页)吴澄南还路过江州路,与黄泽相遇,赵汸《黄楚望先生行状》载,吴澄为黄泽《六经辩释补注》作序:"当是时,惟临川吴文正公《辨学正谊》尽通诸经,最为知先生者。尝拜集贤之命至扬而还,养疾九江濂溪书院,

见先生所著《易学滥觞》、《春秋指要》,心大善之,题其卷端。"(《全元文》第54册,第379页)

又按:吴澄《六经补注序》载:"先圣王之教士也,以《诗》、《书》、《礼》、《乐》为四术。《易》者,占筮之繇辞;《春秋》者,侯国之史记。自夫子赞《易》、修《春秋》之后,学者始以《易》、《春秋》合先王教士之四术而为《六经》。经焚于秦,而《易》独存;经出于汉,而《乐》独亡。幸而未亡者,若《书》、若《礼》,往往残缺,惟《诗》与《春秋》稍完而已。汉儒专门传授,守其师说,不为无功于经。而圣人之意,则未大明于世也。魏、晋而唐,注义渐广。至宋诸儒,而经学之极盛矣。程子之《易》,立言几与先圣并,然自为一书则可,非可以经注论。若论经注,则朱氏《诗集传》之外,俱不能无遗憾也。后儒于其既精既当者,或未能哜味其所可取,则于其未精未当者,又岂人人而能推索其所未至哉!予尝于此重有慨焉,而可与者甚鲜也。蜀儒黄泽楚望,贫而力学。往年初识之于筠,今年再遇之于江。读《易》、《诗》、《书》、《春秋》及《周官》、《礼记》,悉欲为之补注。补注之书未成,而各经先有辩释。宏纲要义,昭揭其大,而不遗其小,究竟谨审,灼有真见。先儒旧说,可从者拳拳尊信,不敢轻肆臆说以相是非。用功深,用意厚。以予所见,明经之士未有能及之者也。晚年见此,宁不为之大快乎?楚望不轻以示人,而德化县令王君乃为锓梓以传。予叹美之不足,因以谂于学者。盖于诸经沈潜反覆,然后知其用功之不易、用意之不苟云。"(《吴澄集》,第408—409页)

吴澄或在此年与吴此民交往,作《题西斋倡和后》。

按:吴澄宗弟吴此民在程钜夫去世的1318年前,曾待选京师,得到时任翰林修撰的张埜赏识,二人倡和之诗词共五十余篇。吴此民得官南还后,将这些诗词编作《西斋倡和》,请张埜作序引。吴此民本是江州景星书院山长,故极有可能是吴澄在江州的这一年,正好遇到南还的吴此民,后者出示了《西斋倡和》,吴澄因之作《题西斋倡和后》。

又按:吴澄《题西斋倡和后》:"宗弟此民教授待选留京师,张野夫修撰宾而师之。野夫家世真儒,诗词清丽,固风尘表物。暇日主宾吟咏,多至累百。盖其意气相似,才力相当,云翻川鳞不足以喻其适,是以无倡而不和也。余在京师时,察其交道,与苟合强同者辽绝。宾之忠直,主之爱敬,始终如一而不渝。此民得官南还,依依而不忍别。追录主宾倡和之什,犹存五十余篇,野夫为之引,恻然兴风俗日衰、师友道缺之叹。呜呼远矣!古之吟咏,所以厚伦而美化,言辞声音云乎哉?凡今之交,有如二君者乎?余将进之。"(《吴澄集》,第1080页)

吴澄此年得胡炳文书信。

按：据胡炳文记载，他在七十岁时向吴澄写信，告知后者他们在安徽建设的明经书院，以及自己撰写的《四书通旨》大义，期待吴澄为他订定《通旨》。胡炳文七十岁时为延祐六年（《〈云峰胡先生文集〉校注》卷九，第222—223页）。

又按：胡炳文《与草庐吴先生书》载："某年月日，新安后学胡炳文谨斋沐奉书于司业草庐先生：阁下尝谓天地间无非道，六经之文，所以载道者也。必有人为之宗主，然后斯道始有所托，而明经之学传焉。自濂、洛、关、闽以来，鲜其人矣。仰惟阁下襟怀风清而月白，度量春育而海涵，以作人才、明经学为第一义。惟兹书院之设，淀效其力，炳文效其谋，辛勤十余年乃成，成亦既十余年矣。不幸淀已死，临绝以此事为嘱，其志盖可尚而亦深可悲也。其规则：田三之二为春秋丁祭、山长俸给，三之一开义学。盖恐山长未必皆能兼训导，姑徇其名以期永久，而义学则敦其实也。……尝为《易启蒙通义》，又尝集诸家《易》解有合本义者为《通释》。又尝为《六爻反对论》及《二体相易论》，凡六十篇，皆已成书。又尝以《四书纂疏》及《集成》所纪或失之泛，或失之舛，不自量，为会其同而辨其异，名曰《四书通旨》。长文未脱稿，更一年当可就也。以上诸书，必将来经阁下订定，然后敢以示人。如蔡氏《书传》，当时不有子朱子，后世安知有蔡氏哉？《本义通释》则郭文卿守浮梁时为刊其半，出之太早，炳文今悔之无及也。刊本今以呈似，中有缪戾，阁下削之绳之，幸甚幸甚。……独念柳子厚云人生少有六七十者，炳文今七十矣，知复有几寒暑在人间？百念灰冷，一无所求，惟了书院一事，死可无恨。不然，成于今或毁于后，后之人必怨炳文，詈炳文，曰炳文之于阁下辱知之深、爱之厚如此，阁下之学非记诵词章之学而本于经者如此，阁下之政非簿书期会之政而本于教者如此，其所以为教又皆本于经如此，当时可言不一言，而书院乃今至于如此。炳文之罪，将奚以自赎哉？此炳文之所深惧而深有望于阁下者也。"（《全元文》第17册，第89—91页）

吴澄九月十五日再收到胡炳文书信。

按：九月十五日，胡炳文再作《代族子淀上草庐吴先生求记明经书院书》，请求吴澄为明经书院撰写记文。文载："九月十五日，新安后学胡淀谨再拜奉书于司业草庐先生师席：……婺源，文公父母邦。礼以义起，黎明舍菜，竣事，复再拜而作是书，惟先生其鉴之。淀初谓六经者圣人明天下后世之大经，以经天下万世者也。其体全体，其用大用。六经未作，六经之理在天地化育中，在圣贤事业中。六经既作，天地万物之蕴，圣贤之心、之事业，又在六经中。三代以上，经未全而经之道行。秦火而后，经不全而经之道弥破。至明道、宝元间,安定先生始教人明经学,然后为士者稍知经有体有用。既而明于伊洛,大明于我新安。经非不明也,然学者沦于旧习,非绝类离伦以为高,则以希世取宠而安于卑,于是经学始若无用于天下。近年以来,科举未兴,学者但知临晋帖、诵晚唐诗,笔迹、声气稍似之,哆然以士自名,漫不知经学为何事。淀新安晚出,于道未有通晓,然自我明经翁以来十四世矣,经学之晦也,不能不朝夕以为忧。辄不自量,创书院,扁曰'明经',三年始底于成,告于有司。又三年,始从所请。延明师膳养讲肄,日以为常,远近来者如归。逾年,科举诏下,新班第一场明经题。书院是扁,若逆知天意而为之者。天相斯文,其在兹乎?然非大手笔记,恐无以诏方来、传永远也。仰惟先生道高而器弘,经明而文古。监学坐皋比,天下士皆想慕其风采。及幡然而来,又莫不钦仰其德义。《易》讲所传仅一二,如明阖辟,往来如神物分合之妙。明经如此,真可谓'明经'也。记我'明经',微先生其谁归?欲望师慈特挥名笔,发六经全体大用之妙,俾学士有所觉悟,一扫旧习,可以继绝学,可以开太平,经遂不为无用于天下,其所关岂浅浅哉!创造缘由并族父炳文上梁文谨用拜呈。"(《全元文》第17册,第88—89页)

吴澄有《答胡主簿淀书》回复。

按:吴澄作《答胡主簿淀书》回复胡炳文,文载:"澄异时道经南剑,访延平李先生遗事,往往得文字所不载、世人所未闻者,至于今欣欣焉不忘。新安,朱子父母邦也,百余年间,君子之泽未斩。或识其大,或志其小,应有足征之文献。尝欲一至,省想流风,以起予高山景行之思,而未能也。足下显扬世美,创建家塾,远惠书札,陈谊甚高,此区区之所乐闻。然近年所在增置书院不一,初若可嘉,要其成绩,卒无可纪,虚设其名而已。足下其与敬教授详虑审处,延礼名儒,招集俊士,精勤修习,于其中真实用功。俾数年之后,果有明经者出,践今所言,偿今所志,是乃无忝于先师,有光于先世,而亦区区之所愿见也。记文就附汪簿遣达,谨此谢来施之辱。"(《吴澄集》,第264页)

又按:吴澄《明经书院记》:"六经之道如丽天之日月,亘古今常明者也。夫明者在经,而明之在人。圣途榛塞,俗学沉迷,人之能明之者鲜矣。汉明经专门,其传授也,章句、训诂而已。唐明经专科,其对问也,文字、记诵而已。宋初学究即唐明经也,后罢学究,而进士改习经义。名非不嘉,要亦不过言辞之尚。逮其体格之变,至宋之季年而敝极,识者慊之。新安胡氏之先,唐末有以明经举者,十四世孙淀建塾于始祖读书之所,日从其父暨诸父讲学其间。既而病其湫隘也,乃与弟澄、族父炳文议改筑西山之麓,为屋数百楹。右先圣燕居之殿,左诸生会讲之堂。又其左斋庐四,又其前二塾,扁曰'明诚'、'敬义'。山巅构亭,据高望远。经始于至大庚戌,落成于皇庆壬子。界之土田,输其岁入,以养师弟子。淀所界以顷计者三,澄所界以亩计者五十。知州黄侯惟中命炳文掌教事,彰既往之美,贻方来之谋。请于上,而以'明经书院'名。逾年,贡举制下,取士务明经学,与所名若合符契。介其乡人乐安主簿汪震祖来言,俾记其始末。余谓明经之名一也,而其别有三:心与经融,身与经合,古之圣人如在于今,此真儒之名经也;句分字析,辞达理精,后之学者得稽于古,此经师之明经也;帘窥壁听,涉躐剽掠,以泽言语,以钓声利而止,此时流之明经也。汉、唐未暇论,三代而下,经学之盛莫如宋。其有裨于经、可传于后者,奚趐数十家。泰山之孙、安定之胡,其尤也。所守、所行不失儒行之常,固其天质之异,抑其学术之正。于经可谓明已,而未离乎经师也。必共城邵子,必春陵周子,必关西张子,必河南二程子,而后为真儒之明经。盖其所明匪经之言,经之道也。嗣邵、周、张、程者,新安朱子也。《易》、《诗》、《四书》之说,千载以来之所未有。其书衍溢乎天下,况新安其乡,遗风余响犹有存而未泯者乎?然则胡氏振振之子孙、新安彬彬之俊秀,与夫四方来游、来观之士,睹书院'明诚'、'敬义'之扁,若何而明,若何而诚,若何而敬,若何而义。于心身必有用力之实,而于经也,岂口吟手披、寻行数墨而可以明之哉?噫!未易明也。忽之以为易,不可也;惮之以为难,亦不可也。志于斯者其思之,其勉之。思而通焉,勉而至焉,真儒明经之学复见于朱子之乡,不其伟欤?不然,知不实知,能不实能,漫漫焉曰明经,高则昔之经师,卑则今之时流而已。志于斯者思之哉,勉之哉!淀受初命主龙泉簿,炳文前长信州路道一书院。明经府君讳昌翼,所居曰考川,在婺源之北三十里。"(《吴澄集》,第791—793页)

吴澄十月寓江州濂溪书院。

按:虞集《行状》载:"六年十月,溯江州,寓濂溪书院。"(《全元文》第27册,第175页)危素《年谱》载:"六年己未留建康。十月,留江州,寓濂溪书院,南北学者百余人。"

又按:吴澄之孙吴当于四十年后作《先子讲道濂溪书院今四十余年》,以怀吴澄在濂溪书院讲道之事,诗载:"关雎麟趾久无声,谁共周官识治平。独抱遗经身已老,空山落月梦魂惊。江头风月夜萧萧,旅馆寒灯共寂寥。三月病来忘肉味,九天清夜听箫韶。春雨黄精似玉肥,东风漠漠紫山薇。饥来白石还堪煮,自叹时人服食稀。柳外郊墟旧战场,寒芜秋燐暮云黄。渐看三月莺花里,陌上新苗陇上桑。"(《全元诗》第40册,第176—177页)

吴澄在江州为城隍庙作记文。

按:吴澄《江州城隍庙后殿记》载:"旧江州城隍庙在郡东,东北民之祈祷不便。宋宣和壬寅,郡守迁于今所,岁久屋弊。淳祐乙酉,沿江制置使以其属帅郡民修完之,外门竖景福楼,巍然临乎通衢。有钱氏者,先世河北人,名安道,绍兴初,江淮招讨使张浚命之世掌城隍祠。其来孙大通攻阴阳方伎,涉三教绪言,熟诸人情世务,士大夫喜与游。病庙地窄隘,弗可以恢廓,勤力经营。市庙后地数亩,兴造寝殿,材巨工良,视前构有加。修广穹隆,与外楼称,翼以两庑,规制伟甚。家无铢两斗斛之储,好善乐施者相与捐资,以就其志。非其诚足以感于神,才足以动乎人,何以能壮丽其神之居,以至于此哉?皇庆壬子创始,延祐己未落成。值予过江州,大通请纪岁月。予嘉其为人,遂不辞,而叙古今祀典之大概,以俟后之议礼者考焉。"(《吴澄集》,第813页)

吴澄为黄璧尚古堂作记文。

按:吴澄《尚古堂记》载:"宜春黄元瑜,循循谨厚,处家处乡,未尝矫激以求异于人,而其尚自有与人不同者。若名、若利、若小术、若末伎,凡世人所好,一切不之尚。作堂于所居之偏,聚群书及法帖名画充牣其中,而扁其堂曰'尚古',予闻而嘉叹焉。盖人之所尚者今,而元瑜之所尚者古。彼尚今者,喜其快己,喜其炫俗,而笑尚古者之淡且迂,夫孰知淡中之至味、迂中之至乐哉?孟子言:'读其书,诵其诗,论其世,尚友古之人。'斯堂之名,于孟子之言有合也,其识不亦高乎?元瑜之所尚固已高于人,而予又为之次其品。法帖名画古矣,而未为古也,古者莫如书;书之有集、有子、有史古矣,而未甚古也,甚古者莫如经。《春秋》,古鲁史,非司马迁、班固以来之纪也;《仪礼》,古周制,非叔孙通、曹褒以来之仪也;《风》、《雅》、《颂》,古乐歌,非苏、李、张平子以来之五七言也;《书经》为上古之书,《易经》为三古之《易》,古莫古于此,孰有出其上者?黄氏之子若弟沉浸乎是,含咀乎是,因古经之辞,学古人之道,得古人之心,则居今之世,而与今之人异,此尚古以淑其子弟之效也,其与尚今以误其子弟,俾日趋而日下者,相去之远,奚啻九地之视九天也哉?元瑜名璧,为榷茶都转运司属官。在江州为予言其作堂之意,而予笔之以为记云。"(《吴澄集》,第931—932页)

又按:二十余年后,虞集再次为黄璧思本堂作记,其《思本堂记》云:"宜春黄元瑜氏,好古博雅,取所藏三代秦汉以来图书器物居于一堂,名之曰'尚古'。故翰林学士吴公为之记,而告之曰:'尚论古之人,莫如《易》、《书》、《诗》、《春秋》之为古也。'元瑜之所尚,孰有加于此者乎?噫!公之为元瑜言者至矣,其望于元瑜之所至者厚矣。……后二十有余年,元瑜使来告曰:'某以先世之余庆,出而食士之禄,归而有家于乡。顾吾族人昆弟子孙,其初本一人之身也。乃作"思本"之堂于居室之近,聚族人之为学者,饮食而教

之……'然后知元瑜之真有志于尚古者矣。"(《全元文》第 26 册,第 611—612 页)

吴澄十一月十日祭周敦颐墓。

按:揭傒斯《神道碑》载:"就金陵,过九江,拜周元公墓而归,北方学徒数十人,皆从之至家,留不去。"(《全元文》第 28 册,第 507 页)危素《年谱》载:"十一月庚寅,祭周元公墓。"危素《过周元公濂溪故宅》序云:"延祐中,先师留此数月。"(《全元诗》第 44 册,第 231 页)

又按:吴澄《祭周元公濂溪先生墓文》:"呜呼! 悟道有初,适道有途。先生之图,先生之书。昭示厥初,维精匪粗。坦辟厥途,维约匪纤。人生而静,所性天性。物感而动,所用天用。未量布帛,分寸在度。未程重轻,铢两在衡。风虽过河,水弗兴波。形虽对镜,镜弗藏影。动而凝然,静而粲然。唯一故直,唯一故专。道响绝弦,千数百年。学要一言,洙泗真传。有性无欲,有一无二。猗嗟效勖,久莫克至。先生之道,万世杲杲。展拜墓前,如亲见焉。庐山峙南,大江流北。仰之弥高,逝者不息。"(《吴澄集》,第 1675 页)

吴澄是年作《大瀛海道院记》。

按:吴澄是年得道士所赠《大瀛海之图》,知晓象山县大瀛海道士吕虚夷扩建的大瀛海道院,遂作《大瀛海道院记》。文载:"有客授予以《大瀛海之图》,为之瞿然以惊。谓客曰:'此恶可图也? 而孰为为之哉?'展而视之,则荒厓斥泽之间,浮沙浅水之上,一勺之沮洳,一撮之堁瘯,夫岂冲和清渊明秀之所钟! 乃或堂而构焉,以为栖霞餐露之馆,而冒之以是名也,又为之喟然以吁。授图者曰:'达人奚索之之深也? 鄞之东南百里达于海,舟行八十里曰象山,有县。县之东二十里曰爵溪,潮汐啮冲,贾舶络绎,东望日本,南走天台。世传神仙安期生之往来也,故其民至于今好仙道,其乡曰游仙。至元癸未(1283),乡之人王翁弃妻子,改名一真,结屋其隈,延接方外之交。前代善书之人尝有"大瀛海"三字,购而得之,因以为扁。大德丁未(1307),天台崇道观道士吕虚夷为县令,祷雨有应,王翁一见而莫逆也,遂与共处。王逝而吕嗣,主教者命之世守,方将资众力大其居,又欲资一言久其名也,为是手图以来。蚁之于垤也,蜗之于壳也,渀踶之于广居大囿也,亦各适其适也,而达人奚索之之深耶?'予于是进道士,与语曰:'子生长海濒,请为子竟瀛海之说。《禹贡》叙事至讫于四海而止讫者,地之尽处也。海之环旋,东、西、南、北相通也,而西海、北海人所不见,何也? 西北地高,或踞高窥下,则见极深之壑,如井沉沉然,盖海云。东南地卑,海水旁溢,不啻万有余里。中国之地广轮方三千里耳,而东连海岸,以勾股稽之,水之所浸,倍于中国之地二十而羡,其间洲岛国土不可胜穷,若三神山者,盖不知其几也,奚独蓬莱、方丈、瀛洲也哉？载籍之所不记，人迹之所不及，而惟长年度世之流，形质销铄，神气澄凝，逍遥飞步乎太空之中者得而至焉。人也虽非彝教庸行，而胚间气秉绝识，超越凡庶万万也，企而慕之者人人而然，能几仿佛者谁与？名不混世，实不离世，稷稷营营，卒与蝘蜓肖翘之类俱为尘泥，其亦可哀也夫！今子出乎四民之外，不与游方之内者为徒，讵可但以大其居、久其名之为务哉？必有事焉可也。他日朝燕暮越，瞬息八极，泠然御风，过三神山之顶，临观旧乡而一笑，下觑人间，自称为道人，非子也耶？'道士改容曰：'谨闻命，敬闻命。'于是乎书以遗之。"（《吴澄集》，第987—988页）

又按：据蒋宗简《大瀛海道院铭》载，吴澄为大瀛海道院作记文时间在延祐六年（1319）："明象山为县傍大海，县东廿里曰爵溪，至元二十有七年，县人王一真筑工其上，曰大瀛海道院，薙茂堞荒，宗桷颇具。大德十有一年，道士吕虚夷主之，克展其旧，制度遂视他观。延祐六年，吴公澄为之记。"（《全元文》第52册，第574页）

王寿衍进《文献通考表》。

按：王寿衍《进文献通考表》载："臣寿衍言，臣于延祐四年七月，恭奉圣旨，给赐驿传，令臣寿衍寻访道行之士者。臣窃谓：野有遗贤，非弓旌而莫致；朝能信道，必简册之是稽。爰竭愚衷，用干圣听。钦惟皇帝陛下，励精图治，虚己待人。一视同仁，若神尧之御下；九功惟叙，体大禹之协中。阴阳顺而风雨时，礼乐兴而刑罚中。是皆陛下本乎清净，臻兹太平，下至飞潜动植之微，均被鼓舞甄陶之化。使指所及，虽刍荛之言必询；人才之难，由杞梓之朽弗弃。是以采儒流之著述，庶几益圣主之谋猷。臣伏睹饶州路乐平州儒人马端临，乃故宋丞相廷鸾之子，尝著述《文献通考》三百四十八卷，总二十四类。其书与唐杜佑《通典》相为出入。杜书肇自隆古，以至唐之天宝，今马氏所著，天宝以前者视杜氏加详焉，天宝以后至宋宁宗者，又足以补杜氏之阙。其二十四类类各有考，一曰田赋，二曰钱币，三曰户口，四曰职役，五曰征榷，六曰市籴，七曰土贡，八曰国用，九曰选举，十曰学校，十一曰职官，十二曰郊社，十三曰宗庙，十四曰王礼，十五曰乐，十六曰兵，十七曰刑，十八曰经籍，十九曰帝系，二十曰封建，二十一曰象纬，二十二曰物异，二十三曰舆地，二十四曰四裔。其议论则本诸经史而可据，其制度则会之典礼而可行。思惟所作之勤劳，恐致斯文之隐没，谨誊书于楮墨，远进达于蓬莱；幸垂乙夜之观，快睹五星之聚。臣寿衍冒犯天威，无任战兢惶惧屏营之至。臣寿衍诚惶诚恐，顿首顿首，谨言。延祐六年四月　日，弘文辅道粹德真人臣王寿衍上表。"（《全元文》，第560—561页）

何中为程钜夫作行状。

按：程钜夫1318年卒，是年葬于可封乡绕堆之大盘山，何中奉官方之意，作《翰林学士承旨光禄大夫知制诰兼修国史程公行状》，其文末云"谨摭公莅官行事之实可考不诬者，以告有司。"（《全元文》第22册，第208页）

贯云石是春作《今乐府序》。

按：《今乐府序》是贯云石为张可久的散曲集所作序言。张可久（约1270—1348以后），字小山（一说名伯远，字可久，号小山），庆元（治所在今浙江宁波鄞县）人。张可久擅长散曲，与乔吉并称"双璧"，与张养浩合为"二张"。张可久存世作品现存小令855首，套曲9首，数量为有元之冠，为元代传世散曲最多的作家，占现存全元散曲的五分之一。明朝朱权在其《太和正音谱》中称张可久为"词林之宗匠"，称"其词清而且丽，华而不艳"；明朝李开先则称"乐府之有乔、张，犹诗家之有李、社"。贯云石在这篇序言中认为张可久的散曲"抽青配白，奴苏隶黄；文丽而醇，音和而平，治世之音也"。

又按：贯云石序言写道："丝竹叶以宫征，视作诗尤为不易。予寓武林，小山以乐府示余。临风清玩，击节而不自知，何其神也！择矢弩于断枪朽戟之中，拣奇璧于颓物乱石之场。抽青配白，奴苏隶黄；文丽而醇，音和而平，治世之音也。谓之《今乐府》，宜哉！小山以儒家读书万卷，四十犹未遇。昔饶州布衣姜夔，献《铙歌鼓吹曲》，赐免解出身。尝谓史邦卿为句如此，可以骄人矣。小山肯来京师，必遇赏音，不至老于海东，重为天下后世惜。延祐己未春，北庭贯云石序。"（《全元文》第36册，第192页）

尚野卒。

按：尚野（1244—1319），字文蔚。祖籍保定，迁居满城。至元十八（1281）以处士征为国史编修，至元二十年（1283）兼兴文署丞。大德六年（1302）迁国子助教，进博士，至大元年（1308）除国子司业。任职博士期间，"（国子监）未备，野密请御史台，乞出帑藏所积，大建学舍以广教育"。至大四年（1311）迁翰林直学士，皇庆元年升翰林直学士、延祐元年改集贤侍讲学士。卒谥文懿，为文讲究章法，与姚燧齐名。事迹见《元史》卷一六四。

察罕卒。

按：察罕（？—1319），西域板勒纥城人。初名益德，自号白云，人称白云老人。"博涉经史，才德过人"，初为忠宣公跃鲁赤所知，拔置幕下，后累迁为湖广行省理问，再改行枢密院经历。之后，弃官读书白云山，不久又起为武昌治中、河南行省郎中。入金詹事院事，进昭文馆大学士、太子府正，拜参知政事。不久以平章政事议中书事。察罕"廉慎广厚，所至称贤"。《元史》称其"魁伟颖悟，博览强记，通诸国字书"。著有《历代帝王纪年纂要》等。事迹见程钜夫《大元河东郡公伯德公神道碑铭》、《河东郡公伯德公夫人李氏墓碑》、(《雪楼集》卷一八、二〇)、《元史》卷一三七。

赵汸(1319—1369)、王逢(1319—1388)、释来复(1319—1391)生。

元仁宗延祐七年
庚申　1320年　72岁

正月,帝爱育黎拔力八达崩。

按:《元史》载:"丁亥,帝不豫。辛丑,帝崩于光天宫,寿三十有六,在位十年。癸卯,葬起辇谷,从诸帝陵。五月乙未,群臣上谥曰圣文钦孝皇帝,庙号仁宗,国语曰普颜笃皇帝。仁宗天性慈孝,聪明恭俭,通达儒术,妙悟释典,尝曰:'明心见性,佛教为深;修身治国,儒道为切。'又曰:'儒者可尚,以能维持三纲五常之道也。'平居服御质素,澹然无欲,不事游畋,不喜征伐,不崇货利。事皇太后,终身不违颜色;待宗戚勋旧,始终以礼。大臣亲老,时加恩赉;太官进膳,必分赐贵近。有司奏大辟,每惨恻移时。其孜孜为治,一遵世祖之成宪云。"(《元史》卷二六《仁宗本纪》,第2册,第593—594页)

三月,硕德八剌即位于大明殿。

按:《元史》载:"(三月)庚寅,帝即位,诏曰:洪惟太祖皇帝膺期抚运,肇开帝业;世祖皇帝神机睿略,统一四海。以圣继圣,逮我先皇帝,至仁厚德,涵濡群生,君临万国,十年于兹。以社稷之远图,定天下之大本,协谋宗亲,授予册宝。方春宫之与政,遽昭考之宾天。诸王贵戚,元勋硕辅,咸谓朕宜体先帝付托之重,皇太后拥护之慈,既深系于人心,讵可虚于神器,合辞劝进,诚意交孚。于三月十一日,即皇帝位于大明殿。可赦天下。"(《元史》卷二七《英宗本纪》,第3册,第599—600页)

四月,定吏员秩止从七品如前制。

按:《元史》载:"(四月)戊戌,汰上都留守司留守五员。定吏员秩止从七品如前制。"(《元史》卷二七《英宗本纪》,第3册,第600页)

十一月,诏各郡建帝师八思巴殿。

按:《元典章》载:"延祐七年十一月二十七日,拜住丞相特奉圣旨:'八思巴帝师,薛禅皇帝时分蒙古文书起立来的上头,"盖寺者"说来。前者盖了有来。如今交比文庙盖的大,随处行文书,都教大如文庙,八思巴帝师根底教盖寺者。'么道,圣旨了也。钦此。都省咨请钦依施行。"(《元典章》第

2259—2260页)《元史》载:"丁酉,诏各郡建帝师八思巴殿,其制视孔子庙有加。"(《元史》卷二七《英宗本纪》,第3册,第607页)

诏各地官员举贤。

按:《元史·选举志》载:"仁宗延祐七年十一月,诏曰:'比岁设立科举,以取人材,尚虑高尚之士,晦迹丘园,无从可致。各处其有隐居行义、才德高迈、深明治道、不求闻达者,所在官司具姓名,牒报本道廉访司,覆奏察闻,以备录用。'又屡诏求言于下,使得进言于上,虽指斥时政,并无谴责,往往采择其言,任用其人,列诸庶位,以图治功。其他著书立言、裨益教化、启迪后人者,亦斟酌录用,著为常式云。"(《元史》卷八一,第7册,第2035页)

铁木迭儿复为中书右丞相。

按:《元史》载:"明年正月辛丑,仁宗崩。越四日,铁木迭儿以皇太后旨,复入中书为右丞相。"(《元史》卷二〇五《铁木迭儿传》,第15册,第4580页)

李孟授集贤侍读学士、嘉议大夫。

按:黄溍记载:"七年春,仁宗奄弃群臣,英宗在谅暗中,太师特们德尔(铁木迭儿)再入相。以公前共政时不附己,妄构诬言,尽收前后所颁封拜制命,降授集贤侍读学士、嘉议大夫。意公必辞,因中伤之。公受命,欣然就职。"(黄溍《元故翰林学士承旨中书平章政事赠旧学同德翊戴辅治功臣太保仪同三司上柱国追封魏国公谥文忠李公行状》,《全元文》第30册,第43页)

拜住为中书左丞相。

按:《元史》载:"以太常礼仪院使拜住为中书平章政事。……以拜住为中书左丞相,乃剌忽、塔失海牙并为中书平章政事,只儿哈郎为中书参知政事。"(《元史》卷二七《英宗本纪》,第3册,第601—602页)

赵世延入狱。

按:铁木迭儿此年复相后,对延祐三年(1316)劾奏铁木迭儿十三条罪的赵世延进行打击报复。《元史·赵世延传》载:"明年,仁宗崩,帖木迭儿复居相位,锐意报复,属其党何志道,诱世延从弟胥益儿哈呼诬告世延罪,逮世延置对,至夔路,遇赦。世延以疾抵荆门,留就医。帖木迭儿遣使督追至京师,俾其党煅炼使成狱。会有旨,事经赦原,勿复问。帖木迭儿更以它事白帝,系之刑曹,逼令自裁,世延不为动,居囚再岁。胥益儿哈呼自以所诉涉诬欺,亡去。中书左丞相拜住屡言世延亡辜,得旨出狱,就舍以养疾。"(《元史》卷一八〇《赵世延传》,第14册,第4165页)

元明善被征为集贤侍读学士,与修《仁庙实录》。

按:马祖常《翰林学士元文敏公神道碑》载:"庚申,英宗践祚,征入为集

贤侍读学士，名至上都，议广庙制，授翰林学士、资善大夫，修《仁庙实录》。"（《全元文》第32册，第481页）

马祖常左迁为开平县尹。

按：这年正月，仁宗宾天，铁木迭儿复居相位，以当日马祖常曾弹劾他而睚眦必报。每每试图加害马祖常而不得，于是将马祖常贬谪至开平任县尹。苏天爵《元故资德大夫御史中丞赠摅忠宣宪协正功臣魏郡马文贞公墓志铭》载"开平治行都，供亿浩繁，讼狱繁多"，铁木迭儿试图"因事深中伤之"，而马祖常"退居浮光之野，咏歌诗书，漠然不以介意"。（《滋溪文稿》，第141页）

忽都鲁都儿迷失翻译宋儒真德秀《大学衍义》以进呈英宗。

按：《元史》载："翰林学士忽都鲁都儿迷失译进宋儒真德秀《大学衍义》，帝曰：'修身治国，无逾此书。'赐钞五万贯。……以《大学衍义》印本颁赐群臣。"（《元史》卷二七《英宗本纪》，第3册，第608—609页）

拜住进卤簿图。

按：拜住此年拜中书平章政事，进卤簿图。危素《吴澄年谱》载："英宗即位，郓忠宪王拜住为丞相，进贤屏恶，天下风动。"《元史》载："（十二月）辛未，拜住进卤簿图，帝以唐制用万二千三百人耗财，乃定大驾为三千二百人，法驾二千五百人。"（《元史》卷二七《英宗本纪》，第3册，第609页）

又按：据虞集记载，拜住之所以进卤簿图，是因为英宗要亲祠太庙。虞集《曾巽初墓志铭》载："七年，英宗皇帝大驾自上都还，即亲祠太室，始服衮冕。大驾之至庙也，有司仓卒，凡旂幢伞盖之属，就以立仗行，皆重大，率数人持一物，天子制通天冠、绛纱袍服之，而辂弗素具，遂易常服御马而往，弗称上意。丞相拜住、太常八昔吉思奏取秘书所藏巽初图书，而卤簿大兴矣。"（《全元文》第27册，第567页）

吴澄春与元明善相遇于江州。

按：吴澄此年仍在江州，元明善今年由湖广省政事征为集贤侍读学士，路过江州路。二人在此相遇，吴澄为元明善父元贞作墓铭。

按：吴澄《元赠中奉大夫吏部尚书护军清河郡元孝靖公神道碑》载："孝靖公姓元氏，讳贞，字器之。通奉大夫、湖广等处行中书省参知政事明善之父也。始者澄识参政于其少壮时，视其才气压群，于诸经诸书爬剔纠结，贯穿端杪，其吐辞也雄以则，期其文学必为中州第一。后十余年，被遇先帝，选充宫僚。继入翰苑，历待制、直学士、侍讲、侍读，即除礼部尚书、参知中书省事。两典贡举，凡所选擢，悉自圣衷，浸浸向大用。元之系盖出拓拔魏，其先或云河南人，后徙魏之清河，累世积善。孝靖公仕为小官，有才不获施，有德未获报。水木之有原本，一旦发，于是生者贵，而死者亦贵，以公爵荣。公之王考讳兴，王妣彭氏生三子，其季，公之考也。考讳海，诚笃和厚，与人无竞。尝摄官政，多所全活。年八十有六而终。妣高氏，淑范远识，豫知其孙必显，每指示人曰：'此孙骨气非常，他日能大吾门。'年七十有五而终，合葬清河祖茔。生五子，最幼者，公也。公读书起家，受将仕佐郎、杭州在城酒使司知事，再受芦沥盐场管勾。莅官为政耻侪庸流，著廉能声。然韬藏深广，人莫能窥也。至元己丑三月廿有三日，以疾卒于苏州，年四十有七。夫人弭氏，同县人，公卒之次月十有四日亦卒，享年如公之数。生一子二女。子参政也，女适王、适李。大德甲辰十月某日，葬清河新阡，从遗命也。公孝亲，友于兄，仁于宗戚。高夫人盛夏病背疽，三月不愈。公夫妇衣不解带，养不离寝。子吮疮去脓，妇以手掬粪，见者称叹，目为孝子孝妇。至大庚戌，参政任翰林待制，恩赠公奉议大夫、骁骑尉、清河县子；弭夫人清河县太君。延祐丙辰，参政任礼部尚书，特旨封赠二代，加赠公中奉大夫、吏部尚书、护军，追封清河郡公，谥孝靖；弭夫人追封清河郡夫人。而公之考赠嘉议大夫、秘书监太卿、上轻车都尉，追封清河郡侯，谥贞惠；公之妣追封清河郡夫人。延祐己未，参政自中书参议再为翰林侍读，自翰林侍读出参湖广省政事。其明年春，新天子遣使召入集贤为学士。澄已病留江州，邂逅水驿，谓将树碑于孝靖公之墓。以澄之旧也，令为文。既不可辞，乃叙其世次大概，而系之以诗。参政娶李氏，初封清河县君，再封清河郡夫人。其子晦有旨特授将仕佐郎、通事舍人，特迁承务郎、典瑞院判官；明年，又特加奉训大夫：皆殊恩也。幼曰嚚。女一。其诗曰：繄昔郡公，才巨志崇。养疾致忧，孝出天衷。卷韬金纶，尺未试分。卑卑小官，而不缁尘。天啬其躬，身后则丰。有爵有勋，有谥有封。壸仪媲美，上暨考妣；炬赫纶恩，光耀闾里。我原其初，施腆报腴。维善之积，维庆之余。允也贞惠，口活万死。爰逮于公，弥厚厥祉。皇泽沄沄，孰大吾门？维公有子，贞惠有孙。维公有子，维帝嘉止。穷碑勒辞，百世有炜。"（《吴澄集》，第 1269—1271 页）

  吴澄为元明善文集作序，称其能续韩愈古文。

  按：吴澄《元复初文集序》载："儒者以文章为小技，然而岂易能哉！能之不易，而或视以为易焉，昌黎韩子之所不敢也。且其为不易何耶？未可以一言尽也。非学非识不足以厚其本也，非才非气不足以利其用也。四者有一之不备，文其能以纯备乎？或失则易，或失则艰；或失则浅，或失则晦；或失则狂，或失则萎；或失则俚，或失则靡。故曰不易能也。学士清河元复初，自少负才气。盖其得于天者异于人，而又浸淫乎群经，搜猎乎百家，以资益其学,增广其识,类不与世人同。既而仕于内外,应天下之务,接天下之人,其所资益增广者,又岂但纸上之陈言而已!故其文脱去时流畦径,而能追古作者之遗。正矣而非易,奇矣而非艰;明而非浅,深而非晦;不狂亦不萎,不俚亦不靡也。登昌黎韩子之堂者,不于斯人,而有望欤?余与之交也久,今由湖广参政赴集贤学士之召,与余遇于江州。出示近稿三帙,所得有加于前。余非能文者,喜谈文者也。于斯时也,而有共谈之人,如之何而不喜也?虽然,无迷其途,无绝其源,愿共服膺韩子之言,以终其身。"(《吴澄集》,第407页)

吴澄七月归临川。

按:虞集《行状》载:"明年,还临川。从之者皆北人。"(《全元文》第27册,第174页)揭傒斯《神道碑》载:"北方学徒数十人,皆从之至家,留不去。"(《全元文》第28册,第507页)危素《年谱》载:"七年庚申(留江州。七月,湖广省请考校乡试,以疾辞,还家,北方学者皆从)。"

吴澄作《赠兰谷曾圣弼序》。

按:吴澄《赠兰谷曾圣弼序》载:"临川西乡查林曾氏唯斋翁,专门治《周官》六典。宝祐乙卯,初与贡,咸淳庚午,再与贡。其再贡也,予忝同升。越五年甲戌,免举试礼部,登进士科,授赣之瑞金尉。运代迁革,隐处不仕。二百里间,杳乎不相闻也。延祐庚申,上距甲戌四十七年矣,有荣祖其名、圣弼其字者来访,问之,翁仲子也。善陈卦爻,察形色,推人生支干及七政躔离,决休咎祸福,小数曲艺,不一而足。巧发奇中,几类东方生之覆射。莫不惊骇其若神,而罔或测识其所以然也。其伯兄、季弟亦皆出游。兄以儒得仕,弟以阴阳家得仕,各能随世择术,以干名利,翁为有子矣。圣弼将游梁宋,省视其兄,予特叙其家系大概,俾人知其为儒官之胄,而非止伎术之流也。平生所识名士大夫赠之以言者甚众。圣弼自号兰谷云。"(吴澄《赠兰谷曾圣弼序》,《吴澄集》,第595页)

危素此年或稍后拜入吴澄门下。

按:宋濂《故翰林侍讲学士中顺大夫知制诰同修国史危公新墓碑铭》载:"年十五,即通《五经》大旨,据座为人师。与同郡葛君将、曾君坚、黄君䎙、葛君元哲更相策警,穷日夜不休。复徒步走临川吴文正公澄、清江范文白公椁之门,质而正之。二公皆折行辈,与之为礼,吴公至恨相见之晚,凡所著书,多与公参订之。虞文靖公集、孙先生辙,名德俱尊,其遇之一如吴公。"(《宋濂全集》卷五四,第3册,第1270页)

又按:危素跟随吴澄学《礼》。危素《夏小正经传考序》载:"素昔从翰林学士吴先生学《礼》,得所校《大戴礼》。先生曰:犹幸此书《夏小正》存

焉,然尝患其经传相混,而注释未详。"(《全元文》第48册,第195页)

又按:危素好古文,后辑王安石文集,延请吴澄为之作序。吴澄《临川王文公集序》:"唐之文能变八代之弊、追先汉之踪者,昌黎韩氏而已,河东柳氏亚之。宋文人视唐为盛,唯庐陵欧阳氏、眉山二苏氏、南丰曾氏、临川王氏五家与唐二子相伯仲。夫自汉东都以逮于今,骎骎八百余年,而合唐、宋之文可称者,仅七人焉,则文之一事,诚难矣哉!荆国文公才优学博而识高,其为文也度越辈流。其行卓,其志坚,超超富贵之外,无一毫利欲之,泊少壮至老死如一。其为人如此,其文之不易及也固宜。宋政和间,官局编书,诸臣之文独《临川集》得预其列。靖康之祸,官书散失,私集竟无完善之本,弗如欧集、曾集、老苏、大苏集之盛行于时也。公绝类之英,间气所生。同时文人虽或意见素异,尚且推尊公文,口许心服,每极其至;而后来卑陋之士不满其相业,因并废其文,此公生平所谓流俗,胡于公之死后而犹然也?金溪危素好古文,慨公集之零落,搜索诸本,增补校订,总之凡若干卷,比临川、金陵、麻沙、浙西数处旧本颇为备悉,请予序其成。噫!公之文如天之日星、地之海岳,奚资于序?而公相业所或不满者,亦鲜究其底里,何也?公负盖世之名,遇命世之主,君臣密契,殆若管、葛。主以至公至正之心,欲尧、舜其民,臣以至公至正之心,欲尧、舜其君。然而公之学虽博,所未明者,孔、孟之学也;公之才虽优,所未能者,伊、周之才也。不以其所未明未能自少,徒以其所明已能自多,毅然自任而不回,此其蔽也。一时之议公者非偏则私,不惟无以开其蔽,而亦何能有以惬公论哉?论之平而当,足以定千载是非之真者,其唯二程、朱、陆四子之言乎?"(《吴澄集》,第440—441页)

吴澄此年受邀作《兴圣五公寺碑》。

按:吴澄《兴圣五公寺碑》载:"五公寺在今清江镇,镇古淦阳县也。旧传梁僧宝公、朗公、唐公、化公、约公飞锡所驻,故建寺而因以名焉。寺初涉江,后值岸圮,遂徙东。已废而重兴者,宋绍兴年间僧师善也;既毁而重构者,宋嘉定年间僧明悟暨觉慧也,岁久复敝。大元大德庚子,僧自宏谋新之,弗果。皇庆壬子,僧祖震白其师志澄,命其徒宝印敦役更造。而好事之家,二黎氏曰镕、曰栋,二黄氏曰遵、曰莘,二周氏曰寅孙、曰仕奇,杨氏三登、陈氏以忠诸人咸施财助力。于是供佛之殿,县钟之楼,旁两庑,前三门,讲法有堂,财物有比;公庖私寝,内外一新,崇广之度视昔加羡。延祐庚申告成。寺有藏经,中使岁至,集僧翻阅,特赐'兴圣'二字冠寺额,且锡师号及金紫之服,旌印之勤。宁具修寺始末,谂于史氏曰:'昔寺之重建也,绍兴时,则有杨补之所撰疏、然禅师所撰记犹存;嘉定后,则有寺僧净师岳麓退居,与乡贵向、范、李、王诸公游,留咏未泯。今延祐营缮功倍于前,不有巨笔雄辞文诸坚石,永作实镇,其何以示方来?'唐宋文人不吝分余光以照丛林,庸敢布其衷。予观都上国,梵宫造天,金碧焜煌。小有坏坠,官为完。尝言王公大人主之于上,其烜赫固宜。若夫遐陬幽寺,非有提挈维持之援,而寺之僧世世克承,以兴废补敝为事。虽运代有迁革,而佛灵无休歇。其心也公,其谋也远,是岂等一切有为于梦幻泡影者所能哉!予固不得以学佛之徒少之也。持印之役者,僧道安、僧义寿,予并嘉之,而人以精严僧律,绍述师志,为来者劝。"(《吴澄集》,第1033—1034页)

吴澄此年后为曾巽申之子曾如璋作字说。

按:吴澄《曾尚礼字说》:"古之经礼,其目三百,而《仪礼》十七篇,嘉礼、宾礼仅存其十。于仅存之中最易行者,冠礼也,而其废也久矣。司马公及程子、朱子,惟恐人之惮其难,故又斟酌古礼而损益之,庶其便于今而可行,然人亦莫之行也。故其在吾乡,惟蜀郡虞氏及予二家犹不废此礼,他盖鲜有闻焉。翰林应奉曾巽初在京冠其子,有宾有赞,有三加,若醮若字,其仪一仿朱子所定。古礼久废之余,而独行人之所不能行,可谓笃志好学之君子已。属予有疾,弗及往观。冠毕,巽初以其子来见,且曰:'巽申之子如璋既冠,宾字之以尚礼。赐一言以绎其字之义,可乎?'予谓《诗》言'如圭如璋'者,喻粹美之德如圭璋之玉也。考之《周官》,璋之用不一:尚其色,则有赤璋;尚其饰,则有大璋。又有中璋、边璋、牙璋之别。用之南方,礼阳神也;用之山川,礼阴示也;用之宾客,则以礼乎人也。不惟用之于文事,而亦用之于武事。起军旅,治兵守,莫不于璋乎是用。然则吉礼、嘉礼、宾礼、军礼皆用璋也。所尚乎璋之为礼者,贵其有粹美之德也。德可贵者,璋之体;礼可尚者,璋之用也。抑闻古者男子生而弄之璋,盖自其初生之时,而期之已不薄矣。及其既冠,责以成人,则必其德之体无一可疵,而礼之用无一不宜也。夫欲备知所尚之礼,而无阙于既冠之所用,其亦勉修所如之德,以无忝于初生之所期者哉!于是书此以授如璋,而为《尚礼字说》。"(《吴澄集》,第179—180页)

王公孺为王恽文集作后序。

按:王公孺《秋涧先生大全文集后序》载:"先考文定公,人品高古,才气英迈,勤学好问,敏于制作,下笔便欲追配古人,腾芳百代,务去陈言,辞必己出,以自得有用为主,精粹醇正非他人所可拟。自其弱冠,已尝请教于紫阳、遗山、鹿庵、神川诸名公,爱其不凡,提诲指授,所得为多。及壮,周旋于徒单侍讲、曹南湖、高吏部、郝陵川、王西溪、胡紫山之间,天资既异,师问讲习者又至,继之以勤苦不辍,致博学能文之誉闻于远近。其后,五任风宪,三入翰林,遇事论列,随时记载,未尝一日停笔。平生底缊虽略施设,然素抱经纶,心存致泽,桑榆景迫,有志未遂,一留意于文字间,义理辞语愈通贯精熟矣,故学者以正传各家推尊之。既捐馆,公孺编类遗稿为一百卷,字几百万,咸谓学有余而不尽其用者,则其言必大传于后,奈家贫无力,不能刊播,言之尽伤,若茕茕在疚,恐一旦溘先朝露,目为不瞑矣。延祐己未岁冬,季孙苟方任刑曹郎官,走书于家,取其遗文,云朝廷公议先祖资善府君,平生著述,光明正大,关系政教,尝蒙乙览,致有弘益,堂移江浙行省给公帑刊行,以副中外愿见之心。公孺闻之,不胜欣跃。因念韩文公为唐大儒,学者仰之如山斗,其文集自唐至宋,历二百年之久,赖柳如京之贤,方刻板本流传于世。先君去世,今才十五寒暑,特蒙朝廷发扬如是,实为希阔之遇。于以见圣朝崇儒右文之美,光贲千古矣。延祐七年庚申正月哉生明,男王公孺百拜叙书于后。"(《全元文》第13册,第252页)

  柳贯作《温州新建帝师殿碑铭(并序)》。

  按:柳贯《温州新建帝师殿碑铭(并序)》载:"郡府得建帝师殿,像而祠之,承国制,重祠典也。初,西域圣师八思马以真智实慧,具一乘之解脱,究三藏之言诠,东来京师,为世祖圣德神功文武皇帝阐扬妙义,通流教法,言出契机,尊为帝者之师,其隆礼备物,古无与比。而圣师亦自以躬逢极治之朝,愿效师心之学,乃依竺乾声韵,制为国书新字,录本上之。有诏颁行天下,且命官府符章制诰文檄,悉以新字从事。内而京邑,外而郡国,咸立字学,使承学小生肄业其中。至治初元,天子申敕列郡,大建新庙,务极崇侈,以称国家褒扬振厉之意。温州在浙江东,为大府矣。于时守臣祗奉德音,卜地城东华盖山下,群工子来,材良筑坚,庙成而穹殿中峙,门堂翼映,轩庑回旋,抟土为像,黄金之肤,五色之表,光采流动,如开睟盎。计其榱题之美,垩臒之华,岂止夸雄称丽于闽越之疆而已也。自其肇建逮今,元统甲戌,亦越十有五年,而门阈之饰,漫漶弗治。长牧恻然,用图厥新。重惟一代制作之盛,侯邦愍视之隆,不形篆刻,曷扬景铄?乃具石请诗,诗曰:神圣有作,天锡珍符,龟呈禹画,龙负羲图。文以理显,数因象布,合而成字,声谐形具。篆籀之萌,子本荄滋,爰立六章,下逮师宜。散隶一变,真行再造,纪事载言,由兹有考。旁行敷落,异域之书,亦用义类,包括遗余。史官教失,六艺残剥,离方遁圆,取便俗学。点画既舛,鱼亥日讹,资之策楗,其谓斯何?不有神人,正名百物,曷究其微,制为之律。元运龙兴,八表同天,佛慧灵明,示作几先。卓哉圣师,生知谓智,以大辨才,为世利器。曰是六书,质之竺文,谐声一义,如陶在钧。字则有母,母四十一,反切而求,部居秩秩。参伍乘除,其用无穷,譬之律本,肇自黄钟。数周则复,气至斯应,何必窥玑,天时式正。玺符篆刻,号令发挥,庠讲序述,日星与垂。焕焉新书,形诸制作,元造同功,谁其橐籥。圣师成能,无位有名,恢弘像法,为世章程。天子念德,诏崇祠典,洁齐荐严,偏于寓县。声教所渐,守尉所监,庙飨巍巍,际瞻岩岩。于焉讲业,于焉设俎,若昔夔夷,祭为乐祖。永嘉古郡,际海为隍,仙圣所都,塔庙相望。有山华盖,川澄林靓,乃卜新宫,以承明命。明命自天,承之在臣,我是藩侯,式宣式旬。衅庙礼成,佛日增焕,彤户霞舒,绣栭云散。肪流琼瑊,兽攫金觚,牖槛翚如,轩庑襜如。台门设树,宜新无敝,侈而大之,责在令吏。乃崇基构,乃涂丹青,阖辟六扉,上应灵星。郡僚趋庭,拜跽兴伏,祀事孔阳,不戒而肃。燎烟所升,结为香云,遍恒河界,芯芯芬芬。荐此明诚,为天子寿,天子万年,统有九有。九有承宁,四方底平,像教旁沾,里为化城。载稽往古,聿惟三重,制礼考文,非圣曷颂。天德作仇,人文塞开,圣师临之,皇猷显哉。泮水閟宫,保鲁所作,尚广德心,播诸诗乐。岂伊教父,与佛齐尊,祠秩昭垂,贻厥仍昆。有石无辞,何以警后,礼官诗之,用戒牧守。"(《全元文》第25册,第358—360页)

袁桷著《延祐四明志》成。

按:十一月,袁桷与王应麟之孙王厚孙合修完成《延祐四明志》,共二十卷,现存十七卷,凡沿革、土金、职官、人物、山川、城邑、河渠、赋役、学校、祭祀、释道、集古十二考。

又按:袁桷《延祐四明志序》载:"成周疆理之制,审于王畿,首合同姓以夹辅。至于四履,则必假异姓焉,以控遏之,先后疏附,曲尽其制,何周且详也!四方之志,犹惧其不能以悉知也,则必以外史掌之。社亡入秦,而书具在。区区刀笔吏,独能收其书,据要汉中,夫岂偶然也哉?世祖皇帝,圣德神武,混平寰宇,首命秘书监儒臣辑《大一统志》,沉几远略,与昔圣人意旨吻合。然而郡志缺落,其遗轶未备焉者,不复以彻于上。马侯泽润之,固尝为中秘官,知之矣。暨守四明,乃曰:'明旧有志,今为帅大府,浙东七州,推明为首,陿塞户版,物产地利,是宜究察以待问。清风旧德,与昔之高闳巨阀,属于宅里者,犹可考也。'谓桷久为史官,宜有述。桷尝闻之:洙泗遗俗,稽之说以久远者,道德之泽也。诧锱铢之利,以害于吾民,昔人之所不道。空虚增,农日益困,甚者纪其山林屋室之盛,奉书诣庭,若执符契,争莫能已。是殆昔之无知者根其祸也。管夷吾作书训,子弟良厚,而内政以渔盐为急,儒者诟之。维明负山横江,岁厄于水旱,河渠是先,牧民之本。推其沿革,览其山川,知昔时得人之盛,宫室户口之无恒,释道遗文之盛衰,是皆足以增其永叹焉者矣。乃为十二考以志其事,遂不敢以荒落而有辞也。马侯为政,恺悌恻隐,以宜于民,民以不病。郡博士吴君某,勤恪承令,询索州县之所宜,

闻者良备,因是得以成书焉。"(《袁桷集校注》,第 350 页)

朱思本作《舆地图自序》。

按:"舆地图"最早将星宿海及由西南方向流入该海的水道(即喀喇渠)绘作黄河的河源。序言写道:"予幼读书,知九州山川。及观史,司马氏周游天下,慨然慕焉。后登会稽、泛洞庭,纵游荆襄,流览淮泗,历韩、魏、齐、鲁之郊,结辙燕、赵,而京都实在焉。由是奉天子命,祠嵩高,南至于桐柏,又南至于祝融,至于海。往往讯遗黎,寻故迹;考郡邑之因革,核山河之名实,验诸滏阳、安陆石刻《禹迹图》,樵川《混一六合郡邑图》,乃知前人所作殊为乖谬,思构为图以正之。阅魏郦道元注《水经》、唐《通典》、《元和郡县志》,宋《元丰九域志》、《皇天一统志》,参考古今,量校远近,既得其说而未敢自是也。中朝夫士使于四方,冠盖相望,则每嘱以质诸藩府,博采群言,随地为图,乃合而为一。自至大辛亥,迄延祐庚申而功始成。其间河山绣错,城连径属,旁通正出,布置曲折,靡不精到。至若涨海之东南,沙漠之西北,诸番异域,虽朝贡时至,而辽绝罕稽。言之者既不能详,详者又未必可信,故于斯类姑用阙如。嗟夫!予自总角志于四方,及今二毛,讨论殆遍,兹其平生之志,而十年之力也。后之览者,庶知其非苟云。是岁南至,临川朱思本本初父自叙。"(《全元文》第 31 册,第 381—382 页)

耶律有尚卒。

按:耶律有尚(1236—1320),字伯强,东平须城人。辽东丹王突欲十世孙,受学于许衡,衡为国子祭酒,奏以为斋长,衡辞归,有尚以助教嗣领学事。以昭文馆学士兼国子祭酒致仕。延祐七年冬十二月某甲子告薨于家,按照规定,赠资德大夫、河南江北等处行中书省右丞、上护军,追封漆水郡公,谥文正。《宋元学案》列其入"鲁斋门人"。耶律有尚遵许衡"规矩",曾屡次建言忽必烈"大起学舍,始立国子监",提倡"以义理为本"、"以恭敬为先"、"以经术为遵"、"以躬行为务",使得"儒风丕振"。著有《许鲁斋考岁略》1 卷。事迹见苏天爵撰《皇元故昭文馆大学士兼国子祭酒赠河南行省右丞相耶律文正公神道碑铭有序》(《滋溪文稿》卷七)、《元史》卷一七四。

李衎卒。

按:李衎(1245—1320),字仲宾,号息斋道人,宛平人。世为燕人。李衎少警敏,有俊才。以将仕佐郎、太常太祀兼奉礼郎起家,官至礼部尚书,拜集贤大学士,卒追谥文简。元代画竹名家。著有《息斋老子解》2 卷、《竹谱详录》7 卷。存世作品有《四清图》、《墨竹图》、《双松图》等。事迹见苏天爵《故集贤大学士光禄大夫李文简公神道碑铭》(《滋溪文稿》卷一〇)、《图绘宝鉴》卷五、《万历顺天府志》卷五。

元英宗至治元年
辛酉　1321年　73岁

正月,帝服衮冕,享太庙。

按:《元史》载:"丙戌,帝服衮冕,享太庙,以左丞相拜住亚献,知枢密院事阔彻伯终献。诏群臣曰:'一岁惟四祀,使人代之,不能致如在之诚,实所未安。岁必亲祀,以终朕身。'廷臣或言祀事毕宜赦天下,帝谕之曰:'恩可常施,赦不可屡下。使杀人获免,则死者何辜?'遂命中书陈便宜事,行之。"(《元史》卷二七《英宗本纪》,第609—610页)《元史·舆服志》载:"元初立国,庶事草创,冠服车舆,并从旧俗。世祖混一天下,近取金、宋,远法汉、唐。至英宗亲祀太庙,复置卤簿。今考之当时,上而天子之冕服,皇太子冠服,天子之质孙,天子之五辂与腰舆、象轿,以及仪卫队仗,下而百官祭服、朝服,与百官之质孙,以及于士庶人之服色,粲然其有章,秩然其有序。大抵参酌古今,随时损益,兼存国制,用备仪文。于是朝廷之盛,宗庙之美,百官之富,有以成一代之制作矣。作《舆服志》,而仪卫附见于后云。"(《元史》卷七八《舆服志》,第1929—1930页)

三月,建帝师八思巴寺于京师。

按:《元史》载:"丙子,建帝师八思巴寺于京师。"(《元史》卷二七《英宗本纪》,第3册,第611页)

同月,金书西番波若经成。

按:《元史》载:"乙酉,宝集寺金书西番《波若经》成,置大内香殿。"(《元史》卷二七《英宗本纪》,第3册,第611页)

同月初七,廷试进士泰普化、宋本等六十四人,赐及第、出身有差。

按:《元史》载:"庚辰,廷试进士泰普化、宋本等六十四人,赐及第、出身有差。"(《元史》卷二七《英宗本纪》,第3册,第611页)

又按:本科取士共六十四名,左榜四十三名,右榜二十一名。右榜:泰不华、伯笃鲁丁、三宝柱、铁间、偰朝吾、廉惠山海牙、燮里吉思、海直、尚克和。左榜:宋本、刘铸、李好文、孟泌、岳至、王思诚、司廙、赵琏、崔瀂、赵庭芝、吴师道、岑士贵、林定老、李士良、张纯仁、林兴祖、林以顺、周尚之、王相、高若凤、杨舟、易炎正、何贞立、刘震、方君玉、孙刚中、徐一清、程端学、吴成夫、李惟中。另有今存疑八人：董珪、韩复、李廷珪、夏镇、王楫、元光祖、汤源、黄雷孙。(余来明《元代科举与文学》,第348—360页)

五月,毁上都回回寺,以其地营八思巴殿。

按:《元史》载:"五月丙子,毁上都回回寺,以其地营帝师殿。"(《元史》卷二七《英宗本纪》,第3册,第611页)

十一月,以教官待选者借注广海巡检。

按:《元史》载:"丁亥,以教官待选者借注广海巡检。"(《元史》卷二七《英宗本纪》,第3册,第614页)

又按:苏天爵《送韩伯敬赴杜浦巡检序》记载了学官升转困难的情况,与朝廷试图让学官充任广海巡检的方式解决此困难的细节:"儒者之为学官,由县而州而路,积百五十月始入流选。其迁调之淹,需次之久,近者二十余年,远者或三十年,而其人亦老矣。朝廷知其然,略更其制,愿为巡徼官者听,南士调广海,中州士调江南。"(《滋溪文稿》卷六,第82页)

又按:朝廷此旨一出,政府内部出现了激烈的争论,许有壬《送陈季和序》记载道:"季和历邑郡校官,当升教授。教授员浮于缺数倍,在昔有皓首不调之叹。至治辛酉,选部以巡检则缺浮于员,始议借注,以八品借九品。而当时执政且谓巡检为流官,教授为流外,戛戛靳之。"(《全元文》第38册,第66—67页)

又按:此年朝廷以教官待选者借注广海巡检,吴澄《送廖信中序》、《送李见翁巡检序》即分别赠予廖珙任职惠州属县巡检、李见翁由象州蒙古字学正授柳州柳城东泉镇巡检。吴澄《送廖信中序》载:"舟也不可以梯山,车也不可以航川,此器之各适一用者。人则不然,夫岂拘拘于一,而不能相通也哉? 故仕不择何官,官不择何地,世谓之通儒。近年选部患儒选之壅,凡应得儒学教授者,许注各处巡检,而其地皆岭海之乡、边鄙之境。……夫既不甘于淹滞,而幸其变通,则又岂敢辞劳避远哉! 临江廖珙信中,年少才俊,在选十年不调,黾勉循例,受惠州属县巡检而去。吾固知其才之所优为也,然不无可闵者焉。"(吴澄《送廖信中序》,《吴澄集》,第642页)

又按:吴澄《送李见翁巡检序(并诗)》载:"往年儒学官之至吏部者员多缺少,当路通其变,凡应注教授之人,俾借注警逻之职。吾乡李见翁以将家子读儒家书,而又工象胥译鞮之学。会公朝差官定两广选,由象州蒙古字学正授柳州柳城东泉镇巡检,将赴官,诣余别。窃惟文武之伎能、番汉之语音、军民之政事,见翁靡不谙练,予复何说? 独惟儒生习气素慕柳柳州之文,每诵《罗池碑》,意柳子犹生也。傥有公事上府,其往讯前刺史之灵。昔之春猿秋鹤精爽,今何如也?它日官满来归,尚以告我。"(《吴澄集》,第713页)

又按:此年规定以学官充巡检,"是元朝儒士恶劣的生存环境造成的,儒士作为中国古代社会的精英阶层,其社会适应能力是很强的,虽然学官不擅长巡检的职务,但学官在巡检任内并非是无所作为,一些人还确实取得了一定的政绩。以学官做巡检,是中国职官史上的一个小插曲,非常有趣和耐人寻味"(申万里《元代学官选注巡检考》,《中央民族大学学报(哲学社会科学版)》2005年第5期)。

袁桷三月作《会试策问》进,为会试考官。

按:袁桷此年为会试考官,苏天爵《元故翰林侍讲学士知制诰同修国史赠江浙行中书省参知政事袁文清公墓志铭》载:"仁宗皇帝自居潜宫,深厌吏弊。及其即位,仍出独断,设进士科以取士。贡举旧法时人无能知者,有司率咨于公而后行。及廷试,公为读卷官二,会试考官一,乡试考官二,取文务求实学,士论咸服。"(《袁桷集校注》附录二,第2249页)袁桷会试题目是:夫《书》者,即古之史也。孔子删述,自唐、虞二典,以迄于周之《文侯之命》,附以《费誓》、《秦誓》,而《三坟》、《八索》、《九丘》诸书,皆芟而不录。至其约史记,修《春秋》,托始于鲁隐公元年,实周平王之四十九年也。褒善贬恶,特书屡书,至获麟而绝笔。前乎唐、虞之所著,岂不过于《文侯之命》等篇,而去彼取此,溯平王而上,沿获麟而下,岂无可纪之事,而绝不为书,是皆有深意存焉。司马子长创为《史记》,首轩辕以逮汉武。或有孔子所芟者,子长乃从而录之。后人翕然以为有良史之才,爱其雄深雅健。凡操史笔者,如班孟坚、范蔚宗诸儒,争相蹈袭,是祖是式,而未有取法于《春秋》者焉。岂圣言宏远,匪常人所可拟其仿佛邪?自荀悦仿《左氏传》为《汉纪》,体制稍为近古,于是袁宏、孙盛之徒,并为编年之书。而学者或忽而不习,终不若子长《史记》盛行于世。司马公编《资治通鉴》,造端于周威烈王二十三年,系年叙事,历汉唐以终五代,勒成一家之言。渊乎博哉!此近代所未有也。其亦得圣人之意否乎?我国家隆平百年,功成治定,礼乐方兴,纂述万世之鸿规,敷阐无穷之丕绩,吾儒之事也,故乐与诸君子讨论之。诸君子游心载籍,闻见滋广,其于《书》、《春秋》之所始终,《史记》、《通鉴》之所以制作,必详究而明辨之矣,愿闻其说。(《袁桷集校注》,第1858—1859页)

袁桷入集贤院供职,扈从开平。

按:袁桷《开平第三集》序言载:"至治元年二月庚戌,至京城。壬子,入礼闱,考进士。三月甲戌朔,入集贤院供职。四月甲子,扈跸开平。与东平王继学待制、陈景仁都事同行,不任鞍马,八日始达。留开平一百有五日,继学同邸。八月甲寅还大都,得诗凡六十二首。道涂良劳,心思雕落,姑录以记出处耳。是岁八月,袁桷序。"(《袁桷集校注》,第835页)

张养浩以奏罢宫廷张灯事而获赏赐,于是开中外谏诤言路。

按:这年正月,留守臣奏像武宗时候一样,元夜构灯山于大内,英宗欣然应允。而张养浩通过拜住上疏认为,"世祖临御三十余年,每值元夕,间阎之间,灯火亦禁。况阙庭之严,宫掖之邃,尤当戒慎。"如今的灯山之构,"所玩者小,所系者大;所乐者浅,所患者深",请求英宗能够"以崇俭虑远为法,以喜奢乐近为戒",英宗看过其奏疏,"趣罢灯山",且欲以少府钱五千贯赐张养浩,拜住谏止,认为:"彼位亚执政,职所当言,重赏恐未必受。"于是,旌表张养浩之忠直,而天下谏诤言路由此而开。(张起岩《大元敕赐故西台御史中丞赠摅诚宣惠功臣荣禄大夫陕西等处行中书省平章政事柱国追封滨国公谥文忠张公神道碑铭》,《张养浩集》,第255—256页)

赵孟頫辞官归家,又奉旨书写《孝经》。

按:杨载《大元故翰林学士承旨荣禄大夫知制诰兼修国史赵公行状》载:"延祐己未五月,谒告欲归。上初以为难,既又重违其意,从之。既归,遣使赐衣段。其冬,使者趣召还朝,公以疾不能行。今上皇帝即位,至治辛酉春,遣使传旨,俾书《孝经》。寻移文乞致仕,未报。"(《全元文》第25册,第586页)

文矩以翰林修撰出使安南。

按:吴澄《故太常礼仪院判官文君墓志铭》载:"至治元年,国家议遣使持诏谕安南国,君被选,为奉议大夫、佩黄金符,奉使安南。复命称天子意,进太常礼仪院判官。"(《全元文》第15册,第571页)

吴澄正月八日受曾一元请,为张元定作墓志铭。

按:吴澄《故逸士张君静翁墓志铭》载:"乐安南乡之张号为富族,其时有工进士诗赋者,驰誉乡里,伯仲联贡于礼部,曰炎发,曰公著,其季希贤亦以登仕郎应转运司贡。南土既归天朝,登仕君先二公而殁。子五人,冢嫡元定,字静翁,年甫十有九,已克树立,鞠四幼弟,长而毕娶,均先业以界,一无所私。时多艰虞,持守未易,乃能完其所有,浸浸底于兴盛。年三十有七,未得子,慨同祖同父之嗣续皆单独,谋于昆弟,奉母董氏命,取母之孤侄子之,名楠。年四十有八,子彬生。晚慕引年度世之说,退居南园,自称丹霞子,传家事于长子楠,谓堪付托也。年五十有九,析资产为二,明年,命二子各掌之。又明年,翛然而逝。其生也,宋开庆己未六月;其逝也,元延祐己未四月。岁辛酉正月八日,葬云盖望仙里之大塘凤阮……"(《吴澄集》,第1527—1528页)

吴澄得宜黄乐顺拜访,为之赠序。

按:《赠乐顺德成序》载:"天之生气在地中者,随陇阜之形势而行止,人之生气在身中者,随经络之血脉而乖和。此自然而然,非有使之者也。……乐顺德成,儒家子,遇专师,得真传,于是工其伎。颇或阃子所能,有求有问者日众。吾不愿子之轻于言也,然安能闭子之目、缄子之口乎?亦谨之而已矣。因子出游,书此以戒。"(《吴澄集》,第558页)

又按:此外,吴澄另有《送乐顺序》赠予乐顺、谭蒙,告诫他们学习切勿求速,要循序渐进,不可以学《易》为由头沽名钓誉。《送乐顺序》载:"宜黄乐顺、谭蒙,俊士也,及门请学,而曰欲学《易》。夫《易》,昔夫子所以教门弟子,无非日用常行之事,使之谨敕于辞色容貌之间,敦笃于孝弟忠信之行。……今也年甫逾于弱冠,而学夫子年几七十而后学之经;资虽或可以语上,而遽欲闻子贡之所不得闻,何哉?大概古之学者切己而务实,非以罔世而取名也。……二生欲学之乎?学之必以其道。顺之归,其以予言告蒙也。"(《吴澄集》,第677—679页)

吴澄作《与元复初书》,令乐顺携至京师。

按:得知乐顺即将北游入京,吴澄便向元明善推荐乐顺。吴澄《与元复初书》:"久别之余,溢城一会奇甚。然公行有期,某亦少暇,弗获从容以罄底里,宁能纾去后眷眷之怀乎?凤仪于天庭,鸿渐于云衢,所以瑞盛治而系群望。时措之宜,何施不可?舍执事将谁属?宜黄乐顺,吾门学者。好读《易》,虽未深造,而多能小伎。游京师,就令问讯起居。进见之士岂能窥公旦之万一?然杞包瓜、葛藟木,惟从者见之,幸甚。病手作字震掉,愿保爱以迓殊涯。不具。"(《吴澄集》,第298页)

吴澄六月二十七日作《会善堂记》。

按:吴澄去年南还时曾留宿会善堂,今年他为会善堂撰写记文,记文里表达了对白莲教的肯定。吴澄《会善堂记》载:"中国之始奉佛也,因果施报之说足以动愚俗而已。至晋中世,而名流胜士蕲清洁其心身,曰修净土业,僧惠远倡之,诸人趋而和焉。时达摩之法未入中国也,奉佛如是,视愚俗已超矣,而因果施报之说不能废也,佛法之外号白莲教,历千年而其教弥盛,礼佛之屋遍天下。崇仁县西南长安乡嘉会里之长山有会善堂,亦其一也。去年秋,予远客而还,息于其堂者信宿。堂之主刘觉度貌其朴野,率其徒力耕以自给。予喜其务本实,虽以奉佛名,而与习虚逐末者异。请予文以记,予诺而未暇也。今年夏,邑人易涛为录其始末,觉度持以造吾门而请云:自元真乙未,觉度之从父益暨从弟觉辉舍所居为佛堂。葺理之初,邑人邓焱扁之曰'会善'。邓与李氏弟俱有布施,且为张王其教。大德庚子,邑人陈祥施材施田,觉度之徒曾觉世协力营助,市财鸠工,不惮勤劳,以图恢拓。数年之间,殿亭楼阁奂然一新,斋舍、道寮、佛像、供器种种完具。过者睹其宏规,莫不惊羡其能。佛堂非佛寺比也,乃以从子觉惠嗣。人于施舍己所增辟之土,请有司公文为据,以垂永久。其徒有僧法祚、萧觉华、郭觉志、章觉义、郭觉正,其师则归宗堂孔觉善也。涛之言云尔。予为之喟然叹曰:吾圣人之道大矣,然犹各报所见,或谓之仁,或谓之智,或日用而不知固自不同,岂佛之教而不然乎?平等无有高下,佛法也;强主分别,非也。觉度以朴野之资行本实之事,意在诱人以好善。若邓若陈,乐劝其成,均此一善心也。其可记也夫!至治元年辛酉六月二十七日记。"(《全元文》第15册,第310页)

吴澄作《答刘道存书》。

按:吴澄《答刘道存书》载:"澄尝获交于令兄主簿君,每爱其文如行云在天,悠悠扬扬……适闻治病留江淮间,不相闻问。及至还家,则闻先我而逝矣,岂特如寻常朋友丧亡之悲而已哉!执事之文宛然伯氏丰度,斯文如女有正色,不待效颦秾妆为美。可与语此,舍昆季其谁!今又弱一个,犹幸有道存在也。"(《吴澄集》,第293页)

十月二十四日,紫霄观道士张惟善来访吴澄。

按:吴澄得紫霄观道士张惟善来访,因后者请作《紫霄观记》,文载:"至治元年十月甲子,紫霄观道士张惟善来言:'紫霄观在南丰之西南八十里,岩洞之胜,世之稀有。……宋大中祥符,道士王士良重兴之……今百余年,惟善忝主此山。大德丁未,善士施财修葺其旧,惟善已纪其岁月于石。延祐丁巳,又以善士施财创建经藏,正月兴役,九月毕工,十有一月开藏运动。……惟善昔年游江右、江左,自两淮、荆襄至武当而还。今老于山中矣,蕲一言以传久远,可乎?'予闻其言,泠然有御风之想,欲飞至其所一观幽奇,而不可得。惟善通儒家、道家书,朴素而不俚,逍遥而不诡,方外畸人也。"(《吴澄集》,第979—980页)

吴澄约于此年后作《南安路帝师殿碑》、《抚州路帝师殿碑》。

按:这一年,英宗在京师大兴帝师寺殿,又拆毁上都回回寺,并于其址兴建帝师殿。于是在宣政院的奏请之下,英宗要求全国各路建帝师殿。江西南安路亦跟风兴建帝师殿,而吴澄受命作《南安路帝师殿碑》时,更对帝师八思巴所创制的八思巴字给予了高度肯定。

又按:《南安路帝师殿碑》载:"宣政院臣奏请起立巴思八帝师寺殿,玉音曰：'俞各省各路。'臣钦承唯谨。中顺大夫、南安路总管府达鲁花赤臣常山言：先太傅、开府仪同三司、冀国忠武公，先臣右侍仪使、资德大夫、中书右丞历事先朝，世笃忠贞。臣被命守土，为臣之礼敢有弗虔！于是躬董其事，得吉地于郡之东，购良材，集良工，栋宇崇峻，规模宏敞，大称明时尊尚其人之意。遣其属县儒学臣陈幼实走临川，俾前集贤直学士、奉议大夫臣吴澄文其碑。守臣所钦者，上旨也。虽老病退闲之小臣，何敢以固陋辞！钦惟世祖皇帝混一区夏，创建法度，远近大小文武之才各适其用。帝师，佛教之统也，翊赞皇猷为有力焉。爰自古昔圣神君临万邦，因时制作，各有不同。鸿荒之世，民淳事简，结绳而治之。至于黄帝，始命其臣苍颉肇造书契，乃有文字以纪官政，以纠民慝。更数千年，而周之臣籀颇损益之，名为大篆。又数百年，而秦之臣斯再损益之，名为小篆。且命程邈作隶书，以便官府行移，遵而用之，逮今千有余岁矣。其字本祖苍颉，而略变其体。然观汉臣许慎《说文》，所载字以万计，而不足以括天下之声，有声而无字者甚多也。皇元国音与中土异，则尤非旧字之所可该。帝师具大智慧，而多技能，为皇朝制新字。字仅千余，凡人之言语，苟有其音者，无不有其字。盖旧字或象其形，或指其事，或会其意，或谐其声，大率以形为主，人以手传而目视者也。新字合平、上、去、入四声之韵，分唇、齿、舌、牙、喉七音之母，一皆以声为主，人以口授而耳听者也。声音之学出自佛界，耳闻妙悟多由于音，而中土之人未之知也。宇文周之时，有龟兹人来至，传其西域七音之学于中土，有曰娑陀力，有曰鸡识，有曰沙识，有曰沙侯加滥，有曰沙腊，有曰般赡，有曰俟利箑。其别有七，于乐为宫、商、角、徵、羽、变宫、变徵之七调，于字为喉、牙、舌、齿、唇、半齿、半舌之七音。此佛氏遗教声学大原，而帝师悟此，以开皇朝一代同文之治者也。圣度如天，无所不容；圣鉴如日，无所不照。所以徇近臣之请，而致隆致厚，以示报也。先是，南安守臣教养蒙古字生徒，一新其学舍，可谓知所重矣。及是帝师殿成，中大夫总管臣张昉、同知总管府事臣某、判官臣饶某，暨经历、知事、提控、照磨臣梁某、臣安某、臣饶某，若长若正，若贰若参，莫不同寅协恭，以竭尊君敬上之仁，而于是役也，唯恐或后。猗欤钦哉！臣澄既为书其事，而复系之以诗。诗曰：两间初屯，狂狂榛榛。苍图黄书，载基人文。醨醇散朴，变逮秦邈。世异文同，未或有作。于昭皇元，一统九垠。挽今追古，六典四坟。天赉西师，跻籀转斯。妙悟佛音，国字滋滋。帝臣有心，帝有俞音。隆师重本，咸用丕钦。新字翼翼，遗像有赫。报祀惟崇，永永无斁。"（《全元文》第15册，第362—363页）

又按：吴澄《抚州路帝师殿碑》："钦惟世祖皇帝朝，八思八帝师肇造蒙古字，为皇元书同文之始。仁宗皇帝命天下各省各路起立帝师寺，以示褒崇。今上嗣服,再颁特旨,圣心眷注,俾加隆于文庙。不与其余,不急造作,同恩纶诞敷,雷震风动。越在外服,臣钦承唯谨。宣武将军、抚州路达鲁花赤臣间间躬董是役,卜地于宝应寺之左,广寿寺之右,高明爽垲,宏敞衍迤。从度之,其深六十寻有奇;衡度之,其广五分其深之二。中创正殿,崇二常有半,广视崇加寻有五尺,深视广寻有七尺。后建法堂,崇视常九尺,广视崇加寻有二尺五寸,深视广杀寻有二尺五寸。前立三门。崇二常有四尺,广视崇加一尺,深视广杀寻有二尺。堂之左右翼为屋各五间,其深广与堂称。门之左右有便门,有二塾,为屋各十有四间,其深广与门称。两庑周于殿之东西,前际门之左右塾,后际堂之左右翼,为屋各十有三间。左庑、右庑之中有东堂,有西堂,各三间,环拱正殿,上合天象,如紫微、太微之有垣。三门之外设棂星门,其楹六,楹之竖于地者通计二百有五十。屋据高原,俯临阛阓,望之巍然,彪炳雄伟,足以称皇朝尊奉帝师之意。工役重大,而民不病其劳,官不病其费。盖唯郡臣虔恭勤恪,判裁运调有其才,是以不期岁告成,极崇侈壮丽之观,可传示于永久。猗欤盛哉! 窃谓自有书契以来,为一代之文而通行乎天下者,逮及皇元凡四矣。黄帝之时,仓颉始制字;行之数千年,周太史籀颇损益之;行之数百年,秦丞相斯复损益之;秦又制为隶字,以便官府。仓颉古文、史籀大篆、李斯小篆、程邈隶书,字体虽小不同,大抵皆因形而造字。蒙古字之大异前代者,以声不以形也。故字甚简约,而唇、齿、舌、牙、喉之声一无所遗。倘非帝师具正觉智,悟大梵音从衡妙用无施不可,天实赉之以备皇朝之制作,其孰能为之哉? 宜其今日受崇极之报也。圣上远继世祖之志,近述仁考之事,以致奉先之孝,天下臣子咸用丕钦,以尽奉上之敬。继自今,德教所被,一皆以孝心、敬心为之本,而声学、字学之用,使太平之治光辉烜赫于千万世,由此其基也。远方小臣为记其成,非但嘉郡臣有成之绩,盖以赞皇治无疆之休也。"(《全元文》第 15 册,第 364—365 页)

吴澄此年与崇仁县尹胡愿识,作《致乐堂记》。

按:据吴澄记载,他在归乡后与崇仁县尹胡愿相识,此篇《致乐堂记》便是为胡愿所作,其中"致乐"二字是卢挚为胡愿题,所致之乐是使百姓能够安居乐业。吴澄为之作记,一来是因与卢挚关系要好,再者是赞颂胡愿善举并祝愿他能显宦于朝,惜此后不久,胡愿便卒于任,见吴澄《致乐堂记》。(《吴澄集》,第 890 页)

吴澄为胡愿作墓志铭。

按:吴澄与胡愿相识不久,胡卒于任,其子以虞集《事状》来延请吴澄作墓志铭。吴澄《故承直郎崇仁县尹胡侯墓志铭》载:"崇仁,壮县也,数十年字民之官率未能大慰其民之心,往往觖望。近岁有簿斯邑者言曰:'崇仁之民有幸,不久有贤令至。'问为谁,则以胡侯对。道侯之美,略举大概,闻者皆喜。逾年,予客外,而侯至官。比予还家,则侯在官将再期矣。入境问政,而民之所称加于前之所闻。于时侯以病在假,然未尝须臾忘其民也。病小间,即出视事。其病而在假也,民怅怅若无所依;其出而视事也,民欣欣若有所获。越数月,始及一识。察言观色,以证民之所称,犹信。又数月,侯之病竟不起。不问迩遐,哀伤痛切,若失其父母。侯之得此于民,岂偶然哉?其孤奉侯之丧归葬,以翰林待制虞集所辑事状来请铭。予夙闻侯为铜陵世家,既阅状,复稽荆国王文公集所载。侯之七世祖讳舜元,嘉祐四年进士,官至著作佐郎。少从王文公游,公为志其父墓。著作之孙讳棣,建炎二年进士,官至朝请大夫、兵部郎官,于侯为五世祖。兵部之玄孙讳元一,宋末太学进士,皇元赠承务郎,侯之考也。乡先生阮翁奇其才,而妻以女,侯之母也。侯自幼能文章,有智略,舅氏复以女女焉。至元乙酉,舅氏为建德守,入觐。侯以甥从,蒙恩得仕,一再授县主簿,宁国路之南陵、建德路之淳安也。一再授州判官,嘉兴路之崇德、徽州之婺源也。迁龙兴靖安县尹,由靖安而尹崇仁。其在南陵也,有妖巫托神怪以惑众,虽长吏亦共恭信。侯逮诘,即首服,受笞而去,其妖遂息。其在崇德也,有诈称降香使臣,所过迎接护送,莫敢谁何。侯独疑其伪,执而讯之,果然。缚送于府,宣抚奉使坐以法,而嘉侯之明敏。婺源州距总府数百里,山路峻险,转输莫可,赋粟每岁留州。忽有令诣府送纳,州民震怖。官畏上令之严,不敢以请。侯自上府陈利害,府不能夺侯议,民得免诣府仓,感悦如更生。婺源庙有灯油田,掌事者侵盗,讼久不决。侯言供神祠无益之费,孰若为国家养有用之才。监察御史是其言,以其田畀州学。其宰靖安也,验户籍高下,以次受役,不容毫发偏颇。民粮不知主名,岁责役户代输。侯究诘所起,竟得其人,而役户无代输之苦。人户产去税存一一核实,归于得田之家。酒课额有定,而民之贫富无常,贫或数赢,富或数缩。侯为均派,随粮数之多寡定课数,贫民大便。土兵害民,县不敢问,侯捕治如法,兵始敛戢。其治崇仁也如靖安,而尤整暇。讼牒至庭,讯其情伪,曲者辞穷而退,直者旋为剖析。事不凝滞,浸浸简静。庭无争辩之声,乡无征呼之迹。惟日与名士讲学论文而已。胥徒改营他业者十五六。或障大溪之流以擅机舂之利,舟往来辄碍,告之官,而官不理。一日,侯过其所,适值群小逞陁阻数舟,侯命左右捽拽至前,进父老问曰:'此处旧有陂乎?'曰:'无有。''灌田多乎?'曰:'不多。''陂之高低与邻陂等乎?'曰:'此独高。'曰:'然则非水利也,徒阻舟尔。'目左右曰:'毁之。'行客居民,争先除折薪篠蔽,水下顷刻而尽,欢声动地。行事快人情多类此。前时经理民田,有司奉行失旨意,民大扰,因重加其赋。至是征包银钱不遣一卒,令民自推,择事末利而瞻者乃与征,晏然无动摇。以病告致仕于府,僚友徇民之欲,不上其状。诏书命台察举守令,佥曰:'孰有如吾侯者乎?'岂料终于官,而弗及应时需也哉? 至治辛酉四月十六日终,年仅六十。侯讳愿,自伯恭仕南陵时,承务君小居宣城,侯请以铜陵田园悉与守坟墓昆弟。承务君殁,事太夫人孝谨,常就养于官。及太夫人春秋高,难远适,既受崇仁之命,欲留奉侍不往。太夫人再三谕遣,乃不敢违。弟懋致养于家,侯得专志官政,以有弟也。子立,淳谨肯学,未尝干与公务。一家孝友出乎天性。府表其里,朝旌其门,盖不虚美云。侯之殁,虞集、同邑尉熊昶,晨夕顾视,经纪其丧事。某月某日,侯之丧至宣城;某月某日,葬某源。予亦崇仁一民也,故述邑民哀思之情,而为侯铭。铭曰:吏治轩轩,久矣无闻。天惠崇仁,锡此令君。四野耕耘,三载一春。遽弃吾民,曾不逡巡。侯来民诉,侯逝民謦。靡控靡因,孰思孰勤。极目蒿莱,江东莫云。千古松筠,循吏之坟。"(《吴澄集》,第1500—1504页)

又按:虞集《挽胡伯恭令尹》:"孔明虽小食,安石自高情。丸药黄鹂晓,煎茶绿树清。劣能胜束带,俄复写悬旌。丝竹东门道,凄凉忍重行。 历历言为教,湛湛职有思。谁能迎刃解,真若治丝为。阅世佳公子,持平老吏师。诏书询守令,空复荐章驰。 昔喜文书简,人知县道尊。府君初在殡,巷哭欲连村。竞渡哀鱼鳖,安居念犬豚。小民犹识此,遗爱岂空言。"(《全元诗》第26册,第263—264页)《挽胡伯恭令尹》:"病起思归日,斋居卧治时。抱孙方在膝,反席遽如遗。江路牵愁远,坊门望到迟。遥怜贤弟哭,未忍老亲知。"(《全元诗》第26册,第212页)

吴澄为邢答剌忽台父作墓志铭。

按:邢答剌忽台,般阳路莱州人,他此时以处州副万户镇抚州。吴澄此次作墓碑文是受于应雷请,吴澄《有元怀远大将军处州万户府副万户邢侯墓碑》载:"宣武将军邢答剌忽台,以处州副万户镇抚州,世武弁而好文儒,教子治进士业。前贡士于应雷为述其考怀远大将军之历官行事,而以请于余……属余赴史院之征,未能有以塞其请。……谨按其状:侯讳聚,般阳路莱州人。父德由兰陵簿长千夫,以怀远大将军治屯田,在淮安战死。侯之官,初檄充百户、巡检、总把、千户、总管等职,至元十四年,敕授忠显校尉,佩银符;未几,制授武略将军、管军千户。……二十七年,进阶怀远大将军。侯之勋攻东海、连海有功,从秃鲁罕元帅取东海、连海;从丞相南征,略通、泰,破常州,定沿海温、福、兴化、泉州未附之地,往福之永福县招谕溃军。随日本行中书省官至耽罗山,抵倭国界;……二十八年八月疾,二十七日卒,年六十三。明年归葬莱州掖县方北村。……二男,长答剌忽台,处州副万户,今镇抚州者也。……中统、至元间,龙骧虎视,群策其力,云起风生,各效其用,而侯之树立若是,三世将家,子孙方昌,因所报推所施。侯之为将,其崇阴德,而抑阴谋者乎?固宜铭。"(《吴澄集》,第1316—1317页)

吴澄此年作《送傅民善赴桃源州教授序》。

按:前载吴澄在延祐五年(1318)作《送傅民善赴衡州路儒学正序》赠傅民善,此年傅民善任职期满,吴澄再作《送傅民善赴桃源州教授序》以赠。文载:"吾里傅师孟民善,近年为衡州路儒学正,摄治教事,承郡牧意,一新黉宫。考满且代,士友惜其去。今受朝命,教授桃源州。其操履之洁、职业之修,在衡俱有已试之验。一州得贤师儒,可幸已。金陵王云起霖仲,亦吾临川人,荆国丞相之裔。昨任湖北澧州教,廉声能名,洋溢四达。民善至桃源之后,澧州殆不得专美矣。……民善幼侍亲侧,已异常儿。及其长,而与予接,察其言行,几于无可选择。尝客武昌,以诗贽铁峰张氏,一见称其清苦俊拔,甚加奖进。张于人最不轻许,而独喜民善,何哉?盖其诗非徒虚文浮辞之尚,谨言行之实有素,而形于文辞者,自有异于人也。"(吴澄《送傅民善赴桃源州教授序》,《吴澄集》,第618—619页)

又按:文中提及的王安石后裔王霖仲,吴澄曾为之作诗序,《王友山诗序》:"宋三百年文章,欧、曾、二苏各名一世,而荆国王文公为之最。何也?才识、学行俱优也。弟平甫、子元泽,亦卓尔不群。英哲萃于一门,出于一时,噫!难乎其继矣。文公季弟纯甫之远孙云起,字霖仲,胸怀坦坦,如青天白日,无掩蔽,无晻暧;言论挺挺,如迅雷烈风,无阿倚,无留藏。其征于文也亦然。韩子云:'昭晰者无疑,优游者有余。'霖仲盖是也。平甫、元泽之后而复见斯人乎?王氏其世有人矣哉。彼深险也,而辞易直;鄙侠也,而辞宏敞;软媚也,而辞劲峭;秽浊也,而辞清整。若是而为文者,表里不相肖,予不知其可也。"(《吴澄集》,第484—485页)

袁桷作《拜住元帅出使事实》。

按:袁桷《拜住元帅出使事实》载:"至元二十九年,今浙东元帅拜住公奉世祖旨,以行军招安使从征爪哇。于时高、王二将为蛮兵所围,公深入拔围出之。元贞二年,奉成宗旨使西域。哈赞王爱其才,以尚衣职行军,有战功,赏金符、金带。因令其入见于成宗,复赐虎符。皇庆二年,仁宗以金印赐丞相孛罗,且俾往哈儿班答王所议事。至中途,遇也先不花。王疑有间谍,执以问,答曰:'今上所遣,不过通岁时问礼,曷有他意?'王左右曰:'使者往来,皆言有启边生事形迹。汝此行宜得要领,可实言,否则拷掠,汝亦必言。'遂命跪大雪以问,且搜其衣中,无所有。公曰:'王所问,实不知,且王从何所得是议?'王曰:'阿必失哈至,是尝言之。且曰:"哈儿班答王,上近支也。

吾等族属存与留，不可知。后使者至，必有处分。"今汝往彼，必生事，速吐情以告我。'曰：'王拥兵遮道，使者急求去，多诡辞以脱。阿必失哈曷可信？'左右曰：'彼统军九万，宁肯不自爱惜，诈言以求脱？'遂缚公两手，纳诸股，击之，乃曰：'有玺书具在。使臣往来有后先，拜住万死，实不知。'取玺书视之，始曰：'彼果无罪。'遂夺其虎符及丞相金印，拘囚王所。延祐元年，王兴兵内寇，复遣使召公至猎所，曰：'已入汝境土矣。'公曰：'兄弟之国，无内外。彼地亦王地，王往何所疑？'王曰：'亲疏既分，衅隙已兆，势不得不尔。'公徐言：'在昔太祖皇帝西征，有训若曰："人不可以信谗，谗入则宗亲乖离。宗亲既离，则百姓他适，将贻笑于敌国。"拜住尝闻：在成宗时，先王有盟，兴灭国，开关塞，以安百姓。今言犹未泯绝，使者掉舌生异同，令王致疑。拜住等良不称职，敢叩头死罪以请。'王解颜曰：'吾欲遣汝诣上通好，何如？'公谢不能。时有不内附者梗于路，遂罢行，复以公往昔拘所。未几，王薨。延祐七年，弟怯别王立。王召曰：'在昔先王，尝遣汝诣上，前后不果。汝今宜以素所具奏者以闻。'是年秋，入朝。上曰：'太祖造邦孔艰，惟和好惇叙，则宗支允宁。汝其以元帅职名，乘驿谕朕意。'王既受上旨，拊膺谢曰：'疆宇宁谧自此始。汝来何迟也？'对曰：'使副有疾在道，故不得速进。'王曰：'来旨极善。使他人来，吾亦不若是深信。大较使臣，多擅增减，致启边祸。'公曰：'拜住来途中，聆逃人言，且云复将有兵变，拜住实不信。惧王惑其言，而行人之言不得信于上，是为虚行。王宜熟察，善计虑，拜住不敢他引古事为比。维昔定宗皇帝征把秃王，有灭国真薛禅使者谏罢征，尝喻太祖得国之本，明配日月，量侔江海，合天地之大德，故能混一海宇。灭国真薛禅死已久，拜住不才，愿踵其策以献。'后王从公言，奏于上，讫如约以平。王遂遣使，收兵四境，而少尼其行，且曰：'逻者猝遇，将害汝。'遂设宴三日，给符信护行，俾归于朝。至治元年三月，抵上京，入见于上。而王亦遣使奏：'拜住两为行人，不爱其身，隆爵厚职所不吝。然除拜非吾所预。为语朝廷大臣，善奏于上，使得享至乐，建牙纛，为诸侯表，得矣！'是年冬，丞相拜住入奏嘉禧殿，具以功簿言，乃拜中奉大夫、浙东道宣慰使都元帅。官既满，类集行事，俾桷为《奉使事实》云。前史官袁桷曰：太祖皇帝，经画区夏，以磐石宗犬牙于龙兴绝域之地，四履奠安，盛矣！夫疆域既广，诏旨上意，传谕失实，则时致疑争。拜住公间关险阻，百慴不挠，义正功倍。以数百语解百万之师，非精白一心，曷底于是！计勋上多，卒称其职，俾后之为人臣者，益有劝焉。"（《袁桷集校注》卷三十四，第1571—1574页）

赡思重订《河防通议》二卷成。

按：《河防通议》又名《重订河防通议》。《河防通议》原著者沈立，在宋庆历八年(1048),搜集治河史迹,古今利弊,撰著《河防通议》。原书久失传。而赡思《河防通议》根据当时流传的所谓"汴本",其中包括沈立原著和宋建炎二年(1128)周俊所编《河事集》,以及金代都水监所编另一《河防通议》即所谓"监本",加以整理删节改编而成,又被称作"重订河防通议"。共上、下二卷。

又按:赡思《河防通议序》载:"水功有书尚矣,《禹贡》垂统于上,而《河渠书》、《沟洫志》缵绪于下。后世间亦有述,逮宋、金而河徙加数,为害尤剧。故设备益盛,而立法愈密,其疏导则践禹迹而未臻,其壅塞则拟宣房而过之矣。金时都水监有书详载其事,目曰《河防通议》,凡十五门,其体制类今簿领之书,不著作者名氏,殆胥吏之记录也,今都水监亦存而用之。愚少尝学算数于真定,壕寨官张祥瑞之授以是书,且曰:'此监本也,得之于太史若思。'后十五年复得汴本,其中全列宋丞司点检周后河事集,视监本为小异,虽无门类,而援引经史,措辞稍文,论事略备。其条目纤悉,则弗若之矣。署云'朝奉郎尚书、屯田员外郎、骑都尉沈立撰。'愚患二本之得失互见,其丛杂纷纠,难于讨寻,因暇日摘而合之为一,削去冗长,考订舛讹,省其门,析其类,使粗有条贯,以便观览,而资实用云。至治初元岁在辛酉四月吉日,真定沙克什(赡思)序。"(《全元文》第32册,第236页)

袁桷约于此年作《修辽金宋史搜访遗书条列事状》。

按:英宗时期,丞相拜住有心修三史,期望袁桷主持其事,袁桷遂作这篇《修辽金宋史搜访遗书条列事状》。文章主要是针对宋史修撰而提出意见和建议,并具列大量相关书籍,该文也是袁桷史识、史才、史学的集中体现:

"猥以非才,备员史馆,几二十年。近复进直翰林,仍兼史职,苟度岁月,实为旷功。伏睹先朝圣训,屡命史臣纂修辽金宋史,因循未就。推原前代亡国之史,皆系一统之后史官所成,若齐、梁、陈、隋、周五代正史,李延寿《南北史》,房玄龄等《晋书》,或称御撰,或著史臣,此皆唐太宗右文稽古,数百年分裂事志,悉得全备。至宋仿依唐世,爰设官局,以成《唐书》。是则先朝屡命,有合太宗文明之盛。卑职生长南方,辽、金旧事,鲜所知闻。中原诸老家有其书。必能搜罗荟萃,以成信史。窃伏自念:先高叔祖少傅正献公燮,当嘉定间,以礼部侍郎、秘书监专修宋史,具有成书。曾祖太师枢密越公韶,为秘书著作郎,迁秘书丞,同预史事。曾叔祖少傅正肃公甫吏部尚书商,俱以尚书修撰实录。谫薄弱息,获际圣朝,以继先躅。宋世九朝,虽有正史,一时避忌。今已易代,所宜改正。昔司马迁、班固,皆以父子相传,遂能成书。刘知几、刘餗、刘赞,咸以家世旧闻,撰成《史通》、《史例》。辄不自揆,庸用条析。兼本院宋朝名臣文集,及杂书纪载,悉皆遗缺,亦当著具书目,以备采择者。

"一,《宋太祖实录》,旧有两本:一是李昉诸臣所为,太宗屡曾宣索,已有避忌;至真宗咸平再修,王禹偁直书其事,出为黄州。禹偁所著《建隆遗事》,足见深意。前实录无'太宗叩马'一段,后录增入,显是迎合。

"一,杜太后金縢之事。赵普因退居洛阳,太宗嫉之。后以此事密奏,太宗大喜。秦王廷美、吴王德昭、齐王德芳,皆由普以死。今《宋史》普列传无一语及之,李焘作《通鉴长编》,亦不敢载。私家作普别传,始言普将死,见廷美坐于床侧,与普忿争。其集号《巽岩集》,所宜搜访。

"一,天圣三朝正史,记载多有谬误。盖修史官夏竦所为,吕夷简受成而已。其列传遂以寇准、丁谓同传,所宜改正。若此非一。

"一,洪迈作神、哲、徽、钦四朝史。于时高宗在德寿宫,多所避忌,立传亦有芜类。所宜刊削,当直书徽宗亡国之罪。

"一,徽宗违盟契丹,童贯复燕城,正史回避,所合改正。

"一,徽、钦围城受辱,北行遭幽,正史不载。所有杂书野史,可备编纂,今具于后:《三朝北盟会编》、《靖康传信录》、《孤臣泣血录》、《靖康草史》、《靖康奉使》、《靖康遗录》、《裔夷谋夏录》、《陷燕记》、《南归录》、《靖康录》、《犯阙录》、《伪楚录》、《松漠纪闻》、《伪齐录》、《起戎录》、《痛愤录》、《建炎复辟记》、《己酉航海记》、《建炎扈从录》、《中兴遗史》。

"一,元符至元祐事,赵鼎虽于绍兴改正,亦有隐讳。今可考证增入者,今具于后:《邵氏辨诬》、《元祐党籍传》、《尊尧集》、《丁未录》、《符祐本末》。

"一,宋世九朝,莫详《长编》,而可资证援参考,复别有书。今院中《长编》不备,诸书并缺,今具于后:《续通鉴长编》、《长编纪事本末》、《国纪》、《九朝通略》、《编年备要》、《建隆编》、《隆平集》、《元符诏旨》、《治迹统类》、《两朝国史纪志》、《东都事略》、《仁皇典训》、《国朝要会》、《续会要》。

"一,太史公作《世表》、《年表》,至秦楚之际复为《月表》,致意极深。晋代播迁,魏宗勃起,所宜为表,以分年统。时兵火湮厄,南北二《史》无所凭依,卒不能就。至欧阳修任史官之责,独能于宰相方镇年月谱系。盖宰相之任匪轻,推年可以考得失。方镇之害最重,因年可以推盛衰。宋朝兴亡,由是可考。目今旧书尚有而史院无存,今具于后:《百官公卿表》、《宰辅拜罢表录》、《百族谱》、《麟台旧事》、《宰辅编年录》。

"一,礼乐,历代帝王不相沿袭,自聂崇义作《三礼图》,多有舛误。乐自王朴、李照、胡瑗、范镇、魏汉津、房庶,皆有异同。史志所载,止于一时,而诸家所陈,罔有纪载。其乐志,止详于《乐髓新经》。礼书,若《元丰集议》,未之有载。其书尚在,可备讨论,今具于后:《开宝通礼》、《开宝通礼义纂》、《分门礼选》、《礼阁新编》、《太常新礼》、《庆历祀仪》、《太常因革礼》、《郊庙奉祀礼文》、《致和五礼》、《大飨明堂礼》、《卤簿记(本院止有宣和)》、《濮议》、《东向议》。

"一,兵刑徭役,漕运度支,随俗施政,莫敢偏废。赵元昊用兵,保甲、义勇、保马等制,群臣各有议论。王安石以顾役行于河北,司马温公以差役行于东南,各有不便。王安石青苗贷息,大坏极弊,由是驯致靖康之祸。所宜博采奏议及食货等书,以备作志:《经济集》、《群臣奏议》、《三司考》、《会计录》、《救荒录》、《刑统》。

"一,宋翰林视唐,尤加清重,有杂书可补志书者:《金坡遗事》、《翰林杂记》、《续翰林志》。

"一,地志,宋有成书:《太平寰宇记》、《皇祐方域图志》、《皇祐地理新书》、《元丰九域志》。

"一,纂修史传,必当先以实录,小传附入。九朝史传,仍附行状、墓志、神道碑,以备去取:《琬琰集》、《诸家文集》、《涑水纪闻》、《邵氏闻见录》、《春明退朝录》、《梦溪笔谈》、《龙川略志》、《归田录》、《续归田录》、《可谈》、《谈丛》、《师友杂志》、《童蒙训》、《晁氏客语》、《清丰懿范》、《韩忠献遗事》、《忠献家传》、《申国春秋》、《欧公本末》、《苏魏公谭训》、《师友谈记》、《王巩闻见录》、《桐阴旧话》、《王沂公笔录》、《张乖厓言行录》、《胡安定言行录》、《王沂公别录》、《旧闻证误》、《唐介事实》、《范太史遗事》、《邹道乡语录》、《丰清敏遗事》、《文昌杂录》、《杨文公谈苑》、《麈史》、《能改斋漫录》、《石林燕语》、《嘉祐杂志》、《东斋纪事》、《谈圃》、《渑水燕谈》、《避暑录》、《王巩杂录》、《秀才闲居录》、《却扫编》、《挥麈录后录、三录》、《典故辨疑》、《吕氏家塾广记》。

"一,诸降王当别立传。三朝史所载简略,宜用伪史参照作世家,仿欧阳修《五代史》例:《十国纪年》、《九国志》、《吴越备史》、《南唐书》、《江南录》、《南唐近事》、《蜀梼杌》、《闽王事迹》、《江南野史》。

"一,宋代疆理,北不尽燕,城南不尽交趾,西不尽灵夏,东不尽高丽。宜仿《晋书》载记,各纪其事。当访寻四境关涉诸书:《高丽图经》、《至道云南录》、《赵元昊西夏事实》、《交趾记》、《丙午录》、《辽金誓书》、《国书本末》、《使辽录》、《西夏事宜》。

"一,李筠、李重进本非叛臣,实汉周之忠臣,宋史作《叛臣传》,所宜改正。韩通亦周忠臣,欧阳修作《五代史》,不立韩瞠眼传,议者非之。又如诸方僭窃,皆宜立传。《宋史》悉讳,今宜会萃立传:李顺、方腊、王则(甘陵《伐叛记》、赵谂有《事实》、侬智高有《平蛮事迹》)。

"一,欧阳修作《唐书·历志》悉取一行'十议'。造历之法,见于志书。宋世五朝志,应天历、乾元历、仪天历、崇天历、明天历,亦号详备。独熙宁奉元历经、元祐观天历、崇宁占天历、大观纪元历,洪迈作志不能尽纪。所宜访求历草,见于志中,大抵历不差不改,得其造历更改,则后有考。民间通历学者,亦有其书,所宜搜访。

"一,神宗元丰以前,官制似唐,亦有增损。元丰以后,官阶、勋爵,分为二途,史志虽详,难便检阅:《官制新典》、《官制旧典》、《官制通考》。

"一,艺文志自元丰后该载未尽,宜以今世所行书籍备载。旧制,进呈者入书目,亦当以馆阁书目为主,分类补入。

"自惟志学之岁,宋科举已废,遂得专意宋史。亦尝分汇杂书文集,及本传语录,以次分别。不幸西城火灾,旧书尽毁。然而家世旧闻,耳受目睹,犹能记忆。或者谓国亡史不宜修。南方鄙儒,讵敢置论,年齿衰迈,分宜归老田里,旷官縻职,实为罔功。而区区素蕴,亦蕲别白,以称朝廷奖拔之厚。凡所具遗书,散在东南,日就湮落,或得搜访,或得给笔札传录,庶能成书,以备一代之史。谨呈翰林国史院谨状。"(《袁桷集校注》,第1844—1850页)

张留孙卒。

按:张留孙(1248—1321),字师汉,信州贵溪人。少入龙虎山学道,至元十五年(1278)授玄教宗师,锡银印。后奏元世祖,"始分翰林掌诏诰国史,集贤馆天下贤士,以领道教",大德中,加号玄教大宗师,同知集贤院道教事,至治元年十二月卒。生平事迹见于赵孟頫《大元敕赐开府仪同三司上卿辅成赞化保运玄教大宗师志道弘教冲玄仁靖大真人知集贤院事领诸路道教事张公碑铭(并序)》、虞集《张宗师墓志铭》、吴澄《上卿大宗师辅成赞化保运神德真君张公道行碑》、《元史·张留孙传》。

又按:吴澄《玄教宗师张上卿挽诗》云:"化鹤神仙骨,游龙道德章。风云千载会,日月五朝光。身让天师号,心存宰相方。山川效灵异,冠剑得深藏。"(《吴澄集》,第1805页)

董士选卒。

按:董士选(1253—1321),字舜卿,号慎斋。董文炳次子。"幼从文炳居兵间,昼治武事,夜读书不辍。文炳总师与宋兵战金山,士选战甚力,大败之,追至海而还。及降张瑄等,丞相伯颜临阵观之,壮其骁勇,遣使问之,始知为文炳子","宋降,从文炳入宋宫,取宋主降表及收其文书图籍,静重识大体,秋毫无所取,军中称之。宋平,班师,诏置侍卫亲军诸卫,以士选为前卫指挥使,号令明正,得士大夫心","桑哥事败,帝求直士用之,以易其弊,于是召士选论议政事,以中书左丞与平章政事彻理往镇浙西,听辟举僚属","成宗即位,佥行枢密院于建康。未几,拜江西行省左丞",后"拜江南行御史台中丞,廉威素著,不严而肃,凛然有大臣风。入佥枢密院事,俄拜御史中丞。前中丞崔彧久任风纪,善斡旋以就事功。既卒,不忽木以平章军国重事继之,方正持大体,天下望之,而已多病,遂以属之士选。风采明俊,中外竦然",至治元年卒。生平事迹见于吴澄《元荣禄大夫平章政事赵国董忠宣公神道碑》、《元史》卷一五六。

李孟卒。

按:李孟(1255—1321),字道复,潞州人。自幼读书,得杨吉丁推荐于真金,后徽仁裕圣皇后延之于仁宗宫中。成宗崩后,李孟与丞相哈剌哈孙力迎海山兄弟,与卜鲁罕皇后、阿难答势力作斗争,最终使得元武宗海山得继皇位。李孟也因之得任"荣禄大夫、平章政事、集贤大学士、同知徽政院事"。仁宗即位后,李孟拜中书平章政事,进阶光禄大夫,推恩三世,至治元年四月卒于大都。著有《秋谷集》。生平事迹见于黄溍《元故翰林学士承旨中书平章政事赠旧学同德翊戴辅治功臣太保仪同三司上柱国追封魏国公谥文忠李公行状》、《元史·李孟传》。

元英宗至治二年
壬戌　1322年　74岁

二月，硕德八剌亲祀太庙，始陈卤簿。

按：《元史》载："丁丑，太阴犯昴。亲祀太庙，始陈卤簿，赐导驾耆老币帛。"（《元史》卷二八《英宗本纪》，第3册，第619页）《元史·祭祀志》载："二年春正月丁丑，始陈卤簿，亲享太庙。三月二十三日，以新作太庙正殿，夏秋二祭权止。秋八月丙辰，太皇太后崩，太常院官奏：'国哀以日易月，旬有二日外，乃举祀事。有司以十月戊辰，有事于太庙，取圣裁。'制曰：'太庙礼不可废，迎香去乐可也。'又言：'太庙兴工未毕，有妨陈宫县乐，请止用登歌。'从之。"（《元史》卷七四《祭祀志》，第1838页）

又按：时柳贯有《新制太常卤簿成正月九日天子始驾玉路朝飨太庙共睹盛仪悉而有赋》赞其盛，诗载："端门初启跸声齐，五使中行八宝随。大辂戒严催引仗，淑旂分道听鸣銮。参差绣袷迎阳动，蹀躞金珂窣地垂。宗祀光辉承孝飨，思成还欲咏周诗。"（《全元诗》第25册，第172页）

又按：袁桷亦有《卤簿诗》载之，惜其诗不存，惟有黄溍、王祎跋文记之。黄溍《跋袁翰林卤簿诗》称："昔我世祖皇帝肇建太室，武宗皇帝始亲裸献。逮英宗皇帝，乃行时享之礼，而备卤簿之仪。盖太平极盛之际也。翰林直学士致仕袁公，时为秘书监著作郎，写以为诗，使穷乡下士一览观焉，如身在辇毂之下，而睹熙朝之弥文，何其幸欤！汉应劭、唐王象皆有《卤簿图》，宋王钦若有《卤簿记》三卷，宋绶增为七卷，后累增为三十三卷。公乃括以六百言，曲尽其铺张之妙，亦奇矣。诗曰：'虽无老成人，尚有典型。'安可忽诸？"（《全元文》第29册，第169页）王祎《跋至治卤簿诗》载："至治《卤簿诗》一首，五十韵，翰林直学士、致政袁公所作。惟我国家礼乐之盛，超轶前代。当太宗皇帝时，即已访求郊祀之制，宪宗皇帝遂亲祀于日月山，世祖皇帝始建庙堂，成宗皇帝肇祀郊丘，武宗皇帝躬行裸享，至英宗皇帝乃备大驾卤簿，而仪制于是聿新。此袁公之诗所为作也。按汉应劭有《汉官卤簿图》，唐王象亦图大驾卤簿，宋王钦若修《卤簿记》三卷，宋绶增为十卷，后累增为三十三卷。盖卤簿者,治世之巨典,华夏之伟观,故昔人将以铺张其盛,必著之于图,载之于记,而未有纪之以诗者。以诗纪卤簿,吾于袁公此作有征焉。读其诗,非特度制仪章可以概见,而国家一代文明之象,固焕然目睫间矣。呜呼盛哉!"(《全元文》第55册,第326页)

又按:胡行简《题袁叔正学士卤簿仪后》载:"窃观前代帝王勋业之盛,非得公卿大夫士作为文章以发扬润色,则其事虽载之史册,终不能脍炙人口,以表著天下后世。周宣王石鼓尚矣,汉唐之君功烈虽陋,而至今炳炳烺烺、耀人耳目者,以司马相如、扬雄、柳子厚、韩昌黎之流为之铺张,而极其声容之盛也。我国家混一,海宇治底隆平,英宗皇帝承重熙累洽之余,肇修卤簿,人物仪卫之盛,蔚然为一代伟观。沛国袁叔正氏纪之歌咏,使太平盛典与《雅》、《颂》相为悠久,汉唐不足伦矣。"(《全元文》第56册,第17页)

闰五月,再禁白莲教做佛事。

按:《元史》载:"戊子,禁民集众祈神。……癸卯,禁白莲佛事。"(《元史》卷二八《英宗本纪》,第3册,第622页)

颁行《大元圣政国朝典章》,即《元典章》。

按:全书分诏令、圣政、朝纲、台纲、吏部、户部、礼部、兵部、刑部、工部十大类,共六十卷,记事至延祐七年为止。又增附《新集至治条例》,分国典、朝纲以及吏户礼兵刑工六部共八大类,不分卷,记事至至治二年止。各大类之下又有门、目,目下列举条格事例,全书共有八十一门、四百六十七目、二千三百九十一条。

又按:《大元圣政国朝典章》,为六十卷本律令汇编,采蒙语直译法形成"蒙语直译吏牍文体",为蒙古社会政治制度发展变化之时代产物。蒙语直译法,此种文体是蒙古帝国及元朝翻译碑旨的特殊体例,此文既夹杂原文蒙文的词汇及语法,又夹杂译文汉语的语言及语法,使碑旨既不是蒙文,又不是纯粹的汉文,是蒙汉两种语法及语言的混合体。学术界称之为"元代白话",乃是元代蒙古族书写公文的特定体例。《元典章》、《通制条格》、《宪台通纪》、《南台备要》、《经世大典》等典籍的编撰,以及明代的四夷馆《蒙古秘史》、《华夷译语》的翻译,都受其深刻影响。(见通拉嘎、吴利群《蒙元硬译体对〈蒙古秘史〉翻译的影响》)

拜住任中书右丞相。

按:《元史》载:"以拜住为中书右丞相。"(《元史》卷二八《英宗本纪》,第3册,第624页)袁桷代作任命诏称:"今特命中书左丞相拜住,为开府仪同三司、上柱国、录军国重事、中书右丞相、监修国史,一新机务,使邪正异途,海宇乂康,以复中统、至元之治。所有便民条画,具列于后云云。"(袁桷《特命右丞相诏》,《袁桷集校注》卷三五,第1578页)

张珪再拜中书平章政事。

按:张珪曾于延祐二年拜中书平章政事,后因谏铁木迭儿非其人,遭皇太后笞已杖责,"创甚,舆归京师",虞集因之评:"盖仁庙于公,终始之意,固将有为,而竟违其志,悲夫!"英宗皇帝即位后,再次召见张珪,于是张珪得以再拜中书平章政事。虞集《中书平章张公墓志铭》载:"至治二年,英宗皇帝召见公于易水之上曰:'四世旧臣,朕将畀卿以政。'公辞归,遣近臣设醴候诸馆。东平王拜住时为相,问公曰:'宰相之体何先?'曰:'莫先于格君心,莫急于广言路。'……又拜中书平章政事。"(《全元文》第27册,第520—521页)

吴全节进玄教大宗师。

按:张留孙卒后,吴全节继任玄教大宗师。虞集《河图仙坛碑》载:"二年,制授公特进、上卿、玄教大宗师,崇文弘道玄德广化真人,总摄江淮荆襄等处道教,知集贤院道教事,玄教大宗师。"(《全元文》第27册,第199页)

朱德润作《雪猎赋并序》进献。

按:文曰:"至治二年春,二月既望,时雪初霁,天子大搜于柳林。还幸寿安山,命集贤大学士臣泰思都、学士臣颡哥识律、功德副使臣三旦班,召小臣朱德润图而赋之。因考《礼》经谓乾豆、宾客、充庖三田之义。汉儒雄词丽藻,可谓形容尽之。至于偃武修文之说,亦略见于篇中。皇元受命,四海来格,游猎之盛,武备粲然,所以明国家之制,大备矣。臣德润谨援笔墨,图成'雪猎',而并陈其赋曰:

颛顼司序,玄冥驾冬。屏翳扇飙,冯夷洒冻。霜坚冰于沍泽之底,霰急雪乎苍冥之中。迷漫六合,飘飖太空。混玄黄而暴白,始胚腪于鸿蒙。忽焉山川不夜之境,盍然草木长春之丛。化瑶瑰不瑳之巧,布珠琲莫撷之工。有自强者奋然而喈曰:天地既肃,风云已凉,兽豺獭而毕祭,士弓矢胡未张?可以振威警于下土,阅武备于非常。乃选车徒,淬精砺刚。陋萧君之不出,壮桓虏之高骧。旅孤麾而骑集,韡乍脱而鹰扬。旗纛翩翻,铃鸾铿锵。铦矛大槊,钩戟长枪。乌号繁弱,莫邪干将。兵气含辉,伟列其旁。于是雷师挝鼓,山灵棒鞭,王良执御,羿氏控弦。封豕中机,贪狼就剸。纵离朱之明睫,步章亥之宏跧。穷罅捣穴,络野经原。饮羽则飞将视石,调矢则由基号猿。箭双雕于一镞,殪两兕于孤鞭。卢令令而狐踣,鹖皎皎而驾颠。至若鸿雁鸂鹈,鹈鹈鸳鹣,麋麖豻貁,獂羊犎䝙,伯益之所未录,《尔雅》之所未刊。飞走之属,并坠其前。血领其濡,贯翎其联。数实登载,振旅告旋。又何止易堂下之一牛,窥管中之一班哉!故相如夸猎于上林,子云校猎于甘泉。以至长杨五柞,渭水黄山,皆前人辙迹之所蹈,文辞之所传。得则为敬天顺时之义,失则有纵乐从禽之愆。东吴小臣,渡江溯河,过鲁适燕,瞻两都京阙之巨丽,揖中州士子之多贤。曩曾逐公子王孙之后尘,而闻诸塞上之翁曰,我圣朝神武之师,常以虎贲之众,际八埏而大围驱,兽蹄鸟迹之道,为烝民粒食之基。燎火田于既蛰,入山林而不麋,胎不殀夭,巢不覆枝。讲春蒐秋狝之举,临夏苗冬狩之期。效成汤祝网之三面,思文王搜田之以时。所以丰稔而除害,所以致敬而受厘。收其齿革羽毛,咸工需于民用;洁其牺牲腊脯,盛礼筵于宾仪。论功赐脤,锡胙临墀。太常荐新于庙祀,太官供味于庖腯。捄棘匕其膏臂,馂篮殪其肉麋。侑以元醴,享以醇醨。宰臣调其酰甘,学士和其雍熙。皇恩浃,上泽施,武事讲,文教驰。遂乃四方皷舞,万里梯航,邻人祝粟,无远弗届,玄菟黑獠,致礼其邦。斥候尽职贡之道,象胥讲献纳之方。故众姓之人,闻钟皷管钥,虽三尺之童,携箪食壶浆。然后知旷百王天人之盛事,启亿万年大元之方昌。今圣天子,砺精图治,宽裕有容。绍祖宗鸿熙之运,体上帝好生之功。将以仁义为基,道德为宗,诗书礼乐为治,政刑法度为公。正以网罗俊乂,驾驭英雄,则凤凰鷟鹭不足以为贵,駞虞白泽不足以为崇。岂特西旅之獒,太宛之龙,芝房赤雁之歌,宝鼎白麟之诵?盖将息牧野之如虎如貔,获渭滨之非黑非熊。闻一善以为训,明一艺无不庸。国家有基命宥密,君臣有同寅协恭。跻生民仁寿之域,迥太古淳厖之风。臣愚懑狠材,草莱陋质,愧不足以润色皇猷,宣扬盛世。裁前贤锦绣之文,镌大经金石之字。仿雅颂之作兴,表德泽之流泄。他日庶几《河图》、《洛书》,龟龙负瑞,先以写臣方寸丹衷,诣寿安献赋之意。"(《全元文》第40册,第458—460页)

吴澄春,至建康,定王进德江东书院规制。

按:据危素记载,吴澄今年春到建康江东书院,为书院制定规制:"二年壬戌(如建康,定王氏义塾规制。有司上其事,赐额江东书院)。"吴澄《临汝书院重修尊经阁记》:"(至治二年)是年春,予往金陵,过抚,山长以楼成请记。予有行,未暇作。其冬,还自金陵。"(《吴澄集》,第799—800页)

又按:危素所言王氏义塾即建康王进德创建的江东书院。吴澄有文载:"郡庠燬于火,为构讲堂,高壮宏敞,并其中陈设器具一新,计缗钱七万有奇,皆独力所办。买宅一区,割田九顷,创建江东书院,朝锡以额,设官掌其教。仿范文正公义庄规制,以赡亲属。城隍外门圮,内屋敝,运石于吴,取材于江,而更易其楹柱,而修完其栋宇。若此类布施不一,固其余事尔。"(《全元文》第15册,第628—629页)《(嘉庆)重刊江宁府志》载:"江东书院在永安坊盐仓街,元郡人王进德建,南临秦淮,吴草庐先生常于其中讲授生徒,泰定元年定额曰江东书院,今废。"(清吕燕昭修、姚鼐纂《重刊江宁府志》卷之十六"学校",第 2 册,《中国方志丛书·华中地方·一二八号》,成文出版社有限公司印行,第 591 页)

吴澄在池口与虞集相遇,同行至金陵。

按:虞集《跋吴文正公题朱子写陶诗与刘学古略迹卷》载:"壬戌之岁,吴先生适江东,学者十余人从之。集溯江而西,相遇于池口,遂从先生之金陵。舟中,为集诵延平先生之诗曰:'细中之细细难推,明月杨花过眼时。举世纷纷论仁义,陷身杨墨有谁知。'二十有二年矣。今观吴公题朱子陶诗四首,与刘学古接以老子之六言,推明朱子谓陶渊明见趣,皆是老子意,读之慨然伤怀。六朝士大夫之高者,学识至此已为极致,故《兰亭记》、《归去来辞》,皆为一时之盛作。然则濂洛特起于千载,其功在万世,所谓罔极之恩哉。然而几微之辩,非知道者不察也。此又集之所深感焉。"(《全元文》第 26 册,第 374—375 页)

又按:吴澄《跋朱子所书陶诗》载:"朱子尝言:'陶靖节见趣皆是老子意。'观此写陶诗四首与刘学古,而卷末系以老氏之六言,盖其诗意出于《道德经》之绪余也。"(《吴澄集》,第 1216 页)

吴澄八月在建康,为通州重修文庙一事作碑文。

按:吴澄《通州文庙重修碑》载:"皇元有天下,文教自京师达郡县,虽遐陬僻壤,莫不建学设官,以阐教事。通州近在畿甸,素闻廪给学官每至辄去,不惟教事废弛,而孔庙亦且不葺,将就倾圮。永平杨齐贤繇丰润县教谕来为通州学正,思振厥职。择民间子弟可教者,得三十家,籍之入学,课之诵书,白之官府,而复其身。州之参李侯与州之长协心主张于上,于是其人咸愿出力,以修庙学,孔庙正殿、东西两庑爰及外门上瓦下甓,杇镘四周,奂然一新。至治二年七月役兴,八月绩成。讲堂敝坏,上两旁风盖覆而涂墐之,前后窗牖、中外甃砌,悉备其所未备。其南则敞门塾一间,其北则续檐宇三间,以益堂之深,学者遂有藏息之所。庙之南竖穹碑,刻加封诏书示永久。积年之颓靡一旦而完整,虽曰学官之勤,微州官扶树之功,胡能致是哉!古之牧民者,常以教民孝悌忠信为急务。通州之官能用意于庙学,不敢后,庶几不愧古良牧之政矣。齐贤诣国史院,请书其事。予固乐称其美,以为后来治官、教官之劝。州长名速朗吉大,其官承直;李侯名也先,其官承事。在州多惠政,通民便之。初,榆河之西有闲田,钦依至元三十一年诏旨,拨隶州学。后运官夺取造庐舍,而私其僦利。齐贤通于官,户部、礼部暨监察御史直其说,以畀州学如初。今齐贤又以余暇率所辖三河县之民修其县之庙学,概可书也。"(《全元文》第 15 册,第 359—360 页)

吴澄在金陵为杨益谦光堂作记文。

按：谦光堂是杨奂孙杨益在金陵修建的寓屋住所，是赵孟頫为他题的名，今年吴澄到达金陵，杨益便邀请吴澄为谦光堂撰写记文。吴澄《谦光堂记》载："河南杨友直善书工诗，其文蔚如也。积久从事于风宪，其才艺之优、权势之重，人所敬慕希望，以为不可及，而自视慊然，若无有也。金陵有寓屋，在秦淮之南，占地甚幽，车马之尘、廛市之嚣不可得而干。往年仕于宪台，留京师，翰林承旨赵子昂为之篆'谦光'二字以名其寓屋之室，咸谓斯名盖称其实。至治壬戌，予客金陵，而友直为行台掾。予观子昂所篆，因言《易》六十四卦，惟《谦》之占辞最美。……此其所以为真谦，而有宣著显融之光辉耀于时也欤？友直谢曰：'今日获闻《易》之奥义，某不敢当也。'于是笔予之言，以为《谦光堂记》。"（《吴澄集》，第898—899页）

又按：杨友直，即杨益，洛阳人，杨奂之孙。虞集有《雒阳杨氏族谱序》载："嘉议大夫、南雄路总管兼劝农事杨益，以书抵临川，告诸前史官虞集曰：'昔忝同朝，俱扈从上都，尝以雒阳先茔之碑为请，亦既大书而深刻之矣。又虑夫子孙之南北宦游，不能以时至墓下，乃书为谱，锓梓摹之，子孙胜衣以上，各受简而藏之，虽远且久，不忘其初，而他族无以间之也。或千百里之外，数十年之间，适然相遇，各出本而求之，昭穆长幼之序不乱也，一本之初不失也。请为之序云。'雒阳之杨，由金中京酒使某，壬辰兵北渡，殁兵中。中京生某，举家避地平阳，事定还雒，修旧茔而定居焉。紫阳杨先生奂然，为河南转运使，辟为幕官。生南阳府判官某，子四人，益、某、某、某。益，宪司掌史，南行台掾史，除广西宪司经历，任奉训大夫、护圣营缮司大使曰赠南阳公为奉训大夫、礼部郎中、飞骑尉、洛阳县男，转朝列大夫、户部员外郎，再赠朝列大夫。自礼部升秘书少监，自飞骑尉加赐骑都尉，自洛阳进封弘农郡伯。益出守南雄，官嘉议，当封二代。三赠南阳公为嘉议大夫、刑部尚书、上轻车都尉、弘农郡侯。而南阳之父某，赠亚中大夫、河南府路总管、轻车都尉、弘农郡侯。而昆弟子孙姓名，以次序列于谱云。按杨氏，自唐叔虞为诸侯，后世有为大夫，食采于杨而受氏。汉初，赤泉侯喜，著见于史，及三世四公，以名节盛德，世承清白，子孙遂以众多，而皆望华阴矣。其后族人益蕃，遂有四院之谱，所谓华阴、闽、蜀、浙者也。洛阳去华阴为至近，或者洛阳之族，其华阴之裔乎？洛阳之族，遭时丧乱，死徙北方，而卒能自归于先茔之次，岂无天意乎？再出封弘农，而益有民社之寄。别族为谱，自中京君始，以其所可知者而言之，所以信于其后世子孙者也。故为书其端云。"（《全元文》第26册，第151—152页）

吴澄为杨益子杨恋、杨惪作字说。

按：吴澄《杨恋杨惪字说》载："河南杨友直之子曰恋、曰惪，请予字之。予考六书之义，恋从心、从文，惪从心、从直。虽谐声，而兼会意。心之所欲言者，传之于文，是之谓恋。心之所得乎天者，其理则直，是之谓惪。恋者，心之传也，字之曰心传。惪者，心之得也。字之曰心得。……予既为字，又为之说以赠。"（《吴澄集》，第192页）

吴澄十月还家，修《易纂言》成。

按：危素《年谱》载："十月还家，《易纂言》成。"

又按：吴澄《四经叙录》载："《易》，伏羲之《易》。昔在皇羲，始画八卦，因而重之为六十四。当是时，《易》有图而无书也。后圣因之，作《连山》，作《归藏》，作《周易》。虽一本诸伏羲之图，而其取用盖各不同焉。三《易》既亡其二，而《周易》独存。世儒诵习，知有《周易》而已。伏羲之图鲜或传授，而沦没于方伎家。虽其说具见于夫子之《系辞》、《说卦》，而读者莫之察也。至宋邵子，始得而发挥之。于是人乃知有伏羲之《易》，而学《易》者不断自文王、周公始也。今于《易》之一经，首揭此图，冠于经端，以为伏羲之《易》，而后以三《易》继之。盖欲使夫学者知《易》之本原，不至寻流逐末，而昧其所自云尔。《连山》，夏之《易》。《周礼》：太卜掌三《易》，'一曰《连山》，二曰《归藏》，三曰《周易》。其经卦皆八，其别皆六十有四'。或曰神农作《连山》，夏因之。以其首《艮》，故曰'连山'，今亡。《归藏》，商之《易》。子曰：'我欲观殷道，是故之宋，而不足征也。吾得坤乾焉。'说者以坤乾为《归藏》。或曰黄帝作《归藏》，商因之。以其首《坤》，故曰'归藏'，今亡。《周易》上下经二篇，文王、周公作。《彖》、《象》、《系辞》上下、《文言》、《说卦》、《序卦》、《杂卦》、《传》十篇，夫子作。秦焚书，《周易》以占筮独存。《汉志》'《易》十二篇'，盖《经》二、《传》十也。自魏、晋诸儒，分《彖》、《象》、《文言》入经，而《易》非古。注疏传诵者苟且仍循，以逮于今。宋东莱先生吕氏始考之，以复其旧，而朱子因之。第其文字阙衍谬误，未悉正也。故今重加修订，视旧本颇为精善。虽于大义不能有所损益，而于羽翼遗经，亦不为无小补云。"（吴澄《四经叙录》，《吴澄集》，第1—2页）

吴澄秋为宁都黎志远贤良祠作记。

按：吴澄《黎氏贤良祠记》载："宁都州之著姓黎为盛，盖自唐末迄宋季以逮于今，甚盛也久矣。志远有齿有德，好礼而尚文，修其族谱，锓木以传。……宁都学院虽从祀贤良于乡贤之首，于家则未有祠祀。至治壬戌秋，志远鸠工度材，相地涓吉，于州之东北隅，即三江之会，遂立祠祠之，厚之道也。"（《吴澄集》，第873页）

吴澄至临汝书院，作《临汝书院重修尊经阁记》。

按：延祐七年（1320）时临汝书院重新翻修，此年九月完工，吴澄今年返乡后便至临汝书院，并为这次重修撰写记文。吴澄《临汝书院重修尊经阁记》载："宋淳祐戊申，冯侯去疾提举江南西路常平茶盐事。至官之日，以其先师徽国文公朱先生尝除是官而不及赴，乃于抚州城外之西南营高爽地，创临汝书院，专祠文公，为学者讲道之所。明年己酉，书院成，位置分画率仿太学，故其屋室规制非他书院比。左个之左竖危楼，贮诸经及群书于其间，扁曰'尊经阁'。大元延祐乙卯，楼燬于火，官命重建。越六年，庚申四月，庐陵黄镇来长书院，始克构架。又三年，至治壬戌九月，工毕事完，轮奂复旧。同知总管府事、亚中大夫马合睦提调其役，相之者，前经历赵谐，继之者，今经历张允明也。是年春，予往金陵，过抚，山长以楼成请记。予有行，未暇作。其冬，还自金陵，而总管、太中大夫杜侯至，与巡按官、廉访副使董侯登斯阁，周回瞻视，且嘉山长之勤，又一新外门，斋舍、廊庑暨池亭，靡不修葺，而以书来促记，命山长躬诣吾门以请。……夫尊经云者，岂徒曰庋群书于高阁以为尊也哉？尊之一言何所本始？曾子尝言'尊所闻'，子思尝言'尊德性'。尊者，恭敬奉侍，不敢亵慢之谓。经之所言，皆吾德性内事，学者所闻，闻而已。所闻于经之言，如覃怀许公所谓'信之如神明，敬之如父母'，而后谓之尊。读其言而不践其言，是侮圣人之言也，谓之尊经，可乎？昔日冯侯名此阁，今日杜侯之重揭斯扁也，其所期望于学者为何如？余少时一再就书院肄业，不常处也。退而私淑于经，一句一字不敢轻忽。资凡力小，用志亦甚苦。然老矣，而无闻，仅能通训诂文义之粃糠，于道昧如也，其有负于冯侯之意多矣。继自今，学于书院者，其可不深以余为戒，而惕然惊惧，动息语默，必知所尊，以求无负于杜侯之意哉！杜侯名毓，贤而有文。尝为勉励学校之官，故其加意于儒教若此云。"（《吴澄集》，第799—801页）

冬，黄孟安将赴大都应吏部谒选，吴澄作《送临汝书院山长黄孟安序》。

按：吴澄《送临汝书院山长黄孟安序》载："山长庐陵黄鎭孟安也。一书院之弛张隆替关系其人，信乎用世之不可以无人也。孟安，部郎官之曾孙。部以儒科仪范乡里，至今人诵其遗文。孟安不坠其家学，不泯其家声，畀以党庠遂序之事，恢恢乎办之有余，而未足以展其才也。至治二年冬，考满受代，将谒吏部选，有数千里之役。余无财以赆，其可无言以赠乎？孟安气貌温然粹然，馆阁器也。家学诚善矣，益思所以懋其学；家声诚美矣，益思所以宏其声。未有学优而仕左、声大而响微者。他时馆阁之望，固亦今时庠序之余也。官怠于宦成，尚其毋怠于宦成之后哉！"（吴澄《送临汝书院山长黄孟安序》，《吴澄集》，第714—716页）

董士选去年卒,为作祭文。

按:董士选去年卒,吴澄今年撰写祭文。吴澄《祭董平章文》载:"自闻公丧,亦既逾年,始得致清酌庶馐之奠于公之祠前。唯公坚刚之质,劲直之气,廉正之操,果毅之才,如金百炼,不可少摧;如矢一发,不可少回;如乔岳之崔嵬,如洪流之硠磕。见义必为,不顾身之利害而移;见贤必敬,不因人之毁誉而疑。其嫉恶也如仇,其好善也如饴。勋阀巍巍,而恂恂文儒之设施;英迈堂堂,而循循理法之绳规。盖其禀于天者既异,而其得于学者,又足以栽培滋溉,而有所裨。故能特立独行,表表于天下,而视世之依阿渰渳、阘然取媚者,亦清泉滑滑之不淬于污泥。某也,山泽之癯,羁孤之迹,分甘肥遁于明时。未识公面,已辱公知。居常惴惴栗栗,惟恐负公之识鉴,庶几没齿而无忸怩。岂意后公以死,犹及闻公之讣而兴悲。乌乎!公之光昭卓伟,不可得而见矣!相望数千里之远,仅能寄一哀于此辞。尚飨。"(《吴澄集》,第1686—1687页)

吴澄作《抚州玄都观藏室记》。

按:吴澄《抚州玄都观藏室记》载:"玄都观者,前道教都提点张师次房之所肇创,观之藏室,则其徒孙黄仁玄之所新作也。师本临川梅仙观道士,至元间从天师北觐,留侍阙庭数载,宣授崇道护法弘妙法师、江西道教都提点,住持浮云山圣寿万年宫、抚州梅仙玄都观以归。……师既厌世,其徒周秉和将营藏殿于玄元正殿之左,盖以玄元尝为周藏室史故也。市材未毕,而周亦逝。仁己克承其志,至治辛酉始构,次年壬戌底成。崇深宏伟,耸动观瞻。中藏圣贤经传、历代史记,与夫诸子百家之书,靡不存贮。仁己请记。……张师道行纯美,默契玄元慈俭让下之实。其徒世世相传,不忝祖教,亦匪纷纷道流所可例观。是以备述张师之善,而为《玄都藏室之记》云。张师字绍隐,号松谷道人。一初者,仁己之字也。造吾门时,与徒孙毛允执俱。"(《吴澄集》,第973—975页)

吴澄作《故金溪逸士葛君墓志铭》。

按:吴澄《故金溪逸士葛君墓志铭》载:"金溪之葛号著族,其先繇番阳徙。宋建炎时,有讳赓者,能率民兵卫乡里。事闻于朝,将赏以官,辞弗受。后以子贵,授承议郎。子逢时与陆文达先生同年进士,知南康军星子县。其族以进士贡礼部者常有之。君生淳祐甲寅,距承议五世。继祖其名,圣时其字也。自少工进士业,业成而科废。国朝延祐初,科复而君老矣。至元间,时务纠纷,君应接繁剧中节理,善保其家产,且有增益,筑居室于旧基。又为市以通货物,以余力新青田三陆先生祠。予尝拜祠下,宿于君之家,叹君逸才未获用。至治壬戌八月,作四言十二句铭辞训诸孙。十八日,忽得疾,越十日卒,年六十九。曾大父宗允,大父元镇,隐德弗耀。父某,乡贡进士。君娶陆文安先生四世孙女,先十八年卒。子男五,长鼎实,先二年卒;次幼成、陆玑、玉成、元杰。女三,适王者一,适邓者二。孙男十,女三。将以某年月日葬于里之某原。其里人吴栋为其子乞文以志墓。予固识君,不辞而为之铭。铭曰:山老椅梧渊韫珠,天閟珍储畴其须。猗嗟斯士不显世,盖将有迟迟来裔。"(《吴澄集》,第 1552—1553 页)

袁桷作《龚氏四书朱陆会同序》。

按:袁桷《龚氏四书朱陆会同序》尤其反映了他和会朱陆的想法。袁桷是四明文人,在元代,"陆象山之学行于四明,而不行于天下",四明陆学极其盛扬。袁桷《龚氏四书朱陆会同序》载:"程、杨、朱子,本以传授者也,审为门弟子,世固未以病文公也。陆文安公生同时,仕同朝,其辩争者,朋友丽泽之益。朱陆书牍具在,不百余年,异党之说兴,深文巧辟,而为陆学者不胜其谤,屹然墨守,是犹以丸泥而障流,杯水以止燎,何益也?淳祐中,番阳汤中氏合朱陆之说,至其犹子端明文清公汉,益阐同之。足以补两家之未备。抑又闻之:当宝庆、绍定间,黄公榦在,朱子门人不敢以先人所传为别录。黄既死,夸多务广,有《语录》焉,有《语类》焉,望尘承风,相与刻梓,而二家矛盾,大行于南北矣。广信龚君霆松,始发愤为《朱陆会同》,举要于《四书》,集陆子及其学者所讲授,俾来者有考。删繁荟精,余于龚君复有望焉。夫事定于千百年则罔有异论,故历举兴废之说若是。"(《袁桷集校注》卷二一,第 1088—1089 页)

许有壬作《辩平章赵世延》。

按:铁木迭儿卒后,文人逐渐为赵世延辩白,许有壬所作《辩平章赵世延》便属于此列,文载:"伏以公论昭明,见朝廷之政治;正人伸雪,乃风宪之振扬。苟有见闻,岂容缄默!窃见光禄大夫、前四川行省平章赵世延,先任御史中丞,倡率监察御史奏劾奸臣帖木迭儿不法一十余事,及中丞朵儿赤等,按问帖木迭儿下总领蔡云,因冯开平身死公事,过付张五十三,许与帖木迭儿中统钞一千定,本人受要说事钱二百定。招证明白,征赃到官。其帖木迭儿幸得脱免,追印罢职,因此怀蓄忿怒。至延祐七年,复入中书,盗弄威权,专务报复,陷害忠良,无所不至。将中丞朵儿赤并萧拜住织罗诛杀,又以温迪罕尝赞其事,坐以减死之罪。为平章赵世延远任蜀省,令人诱说伊房弟胥益儿哈呼,将赦前千名犯义、虚妄事情,排陷陈告,差人勾唤,赴都对问。行至中途,遇诏赦释免。又行差官催促到部,令伊门下心复人尚书答里马失里非法锻炼,勒要招服,锁发前去三不剌,复还大都,凌虐枉禁,前后三年,意逼自裁。本官刚明自负，不为匹夫自经沟渎之事。其元告人自知诬妄，不敢面对，因此在逃，根勾不获。为本官患病，奏奉圣旨，保管在外。刑部议拟胥益儿哈呼评告房兄赵平章，逐项事理俱在革，前元告人在逃百日之上，依例革拨改正。蒙中书省闻奏，令还家养病。兹者钦遇圣天子登极之初，眷念忠良枉罹刑害，如朵儿赤、萧拜住、温迪罕等，首降德音，特与昭雪。其平章赵世延，即与中丞朵儿赤等一体，中外共知，理宜辩正。况本官庙堂伟器，柱石良材，省台出入垂三十年，劬瘁焦劳，幸脱虎口。似此老成，盖未易屈指也。江南行台，已尝辩明，如蒙奏闻擢用，允惬舆情。"(《全元文》第 38 册，第 48—49 页)

虞槃校刊《至治本河南程氏遗书》。

按：虞槃《至治本河南程氏遗书序》载："周、二程、张、邵书，余以晁昭德《读书志》校之：周子《通书》一卷，明道《中庸解》一卷，《程氏易》十卷，《书说》一卷，《诗说》两卷，《论语说》十卷，《孟子解》十四卷，《伊川集》二十卷，《程氏杂说》十卷，《张子正蒙书》十卷，《渔樵对问》一卷，《信闻纪》一卷，《孟子解》十四卷，《易说》十卷，《春秋说》一卷，横渠《崇文集》十卷，邵子《皇极经世》十二卷，《观物篇》六卷，《击壤集》二十卷，凡十九部，一百五十四卷。所谓《程氏杂说》十卷者，疑即朱子所谓诸公各自为书，散出并行之一者也。而《遗书》所录，不见其目，朱子因其先人旧藏，益以类访，为《遗书》二十五卷，又为《外书》十二卷，益多《杂说》数倍，而《杂说》固不传。合晁氏所记，与今所传读，盖可考矣。然今所传本，皆家藏故书，数十年前所刻，就令刻板具在，意且漫漶废弃不少矣。清庙雅乐，姑以备数，而郑卫之声，人争爱之，则此日少而彼日多者，亦其势然也。近年始有新刊邵子书闻风而起者，或诮为迂阔，且笑之。宜黄谭善心，同邑傅君友谅之门人也，奋然不顾，取《二程遗书》、文集刻之，且将考订《程氏经说》，以次锓本。槃托中表之好，乃得预闻其说，喜其事之有成，而学者得以传读先儒之遗文而不倦，其卓然之见，良有可取，故题其后，以勉同志之士云。蜀郡后学虞槃。"(《二程集》，中华书局 2004 年，第 688 页)

建阳书坊始刊 60 卷本《大元圣政国朝典章》。

按：《大元圣政国朝典章》汇集元世祖至元英宗至治二年间诏令，是元代官修法令文书的汇编。前集六十卷附新集，其中诏令一卷、圣政二卷、朝纲一卷、台纲二卷、吏部八卷、产部十三卷、礼部六卷、兵部五卷、刑部十九卷、工部三卷，记事至延祐七年为止；又增附《新集至治条例》，分国典、朝纲以及吏户礼兵刑工六部共八门，不分卷，门下分目，目下分若干条格，记事至至治二年止。

赵孟頫卒。

按：赵孟頫（1254—1322），字子昂，号松雪道人，湖州人。宋太祖子秦王德芳之后，宋时"试中国子监，注真州司户参军"，入元后自力于学，得夹谷之奇荐，又得程钜夫江南访贤荐，"授奉训大夫、兵部郎中"，与阿鲁浑萨理善，且揭露彻理陈桑哥敛财罪恶。至元二十九年（1292），"进朝列大夫、同知济南路总管府事，兼管本路诸军奥鲁"。成宗时与修《世祖皇帝实录》，改集贤直学士行江浙等处儒学提举。仁宗时"升集贤侍讲学士、中奉大夫，用从二品例，推恩二代"，延祐六年（1319）致仕，至治二年六月薨于里。所著有《松雪斋文集》十一卷，《琴原》、《乐原》各一篇，《谈录》一卷。生平事迹见于杨载《大元故翰林学士承旨荣禄大夫知制诰兼修国史赵公行状》、欧阳玄《元翰林学士承旨荣禄大夫知制诰兼修国史赠江浙等处行中书省平章政事魏国赵文敏公神道碑》、《元史·赵孟頫传》。

元明善卒。

按：元明善（1269—1322），字复初，大名路清河人。为董士选赏识，至江西行省，进登仕佐郎、枢密院照磨，转中书省左曹掾。大德七年（1303），因张瑄、朱清一案由掾省曹出淮南。仁宗时迁翰林待制、承直郎兼国史院编修官，与修《成庙实录》，升翰林直学士、朝列大夫、知制诰同修国史。英宗时征为集贤侍读学士，授翰林学士、资善大夫，修《仁庙实录》，并代英宗署名于礼官祝册。至治二年二月七日卒。卒谥文敏。著有《清河集》。生平事迹见于马祖常《翰林学士元文敏公神道碑》、张养浩《故翰林学士资善大夫知制诰同修国史赠具官谥文敏元公神道碑铭》、吴澄《元赠中奉大夫吏部尚书护军清河郡元孝靖公神道碑》、《元史·元明善传》。

铁木迭儿卒。

按：铁木迭儿（？—1322），不怜吉带之孙，木儿火赤之子。大德年间同知宣徽院事，兼通政院使，至大元年，由江西行省平章政事，拜云南行省左丞相。武宗卒后，以太后答己之命为中书右丞相，以病去职。延祐元年（1314），拜开府仪同三司、监修国史、录军国重事，同年九月复为中书右丞相。延祐四年（1317）遭御史弹劾罢官，七年（1320）以皇太后旨复为中书右丞相。英宗至治二年（1322）八月病逝，卒后遭御史弹劾，"乃命毁所立碑，追夺其官爵及封赠制书，籍没其家"。生平事迹见于《元史·铁木迭儿传》。

王祎（1322—1373）生。

元英宗至治三年
癸亥　1323年　75岁

正月，下诏搜访山林隐逸之士。

按：《元史》载："拜住言：'前集贤侍讲学士赵居信、直学士吴澄，皆有德老儒，请征用之。'帝喜曰：'卿言适副朕心，更当搜访山林隐逸之士。'遂以居信为翰林学士承旨，澄为学士。"（《元史》卷二八《英宗本纪》，第3册，第627页）

二月，颁行《大元通制》。

按：该汇编"凡二千五百三十九条，内断例七百一十七、条格千一百五十一、诏赦九十四、令类五百七十七。"（《元史》卷二八《英宗本纪》，第3册，第629页）

又按：孛术鲁翀《大元通制序》载："至治二年冬十有一月，皇帝以故丞相东平忠宪王之孙中书左丞相位右丞相，总百官，新庶务，征用老成，开明治道。皇元圣圣相继，百有余年。宸断之所予夺，庙谟之所可否，禁顽戢暴，仁恤黎元，绰有成宪。然简书所载，岁益月增，散在有司，既积既繁，莫知所统。挟情之吏，用谲行私，民恫政蠹。台宪屡言之，鼎轴大臣恒患之。仁庙皇帝御极之初，中书奏允，择耆旧之贤，明练之士，时则若中书右丞伯杭、平章政事商议中书刘正等，由开创以来政制法程可著为令者，类集折衷，以示所司。其宏纲有三：曰制诏，曰条格，曰断例。经纬乎格例之间，非外远职守所急，亦汇辑之，名曰别类。延祐三年夏五月，书成，敕枢密、御史、翰林国史、集贤之臣，相与正是。凡经八年，事未克果。今年春正月辛酉，上御棕殿，丞相援据本末，奏宜如仁庙制，制可。于是枢密副使完颜纳丹、侍御史曹伯启、判宗正府普颜、集贤学士钦察、翰林直学士曹元用，以二月朔奉旨，会集中书平章政事张珪暨议政元老，率其属众共审定。时上幸柳林之辛巳，丞相以其事奏，仍以延祐二年及今所未类者，请如故事。制若曰：'此善令也，其行之。'由是堂议题其书曰《大元通制》，命翀序之。翀惟圣人之治天下，其为道也，动与天准，其为法也，粲如列星，使民畏罪迁善，而吏不敢舞智御人。鞭笞斧钺，礼乐教化，相为表里。及其至也，民协于中，刑措不用，二帝三王之盛，尽于此矣。虽刑罚世轻世重，而士制百姓于刑之中，以教祗德，古之制也。圣朝因事制宜，因时立制，时有推迁，事有变易，谋国之臣，斟酌损益，以就中典，生民之福也。仁庙开本于先，皇上继志于今，万世虑也。虽然，明罚敕法，朝廷之道揆在焉，惟良折狱，哀敬折狱，有司之法守亲焉。源则浚矣，流斯承之，可不慎欤！"（《通制条格校注·大元通制序》，第1—2页）

又按：《大元通制》颁行后，时人才觉法令渐备，吏有所守。李毅《送揭理问序》评价道："自《至元新格》出，《至治通制》作，然后吏有所守，而民知所避矣。"（《全元文》第43册，第459页）《大元通制》是"元朝正式颁布的第一部具有法典性质的法律汇编"。（刘晓《〈大元通制〉到〈至正条格〉：论元代的法典编纂体系》，《文史哲》2012年第1期）

同月，敕金书《藏经》二部。

按：此年元廷又敕金书藏经二部。《元史》载："丁亥，敕金书藏经二部，命拜住等总之。"（《元史》卷二八《英宗本纪》，第3册，第629页）并"选东南善书者书经以镇之"，从东南选取书法家至京师抄经。

又按：释梵琦《初入经筵呈诸友（三首）（并序）》："世祖皇帝混一天下，崇重佛教，古所未有。泥金染碧书佛菩萨罗汉之语满一大藏。由是圣子神孙，世世遵之，甚盛事也。赵孟𫖯、邓文原闻入选仔肩。皇帝即位之三年，诏改五花观为寿安山寺，选东南善书者书经以镇之。三百余人，余亦预焉。赋诗呈友。妙篆曾闻薤叶披，悬针欲作露珠垂。鹅群但换黄庭字，赝本终惭碧落碑。经到钱镠倾国写，佛从李煜铸金为。皇朝盛典尊千古，赵邓由来此选推。""秋兔输毫已得霜，春蚕食叶正盈筐。漫夸大字工飞白，争看真书写硬黄。中使与倾银瓮酒，上师来报玉炉香。天宫偈赞应无数，侧耳唯闻最吉祥。""何期万里对龙庭，便与群仙蹑凤翎。白玉为堂深着我，黄金作字细书经。天池侧畔多余润，帝座前头一小星。常忆大宗客老奘，也曾商略到玄龄。"（《全元诗》第38册，第289—290页）

又按：此次诏选东南入京之人有明州象山释梵琦："会元英宗诏粉黄金为泥书《大藏经》，有司以师善书，选上燕都。"（宋濂《佛日普照慧辨禅师塔铭》，《宋濂全集》卷七三，第3册，第1765页）华亭梅屋禅师："至治癸亥夏五，乘驿赴京，缮写黄金佛经。"（释觉岸《华亭梅屋常禅师本传通载序》，《全元文》第36册，第385页）昆山朱德润："国家用浮屠法，集善书者以金泥写梵书，有旨命君综其事，盖旌其能书也。"（周伯琦《有元儒学提举朱府君墓志铭》，《全元文》第44册，第575—576页）北溪智延禅师："后因屑金书藏经，虑前贤撰集之书或有伪滥，复命之删定焉。禅师久居大刹，年老倦于应接,投偈拂衣而退……亟使追之。既至。"(黄溍《荣禄大夫大司空大都大庆寿禅寺住持长老佛心普慧大禅师北溪延公塔铭》,《全元文》第30册,第244页)(参考陈高华《元英宗与佛教》,《隋唐辽宋金元史论丛》第十辑,第230页)江西皮鲁寿:"至治癸亥,以能书被选,书金经。至京师,书未毕而罢。"(何中《皮鲁寿墓志铭》,《全元文》第22册,第216页)

七月,太庙落成。

按:《元史·祭祀志》载:"夏四月六日,上都分省参议速速,以都堂旨,太庙夹室未有制度,再约台院等官定议。博士议曰:'按《尔雅》曰"室有东西厢曰庙",《注》"夹室前堂"。同礼曰"西夹南向",《注》曰"西厢夹室"。此东西夹室之正文也。……宜取今庙一十五间,南北六间,东西两头二间,准唐南北三间之制,垒至栋为三间,壁以红泥,以准东西序,南向为门,如今室户之制,虚前以准厢,所谓夹室前堂也。虽未尽合于古,于今事为宜。'……秋七月辛卯,太庙落成。"(《元史》卷七四《祭祀志》,第6册,第1838—1839页)

又按:夹室是安置祧迁之主的场所。英宗即位后,太庙七室皆满,如何安放英宗父亲仁宗祭祀位置是亟待解决的问题,因而此年朝议夹室制度,设立"正殿十五间,东西二间为夹室,居中三间为太祖室,其余每间一室,东五室,西五室",这样,新建的太庙共可容纳十一室。(马晓林《元朝太庙演变考——以室次为中心》,《历史研究》2013年第5期)

八月初四,御史铁失等弑帝于南坡,史称南坡之变。

按:《元史》载:"八月癸亥,车驾南还,驻跸南坡。是夕,御史大夫铁失、知枢密院事也先帖木儿、大司农失秃儿、前平章政事赤斤铁木儿、前云南行省平章政事完者、铁木迭儿子前治书侍御史锁南、铁失弟宣徽使锁南、典瑞院使脱火赤、枢密院副使阿散、金书枢密院事章台、卫士秃满及诸王按梯不花、孛罗、月鲁铁木儿、曲吕不花、兀鲁思不花等谋逆,以铁失所领阿速卫兵为外应,铁失、赤斤铁木儿杀丞相拜住,遂弑帝于行幄。"(《元史》卷二八《英宗本纪》,第3册,第632—633页)

九月初四,也孙铁木儿即位于龙居河。

按:"八月二日,晋王猎于秃剌之地,铁失密遣斡罗思来告曰:'我与哈散、也先铁木儿、失秃儿谋已定,事成,推立王为皇帝。'又命斡罗思以其事告倒剌沙,且言:'汝与马速忽知之,勿令旭迈杰得闻也。'于是王命囚斡罗思,遣别烈迷失等赴上都,以逆谋告。未至,癸亥,英宗南还,驻跸南坡。是夕,铁失等矫杀拜住,英宗遂遇弑于幄殿。诸王按梯不花及也先铁木儿奉皇帝玺绶,北迎帝于镇所。〔九月〕癸巳,即皇帝位于龙居河,大赦天下。诏曰:(薛禅皇帝可怜见嫡孙、裕宗皇帝长子、我仁慈甘麻剌爷爷根底,封授晋王,统领成吉思皇帝四个大斡耳朵,及军马、达达国土都付来。依着薛禅皇帝圣旨,小心谨慎,但凡军马人民的不拣甚么勾当里,遵守正道行来的上头,数年之间,百姓得安业。在后,完泽笃皇帝教我继承位次,大斡耳朵里委付了来。已委付了的大营盘看守着,扶立了两个哥哥曲律皇帝、普颜笃皇帝,侄硕德八剌皇帝。我累朝皇帝根底,不谋异心,不图位次,依本分与国家出气力行来;诸王哥哥兄弟每,众百姓每,也都理会的也者)(今我的侄皇帝生天了也么道,迤南诸王大臣、军上的诸王驸马臣僚、达达百姓每,众人商量着:大位次不宜久虚,惟我是薛禅皇帝嫡派,裕宗皇帝长孙,大位次里合坐地的体例有;其余争立的哥哥兄弟也无有;这般,晏驾其间,比及整治以来,人心难测,宜安抚百姓,使天下人心得宁,早就这里即位提说上头,从着众人的心,九月初四日,于成吉思皇帝的大斡耳朵里,大位次里坐了也。交众百姓每心安的上头,赦书行有)。"(《元史》卷二九《英宗本纪》,第 3 册,第 638—639 页)

十二月,定吏员出身者秩止四品。

按:《元史》载:"(十二月)定吏员出身者秩止四品。"(《元史》卷二九《英宗本纪》,第 3 册,第 642 页)

同月,追封晋王甘麻剌为光圣仁孝皇帝,庙号显宗。

按:《元史》载:"戊辰,请皇考、皇妣谥于南郊,皇考晋王曰光圣仁孝皇帝,庙号显宗。"(《元史》卷二九《英宗本纪》,第 3 册,第 641 页)

张珪四月领国子监事。

按:《元史》载:"甲戌,命张珪及右司员外郎王士熙勉励国子监学。"(《元史》卷二八《英宗本纪》,第 3 册,第 630 页)

王约上书反对立三韩省。

按:《元史·王约传》载:"朝廷议罢征东省,立三韩省,制式如他省,诏下中书杂议,约对曰:'高丽去京师四千里,地瘠民贫,夷俗杂尚,非中原比,万一梗化,疲力治之,非幸事也,不如守祖宗旧制。'丞相称善,奏罢议不行。高丽人闻之,图公像归,祠而事之,曰:'不绝国祀者,王公也。'"(《元史》一七八《王约传》,第 4142—4143 页)

鲁国大长公主祥哥剌吉三月集中书议事执政官、翰林集贤、成均之在位者,悉会于南城之天庆寺。

按:袁桷《鲁国大长公主图画记》载:"至治三年三月甲寅,鲁国大长公主集中书议事执政官翰林集贤成均之在位者,悉会于南城之天庆寺,命秘书监丞李某为之主,其王府之寮寀,悉以佐执事。笾豆静嘉,尊罍絜清,酒不强饮,簪佩杂错,水陆毕凑,各执礼尽欢,以承饫赐,而莫敢自恣。酒阑,出图画若干卷,命随其所能,俾识于后。礼成,复命能文词者,叙其岁月,以昭示来

世。"(《全元文》第 23 册,第 483 页)

又按:鲁国大长公主祥哥剌吉(1284—1331)是顺宗答剌麻八剌之女,她深受汉文化影响,于此年三月集中书议事执政官、翰林集贤、成均之在位者,会于南城之天庆寺,酒后共赏图画若干卷,并命众文人作题识、记文,这成为"元朝规模最大的一次艺文书画鉴赏大会"。(云峰《论元代鲁国大长公主祥哥剌吉及其与汉文化之关系》,《中央民族大学学报(哲学社会科学版)》2006 年第 1 期)

吴澄春拜翰林学士知制诰、同修国史、阶太中大夫。

按:吴澄受诏敕命为:"上天眷命,皇帝圣旨:'集贤直学士、奉议大夫吴澄可授翰林学士、太中大夫、知制诰、同修国史,宜令吴澄。'准此。至治三年三月日。"虞集《行状》载:"三年,英宗即位,东平王拜住为丞相,励精为治,黜陟臧否,朝廷赫然。超拜先生为翰林学士、知制诰、同修国史,阶太中大夫。遣直省舍人刘孛兰奚奉诏召先生于家。使者致君相之意甚笃,先生拜命即行。"(《全元文》第 27 册,第 174 页)揭傒斯《神道碑》载:"至治三年春,遣中书直省舍人会江西省臣就家起拜翰林学士知制诰、同修国史,进阶太中大夫。以五月至京师。"(《全元文》第 28 册,第 507 页)危素《年谱》载:"三年癸亥(诏授翰林学士资善大夫、知制诰、同修国史。英宗皇帝励精求治,知公有道德,遣臣刘孛兰奚至公家,特聘公,不欲行。其人遂曰:上欲用先生已久,所以来召之,意必欲见。先生宜毋自辞)。"

吴澄二月戒行。

按:吴澄受诏后,二月戒行。危素《年谱》载:"二月庚寅,戒行。"

吴澄三月出发北上,与抚州路儒学教授操贵持识。

按:吴澄《元故从仕郎婺源州判官致仕操君墓志铭》载:"操君,饶之浮梁人。贵持名,子敬字也。宋赠朝奉大夫讳升之之孙,朝奉大夫、太府寺丞、知武冈军讳斗祥之子。寺丞公,淳祐辛丑进士发身,升朝典郡,诸子皆殖学绩文,称为名家,君其第五子也。年十七,以郡守之子试湖南转运司,贡礼部。明年试,入太学,充弟子员。皇元一天下,奉亲隐处。至己丑十月(1289),父丧。癸巳(1293),任安吉县儒学教谕。大德丁酉(1297),进余干州儒学正。庚子(1300),迁溧阳州儒学正。癸卯八月(1303),母安人张氏丧,葬二亲,悉遵朱氏《家礼》例。应部注教授,内省为员多阙少,檄外省凡五十以下,再与学正山长之任,理作教授。月日丁未,长信州路蓝山书院。至治,辛酉(1321),敕授抚州路儒学教授。壬戌四月(1322)至官。越三年,泰定甲子(1324),移疾致仕。年未及,不许,力请再四,乃得允。丁卯(1327)

敕授从仕郎、婺源州判官,致仕。至顺庚午五月己巳卒(1330),年七十四。君教授抚州时,余被旨趋京,识君于郡庠。"(《吴澄集》,第 1621 页)

吴澄三月十三日至龙兴,作《江西廉访司经历司厅壁记》。

按:危素《年谱》载:"三月甲辰,次龙兴。己酉省宪官相饯。"吴澄在龙兴待了五天时间,期间为江西廉访司经历司厅壁作记。《江西廉访司经历司厅壁记》载:"风宪之官,关系人心、世道不小也。国朝设官之初,各道有提刑按察司,后乃更名为肃政廉访,其意若曰为治一于刑,待天下亦薄矣,是以不曰刑,而曰政。政者,正人之不正也。政以导之于其先,导之而不从,则刑以齐之于其后,而岂专尚夫刑也哉?济宁田君赟,为肃政廉访司属官之长,参贰得清江范君椁,志合德同,皆能以苦淡自持,清白自励。于时宪官凛凛有风裁,而其属又如此,于是江西之宪职大振。予在山中,久闻其风。至治三年春,被召过洪,以所见征所闻,犹信。田君莅政之署书'正己'二字为扁,予见之,益加叹焉。夫肃政者,固以正夫人也。正人之具,有法有制,有禁有令。能执政者,其察或至于见渊鱼,其刻或至于穷穴鼠。发摘以为神,弹击以为威,非不甚可畏也。然止奸而奸不止,戢贪而贪不戢,将欲正人,而人愈不可正。何也?欲正人,而不知正人之有其本也。正人之本安在?正己是已。先哲尝言正己以格物为御吏之方。格云者,为之楷式也。己为楷式以正夫人,孰敢有不正者乎?近而正一司所总之府史,远而正一道所部之郡县,一皆本诸己也。表直则影直,源清则流清,其效盖不期然而然。彼无诸己,而欲以求诸人,有诸己,而欲以非诸人者,曾何足以语此哉!若田君,可谓知政之本矣。予故为志其壁,以谂夫继今之居是官者焉。"(《吴澄集》,第 751—752 页)

吴澄三月十八日离龙兴,省宪官相饯。

按:危素《年谱》载:"(三月)己酉省宪官相饯。"

吴澄五月至京师。

按:虞集《行状》载:"五月,至京师。"(《全元文》第 27 册,第 174 页)危素《年谱》载:"五月至京师,时上在上都,丞相闻公至,大喜。"

吴澄六月初九入翰林院。

按:虞集《行状》载:"六月,入院。"(《全元文》第 27 册,第 174 页)危素《年谱》载:"六月己巳,上官。"

吴澄在京师,吴澄为董士选撰神道碑。

按:董士选卒于至治元年(1321),此年,董士选诸子将树碑墓道,吴澄作《元荣禄大夫平章政事赵国董忠宣公神道碑》。(《吴澄集》,第 1276—1284 页)

又按：吴澄此神道碑对于董士选"出为江浙行省右丞"一事一笔带过，丝毫不言及其本末，似乎对于董士选、元明善等人因朱清、张瑄遭受牵连一事不知。但前载大德七年（1303），吴澄尚有《送董中丞赴江浙右丞序》一文存，其间满载对董士选出任地方一事慰问之意，故此时吴澄《神道碑》对之缄默，当是故意为之。"对于董士选与张瑄关系之密切，蛰居江西的吴澄当然心知肚明。董士选在朱清、张瑄二人失势之后，急于与之划清界限，实际是一个政治污点。因此吴澄在为董士选作《神道碑》时，极有可能曲笔讳之，或者董氏子孙在请吴澄作神道碑时就已经提供了虚假的家传资料。而《元史·董士选传》正是沿袭了《神道碑》的记载，使得这一段文字颇为令人费解。"（陈波《〈元史〉订补二题——兼及元人碑传的谀墓与曲笔》，《元史及民族与边疆研究集刊(第二十七辑)》）。

吴澄在京师，有饶宗鲁子饶约从。

按：据吴澄记载，饶宗鲁之妻周氏今年十月卒，其子饶约闻讯后从京师归乡，而这之前，吴澄抵达京师后，饶约一直以弟子身份跟从。吴澄《临川士饶宗鲁妻周氏墓志铭》载："饶宗鲁，临川士之好修者。其配周氏……至治癸亥十月辛巳，以微疾终。子四，约、绚、经、纪。约从予在京师，闻丧乃归；绚后于母八月而卒；经后于母五月而卒。"（《吴澄集》，第1551页）

吴澄在京师，为洁实弥尔撰写神道碑。

按：洁实弥尔是蒙古人，他受知于裕宗，元成宗时领宣政院事，延祐二年卒。此年洁实弥尔被追封为齐国公，他的仲子萨克缴时为翰林侍读学士，他请求翰林学士吴澄来撰写神道碑，吴澄遂有此作。（吴澄《大元荣禄大夫宣政使领延庆使赠推诚佐理功臣太师开府仪同三司上柱国齐国文忠公神道碑》，《吴澄集》，第1272—1276页）

吴澄任职翰林学士期间，与李源道共事。

按：据吴澄记载，他任职翰林期间，与翰林侍读学士李源道共事数月，二人情谊深重，吴澄《送四川行省译史李岩夫序》载："予幼闻先达长者云：'仕宦之人于交代官有子孙云仍之好，于同僚官有兄弟手足之情。'盖言其恩义之愈久愈深、至亲至厚也。陇西李仲渊，襟怀轩豁，意气慷慨，是非可否，纤芥无闭藏。昨为集贤直学士，予忝与之为代。今为翰林侍读学士，予又与之为僚。共处数月，其情好深厚，真有如先达长者之所云者。令子师尹，承家训，负时才，精于国语，习于国字。口宣耳受，指画目别，如水之注下，如火之照近，沛然了然，略无停滞，虽处之阴山，入大漠之北，与其种人未易优劣也。尝以其学教授于南甸路，复以其能译史于云南省。随父客京，念母在蜀，旷晨昏之礼，思切切不置。公朝体人子之心，发充四川行省译史，以便养母,而命其弟留京侍父。去住之间,两得其宜矣。以予之于其父如兄弟也,告别而后行。予视之如子,然其可无一语以遗之哉?子之往也,恭顺以奉慈亲于内,忠谨以事官长于外,名声将日起,禄位亦日进矣。予也老病,无所用于世,赖而父翼卫以苟容于斯。子年少才敏,力强志锐,其以而父之奋发就事者自勉,而以吾侬之巽懦瘝官者自警可也。夫能为人子,斯能为人臣,达官非子其谁乎?师尹之字曰岩夫。"(《全元文》第14册,第165—166页)

又按:袁桷《送李岩夫四川译史》:"玉雪精神映彩霞,清秋驰坂忽还家。心声珠贯通三象,目力机深洞五犯。青简世传端合继,黑头早贵实堪夸。子云犹有江边宅,好续方言振国华。"(《袁桷集校注》卷一二,第637页)

吴澄曾为李源道诗集作序。

按:吴澄《李侍读诗序》载:"韩子之论文,谓气盛则言之短长、声之高下皆宜。夫诗与文之有资于气也尚矣。翰林侍读学士李仲渊,心易直而气劲健,其为诗也肖其人。古体五言如生在魏晋,略不涉齐梁以下光景,七言杂言翩翩游乎钟山丞相、雪堂学士之间而无留难。约之而为近体也亦然。盖其平日淹贯古今诸名家诗,芳润熏渍乎肝脾,英华含咀乎颐辅。藏蓄既富,而气之盛又足以驱役左右之,俾效供给而各职其职,非若孱懦之帅,拥兵百万而拙于调用。故出乎喉吻,溢乎毫端,与名家诗人之态度声响无一不似。彼肆口肆笔漫成音韵而曰诗者,何能窥见其仿佛哉?所谓言与声之皆宜者,由乎气之盛,讵不信矣夫?予于仲渊之诗,所以三复讽咏而不敢易视也。为识其左而归其编。"(《吴澄集》,第460页)

又按:虞集亦于李源道任职集贤直学士时(1318年前)为其诗集作序,其间称李源道诗歌以卢挚为宗。《李仲渊诗稿序》载:"集贤直学士李君仲渊,自录其五言诗而题之《宗雅》。观其制名,则其所以自喻者,可得而知矣。五言之道,近世几绝。数十年来,人称涿郡卢公。故仲渊自序,亦属意卢公。然仲渊来朝廷为学士,而卢公去世已久,独吴兴赵公深知之,至以为上接苏州。吴兴博古通艺,精诣入神,兼古人之能事者多矣,而独常吟讽其诗,每欲以诗人自称,而天下亦信其诚有不可及者。……某尝以为,世道有升降,风气有盛衰,而文采随之。其辞平和,而意深长者,大抵皆盛世之音也。其不然者,则其人有大过人,而不系于时者也。善夫袁伯长甫之言曰:'《雅》、《颂》者,朝廷之间,公卿大夫之言也。'某闻之矣,'君子之德风也,小人之德草也,草上之风必偃。'观《宗雅》者,可以观德于当世矣夫!"(《全元文》第26册,第223页)

吴澄与李之绍共事。

按:吴澄《故善人申屠君墓表》:"余既与君之孙厚,又尝与君之孙婿李之绍共谈,故不让而表君之墓。"(吴澄《故善人申屠君墓表》,《吴澄集》,第1356页)今考《元史·李之绍传》载:"至治二年,升翰林侍讲学士、知制诰同修国史。三年,告老而归。泰定三年八月卒,年七十三。"(《元史》卷一六四《李之绍传》,第13册,第3862页)即是吴澄今年任职翰林学士时,曾于时任翰林侍讲学士的李之绍共事。

吴澄题李之绍所作《诚悦堂记》。

按:吴澄《题诚悦堂记后》载时李之绍为陈严"诚悦堂"作记,吴澄便再作题识于其左,文载:"东人陈公严,家饶财而善事亲,翰林学士承旨李公扁其堂曰'诚悦'。以人所可能之孝嘉之,而并以人所难能之孝期之,公之待人也厚矣。公及已逝,子彦微克肖悦亲之孝,不悉其人。继今以往,陈氏之家世世有孝子,加以博文约礼、进德修业,而至于圣贤诚身之学有得焉,则其悦亲也,亦将如圣如贤,又非但如常之人所能者。……夫如是,其可谓不负李公之所期也夫!翰林侍讲李伯宗为陈氏作记,临川吴澄后识其左方。"(《吴澄集》,第1192—1193页)

吴澄见葛润玉。

按:据吴澄记载,葛润玉任职临川教授六年,在吴澄于至治三年至于泰定二年任职翰林院期间,葛润玉"官满造吏部",与吴澄曾有一次会见,而后"部注甫定",葛润玉便南还任职南丰州判官,吴澄因之作《送葛州判南归序》以赠之。文载:"豫章葛君贵纯甫,润玉其名。其为人也润如玉,其为文也润如玉,可谓实称其名者矣。授教临川郡六年,终始如一日……官满造吏部,授南丰州判官。予时在词馆,心欲得如是之人,而时之所尚不论实能,必也工钻刺、善伺候,而后可侥幸于万一,以遂所求,而君岂肯为是哉?不惟足不一蹑权势之门,虽如予之最相知,仅仅一再见。见则谈问学,谈古今,一语不及利达。部注甫定,则翩翩南还。……今之居官也,以官之不得此僚佐为愧。故于君之去也,不能无介然于怀焉。"(《吴澄集》,第707—708页)

吴澄七月拒为浮屠藏经作序。

又按:据前载,英宗此年敕金书藏经二部,并"选东南善书者书经以镇之",其中不乏佛、儒之人北上写经并歌颂其事,但吴澄在收到命令要为此事撰写序文时,其态度却是强硬拒绝,此事足见吴澄对于元代崇佛的态度。虞集《行状》载:"时诏学士散散集善书者,粉黄金写浮图藏经,有旨自上都来,使左丞速速诏先生为之序。先生曰:'主上写经之意,为国为民,甚重事也。但追荐冥福,臣所未知。盖释氏因果利益之说,人所喜闻。至言轮回之事,彼之高者且不谈。其意止为,为善之人死,则上通高明,其极品则与日月齐光。为恶之人,死则下沦污秽,其极下则与沙虫同类。其徒遂为超生荐拔之

元英宗至治三年 癸亥 1323年 75岁

说,以蛊惑世人。今列圣之神,上同日月,何待子孙荐拔。且国初以来,凡写经追荐之事,不知其几。若超拔未效,是无佛法矣。若超拔已效,是诬其祖矣。撰为文辞,不可以示后世。'左丞曰:'上命也。先生请俟驾还,复奏之。'会上崩,不及奏而止。"(《全元文》第27册,第174页)危素《年谱》与《元史·吴澄传》记载一致。危素《年谱》载:"七月,敕撰金书佛经序。时书经于庆寿寺,中书左丞速速传旨撰序,仍谕上意,一追荐列圣,一祈天永命,一为民祈福。对曰:'主上写经之意为国为民,甚盛举也。唯追荐冥福,臣所未知。盖释氏因果利益之说,人所喜闻。至言轮回之事,彼之高者且不谈,其意止谓,为善之人死,则上通高明,其极品则与日月齐光;为恶之人死,则下沦污秽,其极下则与沙虫同类。其徒遂为超生荐拔之说,以蛊惑世人。今列圣之神上同日月,何待子孙荐拔?且国初以来,凡写经追荐之事,不知其几。若超拔未效,是无佛法矣;若超拔已效,是诬其祖矣。撰为文辞,不可以示后世。'遂止。"《元史·吴澄传》载:"先是,有旨集善书者,粉黄金为泥,写浮屠《藏经》。帝在上都,使左丞速速,诏澄为序,澄曰:'主上写经,为民祈福,甚盛举也。若用以追荐,臣所未知。盖福田利益,虽人所乐闻,而轮回之事,彼习其学者,犹或不言。不过谓为善之人,死则上通高明,其极品则与日月齐光;为恶之人,死则下沦污秽,其极下则与沙虫同类。其徒遂为荐拔之说,以惑世人。今列圣之神,上同日月,何庸荐拔!且国初以来,凡写经追荐,不知几举。若未效,是无佛法矣;若已效,是诬其祖矣。撰为文辞,不可以示后世,请俟驾还奏之。'会帝崩而止。"(《元史》卷一七一《吴澄传》,第13册,第4012—4013页)

吴澄在京师识申屠駉,作《九思堂记》。

按:九思堂是翰林待制佥淮西江北道廉访司事申屠致远所居之地,吴澄今年在京师识申屠致远子申屠駉,为其父作《九思堂记》。文载:"予自中岁闻御史申屠君之名,敬慕而愿识,而卒未及见也。至治三年,予在京师识其子駉。他日谂予曰:'先人家东平,晚爱高邮山水,营别墅焉。尝谓君子有九思,为身之本,每以是诲子孙。駉上有三兄,下有三弟,追维先志,名所居之堂曰"九思",而集贤大学士郭公为篆其扁。敢征一语发挥其旨,朝夕观省而有所警悟,庶其寡过而无忝所生矣乎!'……谨按《论语》所记,思之目有九:前之六思,存心治身之要也;后之三思,明理克己之务也。……若兄若弟聚处斯堂,夫苟因九思之名诣九思之实,随所在而思,无须臾而忽忘怠惰也,则卑可以贤,高可以圣,且将炜烨烜赫,有光于先德,其为无忝也蔑以加,奚啻寡过而已!若夫动静语默间,于九者不一一致思,以允蹈其实,而徒悦其名,子之先君子所期于子之兄弟者,殆不然也。御史讳致远,字大用,除南

台都事、江东佥宪、翰林待制,俱不赴。后以淮西佥宪而终。……"(《吴澄集》,第884—886页)

又按:时袁桷尚作《九思堂铭》,文载:"虚中实中,图书之纽。实以分殊,虚以一受。理原于初,思曷为九。于赫玄圣,分言为中。上由体生,下应景从。维李氏子,受训佺侗。户册孔昭,执玉靡坠。数穷于玄,阴阳以类。则皇极之言,罔有偏陂。"(《袁桷集校注》卷第十七,第930页)蒲道源《九思堂铭》:"君子之德,成于克思。其目有九,圣人发之。视明听聪,色温貌恭。言忠事敬,疑问乃通。惩忿戒得,无非切己。不思则罔,思则中理。李门振振,昆季九人。制名以此,其数适均。有扁斯堂,永怀肇锡。御训弗忘,兢兢是式。勤斋作序,意尽乎辞。我爱助之,配以铭诗。"(《全元文》第21册,第278页)

又按:申屠氏喜请文人为之堂、楼作记,黄溍(《古今图书集成·方舆汇编·职方典》作黄潜,今定为黄溍)曾记载:"间尝谂于某曰:'我先君燕休之所曰九思堂,吴文正公实为之记;别号忍斋,则翰林侍讲学士揭公记之;武昌别业有篛谷,则翰林待制柳公记之;作楼以储书,曰墨庄,则翰林学士承旨欧阳公勒铭其上。独博古堂,仅存治书侍御史李公、魏国赵文敏公所书扁榜,而未有为之记者。幸畀以一言,俾我后人永保而勿坠,不亦可乎!'"并在随后作《博古楼记》以存,文载:"故翰林待制、佥淮西江北道廉访司事申屠公,至元间名御史也。公平居无他好玩,惟见以古彝器、法书、名画求售者,辄援厚直取之。所蓄既富,缄縢庋置,覆以杰屋,名曰博古之堂。公殁迨今□十有□年,嗣子耀州史官传藏护视惟谨,升其堂,如见其亲之存焉。……公讳致远,字大用,东平寿良人。其历官行事,有永国文康阁公所为碑铭,此不著。耀州名駉,以清方直谅世其家云。"(《全元文》第29册,第281—282页)据黄溍记载,申屠氏除了博古楼尚未邀人作记(实际上刘将孙于1300年就已经受邀作过《博古堂记》,见大德四年),其余皆有当朝钜公作记以存。

吴澄为申屠駉《毁曹操庙诗》作序。

按:今存吴澄《毁曹操庙诗序》一文极有可能是在此年其与申屠駉相识时所作。据载,延祐三年(1316)申屠駉任职山南江北道宪司,巡至夷陵时,毁曹操庙以作孔子庙,众文人纷纷对此举表示赞扬,并作颂诗以载。如成廷珪《延祐三年东平申屠先生掾山南宪司行部夷陵毁曹操祠为孔子庙歌颂赋论者伙矣后四十年余亦赋一首》、陈旅《申屠子迪为山南宪掾白部使者毁夷陵曹操庙》、王冕《申屠子迪试吏为山南江北道宪司掌书巡按至夷陵缺文庙有曹操祠子迪毁之更立学宫诸士大夫作诗文颂美之仆居草泽中获观其卷因赘之》等,吴澄此年与申屠駉相识,可能从申屠处得其诗卷,故作《毁曹操庙诗序》。(《吴澄集》,第454页)

吴澄八月二十三至二十六日间为文矩作墓志铭。

按：吴澄《故太常礼仪院判官文君墓志铭》载："至治三年八月二十二日，太常文君矩子方卒于京师。其孤在江南长沙，友人侍仪使刘迪、太府经历樊谦为之棺敛，属澄铭其圹石，使归而刻之，埋诸隧。澄于君亦有交义，乃哭而略其辞曰：君先有自赵郡徙居长沙者，今遂为长沙人。考讳日新，玉沙县令，赠骁骑尉、奉议大夫、宜春县子。母谭氏，封宜春县君。初，君生歆峤，即不喜其俗。甫知学，读孔子书，明修己治人之术，益欲奋起树立，有为于世。湖南道廉访司辟署书吏，时翰林卢公挚实廉访湖南，敬其才辨，遇之殊常人，君以卢公为知己，乐从之。后吏部考年劳叙迁，大德十一年，授荆湖北道宣慰司照磨，兼承发架阁，于是朝之卿大夫悉知其名，不肯使之官外地，留补刑部宗正曹属，转为登仕郎、秘书监校书郎。延祐三年，升从事郎，为著作郎。延祐六年，改翰林修撰、文林郎、同知制诰兼国史院编修官。至治元年，国家议遣使持诏谕安南国，君被选，为奉议大夫、佩黄金符，奉使安南。复命称天子意，进太常礼仪院判官。妻张氏，封宜春县君。先君卒，子一人锁住，未冠。女一人，许嫁金湖广行省员外郎刘艺之子某，未行。呜呼！君负当世辨敏之资，究之以问学，宜其有所设施然。使其就于用，则必能不失其官，以成一时之功。往往为小夫诋訾，而君嶷然自信不顾，可谓古之奇男子者矣。其文章歌诗虽疏宕尚气，有陈事风赋之志焉，惜其未传而遽止也。比君未卒二日，澄偕今翰林待制虞集往候病，君曰：'吾苦殆甚，不如一旦溘然也。'余二人相视，泣不敢下而退。既而果逝。其仆夫课儿扶其柩，将以今月二十六日反葬于长沙。呜呼！是皆可伤，而忍不为之铭邪？铭曰：其位弗崇也，其才弗充也。天胡弗寿之，俾其有终也？有幽者宫，有坎者隧，具石刻诗，百世其安之。"（《吴澄集》，第1542—1544页）

吴澄为董鼎《书传辑录纂注》作序。

按：吴澄《书传辑录纂注后序》载："自《乐经》亡，而经之行于世者惟五。《诗》、《礼》、《易》、《春秋》虽不无阙误，而不若《书经》之甚也。朱子尝欲作《书》说，弗果。门人尝请断《书》句，亦弗果。得非读之有所疑，而为之不敢易邪？订定蔡氏《书传》仅至百官若帝之初而止，它篇文义虽承师授，而《周书》、《洪范》以后，浸觉疏脱，师说甚明，而不用者有焉。岂著述未竟，而人为增补与？抑草稿粗成，而未及修改与？《金縢》'弗辟'，郑非孔是，昭昭也，既迷于自择，而与朱子《诗传》、《文集》不相同。然谓《鸱鸮》取卵破巢比武庚之败管、蔡及王室，则又同于《诗传》，而与上文避居东都之说自相反。一简之内而前后牴牾如此，何哉？《召》、《洛》二诰朱子之说具在，而传不祖袭之，故切疑《洪范》以后始非蔡氏之手笔也。番阳董鼎季亨父，治圣人之经,学朱子之学,详稽遗语,旁采诸家,附于蔡氏各条之左,名曰《辑录纂注》。有同有异,俱有所裨。'西伯戡黎',其国盖在黎阳之地,而非上党壶关之黎。武王伐商,兵渡孟津,道过黎阳,先戡黎而后至纣都,如齐桓伐楚,先溃蔡而遂入楚境也。《辑录》引董铢叔重之问,谓吴才老以戡黎为伐纣时事,《召诰》三月'甲子,周公用书,命庶殷,侯甸男邦伯',《多士》篇即其命庶殷之书也。而旧注云《多士》作于祀洛次年之三月。《纂注》引陈栎寿翁之说,以此三月诰商士为周公至洛之年,周公居东。二说兼存,不以蔡之从郑为然也。略举一二端,则季亨父之有功《书经》多矣。澄于此经,亦尝因先儒所疑,而推究其所可知,往往不能悉与旧说合。观所辑纂,其间乃有与予不异者。季亨父笃行信于乡里,年六十八而终。子真卿来游京师,出父书以示。嘉其穷经有特见,而无党同护阙之蔽,于是为识其卷末。"(吴澄《书传辑录纂注后序》,《吴澄集》,第415—416页)

又按:董鼎《书传辑录纂注》刊刻于延祐五年,董真卿《书传辑录纂注序》:"先君此书,惧其遗也而靡不录,觉其繁也而欲简,是从晚虽重加校定,尚欲质之同志,而未遂。真卿仰遵先训,求正于当世儒先与先君之旧友,如葵初王先生希旦、双湖胡先生、定宇陈先生栎、息斋余先生芑舒,多得所讨论,于朱、蔡此书,似为大备。敬寿梓闽坊,以广其传,非徒不负先君之嘱,且以钦承明诏尊崇朱学之万一云。延祐戊午(1318)十月朔日,男真卿百拜谨识其事于先君自序之后。"(《全元文》第39册,第594页)董真卿刊刻其父《书传辑录纂注》完成后,携带此书至京师,正与居于京师的吴澄相遇,吴澄于1323—1325年间居于京师,故暂系于此年。

又按:董鼎曾自序《书传辑录纂注》道:"鼎生也晚,于道未闻,赖族兄介轩梦程,亲受学于勉斋黄氏、槃涧董氏,故再传而鼎获私淑焉。释经绪论多出朱子,乃取订定《集传》为之宗,而搜辑语录于其次,又增纂诸家之注有相发明者,并间缀鄙见于其末,庶几会稡以成朱子之一经。可无参稽互考之劳,而有统宗会元之要,则亦不无小补矣。第顾翻阅传注,盈溢充斥,众宝眩瞀,遗珠弃玉,或所不能免也。惟于君心、王政、人才、民生之所系,诸儒之论可堪警策者,摭抉不遗,阙者补之,以备临政愿治之观览,固不徒为经生、学士设也。噫!人皆可为尧舜,涂人可以为禹,而况聪明首出,受天之命,奄有四海,有能致之资,居得致之势,而又有可致之权,可以千古圣贤自期,可以四代帝王自许,而顾乃谦让未遑也哉?是书若遇,虽书之幸,实天下万世生民之大幸也。至大戊申十二月己未,后学鄱阳董鼎谨序。"(《全元文》第35册,第222—223页)

又按:董真卿为父董鼎刊刻《书传辑录纂注》一事,实则牵涉出了陈栎与董氏父子的矛盾,在董真卿接收其父遗愿刊刻《书传辑录纂注》时,他寻求陈栎合作编刻此书,但二人在编刻时意见不同,后董真卿竟未能按照陈栎的要求来删削刊刻是书,陈栎《与高四叔翁》三首都在极言对董真卿此举的不满:"《蔡传集成》亦闻置一部。此名亦大言无当,到何处谓之'集大成'?初与约并名而刊,为改乃父之序文,外面书套之语亦商量写定,到后一切反之。今刊者却是元序,何等狘谈。初焉,用半年之力,授以成本之时,震哥云:'彼拐先生耳!至彼必自刊乃父名。'予对以未必其然。我之忠厚,不逮后生之明了远矣!此不紧要也。愚谓其中有精切而遭去者无限,逞其憸懱之辞,易其担当之语,往往有之。夺吾说以畀新安胡氏者五十许条,双湖在,必不容其如此。内他人名字差错者不少,字画差错无限。初授之本外,添熊氏之说,无一是也:'《禹贡》中有大乱道之语,"由南而窥址"等是也',与《禹贡》初无毫发干涉,徒尔大言以见其博。此子不识,妄加去取,令人愤闷,不得为完书也。已改定成六卷,近日方毕,非一纸所能尽,其详自述一刊《蔡传》本末。当携归与高一哥一观,庶怡及次之。"(《全元文》第18册,第50—51页)(参考许华峰《董鼎〈书传辑录纂注〉研究》,台北中大2001年博士学位论文)而在吴澄为董真卿刊刻是书作序时,不知其是否知晓其中曲折,其文言"《纂注》引陈栎寿翁之说,以此三月诰商士为周公至洛之年",对于董真卿与陈栎的关系阐述显得和平。

吴澄十一月欲南还,因天冷河冻,不能成行。

按:危素《年谱》载:"十一月,晋王即位。公亟欲归,因河冻不可行。"

吴澄十二月受敕撰国子监崇文阁碑。

按:危素《年谱》载:"十二月,敕撰国子监崇文阁碑。"

吴澄此年作《象山先生语录序》。

按:今年,宜黄后学乐顺携重刻的《象山先生语录》至京,吴澄观后作序。吴澄《象山先生语录序》载:"青田陆先生之学,非可以言传,而学之者非可以言求也。盱江旧有先生《语录》一帙,所录不无深浅之异。此编之首,乃其高第弟子傅季鲁、严松年之所录者。澄肃读之,先生之道如青天白日,先生之语如震雷惊霆,虽百数十年之后,有如亲见、亲闻也。杨敬仲(即杨简)门人陈埙尝锓板贵溪象山书院。至治癸亥,金溪学者洪琳重刻于家,乐顺携至,请识其成。呜呼!道在天地间,今古如一,人人同得,智、愚、贤、不肖,无丰啬焉。能反之于身,则知天之与我者,我固有之,不待外求也。扩而充之,不待增益也。先生之教人盖以是,岂不至简至易而切实哉?不求诸我之身,而求诸人之言,此先生之所深悯也。今之口谈先生、心慕先生者,比比也,果有一人能知先生之学者乎?果有一人能为先生之学者乎?呜呼!居之相近，若是其甚也；世之相去，若是其未远也。可不自愧、自惕而自奋与？勿徒以先生之学付之于其言也。"（吴澄《象山先生语录序》，《吴澄集》，第377—378页）

又按：吴澄提及陈埙曾锓板于象山书院，陈埙作于嘉熙元年七月（1237）的《象山先生语录序》载："孟子殁千五百余年，宋有象山文安陆先生挺然而兴，卓然而立，昭然而知，毅然而行。指本心之清明，斯道之简易，以启群心，诏后学。……洗章句之尘，破意见之窟，使闻者涣如跃如，知心之即道，而不疑其所行。兹非晦冥之日月，崖险之津涂，丘阜之嵩华欤？"（《全宋文》第341册，第8页）按陈埙此序看，吴澄所言"先生之道如青天白日，先生之语如震雷惊霆，虽百数十年之后，有如亲见、亲闻也"，是接续了陈埙对于陆九渊的评价。

吴澄作《大元通制条例总目后序》。

按：今年元朝颁行《大元通制》，吴澄此文记抚州张绍编纂的《大元条例纲目》可以辅《大元通制》之功。《大元通制条例纲目后序》载："皇元世祖皇帝既一天下，亦如宋初之不行周律，有旨金《太和律》休用，然因此遂并古律俱废。中朝大官恳恳开陈，而未足以回天听。圣意盖欲因时制宜，自我作古也。仁宗皇帝克绳祖武，爰命廷臣类集累朝条画体例为一书，其纲有三：一制诏，二条格，三断例。延祐三年夏，书成，英宗皇帝善继善述，申命兵府宪台暨文臣一同审订，名其书为《大元通制》，颁降于天下。古律虽废不用，而此书为皇元一代之新律矣。以古律合新书，文辞各异，意义多同。其于古律暗用而明不用，名废而实不废。何也？制诏、条格，犹昔之敕、令、格式也。断例之目曰卫禁，曰职制，曰户婚，曰厩库，曰擅兴，曰贼盗，曰斗讼，曰诈伪，曰杂律，曰捕亡，曰断狱，一循古律篇题之次第，而类辑古律之必当从。虽欲违之，而莫能违也，岂非暗用而明不用，名废而实不废乎？宋儒谓律是八分书，而士之读律者亦鲜。吾郡张绍渐渍儒术，练习法律，为律吏师。《通制》未成书之时，编录诏条及省部议拟通行之例，随所掌分隶六部，题曰《大元条例纲目》，枚茎朗例，采拾该遍，由初逮今，垂四十载，功力勤甚。绍已自叙于前，而予嘉其可以辅《通制》之书，故又为之后叙，于以推尊而符古律。志于究律学者，其尚慨想于斯焉。"（《吴澄集》，第417—419页）

吴澄作《御香赉江陵路玄妙观记》。

按：吴澄《御香赉江陵路玄妙观记》记载了道教法师唐洞云在江陵路玄妙观建大斋醮的事迹，文载："皇庆二年，总摄道教所掌书记唐洞云钦奉帝制，授诚明中正玄静法师、江陵路玄妙观住持提点，兼紫府真应宫住持，后又兼领本路诸宫观事。教所嘉其能，留之弗遣，遥领其职而已。延祐六年冬，被旨赍香,诣武当山及江陵玄妙观祝禧。将行,会国恤,不果。至治元年冬,被旨如前,又被中旨,兼诣紫府真应宫、武昌武当宫、庐山太平宫。二年春,驰驿至武当山,次至玄妙观,建大斋醮以殚报上之诚。宿德冯提点主斋醮事,提举胡道隆、副观胡道安、都监任惟杞暨远迩徒众莫不肃恭就列。……予适召至京师,来请撰文。窃谓道教之源远矣,专掌祷祠盖自近代而然。我朝列圣降香祝禧益加虔敬,祷祠之臣奔走供给,惟恐弗遂,拳拳报上,实与《天保》之诗同意。予于其君臣之义有取焉,故聊叙梗概,而俾刻于石。"(吴澄《御香赍江陵路玄妙观记》,《吴澄集》,第 964—965 页)

吴澄此年后作《云峰院经藏记》。

按:吴澄《云峰院经藏记》载:"藏者何?藏经之所也。昔释迦牟尼佛以世外法为天人师,凡一言之出,闻者莫不恭敬作礼,围绕赞叹,何也?以其言诚可尊重故也。匪特其徒为然,后千余载传入中土,中土之人尊之重之,亦如其国。译以华言,名之曰经,不敢轻慢也。措诸塔庙,贮之以藏,不敢亵渎故也。藏之所在,经之所在,其尊其重,如佛在是。无智愚,无贵无贱,人想慕其功德,烜赫其威神焉。云峰院经藏者,僧自新及其徒妙鉴之所建也。院占宜黄县南之上游,距县六十里。宋初,有里人乐黄琮撰记,亦莫详其肇创之年代。无城市之喧嚣,有山林之幽寂,事佛者居之为称。自新父母家里之乐氏,侍郎史之族裔也。离俗为僧,谨朴淳厚,不畔佛之戒律。自至元己丑主院事,三十年余,艰勤备尝,以克植立。至治壬戌,授其徒妙鉴,抄题众力,于癸亥岁建经藏一所。将底周完,而鉴先逝。新再主院,毕其前功。金饰二龙于两楹为护卫,甚伟。其徒孙曰道隆,曰福广,曰慈珏,咸知辅翼其长。珏遍告善士,得所施助购四大部经满足一藏。新求文记之,以示永久。予谓经藏所藏之经,悟解之者超最上乘,其次上乘,其次中乘,又其次下乘,其下持戒修福,亦可成就种种福果。藏制之圆象天,拟法轮之运转无息也。院僧之所崇奉、善士之所信向,岂徒为是美观而已哉?新能率其徒为永久计,以不坠其教,可嘉也夫!"(《吴澄集》,第 1007—1008 页)

吴澄为计初作墓志铭。

按:吴澄提及,江西宁都居民因多隶南安万户府军籍,对官府的命令多不遵守,而计初对于宁都的管理与安定功劳匪浅。《元承事郎同知宁郡州事计府君墓志铭》载:"计氏之始辛然,以善谋算为越大夫师,因其所长为氏。汉有训,后汉有子勋,宋之尚书郎用章暨良辅暨有功,并蜀之邛州人。登科绍兴间,太学释褐,官至国子司业,以朝散大夫奉祠而终者曰衡,居饶之浮梁,其先盖自蜀徙。司业之子曰黉,绍熙进士,为县令。县令之子曰衮卿,无子,而弟良卿之子君锡后之。其配新猷县尉之女张氏,子四,长宁都府君讳初,字遂初,皇元太保府掾史,授承事郎、同知宁都州事。在官卒,归其柩,将祔葬西里之先茔。孤恕述其父之所行,命其弟毅走京师乞铭。恕之言曰:'吾父孝于亲。祖母病盲,哀恳吁天,舐以舌,目顿明。人惊异,以为孝感。劬书不倦,为文立就,士论推举充书院、县学儒官,既而试吏池州路。司业公昔尝守池,一介不取,捐己俸作石桥以济民。逮吾父至,复为增葺,佐治多所便益,民曰:"真清白太守子孙也。"以旷于定省,弃去。行省改调乡郡,辟馆迎养,郡士日从先祖倡咏,坐客常满,足以致其乐。吾父入听严训,出理公务。饶,父母邦也,知民间利病尤悉。遇事必抱牍与官长执可否,久亦自厌,复弃去。丁先祖忧,制毕,郡以茂异贡,礼部尚书王公荐于太保曲出公,掾公府七年,未尝有所违忤。秩满,祈便养,延祐六年六月受宁都之命,安舆奉祖母赴官。宁都旧弊,一吏日揽民词十余,皆架虚诋评渔猎餍,所欲则火其牍,系者充斥,吾父一一审覆出之。属县石城造伪钞者挟旧怨诬指樵人,囚三年矣。吾父疑其诬,一讯情实毕露,即免樵械,纵之还家。同僚持不可,吾父具公移,称设有脱误,甘自抵罪,樵乃得释。稻熟未获,耕者宿于田,以备盗窃。有富民与其田主争是田,夜遣众刈其稻,且驱耕者。耕者与敌,揭竹桩搽之。越翼日,伤者毙。富民乘忿赂鞫吏,以夜为昼,以斗为杀,以竹桩为田器,论置重辟。吾父察其冤,诣郡力辨,耕者免死。宁都之民多隶役人列名于军籍,军民杂处,倚势负险,官府有令辄拒。独见吾父署字,则欣然禀承。吾父尝造其地,老幼携扶,执酒果自山谷出迎,如见古循吏然。州之户版素不明,富无实粮,贫有虚额,每岁催征,剩设职以代输,坐是破产者众。吾父作意厘正,民莫敢欺,有自首隐瞒至千石者。由是差徭适均,官政粗成,而吾父劳瘁得疾。郡有命,犹强吾父卧治,俾便宜处置。然以先祖之葬有缺,病中念人子之大事未终,遂谒假竟归。会宁都饥民啸聚,州促复职甚棘,白之祖母。祖母曰:"汝其行哉!"及境,旗皷挺刃交错络绎,从者悚怖,吾父呼之来前,谕之曰:"我计某也,今再来矣。尔少安,当使尔无饥。"于是召富民,劝尽发有粟之廪,擒首乱者四五人,而散其众。郡守贻书褒嘉,谓:"贤侯不至,宁都其再寇矣!"宪府亦以是荐举焉。州数年不雪,民苦瘴病。吾父至之年,大雪弥日。旱,祷雨未应,吾父力疾出祷,大雨如注。民歌之曰:"去年雪,今年雨。微计侯,那得此。民既悦,天应喜。"吾父得代,归舟将发,病复作,逾剧。语诸子曰:"吾久困于病,殆不可起。有老母不能终养,汝善事祖母,是为能继宁。"涕泣欷歔,无一语它及。卒于至治二年十一月十四日,年五十一。其卒也,远近闻丧,若吏若民,无不悼伤。吾母宁氏。恕有三弟,寿、毅、思,俱绍世业为儒。女弟一。恕、寿已娶。男女今三人。恕等痛惟吾父有家学,而不以世科显;有时才,而仅仅小试于州倅。行无愧怍,而天啬其年;孝诚感神,而不获终养,以殚为人子之心。天乎天乎! 诸孤薄祐之故,呜呼痛哉!'予闻其言,亦凄然以悲,是以不辞而为之铭。其葬某月日也。铭曰:有才孔多,命也其奈何? 有子克嗣,父也其不死。"(《吴澄集》,第1544—1547页)

吴澄作《故处士刘君墓志铭》。

按:吴澄《故处士刘君墓志铭》载:"韶州路曲江县主簿刘中孚之父处士君,其督子以学也,汲汲若追奔而逐逃;其勖子以仕也,切切若食饥而饮渴。子自为儒官,以至于膺朝命一而再、再而三,欲留养,辄不许……君年七十终于家,子奔丧来归。治丧毕,遗予书谓:'不肖孤官岭海,生不及养,病不及药,没不及敛,逾年甫得葬,未得铭,乌用子? 已斩焉衰绖,不能远走万里,泣血以请,敢以状闻。'……生宋宝祐癸丑秋季,卒元至治壬戌冬仲。"(《吴澄集》,第1556—1557页)

马祖常作《上都翰林分院记》。

按:马祖常《上都翰林分院记》载:"天子岁省方留都,丞相侍省中,率百官咸以事从。或分曹厘务,辨位考工;或陪扈出入起居,供张设具;或执橐鞬备宿卫;或视符玺、金帛、尚衣诸御物惟谨。其为小心寅畏,趋走奉命,罔敢少怠,而必至给沐更上之日,乃得一休也。惟词臣独无它为,从容载笔,给辂传,道路续食,持书数囊,吏空牍,旬日不一署文书,夙夜虽欲求细劳微勤以自效,而亦无有。然后知上之人不欲役其心,使之研精于思虑,而专以文字为职业,非如众有司务以集事为贤者也。至治三年,汶阳曹公子贞分直学士院,实应从行。祖常摄官待制,联属以偕上,日惧谫薄,无以称其官。幸遭逢国家治康,内外清谧,臣邻廉耻,不烦训诲,蛮夷怀柔,不待约束,所以敷宣播告之辞,犹慎且简。间为民为岁而词,其词之祝,亦不诬神而夸,故其意质而文又寡,是以益积其蕴蓄而不得肆,发而为歌诗,以形容国家太平之功,乃更相与乐其秩之美,而惪其被光宠于明世也。吾徒之服是选者,良亦荣矣夫! 良亦贵矣夫! 可不研精于思虑以俟上之召,必蹈浑噩之实而列陈之,则庶乎不戾于躬也。不戾于躬,则于古也近矣。志诸壁,因以存故实云。"(《全元文》第32册,第434页)

柳贯作《上京纪行诗序》。

按:柳贯《上京纪行诗序》载:"延祐七年,贯以国子助教分教北都生,始出居庸,逾长城,临滦水之阳,而次止焉。自夏涉秋,更二时,乃复计其关途览历之雄,宫籞物仪之盛,凡接之于前者,皆足以使人心动神竦。而吾情之所触,或亦肆口成咏,第而录之,总三十二首。噫! 置婺家之子于通都万货之区,珍怪溢目,收揽一二而遗其千百,虽欲多取悉致,力何可得哉? 贯越西之鄙人,少长累遭家难,学殖荒落,志念迂疏。顾父师之箴言在耳,尝恧焉弗胜,乃兹幸以章句训故,间厕西雝之武,以窃陪从臣之末。龙光炳焕,照耀后先,山川闳奇,振发左右,则夫纪载而铺张之,有不得以其言语之芜拙而并废也。今朝夕俟汰,庶几退藏田里,以安迟暮,而诸诗在稿,惧久亡去。吾友薛君宗海雅善正书,探囊中得旧纸数板,因请宗海为作小楷,联为卷。岂直归夸田夫野老,以侈幸遇之万一,而顾瞻鼎湖,薄天万里,遗弓之痛,有概于心,尚何时而可已耶!后三年,至治三年十一月五日柳贯自序。"(《全元文》第25册,第138页)

袁桷作《祭赵子昂承旨》。

按:袁桷《祭赵子昂承旨》载:"维至治三年,岁次癸亥,六月辛酉朔,越二十有七日丁亥,从表弟具官袁桷,谨以清酌庶羞之奠,敢昭告于翰林承旨荣禄赵公之灵曰:河岳之精,上为列星。形而为人,孰著炳灵。茫茫禹甸,万不一能。维公之生,服食粹清。幼敏于学,云英天葩。昆仑五色,散而为河。其见有卓,其别有科。书证古文,律合泰和。肩曹躏鲍,绌庄广骚。身承万牛,手题六鳌。神游靡穷,灯萤补劳。运通承休,官于兵曹。嘉名既彰,日底于高。大缣丰碑,喜愠摩辞。或与其奇,或削其疵。穷檐华居,卒为其师。行不矜细,语不择辞。客去我休,嗒然相忘。英英玉堂,灿兮珩璜。心如虚舟,云返其乡。鸥波大雅,曰兹徜徉。都有异传,爱者以匿。岁月既深,传者维的。闻讣莫奔,相视动色。世失名士,曷有南北。维我外祖,崇王外孙。桷实史出,丝蔓是论。乙酉之岁,定交论文。我赋孔深,公辞弥敦。俯仰三纪,获接佩履。荐墨专特,属以史事。彼虽藐然,公意则侈。今承后尘,或谓是似。哭不凭棺,葬不视穴。虽云系縻,礼则有缺。岁周如流,心志若割。薄奠写忱,以告永诀。呜呼哀哉!尚享。"(《全元文》第23册,第693—694页)

熊朋来卒。

按:熊朋来(1246—1323),字与可,号天慵先生,丰城人。宋咸淳十年(1274)进士,未任官而宋亡。元朝隐处州里授徒,逢治书侍御史王构铨外选于江西,熊朋来荐为闽海提学使者。熊朋来擅长考古篆籀文字,调律吕协歌诗以兴雅乐,延祐元年,科举复兴,江西行省以科举相关事宜咨询熊朋来,"及对大廷,先生所选士,居天下三之一焉",至治三年五月卒。著有《小学书标注》《瑟谱》,文集三十卷。生平事迹见虞集《熊与可墓志铭》、吴澄《前进士豫章熊先生墓表》《元史·熊朋来传》。

胡长孺卒。

按:胡长孺(1249—1323),字汲仲,号石塘,婺州永康人。宋咸淳中,铨试第一,授迪功郎,监重庆酒务。与高彭等人号称南中八士。宋亡,退隐永康山中。至元二十五年,元世祖诏下求贤,召见于京师,拜集贤修撰,改扬州教授,元贞元年移建昌摄录事官。至大元年,转宁海主簿。延祐元年,转两浙都转运盐使司长山场盐司丞,未上,以病辞,隐杭州虎林山,卒年七十五。一生交游较广,影响较大。死后门人私谥纯节先生。与表兄胡之纲、胡之纯皆以经术文学知名,时人并称三胡。著有《瓦缶编》、《南昌集》、《宁海漫钞》、《颜乐斋稿》及《石塘文稿》五十卷,今俱不存。生平事迹见于宋濂《胡长孺传》、《书史会要》卷七、《两浙名贤录》卷四等。

释明本卒。

按:明本(1263—1323),号中峰,杭州路新城人,俗姓孙。从僧原妙学,继主天目山狮子院,后避名山师席之聘,出游四方,所至结庵,皆名幻住。朝廷闻其名,特赐金襕伽梨衣,进号佛慈圆照广慧禅师,"欲召见阙廷,终不至"。当时名声甚大,道俗归仰,学者辐辏,有"江南古佛"称号。卒年六十一,僧腊三十七,文宗谥号"智觉",命奎章阁学士虞集撰《中峰塔铭》。工诗,尝和冯子振梅花百咏。著有《天目中峰和尚广录》三十卷、《一花五叶集》四卷、《广事须知》一卷、《中峰禅师法语》一卷。事迹见虞集《智觉禅师塔铭》(《道园学古录》卷四八)、宋无撰道行碑(《侨吴集》卷一一)、《元诗选·二集》小传、《新续高僧传》卷一七、《宋元四明僧诗》卷二。

杨载卒。

按:杨载(1271—1323),字仲弘,建州浦城人。年四十不仕,得田理问荐于中书,后擢翰林国史院编修官,修《武宗实录》。"登延祐二年进士乙科",授"承务郎、饶州路同知浮梁州事。秩满,迁儒林郎、宁国路总管府推官",至治三年八月十五日卒。杨载与虞集、范梈、揭傒斯齐名,著有《杨仲弘诗集》八卷。生平事迹见于黄溍《杨仲弘墓志铭》、《元史·杨载传》。

文矩卒。

按:文矩(?—1323),字子方,长沙人。大德十一年(1307)授荆湖北道宣慰司照磨,兼承发架阁。延祐六年改翰林修撰兼国史院编修官。至治元年(1321)以奉议大夫、礼部郎中身份出使安南,使还,进太常礼仪院判官。生前与赵孟頫、袁桷、虞集、程钜夫、马祖常等来往密切。著有《安南行记》一卷,事迹见吴澄《故太常礼仪院判官文君墓志铭》(《吴文正集》卷八〇)、《秘书监志》卷一〇、《元诗选·二集》小传。

元泰定帝元年
甲子　1324年　76岁

正月,定昭穆次序于太庙。

按:《元史·祭祀志》载:"俄,国有大故,晋王即皇帝位。十二月戊辰,追尊皇考晋王为皇帝,庙号显宗,皇妣晋王妃为皇后。庚午,盗入太庙,失仁宗及慈圣皇后神主。壬申,重作仁庙二金主。丙午,御史赵成庆言:'太庙失神主,乃古今莫大之变。由太常礼官不恭厥职,宜正其罪,以谢宗庙,以安神灵。'制命中书定罪。泰定元年春正月甲午,奉安仁宗及慈圣皇后二神主。丁丑,御史宋本、赵成庆、李嘉宾言:'太庙失神主,已得旨,命中书定太常失守之罪。中书以为事在太庙署令,而太常官属居位如故。昔唐陵庙皆隶宗正。盗斫景陵门戟架,既贬陵令丞,而宗正卿亦皆贬黜。且神门戟架比之太庙神主,孰为轻重。宜定其罪名,显示黜罚,以惩不恪。'不报。先是,博士刘致建议曰:(窃以礼莫大于宗庙。宗庙者天下国家之本,礼乐刑政之所自出也。唐、虞、三代而下,靡不由之。圣元龙兴朔陲,积德累功,百有余年,而宗庙未有一定之制。方圣天子继统之初,定一代不刊之典,为万世法程,正在今日。周制,天子七庙,三昭三穆,昭处于东,穆处于西,所以别父子亲疏之序,而使不乱也。圣朝取唐、宋之制,定为九世,遂以旧庙八室而为六世,昭穆不分,父子并坐,不合《礼经》。新庙之制,一十五间,东西二间为夹室,太祖室既居中,则唐、宋之制不可依,惟当以昭穆列之。父为昭,子为穆,则睿宗当居太祖之东,为昭之第一世,世祖居西,为穆之第一世。裕宗居东,为昭之第二世。兄弟共为一世,则成宗、顺宗、显宗三室皆当居西,为穆之第二世。武宗、仁宗二室皆当居东,为昭之第三世。〔英宗居西,为穆之第三世。〕昭之后居左,穆之后居右,西以左为上,东以右为上也。苟或如此,则昭穆分明,秩然有序,不违《礼经》,可为万世法。若以累朝定制,依室次于新庙迁安,则显宗跻顺宗之上,顺宗跻成宗之上。以礼言之,春秋闵公无子,庶兄僖公代立,其子文公遂跻僖公于闵公之上,史称逆祀。及定公正其序,书曰'从祀先公'。然僖公犹是有位之君,尚不可居故君之上,况未尝正位者乎。国家虽曰以右为尊,然古人所尚,或左或右,初无定制。古人右社稷而左宗庙,国家宗庙亦居东方。岂有建宗庙之方位既依《礼经》,而宗庙之昭穆反不应《礼经》乎。且如今朝贺或祭祀,宰相献官分班而立,居西则尚左,居东则尚右。及行礼就位,则西者复)尚右,东者复尚左矣(致职居博士,宗庙之事所宜建明,然事大体重,宜从使院移书集议取旨)。"(《元史》卷七四《祭祀志》,第6册,第1841页)

又按:刘致《太庙室次议》载:"窃以礼莫大于宗庙。盖宗庙者,天下国家之本,礼乐刑政之所出也。唐虞三代,汉晋唐宋,靡不由之。洪惟圣元,龙兴朔陲,圣圣相承,积德累功,百有余年。大经大法,固已远追唐虞三代,而宗庙未有一定之制。方圣天子继统之初,众正登庸之日,定一代不刊之典,而为万世法程,正在今日。适兹新庙告成,奉迁伊迩,其合于礼而宜于今者,固当议而行之也。按王制,天子七庙,三昭三穆,与太祖之庙而七。孙毓曰:'太祖在北,左昭右穆,差次而南。'贾公彦曰:'后稷居中,昭处于东,穆处于西,古者父子不并坐。昭穆所以别父子远近亲疏之序,而使不乱也。'兄弟共为一世,昭皆为昭,穆皆为穆,七世而止。唐增为九世十二室,赵宋因之为十二室,世有定数,而室无定数。其室次以西为上,太祖居西夹之东为第一室,以下各序昭穆,次第而东。圣朝取唐宋之制,定为九世,遂以旧庙八室而为六世。太祖居中为第一室,为一世;睿宗居西为第二室,为一世;世祖又西为第三室,为一世;裕宗又西为第四室,为一世;顺宗居太祖之东,为第五室;成宗又东为第六室,兄弟二室为一世;武宗又东为第七室,仁宗又东为第八室,以无余室,结彩殿于东壁近南,兄弟二室为一世。故八室止为六世。其制颇与贾公彦后稷居中之制相近,而昭穆不分,父子并坐,不合《礼经》。新庙之制,一十五间,东西二间为夹室,安奉太祖皇帝,为万世不迁之祖。所存十室,太祖既居中,则唐宋之制不可依,惟当以贾公彦昭穆次序而列之也。父为昭,子为穆,则睿宗当居太祖之东,为昭之第一世。世祖居西,为穆之第一世。裕宗居东,为昭之第二世。兄弟共为一世,则成宗、顺宗、显宗三室,皆当居西,为穆之第二世。武宗、仁宗二室,皆当居东,为昭之第三世。英宗居西,为穆之第三世。昭之后居左,穆之后居右。西以左为上,东以右为上。苟或如此,则昭穆分明,秩然有序,不违《礼经》,吻合事宜,诚一代不刊之典,可为万世法程也。若以旧庙为累朝定,依室次于新庙迁安,则显宗跻顺宗之上,为东之第一室,居裕宗之下,则为西之第五室。显宗之室定,而英宗之室始可议焉。盖显宗在东,则仁宗以下,更无余室。显宗在西,则英宗当祔仁宗之下。以礼言之,春秋闵公无子,庶兄僖公代立,其子文公遂跻僖公于闵公之上,《书》曰逆祀。及定公正其序,《书》曰'从祀先公',为万世法。然僖公犹是有位之君，尚不可居弟之上，况未尝正位者乎？若以此言之，则成宗宜居上，顺宗次之，显宗又次之。若以国家兄弟长次言之，则显宗固当居上，顺宗次之，成宗又次之，英宗居西，祔裕宗之下。则兄跻弟上，犹为逆祀，而孙居父祖之上，可乎？国家虽曰以右为尊，然古人所尚，或左或右，初无定制。古人右社稷而左宗庙，国家宗庙，亦居东方，盖位之所当然也。岂有建宗庙之方位，既依《礼经》，而宗庙之昭穆，反不应《礼经》者乎！且如今之朝贺或祭祀，宰相献官，分班而立，居西则尚左，居东则尚右。及行礼就位，则西者复尚右，东者复尚左矣。公私大小燕会亦然，但人不之察耳。致职居博士，宗庙礼文之事，所宜建明。然事大体重，宜从使院详酌行移集议，取自圣裁。"（《全元文》第33册，第72—74页）

正月，诏敕高丽忠肃王还国。

按：《高丽史》载："十一年（1324）春正月，王在元。……甲寅，帝敕王还国，复赐国王印章。"（郑麟趾撰《高丽史》三五"忠肃王二"，朝鲜太白山史库本（抄本，万历四十一年），第11—17页）

又按：高丽忠肃王回国一事牵涉当时高丽国的权力更替："忠肃七年（1320）3月英宗即位，为打击太皇太后答己一党，流放上王（忠宣王）于吐蕃。之后，忠肃八年正月又诏忠肃王入朝，并扣留在元都四年。其间，沈王暠谋夺高丽王位，兴起拥立沈王暠运动。韩国学者金惠苑认为：'忠肃八年拥立沈王暠运动对以后几次拥立运动有非常重大的影响，对高丽后期政治有很深的影响，也对高丽后期政治势力向背的研究有所帮助。'"（朴延华《高丽后期王权研究——以元朝控制干涉期为中心》，延边大学2007年世界史专业博士学位论文）

二月，诏开经筵。

按：《元史》载："甲戌，江浙行省左丞赵简，请开经筵及择师傅，令太子及诸王大臣子孙受学，遂命平章政事张珪、翰林学士承旨忽都鲁都儿迷失、学士吴澄、集贤直学士邓文原，以《帝范》、《资治通鉴》、《大学衍义》、《贞观政要》等书进讲，复敕右丞相也先铁木儿领之。"（《元史》卷二九《泰定帝本纪》，第3册，第644页）

三月，廷试进士。

按：《元史》载："（三月）戊戌，廷试进士，赐八剌、张益等八十四人及第、出身有差；会试下第者，亦赐教官有差。"（《元史》卷二九《泰定帝本纪》，第3册，第645页）

会试下第者赐教官有差。

按：《元史·选举志》载："泰定元年三月，中书省臣奏：'下第举人，仁宗延祐间,命中书省各授教官之职,以慰其归。今当改元之初,恩泽宜溥。蒙古、色目人,年三十以上并两举不第者,与教授;以下,与学正、山长。汉人、南人,年五十以上并两举不第者,与教授;以下,与学正、山长。先有资品出身者,更优加之。不愿仕者,令备国子员。后勿为格。'从之。自余下第之士,恩例不可常得,间有试补书吏以登仕籍者。惟已废复兴之后,其法始变,下第者悉授以路府学正及书院山长。又增取乡试备榜,亦授以郡学录及县教谕。于是科举取士,得人为盛焉。"(《元史》卷八一《选举志》,第 7 册,第 2027 页)

四月,太庙新殿成。

按:泰定帝即位后,如何升祔英宗以及将父亲晋王甘麻剌追尊并祔庙,成为亟待解决的问题。四月,元廷采纳了博士刘致的建议,定"一十五间,东西二间为夹室,安奉太祖皇帝,为万世不迁之祖。所存十室,太祖既居中,则唐宋之制不可依,惟当以贾公彦昭穆次序而列之也。父为昭,子为穆,则睿宗当居太祖之东,为昭之第一世。世祖居西,为穆之第一世。裕宗居东,为昭之第二世。兄弟共为一世,则成宗、顺宗、显宗三室,皆当居西,为穆之第二世。武宗、仁宗二室,皆当居东,为昭之第三世。英宗居西,为穆之第三世。昭之后居左,穆之后居右"(刘致《太庙室次议》,《全元文》第 33 册,第 72—74 页)。

张珪封蔡国公,专领经筵。

按:此年在江浙行省左丞赵简的请求下,诏开经筵。而张珪奉旨数次辞去平章政事的职位,最终在今年被封为蔡国公,专领经筵事。虞集《中书平章张公墓志铭》载:"上肇开经筵,讲帝王之道,明古今治忽之故,命左丞相与公领之。公进翰林学士吴澄等以备顾问。每进读,公恳恳为上敷说,皆义理之正,无几微权谋术数之涉焉。自是,辞位甚力,上委曲勉留而后许,然犹封蔡国公,知经筵事,别刻蔡国公印以赐,庶几其少留也。"(《全元文》第 27 册,第 521—522 页)

又按:张珪封蔡国公时,吴澄奉命写制文:"天地间之有正人,国家恃以为元气。卿之忠荩,朕所眷知。比因疾以祈闲,爰加恩而优老。荣禄大夫、中书平章政事张珪,彝常世阀,廊庙宗工。早总戎旃,已作礼乐诗书之帅;晚司化轴,遂称文学政事之臣……可封蔡国公,提调经筵事。"(吴澄《封张蔡国公制》,《全元文》第 14 册,第 5—6 页)

邓文原直经筵,冬以疾去官。

按:吴澄《元故中奉大夫岭北湖南道肃政廉访使邓公神道碑》载:"泰定

甲子,直经筵。其冬移疾去官。"(《邓文原集》附录,第411页)

追封贺胜秦国公。

按:贺胜在英宗朝为铁木迭儿报复杀害,此年泰定帝即位得昭雪,被追封秦国公。《元史》载:"英宗即位,在谅闇中,铁木迭儿遂复出据相位,乃执杨朵儿只及中书平章政事萧拜住,同日戮于市。且复诬胜乘赐车迎诏,不敬,并杀之。胜死之日,百姓争持纸钱,哭于尸傍甚哀。泰定初,诏雪其冤。"(《元史》卷一七九《贺胜传》,第14册,第4151页)

印度僧人指空入朝讲法,皇帝听讲。

按:指空(约1255—1363),本名提纳薄陀(Dhyanabhadra),提纳(Dhyna),亦译为"禅",而"薄陀"(Bhadra)则为"跋陀罗"(为十六罗汉之一),"提纳薄陀"意即"禅罗汉",指空是法号。"师自言:吾曾祖讳师子胁,吾祖讳斛饭,皆王迦毗罗国。吾父讳满,王摩竭提国;吾母香至国公主。吾二兄悉利迦罗婆、悉利摩尼""八岁备三衣,送那兰陀寺。讲师律贤所剃染五戒,学大般若。若有得,问诸佛众生虚空三境界,师云:'非有非无,是真般若。可往南印度楞迦国吉祥山普明所,研究奥旨。'时年十九。""吾之行化于中国也,遇北印度摩诃班特达于西番,偕至燕京。居未久,西游安西王府,与王傅可提相见"(〔高丽〕李穑《西天提纳薄陀尊者浮屠铭》)。"皇元泰定初,中印土王舍城刹底里孙曰指空师,见晋王于开平,论佛法称旨,命有司岁给衣粮。师曰:'吾不为是也。'因东游高句骊,礼金刚山法,起菩萨道场。"(危素《文殊师利菩萨无生戒经序》,《全元文》第48册,第237页)

又按:"迦毗罗"(Kapilavastu)也译迦维罗卫、迦维罗竭、劫比罗伐堵等,为古印度邦国,故地在今尼泊尔南境巴达利亚地区。约在公元前6世纪左右,迦毗罗国为拘萨罗国(Kosala)所灭。丁福保《佛学大辞典》:"斛饭,梵名途卢檀那,Dronodana,或作Dotodana,又译谷净,师子颊王之子、净饭王之弟、释尊之叔父也。""摩竭提"(Magadha)亦译摩揭陀,为一古印度王国,兴起于公元前7世纪,势力强盛时几乎辖有印度全境,12世纪末为穆斯林征服。"那兰陀寺"(Nland)意译施无厌,位于摩揭陀国王舍城外,是印度古代最著名的佛教寺庙,其故址在今比哈尔邦巴特那县境内腊季吉尔(Rajgir)西北的巴尔贡村。指空曾游历中国西南地区和长江中下游地区,其路线是自陕西西安,经甘肃、四川、云南、贵州、湖南、湖北、江西、安徽至江苏扬州。泰定年间(1324—1327)至上都(滦京)见元帝。至高丽忠肃王十三年(1326)到达高丽,在金刚山作"法起道场",游历高丽著名佛教圣地。他在今韩国京畿道杨州天宝山倡建桧岩寺,至今仍为韩国禅教曹溪宗最重要的道场。高丽最末一代王师、曹溪宗大禅师懒翁受法于指空,因而他被尊崇为"师之师"。他雠校和翻译《观自在菩萨广大圆满无碍大悲心大陀罗尼》、《观世音菩萨施食》等经典。参见段玉明《指空行实发微》(《云南社会科学》1999年第3期);祁庆富、杨玉著《民族文化杂俎》,第51—52页)

又按:危素《文殊师利菩萨无生戒经序》载:"梁武帝时,菩萨达摩至于金陵,问答不契,提芦渡江,留《楞伽经》曰:'此可传佛心宗。震旦之人有为佛氏学者,敬信而诵习之。'因是而开悟者未易悉数。盖天竺距中国十万余里,言语不通,文字亦异,则其书之未及翻译者尚多有之,不独《楞伽》而已。皇元泰定初,中印土王舍城刹底里孙曰指空师,见晋王于开平,论佛法称旨,命有司岁给衣粮。师曰:'吾不为是也。'因东游高句骊,礼金刚山法,起菩萨道场。国王众诸臣僚合辞劝请少留,师乃出文殊师利菩萨《无生戒经》三卷,欲使众生有情无情,有形无形,咸受此戒。闻者欢喜谛听。血食是邦者曰三岳神,亦闻此戒,却杀生之祭,愈增敬畏。师之言曰:'直指人心,见性成佛,我道则然。'说法放戒,老婆心切。故是经因事证理,反复详明。读者若《楞伽》之初至,叹息希有。呜呼!五浊恶世,其人之迷谬已甚,不有以警动开谕之,终无以入道之基矣。师之学得于南印度吉祥山普明尊者。天历皇帝诏与诸僧讲法禁中,而有娼嫉之者,窘辱不遗余力,师能安常处顺,湛然自晦。居无何,诸僧陷于罪罟,师之名震暴外中,四方信向弥笃。今皇帝眷遇有加。资政院使姜金刚既施财,命工刻是经以传,门人达蕴请予为序。"(《全元文》第48册,第237—238页)

泰定帝登极推恩天下,吴澄受赐银及文锦。

按:危素《年谱》载:"泰定元年甲子,泰定帝(正月,推登极恩,赐银百两,金织文锦四匹)。"

吴澄春应诏进《崇文阁碑》。

按:去年十二月敕撰国子监崇文阁碑,此年春碑文完成。吴澄《崇文阁碑》载:"国朝以神武定天下,我世祖皇帝以武之不可偏尚也,广延四方耆硕之彦,与共谋议,遂能神赞皇猷,修举百度,文治浸浸兴焉。中统间,命儒臣教胄子;至元间,备监学官。成宗皇帝光绍祖烈,相臣哈喇哈孙钦承上意,作孔子庙于京师。御史台言胄子之教寄寓官舍,隘陋非宜,奏请孔庙之西营建国子监学,以御史府所贮公帑充其费。逮至仁宗皇帝,文治日隆,佥谓监学楹藏经书,宜得重屋以庋。有旨复令台臣办集其事,乃于监学之北构架书阁。阁四阿,檐三重,度以工师之引,其崇四常有一尺,南北之深六寻有奇,东西之广倍差其深。延祐四年夏经始,六年冬绩成。材木瓦甓诸物之直、工役饮食之费一皆出御史府。雄伟壮丽,烨然增监学之辉,名其阁曰崇文。英宗皇帝讲行典礼，贲饰太平，文治极盛矣。台臣请勒石崇文阁下，用纪告成之岁月，制命词臣撰文，臣澄次当执笔。今上皇帝丕纂圣绪，动遵世祖成宪，于崇儒重道惓惓也。泰定元年春，诞降俞音，国子监立碑如台臣所奏，臣澄谨录所撰之文以进。臣闻若古有训：戡定祸乱曰武，经纬天地曰文。武之与文，各适所用。然戡定祸乱，用于一时而已；经纬天地，则亘古亘今不可无也。何也？日月星辰，天之文也；山川草木，地之文也。人文与天地相为经纬，则亦与天地相为长久，而可一日无也哉？我世祖怱怱用武，日不暇给；而汲汲崇文，惟恐或后。此其高识深虑度越百王，宏规远范垂示万世，以为圣子神孙法程，夫岂常人所能测知？盖创业之初，非武无以弭乱；守成之后，非文无以致治。武犹毒药之治病，病除即止；文犹五谷之养生，无时可弃也。有文治之君，必有文治之臣。文治之臣苟非教习之有其素，彼亦惘然，孰知文之所以为文者？故建学以兴文教，畅文风，涵育其人，将与人主共治也。斯文也，小而修身、齐家，大而治国、平天下。言动之仪、伦纪之叙，事物理义之则、礼乐刑政之具，凡粲然相接、焕然可述，皆文也。古圣贤用世之文载在方册，不考古人之所以用世，不知今日之所以为世用者也。然则圣朝之崇文，岂虚为是名也哉？阁之所庋，古圣贤之文也。立之师，使之以是而教；设弟子员，使之以是而学。教之而成，学之而能，则游居监学者济济然、彬彬然，人人闲于言动之仪，登于伦纪之叙；博通乎事物理义之则，详究乎礼乐刑政之具。他日辅翼吾君，跻一世文治于尧、舜、三代之盛，由此而选也。夫如是，其可谓不负圣天子崇文之明命休德已。若夫不能潜心方册，真有得于古圣贤之所谓文，而涉猎乎浅末，炫燿乎葩华，曾是以为文乎？上之所崇，下之所以为世用者，盖不在是。臣澄再拜稽首，而献颂曰：皇元肇兴，于赫厥声；天戈所指，如雷如霆。圣圣继承，六合混一；威命远加，丕冒出日。神谋英略，敷遗后人。征诛以义，持守以仁。既成武功，大展文治。尊道隆儒，劝学讲艺。京师首善，教胄设官。孔庙巍巍，四方来观。执法之臣，职务纠愆。爰矢嘉谟，弼我文德。于庙之西，黉舍翚飞；于黉之北，杰阁云齐。其阁伊何？有经有史。传采旁罗，有集有子。昔在中古，郁郁乎文；式克至今，用宏兹贲。诜诜多士，被服圣术。凤骞鸾翔，虎炳豹蔚。维身之章，维国之光，匡扶盛化，上跻虞唐。民物阜蕃，礼乐明备。允显崇文，昌运万世。"（《吴澄集》，第1009—1012页）

贺胜夫妇追封秦国公、秦国夫人，吴澄为其作文。

按：据前载，贺胜于此年得昭雪并被追封秦国公，吴澄是为之作文，《追封秦国公》载："巨奸蒙蔽，诬陷忠良。大号涣颁，昭苏冤枉。允谐公议，宜锡殊恩。故开府仪同三司、上柱国、上都留守兼本路都总管、开平府尹、虎贲亲军都指挥使贺胜,光辅五朝,荣跻一品。谠论屡陈于中禁,重权久畀于上京。疾恶如仇,遑恤后来之身祸;触邪独早,孰知先见之神机。敬舆本欲摧延龄之锋,彦范不幸死三思之手。粤予嗣服,闵尔罹殃,诞播告于寰区,用慰安于泉壤。褒崇有典,开释无辜。进称社稷之功臣,疏封井鬼之分土。服此爵命,施于子孙。可赠推忠宣力保德功臣、太傅、开府仪同三司、上柱国,追封秦国公,谥惠愍。主者施行。"(《全元文》第14册,第7—8页)

又按:贺胜夫人时亦被追封为秦国夫人,吴澄亦有《追封张氏秦国夫人》《追封揑古真秦国夫人》文作,文载:"夫妻胖合也,祸福同之尔。夫胜累朝旧臣,忠勤备著。不幸忤雄奸,受诬构,以至于死,朕甚闵焉。亦既昭雪,优加褒赠,尔尚与享其荣哉!故某官某妻张氏,可赠秦国夫人。主者施行。"(《全元文》第14册,第8页)

吴澄二月为经筵讲官。

按:诏开经筵后,吴澄被赵简荐为经筵讲官。虞集《行状》载:"泰定元年,朝廷用江浙行省左丞赵简言,开经筵进讲。平章蔡国张公珪领之,以经学属之先生。先生言温气和,经旨敷畅,得古人劝讲之体。廷中骤见文物之盛,而先生首当其任,来者法焉。"(《全元文》第27册,第174页)揭傒斯《神道碑》载:"会朝廷以江浙行省左丞赵简言请开经筵,以公及平章政事张蔡公珪、国子祭酒邓文原为讲官。每进讲必三四过乃已。"(《全元文》第28册,第507页)危素《年谱》载:"二月,开经筵。用江浙省左丞赵简言,命公同中书平章张珪与祭酒邓文原为讲官。"

吴澄于二月二十六日会议进讲事宜条奏。

按:危素《年谱》载:"壬午,会议进讲事宜条奏,敕讲官赐坐。"

吴澄三月十一日作《跋朱文公帖》。

按:三月十一日,吴澄观得朱熹留给吕约之书,并有跋文作。吴澄《跋朱文公帖》载:"此朱先生遗金华吕子约书,盖庆元乙卯之夏也。按先生绍熙甲寅八月被侍讲之命发长沙,至中途,已闻近习用事,而忧。比及闰十月,先生去国还家矣。明年春,赵丞相罢。吕子约以论救丞相贬韶州,书云'时事已非所及,不能复道',则先生之忧可知也。其曰'往者予弗及,来者吾不闻',乃述屈子《远游》篇中之语。屈子以忠放逐,而蔽君误国之人方得志,适与先生所值之时同。观《楚辞集注》释此二句,谓'往者之不可及,则己末如之何;来者之不得闻,则世之惠迪而未吉、从逆而未凶者,吾皆不得以须其反复熟烂,而睹夫天定胜人之所极,则安能不为没世无涯之悲恨!'……后百三十年,大元泰定甲子三月十一日。"(《吴澄集》,第1200页)

又按:时虞集与吴澄共观此朱熹留给吕约之书,虞集也有跋文作。《跋朱文公与刘晦伯书》载:"集尝见文公与东莱先生一帖云,福建人刘氏兄弟爔、炳,同预荐送,乃翁亦以免举试礼部,皆欲见于门下。"(《全元文》第 26 册,第 320 页)

  吴澄三月十六日讲经筵于明仁殿。

  按:危素《年谱》载:"三月壬寅,上御明仁殿听讲。悉屏侍臣,唯丞相御史大夫在侍,讲罢,命内饔赐食。"

  吴澄三月二十八日讲《中庸》及《资治通鉴》于流杯池亭。

  按:危素《年谱》载:"甲寅,上御流杯池亭听讲,公解《中庸》'舜其大孝'章及《资治通鉴》数条。上大悦。"

  又按:吴澄《通鉴》讲稿载:"汉高祖至咸阳,悉召诸县父老豪杰,谓曰:'父老苦秦苛法久矣,吾当王关中,与父老约法三章:杀人者死,伤人及盗抵罪。余悉除秦苛法,吏民按堵如故。凡吾所以来者,非有所侵暴,毋恐。'汉高祖姓刘名邦,为秦始皇、二世皇帝的时分,好生没体例的勾当做来,苦虐百姓来。汉高祖与一般诸侯只为救百姓,起兵收服了秦家。汉高祖的心只为救百姓,非为贪富贵来。汉高祖初到关中,唤集老的每诸头目每来说:'你受秦家苦虐多时也。我先前与一般的诸侯说,先到关中者王之,我先来了也。与父老约法三章:杀人者死,伤人及盗者,随他所犯轻重,要罪过者。其余秦家的刑法,都除了者。'当时做官的、做百姓的心里很快活有。大概天地的心只要生物。古来圣人为歹人曾用刑罚来,不是心里欢喜做来。孟子道不爱杀人的心,厮似前贤曾说这道理来。只有汉高祖省得这道理来,汉家子孙四百年做皇帝。我世祖皇帝不爱杀人的心,与天地一般广大比似,汉高祖不曾收服的国土,今都混一了。皇帝依着世祖皇帝行呵,万万年太平也者。"(《全元文》第 14 册,第 60 页)

  吴澄与张珪、邓文原、忽都鲁都儿迷失等人共译经筵讲稿。

  按:吴澄今存经筵讲稿,其体例都是"硬译蒙古文",即根据畏兀体蒙古文整理成的通俗易懂的口语形式。这种讲稿,是经过经筵相关负责人共同翻译后的结果。揭傒斯《吴公神道碑》载:"每进讲必三四过乃已。"经手此事的官员,既有同为经筵讲官的吴澄、邓文原,以及专领经筵事的张珪,也有负责润译讲读之事的忽都鲁都儿迷失、野仙帖木儿等畏兀儿人。(尚衍斌《元代畏兀儿翻译家忽都鲁都儿迷失史事考述》,《西域研究》2020 年第 2 期)

  吴澄又进讲《帝范》。

  按:《元史》载:"学士吴澄、集贤直学士邓文原,以《帝范》、《资治通鉴》、《大学衍义》、《贞观政要》等书进讲,复敕右丞相也先铁木儿领之。"(《元史》卷二九《泰定帝本纪》,第 3 册,第 644 页)

又按：吴澄《帝范君德》讲稿载："夫民乃国之本，国乃君之体。人主之体如山岳焉，高峻而不动；如日月焉，圆明而普照。兆庶之所瞻望，天下之所归仰。宽大其志，足以兼包；平正其心，足以断制。非威德无以致远，非慈厚无以怀人。抚九族以仁，接大臣以礼。奉先思孝，处位思恭。侧己勤劳，以行德义。此乃君之体也。唐太宗是唐家很好底皇帝，为教太子底上头，自己撰造这一件文书，说着做皇帝底体面，为头儿说做皇帝法度，这是爱惜百姓最紧要勾当，国土是皇帝底根本，皇帝主着天下，要似山岳高大，要似日月光明，遮莫那里都照见。有做着皇帝，天下百姓看着，都随顺着。行的好勾当呵，天下百姓心里很快乐；有行的勾当不停当呵，天下百姓失望一般。志量要宽大着，宽大呵，便容得人心；要平正着，平正呵，处得事务停当。非威武仁德，这田地国土怎生肯来归附？非慈爱忠厚的心，百姓怎生感戴？皇帝的宗族好生亲爱和睦者，休教疏远者；朝廷大官人每好生祗待，休轻慢者；奉祀祖宗的上头，好生尽孝心者；坐着大位次里，好生谦恭近理，休怠慢者。拣好底勾当尽力行者，这是做皇帝的体面么道。"（《全元文》第14册，第59—60页）

吴澄又进讲《贞观政要》。

按：《元史》载："学士吴澄、集贤直学士邓文原，以《帝范》、《资治通鉴》、《大学衍义》、《贞观政要》等书进讲，复敕右丞相也先铁木儿领之。"（《元史》卷二九《泰定帝本纪》，第3册，第644页）

吴澄四月初七参与集议太庙神主昭穆次序。

按：吴澄参与了今年四月朝议太庙神主，他主张按照古制建天子七庙，"太祖庙居中，左三庙为昭，右三庙为穆"，建议调整目前昭穆次序，并将同堂异室转变为都宫别殿，但未被元廷采纳。虞集《行状》载："在至治末，诏作太庙。议者习见同堂异室之制，新庙作十三室，未及迁奉，而国有大故，有司疑于昭穆之次，故命集议焉。先生曰：'世祖皇帝，混一天下，率考古制而行之。古者，天子七庙，庙各为宫。太祖庙居中，左三庙为昭，右三庙为穆。昭穆神主，各以次第，迁其庙之宫，颇如今中书省六部对列。省部之设，亦仿金、宋之典，官府尚从前代典故，岂有宗庙叙次而不考古之典故，可乎？'"（《全元文》第27册，第174页）危素《年谱》载："四月壬戌，中书集议太庙神主。先是，至治末，有诏作太庙，议者习见同堂异室之制，新庙作十三室，未及迁奉，而国有大故。有司疑于昭穆之次，故命集议焉。先生曰：世祖皇帝混一天下，率考古制而行之。古者，天子七庙，庙各为宫，太祖居庙中，左三庙为昭，右三庙为穆，昭穆神主，各以次递，迁其庙之中，颇如今中书省六部对列。省部之设亦效金、宋之典，官府尚从前代典故，岂有宗庙之序次不考古之典故，可乎？"

吴澄春作《送曾巽初序》，为辞官南归的曾巽申送行。

按：曾巽申在延祐七年（1320）进卤簿图后任应奉翰林文字，今年他辞官南归，吴澄遂作序以赠。序文亦表达自己的归意。吴澄《送曾巽初序》载："世家胄子仕于朝，博记览，尤谙于典故，能文章，尤工于制诰者，吾于今见翰林侍讲学士袁伯长、应奉翰林文字曾巽初二人焉。巽初，前代监察御史、追封武城伯之季子，近时翰林直学士益初之介弟也。处翰苑垂十年，方将循序而升，一旦浩然有归志。余以老病，窃为惭，闻巽初之归，欣然愿与之偕。巽初儒中之杰，而乐与方外高人游，终夜静坐，世虑澹然，碌碌嗜进、恋恋人爵者，庸讵测其高情远志为何如哉！昔钱澹成学士未达时，陈希夷嘉其有神仙之风骨，麻衣道人以为急流勇退人也。其后，澹成繇翰林学士、知制诰跻政，遂盛年解机政，果如麻衣所云。然则急流勇退者虽未至于神仙，其亦神仙之流亚欤？巽初归矣，其俟我于武城之墊。"（《吴澄集》，第708—709页）

又按：吴澄非常肯定曾氏一族对于古礼的传承，其文集中不止一次提及"世家胄子仕于朝，博记览，尤谙于典故，能文章，尤工于制诰者，吾于今见翰林侍讲学士袁伯长、应奉翰林文字曾巽初二人焉""古之经礼，其目三百，而《仪礼》十七篇，嘉礼、宾礼仅存其十。于仅存之中最易行者，冠礼也，而其废也久矣。司马公及程子、朱子惟恐人之惮其难，故又斟酌古礼而损益之，庶其便于今而可行，然人亦莫之行也。故其在吾乡，惟蜀郡虞氏及予二家犹不废此礼，他盖鲜有闻焉"。此次曾巽申南归，吴澄与其相朋武城再会。果然，次年十二月，吴澄便归家。

又按：曾巽申南归时，在北方任职的南人纷纷作送别文及诗以相送。除吴澄外，袁桷也作《送曾编修》赠曾巽申："奇鹤慕南云，俊鹘欣北雪。行藏龟左顾，去住坂九折。篆书墨兵从，拟制铜史挈。佩委松籁回，冠峨星光彻。拓花窥日轮，井藻旋风铁。归思红叶高，家忧紫荆裂。晨装发五两，夕祖谢驷驖。沙明石痕瘦，川远桅影列。……"（《袁桷集校注》卷八，第432—433页）

又按：此次曾巽申南归是与揭傒斯同行。黄溍称："泰定元年，以元官召，俄丁内艰。"（黄溍《翰林侍讲学士中奉大夫知制诰同修国史同知经筵事追封豫章郡公谥文安揭公神道碑》，《全元文》第30册，第178页）路上，二人以诗歌倡和。今存揭傒斯《徐州对酒和曾编修》、《烈山和曾编修》、《入秦淮和曾编修》、《泊安庆和曾编修》分别记载两人由徐州至江苏至安徽至江西的路径。

今科进士彦文赴华亭任县丞，吴澄作文相送。

按：《送彦文赞府序》载："彦文之先，西北人也。往年父倅临川郡，而彦文生。比长,能属文。皇朝贡举取士,以其艺试于有司。至治癸亥与贡,泰定甲子赐进士出身,授华亭县丞。将赴官,蕲言于余。……"(吴澄《送彦文赟府序》,《吴澄集》,第705页)

吴澄六月十五奉旨撰《瑞鹤记》。

按:此年吴全节受命在崇真万寿宫对天虔告,吴澄奉旨记载。文载:"自祀礼不如古,而人主敬天之诚无所寓,则专意于祷祠之官焉。祠之仪文各殊,而敬天之诚一也。今皇帝元年之春,左丞相传旨,命玄教大宗师吴全节于崇真万寿宫如其教以蒇事而虔告于天,有报也,有祈也。告天之辞,上自署名,省台近侍之臣,肃恭就列,罔敢懈怠。宗师静虚凝神,对越无二。朔南玄教之士服其服、职其职,供给于斋宫者千人。步趋进退,璆锵以鸣;赞咏倡叹,疏缓以节。穆穆以愉夫上皇者,靡所不用其极。将事之时,有鹤自东南而来者三,俯临祠坛,飞绕久之,乃翱翔而去。成事之旦,有鹤自青冥而下者二,复临祠坛,飞鸣久之,乃骞翥而上。预祠之臣目观心异,佥欲刻文以彰瑞应。既而其事上闻,有旨命词臣撰录。钦惟天子之尊,膺天眷,践天位,心与天通。若稽诸古,一变之乐能致羽物,九成之韶能来仪凤,况吾圣天子敬天之诚乎?诚心之感,何所不至?鹤者,羽物之族,仪凤之伦,其致其来,固其宜尔。且闻先朝祠事,亦尝臻此诚感诚应。今昔同符,宗师严持教法,群工恪奉上意,有以协一人之诚、召灵物之瑞,其美不可以不书。庸敢诵言圣天子敬天之心,推原古圣人知天事天之道,而为之记。有见于是、有得于斯道者镜之哉!泰定甲子岁季夏之月望日记。"(《吴澄集》,第746—747页)

又按:袁桷《白鹤诗序》载:"泰定元年春,二月,有旨醮于崇真万寿宫,特进宗师吴公主祠事。越四日,有白鹤三集云中,指殿前。五日,复至。旭日晏温,执事有恪,皆承睫仰视,一口赞庆。士大夫各为歌诗,以侈其异。尝闻:礼仪神明之事,莫严于精意,而诸物之毕至,良系乎圣德之通感。惟今天子践祚之初,询贤考能,敛福以锡庶民。吁天请命,实不私于己。祠祭之事,遵叙以行,罔有偏好。昔汉宣帝励精图治,严蕆祠事,时则有白鹤集于庙庭。异代同符,稽诸行事,实过于彼。而祝釐奉祀以承上命者,罔敢暇逸,吴公盖有之焉。绝地天通,昔之圣人将以止夫!禨祥之说,天人之际,合于自然,盖有不期然而然者。不然《诗》、《书》所称,其得而废之与?诗若干首,遂为之序。"(《袁桷集校注》卷二十二,第1154页)

吴澄秋为丰城孙用拙世谱作序。

按:吴澄《丰城县孙氏世谱序》载:"同造里之孙,丰城巨族也。溯唐沿宋五六百年,子孙蕃衍绵延以至于今。代有科名,而官不甚贵;家有恒产,而赀不甚富。人人被服儒术,其间通经史、工文工诗之人卓尔不群,求之他姓,鲜或可俪。虽遭历运边革之余,一族聚处,彬彬文物,视昔无衰杀也。其里距吾崇仁之境仅隔一岭,风声气习大略相似,而予尝与其族之耆俊游,故知之为悉。泰定元年秋,予在京阅其世谱,第一谱吴兴以后旷数百年失其系,第二谱五世以后亦缺一二世,莫详所自,姑置勿论。断自第三谱,南唐仓监行琰为初祖以来凡十六世,其六世,宋元祐戊辰进士、永丰知县发,号曰敷山;其七世,绍兴乙卯进士、江州司理褒,号曰楚山;其八世,迪功郎奇,号曰玉隐。皆以能诗闻,亦有杂著,当时称为'三孙'。其九世,淳熙甲辰特奏名监潭州南岳庙约之,于乾道癸巳,始仿欧阳氏谱谱其族;其十一世,绍熙癸丑进士、临湘知县伯温,于庆元己未辑事迹以附其谱之左方。前之谱未及载、后之事迹未及录者,咸淳乙丑,其十二世沅广之;大元至治辛酉,其十四世隐求又广之,谱之重修已再而三,事迹之续编亦再而三矣。考据之审、纂述之勤,岂一耳目之力哉!于此不惟见孙族才人之盛,而旧家文献之足征,其可无夫子之宋、之杞之叹也与!示予谱者,沅之族孙隐求之族兄用拙也。"(《吴澄集》,第683—684页)

吴澄十一月为邹次陈作墓志铭。

按:吴澄《故咸淳进士邹君墓志铭》载:"泰定元年七月壬子,余友前进士邹君卒于家,其孤将以是年十一月己酉安厝于所居。少余二岁,相好如弟兄,于其丧弗获哭死吊生,铭其可辞乎?君讳次陈,字周弼,一字悗道,抚宜黄人。少驰俊誉,年二十三,以《书经义》第一贡礼部。明年,赐同进士出身。其先治平丁未进士讳极,仕至治南西路提点刑狱。考讳子宜,嘉熙庚子、淳祐丙午两预乡贡,晚以特奏名任衢州西安县丞。君未擢科之前,侍亲宦衢,时留丞相梦炎家居,与赵守淇识君伟器,期以早显。咸淳甲戌,果副所期。未及受官,宋祚已讫,遂隐不仕。邑近十五里有大姓谭氏,待君以宾师礼,情谊笃甚,自邑徙而依焉。至元丙午,新屋构成,君父母兄弟俱存,前衢守赵公(按:赵文)宣慰湖南,寄'一乐'二字扁其构。兄次傅昔年与君同荐,二亲即世,聚处如初,教兄子友直暨众犹己子,各成才,为学官,不幸不寿。延祐庚申,兄贡士殁,君哀念感疾。至治癸亥秋,病逾剧,年余竟不起。君娶管氏。子男成大,前邵武路建宁县儒学教谕。女适吴仲益、李明孙、李仲谋、邓彦举、冯与权。孙男阿买、铁汉。孙女适涂,适张,其二幼。君之才名中闳外肆,虽韬光晦迹,缙绅高之。仕者问政,过者造庐,接物煦煦,如春阳之温,未尝疾声厉色。爱人不间亲疏远迩,其忧人之忧也,苟思所能谋、力所能极,靡不竭尽其情,教人亹亹忘倦。天朝贡举制下,来学之士益众,一经指画,文悉中程。卧疾五载,讲授犹不辍。训诲必本于行,议论必符于理。古文时文、韵语俪语,一一有法。取庞德公'遗子孙以安'之义,榜书室曰'遗安'。其遗稿若干卷,号《遗安先生集》,《外史抄》十卷,俱可传也。卒之日,不惟士大夫伤恻,下至儿童舆隶,亦共叹惋。君其何以得此于人哉?铭曰:畴廓其哀,畴阌其庸。曷啬曷丰?亶来者之聪,尚闻其风。"(《吴澄集》,第1549—1551页)

吴澄冬为国学生李黼作序送行。

按:国学生李黼此年冬还乡,京师国子监诸师生皆有赠言,吴澄受请为赠言集作序。吴澄《国学生李黼泗州省亲序》载:"颍川李黼之父,曩者仕于朝,郫便养,出守泗州。黼偕其兄藻为国学弟子员,留京师,违定省。越三载,泰定甲子冬,谒告往泗州宁其父母,且奉其祖父母封赠之命以归,亦可以悦亲荣亲矣。佥谓黼研经锐学不倦,其成科名、受官职也可日月几,亲之悦、亲之荣,将有倍于今者焉,斯其为孝也欤!噫!此世俗之孝也,若君子之孝则不止是。韩子曰:'事亲先其质,后其文;尽其心,不夸于外。'质者,行也。韩子,文士尔,而其识能及此,况不以文士自足者乎?夫子论孝始事亲,终立身。立身之要,慎其行也。可法可传之谓立。行道于今,扬名于后,使世世赞叹歆慕,称为某人之子,是显其父母于无穷也,岂止一科名、一官职之荣而已哉?黼之往也,自监学之师以下俱有赠言,同舍二三子请予序其首。噫!黼诚才子也。其研于经也奚所志,其锐于学也奚所事,予未悉知也。而吾之孙当剧言其颖出乎辈流,予其可不以远者、大者期之夫?"(《吴澄集》,第566—567页)

吴澄在京师,与相士一飞结识。

按:吴澄《赠一飞相士序(有诗)》载:"予少有狂疾,志欲学飞。凡可以飞之术,每究心焉。或谂予曰:'两间能飞之物唯羽族,飞之最高而奈久者,莫鹰隼、鸿雁若也。然鹰隼贪食肉,鸿雁贪食粟。苟所贪之食不饱,则其飞之力不能以不倦。人之飞异于是。人孰无骨肉血髓,孰不资外物以养?能不人于人,而与云霞风飚齐飞,必其专乎内、遗乎外;所资以益吾之身者,悉不以溷吾之口、滓吾之腹,俾吾之骨肉血髓销铄变化。始如未生之婴儿,终如太虚之无有,而后倏忽往来,飞行于上下四方而无留碍。'予信其说之然,而不能然者,不能离吾父子兄弟、徒友朋侣也,是以舍其说而守吾之故。噫!其老矣,无复有是志矣。而夜寐犹或梦飞,则少年之宿染旧习,其根刊除未尽也。今年七十有六,适在京师,有自号一飞之人,相解后,不觉欣欣然悦之,因自笑曰:'吾之病根岂但于梦境而有未刊除者哉?'其人善谈所识穷达与其未来休咎,如烛照镜鉴,乃为之喟然叹曰:'飞者善目。子以能飞而善相乎?骚客有言:"黄鹄一举兮,见山川之纡曲;再举兮,睹天地之员方。"谓其飞愈高而目之视愈远也。大鹏逍遥九万里之上,下视人寰,不啻瓮盎之间百千蚊蚋,须臾起灭,其区区之穷达休咎又奚足云! 昔闻华山隐者、麻衣道者之流,翩翩飞游乎世外,虽不相人,而超然神智,靡不先知也。若犹与世内食粟食肉辈混处尘埃中,则如纷纷之蜂蝶、款款之蜻蜓,虽飞也,而相去地行之物不能以寸,讵能纳八表于一瞬也邪? 子之飞也如之何?' 相者对曰:'人寓形于走类。我,人类也,走于地而已。常人之走,或终岁不出门户,或终世不入城府,而我于燕、楚、齐、秦走千万里如咫尺。以走之百当飞之一,亦走类中之飞者尔。而必取飞之飞为喻,公言得无过与?' 予谢曰:'予怵于子之名。子今自吐情实,予言诚过,聊赠诗一章,以释前之过言。云:自言逐日走,漫讶刺天飞。无处不留迹,有尘常满衣。空中悬五眼,方外破三机。识遍六六善,相人谁敢非?'"(《吴澄集》,第740—742页)

　　吴澄此年为同里袁应祐作墓碣铭。

　　按:吴澄《故月溪居士袁君墓碣铭》载:"余之同里而居者,有横江袁氏。……宋绍定庚寅,经虔寇残燬,吴族浸衰。又四十余年,大元有南土,袁族亦替。昔之强武自立者日就微泯,惟月溪居士素卑让不校,能保其恒产,以至于今。于是齿敝舌存之说犹信。居士讳应祐,字伯贤,淳祐癸卯年二月十九日生。逮其父时,声势赫张。居士富家,能和易谦厚,接物如春,见者慕悦。既为新民,则敝衣草屩,自抑自晦。然胥徒邂逅,尊敬不减旧时。盖其质实足以孚愚顽、驯猛暴若此。自幼不尚浮华之学,而人情世故谙练洞彻。虽小技曲艺,悉精究底里。余少亦喜杂学,每过余谈论,必竟日,言言皆有裨益。至元壬辰十一月五日,以疾终。乡邻惊惋,失此善人。大德壬寅十二月二十八日,葬会坪双髻峰下。配黄氏,太学进士之女。子男二,仕达、仕崇。女一,适李。孙男二,用昭、用周。女二,适黄,适陈。曾孙男英宝。适李女后居士六岁卒,仕达后二十三岁亦卒。仕崇将碣于墓,以予与居士相厚善,而来请铭。乃为铭曰:中恂恂,外欣欣。与之亲,如饮醇。想见其人,征此青珉。"(《吴澄集》,第1513—1514页)

　　吴澄作《赠李溉之序》。

　　按:李溉之即李泂。李泂是年被授翰林待制,以亲丧未葬而辞归。吴澄作《赠李溉之序》:"济南李溉之,以卓荦之才骎骎向大用,一旦辞官而去,将求深山密林以处,泯泯与世不相闻,而韬其声光,此岂人之情也哉? 或曰:'君子之仕也,以行其志也。不于其志之行,而惟禄之苟,君子耻之。溉之之去,盖亦若是。'或曰:'溉之,儒者也。儒者游乎方之内。有游乎方之外者与之言,始悟人之有生为甚重。世儒役于物以疲敝其身而不自知,殆不免乎以珠弹雀之蔽。观彼之所以自为,不离一身之内,而身之外纤芥不以动于中,怳然如梦之得觉、醉之得醒。而今而后,而知四十四年之非也,是以然尔。'

之二说者,其果足以得溉之之心乎?余尝闻诸先哲人之所行,朋友皆可效忠,益惟出处听其自决,非他人所当与。然则溉之之出处,余不复问已。而或者以为方外人之重其身,吾儒有不能及,则未敢以为然。夫儒者之学,何莫非反求诸身?其所以存主,而全天之所畀付,盖有甚于彼也。彼所存主,乃吾之所常存。主者,彼所保爱,亦吾之所常保爱者也。由吾之道,则公且广,能与天地同体用;由彼之伎,则私且狭,愢愢然独善一身而已。盖此足以该彼,彼不能以知此也。惟夫末流之儒,逐外徇名,而丧所本;荣华于表,柴栅于里,彼视吾之出其下,故得易而鳞轹之,使吾闻彼之言而惊异焉。余窃意溉之之必不为彼所惑,而何羡于彼哉?昔人语邵子以物理、义理、性命之学,斯人之品,不在邵子上也,而邵子后来之所造诣实权舆乎此。以溉之之资器,而与斯人者解后,其不为驾风鞭霆、盖世之人豪也与?余既疵或人之说,因诵之,以为吾溉之赠。"(《吴澄集》,第658—659页)

又按:李河南还时,宋褧作《送李溉之得请还济南》:"髽龇客江汉,早闻高士名。君居玉沙县,我在渚宫城。弱小知慕君,不得觏君面。道路播词章,庸俗矜俊彦。骐骥厌庭户,鸾凰悲草莱。英标出世表,去去黄金台。风尘绮陌深,烟雾玉堂窅。浩歌香炉峰,巢云寄木杪。朝辞九华顶,暮宿黄鹤楼。纶巾紫凤褐,欲去仍或留。竭来重翱翔,五十霜鬓秋。瀛洲列群仙,蓬山撷兰芝。一登鸾坡峻,再陟阿阁崇。牙符杂珂珮,通籍金闺中。谒帝兴圣宫,回车历城道。矫首凌天风,振衣下瑶岛。东望华不注,烟霞齐鲁郊。言归理松楸,啸傲依堂坳。缅想共君游,不得恒聚首。叩首屡投刺,尘鞅阻文酒。雨濯野山色,晴飞溪柳花。明发遂长往,怜君离思赊。云汉耀奎文,长庚丽其下。天书行召还,岂是栖栖者。"(《全元诗》第37册,第200页)

吴澄此年后作《泰元院记》。

按:吴澄《泰元院记》载:"泰元院者,崇仁云峰院僧恒可之所肇创,院在宜黄崇贤乡之竺南磜。其初山谷深阻,草树蒙翳,狐狸豺狼之所窟宅,夔魖盗贼之所藏匿。延祐己未春,恒可剪除荆榛,垦辟基址,于其西偏、东偏构供佛栖僧之屋各一。泰定甲子,始建佛殿于中,旁有楼阁,前为三门,缭以廊庑,额曰'泰元院'。广其田以食众,度其徒以继绪。请予记其肇创之由,以贻永久。"(《吴澄集》,第1000页)

吴澄约在此年左右为段克己、段成己《二妙集》作序。

按:据吴澄序文记载,段克己孙段辅此年以天官侍郎知选举,与吴澄邂逅于京师,他邀请吴澄为《二妙集》撰写序文。吴澄《二妙集序》载:"中州遗老值元兴金亡之会,或身殁而名存,或身隐而名显。其诗文传于今者,窃闻其一二矣。有如河东二段先生,则未之见也。心广而识超,气盛而才雄。其蕴诸中者,参众德之妙;其发诸外者,综群言之美。夫岂徒从事于枝叶以为诗为文者之所能及哉?于时干戈未息,杀气弥漫。贤者避世,苟得一罅隙地聊可娱生,则怡然自适,以毕余龄,几若澹然与世相忘者。然形之于言,间亦不能自禁。若曰'冤血流未尽,白骨如山丘',若曰'四海疲攻战,何当洗甲兵',则陶之达、杜之忧盖兼有之。其达也天,固无如人何,其忧也人,亦无如天何。是以达之辞著,而忧之意微。后之善观者,犹可于此而察其衷焉。伯氏讳克己,字复之,人称遁庵先生。在金以进士贡,金亡余二十年而卒,终身不仕。仲氏讳成己,字诚之,人称菊轩先生。在金登进士第,主宜阳簿,年过八十,至元间乃卒。虽被提举学校官之命,亦不复仕。遁翁之孙辅由应奉翰林扬历台阁,今以天官侍郎知选举,邂逅于京师,出其家藏《二妙集》以示,一览如睹靖节,三复不置也,而叹曰:'斯人也,而于斯时也;斯时也,而毓斯人也。'昔之耆彦尝评二公,谓复之磊落不凡,诚之谨厚化服,摹写盖得其真。予亦云然。"(《全元文》第14册,第426页)

又按:另有段辅所作跋文,记载其梓藏《二妙集》的时间在泰定四年:"显祖遁庵君与从祖菊轩君,才名道业推重一世。值金季乱亡,辟地龙门山中。遁庵君既殁,菊轩君从晋宁北部,闭门读书,余四十年,优游以终。凛然清风,视古无愧。其遗文惜多散逸,所幸存者,古、律诗、乐府三数百篇,皆先侍郎手自纪录,屡欲传梓不克。小子不肖,痛先志之未遂,惧微言之或泯,谨用锓梓藏之家塾,俾后之子孙毋忘先业云。泰定四年丁卯春,别嗣辅拜手谨志。"(段克己《二妙集》卷末,清文渊阁四库全书本)

又按:虞集《段氏阡表并铭》载段辅于泰定四年将遗文示于虞集:"泰定四年秋,天官侍郎段辅,出其先世遗文示集。读而叹曰:'嗟夫!昔宋失中原,文献坠地。盖为金者,百数十年。材名文艺之士,相望乎其间。至明道正谊之学,则或鲜传者矣。及其亡也,祸乱尤甚,斯民之生存无几,况学者乎?而河东段氏之学,独行乎救死扶伤之际,卓然一出于正。不惑于神怪,不画于浮近,有振俗立教之遗风焉。呜呼!可谓善自托于不泯者哉!'"(《全元文》第27册,第497页)

胡炳文自序《四书通》。

按:胡炳文《四书通序》载:"《四书通》何为而作也?惧夫读者得其辞未通其意也。六经,天地也。四书,行天之日月也。子朱子平生精力之所萃,而尧、舜、禹、汤、文、武、周、孔、颜、曾、思、孟之心之所寄也。其书推之极天地万物之奥,而本之皆彝伦日用之懿也,合之尽于至大,而析之极于至细也。言若至近而涵至永之味,事皆至实而该至妙之理。学者非曲畅而旁通之,未易谓之知味也;非用力之久而一旦豁然贯通焉,未易谓之穷理也。予老矣,潜心于此者余五十年,谓之通矣乎?未也。独惜乎疏其下者或泛或舛,将使学者何以决择于取舍之际也。呜呼,此予所以不得不会其同而辨其异也。会之庶不失其宗,辨之庶不惑于似也。予不敢自谓能通子朱子之意,后之通者傥恕其僭而正其所未是,则予之所深冀也。泰定甲子九月旦日新安后学胡炳文序。"(《全元文》第17册,第122—123页)

张养浩为《牧庵集》作序。

按:张养浩《牧庵姚文公文集序》载:"皇元宅天下百许年,倡鸣古文,财牧庵姚公一人而已。盖常人之文多剽陈袭故,窘趣弗克振拔。惟公才驱气驾,纵横开阖,纪律惟意。其大略如古勍将率市人战,彼虽素不我习,一号令之,则皷行六合,所向风从,无敌不北,虽路绝海岳,亦莫不迎锐而开,犹度平衍。视彼选兵而阵、择地而途、才一再敌、辄衰焉且老者,相万矣。走年二十四见公京师,时公直学士院,每有所述,于醻酢后岸然瞑坐,辞致砰隐,书者或不能供。章成则雄刚古邃,读者或不能句。尤能约要于繁,出奇于腐,江海驶而蛟龙拏,风霆薄而元气溢,森乎其芒寒,皦乎其辉烨。一时名胜,靡不鳃鳃焉自闷所有,伏避其锋。而将相鼎族辇金筐币托铭先世勋德者,路谒门趋,如水赴壑。厥问之崇,学者仰之山斗矣。每往来江湖间,赆饯宴劳,月无虚朝。二千石趋翼下风,吟啸自若,巷陌观者谓神君仙人。尝谓唐三百年,其文为世所珍者,李邕、韩愈二人,或所蕲若市,或酬金牣门,最其凡论之,公盖兼有。至其外荣达,喜施与,宏逸高朗,中表惟一,年愈艾而气节愈隆,顾有前人所未备。然则公之奇佹瑰异者,独文乎哉?公没之十一年,当泰定改元,江西省臣求所述于家,凡如干篇,将板行世。郎中贾焕华甫走书济南,以文序请。窃惟韩昌黎文,李汉氏序;欧阳公文,苏轼氏序。公与二子代虽不同,要皆间气所钟,斯文宗匠,振古之人豪也。走何人敢于焉置喙?辞不获,因纪平昔所尝得诸心目者,姑副所恳。公讳燧,字端甫,仕至翰林学士承旨、荣禄大夫、集贤大学士、太子宾客,牧庵其自号云。"(《全元文》第24册,第582—583页)

刘岳申作《与吴草庐书》。

按:刘岳申《与吴草庐书》是祝贺吴澄进讲经筵,并向吴澄推荐延祐二年进士杨贤可。文载:"伏闻圣朝开经筵,明公正讲席,此千载一时也。在宋,大儒惟程朱二夫子得以所学进讲,尝有启沃之功。而一时遭逢,终身禄位,何敢仰望明公。则所以大启今日之殊遇者,固将大明《五经》、《四书》之用,大慰普天率土之望,岂徒富贵荣名明公之一身而已。昔我先正许文正公以道格君,一由正与,自宗亲近属子弟皆尝受业。至今为国名臣者,皆文正之徒也。今天下复知高尚程朱之学以上溯孔孟遗经者，皆文正之赐也。虽明公今日得致身清峻为帝者师，震动一时，光耀四方，亦何莫非文正之余光绪业。盖自江南儒者遭时得君，未有如明公今日者矣。此天所以报明公平日问学之勤，记览之富也。明公何以慰答天下之望哉。明公宜益为江南衣冠儒士增重，为临川乡国经学增光。虽由此位极品不为峻，虽门生儿子皆达官要路不为泰，虽结乘连骑奔走后先拟封君将侯王者奉给左右，又岂为过哉。岳申夙辱教授，而以坐贫块守穷檐者有年矣。乡者明公家居，不能一造诣。今明公在京师，日觐清光，与道揆法守之臣朝夕可否，又何由一望见道德之光也哉。乡里杨景行贤可，明公甲寅门生也。甲寅至今十年，与李遵道辈约及门者屡矣，乃展转蹉跌以至今。贤可在门生中为最单薄，在举子中为最贤，且能有为有守而不诡不激，为今时最难得者。初筮会昌，幸得生还。再调永新，即以忧去。假馆苟活，如未第前。贤可固不可不拜明公，在明公亦不可不进贤可。大抵门生难得座主，座主亦难得门生。此论虽近草茅，然古今朝野所不能废。明公试进而教之，益增其所能，贤可之愿，亦岳申之望也。书辞干冒，伏楮震凌，岳申顿首再拜。"（《全元文》第 21 册，第 394—395 页）

周德清《中原音韵》完成。

按：周德清《中原音韵自序》云："乐府之盛，之备，之难，莫如今时。其盛，则自搢绅及闾阎歌咏者众；其备，则自关、郑、白、马一新制作，韵共守自然之音，字能通天下之语，字畅语俊，韵促音调；观其所述，曰忠、曰孝，有补于世；其难，则有六字三韵，'忽听'、'一声'、'猛惊'是也。诸公已矣，后学莫及！何也？盖其不悟声分平、仄，字别阴、阳。"（《历代曲话汇编·唐宋元编》，第 229 页）

又按：虞集《中原音韵序》："乐府作而声律盛，自汉以来然矣。魏、晋、隋、唐体制不一，音调亦异，往往于文虽工，于律则弊。宋代作者，如苏子瞻变化不测之才，犹不免'制词如诗'之诮；若周邦彦、姜尧章辈，自制谱曲，稍称通律，而词气又不无卑弱之憾。辛幼安自北而南，元裕之在金末国初，虽词多慷慨，而音节则为中州之正，学者取之。我朝混一以来，朔南暨声教，士大夫歌咏，必求正声，凡所制作，皆足以鸣国家气化之盛，自是北乐府出，一洗东南习俗之陋。大抵雅乐之不作，声音之学不传也久矣。五方言语，又复不类，吴、楚伤于轻浮，燕、冀失于重浊，秦、陇去声为入，梁、益平声似去；河北、河东取韵尤远。吴人呼'饶'为'尧'，读'武'为'姥'，说'如'近'鱼'，切'珍'为'丁'、'心'之类，正音岂不误哉！高安周德清，工乐府、善音律，自著《中原音韵》一帙，分若干部，以为正语之本，变雅之端。其法以声之清、浊，定字为阴阳,如高声从阳,低声从阴,使用字者随声高下,措字为词,各有攸当,则清浊得宜而无凌犯之患矣。以声之上下分韵为平、仄,如入声直促难谐,音调成韵之入声,悉派三声,志以黑白,使用韵者随字阴、阳,置韵成文,各有所协,则上下中律,而无拘拗之病矣。是书既行,于乐府之士岂无补哉?又自制乐府若干调,随时体制不失法度,属律必严,比事必切,审律必当,择字必精,是以和于工商,合于节奏,而无宿昔声律之弊矣。余昔在朝,以文字为职,乐律之事,每与闻之,尝恨世之儒者,薄其事而不究心,俗工执其艺而不知理,由是文、律二者不能兼美。每朝会大合乐,乐署必以其谱来翰苑请乐章,唯吴兴赵公承旨时,以属官所撰不协,自撰以进,并言其故,为延祐天子嘉赏焉。及余备员,亦稍为檃括,终为乐工所哂,不能如吴兴时也。当是时,苟得德清之为人,引之禁林,相与讨论斯事,岂无一日起予之助乎?惜哉,余还山中,眊且废矣,德清留滞江南,又无有赏其音者!方今天下治平,朝廷将必有大制作,兴乐府以协律,如汉武宣之世,然则颂清庙歌郊祀,摅和平正大之音,以揄扬今日之盛者,其不在于诸君子乎?德清勉之。前奎章阁侍书学士虞集书。"(《中原音韵》卷首,《历代曲话汇编·唐宋元编》,第227—228页)

又按:欧阳玄《中原音韵序》写道:"高安周德清,通声音之学,工乐章之词,尝自制声韵若干部,乐府若干篇,皆审音以达词,成章以协律,所谓'词律兼优'者。青原好事君子,有绣梓以广其传,且征予序。予谓:孙吴时有周公瑾者,善音律,故时人有'曲有误,周郎顾'之语;宋季有周清真者,善乐府,故时人有'美成继妙词'之称;今德清兼二者之能,而皆本于家学如此,予故表诸其端云。翰林学士欧阳玄序。"(欧阳玄著,汤锐校点整理《欧阳玄全集》,四川大学出版社,2010年,第589—590页)

又按:琐非复初《中原音韵序》云:"余勋业相门,貂蝉满座,列伶女之国色,歌名公之俊词,备尝见闻矣。如《大德天寿贺词·普天乐》云:'凤凰朝,麒麟见。明君天下,大德元年。万乘尊,诸王宴,四海安然。朝金殿,五云楼瑞霭祥烟。群臣顿首,山呼万岁,洪福齐天'。音亮语熟,浑厚宫样,黄钟、大吕之音也,迹之江南,无一二焉。吾友高安挺斋周德清,以出类拔萃通济之才,为移宫换羽制作之具,所编《中原音韵》并诸起例,平分二义,入派三声,能使四方出语不偏,作词有法,皆发前人之所未尝发者;所作乐府、回文、集句、连环、简梅、雪花诸体,皆作今人之所不能作者。略举回文'画家名有数家,嗔人门闭却时来问',皆往复二意;《夏日》词'蝉自洁其身,萤不照他人',有古乐府之风;《红指甲》词'朱颜如退却,白首恐成空',有言外意;俊语有'合掌王莲花为开,笑靥破香腮',切对有'残梅千片雪,爆竹一声雷。

雪非雪,雷非雷',佳作也。长篇短章,悉可为人作词之定格。赠人黄钟云:'篇篇句句灵芝,字字与人为样子',其亦自道也。以余观京师之目,闻雅乐之耳,而公议曰:'德清之韵,不独中原,乃天下之正音也;德清之词,不惟江南,实当时之独步也'。然德清不欲矜名于世。青原友人罗宗信能以具眼识之,求锓诸梓,噫,后辈学词之福耳! 西域拙斋琐非复初序。"(《全元文》卷一八〇八,第59册,第356—357页)

又按:李祁《周德清乐府韵序》:"天地有自然之音,非安排布置之可为也。以安排布置者为人也,非天也。天地既判,而人与之并立焉。草木生焉,禽兽居焉,凡具形色笑貌于天地之间者,莫不有声焉。有声则音随之矣,清浊高下,抑扬疾徐,何莫而非自然之音哉? 声音具而歌咏兴,虞廷载赓《三百篇》之权舆也。商《颂》周《雅》,汉魏以来,乐府之根柢也。当是时,韵书未作,而作者之音调谐婉,俯仰畅达,随其所取,自中节奏,亦何莫而非自然之音哉? 韵书作而拘忌多,拘忌多而作者始不如古矣。古之诗,未有律也,而律诗自唐始。精于律者,固已有之,至杜工部而雄杰浑厚,掩绝古今。然以比之汉魏诸作,则意气风格盖亦有不然者矣。古之赋未有律也,而律赋自唐始,朝廷以此取士,乡老以此训子,兢兢焉较一字于毫忽之间,以为进退予夺之机。组织虽工,排偶虽切,而牵制局促,磔裂以尽人之才。故自律赋既作,迨今六七百年之间,而曾无一篇可传于后世,曾无一字可益于世教。凡若此者,皆韵书之贻患也。嗟乎! 韵书之作也,果何人哉? 使其果圣人也,则吾不得而议也;使其非圣也,则亦安得而尽信之哉? 孟子之于武城,取其二三策,而言曰:"尽信书,不如无书。"夫以圣人之书,孟子犹未之尽信,而况于后世之书乎? 况若沈氏之书者乎? 今且直以一方之音,而欲行之于天下,以一人之见,而欲行之于万世,偏仄固陋,遂为成书。使后之人遵而用之,如众工之守绳墨,小吏之持法令,断断乎不敢少有迁移。呼! 亦可叹也已。予自初入学学诗,恒怪夫东冬之不相通也,清青之不相用也。则执以问诸师,师曰:"此有清浊,非尔所知。"及长,而益疑,则又以质诸乡之先辈,则乡之先辈亦有疑之者矣。疑之而著而为书者,有之矣。恨世变,莫之所存,亦莫能臆究其说,常往来于怀。高安周德清通音律,善乐府,举沈氏之书,而洗空之,考其原流,指其疵谬,特出己见。以阴阳定平声之上下,而向之东、冬、钟、江等韵,皆属下平。以中原之音,正四方之音,而向之混、猿、范、犯等字,皆归去声。此其最明白而易见者,他亦未暇悉论也。盖德清之所以能此,以其能精通中原之音,善北方乐府,故能审声以知音,审音以类字,而其说则皆本于自然,非有所安排布置而为之也。使是书行四方,则必将使遐邦僻峤之士,咸知中原之音为正,而自觉其侏离鴂舌之为可愧矣。又推而施之朝廷,则必能形诸歌咏,播诸金石,近之则可追汉代之遗风,远之可以希商周之《雅》《颂》,而虞廷赓歌之意,亦将可以闻其仿佛矣,不亦盛哉!"(王毅点校《云阳集》卷二,第73—75页)

苗太素主编、王志道编辑《玄教大公案》成。

按:是书承李道纯三教合一说,祖述道教金丹派之性命双修,持朱熹"禅自道家起"之论称"三家一贯",实为南北宗合流后道教禅代表作之一。柯道冲作《玄教大公案序》曰:"道统之传,其来久矣。始太上混元老祖以象先之妙,强名曰道,而立言以德辅翼之,而五千言著其中。然存言外之旨,微妙玄通,有不可得而言者,深不可识,亦强为形容焉。自道德受关令尹子,其十子各得其妙。如列、庄诸子至安期生、李仙卿、葛仙翁,众真更相授受,各有经典,然枝分派列于洞天福地,亦代不乏人。自周汉以来,惟尹子嗣祖位金阙帝君,继道统授东华帝君。帝君传正阳钟离仙君,钟传纯阳吕仙君,吕传海蟾刘仙君。刘南传张紫阳,五紫北传王重阳。七真道统一脉,自此分而为二。惟清庵李君得玉蟾白真人弟子王金蟾真人授受为玄门宗匠,继道统正传以袭真明,亦多典集,见行于世。实庵苗太素师事之,心印其要,盖青出于蓝而青于蓝者也。实庵抱负此道,以列祖道统心法模范学人,采撷诸经枢妙,升堂入室,举其纲要,于列祖言外著一转语,复颂象之,以《易》数为六十四,则又入室三级,则门弟子王诚庵辈集成编,名曰《玄教大公案》。言言明本,句句归宗,体用一真,圆混三教。使人于羲皇画外,纵横玄圣,象先游泳,至哉!华阳真逸唐公捐金绣梓,以广其传,义亦宏矣。诚有决烈汉向此《大公案》外,具无极眼睛,觑得七穿八透,豁然四达六通,则道统明明相继而无息,岂不美欤。金陵渊嘿道人柯道冲敬序。"(明正统《道藏》本《玄教大公案》卷首)王志道是年作《玄教大公案序》曰:"……吾师实庵仙翁,道隆方外,教阐环中,发明太上心玄,剖判羲皇骨髓。掀翻三教,融混一元,扫荡邪宗,豁开正道。斫削后学,造大本宗,烹炼高明,达先天境。是以良朋霞友云集,明公贤相风从。虚而往,实而归,诚不言而信;近者悦,远者来,咸无为而成。乃知言未尝言,弘众妙迥出思议之表;道非常道;备万德独立象帝之先。非极高明而通至化者,其孰能与于此?仆日侍玄堂,幸沾法雨。录集升堂之珠玉,缉熙入室之宝珍。然义适多方,理归一极。历代圣仙未结绝案款,吾师一一决断明白,目之曰《玄教大公案》。列成六十四则,以象《周易》六十四卦。入室三极,则以象三极。诚有决烈汉直下承当煅炼,向中默会力行,泯声色,渊识情,莹天心,开道眼,顿超生灭,耀彻古今。大用大机,咸备于斯,其真乐奚可胜计哉!诚能如是,庶不负吾师谆谆之教,亦乃千载一时之遇也。虽然,仆亦驾渡舟一夫云耳。泰定甲子,门弟子诚庵王志道顿首敬

序。"(明正统《道藏》本《玄教大公案》卷上)

马可·波罗卒。

按：马可·波罗(Marco Polo，又译马可·孛罗、马哥·波罗，1254—1324)，1254年9月15日在意大利威尼斯出生。曾随父亲和叔叔途经丝绸之路来到中国。自称识蒙古语，汉语。1295年回到威尼斯之后，1298年在一次威尼斯和热那亚之间的海战中被俘，马可·波罗在狱中口述其东方见闻，由鲁斯蒂谦(Rustichello da Pisa)写成《东方见闻录》(又名《马可·波罗游记》)。1324年1月8日，马可·波罗去世，葬于威尼斯的圣·多雷兹教堂。

贯云石卒。

按：贯云石(1286—1324)，号酸斋，又号芦花道人，畏吾儿人。本名小云石海涯。元功臣阿里海涯之孙，因父名贯只哥，遂以贯为姓。初袭父官为两淮万户府达鲁花赤，后弃官从姚燧学。仁宗时任翰林侍读学士，知制诰，同修国史，后称疾辞官，归隐江南，卖药于钱塘市。于科举事多所建明。卒赠集贤学士，追封京兆郡公，谥文靖。著有《新刊全像成斋孝经直解》一卷、《酸斋集》。作品风格豪放，清逸兼具，与徐再思(号甜斋)齐名，后人合辑其作为《酸甜乐府》。《全元散曲》录其小令七十九首，套数八套。事迹见欧阳玄《元故翰林学士中奉大夫知制诰同修国史贯公神道碑》(《圭斋文集》卷九)、《元史》卷一四三、《新元史》卷一六〇、《两浙名贤录》卷五四。

元泰定帝二年
乙丑　1325年　77岁

闰正月,回回国子监增加学生数额,并给以廪膳。

按:《元史·选举志》载:"以近岁公卿大夫子弟与夫凡民之子入学者众,其学官及生员五十余人,已给饮膳者二十七人外,助教一人、生员二十四人廪膳,并令给之。学之建置在于国都,凡百司庶府所设译史,皆从本学取以充焉。"(《元史》卷八一《选举制》,第7册,第2028—2029页)

二月一日,帝命玄教道士大醮七日。

按:虞集有文记载此事,《黄箓普度大醮碑》载:"泰定二年,岁次乙丑,正月之吉,始和皇帝燕居穆清,抚时康宁。中心无为,以守至正。践丕承之位者,若有见于羹墙。乃召集贤院臣而告之曰:'惟天惟祖宗,委祉锡禧,式克至于今日,海岳宁谧,波尘不惊。《诗》曰:"于乎皇王,继序思不忘。"予曷敢不顾諟乎。宗庙烝尝之事,有司具矣。然而云蒸雾瀹,予何以见其降升,天回日旋,予何以识其往来,有能为予专志意以通神明者乎? 昔在成庙,受遗世皇,眷惟俪极之贤,克相内理。然而苍梧弗从,降灵小水,遗恨徒结,岁月云迈。且夫本支繁茂,岂无蘖牙之伤;云汉昭回,憯有氛祲之掩。触念毫发,疾心丘山。有能为予释隐忧,而涤灵爽者乎? 夫有天下也,一体民物,一视宇宙。焄蒿凄怆,予犹有慨于神明,幽沈抑塞,讵谓可忘于臣庶,有能为予发晶耀而溥惠渥者乎?'皆顿首言曰:圣虑渊微,非臣愚所敢与。知天人之间,其事甚重,非臣所得专任,请与丞相议之。制曰:'可。'明日入奏曰:'道家有黄箓斋科者,上可以导列圣之宸游,下可以达群生于屯昧。请以是昭塞旨意之万一。'皇帝若曰:'俞哉,庶其在兹乎。'时则有若三十九代天师太玄辅化体仁应道大真人臣张嗣成,亲扬祖教,妙斡道枢;神仙演道大宗师泰定虚白文逸明德真人臣孙履道,以老成敦厚之资,深符真契;特进上卿玄教大宗师崇文弘道玄德广化真人臣吴全节,以聪明特达之器,参赞化机,并领玄宗,共承明诏。以二月一日,各真人率南北道士千众,即大长春宫,陈大科法者七日,出黄箓白简万通。启长夜之幽扃,畅好生之至德。于是,祠曹总礼神之仪物,词臣具册祝之文章,宣徽陈礼馔以惟共,内府废金缯而弗吝。揖拜跪起,皆西清禁近之英;奉若对扬,必黄阁臣邻之重。有司咸在,百辟骏奔。丕休哉,在天之灵,莫不顾歆于上。溥天之泽,莫不均被于下。赫赫洋洋,洞洞煌煌。一时盛典,蔑有加焉。于是,陈玄功于翰墨,留芳迹于庭除,礼也。谨按故事,昔宪宗皇帝甲寅之岁,以建国之初,方事金革,锋镝之下,或致夭伤。乃纡皇心,常有斯举,于今七十有一年矣。时和岁丰,民安物阜,曾无昔日之虞,而举今兹之祀者何哉?盖尝思之,圣人之心,常兢兢于方盛之时,不逸豫于未央之日。用能保鸿图于永固,御景福于方来者,此其故欤?呜呼盛矣。乃颂之以诗曰:于穆圣皇,宅心至神。何幽不烛,何枯不春。百度具张,群公在位。曰此人事,未究玄懿。至人通神,出阳入阴。以成天工,实契我心。长春之宫,密迩帝所。极尔禋仪,勿制常数。飞章列符,万神并来。奔走后先,昭假匪私。吁嗟典祀,国有常制。牺牲粢盛,既充既旨。陟降在庭,孰是孔昭。风马云车,于焉会朝。德音布宣,洪恩斯沛。惟尔有生,是锡是赉。下沈九泉,谁复念之。今振而兴,俾承生基。茫茫八埏,同戴咸喜。向阳就明,万亿及秭。域中四大,匪异伊同。听我咏歌,以赞皇风。"(《全元文》第27册,第192—194页)

　　七月七日,纽泽、许师敬编类《帝训》成。

　　按:《帝训》于次年(1326)二月译成,更名《皇图大训》,敕授皇太子。《皇图大训》在天历年间又被拿出刊刻,以供皇室教育。虞集《皇图大训序》记载此事,对它的编撰原因、内容及意义有所说明:"《皇图大训》者,前荣禄大夫中书右丞臣许师敬,因其先臣衡,以修德为治之事,尝进说于世祖皇帝者而申衍之,而翰林学士丞旨荣禄大夫知经筵事臣阿璘帖木儿,奎章大学士光禄大夫知经筵事臣忽都鲁迷失,润译以国语者也。天历二年(1329),天子始作奎章阁,延问道德,以熙圣学,又创艺文监,表章儒术,取其书之关系于治教者,以次摹印而传之。清燕之暇,偶得此编,以为圣经贤传有功于世道者既各有成书,而纂言辑行,会类可观者又尽出于前代,独此编作于明时,文字尔雅,译说详明,便于国人,故首命刻之,乃敕臣集为之序。"(《全元文》第26册,第63页)

　　七月,罢书金字藏经。

　　按:《元史》载:"庚午,以国用不足,罢书金字《藏经》。"(《元史》卷二九《泰定帝本纪》,第3册,第658页)

　　九月,分天下为十八道,遣使宣抚。

　　按:《元史》载:"九月戊申朔,分天下为十八道,遣使宣抚。诏曰:'……今遣奉使宣抚,分行诸道,按问官吏不法,询民疾苦,审理冤滞,凡可以兴利除害,从宜举行。有罪者,四品以上,停职申请,五品以下,就便处决。其有政绩尤异,暨晦迹丘园,才堪辅治者,具以名闻。'……江东道廉访使朵列秃、太史院使齐履谦之江西福建道。"(《元史》卷二九《泰定帝本纪》,第3册,第659—660页)

张珪五月得旨暂归。
按:虞集《中书平章张公墓志铭》载:"泰定二年五月,公得旨,暂归。天下之功成名遂身退者,未有能及之者也。"(《全元文》第27册,第522页)
又按:虞集《代中书平章政事张珪辞职表》:"钦承明诏,肇启经筵。讲明王道,考索前闻。以进圣学于燕闲之中,以裨至治于几微之表。成祖宗未就之志,为子孙经久之谋。实出圣上之睿知,国家之令典,非细务也。而臣徒以家世之旧,愚戆之诚,备位宰司,首当劝讲。及解机务,仍畀专官。虽竭尽于微忱,望格心于万一。然而自念,昔从祖考,属备戎行,其于明经,实惭寡陋。况以贱躯衰早,养病多时。先举一二老儒,以次去国略尽。坐阅岁时之久,未彰启沃之功。今又召还禁林,复系兹任,以此忧心,深省周思。岂非讲明有限,通译惟艰,虚言不掩其躬行,义理不胜于私欲?或者顾望忌讳,取悦耳以为容;侥幸瞻承,护曲说以干售。私情是徇,大体有伤,以致缪悠,不能感动。载惟重负,何以自文。惟知并进于老成,庶肯同心于陈闲。切以周尚父授丹书之日,汉申公赴蒲轮之招,皆年期颐,为国羽翼。盖古者乞言之礼,必于养老之时。非徒外饰于光华,实有咨询于故旧。平章政事致仕上柱国某,扬历中外,承接儒先。县车于方老之初,致寿于九帙之近。进退有道,天下服其从容;谋虑之精,君子推其练习。德以久闲而弥邵,心以久静而益明。一行一言,有恒有则。况其乡里,去国不远。近颁优礼,已耸具瞻。若蒙延入讲帷,不致縻之职事,几乌之盛,已足表仪。则其孚感之深,不在话言之末。翰林学士吴澄,心正而量远,气严而神和。其为学也,博考于训诂事物之赜,而推达乎圣贤之蕴;致察于思惟践履之微,而充极乎神化之妙。正学真传,深造自得。比夫末俗妄自标表以盗名欺世者,霄壤黑白之不同。粤自累朝,从布衣一再召用,超擢翰林学士,有识君子不以为过。前当讲说,诚剀温润,深有古风。近以年老,告病南去。观其所养完厚,实尚康健聪明,经学之师,当代寡二。虽蒙恩赐存抚,为礼甚优。必合召还与讲,资其问学,实非小补。御史中丞王毅,忠厚敦笃,守道不欺。历尝患难,砺志弥确。其于《四书》、《六经》,朝诵暮惟。不以官事废业,不以衰老退心。实欲躬行,非徒口说。使与劝讲,必蒙听孚。集贤大学士赵简,实建初议,置立经筵。先事远虑,其功甚著,为此已蒙恩赐褒美。其人老成方正,深知国体。今除前职,实契公论。目即未见到任,若蒙专使趣召前来,俾与讲事,必能确守直道,不事阿谀,论进正人,扶植事体。前集贤侍讲学士王结,非圣贤之书不读,非正直之事不谈。自信端才,不嫌忤物。先在讲筵进读,后以改除远去。虽系烦言退闲,初于义理无歉。拟合召还,必能赞助。翰林侍读学士邓文原,持身清慎,信古通今。先在讲筵,因病远去。今除前职,久未到任,合与趣召前来。伏蒙圣恩,除授前职。切以制诰、国史二事,皆所以成一王之大经,为万世之令典,比于效一官任一职者,其事甚重。若止因循冒昧,常人孰不可为?必欲称其职任,实深惭愧。况卑职世从军旅,历任省台。学业素非所优,志虑耗于劳勋。深思诣责,其在进贤。切见翰林学士吴澄,学通天人,道为师表。其代言深如训诂之弥文,其书事严于笔削之成法。盖其修身成德,文学犹其绪余。目今《英宗实录》未经呈进,累朝嘉言善行,多合纪录。采补得宜,全资学识。又有辽、宋、金史,累有圣旨修纂。旷日引年,莫肯当笔。使前代之得失无传,圣朝之著述不立。恐贻讥议,君子耻之。然非博洽明通,孰肯为此。今者本官虽曰年近八十,其实耳聪目明,心力清远。及今不使身任其事,后当追念无及。近者朝廷差官优赐存问,礼意已厚。然须使当承旨之任总裁方可。成能合行,举以自代,实为允当。"(《全元文》第 26 册,第 33—36 页)

齐履谦九月为江西副宣抚使。

按:此年分天下为十八道,遣使宣抚,齐履谦则奉命任江西副宣抚使。苏天爵《元故太史院使赠翰林学士齐文懿公神道碑铭》载:"泰定二年,选充江西福建道奉使宣抚。江西俗颇哗讦,狱讼滋章,奸人因缘为市。公讯之以情,皆随事决遣。……初,括江南地时,民或无地输税,或地少输多,曰虚加粮,江西尤甚。诏谕宪司覆实蠲免,久弗施行。公曰:'上欲泽加于民,而宪司格之,何也?'既杖属吏,俾宪使亲行覆实,免粮若干万石……"(《滋溪文稿》卷九,第 131 页)

许师敬为中书左丞。

按:《元史》载:"戊申,以许师敬为中书左丞;中政使冯亨为中书参知政事,仍中政使。"(《元史》卷二九《泰定帝本纪》,第 3 册,第 656 页)

张嗣成加封翊元崇德正一教主,知集贤院道教事。

按:揭傒斯作《申命三十九代天师张嗣成制》:"朕惟老聃度函谷关,未始忘于天下;留侯从赤松子,岂果弃于人间?式启圣人神道设教之门,遂任天子为民请福之寄。主其法者,代有功焉。不远而朝,宜新厥命。翊元崇德正一教主嗣汉三十九代天师太玄辅德体仁应道太真人主领三山符箓、掌江南道教、知集贤院道教事张嗣成,神明之裔,道德之宗。自尔祖之遇世皇,盖有天意;洎乃父之于仁庙,益简帝心。虽有道之长,实系圣明之主;而无为之治,庶闻清静之风。诞播玄休,屡昭灵应。卿既克承于后,朕亦丕劳尔先。往者海水为灾,再免黔黎于昏垫;近而天时作慝,三致雨雪之感通。功成弗居,礼宜有报。噫!神仙以忠孝为本,尚无愧于传贤;帝王以天地为心,曷敢忘于敬德!见所带职号悉如故。"(《全元文》第28册,第339页)

又按:吴澄作《封天师制》:"我国朝之崇玄教,古莫与伦;卿世家之受皇恩,今为特盛。宜隆称号,爰示宠嘉。正一教主、嗣汉三十九代天师、太玄辅化体仁应道大真人、主领三山(按:指龙虎山、茅山、阁皂山)符箓、掌江南道教事张嗣成,冰雪神人,风云圣代。继乃祖乃父累功积行于前,而闻子闻孙继序增光于后。及此初元之觐,助予敬德之祈。翼翼小心,允谓恪恭而有礼;巍巍大道,共祈清净以无为。可特授翊元崇德(职事同前)知集贤院道教事。"(《全元文》第14册,第6页)

吴澄正月初一以疾不能会朝,养疾南城天宝宫之别馆。

按:危素《年谱》载:"正月朔,以疾不能会朝。""辛卯,移疾。养疾南城天宝宫之别馆。"

吴澄作《天宝宫碑》。

按:在天宝宫,吴澄撰写《天宝宫碑》。文载:"泰定二年春,予以养疾寓天宝宫之别馆,其宫之道士李天瑞、任进福、王进瑞、崔进贵,合辞言曰:'吾教之兴,自金人得中土时,有刘祖师避俗出家,绝去嗜欲,屏弃酒肉,勤力耕种,自给衣食,耐艰难辛苦,朴俭慈闵,志在利物,戒行严洁,一时翕然宗之。继刘而陈,陈而张,张而毛,毛而郦,郦始居天宝宫,际遇国朝,名吾教曰真大道,自为一支,不属在前道教所掌。……吾师谦冲损抑,掌教将二十年,教风日盛。于天宝宫完旧营新,祝圣之殿、诵经之堂、礼师之祠、安众之寮,以至庖庾廪厩,各有攸宜。日食数千指,而吾师澹然无欲,仙翁神君亦将让德。欲立一石以记天宝宫重兴之由,敢以为世之能文章者请。'予曰:子之教自托于老氏,其源盖深远矣,其流之别,教各不同,予未暇细论,洪惟我朝列圣之于二教,其恩至厚,其礼至隆,前古未之有也,而子之师皎然独清于众浊之中,口绝荤膻之味,身绝秽污之行,可谓特立不群者矣。若夫客尘不入,而内心常虚;主珍不出,而腹常实;神气合一,如妻子父母之相恋而不离,长生久视,以阅生生灭灭之众,此则老子之末流所谓神仙之伎也。予学孔氏,不足以知此。然或罔克究竟,而欺世盗名者盖亦不无,若子之师崇尚质素、泊然自守,庶可以与游方之外者哉!先是,翰林院承制行词授师演教大宗师、凝神冲妙玄应真人,统辖诸路大道道教事。溯而上之,以逮其祖师九传矣,累朝俱赐真人之号。"(《吴澄集》,第1026—1030页)

吴澄正月,中书遣官问疾,且敦请还职。

按:危素《年谱》载:"辛丑,中书遣官问疾(朝中知公将南归)。""庚戌,中书请议事(直省舍人某来)。辛卯,中书具燕(礼部郎中楚辉致丞相意敦请还职)。"

吴澄闰正月二十日居翰林国史院之西厅。

按:虞集《行状》记载吴澄修《英宗实录》的时间在七月:"七月,有旨国史院修《英宗实录》。时汉人承旨缺,先生总其事,分局纂修。"(《全元文》第27册,第175页)危素《年谱》载:"闰月辛未,翰林国史院开局纂修英宗皇帝《实录》。有旨赐宴,丞相亲至,公以是居院之西厅。"今从危素之说,当在翰林国史院开局之时,吴澄便同意任修纂,才居院之西厅。

吴澄正月祖父母、父母、正妻正月被追封。

按:正月,吴澄父母被追封为临川郡公祖、夫人。敕命为:"上天眷命,皇帝圣旨:'翰林学士、太中大夫、知制诰、同修国史吴澄祖父吴铎可赠中奉大夫、淮东道宣慰使、护军,追封临川郡公,祖母谢氏追封临川郡夫人,宜令。'准此。泰定二年正月日。"吴澄父母亦受追封,敕命为:"上天眷命,皇帝圣旨:'翰林学士、太中大夫、知制诰、同修国史吴澄父吴枢可赠资善大夫、湖广等处行中书省左丞、上护军,追封临川郡公,母游氏追封临川郡夫人,宜令。'准此。泰定二年正月 日。"吴澄亡妻余维恭追封临川郡夫人,敕命为:"上天眷命,皇帝圣旨:'翰林学士、太中大夫、知制诰、同修国史吴澄妻余氏可追封临川郡夫人,宜令。'准此。泰定二年正月日。"

吴澄二月进讲经筵。

按:危素《年谱》载:"二月,进讲。"

吴澄在京师,再遇胡助。

按:此时胡助谒选吏部,因此吴澄能再次与其相见。吴澄作《题康里子渊赠胡助古愚序》:"皇庆初,予识东阳胡助古愚于金陵……逮今十有四年矣,再见之于京师,方且谒选吏部,受九品初职,而又不遄得。孰不叹其淹滞,而悼其屈?虽予亦不能为之慨然也。宋南渡以来,东浙之人物,婺为盛,东莱吕子其首也。古愚言论性标格,蔼然乡先远之遗风,不但其文之卓异而已。康里子渊曾与之交,欲进其文于道,期之者至矣。噫!道不载以文,则道不自行;文不载斯道,则文犹虚车也。故曰:笃其实,而艺者书之。子渊所期,将进之吕子之上。彼悼之者,悼其屈于一时尔;此期之者,期其伸于百世也。一时者,人爵之贵,其品秩之升,由人之所界,而不可必;百世者,天爵之贵,其品秩之升,可跻乎极等,皆我之所致,而非人之所能减削也。苟得是,虽不得人爵,无损也,而天爵亦阶之而升乎?予拭目以观古愚之升。"(《吴澄集》,第1173页)

吴澄作《送左县丞序》赠左祥。

按：吴澄通过延祐元年乡试进士饶抃识得翰林院的左祥，此年左祥授承直郎、广州路香山县尹："盱江左祥职于翰林之国史院十五年，泰定乙丑，敕授承直郎、广州路香山县尹。"（吴澄《广州路香山县新迁夫子庙记》，《吴澄集》，第780页）吴澄因作《送左县丞序》。文云："宋初，割抚州之南城县，置建昌。近郭多石山，岩险粗砺，故其民俗刚毅。士生其间，其行往往峭峻介特，盖其形势然也。南城之东南鄙与闽接壤，析为新城县，其山独奇秀明丽，而民俗士习亦肖之。宋三百年，儒科相尚。抚之县五，建昌之县四。九县之中，其八县之登进士科者岂无长才异能，而仅占第二人以下，惟新城县有进士第一人。谓人物之无关于山川形势，不可也。宋亡，儒科废，后四十年始复，而士以善书服勤于翰林、国史院者，历月九十则出仕，与进士之高等同，恩数渥矣。然南士之得与斯选者，厥惟艰哉！贡举初行时，予于校文得一士，曰饶抃，新城人，文工行淳，良士也。其明年试礼部，报罢，以特恩厕儒学教授选中，予荐之于集贤，充国子助教，而未用也。今承乏词馆。又于史属得一士，曰左祥，亦新城人，才优守固，良吏也。新受承直郎、广州路香山县尹而去，予于是益信新城之山川多产英彦也。夫其才之优也，必能有裨益于民；其守之固也，必能无玷缺于身。祥也往哉！闻广东之郡县有以良吏称者，必子也夫！"（《吴澄集》，第662—663页）

吴澄在京师作《送申屠子迪序》。

按：至治三年（1323）吴澄在京师与申屠骊相识（前已载），随后"中书省选儒吏四人往补江西行省掾"，申屠骊补江西行省掾，吴澄在京师为之送行，故系于此年前。吴澄《送申屠子迪序》载："已有实学，有实行，奚以人之虚言为？虽然，予其可以遂默而无言哉？凡仕于下位者，其上有长焉。长之心，不能必其一一与属同也，为之属者如之何？亦惟循理守法而已尔。理法，天下所同也，其孰可以立异者乎？如或未同，则积诚致敬以感悟之可也。感悟之机甚神，感之而应，悟之而通，殆如云翼之翔顺风，川鳞之泳清波也。夫如是，岂惟两道士民庆，江西一省之有贤属而为之长者，且将自庆其属之得人。子迪行矣。"（《吴澄集》，第614—615页）

吴澄作《送吕诜赴江西行省掾序》。

按：与申屠骊同往补江西行省掾的还有吕诜，吴澄作《送吕诜赴江西行省掾序》载："中书省选儒吏四人，往补江西行省掾，范阳吕诜宗道其一也。宗道尝受学于翰林承旨郭公安道，后为国子学生，升伴读，以儒学教授贡。未及受命，而出充宪府之属。……今往江西，诣予言别。其同往有申屠子迪，余已告之以获乎上之道矣。所以告宗道者，又岂有异于说哉！……予方将以老病归田,得二三俊佐其长,而江西之境内大治,则两道生齿皆为幸民,予亦与受其赐。二三俊勉之,无俾两道之民觖望。"(《吴澄集》,第534—535页)

吴澄与李粲共处月余。

按:此年,延祐五年进士李粲官崇仁县尹六年秋满,赴京师谒选,得与吴澄相逢。吴澄称二人在京师共处月余:"番阳李灿然,延祐戊午进士。丞崇仁六年,乃得代。赴部谒选,改通山县尹。在京共处月余。"(吴澄《书别李灿然》,《吴澄集》,第1816页)

吴澄与真大道张清志真人交往。

按:据虞集记载,此年吴澄因在天宝宫养疾,作《天宝宫碑》得知张清志真人的事迹,对其产生敬意,在夏季从翰林国史院前往天宝宫拜访张清志,而张清志素有不见朝中贵人的作风,他的童子拒绝了吴澄的拜访,后张清志本人得知此事后,于秋季再至吴澄门以拜访之,惜吴澄时修《英宗实录》,并未得知张真人前来的消息,只看到张真人离去前在地上所作"诚"字相赠之意。时好事者作《吴张高风图》,虞集因之作序,表达吴澄与张清志之交往就如孟子与庄子二道之交。文载:"泰定二年春,翰林学士临川先生吴公,移疾假寓南城天宝宫之别馆,宫中之人,因为先生言其教之因起,与今第九代掌教玄应张真人之制行坚白也。先生曰:'世乃有斯人邪?'乃尽出真人家世、乡里、苦节高行、孝慈之迹、神明之异,求先生为文。先生言而天下后世信之,未尝有不试之誉也。独于真人,欣然命笔,具道其所立之难,所至之峻也,且有警于时俗者焉。他日病愈,返乎史馆,思真人之为人,乘兴巾车,从以门生儿子,即天宝而见焉。及门,童子辞曰:'真人深居至静,自中朝贵人大官至者,未尝敢以报,先生勿讶也。'先生顾谓从者曰:'是其人,视走高门县薄,唯恐失一夫者有间矣。'即命回车。盖不唯不以为忤,而更叹重其不可及。自是,夏多雨潦,规再往,未能也。而真曰:'秋气且清,吾不可不往谒吴先生。'因着芒屩,戴台笠,策木杖,布褐短才至膝,从弟子一人,服亦如之。步至国史院门,上马石上踞坐。弟子告阍人曰:'大道张真人,上谒吴学士。'阍人相顾嘻曰:'他日见真人者至,容服不若是。'疑不为通。而先生方修实录,与同官坐堂上,不知也。先生之子偶出门,见而识之,进问真人何来。真人曰:'吴学士子邪?'以杖画地,作诚字示之曰:'还语若翁,吾来报谒。'先生闻之,亟出见,真人去矣,独地上字画在耳。咨嗟久之,使追及于丽正门南三里所。长歌徐行,音韵清畅,上出林表,追者不敢致辞而返。好事者高二公之风,画为图以传观,而托仆叙其事如此。或曰:'昔孟子与南华翁生并世,而未尝相见。二子之书具在,庄氏之辩,莫或婴其锋者,惜乎其不见孟子。今吴、张实相知,又相求,而卒不相遇,遂无一言可以发其蕴者,其何以一道德乎?'仆曰:'观其风致,而思过半矣,何言之待乎?子必以其言求之乎?'仆试论其行矣。君子之学,以不欺为要。有志于慎独者,果能坚制峻卓,如真人之道行者乎!吴先生盖累千百言,刻之金石,可考也。真人画地之字,盖子思、孟子之言也。有能因此而真知归求者,则真人之一字不为少也。吾又闻真人系出横渠,其精思力践,殆有自邪!则又有仆不能知者。"(《全元文》第26册,第149—150页)

吴澄与高丽人崔耐卿交往。

按:此年高丽人崔耐卿在京师,名其斋为逊,吴澄与之交往,并为此斋作铭文。《逊斋铭》载:"兵部员外郎崔君字耐卿,名其斋居之室曰逊。铭曰:粤稽商训,惟曰逊志。聿观《周诰》,亦曰逊事。逊之为言,其意曷谓?谓当卑顺,谓宜退避。卑顺伊何?顺理顺义。退避伊何?避权避势。理义谦谦,致福之原;权势炎炎,召祸之门。谦若水流,永久滋液;炎如火炽,奄忽灭熄。心常卑下,不欲尊己;身常退后,不敢先彼。自下者尊,自后者先。一逊之余,百嘉萃焉。有扁有铭,朝夕警惕。神所扶持,俾尔多益。"(《吴澄集》,第1049—1050页)

吴澄在京师,试舒庆远难题,作文以赠之。

按:据吴澄记载,此年一名为舒庆远的豫章人"侍其亲至京师",吴澄"试之难题",认为此子已能通过科举,故吴澄作文以赠之,期待其来年通过科举考试。吴澄此文并未记载具体写作时间,不过通过其文章可得两个信息,其一是来年为乡试时间,其二是吴澄此时正身处京师,结合此两个条件,可知当为泰定二年(1325)时。吴澄《送舒庆远南归序》云:"往年,河间李岳及吾门,以治《周易义》应举。吾观其所为文,曰:'可擢科矣。'遣之去。次年,果成进士。豫章舒庆远,侍其亲至京师,亦治《周易义》。予试之难题,剖析密微,敷畅明白,得经之旨,合时之格,其去而决科也,岂在岳之下哉?明年值可应举之年,今侍其亲南归,予既以必能成进士期之,又语之曰:'儒之学不止能决科之文而已,为利达而学者,滔滔皆是也。它日既遂时俗之所求,傥或遇予,又当有以告。子姑去。'"(《吴澄集》,第631页)尽管吴澄对他信心十足,但舒庆远直到至正元年(1341)方以《周易》领乡荐:"君名庆远,世为靖安人。至正元年以《易》领乡荐,明年下第,归行省,擢为赣州儒学正。"(刘崧《舒伯源抒闷集后序》,《槎翁文集》卷之八,明嘉靖元年刻本)

吴澄八月参与纂修《英宗实录》毕。

按:危素《年谱》载:"八月辛亥(八月无辛亥,待考),移疾。《实录》既毕。"

吴澄南还前,作《送崔兵部序》为高丽人崔耐卿送行。

按：吴澄记载的兵部员外郎崔耐卿,"竭智殚力"帮助忠肃王在高丽复位。泰定元年(1324)元廷终于同意他回国继承王位,崔耐卿于是"送其王归国",在京师的吴澄因之作序以赠之。《送崔兵部序》载："夫五方之人言语有不通也,嗜欲有不同也,而其仁义忠孝之心则一而已,岂以东西南北之地而间哉! 何也? 人之生于两间也,地之所以成其质者异,而天之所以成其性者不异也。仁义忠孝,根乎性者也。兵部员外郎崔耐卿,高丽人也。今上潜龙时,官内史府,仁宗朝入典京城商征。常数之外,岁赢五十余万缗,不私取一毫,而悉归之公。又恐其数增而后难继,则或至于厉民也,乞不以为例。此一事也,而见其义焉、见其仁焉。高丽王羁留于京师,竭智殚力以匡赞之,而得复位。晨夕惓惓慕父母,送其王归国,而因过家以觐省。此一事也,而见其忠焉、见其孝焉。中国之与之接者,靡不爱之敬之,如兄弟,如僚友,亦其仁义忠孝之天昭昭然不昧,有以感动夫人也。故余于其东归也,赠之以言,而勉之以晞贤晞圣之学,俾益扩其仁义之良心,益敦其忠孝之善行,庶几他日遂为中国名卿云。"(《吴澄集》,第541—542页)

吴澄八月南还,许师敬、吴全节、散散、王结等人饯之于郊。

按：虞集《行状》载："既毕,先生有归志。中书左丞奉旨赐宴,史院致勉留之意。宴毕,命小车出城,朝士追送于齐化门外,诸生送至通州。中书闻,亟命官具驿舟追至杨村,不及而还。是年,先生年七十有七岁。"(《全元文》第27册,第175页)揭傒斯《神道碑》载："泰定二年闰月,修《英宗实录》。八月书成,未及上进,即称疾。中书知有去志,即院具宴举留,宴毕,乘小车出城,委牒而去。中书闻之,即以驿舟追至杨村,不及而返。"(《全元文》第28册,第507页)危素《年谱》载："丙子(按：八月无丙子,此述待考),中书具燕举留(左丞相许师敬领官属至院,燕毕,即命小车出城,僚友及朝士大夫知者,追饯于都门外,诸生送至通州。中书闻知,亟命官具驿舟,追至杨村,不及而还)。"

吴澄与李粲同行,九月三十日有诗赠别。

按：吴澄与今年赴京谒选的李粲共处月余后,同舟南还,至九月三十日将入广陵,二人即将分别,吴澄便作《书别李灿然》以赠。诗载："番阳李灿然,延祐戊午进士。丞崇仁六年,乃得代。赴部谒选,改通山县尹。在京共处月余,会予移疾还家,又同舟而南。将及广陵,为赋七言四韵,以叙别情。泰定乙丑九月晦日也。盛世兴贤得胜流,六年贰令小淹留。日边普受九天渥,江上升迁百里侯。史馆西偏赓共话,家山南望喜同舟。疲民延颈需恭茂,抚字催科定两优。"(《吴澄集》,第1816页)

又按：吴澄另有《用赠李灿然韵述怀》诗载："故里香秔滑欲流，归田计晚愧迟留。悬知海上三山客，尘视人间万户侯。南去拟寻吴市卒，北来喜共李仙舟。玄翁一室浑无白，谁识王龚贡鲍优。"（《吴澄集》，第1811页）

吴澄过金陵，应江南诸道行台掾赵天纲请，为其父赵思恭作墓碑。

按：吴澄《大元故朝列大夫佥燕南河北道肃政廉访司事赵侯墓碑》载："侯讳思恭，字仲敬，相安阳人也。淹贯儒术，精通法律。试郡从事，以才行见知张左丞、何平章、侯宣慰、刘中丞诸先达，名声日超。擢掌刑部、农司、宣徽院吏牍，敕授从事郎，转承事、承务，充照磨、主事、经历，三任俱不离宣徽。又转承务郎，出为燕南河北道提刑按察司判官，升奉直大夫，入为监察御史，制授奉政大夫、大司农司经历，改佥河北河南道肃政廉访司事，进朝列大夫，徙治燕南。元贞丙申十一月十五日以疾卒于大名公馆，年五十五，归葬吴村原先茔之左，郡守张孔孙为之志墓。泰定乙丑，余自京师还过金陵，而侯之子天纲为江南诸道行御史台掾，持侯墓志又自述逸事状一通，诣余请曰'先人以清白自将，有猷有为，体魄归于土三十年矣，而墓碑未树，深罹平生德美久遂泯没，子职之缺莫大焉。先生闵人子恳切之情，而畀之文，以光其幽，生死俱有荣也。'余察其情诚孝于亲者，乃按昔所志证今所状，而章其所可称。侯之曾大父温、大父德俱潜晦，父仁孝友勤俭，明律学，金朝选调钧州司狱。侯敦志节，励廉隅，脱去边幅，乐于从善。不长尺寸生业，室庐仅庇风雨，家无婢妾，自奉菲薄，屡空晏如也。其为御史也，权相方抑台宪。有奇衺哀敛民财迎佛，侯纠以法，彼交通权门求援，召侯至政府，奋怒诘责，将坐以沮坏善事之辟。侯从容枚举侵扰之实以白，气平理直，权相孰视沈思，竟弗能罪也。山后兴州诸路饥，移文请赈救，省台就命侯往，随便宜设方略，活数万人。其为经历也，从司农长官造阙庭，陈务农重本、关民休戚数十事，以答清问。其佥河南也，条列孝弟忠信、礼义廉耻之训以谕愚顽之民，俾之趋善而不丽于罚，民翕然从令。及治燕南，亦如之，先德后刑，凡事务存大体，平反冤滞，审辩无辜轻重囚生死狱不可胜计。虽中心长厚，然自能慴伏百司，镇安所部。岁终考绩，尝为诸道之最。读书尤喜义理之学，陆宣公奏议、真文忠公《大学衍义》、许文贞公文集，玩绎未尝去手。闻人有善有能，不吝荐举，而人鲜知，盖出自公心，非以市私恩也。内子焦氏，泽州进士茂才之女，贞静淑慈，自鉴书史，待幼御下，具成家范。年八十三乃终，至治辛酉岁也。子男三：侃，年十九而殇；天纲，由国子生贡充儒吏，由户部迁行省掾，由浙省迁行台掾；天经，以兄之让受父荫，主获嘉县簿，再任冀宁录事，没官所。女二：适屯留县主簿王蔚，适浙西廉访佥事傅汝砺。孙男三：植早逝，次构，次楷。女一，适谯郡甯。一门子孙振振，已仕者能官，未仕者知学，侯之余庆也。余既叙侯之美如右,而又系之以铭诗。诗曰:若稽枲司,众刻寡慈。绰绰儒流,允也吏师。耽研理趣,谨饬名检。紧许文贞,是式是范。由中暨外,宦三十年。一寒如初,环堵萧然。食檗饮冰。匪甘维洁。仪凤鸣鸾,维祥匪孼。赈饥谳狱,百万生存。阴德比于,昌尔后昆。吴村之原,刻文在石。永世勿堕,仁者所宅。"(《吴澄集》,第1313—1316页)

  吴澄在金陵,为清溪道院作记文。

  按:吴澄《清溪道院记》载:"希夷处士名允,字从道,氏老子之氏。年未六十,须髯皓然,貌老子之貌。不求身显,不与时竞,随俗浮沉,隐遁于市,行老子之行也。察其心,若混兮其无物;观其迹,若冲兮其不盈,又将道老子之道者焉。其先河北曲阳人也。少负豪气,尝登恒山瞻海,曰:'意欲挟百岳而跨东溟,腾九霄而隘六合也。'其后涉大江而南游,望龙蟠之阜,瞰虎踞之城,喟然叹曰:'此偏方也,形势乃有类京洛者乎?'遂留居而不去。尤爱清溪之淳涵莹彻,买地数亩,构室数楹。前俯清溪,而中以祠老子,扁曰'清溪道院'。泰定乙丑冬,予过金陵,谒予文记之。予谓今之处士殆非昔之处士也,不然,何以有是祠?'玄之又玄',必有悠然默契者矣。方将和其光,方将袭其名,方将如良贾之深藏,不示人以可见、天下不出户而遍,天道不窥牖而知,乾坤一萍也,人间外世奚啻尘垢糠秕,曾是足以滓吾哉!且处士也,老子也,二欤?一欤?其氏同也,其貌似也、其行可几及也,何独于道而犹难之?老子固言其道之易知易行,而叹人之莫知莫行也。小则私一己而葆真,大则公一世而还淳,存乎其人而已。如志之,果在于斯道欤?予有《道德经注》二卷,可以实藏室之藏,而亦焉用予之文为?"(《吴澄集》,第985—986页)

  吴澄十一月至豫章,与齐履谦力除包银之害。

  按:虞集《行状》载:"十一月,至豫章。延祐经理,民由时激变,赣之宁都,中外骚动。事定,诏蠲虚增之税,惟江西有郡县舞文之吏,以减削则例为名,增税二万余石者,不得免。至治初,又行包银,为害亦甚。先生在朝,数言于执政者。泰定改年,中书会议便民之事,先生复以二事为言。诏书始免包银,且命体覆减削之名而蠲除其税,有司因循未行。至是,值宣抚在江西,其副齐公履谦,尝与同官成均,相敬如师友,先生力以告之。乃督宪司,即为除豁。"(《全元文》第27册,第175页)危素《年谱》载:"十一月,至龙兴延祐经理田粮各省,后有诏蠲虚增之税。惟江西舞文之吏,以减削则例为名,增税至三万余石不得免。至治初,包银令为害。泰定改元,中书集议便民之事,公力以二事为言,下诏始免包银,且命体覆减削之名而蠲之,有司因循未行。至是直奉使宣抚在江西,公又言之,乃督宪司,即为除害,人皆德之。"

吴澄至豫章紫极宫。

按：吴澄《紫极清隐山房记》载："泰定乙丑，还自禁林，泊舟宫门之外，而留信宿，与余、傅二师聚谈，嘉其师弟子之不相沿而互相成也。"（《吴澄集》，第992页）吴澄《题豫章紫极宫太古楼寄余傅二道士》载："经今亿万大千劫，犹似天开地辟前。一物亦无惟混沌，几时方有此山川。乾坤漫自羲皇始，宗祖应推象帝先。八达四通昭旷眼，昏昏杳杳入玄玄。"（《吴澄集》，第1882页）

吴澄十二月还家。

按：虞集《行状》载："十二月，抵家。中书言，吴澄国之名儒，朝之旧德，年高而归，不忍重劳之，宜有所褒异。'有诏，加受资善大夫，赐钞五千贯，金织文锦二，皆有副。"（《全元文》第27册，第175页）危素《年谱》载："十二月还家。"

吴澄与危素晤。

按：据危素记载，他于二十三岁时徒步前往华盖山拜访吴澄。考危素出生于1303年，二十三岁时当为1325年。危素《玄儒吕先生道行记》载："素弱冠始识先生信之龙虎山，若神交者。后四年，偕徒步往见吴公于抚之华盖山，时吾郡处士孙君履常、吴君仲谷相与登临啸咏，意欢如也。又十有八年，素以事适鄞，而先生化去逾月矣。"（《全元文》第48册，第296页）

吴澄为刘鹗诗集作序。

按：据吴澄记载，有客在刘鹗三十六岁时将刘鹗的诗集出示给吴澄，而据刘玉女为刘鹗撰写的墓志铭载，刘鹗生于1290年，三十六岁即泰定二年（1325）（刘玉女《元故中顺大夫海北广东道肃政廉访副使刘公墓志铭》，刘鹗《惟实集》，文渊阁四库全书本）。吴澄《刘鹗诗序》载："有客携庐陵刘鹗诗一袠来，予观之，五言、七言古体，五言、七言近体，五言、七言绝句，凡六体，无一体不中诗人法度，无一字不合诗家声响。夫人之才，各有所长，学诗者各有所从入。唐、宋以来，诗人求其六体俱可者亦希，如之何不为之嘉叹？观诗竟，观诸人序引，而又知鹗之早慧，年二十已能诗。北走燕、赵，南走湖、湘等处，广览山川风俗，以恢廓其心胸耳目。志气卓荦不群，诗之不凡也宜。卷首一序，乃其大父桂林翁所作。年过期颐，训其孙作诗贵实，盖知作诗作文之要领。且谓当推此实于言行，则其学识知所根抵，非但文士见趣而已。"（《吴澄集》，第380—381页）

吴澄为玉华峰仙祠作记。

按：玉华峰仙祠于此年十月修成，吴澄归乡后，应皮潆、范梓请为之作记。吴澄《玉华峰仙祠记》载："吾家之南有山名华盖，祠浮丘、王、郭三仙，远迩祷祈,奔趋如市,竟岁弥月,无休息时。抚、吉两郡之境,山之秀特者必设分祠,往往以华为号。清江郡东南之三十里,玉华一峰耸立拔起,水旱疾疫,有求辄应,里俗相传亦曰王、郭二仙所憩,则与华盖所祠同此仙也。然华盖有屋以祠,而玉华之祠无屋。山近郭氏敬神好善,父子再世拟构仙殿而未果。及孙汝贤、汝敬继承先志,乃聚木石,乃兴工役。泰定乙丑九月丙辰垦辟基址,十月乙未竖架楹栋。山形险绝,俯睨岩壑;跂翼翚飞,冠冕其巅。不劳人力,若或阴相。俾陈道人掌其洒扫。吾友人皮潪、范椁为之请记。予家华盖山之下数世矣,祷祈之盛目见耳闻,而莫能究仙迹之实。窃尝思之,自古名山有功于民者受报,而唯诸侯得祭境内之山。今下逮士庶,既皆可祭古诸侯之所祠,其人不祠其山,庶犹未至于渎乎?盖山气之郁发,众心之归向,必有所寄寓,故其灵托诸超离氛埃、翱翔寥廓之仙,始能与山之孤峭峻削者称。唐诗人谓山有仙则灵,予则以为仙因山而灵也。玉华之峰予虽未至,而尝至者言葛仙之岫、令威之坛拱其左,雷公之壁、瑞云之巇揖其右。庥其后者圣岭、烂柯,卓其前者凌云一峰暨三十六峰也。奇花幽草、嘉生之祥不类凡品,其尤足以骇人观听,起人敬信者,旦暮之圆光、静夜之天灯也。夫其灵异之迹大率与吾乡华盖同,而郭氏兄弟近亦有出而从事于时者,克成其父之志,孝也,予又重皮、范之请,是以记之云尔。"(《吴澄集》,第954—956页)

吴澄为崇仁县昭清观作记。

按:吴澄《崇仁县仙游昭清观记》载:"仙而曰游,何也?以仙之能飞行乎六合之间也。游者,飞行之谓。阴质销尽,阳精浑成;倏往忽来,无所滞碍;咫尺八极,瞬息万里。漆园真人所云逍遥游,楚国骚人所云远游,郭景纯之称为游仙,佛氏书之目为十行仙,概以仙之飞行者为游也。夫仙游之翱翔空虚也,或值天际孤峰、海中绝岛而栖止。故凡世间山之崇峻而特起、人之隔远而稀到者,往往以儗仙游栖止之地,而建祠宫。崇仁县百里之内,山之高出群山者四,曰罗,曰巴,曰芙蓉,曰华盖,皆于山巅祠仙灵,而华盖之祠,人之信向虔奉尤众。山形之近似者辄为行祠。县东五里有山,虽不崇峻,然南望华盖诸山,崒崣奇耸,上接寥廓,眼界所极,昭昭太清,无纤尘微滓。予每一至其处,泠泠然,超超然,有御风乘云意。则此山虽在人境,实同仙居,名仙游,宜哉!前代有昭清道观,占地五亩。环观之山亩二十有奇,瞻观之田亩三十有五。观无碑刻可考,不知创始之由。传闻观基山田俱邑人吴氏所施,开山道士汴梁周觉之也。中间重修,建炎丁未秋,贡士吴沔为记,而碑断缺不可读。国朝有此土以来,居之人既死,居之室亦坏。至元中,玉清观道士姚时升起废,畀其徒居之,买田二十五亩益其食。大德乙巳,北里谢录出力葺仙殿。逮泰定乙丑,居者非其人,观复敝。东里陈祥协从姚时升之谋,与祥符观道士黄守正公举道士余希圣掌观事。陈施财新三门,黄施财新道寮,余又自新庖厨等屋。施粟、施田、施山者累累,有别载碑阴,于是观再兴盛。希圣,宜黄县南华盖山招福观道士也,遍历罗浮、天台、武当、东岳等处,亦尝一造京师。澹净持身,通变谐俗。兹山可借以永久,而仙游之胜迹庶其如仙道之无堕毁时也。陈祥、陈毅及上方观道士彭南起求予文记始末,予因言仙游之游,以俟夫有志仙道者印证焉。"(《吴澄集》,第971—973页)

又按:美国学者韩明士在研究华盖山信仰兴起时说:"在元代,南宋地方与区域性精英对华盖山信仰感兴趣的证据仍维持不坠",但"吴澄本人显然不是神仙的信奉者。他在记文中接着讨论了一个问题,即古今山川祭祀的差异,前者是直接祭祀山,后者是直接祭祀人,即神仙。他按照经典主义者的方式,从山川本身来讨论其神异力量与物产。"(韩明士著、皮庆生译《道与庶道:宋代以来的道教、民间信仰和神灵模式》,江苏人民出版社2007年,第99—100页)

吴澄约于此年左右为孙玉作墓表。

按:孙玉是西夏后裔,牟平人。他跟随李恒南下伐宋,至元二十八年(1291)卒,泰定元年以子孙赟被追封为武德将军管军千户。吴澄受孙赟登门请求而撰写墓表。《有元管军千户赠骁骑尉牟平县子武德孙将军墓表》载:"将军讳玉,宁海州牟平县人。……玉少侍父出入行阵,至元己丑,父得末疾,摄父总戎,从其帅收捕岭海诸寇有功。越三年辛卯,将袭父职,六月望卒。卒之后三年癸巳,宣授管军中千户,阶忠显校尉,佩金符,命下而不及受矣。又三十二年,泰定甲子,以子贵,赠武德将军、管军中千户、骁骑尉,追封牟平县子。……其子忠显校尉、管军中千户赟,自洪抵抚,郡而邑,邑而乡,走四百余里,造吾门请……予尝游今平章李公之门,颇闻先武愍公所用偏裨多有能名,而孙其一也。武略不但荣其身,而又荣其子;武德不获荣其生,而荣其死。此天朝甚隆甚厚之恩,臣子所当世世不忘者也。予安得不乐书其事,而以表于武德之墓哉?"(《吴澄集》,第1391—1393页)

吴澄为易中甫作墓表。

按:吴澄《庐陵易中甫墓表》载:"贡举未行时,士之欲随世就功名者怅怅靡底,不得不折而归于在官之府史。庐陵多材士,若易中甫,卓荦殊尤者也。少登刘大博先生之门,薰渍膏馥,呻毕弄翰,往往度越辈流。既而以才选,从事古豫章郡,迁调临川,又迁调宜春。考满,例升县府史之长,得章贡零都。至县未及上,以疾卒。中甫名立中,庐陵太和人,生宋咸淳辛未十一月,卒以至治癸亥七月十一日。……泰定乙丑冬,余自京师还,而中甫掩圹已久,乃为叙其岁月,以表于墓。"(《吴澄集》,第1342页)

吴澄十二月为徐镒父徐必茂作墓表。

按：吴澄《故安庆府同知徐府君墓表》载："安庆府君徐氏讳必茂，字幼学，临江清江县人。父兵部侍郎讳卿孙，宋末名臣。……既毕父丧，一再受命，尉潭之长沙，簿汀之上杭，最后同知安庆，俱以养母不就职。母黄氏令人惟一女，最钟爱，纳文升为婿，仕至集贤直学士。……翰林承旨王公构、儒学提举郑君陶孙，素不轻许与，皆举府君堪馆阁之选。……二子，镒、镛。……泰定乙丑十二月丙申，改葬族湖龙会山，镒复征文表新墓。"（《吴澄集》，第1344—1345页）

应徐卿孙之孙徐镒请，吴澄再为徐卿孙文集作跋。

按：吴澄推崇徐卿孙文章，正是由于其"读之畅达恳切"，可以目见作者仁义之心的缘故。十七年后，徐卿孙之孙徐镒将徐之文集及《大学》、《中庸》纂为一编，吴澄再次为之作跋。《跋徐侍郎文集后》载："宋兵部侍郎清江徐公，文章政事俱可称。遭值末运，言不获用，志不获伸，国亡而身亦陨。平生著述因兵乱散轶，公之子幼学百计搜辑，十仅得其一二，予尝序其篇。后十有七年，公之孙镒持刻本过予，曰：'先人锓先人侍郎集，未竟而卒，镒暨弟九成重加订定，成三十卷，集外所遗及《大学》、《中庸》说候续纂为一编。'予披玩三日，凡公未用之言、未伸之志，莫不洞见其底蕴，不特嘉叹其文章而已。呜呼！名臣之后有子有孙能若是，侍郎公为不亡矣。复识其左方云。"（《吴澄集》，第1253页）

又按：此次作跋在徐必茂生前辑徐卿孙文集未竟的十七年后，而前考徐必茂卒于至大三年（1310），其极有可能便在至大二年（1309）左右邀请吴澄为徐卿孙文集作序，但此次文集尚未能辑刻完全，徐必茂就身先士卒。此年，徐镒路过崇仁，便前往吴澄处延请其为辑刻完整的文集作跋。

吴澄此年为陈仕贵作墓碣铭。

按：陈仕贵（1246—1323），字贵道，世称桂溪。抚州乐安人。吴澄《故桂溪逸士陈君墓碣铭》载："宋末科举之学甚盛，国亡，科罢，而业之者亦废。乐安陈贵道，守其故业，以自娱嬉，不以时所不用而怠。皇元延祐，儒科复。于时，旧学者已忘其步武，新学者未得其门庭，而君独擅所长。年虽老，犹挟其艺一再试有司。遇不遇有命，而君之先识定见，莫不叹服焉。贵道，君之字，仕贵其名也。居乐安县西之二十里。世裕赀产，逮其祖、其父，益昌大。君生长富家，志趣不俗，种学绩文是务。于亲、于兄、于弟、于族以孝恭友睦称，交朋信，待众仁，蔼然君子长者之遗风。实孚誉达，乡人士师尊之，邑大夫礼敬之。宪佥蒋侯行部至邑，见君甚欢，出所作诗词与共商略。邑校缺官，当路以君摄职。前时君之弟崇进新构讲堂，君又新构礼殿，众口颂美。

既而君复归旧隐。先世尝创道山书塾,屏帷列岫,襟带清流,占地之胜,名公题咏不一。君读书其中,夜参半,诵声犹未歇,老而弥励。至治癸亥感微疾,正月十二日卒,享年七十八。娶方氏。子男四,文凤、文麒、文璘、文庆。女四,适师、适张、适郑、适何。孙男八,女七。泰定乙丑正月二十八日,诸孤奉柩葬于所居之西下陂之山。其冬,予还自禁林。明年,文璘请文墓石。予与君素厚善,思笃学笃行如君者不可见已,乃叙其概,而系之以铭。桂溪者,君别墅之扁也。铭曰:恂恂耆旧,展也希有。隆隆丘阜,噫其可久。"(《吴澄集》,第1573—1574页)

又按:吴澄《乐安重修县学后记》载:"皇元肇兴贡举,而乐安得士又在他邑先。虽曰士所以学不止乎是,然乘其气数之新,勉勉勿怠,异时学术大明,端自今日学舍一新始。"(吴澄,《吴澄集》,第778页)吴澄指出乐安士人在延祐开科后,中科之人多于江西其他邑县,这源于乐安县学的快速发展,而陈仕贵则正是乐安县学重修进程中很重要的一环,是他于皇庆元年摄教邑学,受乐安邑令刘汝弼之令重建夫子庙殿,加速了乐安县学的繁荣。在这样的情况下,陈仕贵以倡导者的身份却未能入选延祐开科进士。后来,天历二年,应陈仕贵仲子陈文麟之请,何中为陈仕贵作行实,文中亦言及此事:"炎赵讫箓,儒者废业。颖川陈贵道,笃意科举之学,人皆以为迂。及延祐科兴,士茫然无知规矩之所在,贵道独擅倕班之手,人又皆以为有先见之识。亦常至棘闱,而不偶以卒。……既葬之五年,仲子文麟来谂曰:'先人之葬久矣,而无以文墓隧之碑。方今天下所宗惟吴先生,先生于先人最知厚,君试为述其状,奉之以请,可乎?'余曰:'可也。'谨述其家世始终卒葬如左。"(何中《陈桂溪行实》,《全元文》第22册,第212—213页)

又按:陈仕贵名其居处为"桂溪",吴澄《寄题桂溪陈氏山居》云:"斗邑西来谷可盘,天教隐者宅其间。萦纡几曲桃源水,突兀一拳蓬岛山。竹树百年清荫在,图书四壁白云闲。日长自对圣贤语,鸡犬不惊人往还。"(《吴澄集》,第1847页)

柳贯作《齐太史春秋诸国统纪序》。

按:柳贯《齐太史春秋诸国统纪序》也是为齐履谦的《春秋诸国统纪》所作。文载:"……《春秋》在天地间,视周犹鲁,视鲁犹列国。以为为鲁而作,则始隐终哀,而原于典礼,命讨者果为天下乎?抑私一鲁乎?艰难离索,不幸学未成而废矣。比来京师,常愿求之大方,以祛去惑见。而沙鹿齐先生之言则曰:'《春秋》以同会异,以一统万,盖始鲁终吴,合二十国之史记而为之者也。间尝叙类,成书曰《诸国统纪》。降周于鲁,尊为内屈也;先齐于晋,以霸易亲也；系荆及吴，惩僭以正也。其道名分之意，所以经纬乎书法义例之中者，则亦先儒引而未发之奥云耳，予何言焉！'贯既得而诵绎之，复次其单陋，质之先生以自厉。谓予尝知《春秋》，几何不为孔门游、夏之罪人哉？泰定二年八月廿一日柳贯序。"(《全元文》第 25 册，第 140—141 页)

又按：吴澄亦为齐履谦《春秋诸国统纪》作序，未书时间，大约也在此年。吴澄序言道："读三百五篇之《诗》，曰有美有刺也；读二百四十二年之《春秋》，曰有褒有贬也。盖夫子既没，而序《诗》传《春秋》者固已云，然则非秦汉以后之儒创为是说也。说经而迷于是也千年矣，逮自朱子《诗传》出，人始知《诗》之不为美刺作，若《春秋》之不为褒贬作。则朱子无论著，夫孰从而正之？有惑有不惑者，相半也。邵子曰：'圣人之经浑然无迹，如天道焉。《春秋》书实事，而善恶形于其中矣。'至哉言乎！朱子谓'据事直书，而善恶自见'，其旨一也。唐啖赵、宋孙刘而下，不泥于传，有功于经者，奚啻数十家，然褒贬之蔽犹未悉除，必待宋末李、吕而后不大惑。夫其所谓褒贬者，以书时、书月、书日为详略其事，以书爵、书人、书国为荣辱其君，以书字、书氏、书名、书人为轻重其臣而已。噫！事之或时、或月、或日也，君之或爵、或人、或国也，臣之或字、或氏、或名、或人也，法一定而不易，岂圣人有意于轩轾予夺之哉？魏邑齐履谦伯恒父之说《春秋》则异是。不承陋袭故，皆苦思深究而自得。内鲁尊周之外，经书其君之卒者十八国，乃分汇诸国之统纪凡二十，己所特见，各传于经，缕数旁通，务合书法，余事阙而不录。其义视李则明决多，其辞视吕则简净胜。予之所可，靡或不同。间有不同，亦其求之太过尔，而非苟为言也。不具九方皋相马之眼者，又乌能识之？伯恒父之笃志经学，知之虽久，晚年获睹其二书之成，宁不快于心欤？二书谓何？《易》、《春秋》也。"(吴澄《春秋诸国统纪序》，《吴澄集》，第 428—429 页)

袁桷十月为王应麟《困学纪闻》作序。

按：南宋亡后，王应麟回到家乡四明，而袁桷以世家子弟游学其门。泰定元年，龙兴路儒学刊行王应麟《困学纪闻》20 卷，除了袁桷当仁不让所作序之外，该书还有牟应龙至治二年(1322)序、陆晋之是年(1325)序。《困学纪闻》凭借其精湛的考据学功力，在传统古文献学史上具有的卓越地位，与《容斋随笔》、《梦溪笔谈》并称宋代考据笔记三大家。

又按：袁桷序写道："世之为学，非止于辞章而已也。不明乎理，曷能以穷夫道德性命之蕴？理至而辞不达，兹其为害也大矣！是故，先儒有忧之。且夫子之言有曰：'兴于诗，立于礼，成于乐。'其品节备具，见于《礼》之经解。夫事不烛不足以尽天下之智，物不穷不足以推天下之用。考于史册，求其精粗得失之要，非卓然有识者不能也。若是，其殆得之矣！在《易》之居业则曰修辞立诚而畜德,懿德必在夫! 闻见之广,旁曲通譬,是则经史之外,立凡举例,屈指不能以遽尽也。扬雄氏作《法言》,其意亦有取夫是。后千余年,礼部尚书王先生出,知濂洛之学淑于吾徒之功至溥。然简便日趋,偷薄固陋,瞠目拱手,面墙背芒,滔滔相承,恬不以为耻。于是为《困学纪闻》二十卷,具训以警,原其旨要,扬雄氏之志也。先生年未五十,诸经皆有说,晚岁悉焚弃而独成是书。其语渊奥精实,非绅绎玩味不能解。下世三十年,肃政司副使马速忽公、佥事孙公楫济川分治庆元,振起儒学,始命入梓。桷游公门最久,官翰苑时,欲悉以其所著书进于朝廷,因循不果。今也,二公谓桷知先生事为详,俾首为序。庸书作书之本旨,亦以励夫后之学者。先生讳应麟,字伯厚,自号深宁居士。泰定二年冬十月,门人具官袁桷序。"(《袁桷集校注》,第 1097—1098 页)

虞集为朱思本《贞一稿》作序。

按:《贞一稿》乃朱思本代祀名山时,观览胜景吟咏所得。朱思本乃正一教高层,与馆臣诸如虞集、柳贯、李洞等往来唱酬颇密切。该著还有刘有庆至治三年(1323)序、柳贯天历元年(1328)序。

又按:虞集《贞一稿序》:"某与朱君本初相从于京师,二十有余年矣。每见其酬应之间,即自洗涤以读书为事。其书既不泛杂,读之又有其道,某其敬焉。至于职方之纪,尤所偏善,遇辂轩远至,辄抽简载管,累译而问焉。山川险要,道径远近,城邑沿革,人物、土产、风俗,必参伍询诘,会同其实。虽縻金帛,费时日,不厌也,不慊其心不止。其治事也,讨论如《仪礼》,严介若持宪,立志之坚确精敏类如此。施之功业,必不苟且循习而已。然既从事道家之学,不屑于世用,乃折而托之文章,宜其过人远矣。尝以所著《贞一稿》示予,俾题其端。予读而叹之曰:'善哉! 慎所当言,而不鼓夸浮以为精神也。言当于是,不为诡异以骇观听也。事达其情,不托塞滞以为奇古也。情归乎正,不肆流荡以失本原也。若是者,其可少乎!'予尝闻为老子之说者曰:'欲静而不躁也,重而不轻也,要而不泛也,啬而不丰也,容而不奇也,畏而不肆也,纾而不蹙也。节而不荡,迫而后动,不先事而为必也。审而后言,不强所不知,妄穷而变也。'若是者,於出而为文何有哉? 本初盖得之矣。而某犹及之者,诚以知而未能者也。本初尚有以广之乎。观其书,诚以某言求之。"(《全元文》第 26 册,第 253—254 页)

又按:柳贯《贞一稿序》:"言行之在人,动之行也。惟其动而不离乎正,则有言焉而为文辞,有行焉而为德行。动为之用,静为之体也。然其所以历万变而常存者,以其贞于一而已耳。非夫乐天趋时而纯体乎《易》道之渊微者,则动于言而言为诡辞,动于行而行为怪行,或不免焉矣。老氏之学,盖原于《易》，然而疏之为庄周、列御寇、庚桑楚、计然、尹文子之流，其刻意尚行，有不待言，而至于动为文辞，又皆离去垢浊，而适乎清虚，亹亹然，斐斐然，进于《易》之几神。所谓贞于一云者，真足以括天下之动而无违，其与观乎天文人文者，固有合哉！临川朱君本初，是尝寄迹老子法中，所谓游方之外者也。居京师，多从公卿大夫游。比年奉将使指代祀名山，车辄马迹半天下矣。每情与景会，辄形之篇什，有风人咏叹之思，而无山林愁悴之音。南归，专席玉隆，因即其斋居之名，而题其汇次之编曰《贞一稿》，懿夫体《易》之言也。予尝读《易》，而知动之为动，盖风行水上，其卦曰《涣》。涣者，天下之至文也。因其有行，而文始生焉，非其动之所形，能致然乎？故水之静者为渊，而动者为波。凡其大波之浩渺，小波之齑沄者，风触之耳，而水固不知也。不知故一，一故能贞。然则君之所以贞夫一者，虽形之于动，而实未尝不本之于静也。予非知诗者，而知君体《易》之意深矣，乃为之评曰：君之诗似吴宗元、元丹丘，而远游之迹过之。君之自得似葛稚川、司马子微，而颐神坐忘之妙需其至焉。返之于静以知终，终之，此显道神德之能事，而贞一之极功也。予之视君，其犹龙乎？何可及哉！何可及哉！东阳柳贯道传父序，实天历纪元之岁十又一月之丁酉也。"（《全元文》第25册，第158—159页）

袁桷作《甬山集序》。

按：袁桷《甬山集序》载："'文章与时为高下'，诚哉是言也。宋祚将亡，国学考文，其悲哀促急，不能一朝居。四方翕然取则，凌躐上第。至今残编断牍，读之令人叹恨不已。盖士生斯时，能自拔以表见者，不一二数。有一人焉，则又韬匿冲晦，与世若不相接。始予少时，见三江李君在明于史塾。其貌癯然，其语泊然，仅知其为长者也。下世十余年，子汲以所为诗文十卷，号《甬山集》相示。贯穿笼络，悉本于五经之微旨，而优柔反覆，羁而不怨，曲而不倨，蔼然六义之懿。宫商相宣，各叶其体，情至理尽，守之以严，无直致之失。世之号能为诗文者，率不过是。较一时之辈流，实居其最。惜乎昔时之承接，不足以知其万一也。维昔秉义公以盛德泰裕，世科联踵，今五传矣。论其词章，则拟于先世为有光，汲能广而传之，惠于吾乡，俾其子孙得以遵守，岂不韪哉！泰定二年冬十月，袁桷序。"（《袁桷集校注》卷第二十二，第1145—1146页）

元泰定帝三年
丙寅　1326年　78岁

六月,国子监考试三法更积分而为贡举。

按:《元史》载:"泰定三年夏六月,更积分而为贡举,并依世祖旧制。其贡试之法,从监学所拟,大概与前法略同,而防闲稍加严密焉。"(《元史》卷八一《选举志》,第7册,第2031—2032页)

七月,译《世祖圣训》,以备经筵进讲。

按:《元史》载:"乙卯,诏翰林侍讲学士阿鲁威、直学士燕赤译《世祖圣训》,以备经筵进讲。"(《元史》卷三十《泰定本纪》,第671页)

张珪拜翰林学士承旨、知制诰兼修国史,经筵如故。

按:虞集《中书平章张公墓志铭》载:"三年春,上遣使召公,期必见,公力疾而谒。上曰:'卿来时,民间何如?'公曰:'臣老,寡宾客,不足远知。真定、保定、河间,臣乡邑也,民饥甚。朝廷幸出金粟赈之,而惠未及者十五六,惟陛下念之。'上恻然,敕有司毕赡之如公意。又一再进讲,拜翰林学士承旨、知制诰兼修国史,国公经筵如故。上见其诚病,谓之曰:'西山佛祠多高洁,可以颐神已疾,卿择而处之。'驾至上都,上顾谓丞相若曰:'张平章安否?老人恐乏侍养,宜以时还家,得无便乎?'因遣使抚谕之,务在顺适其意。于是,公始成归矣。少间,长衣幅巾,逍遥泉石之间,与山僧野老分席以相愉悦,上稍闻之,以公为愈矣,起公商议中书省。公曰:'老臣荷国厚恩四世,而臣历事六朝矣。一息未尽,其忍忘朝廷乎?如筋力弗胜何?'使者不敢强,阅数月,又病。上遣太医视之,久不愈,乃移书中书曰:'病不任事,而国公月俸千缗,弗敢受,籍会之凡为定者三百,余悉送还官。'上闵伤其意,留其奉皮诸府,俄而公薨。"(《全元文》第27册,第522页)

柳贯出任江西等处儒学提举。

按:宋濂记载:"三年丙寅,先生年五十七,以文林郎出为江西等处儒学提举。龙兴郡学久废不治,先生请宰府新之,延聘名儒孙辙为学者师,士风为之复振。他书院不籍于礼官者,亡虑数十,其出纳布粟,从提举署主领一员司之。有力者,常行货求檄,至则乾没为奸。先生尽罢遣,分隶所在学官。提举朝夕膳,岁进米凡八十石,皆取于诸生饩廪中,先生谢不受。"(宋濂《元故翰林待制承务郎兼国史院编修官柳先生行状》,《宋濂全集》第 4 册,第 1842 页)

  吴澄正月授资善大夫,赐钞五千贯,金织纹锦二。

  按:时宣敕文为:"上天眷命,皇帝圣旨:'翰林学士、太中大夫、知制诰、同修国史吴澄可授翰林学士、资善大夫、知制诰、同修国史,宜令吴澄。'准此。泰定三年正月日。"虞集《行状》载:"中书言,吴澄国之名儒,朝之旧德,年高而归,不忍重劳之,宜有所褒异。有诏加授资善大夫,赐钞五千贯、金织纹锦二,皆有副。"(《全元文》第 27 册,第 175 页)揭傒斯《神道碑》载:"明年,诏遣使赐楮币五千缗,金织段文二,进阶资善大夫。公上表辞所赐物。四方学者日益众,公虽疾,必强起教之,又衣食之,故学者多至卒业而后去。"(《全元文》第 28 册,第 507 页)危素《年谱》载:"三年丙寅,泰定朝(三月,朝廷有诏征公,不起。公既归,上命丞相数欲召还,或曰:澄以高年称疾而去,其可得而复至乎?丞相乃言于上曰:江南吴澄,旧德重望,往年召为学士,商议政事,进讲经筵。今以年高不仕,宜加优礼以宣扬朝廷敬老尊贤之意,使天下有所激劝,而圣明之誉亦得垂于无穷。上深然之,乃有是命赐中统钞五千贯、金织文币二表里,遣翰林编修官刘光至家传旨。己巳,拜命)。"

  吴澄三月二十五于家中获翰林编修官刘光传旨,拜命。

  按:危素《年谱》载:"遣翰林编修官刘光至家传旨。己巳,拜命。"据吴澄记载,刘光是其任职于翰林时的属官:"予在禁林,自谦为属。南还之日,远饯出通州。明年将旨而至,澄老病弗克奉诏,遂别予去。未复使命,以疾卒于家。"

  又按:吴澄作《谢赐礼币表》云:"伏以接地风云际会,亲逢于明主;丽天日月照临,远及于老臣。赐之以府库之财,衣之以筐篚之币。承恩过厚,揣分何堪?俯沥愚衷,仰尘睿听。臣诚惶诚恐,顿首顿首。伏念臣荆扬贱士,樵牧孤踪。幼诵孔氏之遗书,无由见道;长直朝家之兴运,有幸为民。愧碌碌之谫才,乏卓卓之奇节。以言其文章,则体格卑陋;以言其学行,则器识凡庸。自甘晦迹于深山,岂觊发身于昭代?大钧靡不覆焘,小物亦预陶镕。惟成宗法至元,首贲丘园之隐;历武宗逮延祐,荐升馆阁之华。先帝擢之禁林,今皇处之经幄。讲读古训,对扬耿光。误蒙上圣之简知,得厕群贤而布列。然犬马余齿,已非少壮之年;而蝼蚁微诚,莫展驱驰之志。外之弗能效勤劳于郡县,内之弗能裨谋议于庙堂。糜廪粟,费俸钱,素飡甚矣;辱高位,速官谤,清论凛然。因负采薪之忧,遂辞视草之职。虽心同葵藿,常恋阙庭;奈景迫桑榆,宜归田里。未尝毫厘有补于国,况又蠢蠢无用于时。渊度涵容,宠锡优渥。兹盖伏遇皇帝陛下,乾坤博施,海宇皆春。忍令散材汩没于泥涂,欲俾寸草沾濡于雨露。闵怜周恤,固君父恻隐之仁;悃款控陈,乃臣子辞让之礼。倘冒昧而拜贶,实踧踖以怀惭。敢致恳祈,乞垂矜允。收此九重之大惠,全其一介之小廉。一是欢荣,等如祗受。臣栖迟畎亩,固难强筋力以输忠;教诲子孙,誓当竭精神而报上。所赐钞锭缎疋,除已向阙谢恩外,未敢钦受,谨奉表辞谢以闻。臣无任瞻天仰圣激切屏营之至。臣澄诚惶诚恐,顿首顿首,谨言。泰定三年某月某日,具官臣吴澄上表。"(《吴澄集》,第 1693—1694 页)

吴澄作《回散散学士书》由刘光带至京师。

按:得刘光传旨,吴澄最终应当是接受了朝廷所赐钞、文币,但以疾辞所授资善大夫一职。刘光此来宣旨应同时携带了诸多京中人士写给吴澄的书信,吴澄因之连作数文,请求刘光回京复命时带予诸友,具体人员详见下文。惜刘光"未复使命,以疾卒于家",也不知吴澄所作数文最终是否有传递至诸人手中。

又按:吴澄《回散散学士书》载:"澄联车二年余,如日近良玉,见其为贵。老病侵加,不能久作京华之客。远饯于郊,情谊厚甚,别来倏改广矣。刘自谦来,辱语教字,披读有如晤对,喜怿何极!学士质美而学不倦,仆虽衰耗,亦赖以自励焉。诸书虽间有鄙见,未有学徒抄出,俟有录本,续当寄呈。未期合并,愿保重以迓殊渥。不具。"(《吴澄集》,第 272 页)

又按:吴澄《回王仪伯(王结)学士书》:"澄自别后,病体甚不安帖,以此阙于问讯。蒙索斋记,亦不果作。去腊抵家,始得验方合药,略加调摄。自谦春季来至山间,袖出翰教,得之喜怿。斋记就便附纳。谅惟侍养优游,尚友圣贤于千载之上。此至乐也,但未易与人言尔。末由合并,惟冀以久大德业自任,幸甚。不具。"(《吴澄集》,第 272—273 页)

又按:吴澄又作《弘斋记》回复王结。吴澄在作《回王仪伯学士书》赠予王结时,想到之前王结向吴澄索要斋记一事,便作上《弘斋记》,顺便寄予王结。《弘斋记》载:"集贤侍讲学士中山王结仪伯读圣贤之书,以圣贤自期,名其斋居之所曰'弘'。按曾子之言,弘与毅不偏举也。毅如乾之健,弘如坤之广;毅以进其德,弘以居其业。不毅则功力间断,而不能日新;不弘则容量狭少,而不能富有。二者缺一不可也。昔南康李文定先生燔字敬子,登科之后,年三十五始受学于朱子。朱子告以曾子'弘毅'之说,于是文定归而取

'弘'之一字名斋室。朱子兼言其二,而李氏专取其一,何哉？文定自揆其平日所学颇近于毅,而或歉于弘,故取其所歉以自励,若古人佩韦、佩弦之义,所以矫其偏也。然则仪伯'弘'斋之扁,其亦犹文定名'弘'斋之意乎？前修之已事可发,固不待于予言也。王氏之名斋与李氏不殊,庸敢援其事证,以志于弘斋之屋壁？"(《吴澄集》,第 920—921 页)

吴澄又作诸书以回朝中诸人,如吴全节、许师敬、夏紫清真人、忽都笃鲁弥实、曹元用、高尧臣、王士熙、王伯宏、乌伯都剌、张珪等人。

按：同时,吴澄还作了非常多封书信以回朝中诸人。赠吴全节《回吴宗师书》:"去秋都门之外,辱早出远饯,极感盛心。而为政府诸公所留滞,缘此迟迟,深以不得面别为慊。自谦南来,辱惠教墨,读之俨如亲觌。老病席庇,晨夕粗遣；公朝厚礼,贲于丘园。然既非勋旧,又无劳绩,受之于义未安,是用恳辞。宗师知我者,诸公会次,傍助一言,得如吾意则幸矣。未期盍簪,祈为道保重。"(《吴澄集》,第 275 页)

又按：吴澄《与许左丞(许师敬)书》:"恭惟先文正,吾道之宗,家学渊源,今获展布,远方贱士,亦复窃被余光,至幸至幸！澄尸位三年,多厪巨公过爱。惜年齿逾迈,疾病侵加,虽欲久客京华而莫可。还家治药,扶护衰龄,庶或缓死,以观太平。未去之先,荷政府勉留；已去之后,荷公朝锡予,此圣天子、贤宰相、众大臣优老礼贤之大德。施非其人,岂所敢当！澄既非勋旧,又无劳绩,一旦滥叨重赐,为之惭怍惊悸,是用摅诚恳辞。伏惟寅恭同协,肯为转旋,使澄于心得安,免致逾分怼义,荣莫大焉。相公以先文正之心为心,而澄亦愿以先文正之学为学。辞受贵乎得其宜,庸敢奉白,区区之私,切冀垂察。相望遥远,惟为国爱重是祈。不兑。"(《吴澄集》,第 273 页)

又按：吴澄《与夏紫清真人书》:"澄留京师三年,相与真若符契。每恨俗尘障隔,弗少得从容剧论,别去各天一方,晨夕延伫远想,砥表玉中道体安适。自谦使还,谩寄字以诇何似,甚时会晤,既所欲言。不具。"(《吴澄集》,第 269 页)

又按：吴澄《回忽都笃鲁弥实承旨书》:"澄顿首再拜承旨相公执事：澄三岁得托末僚,席庇不浅。别来未由申诇起居,先辱惠翰,仰见笃爱不忘之盛心。澄去腊抵家闲居,幸无他苦。公朝厚恩,赐以礼币。但老病非才,愧无寸劳,曾不能略效忠力于国,而受锡赍,于义不当也。谨已奉表阙庭、呈覆省府恳辞。倘会当朝诸公,望助一语,俾得从请为幸。且承寄贶纹绫,领外荣感无以为报,衷怀慊然。弗克周悉,尚容嗣状。惟冀保啬以膺大用,不具。"(《吴澄集》,第 271 页)

又按：吴澄《回曹子贞(曹元用)尚书》:"澄于别后尝一附书,已达未达,不可知也。自谦来辱惠教字,把玩喜如面觌。澄老病无用于时,尸位窃禄,内省已剧羞愧,退后又荷朝廷厚恩。此虽圣君贤相之大德,然揆之分义,非所敢当。是以拜表阙庭,具呈政府,致恳辞之诚。子贞相知之深,望于当路一语。傥得勉从区区所请,则此心安矣。表稿及呈省公文抄录见至,幸一过目,为澄审处之。自谦行急,奉答先施不详,必蒙镜烛,不待觇缕也。愿言保重,以称大用。"(《吴澄集》,第273页)

又按:吴澄《与高尧臣侍御史书》:"澄去岁秋归,舟及广陵,已闻美除,王阳得位,贡禹能不喜乎?士患不见用,用则必行所学,因时度宜。稍异于众,及同志相望。澄服药扶衰,幸免他苦。忽蒙公朝赐赍,非远臣贱士所宜得,是以恳辞。当路诸公傥或胃会,旁助一言,俾遂吾意为佳。便风草草附字,不能详也。爱重幸甚。"(《吴澄集》,第274页)

又按:吴澄《与王参议继学(王士熙)书》:"澄老病不堪久客,去秋治任将归,辱在廷诸公枉问,且勉其留,此意甚厚。归舟幸得善达,山中日寻药裹以扶衰惫。天使忽临,颁下公朝锡赍之礼。此施之于勋阀世家者,岂疏远贱臣所宜得!惊悸不宁再三,揆分度义,非所敢受,是用恳辞。切惟畴昔先承旨相公爱念不薄,于今参议忝为世契,必能谅区区之衷而斡旋之。所贵乎士者,辞受得宜也,幸鉴裁焉。丘参议相公同协之际,干道澄名。朔南辽隔,敢冀保重,以承殊渥。不具。"(《吴澄集》,第275—276页)

又按:吴澄《与王伯宏中丞书》:"澄老病不能久客京华,去秋南归,在途得闻相公还朝,私窃庆抃。即辰槐夏清凉,恭惟柏府严邃,神明多福。偶承便风,附讯起居。澄客腊至家,日寻药裹,幸免他苦。暇则相对圣贤,自寻乐处。相望辽邈,伏愿体道怡神,为时保爱。不具。"(《吴澄集》,第278页)

又按:吴澄《与乌伯都剌平章书》:"某窃禄三年,足迹未尝一至庭庑。相公不责其简,每加爱念,自惟远方贱士,误忝明时录用。老病日侵,靡有寸长可效报补。去职之后,公朝复遣礼币,此圣天子、贤宰相、诸大臣优老育才之盛德。但澄虚老而已,无才可称,国家恩贶过于隆厚。既非勋旧,又无劳绩,岂所敢当?是用摅诚恳辞,乞相公密赞上宰,特为奏闻,收还所赐,庶几于义得安。不揆微贱,辄具书控告,伏惟钧慈鉴之。澄蒙惠药物,领外荣感。瞻望相垣,晨夕睠睠。式冀善调元化,以福四海。不具。"(《吴澄集》,第279页)

又按:吴澄《与张淡庵(张珪)承旨书》:"某自幼玩阅史册,每见其间所载正人君子之事,忻忻慕之,恨不与之同时。老年一出,窃禄三年,虽可惭怍,然得屡游正人君子之门,承下风,望余光,亦此生莫大之幸。澄去秋后公一月而出,岁晚至家,日寻药裹以扶衰惫,庶几缓死以观太平。今春闻公赐环,

禁林增重,私窃喜怿。相去辽邈,无由亲炙;偶承便风,敢冀颐神复命,为时自爱。不宣。"(《吴澄集》,第 278 页)

吴澄再得张珪荐举。

按:虞集《行状》记载了张珪复相及任翰林学士承旨后对吴澄的一再荐举,据文载,张珪荐举吴澄代替自己为翰林学士承旨:"初,先生与张蔡公同年告老。其再相也,力荐起先生,会蔡公又去,而士大夫多传其辞云:'钦承明诏,肇启经筵,考论前经,讲明正道,实国家之令典,其所关系,非细务也。而珪以家世之旧,愚戆之诚,备位宰臣,首当劝讲。及解机务,仍俾专官。自念世备戎行,所谓明经,实惭寡陋,况通译之难,讲明有限,积诚未至,不能感格。惟愿老成之进,庶几陈闭之心。切以周尚父授丹书之戒,汉申公赴蒲轮之招,皆以耆颐为国羽翼。盖有乞言之礼,必于养老之时,非徒外饰虚文,实以咨询治道。翰林学士吴澄,心正而量远,气充而神和。博考于事物之赜,而达乎圣贤之蕴,致察于践履之彻,而极乎神化之妙。正学真传,深造自得,实与末俗盗名欺世者,霄壤不同。粤自布衣,一再收召,超擢学士,有识君子不以为过。前当讲说剀切,温润完厚,康健聪明,经学之师,当代寡二。虽蒙恩赐存抚,为礼甚优,然合召还,资其学问,良非小补。'未几,复举以自代曰:'制诰、国史二事,所以成一王之大经,为万世之昭宪。比于效一官、分一职者,重轻不侔。若止因循冒昧,常人孰不可为? 当职世从军旅,历仕省台。文章本非所长,志虑耗于劳勤,深思诖责,其在荐贤。翰林学士吴澄,学通天人,行足师表。书事得笔削之法,代言近典诰之文。盖其所造甚深,文学亦其余事。目今两朝实录,未经呈进,累朝嘉言善行,多合记录。载事修辞,全资学识。又有辽、金、宋史,先朝累有圣旨纂修,旷日引年,未睹成效。使前代之得失无闻,圣朝之著述不见,恐贻后悔,君子耻之。然非博洽明通,孰克成此。本官虽曰年近八十,其实耳聪目明,心清力赡,今不使身任其事,后必追悔无及。近蒙朝廷差官,优赐存问,礼意诚厚,然须使当承旨之任,总裁方可成就,所合举以自代,允协舆论。'"(《全元文》第 27 册,第 175—176 页)

又按:危素《年谱》记载到:"蔡国公张珪荐章。其略云:钦承明诏,肇启经筵,考论前经,讲明正道,实国家之令典,其所关系非细务也。而珪以家世之旧、愚戆之诚,备位宰相,首当劝谏,及解机务,仍俾专官。自念世备戎行,所谓明经,实惭寡陋。况通译之难,讲明有限,积诚未至,不能感格。惟愿老成之进,庶几陈闭之心。窃以周尚父授丹书之戒、汉申公赴蒲轮之招,皆以耆颐为国羽翼。盖有乞言之礼,必于养老之时,非徒外饰虚文,实以咨询治道。翰林学士吴澄,心正而量远,气冲而神和,博考于事物之赜,而达乎圣贤之蕴;致察于践履之微,而极乎神化之妙。正学真传,深造自得,实与末俗盗名欺世者霄壤不同。粤自布衣，诏屡征起，超擢学士，有识君子不以为过。前当讲说，剀切温润，完厚康健聪明，经学之师，当代寡二。虽蒙恩赐存抚，为礼甚优，然合召还，资其学问，良非小补云云。未几，复举以自代曰：制诰、国史二事，所以成一王之大经、万世之昭宪，比于效一官、分一职，重轻不侔。若止因循冒昧，常人孰不可为？当职世从军旅，历职省台，文章本非所长，志虑耗于劳勚，深思遗责，其在荐贤。翰林学士吴澄，学贯天人，行足师表，书事得笔削之法，代言近典诰之文。盖其所造甚深，文学亦其余事。目今《两朝实录》未经进呈，累朝嘉言善行多合纪录，载事修辞，全资学识。又有《辽》、《金》、《宋史》，先朝累有圣旨纂修，旷日引年，未睹成效。使前代之得失无闻，圣朝之著述不见，恐贻后悔，君子耻之。然非博洽明通，孰得成功？本官虽曰年近八十，其实耳聪目明，心清力赡，今不使身任其事，后必追悔无及。近蒙朝廷差官优赐，存问礼意诚厚，然须使当承旨之任，总裁方可成就，所合举以自代，允协舆论云云。"

吴澄观赵季明题诗《东溪耕乐图》。

按：吴澄《题东溪耕乐图后》载："至治癸亥，赵公季明偕予待命翰苑。其年四月，季明至官；迨秋，遄以疾去。六月，予始至官；越三年，泰定乙丑秋，亦以疾去。予家于野，农夫晨夕杂处。丙寅之春留邑，偶值连日雨，喜膏泽霑足，土脉偾兴，思欲归视畎亩犁锄之事，阻泥泞，未行。有客来自许昌，携示《东溪耕乐图》，图后系以季明诗赋四篇。玩诵之余，悠然有契于心。《耕田歌》谙练农业，可与《豳风·七月》并传。能忧众人作苦之勤，又乐一己田居之逸。忧与人同，乐非己独，庶几先天下而忧、后天下而乐者乎？顾予老病无用，虽不获久相从于玉堂云雾之间，继今倘遂北游，共谈稼穑于东溪烟雨之外，亦此生一快也。"（《吴澄集》，第1241页）

吴澄夏观田泽所赠王申子之书，作《答海南海北道廉访副使田君泽问》以答其《无极太极说》之问。

按：危素《年谱》载："三年丙寅，泰定朝（《答田宪副问》）。"《答田宪副问》即为吴澄此年所作《答海南海北道廉访副使田君泽问》，又《答田副使第二书》言及《答海南海北道廉访副使田君泽问》乃此年夏所作："澄夏间辱惠教墨，尝率尔奉复。"（吴澄《答田副使第二书》，《吴澄集》，第65—80页）可知其具体时间为今年夏。

又按：田泽曾在延祐三年（1316）刊《大易缉说》（前已载），他非常服膺王申子的《易》学，是年夏他将《大易缉说》赠予吴澄，并期望与吴澄讨论《易》学相关问题。吴澄遂作《答海南海北道廉访副使田君泽问》以答田泽关于《无极太极说》之问。吴澄《答海南海北道廉访副使田君泽问》：

"澄向于京师获识，深惟足下仕今学古，资纯笃而志精专，世所希有，嘉叹敬慕。但一见之后，无因再聚。每思同志之难遇，未尝不悠然而兴怀也。忽尘贻问，乃知观风岭海，又喜持宪之得贤。惠示贺、王二君数种之书，如获奇宝。旋即开卷玩绎，鄙见颇有未然者，别纸开具，幸垂省览。承问及《无极太极说》，非面难致其详，姑言其略。大概古今言太极者有二，当分别而言，混同为一则不可也。庄子云'在太极之先'，《汉志》云'太极函三为一'，唐诗云'太极生天地'。凡此数言，皆是指鸿蒙浑沌、天地未分之时而言也。夫子言'易有太极'，则是指道而言也，与庄子、汉唐诸儒所言太极字绝不相同。今儒往往合二者为一，所以不明。如邵子言'道为太极'，则与夫子所言同。又言'太极既分，两仪立矣'，则与诸家所言同。盖夫子所言之太极，指道而言，则不可言分。言分者，是指阴阳未判之时。故朱子《易赞》曰：'太一肇判，阴降阳升'，不言'太极'，而言'太一'，是朱子之有特见也。朱子《本义》解'易有太极'云：'易者，阴阳之变，太极者，其理也。'朱子只以阴阳之变解易字。太极者，是《易》之本原。节斋蔡氏以为《易》乃太极之所自出，朱门学者皆疵其说。来谕与蔡说相符，而非朱子意也。《朱子语录》云：'易之有太极，如木之有根，浮图之有顶。然木之根、浮图之顶是有形之极，太极却是无形之极，无方所顿放，故周子曰：无极而太极。'世儒读《太极图》，分无极、太极为二，则周子之言有病。故朱子合无极、太极为一，而曰'非太极之外别有无极也'，又曰'无极即是太极'。澄之说是发明朱子此义。盖老、庄、列之意皆以为先有理而后有气，至宋朝二程、横渠出，力辟老氏自无而有之说为非，而曰：'理气不可分先后。理是无形之物，若未有气，理在那处顿放？'又曰：'理与气有则俱有，未尝相离。非知道者，孰能识之！'程、张之所以为知道，正以其能识得此与老氏之说不同故也。今生于程、张之后，而又循袭'有理而后有气'之说，则是本原处差了。可子细取《近思录》、《程氏遗书》、《外书》、张子《正蒙》及《朱子语类》观之。四先生说得洞然明白，即与愚说无异，其他不能多及。

"一、往岁蒙惠王巽卿《易》、《春秋》二书，《易》虽与鄙说多不同，然皆祖本《程传》。《程传》有与《易》之本文不甚协者，乃更易之。其书最为平正稳审，不敢以其不与己说合而轻议之也。

"一、《春秋类传》极佳，内虽有一二处与鄙说不同，然大纲领皆精当，用工之深，用意之密，可敬可敬。

"一、《大学》一书，旧来只杂于《礼记》中，河南二程子生于千余载之后，独得圣道之传，故能识此篇为圣人之书，并《中庸》一篇皆自《礼记》中取出，表而显之。明道、伊川二先生皆有更定《大学》传文次第，然皆不如晦庵之当。经一章浑然如玉,岂可拆破。第一节自'大学之道'至'在止于至善',言三纲领;第二节自'知止而后有定'至'虑而后能得',覆说上文,五句各有'而后'两字;第三节'物有本末'至'则近道矣',总结上文。此以上三节为前半章。第四节'古之欲明明德'至'致知在格物',言八条目,与第一节相对;第五节'物格而后知至'至'国治而后天下平',覆说上文,七句各有'而后'两字,与第二节相对;第六节自'天子至于庶人'至'未之有也',总结上文,与第三节相对。此以上三节为下半章。《经》文二百余字,谨严简古,真圣笔也,与《传》之文体全然不同。今乃拆破《经》之第二节、第三节以补'致知格物'之《传》,岂不识《经》、《传》文体之不同乎?而此两节欲强解作'致知格物'之义,亦且不通。徒见有一'物'字,有一'知'字,而欲以为'格物致知'之传,无乃不识文义之甚乎!且《经》文中除了此两节,岂复成文!如一玉盘,打破而去其一角,但存其三角,岂得为浑全之器哉?

"一、'明德'《传》引用三'明'字,'新民'《传》引用三'新'字,文法整齐严密,不可增添。今于'新民'《传》增加'听讼'一节,听讼固可为新民之事,然指一事而言耳,与上三节文体不类。子细玩味,自当见之。

"一、'平天下'章,程子故尝更定其传文矣,而朱子独以旧文为正。或问之,言曰:'此章所言已足,而复更端以广其意,有似于易置而错陈。然其端绪接续,血脉贯通,而丁宁反覆之意见于言外,不可易也。必欲以类相从,则其界限虽若有余,而意味反或不足,不可不察也。'今详观巽卿所更,又不如程子之明且易。朱子不以程子之所更定者为然,愚岂敢以巽卿之所更定者为然乎?巽卿苦学深思,诚为可嘉。而此一书比之《易》、《春秋》二书,不可同日语矣,恐不可以行于世也。区区老拙,学浅识卑,不足以窥测高贤之所蕴,然不敢不尽己之心以告。

"一、毁《周礼》、非圣经,在前固有其人,而皆不若吾乡宏斋包恢之甚。毫分缕析,逐节诋排,如法吏定罪,卒难解释,观者必为所惑。如近年科举不用《周礼》者,亦由包说惑之也。包说印行,比之巽卿《正义》其多十倍。然愚尝细观,不过深叹其无识而已。今巽卿所言,比之于包极为平恕。以包之苛细严刻,识者犹笑其为蚍蜉撼大树,而凡诸家之所诋,愚皆有说以答之,累千言未可既也,今不复言。

"一、《洪范》当更定,愚自幼读书,即有所疑。后见南康冯深居所更定,然犹未满吾意。深居,厚斋先生之子,从朱文公学,正与江古心、童矩堂为行辈。今东冈曾为古心、矩堂所前席,则与深居同时。此本或是曾相讲论而为之,否则,是与之暗合也。可寻探觅冯深居所定《洪范经传》一观,则见其与东冈之书大同小异。愚亦尝有更定,与冯氏之本不尽同,不欲示人。近为扬州秦氏于学者处传得稿本刊之，今谩录呈过目，幸甚。

"一、《无极太极说》，因朱子《太极图解》云'上天之载，无声无臭，而实造化之枢纽、品汇之根柢，故曰无极而太极，非太极之外复有无极也'，学者多不晓朱子之说，故作此说为之疏义，以发明朱子之意而已。其愚意亦有与朱微不同者，当别言也。"（《吴澄集》，第60—65页）

吴澄七月为相山四仙祠作记。

按：吴澄《相山四仙祠记》载："抚州之西南，其县曰崇仁。崇仁之南六十里，其山曰相山，所祠之人曰梅、曰栾、曰邓、曰叶，谓之四仙。考之史传，梅尉南昌，栾守豫章，山在所治境内；邓、叶皆唐开元、天宝间道士，方伎之流也。山初名巴，唐时号临川山，而俗称不改其旧。巴乃栾仙名也，金曰宜避。而栾尝为沛相，故易名相山云。山巅有祠屋，其地高寒，雷风之迅烈，云雾之湿润，冰雪之凝沍，木石不能堪，易于朽腐摧裂。屋虽频修，而不久复敝。住山道士黄守正积聚材木，未及营造而去。泰定丙寅六月，黄本初来贰其职，增益所储之材。七月己未，构新屋十有八楹，从之深四寻，衡之广如其深，而羡一尺。适上清孙庆衍被旨长是山，遂底完美。本初来言曰：'仙祠一新，黄师实肇其始，孙师实成其终，本初获效微勤相其役。愿刻石记岁月，以为后之葺治者劝。'予观宋咸淳之季，郡守黄侯震为道士罗端英作《仙祠记》，叹典祠之人攘取微利是思。今山之提点、提举不私其利，不私其名，公其心为永久计，是可书已。况此山迥绝人境，超出物表，有地之灵，宜有人之杰。……"（《吴澄集》，第953—954页）

吴澄十二月十五日为刘将孙文集作序。

按：吴澄《刘尚友文集序》载："西汉之文几三代，品其高下，贾太傅、司马太史第一。汉文历八代浸敝，而唐之二子兴。唐文历五代复敝，而宋之五子出。文人称欧、苏，盖举先后二人言尔。欧而下、苏而上，老苏、曾、王未易偏有所取舍也。如道统之传称孔孟，而颜、曾、子思固在其中，岂三子不足以绍孔而劣于孟哉？叙古文之统，其必曰唐韩、柳二子，宋欧阳、苏、曾、王、苏五子也。宋迁江南百五十年，诸儒孰不欲以文自名？可追配五子者谁欤？国初庐陵刘会孟氏突兀而起，一时气焰震耀远迩，乡人尊之，比于欧阳。其子尚友，式克嗣响。夫一家二文人，由汉迄今，仅见眉山二苏。而尚友之嗣会孟，不忝子瞻之嗣明允。呜呼！盛矣！然欧实宗韩，明允乃以为非韩子之文，而欧阳子之文。刘与欧同乡，而不专宗欧，予亦以为非欧阳子之文，而刘子之文也。明允雄浑奇峭，永叔拟以荀卿，直跻之周秦间。子瞻长江大河，一泻千里，评者曰：'子瞻之文，非明允之文也。'若会孟之諔诡变化，而尚友浩瀚演迤，评者亦曰'尚友之文，非会孟之文'，则为知言也已。呜呼！百世之下有深于文者,其亦然予斯论否乎? 尚友之门人曾闻礼编辑其文,自附于韩门李汉。予与尚友善,素喜其文辞,又嘉刘门之有南纪也,是以序其卷首云。"(《吴澄集》,第461—462页)吴澄此文并未记载时间,但《养吾斋集》前录入吴澄此序,文后有"泰定丙寅十二月之望,临川吴澄序"。

又按:吴澄序中提及刘将孙此次编辑文集是在其门人曾闻礼的主持下而成。曾闻礼亦有序云:"古今文章议论,至子云、韩、欧,犹不能使人言之必无蔽于其私,然卒亦莫能以掩其所不容泯者,是故赖有君子之论也。庐陵自欧阳文忠公倡古文,为学者师,后百有余年,而殿讲巽斋先生、太傅须溪先生相继以雄文大笔拟于欧尽常、苏尽变,由是海内之推言文章者,必以庐陵为宗。先生为须溪先生家督,天才宏澹,蚤从严侍,留古心丞相昭文馆,已喧百寮,诵佳句,为时文,辄翘然度越流辈,渊源所自,淹贯千古。故先生之于文,浑浩变化,长驱直逐,涛惊浪骇,虎跃龙腾,有倾河倒海之势,而来者望洋不可涯涘。同时宿学知名之士,雅相推让,必经论著,共谓此须溪氏之文也。……至语大制作,稽典谟而征雅颂,耀金石而播韶钧,卓然成一家之言,非正音大雅,无以与此。视钩棘以为艰深,塞拙以为简古,数急以为紧严,刻露以为劲峭,施之先生,真足汗流籍湜仆命骚耳。……惟是先生之文,其不容泯者在人心公论,四方后来愿见者众,乃编汇为集,凡四十卷,爰锓诸梓,以俟君子。其散落人间者,将广辑而续刊之。……先生须溪刘氏,讳将孙,字尚友,学者称养吾先生云。"(李鸣、沈静校点《刘将孙集》,吉林文史出版社2009年,第1页)

吴澄此年为崇仁谢宗周《三谢先生逸事》作序。

按:吴澄《崇仁三谢逸事编序》载:"邑西谢氏有讳九成者,字子韶。子贵赠承议郎,尝往见临江谢尚书谔,尚书称为宗人,书前贤训诫之辞贻之。……总干之子宗斗、宗礼、宗周。宗礼一子,宗周二子,一为宗斗嗣。澄之从曾祖梦隽嘉定庚午贡于乡,越五年甲戌,随常卿同试礼部,自此有事契。后五十七年,咸淳庚午,常卿之孙宗斗与予同贡,欲偕予编纂《三谢先生逸事》。多方搜索,苦无文献足征。又五十七年,宗斗之弟宗周以所得一袭示予,冠以尚书公所贻前贤训诫,承议有跋语,常卿亦有跋语。常卿、总干遗文若干篇,虽廑廑一二,然犹幸存此矣。三先生俱无行状墓志,而三圹记叙述颇详。"(《吴澄集》,第501—503页)

吴澄是年家居,周文暐来访作《赠周文暐序》。

按:吴澄《赠周文暐序》载:"大德庚子,朝廷用荐者言,授某应奉翰林文字。命既下,明年春,郡太守、学官将敕命诣门畀付,与俱来者,周文暐也。泰定丙寅,予以翰林学士告老家居,文暐再过予,相别二十有六年矣。前之

郡太守、学官各已物故,独予及文暐无恙。"(《吴澄集》,第 675 页)

吴澄作《贺刘熙载承旨八十启》,遥祝刘赓八十寿。

按:吴澄《贺刘熙载承旨八十启》载:"承旨相公唯斋先生阁下:兹审日临初度,天益遐龄,怜同丁未之端明,重际丙寅之元祐。恭惟某人,国中硕老,海内耆英;身居銮坡最长之班,家贮鸿苑长生之诀。璧门金阙,几看宫井之槐花;禁直玉堂,共泛仙舟之莲叶。红桃脸嫩,翠柏命坚。每一添年,如《玄经》,自一而三,添为九二;衍八积数,若算法,既以其十,积至千二。澄旧忝末僚,新知庆事。渺渺隔西江之白浪,拳拳瞻北斗之紫垣。僻在勾吴之区,正勤采药;遥祝公刘之寿,弗及跻堂。乘风寄辞,流电垂盻。不备。"(《吴澄集》,第 300—301 页)

又按:吴澄又作《寿刘承旨(并序)》以赠,诗载:"唯斋先生年登八袠,旧友江西吴澄寄诗为寿。去岁公年七十九,我共群贤祝公寿。今年公寿八十齐,我已还家在江右。江右望公五千里,坐憩音容如尺咫。我公历遍翰苑官,八袠堂堂老承旨。公家寿域极天峻,弥仰弥高世增累。公前我后许跻攀,梯级已成因旧垒。公今具足五福畴,我更期公百不忧。蟠桃岂待三千岁,夜梦仙娥荐石榴。"(《吴澄集》,第 1909 页)

又按:时袁桷亦作《寿刘承旨》以贺,诗载:"兹审龄开希有,文润太平。玉杖造朝,乐尧阶之化日;铢衣拂石,歌舜殿之薰风。寿拥灵椿,欢传故梓。敢陈善颂,庸赞令辰。稜稜鹤发映方瞳,玉带桓圭一品崇。禁署清名行世久,高门盛德与天通。升堂衣并老莱子,徼国诗传卫武公。共道榴花宜结实,绿阴浓淡驻杯中。"(《袁桷集校注》卷第十,第 515 页)

吴澄约此年作《重修李氏山房书院记》。

按:泰定初,建昌儒学正李敬心、判官高若凤重修建昌李燔的李氏山房书院,吴澄受李敬心请为此事作记。由于书院地处建昌,故极有可能是吴澄归乡后之作,故暂定于此年。《重修李氏山房书院记》载:"南康李文定先生(即李燔),少学科举之学。……所居之县曰建昌,前有兵部尚书同邑同氏,清名姱节望于一乡,藏书庐山五老峰之僧舍,号李氏山房。中更乱离,书与山房俱燬。……皇元新政,建昌升县为州,山房始亦专官,后以州之学正兼掌。泰定初,学正李仲谋欲新书院,而牵制于有司。会进士高若凤以州判官总儒学事,志同谋协,乃克重修。新祠堂,新讲堂,又徙燕居之堂,焕然有加于旧。仲谋为赋以纪其略,而征记于予。"(《吴澄集》,第 868—869 页)

吴澄作《瑞泉山清溪观记》。

按:吴澄《瑞泉山清溪观记》载:"抚州西南二百里外,其山之高者华盖,上有浮丘三仙祠。华盖而西北曰芙蓉,芙蓉之东一支为巴山,西一支自上阜岭而为杯山。杯山之下,溪水分而二,不一里复合而一。二溪之间有道观,以清溪名。无碑记可考,莫知其兴创之由。俗传以为华盖三仙祠之分也,且谓尝有异人甘其水味,号之曰'瑞泉',后人立观,因曰瑞泉山清溪观。……泰定丙寅,康之徒黄文静劝率好事有力之家建金阙寥阳宝殿及三门,俱庚向,装塑神像,圬墁髤髹,具完具美。康师、黄师奉李师之命来请记。"(《吴澄集》,第969—970页)

吴澄为丰溪洪渊文集作序。

按:吴澄《丰城洪先生文集序》载:"丰溪洪先生,前宋乡贡进士,皇元以儒学教授致仕,给半俸养。文士之蒙恩,鲜或有是。自号永斋。翁生端平甲午,年八十一而卒。既卒之十三年,其孙寄示所刻《环中集》十卷。……集中论井田、论封国,皆千载未明之疑,而援引该博,议论赡蔚,如江汉波澜,衮衮不竭。《民数》《气运》二篇玩之再三,而不忍释焉。畴昔聚会之时,往往造次,未尝共评此等奥义。今也抚卷太息,而翁不可复作已。"(《吴澄集》,第477页)

吴澄赠吴霆发孙吴一凤序,言儒、医一道之意。

按:吴澄《赠建昌医学吴学录序》载:"宜黄之宗人有讳霆发者,宋咸淳庚午与予同充乡贡士。后五十七年,而其孙一凤为建昌路医学录。或讥儒学子而易业于医,予谓医、儒一道也,儒以仁济天下之民,医之伎独非济人之仁乎?彼以称号曰儒,而瘠人以肥己,害人以利己者,不仁甚矣,恶得谓之儒?盖儒之为儒,非取其有日诵万言之博也,非取其文成七步之敏也,以其孝悌于家,敦睦于族,忠信于乡,所厚者人伦,所行者天理尔。今虽以医进,而能修孝悌、敦睦、忠信之行,是乃医其名、儒其实也,而又何讥焉?予于贡士君犹弟兄,视一凤犹孙也,故赠之以言。"(《吴澄集》,第654页)

吴澄作《送乡贡进士董方达赴吏部选序》为董方达送行。

按:吴澄《送乡贡进士董方达赴吏部选序》载:"庐陵支邑之远乡有董氏一族,自宋初迄宋末,以文儒发身者七八十人。……绍兴间,临川分创一支,邑割庐陵支邑之乡隶焉,由是董氏属抚,而文风士气犹如属吉也。逮宋之季,咸淳庚午,定得、雷先、省翁一家同父兄弟三人同预贡。次年辛未,定得又登科。……泰定甲子(1324),礼部会试,人期其文百试百中。既而小却,期者觖望,而识者则曰:'此天将老其才而大其成。'被特恩,长龙兴路宗濂书院。处三年(1326),职业修举,公私交相敬爱,以为不特可以文学称,又可以政事称也。将谒吏部选士,友以序若诗赠行者不一。……董氏儒科之有人,虽运代更易而不替,盛矣哉!天衢来告行,予谓之曰:'子之家世如此,子之才艺如此……充子之家学,溯而极之,有得乎此,则文学足以发身,政事足以莅官。既在人之先矣,又将可为圣门四科之首,非但为一族儒林之最而已也。'天衢之字曰方达云。"(《吴澄集》,第509—510页)

吴澄为乐安詹天麟《陶渊明集补注》作序。

按:吴澄《陶渊明集补注序》载:"……屈子之辞,非藉朱子之注,人亦未能洞识其心;陶子之诗,悟者尤鲜。其泊然冲澹而甘无为者,安命分也;其慨然感发而欲有为者,表志愿也。近世惟东涧汤氏稍稍窥探其一二。吾乡詹麟若麒因汤氏所注而广之,考其时,考其地,原其序以推其志意,于是屈、陶二子之心,粲然暴白于千载之下。若麟之功,盖不减朱子也。呜呼!陶子无昭烈之可辅以图存,无高皇之可倚以复仇,无可以伸其志愿,而寓于诗。倘使后之观之者又昧昧焉,岂不重可悲也哉?……晋兴宁乙丑岁渊明生,越六十有三年而卒,自昔丁卯至今丙寅九百年。"(《吴澄集》,第452—453页)

又按:乐安詹天麟此补注是在其《陶诗注》基础上所作的补注,吴澄曾为前者作序。《陶诗注序》载:"《楚骚》二十五篇,解者莫能名其心。自朱子作集注,而原之心始得白于千载之下。陶之诗,人亦莫能名其心,惟近世东涧汤氏略发明一二,不能悉解也。吾里詹天麟,遍历庐阜之东西南北,则即柴桑故居访渊明遗迹,考其岁月,本其事迹,以注释其诗,使陶公之心亦灿然明著于千载之下,盖其功与朱子之注《楚辞》等。予既悲陶公之志,而嘉天麟之能发其隐秘也,故为序其卷端。"(《吴澄集》,第450—451页)

虞集为安熙文集作序。

按:《安敬仲文集序》载:"《默庵集》者,诗文凡若干篇,藁城安君敬仲之所作,其门人赵郡苏天爵之所缉录者也。既缮写,乃来告曰:'昔容城刘静修先生得朱子之书于江南,因以之溯乎周、程、吕、张之传,以求达夫《论语》、《大学》、《中庸》、《孟子》之说,古所谓闻而知之者,此其人欤?闻其风而慕焉者,敬仲也。与静修之居,间数百里耳,然而未尝见焉,徒因其门人乌叔备承问其说以为学,则是敬仲之于静修,盖亦闻而知之者乎?愿序而传焉。'嗟乎!知之为知,有未易一概言者。圣贤之道大矣,世多豪杰,能因其才识之所至,而知其所及者,其人岂易得哉?昔者天下方一,朔南会同,缙绅先生固有得朱子之书而尊信表章之者。今其言衣被四海,家藏而人道之,其功固不细矣。而静修之言曰:'老氏者,以术欺世,而自免者也。阴用其说者,莫不以一身之利害而节量天下之休戚,其终必至于误国而害民。然而特立于万物之表,而不受其责焉,而自以孔孟之时义、程朱之名理自居,而人莫之夺也。观其考察于异端几微之辨,其精如此,则其下视一世之苟且污浊者,不啻蠛蠓之细、犬彘之秽。'岂不信然!敬仲氏终身师慕之,则其所见,何可量哉？然静修门人尝有与予同为国学官者，从问其师说，不予告也。退而求诸其书，见其告先圣文曰：'早因躁狂，若将有志。中实脆屈，未立已颓。撅厥无成，实由贪懦。时驰意去，凛不自容。顾念初心，怳焉如失。'观乎此言，则静修道德之所至可见矣。噫！吾道之大，岂委靡不振、卤莽依托者所可窃假于斯哉？其必有振世之豪杰而后可也。以予观于国朝混一之初，北方之学者，高明坚勇，孰有过于静修者哉？诚使天假之年，逊志以优入，不然，使得亲炙朱子，以极其变化充扩之妙，则所以发挥斯文者，当不止是哉！又尝求敬仲于其书矣，其告先圣文曰：'追忆旧闻，卒究前业。洒扫应对，谨行信言。余力学文，穷理尽性。循循有序，发轫圣途。以存诸心，以行诸己。以及于物，以化于乡。'然则敬仲得于朱子之端绪，平实切密，何可及也！诚使得见静修，廓之以高明，厉之以奋发，则刘氏之学，不既昌大于时矣乎？惜乎！静修既不见朱子，而敬仲又不获亲于静修。二君子者，皆未中寿而卒，岂非天乎？予与敬仲，年相若也。少则持未成之学以出，及粗闻用力之要，而气向衰，凛然有不及之叹。视敬仲之蚤有誉于当世，宁无慨然者乎？若苏生之拳拳于其师之遗书如此，益可见其取友之端矣。是皆予之所敬畏而感发者，故题以为序。"（《全元文》第 26 册，第 98—99 页）

邓文原为胡炳文《四书通》作序。

按：邓文原《四书通序》载："四书之学，初表章于河南二程先生，而大阐明于考亭朱夫子。善读者先本诸经，而次及先儒论著。又次考求朱夫子取舍之说，可与言学矣。然习其读而终莫会其意，犹为未善也。《纂疏》、《集成》，博采诸儒之言，亡虑数十百家，使学者贸乱而无所折衷。予窃病焉。近世为图为书者益众，大抵于先儒论著。及朱夫子取舍之说有所未通，而遽为臆说，以炫于世。予尝以谓昔之学者，常患其不如古人。今之学者，常患其不胜古人。求胜古人而卒以不如，予不知其可也。今新安云峰胡先生之为《四书通》也，悉取《纂疏》、《集成》之戾于朱夫子者，删而去之。有所发挥者，则附己说于后。如谱昭穆，以正百世不迁之宗，不使小宗得后大宗者，惧其乱也。汉世定经传于白虎阁，因名书曰《白虎通》。汉末封司马迁后为史通，通之为义尚矣。若夫习其读而会其意，此又学者之事，庶无负先生名书之旨云。泰定三年良月朔旦，巴西邓文原序。"（《邓文原集》，第 213—214 页）

邓文原为张伯淳文集作序。

按：邓文原《养蒙文集序》载："至元庚辰间，文原侍先人侧，获识檇李张公师道。时江南达宦者，多中州文献故老。而南士裸将之余，屏居林谷者，往往而在交游中，雅器重公，荐牍交驰。为杭郡文学掾，遇事不然，不可撼以私。与上官不合，去，荐者益知公可授以政。居浙东、闽海宪幕，征入，遂直词林,陪讲席。而文原以供奉忝司撰著,情义益款洽,不以僚属遇我也。自公至京师,交道日广,酬接无少懈暇。则伸濡毫,作为词章,以应四方之求,时时为文原诵之。盖耻尚钩棘,而春容纡余,铿乎金石之交奏也。士论咸以斯文属公,而公病矣。檇李故多文士,昔唐陆宣公为学士,居中多所参决,时号内相,有论谏数十百篇,至今读者尚挹其高风而兴起。公受知圣主,蒙被顾问,敷对剀直,皆经国之要务,惜不果大用。而世以文字知公者,特绪余耳。自古瑰杰之士,勋业不得表见,而仅以文字传者,皆可惜也,而况不尽传也。公之子采辑公遗稿若干篇,期以昭白于世,可谓贤也已。遗稿不特□词林时所作,而文原云尔者,欲使后之人知公之大节如此。夫泰定三年八月哉生明,翰林侍讲学士中奉大夫知制诰同修国史邓文原序。"(《邓文原集》,第268—269页)

仇远约卒于此年。

按:仇远(?—1326),字仁近、仁父,号山村民。宋末即以诗名,与白珽齐名,称"仇白"。入元,为溧阳儒学教授,旋罢归,优游湖山以终。工诗文,著有《稗史》《金渊集》《无弦琴谱》《山村遗集》。事迹见《元史》卷八九、《宋元学案补》卷九三、《至顺镇江志》卷一七、《仇教授远》(《元诗选》二集卷一)、《御选历代诗余》卷一〇九。

杨基(1326—1378)生。

元泰定帝四年
丁卯　1327年　79岁

正月,御史台请泰定帝亲祀郊庙,未行。

按:《元史·祭祀志》载:"泰定四年春正月,御史台臣言:'自世祖迄英宗,咸未亲郊,惟武宗、英宗亲享太庙,陛下宜躬祀郊庙。'制曰:'朕当遵世祖旧典,其命大臣摄行祀事。'"(《元史》卷七二《祭祀志》,第6册,第1791页)

三月,廷试进士八十五人。

按:《元史》载:"丙午,廷试进士阿察赤、李黼等八十五人,赐进士及第、出身有差。"(《元史》卷三〇《泰定帝本纪》,第3册,第677页)

又按:是年监试官为王士熙,读卷官为马祖常,同年登进士者尚有:杨维祯、萨都剌、黄清老、贺据德、赵正伦、胡一中、刘沂、赵宜浩、赵期颐、刘尚贤、爕理溥化、李稷、王士元、孛颜忽都、周铠、夏日孜、郭嘉、张以宁、李黼、朱显文、张敏、康若泰、蒲理翰、观音奴、索元岱、沙班、卜友曾、方回孙、李竹操、米思泰、卢端智等。

七月,敕经筵讲读官,非有代不得去职。

按:《元史》载:"丁未,敕:'经筵讲读官,非有代不得去职。'"(《元史》卷三〇《泰定帝本纪》,第3册,第680页)

虞集拜翰林直学士、奉议大夫、知制诰、同修国史,升奉政大夫、兼经筵官。

按:赵汸《邵庵先生虞公行状》载:"四年,考礼部进士,拜翰林直学士、奉议大夫、知制诰、同修国史,升奉政大夫、兼经筵官。"(《全元文》第54册,第354页)

又按:是年虞集再任礼部会试主考官。有《会试策问》两则留存。"《会试策问》一":"《传》曰:春、秋教以《礼》、《乐》,冬、夏教以《诗》、《书》。若稽古昔,率是道也。吾夫子修《礼》正《乐》,删《诗》定《书》,赞《周易》,作《春秋》,天下万世赖焉。汉立学官,经制博士名家之学,史具可考。历唐以来,定为注疏,立教者用之。国家设科,取经术之士,今十余年矣。廓而明之,不在学者乎?自汉、唐至于近代,说经者多矣。或传或否,悉论焉,则累日不能既其目,请以耳目所共及者而问焉。《易》自王辅嗣之说行,而言象数者隐。其有存者,犹当考夫?邵子先天之学,可得而传乎?程子之传,朱子之本义,旨意所指,文义所当,有异同乎?《书》有今文、古文之辨,传者终不敢析而为二,以昔人成书有未可轻意者乎?《诗》自毛传盛行,韩传仅见,迨朱氏传出,一洒其故,其有所授乎?毛、郑旧说,犹有可论者乎?《春秋》左氏公、谷之传与经并行久矣,至于啖、赵、陆氏,始辨其不合而求诸经,君子韪之。三子之说,果尽得圣人之旨乎?刘氏权衡三传,益密于陆,而刘传果无余蕴乎?胡氏之说,其立义得无有当论者乎?《礼》有《仪礼》及《大小戴记》,又有《周官》。《小戴记》今用之,《仪礼》其经也,可弗讲乎?《大戴记》犹有可取者乎?《周官》之制,可互考乎?郑氏之注,其归一乎?此固诸君子积习而素知者,其详言之。"(《全元文》第26册,第26页)"《会试策问》二":"昔者神禹尽力沟洫,制其畜泄导止之方,以备水旱之虞者,其功尚矣。然其因其利而利之者,代各有人。故郑渠凿而秦人富,蜀堋成而陆海兴。汉唐循良之吏,所以衣食其民者,莫不以行水为务。今畿辅东南,河间诸郡地势下,春夏雨霖,辄成沮洳。关陕之交,土多燥刚,不宜于暵。河南北,平衍广袤,旱则千里赤地,水溢则无所归。往往上贻宵旰之忧,至发明诏,修庶政,出粟与币,分行振贷,恩德甚厚。思所以永相民业,以称旨意者,岂无其策乎?五行之材,水居其一,善用之则灌溉之利,瘠土为饶,不善用之则泛溢填淤,湛溃啮食。兹欲讲究利病,使畿辅诸郡岁无垫溺之患,而乐耕桑之业。其疏通之术何先?使关陕、河南北高亢不干,而下田不浸,其潴防决引之法何在?江淮之交,陂塘之迹,古有而今废者,何道可复?愿详陈之,以观诸君子之学。"(《全元文》第26册,第27页)

王士熙以治书侍御史任廷试监试官,马祖常以翰林直学士任读卷官,苏天爵掌廷试试卷。

按:据苏天爵《书泰定廷试策题稿后》载:"右策题草稿四首,泰定丁卯三月廷试进士监试官治书侍御史王士熙、读卷官翰林直学士马祖常所拟撰也。既缮写进呈,御笔点用其二,盖自延祐设科以来规制如此。"(《滋溪文稿》,第511—512页)则泰定丁卯科的廷试题目由王士熙、马祖常共拟,最终用其二。而考索现存马祖常作品,并无廷试策问,王士熙所仅存的诗文作品中有《廷试策问》一则,未知是否即为泰定乙卯年廷试策问题目。且附王士熙《廷试策问》题于后。

又按:王士熙《廷试策问》:"朕问:帝王之相承,质文之迭兴,尚矣!夫治在正俗,致俗之丕变,必在上之人有以作而兴起之,则四海之内,其应如响也。史氏之言曰:'夏之政忠,忠之弊,小人以野,故殷人承之以敬。敬之弊,小人以鬼,故周人承之以文。文之弊,小人以僿。于乎!三代善政,所以绍五帝之烈,垂百世之范,其为之纲纪枢机者,岂不在兹乎?继是而后,不遑论也。'洪惟我太祖皇帝,龙兴朔土,世祖皇帝,奋宅方夏。制度文为,著之令甲。深仁厚泽,涵煦黎庶。其一民俗而定民志者,具举矣。淳庞正直之风,笃实博大之教,兹非忠乎!上下等威,截然而不可犯,郊庙朝廷,粲然而有仪,兹非敬与文乎!然必审所从也。夫三代不可及已,其所谓弊者?果何在乎?今欲气感而声随,风移而俗易,必从一以为定乎?必择三者之盛而弃其弊乎?此朕所以切于正俗者也。子大夫积学明经,其于古今之宜、政事之要,方将推以待用,其悉心以对,毋忽。"(《全元文》第22册,第153—154页)

虞集应赵简所请,为其"请开经筵"奏章作题跋。

按:据虞集题跋所述,泰定元年春,泰定帝始开经筵,"皆以国语译所说书,两进读,左丞独领之",即以蒙古语解说汉典,由左丞相主领该事。四年间,以丞相主持经筵者有中书平章张珪、中书右丞相许师敬(许衡之子)、中书平章赵世延;御史台有御史中丞撒忒迷失;翰林参与润译者有:承旨也先帖木儿、忽都鲁都儿迷失,学士吴澄、阿鲁威、曹元用、撒撒干、燕赤、马祖常、虞集,待制彭寅亮、吴律,应奉许维则;集贤参与人员有:赵简、王结、邓文原;礼部尚书李家奴、买闾;中书参议吴忽都不花、中书右司郎中张起岩等。

又按:虞集《书赵学士简经筵奏议后》:"泰定元年春,皇帝始御经筵,皆以国语译所说书,两进读左丞相专领之。凡再进讲,而驾幸上都,次北口,以讲臣多高年,召王结及集执经从行。至察罕行宫,又以讲事,亟召中书平章张公珪,遂皆给传,与李家奴、燕赤等俱行。是秋将还,皆拜金纹对衣之赐。独遣人就赐赵公简于浙省,加白金焉,赏言功也。四年之间,以宰执与者,张公珪之后,则中书右丞许公师敬,与今赵公世延也。御史台则中丞撒忒迷失,而任润译讲读之事者,翰林则承旨野仙帖木儿、忽鲁都而迷失,学士吴澄伯清、阿鲁威叔重、曹元用子贞、撒撒干伯瞻、燕赤信臣、马祖常伯庸及集,待制彭寅亮允道、吴律伯仪,应奉许维则孝思也,集贤则大学士赵简敬甫、学士王结仪伯、邓文原善之也;李家奴德源、买闾仲璋,皆礼部尚书。吴忽都不花彦弘中书参议,张起岩梦臣,中书右司郎中也。或先或后,或去或留,或从或否,或久或近,而集与燕赤,则四岁皆在行者也。今大丞相自爰立后,每讲必与左丞相同侍。而张公既归老,犹带知经筵事,皆盛事也。今年春,赵集贤始以建议召入侍讲。一日既进书,待命殿庐,赵集贤慨然叹曰:'于是四年矣,未闻一政事之行,一议论之出,显有取于经筵者,将无虚文乎?'集乃言曰:'乡者公奏荧惑退舍事,玉音若曰,讲官去岁尝及此,又欲方册便观览,命西域工人,捣楮为帙,刻皮镂金以护之,凡二十枚,专属燕赤缮录前后所进书。以此观之,简在上心明矣。诚使少留渊衷,则见于德业者,何可得而名哉。且先儒有言,政不足适,人不与间,其要格心而已。然则所虑者,言不足以达圣贤之旨,诚不足以感神明之通。吾积吾诚云耳,他不敢知也。'然而集贤恳恳切至于孟子之所谓恭敬者,盖可见焉。故并书于《奏议稿》后而归之。(召而不至者,不及一一书。入筵前后除擢,亦不备载)四年十二月朔旦书。"(《全元文》,第 26 册,第 323—324 页)

又按:王沂《题赵敬甫右丞经筵奏议稿后》:"泰定开皇极,文星拱北辰。雍容治安策,宥密老成人。庙算推先觉,天聪断若神。百年兴礼乐,一德会君臣。超汉开东观,归周尽逸民。给符鸣玉佩,赐坐列芳裀。敷奏天嗟晚,论思地更亲。清都零雨露,仙乐罢韶钧。浑浑唐虞典,熙熙宇宙春。侍臣工点笔,少府宠颁银。侧听经论密,恭惟德教淳。越裳来白雉,宫沼出黄鳞。丙魏声名旧,夔龙宠渥新。伫看归补衮,图象在麒麟。"(《全元诗》第 33 册,第 102—103 页)

吴澄二月二十一日收到王结书信。

按:吴澄在去年春作《回王仪伯学士书》、《弘斋记》两封书信给王结,后者又有回信予吴澄,并附上问题四条期望吴澄解答。

又按:吴澄《答王参政仪伯问》载:"澄自寄《弘斋记》后,末由嗣致起居之问,一子二孙来归,能言吉履,知遂闲适之乐,不胜喜幸。二月二十一日得去冬十月五日所惠翰教,启诵如获面觌。细玩副墨所问四条,嘉叹罔已。"吴澄因之作书以答,文载:"别墅从容养亲,读书深造详究,能儒流之所不易能。斯道不孤,关系非小。知至而至之,知终而终之,老夫日有望焉。四条之说,聊据鄙见陈之,以达左右。耄耋荒耗,愧不周悉。倘有未然,愿更附便示及。问目凡四:第一节:朱子'静而不知所以存之,则天理昧而大本有所不立。'此言当矣。但谨按朱子曰以下,朱子之言间有未莹者,执事已自能知之,今不复再言。欲下实工夫,惟'敬'之一字是要法。然《中庸》先言'戒慎所不睹,恐惧所不闻',而后言'慎其独',此是顺体用先后之序而言。学者工夫则当先于用处着力。凡所应接,皆当主于一。心主于一,则此心有主,而暗室屋漏之处,自无非僻。使所行皆由乎天理,如是积久,无一事而不主一,则应接之处,心专无二。能如此,则事物未接之时,把捉得住,心能无适矣。若先于动处不能养其性,则于静时岂能有其心哉?言不能详,即此推之,循其先后之次而着功焉,自见效验。至若平日读书穷理,其功又在此之先,而皆以敬为之主也。依《小学》书,习敬身明伦之事,以封培《大学》根基,此又在读书穷理之先者。第二节,周子'太极动而生阳,静而生阴'之说,读者不可以辞害意。盖太极无动静,动静者,气机也。气机一动,则太极亦动;气机一静,则太极亦静,故朱子释《太极图》曰:'太极之有动静,是天命之有流行也。'此是为周子分解。太极不当言动静,以天命之有流行,故只得以动静言也。又曰:'太极者,本然之妙也;动静者,所乘之机也,机犹弩牙、弩弦,乘此机如乘马之乘。机动则弦发,机静则弦不发;气动则太极亦动,气静则太极亦静。太极之乘此气,犹弩弦之乘机也,故曰'动静者,所乘之机',谓其所乘之气机有动静,而太极本然之妙无动静也。然弩弦与弩机却是两物,太极与此气非有两物,只是主宰此气者便是,非别有一物在气中而主宰之也。'机'字是借物为喻,不可以辞害意。以冲漠无朕、声臭泯然为太极之体,以流行变化、各正性命为太极之用,此言有病。盖太极本无体用之分,其流行变化者,皆气机之阖辟有静时,有动时。当其静也,太极在其中。以其静也,因以为太极之体;及其动也,太极亦在其中,以其动也,因以为太极之用。太极之冲漠无朕、声臭泯然者,无时而不然,不以动静而有间,而亦何体用之分哉!今以太极之根柢造化者为体之静,阴阳五行变合化育者为用之动,则不可。元亨,诚之通者。春生夏长之时,阳之动也,于此而见太极之用焉。利贞,诚之复者,秋收冬藏之时,阴之静也,于此而见太极之体焉;此造化之体用动静也。至若朱子所谓本然未发者,实理之体;善应而不测者,实理之用。此则就人身上言,与造化之动静体用又不同。盖造化之运,动极而静,静极而动,动静互根,岁岁有常,万古不易,其动静各有定时。至若人心之或与物接,或不与物接,初无定时。或动多而静少,或静多而动少,非如天地之动静有常度也。朱子以继之者善为阳之动,成之者性为阴之静,盖以造化对品汇而言。就二者相对而言,则天命之流行者不息,而物性之禀受者一定,似可分动静。然专以命之流行属阳之动,性之禀受属阴之静,则其言执滞而不通,盖不可也。至若《中庸》未发之中为体,已发之和为用,难以造化之诚通。诚复为比,言之长也,未易可尽,姑以吾言推之。至若谓'静非太极之本体也,静者所以形容其无声无臭之妙',此言大非。动亦一,静亦一,即无动一静一之可疑,盖因误以太极之本然者为静,阴阳之流行者为动故尔。太极本无动静体用也,然言太极则该动用静体在其中。因阳之动而指其动中之理为太极之用尔,因阴之静而指其静中之理为太极之体尔。太极实无体用之分也。第三节,冬至祀天于南郊之圜丘,夏至祭地北郊之方泽。此二礼相对,惟天子得行之。天,犹父也,父尊而不亲,故冬至祀天之外,孟春祈谷于郊,亦于圜丘。五时兆帝则于四郊，亦惟天子得行之。其他非时告天，礼之重者，则亦谓之郊；礼之轻者，则谓之类，言非正郊也，有类于郊祀焉尔，然亦惟天子得行之。盖祀天之礼，天子之外，无敢僭之者。地，犹母也，母亲而不尊，故惟北郊方泽一祭为至重，其次则祭地于社。北郊之祭，天子所独；社之祭，天子而下皆得行之，母亲而不尊故也。天子之社，谓之王社；诸侯之社，谓之国社；大夫、士、庶人之社，谓之里社，此皆正祭。除正祭之外，天子、诸侯或因事告祭，重者于社，轻者但谓之宜，言非正社之祭，其礼与社祭相宜称焉尔。胡氏因不信《周礼》，但见他书皆以郊、社对举而言，遂以为天子祭地亦只是社祭而已，不知天子之尊所以异于诸侯者，有方泽祭地之礼为至重，而诸侯不得行也。第四节，古者天子祭七庙，初受命之王为太祖，其庙居中。东三昭，西三穆，凡六庙。东西之南二庙为祢为祖，东西之中二庙为高为曾，此谓之四亲庙。东西之北二庙祭高祖之父与高祖之祖，为二祧庙。亲四，祧庙二，合之为三昭三穆。其有功德之王，亲尽庙当毁，则别立一庙于昭穆北庙之北，谓之宗，百世不毁，与太祖同，周之文世室、武世室是也。合一祖、二宗、三昭、三穆则谓之九庙，此天子之制也。若诸侯，则始封之君为太庙，高、曾、祖、祢为四亲庙，是曰二昭二穆，无二祧，亦无有功德之宗，故其祫祭也但有时祫，而无大祫。时祫者，迁二昭二穆之主，合祭于太庙也；大祫者，三昭三穆二宗之外，凡庙之已毁者，皆得合食于太祖之庙也。大夫三庙，初为大夫者居中，曰太庙，一昭一穆，则祖、祢也。上士二庙，惟祖与祢，无太庙也。中士、下士一庙，祢庙而已，无祖庙也。庶人无庙，祭父于其寝而已。中士、下士之常祭但得祭祢，若欲祭祖，则于祢庙祭之。上士欲祭曾、高，则于祖庙中祭之。大夫欲祭祖以上，则于太庙祭之。古者惟天子、诸侯有主，大夫、士无主，祭则设席以依神而已。伊川所制之礼，大夫士皆有主，皆得祭及高祖，僭诸侯之礼也。至若冬至祭始祖，立春祭先祖，则僭天子禘祫之礼矣。故朱子初亦依伊川礼，举此二祭，后觉其僭，遂不复祭。后世既无封建，则斟酌古今之宜，三品以上得如古之诸侯，祭及四世，但既无封国，则不当有主。六品以上如大夫礼，七品如上士礼，八品、九品如中士、下士礼。如此，庶几近之。朱子所谓二主者，此言继祢之宗子载其考妣二主以行尔；所谓'二主常相依，则精神不分'者，言其考妣之精神常与神主相依，不别立祠板之类也。干祫及其高祖者，干谓由下而达于上也。高祖本无庙，若或立功于国，君宠锡之，则得合祭四代，上及高祖。大夫则祭于其太庙，上士则祭于其祖庙，中、下士则祭于其祢庙。以上姑举其大概，不及详悉也。或曰礼随时制宜，有损有益，大夫、士有主，自伊川所定之礼始，然亦无害于义。但是有庙者有主，其无庙者，其主埋于墓所，若欲追祭，则设席依神而祭于有主者之庙。况如今

庙制皆非古,则只当且因循伊川所定之礼行之。"(《吴澄集》,第44—50页)

又按:王结收到吴澄回信后作《与临川吴先生问答》:"问曰:泰定初年,陪侍函丈,曾闻先生论《中庸》未发之旨。大概以为'常人失于存养,虽燕居独处,未尝有未发之时。至于梦寐之间,亦皆已发也。君试用功体验,自见其义'。仍云此与朱子《章句》《或问》之说不同,结当时未能领会。且以朱子'静而不知所以存之,则天理昧而大本有所不立'之言参考,意谓与朱子之说不甚殊。然存之于心,未尝舍置。去岁归休于家,重复思绎,似方略见涯涘。谨按:朱子曰:众人之心莫不有未发之时,亦莫不有已发,日用之间,固有自然之机,不假人力。方其未发,本自寂然。其学者问云:恐众人于未发昏了否?答曰:这里未有昏明,须是还他未发。又曰:程子诸说,似皆以思虑未萌、事物未至之时为喜怒哀乐之未发。当此之时,即是此心寂然不动之体,而天命之性,全体具焉。又申解中和之义曰:'当其未发,此心至虚,如镜之明,如水之止。则但当敬以存之,不使少有偏倚。'窃详朱子之意,似谓人之应事接物之著思索念虑之微者,皆已发也。事物未接,思虑未萌,即未发也。故以动为已发,静为未发。未发之时,能敬以存之,则大本之立,日以固矣。盖朱子以上智刚明之资,济之以穷理致知之学,又素有持敬功夫。殆如明道所谓质美者,明得尽者欤!所谓念虑未萌,便自寂然,天命之性,浑然在中,非未发而何?盖以己之造理闻道,自得之功,章灼著明者,发明经旨,是以动为已发,静为未发。两者日用之间,不假人力,固有自然之机。众人之心莫不皆然,老稚贤愚无所殊异。但静而未发之时,无庄敬存养之功,故天理昧而大本有所不立。此文公释经之大意也。然众人天命之性,全具于心,固与圣人无异。但蔽于气禀,诱于物欲,邪思妄念,杂然纷扰。又不知涵养澄治之方,虽燕居独处,不与物接,又安能寂然不动,如镜如水,若子思之所谓未发者哉?反复寻绎,似与先生之说不同。盖先生之意以为,一心性情之德,体用之全,固皆完具。但众人不知尽心知性之学,又无存心养性之功,虽未及出门使民,而燕闲潜默,深居独处,其心之所生思虑意念,胶扰纷纠,一起一仆,所谓渊沦天飞,凝冰焦火,出入无时,亦无定处者,又岂能虚明静一而有未发之时乎?既不能存养于未发之前,使吾之一心如明镜止水,虽性之德,道之体,尚皆完具,亦且昏昧而大本有所不立矣。此先生辨析精微之极,深有益于学者。妄意如此,未知中否?然先生之说,与文公不同者,盖谓众人之心,特无未发耳。其性情体用,大纲大节之论,则无不同。今良心放逸,念虑杂扰,未尝有未发之时,幸闻命矣。然欲用功存养于未发之前,使本心渐致于虚明静一,以复其止水明镜之体,以立于未发之域,但其所从入之路,用力之方,存养之道,未能晓会,伏望先生精加剖析,详示训诱,虽于建立大本,经纶大经,不敢妄议,亦庶几心存理得,不为君子之弃,而小人之归也。抑又尝闻,洙泗伊洛,教人之旨,有所谓致知诚意,居处恭,无不敬,俨若思,戒慎恐,惧慎独,存心养性,求其放心。涵养须用敬入,道莫如敬,未有致知而不在敬者。主一之谓敬,无适之谓一。是皆可以为存养之方矣。但庸鄙之人,终未融贯。如何而可至于未发之域?又因先生之言,反己体验,所患者事物未至之时,意虑纷扰,一念未已,一念又生,未尝有思虑未萌,澹然虚静时节。由此言之,众人无未发之时益可见矣。或者教以习为静坐,忘虑绝念,如昔人用白黑豆澄治思虑者,久之并白豆亦不复有,斯亦善矣,得无流于二氏槁木死灰,心斋坐忘之学乎?又,朱子谓此只是个死法,若更加以穷理工夫,则去不正之思虑何难之有?但拙者未能洒然于心,是以卒无定见,罔知适从,而窃自悼其无进道之功也。惟先生矜其庸愚,谅其忧悬,终教之,幸甚。答曰:朱子'静而不知所以存之,则天理昧而大本有所不立',此言当矣。但谨按朱子曰以下朱子之言,间有未莹者,执事已自能知之,今不复再言。欲下实工夫,唯敬之一字是要法,然《中庸》先言戒慎所不睹,恐惧所不闻,而后言慎其独,此是顺体用先后之序而言。学者工夫,则当先于用处着力。凡所应接,皆当主于一心。主于一则此心有主,而暗室屋漏之处,自无非僻,使所行皆由乎天理,如是积久,无一事而不主一,则应接之处心专无二。能如此,则事物未接之时,把捉得住,心能无适矣。若先于动处不能养其性,则于静时岂能存其心也哉?言不能详,即此推之,循其先后之次而着功焉,自见效验。至若平日读书穷理,又在此之先,而皆以敬为之主也。依小学书习敬身明伦之事,以封培大学根基,此又在读书穷理之先者。问曰:周子曰:'太极动而生阳。动极而静,静而生阴。静极复动。'又曰:'圣人定之以中正仁义,而主静立人极焉。'《图说》、《全书》,朱子解义备矣。独于动静之义,窃有说焉。夫太极有体有用,冲漠无朕,声臭泯然者,其体也。流行变化,各正性命者,其用也。其体则静而含动,其用则动而有静。太极之理,枢纽造化,根柢品汇,而泯无声臭焉,体之静也。阴阳五行,变合化育,而生生不穷焉,用之动也。周子所谓寂然不动者,诚也。元亨,诚之通。利贞,诚之复。朱子所谓本然而未发者,实理之体;善应而不测者,实理之用。政此义也。然神妙之动,实出于本体之静。而用动之极,自有专翕之静。故曰'其体则静而含动,其用则动而有静'也。但周子所谓动极而静,静而生阴者,乃用中之静,动之息耳。虽具太极之本体,而非冲漠无朕之静矣。盖阴阳动静,时位虽殊,其为一气之流行则一也。且冲漠无朕,而万象森然已具,是举本然之体而用之,理在其中。阴阳五行,开阖变化,而太极之妙无不在是。即形器之中,而理之体斯可见,虽一源无间,初无二致,然体用动静之大分则不可不别也。周子以乾道变化各正性命,为诚之立。朱子以图之右方阴静与夫正也,义也,寂也,为太极之体所以立,亦非以流行之静,即为本然之体也。盖太极之实理流行以赋于人者,继之者,善阳之动也。万物各得受其所赋之理者,成之者,性阴之静也。万物既受其所赋之正,则实理于是乎各为一物之主矣。乃一物一太极也。非诚斯立焉而何？然万物受其所赋之正而成之者,乃阴静也。实理之具于心而为性者,乃太极之体也。道器之间,区别精矣。亦岂遽以阴静为本然之体哉？朱子以阴静为太极之体,所以立者,亦诚斯立焉之义。周子所谓中正仁义者,即五行之性皆太极之理具,于人心而体用完具者也。盖寂然而未发,无所偏倚者,其体也。随感而著见,各有条理者,阴阳五行变合化育,实为天命流行之用。以象类言之,则中正仁义皆道之用也。今朱子乃以正也、义也为太极之体所以立者,特以分属阴静为言耳。且朱子以中也、仁也为行发而见于外,实太极之用,所以行曰正曰义,为裁处,而主于内,又以正为中之幹,而义为仁之质,乃诚之复而性之贞,故以为太极之体所以立,是亦有诚斯立焉之义,其大要则以象类言之也。且元亨利贞,天道也。仁义中正,人道也。天人之际,理则一而分则殊。以象类所属而言之,则其理初无二致也。以分言之,则在天在人,或有不同也。何者？天之元亨利贞,由序而见,亘古亘今,不与易也。中正仁义之在人随感,不以序而见先后终始,各有所宜也。岂可以正与义因阴阳之象类独为太极之体所以立哉！此以分殊之理言之也。则四者同为道之用也,亦可知矣。若夫寂然不动者,以天道言之,乃太极之本然冲漠无朕之体。以人道言之,乃未发之中,道之体性之德也。今亦以分属阴静之类,而为太极之体所以立,非惟与周子之言不合,与朱子他说亦相矛盾也。周子曰：'寂然不动者,诚也。'又曰：'诚无为。'又曰：'诚者圣人之本。'朱子释之曰：'本然而未发者,实理之体。实理自然何为之有？诚者,至实而无妄之谓,即太极也。'以此说比而观之,则寂然不动者,乃太极之本然,实理之本体,亦不待辨而明矣。夫诚者,寂然不动,道之体也。中正仁义,道之用也。然则周子之所谓主静者,何所指而云也？盖人之生也,形成于阴而神发于阳,太极之理各具于心而以为之性。及其感物而动,则善恶分而万事出矣。圣人教人,使之居仁由义,存心养性以复其太极本然之妙,故定之以中正仁义之道,而主于静焉。此所谓静,乃寂然不动之实理,道之体而性之德也。非以中之幹,仁之质而为言也。以天道论之,则冲漠无朕之体,太极本然之妙。亦非指夫用中之静,动之息者为言耳。是即子思所谓未发之中。学者果能戒慎恐惧于不睹不闻之前,养其寂然不动之体以为之主,则大本立而达道行,无声无臭之妙复全于我矣。或谓人事之有动静,实本于太极之动而阳、静而阴也。今论主静之义，乃舍夫阴静之云而不取乎为之质幹者，何人事之不本于天道也？且阴阳动静，一而已矣。今以天命之流行，为太极之动静矣。而又以无声无臭者为本体之静，是太极之道动一而静二，恐非周子之意也。愚谓天人之理则一，而分则殊，前固已言之矣。夫无声无臭者，太极之本然寂然而未发者，实理之自然。道之本体岂有二致哉！故人事之动静，实本于天道。盖一阴一阳者，太极之动静，作止语默之事，中正仁义之用，人道之动静，未发之中，已发之和，尤动静之大者。作止语默，中正仁义，象阴阳之迭运，未发已发，乃体静而用动。主静云者，乃主乎寂然未发之体，无声无臭之妙。果能此道矣，则大本之所以立，达道之所由行，中正仁义举在是矣。又岂泥于流行之阴静，而指夫中之幹，仁之质，而谓之静哉？周子之言与子思未发之旨实相表里，虽详略不同，其揆一也。夫静非太极之本体也。静者，所以形容其无声无臭之妙耳，犹中非性也。中所以状性之德，且无极之云，非静而何？又，周子所谓静无者，亦指此本然之体为言耳。周子之书，不言本体之静，今必言之者，盖以主静之义推之。人道寂然未发之体，即太极无声无臭之妙也。阴阳之运，动静之机，同一而已。亦何必嫌乎以静形容太极本然之体哉？况以静名状道体，其来尚矣。人生而静，《乐记》之语也。其本也生而静，程叔子之论也。是岂无所本而为言欤？但动静之理，以天道言之，实天命之流行，乃太极所乘之机，所以生阴生阳者，二气交感，五行顺布，则人物之众，性命之微，天地鬼神之奥，皆原于此。故即此形器之中，而太极之理在焉。所以本体之静，不假言也。人之动静，其作止语默，乃肖象之微者，未足言也。中正仁义，实本于阴阳动静天人之理，吻合无间。中也，仁也，阳之动也。正也，义也，阴之静也。又以乾坤专一翕聚，与夫性之贞、诚之复而推之，则正为中之幹，义为仁之质也明矣。今主静之云不属之此，而乃主乎寂然不动之体，无声无臭之妙，何哉？盖周子之所谓中正仁义道之用也，人道动静实兼体用。静乃未发之中，道之体也。动乃已发之和，道之用也。此在天在人，分殊之义也。但天道动静主于太极流行之用，然即用之体可见。人道动静主于体用兼备，而理无乎不在，则天人之理又未尝不同也。然则朱子所谓体立而后用，有以行者，亦当以寂然未发之体言之欤！往岁温绎旧闻，偶见及此。逮再入都门，与一二朋友论之，咸以动一静二为疑，惟伯生独以为然，终未经质正于先生，鄙怀愤悱，未敢自以为是。然先儒有言，理愈精微，言易差失，况寡陋之人乎？此理义之大原，学问之大端，伏惟先生精加剖析，因风下教，以开其愚蒙。幸甚！答曰：周子'太极动而生阳，静而生阴'之说，读者不可以辞害义。盖太极无动静。动静者，气机也。气机一动，则太极亦动。气机一静，则太极亦静。故朱子释《太极图》曰：'太极之有动静,是天命之有流行也。'此是为周子分解太极,不当言动静,以天命之有流行故,只得以动静言也。又曰:'太极者,本然之妙也。动静者,所乘之机也。'机犹弩牙,弩弦乘此机,如乘马之乘,机动则弦发,机静则弦不发;气动则太极亦动,气静则太极亦静。太极之乘此气,犹弩弦之乘机也。故曰动静者,所乘之机。谓其所乘之气,机有动静,而太极本然之妙无动静也。然弩弦与弩机,却是两物。太极与此气,非有两物,只是主宰此气者便是,非别有一物在气中而主宰之也。机字是借物为喻,不可以辞害意,以冲漠无朕声臭泯然为太极之体,以流行变化各正性命为太极之用,此言有病。盖太极无体用之分,其流行变化者,皆气机之阖辟,有静时,有动时。当有静也太极在其中,以其静也,因以为太极之体。及其动也,太极亦在其中,以其动也,因以为太极之用。太极之冲漠无朕声臭泯然者,无时而不然,不以动静而有间,而亦何体用之分哉?今以太极之根柢造化者为体之静,阴阳五行变合化育者为用之动则不可。元亨,诚之通者,春生夏长之时,阳之动也,于此而见太极之用焉。利贞,诚之复者,秋收冬藏之时,阴之静也,于此而见太极之体焉。此造化之动静体用也。至若朱子所谓本然未发者,实理之体;善应而不测者,实理之用。此则就人身上言,与造化之动静体用又不同。盖造化之运动极而静,静极而动,动静互根,岁岁有常,万古不易。其动静各有定时。至若人心之或与物接,或不与物接,初无定时,或动多而静少,或静多而动少,非如天地之动静有常度也。朱子以继之者善为阳之动,成之者性为阴之静,盖以造化对品汇而言。就二者相对而言,则天命之流行者不息,而物性之禀受者一定,似可分动静。然专以命之流行属阳之动,性之禀受属阴之静,则其言执滞不通,盖不可也。未发之中为体,已发之和为用,难以造化之诚通、诚复为比。言之长也未易可尽,姑以吾言推之,至若谓非太极之本体也,静者所以形容其无声无臭之妙,此言大非。动亦一,静亦一,即无动一静二之可疑。盖因误以太极之本然者为静,阴阳之流行者为动故尔。太极本无动静体用也。然言太极则该动用静,体在其中,因阳之动,而指其动中之理,为太极之用尔。因阴之静,而指其静中之理,为太极之体尔。太极实无体用之分也。问曰:朱文公《论语或问》云:胡氏以社为祭地之礼,曰未可知也。然其言则有据矣。存而考之可也。胡氏曰:古者祭地于社,犹祀天于郊也。故《泰誓》曰郊社不修,而周公祀于新邑,亦先用二牛于郊,后用太牢于社也。《记》曰:'天子将出,类于上帝,宜于社。'又曰:'郊所以明天道,社所以神地道。'《周礼》以禋祀昊天上帝,以血祭社稷,而别无地祇之位。四圭有邸,舞云门以祀天;两圭有邸,舞咸池以祀地。而别无祭社之说。则以郊对社可知矣。后世既立社,又立北郊,失之矣。谨按:《或问》胡氏此说,朱子虽以未可知也答之，然亦谓其言有据矣。但祀天于郊，祭地于社，非惟有所据，依以理论之，似合礼意。但天子得祭天地郊社对举，固为达礼。然三代之制曰国、曰邑、曰乡，皆得祭社。若以社为祭地之礼，是有国之君、乡邑之长，俱得祭所分之地，无乃涉于僭越乎？此可疑者一也。且说者谓：社者，乃五土之神，能生五谷者。既以社为五土之主，生育五谷之神，虽举大社之礼，其能尽大地之体乎？此可疑者二也。北郊之礼，论辨纷然，竟未能定于一。今以社为祭地，则北郊聚讼之言，何以弭之？此可疑者三也。况此乃典礼中一大条贯，伏惟先生礼乐精深，必素有定论，切望详为敷陈以示善诱，非惟寡陋之幸，天下学者之幸也。答曰：冬至祀天于南郊之圜丘，夏至祭地于北郊之方泽，此二礼相对，唯天子得行之。天，犹父也。父尊而不亲，故冬至祀天之外。孟春，祈谷于郊，亦于圜丘。五时祀帝，则于四郊，亦唯天子得行之。其他非时告天，礼之重者，则亦谓之郊，礼之轻者，则谓之类。言非正郊也，有类于郊祀焉尔。然亦唯天子得行之。盖祀天之礼，天子之外无敢僭之者。地，犹母也。母亲而不尊。故唯北郊方泽，一祭为至重。其次，则祭地于社。北郊之祭，天子所独。社之祭，天子之下皆得行之。母亲而不尊故也。天子之社，谓之王社。诸侯之社，谓之国社。大夫士庶人之社，谓之里社。此皆正祭。除正祭之外，天子诸侯，或因事告祭，重者为社，轻者但谓之宜，言非正社之祭，其礼与社祭盖相称焉尔。胡氏因不信《周礼》，但见他书皆以郊社对举而言，遂以为天子祭地，亦只是社祭而已，不知天子之尊，所以异于诸侯者，有方泽祭地之礼为至重，而诸侯不得行也。问曰：文公《家礼》'士人祭及高祖'，其说原于伊川附注云。或曰：今人不祭高祖如何！伊川先生曰：'高祖自有服，不祭甚非。某家却祭高祖。'又曰：'自天子至于庶人，五服未尝有异，皆至高祖。服既如是，祭祀亦须如是。'晦庵先生曰：'考诸程子之言，则以为高祖有服，不可不祭，虽七庙五庙，亦止于高祖。虽三庙一庙，以至祭寝，亦必及于高祖。但有疏数之不同耳。'疑此最为得祭祀之本。今以祭法考之，虽未见祭必及高祖之文，然有月祭享尝之别。则古者祭祀以远近为疏数，亦可见矣。礼家又言：'大夫有事省于其君，干祫及其高祖。'此则可谓立三庙而祭及高祖之验，亦来教所疑私家合食之文，因可见矣。但干祫之制，他未有可考耳。愚谓先王制礼，因于人情，所以正名分而昭等杀。夫人伦之至亲者，父子也。溯流而上之曰祖、曰曾、曰高，亲亲之恩一也。其服纪有轻重差等者，以著其远近之异耳。且高祖之服，自天子至于庶人，上下同之，无有降杀。故祭祀之礼，虽贵贱有殊，俱及于高祖，况三世之祖乎？此乃人之至情，礼之达节也。但以庙制揆之，则其说有不能尽通者。盖古者宗庙之制，天子七，诸侯五，大夫三，适士二，官师一，所谓名位不同，礼亦异数者。

其制适士以上都宫别殿,庙奉一主,而又庙必南向,主必东向,非如后世同堂异室之制也。今谓天子诸侯,虽七庙五庙,祭亦止于高祖者,盖天子除始祖及文世室、武世室三庙外,余四庙则高、曾、祖、考也。诸侯除始封之君之庙外,所祭者,亦高、曾、祖、考之庙耳。此其礼之可行,而其说可通者也。若谓大夫而下咸得祭及于高祖,则大夫之庙所奉者,曾祖以下之主也。适士之庙所奉者,祖考之主。官师之庙所奉者,考妣之主也。庙数之外当祭之主,奉安于何所而祀之乎?既各有庙,亦无祭于正寝之义。是时又无同堂异室之制,如谓同祭于子庙,或孙曾之庙者,尤非礼意。此乃礼之合于人情说之不可行者也。故朱子虽著之《家礼》,而《语录》复有祭三代已为僭之说,岂亦疑此曲折欤?其月祭享尝之别,以远近为疏数者,所疑与前亦无异也。礼家又言:'大夫有事省于其君,干祫及其高祖。'虽以为祭及高祖之验,而复谓干祫之制他未有可考耳,岂又疑祫祭非大夫以下之礼也?朱子又谓:'今宗子主祭者,或宦游四方,或贵仕于朝,非古人越在他国之比,不得使支子代祭,必欲酌其中制,适古今之宜。则宗子所在,奉二主以从之,上不失萃聚祖考精神之义(其自注云:二主常相依,则精神不分矣),下使宗子得以田禄荐享祖宗。'按此乃古人所未有,朱子以义起者,可谓处礼之变而得其中矣。但所谓二主者,未知指何主而言也。说者谓四代考妣之主耳。若果如此,止谓之主则考妣即可知矣,何故谓之二主哉?其自注'二主常相依,则精神不分',说者又谓考妣之主,常依于宗子,则精神不散。既谓二主相依,恐非依于宗子也。更以下文'留影于家,奉祠版而行,恐精神分散'之语证之,朱子之意似非谓二主依于宗子精神不散也。凡此所陈,虽大小不同,其疑一也。伏望先生诲其未至,而祛其所疑,庶几怅怅之人,略有定向。久渴善训,曷胜跂仰之至。答曰:古者天子祭七庙,初受命之王为太祖,其庙居中,东三昭,西三穆,凡六。东西之南庙为祢为祖,东西之中二庙为高为曾。此谓之四亲庙。东西之北二庙祭高祖之父与高祖之祖,为二祧庙。亲庙四,祧庙二,合之为三昭三穆。其有功德之主,亲尽庙当毁,则别立一庙于昭穆北,庙之北谓之宗,百世不毁,与太祖同。周之文世室、武世室是也。合太祖、二宗、三昭、三穆,则谓之九庙。此天子之制也。若诸侯则始封之君为太庙,高曾祖祢为四亲庙,是曰二昭、二穆,无二祧,亦无有功德之宗,故其祫祭也,但有时祫而无大祫。时祫者,迁二昭二穆之主合祭于太庙也。大祫者,三昭三穆二宗之外,凡庙之已毁者,皆得合食于太祖之庙也。大夫三庙,初为大夫者居中,曰太庙。一昭一穆,祖祢也。上士二庙,唯祖与祢,无太庙。中士下士一庙,祢庙而已,无祖庙也。庶人无庙,祭父于其寝而已。中士下士之常祭,但得祭祢,若欲祭祖,则于祢庙祭之。上士欲祭曾高,则于祖庙中祭之。大夫欲祭祖以上，则于太庙祭之。古者唯天子、诸侯有主，大夫士无主，祭则设席以依神而已。伊川所制之礼，大夫士皆有主皆，得祭及高祖，僭诸侯之礼也。至若冬至祭始祖，立春祭先祖，则僭天子禘祫之礼矣。故朱子初亦依伊川礼，举此二祭，后觉其僭，遂不复祭。后世既无封建，则斟酌古今之宜，三品以上得如古之诸侯，祭及四世，但既无封国，则不当有主。六品以上如大夫礼，七品如上士礼，八品九品如中士下士礼。如此，庶几近之。朱子所谓二主者，此言继祢之宗子载其考妣二主以行耳。所谓二主常相依，则精神不分者，言其考妣之精神常与神主相依，不别立祠板之类也。干祫及其高祖者，干，谓由下而达于上也。高祖本无庙，若或立功于国，君宠锡之，则得合祭四代，上及高祖。大夫则祭于其太庙，上士则祭于其祖庙，中士则祭于其祢庙。以上姑举其大概，不及详悉也。或曰，礼随时制宜，有损有益。大夫士有主，自伊川所定之礼始，然亦无害于义。但是有庙者有主，其无庙者其主埋于墓所，若欲追祭，则设席依神而祭于有主者之庙。况如今制皆非古，则只当且因循伊川所定之礼行之。"（《全元文》第31册，第351—363页）

又按：危素《年谱》载至顺元年（1330）事迹下列有"《答王参政问》"，似表明吴澄《答王参政仪伯问》作于1330年。如果按照危素《年谱》定于1330年的话，则先《答王参政仪伯问》一年的《回王仪伯学士书》、《弘斋记》作于1329年，吴澄于《回王仪伯学士书》写到"去腊抵家"，指其于1329年腊月归家，但吴澄并未于1329年外出，其于1329年11月尚得琴士李天和之子登门拜访，何谈在腊月有归家一事？又文中有"自谦春季来至山间"，皆与去年（1326）《回散散学士书》、《回曹子贞尚书书》等书所言相合，故今考吴澄此文当作于此年，危素《年谱》记载有误。

吴澄游乐安县玉山观并作记文。

按：吴澄于至治元年（1321）就曾受到法师邹嗣昌的请求为玉山观作记，但当未曾有余暇。此年吴澄省先茔于乐安县，得观玉山观，故最终作记以存，见《金华玉山观记》。（《吴澄集》，第967—968页）

又按：方旭东考之称："天授乡原属崇仁县，宋绍兴中划归乐安，据同治《乐安县志》卷一'地理志·沿革'，宋绍兴十七年，江西转运使钩光祖据崇仁县丞札子，割崇仁之天授、乐安、忠义三乡，永丰之云盖一乡，中创一县，十九年建治，属抚州府。……《年谱》与《玉山观记》孰是？或《玉山观记》之'乐安乡'为'乐安县'之误？考《玉山观记》又云：'茔面金华山之阴，山之阳有道观，名玉山。'查同治《乐安县志》卷一'地理志·山川'，金华山，在县北十七都，离城四十里，形如覆瓠，高十丈，沿袤五十丈，昔王、郭二仙登此山以望华盖，相顾曰：此山绝似婺州金华，但无白石为羊耳。……下有玉仙观。

又《乐安县志》卷二'建置志·寺观',玉仙观,在十七都,晋泰宁二年建,谢谔诗(略)。据《玉山观记》,谢谔与玉山观大有渊源,'宋建炎间,阁山道士谢居义创道院于金华山麓之金石原。谢之徒,冲隐大师杜行正工诗善弈,清江谢尚书谔摄乐安尉时,甚礼貌之,广拓道院,迁于山麓之左'。可知,县志所载之玉仙观当即玉山观也,疑后世将玉山讹作玉仙。查县志,十七都属乐安乡,则玉山观在乐安县之乐安乡,吴澄之先茔亦在是焉。故吴澄《金华玉山观记》所言是,《年谱》所记误。"(方旭东《吴澄评传》,第416页)

吴澄春受吴养浩之请,为吴全节诗稿作序。

按:据吴澄记载,吴全节于泰定二年"被旨代祠江南三神山",今年还京,代祠期间赋诗二百余首。还京后吴全节的徒弟李盘中将此二百余首诗整理为《代祠稿》,准备刊刻成书,恰逢吴澄亲近的倪秀才此年上京,与吴全节的从子吴养浩有所往来,于是后者便请倪秀才带信给吴澄,希望吴澄为吴全节《代祠稿》作序。此事发生在春天,而吴澄序文则于当年秋季完成。但吴澄文章并未记载此事究竟于何年发生,故暂定为吴全节还京当年泰定四年。(《吴澄集》,第286页)

又按:吴澄《吴闲闲宗师诗序》载:"物之有声而成文者,乐也;人之有声而成文者,诗也。诗、乐,声也,而本乎气。天地之气太和,而声寓于器,是为极盛之乐;人之气太和,而声发乎情,是为极盛之诗。自古及今,惟文、武、成、康之世有二《南》、《雅》、《颂》之声焉。汉魏以后诗人多矣,而成周之太和不再见。其间纵或小康,而诗人大率不遇,身之坎轲穷愁,则辞之凄凉哀怨宜也,何由而得闻治世之音乎? 玄教大宗师吴特进,当四海一统之时,际重熙累洽之治,出入禁闼,晨夕清光。历仕六朝,眷渥如一。一世亨嘉之会如此,一身希旷之遇又如此。醺酣唐虞、三代之春,酝郁蓬瀛三岛之馥,太和之气贯彻于身,表里冲融,居天上人间第一福德,其发于声而为诗也,韵度何如哉? 旧有《瓢稿》,不啻千篇。泰定二年,被旨代祠江南三神山,四年还京。天机天籁,触处吟咏,诗凡二百余首,曰《代祠稿》。其徒李盘中提点将锓诸梓,而其从子吴养浩待制请序卷端。其诗如风雷振荡,如云霞绚烂,如精金良玉,如长江大河。盖其少也尝从硕师,博综群籍,盍已窥闯唐宋二三大诗人之门户,况又遭逢圣时,涵泳变化,其气益昌,太和磅礴,可使畏垒之民大壤,可使藐姑射之物不疵,声诗特余事耳。偶然游戏,字字鸣国家之盛,谐于《英》、《茎》、《咸》、《韶》之乐,固非寒陋困悴、怫郁愤闷者之所可同也。幸哉! 此生之在此时也;盛哉! 此时之有此诗也。李盘中名某,宣授体文翊教渊素真人云。"(《吴澄集》,第457—459页)

又按:刘将孙《题吴闲闲诗卷》载:"东坡尝赋诗,羡无为子以王事而得山水之乐。今闲闲真人阁皂降香,为山中赋咏,写成卷,以付葆光张省吾。又非无为子可得而几也。笔光墨润,飞动毫楮。诗辞秀丽潇洒,兼有天人之福。文章技道,有本有原。所以教省吾者,无不可以三隅反也。把玩爽然。"(《全元文》第 20 册,第 369—370 页)李孝光《题宗师吴闲闲诗卷》载:"簇仗神官踏彩烟,玗琪华静白麟眠。梦骑黄鹄飞绕日,手弄紫云行补天。歌咏太平追雅颂,扶持圣主属神仙。宫中应受长生诀,珠笈琼章映御筵。"(陈增杰校注:《李孝光集校注》,浙江古籍出版社,2016 年,第 574 页)

  吴澄是年夏出访清江旧友,弟子陈垚随侍。

  按:吴澄《陈垚葬志》载:"陈垚,生长素封之家,而无膏粱纨绮之态。既成童,诣予所读书,予每日谈辩,从旁窃听,悉能悟解。退而与同辈共论,虽年在其上者,辄为之屈。予固异之,父亦喜之。泰定丁卯夏,予出访清江旧友,垚从。"(《吴澄集》,第 1590 页)

  吴澄六月初一作《原理(有跋)》。

  按:吴澄《原理(有跋)》载:"天地之初,混沌鸿蒙,清浊未判,莽莽荡荡,但一气尔。及其久也,其运转于外者渐渐轻清,其凝聚于中者渐渐重浊。轻清者积气成象而为天,重浊者积块成形而为地。天之成象者,日、月、星、辰也。地之成形者,水、火、土、石也。天包地外,旋绕不停。地处天内,安静不动。天之旋绕,其气急劲,故地浮载其中,不陷不坠,岐伯所谓大气举之是也。天形正圆如虚球,地隔其中,人物生于地上。地形正方如博骰,日、月、星、辰旋绕其外,自左而上,自上而右,自右而下,自下而复左。天之积气为辰,凡无星处皆是,犹地之土也。积气之中有光耀为星,二十八宿及众星皆是,犹地之石也。日、月、五纬乃阴阳五行之精成象而可见者,浮生太虚中,与天不相系着,各自运行,迟速不等。天左旋于地外,一昼夜一周匝。自地之正午观之,则其周匝之处,第二日子时微有争差,盖周匝而过之,观天者定其阔狭名曰一度,每日运行一周匝而过一度。至三百六十五日三时有奇,则地之午中所直天度始与三百六十五日以前子时初起之处合,故定天度为三百六十五度四分度之一有奇。日亦左行,昼行地上,夜行地下,昼夜一周匝,但比天度则不及一度。盖日之行也,与地相直处,日月齐同,无过不及。而天之行也,与地相直处,一日过一度,二日过二度,三日过三度,故历家以日之不及天而退一度者为右行一度,盖以截法,取其易算尔。天倾倚于北,如劲风旋绕其端。不动曰极,上顶不动处谓之北极,高出地上三十六度,其星辰常见不隐。以偏依于北方,故曰北极。下脐不动处谓之南极,低入地下三十六度,其星辰常隐不见。以其偏近于南方,故曰南极。南、北二极相去之中,天之腰也,谓之赤道,日所行之道。春、秋二分正与天之赤道相直,故其出没与地之卯、酉相当，是以昼夜均平。春分以后行赤道北，夏至则去北极最近，故曰日北至。而其出没与地之寅、戌相当，是以景短而晷长，昼刻多而夜刻少。夏至以后，又移而南，至秋分，则与赤道相直。秋分以后，行赤道南，冬至则去南极最近，故曰日南至。而其出没则与地之辰、申相当，是以景长而晷短，昼刻少而夜刻多。冬至以后，又移而北，至春分，则又与赤道相直。日极于南而复北，则为冬至。上年冬至至下年日道极南复北之时，三百六十五日余三时不满，故天度一周之时三百六十五日四分日之一而有余，日道一周之时三百六十五日四分日之一而不足。天度有余，日道不足，故六十余年之后，冬至所直天度率差一度，是谓岁差。月亦左行，犹迟于日，一昼夜不及天十三度十九分度之七。盖日行疾于月，而退度不及天一度，反若迟然。月行迟于日，而退度不及天十三度有奇，反若速然。日之行三十日五时有奇而历一辰，则为一月之气。月之行二十九日六时有奇而与日会，则为一月之朔。每月气盈五时有奇，朔虚六时不满。积十二气盈，凡五日三时不满，十二朔虚凡五日七时有奇。一岁气盈、朔虚共十日十一时有奇。将及三载，则积之三十日而置一闰。日之有余为气盈，月之不足为朔虚。气盈、朔虚之积，是为之闰余。五星之行亦犹日月，其行有迟速。其行过于天则为逆，其行与天等则为留，其行不及天则为顺。日、月、五星之与天体相值也，由北直南而从分之谓之度，由东至西而横截之谓之道。月之行也，二十九日半有奇而与日同度，是为朔。十四日九时有奇而与日对度，是为望。合朔之时，从虽同度，横不同道。若横亦同道，则月掩日而日蚀。对望之时，从虽对度，横不对道。若横亦对道，则日射月而月蚀。其蚀之分数，由同道、对道所交之多寡。月朔后初生明时，昏见于庚。下明上暗，象震。上弦时，昏见于丁。下明已多，而上犹暗，象兑。望之时，昏见于甲。全体皆明，象乾。望后初生魄时，晨见于辛。下暗上明，象巽。下弦时，晨见于丙。下暗已多，而上犹明，象艮。晦之时，晨见于乙。全体皆暗，象坤。地西北高而多山，东南下而多水，先天方图法地。乾始西北，坤尽东南，故天下之山，其本皆起于西北之昆仑，犹乾之始于西北也。天下之水，其流皆归于东南之尾闾，犹坤之尽于东南也。天有四象，地有四象。日、月，天之用；星、辰，天之体。水、火，地之用；土、石，地之体。立天之道曰阴与阳，立地之道曰柔与刚。日，阳中阳。月，阴中阴。星，阴中阳。辰，阳中阴。水，柔中柔。火，柔中刚。土，刚中柔。石，刚中刚。错而言之，则天亦有刚柔，地亦有阴阳。日，阳也；月，阴也。星，刚也；辰，柔也。水，阴也；火，阳也。土，柔也；石，刚也。日火之精为夏之暑；月水之精为冬之岁寒。星体光耀，为昼之明；辰体昏暗，为夜之晦。水气下注而为雨，火气外旋而为风，土气上蒸而为露，石气内抟而为雷。

人禀气于天，赋形于地，耳、目、口、鼻为首，犹天之日、月、星、辰也。脉、髓、骨、肉为身，犹地之水、火、土、石也。心、胆、脾、肾四脏属天，肺、肝、胃、膀胱四脏属地。指节十二，合之二十四，有天之象焉。掌文后高前下，山崎川流，有地之法焉。物有飞、走、木、草四类，细分之十六：飞飞者，鸿鹄鹰鹯之属，性之飞，飞之性也。飞走者，鹅鸡鸭凫之属，情之飞，飞之情也。飞木者，佳鸠燕雀之属，形之飞，飞之形也。飞草者，蜂蝶蜻蜓之属，体之飞，飞之体也。走飞者，蛟龙之属，性之走，走之性也。走走者，熊虎鹿马之属，情之走，走之情也。走木者，猿猴之属，形之走，走之形也。走草者，蚁蛇之属，体之走，走之体也。木飞者，松柏之属，性之木，木之性也。木走者，樟榉之属，情之木，木之情也。木木者，械朴荆榛之属，形之木，木之形也。木草者，楮榖木芙蓉之属，体之木，木之体也。草飞者，竹芦之属，性之草，草之性也。草走者，藤葛之属，情之草，草之情也。草木者，蒿艾之属，形之草，草之形也。草草者，菘芥之属，体之草，草之体也。阳本实，阴本虚。阳为气，阴为精。阳成象，阴成形。阳主用，阴主体。则阳反似虚，阴反似实，是不然。天之积气虽似虚，然其气急劲如鼓皮，物之大莫能御，故曰健，曰刚，曰静专，曰动直，则实莫实于天。地之成形虽似实，然其形疏通，如肺气升降出入其中，故曰顺，曰柔，曰静翕，曰动辟，则虚莫虚于地。然则阳实阴虚者，正说也。阳虚阴实者，偏说也。往年因郝仲明见问，一时答之之辞如此。听者不能悉记吾言，故命史从旁书之。皆先儒之所已言，非吾之自言也。有人传录以去，题其名曰《原理》，殊非吾意。今庐陵士郭成子又逐节画而为图，可谓有志。然此特穷理之一端尔，人之为学，犹有切近于己者，当知所先后也。泰定丁卯六月朔，临川吴某识。"（《吴澄集》，第20—25页）

吴澄夏为刘光作墓志铭。

按：吴澄《有元征事郎翰林编修刘君墓志铭》载："自谦遽去予而殁矣夫，悲哉！予在禁林，自谦为属。南还之日，远饯出通州。明年，将旨而至，澄老病，弗克奉诏，遂别予去。未复使命，以疾卒于家。呜呼！悲哉！卒之后一年，其孤垫触暑走六百里来求铭，曰：'将以今年十月某日，葬里之江井山。'呜呼！悲哉！自谦姓刘氏，光其名也。……予之长子文与自谦同年生。次子京客都城，恭自谦犹兄。今则已矣，而予为铭其葬。"（《吴澄集》，第1498—1500页）

吴澄八月还家。

按：危素《年谱》载："八月还家。"

吴澄应何中之请为庐陵萧德孙之父作墓志铭。

按：吴澄《故逸士庐陵萧君墓铭》载："乡贡进士庐陵萧济美自状其父俊民甫之行，而澄大母之孙任何中以其书来，为之请铭。其状曰：'先君子讳德孙,经传子史、九流百家无不贯通。下笔数千言,倚马可待。平生所为文号《师心集》,时文不与编。集圣贤所言性理,濂洛而下议论,分门考订,名曰《理要》。讨论山川形势、古今封域,名曰《地志沿革》。谓诗自《三百篇》后,《离骚》无体不具,数删后诸家诗,名曰《诗体》。家吉水之虎溪,土俗颇浇薄。科未兴时,各弃学规利。先君子曰:"萧氏读书余二百年,讵可隳其家声!"由是宗族子弟不易所守,刚直无私。然好称人善,见人有过,冀与善道,俾迁善而不自知。不谄交富贵,客来论文,危坐竟日。乡俊秀从游得指授,文多可观。处族和,交友信,居乡义,教学者以孝弟为本。祖修职郎、建昌南城丞讳正,父登仕郎讳珏。服父丧哀毁逾礼;养母疾,三月不解带,母寿八十一。二亲既终,忌日号哭尽哀。事伯兄如事父,与弟同爨四十年无间言。弟先殁,长其孤,嫁其女。弟之子又殁,五年凡四丧,给其医药丧葬,虽贫不辞费。兄弟俱有文学,人称虎溪二龙焉。宾兴制下,欣然率诸少就试。既而黜,则曰命也,次科不复往。延祐庚申,济美与贡,戒以毋矜毋怠。至治辛酉下第,则曰:"此吾子进德机也。"藏书千卷,及胡忠简公、杨文节公、清江谢公、章公二尚书诸人翰墨数十纸,常令爱护此家宝,欲以见先世受知于先正若是。书外无长物,而于利澹如也。身长七尺,重厚端严,须眉皓白,衣冠伟甚,有商山老人风。年七十二,无疾而逝。泰定丁卯九月朏也。将以明年某月日安厝于某乡某原。济美痛念先君子老于山林,惧至沉没,泣述言行之概。伏惟哀而铭之,则先君子为不亡矣。先妣张氏,治家有法,先十二年卒。子二:济美、专美。孙男六,女六。'"(吴澄《故逸士庐陵萧君墓铭》,《吴澄集》,第1540—1541页)

又按:《宋元学案补遗》将萧德孙、萧济美立于《濂溪学案补遗·周学之余》列:"萧德孙,庐陵人,经传子史九流百家无不贯通。下笔数千言,倚马可待,平生所为文,号《师心集》,时文不与。编集圣贤所言性理,濂洛而下议论,分门考订,名曰《理要》。居乡务教学者以孝弟为本,子济美,与贡,戒以毋矜毋怠,至顺下第。则曰:此吾子进德机也。藏书千卷。及胡忠简杨文节清江谢章二尚书诸人翰墨数十纸,当令爱护,此家宝,欲以见先世,受知于先正。若是书外无长物,而于利澹如也。"(《宋元学案补遗》卷十二《濂溪学案补遗下·周学之余·萧先生德孙》,第1181页)

吴澄约在此年左右为皮潜赠行,含朝廷不知任贤之意。

按:皮潜于大德十年(1306)秋北上京师傔使半年,后丁忧返乡,凭借父亲荫泽补官为邵阳县丞,官满后居家二十年。推算他约于今年再赴平江路通判。在这期间,皮潜受两次朝廷任命,一为某州民牧,一为会府征司之长官,但皮潜都托疾不赴。虞集记载其不赴官的原因为:"其父(皮棨)不乐仕州县,屡迁官不以为意。"(虞集《皮桀墓志铭》,《全元文》第 27 册,第 575 页)究其根本,皮潜抱负远大,想任职于京师来尽其价值。而此时皮潜再获任命,《宋元学案》记载其任官地点为"平江路通判,流通泉货,公私便之"。(《宋元学案》卷九二《草庐学案》,第 3077 页)按《元史·地理志》载:"平江路,上。唐初为苏州,又改吴郡,又仍为苏州。宋为平江府。元至元十三年(1276)升平江路。户四十六万六千一百五十八,口二百四十三万三千七百。领司一、县二、州四。"(《元史》卷六二《地理志》,第 5 册,第 1493 页)

又按:吴澄《送皮潜赴官序》:"学者皮潜嗜唐李秘监书、宋黄太史诗,学之俱各升其堂,哜其胾。博记览,工谈论,儒群之骐骥也。受父泽贰邑令,洁白持身,惠爱及民,吏治之凤鸾也。昔也年盛,而今则衰矣;昔也家富,而今则贫矣。然年虽衰,而气不挫;家虽贫,而节不改。自邵阳丞考满,以逮于今,将二十余年,受朝命者再:一为名州民牧之参,一为会府征司之长,皆以疾不赴。今又掌流通钱币之职,官于东南之第一郡。噫!潜,文儒也,而不获齿馆阁之清班;良吏也,而不获试抚字之善政,乃俾录录任泉布会计之劳,疑若枉其才者。常人处之,宁无怏怏不怿者乎?而潜之赴官也,欣欣而往,绰绰而进,略无一毫怏怏之意留于中,予是以深嘉而重喜之也。夫乘田委吏,夫子之所屑为。盖居上而官人者当择人,居下而官于人者不当择官也,顾已之所以堪其事者何如尔。潜之至官也,其竭乃心,践乃职,使国用民用两利焉,是亦儒术吏能之一端也。他日得展所志,行所学,亦如是而已。"(《吴澄集》,第 535—536 页)

吴澄此年应西夏人哈剌哈孙请,为其父述哥察儿作墓碑文。

按:吴澄《元故浚州达鲁花赤赠中议大夫河中府知府上骑都尉追封魏郡伯墓碑》载:"故浚州达鲁花赤述哥察儿,西夏人也。历事三朝,以子贵,初赠奉议大夫、汴梁路治中、骁骑尉,追封南乐县子;配康里氏,追封南乐县君。维郡伯中议大夫、河中府知府、上骑都尉,进封魏郡伯,南乐县君进封魏郡君。维郡伯世为河西著族,父哈石霸都儿善骑射,饶智略,临阵摧锋,所向无敌。太祖皇帝嘉其鸷勇,锡名霸都儿。母箧里吉氏,以癸巳生郡伯,体貌魁伟,器识英迈。少亲行伍,长益练。器甲坚整,驰骤劲锐,应变赴急,奋不顾身。定宗皇帝选直宿卫,谨饬敏给,甚称使令。从宪宗皇帝征伐,不避艰险,不惮劳苦,凡所俘获,悉不私有。丙辰岁,以功受浚州达鲁花赤。时军旅绎骚,征役繁重,中州凋弊,土旷民稀,而能惠爱抚绥,如古循吏。于是流通四集,田野日辟,境内称治。中统壬戌,山东作乱,奉诏扞御南兵,斩将二人,夺马二匹。捷闻,赏银百两,回赐所献二马。在官日久,与浚民相安。世渐平定,无意仕进,买田筑室黎阳山下,治生教子,二十二年乃终。终之日,至元甲申之岁正月壬戌也,寿五十二,葬黎阳山。康里郡君俭勤理家,至老不倦。子哈剌哈孙读儒书,通文法,大德庚子授承事郎、江西等处行中书省左右司都事。郡君受禄养,壬寅正月甲辰终于官所,寿六十九,归柩合葬。郡伯卒后三十五年,当延祐戊午,子改授奉议大夫、同知江州路总管府事,始蒙恩封赠二亲。又十年,当泰定丁卯,子以中议大夫、汉阳府知府致仕,再蒙恩加赠加封,具书谂于临川吴澄曰:'哈剌哈孙生甫四岁,先父郡伯已不仕,莫能详其施政恤民之实,所闻于先母郡君者百不一二。然承天渥,荣贲泉壤至再,倘无文追述,以示方来,非孝子也。是以窃有请焉。'余素知江州贰侯之贤,今又得知其先世累功之因,信乎水木之有原本也,乃不辞而叙次其世如右。孙男三:脱因泣,江西行省宣使;纳嘉德,从事郎、潭州路安化县达鲁花赤兼劝农事;其季乡贡进士教化,将父命诣余求文者也。女一,曾孙男五,女二。诗系左。诗曰:皇元启运,群力猬奋。虎貔效猛,鹰隼兢迅。桓桓魏伯,西土奇隽。先朝旧臣,育此胄胤。入厉禁庭,恪守忠荩。出陪戎路,卓寇行阵。皇选尔劳,宅牧于浚。浚民父之,千里河润。昼省夫耕,夜息鬼燐。有牛湿湿,无犬狱狱。世皇龙御,雷烨雷震。将同轨文,首削方镇。尔爪尔牙,可布可信。沐浴泰和,勇退怯进。乃治田庐,乃释绶印。闾里相欢,岁月一瞬。英嗣间兴,克迈前训。秩秩訏谟,廓廓游刃。游斧盘根,徐栉乱鬓。继乘贰车,爰倅列郡。身名屡迁,家闻益振。帝制荣视,光被幽衬。阶职煌煌,勋爵崇峻。生若沈溟,没也焱熽。才猷在昔,人用弗尽。遭遇在今,天报罔靳。穷碑勒美,百世不磷。不磷维何? 子孝孙顺。"(《吴澄集》,第1318—1320页)

又按:碑文中,吴澄回顾述哥察儿世以骑射武艺发家,成吉思汗曾赐名其父哈石"霸都儿",汉语意为忠勇之士。而后述哥察儿以宿卫身份侍贵由,主掌酒、牧骆驼、牧羊等杂役(任崇岳《元〈浚州达鲁花赤追封魏郡伯墓碑〉考释》,何广博主编:《〈述善集〉研究论集》,甘肃人民出版社2011年,第334页),蒙哥汗时,任浚州达鲁花赤,述哥察儿凭借宿卫时获取的关于掌酒、饲牧的经验能力,迅速治理了浚州境内的乱象,随后又在忽必烈中统三年(1262)参与平定李璮之乱,作战极为奋勇。

吴澄此年后作《东湖集稿序》。

按:《东湖集稿》是泰定二年(1325)申屠駧迁为江西省掾,与豫章李庭桂接触后,集二人倡和诗句所成之集子。吴澄《东湖集稿序》载:"予在京师时,尝对东平申屠駧言豫章老诗人李庭桂最工近体。及至申屠氏掾江西省,始与李相聚,一二年间倡和成集。于喁之前后、泠飘之小大,此两间奇绝之声;孟韩联句、苏黄赓韵,迨今令人嗜之如脍炙。何也?两相值而互相发,则诗亦神,世谓敌手棋好观是已。子迪,駧字也。庭桂之字予偶忘之,人称栖

碧山人云。子迪寄示《东湖集稿》，因为题其卷端。"（《吴澄集》，第 479 页）

吴澄此年作《答田副使第二书》。

按：吴澄去年夏作《答海南海北道廉访副使田君泽问》后，得田泽再书求问，故再作第二书以赠。吴澄《答田副使第三书》载此书所作时间为此年："澄前者辱第二书，玩绎之余，以鄙意奉答，乘便寄呈，惟恐浮沉。七月得今春所惠第三教帖，乃知二月已达左右，甚为之喜。……澄自幼务学，用功六十余年，今年已八十，资下识卑，所见仅仅至此。"（吴澄《答田副使第三书》，《吴澄集》，第 81 页）据吴澄所说，其八十岁时，即 1328 年时，作第三书以赠田泽，而第二书则在同年二月就已经送达至田泽处，田泽随后拜第三贴予吴澄，后吴澄于七月间收到田泽的第三书。故吴澄当在 1328 年 2 月前就已经收到了田泽所作的第二帖，并且作第二书以赠。故列于此年较为准确。又吴澄《答田副使第二书》载：

"澄夏间辱惠教墨，尝率尔奉复。正以未由嗣讯为慊，倏廑再书，捧读忘倦。惟明公方以洗冤泽物为事，而又有余暇讲谈义理之精微，非资识杰出一世，何能若是！然斯道自孟氏以后，晦冥者千有余年，至宋、程、张，其脉始续。明公有志乎此，则程氏所遗有《遗书》、《外书》、《经说》、《文集》，张氏所遗有《正蒙》、《理窟》、《语录》、《文集》之类，皆当博观而细玩，然后见其真得不传之学者，其要领为何如。若未详究而轻于立论，则非《中庸》所谓博学审问、慎思明辨之旨。所蒙惠教，谨逐一条析于后，唯明者择焉。孔颖达《易疏》云：太极谓天地未分以前，元气混而为一，是太初、太一也。老子'道生一'，即此太极也。混元既分，即有天地，故曰'太极生两仪'，即老子之'一生二'也。《三五历纪》云：'未有天地之时，混沌如鸡子，溟涬鸿蒙谓之太极，元气函三为一。'庄子云：'夫道，太极之先，而不为高。'《汉书》云：'太极函三为一。'

"澄按：庄子及汉、唐诸儒皆是以天地未分之前混元之气为太极，故孔颖达疏《易》亦用此说。夫子所谓太极，是指形而上之道而言，孔《疏》之说非也。自宋伊、洛以后，诸儒方说得'太极'字是。邵子云'道为太极'，朱子《易本义》云'太极者，理也'，蔡氏《易解》云'太极者，至极之理也。'蔡氏虽于'易'字说得未是，解'太极'字则不差。澄之《无极太极说》曰'太极者，道也'，与夫子、邵子、朱子、蔡氏所说一同。而高见不以为然。盖是依孔颖达及庄子诸人之说，以太极为混元之气故也。然混元未判之气，名为太一，而不名为太极。故《礼记》曰：'夫礼本于太一，分而为阴阳。'朱子《易赞》曰：'太一肇判，阴降阳升。'若知混元未判之气不名为太极，而所谓太极者是指道理而言，则不待辨而明矣。

"先次来教,言太极是理气象数浑而未分之名,则又与汉、唐诸儒所谓混元之气者小异。盖混元太一者,言此气混而为一,未有轻清重浊之分。及其久,则阳之轻清者升而为天,阴之重浊者降而为地,是为混元太一之气分而为二也。今曰理气象数浑而未分,夫理与气之相合,亘古今永无分离之时,故周子谓之妙合,而先儒谓推之于前,而不见其始之合;引之于后,而不见其终之离也。言太极理气浑,是矣,又言未分,则不可。盖未分,则是终有分之时也。其实则理气岂有时而分也哉?又以象数并理气而言,则象数果别为一物乎?以其气之著见而可状者谓之象,以其气之有次第而可数者谓之数。'象数'两字不过言气之可状、可数者尔,非气之外别有象数也。若以太极为至极之理,则其上不容更着'无极'两字。故朱子为周子忠臣,而曰'无极二字只是称赞太极之无可名状,非太极之外复有无极也'。若以太极为一气未分之名,上头却可着'无极'两字。然自无而有,非圣贤吾儒知道者之言,乃老庄之言道也。今录老庄言道自无而有之旨及朱陆辨无极、太极问答大略于后,细观当自了悟。

"老子曰:'天下万物生于有,有生于无。'又曰:'道生一,一生二。'庄子曰:'太初有无无有无名,一之所起。'

"澄按:老子所谓道、庄子所谓太初,即来教所言之无极也。所谓一者,即来教所言之太极也。若如来教之解无极、太极,即是老庄此二章之旨,说得周子本文固甚分晓,但是押入周子在老庄队里行,而不可谓之得吾圣道之传者矣。朱子费尽气力为之分疏,而解此二句不与世儒同者,正欲明周子之所言与吾圣人之言道不异故也。故澄以为,周子之忠臣程子亲受学于周子,周子手授此《图》于二程,二程藏而秘之,终身未尝言及,盖为其辞不别白,恐人误认以为老庄之言故也。其后学者索之,只将出《通书》,终不出《太极图》。程子没后,于他处搜求,方得此《图》。能知程子不轻出此《图》之意,则言之必不敢容易,且知朱子之大有功于周子也。

"梭山陆子美《与晦庵书》云:'《太极图说》与《通书》不类,疑非周子所为。不然,则是其学未成时所作;不然,则或是传他人之文,后人不辨也。盖《通书》言五行阴阳、阴阳太极,未尝加无极字。假令《太极图说》是其所传,或其少时所作,则作《通书》时不言无极,盖已知其说之非也。'象山陆子静《与晦庵书》云:'无极二字出于《老子》'知其雄'章,吾圣人之书所无有也。《老子》首章言"无名,天地之始;有名,万物之母",此老氏宗旨也。无极而太极,即是此旨。老氏见理不明,所蔽在此。《太极图说》以无极冠首,而《通书》终篇未尝一及无极字。二程言论至多,亦未尝一及无极字。假令其初实有是图,观其后来未尝一及无极字,可见其学之进,而不自以为是也。

兄今考订注释、表显尊信，如此其至，恐未得为善祖述者也。'晦庵答书云：'老氏之言有无，以有无为二；周子之言有无，以有无为一，正如南北、水火之反，未可容易讥评也。近见国史《濂溪传》载此《图说》，乃云"自无极而为太极"，若使濂溪本书实有"自""为"两字，则信如老兄所言，不敢辨矣。然因渠添此二字，却见得本无两字之意愈益分明。请试思之。'

"澄按：来教所言，正是以有无为二，自无极而为太极也。今录程子、张子所言有无不分先后之旨于后。盖宋儒之言道，周子微发其端而已。其说之详而明，直待张子、二程子出，而后人知二子所言之道与老庄所言自无而有者不同。故论程、张二子有功于吾道者，以其能辨异端似是之非也。

"程子曰：'道者，一阴一阳也。动静无端，阴阳无始。非知道者，孰能知之？'

"澄按：此程子解《系辞》传'一阴一阳之谓道'一句也。盖阴阳，气也；所以一阴一阳者，道也。道只在阴阳之中，虽未分天地以前，而阳动阴静固已然矣。非阳动即阴静，非阴静即阳动，无更有在阴静阳动之前而为之发端肇始者。程子既言此，而又以'非知道者，孰能知之'缀于其后，盖亦自负，而料世人不悟，必有以为道在阴阳之外，而动静有端、阴阳有始者。惟朱子晓此，故其《太极图解》曰：'此无极，太极也，所以动而阳、静而阴之本体也。然非有以离乎阴阳也。'即阴阳而指其本体，不杂乎阴阳而为言尔。言一初便是阴阳，而太极在其中，非是先有太极，而后有阴阳动静也。

"程子曰：'至微者，理也。至著者，象也。体用一原，显微无间。'

"澄按：此程子《易传序》中语也。盖至微之理者，体也，即来教所谓易之体者。然体之至微而用之至著者已同时而有，非是先有体而后有用也，故曰一原。至显之象而与至微之理相合为一，更无间别，非是显生于微也，故曰无间。程子尝与人言：'某之此八字，莫不太泄漏否？'盖亦自担当，而料世之人不能悟也。

"张子曰：'有无、隐显，通一无二，则深于《易》者也。若谓虚能生气，则体用殊绝，入老氏"有生于无"之论，不识所谓有无混一之常。此道不明，儒、佛、老、庄混然一途，语天道性命者不罔于恍惚梦幻，则定以有生于无为穷高极微之论，多见其蔽于陂而陷于淫矣。'

"澄按：张子此言尤为明白，非是先无后有、有生于无矣。蔡氏谓周子于太极之上加无极，正是解夫子'易有太极'之'易'字，而其解'易'字亦曰：'易，变易也。'澄谓变易属乎阴阳，岂可以言无极？蔡氏自知其说之病，乃引'易无体'之说以救之，而曰'变易无体之中有至极之理也'。朱子以'易为阴阳之变。《易》有太极者，言阴阳变易之中有至理以为主宰也'。蔡氏既以变易无体为理矣，而又曰'中有至极之理'，然则理中复有一理乎？'变易无体'，已是言理，而又曰'有至极之理'，可乎？粗晓文义者，亦知其说之不通矣。又曰：'流行乎乾坤中之易非"易有太极"之易也。'果有二等易乎？又曰：'阴阳动静之间是流行中之太极，与夫子所言太极降一等。'果有降一等之太极乎？蔡氏所解卦爻象象，多有发明朱子未到处，澄《纂言》中亦取其说。但《易解》后别有《大传易说》一卷，主于破其师'太极在阴阳中'之说，于道之大本大原差了，故有此两般易、两般太极之谬谈。朱门惟勉斋黄直卿识道理本原，其次北溪陈安卿，于细碎字义亦不差。

"来教谓澄'以一二三四五六七八九为《洛书》文，然此乃数也，若五行至六极，则《洛书》之文也'。澄按：旧说以'初一曰五行'至'次九曰向用五福威用六极'六十五字为《洛书》本文。此六十五字者，不知是龟介甲上有此六十五字乎？抑是龟背负得一竹简，或一木板，写此六十五字在简板之上乎？果如此，则与宋真宗朝所谓天书降者何异？世岂有此等怪妄之事哉？来教谓禹如何逆知一为五行，二为五事。澄谓设使龟书果有此六十五字，禹亦如何逆知五事之为貌、言、视、听、思也？如何逆知八政之为食、货、祀及司空、司徒、司寇与宾、师也？如何逆知五纪之为岁、月、日及星辰、历数也？与夫三德、庶征、五福、六极之目，皆非可以臆度必也，并《九畴》之子目，皆是龟背之文写出而后可知，设若如此，愚人拾得，亦可传世，何必圣人而后能作《洪范》《九畴》哉？且《河图》之出，亦止有五十五数。伏羲则之，便画成两仪、四象、八卦，及重为六十四卦。此卦画即非《河图》所有，伏羲何以臆度而为此画邪？至如邵子言'方者《洛书》之文，画九州、井地之法，其仿如此乎'？亦但言《洛书》有九数，其分天下为九州、分一井之田为九个百亩者，亦与《洛书》之九数相符尔。圣人之心与天地合德，以修身、齐家、治国、平天下之事有九个门类，此其素蕴于胸中者也。一旦见龟文之有九数，遂撰成《洪范》一书，即平日所蕴修齐治平之法分作九类，次其先后，以配龟文之九，正与伏羲见河图有奇偶之数而作奇偶二画以仿河图奇偶之数者同，天乃锡禹《洪范》《九畴》。如《商书》言'天乃锡王勇智'，汤生得有勇智，即是天锡，岂必天提此勇智锡与汤邪？'舜有天下也，天与之'，岂是天亲手分付而与之乎？'有夏多罪，天命殛之'，岂是天亲口有言语而命之乎？《河图》自一至十，五十五点之在马背者，其旋毛之圈有如星象，故谓之图，非五十五数之外别有所谓图也。《洛书》自一至九，四十五画之在龟背者，其背文之坼有如字画，故谓之书，非四十五数之外别有所谓书也。至今马背之旋毛如星点，特无自一至十之数尔；至今龟背之坼文如字画，特无自一至九之数尔。《左传》所谓'有文在其手，曰友'，亦是手掌之坼文如'友'字也。手掌之坼文与龟背之坼甚相似。今言河之图者，不索图于五十五数之外；而言洛之书者，乃欲索书于四十五数之外，不亦惑乎？大概不晓《洛书》之数为龟坼之文如字画，而亦如《河图》作四十五个圆圈子看，所以惑也。

"来教谓澄'概言"易"为阴阳变易之易，其易已连属乎阴阳之中，如此是一部《易》书只做得一个"易"字字说'。澄窃谓伏羲当初作《易》时，仰观天文，天文只是阴阳；俯察地理，地理只是阴阳。观鸟兽之文与地所宜之草木，近取诸人之一身，远取诸一切动植及世间服食器用之物，亦无一而非阴阳者。适值河出马图，观其后之一与六，则一阳六阴也；观其前之二与七，则二阴七阳也；观其左之三与八、右之四与九、中之五与十，又皆有阴有阳也。此天不爱道，而显然以阴阳之数示人者，于是始作八卦，画一奇画以象阳，画一偶画以象阴，即此奇偶二画而为四象、八卦，以至重为六十四卦。八卦者，止是十二阳画、十二阴画而已；六十四卦者，止是百九十二阳画、百九十二阴画而已。除阳画、阴画外，别无一句言语，亦无秘密传授。即此阳画、阴画之中包括天地万物之理，更无遗者，故可以通神明之德，可以类万物之情。若谓伏羲之《易》非阴阳变易所能尽，而有不连属乎阴阳者，不知当于何处寻觅。文王、周公之彖爻姑未暇论，夫子作《系辞传》，乃是为伏羲、文王、周公之《易》作序也。首言天尊地卑而乾坤定，卑高以陈而贵贱位，动静有常而刚柔断。天地、卑高、动静非阴阳乎？乾坤之卦、贵贱之位、刚柔之画，非易中之阴阳乎？刚柔相摩、八卦相荡，雷霆风雨、日月寒暑、乾男坤女，非阴阳乎？以至言《易》与天地准，而曰天地之道、幽明之故，天地、幽明，非阴阳乎？曰死生之说、鬼神之情状，死生、鬼神，非阴阳乎？而夫子又直指而曰'一阴一阳之谓道'，不知舍了阴阳，道于何处连属乎？后章又言乾坤、动静、四时、日月，非阴阳乎？效天法地，天地设位，而易行乎其中，非阴阳乎？以后不及缕数。果有不连属乎阴阳之易，夫子何不言之？而自初至末，皆必以阴阳为言，何夫子之不能为高论乎？

"来教谓'天地氤氲变化之机，人物性情之理，开物成务治国平天下之道，夫子作《易系辞》，发明尤为详悉。止言"易者，阴阳相易"，则所以开物成务之大道不见彰著'。澄观夫子言昔者圣人之作《易》，将以顺性命之理，而其所谓性命之理者，不过曰天之道阴与阳、地之道柔与刚、人之道仁与义而已。柔者，地之阴也；刚者，地之阳也；仁者，人之阳也；义者，人之阴也。夫子何不舍去阴阳而别作高虚之说以言天、地、人之道乎？不审舍了阴阳而有天地氤氲变化之机否乎？舍了阴阳而有人物性情之理否乎？以至开物成务、治国平天下之道，无非阴阳之用。今而不知其为阴阳，正所谓百姓日用而不知尔。先儒言世间无一事无阴阳者，行便是阳，止便是阴；语便是阳，默便是阴;开目便是阳,闭目便是阴;呼气便是阳,吸气便是阴。张忠定公咏曾见陈希夷言公事亦有阴阳,未断时是阳,已断时是阴。以至《月令》'逐月顺天地之阴阳而行事',无一而非阴阳也。欲外阴阳而语天地纲缊变化之机,语人物性情之理,语开物成务、治国平天下之道,澄识见卑下,不知其为何说。澄之愚见则以为人之生也,因阴阳五行之气而有形,形之中便具得阴阳五行之理,以为健顺五常之性。仁礼者,健之性也,属乎阳;义智者,顺之性也,属乎阴。信也者,实有是阳健阴顺之性也,率是性而行焉。仁礼,阳健之道也;义智,阴顺之道也。其在五伦,则父子兄弟之仁礼,天属而属阳者也;君臣夫妇之义智,人合而属阴者也。又细分之,则父子之仁,阳之阳也;兄弟之礼,阳之阴也;君臣之义,阴之阴也;夫妇之别,阴之阳也。又细分之,则父之爱,阳也;子之顺,阴也。兄之长,阳也;弟之幼,阴也。君之尊,阳也;臣之卑,阴也。夫之倡,阳也;妇之随,阴也。开物成务、治国平天下之道,果有出于五常、五伦之外者乎?谓非阴阳变易之道,可乎?澄之所尊信者,夫子也。夫子明言一阴一阳为道,明言曰阴与阳为天之道。今乃以阴阳变易为不足以彰着开物成务之道,则夫子之言非乎?

"来教又谓'《易》之为道,有体有用。理,《易》之体也;阴阳变易,《易》之用也'。此言至当。然理无形象,变易者,阴阳之气也。阴阳之所以能变易者,理也。非是阴阳变易之外,别有一物为理,而为《易》之体也。

"又谓'"画前元有易"为言易之体',此是错解了康节诗,然是蔡节斋错解了。画者,伏羲奇偶之画也。有天地以来不知几千年,而后有伏羲出来画卦。伏羲画卦,所以明阴阳之变易也。然伏羲未画卦以前,阴阳未尝不变易,故曰画前元有易,非是指画字属阴阳、易字属空虚之理。若曰未有阴阳之画以前先有不属乎阴阳之理在,此是不知道者之言,康节不如是也。

"又云'无极之前,阴含阳也,是又先言用也',亦是蔡节斋错解了康节言语。然节斋并改了字,以'无'字为'太',今所引幸而不曾改字。邵子所谓'无极'即非周子所言之'无极',但二字相同耳。'无极之前,阴含阳也;有象之后,阳分阴也',此是邵子解伏羲六十四卦。圆图左边自复卦至乾卦属阳,阳主生,言生物自无而有也;右边自姤卦至坤卦属阴,阴主杀,言杀物自有而无也。无极之前,谓自坤卦右旋以至于姤也;有象之后,谓自复卦左旋以至于乾也。自坤前至姤皆属阴,而阴之中有八十阳者,阴中所含之阳也。自复后至乾皆属阳,而阳之中有八十阴者,阳中所分之阴也,即非先言用也。

"来教谓'羲、文、周、孔造《易》,其道大矣广矣。包罗天地,揆叙万类,岂象占而已哉'!澄谓伏羲作《易》,仰观俯察,近取远取,而画八卦,以通神明之德,以类万物之情,此即来教所谓包罗天地、揆叙万类者。其时固未有占也。然三百八十四画皆是象天地万物,惟其所象者皆神明之德,故可以包罗天地;惟其所象者皆万物之情,故可以揆叙万类。伏羲之《易》只是三百八十四画而已,此所谓象也,故曰:易者,象也。今谓《易》道广大,岂止于象?若舍象而言,不知伏羲之《易》更在何处?为此言者,莫是不晓得象字?象者,伏羲之画,所以象天地万物也。其后卦名是指出所象之事而为名,及彖辞爻辞中言龙言马等,又是指出所象之物而为言也。象之至大至广,而可以包罗天地、揆叙万类者,伏羲之画也;其次卦名,指一事之义而言者,比伏羲之画则为狭小矣;彖辞爻辞中所指一物者,比卦名之指一事者又狭小矣。今人往往但知卦爻辞中所指一物者为象,诸儒言之不甚明白,惟项平庵玩辞,却晓得象字。伏羲既画卦之后,遂作揲蓍之法,教民以所画之卦占吉凶而处事,此是圣人之用《易》也。伏羲别不曾教人于揲蓍之外用《易》。后世能明义理者遵用象辞之意而修身应事,此则无事于占,然其为善去恶、趋吉避凶之道,亦是自占中来,此后之君子推广圣人之《易》而用之者也。至若夫子《系辞》中所言用《易》,只曰'君子居则观其象而玩其辞,动则观其变而玩其占',则无他说。及后章,言《易》有圣人之道四焉:曰辞,曰变,曰象,曰占。推其功效,以为天下之至精、天下之至变、天下之至神,可以通天下之志,可以成天下之务,可谓大矣广矣。而其归宿,又不过曰:'《易》有圣人之道四焉者,此之谓也。'其所以有许大功效者,亦只在辞、变、象、占而已,然则象占岂可轻忽哉?若可轻忽,则夫子不如此言之矣。想是读夫子《系辞》未熟,请将夫子《系辞》从头至尾逐一句逐一字子细详玩,便知夫子之言《易》还有在于象占之外者否。大概近世学者涉猎乎老佛空虚无用之说,故其言道皆欲超乎形器之上,出乎世界之外,全无依靠,全无着实,茫茫然妄想而已,卒之自叛吾道,而于老佛真处亦未尝窥见,此今日学者之大病也。

"来教又谓'注《易》之际,当于羲、文、周、孔四圣人脚迹下驰骋。今止祖程义理、宗朱象占,则程朱义理象占已传于世,又何必赘说'?此论尤为可怪可骇。夫子生知之圣,犹曰'述而不作,信而好古',况庸下之末学乎?且程之说义理、朱之说象占即羲、文、周、孔之旨,舍程、朱则何以能探四圣人之奥?'脚迹下驰骋'五字是南康戴师愈所伪撰之《麻衣易》,内有'羲皇心地上驰骋,周孔脚迹下盘旋'二句,今用其语而节缩其辞,亦非所愿闻。"(《吴澄集》,第65—80页)

吴澄作《送崔德明如京师序》。

按:吴澄《送崔德明如京师序》载:"古者教人以德、行、艺三事。教之而成,乃宾兴其贤者、能者,俾之长治其民。后世之取人异是矣,而隋唐以前,犹未有科目也。科目兴,而取人不稽其本实,所取者,辞章之虚而已。就使辞章如马、班、韩、柳,抑不过为艺之下下,其视古者礼、乐、射、御、书、数之艺,天壤绝也,况其辞章之鄙浅,何尝梦见马、班、韩、柳之仿佛乎？唐世兼采人望,虽未免于私,而间或不失一二。糊名考校似为至公,其弊不可胜既,然亦时有俊杰出于其间,何也？世运方盛,则暗中摸索,往往得才,偶然尔,天也,而非人也。国朝贡举率因前代,而拳拳欲取经明行修之士,意欲烛其弊而防之者。夫经苟明,则知、仁、圣、义、中、和六者之德,无一不知；行苟修,则孝、友、睦、姻、任、恤六者之行,无一不能。德无不知,行无不能,六艺纵或有缺,不害其为本立而末未备。不审今之进士,经果明欤？行果修欤？抑否也？豫章崔德明,至治癸亥乡贡,次年试礼部,竟失特恩,贰抚郡教官。其在职也,佥曰:'斯人不为利疚,皎然有清冰白雪之洁。'又曰:'斯人不与物戾,盎然有瑞日祥风之态,纯良粹美。若生于三代之时,其不名于六德、六行之中乎？'泰定丁卯,予始识之,而益信所闻于人者之为信。然则其前之试有司而一得一失也,皆天也,而非人也。斯人不进士,而犹谓科目足以得人也哉？今将谒选吏部,予不能已于言。盖非徒为德明悼既往之屈,实为古今取士之法制而深慨也。此行达京师之日,予之旧友傥观予文,必有笑予之年逾加,而狂论偏见犹不减者夫！"(《全元文》第14册,第111—112页)

吴澄作《小台院记》。

按：吴澄《小台院记》载:"小台院在抚乐安天授乡杯山之湾,唐僧肇建,而宋僧德聪、神宝、自满、智清、守宁、绍端、嗣海、了印、道洪、道源、道溟,经咸淳辛未,院废。大元至元甲申,洪丰城静安寺僧法成来起废,院再兴。成而智敬,敬而得宁,宁而惠昌,亦且四传矣。考之旧碑,宋元祐间,自满主院事时,里人陈若谷兄弟肯有所施,象设一新,满之徒智清请记于游主簿极。绍熙间,僧了印宏敞其居。开禧、嘉定,里人郑安国父子续有所施,营构大备,印之徒道源请记于刘居士迂。院之再兴也,大德庚子,里人黄一元、殷正吉造佛殿；至大庚戌,塑一佛二菩萨于法堂者,亦一元所施也。延祐甲寅,僧惠昌自出己橐,诸善士暨黄助之,起钟楼,修殿宇,并完三门、两庑、诸寮及罗汉像十八。泰定丁卯,作大佛像七,福海上覆,香案前横,金饰花果罗列璀璨,麈氄内外幔幞辉煌者,又一元所施。一元翁年八十矣,过予求文以记,将欲佛像僧庐之永久不敝坏也,俾众目观瞻,想佛气焰,骇佛神灵,而勉于为善,憪于为恶,翁之用意厚矣哉！呜呼！自佛法之行乎中国也,鼓舞一切智愚翕然信从之。然智者之根有利钝,愚者之疾有微剧,信从则一,而所以信从之实,奚啻百千万品之不齐！约其大较,则有四：上焉者超于无,径造顿悟,诸缘悉空,智根之利也；次焉者犹未免滞于有,或由教入,或由律入,或由禅人，而以渐至，智根之钝也；下焉者徼其福，谓佛真能贵我富我、寿我康我，愚之疾微也；其最下者，直不过怖其祸尔，必有所感触，必有所严惮，境变心移，庶或可几其畏威寡罪，愚之疾剧也。然则佛教之夸靡烜赫于其居处像设者，殆剧疾者之药欤？游之记曰：'阐教敬言俗。'刘之记兼存普摄，盖亦如予所云。予以黄翁昌师之发念积既可嘉尚，故为申前碑之说而记焉。"（《吴澄集》，第1005—1006页）

吴澄为清江杨明夫所编《易说纲要》写序。

按：吴澄《易说纲要序》载："清江杨明夫与予同岁生，自少工进士业。国朝既复贡举，时年六十余矣，欣欣然就举，至八十犹未已，其笃好盖如是。观所编《易说纲要》，程、朱为之本，而他诸说附焉，将以淑其子孙。年老而志不衰，可尚也。夫有能因其所说，择其相近者玩绎而践行之，则可以立身，可以应世。及其久也，得《易》之用，而深于《易》，虽希于圣，不难也。然则是编也，岂特为杨氏子孙所习而已哉？明夫名士龙，今年七十九，视强壮无以异。"（《吴澄集》，第440页）

吴澄作《与马伯庸尚书书》。

按：书载："澄近睹除目，恭审涣颁纶渥，晋长春官。以名世之才，充盛世之用，敢为公朝得人、君子得路贺。乡中涂雯种学绩文有年矣，怀玉绚锦，知之者希。兹观上国之光，介之造庭下，进之教之，使得以数于一士之列，则感恩知己，终身勿谖也。澄相望数千里外，末由合簪，切冀为时爱重。不宣。澄再拜。"（《吴澄集》，第280页）

陈栎自序《尚书蔡氏集传纂疏》。

按：陈栎《尚书蔡氏集传纂疏自序》载："《书》载帝王之治，而治本于道，道本于心。道安在？曰：在中；心安在？曰：在敬。揖让放伐、制度详略等，事虽不同，而同于中；钦、恭、寅、祗、慎、畏等，字虽不同，而同于敬。求道于心之敬，求治于道之中，详说反约，《书》之大旨不外是矣。况诸经全体，上下千数百年之治迹，二帝三王之渊懿，皆在于《书》，稽古者舍是经奚先哉？孔子所定，半已逸遗，厥今所存，出汉儒口授、孔宅壁藏，错简断编，当阙疑者何限？自有注解以来三四百家，朱子晚年始命门人集传之，惜所订正三篇而止。圣朝科举兴行，诸经、《四书》，一是以朱子为宗，《书》宗《蔡传》，固亦宜然。栎不揆晚学，三十年前，时科举未兴，尝编《书解折衷》，将以羽翼《蔡传》，亡友胡庭芳见而许可之，又勉以即《蔡传》而纂疏之，遂加博采精究，方克成编。今谋板行，幸遇古邢张子禹命工刊刻，以与四方学者共之。泰定四年丁卯正月望日。一、标题此书云《尚书蔡氏集传》，法朱子刊《伊川易传》

标曰《周易程氏传》,尊经也。首卷有'朱子订定'四字,不忘本也。自二卷起无四字,纪实也。一、今采朱子《语录》,不书录者姓名,法《近思录》也。并在《纂疏》内,依赵氏《四书纂疏》例也。然《语录》必居诸说之前,尊先师也。一、朱子《语录》发明此传而不可无者,载之传,意已明,无俟云云。及非说本章经旨者,皆不泛载,务谨严也。一、一部《尚书》,朱子于阙疑谆谆言之。今遇可疑处,姑略存旧说,然后明云'当阙疑'焉。"(《全元文》第18册,第107—108页)

柳贯作《提举司厅壁题名序》。

按:柳贯《提举司厅壁题名序》载:"予至官之明年,稍葺署居,完故益新。既又稽藏牍,得前任人名氏并其莅官迁秩之岁月兴起,萧公、许公正贰员总廿五人,将刻列于石,而虚其左方,以俟来者之继书焉。即冠以序。序曰:提举学事,古无是官。宋中世建学立师,始用是入衔,寻复省减,而以转运使副莅。其程试进黜之要,有劝诱,无征令,统属既尊,时议称为学台。国朝稽古右文,制定官名提举儒学,乃得专署。初犹分领诸道,后唯行中书治所合置一司。虽视秩第五,而临据乎校庠序之上,曹务甚简,师资攸系,非馆阁掌故之臣,声实兼茂者,固莫宜居之。余以晚出后至,企瞻前修,未尝不赧然而惭,悚然而惧。盖郑公、许公于余为执友,贡公、刘公比接班行,而吴公方今儒林之望也。执轨辙之似,昧衡辕之非,徒欲希风蹑景,以窃睨其光尘,殆不啻效下里之颦,慕垫角之巾,迹之愈近,而求之愈远矣。呜呼!余所偶得者,名也;其不可必得者,实也。孰开其先,孰引其后?因余之屦而并泯群彦之实之美,岂理也哉!夫承徽乎照乘之珍,而延昭乎炳烛之邻,此余之所恃以全,而且以祈之方来者耳。序而伸之,则何让焉!泰定四年冬,十又二月廿五日,东阳柳贯序。"(《全元文》第25册,第152—153页)

任仁发卒。

按:任仁发(1254—1327),一作元发、霆发,字子明,号月山,上海松江清龙镇人。元画家。入元后为都水监,善治水利,曾疏通黄河。又善绘事,画与赵孟頫齐名。工画马和人物。著有《浙西水利议答录》十卷。画作有《出圉图》卷、《二马图》卷、《张果见明皇图》卷,此三幅现藏故宫博物院;《秋水凫鹭图》轴,现藏上海博物馆;《饮中八仙图》、《贡马图》、《横琴高士图》、《秋林诗友图》,现藏台北"故宫";《神骏图》、《三骏图》、《九马图》,现在美国;《饲马图》,现在英国;《文会图》、《牵马图》等现在日本。事迹见《大明一统志》卷九、《弘治上海志》卷八、《正德松江府志》卷二八、《万姓统谱》卷六五。

袁桷卒。

按：袁桷（1266—1327），字伯长，庆元鄞县人。大德初擢为翰林国史院检阅官，后升应奉翰林文字，同知制诰，兼国史院编修官。仁宗时任职廷试读卷官、会试考官、乡试考官，"迁修撰。凡历两考，迁待制。又再任，进拜集贤直学士。久之，移疾而还。复遣使召入集贤，仍直学士。未几，改翰林直学士，知制诰，同修国史。明年迁拜侍讲，积阶奉议大夫"，"在词林几三十年，扈从于上京凡五，朝廷制册、勋臣碑版多出其手"，"泰定初，辞归。四年八月三日，以疾终于家，享年六十有二"。著有《易说》、《春秋说》、《清容居士集》五十卷、《延祐四明志》等。生平事迹见于苏天爵《元故翰林侍讲学士知制诰同修国史赠江浙行中书省参知政事袁文清公墓志铭》（《滋溪文稿》卷九）、虞集《祭袁学士文》（《道园学古录》卷二〇）、柳贯《祭袁侍讲文》（《柳待制文集》卷二〇）、《元史·袁桷传》（《元史》卷一七二）等。

虞槃卒。

按：虞槃（1274—1327），子仲常，虞集弟。幼从吴澄学，延祐五年举进士，除吉安永丰丞。"其学尤粹于《春秋》，以为诸传不足以得圣人之旨，亦别著为书。尤病左氏之夸于辞，而谬于实也，遂并史汉之谬而论之"，"读吴公所著诸经说，他人或未足尽知之，而仲常辄得其旨趣所在。盖其用力精深，而有以得之，非泛然也"，泰定四年卒。生平事迹见于虞集《亡弟嘉鱼大夫仲常墓志铭》、《元史·虞槃传》。

张珪卒。

按：张珪（？—1327），字公端，易州定兴人，张弘范子，张柔之孙。年十六，摄管军万户，平江东盗。后从邓光荐习相业，拜镇国上将军、江淮等处行枢密院副使。大德三年，为肃政廉访使，后因朱清、张瑄一案被诬受贿，"谢病归"。武宗时拜御史中丞，皇庆元年"拜荣禄大夫、枢密副使"，"延祐二年，拜中书平章政事，请减烦冗，还有司以清中书之务，得专修宰相之职焉"，因谏铁木迭儿非参知行省政事之良臣，触怒太后答己，受杖责，家居三年。至治二年，拜为中书平章政事，后备讲经筵。泰定三年，"又一再进讲，拜翰林学士承旨、知制诰兼修国史，国公、经筵如故"，泰定四年卒。生平事迹见于虞集《中书平章张公墓志铭》、《元史·张珪传》。

元泰定帝五年 致和元年
元文宗天历元年　戊辰　1328年　80岁

二月,改元致和。

按:《元史》载:"庚申,诏天下改元致和。"(《元史》卷三〇《泰定帝本纪》,第3册,第685页)

七月,泰定帝也孙铁木儿崩。

按:《元史》载:"庚午,帝崩,寿三十六。葬起辇谷。……泰定之世,灾异数见,君臣之间,亦未见其引咎责躬之实。然能知守祖宗之法以行,天下无事,号称治平,兹其所以为足称也。"(《元史》卷三〇《泰定帝本纪》,第3册,第687页)《元史》又载:"致和元年春,大驾出畋柳林,以疾还宫。诸王满秃、阿马剌台,太常礼仪使哈海,宗正扎鲁忽赤阔阔出等,与佥枢密院事燕铁木儿谋曰:'今主上之疾日臻,将往上都。如有不讳,吾党扈从者执诸王、大臣杀之。居大都者,即缚大都省、台官,宣言太子已至,正位宸极,传檄守御诸关,则大事济矣。'三月,大驾至上都,满秃、阔阔出等扈从。西安王阿剌忒纳失里居守,燕铁木儿亦留大都。时也先捏私至上都,与倒剌沙等图弗利于帝,乃遣宗正扎鲁忽赤雍古台迁帝居江陵。七月庚午,泰定皇帝崩于上都。"(《元史》卷三二《文宗本纪一》,第3册,第704页)

九月,武宗子图帖睦尔即位,改元天历。

按:《元史》载:"九月,倒剌沙立皇太子为皇帝,改元天顺,诏天下。"(《元史》卷三〇《泰定帝本纪》,第3册,第687页)

又按:虞集《即位改元诏》云:"洪惟我太祖皇帝肇造区夏,世祖皇帝混一海宇,爰立定制,以一统绪。宗亲各授分地,勿敢妄生觊觎。此不易之成规,万世所共守者也。世祖皇帝之后,成宗皇帝、武宗皇帝、仁宗皇帝、英宗皇帝,以公天下之心,以次相传,宗王贵戚,咸遵祖训。至于晋邸,具有盟书,愿守藩服,而与贼臣帖失、也先帖木儿等潜通阴谋,冒干宝位,使英皇不幸罹于大故。朕兄弟播越南北,备历艰险,临御之事,岂获与闻?朕以叔父之故,顺承惟谨,于今六年,灾异迭见。权臣倒剌沙、乌伯都剌等专擅自用,疏远勋旧,废弃忠良,变乱祖宗法度,空府库以私其党类。大行上宾,利于立幼,显握国柄,用成其奸。宗王大臣,以宗社之重,统绪之正,协谋推戴,属于眇躬。朕以菲德,宜俟大兄,固让再三。宗戚将相,百僚耆老,以为神器不可以久虚,天下不可以无主。周王辽隔朔漠,民庶惶惶,已及三月,诚恳迫切。朕姑从其请,谨俟大兄之至,以遂朕固让之心。已于致和元年九月十三日,即皇帝位于大明殿。其以致和元年为天历元年,可大赦天下。于戏!朕岂有意于天下哉？重念祖宗开创之艰,恐隳大业,是以勉徇舆情,尚赖尔中外文武臣僚协心相予,辑宁亿兆,以成治功。"(《虞集全集》,第375页)

天历初建奎章阁于西宫兴圣殿西廊。

按:杨瑀《山居新语》载:"天历初,建奎章阁于西宫兴圣殿西廊,择高明者三间为之。南间以为藏物之所;中间学士诸官候直之地;北间南向,中设御座,两侧陈设秘玩之物,命群玉内司掌之。阁官署衔,初名奎章阁学士,阶正三品,隶东宫属官。后文宗复位,乃升为奎章阁学士院,阶正二品。置大学士五员,并知经筵事;侍书学士二员,承制学士二员,供奉学士二员,并兼经筵官;幕职置参书二员,典签二员,并兼经筵参赞官;照磨一员,内掾四名,内二名兼检讨;宣使四名,知印二名,译史二名,典书四名。属官则有群玉内司,阶正三品,置监群玉内司一员,司尉一员,亚尉二员,佥司二员,典簿一员,令史二名,典吏二名,司钥二名,司膳四名,给使八名,专掌秘玩古物;艺文监,阶正三品,置太监兼检校书籍事二员,少监同检校书籍事二员,监丞参检校书籍事二员,或有兼经筵官者,典簿一员,照磨一员,令史二名,典吏二名,专掌书籍;鉴书博士司,阶正五品,置博士兼经筵参赞官二员,书吏一名,专一鉴辨书画;授经郎,阶正七品,置授经郎兼经筵译文官二员,专一训教怯薛官、大臣子孙;艺林库,阶从六品,置提点一员,大使一员,副使一员,司吏二名,库子一名,专一收贮书籍;广成局,阶从七品,置大使一员,副使一员,直长二员,司吏二名,专一印书籍。已上书籍,乃皇朝祖宗圣训及番译御史箴、大元通制等书。特恩创制牙牌五十,于上金书奎章阁三字,一面篆字,一面蒙古字、畏吾儿字,令各官悬佩,出入无禁。学士院凡与诸司往复,惟札书参书厅行移。又命侍书学士虞集撰奎章阁记,文宗御书刻石禁中。先时燕帖木儿太平王为丞相,系衔署奎章阁大学士、领学士院事。后伯颜秦王为丞相,系衔亦如之。"(余大钧点校《山居新语》卷二,中华书局2006年,第214—215页)

九月改历后,东岳庙后殿修成,文宗赐名昭德。

按:虞集《东岳仁圣宫碑》载:"延祐中,故开府仪同三司、上卿、玄教大宗师张留孙,买地于大都齐化门外,规以为宫,奉祠东岳天齐仁圣帝。仁宗皇帝闻之,给以大农之财。辞不拜。第降诏书护作。方鸠工,而留孙殁。后某年,今特进、上卿、玄教大宗师吴全节,大发累朝赐金,以成其先师之志。至治壬戌,作大殿,作大门殿,以祀大生帝。前作露台,以设乐门,有卫神。明年,作东西庑,东西庑之间,特起如殿者四,以奉其佐神之尊贵者。列庑如官舍,各有职掌,皆肖人而位之。筑馆于东,以居奉祠之士,总名之曰东岳仁圣宫。泰定乙丑,鲁国大长公主,自京师归其食邑之全宁,道出东门,有祷于大生帝。出私钱巨万,俾作神寝,象帝与其妃夫人媟寺之容。天历建元,今上皇帝即大位。道使迎大长公主于全宁还,及国门。皇后迎母于郊,主礼神拜贶,而后即其邸。天子乃赐神寝,名曰昭德殿云。宫广深若干亩,为屋若干楹。高大弘丽,足以久远。岁时内廷出香币致祭,都人有祷祈,咸得至焉。有敕,命巨集撰文,勒诸丽牲之碑。其辞曰:帝奠九土,辨方秩祀。封岳维五,咸在天子。有岩岱宗,望之东郊。雨云来敷,曾不崇朝。有坛有宫,神师攸作。苍龙青旂,百示祇若。天子神圣,惠于民人。睠言度思,昭德维新。丹楹朱户,纳陛登陟。青青五组,兼币加璧。礼有举之,祇益以因。即祠不违,天子之仁。徂来有原,新甫有隰。乐具在廷,远于来辑。庖盈大享,寝陈燕诗。神具乐康,以惠我私。春日载阳,帝藉于耜。以先农人,祈我穑事。我观我稼,视迩知远。尔煦尔泽,自我畿甸。相彼柔桑,被于沃饶。相彼玄鸟,亦集其条。溅溅流水,鸢言来祓。受弓载鞬,思皇朱芾。出其闉阇,士女车徒。来尸来宗,寿夭在予。佑我民庶,克修孝弟。以养以赋,以受多祉。兵祲弗惊,菑疠弗婴。熙熙有生,以乐治平。天子万年,成功则告。刻文登封,则有贞玉。"(《全元文》第27册,第206—207页)

又按:赵世延《昭德殿碑记》:"古者,天子祭天地山川岁遍。稽之虞舜,二月东巡狩,至于岱宗,柴望秩于山川,肆觐东后,历群岳如岱礼,至冬乃毕。秦汉以来,时巡之礼,或讲或辍,鲜绍乎古矣。礼五岳视三公,至唐始封以王爵。司马承祯又请旁立真君祠。宋因加帝号,岱曰仁圣。自是,祠遍郡国。皇元有天下,世祖皇帝岁遣使,赍香帛,诣祠致祭。至元辛卯,加封大生,于以祈纯嘏,以永皇图;卣百嘉,以厚民生也。国初城大都,规模宏远,祖社、朝市、庙学、官署无一不备,独东岳庙未建。元教大宗师张开府留孙,于延祐末买地城东,拟建东岳庙。事既闻,仁宗命政府庀役开府,辞曰:'臣愿以私钱为之,傥费国财,劳民力,非臣之所以报效也。'上益嘉赏,遂敕有司护持,毋得阻挠。方得涓吉鸠工,而开府遽厌世。嗣宗师吴特进,念师志未毕,竭心经营,不惜劳费。于至治壬戌春,成大殿,成大门;癸亥春,成四子殿,成东西庑,诸神之像各如其序,而后殿则未遑也。泰定乙丑,徽文懿福贞寿大长公主东归,过祠有祷,捐缗钱若干缗,竟其所未竟者。天历改元,皇上入纂正绪,主来朝,适后殿落成,事彻宸听,赐名昭德;命大司徒臣香沙,奉宣玉音;谕臣世延,文诸贞珉,用昭悠久。臣维五气流行,木位东方。四时顺布,春居岁首。仁者木之德,生者春之用,然则天地发育万物之功,皆本于东方。故群岳祀之方域,而岱宗祠遍海宇。虽与礼经稍殊,然推原所以致人心向往之深者,其在兹乎?《诗》曰:'泰山岩岩,鲁邦所瞻。'泰山,盖鲁之望也。今主食邑于,鲁则诸侯得祭其山川在境内者。以邦君之母,有事于望祀,宜乎神之听之,异于季氏之旅矣。况际圣天子,膺天景命,百灵莫不受职,其于默佑显相宗社亿万年无疆之休者,宜何如哉?是宜为铭。铭曰:两仪肇分,元气流行。方岳奠位,于赫厥灵。岩岩岱宗,维鲁之望。时巡首途,秩祀攸尚。帝出乎震,春育无穷。仁圣大生,代有褒崇。相我国家,熙洽民物。昭明在上,有祷弗咈。贞寿之东,历祠捐金。五祀来归,灵宇靖深。帝曰休征,维天允棐。悃愊全受,若合符轨。含齿戴发,罔不欢心。天子万年,式诏来今。曰雨曰旸,毋愆毋忒。有年屡书,报祀无斁。"(《全元文》第 21 册,第 696—697 页)

又按:吴澄《大都东岳仁圣宫碑》载:"天子祭天下名山,岳为众山之宗,岱又诸岳之宗也,东岳泰山之有祠宜矣。而古今祠祭礼各不同。岳者,地祇也,祭之以坛墠而弗庙。五岳四渎,立庙自拓拔氏始,当时惟总立一庙于桑乾水之阴,逮唐乃各立一庙于五岳之麓。若东岳泰山之庙遍天下,则肇于宋氏之中叶。古者祭五岳之礼视三公。盖天者,帝也;地者,后也;诸神、诸祇,皆帝后之臣也。天之日月,地之岳渎,臣之最贵者,三公为臣之极品,故祭之礼与公齐等,祭之秩次如公,而非以公爵爵之也。唐先天、开元间,谓汉以来王亦爵也,位公之右,于是封岳祇而爵之曰王。宋大中祥符间,致隆岳祠,犹以王爵为未崇极,于是尊岳祇而号之曰帝。意在乎尊之而已,礼之可不可,有不暇计。吁,咈哉!若神僭窃同天地,所以起大贤之慨也。既庙之,又爵之;既爵之,又像之,地祇而肖像若人焉,至于今莫之或改也。我世祖皇帝平一海内,制作之事未遑,尚仍前代之旧。东岳旧号天齐仁圣,复加新号曰大生。郡县并如金、宋时,有庙以祭东岳。大都新筑,规模宏远,祖社朝市、庙学宫署无一不备,独东岳庙未建。玄教大宗师张开府留孙职掌祷祠,晨夕亲密。钦承上意,买地城东,拟建东岳庙。事既彻闻,仁宗命政府庀役。开府辞曰:'臣愿以私钱为之。倘费国财,劳民力,非臣之所以效报也。'上益加赏,遂敕有司护持,毋得沮挠。方将涓吉鸠工,而开府遽厌世。嗣宗师吴特进全节深念师志未毕,竭心经营,不惜劳费,于壬戌春成大殿,成大门;于癸亥春成四子殿,成东西庑,诸神像各如其序。鲁国大长公主捐资构后寝,敕赐庙额曰'仁圣宫'。特进以书来请记。予观先开府之报上恩、今特进之继师志,忠敬出于一诚,其美可书也。而余因及古今祠祭循习之由,以俟议礼者之讨论。方今袭累朝积德之余,际百年兴礼之会,明圣在上,仁贤布列,必将追复二帝、三王之懿,尽革魏、唐、金、宋之驳。其于东岳也,礼以地祇,而不人其像;尊比三公,而不帝其号。兆之如四望,而不屋其祠;庪县于其方岳,而不遍祠于郡县。夫如是,虽玄圣复生,必无曾谓泰山不如林放之叹。乘太平之基,新一代之典,昭示万世之法程,斯其时矣。何幸吾身,亲见之哉!"(《吴澄集》,第1013—1015页)

赵世延为御史中丞。

按:《元史·赵世延传》载:"泰定帝崩,燕铁木儿与宗王大臣议:武宗二子周王、怀王,于法当立;周王远在朔漠,而怀王久居民间,备尝艰险,民必归之,天位不可久虚,不如先迎怀王,以从民望。八月,即定策,迎之于江陵,怀王即位,是为文宗。当是时,世延赞画之功为多。文宗即位,世延仍以御史中丞兼翰林学士承旨,以疾乞归田里,诏不允。"(《元史》卷一八〇《赵世延传》,第4166页)

虞集兼国子祭酒。

按:赵汸《邵庵先生虞公行状》载:"(泰定)四年,考礼部进士,拜翰林直学士、奉议大夫、知制诰、同修国史,升奉政大夫、兼经筵官。明年,兼国子祭酒。"(《全元文》第54册,第354页)

吴澄正月得虞集贺初度之文。

按:虞集《庆草庐先生初度启》载:"候雁旋春,绂麟纪旦,恭惟欢庆。伏以有相之道,无竞惟人。历观统绪之传,莫若濂伊之盛。天礼攸叙,人豪并兴。伯仲作于一门,师友迈乎千载。逮至乾淳之讲学,兼贤张陆之切磨。会江汉于沧溟,辅梁栋以榱桷。是阅众甫,谓之大成,未有如学士先生。鲁殿灵光,独立云霄之表;禹河砥柱,旁无阿附之峰。载歌鸣鸟之闻,特见卧龙之起。金匮将垂于训戒,蒲轮何惮于归来。穆若燕闲,齐戒以问于尚父;斐然狂简,传授多得于伏生。众志之孚,不言而信;自任之重,于时极难。是以君子之瑕最纯,前哲之年莫及。不扶几杖,康强非导引之私;信作鉴衡,明睿绝边岐之异。述群经而毕究,俾百世以不迷。遂开九褒之龄,允为一代之瑞。尚绥福履,以亢文宗。"(《全元文》第26册,第59页)

吴澄作书答谢何中《寿吴学士草庐八十》一诗。

按:正月十九日吴澄八十岁生日,何中有《寿吴学士草庐八十》:"四朝加礼聘车勤,又际龙飞沐异恩。圣主执经常赐坐,大官承学尽趋门。格天勋

业身徐退,平地神仙道愈尊。春有八千才八十,桃花红嫩酒盈樽。"(《全元诗》第 20 册,第 294 页)

又按:吴澄有《回何太虚贺启》寄予何中,文载:"皓首趋朝,厚颜如甲。痛瘵图还于羊肆,夤缘幸脱于雉樊。早赋归来,儒于我乎何有?自怜老去,谁与子以争先?政此息肩,怀哉会面。今雨洗净尘埃之袂,好风吹堕绮绣之章。蝉蜕重封,虹彩回壁。伏念澄生处穷僻,学邻怪迂。弗顾人之笑且排,惟恐身之传不习。丁年垂壮,遽罹革命之屯;己志浸睽,甘作随时之遁。以日之过河有晕,而云之出岫无心。窃意商天民可终莘野畎亩之乐,岂料陈公子犹为齐国羁旅之臣。进用既非所长,退耕未逾其业。又况迫西颓之景,讵堪厕北共之星。至漏尽而不休,惕若涪翁波上之戒;嫌既老兮贪禄,美矣摩诘山中之歌。敢云慕昼锦之荣,聊尔解暮途之诮。葩奇俪牍,藻蒻溢情。援昔者伊、傅、程、朱,难当伦儗;讶今之欧、苏、韩、柳,易纵衮褒。盖惟某人一代文豪,万钧笔力,良由仁弟爱兄之道,相勉太贤希圣之心。甫实怜才,畴能敌三千首之风月;聃期同寿,愿共跻五百岁之春秋。误辱虚掷之黄金,愧乏报赠之青玉。复言猥琐,临纸踌躇。"(《吴澄集》,第 302—303 页)

吴澄二月二十二日受李盘中督写《岳庙》、《玄宇》二文。

按:李盘中是吴全节弟子,此年吴全节派李盘中至吴澄处,索要《岳庙》、《玄宇》二文。岳庙一文是为东岳仁圣宫而作,虞集《河图仙坛碑》载:"二年,制授公特进、上卿、玄教大宗师……作东岳仁圣宫于齐化门外。"(《全元文》第 27 册,第 199 页)《玄宇》一文则为泰定三年(1326)为张留孙所修仁靖观而作,虞集《河图仙坛碑》载:"三年,奉旨设醮于龙虎、阁皂、句曲三山。奉敕,葬开府张公于南山之月崎,作仁靖观以奉祀。"(《全元文》第 27 册,第 199 页)玄宇是仁靖观的匾额。

又按:吴澄《答吴宗师书》载:"二月下弦,盘中使到,持示腊月十二日教墨,督《岳庙》、《玄宇》二文。久病之余,精神遐漂。然盛意不敢虚辱,谨撰《东岳碑》,付盘中使回转达,应不迟缓。但此文关系古今大典礼,倘不鄙弃,于内不可有所改换。盖一字失当,恐贻将来识者之嗤诮,而其文不可以传。仁靖观中先开府之祠以'玄宇'为扁,所该甚广。今崇真宫所建,上复加'仁靖'二字,则'玄宇'但是代祠堂二字之名,四字联属,义不通贯,窃疑未安。大概此等名称垂示久远,惟当正大平常,不可如近时人家花圃亭榭馆舍,取其名之新巧奇异也。或曰'仁靖真君祠',可乎?更望审定其名,以喻小孙,当俾于家问中附来。文成之后,亦附便俾小孙奉呈也。"(《吴澄集》,第 256—258 页)

吴澄作《南山仁寿观记》,记吴全节藏张留孙冠剑之义。

按:吴澄《南山仁寿观记》载:"开府张公(即张留孙)际遇世祖皇帝,待诏阙庭,晨夕密勿。历事五朝,宠眷如一。……至大(当为至治)辛酉,年七十四,翛然悬解。嗣教子孙奉委蜕还故山,今圣上敕有司礼葬。泰定丙寅,嗣教宗师特进、上卿吴全节将旨祠信州、建康、临江三名山。既竣事,乃以十有二月甲申藏公冠剑于贵溪县南山之月峤。……月峤西北创仁靖观,殿名'混成',堂名'玄范',开府公之祠以'辅成'二字扁,其南轩曰'悠然'。总为屋若干楹,库廪庖湢器物具备。命其徒世守供香灯、省茔兆,有土田给其食。山之东又营别馆,缭以外门,榜曰'南山道域',落成于是年治葬之先。……予所深嘉也,是以因其徒之索观记,而特为之书。"(《吴澄集》,第965—967页)

吴澄三月左右为崇仁县孔子庙作文。

按:吴澄《崇仁县孔子庙碑》:"夫学校之设,三代至今,数千年矣。所以明人伦而善风俗,所以育人材而裨正教,其关系岂小哉!而学之尊先圣也,自汉以来,未有一定之制,亦未有通祀之典。唐开元间,定孔子为先圣,庙而衮冕南面,每岁春秋祀焉。由是庙学之礼益备,凡有学者必有庙,示其尊也。抚崇仁,江右壮邑。县学据一邑之中,近横清涟,远矗苍翠,山水之秀鲜俪。前五十年遭兵火而毁,后买民间旧屋起立为殿、为堂,苟简取具而已。泰定三年冬,真定史侯景让来作尹,视孔庙敝陋,将谋更造,邑丞祝彬相与协赞。四年春,召匠以计。未几丞去,尹独尸其事。既得良材,乃于九月壬子兴役,十二月己亥竖楹,悉彻其旧,易以新构。用竹木瓦甓暨石若干,斧之工千三百,锯之工百五十。度以工师之度,其崇三寻有二尺,其广五寻,其深三寻有六尺。五年三月告成。巍巍赫赫,大称圣朝崇儒重道、宪官勉励之意。侯其有见于风俗之机、政教之本也与!夫崇仁学产之入,岁用且或不给,而克臻是者,侯之用心公而用人当也。邑人陈祥慷慨有干略,前时倡议修县治之谯楼,舆论伟之。及是知邑宰之用心于庙学也,率先乎众,而出金济急;代任其劳,而市财敦匠。又与教官荣应瑞劝在学职员各捐己俸,在邑、在乡好义之家咸乐致助。盖率众而肯先之,则有义者孰不愿输其财;代劳而肯任之,则有职者孰不竞效其力。此费之所以办、事之所以集也。虽然,侯之所以新孔庙,岂徒然乎?将以耸动观瞻,振起偷惰。居游于学之士于是警发而厚于伦,可以端群下之表仪;而优于才,可以侍公上之选举焉耳。况崇仁近世之先达,德行则有若尚书何公,事业则有若金书罗公,博洽则有若侍郎李公,奥学则有四吴,清节则二谢,皆后来之所当睎慕者。进而有闻乎孔道,则又有光于前。夫如是,庶几不负邑宰作兴期望之心,邑之士其可不自勉哉!"文中,崇仁县尹史景让重修崇仁县孔子庙碑一事在三月完成,此时吴澄仍称其时为泰定"五年三月",而此年二月朝廷已诏改元致和,是故吴澄作此碑文的

时间应当在重修孔子庙完成后不久,其尚没有用新年号纪年。(《吴澄集》,第 1022—1023 页)

吴澄五月作《赠术者自言能通皇极经世诀》。

按:吴澄《赠术者自言能通皇极经世诀(戊辰五月)》载:"六合之外大无方,一气所到何渺茫。浮阳运转无停止,浊滓凝结留中央。不用安排理自然,能知其理为知天。"(《全元诗》第 14 册,第 324—325 页)

吴澄七月为邓文原作神道碑。

按:邓文原是年五月卒,吴澄受其子邓衍之请于七月撰写神道碑。吴澄《元故中奉大夫岭北湖南道肃政廉访使邓公神道碑》载:"故中奉大夫、岭北湖南道肃政廉访使姓邓氏,讳文原,字善之。先蜀人,寓杭甫再世。蚤慧工文,年十有五,已中进士举。逮南服归国,市隐弗耀,训授生徒,以给亲养。虽处穷约,事生丧死,必尽欢竭诚,未尝肯轻出谒。巨公敬礼,每造其庐,当路多知名。年三十二,浙省檄充杭学正。大德戊戌,部注崇德州教授。越四年辛丑,授应奉翰林文字。越五年乙巳,升修撰。至大戊申,考满进阶,仍旧职。越三年庚戌,出任江浙儒学提举。皇庆壬子,入为国子司业。延祐丁巳,迁翰林待制。明年戊午,佥浙西道肃政廉访司事。又明年己未,改江东道。至治壬戌,召为集贤直学士。癸亥,进阶兼国子祭酒。泰定甲子,直经筵。其冬移疾去官。明年乙丑,以翰林侍讲学士召。又明年丙寅,除湖南宪使,俱不赴。致和戊辰五月二十二日甲申,终于杭,年七十。子衍书来曰:'先君不幸至于大故,既葬矣,而墓石未铭也。先生知先君深者,敢以为请。'澄适卧病,得书而哭。病小间,乃追忆旧事。初至元间,吴兴赵承旨孟頫子昂为澄历言其师友姓名,而善之与焉。及善之为翰林应奉,澄始识之。继由翰林待制出江浙时,澄官胄监,得饯其行。又其后,以集贤直学士兼祭酒时,澄承乏禁林,次年同预经筵之选。呜呼!孰谓后予十年而生,遽先弃予而没乎?哀哉!"(《吴澄集》,第 1289—1290 页)

吴澄七月为崇仁社稷坛作记文。

按:吴澄《崇仁县社稷坛记》载:"天子之命诸侯也,畁之以社稷、人民,而使之主其祭、掌其治。秦罢侯,建郡县,郡有守,县有令,犹古之侯也。故守令膺民人社稷之寄。崇仁,抚之壮县,土乐而俗醇,民社之官多善于其职。旧社稷坛在县之东南,往年有人献议,谓建国之神位右,社稷俛不如礼者,宜变置。前县尹王侯承郡檄,迁于县西之巴陵坊。小溪环其前,大川绕其后,罗山、杯山远耸其右,普安禅寺近映其左。面平畴数百顷,广衍如棋局。巴山一峰,崒嵂云表。以其地之吉,故神享而人安。坛壝门垣岁久圮弊,今县令史侯怵然兴怀,而完美之。己捐俸以倡,人助资以继。东社,西稷,北风师、雨师。其坛四,筑甓如式。坛侧之阶,阶下之涂,大门一达,旁垣四周。修礼具齐,涂塈增丽。抡材召匠,撤旧营新。乃断乃度,乃绳乃斫。作斋庐三间于坎方,为行礼之位;作次舍三间于艮隅,为易服之所。日计其役,竹木斧锯之工凡七百有四十,瓦甓圬镘之工凡一百有五十,他役称是。所用诸物,悉以时直布于民。斋庐之崇,上栋常有三尺,下宇寻有五尺;其深倍宇之崇,其广倍栋之崇而杀。泰定四年八月经始,致和元年七月告成。轮奂有光,观者咸喜。土民请纪岁月。夫社稷、人民,皆县令所主掌也,职其职,则有先后焉。孟子曰:'民为贵,社稷次之。'《春秋传》亦曰:'先成民,而后致力于神。'侯一清如水,而与物为春,民视之为父母。既知所先矣,又能严祀社稷,一新其堂构。爱民敬神,允为两得,而廉其本也。世之廉吏或暂或伪,侯之廉出于真心,而始终不渝,岂但一邑之所无,盖举世之所希也。因土民之请,而特为之书。侯真定史氏,景让其名。"(《吴澄集》,第814—815页)

吴澄十月有疾。

按:吴澄于十月有疾,至冬尚未痊愈。何中曾于十月二十六日替病中的吴澄代笔作文,《题吴先生顺庆路孔庙礼器记后》载:"器成,谒记于草庐吴先生。既稿就,而先生微疾,不及亲书,礼先生之表弟何中为书之,……天历戊辰冬十月二十有六日,何中太虚僭书。"(《全元文》第22册,第194页)

吴澄冬作第三封答田泽书。

按:自去年吴澄第二次回复田泽书信后,今年七月,吴澄又收到了田泽的第三封书信。吴澄深觉田泽与己意甚为不合,本不打算再回信,但田泽却在此时托人再次从长沙寄来书信,吴澄无奈,因之再作《答田副使第三书》以答,并托弟子代书。

又按:《答田副使第三书》:"澄前者辱第二书,玩绎之余,以鄙意奉答,乘便寄呈,惟恐浮沉。七月得今春所惠第三教帖,乃知二月已达左右,甚为之喜。书至之时,恰值病作,未及细观。既而病证日增,不食者近两月。头目昏重,双耳失聪,几于危笃。逮兹冬初方稍轻减,然未复常,未敢出外。念欲附数字以谢,又思已尝罄竭愚陋之见至再矣,觉来皆与高明之见不合。澄自幼务学,用功六十余年,今年已八十,资下识卑,所见仅仅至此。虽复渎进其说,不过如前,何能有补于贤达?是以缀而不为。忽乡人久寓长沙者还乡来过,又蒙重笔第三帖见示,深感盛意之勤勤。且闻澄清底绩移寓长沙,相去亦近,天相吉德,履候平康,益可喜也。眷爱之隆不可虚辱,但病余精神虚耗,弗克详悉,以报所施。手颤妨于运笔,命学子代写。

"一、愚见以太极为道理,而高见必以为混元浑沌未判之气,此其不合者一也。愚见以为理在气中,同时俱有,而高见必以为先有理而后有气,此其不合者二也。愚见以为易者，阴阳之变；'《易》有太极'者，言阴阳变易之中有理以为之主宰。夫子'《易》有太极'之言，其立言犹曰臣有君、子有父云尔，故朱子以为《易》之有太极，如木之有根、浮图之有顶，可谓明白。而高见以为其说颠倒错乱，断不可以训后学，此其不合者三也。蔡节斋解'易'字作'无极'字，此是背其师说，无识之言也，而高见取之；解太极字为至极之理，此言却是，而高见不取。愚所非者而以为是，愚所是者而以为非，此其不合者四也。已上愚说并与周、程、张、朱之说同，皆非不肖自出己见。而来书引王巽卿之言，以为舍祢而宗兄。澄识见凡陋，窃谓祢之道更秦汉以来，晦蚀千有余年。若非天于盛宋之时生此数兄，发明吾祢之道，则几于队地矣。澄视吾兄，有大功于吾祢者也。凡吾兄所言，《五经》之梯阶也。敢问此数兄有何言语背了《五经》？乃曰不可徒求之先儒而不本之《五经》乎？若曰徒求之《五经》而不反之吾心，是买椟而弃珠，此则至论。不肖一生切切，然惟恐堕此窠臼。学者来此讲问，每先令其主一持敬，以尊德性，然后令其读书穷理，以道问学。有数条自警省之语，又拣择数件，书以开学者格致之端。学徒锓之于木，今谩纳去一帙。是盖欲如巽卿之说，先反之吾心，而后求之《五经》也。仆虽老矣，学之久而未得，愿与足下共勉之。

"一、《易》是形而下者，太极是形而上者，先儒已言，澄不复赘。先儒云道亦器，器亦道，是道、器虽有形而上、形而下之分，然合一无间，未始相离也。今乃曰阴阳变易之易非本原形而上者之易，则伏羲合当如周子画一圈作太极，何缘但画一奇为阳、画一偶为阴而已？至夫子方推其本原，而有阳奇阴偶之中有太极存焉，夫太极者不在阳奇阴偶之外也。今以阴阳为不是本原，则是伏羲之《易》无了本原矣。伏羲但有卦画，别无他文。若欲求'易'字、'太极'字于阳奇阴偶之外，窃望就伏羲卦中指出见教，何者是'易'，何者是'太极'。如此论《易》，何万古大圣人之不幸也！噫！

"一、老子云：天下万物生于有，有生于无。万物者，指动植之类而言，'有'字指阴阳之气而言，'无'字指无形之道体而言。此老子本旨也。理在气中，元不相离。老子以为先有理而后有气，横渠张子诋其'有生于无'之非，晦庵先生诋其有无为二之非。其'无'字是说理字，'有'字是说气字。若澄之以精气为物，为自无而有；游魂为变，为自有而无。以《先天图》左边为自无而有，右边为自有而无。乃是言万物形体之无有有无，如春夏所生之物，皆去冬之所无，而今忽有；秋冬所杀之物皆今夏之所有，而今忽无。人之生也，渐至于长大，是自无而有；人之死也，遂至于朽腐，是自有而无。又如平地本是荆榛，乃翦除草茅而盖造宫室，则此宫室自无而有；其后宫室销毁败坏，又成瓦砾之场、禾黍之墟，则此宫室自有而无。又如一虚室忽然排办酒器，铺设筵席，聚宾客于其中，歌舞欢笑，是此宴会自无而有；及其酒罢客散，彻去筵席，收去酒器，依旧一虚室，是此宴会自有而无。凡物凡事皆然。来书谓'世间人物之生、百姓日用之常，那件不是自无而有'是矣。此之无而有、有而无，是言鬼神之屈伸往来、人物之生死始终、人事之兴废聚散，即与指理为无、指气为有之'无'、'有'不同，但有、无二字相同尔。老子谓有气之阴阳自无形之理而生，以有、无为二，而不知理气之不可分先后，与予言万物形体自无而有、自有而无者旨意迥别。今以愚言为自相牴牾，何其不通文理之甚也！如孟子不言利，前则曰'何必曰利'，后则曰'以利为本'。前之'利'，强兵富财、便利其国之谓也，后之'利'，顺其自然之理之谓也。利字虽同，而文义则异。若不通文义，必谓孟子之言自相牴牾矣。来书取南轩先生张氏《太极图解》首章之说甚当，然请博观南轩《太极图》全解及今《文集》、《语录》诸书，还曾解太极二字为浑元浑沌否？还曾谓理在先、气在后否？南轩《图解》之下文云：'非太极之上复有所谓无极也。太极本无极，言其无声臭之可名也。'又云：'无极之真，二五之精，妙合而凝。非无极之真为一物，与二五之精相合也。'言未尝不存于其中也。南轩此言即与朱子所言及老拙所言一同。卖花担上前后两篮，不曾遍看，但见前篮一朵之花，便自买取，而不复顾其后篮之花为何如，况望能于洛阳诸处名园中万紫千红而一一识之乎？朱子初焉说太极与南轩不同，后过长沙谒南轩，南轩极言其说之未是，初亦未甚契。既而尽从南轩之说，有诗谢南轩曰：'我昔抱冰炭，从君识乾坤。始知太极蕴，要妙难名论。'及南轩死，有文祭之曰：'始参差以毕序，卒烂熳而同流。'是晦庵太极之说尽得之于南轩，其言若合符节。明公取南轩而不取晦庵，何也？

"一、有生于无，是老氏异端之说。周子无极而太极，即非言自无而有，晦庵、南轩二先生之说灿然明白。高意必欲解此一句云'自无极而为太极'，是押周子入老庄队也。朱、张二先生皆云'非太极之上复有无极'，极力分解，惟恐人错认此一句与老氏同，卫道之力如此，可谓忠于周子也。明公必欲屈抑周子以同于老氏，老拙极力唤醒而不见从，是辱吾周子者，明公也。己自为之，又自称冤，何耶？

"一、《系辞传》'《易》有太极，是生两仪，两仪生四象，四象生八卦'，此是说卦画。周子因夫子之言而推广之以说造化，言卦画，则生者生在外，有两仪时未有四象，有四象时未有八卦。朱子谓生如母之生子，子在母外是也。言造化，则生者只是具于其中，五行即是阴阳，故曰'五行一阴阳'，言阴阳五行之非二。朱子所谓五殊二实无余欠也。阴阳即是太极，故曰'阴阳一太极'，言太极、阴阳之非二，朱子所谓精粗本末无彼此也。朱子又言生阴生阳之生犹曰为阴为阳云尔，非是生出在外。惟朱子能晓得《太极图说》之生字与《易系辞》之生字不同。解经析理，精密如此，如何不使人观之而心服！此等精微豪厘之辩，想明公前此之所未闻。欲以粗心大眼观圣人之言，何其容易耶？两仪、四象、八卦，渐次生出者也，非同时而有。太极、阴阳、五行，同时而有者也，非渐次生出。一是言卦画，一是言造化，所以不同。天地却是后来方有，故邵子之书以为'天开于子，地辟于丑'。来书既引朱子所云，是欲闻其说也。今为详陈。一元凡十二万九千八百岁，分为十二会，一会计一万八百岁。天地之运至戌会之中为闭物，两间人物俱无矣。如是又五千四百年而戌会终。自亥会始五千四百年，当亥会之中，而地之重浊凝结者悉皆融散，与轻清之天混合为一，故曰浑沌。清浊之混逐渐转甚，又五千四百年而亥会终，昏暗极矣，是天地之一终也。贞下起元，又肇一初，为子会之始，仍是混沌；是谓太始，言一元之始也；是谓太一，言清浊之气混合为一而未分也；又谓之混元，混即太一之谓，元即太始之谓，合二名而总称之也。自此逐渐开明，又五千四百年，当子会之中，轻清之气腾上，有日，有月，有星，有辰，日月星辰四者成象而共为天，故曰天开于子。浊气虽抟在中间，然未凝结坚实，故未有地。又五千四百年，而子会终。又自丑会之始，五千四百年，当丑会之中，重浊之气凝结者始坚实，而成土石，湿润之气为水流而不凝，燥烈之气为火隐而不显，水火土石四者成形而共为地，故曰地辟于丑。又五千四百年而丑会终。又自寅会之始，五千四百年，当寅会之中，两间之人物始生，故曰人生于寅。开物之前，浑沌太始混元之如此者，太极为之也。开物之后，有天地、有人物如此者，太极为之也。闭物之后，人销物尽，天地又合为混沌者，亦太极为之也。太极常常如此，始终一般，无增无减，无分无合，故以未判已判言太极者，不知道之言也。

"一、夫子言'一阴一阳之谓道'，而澄言夫子以一阴一阳为道，节缩'之谓'两字，以'为'字代之，取其言之便而已，不知有何碍理？夫子言'形而上者谓之道，形而下者谓之器'，程子则言'形而上为道，形而下为器'，节缩'谓之'两字，代以'为'字，亦合纠弹程子之过乎？又如大程子言'发己自尽为忠，循物无违谓信'，上句言'为'，下句言'谓'，二句之意果有异同乎？小程子则曰'尽己之谓忠'，兄言'为忠'，弟言'之谓忠'，二先生之言果有差殊乎？此等不过取其文从字顺、便于口尔。经史传记子集中或以'为'代'谓'，或以'谓'代'为'，二字通行，不一而足。《大戴记》曰：'夫子可谓孝乎？'《小戴记》则衍之曰：'夫子可以为孝乎？'他不悉数，遍读诸书，自当见之。

"一、《河图》只是五十五圈，《洛书》只是四十五画，羲因图数奇偶而画卦，禹因书数先后有叙畴，此鄙见也。高见不以为然，澄岂敢力争己说之是以求胜？但自信则笃，著论以俟百世之知尔，不敢求高明印可也，故不复论。图书之出，圣人因此有契于心，而遂画八卦、叙《九畴》。程子曰：'若无《河图》，八卦亦须画。'愚亦曰：若无《洛书》，《九畴》亦须叙。夫子因获麟而作《春秋》，若不获麟，《春秋》亦须作。至若愚谓《洪范》乃禹自作，此'自'字是言叙畴出于禹之己意，不是传写龟背见成之文也，即非说《九畴》是禹一人自作，而箕子无与。今来书谓'禹至箕子千有余年，安知箕子无一言乎'？澄之《洪范注》及前书中即无此意，何故横生此一枝以见喻？恐是不通文理之人看澄《洪范注》而误，因对明公说，而明公不自参详，以致错误。不然，明公之高了，何缘如此昏谬邪？澄弱冠时已见南康冯深居先生订定《洪范》印本，分禹经、箕传一如所惠贺氏之书。澄后来重定《洪范》，疑经传二字未甚安，故改之曰'纲目'。深居者，古心江丞相同乡里之父师也。古心之家自有深居《洪范》印本，其有取于贺者，亦喜其与乡里前辈之书同故尔。澄前书欲得足下寻探收书之家，觅冯深居订定《洪范》经传一观，人家夫岂无之哉？

"一、'画前元有《易》'，画是伏羲画卦之画，《易》是指《易》之书而言。人但知伏羲画卦之后方有《易》，而不知伏羲未画卦之前，天地间已有此《易》矣。画字与删字对，皆是指作书修书者；易字与诗字对，皆是指所作所修之书名。今曰'画非止伏羲卦画一奇一偶之谓，等而上之，至于太极未判皆前也'。又曰'《易》即理也'。若如此言，试改此一句诗曰'太极以前元有理'，则成何等言语！此句诗若出粗通文理者，笑之矣。如此推广上句，不知下句'删后更无诗'一句如何推广？

"一、邵子所谓无极，即非周子所谓无极。足下所取之南轩先生亦如此说，非愚之私言也。今必欲以为与周所言之无极同。愚意阴阳太极同时而有，不可言'之前'二字。姑如明公之意，则可言阴阳之前先有太极，太极之前先有无极，无极则不可再有所加于其头上矣。言无极之前，是无极头上又加一层也。不知无极之前是何物？当作何名称？以见教如此，则周子《图说》又欠一层，当言云云而无极，无极而太极也。以无极为周子所言之无极，而阴含阳乃在无极之前，是先有阴阳，后有无极也。可谓颠倒错乱之甚矣。何乃以此四字而诬朱子，又以此四字而罪老拙耶？

"一、项氏说象字，出于一己之特见，度越群儒，且非蹈袭前人之所已言。谓彼知其略，而不知其详，则虽得一说超乎其上，然后见彼之为略、而此之为详。象非偶不立，数非奇不行，此一偏一曲之论也，识者不取。蹈袭'非两不立'一句之陈言以说象，既不该遍，又不亲切，不免于择焉而不精，语焉而不详矣，而何可议项氏之不知其详也哉？项所谓象，所包甚广；'非两不立',所指甚狭。一广一狭,其孰为详?而孰为略乎?

"一、天者,乾之形体;乾者,天之性情。此两语,格言至论也。足下疵之,何哉?人之著书笔削,各有其意。若先儒好言语都要写尽,则岂可谓之成一家言?澄不引用程子此言者,自是用不着,非以其言为有病不取之也。仆幼时虽未远出,然闻人说河豚鱼、江豚鱼,已疑'豚鱼'只当作一字解。后见云间田畴《易解》作'江豚鱼',犁然有当于愚心。长而泛大江,亲见所谓江豚鱼者;又闻舟人呼之为风信,于是确然从田畴之说。足下既罪仆不合祖程传义理,今又罪仆不合不尽用程说,而以为畔程子,此似市井小夫两面二舌者之言,非所望于希贤希圣之君子也。王巽卿一部《易》纯是宗程,其间与程不同者甚多,亦可指之以为罪乎?

"一、君子所居而安者,《易》之象也,立象成器以为天下利,澄各有所据,《纂言》中载之已详,今再逐一条具。陆德明《经典释文》曰:'虞翻本《序》作《象》。'东莱吕先生《易音训》曰:'晁氏云:"虞作《象》。说之按:作《象》乃与下义合。"'此是从陆、晁、吕三家之说。'立象成器以为天下利',此是依荀悦《汉纪》所引《易》文。如《坤》卦《象传》元本云'履霜坚冰,阴始凝也',朱子据陈寿《魏志》所引云:'初六,履霜,阴始凝也。'上添'初六'二字,下去'坚冰'二字,是准此例。'何以守位曰人',《本义》改'仁'作'人',而曰'今本作仁,吕氏从古,盖所谓非众罔与守邦'。来书谓不知何所据而添改,且如上传《本义》谓'立字下有阙文'。来书言之,是曾读《本义系辞上传》也。此处朱子直改了本文'仁'字,又注帮助白如此。澄从朱子所改,非自改也。乃曰'不知何据',岂是不曾读《本义系辞下传》乎?凡看人文字,欲寻人疵病,合当首尾洞彻,真箇捉着本人谬误处,然后疵人而人服。如考进士试卷,黜落之卷更须着力精看,批抹其所以不好之由。又如平反狱讼,须是将案卷前后一一参照精详。澄《纂言》中三处,于'《易》之《象》也'章末注云:'旧本《象》作《序》,今依虞翻本。''立象成器以为天下利'章末注云:'旧本无象字。朱子曰:"立下疑有阙文。"澄按:荀悦《汉纪》引此文作"立象成器",今增补。''守位曰人'章末注云:'旧本"人"作"仁"。陆氏曰:王肃、卞伯玉、桓玄、明僧绍作"人"。'已上并是《纂言》各章注文,援据至甚明白。今乃见问'不知何据',是不曾看澄所注也。若澄之书纰谬不足观,则当以覆酱瓿,以糊屋壁,或以火焚之可也。既是存留,欲就上寻求疵病,合依平反案卷之法照刷子细,看得情弊方出。今乃看前不照后,看此不照彼,何其疏率也!

"一、生生之谓《易》,正与生四象、生八卦之'生'同,周子所谓生阴、生阳、生水火木金土者,其义亦同,但有在外在中之异。大德曰生之'生'意却微别。乾坤法象,此指画卦之阴阳而言,《易》则阴与阳之总也,故主此阴与阳者谓之《易》。占与事，蓍数之未定、已定者，神则占与事之总也，故主此占与事者谓之神。凡阴阳变易，道理便在其中，元不相离，直以道字解易字则不可。而易之所以易者，道也。故程子言阴阳非道，所以一阴一阳者，道也。

"一、程子'随时变易以从道'之言，以此解《易》书之名则未的当，然此言与《中庸》君子而时中之意同，乃圣贤之格言也。青山疵之，以为道自道，易自易，可谓谬妄。青山吾乡人，长吾十岁，澄以兄事之。其人善作时文，却不晓义理。而作文之际，每喜议评先儒。澄屡尝辨析其不然，卒皆无辞而屈服。明公于晦庵朱子尚不假借，而乃引用青山之言。使其言是，犹可曰不以人废言；其言不是，而以为据依，何哉？舍了甘棠树，缘山摘醋梨，可叹也已！

"一、其他诸条不能一一酬答。澄老耄无知，卑贱无庸，极荷不鄙，荐赐贻问。不敢不竭愚衷者，盖恐堕于不忠不孝之域。然技能识见止此而已。天下之广，岂无杰特明达之士过澄百倍十倍，可陪明公之讲论者哉！澄黾勉奉酬此纸，岂能称盛心！望怜其愚，不必更赐第四书。借视于盲，借听于聋，非计之得者也。"（《吴澄集》，第81—94页）

吴澄作《仙岩元禧观记》。

按：吴澄《仙岩元禧观记》载："信之山水固奇秀，而龙虎山都其最。山之西十余里，厓石嵌嵁，下瞰溪津，洞穴百数，有名者二十四，号为仙岩。地势险绝，人迹不到，阳显阴幽。若或宅于其间龙虎胜境，寄身老子法者宫之。逮及国朝，盛极甲天下，一本三十六支，冠褐千余，其崇隆丰厚，位望侪于亲臣，资用儗于封君，前代所未尝有。盖其地气之积郁发达而然。开府大宗师以龙虎道士际遇世祖皇帝，依日月光，历事五朝，眷渥如一。嗣其统于神奇者若而人，演其派于故山者若而人，分设宫观布列朔南郡县者不可胜计。至若仙岩之卓诡殊特，自应乘其旺气，而开府之徒孙张师嗣房始建观于岩之阴，面玉屏、钵盂、天马诸山，名元禧观。师恢廓慷慨，刚直自立。人有过，辄面折；人有急，周之无吝情。好读书，能吟诗，每谓：'富贵浮云，死生夜旦尔。倘不闻道，如未出世。'择地营构，俾其徒安内养、忘外想，薪守清虚谦让之教，前传后续永不失坠也。尝从开府入觐仁宗皇帝，制授体道通玄渊静法师，主潭州路岳麓宫，乃以元禧观事属其徒何斯可。致和元年，制授斯可明素通玄隆道法师，主仙岩元禧观。何之诸孙薛玄羲具建观始末，薛之诸孙曾吾省诣予求文载诸石。羲曰：'元禧观，延祐三年丙辰肇建，六月己未落成。殿名宗元，钟楼、鼓楼翼于左右；堂名玄范，东西二厢曰楚樵、曰爱梅，东西二馆曰清真、曰宝玄。外设听事之所。其二庑曰兴仁、曰集义，中门扁曰渔樵真隐。一池前泓，曰环翠池；一涧横绕，桥以便往来，曰通德桥。观之后有闲机洞，有芳润圃，有玉泉井。茂林修竹，名花异果，罗簇葱蒨。买田若干亩以饭众。经画四五年,而功大集。泰定三年丙寅,张师化去,何师克绍先志,凡营构未备者,一一修完。观之阳诸岩崒峭,或谽呀而中空,或瑰玮而外见;川流中贯,风帆上下,探僻搜怪者时时而至。昔陆文安公偕文学士七十八人游览,留其名氏。今元禧之建,可无记乎?愿得一言与文安之记并刻,以志后观。'予夙闻仙岩之名,而足不一履,未由模写其态状之仿佛。因慨龙虎上清关系地势,然亦有天焉,亦有人焉。天运将昌其教,而教门之继继承承,莫非人才之杰。人才之杰,有以当地气之灵,地气之灵,有以符天运之昌,天、地与人三者合一,龙虎上清之极盛于今也,岂偶然哉?仙岩之元禧则杰才之衍、灵气之波、昌运之潴也。"(《吴澄集》,第 983—985 页)

吴澄为申屠义作墓表。

按:吴澄于泰定四年(1327)得申屠駧请,为其祖父申屠义作墓表。吴澄《故善人申屠君墓表》载:"君讳义,字顺之,前翰林待制、承德郎、佥江北淮西道肃政廉访司事致远之父也。……余往岁客江淮间,闻其名籍籍。后二十余年,始识待制之子駧于京师。既而駧从事江西,余亦归自禁林。泰定丁卯,駧以文一帙来曰:'此駧大父之行实也,葬已三十九年矣,而墓石未建,敢蕲一言表于墓,以示子孙。'余阅其文,知君之为善人也。"(《吴澄集》,第 1353—1354 页)

又按:后虞集有《跋申屠君墓表》作,文载:"善也者,生生之本也。霜雪斧斤马牛之害,相寻息焉,而生者不绝,其本然也。临川先生表申屠君之墓曰'善人',善求诸其质者乎。集来中朝,待罪国史,盖尝观夫金亡之际,生人之类,尽刘于兵,幸而生存,子孙有可称述者,可偻而数也。间求其世常得其存之故焉,若申屠君家其一也。……"(《全元文》第 26 册,第 330—331 页)

吴澄此年修《春秋纂言》成。

按:虞集《行状》载:"天历元年,《春秋纂言》成。"(《全元文》第 27 册,第 176 页)吴澄《四经叙录》:"《春秋》经十二篇,《左氏》、《公羊》、《谷梁》文有不同。昔朱子刻《易》、《书》、《诗》、《春秋》四经于临漳郡,《春秋》一经止用《左氏》经文,而曰'《公》、《谷》二经所以异者,类多人名、地名,而非大义所系,故不能悉具。'澄窃谓三传得失,先儒固言之矣。载事则《左氏》详于《公》、《谷》,释经则《公》、《谷》精于《左氏》。意者《左氏》必有按据之书,而《公》、《谷》多是传闻之辞。况人名、地名之殊,或由语音字画之舛,此类一从《左氏》是也。然有考之于义,的然见《左氏》为失,而《公》、《谷》为得者,则又岂容以偏徇哉?呜呼!圣人笔削鲁史,致谨于一字之微。三家去夫子未久也,文之脱谬已不能是正,尚望其能有得于圣人之微意哉?汉儒专门守残护阙,不合不公,谁复能贯穿异同,而有所去取?至唐啖助、赵匡、陆淳三子,始能信经驳传,以圣人书法纂而为例,得其义者十七八。自汉以来,未闻或之先也。观赵氏所定三传异同,用意密矣,惜其予夺未能悉当。间尝再为审订,以成其美。其间不系乎大义者,赵氏于三家从其多,今则如朱子意,专以《左氏》为主。傥义有不然,则从其是。《左氏》虽有事迹,亦不从也,一断诸义而已。呜呼!属辞比事,《春秋》教也。甚欲因啖、赵、陆氏遗说,博之以诸家,参之以管见,使人知圣笔有一定之法,而是经无不通之例,不至随文生义,以侮圣言。顾有此志,而未暇就,故先为正其史之文如此。若圣人所取之义,则俟同志者共讲焉。"(吴澄《四经叙录》,《吴澄集》,第7—8页)又《春秋纂言总例序》载:"属辞比事,《春秋》教也。昔唐啖助、赵匡集《春秋传》,门人陆淳又类聚事辞,成《纂例》十卷。今澄既采撷诸家之言各丽于经,乃分所异、合所同,仿《纂例》为《总例》七篇,初一天道,次二人纪,次三嘉礼,次四宾礼,次五军礼,次六凶礼,次七吉礼。例之纲七,例之目八十有八。凡《春秋》之例,礼失者书,出于礼则入于法,故曰刑书也。事实辞文,善恶毕见,圣人何容心哉?盖浑浑如天道焉。呜呼!其义微矣。而执谦自谓之窃取,区区末学,庸讵可得与闻乎?临川吴澄序。"(《全元文》第14册,第423页)

又按:四库馆臣评价吴澄《春秋纂言》道:"是书采撷诸家传注,而闲以己意论断之。首为《总例》,凡分七纲八十一目。其天道、人纪二例,澄所创作。余吉、凶、军、宾、嘉五例,则与宋张大亨《春秋五礼例宗》互相出入,似乎蹈袭。然澄非蹈袭人书者,盖澄之学派,兼出于金溪、新安之间,而大亨之学派,则出于苏氏。澄殆以门户不同,未观其书,故与之暗合而不知也。然其缕析条分,则较大亨为密矣。至于经文行款多所割裂,而经之阙文亦皆补以方空,于体例殊为未协。则澄于诸经率皆有所点窜,不独《春秋》为然。读是书者取其长而置其所短可也。"(永瑢等《四库全书总目》卷二八,第225页)

又按:吴澄《春秋纂言》对元朝南北学术的融合居功甚伟,后有北方学者张桢之作《春秋经说》,以此书辅翼吴澄《春秋纂言》。许有壬《春秋经说序》称:"我朝草庐吴公,采撷诸家之言,各丽于经,分所异,合所同,为《纂言》十二卷。又仿陆氏《纂例》为《总例》七篇,有功于经者也。约中因《纂言》录其说以附于经,其自得者又疏其说于先儒之后,中大路而不歧,溯正流而不沱,又有功于吴公者也。有功于吴公,斯有功于经矣。一旦大用,持是说以裁割庶事,有什伯章疏者矣,《经说》岂空言而已哉!"(《全元文》第38册,第132—133页)张以宁《春秋经说序》载:"由唐、宋以来,能不惑乎《传》而尊《经》者,啖、赵、孙、刘、欧阳发其端,河南邵子、徽国朱文公阐其微,至我朝草庐吴文正之《纂言》集而大之,今参政大梁张先生之《经说》翼而备之,而后圣人之心庶其白乎?且圣人之作《春秋》,岂徒托之空言,将以见诸行事,拨乱世反

之正耳。"(游友基整理《翠屏集》卷三,广陵书社2016年,第115页)

胡炳文作《四书通证序》。

按:胡炳文《四书通证序》载:"北方杜㻎山有《语孟旁通》,平水薛寿之有《四书引证》,皆失之太繁,且其中各有未完处,观者病焉。今友人张德庸精加雠校,删冗而从简,去非而从是,又能完其所未完者,合而名之曰《四书通证》,以附予《通》之后。学者于予之《通》知四书用意之深,于《通证》知四书用事之审,德庸此书,诚有补云。泰定戊辰正月壬辰云峰老人胡炳文序。"(《全元文》第17册,第124页)

范梈为杨载《杨仲弘集》作序。

按:范梈《杨仲弘集原序(致和元年六月一日)》载:"大德间,余始得浦城杨君仲弘诗读之,恨不识其为人。及至京师,与余定交,商论雅道,则未尝不与抵掌而说也。皇庆初,仲弘与余同为史官,会时有纂述事。每同舍下直,已而犹相与回翔留署,或至见月,月尽继烛相语。刻苦澹泊,寒暑不易者,唯余一二人耳。故其后,余以御史府用筦南宪架阁,适海上。仲弘复登乙卯进士第,为浮梁别驾。余迁江西,仲弘亦改宣城理官。相违十数年,相距数千里,迹虽如是,而心固犹数晨夕也。而仲弘竟未任宣城以卒。乌乎恸哉!余尝观于风骚以降,汉魏下至六朝,弊矣。唐初,陈子昂辈乘一时元气之会,卓然起而振之。开元、大历之音,由是不变,至晚宋又极矣。今天下同文,而治平盛大之音,称者绝少于斯际也。方有望于仲弘也,天又不年假之,岂非命耶?盖仲弘之天禀旷达,气象宏朗,开口论议,直视千古。每大众广席,占纸命辞,敖睨横放,尽意所止。众方拘拘,己独坦坦。众方纡余,己独驰骏马之长坂而无留行。故当时好之者虽多,而知之者绝少,要一代之杰作也。仲弘有子尚幼,其残稿流落,未有能为辑次者。友人杜君伯原自武夷命仆曰:'将就其平生所得诗,刻诸山中。'此诚知仲弘者。而杜君猥谓罄仲弘海内之交相好,又莫余若也。俾为序之,用掇其梗概,著于篇端。致和元年六月一日,临江范梈序。"(《全元文》第25册,第590—591页)

刘赓卒。

按:刘赓(1248—1328),字熙载,洺水人。幼师事王磐,于至元十三年授将仕郎、国史院编修官,累迁至于集贤大学士、荣禄大夫、兼国子祭酒。致和元年三月卒。生平事迹见虞集《翰林学士承旨刘公神道碑》。

白珽卒。

按:白珽(1248—1328),字廷玉,钱塘人。晚年,归老钱塘之栖霞,自号栖霞山人。工诗文,善书法,方回、刘辰翁称他"诗通陶、韦,书、画通颜、柳"。宋咸淳间,与仇远同以诗名。宋亡,程钜夫、刘伯宣曾先后交荐白珽,不出。与鲜于枢、李衎、邓文原等人相友善。著有《经史类训》二十卷、《湛渊静语》二卷、《湛渊遗稿》三卷。事迹见宋濂撰《元故湛渊先生白公墓铭》、《新元史》卷二三七、《两浙名贤录》卷四六、《(万历)杭州府志》卷七五、《(乾隆)浙江通志》卷一一六及一七八、《元诗选·二集》小传、《湛渊静语》自序。

邓文原卒。

按:邓文原(1259—1328),字善之,一字匪石,绵州人,徙钱塘。宋时以流寓试浙西转运司,中魁,至元二十七年为杭州路儒学正,大德元年受诏金书藏经,大德二年"部注崇德州教授",后于大德五年(1301)授应奉翰林文字,至大三年"出任江浙儒学提举","皇庆壬子,入为国子司业",累迁至集贤直学士兼国子祭酒。致和元年五月卒于杭州。著有《巴西文集》、《内制稿》、《读易类编》、《郭公敏行录》等书。生平事迹见于吴澄《元故中奉大夫岭北湖南道肃政廉访使邓公神道碑》、《元史·邓文原传》等。

李穑(1328—1396)生。

元文宗天历二年
己巳　1329 年　81 岁

正月，和世㻋即位于和宁之北。

按：元文宗图帖睦尔在去年即位诏中言明其将俟其兄和世㻋南来即位："朕以菲德，宜俟大兄，固让再三。"（《元史》卷三二《文宗本纪》，第 3 册，第 709 页）是年正月，和世㻋即位于和宁之北，《元史》载："天历二年正月乙丑，文宗复遣中书左丞跃里帖木儿来迎。……丙戌，帝即位于和宁之北，扈行诸王、大臣咸入贺。乃命撒迪遣人还报京师。是月，前翰林学士承旨不答失里以太府太监沙剌班辇金银币帛至。遣撒迪等还京师，帝命之曰：'朕弟曩尝览观书史，迩者得无废乎？听政之暇，宜亲贤士大夫，讲论史籍，以知古今治乱得失。卿等至京师，当以朕意谕之。'"（《元史》卷三一《文宗本纪》，第 3 册，第 696 页）

二月，图帖睦尔立奎章阁学士院于京师。

按：此年二月，图帖睦尔立奎章阁学士院于京师。"奎章阁学士院是元文宗与元明宗兄弟之间争帝过程中的尴尬产物"，"为了表示对明宗的顺遂之意，图帖睦尔非常重视奎章阁的开建事宜"。（邱江宁《元代奎章阁学士院与元代文坛》，中国社会科学出版社 2013 年，第 7 页）《元史》载："是月，文宗立奎章阁学士院于京师，遣人以除目来奏，帝（和世㻋）并从之。"（《元史》卷三一《文宗本纪》，第 3 册，第 696 页）

又按：虞集《开奎章阁奏疏》载："臣某等言，特奉圣恩，肇开书阁。将释万机而就佚，游六艺以无为，此独断于睿思，而昭代之盛典也。乃俾臣等，并备阁职。感兹荣幸，辄布愚忱。钦惟皇帝陛下，以聪明不世出之资，行古今所难能之事。以言乎涉历，则衡虑困心艰劳之日久；以言乎戡定，则拨乱反正文治之业隆。然而功成不居，位定不有。谦逊有光于尧、舜，优游方拟于羲、黄。集群玉于道山，植众芳于灵囿。委怀澹泊，造道精微。若稽在昔之传闻，孰比于今之善美。而臣等躬逢盛事，学愧前修。虽已竭于论思，惧无堪于裨补。然敢不咏歌《雅》、《颂》，极襄赞之形容；探赜《图》、《书》，玩盈虚之来往。冀心神之融会,成德性之纯熙。揆微志而匪能,诚至愿其如此。仰祈天日,俯察蒭荛,臣某等不胜惓惓之至!"(《全元文》第26册,第41页)

又按:虞集另有《奎章阁记应制》载:"大统既正,海内定一。乃稽古右文,崇德乐道。以天历二年三月,作奎章之阁,备燕闲之居,将以渊潜遐思,缉熙典学。乃置学士员,俾颂乎祖宗之成训,毋忘乎创业之艰难,而守成之不易也。又俾陈夫内圣外王之道,兴亡得失之故,而以自儆焉。其为阁也,因便殿之西庑,择高明而有容。不加饰乎采斫,不重劳于土木,不过启户牖,以顺清燠,树皮阁以栖图书而已。至于器玩之陈,非古制作中法度者不得在列。其为处也,跬步户庭之间,而清严邃密。非有朝会祠享时巡之事,几无一日而不御于斯。于是宰辅有所奏请,宥密有所图回,诤臣有所绳纠,侍从有所献替,以次入对,从容密勿,盖终日焉。而声色狗马不轨不物者,无因而至前矣。自古圣明睿智,善于怡心养神而培本浚源,泛应万变而不穷者,未有易乎此者也。盖闻天有恒运,日月之行不息矣。地有恒势,水土之载不匮矣。人君有恒居,则天地民物有所系属而不易矣。居是阁也,静焉而天地为一,动焉而天弗违。庶乎有道之福,以保我子孙黎民于无穷哉!"(《全元文》第26册,第437—438页)

八月,和世㻋暴崩。

按:对于和世㻋暴崩一事,《元史·明宗本纪》没有留下相关记载,但元顺帝却在后至元六年(1340)六月圣旨中揭露了此事真相,指出了图帖睦尔为争夺皇权谋害和世㻋。《元史·顺帝本纪》载:"英宗遇害,正统浸偏,我皇考以武宗之嫡,逃居朔漠,宗王大臣同心翊戴,肇启大事,于时以地近,先迎文宗,暂总机务。……文宗稔恶不悛,当躬迓之际,乃与其臣月鲁不花、也里牙、明里董阿等谋为不轨,使我皇考饮恨上宾。归而再御宸极,思欲自解于天下,乃谓夫何数日之间,宫车弗驾。海内闻之,靡不切齿。"(《元史》卷四〇《顺帝本纪》,第3册,第856页)

又按:《尹之彪墓志铭》记载了燕帖木儿进毒酒致使和世㻋暴毙之事,可备一说:"文宗自江南入宫正位。迎明宗于朔方,文宗出劳于野,丞相燕帖木儿进毒酒,明宗中夜崩。"(转引自傲日格勒《蒙元时期汗位继承问题研究》,内蒙古大学中国古代史博士学位论文2017年,第90页,其来源为《高丽墓志铭集成》第二九二《尹之彪墓志铭》,翰林大学校出版部1993年刊本,第610—611页)

同月,图帖睦尔复即帝位。

按:《元史》载:"是月己亥,皇太子复即皇帝位。"(《元史》卷三一《明宗本纪》,第3册,第701页)

又按:《元史·文宗本纪》载:"己亥,帝复即位于上都大安阁。大赦天下,诏曰:朕惟昔上天启我太祖皇帝肇造帝业,列圣相承。世祖皇帝既大一统,即建储贰,而我裕皇天不假年,成宗入继,才十余载。我皇考武宗归膺大宝,克享天心,志存不私,以仁庙居东宫,遂嗣宸极。甫及英皇,降割我家。晋邸违盟构逆,据有神器,天示谴告,竟陨厥身。于是宗戚旧臣,协谋以举义,正名以讨罪,揆诸统绪,属在眇躬。朕兴念大兄播迁朔漠,以贤以长,历数宜归,力拒群言,至于再四。乃曰艰难之际,天位久虚,则众志弗固,恐隳大业。朕虽从请而临御,秉初志之不移,是以固让之诏始颁,奉迎之使已遣。寻命阿剌忒纳失里、燕铁木儿奉皇帝宝玺,远迓于途。受宝即位之日,即遣使授朕皇太子宝。朕幸释重负,实获素心,乃率臣民,北迎大驾。而先皇帝跋涉山川,蒙犯霜露,道里辽远,自春徂秋,怀艰阻于历年,望都邑而增慨,徒御弗慎,屡爽节宣。信使往来,相望于道路,彼此思见,交切于衷怀。八月一日,大驾次王忽察都,朕欣瞻对之有期,独兼程而先进,相见之顷,悲喜交集。何数日之间,而宫车弗驾,国家多难,遽至于斯!念之痛心,以夜继旦。诸王、大臣以为祖宗基业之隆,先帝付托之重,天命所在,诚不可违,请即正位,以安九有。朕以先皇帝奄弃万方,摧怛何忍;衔哀辞对,固请弥坚,执谊伏阙者三日,皆宗社大计,乃以八月十五日即皇帝位于上都。可大赦天下,自天历二年八月十五日昧爽以前,罪无轻重,咸赦除之。于戏!戡定之余,莫急乎与民休息;丕变之道,莫大乎使民知义。亦惟尔中外大小之臣,各究乃心,以称朕意。"(《元史》卷三三《文宗本纪》,第3册,第737—738页)

又按:揭傒斯代奎章阁作《上再即位奎章阁贺表》:"六龙启运,飞跃得圣人之时;万象趋新,变化合太平之应。普天之下,如日再中。中贺钦惟皇帝陛下,刚健粹精,聪明神武。霜露荐更而不失其正,乾坤再造而不居其功。惟其有帝尧帝舜之圣仁,乃能行祖甲祖庚之揖让。慎徽五典则崇孝友以率先,表章六经则进儒雅以为本。皆天理人心之至当,必明君义辟而后知。宜历数之在躬,虽同体而不易;况祖宗之大统,岂违道所可求。是以践祚之初,甘露卿云,诸福毕至;及夫明诏之下,扶桑若木,万姓欢呼。允长驭于权纲,斯永保夫社稷。臣某等叨联延阁,适际清明。羲画禹畴,愿阐皇王之秘;虞韶殷铬,丕昭礼乐之隆。"(《全元文》第28册,第343页)

升奎章阁学士院秩正二品。

按:《元史》载:"升奎章阁学士院秩正二品,更司籍郎为群玉署,秩正六品。"(《元史》卷三三《文宗本纪》,第3册,第739页)

又按:《元史·职官志》载:"奎章阁学士院,秩正二品。天历二年,立于兴圣殿西,命儒臣进经史之书,考帝王之治。大学士二员,正三品。寻升为学士院。大学士,正二品;侍书学士,从二品;承制学士,正三品;供奉学士,正四品；参书，从五品。多以它官兼领其职。至顺元年，增大学士二员，共四员。侍书学士二员，承制学士二员，供奉学士二员。首领官：参书二员，典签二员，照磨一员，内掾四人，译文内掾二人，知印二人，怯里马赤一人，宣使四人，典书五人。属官：授经郎二员。群玉内司，秩正三品。天历二年始置。掌奎章图书宝玩，及凡常御之物。监司一员，正三品；司尉一员，从三品；亚尉二员，正四品；佥司二员，从四品；司丞二员，正五品；典簿一员，正七品；令史二人，知印一人，怯里马赤一人，奏差、典吏各二人，给使八人，司膳四人。"（《元史》卷八八《百官志》，第 7 册，第 2222—2223 页）

九月，敕翰林国史院官同奎章阁学士采辑本朝典故，准唐、宋《会要》，著为《经世大典》。

按：《元史》载："戊辰，敕翰林国史院官同奎章阁学士采辑本朝典故，准唐、宋《会要》，著为《经世大典》。"（《元史》卷三三《文宗本纪》，第 3 册，第 740—741 页）

赵世延加奎章阁大学士，拜中书平章政事。

按：《元史·赵世延传》载："天历二年正月，复除江南行台御史中丞；行次济州，三月，改集贤大学士；六月，又加奎章阁大学士；八月，拜中书平章政事。冬，世延至京，固辞不允，诏以世延年高多疾，许乘小车入内。"（《元史》卷一八〇《赵世延传》，第 14 册，第 4166 页）

虞集除奎章阁侍书学士，免国子祭酒。

按：《元史》载："文宗在潜邸，已知集名，既即位，命集仍兼经筵。……集……与大学士忽都鲁都儿迷失等进曰：'陛下出独见，建奎章阁，览书籍，置学士员，以备顾问。……'帝曰：'……故立奎章阁，置学士员，以祖宗明训、古昔治乱得失，日陈于前，卿等其悉所学，以辅朕志。若军国机务，自有省院台任之，非卿等责也。其勿复辞。'有旨采辑本朝典故，仿唐、宋《会要》，修《经世大典》，命集与中书平章政事赵世延，同任总裁。"（《元史》卷一八一《虞集传》，第 14 册，第 4177—4180 页）

揭傒斯任奎章阁授经郎。

按：欧阳玄《元翰林侍讲学士中奉大夫知制诰同修国史同知经筵事豫章揭公墓志铭》载："天历二年秋，文宗开奎章阁，置授经郎，教勋旧大臣子孙于宫中，公首被选。"（《全元文》第 38 册，第 723 页）

吴澄正月初七疾作。

按：吴澄《复柳道传提举书》载："客岁七月后，一病数月，仲冬始渐轻

减。岁晚微进,今春人日又作。"(吴澄《复柳道传提举书》,《吴澄集》,第270页)

吴澄得熊太古拜访。

按:熊太古此次拜访吴澄,携带了当时任江西等处儒学提举的柳贯文章交由吴澄观看,吴澄因之作《复柳道传提举书》以赠柳贯。(吴澄《复柳道传提举书》,《吴澄集》,第270页)

吴澄为周南瑞作赠序。

又按:据吴澄《安福州安田里塾壁记》记载,周南瑞曾两次拜访他,一为此年,一为至顺元年(1330)。而吴澄文集现存《赠周南瑞序》一文,言及此文写于周南瑞第一次拜访他之时,故将此文系于此时。周南瑞自诩为濂溪先生周敦颐的后人,吴澄为他赠序,便指出其当习周敦颐之德行、事业,而非以文辞为学习重点。(《吴澄集》,第517页)

吴澄六月有病逾月未愈。

按:吴澄自六月起,一病逾月:"自六月初旬,一病殊剧,逾月犹不脱体。"(吴澄《回刘参政书》,《吴澄集》,第259页)

吴澄七月作《回刘参政书》以疾辞乡试考官。

按:危素《年谱》载:"二年己巳。(七月,江西省请考校乡试。辞,疾不起)"吴澄《回刘参政书》载:"澄虽散材,靡用于世,然苟有寸长可以自献,则必持以报上,不敢靳爱。延祐初科、再科,省府以阅卷之责见诿,当时闻命就道,略无辞避。今相去十有余年,年齿加多,耳目心思,种种不及于昔。而又自六月初旬,一病殊剧,逾月犹不脱体,是以愿趋侍相公,而不能也……"(《吴澄集》,第259页)

十一月琴士李嵩寿登门与吴澄论乐理。

按:仲冬时,琴士李天和遣其子李嵩登吴澄门,送吴澄乐书并想要与吴澄讨论乐理。吴澄则以儒士角度谈论乐律之与天地气运、国家政化的关系,指出如今声乐未脱郑卫之窠臼。见吴澄《赠琴士李天和序》。(吴澄《赠琴士李天和序》,《吴澄集》,第506—508页)

吴澄此年修《易纂言外翼》成。

按:虞集《行状》载:"二年,《易纂言外翼》。"(《全元文》第27册,第176页)危素《年谱》载:"《易纂言外翼》成。"

又按:吴澄作《易纂言外翼自序》称:"羲皇卦画,先后一定,自然而然。文王分八卦为上下篇,改移其次。八经卦之纯体、合体者为之经,四十八卦之杂体者为之纬。述卦统第一。六画卦之不反易者八,其反易者二十八,为五十六卦,奇阳偶阴,无独必有对,或上下二篇相对,或上下各篇自对,二体之互易者亦然。述卦对第二。羲皇生卦，奇偶之上生奇偶而已。卦体既成，而推其用，则无穷焉。乾坤变而为六子十辟，六子十辟变而为四十六卦。述卦变第三。每卦以一画为主，《无妄》之传所谓'刚自外来，而为主于内'也。述卦主第四。易以刚柔相推而生变化，刚画变则化柔，柔画变则化刚，而一卦可为六十四卦。述变卦第五。重卦有上下二体，又以卦中四画交互取之，二三四成下体，三四五成上体。述互卦第六。羲皇所画之卦，画谓之象；文王所名之卦，名谓之象。象辞、爻辞况取所肖之物，亦谓之象。述象例第七。圣人画卦以明天道，生蓍以前民用。象爻之辞，为占设也。述占例第八。辞有象辞，有占辞；象之中亦有占，占之中亦有象。既互见矣，犹有遗者，复掇拾之，通谓之辞。述辞例第九。揲蓍十八变而成一卦，以动者尚其变，谓蓍之变也。述变例第十。羲皇心契天地自然之易，将画八卦，而有龙马负图出于河，此《易》之原也。洛书后出，神禹因之叙九畴，其河图之配与？述《易》原第十一。邵子著书立言，无一不本于羲皇之卦图。扬氏自三才之三起数，而撰《太玄》；司马氏自五行之十起数，而撰《潜虚》，蔡氏自九畴之九起数，而撰《洪范皇极内篇》，皆《易》之派也。然邵子从容乎羲画之内，三家则奔迸乎羲画之外矣。邵其经流之派，扬、马、蔡其支流之派与？述《易》流第十二。"(《全元文》第14册，第421—422页)

又按：虞集《行状》载其对吴澄《易纂言外翼》的看法："至于自得之妙，有非学者所能遽知。而通其类例以求之者，则在《外翼》。《外翼》十二篇，曰《卦统》，曰《卦对》，曰《卦变》，曰《卦主》，曰《变卦》，曰《互卦》，曰《象例》，曰《占例》，曰《辞例》，曰《变例》，曰《易原》，曰《易派》。"(《全元文》第27册，第178页)

又按：四库馆臣评《易纂言》云："澄所著《易纂言》，义例散见各卦中，不相统贯，卷首所陈卦画，亦粗具梗概，未及详言，因复作此书以畅明之。《纂言》有通志堂刻本，久行于世。此书则传本渐罕，近遂散佚无存。朱彝尊《经义考》云：见明昆山叶氏书目，载有四册，而亦未睹其书。今惟《永乐大典》尚分载各韵之下。考澄所作小序，原书盖其十二篇。一曰《卦统》，以八经卦之纯体合体者为经，六十四卦之杂体者为纬，乃上下经篇之所由分。二曰《卦对》，以奇偶反易成二卦，成上下篇相对。三曰《卦变》，言奇偶复生奇偶，其用无穷。四曰《卦主》，因无妄传而推之，以明一经之义。五曰《变卦》，言刚柔交相变，而一卦可为六十四卦。六曰《互卦》，言中四爻复具二卦，以为一卦。七曰《象例》，凡经之取象皆类聚之，以观其通。八曰《占例》，言元、亨、利、贞、吉凶、无咎，其义皆本于天道。九曰《辞例》，乃《象例》、《占例》所未备，而可以互见者。十曰《变例》，言揲蓍四营十八变之法。

十一曰《易原》，明《河图》、《洛书》先后天图。十二曰《易流》，备举扬雄以下拟易之书。今缺《卦变》、《变卦》、《互卦》三篇，《易流》缺半篇，《易原》疑亦不完。然其余尚首尾整齐，无所遗失。自唐定《正义》，《易》遂以王弼为宗，象数之学，久置不讲。澄为《纂言》，一决于象，史谓其能尽破传注之穿凿，故言《易》者多宗之。是编类聚区分，以求其理之会通。如《卦统》、《卦对》二篇，言经之所以厘为上下，乃程朱所未及。《象例》诸篇，阐明古义，尤非元明诸儒空谈妙悟者可比。虽稍有残缺，而宏纲巨目，尚可推寻。谨依原目编次，析为八卷，俾与《纂言》相辅而行焉。"（永瑢等《四库全书总目》卷四，第 23 页）

又按：这里还提及了吴澄的门人袁明善。据《宋元学案》载："袁明善，字诚夫，临川人。师事吴文正公。晚年教授于邵庵之门，自号楼山。所著有《征赋定考》，援引经传，言井田水利之法甚备，经世之书也，邵庵为之序。又有文集藏于家。"（《宋元学案》卷九二《草庐学案》，第 3075 页）

吴澄受熊古请，为熊朋来作墓表。

按：吴澄《前进士豫章熊先生墓表》载："先生宋咸淳甲戌进士第四人也，授从仕郎、宝庆府判官，不及仕而国运终。……中州士大夫率令子弟受业。朱子《小学》一书条分节解，标注其事，凡名物度数、姓字称号、族系时代，一览了然，大有裨益于初学之士。书市刻板广传，今通行乎天下。朝廷遣使定闽广选士，当路咸以名荐，公议以为先生大儒师，而东南士类之盛，福、吉其最，遂命相继任两郡教官，以拟安定胡公之苏、湖。教官任满，部注将仕佐郎、建安县主簿，疾不赴。其后再注从仕郎、福清州判官致仕，视之若浮云然。自号彭蠡钓徒，日鼓瑟以自怡。远近来学益众，口讲指画，俱通经能文。贡举制复，门生悉堪应举，擢科者累累。……家世豫章熊氏，讳朋来，字与可，学者称天慵先生。……江西行省参政廉惇自初丧至葬亲临，哀送如弟子礼，远近会葬千余人。明年，自翰林直学士虞集铭其碑。越六年，古来征文表墓。"（《吴澄集》，第 1389—1391 页）

吴澄为邓希颜作墓碣铭。

按：邓希颜（1253—1327）卒于泰定四年，他曾在南宋时乡兵忠义社，入元后"由巡检授丽水县尉……以忠显校尉、同知吉水州致仕"。吴澄此年受邀为邓希颜撰写墓碣铭，铭文里，吴澄追述了忠义社的形成过程。（吴澄《有元忠显校尉同知吉水州事邓君墓碣铭》，《吴澄集》，第 1536—1537 页）

又按：吴澄与金溪邓氏交往之事影响了后人。今存吴澄之孙吴当所作《邓汝贞买妾得子南归》一诗（吴当《邓汝贞买妾得子南归云林》，《全元诗》第 40 册，第 166 页），说明吴澄后人在其身故后继续与邓氏往来。

吴澄作《赠饶熙序》予抚州贡士饶熙。

按:《赠饶熙序》作于吴澄中举的五十年后,即 1270 年后五十年的 1329 年。吴澄《赠饶熙序》载:"澄五十年前已与娄之子文辅(即娄道舆)同贡,饶之曾孙熙亦一再及吾门。与二姓交际虽久近浅深之不同,而知其胤胄之贤则一也。……娄之子孙已小试者未可以自足,饶之子孙未一试者不可以自画也。志行之卓,文章之古,科名之显,予之所期于二姓者远且大,而不愿其以近利小成自安也。"(《吴澄集》,第 511—512 页)

张存中作《刊四书通题辞》。

按:张存中《刊四书通题辞》载:"泰定三年冬,存中奉浙江儒学提举志行杨先生命,以胡先生《四书通》能删《纂疏》、《集成》之所未是,能发《通释》、《集疏》之所未发,大有功于朱子,深有益于后学,委令赍付建宁路建阳县书坊刊印,以广其传。为此来兹,书府承志安余君命工绣梓,度越三稔始克就。复以坊中诸本《四书》校勘,如集成标题,经注善本,改'亦曰学之,'正之曰'为由,'增'莫春和煦之时,咏歌也'之类,皆好事者妄加增改。今以《纂疏》、《通释》、《集疏》附录为正《庸》学。《或问》不敢分析,恐失朱夫子本意,编附于《章句通》后。又于《集注》字之奇者增入,释文事之隐者,附以通证。先儒姓氏类而纪之,庶初学之士,亦便于考索云。天历二年己巳秋八月壬辰,新安后学张存中书于余氏勤有堂。"(《〈云峰胡先生文集〉校注》,第 237—238 页)

王祎作《日月山祀天颂》。

按:王祎《日月山祀天颂》载:"臣闻惟天子得祭天,而祭天必于高丘,古之制也。圣元龙兴,肇基朔漠,遂建大号,以临天下。然国俗本有拜天之礼,衣冠尚质,牲品尚纯,帝后之宗戚助祭,非此族也,不得与焉。报本反始之意,可谓出于至诚者矣。当太祖天造之始,东征西伐,礼文之事固未暇遑。太宗戡金之五年,岁在戊戌,时中原甫定,即命孔子五十一代孙元措取曲阜太常雅乐,辇其歌工、舞节与乐器、俎豆、祭服,至于日月山。及宪宗二年壬子之岁秋八月,始即日月山以祀天,推太宗、睿宗配焉。既又用元措言,并祭昊天后土,始大合乐,一代礼乐之兴,肇于此矣。当其时,群臣奏对之际,上问礼乐何始。左右以尧舜为对,则其所以立神基,肇人极者,圣谟睿略何其宏远也。按日月山,国语云'哈剌温山',在和林之北,实祖宗兴王之地。古者王者祭天,则日月从祀。日居东,月居西。今天子祀天兹山,而山适以日月名,此其嘉符瑞应,开万世无疆之基者,尤可征不诬也。厥后世祖定鼎于燕,首建庙室。成宗于国南郊肇立圆丘,武宗躬行裸享,英宗复置卤簿,至于文宗,爰祀郊丘。肆今天子践位以来,郊丘祀天,礼凡荐举,前作后述,岁辑月增,容物典章焕然毕备,弥文之盛无复有加。原其所自,则日月山之祀固其权舆哉。窃观汉唐之君,间能稽古礼文,祗举郊祀,必有儒学之臣铺张妍辞,扬厉楙实。相如之歌,杜甫之赋,载诸简册,亦足称谈。国家巨典之兴,岂汉唐拘陋侈靡之制能望后尘。宜有颂诗,形容盛德,列诸《昊天成命》、《我将》、《思文》之什,视成周有光焉。臣愚职在翰墨,不能自已,敢再拜稽首而献颂曰:真元烈烈,乘乾奋兴。皇基北巩,神旅南征。西域咸属,中原毕平。大勋遂集,王业斯成。白旗九斿,植于龙庭。以朝万国,以接百灵。宪宗御极,三叶是承。布德沛泽,宣威抗棱。土疆日辟,未及戢兵。稽古礼文,次第以营。礼有拜天,国俗所仍。润饬黼黻,礼仪用精。二年八月,郊祀肇行。礼行何所,大山是升。大山伊何,日月为名。阯亘千里,势压八纮。因山祭天,匪高不凭。乃凭高丘,以对苍冥。皇帝斋祓,秉心兢兢。臣工执事,祗戒慎矜。瞻彼嵬峩,大辂爰乘。辇道肃尘,羽卫列星。玉绡金戚,庶旄翠旌。幄殿幔室,如云之凝。陟降下上,奠珪荐牲。珪则有邸,牲则有骍。毡席蒲藉,匏爵瓦登。至敬不饬,大朴无形。爟火焜煌,锦律和鸣。礼备三献,乐终九成。紫烟郁空,瑶光烛冥。群阴解剥,朝阳霁澄。风马云车,来燕来宁。天其右之,顾歆德馨。上帝既鉴,先祖亦听。产祥降康,如冈如陵。叶气旁魄,景烁昭明。一代巨典,于焉足证。后圣既作,祖武之绳。重规叠矩,制度益宏。昔汉制祀,甘泉是称。六天杂谶,真伪混并。岂若我朝,追古合经。熙事讫竣,纯嘏具膺。维天子圣,维天子诚。天授神策,以莫不增。亿万斯年,丕图是贞。小臣作颂,爰昭圣能。"(《王祎集》卷一五,第451—453页)

又按:马晓林分析王祎文章认为:"顺帝时王祎撰《日月山祀天颂》旨在歌颂元朝典制之盛,以翰墨谋仕途,故而着重文学辞藻的铺陈,至于累朝史实大抵抄袭《经世大典》,行文并不严谨。当时,作为国家祭祀的日月山祭天已停断近百年,王祎对日月山的了解有限,因此会有'在和林之北'这种含糊不确的说法。至于王祎'一代礼乐之兴,肇于此矣'、'开万世无疆之基','原其所自,则日月山之祀固其权舆哉'等溢美之词,大抵是沿袭了《经世大典》的口径而有所发挥。到明初,王祎成为了《元史》总裁,这种评价更是被延续了下来。总之,1252年日月山祭天的意义,只有在整个元史的时间跨度上才能显现出来。它对元史的重要性不在于当时当下的直接效力,而体现为它作为一种'历史资源'对元中后期的影响。"(马晓林《元代国家祭祀研究》,南开大学2012年中国古代史专业博士学位论文,第70—71页)

苏天爵《国朝名臣事略》完成。

按：许有壬为《国朝名臣事略》作序云："圣元基朔方立人极，世祖皇帝混破裂而一之，广轮疆理，古职方所未半。其天地之再初乎，浑沦所钟，命世卓绝之才，实辈出辅成之。故盛德大业之所著，自颛穹生民未之有也。然而百余年来，元勋伟绩世未尽白，故老知者湮没无几，家乘志铭不能家至而遍知也。仁皇御极，敕太史传功臣，而玉堂秘奥，世莫得而见焉。监察御史赵郡苏天爵伯修辑《国朝名臣事略》十五卷，湖北宪刻诸梓，征叙其端。有壬在京师，早知伯修之才，而未知其有是编也。惟其培学上庠，历史属久，故考之也详，择之也审。其类例仿朱子《言行录》，条有征据，略而悉，丰而核，其四方之争先快睹者乎。窃惟国朝真才云集，是编才四十七人，有齐民知名而未录者，盖朱子例，嗣有所得，当续书之也。若是，则四方之快睹者不一，伯修之学其益昌矣。又不知今士大夫，用心如伯修者几人，世所望于太史氏，出于《事略》之外者，其将有所属乎？宪长笃礼质班，幕府李谷、王大有，职风纪，育人材，俾观者率作，是亦韩子所谓'牵联得书'者也。至顺壬申良月中议大夫、前参议中书省事相台许有壬叙。"（元苏天爵辑撰，姚景安点校《元朝名臣事略》，第1页）

又按：欧阳玄序云："应奉翰林文字赵郡苏伯修，年弱冠，即有志著书。初为胄子，时科目未行，馆下士諠言词章讲诵，既有余暇月，笔札又富，君独博取中朝巨公文集而日钞之，凡而元臣世卿墓表家传，往往见诸编帙中。及夫闲居，纪录师友诵说，于国初以来，文献有足征者，汇而萃之。始疏其人若干，属以其事，中更校雠，枿去而导存，抉隐而搜逸，久而成书，命曰《国朝名臣事略》。他日，余与伯修同预史属，从借读之，作而叹曰：'壮哉！元之有国也，无竟由人乎！若太师鲁国、淮安、河南、楚国诸王公之勋伐，中书令丞相耶律、杨、史之器业，宋、商、姚、张之谋猷，保定、藁城、东平、巩昌之方略，二王、杨、徐之辞章，刘、李、贾、赵之政事，兴元、顺德之有古良相风，廉恒山、康军国之有士君子操，其他台府忠荩之臣，帷幄文武之士，内之枢机，外之藩翰，班班可纪也。太保、少师、三太史天人之学，陵川、容城名节之特，异代岂多见哉。至于司徒文正公，尊主庇民之术，所谓九原可作，我则随武子乎。嗟乎！乾坤如许大，人才当辈出，伯修是编未渠央也，姑志余所见如是云。'天历己巳四月乙卯翰林待制冀郡欧阳玄谨序。"（《元朝名臣事略》，第2页）

又按：王理序云："自古帝王有天下，或受于人，或起而取之，尧、舜禅让，汤、武吊伐，厥时义大矣。《书》纪虞、夏之际，《易》称汤、武革命，应天顺人，皆有辅佐，同心一德，后世可述焉。孟子曰：'五百年必有王者兴，其间必有名世者。'《传》曰：'有立德立功立言，是谓不朽。'诚哉是言也。三代而降,其盛者曰汉曰唐曰宋。夫子言'革之时',盖谓必有不得其义者矣,彼近代是也。皇元起朔方,绍帝运,接天统,资始于天,不因于人,遂大作明命,训咸宇内。一启而金人既南,辽海和辑;再启而西域率服,遂拓坤隅;三启而靖河北,秦晋戡集,河南是同,分宗子以方社,胙功臣之土;四启而庸蜀是柔;五启而江汉奄从,赵氏为臣。陆道西北见角鰡,粟海无际,舶乃旋舻。凡有血气者,莫不尊亲,而崇极配天矣。厥初受命,南北割裂,天气不通,二氏不享,天实丑之,乃眷北顾,俾我圣人作神民主。完颜璟割虐下民,赵叡爽盟背约,自伐丧其国家。大哉贞矣,其允时义也。《易》曰:'田有禽,利执言。'此之谓也。其始桓毅讨伐,虔刘戡定之;其暨肃扬恪勤,棐圉辑柔就绪之;其暨劝相富厚之,定以上下,道之以名分,淑之以庠序,秩之以礼乐,庆之以官赏,董之以威罚,而天下成矣。列圣运于上,贤臣赞于下,穆穆明明,相须以成,相济以宁。是故舜有臣五人而天下治,武王有乱臣十人,非虚言也。故论本朝辅亮之臣,其佐命垂统,或鹰扬于外,或运筹于内,有同肇迹之艰难者矣。其辅翼成化,或规模弘远,或论思密勿,有登治道之鸿熙者矣。翰林修撰赵郡苏君天爵,始为成均诸生,好访当今之故,放失遗迹,构百家行状、碑志、传赞、叙述及他文该载者,见其本末。既而仕为典籍、应奉,凡三为史氏,在职八年,遂征以所知,无所乖舛。于是纪述其故,自国初至于延祐之际,自太师国王以下,或周、召懿亲,或岐、丰旧姓,或秉义效顺,或降附后见,或策杖上谒,或征起草野,功格皇天,保乂国家,所谓名世者夫。德器优远,悉心尽职,不顾己私,所谓不朽者夫。历代以来,善始善终,未有若今日之懿者也。昔汉高之臣,皆战国之余,非南面而王之,不能毕其功,全莫我若也。光武之臣,皆生西汉,多经术之士,功定天下,不过封侯,赏莫我若也。使高、光易世而居,亦不能相反,何哉? 其人异也。天生圣贤,共成大业,岂汉敢望哉。书成,凡十五卷,号名臣事略。其事之所载,尽标作者姓氏,示不相掩也。其名位显著,功在帝室,求未得者,续为后录。苏君尝闵宋氏以来,史官不得尽其职,载笔之士,多乖故实。宋人详而不端,曲文以比时。辽、金简而径,事多湮昧。于是著其故,辑其阙漏,别为辽金纪年。皇道之成,与三代同风,身为史氏,顾己职业,绎而明之,君子哉其用心也。苏氏,自唐宰相味道以文章显,宋太师、文忠公轼父子兄弟,称栾城焉,所从来远矣,继之者修撰君也。泰定初,故侍讲会稽袁公,荐君亮达前代文献,今侍讲蜀郡虞公,举君该洽,文辞尔雅,由是迁修撰云。至顺辛未六月辛亥赐进士出身、文林郎、翰林国史院编修官南郑王理谨叙。"(《元朝名臣事略》,第3—5页)

又按:王守诚跋云:"右《国朝名臣事略》,赵郡苏君伯修所编也,为书凡十五卷,四十又七人。惟我国家起于朔方也,则有国人族姓,服其勤劳。及定中土也,则有才臣硕辅,任其经画。凡百有为,天实相之。然犹列圣相承,历时既久,而大统始集。故世祖之用人,不以异域之臣为疑,亡国之俘为贱,拔于卒伍,聘于韦布,皆能佐一王之业,辅万世之基,致治之规,上轶隆古,何其宏远哉。概兹在录,其从太祖之肇基王迹,事世祖之受天明命,历成宗、武宗、仁宗之继体守文,其时有后先,故人人事功或有异焉。然使昭代之典,焕乎可述,得人之际,于斯为盛。凡家传、碑志之所载者,此得以撮其略,详则具于国史。苏君学博而材周,器弘而识远,今为应奉翰林文字、同知制诰兼国史院编修官。天历二年二月朔旦太常博士王守诚书。"(《元朝名臣事略》,第6页)

范梈作《傅与砺诗集序》。

按:范梈《傅与砺诗集序》载:"孔子曰:'诗,可以兴,可以观,可以群,可以怨。'朱氏释曰:兴者感发志意,观者考见得失,群者和而不流,怨者怨而不怒。四者之事不同,而其序宜有先后,盖见他日论《诗》、《礼》、《乐》,则首曰兴于《诗》。诗者,志之所之,以其志感人之志者,孰不足以有所感发哉。然则兴者,岂非吾先乎?感人之道莫尚乎声音,人焉寂然泯然,忽而欻起,震奋动荡,沦浃入之深而化之敏者,斯其效曷从而至哉!古人云:'声音之道,与政通。'夫声者,合天地之大气,轧乎物而生焉。人声之为言,又其妙者,则其因于一时盛衰之运,发乎情性之正,而形见乎辞者可瞻已。故曰:'治世之音安以乐,其政和;乱世之音怨以怒,其政乖;亡国之音哀以思,其民困。'正得失,动天地,感鬼神,莫近于诗。夫诗道岂不博大哉?要其归,主于咏歌感动而已。斯义也,司马太史尝闻之矣。其言曰:'《三百篇》,孔子皆弦歌之,以合《韶》、《武》、《雅》、《颂》之音。'夫既合之,则当时存什一而去千百,必其不合者也。深矣哉!声音之于政也,圣人盖取之矣。新喻傅汝砺,妙年工诗,自古今体、五七言,皆廑廑焉力追古人,有唯恐不及意。间示余以所著编曰《牛铎音》者,读之连日不厌。闻其音而乐焉,以为诚识所尚者,因揭孔子之言《诗》,征以师说,遂演绎以告之。天历二年四月一日,范梈书于百丈山房。"(《全元文》第25册,第592页)

齐履谦卒。

按:齐履谦(1263—1329),字伯恒,大名人。少"穷性理,非洙、泗、伊洛之书弗好也"。至元十三年补星历生,受王恂称赞,随许衡、杨恭懿习历法。至元二十八年受郭守敬荐为星历教授,"迁平秩郎、保章正,始掌历官之政",至大三年"升授时郎、秋官正,兼领冬官正事",仁宗时受李孟荐举,擢为国子监丞,易阶奉直大夫。立升斋积分等法。泰定二年,选充江西福建道奉使宣抚。天历二年九月十六日卒。所著有《易本说》四卷，《系辞旨略》二卷，《蔡氏书传详说》一卷，《春秋诸国统纪》六卷，《大学四传小注》一卷，《中庸章句续解》一卷，《论语言仁通旨》二卷，《皇极经世书入式》一卷，《外篇微旨》四卷，《授时历经串演撰八法》一卷，《二至略景考》二卷，遗文若干卷。生平事迹见于苏天爵《元故太史院使赠翰林学士齐文懿公神道碑铭》、《元史·齐履谦传》。

贡奎卒。

按：贡奎（1269—1329），字仲章，宁国宣城人。初为池州路齐山书院山长，"秩满，谒选京师"，授太常奉礼郎兼检讨，"大德九年十一月，除翰林国史院编修官"，后转应奉翰林文字、将仕郎、同知制诰兼国史院编修官，纂修《成宗皇帝实录》。延祐元年，"宣授承事郎、江西等处儒学提举"，后迁翰林待制、文林郎，纂修《仁宗皇帝实录》。官至集贤直学士、奉训大夫。著有《云林小稿》、《听雪斋记》、《青山谩吟》、《倦游集》、《豫章稿》、《上元新录》、《南湖纪行》。生平事迹见于李黼《故集贤直学士奉训大夫贡公行状》、马祖常《皇元敕赐故集贤直学士赠翰林直学士太中大夫文靖贡公神道碑铭》、《元史·贡奎传》等。

张养浩卒。

按：张养浩（1270—1329），字希孟，号云庄，济南历城人。至大初为监察御史，后累迁礼部尚书，又被派为参议中书省事。后以父老多病为由，弃官归养。又尝起为陕西行台御史中丞。卒谥文忠。元散曲家。工散曲及诗，多写闲适生活，间有反映现实之作。著有《归田类稿》、《云庄休居自适小乐府》、《云庄类稿》、《三事忠告》。《金元散曲》录存其小令一百六十二首，套数二套。事迹见张起岩《大元敕赐故西台御史中丞赠摅诚宣惠功臣荣禄大夫陕西等处行中书省平章政事柱国追封滨国公谥文忠张公神道碑铭》、黄溍《故陕西诸道行御史台御史中丞赠摅诚宣惠功臣荣禄大夫陕西等处行中书省平章政事柱国追封滨国公谥文忠张公祠堂碑》、危素《张文忠公年谱》（《说学斋稿》卷二）、《元史》卷一七五本传、《新元史》卷二〇二。

曹元用卒。

按：曹元用（？—1329），字贡贞，世居阿城，后徙汶上。始为镇江路儒学正，后荐为翰林国史院编修官。累拜中奉大夫、翰林侍讲学士兼经筵讲官。曾预修仁宗、英宗两朝《实录》。又奉旨纂集甲令为《通制》，译唐《贞观政要》为蒙古文。凡大制诰，率元用所草。在中书省，与元明善、张养浩号为"三俊"。卒，追封东平郡公，谥文献。著有《超然集》、南戏《百花亭》，仅存残曲。事迹见《元史》卷一七二。

元文宗天历三年 至顺元年
庚午　1330年　82岁

正月,命赵世延、赵世安领纂修《经世大典》事。

按:《元史》载:"至顺元年春正月丙辰,命赵世延、赵世安领纂修《经世大典》事。"(《元史》卷三四《文宗本纪》,第3册,第749页)

正月,会试日期又改回旧制。

按:《元史》载:"辛未,中书省臣言:'科举会试日期,旧制以二月一日、三日、五日,近岁改为十一、十三、十五。请依旧制。'从之。"(《元史》卷三四《文宗本纪》,第3册,第749页)

二月,《经世大典》纂修不见实绩,命赵世延、虞集等助撰。

按:《元史》载:"以修《经世大典》久无成功,专命奎章阁阿隣帖木儿、忽都鲁都儿迷失等译国言所纪典章为汉语,纂修则赵世延、虞集等,而燕铁木儿如国史例监修。"(《元史》卷三四《文宗本纪》,第3册,第751页)

又按:《元史·虞集传》载:"集言:'礼部尚书马祖常,多闻旧章,国子司业杨宗瑞,素有历象地理记问度数之学,可共领典;翰林修撰谢端、应奉苏天爵、太常李好文、国子助教陈旅、前詹事院照磨宋褧、通事舍人王士点,俱有见闻,可助撰录。庶几是书早成。'"(《元史》卷一八一《虞集传》,第4178—4179页)

三月廷试进士,赐笃列图、王文烨等九十七人及第、出身有差。

按:《元史》载:"廷试进士,赐笃列图、王文烨等九十七人及第、出身有差。"(《元史》卷三四《文宗本纪》,第3册,第754页)

五月改元至顺。

按:《元史》载:"戊午,帝御大明殿,燕帖木儿率文武百官及僧道、耆老,奉玉册、玉宝,上尊号曰钦天统圣至德诚功大文孝皇帝。是日,改元至顺,诏天下。"(《元史》卷三四《文宗本纪》,第3册,第757页)

冬十月,帝亲祀昊天上帝于南郊。

按:《元史》载:"己未,遣亚献官中书右丞相燕铁木儿、终献官贴木尔补化率诸执事告庙,请以太祖皇帝配享南郊。庚申,出次郊宫。辛酉,帝服大

裘、衮冕，祀昊天上帝于南郊，以太祖皇帝配，礼成，是日大驾还宫。"(《元史》卷三四《文宗本纪》，第 768 页)

又按：《元史·祭祀志》记录元文宗亲祀原委到："至顺元年，文宗将亲郊，十月辛亥太常博士言：'亲祀仪注已具，事有未尽者，按前代典礼。亲郊七日，百官习仪于郊坛。今既与受戒誓相妨，合于致斋前一日，告示与祭执事者，各具公服赴南郊习仪。亲祀太庙虽有防禁，然郊外尤宜严戒，往来贵乎清肃。凡与祭执事斋郎乐工，旧不设盥洗之位，殊非涓洁之道。今合于馔殿齐班厅前及斋宿之所，随宜设置盥洗数处，俱用锅釜温水置盆杓巾帨，令人掌管省谕，必盥洗然后行事，违者治之。祭日，太常院分官提调神厨，监视割烹。上下灯烛籸燎，已前虽有蕝烛提调籸盆等官，率皆虚应故事；或减刻物料，烛燎不明。又尝见奉礼赞赐胙之后，献官方退，所司便服彻俎，坛上灯烛一时俱灭，因而杂人登坛攘夺，不能禁止，甚为亵慢。今宜禁约，省牲之前，凡入壝门之人，皆服窄紫，有官者公服。禁治四壝红门，宜令所司添造关木锁钥，祭毕即令关闭，毋使杂人得入。其藁秸匏爵，事毕合依大德九年例焚之。'壬子，御史台臣言：'祭日，宜敕股肱近臣及诸执事人毋饮酒。'制曰：'卿言甚善，其移文中书禁之。'丙辰，监察御史杨彬等言：'礼，享帝必以始祖为配，今未闻设配位，窃恐礼文有阙。又，先祀一日，皇帝必备法驾出宿郊次，其扈从近侍之臣未尝经历，宜申加戒敕，以达孚诚。'命与中书议行。十月辛酉，始服大裘衮冕，亲祀昊天上帝于南郊，以太祖配。自世祖混一六合，至文宗凡七世，而南郊亲祀之礼始克举焉，盖器物仪注至是益加详慎矣。"(《元史》卷七二《祭祀志》，第 6 册，第 1791—1792 页)

又按：元文宗《亲祀南郊肆赦诏》载："朕膺昊天之成命，承圣祖之贻谋，祗缵丕基，于今三载。统万几之兢业，思兆姓之雍熙，式举礼文，聿严报祀。爰以今年十月初四日，躬服衮冕，致明禋于南郊，尊我太祖法天启运圣武皇帝配享上帝。方至诚之孚格，嘉景贶之旋臻。宜施旷荡之恩，用洽溥天之庆。於戏！永言配命，克肩昭事之心；一视同仁，益思鸿宁之福。"(《全元文》第 52 册，第 44 页)

又按：虞集作《郊祀庆成颂》："奎章阁大学士、光禄大夫臣忽都鲁都儿迷失等言，臣闻天子有天德，则克当天心，以享天命。故其为礼，必亲祀上帝而尊祖以配之，所以明乎大宝之位，传受继承之公，至诚而无妄者也。粤若至顺元年十月辛酉，亲祀南郊前一日，大驾出次郊所。天光低佪，阳煦充达。冰释于泽，风不鸣条。群臣骏奔，百灵后先。其在斋宫也，端拱无为，致思纯一，神物表见。云气发辉，五采郁纷。弥纶会际，人神之感，已兆于斯。至乎望舒方中，星纬环列。太和磅礴，如时在春。降玄水于方诸，明爟火于紫陛。

奉常告具，侍中奏严。玄裘乃御，匏勺斯举，奠珪升燎，上帝临飨。有神光以致祥，出景星以昭德。熙事备成，坤乾瞒瞒。乃还次于幄殿，将迎暾于阳谷。应龙嘘其重润，若雾绚乎曾霄。天子又出次而拜贶焉。于是公卿大臣，奉觞上寿。各陈其说，以赞休嘉。天子曰：嘻！予以天地祖宗之灵，克正统绪，君临兆人。凡所以昭事上帝者，岂私朕躬哉？予惟对越亿万年而无斁者，予何敢不勉。于戏！圣人之心，天之心也。故感应之速如此，敢再拜稽首而献颂曰：惟皇建国，辨方正位。相其南东，吉土立畤。象圜于穹，因高于地。稽古有作，以事上帝。昔我皇祖，受命自天。报祭之始，以质为虔。土宇辟章，弥文日宣。作乐告成，式礼弗愆。赫赫世祖，百度咸秩。成庙继志，奠此郊域。于皇武考，敬恭翼翼。升配太祖，贻我宪则。礼已始兴，命彼儒臣。酌今之宜，考古于文。玉帛牺盛，越席陶尊。将命实来，则有司存。人习见闻，曰兹既备。惟我天子，聪明睿知。曰惟事天，匪躬莫致。既祼于庙，又议飨帝。自我践祚，于今三年。雨旸若时，稼穑庑蕃。孰为贰携，神发其奸。孰为不庭，服于师于。众贤在廷，夙夜济济。入而陈规，出则将美。核名以实，总纲于纪。一人以宁，万国咸理。升中于郊，实惟其时，载卜载诹，曰惟辛宜。载祓载齐，我将亲祠。无敢弗共，在尔有司。大臣岩岩，小臣闇闇。执卫桓桓，执礼循循。黎民芸芸，众神殷殷。载嗟载咨，载悦载欣。惟明天子，与天为一。不飨亦临，不显亦式。矧兹来郊，衮冕佩舄。躬酌躬荐，上帝用格。明星景光，卿云丽天。望之若遥，顾依于坛。当寒而暄，陟降舒安。行礼孔彰，天岂不言。皇皇丕基，明明圣君。亿万亿年，盛德日新。以对于天，以保于民。稽首作颂，播之韶钧。"（《全元文》第27册，第106—108页）

又按：元文宗亲祀完成后，中书省、国子监有贺表作。《亲祀礼成中书省贺表》载："宝历在躬，祗服祖宗之训；太宫修祀，于昭礼乐之文。海宇均安，人神交畅。中贺德崇恭让，道积宽仁。艰难具察于民劳，俣戴密縡于天授。卿云就日，护玺绶以来归；瑞雪宜年，洗干戈而载戢。圭衮绘龙章之盛，箫韶致凤羽之仪。臣等备位台阶，依光宸极。群工述职，赞文治之成功；万寿膺符，受明禋之纯嘏。"（《全元文》第26册，第29页）《亲祀礼成国子监贺表》载："缵膺正统，修禋祀于太宫；还坐明堂，受会朝于上日。明时盛典，率土欢心。中贺有德以兴，无为而治。御衮衣而酌柜鬯，得宝玉以备符征。干羽舞阶，罴虎桓桓而敌忾；箫韶依律，凤凰哕哕以来仪。越若鸿禧，光于大业。臣等遭逢景运，服守成均。造士登崇，百代先王之礼乐；采诗颂美，万年天子之春秋。"（《全元文》第26册，第29页）

十二月，国子生积分考试。

按：《元史》载："国子生积分及等者，省、台、集贤院、奎章阁官同考试，

中式者以等第试官,不中者复入学肄业。"(《元史》卷三四《文宗本纪》,第 3 册,第 770 页)

赵世延乞解中书政务,专意纂修《经世大典》。

按:《元史·赵世延传》载:"至顺元年,诏世延与虞集等纂修《皇朝经世大典》,世延屡奏:'臣衰老,乞解中书政务,专意纂修。'帝曰:"老臣如卿者无几,求退之言,后勿复陈。'四月,仍加翰林学士承旨,封鲁国公。秋,以疾,移文中书致其事,明日即行,养疾于金陵之茅山。诏征还朝,不能行。"(《元史》卷一八〇《赵世延传》,第 4166 页)

吴澄长子吴文以荫授官。

按:危素《年谱》载:"至顺元年庚午。天历、至顺皆元文宗朝(长子文以荫授官。先是,郡县以公归老,无复出意,举文承荫,授奉议大夫同知柳州路总管府事,三子京以侍养授官。故事,儒臣告老,许官一子养)。"

吴澄为曹璧诗集作跋。

按:吴澄于大德九年(1305)与曹璧相识。本年,曹璧再登吴澄家门,一来请吴澄为其父作墓表,再者出示诗集,请吴澄评鉴。吴澄《再跋曹璧诗后》载:"诗以时论,则周之曹诗殿变风十二之后;诗以人论,则汉之曹诗冠建安七子之先。予尝为曹璧序其诗,倏二十有六年矣。曹之年昔三十有八,今六十有三矣。"(《吴澄集》,第 1195 页)

吴澄为曹璧父曹原杰作墓表。

按:吴澄《故逸士曹君名父墓表》载:"临川曹名父讳原杰,生宋淳祐乙巳九月丙申,年六十有二,元大德丙午十有二月庚申终。……至顺庚午秋,孤璧走二百余里造吾门,言曰:'璧将改葬父丧于临川县明贤乡之京溪,改葬母丧于旧穴之前二步许。'予瞿然惊愕。噫!古有改葬礼,盖非孝子所乐。或因水啮墓而改,固不可已;或因葬有阙而改,则不如其已也。昔澄于母丧犯此恶,每一思念,痛恨自讼,无所容其身。自惟不孝于亲,不愿人之如己也,而璧亦为之乎?璧求予文以表新墓,谨按旧所志……"(《吴澄集》,第 1377—1378 页)

吴澄十一月得操贵持之子操希德登门请作墓铭。

按:吴澄曾在至治三年(1323)与抚州路儒学教授操贵持识,本年操贵持子操希德登门请吴澄为其父作墓铭。吴澄《元故从仕郎婺源州判官致仕操君墓志铭》载:"操君,饶之浮梁人。贵持名,子敬字也。……丁卯(1327)敕授从仕郎、婺源州判官,致仕。至顺庚午五月己巳卒(1330),年七十四。

君教授抚州时，余被旨趋京，识君于郡庠。卒之年十有一月，君之子希德丧服造吾门……"（《吴澄集》，第1621—1622页）

吴澄为庐陵张榉作墓志铭。

按：吴澄《庐陵张君材墓志铭》载："庐陵张君材，名榉，先世唐曲江公之苗裔，宦辙所到，留家吉之吉水。后分置永丰，割其所居之乡隶焉。大父，宋进士，易名元佐，仕大元至承直郎、婺源县尹。清谨慈爱，民怀其惠。然己意不惬，官满而止。世父伯澄，父伯济，联中宋进士第，一授分宁尉，一授南康尉。代革，韬晦不仕。南康，年七十二而寿而康，君材，其丕子也。资禀英特，博综群书；吐辞成章，敏健卓伟；慷慨倜傥，负济世略。儒业时务外，文字声音之形、象寄译鞮之语，亦克旁究。年十六，郡守举充岁贡。年二十，行省檄充乐安县蒙古字学教官，皆非所乐。延祐甲寅，科目取士，出其素所长以应试，一不偶，即不肯再。盖志趣弗与流俗卑卑屑屑者同。治生、殖货等事丝毫不尘襟抱，前后郡邑正贰凡廉能公正之贤，闻名起敬，辄不以民伍视，俯就问政，必剖析曲直可否以对，听者心服，多所匡救。尝过余，及见其诗。余谓君材岂但以能诗名，当以用世显。厄于命，厄于时，尺寸莫展，年五十一而终，怜才者悯之。虽然，藉令得一官，未必可以舒其志，则又孰若全所守之为愈？终之日，至顺庚午九月丙戌。死生之际，凝定从容，有高人达士之风。娶南城尉罗致女。子男四：文豹、文彪、文虎、文箎。文虎，奉尊者命为同宗后。女四，长适王，前三年卒；次适陈，余未行。孙男女各一。其年十一月乙巳，葬石井箬塘之原。弟棣状兄行，畀文豹来征铭。铭曰：才气轶群，既博且文。俾引而伸，不让辛陈。惜也隐沦，翳天匪人。"（《吴澄集》，第1623—1624页）

胡炳文作《大学释旨序》。

按：胡炳文《大学释旨序》载："予沉潜读四书六十年，近为《纂疏》、《集成》，有讹舛处，不得已为《通》一编。友朋得之，则以锓之梓，予悔之早。程仲文旧从予游，予以其嗜学，极爱之。今所著《大学释旨》辞简严密，图明该贯，视章句有所发挥，于予《通》有所传授，识者表章之，荐剡交飞，将以上闻。仲文年方壮，学方进未已，此书之出，视予得无又早乎？虽然，知人易，受知难，自知尤难。《大学·诚意章》言自知之真也。仲文其益务自知，庶不负识者之知乎。仲文勉之。虽然，予年八十亦不敢不自勉也。至顺庚午三月既望云峰老人胡炳文序。"（《全元文》第17册，第126—127页）

《十善福经白史》写成。

按：必兰纳识里《十善福经白史》今有译本，全文如下："愿吉祥安乐之玛哈兰萨真主,永恒地成为南瞻部洲之慧饰。尊圣佛教始祖经主喇嘛及大元世尊至权皇帝之经教之律如护身绩结牢不可解,皇权之法如金制镣铐坚不可摧。审慎并行政教两道之纲领——《十善福经白史》,初由查克拉瓦仑彻辰皇帝编著,后经呼图克图·绰克查松·吉鲁肯·岱青·彻辰·洪台吉预知其真意,自松州城觅得之,并与维吾金氏比兰纳识里·微征固实之古本相校核,精心酌撰修订。至顺元年写就。古昔,人寿无量之时,呼图克图·萨满迪·菩提斯特之化身——众敬王摩诃萨摩迪合罕,于印度金刚石座摩诃达王国首创实施政教两道并行之四大管理政纲。此后,人寿百岁之时,南赡部洲所属格西·克什米尔、库赞·蒙古、长白·高丽、中亚·花剌子模、通古斯·南家思、恒河·吐伯特、锡金·巴勒布等十六国,均各实施政教两道。尤印度苏都达纳合罕之阿尔达希迪王子笃诚信仰古昔摩诃萨摩迪合罕所创建之政教两道,并经过修订,革新实施,获绩殊异。此后,西天如来圣地之一——格尼斯格国国王格拉瓦,亦推行之。那时节,猿人之黑吐伯特国里,呼图克图·观世音菩萨之化身——王子松赞干布降生,以转千金法轮法王之名,称著于世。松赞干布虑及解脱众生灾难,派遣通密·阿努之子通密·珠格往印度,令其通悟习学佛家所创佛经五字母及古昔圣人创建之四大管理政纲。通密·珠格历尽艰难到彼印度,向莱查瓦尼智能禅师馈献金玉礼物,摩顶拜徒受教,习得印度佛经五字母及五十元辅音字;慧通诸学及印度历代诸王施政理论。通密·珠格返及吐伯特,即遵法王诏命致力宣扬施谕,使转千金法轮法王不尽欢悦,赐以通密·伞布达尊号,赏至圣文聪官,晋'学圣'衔,列三百六十众臣之上。俄倾,八十八万众之吐伯特国度,通彻实施政教两道并行之四大政纲,俾宗教之光焰如日升腾于吐伯特十方国度,'安乐之邦'称著于世矣。此后,库赞·扎特蒙古地方诞生瓦其尔尼之化身——帖木真王子,以其共主之威镇服十二大强逆国王为训服教民,统掌南赡部洲之全权,实施古昔创建之政教两道,圣雄成吉思罕英名传扬天下,光辉普照南赡部洲矣。圣雄成吉思罕向大萨斯迎贡嘎宁卜喇嘛乞请曰:'欲俾吾子孙世代成至上菩提斯特种属,以企永恒地实施政教两道,乞降赐一子焉。'因得天命,延至三代诞生满珠希里·菩提斯特化身——忽必烈皇帝,以转千金法轮合罕之名,誉满天下。忽必烈赐封萨斯迎·呼图克图·八思巴喇嘛为智能禅慧三省法王国师;遂信奉喇嘛教,制建四大都。(忽必烈)向五色四夷之邦宣谕曰:'昔印度摩诃萨摩迪合罕所创建之政教两道并行之四大钢领,由佛祖释迦牟尼革新实施,后传至吐伯特三大转金法轮查克拉瓦仑合罕,周密无疏漏地实施,尔后传至蒙古地方由圣雄先祖成吉思罕精心实施治理国邦民众焉。联今亦行此政教两道于国度矣。'何谓政教两道软?即教权之律

《咒》、《经》；皇权之法'和平'、'幸福'。能为行经教之皇帝以灌顶，俾其具备主宰沉浮世界之命运，宏扬佛法者，为教主国师；能无疏漏地通悟翰海般的《咒》、《经》者，应被大众推尊为绰尔济喇嘛；能通悟百万经卷者，为无量圣慧天师；能掌握通晓四灌顶纲要者，为极乐智能喇嘛；能讲释'四大密宗'旨要者，为尊师萨弥，精通十万经卷者，为圣识'无量经'之禅师；能宣诵全部经帙者，为至上聪慧沙里弥里；能款待四方香客信徒者，为大力密咒高徒；能达三德彼界者，为引度众生参丈。能辨知自身心运者，为永洁能者参登；能精心悟行教政法规者，为大度心圣菩萨；能显现神性化身之灵者，为奇验尊神；能辨知生死命运者，为聪慧神医；能全知往事者，为无差'青册'；能预知未来者，为忠厚神机预卜；能测知两种命运者，为全能智慧掌印；能按经教法规等级办事者，为善行好事之伊斯底里；能通用佛经五字母者，为永恒奠基书术师。如是综述，尊上三时佛位设三昆登固实：朝觐三十二佛位设三十二太固实；八菩萨聚会之位设十六罗汉、三十二听审、五百四类僧侣；治法四大天王之位置四大殿；施主额斯若瓦、玉皇大帝、地空女神为驯化彼界三源信尊。除之贼心者为五部玛哈·喀喇；三界女神监察誓约法规；地水神监辨违戒者；十八罗汉辨视真伪虚妄；女神监明过失；尊上玛哈底瓦监察内外邪恶。以天命先觉察知今世苦难和幸福；以今世善福和罪孽定知来世造化。尊上教主喇嘛下设二十五职务；中教执经喇嘛下设十三职务；次道经师喇嘛下设五职务。尊上教主喇嘛所属二十五职为：太乐、司祭、司席、司香、乐生、司诵、驭者、司号、司笛、司旗、赞者、司仪、笔阁赤、司膳、仓主、司尊、伞盖官、司座、阿杜赤（牧马者）、兀和儿赤（牧牛者）、骡司赤（牧骡者）、火尼赤（牧羊者）、特默赤（牧驼者）、驯犬、脚夫等。中教执道喇嘛所属十三职为：太乐、司祭、司席、乐生、驭者、司号、司笛、司旗、司仪、笔阁赤、司膳、仓主、脚夫。次道经主喇嘛下属五职为：太乐、司祭、乐生、司仪、仓主。所谓实行皇权之法以治国者，应能为沉没浑沌之苦难众生，施转千金法轮，赐以光明；实施教权之律之'咒'、'经'、二大密宗而不致混乱，如是则为至尊查克拉瓦仑转千金法轮合罕。著以黄冠、袈裟、僧带、法靴，顺稳登上法坛，不致滑脱，能温敦而庄严治国，实施皇权之法以'和平'、'幸福'二权旨，清明廉洁施政者，为尊上国主合罕。于阿尔扎瓦达白象之端顶置注满甘露金瓯，端坐排列之众萨逛宗族中，有把白象持携而来，使落怀金瓯不溢甘露者，为至上善福合罕。强敌武装侵犯幸福安乐之际，以贮备之弩矢剑戟，勇猛反击，镇服来犯者，能在瞬间掌握飞矢不致负伤者，为强尊国主合罕。如是四强权合罕之威建树者也。御前执政，施行陛下诏令，俾众生如饱尝真经甘露之哺育，以诚挚、绝极之爱无疏露而拯救众生者，为身尊功德首领欢津。以古昔圣者创建之法规范例善言训教众生，以和平之政，治理国邦，四境之内康乐太平者，为治国言尊功德欢津。为使国家幸福安乐教化民众，时刻警惕不忽，强敌进犯之际，能战而制胜者，为安守国众之心尊功德欢津。教化众生弃罪孽之行，辟解脱灾难之径，以教权之咒经之律令，行合罕之权者，为引渡佛法之尊上经道太师。尊大宝佛教如觇心命；惜国家之政如爱瞳子；视君主之诏令如心腑之命；抚育众生如爱亲子；思涅槃，此时行一善事，可俾千万民众享得福荫之故；冬季善事定于此月行焉。四季筵宴如是定焉：春末龙月二十一，成吉思罕系九十九匹骡马挤马奶之日，春季贺白马群之筵宴，此日行焉。仲夏马儿月十六，世尊成吉思罕预言牲畜繁衍，九十九匹母畜初产乳仔之日，夏季筵宴，此日行焉。秋末狗儿月十二，收除马绊别攀儿之日，修备笼疆筵宴，此日行焉。仲冬鼠儿月初三，成吉思罕庆贺冬牧安泰，驱灾越冬之日，冬季筵宴，此日行焉。莅临主持国主合罕公仓通赏四善事节日及四大筵宴之六十九官职为：三固实里、三欢津、四太师、六察尔必、七宰相、九乌儿鲁克、二莽来赤、二伞盖官、二祭酒、二司鞴、二海力雅赤、二札萨古拉赤、二掌印官、二司膳、二乐生、二嘎拉赤、八断事官、四哨探、谏官、史官、梯迪古鲁赤、塔尔哈嘎赤、门班等。可私行筵宴八中职为：诸台吉、诸塔布囊。司诵、太师、诸乌尔鲁克、亲王、嫱官以及都检三职：王公、学监、臣宰等。外营五职如司旗、司号、莽来赤、旗牌官、响导等预候外勤只参预祭祀筵宴，不另排宴。国主公仓赏宴记载于黄册、红册；私宴俟司作官主持；外祭由司诵、掌印官主持之。如无教权之律，国邦、部众毁之矣。无论喇嘛僧俗徒众人等，均须遵行法规，人人通习教权之规——'咒'、'经'。饮香茶、食甜肴、面包等素淡食物，遵守清规戒律。咒者成密乘法术，显神灵，行五供、降邪魔。信仰法师到菩萨净界；尊信合罕，国邦享得安宁；摩顶诚拜法师喇嘛、实意孝敬父母长者，把义达摩佛永置心窝；把众生视作至亲子女，尽心遵守教规法戒；不断地行四大布施；精心学习佛门经典，诚心戒备'四无量'；慈善招待四方香客信徒，笃诚尊奉三大宝；谨慎遵守密咒誓言；勿嫌亲朋人众，贼逆一人也须提防；对贫富人同等相待，除祛内心杂念及外欲贪厌；积善积德杜绝十恶，行十善福事；消除五害，禅修五性法术。如是则为通习三大教规行施'三戒'焉。终生悟此善福戒令，为之佛教根本，四生六类普渡苦海，可谓无际天海之掌舵者矣。勿以违戒之行妄毁教规：杜绝妄为，勿以谎言蛊惑真经；谨行善事，勿忘通习儒道二教，勿作外界恶事；不习法师训教，遭遇祸孽，不遵父母之教，遭被恶患；不听君主之言，沉落灾网；不行教戒，誓言崩毁；骄行妄态，恶魔缠身；肆行无忌，自脱禅师；疏远作孽之喇嘛；脱离不慈之君主；疏离不仁之官吏；弃脱贪厌之大臣；疏远无信之宾朋；勿抚虐民，不赞良民；不嗜喇嘛资财；不侵合罕利益；不抢合罕仓廪；不夺教师钱财。此共为鉴戒，识行勿忘钦。晴天之寒风如利箭般刺骨；旷野之蒿草如荆棘般锋锐；不守戒规之僧徒会使真经临风飘零。不受国家直属之地方官府比山还重，如怠惰妇人，以酸酵毁食品；如无奶乳牛之吼声比螺号还刺耳。政教两道统一于国君，与政权相违逆，则国君失权焉。混淆之铁屑，以磁棒分之；愚贤之民，上智者识之；奶中之水，加热方辨之；大国之贤才，至圣者识之焉。山岗河口设岗哨，渡海需备船舶；防野狼设御偫，防盗贼养家犬；报晨晓养金鸡；群山腰里饲野鹿；丝网环系诸山岗；划定地亩界，断崖搭桥梁，除坎坷铺平路。如是则国泰民安矣。若天宇之八辐金轮，似天底之八瓣白莲，于地上须弥顶峰，光华真经般太阳升腾，繁花似锦千佛之位，大力佛经五字生辉。拯救造福于众生之佛祖释边牟尼普照三界，会同阿难达两教启蒙于世矣。纳堪楚那定佛教理论，巴达玛散布瓦（莲华生）于雪山之傍开放；三转千金法轮·查克拉瓦尔迪合罕于蒙古圣地建政；圣雄成吉思罕实施教政两道。此均属菩提斯特种属焉。后世如若不遵教道法规，国业将废焉；无视真言，谎言行焉；不照政教两道原则行事，法规将毁焉；不济贫弱，富贵弗存；轻慢善福权贵，谗媚诡诈生矣。傲岸暴虐，毁疵两道，犹如于无命顽石求血钦；同以毒汁馔肴充饥钦；如以不测之风求晴钦；似如棒饮澄澈之海水钦；如欲以暴雨遏阻山中之雄狮钦；如欲以套马杆索获宇空之喧嚣者钦；如欲以响锣惊惑森林之虎钦。敬重三宝，俾佛教如日升腾；建身业庙宇，书口业经文，立意业佛塔。合罕诸颜勿受黄衣道士之拜；庙宇环围勿行狩猎；潜心斋戒，念六字真言，医治病患；祛邪魔赎替身，为死者行禅祈祷；对教主喇嘛、施慧尊佛、解脱尊经、掌涅槃僧侣、掌经尊师，严尊父母等，要报恩答德；视佛门戒规如目瞳；视合罕政道如心腑；领悟父母教如命焉。昔佛祖释迎牟尼预知未来，曾有教言：'昔，兽中王雄狮，与敌争斗，力亏将毙，其肺孽生虫蛊而致死；尔后，吾教与异教相争斗，力亏之时，亦由吾教徒生乱，而自毁焉'。是故，佛教之徒恣肆违戒，或伤他人性命，或贪色淫秽，或背弃师者，或损坏庙宇，或嗜酒，或言谎，或谣言谤毁政教两道，即除其教籍，令其还俗，固缚其双臂，以灰涂面，头插黑幡，黑剑牵之，金棒戳后脑，逆转庙宇三匝，发配远方。执刑者当众宣谕而徒之日：'此徒，即受崇高之教戒，却恣行违戒从恶。严格合罕政律，惩罚如是。尔后众生唾弃此罪恶，自戒自鉴哉。'又，说谎者，割舌；盗窃者挖眼；触犯刑律者，处死。依教权之律行事，列入尊位；按皇权之法行事，加禄封爵；教权之律为之核心，皇权之法如之目瞳。至是，天骄合罕之权世代延续，赦免固禁之囚犯，收触刑者入监。如是，弗使解脱，屡教不改，从严惩之。杀害经师喇嘛者，恶意侵犯佛像者，毒害父母者，谎言诬蔑政权者，此四犯政教两道弗容之也。无悖谬地讲经传教者,晋教级;竭力不懈勤习者,赐学经尊位;无私教诲弟子者,列为尊师;学识渊博者,授予明睿者尊号;辨知阴阳者,列为圣卜;征战无疏漏者,列为勇者尊位;赏配无差者,晋通政官职;判案不怠者,晋断事官;公正执法者,晋词讼官;公务不惰者,晋官职;不循私弊者,赏官爵;收藏无遗者,晋仓主职。混于沙土之铁屑,磁棒吸分;贤肖之民,上智者鉴识;马奶中水分,加热方辨之;国中贤者,深谋者选拔。任用忠良明睿之臣,称国君之愿,致国泰民安,国君亦扬名天下焉。逸佞当道,则祸国殃民,大业崩毁,此乃国君之耻辱焉。治国者,宜深谋远虑,以符其名也。勤于公役立功者,一可行赏,二可论功升官,三可辖十户,四可辖五十户,五可辖百户,六可辖三百户,七可辖五百户,八可辖千户,九可辖五千户。至能至聪,奇智明达,审视三时,顺施政教两道并行之策者,以比特昆·阿杜赤(大散骑)、莫尔根·笔阇赤称号赏之焉。久经驱先卒伍,被坚执锐,无坚不摧,不遗余力,守卫边陲,抗御外患,伸国众安泰,功勋卓著者,峨冠插金羽,赏三省哈萨哈之号焉。威慑边陲,致敌胆寒,杀敌不惜性命,卫国守疆不怠者,赐总兵总督之号焉。聪慧不悖,英勇无比,强弩应弦,坚贞不屈,致忠效命者,赏大章京之号焉。能从平民中选拔贤能之士,俾之擢为万户长级官长者,可列宰臣之高位焉。依照长生天气力与伟宏卓诚之佑护;蒙圣雄成吉思罕恩赐。诸如五方四夷之邦:东方之白色高丽、绍尔布克;南方之红色中国、南家思;西方之黄色花剌子模、鄂尔特古惕;北方之黑色吐伯特、唐古惕;东北之比图古惕;东南之巴勒布;西南之客烈亦惕;西北之特四格;中央之四十四万青色蒙古、卫拉特等;此外偏僻地域杂居异族,山陬海涘之邦,尽归统就范。由是,四邻免于折难,无使八方蹂躏,国泰民安也者。此伟大智明忽必烈合罕实施政教两道并行之建政大纲故也。教权之律如护身绫结,皇权之法如金制镣铐,牢不可解,坚不可摧,光焰普照四方,大政康乐幸福矣。合罕思忖革新,虑轻重、弃悖谬,精心实施三大政务、四大权力、六大故例、七大秉、九大象征,而树此不朽功绩焉。钦怀大政权臣、首位欢津、次位太师、宰相、通政人等,系合罕之治国栋梁,政权之锁明。故赏以金印,谨此不渝。古若圣者所创建之《十善福经白史》至终矣。"(译文参见鲍音《〈十善福经白史〉浅译》,《蒙古学资料与情报》1987年第2期,第44—57页)

  马祖常作《滋溪文稿志》。

  按:马祖常《滋溪文稿志》载:"右苏君伯修杂著。祖常延祐四年,以御史监试国子员,伯修试《碣石赋》,文雅驯美丽,考究详实。当时考试礼部尚书潘景良、集贤直学士李仲渊寘伯修为第二名,巩弘为第一名。弘文气疏宕,才俊可喜,祖常独不然此,其人后必流于不学,升伯修为第一,今果然。

而吾伯修方读经稽古,文皆有法度,当负斯文之任于十年后也。至顺元年九月五日,侍上幸中心阁还,休半日,书此以记予与伯修之旧也。马祖常志。"(《全元文》第32册,第418页)

钟嗣成著《录鬼簿》成,并撰自序。

按:该书为我国第一部戏曲论著。全书上卷记前辈才士,有杂剧者略记姓字爵里及剧目,下卷记并世才士,各作一小传,记其剧目,又作《凌波曲》吊之。全书涉及作家152人(其中贾仲明续71人),作品名目四百余种。《录鬼簿》序言无畏于"高尚之士,性理之学"怪他"得罪于圣门",颂扬"高才博艺"、地位低下之作家且高度评价戏曲艺术,颇异于传统美学思想。钟嗣成(1279?—1360?),字继先,号丑斋,大梁人,寄居杭州。曾寄学邓文原、曹鉴。以貌丑,科场屡试不第,遂专力从事戏曲。元代著名戏曲作家,纂有《录鬼簿》二卷,载元代杂剧作家小传和作品目录,为研究杂剧重要资料。所作杂剧今知有《章台柳》、《钱神论》等七种,均不传。事迹见《录鬼簿》、《录鬼簿续编》、《太和正音谱》、《全元散曲》。

又按:钟嗣成自序云:"贤愚寿夭,死生祸福之理,固兼乎气数而言,圣贤未尝不论也。盖阴阳之诎伸,即人鬼之生死。人而知夫生死之道,顺受其正,又岂有岩墙桎梏之厄哉!虽然,人之生斯世也,但以已死者为鬼,而不知未死者亦鬼也。酒罂饭囊,或醉或梦,块然泥土者,则其人与已死之鬼何异?此固未暇论也。其或稍知义理,口发善言,而于学问之道,甘于暴弃,临终之后,漠然无闻,则又不若块然之鬼为愈也。予尝见未死之鬼吊已死之鬼,未之思也,特一间耳。独不知天地开辟,亘古及今,自有不死之鬼在,何则?圣贤之君臣,忠孝之士子,小善大功,著在方册者,日月炳焕,山川流峙,及乎千万劫无穷已,是则虽鬼而不鬼者也。余因暇日,缅怀故人,门第卑微,职位不振,高才博识,俱有可录。岁月弥久,湮没无闻,遂传其本末,吊以乐章。复以前乎此者,叙其姓名,述其所作,冀乎初学之士,刻意词章,使冰寒于水,青胜于蓝,则亦幸矣。名之曰《录鬼簿》。嗟乎!余亦鬼也。使已死未死之鬼作不死之鬼,得以传远,余又何幸焉!若夫高尚之士,性理之学,以为得罪于圣门者,吾党且啖蛤蜊,别与知味者道。至顺元年龙集庚午月建甲申二十二日辛未,古汴钟嗣成序。"(王钢校订《录鬼簿校订》,中华书局2021年,第63页)

又按:朱凯是年作《录鬼簿后序》曰:"文以纪传,曲以吊古,使往者复生,来者力学,《鬼簿》之作,非无用之事也。大梁钟君,名嗣成,字继先,号丑斋,善之邓祭酒、克明曹尚书之高弟。累试于有司,命不克遇;从吏则有司不能辟,亦不屑就。故其胸中耿耿者,借此为喻,实为己而发也。乐府小曲、大篇长什,传之于人,每不遗稿,故未能就编焉,如《冯谖收券》、《诈游云梦》、

《钱神论》《斩陈馀》《章台柳》《郑庄公》《蟠桃会》等,皆在他处按行,故近者不知,人皆易之。君之德业辉光,文行汜润,后辈之士,奚能及焉。噫!后之视今,亦犹今之视昔也,日居月诸,可不勉旃。至顺元年(1330)九月吉日朱士凯序。"(《录鬼簿校订》,第103页)

忽思慧《饮膳正要》撰成并进呈皇帝。

按:忽思慧自延祐中任钦膳太医,是年编成《饮膳正要》。全书共三卷。虞集《饮膳正要序》载:"臣闻古之君子善修其身者,动息节宣以养生,饮食衣服以养体,威仪行义以养德。是故周公之制礼也,天子之起居、衣服、饮食,各有其官,皆统于冢宰,盖慎之至也。今上皇帝天纵圣明,文思深远,御延阁、阅图书,旦暮有恒。则尊养德性,以酬酢万,几得内圣外王之道焉。于是,臣赵国公孛兰奚以所领膳医臣忽思慧所撰《饮膳正要》以进。其言曰:昔世祖皇帝食饮必稽于本草,动静必准乎法度。是以身跻上寿,贻子孙无疆之福焉。是书也,是时尚医之论著者云。噫!进书者,可谓能执其艺事,以致其忠爱者矣。而圣心溥博,又将推以及人。于是,中宫命留守臣金界奴庀工刻梓摹印,以遍赐臣下。於乎!推一己之安,使天下之人举安;推一己之寿,使天下之人举寿。圣天子以天地之心为心,而为生立命者盖如此。天历三年(1330)月日,谨序。"(《虞集全集》,第469页)

李泽民《声教广被图》约绘于此年。

按:"这幅地图涵盖的范围包括欧洲、阿拉伯半岛和非洲,非洲的轮廓已经非常完整,好望角的形状也很明确。"(陈煜撰《大朝盛衰 图说元代》,商务印书馆2016年,第130页)"李泽民的《声教广被图》至少在亚洲部分超过了同时代的欧洲、阿拉伯地图。即使他的地图是在受到了阿拉伯地理学的影响下绘制的,它也弥补了一些阿拉伯地理学著作和地图的缺佚与空白。这是一幅全国总图,可惜今都已散佚。目前可以从1402年高丽人李荟绘制、权近修订增补的《混一疆理历代国都之图》和罗洪先《广舆图》中个别篇幅,可见其端倪。"(丁海斌《中国古代科技文献史》,第327页)

又按:乌斯道《刻舆地图序》:"地理有图尚矣,本朝李汝霖《声教被化图》最晚出。自谓考订诸家,惟《广轮图》近理,惜乎山不指处,水不究源,玉门、阳关之西,婆娑、鸭绿之东,传记之古迹,道途之险隘,漫不之载。及考李图,增加虽广而繁碎,疆界不分而混殽,今依李图格眼重加参考。如江、河、淮、济,本各异流,其后河水湮于青、兖,而并于淮;济水起于王屋,以与河流为一,而微存故迹。兹图,水依《禹贡》所导次第,而审其流塞;山从一行南北两界,而别其断续。定州郡所属之远近,指帝王所居之故都,详之于各省,略之于遐荒,广求远索,获成此图。庶可以知王化之所。及考职方之所载,究道里之险夷,亦儒者急务也。所虑缪戾尚多,俟博雅君子正焉。"(徐永明点校《乌斯道集》卷八,第187页)李汝霖,即李泽民,所绘《声教被化图》即《声教广被图》。

范梈卒。

按:范梈(1272—1330),字亨父,一字德机,临江路清江人。大德十一年荐举充翰林编修官,官满迁建昌路照磨,改擢将仕佐郎、海南海北道廉访司知事。后迁江西湖东,再改擢福建闽海道知事,至顺元年十月卒。擅诗文,所著有《燕然稿》、《东方稿》、《海康稿》、《豫章稿》、《侯官稿》、《江夏稿》、《百文稿》,总十二卷。生平事迹见于吴澄《故承务郎湖南岭北道肃政廉访司经历范亨父墓志铭》、《元史·范梈传》。

曾巽申卒。

又按:曾巽申(1282—1330),字巽初,庐陵人。少敏于学,尤重礼乐卤簿之学。曾于乡建武城书院,又著《卤簿图》五卷,至大二年进此《卤簿图》,奏为大乐署丞。延祐元年除辽阳等处儒学副提举,未上,史馆留为编修官。延祐七年(1320)为中书平章政事拜住再进卤簿图,进为翰林应奉文字知制诰兼国史院编修官。天历二年,以集贤照磨召,荐为太常博士,未报。天历三年卒。著有《卤簿图》五卷,《郊祀礼乐图》五卷,《志美集成》三卷,《心性论》、《理气辨》、《经解正讹》合若干卷,《崇文卤簿志》十卷,《明时类稿》若干卷,《超然集》若干卷,《韵编杜诗》若干卷,《补注元遗山诗》十卷,《过闻录》二卷等。《宋元学案》列入《草庐学案》中。生平事迹见于虞集《曾巽初墓志铭》。

罗贯中(约1330—约1400)生。

元至顺二年　辛未　1331年　83岁

五月一日,奎章阁学士院纂修《皇朝经世大典》成。

按:《元史》载:"(五月乙未)奎章阁学士院纂修《皇朝经世大典》成。"(《元史》卷三五《文宗本纪四》,第3册,第785页)

又按:虞集撰《经世大典序录应制》载:"钦惟钦天统圣至德诚功大文孝皇帝,以上圣之资,纂承大统。聪明睿知,度越古今。至让之诚,格于上下。重登大宝,天命以疑。于是辟延阁以端居,守中心之至正。慨念祖宗之基业,旁观载籍之传闻。思辑典章之大成,以示治平之永则。乃天历二年冬(1329),有旨命奎章阁学士院、翰林国史院,参酌唐宋会要之体,会萃国朝故实之文,作为成书,赐名《皇朝经世大典》。明年二月(1330),以国史自有著述,命阁学士,专率其属而为之。太师丞相答剌罕,太平臣臣燕帖木儿,总监其事。翰林学士承旨大司徒臣阿璘帖木儿,奎章大学士臣忽都鲁笃尔弥实,奎章阁大学士中书右丞臣撒迪,奎章阁大学士太禧宗禋使臣阿荣,奎章阁承制学士金枢密院事臣朵来,并以耆旧近臣习于国典任提调焉。中书左丞臣张友谅,御史中丞臣赵世安等,以省台之重,表率百官,简牍具来,供给无匮。至于执笔纂修,则命奎章阁大学士中书平章政事臣赵世延,而贰以臣虞集,与学士院艺文监官属,分局修撰。又命礼部尚书臣巎巎,择文学儒士三十人,给以笔札而缮写之。出内府之抄以充用。是年四月十六日开局,仿六典之制,分天、地、春、夏、秋、冬之别,用国史之例,别置蒙古局于其上,尊国事也。其书悉取诸有司之掌故,而修饰润色之。通《国语》于《尔雅》,去吏牍之繁辞。上送者无不备书,遗亡者不敢擅补。于是定其篇目,凡十篇。曰:君事四,臣事六。君临天下,名号最重。作帝号第一。祖宗勋业,具在史策。心之精微,用言以宣。询诸故老,求诸纪载。得其一二于千万。作帝训第二。风动天下,莫大于制诰。作帝制第三。大宗其本也,藩服其支也。作帝系第四。皆君事也,蒙古局治之。设官用人,共理天下。治其事者,宜录其成。故作治典第五。疆理广袤,古昔未有。人民贡赋,国用系焉,作赋典第六。安上治民，莫重于礼。朝廷郊庙，损益可知。作礼典第七。肇基建业，至于混一。告成有绩，垂远有规。作政典第八。刑政之设，以辅礼乐。仁厚为本，明慎为要，作宪典第九。六官之职，工居一焉。国财民力，不可不慎。作工典第十。皆臣事也。以至顺二年五月一日，草具成书，缮写呈上。臣集等，皆以空疏之学，谬叨委属之隆。才识既凡，见闻非广。或疏远不知于避忌，或草茅不识于忧虞。谅其具稿之诚，实欲更求是正。疏略之罪，所不敢逃。窃观《唐会要》始于苏冕，续于崔铉，至宋王溥而后成书。《宋会要》始于王洙，续于王珪，至汪大猷、虞允文，二百年间，三修三进。窃惟祖宗之事业，岂唐、宋所可比方。而国家万万年之基，方源源而未已。今之所述，粗立其纲。乃若国初之旧文，以至四方之续报，更加搜访，以待增修。重推纂述之初猷，实出圣明之独断。假之以岁月，丰之以廪饷。给之以官府之书，劳之以诸司之宴。礼意优渥，圣谟孔彰。而纂修臣寮，贪冒恩私，不称旨意，下情兢惧之至，惟陛下矜而恕之。谨序。"（《全元文》第26册，第65—67页）

又按：萨都剌《奎章阁观进皇朝经世大典》载："文章天子大一统，馆阁词臣日纂修。万丈奎光悬秘阁，九重春色满龙楼。门开玉钥芸香动，帘卷金钩砚影浮。圣览日长万机暇，墨花洗出凤池头。"（《全元诗》第30册，第203页）

此年诏帝师殿与蒙古字学合并。

按：《（至顺）镇江志》载此年诏帝师殿与蒙古字学合并："至顺二年，钦奉圣旨节文：学校房舍，在前尝令有司拨付，如今依各处已行起盖八思麻帝师殿宇，就令于内训教；未经起盖殿宇去处，有司依上拨付。所据生员饮膳，拨与系官荒闲田土。"（俞希鲁《（至顺）镇江志》卷一一，清嘉庆宛委别藏本）"根据《至顺镇江志》的载录，可知文宗诏令的主要意图是将蒙古字学与帝师殿合并，使二者互有倚靠。因为蒙古字学与帝师殿在地方社会都缺乏足够稳固的群众基础。将二者合并，有利于减轻地方政府负担，促使二者稳定发展。帝师殿与蒙古字学的合一，仿照的是宣圣庙与儒学的合一。这种庙学合一的制度，渊源于唐代，至金元逐渐发展成熟，是一种良性机制，因此得到元文宗青睐。"（马晓林《元代国家祭祀研究》，南开大学2012年中国古代史专业博士学位论文，第456页）

全岳柱于本年夏任江西等处行中书省平章政事，州有知名士皆礼而延之。

按：全岳柱为阿鲁浑萨理长子，他于今年担任江西等处行中书省平章政事。《元史·岳柱传》载："岳柱字止所……至顺二年，除江西等处行中书省平章政事。时有诬告富民负永宁王官帑钱八百余锭者，中书遣使诸路征之。使至江西，岳柱曰：'事涉诬罔，不可奉命。'僚佐重违宰臣意，岳柱曰：

'民惟邦本,伤本以敛怨,亦非宰相福也。'令使者以此意复命。"(《元史》卷一三〇《岳柱传》,第10册,第3178—3179页)

又按:揭傒斯《奉送全平章赴江西》:"圣主恩南土,明公起集贤。直期凋瘵后,共致太平年。金虎分符重,文龙赐服鲜。权纲兼将相,标格近神仙。天地三江外,星辰北极边。丹心齐出处,素志在陶甄。请述江南事,都非大德前。但微扶弱羡,竟坐抑强偏。无复同忧乐,徒令舞智权。平畴吹渤澥,暗室伏戈鋋。贪魗明相训,忠良默自怜。民心随日坏,世态与时迁。况复兵饥接,仍闻疫疠缠。诛求殊未已,孟贼转相挺。若拟宽忧顾,先须解倒悬。久饥宁择食,多病但求痊。一语堪惩劝,微机足转旋。已知平似水,更道直于弦。遥想闻公至,浑如望岁然。九重天上别,百丈雾中牵。日月明金节,山河入画船。四方初息马,五月正鸣蝉。丰乐田多黍,生香泺有莲。岱宗标鲁地,庐岳压湖天。水怪收崩浪,山灵扫瘴烟。欢呼麟凤出,踊跃吏民先。箛鼓趋雄镇,旌旗覆广川。下车和气应,袖手颂声延。膏雨侵淮甸,仁风扇海壖。忠贞真世笃,调燮有家传。赤子皆同体,苍生且息肩。龚黄须警策,方召在蕃宣。"(《全元诗》第26册,第222页)

又按:虞集《送江西行省全平章诗序》:"《诗》不云乎:'颙颙昂昂,如圭如璋。令闻令望,岂弟君子,四方为纲。'何其善言君子乎。凤凰麒麟,非所以资服乘也,醴泉芝草,非所以适饥渴也。然而一日至焉,山川为之春涵,草木为之玉润。盖天生神物,禀乎冲和之至,自然有所邕达,无所事乎用力也。今平章全公,名臣世家,高情雅节,至正而不厉,至明而不察。达乎事物之变,而不屑于言,究乎天人之蕴,而不滞于迹。渊乎其有道,充乎其有容。气完而不忤于物接,用大而不事于小施,几古之所谓杜德机者乎!江右有水旱之箚,民力竭矣。天子慨然辍公于亲密之地,以往填之。吾民其庶几乎!豫章之流汤汤,庐阜之云苍苍,公超然有意于其间乎!'君子来朝,其旂旆旆,鸾声哕哕'。请得与都人士共候焉。"(《全元文》第26册,第157页)

又按:全岳柱任职江西期间,吴澄有《寿全平章》诗:"春秋一万八千指,道德二卷五千言。祝公寿数亦如此,孔老遗芳永永存。"(《全元诗》第14册,第247页)

吴澄春读何中诗稿,作《题何太虚近稿后》。

按:此年春,何中登门探病,吴澄因此读何中诗稿,作《题何太虚近稿后》。文云:"夫言之秩然次序条理者谓之文,文无待于作也。后之人口之所言杂乱无纪,则必缔构于思、撰造其辞,而后笔之于简牍。古之人虽不作文,孔子尝云辞达而已,此固作文之大法也,而奈何作者之不知此哉?东汉以来,气弱体卑,无复有善作者,至于今殆千余年。唐、宋盛时,号为追踪先汉,而仅见韩、柳、欧阳、曾、王、二苏七人焉。若李习之,若唐子西,若张文潜,非不游韩、苏之门,而竟未与韩、苏合一也。兹事岂可易视哉?表弟何中太虚,少负逸才,弱冠已能诗,而亦用意于文。至顺二年春,予卧病,顾予于病中,录示近作十数。予读之,盖优优升七子之堂矣。予不胜其喜,非私喜也,喜斯学之不孤也。斯学也,虽非儒者之本务,而其格力之高下,实由气运之盛衰,关系又岂小小哉?病余倦于书,喜之之极,不能自已,为书其后,而还其稿。"(《吴澄集》,第1161—1162页)

吴澄春作《送徐则用北上序》。

按:此年春,清江徐镒来访,吴澄因之作《送徐则用北上序》,肯定其出仕行为。文云:"至顺二年春,予八十三矣,卧病逾月不出户。有清江徐镒来访,强起迎之,语甚久。从容谓予曰:'镒读《易》至《观卦》,观也者,坤地柔顺,卑下之民仰观九五阳刚中正之君也。然观之初六曰"童观",观之六二曰"窥观"。童者,盖如婴孩童稚之观;窥者,盖如妇女窥觇之观。所观狭少,而所见不能以广大,是何也?初与二在下,远于九五也。夫至广大者,天也。戴盆而观之,坐井而观之,岂能见天之广大也哉?以下观上,而远于天位,何以异于戴盆、坐井而观天者乎?若观之六四则切近九五矣,故其繇曰"观国之光,利用宾于王"。然则观盛治者,宜近不宜远也。镒尝有四方志,曩一至京师,获观山河之高深,土宇之绵亘,都邑之雄大,宫殿之壮丽,与夫中朝巨公之恢廓严重。目识若为之增明,心量若为之加宽,此身似不生于江南遐僻之陬也。未及一期,适罹家难,仓忙而归,距今二十二年。在家已无亲可事矣,已有子可应门矣,将毕前志,谋再趋辇毂下,以观国之光。先生可之乎?'予曰:'子于《观卦》诸爻远近之义精且悉,善读《易》者也,予复何言?子通经术,闲时务,方当强仕。往近天子之光,其可。观之上九曰:"观其生。"观其生者,自观其一身也。上九远处一卦之外,物外人也。他无所观,唯自观其身而已。子年鼎盛,宜在近而观于国;予年衰耄,宜在远而观其身。所观虽有不同,其幸得遭逢圣世一也。'"(《吴澄集》,第537—538页)

吴澄约于是年为江西等处行中书省平章政事李世安作墓志铭。

按:此年三月二十六日,江西等处行中书省平章政事李世安卒,吴澄为作墓志铭。铭文里,吴澄将李世安视作"活西江鲋"的地方守护神。(吴澄《元故荣禄大夫江西等处行中书省平章政事李公墓志铭》,《吴澄集》,第1625—1632页)

吴澄六月有重病,得医士董起潜医治。

按:吴澄《赠医士章伯明序》记载,此年有疾得董起潜医治:"自神京辅畿、通都会府,以放乎天下所闻有名之医,已往者不可见矣,所见可用之医,于千百人中仅得二人焉,而皆在吾郡,一曰董某起潜,一曰章晋伯明。二人皆涉猎儒术,精究医方。去秋,予在家有疾,董治之……"(《吴澄集》,第629页)吴澄对于董起潜通达阴阳造化的医术十分称许。《赠董起潜序》云:"予虽不学医,而好观《内经》、《难经》、《脉经》等书,颇晓人身脉理大概。然自少而老,由南而北,欲访求一明医而不可得。其下品率是意病加药,其高品亦不过对证用药而已,孰能究脉之精微、察病之原本哉?乐安云盖乡之董,宦家名族,前代以儒科仕者不翅百数,文物之盛甲于一邑。逮宋亡科废,舍儒而习医。有董氏起潜焉,往年初见之,未深知也。近年从孙春抱奇疾,医莫能疗,而更生于起潜之手。因为予诊脉,听其议论,通达阴阳造化,审别藏府经络,井井不紊。予惊谏曰:'是间乃有此明医乎?'慨相遇之晚,而未有病可以试其伎也。至顺元年冬,过予,谓予明年夏秋之交有重病,其时当来供药。今年六月,病果作。其病日轻日剧,医以为疟。起潜至,曰:'似疟非疟也,以疟治之则误矣。'诊之,六脉浮紧,右寸口独浮而短;外证有寒热,胸膈气滞,盖由肺气内伤。先以五膈宽中散畅导其气,寒热未除,脉尚浮紧,此为客邪在表,用桂枝加附子汤温散表邪。表证既罢,独两尺脉弦迟,为肾藏虚寒,用四柱散加姜桂以暖其下部。又独脾脉微弦,用治中汤加附子以理中焦。继用参香饮参苓、白术散相间饮之,以渐底于平复。自初服药,每进药一盂,则病退数分;再服一盂,则病又退数分。盖病势甚恶,而药力亦峻。予生平服药,未有若是其速效、速验者也。史迁《仓公传》载淳于意自述其为人治病名状二十五条,纤悉该备,至今令人想见其医术之神。起潜于予之病,凡四易药,先后伦纪毫发靡忒。今仿《仓公传》所述,笔而为序以贻之,非特表起潜之明于医,亦以自许耄叟之明于知医也。傥天下之医,人人如起潜,天下之病,人人遇起潜,则可以保身、可以尽年,而举世无枉夭之患。良医之功,其博济于民,视良相奚异?《周官》医师之职,十全为上,失一、失二、失三为次,失四为下。所谓十全者,十病之中可治则治之,不可治则不治。或治之而生,或不治而死,十病皆中,而不失一也。起潜能于未病而言方来之有病,于已病而言此去之无病。脉之可疵者病虽轻,必言其可忧;脉之无亏者病虽剧,必言其不害。有言辄中,斯其可为十全之医也夫!"(《吴澄集》,第561—563页)

吴澄冬受邀为抚州路三皇庙作文。

按:吴澄《抚州路重修三皇庙记》载:"体其道之全,俾世享安靖和平之福,而民得以生其生者,儒道也;用其道之偏,俾世免扎瘥枉夭之祸,而民可以生其生者,医道也。曰儒曰医,其道圣人之道,有偏全之异;而其生斯民之生,固无彼此之分也。国朝之设医学均齐以儒学者,岂苟然哉？以其同囿乎十有四圣之一道也。……抚称江右名邦,儒学雄于他郡,而学之建亦已数十余年。至顺二年秋,金宪聂侯巡历至抚,谒三皇庙,相老屋弗称报祀,民牧刘侯承意重修,戎帅章侯一力协赞。适官有所废所积之材,可以为资。二侯首捐己俸,近而僚属,远而士庶,谋从志合者欣然共给兴役。……秋季肇土,冬孟底绩。郡从事南丰李士宏实董营缮,事毕,勒石纪重修之岁月。二侯述宪官之意,征予文。"(《吴澄集》,第807—808页)

吴澄作《东川陈氏族谱序》。

按:据吴澄记载,他为乐安东川陈文秀族谱作序时间为"入国朝五十年",即1331年。吴澄《东川陈氏族谱序》:"乐安东川之陈,自宋代号为著姓,既富且文。入国朝五十年,而族之隆视昔未替,它族鲜或能及也,非其先世之所积者厚、所遗者远而然与？庭芝,敦谨士,多子多孙,而皆肯学。萃族中之不坠其世者重修族谱,以示后人,所期一族之子子孙孙,殆未易涯涘也。庭芝名文秀云。"(《吴澄集》,第692页)

又按:陈文秀婚弟何中亦作《东川陈氏家谱跋》:"吾邑有东川之族,族大且蕃。由江州流派,占籍兹地,凡十三世矣,世为善士。在宋时,荐举彬彬;入国朝,亦多登仕版。于是十世孙文秀,取前族谱增修之,命予为识于后。"(《全元文》第22册,第196页)

《经世大典》纂成进呈。

按:五月一日,奎章阁学士院赵世延、虞集等撰修《皇朝经世大典》成。虞集作《经世大典序》,至顺三年(1332)三月,欧阳玄呈《进经世大典表》。《经世大典》是大型政书,仿《唐六典》和《唐会要》体例,共八百八十卷,另有目录十二卷,公牍一卷,纂修通议一卷,分帝号、帝训、帝制、帝系、治典、赋典、礼典、政典、宪典、工典等十门,其中六典各系子目。

又按:虞集《经世大典序》云:"钦惟钦天统圣至德诚功大文孝皇帝,以上圣之资,纂承大统,聪明睿知,度越古今,至让之诚,格于上下。重登大宝,天命以凝。于是,辟延阁以端居,守中心之至正,慨念祖宗之基业,旁观载籍之传闻,思辑典章之大成,以示治平之永则。乃天历二年(1329)冬,有旨命奎章阁学士院、翰林国史院参酌唐、宋会要之体,会萃国朝故实之文,作为成书,赐名《皇朝经世大典》。明年二月,以国史自有著述,命阁学士专率其属而为之。太师、丞相、答剌罕,太平王臣燕帖木儿总监其事,翰林学士承旨、大司徒臣阿璘帖木儿,奎章(阁)大学士臣忽都鲁笃尔弥实,奎章阁大学士中书右丞臣撒迪,奎章阁大学士、太禧宗禋使臣阿荣,奎章阁承制学士、金枢密院事臣朵来,并以耆旧近臣习于国典任提调焉。中书左丞臣张友谅,御史中丞臣赵世安等以省、台之重,表率百官,简牍具来,供给无匮。至于执笔纂修,则命奎章阁大学士、中书平章政事臣赵世延,而贰以臣虞集,与学士院、艺文监官属分局修撰。又命礼部尚书臣巎巎择文学儒士三十人,给以笔札而缮写之,出内府之钞以充用。是年四月十六日开局,仿六典之制,分天、地、春、夏、秋、冬之别,用国史之例,别置蒙古局于其上,尊国事也。其书悉取诸有司之掌故,而修饰润色之。通国语于尔雅,去吏牍之繁词,上送者无不备书,遗亡者不敢擅补。于是,定其篇目凡十篇,曰君事四,臣事六。君临天下,名号最重,作《帝号》第一。祖宗勋业具在史策,心之精微,用言以宣,询诸故老,求诸纪载,得其一二于千万,作《帝训》第二。风动天下,莫大于制诰,作《帝制》第三。大宗其本也,藩服其支也,作《帝系》第四。皆君事也,蒙古局治之。设官用人,共理天下,治其事者,宜录其成,故作《治典》第五。疆理广袤,古昔未有,人民贡赋,国用系焉,作《赋典》第六。安上治民,莫重于礼,朝廷郊庙,损益可知,作《礼典》第七。肇基建业,至于混一,告成有绩,垂远有规,作《政典》第八。行政之设,以辅礼乐,仁厚为本,明慎为要,作《宪典》第九。六官之职,工居一焉,国财民力,不可不慎,作《工典》第十。皆臣事也。以至顺二年(1331)五月一日草具成书,缮写呈上。臣集等皆以空疏之学,谬叨委属之隆,才识既凡,见闻非广。或疏远不知于避忌,或草茅不识于忧虞,谅其具稿之诚,实欲更求是正,疏略之罪,所不敢逃。窃观《唐会要》始于苏冕,续于崔铉,至宋王溥而后成书。《宋会要》始于王洙,续于王珪,至汪大猷、虞允文,二百年间三修三进。窃惟祖宗之事业,岂唐、宋所可比方? 而国家万万年之基,方源源而未已。今之所述,粗立其纲,乃若国初之旧文,以至四方之续报,更加搜访,以待增修。重惟述之初猷,实出圣明之独断,假之以岁月,丰之以廪饩,给之以官府之书,劳之以诸司之宴,礼意优渥,圣谟孔彰。而纂修臣寮贪冒恩私,不称旨意,下情兢惧之至,惟陛下矜而恕之。"(《虞集全集》,第470—471页)

又按:欧阳玄《进经世大典表》曰:"尧舜之道,载诸典谟;文武之政,布在方策。道虽形于上下,政无间于精粗。特于纪录之间,足见弥纶之具。是以秦、汉有掌故之职,唐、宋有会要之书,于以著当代之设施,于以备将来之考索。我国家受命龙朔,缵休鸿基。发政施仁,《行苇》之忠厚世积;制礼作乐,《关雎》之风化日兴。纪纲具举于朝廷,统会未归于简牍。钦惟钦天统圣至德诚功大文孝皇帝陛下总揽群策,躬亲万机,思祖宗创业之艰难,与天地同功于经纬,必有铺张以揭曦日,必有术作以藏名山。爰命文臣,体《会要》之遗意,遍敕宫寺,发掌故之旧章。仿《周礼》之六官,作皇朝之《大典》。臣某叨承旨喻,俾综纂修。物有象而事有源,质为本而文为辅。百数十年之治迹,固大略之仅存;千万亿世之宏规,在鸿儒之继作。谨缮写《皇朝经世大典》八百八十卷,《目录》十二卷,《公牍》一卷,《纂修通议》一卷,装潢成帙,随表以闻,伏取裁旨。"(《欧阳玄集》,第 197 页)

再按:萨都剌《奎章阁观进皇朝经世大典》:"文章天子大一统,馆阁词臣日纂修。万丈奎光悬秘阁,九重春色满龙楼。门开玉钥芸香动,帘卷金钩砚影浮。圣览日长万几暇,墨花流出凤池头。"(《全元诗》第 30 册,第 203 页)

马祖常奉旨为燕铁木儿作《太师太平王定策元勋之碑》。

按:燕铁木儿(？—1333),钦察氏,床兀儿之孙。少年时期随武宗镇守漠北。泰定五年(1328)七月初四,泰定帝在上都去世,帝位空虚,燕铁木儿作为大都留守,得到消息,"以八月四日甲午,率勇士十七人,兵皆露刃,建大义于禁中,乃誓于众曰:'武宗皇帝有圣子二人,孝恭仁文,天下大统当归之。今尔一二臣,敢紊邦纪有不顺者斩！'",力举武宗之子即位,直到十月廿二日,期间燕铁木儿与泰定帝余党倒剌沙势力展开残酷战争,而燕铁木儿与其弟撒敦、其子唐其世在战争中亲冒失石,身先士卒。文宗在居庸关一战中,曾"大驾出宫,亲督将士",燕铁木儿立即奏事曰:"凡军事一以付臣,愿陛下班师抚安黎庶",让文宗回宫。而文宗对于燕铁木儿的勇猛曾谕旨曰:"丞相每与敌战,亲冒矢石,脱不虞,奈宗社何？以大将旗鼓督战可也。"而燕铁木儿则曰:"凡战,臣先之。敢后者,臣论以军法。"而马祖常此篇详细记录燕铁木儿与倒剌沙余党在上都一带的战争。(《石田先生文集》,第 251—254 页)由于燕铁木儿的翊戴之功,文宗即位后,"凡号令、刑名、选法、钱粮、造作,一切中书政务"皆归燕铁木儿,封之为开府仪同三司、上柱国、太师、太平王、答剌罕、中书右丞相、录军国重事、监修国史、提调燕王宫相府事、大都督、领龙翊亲军都指挥使司事。(《元史》第 11 册,第 3332 页)

又按:虞集有《燕铁木儿右丞相封太平王制》:"朕正祖宗之统,入缵丕图;国有社稷之臣,亶维世胄。既克戡于多难,宜超示于殊恩。具官某沉鸷有谋,英锐无敌。我皇考昔抚军于龙朔,而尔父实佐命之虎臣。赐券报功,盟书启籥。更累朝而弥显,识大历之攸归。手握兵符,力扶景祚。及清宫而迎乘,犹多垒之在郊。临陈誓师,咸报奉辞之慷慨;挥戈决战,众惊用武之神明。人民怀绥辑之恩,城阙壮奠安之势。俾兼司于将相,用修干于邦家。韩信之辅汉皇,论定当时之攻取;子仪之在唐室,身为天下之安危。皆真食于王封,今何惮于往辙？是用锡之位号,胙以土田。礼冠绝于百僚,名永垂于千载。于戏！有非常之功,则有非常之赏。朕用奖于勋劳,建大中

之业;而享太平之成,尔毋忘于眷注。丕昭至意,式克钦承。"(《虞集全集》,第 377 页)

同恕卒。

按:同恕(1254—1331),字宽夫(甫),年十三,以《书经》魁乡校。家有藏书万卷。《元史》称他"由程、朱上溯孔、孟,务贯浃事理,以利于行"。卒谥文贞。著有《榘庵集》15 卷。事迹见孛术鲁翀《元故太子左赞善赠翰林直学士亚中大夫同文贞公神道碑铭并序》、贾仁《元故奉议大夫太子左赞善榘庵先生同公行状》(此二篇皆见于《榘庵集》卷一五·附录)、《元史》卷一八九。

鄂多立克卒。

按:鄂多立克(1286—1331),意大利方济各会会士,其影响仅次于马可·波罗。他于 1318 年开始东游,1321 年抵达印度,1322 至 1328 年在中国旅行,后返回意大利,1331 年去世。著有《鄂多立克东游录》。鄂多立克与马可·波罗、伊本·白图泰、尼可罗·康提一同被称为中世纪四大旅行家。

元至顺三年　壬申　1332年　84岁

四月,命奎章阁学士院以国字(蒙古字)译《贞观政要》,锓板模印,以赐百官。(《元史》卷三六《文宗本纪》)

按:吴澄《贞观政要集论序》载:"夏有天下四百五十余年,商有天下六百三十余年,周有天下八百六十余年。三代以后,享国之久,唯汉与唐。唐之可称者,三君而已。太宗文皇帝身兼创业守成之事,纳谏求治,励精不倦,其效至于米斗三钱,外户不闭。故贞观之盛,有非开元、元和之所可及,而太宗卓然为唐三宗之冠。史臣吴兢类辑朝廷之设施、君臣之问对、忠贤之诤议,萃成十卷,曰《贞观政要》。事核辞质,读者易晓。唐之子孙奉为祖训,圣世亦重其书。澄备位经筵时,尝以是进讲焉。夫过唐者,汉孝文之恭俭爱民可镜也;超汉者,夏大禹之好善言、恶旨酒可规也;继夏者,商成汤之不迩声色、不殖货利可师法也。周监二代,郁郁乎文。文、武之德,旦、奭之猷,具载二《南》二《雅》;《周颂》之诗,《召诰》、《立政》、《无逸》之书,义理昭融,教戒深切。率而由之,其不上跻泰和景运之隆乎?然譬之行远必自迩,譬之登高必自卑,则《贞观政要》之书何可无也?抚士戈直,考订音释,附以诸儒论说,又足开广将来进讲此书者之视听,其所裨益岂少哉?"(《吴澄集》,第434—435页)

又按:虞集《贞观政要集论序》载:"集侍讲筵,诸公以唐太宗《政要》为切近事情,讲经以后,辄以此次进。集于是时,每于心术之微、情伪之辩、治乱淳杂之故,必致意焉。天历天子尝命译以国语,俾近戚国人皆得学焉,久未成书,又以属集。盖租庸调、府兵等法,今人多不尽晓,而李百药赞道赋等又引用迂晦,遽不可了了。集为口授出处,令笔吏检寻,穷日乃得一赋。所引几成一编,而译者始克讫事以进。今阁下有刻本也。及见戈直所注,恨不得早见之,然未晚也。昔范氏著《唐鉴》,程子阅之,曰:'不意淳夫相信如此。'直所论多得吴学士公讲明意,故为不徒作云。"(《全元文》第26册,第100页)

八月,帝图帖睦尔崩。

按:《元史》载:"帝崩,寿二十有九,在位五年。癸丑,灵驾发引,葬起辇谷,从诸帝陵。元统二年正月己酉,太师右丞相伯颜率文武百官等议,上尊谥曰圣明元孝皇帝,庙号文宗,国言谥号曰札牙笃皇帝,请谥于南郊。三月己酉,祔于太庙。后至元六年六月,以帝谋为不轨,使明宗饮恨而崩,诏除其庙主。放燕帖古思于高丽,未至,月阔察儿害之于中道。"(《元史》卷三六《文宗本纪》,第 3 册,第 806 页)

又按:时萨都剌(一说卢琦作)作《宣布同知自燕京来报国哀时文皇晏驾》,诗载:"雨倾盆,风掷瓦,白髯使者能骑马。相逢官长马不下,马上云云泪盈把。天柱倾,天不晴,白髯使者东南行。东南山水失颜色,一夕秋风来上京。"(《全元诗》第 55 册,第 114 页)

又按:萨都剌又作《鼎湖哀》诗:"荆门一日雷电飞,平地竖起天王旗。翠华遥遥照江汉,八表响应风云随。千乘万骑到关下,京师复睹龙凤姿。三军卵破古北口,一箭血洗潼关尸。五年晏然草不动,百谷穰穟风雨时。修文偃武法古道,天阁万丈奎光垂。年年北狩循典礼,所在雨露天恩施。宫官留守扫禁阙,日望照夜回金羁。西风忽涌鼎湖浪,天下草木生号悲。吾皇骑龙上天去,地下赤子将焉依。吾皇想亦有遗诏,国有社稷燕太师。太师既有生死托,始终肝胆天地知。汉家一线系九鼎,安肯半路生狐疑。孤儿寡妇前日事,况复先生亲见之。"(《全元诗》第 30 册,第 219 页)

十月,明宗第二子懿璘质班即位于大明殿。

按:《元史》载:"至顺三年八月己酉,文宗崩于上都,皇后导扬末命,申固让初志,传位于明宗之子。时妥懽帖木耳出居静江,帝以文宗眷爱之笃,留京师。"(《元史》卷三七《宁宗本纪》,第 3 册,第 809 页)

吴澄感叹王安石祠堂颓坏,抚州路总管府达鲁花赤塔不台出俸钱重修祠堂。

按:虞集《王文公祠堂记》记载了此事,文载:"至顺二年冬,中顺大夫、抚州路总管府达鲁花赤塔不台始至郡时,守以下官多阙,侯乃以民事为己任。……明年,故翰林学士吴公澄,就养郡中,过故宋丞相荆国王文公之旧祠,见其颓圮而叹焉!侯闻之曰:'是吾责也。'乃出俸钱,命郡吏董彦诚、谭继安,儒学直学饶约、揭车使经营焉。乐安县达鲁花赤前进士燮理溥化,兴国路经历前临川县尉张雩,与郡士之有余力者,各以私钱来助。经始于元统二年三月壬子,以十二月甲子告成。侯介予从子宣,来求篆其事于石。按郡志,宋崇宁四年,郡守田登为堂于守居之侧,肖公像而祠之。淳熙十五年,郡守钱某更筑祠,而象山陆公九渊为之记。公故宅在城东偏盐步岭,有祠在焉,作而新之,则侯用吴公之言也。郡人危素,将重刻公文集,吴公为之序。既而吴公殁,侯是以征文于予也。……陆、吴二子之言,既足以极公志之所存,今昔不足于公者,又有以尽破其偏私之蔽,而世俗口耳相承之议,遂无复容喙于其间,虽公复生,亦将忾然于斯,可谓千载之定论矣。然则今侯新公祠,岂直为观美也哉!世之从政,果如陆子所谓出乎老氏之绪余者久已鲜矣。而波颓风靡之中,求如公之所谓因循,所谓流俗而不足与有为者,亦且无之,安得有如公立志操行者哉?"(《全元文》第26册,第527—528页)

吴澄为解观作字说。

按:吴澄《解观伯中字说》载:"乡贡进士解观,天历己巳暨其弟蒙联贡礼部。至顺壬申春,造予山间。留数日,曰:'观于名之下增一言而为字,或不吾可。请于内外之尊者,更字伯中,佥谓之允。何如?'予曰:字者,名之表也。大哉,子之所以表其名者乎!《易》坤下巽上之卦名《观》。《观》者,观九五也。九五在上,德称其位,在下观之为法式。夫人之聚观于五,五之为人所观,以中其故尔。圣之盛,莫盛于尧、舜,而尧之传舜,惟'允执厥中'一语。舜复以是传禹。汤之去尧、舜远矣,而孟子亦曰'汤执中',然则尧、舜之中,禹见之,汤闻之。四圣所执,同一中也。及文王、周公,系《易》之象,系《易》之爻,每于卦之二五、爻之二五若独贵重然,而含蓄不露也。孔子始发其蕴,曰'得中',曰'以中',而后文王、周公之意粲然可见。文王、周、孔之中,尧、舜、禹、汤之中也。孔子既没,其孙惟恐其传之泯绝,特著一书,以《中庸》名。孟子而下,知者殆鲜。千数百年之久,周子作《易通》,统论《易》之大旨,以刚、柔、善、恶、中五者别气禀之殊。予尝合之于《易》,《易》以刚柔得位为正,上五下二为中。刚而正者,刚之善;其不正者,刚之恶也。柔而正者,柔之善;其不正者,柔之恶也。刚柔之正者虽善,而犹不无或过或不及之偏。善至中而止,斯其为善之善也已。《观》卦九五之刚正而中,下之观而化者甚神速也,而今之所观与古异。古所观者,当代之君师,今所观者,前代之圣哲。内而反观,外而泛观,人伦之大,日用之微,于其当。然之则观之而善欤?未也。一毫之过,不可也;一毫之不及,不可也。盖善有不中也,而中无不善也。必曲当,必具宜,必无少乖戾。子思所谓中节之和,是乃无过无不及之中也。虽然,其观也必有所事。观之于物,而知其性,尽其心,所以明此中也。观之于我,而养其性,存其心,所以诚此中也。观而若是,其几乎!因笔之为字说,以遗伯中焉。"(《吴澄集》,第225—226页)

吴澄约于三月前为龚国祥作墓志铭。

按:龚国祥是临川县临汝乡人士,他辗转任临川、宁都县丞、天临路茶提举司都目等官职。于天历元年(1328)卒,此年其妻亦卒,龚国祥的儿子请吴澄为其父撰写墓志铭。

又按:吴澄《元故都目龚国祥墓志铭》:"龚都目国祥,偕其配徐氏,将以至顺三年三月壬午,窆于临川县临汝乡之九里冈。其季子绅承诸兄之命来乞铭,曰:'先父讳天瑞,洪之丰城人。洪,今龙兴路;丰城,今富州也。吾祖而上世为宋吏,吾父际皇元混一之盛,获登平章李公之门,以有时才,从事二郡,由抚而吉。吏员考满,升府史之首领。初治郡之临川县,再治赣之宁都州,继任天临路茶提举司都目。适绅之伯兄苕,天历戊辰(1329)八月,殁于琼,讣至,吾父哀伤得疾,是年十二月甲辰,终于寓舍。明年春,绅侍兄纮奉柩以归,浅殡未葬。今年正月癸未,吾母亦终,乃合葬焉。昔吾祖讳彬,寿八十岁,予大母朱氏之侄,是为吾父。幼读书强记,长习律试吏。谨于持身,宽于待人,恪于奉公,所历靡有瑕玷。众中简默,不炫不矜,俾当繁剧,如利斧断枯朽。其吏于抚,僧寺被劫盗,狱有疑,白于上官,而盗免于丽极刑。其吏于吉也,或诬民为军,官府不敢决,闻于行省,而民免于隶军籍。治临川时,经理田粮之政,棘分县之诸乡为四,与长贰各专其一。宁受谴责于上,而不忍逼迫于下,事亦终办。有僧溺死,辨其无异,故听众僧以之归葬。法吏吹毛疏驳,据理具析,竟莫能屈。治宁都时,阅公帑,得劝分羡余之币计缗钱二千七百有奇,请于州长,市白金作公用酒器及丹漆竹木等器、衾褥帷帐等物。自后,凡遇公府宴集、来使宿止,器皿设饬备具,不复如前私假,遍扰于民。豪横聚党争占官壕,狼斗伤人,官吏畏避。吾父独为受行,明征其罪。犯者计穷,莫夜致赂,麾之门外。彼遂移贿他官,改委推问。值省台审录冤滞,从吾父所核初情。潭之茗局贪纵特甚,吾父讽劝同僚极力匡救。会有诏革其司,而吾父亦捐馆矣。仕抚,乐其风土,买前代侍从管氏、张氏之屋而居。庭有五桂,翰林虞学士扁曰"桂堂"而记之。吾父生宋景定壬戌(1262)八月戊子,享年七十一。绅之兄弟五,苕,海南海北道元帅府奏差,摄琼山令;其次端也,冕也,纮也,绅也。吾父有孙七,履为长。孙女亦七。'余识国祥也旧,世吏而有士行,貌言蔼蔼如吾徒,气和意广,欢如也,豁如也。用未称其才,惜哉! 铭曰: 时之所才,时之所用。用之者轻,才则堪重。才之以殁,用则肇种。九里有原,永慨斯垄。噫嘻!"(《吴澄集》,第1645—1647页)

韩山书院重建,本年春,吴澄应山长陈文子之请为书院作记。

按:吴澄《潮州路韩山书院记》载:"孟子而后,儒之知道盖鲜矣。西汉诸儒文颇近古,贾太傅、司马太史卓然者也。徐考其言论识趣,大率非鞅、仪、秦之绪余,于道竟何如哉? 降自东汉,不惟道丧,而文亦弊。历唐中世,昌黎韩子出,追踪西汉之文,以合于三代,而《原道》之作直以尧、舜、禹、汤、文、武、周、孔之道传至孟轲而止,是又为文而有见于道也,岂三代以下文人之所能及哉? 尝因谏佛骨事谪潮州刺史,其后潮人立庙以祠。宋元祐间,庙徙州城之南七里。逮淳祐初,又于庙所设城南书庄,俾学者居焉,游焉。皇元奄有此土，屋室灰烬于兵。至元甲申（1284），韩山书院重兴，即庙之旧址为先圣燕居，先师兖、郕、沂、邹四国公侍，而韩子之专祠附。唐时先圣配祀独一颜子，宋儒推孟子之传由子思、由曾子，上接孔氏，其言本诸韩子《送王埙序》，于是配孔者四，祠韩而继一圣四师之统也固宜。然书院仅复，规模隘陋，营缮多阙，前守拟更造，不果。至顺辛未夏（1331），总管王侯至，偕其长灭里沙、其贰哈里蛮协谋，命山长陈文子计其费，乃撤旧构新。韩祠、燕居位置相直，宽袤齐等。后有深池，广十丈许，畚土实之，建讲堂其上，扁曰'原道'。两庑辟斋馆。生日食之供有庖，岁租之入有廪，教官之寝处、祭器之贮藏，一一备具。宏敞壮伟，倍加于前。五月经始，九月落成。海阳县长忻都实董其役。越明年，山长将潮士之意来请记。予谓书院之肇基也，以韩之能有见于道也；书院之增修也，以王侯之能有志于教也。潮之士其如之何？必也学韩子之学，业精行完，进进而贤，则奚趋贡于王庭，如韩牒所期而已？由是学四先师之学，道明德立，骎骎而圣，则奚趋笃于文行，如苏碑所褒而已？不然，学于书院，昔犹夫人，今犹夫人，欲与赵德并且不可，是为深有负于君师之作养，又何望其高睨圣贤之蕴奥乎？陈文子曰：'潮城之东，隔水有山，文公平日憩息之地，手植木尚存，潮人称其木为韩木，山为韩山。后取城东韩山以号城南之书院云。'王侯名元恭，蠡人也。"（《吴澄集》，第794—795页）

吴澄约自本年五月起就养于三子吴京，客居临川。

按：吴澄的三子吴京此时为抚州路儒学教授，吴澄五月后寓居临川吴京处。吴澄《复赵廉使书》载："澄自京还家，荏苒八年矣。老病侵加，卧不离床、坐不出户者连月。去秋去冬，长子一房荐罹丧妇丧孙之祸，而同居各房又丧一孙妇，异居至亲又丧一妹一弟。半载之间凡五丧，朝暮戚戚。今岁五月以后，就养于少子，客寓郡城。"（《吴澄集》，第261页）

又按：虞集《行状》载："三年，其第三子京，为抚州路儒学教授，迎先生至城府，学者无不得见焉。进而教之，靡间晨夕。虽偶病少间，未尝辍其问答。居久之，则又问明善曰：'得无有未见者乎？'后数日，部使者郡守，请先生观新谯楼。先生赋诗一章。怀王丞相、陆子静以示学者，遂登车归其乡矣。"（《全元文》第27册，第176页）危素《年谱》载："三年壬申。此后为顺帝初年（留郡学。子京迎养公，服所制元冠元端，以谒先圣先师）。"

吴澄在临川郡为孙辙文集作序，称其文有盛世气象。

按：孙辙（1262—1334），字履常，号澹轩先生，其先自金陵徙家临川。孙辙颂诗读书，检身慎行，享誉于州里。是年，吴澄在临川郡时，观得孙辙文章一百五十余篇，便为之作序。其《孙履常文集序》云："予家崇仁之极境，距郡城二百里余，故于郡之名流聚会不数数。孙君履常有学有行，抚士之巨擘，予心所敬畏者也，辄十年仅一见。平居听人传诵其诗，喜之如闻《韶》音，而犹以鲜或睹其文为欠。至顺壬申（按：1332年），予至郡，旧学者王远抄录履常之文二编约百五十篇，予取而观之。明洁整严，纡余曲折。本原混混而愈有，议论衮衮而不匮。盖根茂实遂，膏沃光煜。韩子所谓仁义之人，其言蔼如者夫！文章固儒之末技，然其高下兴衰关系天下之气运，亦岂可易视哉！予虽不能，而自幼好读先汉、盛唐、盛宋诸文人之辞。因履常所作而幸韩、欧之绪可不坠，是以书于其编。"（《吴澄集》，第462页）

吴澄作《回全平章书》。

按：全平章即全岳柱，阿鲁浑萨理长子。吴澄《回全平章书》："某自闻阁下保厘大江之西，深为西道士民幸。惟是老病之躯，笔砚荒废，不敢容易奉兴居状以渎崇严。忽辱先施，存问备悉，且致香供于深山之野人。似此厚意，非所宜蒙，感谢感谢。又承付下彦祥廉使之书，尤见盛心。第耄耄之年，言不足采，何以发逸民之潜德、称人子之孝思乎？炎暑中低垂昏倦，报字殊愧简率。未期参觐，敢冀为明时厚加保爱，不具。某再拜。"（《吴澄集》，第277页）

吴澄在临川与柴希尧相遇，作序以赠之。

按：吴澄《赠番阳柴希尧序》载："番阳柴献肃公之诸孙得仁，以希尧为字。能诗，有句辄动人。又喜读《论语》，可谓克念厥绍者矣。往年游诸公间，若程承旨钜夫、邓学士善之、石中丞仲璋、郭侍御幹卿，皆奖许之。骎骎二十载，栖栖无所成。揭来临川，偶与老拙相邂逅。"（《吴澄集》，第636页）

又按：柴希尧善读《论语》，许有壬为其《论语衍义》作序云："余于柴君希尧著《论语衍义》十三万言，本之程、朱，申以证据，断质明尽，可谓勤矣。由传注而有得，且有以自见于世，虽若架屋叠床，其视目传注而怠者大有迳庭矣。然而传之远者漓其淳，言之繁者支其体。希尧之先，其学出于饶双峰，双峰出于黄勉斋，而勉斋则亲授于朱子，所贵于后之学者，因其流而溯其源，则不漓不支矣。"（许有壬《论语衍义序》，《全元文》第38册，第107页）

吴澄八月作《抚州路达鲁花赤祷雨记》。

按：据吴澄记载，他的第三个儿子吴京任职儒学教授，跟随塔不台行事。而吴澄其时也正居住于吴京之家，对于塔不台祷雨事件前后过程及效果可谓亲见亲闻。

又按：吴澄《抚州路达鲁花赤祷雨记》："至顺三年六月不雨，至于七月，水田干坼，稻苗萎瘁。早熟之稻仅收，已损其半，民情惶惶，所在祷雨俱未应验。抚州路元侯塔不歹，蒙古人也，自总管刘侯致仕而去，郡事丛于一身。忧民之忧，日不遑食，夜不遑寝。六月二十一日以后，日领官属哀吁上下神祇,弥旬弥月,食素宿外,内讼自责,誓不得雨不止。迨及七月下旬,旱势逾剧。侯曰:'吾祈泽于道观、僧寺,心虑殚矣。崇仁华盖、相山,其山高峻,兴云致雨,夙称灵应,曷往祈焉?'乃于二十四日午离郡,行百余里,三更至崇仁县。分遣崇仁令崔显诣相山,躬诣华盖山。四更而起,行百余里,憩山之阴,距山巅四十里而宿。二十六日癸巳晨兴,及山麓,草屦步行而陟,午至山上,达诚于山灵。忽雷声震动,午后下山,旋得雨。二十七日二更,还次崇仁县,又得雨。二十八日乙未子初刻,离崇仁县,午至白虎窑,距郡城三十里,大雨。至龚家渡,距郡城十五里,再雨。未时还至玄妙观,阴霭四合,又雨。其夜一更后,密云布空,风雷电交作,雨大降。二十九日五更,雨大降亦如之,经一时之久。三十日辰时,雨复降。侯之诚感山之灵,应如响之答,可谓神速已。侯曰:'雨虽应祈,恐远近旱甚,犹未霑足。吾其申请于社稷。'命郡士检寻天旱祈社稷坛礼,八月二日己亥昧爽前,率僚佐祭于社稷坛,儒生赞相,一遵礼典。侯拜跪进退,心敬容肃,终事不忒。祭毕,四日、五日、六日之夜皆雨。或滂沛,或淋漓,渐而不骤,膏润浃洽,而雨意未已也。七日之昏,大雨达于八日之旦,竟日绵绵而不断绝。三日以往为霖,其此之谓欤?郡之父老咸曰:'此郡四五十年以来,未见有郡侯如此、忧民如此。敬神者,亦未见有祈雨得如此灵应者。我民咸愿纪其实,以无忘侯之德。'澄之子京窃禄郡庠,每日奔走,从侯之后,予就养于子,亦留郡城,亲见郡侯忧民之仁、敬神之诚、祷雨之应,因父老之言,顺郡民之愿,而叙其事如右。噫!旱暵,天数也;祈祷,人事也。以人事回天数,岂易哉?诸侯得祭社稷及境内山川,古之礼也。旱而求雨,则祈于其所得祭之神。侯不惮勤劳,触冒炎暑,躬造名山,且为百姓请命于侯社。既协于礼,又尽其诚。自登山之日以至于七月晦,一雨、二雨、三雨、四雨、五雨、六雨、七雨、八雨;自祭社之日以至于今,亦复一雨、二雨、三雨、四雨、五雨、六雨,而遂竟日以雨。涧浍通流,枯泽满溢,千里之旱顿苏。前己巳岁大旱,庚午岁大饥,民之莩死奚翅数百千人,今兹之旱弗救,将复如前矣。侯竭其力以活数百千之民命,其心也诚之笃,故神之应之也速;其德也仁之谌,故民之感之也深。予素居田野,稼穑是宝,与斯民同感侯之德者也。"(《吴澄集》,第760—762页)

又按:六年后,虞集《书吴文正公所撰郡监塔不台〈祷雨记〉后》载:"君子之贵乎诚者,以其知礼而无所亏欠,故其理尽而心亦无所不尽也。郡邑之间,不幸有水旱之事,则有祷于神焉。社者,民之主也。高山,地之望也。民之主,则其神萃焉。故祷于社,为合礼,为足以尽诚。高山能出云雨,民心之望,亦神之所萃也。故祷之,亦合于礼,亦可以尽其诚。为长吏,则当为民祷者也。郡国有社矣,有望山矣,故其人祷之为合礼,而其人之诚,亦足以感之也。今夫浮图老子之宫,土木偶人之祀,群聚而号呼之,吏人或出于谩率财用,或出于掊克,或妖人术士,鼓舞吁呼于其间,或未必无所验者,然以为能尽其心,而无愧于理,则不敢以为然也。其甚者,旱而能雨,苟可以借口,斯止已矣。必于山,必于社,必至于一日、二日、三日、四日,至于七日、八日、九日,必其沾足而诚不懈者,亦未之有也。惟其合于礼,故心无慊而不懈,是以久于其诚,而其感必济,如抚州长吏塔不台中顺之所为也。故史官吴先生之所述如此也。雨后六年,侯解郡组,又亲登山而谢贶焉。盖六年之中,岁皆粗熟,其一年小旱,祷即应,是以报也。侯虽去官,民之怀之,真有父母之爱焉。郡之故儒先生孙履常氏,以为非佞谀之常辞,其言信。"(《全元文》第26册,第360—361页)

  吴澄为崇仁县令崔显作《蒙泉说》。

  按:崔显,字耀卿,真定人,苏天爵《崔孝廉传》、吴澄《题崔氏孝行诗卷》记其孝行甚详。崔显父母在至顺元年(1330)追封为昭勇大将军、博陵郡侯与博陵郡夫人,吴澄因其请作《元怀远大将军行都漕运使赠昭勇大将军真定路总管上轻车都尉博陵郡侯谥恒靖崔公墓表》。而崇仁主簿、庐陵刘道存为崔显作《蒙泉记》,吴澄遂有《蒙泉说》。文载:"真定,河北之雄郡。其地有名之泉甚伙,而吾令君崔耀卿之别墅独专其一……自言蒙被兹泉之德,于是假借《易经》卦名之字而名之曰蒙泉,其取义则与《易》卦所谓《蒙》者不同也。何也？蒙之字义,巾幂物也。其加草者,草之蔽犹巾之幂焉尔。障隔而冥迷,蒙昧之蒙也。覆帱而资益之,蒙蔽之蒙也。……前此固有以蒙名泉者,盖取《易》卦'蒙'字之义。今此之以蒙名泉者,非取《易》卦'蒙'字之义也。……庐陵文士刘道存,主崇仁簿,为官长作《蒙泉记》。镇阳之山川形胜,崔氏之家世阀阅,该载瞻丽,蔑以加矣。予复因令君蒙被兹泉之言,而剖析旧名、新义之各有当于人,俾得所蒙者,兹泉之至德也；于泉不忘所蒙者,令君之厚德云。"(《吴澄集》,第143—144页)

  吴澄在临川,应抚州路总管府推官蔡裔请,为其父作墓表。

  按:吴澄《元赠承务郎山东东道宣慰司经历蔡君墓表》载:"抚州路总管府推官蔡侯裔之父讳青,天历二年奉敕追赠承务郎、山东东西道宣慰司经历,母刘氏,追封恭人。越四年,予至抚城,推官谂予曰:'……愿畀一言文诸墓石,以章天宠之优,昭示子孙于永世。'"(吴澄《元赠承务郎山东东西道宣慰司经历蔡君墓表》,《吴澄集》,第1338—1339页)

  吴澄十一月二十三日往观抚州郡新修谯楼。

  按:虞集《行状》载:"三年,其第三子京,为抚州路儒学教授,迎先生至城……后数日,部使者郡守,请先生观新谯楼。先生赋诗一章(即《登抚州新谯楼》),怀王丞相、陆子静以示学者,遂登车归其乡矣。"(《全元文》第27册,第176页)吴澄《登抚州新谯楼》载:"至顺壬申十有一月下弦之后,登新谯楼,缅怀王丞相、陆先生之流风,成古诗一章,奉呈同志诸友。 吾邦山水秀,雄丽冠江右。巍楼横中天,阔视纳宇宙。怀哉二前闻,吸料得醇酎。身操冬雪明,心田秋月瞉。运转八纮钧,继缵百圣胄。纯气古难齐,卓卓尚微疢。嗟予二三友,高举第一手。杵糜五色石,密补九天漏。"(《全元诗》第14册,第306—307页)

又按:虞集跋吴澄《登抚州新谯楼》,并记载了吴澄观新谯楼的细节:"至顺壬申十一月,郡新作谯楼,部使者、郡监若守,请先生观焉。先是,先生以第三子京教授郡学,来就养焉。登楼后赋此,遂出城,竟归其乡。呜呼!先生此诗之作,至于此,有不得而自已者矣。昔者曾子著《大学》之书,言修己治人之道,而《中庸》之书,则子思子忧道学之失其传而作者也。后千有余年,程子曰:周公殁,圣人之道不行;孟子死,圣人之学不传。道不行,百世无善治;学不传,千载无真儒。呜呼!此岂可有几微倍缪疑惑于其间者乎?陆先生,王丞相,寥乎天地之间气,卓乎千载之豪杰,殆非临川山水所得而私者也。然而临川有如是之父兄君子也,岂他郡之所可望哉!吴先生'微疢'之言,盖有慨于先哲之所深忧者矣。明年六月,先生卒。呜呼!此集之所谓至于此而不得自已于言者乎?先生之门人袁明善求集书此,因识其后云。至元己卯七月既望,雍虞集书。"(《全元诗》第14册,第307页)

吴澄有文章赠医士章晋。

按:吴澄《赠医士章伯明序》载:"去秋,予在家有疾,董治之;今冬,予在城有疾,章治之。试之而有实能,用之而有实效。明脉而明于经络者,董也;明经络而明于脉者,章也。初得一董,已喜;再得一章,益喜。老年遇二巧医,异事异事。然董虽奇,人未深知之,知之深自予始。章虽奇,人亦未深知之,知之深亦自予始。董之伎方今盛行于豫章,章之伎此去盛行于远迩可必也。……予之疾既瘳,将由城归乡,不能已于言,而书此以赠。"(《吴澄集》,第629—630页)

吴澄归家半月后,为也先不花撰写墓表。

按:也先不花(1236—1301)是蒙古乃蛮部人,宋蒙战争时从伯颜渡江伐宋,至元十九年(1282)开始镇守江西吉安路,后授武义将军、上千户所达鲁花赤。大德五年卒于江西袁州路。吴澄未与也先不花直接往来,但曾在金陵与也先不花之子买奴结识,又在今年到达临川郡时,再次与时任江西湖东道肃政廉访使的买奴相遇,后者邀请吴澄为也先不花撰写墓表。吴澄归家后半月,撰写此墓表,而其时买奴已卒。(吴澄《故武义将军临江万户府上

千户所达鲁花赤也先不花墓表》,《吴澄集》,第 1340—1341 页)

吴澄为董文用作墓表。

按:吴澄作此墓表是在前虞集《行状》及阎复《神道碑》的基础上作成。此年,董文用子董士恒因觉"封谥名爵既异",应重作墓表以记之,故请吴澄撰写墓表。

又按:吴澄《有元翰林学士承旨资德大夫知制诰兼修国史加赠宣猷佐理功臣银青荣禄大夫少保赵国董忠穆公墓表》载:"公讳文用,字彦材,真定藁城人。赠光禄大夫、司徒、赵国宣懿公讳昕之孙;龙虎卫上将军、左副元帅、赠推忠翊运效节功臣、太傅、开府仪同三司、上柱国、赵国忠烈公讳俊之子也。忠烈起自畎亩,为国竭忠而死。有八子,其元子文炳,以左丞从伯颜丞相平江南,功第一,赠金紫光禄大夫、平章政事,加赠宣忠佐运开济功臣、太尉、开府仪同三司、上柱国,封赵国公,谥忠献;其季子文忠,某官,帷幄近臣,赠光禄大夫、司徒,加赠体仁保国佐运功臣、太师、开府仪同三司、上柱国,封赵国公,谥正献。公,忠献之弟、正献之兄,于次居八子中之三。生十岁而孤,伯兄忠献教诸弟如父之教子,得侍其先生轴为师,故公器业夙成,武将家伟然为文儒。少事世祖皇帝于潜邸。中统元年,张公文谦宣抚大名,辟公为左司郎中。二年,以兵部郎中参议都元帅府事。至元元年,除西夏中兴行省郎中。五年,立御史台,除山东道提刑按察副使。八年,置大司农司,为山东劝农使。十二年,擢兵部侍郎。十三年,佩金虎符,出为卫辉路总管。去卫时年逾六十,浸不喜仕,筑遐观亭,日与乡人饮酒赋诗,若将终身。十九年,起为兵部尚书,寻改礼部尚书,又迁翰林侍读学士,知秘书监。二十二年,拜江浙行省参知政事。二十五年,为御史中丞。权相忌之,奏公为大司农,又徙公翰林学士承旨。三十一年,成宗即位,加资善大夫、知制诰兼修国史。大德元年,进资德大夫,致仕。六月戊申,以疾薨于里第,年七十四。八月甲午,葬藁城西北高里先茔之左。五年,翰林阎学士复以大都路儒学虞教授集所述行状撰公神道碑。其后蒙恩特赠银青荣禄大夫、少保,封寿国公,谥忠穆;又加赠宣猷佐理功臣,改封赵国公。至顺三年,公之子南康路总管士恒贻书临川吴澄曰:'先公平生言行,碑铭可稽,然荐膺六龙,封谥名爵既异,复有待于不一之书也。'澄旧尝忝窃微禄,客京华,稔闻公名。时公已即世,不及亲见公之行事矣。谨按前碑叙公之大概,以表于墓。初,宪宗南伐,先加兵于蜀,世祖以太弟帅东偏之师趋鄂渚,将次江上,公伯兄献谋,谓兵法先人有夺人之心,愿假戈船先诸军渡江。公暨季弟统劲卒数百以从,径薄南岸,三战三捷,公还报,世祖驻马临江,酌公卮酒,使申令诸将,旦日毕渡。会宪宗崩,咸请乘胜进取,公独建议班师,归定国事,以为他日南土可传檄而定,世祖然其议。其后宋既平,每对朝臣嘉奖公之先识。公佐西夏行省时,新承浑都海之乱,往者惮于行,至者惮于留。公言人臣不当避难,悉心抚治,开诸渠,溉平凉、甘肃、瓜沙数州之田,予民种及农具,诸部落渡河来归者日众。人地割畀诸王,常赋外,其下征索无度,公与王傅言:'贤王,国之懿亲,仁声洽于四远。下人纵恣如此,将无累王盛德乎?'偻指数其不法数十事,傅惊起白王,王召公谢曰:'微公不闻斯言,幸持此心勿怠。'三年之间,所画皆便民,夏境遂安。齐鲁故饶谷粟,公劝农山东,躬自督视,辟其污莱,至于海濒,绩最诸道。公之为兵部侍郎也,前侍郎、平章阿哈玛私人教鹰监入慭今侍郎不给鹰食。世祖怒,召至,望见公,乃曰:'董文用岂治鹰食者耶?'慭竟不行。公之为卫辉总管也,江南初臣属辇致金帛送京师者,道卫昼夜不绝,日役数千夫护送。公曰:'东作方兴,无夺农时,遣胥校足矣。'议引沁水入御河,以通运漕。公曰:'沁水地势高于卫,倘积雨弥旬,沁水灌卫,又使入河,河不受,还入卫,则卫惟其厄,且无大名、长芦矣。'部使者与水衡度水,如公所言,遂止,卫人德公焉。公之为兵部尚书也,预议大政,江淮行省恶台宪绳己,欲使行台受制行省。公曰:'不可。风宪之司犹虎,今虚名仅存,如虎虽睡,人犹有所惮。若更受制于人,贪虐之官吏蔑顾忌矣。'议遂寝。贾人卢世荣主权幸,骤升中书右丞,谓生财有术,民不加赋,而岁倍入。诏廷臣集议,众莫敢言。公时为翰林集贤学士,诘之曰:'是钱若不取于民,倍入之利将安出?譬之牧羊,每岁仅可再薙其毛。若时复一薙,羊主得毛虽多,而羊死寒热矣。取民者亦然,日削月朘,邦本先蹙,宁复有财可取?太祖圣武皇帝提尺棰起朔方,以有此民,而忍于戕之乎?'丞相安童曰:'董尚书议是。'未几,世荣诛,公辞江淮参政之命曰:'钱谷事繁,臣不任治剧。'上曰:'江浙重地,烦卿镇之。'乃奉诏。时行省之长矜傲,同列畏慑,公与论事,无所屈。一日,选严酷吏百辈,将括民田,民大骇,公力止之。浮屠人得旨,于亡宋故宫造塔,有司役民入山伐木,大雨雪,多冻死。公命缓其事,省长扬言:'参政格诏旨。'公曰:'隆冬兴役,民不能堪,将失浙人心,非诏旨也。'长有愧色,事亦纾。日本之役,倚辨两入奏,有诏罢兵。僧格擅威权横敛,虽台臣莫敢谁何。公为中丞,怒公不附己,捃摭台务百端,公与廷辨不少挫。尝慨然曰:'郡县病极,救之无它策,惟当选按察使。'举雷公膺、胡公祗遹等十余人,天下赖之。复以僧格奸状告上,不报。而僧格奏公蠢憃不听令,沮挠尚书省政,将陷于辟。世祖徐曰:'董文用,朕所知。'由是不能害。则褫其台权,而摈公于农官。欲夺民田为屯田,公固执不许。则又褫其农职,而置公于翰苑。僧格败,公誉望益重。世祖命公授诸皇孙,诏曰:'老人畏寒,须暄和。'时至帐中,敕内侍亲具膳。每预宴,与蒙古巨族齿。或时赐饮御榻,特命毋拜。其眷遇之隆,汉人无出其右。尝命公见其诸子,公奏:'荷国厚恩,报效无所,不敢以子弟累陛下。'成宗初,公觐于上都,召入便殿,赐锦衣玉带双玉佩环,从幸三部落。又赐缗钱万五千券。日久奉顾问,公陈国朝故事,累累言先皇虚心纳贤经国之务,尝至夜分。国朝谱系、勋旧世家,公记纂详尽,史修实录,咸就公考正。上章请老,诏赐缗钱万券,官一子乡郡以便养。既得请,咨院呈省,言故父殁于国事,自愿不令子孙承荫,乞将自己职事易故父封谥。时台臣有送公出境者,比还,同僚讶其来之迟,则具言:'公居廉贫,卖居室,以偿所称贷而去。其父忠勇死国,未蒙旌异,今请以荫其子者易封其父,岂非忠孝两全之人与?'闻者莫不嗟愕,于是合台备举其事于省,并以闻奏。旋蒙圣恩,特赠其父功臣名号、官勋、封谥。夫人王氏,宁晋元帅某之女,先公卒。再娶周氏,江淮漕运使某之女,后公四日卒。子男八:长士贞;次士亨,后仲兄右卫君,官至昭勇大将军,佩金符,侍卫亲军都指挥副使,早卒;三士楷;四士英;五士昌;六士恒,初以特旨授承务郎、真定路总管府判官,继历肃政廉访司,官佥事凡再,副使亦再,今授中大夫、南康路总管;七士廉,国子助教、翰林编修;季士方。女四,婿赵玭、周叔、齐东县尹王良杰。孙男十七:守约,知亳州事;守(缺),右都卫副指挥使。女十。曾孙男七,玄孙男(缺)。《神道碑》曰:'公天资仁孝,岁时事祖祢如事生,事兄忠献公如事父。训饬子弟严而有礼,与人交侃侃和易。好贤乐善,不啻饥渴。莅官以宽大为务,不事细故。国有大议,能言人之所不敢。遇不可,辞气愤厉,虽贲、育之勇不能过。闲居闻朝有失政,辄终夕不寐,倚壁叹曰:"祖宗险阻艰难以取天下,而使贼臣坏之。"尝言:"人臣当以节义报上,不可偷安以负国家。"忧患之诚,老而弥笃。前后所遭宿奸巨慝谋中公者数矣,赖圣主知公之深、眷公之重,故其谋不得逞,古所谓忠信自结主知者,非耶?仕宦余五十年,及薨,其家惟有祭器、书册、纸墨。'盖得公之实云。"(《吴澄集》,第1330—1336页)

吴澄此年作《故奉议大夫安定州达鲁花赤秃忽赤墓表》。

按:秃忽赤是寓居滑州白马县(今河南滑县)的蒙古人,此年秃忽赤之子哈喇那海任江西省员外郎。吴澄《故奉议大夫安定州达鲁花赤秃忽赤墓表》载:"皇元奉议大夫、安定州之元侯秃忽赤,皇庆癸丑六月卒,明年甲寅三月葬滑州白马县石佛村之先茔,十有九年矣。侯之子哈喇那海任江西省员外郎,乃嘱前掾史杨逸来索文,以表其父之墓。澄卧病山间,久闻员外在省之赞画。今阅其父元侯之行迹,又知世美之有自也。侯蒙古人,寓居滑之白马县。考马哥,以军功长千夫。尝从军而身有伤,已出舍三十里,侯年甫十六,追及代行,在军能力战。渡江南伐,累获功赏。本国言语暨别国言语俱精,儒书吏文亦闲其樊,充江西省通事。枢密行院立,徙行院通事。行院废,仍行省通事如初。至元壬辰,授从事郎、兴国路通山县达鲁花赤。政声上彻,湖广行省平章答剌罕选充本省通事。平章迁江浙省丞相,侯随入觐,荐为江浙行省副都镇抚。未几,丞相进位中书左丞相,奏充都省通事。大德乙巳,授承务郎、吉州路总管府判官。官满,改判衡州路官。官满,升奉议大夫、安定州达鲁花赤,未赴,以疾终于衡,年六十有九。时长子在朝,奔丧来至,偕次子卯兀那海护柩归葬。侯心地坦易,德量恢弘,接物谦抑,待士尤厚。每谈析经理,书生逊服。皇子镇南王征交阯,还驻武昌,世祖皇帝颇以兵出无功咎之。侯奉行省命赴都禀奏,旨谓所奏不明,进来使问状。都省丞相以侯入见,侯敷陈周悉,上意顿释,恻然动爱子之念,遣使赐食赐酒,闵慰其艰棘。皇子嘉侯能回天怒,遗币马以报。此其专对之长也。从江西右丞督运占城军粮,广州海贼前梗,侯犯难搏战,贼溃,运道遂通,右丞赏以白金食器。从江西平章讨瑞州寇,侯奋力剿杀,贼败,悉俘其党,平章赏以贼属二十口。从湖广右丞讨广西贼有功,又受白金器皿之赏。武昌百里外三虎食民牛畜,居者徙避,行者阻隔。侯从省官出捕,一虎咆哮前冲,平章马惊堕地。侯一箭中虎,以己所骑坐马扶掖平章上马驰去,得脱于危。平章还省,壮其勇且义。此其武艺之优也。长一县,佐两郡,遗爱在民,去而见思。在通山时,邑民供给驿置,道里迂回,甚以为苦。侯诣省辨诉,俾蕲黄之民供淮北之驿,通山之民供江北之驿,各适其便,彼此之民感德。在衡州时,重修公廨,侯虑吏胥并缘骚动,乃具饮馔,延致富户,捐己俸为倡,劝其输财以助。择廉干人掌出纳,不经吏手科配。新楹宏丽,未半岁而功毕,侵扰不及于民。前此运粮之官交纳倘有欠少,例责舟人卖舟以偿,不足则偾及子女。侯督湖南,海运粮数十万,躬亲视其概量,受纳者虽强悍,侯不可欺,竟无亏耗,舟人得免填欠之害。前此造舟之家率至破产,盖以官吏苛迫贪求故也。侯造运船五十艘,召属邑议其制度,约以期限,听民自为,时加勉劳执役之工。民乐其宽,争先办集,未逾月而舟成,民省劳费。此其官政之善也。听讼断狱,不假刑威,咸得其情。他处疑事不决,上司辄委讯鞫。守职谨恪,持身廉慎。于官长同僚恭而有礼,于府史胥徒严而有恩。上自朝廷大臣,下自闾阎小民,见者莫不加敬加爱。治家动遵礼法。其事亲也孝,妣黄氏年八十余,养致其乐,丧致其哀。其事长也悌,家产宝器让与其兄忽里哈赤,而以贫俭自处。其抚幼也慈,有过则循循善诱,勖以劬学。闺门之内,雍雍如也。夫人刘氏,河西巨族,封元城县君。淑懿柔顺,内助多所匡益。男二:长哈喇那海,由内台监察御史、兵部员外郎、金淮东江北道肃政廉访司事为江西等处行中书省左右司之贰,娶昭文馆大学士、荣禄大夫白云平章之女;次卯兀那海,袭受平江十字翼千户、达鲁花赤,娶镇守衡州张万户之女。女二,敦武校尉、右帅府百户伯颜,将仕郎、肇庆路四会县达鲁花赤燕只哥,其婿也。孙男三,女一。予观古圣人有才难之叹,以今世而论,儒或不通于吏,吏或不通于儒,而武之与文两全者鲜。侯家世用武,而文事克兼,习尚好儒,而吏事亦熟。才而若是,允谓难也已。况又有子,不坠家声。继今以往,侯之胤胄名位勋业有光于前,奚翅如今也哉?是以因其子之请,而表其美于墓石,以谂方来焉。"(《吴澄集》,第1371—1374页)

吴澄作《紫极清隐山房记》。

按:豫章有紫极宫,吴澄曾在泰定二年(1325)寓居于此。此地有一道教流派名其堂为清隐,至顺二年(1331)筑为"清隐山房"。吴澄今年为"清隐山房"撰写记文。吴澄《紫极清隐山房记》载:"夫心不涽浊之谓清,迹不章显之谓隐。古之清静无为、隐约无名者,予于周室守藏史老聃氏见之。粤稽聃书,'渊兮湛兮,清之极也。小而隐于柱下,大而隐于西徼',隐者孰能及之哉?汉初尊其教,目为道家言。张留侯、曹相国拾其绪余,犹足以佐汉,以之治一身,宁不绰绰乎?后之道流,寄身老氏法中。豫章诸宫观,紫极独擅江山之胜,其道流之派分而七,一派自玉隆管辖孙师元明始,孙传章、传孙、传魏,而至余师永和,尝名其堂曰'清隐'。余传胡、传汪、传刘,而至余师天熙。其于清隐之余,在家为同宗之从子,出家为继祖之玄孙,号称玄谷道人。宅通都阛阓之地,静坐块处,不愿与事接,不愿与物竞。将虚其心,以期于清;晦其迹,以期于隐。其徒傅以诚善应世缘,远近士大夫无不与之亲厚优优于应者,其师之所以得安安于定也。至治辛酉,余命傅创楼,而扁曰'太古',意甚深远。至顺辛未,傅又命其徒萧自颖于堂之前筑丹室奉其师,缭以中门,而榜曰'清隐山房'。予观前余师首标清隐之名,而后余师遂蹈清隐之实,傅又善事其师,俾无或挠其心、滞其迹者。虚之又虚,进进而无为;晦之又晦,骎骎而无名,玄谷师之能全其高也可待矣。予每客豫章,必造紫极,获识孙师安定。泰定乙丑,还自禁林,泊舟宫门之外,而留信宿,与余、傅二师聚谈,嘉其师弟子之不相沿而互相成也。后八年,至顺壬申,傅师过予,叙其清隐山房颠末,于是喟然叹曰:'予读《易》,窥圣人洗心斋戒者,其清也;遁世潜藏者,其隐也。然圣人之心常清,而迹之隐显随时,不必于隐也。'老氏与夫子同生周季,专守无为、无名之道,固亦吾夫子之所尊,至今能立其教,与夫子并,允谓博大真人哉!囿于其教、味于其道者殆鲜。道流之宫而睹清隐之名,已可惊喜,况又有睎清隐之实如玄谷者焉,恶乎而不敬异之也?昔尝为诗太古楼矣,故今复为记清隐山房云。傅者,梅岩师也。"(《吴澄集》,第991—992页)

吴澄为管季璋诗作序。

按:管季璋是宁都人士,诗宗曾原一。吴澄《管季璋诗序》载:"赣之宁都,宋末多有以诗名。苍山曾子实,其巨擘也,萧、管二姓之为诗者皆宗之。予年八十四矣,始得见管如圭季璋之诗,读之惊异曰:'此地乃有此诗人乎?'盖不尚辞之工,辞之奇,而篇篇有意。感今怀古,令人兴叹兴悲而莫能已。由其读书有眼目,故其形于言,发于声,达于事变,止乎礼义,非无源之潢潦所可同也。予惧夫世俗之观求备于其辞,而不识其为至宝,是以为题其卷端。"(《吴澄集》,第472页)

吴澄作《大元少中大夫江州路总管赠太中大夫秘书大监轻车都尉太原郡侯王安定公墓碑》。

按:王彦弼是真定人士,史弼岳父。王彦弼少袭父职,提领东平路铁冶。后任南康路总管。他重视当地农业,又在江州路诣濂溪、景星两书院,勉励士学,关注当地文教与儒学的发展。至大元年(1308)卒。其子王元恭任江西等处行中书省理问迁亚中大夫、潮州路总管,继续发展父亲在各地的文教事业。今年王元恭从潮州致信吴澄,请求吴澄为王彦弼撰写墓碑文。

又按:吴澄《大元少中大夫江州路总管赠太中大夫秘书大监轻车都尉太原郡侯王安定公墓碑》:"公讳彦弼,蠡之博野人,今亚中大夫、潮州路总管元恭之父,故怀远大将军、赠定远大将军、武备卿、上轻车都尉、太原郡侯忠惠公讳兴秀之子也。王氏世力本务善,国朝兵至河北,忠惠率三十村之民迎其帅,帅授以帜。及蠡陷受屠,三十村之民独免。从大兵徇地,长千夫,长万夫,授怀远大将军、招抚使,佩金符。后领人匠都达鲁花赤,年老退闲。公袭父职,善译语,尚气任侠,尝欲持匕首为友报仇,因自杀,众止之。选监尖家仓,提领东平路铁,治俱有绩。时于八处关隘各置提举官,讥察窃马互市之人,授公奉直大夫、潼关大使。处十二年,发摘奸伏不一。浚关南禁沟,至今人蒙灌溉利。忠惠亦就养关下,至元六年卒,奉丧归葬。起复中顺大夫、黄州路宣课都提举,课额最一道。知安丰府事,流民来归,垦淮甸荒田万余顷为熟田。其后创立屯府,公之功居多。升少中大夫、南康路总管,督诸县定民产高下,征役视农事急缓,在前民不堪命而流止者悉复业焉。三岁再蝗,冒暑率民吏驱瘗,不能为灾。煅石修朱文公所造江岸石闸,以御风涛,商旅泊舟得安。改江州路总管,除前官。励政暇日,诣郡庠及濂溪、景星两书院,勉励士学,咨询民瘼。郡庠日就摧压,学计不足以兴修。公课之群儒,出学廪之粟各二百斛,畀四士分任其责,一瓦一木不以烦有司。斧者、锯者、凿者、杇者众工竞作,或革或因,不逾月,自礼殿、从祀讲堂、门庑,焕然一新。郡城北濒大江,城坏无敢完补,公慨然兴筑。其夏水大至,郡民皆曰:'公实生我。倘如众议,吾属鱼矣。'蜀人范先生大性数十年寄隐,公造其庐,命子事之以师礼,锓其所著《易辑略》以传。江州任满,还蠡不复仕。谓元恭曰:

'吾欲买田建义塾,教乡里子弟,尔能遂吾志乎?'元恭应曰:'不敢惰违。'规地四亩,构讲堂及两庑,延乡之名德为师。有田二百四十亩,岁供廪食。外设大门,中设燕居,旁竖一楼,以庋书籍。每日诵读不辍,乡里蔼然兴孝让礼义之风。至大戊申正月八日,公年八十九,终于里第。次月十八日,合葬太原郡夫人郑氏、张氏之兆。子男三:元德,忠显校尉、安庆路管军总把;元恭,由承务郎、翰林都事、承直郎、高邮县尹、庐州路总管府推官、奉议大夫、江西等处行中书省理问迁亚中大夫、潮州路总管。女五:长适金紫光禄大夫、平章政事、鄂国公史弼,追封鄂国夫人;次适中梁路总管陈柔,追封颍川郡夫人;次适六合县尹董汝楫;次适中庆路蒙古字教授薛良;次适吕元鲁。曾孙男遵,承直郎、大都右警巡院副使,进承直郎、南康路总管府推官;达未仕;道,中书省蒙古必阇赤;遑、遇俱未仕。女孙长适卢信,次适真定路赵州判官李某,次适奉训大夫、广州路增城县尹董仲玉,次适承直郎、江浙行省左右司都事邓巨川,次适史某。曾孙男亨用,中书省宣使,余幼。公之考暨公蒙恩追赠制曰:'怀远大将军王兴秀可赠定远大将军、武备卿、上轻车都尉,追封太原郡侯,谥忠惠;少中大夫王彦弼可赠太中大夫、秘书太监、轻车都尉,追封太原郡侯,谥文安。'逮至顺壬申,公之子元恭自潮贻书临川吴澄,请文墓石,距公卒葬之年二十五年矣。澄以孝子之荣哀其亲也,不辞而为序次其行事大概,系之以诗曰:王氏之初,执其箪壶。先识迎师,全活里间。挺生英嗣,继世膴仕。早负侠豪,晚作循吏。老而归休,桑梓优游。期化乡人,世于鲁邹。靡玷靡疚,神所扶佑。诜诜胄胤,绰绰遐寿。纶恩焜煌,加赐官勋。胙之侯爵,易名弥尊。有赑潮特,追孝诚笃。勒文坚石,用显前躅。"(《全元文》第15册,第413—415页)

苏天爵为金朝礼部郎中蔡珪《补正水经》作题跋。

按:蔡珪《补正水经》三卷,苏天爵至顺三年(1332)刊刻。蔡珪(?—1174),字正甫,真定人。蔡松年子。金代著名学者,精通历代史志,朝廷制度损益、礼乐制作,多取其议。天德三年进士,历官翰林修撰、同知制诰、礼部郎中等。著有《晋阳志》、《古器类编》、《补正水经》、《南北史志》、《续金石遗文跋尾》及文集五十五卷等。事迹见《宋史》卷一二五《蔡松年传》附传。

又按:苏天爵《题补正水经后》写道:"《补正水经者》,金礼部郎中蔡公珪所述也。蔡氏世家真定,父祖皆仕于金。公生长富贵,雅好著述。予自早岁访公遗书,得其文集五十五卷,《晋阳志》十二卷,《燕王墓辨》一卷,《补正水经》三卷,其他《补南北史志》六十卷,《古器类编》三十卷,《续欧阳公金石遗文》六十卷并《跋尾》十卷，皆已不存，而文集乃高丞相汝砺模本，《晋阳志》、《墓辨》、《水经》皆写本也。至顺三年春，予为江南行台御史，橐《水经》将板行之。适奉诏录囚湖北，七月归至岳阳，与郡教授于钦止览观山川。钦止言：洞庭西北为华容，而县尹杨舟方校《水经》，念其文多讹阙。予因以《补正》示之，今所刻者是也。夫以蔡公问学之博，考索之精，著述文字之富，兵难以来散失无几。余酷好访求前代古文遗事，而仅得此，则知世之君子善言懿行泯没而无闻者多矣，可胜惜哉。予与公同居乡郡，潭西故宅已为释氏所庐，丘陇在潩沱之西太保庄者，翁仲石兽犹存。昔尝过之，有怀贤不胜之感。公之行事，则具秘书少监郭长倩所述墓志云。"（《滋溪文稿》卷二九，第483—484页）

又按：欧阳玄应苏天爵之请作《补正水经序》："金礼部郎中蔡正甫作《补正水经》三卷，翰林应奉苏君伯修购得其书，将版行之，属余叙其篇端。案：《隋经籍志》有两《水经》：一本三卷，郭璞注；一本四十卷，郦善长注，善长即道元也。然皆不著撰人名氏，唐杜佑作《通典》时，尚见两书，言郭璞疏略，于郦注无所言，撰人则概未之考也。《旧唐志》始云郭璞，作宋《崇文总目》亦不言撰人为谁，但云郦注四十卷，亡其五。然未知两《水经》之一存一亡，已见于斯时否也。《新唐志》乃谓汉桑钦作《水经》，一云郭璞作。今人言桑钦者本此也。《崇文总目》作于宋景祐与《新唐书》同时，又未知《新志》何所据以为说也。余尝参订之，说者疑钦为东汉顺帝以后人，以巂一县疑之也。今经言江水东迳永安宫南。永安宫，昭烈托孤于孔明之地也。今特著于斯，又若因其人而重者，得非蜀汉间人所为也？不宁惟是也，其言北县名多曹氏置，南县名多孙氏置，余又未暇一二数也。斯则近代宇文氏以为经传相淆者，此说近之也。然必作经、作传之人定，而后可分也。或者又曰：'岂非钦作于前，二氏附益于其后？'它书或然也，而此未必也。西汉《儒林传》言涂恽授河南桑钦君长《尚书》。晁氏言钦成帝时人。使古有两桑钦则可，审为成帝时钦，则是书不当见遗于《汉艺文志》也。抑余又有疑于斯，《水经》述作，往往见于南北分裂之时，借曰《旧唐志》可据，则作者南人，注者北人。在当时皆有此疆彼界之殊，又焉知其详略异同，不限于一时闻见之所逮也？嗟夫！古今有志之士，思皇极之不作，伤同风之无时，又焉知其不寓深意于是书也？然则景纯也，道元也，正父也，是或一道也。然以余观正父之博洽多识，其见于它著作者，盖有刘原父、郑渔仲之风，中州士之巨擘也。是书虽因宇文氏之感发，而有以正蜀版迁就之失，其详于赵代间水，此固景纯之所难；若江自寻阳以北，吴松以东，则又能使道元之无遗恨者也。伯修生车书混一之代，身为史官，年学俱富，于金人放失旧闻，多所收揽，而是书又

有关于职方之大者,故余亦愿附著其说焉,而不自知其妄也。"(《欧阳玄全集》,第584—586页)

欧阳玄二月作《渔家傲南词并序》。

按:其时,欧阳玄刚参修完《经世大典》,遂模仿先祖欧阳修,也以鼓子词为体,以一年十二个月为表述对象,写成十二阕《渔家傲南词》。序言写道:"余读欧公李太尉席上作《十二月渔家傲》鼓子词,王荆公亟称赏之。心服其盛丽,生平思仿佛一言不可得。近年窃官于朝,久客辇下,每欲仿此作十二阕,以道京师两城人物之富、四时节令之华,他日归农,或可资闲暇也。至顺壬申二月,玄修《大典》既毕,经营南归,属春雪连日,无事出门。晚寒附火,私念及此,夜漏数刻,腹稿具成。枕上不寐,稍谐叶之。明日,笔之于简。虽乏工致,然数岁之中,耳目之所闻见、情性之所感发者,无不隐括概见于斯。至于国家之典故,乘舆之兴居,与夫盛代之服食、器用、神京之风俗、方言,以及四方宾客宦游之况味,山林之士未尝至京师者,欲有所考焉,此亦可见其大略矣:

正月都城寒料峭,除非上苑春光到。元日班行相见了,朝回早,阙前襆帕欢相抱。汉女姝娥金搭脑,国人姬侍金貂帽。绣縠雕鞍来往闹,闲驰骤,拜年直过烧灯后。

二月都城春动野,引龙灰向银床画。士女城西争买架,看驰马,官家迎佛官兰若。水暖天鹅纷欲下,鹰房奏猎催车驾。却道海青逢燕怕。才过社,柳林飞放相将罢。

三月都城游赏竞,宫墙官柳青相映。十一门头车马并,清明近,豪家寒具金盘饤。墦祭留连芳草迳,归来风送梨花信。向晚轻寒添酒病,春烟暝,深深院落秋千迥。

四月都城冰碗冻,含桃初荐瑛盘贡。南寺新开罗汉洞。伊蒲供,杨花满院莺声弄。岁幸上京车驾动,近臣准备銮舆从。建德门前飞玉鞚,争持送,葡萄马乳归银瓮。

五月都城犹衣裌,端阳蒲酒新开腊。月傍西山青一掐掐,荷花夹,西湖近岁过莙雪。血色金罗轻汗拓,宫中画扇传油法。雪腕彩丝红玉甲,添香鸭,凉糕时候秋生榻。

六月都城偏昼永,辘轳声动浮瓜井。海上红楼欹扇影,河朔饮,碧莲花肺槐芽渖。绿鬓亲王初守省,乘舆去后严巡警。太液池心波万顷,闲芳景,扫宫人户捞渔艇。

七月都城争乞巧,荷花旖旎新棚笊。龙袖娇民儿女狡,偏相搅,穿针月下浓妆姣。碧玉莲房和柄拗,晡时饮酒醒时卯。淋罢麻秸秋雨饱,新凉稍,夜灯叫买鸡头炒。

八月都城新过雁,西风偏解惊游宦。十载辞家衣线绽,清宵半,家家捣练砧声乱。等待中秋明月玩,客中只作家中看。秋草墙头萤火烂,疏钟断,中心台畔流河汉。

九月都城秋日亢,马头白露迎朝爽。曾上西山观苍莽,川原广,千林红叶同春赏。一本黄花金十镪,富家菊谱签银榜。龙虎台前驼鼓响,擎仙掌,千官瓜果迎銮仗。

十月都人家百蓄,霜菘雪韭冰芦菔。暖炕煤炉香豆熟,燔獐鹿,高昌家赛羊头福。貂袖豹袪银鼠襮,美人来往毡车续。花户油窗通晓旭,回寒燠,梅花一夜开金屋。

十一月都人居暖阁,吴中雪纸明如垩。锦帐豪家深夜酌,金鸡喔,东家撤雪西家噱。纤指柔长宫线弱,阳回九九官冰凿。尽道今冬冰不薄,都人乐,官家喜爱新年朔。

十二月都人供暖篷,宫中障面霜风猎。甲弟藏钩环侍妾。红袖撇,笑歌声送金蕉叶。倦客玉堂寒正怯,晓洮金井冰生鬣。冻合灶瓢飦一楪,吴霜镊,换年懒写宜春帖。"(《欧阳玄集》,第44—46页)

何中卒。

按:何中(1265—1332),字太虚,一字养正,抚州乐安人。父何天声、伯父何时,皆文天祥幕府成员。入元后,何中北游京师,"会诸权臣用事",居两月而去。归与诸门弟子讲《易》、《诗》、《书》、《春秋》。全岳柱诏其为东湖、宗濂二书院宾师。所著有《易象类》二卷、《书传补遗》十卷、《通鉴纲目测海》三卷、《通书问》一卷、《吴才老协韵补疑》一卷、《六书纲领》一卷、《校补六书故》三十二卷、《揩颐录》十卷、《樵训》五卷、《笠钓集》一卷、《壶山集》一卷、《知非堂稿》十七卷、《知非堂外稿》十五卷等。生平事迹见于揭傒斯《何先生墓志铭》、谕立《元故聘君高闾先生何公隐士世系行述》、《元史·何中传》。

李泂卒。

按:李泂(1274—1332),字溉之,滕州人。生而颖悟,文思俊逸,作文精妙如宿习,为姚燧所荐于朝,授翰林国史院编修官,后又授中书省掾,曾特授奎章阁承制学士。文章纵横奇变,若纷错而有条理,每以李白自拟。长于书法,作品为世人所珍爱。朱权《太和正音谱》将其列于"词林英杰"一百五十人之中。著有《辅治篇》、文集四十卷。《全元散曲》及《北宫词纪》中存其《送友归吴》一套。事迹见《书史会要》卷七、《元史》卷一八三、《元诗选·二集》小传。

必兰纳识里卒。

按：必兰纳识里（？—1332），初名只剌瓦弥的理，祖籍别失八里。历世祖、成宗、仁宗三朝。精通汉语、梵语、藏语、畏吾儿语等多种语言文字，贯通三藏。他是一位博学多才的佛经翻译家。所译佛经，汉文有《楞严经》，民族文字则有《大乘庄严宝度经》等。（马克章著《西域汉语通行史》，第244页）

元至顺四年 元统元年
癸酉　1333年　85岁

六月,明宗长子妥懽帖木耳即位。

按:《元史》载:"明年六月己巳,明宗长子妥懽帖木耳即位。"(《元史》卷三七《宁宗本纪》,第3册,第813页)

又按:《元史》:"三年八月己酉,文宗崩,燕铁木儿请文宗后立太子燕帖古思,后不从,而命立明宗次子懿璘只班,是为宁宗。十一月壬辰,宁宗崩,燕铁木儿复请立燕帖古思,文宗后曰:'吾子尚幼,妥懽贴睦尔在广西,今年十三矣,且明宗之长子,礼当立之。'乃命中书右丞阔里吉思迎帝于静江。至良乡,具卤簿以迓之。燕铁木儿既见帝,并马徐行,具陈迎立之意,帝幼且畏之,一无所答。于是燕铁木儿疑之。故帝至京,久不得立。适太史亦言帝不可立,立则天下乱,以故议未决。迁延者数月,国事皆决于燕铁木儿,奏文宗后而行之。俄而燕铁木儿死,后乃与大臣定议立帝,且曰:'万岁之后,其传位于燕帖古思,若武宗、仁宗故事。'诸王宗戚奉上玺绶劝进。四年六月己巳,帝即位于上都,诏曰:洪惟我太祖皇帝,受命于天,肇造区夏;世祖皇帝,奄有四海,治功大备;列圣相传,丕承前烈。我皇祖武宗皇帝入纂大统,及致和之季,皇考明宗皇帝远居朔漠,札牙笃皇帝戡定内难,让以天下。我皇考宾天,札牙笃皇帝复正宸极。治化方隆,奄弃臣庶。今皇太后召大臣燕铁木儿、伯颜等曰:'昔者阔彻〔伯〕、脱脱木儿、只儿哈郎等谋逆,以明宗太子为名,又先为八不沙始以妒忌,妄构诬言,疏离骨肉。逆臣等既正其罪,太子遂迁于外。札牙笃皇帝后知其妄。寻至大渐,顾命有曰:"朕之大位,其以朕兄子继之。"'时以朕远征南服,以朕弟懿璘只班登大位,以安百姓,乃遽至大故。皇太后体承札牙笃皇帝遗意,以武宗皇帝之元孙,明宗皇帝之世嫡,以贤以长,在予一人,遣使迎还。征集宗室诸王来会,合辞推戴。今奉皇太后勉进之笃,宗亲大臣恳请之至,以至顺四年六月初八日,即皇帝位于上都。於戏!惟天、惟祖宗全付予有家,栗栗危惧,若涉渊冰,罔知攸济。尚赖宗亲臣邻,交修不逮,以底隆平。其赦天下。"(《元史》卷三八《顺帝本纪》,第3

册,第815—817页)

十月改元元统。

按:《元史》载:"冬十月甲子,太阴犯斗宿。丙寅,凤州山崩。戊辰,改元。"(《元史》卷三八《顺帝本纪》,第3册,第818页)

吴澄本年纂成《礼记纂言》三十六卷。

按:虞集《行状》载:"四年,《礼记纂言》成。"(《全元文》第27册,第177页)又危素《年谱》称其成于至顺三年:"三年壬申。此后为顺帝初年。……《礼记纂言》成。"二者说法不一,据陆心源《元椠礼记纂言跋》:"其书危素《草庐年谱》谓书成于至顺三年,虞集作行状,谓成于至顺四年。吴尚(疑为当)跋有云'先生亲自点校,未毕而捐馆',与虞集说合。"(陆心源著,冯惠民整理《仪顾堂书目题跋汇编·仪顾堂续跋》卷四,中华书局2009年,第298页)据此,系之本年。

又按:吴澄《礼记纂言原序》云:"《小戴记》三十六篇,澄所序次。汉兴,得先儒所记《礼书》二百余篇,大戴氏删合为八十五,小戴氏又损益为四十三,《曲礼》、《檀弓》、《杂记》分上、下。马氏增以《月令》、《明堂位》、《乐记》,郑氏从而为之注,总四十九篇。精粗杂记,靡所不有。秦火之余,区区掇拾,所存什一于千百。虽不能以皆醇,然先王之遗制、圣贤之格言,往往赖之而存。第其诸篇出于先儒著作之全书者无几,多是记者旁搜博采,剿取残篇断简会粹成篇,无复铨次,读者每病其杂乱而无章。唐魏郑公为是作《类礼》二十篇,不知其书果何如也,而不可得见。朱子尝与东莱先生吕氏商订《三礼》、篇次,欲取《戴记》中有关于《仪礼》者附之经,其不系于《仪礼》者,仍别为《记》。吕氏既不及答,而朱子亦不及为。幸其大纲存于文集,犹可考也。晚年编校《仪礼经传》,则其条例与前所商订又不同矣。其间所附《戴记》数篇,或削本篇之文而补以他篇之文。今则不敢,故止就其本篇之中科分栉剔,以类相从,俾其上下章文义联属,章之大旨标识于左,庶读者开卷了然。若其篇第,则《大学》、《中庸》程子、朱子既表章之,以与《论语》、《孟子》并而为《四书》,固不容复厕之礼篇,而《投壶》、《奔丧》实为《礼》之正经,亦不可以杂之于《记》。其《冠义》、《昏义》、《乡饮酒义》、《射义》、《燕聘义》六篇,正释《仪礼》,别辑为传,以附经后矣。此外犹三十六篇,曰通礼者九:《曲礼》、《内则》、《少仪》、《玉藻》通记小大仪文而《深衣》附焉。《月令》、《王制》专记国家制度,而《文王世子》、《明堂位》附焉。曰丧礼者十有一,《丧大记》、《杂记》、《丧服小记》、《服问》、《檀弓》、《曾子问》六篇记丧,而《大传》、《闲传》、《问丧》、《三年问》、《丧服四制》五篇,则丧之义也。曰祭礼者四，《祭法》一篇，记祭；而《郊特牲》、《祭义》、《祭统》三篇，则祭之义也；曰通论者十有二，《礼运》、《礼器》、《经解》一类；《哀公问》、《仲尼燕居》、《孔子闲居》一类，《坊记》、《表记》、《缁衣》一类，《儒行》自为一类；《学记》、《乐记》，其文雅驯，非诸篇比，则以为是书之终。呜呼！由汉以来，此书千有余岁矣，而其颠倒纠纷，至朱子欲为之是正，而未及竟，岂无所望于后之人与？用敢窃取其意，修而成之。篇章文句，秩然有伦，先后始终，颇为精审。将来学礼之君子，于此考信或者其有取乎，非但戴氏之忠臣而已也。"（《全元文》第14册，第437—439页）

又按：吴尚志《礼记纂言后序》载："先生《礼记纂言》，凡数易稿，多所发明。而《月令》、《檀弓》，尤为精密。若《月令》言五行之祭，所先不同，天子所居，每月各异。《檀弓》申生之死，延陵季子之哭，子曾子之易箦，子思之母死于卫，子上之母死而不丧数节，是皆诸说纷纭，不合礼意。先生研精覃思，证之以经，裁之以礼。于经无据，于礼不合者，则阙之。稿成尚请锓木得命，遂与先生之甥周濂，集同门之士，相与成之。先生手自点校，未及毕而先生捐馆矣。先生之孙当对门考订，始于至顺癸酉之春，毕于元统甲戌之夏。"（《全元文》第52册，第476页）

又按：虞集评价吴澄《礼记纂言》云："而所谓《礼记纂言》者，既取诸义附于经，又别《大学》、《中庸》别为一书，其存者凡三十六篇，《通礼》九，《丧礼》十一，《祭礼》四，《通论》十二。篇次先后，稍有变于旧，就篇之中，科分栉别，以类相从，俾其上下文意联属，章之大旨，标识于左，其篇章文句，秩然有伦，先后始终，至为精密。先王之遗制，圣贤之格言，千有余年，其亡阙谨存而可考者，既表而出之，各有所附，而其纠纷固泥于专门名家之手者，一旦各有条理，无复余蕴矣。"（《全元文》第27册，第179页）

又按：四库馆臣对吴澄《礼记纂言》评价云："大旨以《戴记》经文庞杂、疑多错简，故每一篇中，其文皆以类相从，俾上下意义联属贯通，而识其章句于左。其三十六篇次第，亦以类相从。凡《通礼》九篇，《丧礼》十一篇，《祭礼》四篇，《通论》十一篇，各为标目。如《通礼》首《曲礼》，则以《少仪》、《玉藻》等篇附之，皆非小戴之旧。他如《大学》、《中庸》，依程、朱别为一书，《投壶》、《奔丧》归于《仪礼》，《冠义》等六篇别辑为《仪礼传》，亦并与古不同。虞集称其始终先后，最为精密。先王之遗制，圣贤之格言，其仅存可考者，既表而存之，各有所附。而其纠纷固泥于专门名家之手者，一旦各有条理，无复余蕴，其推重甚至。考《汉书·艺文志》，《礼记》本一百三十一篇，戴德删为八十五，戴圣删为四十九，与《易》、《书》、《诗》、《春秋》经圣人手定者固殊。然《旧唐书·元行冲传》载行冲上《类礼义疏》，张说驳奏曰：'今之《礼记》，历代传习，著为经教，不可刊削。魏孙炎始改旧本，先儒所非，竟不行用。贞观中，魏征因孙炎所修，更加整比，兼为之注，其书竟亦不行。今行冲等解征所注，勒成一家，然与先儒第乖，章句隔绝，若欲行用，窃恐未可云云。'则古人屡经修缉，迄不能变汉儒旧本。唐以前儒风淳实，不摇惑于新说，此亦一征。澄复改并旧文，俨然删述，恐亦不免僭圣之讥。以其排比贯串，颇有伦次。所解亦时有发明，较诸王柏删诗，尚为有间。"（永瑢等《四库全书总目》卷二一，第 169—170 页）

吴澄正月请郭思贞为戈直《贞观政要集论》作序。

按：戈直是吴澄弟子，他遵守吴澄的交代，集前贤关于《贞观政要》的议论并有注释。郭思贞则受吴澄邀请为此集撰写序文。郭思贞序文完成于今年正月。郭思贞《序》载："贞观之治，亦仁义之明效欤。史臣吴兢，类为《政要》，凡命令政教，敷奏复逆，询谋之同，謇谔之异，所以植国体而裕民生者，赫赫若前日事。江右戈直，集前贤之论以释之。翰林草庐吴公，叙其首以嘱于余。值拜奎章，召命道广陵，谋于宪使日新程公，将有以广其传也。程公慨然，即以学廪之，羡锓诸梓。呜呼！仁义之心，亘古今而无。间因其所已然，勉其所未至，以进辅于圣朝，则二帝三王之治，特由此而推之耳。观是编者，尚勖之哉！至顺四年，岁在癸酉正月辛卯，前中奉大夫江南诸道行御史台侍御史奎章阁大学士郭思贞书。"（吴兢撰，谢保成集校《贞观政要集校》附录一，第 576—577 页）

吴澄夏得李辅登门，为其父李璋作墓碑文。

按：李璋，字君用，汴梁杞县人。入元后擢广西宣慰司都事、象州路总管府知事、湖广省掾等职，从镇南王征交阯。元贞元年（1295）授承事郎，尹赣之兴国，此年平定赣州刘六十反乱事件，大德四年（1300）改授吉安龙泉尹，至大年间卒于抚州。李璋长子李辅为承务郎、江西等处行中书省检校官，今年夏他请求吴澄为李璋撰写墓碑文，吴澄遂有《有元朝列大夫抚州路总管府治中致仕李侯墓碑》。（《吴澄集》，第 1326—1329 页）

吴澄六月感暑得疾。

按：危素《年谱》载："六月甲子，感暑得疾。公感疾服药，数日小愈，逾旬颇安，医者请退。公曰：吾往时病退，体即清和，今症已去，而体气若在病中，殆未愈也。""庚辰复作，辛巳，公命孙当曰：吾疾异于常时矣，召学者曾仁曰：生死常事，可须使吾子孙知之。共手胸前，正卧不动者数日。"

吴澄作《字体正讹序》。

按：吴澄《字体正讹序》："夫字者，所以传经载道，述史记事，治百官，察万民，贯通三才，其为用大矣。缩之以简便，华之以姿媚，偏旁点画浸浸失真,弗省弗顾,惟欲以悦目为姝,何其小用之哉?……番阳吴正道,承家世文献,工篆书。不惟笔法之工,并究字体之原。以所订偏旁一帙示予。予每慨古艺之不绝如线,而忽值斯人焉,如之何而不喜之之深耶?"(《吴澄集》,第433页)

又按:吴正道后又对《字体证讹》作了增广,吴澄再次为其作序道:"自《三仓》之篇既亡,仅有许氏《说文解字》为文字一家之宗,而其义不尽得。夹漈郑氏略正一二,未悉正也。近时永嘉戴氏之书出,六书之学始大备。然俗书行世,虽为士者,鲜究文字之本原,况非士者乎……番阳吴正道,儒官名家,志在正俗书之非。尝辑《偏旁讹误》,予固嘉之。今又增广其书,为《辨误韵谱》。此书倘行,庶几无不识字之士矣。"(吴澄《隶书存古辩误韵谱题辞》,《吴澄集》,第448—449页)

又按:吴澄此二序并未记载时间,但通过虞集《六书辨误序》一文记载的吴澄与吴正道的交往事迹可知,吴澄当在晚年表达了对吴正道崇尚古字的推崇。按虞集记载,吴正道此二书尚未刊刻完成,吴澄就去世了,以至于世上再无名公大儒资助其刊刻该书。由此可知吴澄与吴正道交往之事在吴澄晚年,惜暂无其他信息得以考证具体年份。"番阳吴正道,年五十余,世为儒家,深好篆法,既著《六书渊源字旁辨误》(即吴澄所谓《字体正讹》,又称《偏旁正讹》)文,著《存古辨误韵谱》(即吴澄所谓《辨误韵谱》)。故翰林学士吴公见而喜之,亲作两书两序。噫!吴公岂轻许可者哉?盖其《字旁辨误》之说,既考之诸家,而举其要,用工故已深久,而《韵谱》之书,徐氏旧作,直载其字而已,盖不更加于辨误,而张、郑、戴之辨,又不得以《切韵》寻检,是以正道有辨古,有存古,具见于《切韵》,相从之下,视徐氏为后出而益详矣。惜刊未成书,而吴公殁,无名公大儒力赞助之,故久未克完也……是其不可少如此,必有博雅君子,如吴公之喜之,而助趣成之。"(《全元文》第26册,第87—88页)

又按:明代叶盛《水东日记》记载了吴澄与吴正道二人关于古字的具体讨论:"《于越志》云:'吴正道,东隅人,明六书,许慎《说文》有不足者补之。临川吴文正公澄问曰:"模、楷二字,假借乎?"曰:"取义也。"曰:"何以取木为义?"曰:"昔模木生周公冢上,其叶春青,夏赤,秋白,冬黑,以色得其正也。楷木生孔子冢上,其余枝疏而不屈,以质得其直也。若正与直可为法,则况在周、孔之冢乎?"问曰:"出何书?"曰:"出淮南王安《草木谱》。"又问禽兽二字,曰:"禽即兽也。"曰:"两翼为禽,四足为兽,何以为?"即曰:"礼不云乎,猩猩能言,不离禽兽;鹦鹉能言,不离飞鸟。"澄大敬之。有《六书通证》、《六书渊源图》,澄为作序。'"(叶盛撰,魏中平点校《水东日记》卷二一"吴正道

六书之学",中华书局 1980 年,第 213 页)

吴澄作《吴景南诗序》。

按:吴澄《吴景南诗序》载:"吴景南,家临川南乡之种湖市,向来曾从空山雷讲师学诗。尊敬其师,既殁而拳拳不能忘也。讲师之诗雄健,景南之诗婉丽。其子宠以示予,惜予不能诗。宠也其请于工诗之士,删其所可删,存其所可存,斯足以彰其父之美矣。八十五翁吴澄序。"(《吴澄集》,第 337 页)

又按:吴全节《吴景南诗序》载:"予幼时尝从空山雷先生(按:雷思齐)游,因知种湖吴景南亦执经先生之门,未及识焉。后二十年,予在朝,奉命代祀还山,景南来山中,始得少叙畴昔之所闻者。元统乙亥夏五,予扈大驾清暑上都,其犹子实携至《南窗吟稿》首卷求序言。余游方之外,每闻父师之教,究性命之学,间作一二诗,不过陶写性理、歌颂雍熙而已,岂曰专门于诗者哉!空山先生有道君子也,景南既从之游,其所得不待告而知之矣。今数其子弟辈,教授乡里者凡十余人,诗礼之传有足征焉,尚奚以予言为?虽然,南窗之吟,清俊藻丽,自成一家,子孙其珍袭之。学士临川吴公,当代名笔也,因特为序其端,惜予未及见。他日过种湖之上,拜空山之墓,就一读焉。于是乎书。特进上卿玄教大宗师看云道人吴全节寓上京紫真宫西方丈。"(《全元文》第 24 册,第 420 页)

吴澄六月廿五卒。

按:虞集《行状》载:"六月,先生寝疾,病逾旬,屏医药,使门人告子孙治后事,拱手正身而卧。乙酉夜,有大星陨其舍东北隅。丙戌日正午,神气泰然而薨,年八十有五岁,以玄端殓。娶余氏,追封临川郡夫人。子男五:文,荫奉议大夫,同知柳州路总管府事,后先生一年卒;衮,先卒;京,以奉养先生持受抚州路儒学教授;禀;亶。孙男十一:当、蕃、亶、萱、奋、里、畀、嬰、略、畁、盦、營早世。孙女五:适谭观、曾文、熊铃、袁镇、黄盅。曾孙男四:人、仚、全、侖。女二。"(《全元文》第 27 册,第 177 页)揭傒斯《神道碑》载:"元统元年六月,微疾。乙酉夜,有大星陨其舍东北隅。明日日中遂薨,年八十五。以玄端殓。及治丧,一用公所定家礼。赠江西行省左丞上护军,追封临川郡公,谥文正。妻余氏,追封临川郡夫人。子男五:文,以泽授奉议大夫同知柳州路总管府事,后公一年卒;衮,先卒;京,以便养特授抚州路儒学教授;禀,亶。孙男十:当、蕃、亶、萱、奋、里、畀、嬰、略。当,国子助教;盦、營早世。"(《全元文》第 28 册,第 508 页)危素《年谱》载:"乙酉,挥药不进,嗽水毕,瞑目不语。里中人是夕,见一大星陨其舍。丙戌日,卒年八十有五午,时神思泰然而逝。戊子小殓,袭用元端。己丑大殓,用绞衿。事闻,诏加赠资德大夫,江西等处行中书省左丞上护军,追封临川郡公,谥曰文正。《谥法》：经天纬地曰文,内外宾服曰正。"

按：虞集十二月为吴澄撰写祭文。《祭吴先生伯清文》："维元统元年岁在癸酉十二月辛卯朔三日癸巳,奎章阁侍书学士、翰林侍讲学士、通奉大夫、知制诰、同修国史契家学生虞集,谨以清酌庶羞祭于近故学士先生吴公之灵。曰：於乎！惟皇上帝,未丧斯文。笃生先生,在我圣元。肃肃先生,早勇进道。脱绝凡俗,非礼勿蹈。方员直平,步趋惟程。缕析条分,朱之治经。既即既安,体充用达。信其有为,自比诸葛。宋熄其炎,敛而退藏。沉潜密微,历览无方。玩心神明,天人妙契。时行物生,独据其会。私淑诸人,其书满家。地负海涵,优游岁华。至元以来,圣贤继作。屡聘益尊,麟从凤若。君子偕来,言观言依。诲言周详,虚至实归。慨然归欤,为世楷则。折衷群言,以究圣极。天锡眉寿,安和聪明。修辞正经,于昭具成。及门之徒,景附声合。天不憖遗,向哭交怛。昔我先君,来寓兹邑。取友定交,实尚道德。小子不敏,窃聆绪言。粗兹有闻,敢昧其原。忝位于朝,每踵先觉。承乏滞留,讵曰能学？自江徂燕,厥里五千。琅琅寄诗,意速我还。属罹多故,得归孔后。卒业之志,竟不能究。木坏山颓,后死之悲,一觞寓哀,匪哭其私。呜呼哀哉！尚飨。"(《虞集全集》,第303页)

又按：吴澄六月廿五卒,年八十五岁。后至元六年(1340)十二月赠资德大夫、江西行省左丞、上护军,追封为临川郡公,谥号文正。(李治安《元吴澄八思巴字宣敕文书初探》,《元史论丛》第14辑)

又按：刘岳申《祭草庐先生吴公文》："呜呼临川,天挺人豪。在宋盛时,尊道术者,无如王氏之笃；尊德性者,无如陆氏之高。之二氏者,其视势利之在天下,曾不如泰山之秋毫。皇元肇兴,先生时超。道程朱之问学,参王陆以游遨。谈经于杂乱纷纠既解之后,若易而实难；析理于毫厘千里既辨之末,宜逸而反劳。盖议礼者易讼而难决,学易者易割而难操。惟得□如子路之折狱,惟得意如庖丁之善刀。其博学强记,在前史为独行；其善教不倦,与后出如同袍。望古之人以汲汲,遇不知者而嚣嚣。不媚疾以为贬,不谀悦以为褒。是故尊爵兼天人之贵,而荣名极一时之遭。进而启沃,大者诵伊傅训命之敷陈；退而讲习,小者为菁莪棫朴之熏陶。伊川康节有其名而无其禄,申公辕固与之寿而迍其膏。公之存也,自南自北皆知悦服；公之殁也,识与不识皆为号咷。岳申曩缘末属,辱视同曹。由延誉以知名,如拔尤而誉髦。恨及门之迟暮,忽闻讣而哀嗸。望山颓其已已,感川逝之滔滔。惟公之门生弟子,在天下如吾徒者,殆双兔乘雁之一毛。甫自今而越吊,恨谁昔之鲁泽；感病躯之岁晏,寄薄奠于春醪。盖将为朝野之永叹,非徒效闾里之长号。"

（《全元文》第21册，第671—672页）

柯九思作《河源志序》。

按：柯九思以书画著称于世。这篇《河源志序》是作者潘昂霄的儿子潘诩至顺时候同知嘉定时，准备刊行父亲遗著而请柯九思作序。

又按：《河源志序》："河源有志，自本朝始。前乎此，曷为未有？志河源者，道路辽阻，所传闻异辞，莫能究河之源也。《山经》曰：'敦薨之水西流，注于泑泽，出于昆仑之东北陬，实惟河源。'而《水经》载：'河出昆仑，经十余国乃至泑泽。'《山经》又称：'阳纡之山，河出其中。''凌门之山，河出其中。'《穆天子传》亦云：'阳纡之山，河伯冯夷所居，是惟河宗'。考释氏《西域志》称'阿耨达大山上有大渊水'，即昆仑山也。《地里志》亦称'昆仑山在临羌西'，而《汉书》载：'河出两源。'或称有，或称无，而河源所著异同，况世殊代易，名地亦异，终莫能有究之者。我太祖皇帝二十有一年春正月，征西夏。夏，取甘肃等城。秋，取西凉府。遂过沙陀，至黄河九渡。按昆仑当九渡下流，则昆仑固已归我职方氏矣。宪宗皇帝二年，命皇太弟旭烈帅诸部军征西域，凡六年，辟封疆四万里。于是，河源及所注枝出者尽在封域之内。当时在行，有能记其说，皆得于目击，非妄也。逮世祖皇帝功成治定，天下殷富，遂命臣都实置郡河源，故翰林侍读学士潘公得究其详实，搜源析派，而作斯志。乃知更昆仑行一月，始穷河源。于戏！当四海混一之盛，闻广见核，致数千载莫能究者，俾后世有考而传信焉，岂斯文之光，实邦家无疆之休也。公之子诩能不坠其先业，增光而润色之。至顺间，以同知嘉定州事来吴，将刊是书行于世，属九思叙其说于篇端。元统元年冬十有一月日南至，奎章阁学士院鉴书博士、文林郎柯九思序。"（《全元文》第51册，第379—380页）

黎崱《安南志略》约在此年完成。

按：据黎崱自序云，"内附圣朝，至是五十余年矣"，至元二十一年（1284）元师入安南，明年（1285）（陈）键率黎崱等出降，所以《安南志略》完成的时间约在此年。黎崱自序外，察罕、程钜夫、元明善、赵烁、刘必大、许善胜、许有壬、龙仁夫、高宋、欧阳玄、夏镇等馆臣纷纷为《安南志略》作序。

又按：黎崱《安南志略自序》云："仆生长南越，窃禄仕途，十载间奔走半国中，稍识山川地理。内附圣朝，至是五十余年矣。自愧朴愚，旧学芜落，垂老嗜书，卒恨晚；于古今文籍，不能遍览。聊乘暇日，缀葺纪闻，同采摭历代国史、交趾图经，杂及方今混一典故，作《安南志略》二十卷，以《叙事》附于卷末。庸表天朝德化所被，统一无外，而南越其有惓惓向慕朝廷之心，亦可概见于此者。昔人有言，夫道一而已矣。今则同处覆载之内，君君臣臣，父父子子,而不均此性,岂具此理哉!况南交唐虞声教所暨,以迄于今三千余年,是宜声名文物所尚,近乎中国。虽曰风土之异,而事之可为纪述,不可泯也。然诸家博载,抵牾为多;是书之作,虽本之见闻,征之纪载,岂无讹焉?君子见其疏略,尚考而正诸!元统初元乙卯春清明节古爱黎崱序。"(《安南志略》卷首,第11—12页)

于钦七月编《齐乘》六卷成。

按:《齐乘》是齐地地方志,它始撰于延祐元年或元年以后,大致成于延祐三年,或于钦任山东廉访司照磨期间,最终编定于是年七月。至正十一年(1351),于钦之子于潜为两浙盐运副使,遂梓其父所纂《齐乘》以行。《齐乘》所叙内容以山东东西道宣慰司所辖益都、般阳、济南三路为主,并附述古代曾为齐邑的高唐、禹城、长清、聊城、东阿、临邑等县,全书内容按照沿革、分野、山川、郡邑、古迹、亭馆、风土、人物等八门进行叙述。于钦乃益都(今山东青州)人,又曾官于齐地,故《齐乘》于齐地见闻叙述较确实。《四库全书总目提要》评曰:"钦本齐人,援据经史,考证见闻,较他地志之但据舆图凭空言以论断者,所得究多。故向来推为善本。……苏天爵序亦推挹甚至,盖非溢美矣。"(永瑢等《四库全书总目》,第601页)

又按:卷首有苏天爵1339年所作序,序言写道:"《齐乘》六卷,故兵部侍郎于公志齐之山川、风土、郡邑、城郭、亭馆、丘垄、人物而作也。古者郡各有志,中土多兵难,书弗克存。我国家大德初,始从集贤待制赵忭之请作《大一统志》,盖欲尽述天下都邑之盛。书成,藏之秘府,世莫得而见焉。于公生于齐,官于齐,考订古今,质以见闻,岁久始克成编,辞约而事核。公在中朝为御史宪台都事、左司员外郎,终益都田赋总管,以文雅擅名当时。既卒,其家萧然,独遗是书于其子潜。余官维扬,始得阅之。呜呼!齐地之强、民物之伙,自古然也。桓公任管仲以成霸业,圣人尝称其功,谓一变能至于鲁。后世去古虽远,山川郡邑犹存,革其俗以化其民,独不在夫上之人乎!当汉之始,兵戈甫定,曹参为齐相,师礼盖公,以清静化民,齐乃大治,兹非其效欤?今齐为山东重镇,所统郡县五十有九,宦游于齐者,获是书观之,宁无益乎?予于于公之言,重有感焉。谓三代、两汉人材,本乎学校之教养;谓风俗自汉、晋以降,愈变而愈下。美昔人之赈饥有道,叹近世之采金病民。以稷下学术流于异端,以海上求仙惑感于神异。斯亦足以慨公之志矣夫。公讳钦,字思容,益都人。潜擢南行台掾云。至元五年己卯冬十月丙戌朔,赵郡苏天爵序。"(《滋溪文稿》,第64页)

又按:于潜于1341年在《齐乘》卷末的题跋交代出版原委道:"昔我先人为国子助教,每谓潜曰:'吾日与诸生讲习所业,暇则又与翰苑诸名公唱和诗章。诗乃陶冶性情而已,若夫有关于当世、有益于后人者,宜著述以彰显焉。吾生长于齐,齐之山川、分野、城邑,地土之宜,人物之秀,此疆彼界,不可不纂而纪之也'。迨任中书兵部侍郎,奉命山东,于是周览原隰,询诸乡老,考之《水经》、地记,历代沿革,门分类别,为书凡六卷,名之曰《齐乘》,藏于家,属潜曰:'吾或身先朝露,汝其刻之。'先人既卒,常切切在念,第以选调南台,又入西广,匆匆未遑遂志。兹幸居官两浙,始克搏节奉禀,命工镂板,以广其传,以光先德。参政伯修先生已详序于前矣,有仕于齐者,愿一览焉。至正十一年辛卯秋七月,奉训大夫、两浙都转运盐使司副使男潜泣血谨识。"(《齐乘校释》,第8—9页)

集庆路儒学刊行王构《修词鉴衡》二卷。

按:该书乃王构任构为济南总管时,为授学门生而编著。上卷论诗,下卷论文,皆采宋人诗话、文集及杂记而成。王构深谙文学,该书所辑,选材精审,不乏见地。论诗部分,主要选录论述立意生境、写情状物的言论;论文部分,主要选录强调以意为上、力求创新的言论。书中辑录的《诗文发源》、《诗宪》、《浦氏漫斋录》等,原书都已亡佚,仅赖此而存其一二,颇足珍贵。

吴善作《牧庵集序》。

按:吴善《牧庵集序》载:"文章有一代之宗工。其出也,秉山川之灵,关天地之运,所谓百年几见者也。汉四百年,惟司马迁父子、扬雄、班固四人;两晋魏隋之间则无闻矣;唐三百年,惟韩愈、柳宗元二人;宋三百年,惟欧阳修、苏轼二人。当是时,非无作者杂出其间,与三四君子相与度长而挈大,并驾而齐驱焉,然皆掇拾剽窃,不能成一家之言,负当代宗工之任。此山川之气、天地之运,诚有时而或息。即我朝国初,最号多贤,而文章众称一代之宗工者,惟牧庵姚公一人耳。公,营州柳城人。营州之族,好驰马、试剑,游畋为乐。公独嗜学缋文,早负奇气,非所谓秉山川之灵、关天地之运者乎?至大戊申,公为翰林承旨,予忝末属,始拜公于翰林。是年终,诏修成宗皇帝实录,日侍公笔砚间,遂得手钞公文数十篇,玩诵日夜不置。其后实录成,进,方将求公全帙编次,而公谒告南来矣。曩得宁国所刊本,读之既非全帙,讹舛尤多,每为怅然也。至顺壬申,公之门人翰林待制刘公时中,始以公之全集自中书移命江浙以郡县赡学余钱命工锓木,大惠后学。予时承乏提举江浙儒学,因获董领其事,私窃欣幸。乃与钱塘学者叶景修重加校雠,分门别类,得古赋三篇、诗二百二十二篇、序三十八篇、记五十三篇、碑铭墓志一百四十篇、制诰五十八篇、传二篇、赞十五篇、说十一篇、祝册十篇、杂著十三篇、乐府百二十四篇,总六百八十九篇,凡五十卷。窃惟公之文雄深雅赡,世罕有知焉。譬之太羹玄酒,食而无味,然足以飨天。呜呼!草玄者之有望于后世之子云也,宜哉!至顺昭阳作噩之岁季春之闰,儒林郎、江浙等处儒学提举鄱阳吴善序。"(《全元文》第35册,第327—328页)

虞集于此年后作《极高明楼记》。

按:据虞集记载,极高明楼是吴澄妻余维恭的曾侄余敬所建,此楼名是吴澄生前所拟,后楼建成之时吴澄已卒,余敬只好请虞集为此楼作记文。虞集《极高明楼记》记载到:"余氏之彦曰敬,以自然淳厚之姿,居风俗质朴之乡,以其乐易之心,保其敦睦之族。舒舒然,温温然,吾闻而悦之。……故翰林学士吴公之夫人,则敬之曾老姑也。故公尝至其处。及敬作楼于其居,以瞻华盖于咫尺,而命敬以'极高明'题之也。楼成,而公已去世。敬不得请一辞以表之,因其族父希圣,求予记之。……秋高气清,予将谒浮丘伯之神于山上,尚能求观子之楼,诵吴公之言,而记其千载之思于此也。乃若《中庸》之书,所谓极高明者,吴公之门人弟子,多能记公之言,敬审问之,他日为敬讲焉。是为记。"(虞集《极高明楼记》,《全元文》第26册,第653—654页)

吴澄卒。

按:吴澄(1249—1333),字幼清,号草庐,崇仁人。尝举进士不第。曾主修《英宗实录》并以此诏加资善大夫。卒赠江西行省左丞,追封临川郡公,谥文正。著有《易纂言》十卷、《易纂言外翼》八卷、《易叙录》十二篇、《书纂言》四卷、《周官叙录》六篇(佚)、《周礼经传》十卷(佚)、《批点考工记》二卷、《仪礼逸经》一卷《传》一卷、《仪礼考证》十七卷、《仪礼逸篇》八篇《传》十篇、《礼记纂言》三十六卷、《序次小戴记》八卷、《月令七十二候集解》一卷、《三礼考注》六十四卷《序录》一卷《纲领》一卷、《春秋纂言》十二卷《总例》七卷,校定《皇极经世书》二卷、《诗经》(佚)、《春秋》、又校正《孝经定本》一卷、《草庐校定古今文孝经》一卷、《孝经章句》、《校定乐律》、《琴言》十则、《通鉴纪事本末》十卷、《道德真经注》四卷、《庄子》、《南华内篇订正》二卷、《太玄经》及《八阵图》、《郭璞葬书》、《草庐精语》等,合为《吴文正集》一百卷。事迹见虞集《故翰林学士资善大夫知制诰同修国史临川先生吴公行状》(《道园学古录》卷四四)、揭傒斯《大元敕赐故翰林学士资善大夫知制诰同修国史赠江西等处行中书省左丞上护军追封临川郡公谥文正吴公神道碑》(《吴文正集》附录)、危素所撰年谱、刘岳申《祭草庐先生吴公文》(《申斋文集》卷一二)、《元史》卷一七一、《新元史》卷一七〇、《元儒考略》卷三、《宋元学案》卷九二、《(嘉靖)抚州府志》卷一〇、《历代名儒传》。

王约卒。

按:王约(1251—1333),字彦博,真定人。性颖悟,风格不凡。尝从魏初游,博览经史,工文辞。至元十三年(1276)翰林学士王磐荐为从事,累拜监察御史。成宗即位奏二十二事,迁翰林直学士,知制诰同修国史。尝奉诏与中书省官及他旧臣,条定元初以来律令,名《大元通制》。著有《史论》三十卷、《高丽志》四卷、《潜丘稿》三十卷等。事迹见《元史》卷一七八。

曹伯启卒。

按:曹伯启(1255—1333),字士开,济宁砀山人。早年从李谦游,后经御史潘昂霄等举荐,擢西台御史,元英宗时,召拜山北廉访使,泰定初,告老北归。天历中,起为淮东廉访使、陕西诸道行御史台中丞,以老辞。卒谥文贞。有《曹文贞公诗集》十卷。事迹见苏天爵《元故御史中丞曹文正公祠堂碑铭》(《滋溪文稿》卷一四)、曹鉴撰神道碑铭(《曹文贞公诗集》后录)、赵楷《文贞公哀辞》(《曹文贞公诗集》后录)、《元史》卷一七六、《新元史》卷二〇二、《(至正)金陵新志》卷六。

朱思本卒。

按:朱思本(1273—1333),字本初,号贞一,抚州临川人。龙虎山道士,从玄教大宗师吴全节至大都,奉召代祀名山大川,考察地理,积十年之功,绘成《舆地图》两卷,已佚。明罗洪先《广舆图》据此图填补而成,但学者仍称之"朱思本图",并著有诗文《贞一斋诗文稿》二卷(《文稿》一卷、诗稿一卷)、《九域志》八十卷。

于钦卒。

按:于钦(1283—1333),字思容,号壁水见士,益都人,家吴中。早年受郭贯、高昉等赏识,由淮西宪司书吏,入为国子监助教,擢山东宪司照磨。历官翰林国史院编修、监察御史、兵部侍郎。出为益都般阳田赋总管,未逾月而卒。有《齐乘》六卷,叙述简核而淹贯,在元代地方志中最有古法。事迹见柳贯《于思容墓志铭》(《待制集》卷一一)、《大明一统志》卷二四。

燕铁木儿卒。

按:燕铁木儿(?—1333),钦察氏,床兀儿之孙。少年时期随武宗镇守漠北。泰定五年(1328)七月初四,泰定帝在上都去世,帝位空虚,燕铁木儿作为大都留守,得到消息,"以八月四日甲午,率勇士十七人,兵皆露刃,建大义于禁中,乃誓于众曰:'武宗皇帝有圣子二人,孝恭仁文,天下大统当归之。今尔一二臣,敢紊邦纪有不顺者斩!'"力举武宗之子即位,直到十月廿二日,期间,燕铁木儿与泰定帝余党倒剌沙势力展开残酷战争,而燕铁木儿与其弟撒敦、其子唐其世在战争中亲冒失石,身先士卒。文宗在居庸关一战中,曾"大驾出宫,亲督将士",燕铁木儿立即奏事曰:"凡军事一以付臣,愿陛下班师抚安黎庶",让文宗回宫。而文宗对于燕铁木儿的勇猛曾谕旨曰:"丞相每与敌战,亲冒矢石,脱不虞,奈宗社何?以大将旗鼓督战可也。"而燕铁木儿则曰:"凡战,臣先之。敢后者,臣论以军法。"(马祖常《太师太平王定策元勋之碑》)由于燕铁木儿的翊戴之功,文宗即位后,"凡号令、刑名、选法、钱粮、造作,一切中书政务,悉听总裁。诸王、公主、驸马、近侍人员,大小诸衙门官员人等,敢有隔越闻奏,以违制论",封之为开府仪同三司、上柱国、太师、太平王、答剌罕、中书右丞相、禄军国重事、监修国史、提调燕王宫相府事、大都督、领龙翊亲军都指挥使司事。(《元史》卷一三八《燕铁木儿传》,第11册,第3332页)

张羽(1333—1385)生。

参 考 文 献

（按拼音字母次序排列）

一、古籍文献

B

[1]《避暑录话》,〔宋〕叶梦得撰,徐时仪整理,大象出版社2019年版

C

[1]《蔡氏传辑录纂注》,〔元〕董鼎撰,清康熙十九年通志堂刻通志堂经解本

[2]《草木子》,〔明〕叶子奇撰,吴东昆等校点,上海古籍出版社2012年版

[3]《草堂雅集》,〔元〕顾瑛辑,杨镰、祁学明、张颐青整理,中华书局2008年版

[4]《陈献章集》,〔明〕陈献章著,孙通海点校,中华书局1987年版

[5]《程钜夫集》,〔元〕程钜夫著,张文澍校点,吉林文史出版社2009年版

[6]《程钜夫集》,〔元〕程钜夫著,王齐洲、温庆新点校,湖北人民出版社2018年版

[7]《重刊江宁府志》,〔清〕吕燕昭修、〔清〕姚鼐纂,《中国方志丛书·华中地方·一二八号》,成文出版社有限公司印行

[8]《春秋纂言》,〔元〕吴澄撰,元刻本

[9]《翠屏集》,〔明〕张以宁著,游友基整理,广陵书社2016年版

D

[1]《大元至元辨伪录》,〔元〕祥迈撰,元刻本

[2]《大明一统志》,方志远等点校,巴蜀书社2017年版

[3]《大清一统志》,〔清〕穆彰阿撰,四部丛刊续编景旧抄本
[4]《戴表元集》,〔元〕戴表元著,李军、辛梦霞校点,吉林文史出版社2008年版
[5]《丹铅总录校证》,〔明〕杨慎撰,丰家骅校证,中华书局2019年版
[6]《道德真经吴澄注》,〔元〕吴澄注,黄曙辉点校,华东师范大学出版社2010年版
[7]《道园学古录》,〔元〕虞集撰,民国八年上海商务印书馆四部丛刊景明景泰翻元小字刻本
[8]《(道光)宁都直隶州志》,〔清〕刘丙、黄永纶修,〔清〕梁栖鸾纂,清道光四年刻本
[9]《邓文原集》,〔元〕邓文原著,罗琴整理,浙江人民美术出版社2019年版
[10]《读史方舆纪要》,〔清〕顾祖禹撰,贺次君、施和金点校,中华书局2005年版

E

[1]《鄂多立克东游录》,(意)鄂多立克著,何高济译,中华书局2019年版
[2]《二妙集》,〔金〕段成己、段克己撰,清文渊阁四库全书本

G

[1]《高丽史》,(朝鲜)郑麟趾等著,朝鲜太白山史库本(抄本,万历四十一年)
[2]《高丽史》,(朝鲜)郑麟趾等著,西南师范大学出版社、人民出版社2013年版
[3]《阁皂山志》,〔明〕俞策编撰,〔清〕施闰章修订,傅义校补,江西人民出版社1996年版
[4]《庚申外史笺证》,〔元〕权衡,任崇岳笺证,中州古籍出版社1991年版
[5]《贡氏三家集》,〔元〕贡奎、贡师泰、贡性之著,邱居里、赵文友校点,吉林文史出版社2010年版
[6]《古今图书集成》,〔清〕陈梦雷编纂,广陵书社2011年版
[7]《广元遗山年谱》,李光廷撰,民国二至六年乌程张氏刻适园丛书本
[8]《癸辛杂识》,〔宋〕周密著,杨瑞点校,浙江古籍出版社2015年版
[9]《桂隐集》,〔元〕刘诜撰,清抄本
[10]《国朝文类》,〔元〕苏天爵编,民国八年上海商务印书馆四部丛刊景元刻本

H

[1]《韩昌黎诗集编年笺注》,〔唐〕韩愈著,〔清〕方世举编年笺注,郝润华、丁俊丽整理,中华书局 2012 年版

[2]《汉天师世家》,〔明〕张正常撰,明万历续道藏本

[3]《韩愈文集汇校笺注》,〔唐〕韩愈著,刘真伦、岳珍校注,中华书局 2010 年版

[4]《郝经集校勘笺注》,〔元〕郝经著,田同旭校注,三晋出版社 2018 年版

[5]《怀古录校注》,〔宋〕曾原一著,郑必俊校注,中华书局 1993 年版

[6]《黄溍集》,〔元〕黄溍著,王颋点校,浙江古籍出版社 2013 年版

[7]《黄庭坚诗集注》,〔宋〕任渊、史容、史季温注,刘尚荣点校,中华书局 2003 年版

[8]《弘治抚州府志》,〔明〕胡孝、吕杰修,黎哲纂,《天一阁藏明代方志选刊续编》第四十八册,上海书店出版社 2014 年版

[9]《何北山先生遗集》,〔宋〕何基撰,黄灵庚、李圣华主编,王锟整理,上海古籍出版社 2022 年版

[10]《鹤林玉露》,〔宋〕罗大经撰,王瑞来整理,大象出版社 2019 年版

[11]《何梦桂集》,〔宋〕何梦桂著,赵敏、崔霞点校,浙江古籍出版社 2011 年版

J

[1]《(嘉靖)九江府志》,〔明〕何棐修、李汛纂,明嘉靖六年刻本

[2]《(嘉靖)江西通志》,〔明〕林庭㭿、周广编纂,明嘉靖刻本

[3]《(嘉靖)宁国府志》,〔明〕黎晨修,李默纂,《天一阁藏明代方志选刊》据明嘉靖十五年黎晨校刻本影印本,第 32 册

[4]《揭傒斯全集》,〔元〕揭傒斯著,李梦生标校,上海古籍出版社 2012 年版

[5]《鲒埼亭集》,〔清〕全祖望著,民国八年上海商务印书馆四部丛刊景清姚江借树山房刻本

[6]《金史》,〔元〕脱脱等撰,中华书局 2019 年版

[7]《经世大典辑校》,赵世延等撰,周少川等辑校,中华书局 2020 年版

[8]《经学通论》,〔清〕皮锡瑞著,中华书局 1954 年版

[9]《经义考》,〔清〕朱彝尊撰,清文渊阁四库全书本

[10]《静轩先生文集》,〔明〕汪舜民,明正德刻本

[11]《九灵山房集》,〔元〕戴良著,四部丛刊景明正统本

L

[1]《类编历举三场文选》,〔元〕刘贞辑,余氏勤德堂元至正元年本
[2]《历代曲话汇编·唐宋元编：新编中国古典戏曲论著集成》,俞为民、孙蓉蓉主编,黄山书社 2005 年版
[3]《历代诗话续编》,丁福保辑,中华书局 2006 年版
[4]《礼记纂言》,〔元〕吴澄撰,清康熙至乾隆刻光绪二十三年朱衡重印朱文端公藏书本
[5]《两浙名贤录》,〔明〕徐象梅撰,浙江古籍出版社、浙江出版联合集团 2011 年版
[6]《临川吴文正公年谱》,〔元〕危素撰,清乾隆二十一年刻本
[7]《陵川集》,〔元〕郝经著,吴广隆、马甫平主编,三晋出版社 2006 年版
[8]《刘伯温集》,〔明〕刘基著,林家骊点校,浙江古籍出版社 2016 年版
[9]《柳待制文集》,〔元〕柳贯撰,北京图书馆出版社 2005 年版
[10]《刘将孙集》,〔元〕刘将孙著,李鸣、沈静校点,吉林文史出版社 2009 年版
[11]《刘克庄集笺校》,〔宋〕刘克庄著,辛更儒笺校,中华书局 2011 年版
[12]《录鬼簿》,〔宋〕钟嗣成等著,上海古籍出版社 1978 年版

M

[1]《马祖常集》,〔元〕马祖常撰,王媛校点,吉林文史出版社 2010 年版
[2]《蒙古秘史新译并注释》,札奇斯钦译注,联经出版事业股份有限公司 2006 年版
[3]《蒙兀儿史记》,〔清〕屠寄撰,中国书店 1982 年版
[4]《密庵集》,〔明〕谢肃,商务印书馆 1983 年影印文渊阁《四库全书》本,第 1228 册
[5]《秘书监志》,〔元〕王士点,〔元〕商企翁编次,宫海峰校证,上海古籍出版社 2022 年版
[6]《勉斋先生黄文肃公文集》,〔宋〕黄榦著,周国林点校,《儒藏精华编》第 240 册,北京大学出版社 2018 年版
[7]《庙学典礼》,王颋点校,浙江古籍出版社 1992 年版
[8]《明史》,〔清〕张廷玉等,中华书局 1974 年版
[9]《牧隐文稿》,(高丽)李穑著,朝鲜高丽名贤集本

［10］《牧斋有学集》，〔清〕钱谦益著，四部丛刊景清康熙本

N

［1］《南村辍耕录》，〔元〕陶宗仪著，徐永明、杨光辉整理，浙江古籍出版社 2014 年版

［2］《廿二史札记校证》，〔清〕赵翼著，王树民校证，中华书局 2013 年版

O

［1］《瓯北诗话》，〔清〕赵翼，清乾隆嘉庆间湛贻堂刻瓯北全集本

［2］《欧阳玄集》，〔元〕欧阳玄著，陈书良、刘娟点校，岳麓书社 2010 年版

［3］《欧阳玄全集》，〔元〕欧阳玄著，汤锐校点整理，四川大学 2010 年版

Q

［1］《齐东野语校注》，〔宋〕周密撰、朱菊如等校注，华东师范大学出版社 1987 年版

［2］《钱塘遗事》，〔元〕刘一清撰，汤勤福整理，大象出版社 2019 年版

［3］《秋涧集》，〔元〕王恽著，四部丛刊景明弘治本

［4］《曲洧旧闻》，〔宋〕朱弁撰，张剑光整理，大象出版社 2019 年版

［5］《全金元词》，唐圭璋编，中华书局 1979 年版

［6］《全宋文》，曾枣庄、刘琳主编，上海辞书出版社、安徽教育出版社 2006 年版

［7］《全元词》，杨镰主编，中华书局 2019 年版

［8］《全元文》，李修生主编，凤凰出版社 2004 年版

［9］《全元散曲》，隋树森编，中华书局 1964 年版

［10］《全元诗》，杨镰主编，中华书局 2013 年版

S

［1］《萨迦世系史》，阿旺贡噶索南著，陈庆英、高禾福、周润年译注，中国藏学出版社 2005 年版

［2］《山居新语》，〔元〕杨瑀撰，余大钧点校，中华书局 2006 年版

［3］《说诗晬语》，〔清〕沈德潜，清光绪二至七年仁和葛氏刻啸园丛书本

［4］《世界征服者史》，（波斯）志费尼著，何高济译，翁独健校订，内蒙古人民出版社 1980 年版

［5］《史集》，（波斯）拉施特著，余大钧、周建奇译，商务印书馆 1983 年版

[6]《史记》,〔西汉〕司马迁撰,〔南朝〕裴骃集解,〔唐〕司马贞索隐,〔唐〕张守节正义,中华书局1982年版

[7]《书史会要》,〔元〕陶宗仪撰,徐美洁点校,浙江人民美术出版社2012年版

[8]《书纂言》,〔元〕吴澄撰,清康熙十九年通志堂刻通志堂经解本

[9]《水东日记》,〔明〕叶盛撰,魏中平点校,中华书局1980年版

[10]《四库全书总目》,〔清〕永瑢等纂,中华书局1965年版

[11]《宋会要辑稿》,〔清〕徐松辑,刘琳、刁忠民、舒大刚、尹波等校点,上海古籍出版社2014年版

[12]《宋季三朝政要笺证》,王瑞来笺证,中华书局2010年版

[13]《宋濂全集》,〔明〕宋濂著,黄灵庚点校,人民文学出版社2014年版

[14]《宋史》,〔元〕脱脱等,中华书局1985年版

[15]《宋诗纪事》,〔清〕厉鹗辑,《钦定四库全书》本

[16]《宋史全文》,汪圣铎点校,中华书局2016年版

[17]《宋元科举题名录》,〔明〕朱希召,《北京图书馆古籍珍本丛刊》,书目文献出版社1997年版

[18]《宋元学案》,〔清〕黄宗羲原撰,〔清〕全祖望补修,陈金生、梁运华点校,中华书局1986年版

[19]《宋元学案补遗》,〔清〕王梓材、冯云濠编撰,沈芝盈、梁运华点校,中华书局2012年版

[20]《宋遗民录》,〔明〕程敏政,清乾隆三十七年至道光三年长塘鲍氏刻知不足斋丛书本

T

[1]《太平寰宇记》,〔宋〕乐史撰,清文渊阁四库全书补配古逸丛书景宋本

[2]《(同治)崇仁县志》,〔清〕盛铨等修,〔清〕黄炳奎等纂,清同治十二年刻本

[3]《(同治)乐安县志》,〔清〕朱奎章修,〔清〕胡芳杏纂,清同治十年刻本

[4]《(同治)清江县志》,〔清〕潘懿等修,〔清〕朱孙诒等纂,清同治九年刻本

[5]《通制条格校注》,方龄贵校注,中华书局2011年版

W

[1]《(万历)吉安府志》,〔清〕余之祯总修,〔清〕王时槐纂修,汪泰荣点

校,中华书局 2018 年版

[2]《万姓统谱》,〔明〕凌迪知,清文渊阁四库全书本

[3]《王恽全集汇校》,〔元〕王恽著,杨亮、钟彦飞点校,中华书局 2013 年版

[4]《惟实集》,〔元〕刘鹗著,文渊阁四库全书本

[5]《危学士全集》,〔元〕危素著,齐鲁书社 1997 年影印《四库全书存目丛书》本

[6]《文天祥诗集》,〔宋〕文天祥著,刘文源校笺,中华书局 2017 年版

[7]《汶阳端平诗隽》,〔宋〕周弼,汲古阁景宋抄本

[8]《文章轨范》,〔宋〕谢枋得编,中州古籍出版社 1991 年版

[9]《吴澄集》,〔元〕吴澄著,方旭东、光洁点校,中国社会科学出版社 2021 年版

[10]《吾汶稿》,〔宋〕王炎午著,民国二十四至二十五年上海商务印书馆四部丛刊三编景明抄本

[11]《五峰集》,〔元〕李孝光撰,清文渊阁四库全书补配清文津阁四库全书本

[12]《乌斯道集》,〔元〕乌斯道著,徐永明点校,浙江古籍出版社 2012 年版

[13]《吴文正公集》,〔元〕吴澄著,《元人文集珍本丛刊》影印明成化二十年本,新文丰出版公司 1985 年版

[14]《吴文正集》,〔元〕吴澄著,文渊阁四库全书本

X

[1]《岘泉集》,〔明〕张宇初,清文渊阁四库全书本

[2]《萧冰崖诗集拾遗》,〔宋〕萧立之著,〔明〕萧敏拾遗,明弘治十八年萧敏刻本

[3]《新安文献志》,〔明〕程敏政辑撰,何庆善、于石点校,黄山书社 2004 年版

[4]《新校九卷本阳春白雪》,〔元〕杨朝英选,隋树森校,中华书局 1957 年

[5]《心远楼存稿》,〔明〕杨琢撰,康熙三十九年本

[6]《新元史》,〔清〕柯劭忞撰,张京华、黄曙辉点校,上海古籍出版社 2017 年版

[7]《许衡集》,〔元〕许衡著,许红霞点校,中华书局 2019 年版

[8]《续夷坚志》,〔元〕元好问撰、常振国点校,中华书局 2010 年版

[9]《许有壬集》,〔元〕许有壬著,傅瑛、雷近芳校点,中州古籍出版社

1998年版

[10]《续资治通鉴》,〔清〕毕沅编,中华书局1957年版

Y

[1]《杨万里集笺校》,〔宋〕杨万里著,辛更儒笺校,中华书局2007年版

[2]《杨维桢诗集》,〔元〕杨维桢著,邹志方点校,浙江古籍出版社2010年版

[3]《姚燧集》,〔元〕姚燧著,查洪德整理点校,人民文学出版社2011年版

[4]《叶适集》,〔宋〕叶适著,刘公纯、王孝鱼、李哲夫点校,中华书局2010年版

[5]《仪顾堂书目题跋汇编·仪顾堂续跋》,〔清〕陆心源著,冯惠民整理,中华书局2009年版

[6]《易纂言》,〔元〕吴澄撰,清康熙十九年通志堂刻通志堂经解本

[7]《易纂言外翼》,〔元〕吴澄撰,民国十年南昌豫章丛书编刊局刻豫章丛书本

[8]《隐居通议》,〔元〕刘壎撰,清海山仙馆丛书本

[9]《饮膳正要》,〔元〕忽思慧撰,中国书店1985年版

[10]《瀛奎律髓》,〔元〕方回,黄山书社1994年版

[11]《永乐大典》,〔明〕解缙,北京图书馆出版社2004年版

[12]《虞集全集》,〔元〕虞集著,王颋点校,天津古籍出版社2007年版

[13]《玉山名胜集》,〔元〕顾瑛,清文渊阁四库全书本

[14]《云峰胡先生文集校注》,〔元〕胡炳文著,江增华校注,安徽师范大学出版社2015年版

[15]《云阳集》,〔元〕李祁著,王毅点校,岳麓书社2009年版

[16]《元朝秘史》,乌兰校勘,中华书局2012年版

[17]《元朝名臣事略》,〔元〕苏天爵辑撰,姚景安点校,中华书局1996年版

[18]《元典章》,陈高华、张帆、刘晓、党宝海点校,中华书局、天津古籍出版社2012年版

[19]《元好问文编年校注》,〔元〕元好问著,狄宝心校注,中华书局2012年版

[20]《元好问全集》,〔元〕元好问著,姚奠中主编、李正民增订,三晋出版社2015年版

[21]《袁桷集校注》,〔元〕袁桷著,杨亮校注,中华书局2012年版

[22]《元史》,〔明〕宋濂等,中华书局1976年版

[23]《元书》,〔清〕曾廉撰,《四库未收书辑刊》肆辑,北京出版社2000年影印本
[24]《元史纪事本末》,〔明〕陈邦瞻撰,王树民点校,中华书局2015年版
[25]《元诗纪事》,〔清〕陈衍著,李梦生点校,上海古籍出版社1987年版
[26]《元史新编》,〔清〕魏源《魏源全集》,岳麓书社2004年版
[27]《元诗选二集》,〔清〕顾嗣立编,中华书局1987年版
[28]《元诗选癸集》,〔清〕顾嗣立、席世臣编,吴申扬点校,中华书局2001年版
[29]《元遗山诗集笺注》,〔清〕施国祁笺注,清道光二年南浔瑞松堂蒋氏刻本
[30]《元一统志》,〔元〕孛兰等著,赵万里辑轶,中华书局1966年版
[31]《元遗山文集校补》,周烈孙、王斌校注,巴蜀书社2013年版
[32]《越峤书》,〔明〕李文凤撰,明蓝格抄本
[33]《(雍正)江西通志》,〔清〕尹继善、谢旻修,清文渊阁四库全书本

Z

[1]《槎翁文集》,〔明〕刘崧撰,明嘉靖元年刻本
[2]《增订湖山类稿》,〔宋〕汪元量撰,孔凡礼辑校,中华书局1984年版
[3]《张养浩集》,〔元〕张养浩著,李鸣、马振奎校点,吉林文史出版社2008年版
[4]《张之翰集》,〔元〕张之翰著,邓瑞全、孟祥静校点,吉林文史出版社2009年版
[5]《赵孟頫集》,〔元〕赵孟頫著,钱伟强点校,浙江古籍出版社2012年版
[6]《贞观政要集校》,〔唐〕吴兢撰,谢保成集校,中华书局2009年版
[7]《(至大)金陵新志》,〔元〕张铉撰,清文渊阁四库全书本
[8]《知非堂稿》,〔元〕何中著,国家图书馆藏十一卷清抄本
[9]《致堂读史管见》,〔宋〕胡寅著,宋嘉定十一年刻本
[10]《(至顺)镇江志》,〔元〕俞希鲁撰,清嘉庆宛委别藏本
[11]《至正条格笺注》,王阳笺注,安徽大学出版社2023年版
[12]《周敦颐集》,〔宋〕周敦颐撰,梁绍辉等点校,岳麓书社2007年版
[13]《朱枫林集》,〔明〕朱升著,刘尚恒校注,黄山书社1992年版
[14]《朱子全书》,〔宋〕朱熹著,朱杰人、严佐之、刘永翔主编,上海古籍出版社、安徽教育出版社2002年版
[15]《朱子语类》,〔宋〕黎靖德编,王星贤点校,中华书局1986年版

[16]《滋溪文稿》,〔元〕苏天爵著,陈高华、孟繁清点校,中华书局1997年版
[17]《曾巩集》,〔宋〕曾巩著,陈杏珍、晁继周点校,中华书局1984年版
[18]《资治通鉴》,〔宋〕司马光编著,〔元〕胡三省音注,中华书局1956年版

二、现 代 著 作

D

[1]《大朝盛衰 图说元代》,陈煜撰,商务印书馆2016年版
[2]《大元史与新清史——以元代和清代西藏和藏传佛教研究为中心》,沈卫荣,上海古籍出版社2019年版
[3]《道与庶道 宋代以来的道教、民间信仰和神灵模式》,(美)韩明士著、皮庆生译,江苏人民出版社2007年版
[4]《杜本及〈谷音〉研究》,陈冠梅,东方出版社2007年版

F

[1]《范梈与他的〈海康集〉》,张应斌,暨南大学出版社2014年版
[2]《佛学大辞典》,丁福保编纂,文物出版社1984年版

G

[1]《感情的多元选择:宋元之际作家的心灵活动》,张宏生,现代出版社1990年版

H

[1]《海宇混一:元代的儒学承传与文坛格局》,罗海燕,社会科学文献出版社2019年版
[2]《汉藏佛学研究——文本、人物、图像和历史》,沈卫荣主编,中国藏学出版社2013年版
[3]《忽必烈的挑战:蒙古帝国与世界历史的大转向》,(日)杉山正明著,周俊宇译,社会科学文献出版社2013年版
[4]《忽必烈潜邸儒士与元代文学发展》,任红敏,中国社会科学出版社2016年版
[5]《黄溍评传》,慈波,上海人民出版社2013年版

［6］《混一风雅：元代翰林国史院与元诗风尚》，杨亮，社会科学文献出版社 2022 年版

J

［1］《剑桥中国辽西夏金元史》，（德）傅海波、（应）崔瑞德、（美）窦德士编，史卫民译，中国社会科学出版社 1998 年版
［2］《金华文派研究》，罗海燕，东方出版社 2015 年版
［3］《金莲川藩府文人群体之文学研究》，任红敏，社会科学文献出版社 2020 年版
［4］《金元之际的儒士与汉文化》，赵琦，人民出版社 2004 年版
［5］《九州四海风雅同——元代多族士人圈的形成与发展》，萧启庆，联经出版事业公司 2012 年版

K

［1］《奎章阁文人群体与元代中期文学研究》，邱江宁，人民出版社 2013 年版

L

［1］《理想、尊严与生存挣扎 元代江南士人与社会综合研究》，申万里，中华书局 2012 年版
［2］《理学常识》，徐敬修，大东书局 1926 年版
［3］《理学的演变：从朱熹到王夫之戴震》，蒙培元，福建人民出版社 1984 年版
［4］《理学背景下的元代文论和诗文》，查洪德，中华书局 2005 年版
［5］《理学与元代社会》，徐远和，人民出版社 1992 年版
［6］《辽金元诗歌史论》，张晶，吉林教育出版社 1995 年版
［7］《辽夏金元史：冲突与交融的时代》，张帆、陈晓伟、邱靖嘉、林鹄、周思成著，中信出版 2023 年版
［8］《另一种士人：金元时代的华北社会与科举制度》，（日）饭山知保著，邹笛译，浙江大学出版社 2021 年版

M

［1］《蒙汉文学关系史》，云峰，新疆人民出版社 1997 年版
［2］《蒙元时代的蒙古族文学家》，顾世宝，兰州大学出版社 2012 年版

［3］《蒙元制度与政治文化》,姚大力,北京大学出版社2011年版

［4］《民间的力量——宋代民间士人的教育活动研究》,张建东,华中科技大学出版社2015年版

［5］《民族文化交融与元代少数民族作家创作》,温斌,吉林大学出版社2015年版

［6］《民族文化交融与元代诗歌研究》,云峰,内蒙古大学出版社2013年版

［7］《民族文化杂俎——祁庆富、杨玉文集》,祁庆富、杨玉著,中央民族大学出版社2014年版

N

［1］《内北国而外中国:蒙古史研究》,萧启庆,中华书局2007年版

S

［1］《〈诗经〉学在元代的经学转向研究》,曹继华,社会科学文献出版社2023年版

［2］《士人走向民间 宋元变革与社会转型》,王瑞来,广西师范大学出版社2023年版

［3］《宋代科举资料长编》,诸葛亿兵编著,凤凰出版社2017年版

［4］《宋代教育:中国古代教育的历史性转折》,袁征,广东高等教育出版社1991年版

［5］《宋明理学史》,侯外庐、邱汉生、张岂之主编,人民出版社1997年版

［6］《宋明理学通论:一种文化学的诠释》,朱汉民,湖南教育出版社2000年版

［7］《宋元明江西朱子后学群体研究》,周茶仙、胡荣明,江西人民出版社2013年版

［8］《宋元明清儒学年表》,(日)今关寿麿编撰,书目文献出版社2002年版

［9］《宋元明清四书学编年》,周春健,万卷楼图书股份有限公司2012年版

T

［1］《唐宋古文纵论》,王永,中国传媒大学出版社2020年版

［2］《挑战与抉择:元代文人心态史》,徐子方,河北教育出版社2001年版

W

［1］《王安石年谱长编》,刘成国,中华书局2018年版

［2］《文献学与语文学视野下的蒙古史研究》，乌兰著，中国社会科学出版社 2021 年版

［3］《文选资料汇编》，刘锋、王翠红主编，中华书局 2019 年版

［4］《文学与认同：蒙元西游、北游文学与蒙元王朝认同建构研究》，王筱云，河北出版传媒集团 2014 年版

［5］《吴澄的理学思想与文学》，王素美，人民出版社 2005 年版

［6］《吴澄评传》，方旭东，南京大学出版社 2005 年版

［7］《吴澄理学思想研究》，吴立群，上海大学出版社 2011 年版

X

［1］《西域汉语通行史》，马克章著，甘肃教育出版社 2016 年版

［2］《谢枋得年谱》，俞兆鹏，江西教育出版社 1989 年版

［3］《乡国之士与天下之士：宋末元初江西抚州儒士研究》，周鑫，天津古籍出版社 2014 年版

Y

［1］《一代文宗虞集》，姬沈育，中国社会出版社 2008 年版

［2］《元初"中州士大夫"与南北文化统合》，求芝蓉，社会科学文献出版社 2020 年版

［3］《元大都文坛前期诗文活动考论》，辛梦霞，花木兰文化出版社 2012 年版

［4］《元代北方文学家族研究》，张建伟，商务印书馆 2019 年版

［5］《元代的士人与政治》，王明荪，台湾学生书局 1992 年版

［6］《元代的族群文化与科举》，萧启庆，联经出版事业公司 2008 年版

［7］《元代多族士人圈的文学活动与元诗风貌》，刘嘉伟，人民出版社 2016 年版

［8］《元代地方精英与基层社会——以江南地区为中心》，苏力，天津古籍出版社 2009 年版

［9］《元代东迁西域人及其文化研究》，马建春，民族出版社 2003 年版

［10］《元代馆阁文人活动系年》，邱江宁，人民出版社 2015 年版

［11］《元代宫廷史》，薛磊，百花文艺出版社 2008 年版

［12］《元代汉文化之活动》，孙克宽，台湾中华书局 1968 年版

［13］《元代汉人世侯群体研究》，符海潮，河北大学出版社 2007 年版

［14］《元代回族史论稿》，杨志玖，中华书局 2015 年版

［15］《元代回族文学家》，张迎胜，人民出版社 2004 年版

[16]《元代进士研究》,桂栖鹏,兰州大学出版社 2001 年版

[17]《元代江西文人群体研究》,李超,中国社会科学出版社 2015 年版

[18]《元代经济史》,陈高华、史卫民,中国社会科学出版社 2020 年版

[19]《元代科举新探》,申万里,人民出版社 2019 年版

[20]《元代科举与文学》,余来明,武汉大学出版社 2013 年版

[21]《元代奎章阁及奎章人物》,姜一涵,联经出版事业公司 1981 年版

[22]《元代奎章阁学士院与元代文坛》,邱江宁,中国社会科学出版社 2013 年版

[23]《元代理学伦理思想研究》,陈谷嘉,湖南大学出版社 2010 年版

[24]《元代理学与社会》,徐远和,人民出版社 1992 年版

[25]《元代理学与社会》,朱军,巴蜀书社 2022 年版

[26]《元代吏制研究》,许凡,劳动人事出版社 1987 年版

[27]《元代民族经济史》,李幹,民族出版社 2010 年版

[28]《元代四书学研究》,周春健,商务印书馆 2022 年版

[29]《元代色目人家族及其文化倾向研究》,张沛之,天津古籍出版社 2009 年版

[30]《元代社会经济史稿》,李幹,湖北人民出版社 1985 年版

[31]《元代社会生活史》,史卫民,中国社会科学出版社 2005 年版

[32]《元代诗法校考》,张健,北京大学出版社 2011 年版

[33]《元代诗论校释》,丁放,中华书局 2020 年版

[34]《元代士人与地方社会》,(日)森田宪司著,于磊译,浙江大学出版社 2024 年版

[35]《元代诗学通论》,查洪德,北京大学 2014 年版

[36]《元代史新探》,萧启庆,新文丰出版公司 1983 年版

[37]《元代书院研究》,徐梓,社会科学文献出版社 2000 年版

[38]《元代唐诗学研究》,张红,岳麓书社 2006 年版

[39]《元代文化史》,陈高华、张帆、刘晓,广东教育出版社 2009 年版

[40]《元代文人心态》,么书仪,人民文学出版社 2013 年版

[41]《元代文学史》,邓绍基主编,人民文学出版社 2006 年版

[42]《元代文学史》,程千帆,武汉大学出版社 2013 年版

[43]《元代文学编年史》,杨镰,山西教育出版社 2005 年版

[44]《元代文学通论》,查洪德,东方出版中心 2020 年版

[45]《元代文学文献学》,查洪德、李军,中国社会科学出版社 2002 年版

[46]《元代文人群体的地理分布与文学格局》,邱江宁,中华书局 2021 年版

[47]《元代文人群体与诗歌流派》,唐朝晖,西安交通大学出版社 2017 年版

[48]《元代温州研究》,陈彩云,浙江人民出版社 2011 年版

[49]《元代西北历史与民族研究》,胡小鹏,甘肃文化出版社 1999 年年版

[50]《元代行省制度》,李治安,中华书局 2011 年版

[51]《元代易学史》,李秋丽,齐鲁书社 2020 年版

[52]《元代政治制度史》,陈高华、史卫民,中国社会科学出版社 2020 年版

[53]《元代中期馆阁文人传记研究》,邱江宁、唐云芝,中国社会科学出版社 2019 年版

[54]《元代至明代婺州作家群研究》,徐永明,中国社会科学出版社 2005 年版

[55]《元进士考》,钱大昕著,陈文和主编,凤凰出版社 2016 年版

[56]《元明朱子学的递嬗:〈四书五经性理大全〉研究》,朱冶,人民出版社 2019 年版

[57]《元末士人危素研究》,肖超宇,社会科学文献出版社 2020 年版

[58]《元人传记资料索引》,王德毅等,中华书局 1987 年版

[59]《元诗史》,杨镰,人民文学出版社 2003 年版

[60]《元诗研究》,包根弟,幼狮文化事业公司 1978 年版

[61]《元西域人华化考》,陈垣,上海古籍出版社 2000 年版

[62]《元吴草庐评述》,袁冀,文史哲出版社 1978 年版

Z

[1]《张养浩评传》,马继业,济南出版社 2009 年版

[2]《赵孟頫与元代中期诗坛》,刘竞飞,中国社会科学出版社 2013 年版

[3]《浙江通史·元代卷》,桂栖鹏等著,浙江人民出版社 2005 年版

[4]《中国古代科技文献史》,丁海斌,上海交通大学出版社 2015 年版

[5]《中国经济通史·元代经济卷》,陈高华、史卫民,《经济日报》出版社 2000 年版

[6]《中国儒学史》,赵吉惠、赵馥洁、郭厚安等,中州古籍出版社 1993 年版

[7]《中国儒学史·宋元卷》,韩钟文,广东教育出版社 1998 年版

[8]《中国思想学说史·宋元卷》,张岂之、朱汉民,广西师范大学出版社 2007 年版

[9]《中国思想通史·宋元卷》,姜国柱,武汉大学出版社 2011 年版

[10]《中国通史》第八卷《中古时代·元时期》,陈高华主编,上海人民出版社 1999 年版

[11]《中国通史·元时期》,白寿彝总主编、陈得芝主编,人民出版社 2015 年版
[12]《中国学术思想史论丛》,钱穆,生活·读书·新知三联书店 2009 年版
[13]《中国学术思想编年·宋元卷》,张岂之主编、刘学智副主编、李似珍著,陕西师范大学出版社 2006 年版
[14]《中国文学编年史·元代卷》,余来明,湖南人民出版社 2006 年版
[15]《中国文学史》,章培恒、骆玉明,复旦大学出版社 2004 年版
[16]《中国文学史话》,周惠泉、杨佐义,吉林人民出版社 1998 年版
[17]《中国哲学史》第三编上,谢无量,中华书局 1916 年版
[18]《中国哲学史》,钟泰,商务印书馆 1934 年版

三、学 术 论 文

B

[1]《百年来吴澄及草庐学派研究述评》,梁杰,《浙江师范大学学报(社会科学版)》2024 年第 1 期
[2]《保巴生平、著作及其哲学思想》,陈少彤,《孔子研究》1988 年第 1 期
[3]《北山四先生理学化的文学观述论》,王锟,《浙江师范大学学报(社会科学版)》2010 年第 4 期

C

[1]《草庐学派文学研究》,江南,南京大学 2011 年博士学位论文
[2]《超越"族群政治"——元朝"根脚"逻辑揭探》,罗玮,《历史研究》2024 年第 4 期
[3]《传统诗教与非传统诗教之间——论吴澄诗歌理论的特点及其影响》,王素美,《陕西师大学报(哲学社会科学版)》1996 年第 2 期
[4]《程钜夫与元代文坛的南北融合》,邱江宁,《文学遗产》2013 年第 6 期
[5]《从牙剌瓦赤到阿合马——元初回回政治集团间的冲突与权力转化》,刘成群、乌丽亚·米吉提,《西夏研究》2012 年第 1 期

D

[1]《〈大元通制〉到〈至正条格〉:论元代的法典编纂体系》,刘晓,《文史

哲》2012 年第 1 期

[2]《地方文献中的北京佛道教文化》，何建明，《新京报》2013 年 8 月 31 日

[3]《典范与前戒：元代前期北方士人的"以金为鉴"思想与实践》，张宝珅，《首都师范大学学报（社会科学版）》2023 年第 6 期

[4]《董鼎〈书传辑录纂注〉研究》，许华峰，台中大 2001 年博士学位论文

E

[1]《20 世纪的理学与元代文学之关系研究述评》，魏崇武，《东方论坛》2004 年第 4 期

G

[1]《高丽后期王权研究——以元朝控制干涉期为中心》，朴延华，延边大学 2007 年博士学位论文

[2]《关于孤本朝鲜活字版〈选诗演义〉及其作者曾原一》，（日）芳村弘道撰，金程宇译，《古典文献研究》第十二辑，凤凰出版社 2009 年版

[3]《关于元代翰林学士承旨的几个问题》，蔡春娟，《元史论丛》第 11 辑，天津古籍出版社 2009 年版

[4]《管主八施印〈河西字大藏经〉新探》，段玉泉，《西夏学》2006 年第 1 辑

[5]《国家变局与晚宋文坛新动向》，侯体健，《华南师范大学学报（社会科学版）》2010 年第 1 期

H

[1]《何中其人及其诗文观与创作》，李超，《东华理工大学学报》2013 年第 2 期

[2]《忽必烈在六盘山皈依佛门与大元帝师制度》，朱耀廷，《西夏研究》2010 年第 1 期

J

[1]《兼山学派考》，孙劲松，《中州学刊》2005 年第 5 期

[2]《"江湖吟社"与南宋后期江西诗坛》，吕肖奂，《江西社会科学》2018 年第 2 期

[3]《教养化育与科举主导：元代国子监办学模式的演变》，王建军，《河北师范大学学报（教育科学版）》2006 年第 2 期

[4]《教育与政治:元朝国子监创办之争》,王建军,《河北学刊》2005 年第 1 期

[5]《揭傒斯事迹考述》,尚衍斌,《中国边疆民族研究》第四辑,中央民族大学出版社 2011 年版

[6]《金莲川幕府精英与元代文化的走向》,邱江宁,《铜仁学院学报》2023 年第 2 期

[7]《金元诗人群体研究的重大进展——〈河汾诸老诗人群体研究〉序言》,周惠泉,《江苏大学学报(社会科学版)》2005 年第 1 期

[8]《金元易代与"文化重建"——元好问与"河汾诸老"的人生选择及文学精神新论》,张勇耀,《民族文学研究》2023 年第 2 期

[9]《金元之际文人陈季渊生平与文学考》,温佐廷,《元史及民族与边疆研究集刊》第 41 辑,上海古籍出版社 2021 年版

L

[1]《理学大师:吴澄》,方国灿,《抚州师专学报》1989 年第 4 期

[2]《理学思维下吴澄的文艺本体论与文道观》,杨万里,《中原文化研究》2023 年第 5 期

[3]《两种〈三场文选〉中所见元代科举人物名录——兼说钱大昕〈元进士考〉》,陈高华,《中国社会科学院历史研究所学刊》第一集,社会科学文献出版社 2001 年版

[4]《刘将孙年谱》,李璞,《词学》第十一辑,2014 年第 1 期

[5]《刘诜、刘岳申与元中后期庐陵文学》,李超,《文艺评论》2012 年第 12 期

[6]《卢挚生平及诗文系年再检讨》,周清澍,《中华文史论丛》2014 年第 4 期

[7]《论阁皂山成为道教传箓圣地的历史条件》,欧阳镇,《祖庭重光——中华道教灵宝文化学术论坛论文集》,宗教文化出版社 2017 年版

[8]《论元朝的江西地区》,许怀林,《元史论丛》第 7 辑,江西教育出版社 1999 年版

[9]《论元代鲁国大长公主祥哥刺吉及其与汉文化之关系》,云峰,《中央民族大学学报(哲学社会科学版)》2006 年第 1 期

[10]《论元代中书省的本质》,屈文军,《西北民族研究》2003 年第 3 期

[11]《论元儒吴澄的五经之学——以〈四书〉独尊和南北抵触为背景》,张欣,《孔子研究》2015 年第 6 期

［12］《略析吴澄易学中的阴阳卦对思想》，章伟文，《周易研究》1997年第3期

［13］《略析吴澄的易学象数思想》，章伟文，《周易研究》1998年第2期

M

［1］《蒙古国书与蒙元史学》，李淑华，《黑龙江民族丛刊》2005年第1期

［2］《蒙汉文化交会之下的元朝郊祀》，马晓林，平田茂树、余蔚编《史料与场域：辽宋金元史的文献拓展与空间体验》，上海人民出版社2021年版

［3］《蒙·元时期的波斯与中国》，马建春，《回族研究》2006年第1期

［4］《蒙元时期佛道四次辩论之真相探寻》，程佩，《云南社会科学》2013年第2期

［5］《蒙元时期汗位继承问题研究》，傲日格勒，内蒙古大学2017年博士学位论文

［6］《蒙元硬译体对〈蒙古秘史〉翻译的影响》，通拉嘎、吴利群，《内蒙古师范大学学报（哲学社会科学版）》2006年第4期

N

［1］《南昌县古代书院述略》，张劲松，《南昌师范学院学报（社会科学）》2018年第5期

［2］《南宋陈模〈怀古录〉考论》，卞东波，《中国典籍与文化》2012年第4期

［3］《南宋"新安学派"的理学追求与诗歌创作》，王昕，《石家庄学院学报》2018年第2期

P

［1］《偏离与转向：元代江西草庐学派及其学术特点》，周茶仙，《朱子学与文化建设学术研讨会论文集》2012年

Q

［1］《750—1550年中国的人口、政治与社会转变》，（美）郝若贝著、林岩译，《新宋学》第3辑，上海人民出版社2014年版

［2］《〈全元文〉误收吴澄集外文一篇》，李舜臣，《江海学刊》2005年第2期

S

［1］《世变与人生：宋末元初南方儒士出处之检讨》，周鑫，《元史论丛》第

十三辑,天津古籍出版社 2010 年版

［2］《试论不忽木的汉化事迹与汉学成就》,何兆吉,《青海民族学院学报（社会科学版）》1998 年第 4 期

［3］《试论元代大儒吴澄诗歌中的出处情结》,孙文歌、吴光正,《贵州社会科学》2023 年第 8 期

［4］《〈十善福经白史〉浅译》,鲍音,《蒙古学资料与情报》1987 年第 2 期

［5］《〈四书集注〉定本之辨与朱子晚年定见——以胡炳文、陈栎之争为中心》,许家星,《中共宁波市委党校学报》2020 年第 6 期

T

［1］《〈天下同文集〉选词刍议》,刘嘉伟,《北京理工大学学报（社会科学版）》2012 年第 2 期

［2］《〈天下同文集〉作家地理分布与元代南北文学交融》,张建伟、张志杰,《陕西理工大学学报（社会科学版）》2022 年第 1 期

W

［1］《危素学术思想探析》,胡青、桑志军,《江西教育学院学报（社会科学）》1998 年第 5 期

［2］《吴草庐と郑师山：元代陆学の一展开》,（日）石田和夫,《哲学年报》1980 年

［3］《吴澄会通朱陆的原因探析》,冯会明、孙玉桃,《朱子学研究》2021 年第 1 期

［4］《吴澄教育思想初探》,胡青,《江西师范大学学报（哲学社会科学版）》1984 年第 4 期

［5］《吴澄年谱》,路剑,《抚州师专学报》1992 年第 2 期

［6］《吴澄〈送何太虚北游序〉本事钩沉》,周兴陆,《文学遗产》2017 年第 1 期

［7］《吴澄文气论的理论创新》,杨万里,《中南大学学报（社会科学版）》2023 年第 1 期

［8］《吴澄小论》,（日）福田殖著,连清吉译,《中国文哲研究通讯》1998 年第 8 期第 2 期

［9］《吴澄心性论对韩国的影响》,孙美贞,《开封大学学报》1999 年第 4 期

［10］《吴澄：一个正在被认识的重要文论家》,查洪德,《文史知识》2001 年第 8 期

［11］《吴澄与宋元之际江西地区文学批评的风尚》，刘明今，《阴山学刊（哲学社会科学版）》1991年第2期

［12］《吴澄哲学思想研究综述》，吴立群，《孔子研究》2007年第2期

［13］《"五德终始"说之终结——兼论宋代以降传统政治文化的嬗变》，刘浦江，《中国社会科学》2006年第2期

X

［1］《新中国成立以来的元史研究》，邱树森，《史学月刊》2003年第5期

［2］《许衡、阿合马与元初汉法、回回法之争》，罗贤佑，《民族研究》2005年第5期

［3］《宣文阁文人群与元末文坛格局》，聂辽亮、邱江宁，《古代文学理论研究》2022年第2期

［4］《薛昂夫新证》，杨镰，《文学遗产》1991年第3期

［5］《学生吴澄与南宋末叶的江西书院》，（日）三浦秀一著，杨小江译，《湖南大学学报（社会科学版）》2007年第3期

［6］《"雪堂雅集"与元初馆阁诗人文学活动考》，叶爱欣，《平顶山学院学报》2006年第6期

Y

［1］《耶律楚材、刘秉忠、李孟合论——蒙元时代制度转变关头的三位政治家》，陈得芝，《元史论丛》第九辑，中国广播电视出版社2004年版

［2］《应试背景下的元代诗歌教习及其诗学意义》，武君，《宁波大学学报（人文科学版）》2023年第1期

［3］《由圣到医：元代医祀三皇考》，杜谆，《江西社会科学》2017年第11期

［4］《虞集的史学思想》，周少川，《史学史研究》1999年第2期

［5］《虞集的学术渊源与文学主张》，查洪德，《殷都学刊》1999年第4期

［6］《虞集哲学思想试探》，李才远，《西南师范大学学报（人文社会科学版）》1985年第3期

［7］《元朝诰敕制度研究》，张帆，《国学研究》第10卷，北京大学出版社2002年版

［8］《元朝疆域观演变与多民族国家的空间认知》，陈彩云，《民族研究》2021年第1期

[9]《元朝太庙演变考》,马晓林,《历史研究》2013年第5期
[10]《元朝行省的两个基本特征——读李治安〈行省制度研究〉》,张帆,《中国史研究》2002年第1期
[11]《元初陈与义诗风的流衍与江西诗风的转变》,沈松勤、史伟,《南开学报(哲学社会科学版)》2007年第4期
[12]《元初江南行台北人官员荐辟南士考》,李军,《元代文献与文化研究》(第三辑),中华书局2015年版
[13]《元初南方知识分子:诗中所反映出的片面》,(美)劳延煊,《中国文化研究所学报》1979年第10期
[14]《元代草庐文人与他们的文学时代》,邱江宁,《武汉大学学报(哲学社会科学版)》2022年第6期
[15]《元代朝廷重臣董士选》,黄二宁,《文史知识》2018年第4期
[16]《元代春秋学的黄泽、赵汸学派》,姜广辉、高擎擎,《湖南大学学报(社会科学版)》2018年第5期
[17]《元代的祠庙祭祀与江南地域社会——三皇庙与赐额赐号》,(日)水越知著、石立善译,《宋史研究论丛》,河北大学出版社2007年版
[18]《元代东传之回回地理学——兼论札马剌丁对中国地理学的历史贡献》,马建春,《西北史地》1998年第2期
[19]《元代抚州书院述论》,张发祥,《东华理工大学学报(社会科学版)》2015年第4期
[20]《元代翰林机构的成立——兼论元初中枢体制的变迁》,屈文军,《中国史研究》2018年第1期
[21]《元代皇室成员施刊的藏文佛经》,熊文彬,《中国藏学》2009年第3期
[22]《元代徽政院研究》,李心宇,《元史及民族与边疆研究集刊》第四十辑,上海古籍出版社2021年版
[23]《元代国家祭祀研究》,马晓林,南开大学2012年中国古代史博士学位论文
[24]《元代国子监研究》,王建军,暨南大学2002年中国古代史博士学位论文
[25]《元代基督教研究》,黄子刚,暨南大学2004年中国古代史博士学位论文
[26]《元代科举:种族与文化》,余来明,《科举与科举文献国际学术研讨会论文集》上,上海书店出版社2011年版
[27]《元代科考文献考官批语辑录及其价值》,李超,《中国典籍与文化》

2010 年第 3 期

[28]《元代名臣董士选仕宦生涯考述》,罗玮,《隋唐辽宋金元史论丛》第九辑,上海古籍出版社 2019 年版

[29]《元代南方书院拟设教授考》,吴小红,《元史论丛》第九辑,中国广播电视出版社 2004 年版

[30]《元代前期科举废止与诗学观念的演变》,何长盛,《求是学刊》2023 年第 5 期

[31]《元代前期统治者崇道政策初探》,卿希泰,《宗教学研究》1999 年第 1 期

[32]《元代实录纂修问题考辨》,时培磊,《文献季刊》2010 年第 3 期

[33]《元代信州理学"和会朱陆"特点》,刘佩芝,《朱子学刊》2015 年第 1 期

[34]《元代学官选注巡检考》,申万里,《中央民族大学学报(哲学社会科学版)》2005 年第 5 期

[35]《元代学术流变与诗文流派》,查洪德,《殷都学刊》2000 年第 3 期

[36]《元代叶李的货币管理思想》,侯厚吉,《中南财经大学学报》1996 年第 5 期

[37]《元代畏兀儿翻译家忽都鲁都儿迷失史事考述》,尚衍斌,《西域研究》2020 年第 2 期

[38]《元代文化与元代文学》,左东岭,《郑州大学学报(哲学社会科学版)》1991 年第 1 期

[39]《元代文学说略》,隋树森,《文史知识》1985 年第 3 期

[40]《元〈浚州达鲁花赤追封魏郡伯墓碑〉考释》,任崇岳,何广博主编《〈述善集〉研究论集》,甘肃人民出版社 2011 年版

[41]《元明清三代对帝师祭祀的多元接受与消解》,张春晓,《宗教学研究》2021 年第 3 期

[42]《元仁宗与中元政治》,姚大力,《内陆亚洲历史文化研究 韩儒林先生纪念文集》,南京大学出版社 1996 年版

[43]《元沙不丁事迹索考》,高荣盛,《蒙元史暨民族史论集 ——纪念翁独健先生诞辰一百周年》,社会科学文献出版社 2006 年版

[44]《〈元史〉订补二题——兼及元人碑传的谀墓与曲笔》,陈波,《元史及民族与边疆研究集刊(第二十七辑)》,上海古籍出版社 2014 年版

[45]《元世祖时期台察与权臣的斗争》,郝时远,《元史论丛》第四辑,中华书局 1992 年版

[46]《元诗"宗唐得古"论》,史伟,《求索》2006 年第 3 期

[47]《元裕、元裕之再辨》，劳汉生，《山西大学学报（哲学社会科学版）》1988年第1期

[48]《元吴澄八思巴字宣敕文书初探》，李治安，《元史论丛》第14辑，天津古籍出版社2014年版

[49]《元延祐二年与五年进士辑录》，萧启庆，《台大历史学报》1999年第24期

[50]《元英宗与佛教》，陈高华，《隋唐辽宋金元史论丛》第十辑，上海古籍出版社2020年版

[51]《元至元间文坛盛世"雪堂雅集"考》，求芝蓉，《中国典籍与文化论丛》2020年第1期

[52]《元中都：天历之变的舞台》，袁梦阳，《中国古都研究》第三十四辑，陕西师范大学出版社2018年版

Z

[1]《赵文的文学理论与诗文创作》，查洪德，《江西社会科学》2007年第3期

[2]《指空行实发微》，段玉明，《云南社会科学》1999年第3期

[3]《〈中州集〉的编纂过程和编纂体例》，胡传志，《山西大学学报（哲学社会科学版）》1994年第2期

[4]《周弼〈唐诗三体家法序〉辑考》，查屏球，《古典文学知识》2009年第4期

[5]《朱子学的内在演变与朱陆合流：以饶鲁〈大学〉诠释对朱子学的突破为中心》，许家星，《哲学研究》2013年第10期

[6]《朱子学的自我批判、更新与朱陆合流：以吴澄中庸学为中心》，许家星，《湖南大学学报（社会科学版）》2015年第4期

[7]《"朱子世嫡"北山四先生研究的流变与走向》，金晓刚、王锟，《浙江师范大学学报（社会科学版）》2017年第1期

[8]《曾原一〈选诗演义〉与宋代"文选学"》，卞东波，《文学遗产》2013年第4期

[9]《走进李孟》，王建军，《元史及民族史研究集刊》第14辑，南方出版社2001年版

图书在版编目(CIP)数据

吴澄年谱长编/邱江宁,梁杰著.--上海:复旦大学出版社,2024.12. -- ISBN 978-7-309-17803-6

Ⅰ. B244.99

中国国家版本馆 CIP 数据核字第 2024GH9923 号

吴澄年谱长编
邱江宁　梁　杰　著
责任编辑/顾　雷

复旦大学出版社有限公司出版发行
上海市国权路 579 号　邮编：200433
网址：fupnet@fudanpress.com　　http://www.fudanpress.com
门市零售：86-21-65102580　　团体订购：86-21-65104505
出版部电话：86-21-65642845
江阴市机关印刷服务有限公司

开本 787 毫米×1092 毫米　1/16　印张 46.5　字数 809 千字
2024 年 12 月第 1 版
2024 年 12 月第 1 版第 1 次印刷

ISBN 978-7-309-17803-6/B・821
定价：178.00 元

如有印装质量问题,请向复旦大学出版社有限公司出版部调换。
版权所有　侵权必究